Sebastian Hacke

**Medienaneignung von Jugendlichen
aus deutschen und türkischen Familien**

Soziologische Studien

Band 37

Sebastian Hacke

Medienaneignung von Jugendlichen aus deutschen und türkischen Familien

Eine qualitativ-rekonstruktive Studie

CENTAURUS

Zum Autor
Sebastian Hacke, geb. 1975, studierte Diplom-Pädagogik an der Universität Hannover und war mehrere Jahre als Wissenschaftlicher Mitarbeiter am Institut für Erziehungswissenschaften der Humboldt-Universität zu Berlin tätig. Seine Arbeitsgebiete waren: Schulpädagogik und Allgemeine Didaktik, Medienerziehung, Jugendforschung sowie Methoden der qualitativen Sozialforschung. Seit Mitte 2011 ist er Projektleiter im Bereich Vielfalt an Grundschulen beim Fortbildungsinstitut für die pädagogische Praxis (FiPP e.V.) in Berlin sowie Lehrbeauftragter an der Humboldt-Universität zu Berlin.

Bibliografische Informationen der Deutschen Nationalbibliothek
Die Deutsche Nationalbibliothek verzeichnet diese Publikation in der Deutschen Nationalbibliografie; detaillierte bibliografische Daten sind im Internet über http://dnb.d-nb.de abrufbar.

ISBN 978-3-86226-075-1   ISBN 978-3-86226-971-6 (eBook)
DOI 10.1007/978-3-86226-971-6
ISSN 0937-664X

Gedruckt auf säurefreiem und chlorfrei gebleichtem Papier.

Alle Rechte, insbesondere das Recht der Vervielfältigung und Verbreitung sowie der Übersetzung, vorbehalten. Kein Teil des Werkes darf in irgendeiner Form (durch Fotokopie, Mikrofilm oder ein anderes Verfahren) ohne schriftliche Genehmigung des Verlages reproduziert oder unter Verwendung elektronischer Systeme verarbeitet, vervielfältigt oder verbreitet werden.

© CENTAURUS Verlag & Media KG, Freiburg 2012
www.centaurus-verlag.de

Softcover reprint of the hardcover 1st edition 2012

Umschlaggestaltung: Jasmin Morgenthaler, Visuelle Kommunikation
Umschlagabbildung: Enter, Foto: Ultra95, Quelle: www.photocase.de
Satz: Vorlage des Autors

Inhalt

Vorwort und Danksagung 9

Einleitung 11
   Zur Darstellungsweise der empirischen Ergebnisse 14
   Aufbau der Arbeit 15

1 Problemstellung 17
   1.1 Medienhandeln in der Wissensgesellschaft und seine Thematisierung ... 17
   1.2 Jugend und Medien: Forschungsstand 26
      1.2.1 Medien und Geschlecht 28
      1.2.2 Medien und Bildungsmilieu 30
      1.2.3 Medien und Familie 34
      1.2.4 Medien und Peergroup 35
      1.2.5 Medien und Migrationshintergrund 35
   1.3 Gegenstand und Rahmung der vorliegenden Studie: Medienbezogenes Wissen und Handeln als Thema sozialwissenschaftlicher Forschung ... 39
   1.4 Zusammenfassung und Fragestellungen 49

2 Jugend 53
   2.1 Konstruktivität und Bilder von Jugend 54
   2.2 Historizität und Diversifizierung von Jugend 57
   2.3 Modernisierung und Individualisierung von Jugend 59
   2.4 Entstrukturierung, Destandardisierung und Pluralisierung von Jugend ... 63
   2.5 Identitäts- und Entwicklungsmodelle zum Jugendalter 67
   2.6 Handlungs-, subjekt- und sozialisationstheoretische Perspektiven 70
   2.7 Jugendliche mit Migrationshintergrund 75
   2.8 Zusammenfassung 80

3 Medien – Technik – Medientechnologie 82
   3.1 Welterfahrung und Erkenntnis 83
   3.2 Beherrschung, Bemächtigung und Kontrolle 88
   3.3 Adaption und Domestizierung 91
   3.4 Konstruktion und Vermittlung von Wirklichkeiten 94

3.5 Handeln mit Medientechnologien 98
    3.5.1 Handlungsträgerschaft und Kreativität 98
    3.5.2 Medien als Gegenstand sozialer und kultureller Praxis 102
3.6 Zusammenfassung 108

4 Synopsis: Medienaneignung als integrative medienhandlungs-theoretische Perspektive 111

5 Zur empirischen Untersuchung 118
    5.1 Grundannahmen des qualitativen Forschungsparadigmas 118
    5.2 Qualitative Medienforschung 121
    5.3 Rekonstruktive Methodologie und dokumentarische Methode 125
        5.3.1 Grundlagen der Dokumentarischen Methode 127
        5.3.2 Zusammenfassung und Schlussfolgerungen für die vorliegende Untersuchung 131
    5.4 Das Forschungsdesign 132
        5.4.1 Erhebungsmethode 133
            5.4.1.1 Das qualitative Interview 133
            5.4.1.2 Leitfadeninterview zur Medienaneignung 137
        5.4.2 Sampling, Zugang zum Feld und praktische Durchführung 140
            5.4.2.1 Zusammenstellung der Teilnehmer 140
            5.4.2.2 Kontaktaufnahme und forschungspraktischer Ablauf ... 142
            5.4.2.3 Stichprobe 143
        5.4.3 Auswertungsschritte 144
            5.4.3.1 Von der Interaktion zum Transkript 144
            5.4.3.2 Formulierende Interpretation 145
            5.4.3.3 Reflektierende Interpretation 146
            5.4.3.4 Komparative Analyse 150
        5.4.4 Gütekriterien qualitativer Forschung 151
            5.4.4.1 Modifizierung klassischer Gütekriterien 152
            5.4.4.2 Kernkriterien der vorliegenden Studie 155

6 Ergebnisdarstellung: Fallrekonstruktionen und Typisierungen 159
    6.1 Medien nutzen 159
        6.1.1 Status, Anerkennung und Prestige 160
        6.1.2 Handlungserweiterung, Rationalisierung und Normalisierung ... 205
        6.1.3 Selektiver Pragmatismus und Selbstverwirklichung 237
        6.1.4 Selbstbehauptung und affirmative Einordnung 278

6.2 Medien bewerten..332
    6.2.1 Stabilität und Stärke, soziale Vergemeinschaftung und autoritäre Begrenzung..333
    6.2.2 Selbstregulierung und Internalisierung institutionalisierter Regelstrukturen..356
    6.2.3 Erziehung, Perspektivenreziprozität und gemeinsame Praxis.......................380
    6.2.4 Anpassung, Disziplinierung und Schutz.......................................398
6.3 Medien wahrnehmen...418
    6.3.1 Rationalisierung der Technik...418
    6.3.2 Souveränität, Grandiosität und Leistungsfähigkeit von Technik............429
    6.3.3 Schwierigkeit und Irrelevanz der Rationalität von Technik.................438
    6.3.4 Nichtzuständigkeit und Fremdheit der Technik.................................448

7 Zusammenfassung und Diskussion der Ergebnisse.................. 461

7.1 Zur Medienaneignung der Jungen mit türkischem Migrationshintergrund..463
7.2 Zur Medienaneignung der Mädchen mit türkischem Migrationshintergrund..477
7.3 Zur Medienaneignung der Jungen aus deutschen Familien........................498
7.4 Zur Medienaneignung der Mädchen aus deutschen Familien....................512
7.5 Übergreifende Betrachtung der Merkmale Geschlecht und familiäre Herkunft sowie abschließende Überlegungen..530
    7.5.1 Technikverhältnisse als Beziehungen zur Materialität der Medientechnik....531
    7.5.2 Weltverhältnisse als soziale Beziehungsgestaltungen und Genderkonstruktionen...536
    7.5.3 Selbstverhältnisse als Subjektkonstitutionen.................................545
7.6 Ein kurzes Fazit..559

Literatur...562

Transkriptionsregeln... 609

Vorwort und Danksagung

Bei der vorliegenden Arbeit handelt es sich um die leicht überarbeitete Fassung meiner Dissertation, welche während meiner Tätigkeit als wissenschaftlicher Mitarbeiter am Institut für Erziehungswissenschaften der Humboldt-Universität zu Berlin entstand. Ihr Zustandekommen war nur möglich durch die Beteiligung einer ganzen Reihe von Menschen, denen ich herzlich dafür danken möchte, dass sie die Arbeit begleitet und zu ihrem Gelingen beigetragen haben.

Zunächst bedanke ich mich bei Frau Prof. Dr. Sigrid Blömeke, die mir durch ihr entgegengebrachtes Vertrauen in meine Arbeit und ihre Unterstützung die Durchführung dieser Studie und das Verfassen der Dissertationsschrift ermöglicht hat. Den Kolleginnen und Kollegen der Abteilung Systematische Didaktik und Unterrichtsforschung am Institut für Erziehungswissenschaften der Humboldt-Universität zu Berlin danke ich für zahlreiche Diskussionen und Rückmeldungen; hier besonders Frau Dr. Heike Schaumburg, die sich für die Entwicklung von Ideen stets Zeit genommen und mir wertvolle Hinweise und Anregungen gegeben hat. Frau Dr. Isabel Zorn (mittlerweile an der FH Köln) danke ich für gemeinsam durchgeführte Interpretationssitzungen, den Austausch über methodische Fragen und ihre konstruktive Kritik. Herrn Prof. Dr. Thomas Ziehe (Universität Hannover) danke ich für seine Bereitschaft, meine Dissertationsschrift als Zweitgutachter zu betreuen.

Nicht zuletzt bedanke ich mich bei all den Jugendlichen, die einer Befragung zugestimmt haben und die mir in Interviews ganz persönliche Einblicke in ihre subjektiven Medien- und Lebenswelten gewährt haben. Ohne ihre Bereitschaft zur Mitwirkung und ihre Offenheit hätte diese Arbeit nicht realisiert werden können.

Eine ganz besondere Dankbarkeit gilt meiner Frau Monika Neudenberger – für ihre Bestärkung, mich über Jahre hinweg mit meinem Thema zu beschäftigen und ihre unablässige Ermutigung und Geduld, mich dabei zu begleiten.

Einleitung

In einschlägigen Diskursen zur sogenannten Informations- oder Wissensgesellschaft ist die Frage nach dem Handeln mit neuen Medien und Technologien zum zentralen Thema sozialen Lebens avanciert. Mit digitalen Medien wie PC und Internet verbinden sich für alle gesellschaftlichen Mitglieder, insbesondere Heranwachsende, sowohl Anforderungen wie auch Chancen. Indem die meisten Jugendlichen längst Zugang zu Computermedien haben und diese auch mehr oder weniger selbstverständlich nutzen, sieht es – zumindest auf den ersten Blick – so aus, als seien sie innerhalb der gegenwärtigen Gesellschaft gut aufgestellt. Blickt man jedoch auf tatsächliche Prozesse der Nutzung von Medien und die damit in Verbindung stehenden Potenziale, fällt diese Einschätzung weit weniger eindeutig aus. Während auf der einen Seite Medienumgangsformen hinsichtlich verschiedener soziokultureller und soziodemografischer Unterschiede variieren, besteht auf der anderen Seite erheblicher Klärungsbedarf zu konkreten Ausformungen von Differenzen. An dieser Stelle setzt das Interesse der vorliegenden Arbeit an, indem sie Medienumgangsformen Jugendlicher differenziert in den Blick nimmt und nach übergeordneten Strategien und Prozessen ihrer Auseinandersetzung mit Medien fragt.

Um die Verwendungs- und Umgangsformen mit Medien analytisch zu fassen und zugänglich zu machen, wird in (medien-)pädagogischen Überlegungen zumeist auf den Terminus der *Medienkompetenz* zurückgegriffen, um den sich eine kontroverse und mittlerweile unübersichtliche Diskussion entwickelt hat (vgl. exemplarisch Kübler 2003). Dabei ist das Erfordernis, kompetent mit Medien umzugehen, eine ohne Zweifel zustimmungsfähige Programmatik. Bei genauerem Hinsehen ergeben sich jedoch auch Unklarheiten, die aus einer begrifflichen Unschärfe resultieren. Dies hängt wiederum damit zusammen, dass die Debatte um Medienkompetenz in der Regel normativ geführt wird. So wird häufig, wie exemplarisch von Baumert (2002: 111), ein „verständiger Umgang mit modernen Informationstechnologien" als ein „Schlüssel zu wichtigen gesellschaftlichen Wissensbeständen und Voraussetzung zur Teilhabe an expandierenden rechnergestützten Kommunikationsformen" gefordert. Während Aussagen wie diese in ihrem Allgemeinanspruch zwar zu bejahen sind, werfen sie gleichzeitig Fragen auf: Was ist ein solcher „verständiger Umgang"? Welche Qualität hat er und worauf bezieht er sich? Wie kann man ihn bestimmen, erfassen und bewerten? Ist schon der alltägliche, beiläufige Umgang mit Medien als wünschenswert zu bezeichnen oder bedarf es ganz bestimmter (und das bedeutet dann auch stuf- und messbarer) Fähigkeiten und Wissensbestände, um den Medienumgang als verständig bzw. kompetent zu deklarieren? Und wenn dies so ist – welche sind dies und wer hat die Definitionsmacht darüber?

Die Beantwortung dieser Fragen fällt unter anderem deshalb schwer, weil der Umgang mit Medien, fasst man ihn als *Kompetenz* (im Sinne einer Fähigkeit), ein normative Geltung beanspruchender Soll-Wert ist – und damit lediglich als universelle „Leitvorstellung" (Vollbrecht/Mägdefrau 1998) für pädagogisch Wünschenswertes funktioniert. Auf dieser Folie werden Prozesse des Handelns mit Medien jedoch allein unter der Perspektive einer vertikalen Kategorisierung betrachtet und ausgeblendet, dass erst

„unter Berücksichtigung unterschiedlicher biographischer Erfahrungen und Orientierungen sowie deren Wechselwirkungen untereinander" (Welling 2008: 85) verständlich wird, warum Akteure welche Medienpraxis entwickeln. Die gegenwärtige, von Kutscher (2009) als „Normativitätsdilemma der Medienkompetenz" bezeichnete, Situation bringt es mit sich, dass der Begriff infolge seiner theoretischen Soll-Wert-Architektur den Einblick in lebensweltliche Relevanzen des Umgangs mit Medien eher versperrt denn ermöglicht. Dabei sind es vermutlich eben jene Relevanzen, die einer Medienhandlung in Form nicht vollständig bewusster Schemata und Orientierungen zugrunde liegen. Zu bedenken ist etwa, dass die Nutzung von Medien gerade nicht zufällig ist, sondern „abhängig von Interessen und Vorlieben, Anregungen und eingeschliffenen Gewohnheiten, medienbiographischen Erfahrungen, Lebenslagen sowie den persönlichen und entwicklungsbezogenen Themen, die jeweils gerade relevant sind" (Vollbrecht 2002: 2).

Eine Option, sich jugendlichem Medienhandeln zu nähern und dabei zum einen die Schwierigkeiten einer normativen Perspektive zu umgehen oder sie zumindest zu reduzieren und zum anderen zu den von Vollbrecht genannten Aspekten vorzustoßen, besteht darin, sich zusätzlich mit der Ausbuchstabierung von Konzepten, in denen Wissens- und Kompetenznormen umrissen und Empfehlungen zu ihrer Erreichbarkeit formuliert werden, verstärkt damit zu beschäftigen, *wie* Heranwachsende heute im Medienzusammenhang handeln. Daraus leiten sich zwei Konsequenzen ab: Erstens, nach der empirischen Diversifikation der Auseinandersetzung Jugendlicher mit Medien zu fragen; zweitens, diese auch sinnhaft zu verstehen zu versuchen anstatt sich allein an einem ex ante aufgestellten Kompetenzraster zu orientieren und im Anschluss an theoretische Operationalisierungen jugendlichen Medienumgang zu messen.

Vor diesem Hintergrund stellt eine auf die Mikroebene gerichtete Betrachtung jugendlichen Medienhandelns, wie sie in der vorliegenden Untersuchung verfolgt wird, eine wichtige wie interessante Aufgabe gleichermaßen dar. Begrifflich orientiert sich die Arbeit dabei statt an Medienkompetenz an Medienaneignung. Dieses Konstrukt, das sich ebenfalls seit einiger Zeit in der medienpädagogischen Semantik etabliert hat (vgl. Schorb/Theunert 2000; Schorb 2005), nimmt die Prozesshaftigkeit des Umgangs mit Medien sowie dessen soziale Einbettung in den Blick und ist aufgrund seiner sozialisations- und handlungstheoretischen Wurzeln ein meiner Auffassung nach geeigneter, weil offener, Leitbegriff. Anders als in Termini wie z. B. „Medienpraxiskultur" – wie ihn Schäffer (2003) oder Straub (2006) verwenden – oder „Computerpraxis" (Welling 2008) werden mit dem Aneignungsbegriff nicht nur Berichte über das Handeln *mit* Medien, sondern auch Definitionen *von* und Positionierungen sowie – in einem weiten Sinne – Einstellungen *zu* Medien fokussiert.

Aneignung wird dabei in die Dimensionen *Nutzung, Wahrnehmung* und *Bewertung* von Medien ausdifferenziert. Geleitet von der Annahme, dass es sich dabei um Bestandteile der alltäglichen Lebensführung handelt, gilt es, Aneignungsprozesse auch vor dem Hintergrund alltäglicher Erfahrungen, Möglichkeiten, Kenntnisse und Bedürfnisse zu betrachten. Die vorliegende Untersuchung ist dabei von der Fragestellung motiviert, *wie* sich die Medienaneignung Jugendlicher vollzieht und welche Bedeutungszuschreibungen dies erfährt. Insbesondere liegt das Augenmerk darauf, wie dieser Prozess von Merkmalen des Geschlechts und der familiären Herkunft geformt, beeinflusst und mitgestaltet wird. Umgesetzt wird dazu ein empirisches Vorgehen, das einer forscherischen Haltung folgt, die sich als explorativ bzw. entdeckend versteht (vgl. Kleining 1995).

Der Sichtweise entsprechend, dass Medienhandeln eine Interaktionsform Jugendlicher darstellt, welche in alltagsbezogene Praxen eingebettet ist, werden Medien nicht als objektive Gegebenheiten aufgefasst; stattdessen wird von der Prämisse ausgegangen, dass Medien nicht unabhängig von subjektiven Wahrnehmungs- und Gebrauchsformen existieren. Diese Prämisse wiederum folgt Überlegungen handlungs- und kulturtheoretischer sowie wissenssoziologischer Provenienz. Mit ihnen wird angenommen, dass sämtliche Objektivationen – also auch digitale Medien – als lebensweltgebundene Phänomene unmittelbar auf individuelle Wirklichkeitskonstruktionen verweisen. Um solche Konstruktionen zu erschließen, erfolgt in der vorliegenden Studie eine Erhebung und Analyse qualitativer Daten, um diese zum Ausgangspunkt sozialwissenschaftlicher Erkenntnis zu nehmen. Medien werden hierzu als technische Artefakte begriffen, die – im Sinne einer „interpretativen Flexibilität" (Pinch/Bijker 1987: 27) – nicht nur vielfältige Handlungsmöglichkeiten nahe legen, sondern sich auch durch große Offenheit für Bedeutungszuschreibungen auszeichnen. Dass Medien von den sie Verwendenden in diversen Kontexten gebraucht und mit verschiedenen Szenarien des Umgangs in Verbindung gebracht werden, bildet die Grundlage für unterschiedliche Interpretationen derselben. Indem Jugendliche Medien und ihren Handlungsmöglichkeiten gegenüber Bedeutungszuschreibungen vornehmen, entsteht eine ihnen eigene Handlungskultur (vgl. Marotzki 2003) mit unterschiedlichen Akzentuierungen. Die Herausarbeitung genau dieses Aspektes steht im Zentrum der vorliegenden Arbeit, welche somit auf die Schnittstelle von Medienpädagogik und sozialwissenschaftlicher Jugendforschung zielt und einen Beitrag zur Theoriebildung leisten möchte.

In methodologischer Hinsicht ist die Arbeit rekonstruktions- statt subsumtionslogisch orientiert (vgl. zu dieser Unterscheidung Oevermann 2004; Wernet 2006) und verfolgt einen qualitativ-hermeneutischen Zugang zur Medienaneignung Jugendlicher. Zur Bearbeitung des mittels Interviews gewonnenen empirischen Materials wurde die dokumentarische Methode gewählt. Deren Vorteile und Besonderheiten liegen darin, dass damit der Forschungsgegenstand weder aus einer objektivistischen noch einer subjektivistischen Blickrichtung betrachtet wird; beide Sichtweisen erweisen sich als unzureichend, da aus objektiver Sicht – aufgrund der Verwendung von Vorab-Kategorien und Hypothesen des Forschers – die Relevanzsetzung des Forschungssubjekts überblendet werden kann, während sich aus subjektiver Sicht lediglich der Horizont des Akteurs[1] nachvollziehen lässt, was dazu führen kann, dessen Perspektive lediglich zu verdoppeln. Erst eine Methodologie, die zwischen Objektivismus und Subjektivismus vermittelt (vgl. Bohnsack 2003; Nohl 2006), ist in der Lage, die Aneignung von Medien „als performatives Handeln bzw. Interagieren zu begreifen" und auf diese Weise „die Konstitutionen von Wirklichkeit der Medienutzenden und die daran gebundene Subjektkonstitution ins Blickfeld zu rücken" (Schuegraf 2008: 301).

Die methodologische Ausrichtung der Arbeit begründet sich auch daher, dass Medienaneignungsmustern komplexe Orientierungen darstellen, die verwoben sind mit

---

[1] Aus Gründen der Erleichterung des Textverständnisses wird in der vorliegenden Arbeit ausschließlich die männliche Sprachform verwendet.

übergeordneten alltagsbezogenen Themen und Handlungsmustern sowie den damit verbundenen Selbstpositionierungen innerhalb der Lebenswelt. Die Berücksichtigung dieser Auffassung führt dazu, dass das implizite Wissen bzw. der Habitus der Jugendlichen den Mittelpunkt des Interesses dieser Untersuchung bilden: Wie ein jugendlicher Akteur sich Medien zueigen macht, ist demnach nicht allein zielorientiert oder geplant, sondern kann auch auf der Ebene eines habituellen Handelns stattfinden, womit dasjenige Handeln gemeint ist, das „sich alltäglich innerhalb konjunktiver Erfahrungsräume vollzieht, ohne dass (…) sich ein theoretisch-explizites, sogleich in Form von Sprechakten formulierbares Motiv angeben ließe" (Schäffer 2003: 110).

Die Einsicht, dass Handlungen in konjunktive Erfahrungsräume eingebettet sind, führt dazu, dass in der vorliegenden Arbeit empirisch zwar einzelfallbezogen vorgegangen, nicht aber bei der Betrachtung eines einzelnen Falles stehen geblieben wird. Insofern hat die Arbeit die Absicht, sowohl den Prozess der Medienaneignung konkreter Jugendlicher nachzuvollziehen als auch fallübergreifende Strukturen und Muster zu entdecken und abstrahierende Typisierungen vorzunehmen. Gefragt wird also danach, ob sich bezüglich der Medienaneignung Jugendlicher – in einem ersten Schritt – bestimmte Orientierungen identifizieren und sich diese – in einem zweiten Schritt – typisieren lassen. Die Rekonstruktion *und* Typisierung von Orientierungen Jugendlicher unterschiedlichen Geschlechts und mit unterschiedlichem familiärem Hintergrund bilden das zentrale Resultat der Arbeit.

Da bei Untersuchungen mit hermeneutisch-sequenzanalytischem Zuschnitt sowohl das Sample als auch die berücksichtigten Hintergrundmerkmale der Fälle nicht zu umfangreich sein dürfen, wurde sich auf 12 Jugendliche beiderlei Geschlechts aus deutschen und türkischen Familien beschränkt. Eine Kontrastierung der von mir befragten Jugendlichen nach diesen Merkmalen erfolgte aus zwei Gesichtspunkten: Das Geschlecht wurde berücksichtigt, weil es (nicht nur in der Medienforschung) als die zentrale Strukturierungskategorie sozialer Wirklichkeit gelten kann; der familiäre Hintergrund wurde berücksichtigt, weil in dieser Dimension Unterschiede bezüglich der Jugendlichen vermutet werden dürfen, die bislang nur unzureichend bekannt sind. Ausgewählt wurden hierzu Jugendliche aus deutschen und türkischen Familien; die Wahl fiel auf sie, weil Jugendliche mit einem türkischen Migrationshintergrund einen erheblichen Anteil in der Gesamtgruppe Jugendlicher darstellen und darüber hinaus eine in der qualitativen Medien- und Sozialforschung bisher weitgehend vernachlässigte Gruppe darstellen. Befragt wurden dabei solche Jugendliche, deren Eltern aus der Türkei zugewandert sind und die selbst in Deutschland geboren sind.

Zur Darstellungsweise der empirischen Ergebnisse

Rekonstruktive Sozialforschung versteht sich als Forschungspraxis, deren Ergebnisse allein in Textform darstellbar sind. Daraus ergibt sich eine gewisse Herausforderung, eine angemessene Präsentationsform zu finden, die Wesentliches hervorhebt und Unwesentliches ausblendet. Letztlich handelt es sich bei den in dieser Arbeit ausgewählten und vorgestellten Erträgen um Entscheidungen, die bis zum Abschluss immer wieder neu auf ihre Stimmigkeit hin überprüft werden mussten. Dadurch, dass Interviewfragmente auszugsweise in die Ergebnisdarstellung integriert werden, ist dem Leser die Möglichkeit gegeben, die Gültigkeit der Analysen nachzuvollziehen. Somit wird den innerhalb der qualitativen Sozialforschung geforderten Kriterien der *Transparenz* und der *Explikation* Rechung getragen.

Darüber hinaus hat diese Darstellungsweise zwei Funktionen: Erstens kann der Leser selbst – vor allem bei längeren Passagen – Einblicke in den Habitus der Jugendlichen gewinnen und zweitens wird die Forschungsinteraktion als dialogische sichtbar. Auf diese Weise versteht sich die Darstellung auch als ein reflexiver Umgang mit der Tatsache, dass die Zugangsweise auf die Medienaneignung Jugendlicher als Gegenstand dieser Arbeit in anderen Interaktionen anderer Personen möglicherweise anders ausgefallen wäre. Damit ist keinem Relativismus das Wort geredet, stattdessen soll betont sein, dass ein Rückgriff auf nicht-standardisierte Daten immer als Konstruktion von Forscher- und Forschungssubjekten in unmittelbarer Interaktion zu verstehen ist bzw. gar nicht anders verstanden werden kann (vgl. Soeffner 2003). Insofern ist der Leser eingeladen, die Realität der stattgefundenen Forschungsinteraktion und die intersubjektive Nachvollziehbarkeit ihrer Analyse selbst zu verfolgen.

Aufbau der Arbeit

Die Arbeit gliedert sich in sieben Kapitel, wobei zu Beginn eines jeden über dessen zentrale Themen informiert wird. Kapitel 1 stellt den Problemhorizont der vorliegenden Arbeit dar und geht auf den für die Untersuchung zentralen Diskurs zum gesellschaftlichen Hintergrund ein. Dabei wird zunächst das Konstrukt der sogenannten Wissensgesellschaft erörtert, dessen Engführung von Medienhandlungen als die Bewältigungsfähigkeit von Anforderungen kritisch betrachtet und die Merkmale eines subjektwissenschaftlichen Vorgehens herausgearbeitet. Zur Klärung der Relevanz der vorliegenden Untersuchung wird anschließend auf Forschungen zum Themenbereich Jugend und Medien eingegangen und gezeigt, inwiefern die Betrachtung jugendlichen Medienhandelns in einer sinnverstehenden Perspektive, vor allem unter Berücksichtigung des familiären Hintergrundes, ein Desiderat bildet. Zur Grundlegung der Studie wird daraufhin ein sozialwissenschaftlicher Bezugsrahmen entfaltet, der auf der Basis interpretativer Sozialtheorien insbesondere die Bedeutung von Lebenswelt und Wissen fokussiert. Kapitel 2 und 3 widmen sich der Klärung des Begriffsinventars meiner Untersuchung und dienen dazu, die Analyserichtung der Studie theoretisch auszuarbeiten und zu fundieren. In dieser Theoriediskussion werden die beiden Hauptkategorien Jugend und Medien in den Blick genommen. Schließlich wird in Kapitel 4 eine Synopse vorgenommen, in welcher die bis dahin vorgestellten theoretischen Überlegungen unter dem Begriff Medienaneignung gebündelt werden, welcher mir als heuristische medienhandlungstheoretische Perspektive für eine empirische Untersuchung sehr geeignet erscheint. Kapitel 5 dient der Beschreibung, Begründung und Reflexion der von mir gewählten methodischen Vorgehensweise: Nach der Erörterung zentraler Prinzipien des qualitativen Forschungsparadigmas und der Vorstellung des bei der Studie zum Einsatz gekommenen rekonstruktiven Verfahrens wird das konkrete Forschungsdesign erläutert. Hiernach werden in Kapitel 6 anhand von Fallrekonstruktionen die empirischen Ergebnisse zu den Medienaneignungsprozessen der befragten Jugendlichen dargestellt. Die Erkenntnisse der Fallanalysen werden im letzten Kapitel 7 zusammengefasst und verdichtet, wobei die Sicht zunächst auf den einzelnen Samplegruppen liegt. Darauf folgt eine übergreifende Betrachtung der Merkmale Geschlecht und familiärer Hintergrund, in welcher Gemeinsamkeiten und Unterschiede der Jugendlichen entlang einer Blickrichtung von Technik-, Welt- und Selbstverhältnissen als eines ineinander verschachtelten Bedingungsgefüges herausgestellt werden. Die Arbeit schließt mit der Überlegung, wie sich auf der Basis der Ergebnisse Anschlussmöglichkeiten für weiterführende Fragen finden lassen.

1 Problemstellung

Am Beginn einer jeden empirischen Studie steht die Darstellung des Problemzusammenhangs, der das übergeordnete Thema verdeutlicht und die zu stellenden Fragen einordnet. In diesem Kapitel wird dazu ein Bezug zur Diagnose der Wissensgesellschaft hergestellt, weil diese für die Auseinandersetzung mit neuen Medien das gegenwärtig wichtigste Deutungsmuster darstellt. In ihrem Kontext zeigt sich, dass das Medienhandeln Jugendlicher in den Sog einer Thematisierungsform von Bildung gerät, die Bildungsprozesse in Bezug auf normative und sachstrukturelle Anforderungen und deren sichtbare Bewältigung hin modelliert und misst. In den Hintergrund gerät demgegenüber eine andere Thematisierungsform, welche Bildungsprozesse als den Zusammenhang von Erfahrung und Sinndeutung zu verstehen und zu rekonstruieren beabsichtigt. Gerade diese erhält aber ihre Relevanz, weil damit die subjektiv sinnhaften Bedeutungen im Kontext von Medienhandlungen einschließlich der daraus möglicherweise resultierenden Nutzungsdifferenzen und -einschränkungen in den Blick genommen werden, woran sich die Möglichkeit koppelt, Orientierungen Heranwachsender in ihren verschiedenen Ausprägungen mit dem pädagogischen Diskurs zu relationieren. Dass dafür Bedarf an weiteren empirischen Erkenntnissen besteht, zeigt ein Blick auf Forschungen zum Thema Jugend und Medien.

Die in diesem Kontext entstehende Problemstellung der vorliegenden Arbeit wird folgendermaßen erarbeitet: Zunächst wird auf medienbezogenes Handeln und Wissen eingegangen, wie es sich unter den Bedingungen der Wissensgesellschaft darstellt (1.1); daraufhin werden der Forschungsstand betrachtet und entsprechende Desiderate benannt (1.2); anschließend wird der Rahmen der vorliegenden Studie skizziert, welcher grundlegende sozialwissenschaftliche Theoriebezüge herstellt, die im weiteren Verlauf der Arbeit aufgegriffen und weiterverfolgt werden (1.3).

1.1 Medienhandeln in der Wissensgesellschaft und seine Thematisierung

Computertechnisch bedingte Optionen gelten als Verursacher sozialer Veränderungen, deren Tragweite verglichen werden muss mit ähnlich gravierenden früheren Innovationen, so der Erfindung des Buchdrucks im 17. Jahrhundert oder der Einführung maschineller Produktion zu Beginn des 19. Jahrhunderts (vgl. Castells 2001: 385; Braun 2005: 109). Der rasanten Ausbreitung der Computer- und Internettechnologie werden fundamentale Umwälzungen in Denkweisen, Formen der Gemeinschaftsbildung, der Identitätskonstruktion bis hin zu Möglichkeiten der sexuellen Orientierung zugeschrieben (vgl. Turkle 1999: 9). Dabei ist Computertechnik zunächst eine technische Apparatur, die aber gerade mit ihrer umgreifenden gesellschaftlichen Verbreitung eine soziale Dimension erzeugt. Wie in kaum einem anderen Feld gesellschaftlicher Innovation ist ihre soziale Einbettung in Form der sozialen Akzeptanz einer technologischen Neuerung immer besonderes aufmerksam beobachtet worden (vgl. Tully 1994: 134). In Form von Computertechnologie liegen Medien „ganz neuen Typs vor: Maschinen, die Symbole verwalten und daher fast universal einsetzbar sind" (Funiok 1993: 19), etwa für textliche, graphische oder numerische Darstellungen, Informationsspeicherung/-verarbeitung und Kommunikation.[2] Der Computer als das informationstechnische *Herzstück* ist in der Lage, Informationen als Anweisung (als Programm) zu verstehen und damit logisches Schließen nachzubilden. Damit evoziert der Computer neue Diskurse über Wissen, Denken und Handeln: Als zentrales informationsverarbeitendes Element erscheint er sinnbildlich für die technische Modernisierung von Subjekt *und* Gesellschaft.

Die Diffusion neuer Techniken in soziale Zusammenhänge hat in den Sozialwissenschaften seit etwa Mitte des 20. Jahrhunderts zu veränderten Beschreibungen gesellschaftlicher Realität geführt, indem fundamentale Veränderungen von einer industriellen über eine Informations- (vgl. Otto/Sonntag 1985) hin zu einer *Wissensgesellschaft* (vgl. Hubig 2000, Kaase 1999) konstatiert wurden.[3] Dieser Terminus hat sich zwar als gegenwärtig „populärste Zeitdiagnose" (Bittlingmayer 2001: 15) gegenüber anderen durchgesetzt, gleichwohl hat keine paradigmatische Entwicklung stattgefunden, die eine präzise Umgrenzung und inhaltliche Füllung zugelassen hat (vgl. Rammert 2000, Kübler 2005).[4] Gemeinsam ist dem Diskurs, den gesellschaftlichen Wandel nach bestimmten Dimensionen zu ordnen und zu typisieren, wobei z. B. Prozesse makroökonomischer Neuausrichtung, von Verschiebungen in Beschäftigungsverhältnissen sowie sozialräumlicher und kultureller Veränderungen betrachtet werden (vgl. Webster 1995).

Als eine diesbezüglich wichtige Referenz gilt unter anderem die Untersuchung Bells (1985), die das Szenario der Ablösung von einer Industrie- durch eine nach- bzw. postindustrielle Gesellschaft beschreibt.[5] Wichtige Ursache für diese Prozesse sieht Bell in technischen Innovationen, insbesondere im Bereich der Mikroelektronik, denn mit ihr emergieren „neuartige technologische Infrastrukturen" (Löffelholz/Altmeppen (1994: 581) von entscheidender Prägekraft für die Konturen dieser Gesellschaftsformation. Bells Gesellschaftsentwurf macht den Computer als wichtigsten „materiellen Träger der Entwicklung" sichtbar (Schiersmann/Busse/Krause 2001: 28), etwa indem computergestützte Informationsverarbeitung in Form einer „intellektuellen Technologie"[6] zur Vor-

---

[2] Für einen kurzen Abriss zur Technik und Geschichte des Computers siehe Aufenanger 2005: 56; Möller 1990: 179 ff.

[3] Dabei stellt Wissensgesellschaft nur *eine* von zahlreichen Beschreibungsmöglichkeiten dar – so markiert schon der Titel des Buches von Pongs (1999; 2000) „In welcher Gesellschaft leben wir eigentlich?" die enorme Bandbreite gesamtgesellschaftlicher Diagnosen (vgl. auch den Sammelband zu soziologischen Gesellschaftsbegriffen von Knehr, Nassehi und Schroer 2001).

[4] Mit Immerfall (1998: 254) entspricht Wissensgesellschaft eher einem *deutenden* Gesellschaftsmodell, das über eine *Gesellschaftsanalyse* hinaus Prognosen und Deutungsmuster gesellschaftlicher Transformationen enthält.

[5] Deren Emergenz fokussiert Bell in folgenden Dimensionen (Bell 1985: 129 ff.): Der wirtschaftliche Sektor befinde sich im Übergang von einer güterproduzierenden zu einer Dienstleistungsgesellschaft. Würden in Industriegesellschaften primär mit Maschinen Güter hergestellt, gehe es in nachindustriellen Gesellschaften um die Gewinnung und Verwertung von Information und Wissen. Damit entstehe eine neue Berufsstruktur mit einer neuen Klasse technisch qualifizierter Berufe und sinkender Beschäftigtenzahl in Industrie und Landwirtschaft. Grundlage der wichtigsten Produktionsmechanismen seien nicht mehr Rohstoffe/Energie, sondern Information und theoretisches wissenschaftliches Wissen werde zur Quelle und zum Ausgangspunkt gesellschaftlicher Steuerung.

[6] Darunter werden solche Verfahrensweisen verstanden, die die „Substituierung intuitiver Urteile durch Algorithmen" leisten, welche etwa „in einem Automaten, einem Computerprogramm oder einer Reihe auf statistischen und mathematischen Formeln beruhender Instruktionen zum Ausdruck kommen" (Bell 1985: 45). Das dies nur von Computertechnologie geleistet werden kann, liegt auf der Hand, denn nur sie ist im-

aussetzung von Entscheidungsfindungen bei komplexen Problemen wird. Für den Diskurs der Wissensgesellschaft liegen hier wichtige Grundlagen: Seit den von Bell beobachteten Modernisierungsprozessen ist das mit neuen Technologien in Zusammenhang stehende Wissen in den Mittelpunkt des Interesses gerückt. Denken wird zunehmend auf symbolverarbeitende Maschinen übertragen, die nicht nur immer bessere Voraussetzungen bieten, sondern dieses Denken auch formal und inhaltlich präformieren (vgl. Rohbeck 2000: 219). Es expandiert mittels Technologie und wird zu einer strategischen Ressource und zur Quelle von Mehrwert.[7]

Inwiefern sich neben technischen Möglichkeiten vor allem *Wissensoptionen* als zentraler Faktor verändern, ist Mittelpunkt der viel beachteten Theorie von Stehr (1994, 2001), welche davon ausgeht, dass wir uns „in vielen wichtigen Aspekten auf eine Gesellschaftsform zubewegen, die sich von dem, was uns bisher (...) vertraut war, radikal unterscheidet" (1994: 24). Es entsteht eine dynamische Ausweitung sozialer *Handlungsmöglichkeiten*, die unter anderem damit korrespondiert, dass „die neuen Technologien das soziale Leben der modernen Gesellschaft von Grund auf neu bestimmen" (ebd.: 146). Die heraufkommende Wissensgesellschaft repräsentiert eine „soziale und ökonomische Welt, in der Ereignisse oder Entwicklungen zunehmend ‚gemacht' werden, die zuvor einfach ‚stattfanden'" (Stehr 2001: 10). Soziale und ökonomische Veränderungen werden nun zum Ergebnis eines Handlungskalküls und erscheinen Wissen als *dem* zentralen Bestandteil von Handlungskapazität zuschreibbar. Wissen ist eine Ressource, der eine „aktive Funktion im gesellschaftlichen Handlungsablauf" (ebd.: 8) zukommt und die dazu befähigt, „etwas in Gang zu setzen" (ebd.: 10).[8] Es wird zur Zentralbedingung für die Teilhabe an der Herstellung sozialer Tatbestände, die unter aktuellen und mehrheitlich gültigen Anerkennungsmechanismen zu Geltung führt und dazu befähigt, sich im Kontext von Produktionsprozessen und -beziehungen „schnell verändernden Nachfrage- und Angebotskonstellationen anzupassen" (ebd.: 10). Sichtbarste Relevanz hat Wissen demnach in wirtschaftlichen Zusammenhängen, in denen es „zur wichtigsten Quelle des Wertzuwachses wird und eine erhöhte Produktion unter geringerem Einsatz von Arbeit" ermöglicht (Stehr 1994: 524). Es hat die Aufgabe gesellschaftlicher Reproduktion übernommen, löst Arbeit und Kapital zunehmend ab und führt so in eine „Epoche, deren Wirtschaft auf Kreativität beruht" (Lotter 2007: 56). Auf ähnliche Überle-

---

stande, „eine Kette multipler Kalkulationen durchzuführen, durch die verschiedensten Analysen die Wechselwirkungen vieler Variablen in allen Einzelheiten zu verfolgen und gleichzeitig mehrere hundert Gleichungen zu lösen" (ebd.: 46).

[7] Obwohl Bells Theorie nach wie vor als gewichtiges „Deutungsmuster und ein Grundgerüst" (Stein-bicker 2001: 77) für den Zusammenhang von Gesellschaft, Technologie und Wissen gilt, haftet ihr der Technokratievorwurf an (ebd.: 219). Zimmerli (2000) plädiert für den Begriff der Informationstechnologie- oder Wissenstechnologiegesellschaft, denn damit ließe sich besser ausdrücken, dass sich Gesellschaft nicht auf Wissen gründet, sondern darauf, dass Wissen „in einer technologischen Form verfügbar ist", ohne dass man in einem „selbstreflexiven Sinne davon etwas weiß" (ebd.: 84). Wiegerling (1998) weist auf das Wachstum materielle Speicher-, Verarbeitungs- und Verbreitungsmöglichkeiten mit dem Ergebnis einer nicht mehr überschaubare Masse an Daten hin – dass aber deshalb das Wissen wachse, hält Wiegerling für „eines der grundlegendsten Missverständnisse unserer Zeit" (ebd.: 184) – vergrößert habe sich lediglich ein Daten- und Informationsreservoir, ebenso wie sich Distributions- und Zugriffsoptionen multipliziert und verbessert haben.

[8] Aus handlungstheoretischer Sicht wird Wissen somit an einen Handlungstypus gebunden, der dem instrumentellen Handeln im Sinne von Habermas (1981) zuzuordnen ist.

gungen wird in (bildungs-)politischen Programmatiken ausdrücklich Bezug genommen: Wissen ist „Rohstoff und Produktionsfaktor" (Josczok 2001: 33), dessen zukünftige Bedeutung vor allem im Bereich wirtschaftlich-technischer Leistungsfähigkeit zu sehen ist und eine enge Verknüpfung von digitalen Technologien, Wissen und Handeln begründet.[9]

Diese Sichtweise korrespondiert mit einer Rationalität der Technik aus der Perspektive von *Informations- und Technikwissenschaft*, welche technische Potenziale hinsichtlicht ihrer Leistungen und Folgen für soziale Makrozusammenhänge und ihre Reproduktion auslotet (vgl. Schiersmann et al. 2001; Gesellschaft für Informatik e. V. 2000). Fokussiert wird darin vor allem die Breite und Mannigfaltigkeit technologischer Innovationen, die aus der materialen Existenz „technischer Informatiksysteme" (Schiersmann et al. 2001: 26) ableitbar sind – diese finden sich zusammengefasst in fünf Hauptsätzen, in denen Haefner (2002: 482 f.) die Potenzen der Informationstechnik beschreibt:[10] Es entstehe eine radikal neue „Struktur der informationellen Umwelt des Menschen" (ebd.: 485), weswegen es gelte, den „Homo informaticus als Leitbild einzuführen" und das „Konzept der psychischen Mobilität mit Informationstechnik zu realisieren" (ebd.: 488). Fokussiert ist damit das „Grundmuster einer Technik" (Tully 2003: 57), die in ihrer Rationalität im Wesentlichen der Rationalisierung dient. Sie ist vor allem *Produktionstechnik*, ein Mittel zur Erzeugung bzw. Hervorbringung und ein Instrument zur Gestaltung technisch organisierter Abläufe. In diese zur Erfüllung spezifischer Funktionen entwickelte Technik sind gesellschaftliche Vorgaben eingebaut und der Umgang damit ist an spezifische und sachgemäß vorstrukturierte Zwecke gebunden, die die Erfüllung einer vorgegebenen Logik nahe legen (vgl. Tully 1994: 70). Aufgrund dieser Einbettung von Technik in ein *Produktionsparadigma* (vgl. Hörning 2001: 89) erscheint sie kompatibel mit gesellschaftlichen Rahmenbedingungen, in denen notwendige Informationsverarbeitungsleistung von technischen Systemen abgewickelt werden,

---

[9] So heißt es in einem Aktionsprogramm der Bundesregierung (2003): Für Deutschlands Zukunft sei Computertechnik der „Schlüssel, um Wissen und Innovation zur Steigerung von Wachstum, Wettbewerbsfähigkeit und Beschäftigung im Zeitalter einer vernetzten Welt zu nutzen" (ebd.: 5). Bildung und Wissen sind „die Basis für die Innovations- und Wettbewerbsfähigkeit der Wirtschaft" (ebd.: 23). Der Einsatz von Informations- und Kommunikationstechnologie spielt dabei eine zentrale Rolle, denn nur „die Volkswirtschaften, in denen Entwicklung und Einsatz leistungsfähiger IuK vorangetrieben wird und die in das Wissen des Einzelnen investieren, werden den Übergang in die Informations- und Wissensgesellschaft erfolgreich bestehen können" (ebd.). Weil im Prozess zunehmender Globalisierung wissensbasierte Innovationen die wirtschaftliche Entwicklung dominieren, wird das Wissen „ökonomisiert und damit wird der Umgang mit Wissen zu einer zentralen Frage der künftigen Gesellschaft" (ebd.). Ähnlich beschreibt die OECD (2005), es sei oberstes Bildungsziel, Humankapital „als Schlüsselfaktor für das Wirtschaftswachstum und die Verbesserung des wirtschaftlichen Erfolges des Einzelnen" zu fördern (ebd.: 11). Siehe in ähnlicher Weise auch den Bericht der Enquete-Kommission des Deutschen Bundestages (2002) zum Thema „Globalisierung".

[10] Danach lässt sich jeder praktizierte, „wohl beschreibbare Prozess der Verarbeitung von Informationen technisch sicher abbilden" (1). Auch lasse sich jeder „nicht im Detail beschreibbare Prozess der Verarbeitung von Informationen (…) auch technisch realisieren" (2). Allerdings würden aus der Spannbreite „von technisch implementierbaren Prozessen der Verarbeitung von Informationen (…) nur die technisch realisiert, die ökonomisch (oder militärisch) sinnvoll sind" (3). Als ein Charakteristikum stetiger Innovation würden alle Komponenten der Informationstechnik „bei konstanter Leistung ständig kleiner" (4). Schließlich würde bei konstanter Leistung „Informationstechnik immer billiger" (5) (Haefner 2002: 482 f.).

welche mehr und mehr auf den Menschen als „kognitive Maschine" verzichten.[11] Dabei transportiert das Produktionsparadigma die Vision und den Glauben an die Rationalisierung und Technisierung des gesamten gesellschaftlichen und kulturellen Lebens.[12] Impliziert wird dabei die Prominenz exakter und formalisierbarer Wahrnehmungs- und Denkformen, da ohne sie kein informationstechnisches Handeln möglich ist.

Die vor diesem Hintergrund entstehende Bedeutung medientechnologischen Wissens und Handelns als zentrale *Ressource* der Wissensgesellschaft wird an den seit Mitte der 1970er Jahre emergierenden Bildungsanstrengungen erkennbar. In den USA etablierte sich zunächst der bildungspolitische Begriff Computer Literacy, welcher sich als Ergänzung der „alten" Kulturtechniken verstand (vgl. Nevison 1976) und dem sich eine nach wie vor anhaltende Kontroverse über Form und Inhalt anschloss.[13] Seit Beginn der 1980er Jahre wurde auch unter deutschen Bildungspolitikern kontrovers um das Lernziel Computer diskutiert[14] und schließlich in Schule und Unterricht integriert. In den USA setzte in den 1990er Jahren eine erneute Diskussion ein, welche, vor allem im Kontext der Entgrenzung computergestützter Anwendungskontexte (vgl. Bunz 2003)[15], Begriffe wie *Competency* und *Technological Literacy* hervorbrachte (vgl. Seel/Casey 2003). Vor dem Hintergrund einer programmatischen Schrift des Committee in Information Technology Literacy und des National Research Councils von 1999 kommt auch *Fluency* in Mode, ein Konzept, welches beschreibt, „what an individual must know and

---

[11] Haefner fragte bereits 1982, was gelernt werden solle, „wenn die Informationstechnik wichtige Teile des menschlichen Handelns und Denkens übernimmt" und was daraus resultiere, wenn jeder Einzelne „einen leichten und billigen Zugriff zu technisch verfügbarer Information und Informationsverarbeitung" habe (Haefner 1982: 15). Haefner befürwortet die Aneignung theoretischen Wissens nicht mehr durch Lernen; stattdessen sei dieses bei Bedarf aus zentralen Speichern abzurufen (vgl. Brehm-Klotz 1997: 66). Diese Vision ist kritisiert worden als die „tendenziell totale Ersetzbarkeit des Menschen durch Maschinen, mindestens in sämtlichen ökonomisch kalkulierbaren Reproduktionssektoren" (Kübler 1988: 68) – hätten in dieser Situation doch allein diejenigen Bildungsanforderungen noch Berechtigung, die technisch oder ökonomisch nicht ersetzbar sind.

[12] Dies wurzelt in den 1960er Jahren, als in der Informatik eine Verheißung gesehen wurde, mit ihr sei eine Wissenschaft gegeben, „die den Algorithmus zu ihrem Zentrum macht, der – ganz abgesehen von seinen unabhängig von den konkreten technischen Entwicklungen – das Denken überhaupt, sei es in der Linguistik, der Philosophie oder der Juristerei, beeinflussen könne" (Schelhowe 1997: 27). Aus Sicht postmodernistischer Kritiker emergiert aus der Informatik „eine bestimmte Logik, die sich durchsetzt, und daher auch ein Gefüge von Präskriptionen über die als ‚zum Wissen' gehörig akzeptierten Aussagen" (Lyotard 1986: 23). Welsch kommentiert das ingenieurwissenschaftliche Weltbild ironisch: „Was nicht programmierbar ist, darüber muß man schweigen" (Welsch 1993: 219).

[13] Ungeachtet aller Differenzen dokumentiert sich darin eine bildungspolitische Entschlossenheit zur Bewältigung technologischer Herausforderungen des 21. Jahrhunderts. Den vermutlich wichtigsten Meilenstein dieser Diskussion bildet das 1983 von der National Comission on Excellence in Education verfasste Werk „A Nation at Risk", das die Bedrohung der gesellschaftlichen Zukunft durch die schlechte mathematischen und naturwissenschaftliche Bildung der Heranwachsenden herausstellte.

[14] 1987 wurde von der Bund-Länder-Kommission für Bildungsplanung und Forschungsförderung (BLK) ein Gesamtkonzept für die Informationstechnische Bildung in Schule und Ausbildung vorgelegt, welches im Wesentlichen die in der US-amerikanischen Diskussion versammelten Aspekte von Computer Literacy umfasste und verschiedene Inhaltsbereiche mit einer für alle Heranwachsenden Verbindlichkeit beschrieb.

[15] Angesichts des Tempos der technologischen Entwicklung sei es unbefriedigend, Literacy als erworbene Fähigkeit anzusehen; deswegen müsse Computerkompetenz „evolve continuously as technologies change, and openness toward acquiring new skills plays into this just as much as one's cognitive abilities to re-learn" (Bunz 2003: 4).

understand about information technology in order to use it effectively and productively for his or her own purposes" (ebd.: 6). Ähnliche übergreifende Modelle werden in Deutschland insbesondere im Zuge des sich verstärkenden Trends zur Standardisierung diskutiert: In der Wissensgesellschaft gilt ein „verständiger Umgang" mit neuen Technologien als „Voraussetzung zur Teilhabe an expandierenden rechnergestützten Kommunikationsformen" (Baumert 2002: 111) und damit als „Schlüsselkompetenz, die sich immer mehr als eine der zentralen Fähigkeiten im Berufsleben durchsetzt" (Wirth/ Klieme 2003: 195). Diese Aussagen treffen sich stimmig mit Erwartungshaltungen aus der Perspektive von Arbeitgebern: In einer im Juni 2004 erschienen Studie des Deutschen Industrie- und Handelskammertages geben über 2000 Unternehmen an, dass sie *EDV-Kenntnisse* mittlerweile wichtiger erachten als beispielsweise Präsentationskompetenz, Fremdsprachenkenntnisse oder Auslandserfahrung (vgl. Hebermann 2004: 6). Technologie und der Umgang damit als *Basisqualifikation* erscheinen also wie selbstverständlich eingebettet in einen Diskurs von *gesteigerten Anforderungen* und der *Ermöglichung gesellschaftlicher Teilhabe*.[16]

Bisher Gesagtes lässt sich dahingehend bündeln, dass in der Wissensgesellschaft technisches Wissen und Handeln zur Idealvorstellung eines Handlungstyps reüssiert ist „to function comfortably as a productive citizen in a computer-oriented society", wie es D. H. Watt bereits 1980 (ebd.: 3) formuliert hatte. In dieser Vorstellung begegnet sich die Idee produktiven gesellschaftlichen Handelns mit der Vision gesellschaftlichtechnischen Fortschritts. Allerdings vollzieht sich parallel zur Diagnose des Zuwachses an gesellschaftlichen Handlungsoptionen, die Stehr (2001: 13) vor allem als „befreiendes Handlungspotenzial" von Wissen gedeutet hatte, auch dessen *Radikalisierung*, indem nämlich vor allem derjenige „Definitionsmacht im System" hat, der „Wissen im Produktionsproceß gezielt und rasch einzusetzen vermag" (Stroß 2001: 208). Unter den Bedingungen einer „Multioptionsgesellschaft" (Gross 1994) wachsen Gestaltungspotentiale und Unsicherheiten gleichzeitig, woraus eine Ambivalenz von Kompetenz- und Flexibilitätszumutungen und einer damit verbundene Semantik einer erhöhten Eigenverantwortung des Einzelnen, seiner *Mobilität* und seiner *Flexibilität* entstehen (vgl. Sennett 1998).

Diese Entwicklung geht einher mit einem an Deregulierung und der Einführung flexibler Strukturen orientierten Politikmodell, in dem sich ein Wettbewerb auftut, der „auf die Eigenverantwortung der sozialen Akteure, mithin auf die Selbstzuschreibung von Erfolg und Misserfolg abhebt" (Bittlingmayer 2001: 16, vgl. auch Reckwitz 2008: 132). Eine ideologisch radikalisierte Festschreibung dieser Prinzipien zeigt das Beispiel neoliberaler Bildungsinitiativen, die die Wissensgesellschaft in der Semantik von Leis-

---

[16] Das in diesem Kontext vermutlich größte Projekt ist der Europäische Computerführerschein (ECDL), ein in 148 Ländern anerkanntes Zertifikat zum Nachweis grundlegender IT-Kenntnisse. Gesteuert von der Dienstleistungsgesellschaft für Informatik (DLGI) ist die Zertifizierung allein in Deutschland über rund 1000 ECDL-Prüfungszentren organisiert. Als Zusatzqualifikation soll der ECLD Bewerbungschancen erhöhen und den Berufseinstieg erleichtern, indem er Arbeitgebern als Zeugnis vorgelegt wird, um ein Bild der nachgewiesenen Leistung zu vermitteln. Wer darüber verfüge, so die offizielle Werbung, habe nicht nur mehr „Gesundheit", sondern verbuche „für sich selbst und damit für den Betrieb deutlich bessere und effektivere Arbeitsergebnisse" (vgl. http://www.ecdl.de).

tungsorientierung, Exklusion und Hierarchisierung fortschreiben.[17] Dies korrespondiert mit dem Umgreifen einer neuen Vergesellschaftungslogik, die soziale Akteure als „flexible Arbeitskraftunternehmer" begreift (Voß/Pongratz 1998) und in der unternehmerisches Handeln zum einzig gültigen Handlungstypus stilisiert wird: *Markt* wird zur Leitmetapher und zum „Medium sozialer Integration" (Bröckling 2002: 10). Analog dazu findet eine *„Anthropologisierung des Kompetenzbegriffs"* statt (Höhne 2007: 34; Herv. i. Orig.), die sich – vor dem Hintergrund gestiegener Anforderungen – als „Dauerthematisierung des Individuums und seiner vermeintlichen Fähigkeiten" niederschlägt (ebd.): Aus der Semantik der Wissensgesellschaft, eng mit dem Kompetenzdiskurs verschlungen, wird ein „Raum öffentlicher Beobachtung, der die Haltung dauernder Selbstevaluation der Subjekte hervorbringt" (ebd.) und der zur *Selbstrationalisierung* und *-regulierung* aufruft. Leben heißt darin „,'Meistern', ,Bewältigen' und ,Problemlösen'. In jedem Fall Agens-Sein, das eigene Leben in die Hand nehmen (...)" (Höhne 2007: 41). Für das Subjekt resultiert daraus, dass es sich als „homo oeconomicus" (Radtke 2006: 52) auf seinen diesbezüglichen Erfolg bzw. Misserfolg hin überprüfen und *messen* lassen muss. In dieser Logik findet sich auch der Gebrauch der Medien wieder. Ihre Nutzung wird zur „wichtigsten Produktivitätsreserve der Volkswirtschaft" (Glotz 1998: 4) erklärt – ein Brachliegen dieser Ressource führe dazu, dass schon bald für ein Drittel der Menschen im „digitalen Kapitalismus" keine Verwendung mehr fänden (Glotz 2004: 23 f.). Wirtschaftliche und gesellschaftliche Partizipation hängt entscheidend davon ab, wer „Access" besitzt (Rifkin 2000: 25). Es entsteht die Frage, wer zu den „Usern", wer zu den „Losern" gehört (Opaschowski 1999a: 8), inwiefern also die „PC-Habenichtse" von einer neuen „Info-Elite" abgehängt werden (ebd.). Diese Wahrnehmung prägt über weite Strecken das Konzept der so genannten Digitalen Spaltung, welches Medienhandeln bildungsbürgerlich-hegemonial universalisiert (vgl. zur Kritik Young 2001; Krotz 2007; Kutscher 2007; Kübler 1999b; Moser 2000).

Zusammenfassend lässt sich festhalten, dass sich die Deutungen der Wissensgesellschaft zu einer Synthese von gesteigerten technikbezogenen Handlungs- und Wissensoptionen und subjektiv zu bewältigenden Veränderungen verdichten lassen. Technik erscheint darin vor allem als das gesellschaftliche Projekt instrumentell-rationaler Funktionalität (vgl. zur Kritik: Krotz 2007: 286). Daraus resultiert notwendigerweise eine dominante *Thematisierungsform von Bildungsprozessen*, die diese in Bezug auf normative und sachstrukturelle Anforderungen und deren sichtbare Bewältigung hin vermisst (vgl.

---

[17] Jürgen Kluge (2003), Chef der Unternehmensberatung McKinsey nennt eine „gebildete Persönlichkeit" (ebd.: 14) diejenige, die sich bereitwillig und risikofreudig als „Lebensunternehmer" definiert, um im globalen Wettbewerb mithalten zu können: Dies sei gleichzeitig Grundlage der Existenzberechtigung – wer nämlich in dieser Situation „nicht mithalten kann", werde „aus dem Rennen geworfen" (ebd.: 45) und nur mit einem solchen Selbstbewusstsein Ausgestattete seien „auf Dauer die einzige Ressource", ansonsten „Blech, Beton und tote Materie" (ebd.: 48). Ähnlicher Rhetorik bedienen sich einschlägige Praxistipps zu so genannten *soft skills*: So schreibt Andreas Böhnke, Mitbegründer des Berliner Beratungsunternehmens „diekarrierepartner" (2008): „Wie gut ich mich weiterentwickele (…) hängt allein von mir ab" (ebd.: 34). Nur ständiges Durchhaltevermögen werde „bei einem immer schneller rotierenden Globus über Erfolg entscheiden" (ebd.); man müsse danach streben, als „Vorbild und Leitwolf akzeptiert zu werden, Dominanz zeigen und somit Menschen für sich vereinnahmen und instrumentalisieren [zu] können (…). Es geht vereinfacht gesagt darum, (…) die bestmögliche Position einzunehmen und zu verteidigen!" (ebd.: 35). Schon diese Beispiele zeigen, warum Reichenbach soft skills völlig zu Recht als ein „destruktives Potenzial des Kompetenzdenkens" bezeichnet (Reichenbach 2007: 65 ff.).

deHaan/Poltermanns 2002). Vor einem solchen Hintergrund wird der Umgang mit digitalen Medien vorrangig unter die Kategorie Computerkompetenz subsumiert, welche – im Sinne einer normier- und zertifizierbaren Qualifikation – vor allem Sachwissen meint und die Fähigkeit bezeichnet, Computermedien anwendungsbezogen zu nutzen. In den Mittelpunkt der Betrachtung rücken damit aber lediglich „operative Fähigkeiten" der Funktionalität und Zweckrationalität (Kübler 2005: 138) und wird vor allem ein *Können* in Bezug auf strukturelle Anforderungen fokussiert, das es ermöglichen soll, in der Wissensgesellschaft „fit zu sein" (vgl. Baecker 2003: 92). Medienbezogenes Wissen und Handeln wird vorrangig aus der Perspektive der Evaluation aktuellen Vorhandenseins funktionsrelevanter Kenntnisse und Fähigkeiten wahrgenommen (vgl. Gnahs 2007: 22), die in erster Linie den „zweckorientierten Anforderungen von Qualifikation und gesellschaftlicher Integration" genügen müssen (Dörpinghaus/Poenitsch/Wigger 2008: 143).

Mit dieser Thematisierungsform geht eine *Engführung* einher: Denn damit wird die Beobachtung von Bildungsprozessen als einer paradoxen Struktur der „Symbiose von funktionalen Erfordernissen und individuellen Entwürfen des Lebens" (Tenorth 1997: 982) halbiert, in dem sie sich nur auf ersteres – eben „funktionale Erfordernisse" – beschränkt. Die erziehungswissenschaftlich-kritischen Positionen bezüglich dieser Beschränkung sind zahlreich (vgl. Messner 2003; Radtke 2006; Ruhloff 2006; Gruschka 2007; Koller 2008) und sollen hier nicht im Einzelnen ausgeführt werden. Kern dieser Kritik ist die Forderung, dass sich die Betrachtung von Bildung – und damit von Medienhandeln – nicht darauf beschränken kann, wie das Subjekt den Imperativ der Wissensgesellschaft bewältigt hat, sich angesichts aktueller und künftig zu erwartender ökonomisch-technischer Transformationsprozesse funktionsfähig zu halten, sondern dass Bildung ebenso daraufhin befragt werden muss, wie das Subjekt „in Auseinandersetzung mit den je eigenen biografischen und aktuellen Erfahrungen zu einem rational begründeten Selbst- und Weltverständnis" gelangt (Scherr 2002: 105).

Setzt man dies in Bezug zu den Medien, dann bedeutet dies, den Umgang damit und ihre Verwendungsweise vor allem in der Lebenswelt und in der Alltagspraxis verschiedener subjektiver Akteure zu hinterfragen. Damit wird die Überlegung, dass Medien ein bedeutendes gesellschaftliches Schlüsselproblem darstellen, keineswegs fallengelassen – sie wird jedoch nicht verabsolutiert, weil auf diesem Weg Medien lediglich als bildungs- und schulpolitische Frage im Sinne einer Festlegung von Bildungs*inhalten* in den Blick kommen. Viel stärker geht es um die konkreten, individuellen Anlässe, aus denen heraus sich Akteure mit Medien auseinandersetzen. Dies entspricht einer Thematisierungsform, die Bildungsprozesse als den Zusammenhang von Erfahrung und Sinndeutung versucht zu erfassen und empirisch zu rekonstruieren (vgl. Nohl 2006c; Koller 2008). Erforderlich dazu ist allerdings, sich dem Handeln mit Medien aus einer praxeologischen Beobachtungsperspektive zu nähern, um seine innere Dynamik besser verstehen zu können.

Diese Forschungsrichtung gewinnt an Relevanz, wenn man sich vergegenwärtigt, dass das Handeln mit Medien in ein Netz unterschiedlicher Bedeutungen und den daraus entstehenden Handlungszusammenhängen eingebettet ist. Von Interesse sind daher die den Akteuren nicht unbedingt immer bewussten Praxisformen, welche auf Gemeinsamkeiten lebensweltlicher Gegebenheiten und „des biografischen Erlebens oder der Sozialisationsgeschichte" der Akteure gründen (Welling 2008: 11). Die Entwicklung und Stabilisierung medienbezogener Handlungsformationen ist Teil solcher übergeordneten Prozesse, welche sich in bestimmten medienbezogenen Orientierungen niederschlagen. Aus diesen Überlegungen resultiert die Frage, wie und in welchen Kontexten Jugendliche mit Medien handeln, welchen Relevanzen dies folgt und in welche praktischen Vollzüge dies eingebunden ist. Diese Blickrichtung kann in Anlehnung an Marotzki/Nohl/Ortlepp als genuin erziehungswissenschaftlich bezeichnet werden – sie korrespondiert der Aufgabe pädagogischer Profession, „sich einen forschenden Zugang zu den Wissenswelten ihres Klientels zu erarbeiten" (Marotzki/Nohl/Ortlepp 2005: 173). Dies ist auch deshalb bedeutsam, da so ein Anschluss an jugendliche Orientierungen geleistet werden kann, der gelingende Passungsverhältnisse von jugendlichen Medien- und Lebenswelten und einer pädagogischen – schulischen wie außerschulischen – Rationalität unterstützen kann (vgl. Hummrich et al. 2006). Dazu ist erforderlich, den jugendlichen Akteur in seinem sozialen Kontext zu berücksichtigen, sich mit seiner Sozialisation auseinanderzusetzen und damit eine differenzierte Betrachtung des Subjekts vorzunehmen (vgl. Schorb 2005: 66).

Ein solcher Zugang wird in der vorliegenden Arbeit verfolgt. Als Grundlage dafür stütze ich mich im weiteren Verlauf auf theoretische Überlegungen bezüglich Erfahrung und Sinndeutung, deren gemeinsamer Horizont von *interpretativen Sozialtheorien* aufgespannt wird (vgl. grundlegend Abels 2001). Diese vielfach differenzierten Strömungen vertreten im Kern eine Auffassung vom Subjekt, der zufolge dies durch eigene Definitionen und Interpretationen an der Herstellung von Situationen und Dingen mitbeteiligt ist, wobei selbiges unter fortlaufender Konstruktion von Sinn und Bedeutung geschieht, über welche Handeln, Erleben, Denken und Kommunizieren überhaupt erst entstehen (vgl. Giddens 1984: 27). Ein solcher durch interpretative Sozialtheorien vermittelter Horizont scheint mir doppelt fruchtbar zu sein: Erstens vermeidet er eine einseitige Programmatik der Wissensgesellschaft, indem er alltäglich relevantes und subjektiv bedeutsames Wissen nicht zugunsten theoretischer, wissenschaftlicher und technischer Wissensformen abwertet (vgl. Kübler 1999a: 14). Zweitens leistet er eine Anschlussfähigkeit an einen Bildungsdiskurs, der Bildungsprozessen eine nicht plan- und steuerbare Eigenaktivität des sich bildenden Individuums zugesteht, die nicht identisch sein müssen mit Qualifizierung und dem Erwerb lebenspraktisch nützlichen Wissens (vgl. Scherr 2002: 94). Dies entspricht als kritisch-reflexiver Fassung von Bildung einer Denkform, die die „gesellschaftlichen Bewegungsgesetze der Bildung nicht nur empirisch-rekonstruktiv erschließt, sondern auch die Prozesshaftigkeit von Bildung selbst empirisch anfragt" (Thole 2003: 261). Hierzu ist notwendig, die Einbettung neuer Medien in den Alltag jugendlicher Subjekte zu verstehen, zumal die Motive, die den Umgang mit Medien begründen, in einem milieuspezifischen Orientierungswissen der Akteure verankert sind bzw. darauf basieren. Eine entsprechende Untersuchung bedarf eines dazu geeigneten sozialwissenschaftlichen Bezugsrahmens, in dem dieser Sachverhalt erörtert werden kann. Bevor dieser Bezugsrahmen weiter ausgearbeitet wird, soll im nächsten Abschnitt zunächst die Forschungslage zum Umgang Jugendlicher mit Medien betrachtet werden.

1.2 Jugend und Medien: Forschungsstand

Untersuchungen zu jugendlichem Medienhandeln ist zu eigen, dass sie theoretisch und methodologisch äußerst heterogen sind. Hinzu kommt, dass der Medienumgang Jugendlicher dynamisch ist und deshalb ständig aktuellen Entwicklungen unterworfen ist (vgl. MPFS 2008: 3). Ich betrachte den Forschungsstand im Folgenden so, dass zunächst allgemeine Entwicklungen und Befunde benannt werden und im Anschluss daran auf wichtige Kategorien eingegangen wird, welche das das Handelns mit Medien strukturieren und differenzieren: Geschlecht, Bildungsmilieu bzw. sozialer Hintergrund, Familie, Peergroup und Migrationshintergrund.

Ein kursorischer Blick in die Literatur zeigt, dass Medien aller Art einen prominenten Stellenwert in jugendlichen Lebenswelten besitzen und dass die gesellschaftliche Diffusion mancher technischer Innovationen (z. B. des schnell expandierenden Handymarktes) vor allem der „Akzeptanz und dem Nutzungsverhalten der Jugendlichen" zuzuschreiben ist (Schäfers/Scherr 2005: 144). Übergreifend lässt sich feststellen, dass Medien im Alltag Jugendlicher der Bewältigung von Lebensthemen und Lebensfragen dienen (vgl. Charlton 1997) und durch Bereitstellung von Optionen die Bearbeitung von Fragen der eigenen Alltagsgestaltung ermöglichen können (vgl. Barthelmes/Sander 2002). Generell gilt, dass sich das gesamte Mediensystem dahingehend vollkommen transformiert hat, dass sich Angebote und Optionen vervielfältigt und verselbständigt haben (vgl. Bug/Karmasin 2003). Unter dem Stichwort Medienkonvergenz (vgl. Schuegraf 2008; Wagner 2008; Hasebrink 2004) wird diskutiert, inwiefern Medienformate zunehmend zusammenwachsen und sich bislang separate Formen zu einem neuen Medienmix bündeln. Elektronische Massenmedien und die neuen Technologien PC und Internet treten darüber hinaus neben die traditionellen Sozialisationsinstanzen (wie Familie, Schule und Gleichaltrige). Spätestens seit Mitte der 1980er Jahre ist die Nutzung von Computermedien gravierender Bestandteil jugendlicher Lebenswelten. Die noch vor 25 Jahren verbreitete These, PCs unterstützten eine antisoziale Sozialisation, gilt heute als obsolet (vgl. Schwab/Stegmann 1999: 218; Bauer/Burrmann/Maaz 2003: 211). Angesichts dieser Diversifizierung wird von einer „Neufassung von Sozialisationsprozessen" (Tully 1994: 43) ausgegangen, da die Handlungsfähigkeiten von Subjekten den Umgang mit Medien mit einschließt.

Basisdaten zum Medienumgang Jugendlicher in Deutschland liefern seit Jahren die JIM-Studien des Medienpädagogischen Forschungsverbundes Südwest (MPFS). Als repräsentative Studien reflektieren sie die große Bedeutung von Medien im Leben Jugendlicher und zeigen, dass Computermedien „ein habitualisierter Bestandteil adoleszenter Alltagspraxis" sind" (Welling 2008: 269). So existieren in Haushalten, in denen Jugendliche leben, zu 99% ein Computer und zu 96% ein Internetzugang, wobei es sich vielfach um ein Mehrfachvorhandensein handelt (vgl. MPFS 2008: 8). Auch die ARD/ZDF-Onlinestudien stellen heraus, dass 14-19-Jährige zu über 90% regelmäßige Internetnutzer sind, was einem Wert entspricht, der deutlich über dem der mittleren und höheren Altersgruppe liegt (vgl. Eimeren/Frees 2005: 364). Die Medienbeschäftigung insgesamt zeigt sich als hochgradig komplex; so verfügen Jugendliche über ein differenziertes Medienensemble, in dem sich die Nutzung von PC und Internet kaum noch von der des Fernsehens unterscheidet (MPFS 2008: 12). Als Medien mit starker Bindung haben die digitalen Technologien dem Fernsehen mittlerweile den Rang abgelaufen, wollen rund 30% der Jugendlichen nicht mehr aufs Internet verzichten, was für das Fernsehen nur rund 16% angeben (ebd.: 17). Insgesamt stagniert die Zahl der Computernutzer seit einigen Jahren auf hohem Niveau und „Unterschiede hinsichtlich Geschlecht, Alter oder Bildungshintergrund gibt es (...) so gut wie nicht mehr" (ebd.: 35). Allerdings besitzen z. B. Hauptschüler etwas seltener einen eigenen Computer bzw. einen eigenen Internetzugang als Gymnasiasten (PC: 66% zu 72%; Internet: 47% zu 52%, vgl. MPFS 2008: 11), generell hat sich aber die Frage des Zugangs im Verlauf der letzten Jahre nachhaltig entdramatisiert.

Damit lässt sich zunächst einmal festhalten, dass von technologischen Entwicklungen und dem damit zusammenhängenden Medienwandel erhebliche Auswirkungen auf den Lebensalltag jugendlicher Mediennutzer ausgehen. Infolge eines gestiegenen Interesses an technischen Innovationen, das sich in Besitz und Zuwendung dokumentiert, verwischen auf der Seite der Nutzung die Konturen ehemals getrennter Medien und Medienbereiche. Nach Hasebrink (2004: 67) handelt es sich dabei um eine Entkopplung von Geräten und Dienstleistungen: Brauchte früher nicht eigens definiert zu werden, was genau unter „Computernutzung" zu verstehen ist, werde dies nun „durch den Prozess der technischen Konvergenz in Frage gestellt" (ebd.). Während sich durch Digitalisierung die bei Nutzern verfügbaren Endgeräte vermehren, welche ihrerseits für ganz unterschiedliche Zwecke nutzbar sind, führt diese Vielseitigkeit bzw. Multifunktionalität dazu, „dass allein an dem Umgang mit einem bestimmten Gerät nicht mehr erkannt werden kann, was der oder die Nutzer(in) tut, etwa ob er fernsieht, Bestellungen vornimmt, E-Mails bearbeitet oder im Internet nach Informationen sucht" (ebd.). Aufgrund dieses Verschwimmens von Grenzen werden also „Differenzierungen nach Endgeräten in der Nutzungsforschung obsolet" (Schuegraf 2007: 22), stattdessen müssen der Mediengebrauch und die jeweils zur Verfügung stehenden Medienangebote umfassend in den Blick genommen werden, um Medienhandlungen Jugendlicher überhaupt rekonstruieren und beschreiben zu können.

Auch Schelhowe (2007a) weist daraufhin, dass im Medienhandeln Heranwachsender die üblicherweise vorgenommene Trennung „in Spielen, Lernen und Arbeiten möglicherweise nicht mehr vorhanden und separierbar" ist (ebd.: 25). Mit Bezug auf die ImpaCT2-Studie (Somekh 2004) verdeutlicht sie, inwiefern eine klassischerweise angenommene Sphärentrennung der Mediennutzung aus Sicht Jugendlicher tendenziell verschwindet:

> „There is no division between communication (characterised as ,talking' in school) and information retrieval (characterised as ,work' in school); multitasking with several ,windows' open at the same time is increasingly part of the routine practices of users, particularly since they have not been encultured like older generations into the importance of ,concentration on one thing at a time' (...)" (Somekh 2004: 169, zit. n. Schelhowe 2007a: 25).

Wenn auch unter Jugendlichen eine Veralltäglichung und Diversifizierung der digitalen Medien stattgefunden hat, sind Merkmale wie die Zugehörigkeit zu Geschlecht und Bildungsmilieu wichtige Aspekte, die den Medienumgang differenzieren.

1.2.1 Medien und Geschlecht

Bezüglich des Geschlechts zeigt sich, dass der Computer von Jungen häufiger und anders genutzt wird als von Mädchen (vgl. MPFS 2008: 35 ff.), was vor allem für den Bereich Computerspiele gilt, wobei sich dies wiederum auf andere Nutzungsformen auswirken kann. Buchen/Philipper (2002) legen hierzu z. B. dar, wie sich männliche Umgangsweisen als spielerisch präsentieren, weil ihnen die Erfahrungen von Überlegenheit zugrunde liegt, auch ohne Wissen an ein Ziel zu kommen; dabei zeigt sich bei (bildungsferneren) männlichen Jugendlichen offenbar ein „digitaler Spezialistenhabitus" (Buchen/Straub 2006a: 4), den die Autoren auf eine eher festgefügte Wahrnehmung der Geschlechterordnung und ein stark technikbezogenes Selbstkonzept zurückführen. In dieser Richtung fanden auch Buchen/Philipper (2003: 130) in männlichen Jugendlichengruppen, dass diese, angesprochen auf ihr Technologiewissen, Überzeugungen von Selbstgewissheit bis hin zur Selbstüberschätzung zeigten. Bestätigung finden damit Ergebnisse, die Metz-Göckel et al. bereits 1991 hinsichtlich eines geschlechtsspezifischen Lern- und Sozialverhaltens im Kontext der Computernutzung herausstellten. Die Autoren legen dar, dass Jungen unterschiedlichste Techniken und Taktiken entwickeln, um eine „Überlegenheit aufrechtzuerhalten. Dazu gehörte u. a. die Betonung eines Expertenstatus, den einige auch tatsächlich zu Recht hatten, andere aber nur zum Schein" (Metz-Göckel et al. 1991: 164); die Mädchen ihrerseits „störten dieses Muster nicht und gewährten den Jungen Raum für ihr Überlegenheitstraining" (ebd.). Dies verweist grundlegend darauf, dass das Handeln und der Umgang mit Medientechnologien als ein hoch vergeschlechtlichtes Feld angesehen werden muss (vgl. Theunert 2005). Diesbezüglich wird im Allgemeinen angenommen, dass vor allem Technikkompetenz ein zentrales Moment im Kontext männlicher Identitätsentwürfe darstellt: „Männlich zu sein heißt, technisch kompetent zu sein (...). Weiblich zu sein heißt, nichts oder wenig mit Technik zu tun zu haben" (Cockburn/Ormrod 1997: 29). In ähnlicher Richtung formulieren Picot/Willert (2003) Ergebnisse aus Interviews im Rahmen der Shell-Studie 2002: Danach beschäftigen sich junge Männer „mehr mit der Funktionsweise, programmieren selbst, installieren Programme, rüsten ihren Computer auf, entwerfen Websites" (ebd.: 262) – Frauen hingegen nutzen das Computermedium „vor allem für kommunikative Zwecke, interessieren sich für die Nutzungsmöglichkeiten, sind froh, dass es funktioniert, und nutzen das, was funktioniert" (ebd.).

Ergebnisse wie diese werden mitunter auf unterschiedliche Selbstkonzepte von Mädchen und Jungen in Bezug auf Technik im Allgemeinen (und darüber hinaus Naturwissenschaften) zurückgeführt, wobei offenbar „das konstruktiv-technische Denken den hauptsächlichen Nachteil für die Mädchen darstellt" (Rendtorff 2006: 187). Der empirisch erbrachte Vorsprung der Jungen entsteht dabei jedoch nicht „durch Intelligenz oder Schulwissen, sondern aus technischer Alltagserfahrung und allgemeinem naturwissenschaftlichem Grundwissen" (ebd.), woraus differente Wahrnehmungsweisen von Computerartefakten resultieren können: So erwarteten in einer Studie zum Computerunterricht die Hälfte der Jungen, wenn sich ein Datenträger nicht öffnen ließ, dass dieser schlicht defekt sei, während von den Mädchen fast die Hälfte eigene mangelnde Kenntnisse verantwortlich machten und nur etwa ein Fünftel dem Datenträger die Schuld gaben (vgl. Dickhäuser 2001: 96). Im Kontext des alltagspraktischen Handelns mit

Medientechnologien kann darüber hinaus die Existenz von exklusiven Praktiken von Jungen beobachtet werden, die dazu beitragen können, Machtdifferenzen zwischen den Geschlechtern „auf der Grundlage von Wissens- bzw. Kompetenzdifferenzen fortzuschreiben. Solche Differenzen erwachsen auch aus der defizitorientierten Selbsteinschätzung der eigenen Fähigkeiten durch die Mädchen" (Welling 2008: 275).

In der Praxis des Umgangs mit neuen Medien in Bezug auf die Geschlechterdifferenz zeigen Buchen/Straub (2006b), dass Mädchen mitunter mit Distanz auf die Überbetonung der Technikkompetenz männlicher Jugendlicher reagieren, welche sich z. B. in Selbstinszenierungen als Amateurhacker niederschlagen und in die adoleszenztypische Allmachtsfantasien eingehen (vgl. Buchen/Straub 2006b: 96). In den von den Autoren durchgeführten Gruppendiskussionen gelingt es den männlichen Jugendlichen z. B. immer wieder, situativ einen technischen Geschlechterbias zu etablieren, und zwar a) indem Jungen das Gespräch dominieren, insbesondere wenn es um die technische Seite der Meiden geht, b) indem Jungen ihre eigene Medienbiografie eng an die technische Entwicklung knüpfen und dabei technische Artefakte als prägend für ihre eigene Subjektkonstitution darstellen, wobei jedoch ein solches technikinduziertes Selbstkonzept nicht immer mit der Wirklichkeit übereinstimmen muss (vgl. dazu auch Biermann/Kommer 2005) und c) indem Jungen performativ den Eindruck erwecken, z. B. durch den Gebrauch technischer Fachtermini, den Mädchen an Technikkompetenz überlegen zu sein. Auf diese Weise wird die „binäre Logik der (hierarchischen) Geschlechterordnung im Bereich Computertechnik aufrechterhalten (,doing gender')" (Buchen/Straub 2006b: 97).

Dass neben einer Differenzierung zwischen den Geschlechtern aber auch Differenzen innerhalb einer Genusgruppe anzutreffen sind, macht Straub (2006) deutlich. Er zeigt eine offenbar übergreifende Gemeinsamkeit männlicher Jugendlicher, die sich zu einer „kritisch-skeptischen bis ablehnenden Orientierung gegenüber anonymen Formen computervermittelter Kommunikation" als „Typik männlicher Jugendlicher in jugendkulturellen Szenen" (ebd.: 198) verdichtet lässt, die wiederum unterschiedlich – je nach jugendkultureller Verortung – bearbeitet wird. Darüber lassen sich unter den männlichen Mediennutzern auch Konstruktionen hegemonialer Männlichkeit beobachten. So wird etwa in einer Gruppe, die sich aus Fußballern und einer anderen, die sich aus christlichen Jugendlichen zusammensetzt, die Geschlechtshomogenität der Gruppen als Freiraum erlebt, was mitunter zu einer Abwertung von Frauen einhergeht. Diese „Aktivierung des Geflechts von Körper, Bewegung und körperlicher Aktivität in den körper- und bewegungsorientierten Gruppen folgt einer männlich-heterosexuellen ‚Grammatik'" (Straub 2006: 217), worin für Straub – im Anschluss an Connell (1999) – die Konstruktion männlicher Hegemonialität zum Ausdruck kommt. So positionieren sich die männlichen Jugendlichen nicht nur dominant gegenüber Frauen, sondern auch gegenüber Männern, die dieser Aktivierung nicht folgen. In ähnlicher Weise zeigt sich dies auch für eine Gruppe männlicher Computerspieler, die die Körperlichkeit nicht ins Zentrum stellen, sondern ihr Interesse „vielmehr auf den Bereich der Medientechnologie [verlagern], der als hoch vergeschlechtlicht anzusehen ist und durch die latente Wirksamkeit des Konnex ‚Technik – Männlichkeit' ebenfalls dazu prädestiniert ist, Geschlechtszugehörigkeit zu demonstrieren" (Straub 2006: 220).

Bezüglich der Kategorie Geschlecht lässt sich also sagen, dass deutliche Differenzen im Umgang mit digitalen Medien nachgezeichnet werden können. Dies ist auch abhängig von Geschlechterstereotypien, d. h. Modellen von Weiblichkeit und Männlichkeit, die an der Herausbildung der individuellen Identität bzw. Persönlichkeit beteiligt sind und die ihrerseits in kulturellen Konzepten von Weiblichkeit und Männlichkeit wurzeln: „Ob zuhause, von Freunden, Bekannten oder Verwandten, in der Schule oder am Arbeitsplatz, überall wird das traditionelle Bild, Technik sei nichts für Mädchen, nach wie vor verbreitet" (Zwick/Renn 2000: 108). Technik wird offenbar nach wie vor der Männerwelt zugeschrieben und ist als „Vermittlerin von Macht und Stärke" (ebd.) beteiligt an der Stabilisierung der Geschlechterungleichheit. Mitunter wird der Konnex zwischen Technik und Männlichkeit als so eng bezeichnet, dass Technik als eines der „letzten Refugien" identifiziert wird, „in denen Männer sich ihrer Männlichkeit vergewissern und gleichzeitig die soziale Nachrangigkeit von Frauen signalisieren" (Rudolph 1997: 11f.). Zusammenfassend lässt sich festhalten, dass die Kategorie Geschlecht ein zentrales Moment darstellt, dass die Wahrnehmung von und den Umgang mit digitalen Medien Jugendlicher beeinflussen und modifizieren kann, wozu es jedoch eines immer wieder neu zu erbringenden empirischen Nachweises bedarf, zumal Geschlecht als solches nicht isoliert wirkt oder überhaupt existiert, sondern – im Sinne Butlers (1991) – erst im Kontext von Handlungen und Praxisvollzügen jeweils aktuell und iterativ *hergestellt* wird. Eine daraus resultierende Schwierigkeit ergibt sich aus der Frage, „wie sich mögliche Geschlechterpraktiken überhaupt untersuchen lassen, wenn jegliche Vorannahme, dass es zwei Geschlechter gebe, die Gefahr einer essenzialistischen Verkürzung nach sich zieht" (Ayaß 2006: 415).

1.2.2 Medien und Bildungsmilieu

Bezüglich des Bildungsmilieus als weiterer Strukturierungskategorie jugendlichen Medienhandelns zeigt sich bei Buchen/Philipper (2002), dass Jungen und Mädchen aus Gymnasien entgegen Jugendlichen aus Realschulen den Computer häufiger für schulbezogene Aufgaben nutzen; ähnlich zeigen Buchen/Straub (2006a), dass Haupt- und Realschüler Computer und Internet häufiger als konventionelles Unterhaltungsmedium und weniger für die Schule nutzten als Gymnasiasten. Insbesondere die Schilderungen der Hauptschüler stellen über den von ihnen artikulierten „Spaß am ‚zweckfreien' Umgang mit dem Computer ohne irgendeinen praktischen Nutzen zweifelsfrei eine Gegendrift dar zu zweckrationalem Nutzungsverhalten, das insbesondere von der Schule vertreten wird" (ebd.: S. 14). Mit Blick auf die informationsbezogene Nutzung des Internet zeigen auch andere Studien, inwiefern Unterschiede je nach Bildungshintergrund der jugendlichen Nutzer existieren: Z. B. nutzen solche mit formal niedrigem Bildungshintergrund das Internet seltener zum Zweck der Recherche und Information als Gymnasiasten (vgl. Schorb et al. 2008: 16).

Wichtige Ursachen für solche Differenzen können in unterschiedlichen Motiven bei der Nutzung verortet werden; so geben z. B. Jugendliche mit formal niedrigerer Bildung häufig an, sich die „Zeit vertreiben" und „Spaß haben" zu wollen (vgl. Iske et al. 2004: 7) und bevorzugen eher unterhaltungsorientierte Angebote wie etwa Chatten oder

Online-Spielen. Auch bei der Informationssuche liegt der Schwerpunkt bei Themen, die dem Unterhaltungssektor zugeordnet werden, wie etwa Informationen bezüglich TV-Serien oder Stars (vgl. Otto et al. 2004). Nach Schorb et al. nutzen Jugendliche mit formal niedrigerem Bildungshintergrund das Internet häufiger dazu, ihren bevorzugten Musik-, Spiel- und Filmpräferenzen nachzugehen (vgl. Schorb et al. 2008: 49). Zu bestätigen scheinen sich also die von Bonfadelli im Kontext der sogenannten Wissensklufthypothese herausgearbeiteten Befunde, dass sich Nutzer sich Nutzer mit höherer Bildung und höherem sozio-ökonomischem Status Medien vorwiegend informationsorientiert und zur Kommunikation zu Nutze machen, während niedriger Gebildete und sozial Schwache vorwiegend Unterhaltungsangebote wahrnehmen (vgl. Bonfadelli 2002: 77 ff.). Hierzu ist, mit Ausnahme von Schwab/Stegmann (1999/2000), vor allem im Kontext us-amerikanischer Studien darauf hingewiesen worden, dass der Computerumgang Jugendlicher je nach Sozialschicht variiert. Attewell/Winston (2003) etwa zeigen, dass Heranwachsende aus Familien mit höherem Einkommen eine größere Bandbreite und einen angeregteren Nutzungsstil aufweisen:

> „The differences we observe in home computer use between poorer and more affluent children are partly a matter of degree. Computer games are popular with many kinds of teenagers, and the appeal of online consumerism also cuts across classes. Granted these commonalities, however, the affluent children we studied were far more likely than their disadvantaged age mates to adopt an active style of computer use" (ebd.: 126).

Vor diesem Hintergrund kommt offenbar dem gesamten Milieu ein wichtiger Stellenwert im Kontext der Computernutzung zu: Es scheint so, dass „class differences in computer use partly reflect widespread problems with reading and writing among poorer teens, and partly reflect class differences in interests and cultural tastes that develop independently of technology" (Attewell/Winston 2003: 128). Insofern stellen die Autoren anstatt sozialräumlich vorfindbarer Expertise (z. B. von Eltern) allgemeinere Haltungen, Geschmack und damit letztlich den übergreifenden Habitus, der sich bezüglich der Medien bei Heranwachsenden ausbildet, als den entscheidenden Faktor für Unterschiede beim Medienumgang heraus. Nicht nur der materielle Rahmen, innerhalb dessen über die Verfügbarkeit und den Zugang zu Medien entschieden wird, sondern vor allem auch soziale Ressourcen und Netzwerke in Form von Möglichkeiten, wie sich mit wem in welcher Form über die Mediennutzung ausgetauscht werden kann und in welche übergeordneten Möglichkeiten zur gesellschaftlichen Teilhabe dies eingebettet ist, beeinflusst also die Form des Medienumgangs Heranwachsender maßgeblich. Es zeigt sich also, dass allein die technischen Möglichkeiten aktiver Nutzung nicht automatisch zu einer entsprechenden Verwendung führen (vgl. auch Schell 2008: 10), sondern sich erst im Zusammenhang mit dem soziokulturellen Hintergrund der jugendlichen Nutzer sinnvoll einordnen und verstehen lassen (vgl. dazu Niesyto 2004).

Mit Fokus auf den soziokulturellen Hintergrund der Nutzer ist die empirische Studie von Ba/Tally/Tsikalas (2002) erwähnenswert. Ausgehend vom Phänomen des so genannten Digital Divide (verstanden als „inequities of acces to technology") richten die Autoren den Blick auf häusliche Nutzungsmodalitäten, da aus ihrer Sicht dortige Erfahrungen und Wissen als Grundlage der Entstehung von Literacy gelten müssen: „Children developing digital literacy in their homes are likely to do so in ways that reflect their own particular environment and culture" (ebd.: 1). Einem ethnographischen

Ansatz folgend untersuchen die Autoren 19 Jugendliche unterschiedlicher Herkunftsfamilien über mehrere Monate. Als generelles Ergebnis stellen sie fest, dass „digital literacies are emerging in ways that reflect their local circumstances. In each community, children's home computing practices are strongly influenced by their technological, social, and school environments" (ebd.: 8). Hierzu werden drei Beeinflussungsfaktoren herausgestellt: Länge des PC-Besitzes, Verfügung über einen stabilen Internetzugang und die Anzahl PCs zu Hause bzw. deren Zugang. Zur Ausprägung von Computer Literacy sehen sie fünf Elemente als bedeutend an, (1) Die Einstellung der Eltern zu Computern, (2) deren eigene Erfahrung im Umgang damit, (3) das zur Verfügung stehende Freizeitvolumen der Heranwachsenden, (4) die PC-Umgangsweisen der Gleichaltrigengruppe sowie (5) die technische Expertise von Freunden, Verwandten oder Nachbarn. Vor dem Hintergrund dieses komplexen Feldes stellen die Autoren fest: Während die Heranwachsenden aus Familien mit geringem Einkommen bei der Problemlösung überwiegend professionelle Hilfe in Anspruch nahmen, vertrauten diejenigen aus besser gestellten Familien eher sich selbst oder nahmen Hilfe von Familie und Freunden in Anspruch. Nutzten erstere die neuen Medien vorrangig zu Schulzwecken, zeigten letztere vor allem kommunikative Nutzungen. Auch die Nutzung technischer Optionen stellt sich different dar: Hier stehen sich oberflächliches Hantieren mit nur wenigen Features einer tieferen Nutzung vielgestaltiger technischer Möglichkeiten gegenüber. Ebenso deutet sich eine dichotome Webseitennutzung an, bevorzugten die Jugendlichen aus Familien mit niedrigerem Einkommen eher oberflächliche Nutzungswege, während ihre Altersgenossen mit sozial höhergestelltem Hintergrund auch evaluative und inhaltliche Aspekte bei der Internetnutzung aufzeigten.

Die Besonderheit an dieser Untersuchung ist, dass literacy von vornherein als gestufte Fähigkeit zum Medienumgang betrachtet wird, in die die beobachteten Umgangsweisen klassifiziert werden. Als größere Fluency wird z. B. betrachtet „both more differentiated use, namely the familiarity with a range of tools, and more depth in using any single tool" (ebd.: 7). Darüber hinaus werden die Medien als *objektive* Gegebenheiten der Lebenswelt gesetzt, ohne zu fragen, inwieweit sie von den Befragten selber als existent bzw. relevant betrachtet werden. Weitgehend offen bleibt deshalb, wie sich über die Verfügbarkeit der Medien bzw. ihrer Angebote hinaus die Bedingungen für deren Aneignung darstellen (vgl. Otto/Kutscher/Klein/Iske 2004: 8) und wie dies mit alltagsbezogenen Orientierungsmustern in Verbindung steht. Deutlich wird damit auch, dass es nicht unproblematisch ist, den Umgang mit Medien auf literacy einzuengen, weil die Auswahl von Medien vor dem Hintergrund bestimmter Interessen, Fähigkeiten und Möglichkeiten erfolgt und im Zusammenhang damit, was den einzelnen Mediennutzern an Optionen alles bekannt ist, d. h. von ihnen überhaupt wahrgenommen wird, da sich erst in einem solchen Zusammenhang Praktiken herausbilden, die in einem dann beobachtbaren Nutzungs- bzw. Handlungsspektrum realisiert werden. So ist z. B. zu verzeichnen, dass Jugendliche mit formal niedrigerem Bildungshintergrund im Bereich von gestaltenden Medienaktivitäten, wie etwa Foto und Video besonders beteiligt sind (vgl. Kiessling 2008: 21). Trotz unterschiedlicher Nutzung zeigt sich also, dass ein „Zugang zu gestaltenden Medienpraxen im Internet kein ausschließliches Privileg formal höher gebildeter Nutzer/innen ist" (Kutscher 2009: 4). Deutlich wird damit wiederum, dass bestimmte Kategorisierungen der Mediennutzung vorab (wie z. B. in Unterhaltung versus Information) Probleme mit sich führen, da es sich dabei um äußerlich beobachtbare Schemata handelt, die andere thematische Relevanzen im Kontext des handelnden Umgangs mit Medien verdecken können.

Inwiefern sich auf einer solchen Handlungsebene geschlechts- *und* bildungsmilieuspezifisch differenzierte Formen des Umgangs mit Computermedien nachzeichnen lassen, zeigt die empirische Rekonstruktion von Schäffer (2003), welche drei Dimensionen herausarbeitet: a) Nähe und Distanz, b) Arbeit und Spiel sowie c) Vertrautheit und Fremdheit. Mit Blick auf die erste Dimension nutzen vor allem Gymnasiastinnen und Gymnasiasten das Computermedium als „Medium der Relationierung von Nähe und Distanz" (Schäffer 2003: 170). Während die Mädchen sich bei ihrer Praxis des Chattens unerwünschte Kommunikationspartner auf Distanz halten und aufgrund dessen bessere, weil persönlichere Gespräche führen, erzeugen die Jungen im Unterschied dazu eine eigene, distanzschaffende Sphäre, mittels der sie sich gegenüber den Anforderungen von Schule, Familie und Freundinnen abzugrenzen versuchen. Im Gegensatz dazu artikulieren die in Berufsausbildung befindlichen Jugendlichen, dass computervermittelte Kommunikation gerade zu viel Distanz schaffe und dass dies zu einer Vernachlässigung von „echter" Kommunikation innerhalb ihrer Gruppe führe. Bezüglich der zweiten Dimension, *Arbeit und Spiel,* zeigt Schäffer, wie die Jugendlichen aus den Gymnasien im Kontext ihrer Spielepraxis die Hard- und Software des Computers modifizieren, wenn ihre Handlungspraxis stagniert.[18] Das hierbei erworbene Wissen ließ sich im weiteren Verlauf auch in berufsbiographisch relevante Arbeitskontexte überführen (vgl. auch Schäffer 2004: 58). Ein solches Oszillieren fand sich bei den Auszubildenden nicht – für sie war der Computer ein „Arbeitszeug" und kein Spielgerät, das deswegen auch vorrangig innerhalb zweckrationaler Bezüge der Berufsausbildung wahrgenommen wurde (vgl. Schäffer 2003: 170 f.). Hinsichtlich der letzten Dimension, *Vertrautheit und Fremdheit gegenüber der Technik*, arbeitet Schäffer heraus, wie bei den Gymnasiasten eine große Nähe zur Technologie herrscht, die sich z. B. in deren Personifizierung niederschlug; auch in der Mädchengruppe war eine zumindest große Vertrautheit mit der Praxis des Chattens zu verzeichnen. Die Auszubildenden wiederum zeigten eine relativ ausgeprägte Reserviertheit gegenüber dem Handeln mit dem Computer und zogen eine Grenze gegenüber dem Umgang mit dem Computer und ihrem sonstigen Handeln (ebd.: 171). Diese Typologie von Schäffer ist aufschlussreich, weil sie auf die Verwobenheit von Bildungsmilieus im Kontext der Nutzung aufmerksam macht. Deutlich wird damit erneut, dass Äußerungen und Handlungen im Medienkontext vor allem aus der sozialen Einbettung und Kompetenzen in der Lebenswelt heraus verstanden werden müssen. Hierzu zeigt etwa Welling (2008), dass vor allem auch körperlich-aktionistische und kollektive Handlungspraxen im (Medien-)Alltag benachteiligter Jugendlicher eine große Bedeutung haben und in bestimmte biografische Orientierungen eingebettet sind. Das von ihm herausgearbeitete so genannte „episodenhafte Handeln" sozial benachteiligter Jugendlicher im Kontext der Nutzung von Computermedien wird von ihm dabei als Negation der Alltagspraxis bzw. als eine Alternativerfahrung zu ihr interpretiert, was

---

[18] Dieses „Basteln" am Computer ist eingebunden „in kollektive Handlungs- und Wissensbezüge (…) und hat die Tendenz, sich im Modus kollektiver Lernprozesse zu verselbständigen. Es ist selbst als eine Art zu spielen anzusehen, allerdings nicht auf der ‚als-ob-Ebene' eines Computerspiels, sondern auf der Ebene eines folgenreichen try-and-error-Handelns zusammen mit der Technologie" (Schäffer 2003: 170).

die Möglichkeit beinhaltet, Anerkennungserfahrungen zu machen, die den Jugendlichen z. B. im Kontext berufsbiographischer Fragen verwehrt bleibt (vgl. Welling 2008: 266 ff.).

1.2.3 Medien und Familie

Neben der Bedeutung von Geschlecht und Milieu weisen verschiedene Autoren auf die relevanten Kontexte jugendlichen Medienhandelns und seiner Emergenz hin. Nach Aufenanger (2001c: 121) und Schorb (1999: 403 f.) gilt die *Familie* als nach wie vor wichtige Grundlage bei der Ausgestaltung und Prägung von Medienpraxen. Insgesamt lässt sich feststellen, dass die Nutzung Jugendlicher von Medien innerhalb der Familie „vom allgemeinen Erziehungsverhalten sowie von den soziokulturellen Voraussetzungen und Bedingungen abhängig sind und dementsprechend geprägt werden" (Barthelmes/Sander 1990: 45). Auch für Baacke (2001) liegen in der familiären Sphäre entscheidende Ressourcen, die in Form eines individuellen „Kommunikationsschicksals" (ebd.: 125) auf die Mediengewohnheiten Heranwachsender einwirken, wobei jedoch wenig darüber bekannt ist, wie familiäre Interaktionsformen bezüglich der Medien genau beschaffen sind (vgl. Hurrelmann 1999: 116). Hierzu betont etwa Petzold (2000) die Problematik, dass es äußerst „verschiedene Familientypen gibt, die von sich aus jeweils andere Prädispositionen für die Mediennutzung haben" (ebd.: 20). Nach Barthelmes/Sander (2002) ist Familie ein Rahmen und ein Ort des Dialogs, in der Erfahrungen und Meinungen über Computermedien mit den Eltern ausgetauscht werden können, wobei es z. B. zu *gegenseitigem Lernen* kommen kann (vgl. Barthelmes/Sander 2002: 121), etwa wenn der Computer als neue *Gemeinsamkeit* der Familie erfahren wird. Ergänzend dazu zeigt eine Studie von Bauermedia KG (1998), dass Eltern und Jugendliche Entscheidungen des Kaufs von Computermedien zum Thema von Familienkommunikation machen. Sander (2002) stellt heraus, dass Eltern in Bezug auf Medien als Vorbild und Widerpart gleichermaßen „bei ihren Kindern Zustimmung, Kritik und den Umgang mit den sich abzeichnenden unterschiedlichen Interessen und Auffassungen in der Familie" provozieren (ebd.: 34). Für Barthelmes/Sander sind Familien der entscheidende Ort, an dem sich Medienerfahrungen formieren, (...) denn Familie ist der erste Ort, an dem die Kinder den Umgang mit den verschiedenen Medien lernen" (Barthelmes/Sander 1997: 114, vgl. auch Spanhel 1999: 238), wenngleich immer wieder herausgestellt wird, über wie wenig Medienkonzepte Eltern verfügen, die sie auch medienerzieherisch einzusetzen vermögen (MPFS 2008: 68; Schorb 1999: 402). Welche *Transmissionsfunktion* der Familie (Steinkamp 1998: 258) bei der Verzahnung von medientechnologischen Bedingungen und der Entwicklung von Medienaneignung tatsächlich zukommt, ist also bislang nicht zufriedenstellend geklärt. Allerdings ergeben sich zur Beantwortung dieser Frage auch gravierende Schwierigkeiten, die weit über die Frage der Mediennutzung Jugendlicher hinausreichen, weil damit Medien in ihrer Diversifikation und ihrer engen Verwobenheit mit den äußerst unterschiedlichen Lebensformen und dem kulturellen Ambiente der Familie betrachtet werden müssen.

1.2.4 Medien und Peergroup

Trotz der Bedeutung familiärer Zusammenhänge verweisen verschiedene Autoren darauf, dass die Familie im Verlauf der Adoleszenz von Peergroups als Referenzrahmen der Mediennutzung abgelöst wird, weil hier neue und kollektiv gebundene Formen der Rezeption von Medien entstehen und stärker informelle und selbstbestimmte Praktiken ermöglicht werden (vgl. Otto et al. 2004: 45; Straub 2006b: 22). Die Computerbeschäftigung kann durch die Gruppe der jugendlichen Bezugspersonen negativ oder positiv sanktioniert werden und dadurch den Stellenwert des Mediums in der Freizeit mitbestimmen, etwa ob der Computer eher in die Freizeitgestaltung integriert wird oder nicht (vgl. Schwab/Stegmann 1999: 247). In Peergroups werden Medienthemen darüber hinaus generell zu zentralen Verhandlungsthemen und zu Gestaltern von Peer-Beziehungen (vgl. Barthelmes/Sander 1997: 299). Das sich Austauschen über Medien ist Anlass für gemeinsame Aktivitäten und bietet Chancen der Selbstverortung und der „Mediatisierung von Gefühlen, Ängsten, Problemen" (ebd.: 303). Insgesamt haben Peergroups den Charakter einer Handlungs- und Kommunikationsarena, innerhalb der neben anderem auch über Medien, ihre Formate und Botschaften sowie Neuerungen gesprochen wird; als Instanz vermitteln Peergroups oft den Zugang zu den Medien als solchen (vgl. Krotz 1998: 96). Daneben existieren auch jugendkulturelle Gruppierungen, die sich nahezu ausschließlich über Medien ausformen und reproduzieren (vgl. Neumann-Braun/Richard 2005: 10). Solche Formen der Vergemeinschaftung können nach Hepp (2004) in zweifacher Hinsicht als *Märkte* für Jugendliche fungieren: Erstens repräsentieren sie „Identitätsmärkte", auf denen die Jugendlichen weitgehend frei vom Anforderungscharakter ihrer sonstigen Rollenverpflichtungen Selbstdarstellungsstrategien erproben und einüben können (vgl. ebd.: 203). Zweitens sind sie „Kompetenzmärkte", auf denen „die Jugendlichen – man denke hier beispielsweise an die verschiedenen sich um die Computernutzung konstituierenden Jugendkulturen – sich spezifische, produktive Umgangsformen mit Technologie aneignen können" (ebd.)[19], weil hier Formen der Aneignung von Medien, jenseits von praktischen Fragen der Nutzbarkeit und der Zweckrationalität und auf eine andere Weise verhandelt werden (können) wie etwa im Kontext von Familie und Schule. Während sich also Medienverhalten in Peergroup-Kontexten übergreifend zwar als „vielseitig, kreativ und selbstbestimmt" darstellen kann (Vogelgesang 2004: 151), bleibt in jedem Fall zu fragen, ob der betreffende Jugendliche überhaupt in eine biografisch relevante Peergroup-Struktur eingebunden ist, die sein Medienverhalten beeinflusst, mitgestaltet oder modifiziert.

1.2.5 Medien und Migrationshintergrund

Einen blinden Fleck in der (medienpädagogischen) Forschungslandschaft stellen nach wie vor Jugendliche aus nicht-deutschen Herkunftsfamilien und die Rolle von Medien in ihrem Alltag dar (vgl. Hugger/Hoffmann 2006: 7). Während „zum Medienverhalten deutscher Kinder und Jugendlicher einiges Wissen existiert, gilt für das Medienverhal-

---

[19] Vgl. zu jugendlichen Medienszenen auch Vogelgesang 1997; 2002

ten von Heranwachsenden mit Migrationshintergrund das Gegenteil" (Eggert/Theunert 2002: 290, vgl. auch Eggert 2006: 237). So liegen zwar Informationen zur Mediennutzung der *türkischstämmigen Bevölkerung* in Deutschland als der zahlenmäßig stärksten Personengruppe mit Migrationshintergrund vor (vgl. Statistisches Bundesamt 2008), bislang aber allein in quantitativer Form. Daten dazu stammen unter anderem aus Untersuchungen des Zentrums für Türkeistudien (ZfT) in Essen und aus einer repräsentativen Studie, die 2001 erstmals im Auftrag des Presse- und Informationsamtes der Bundesregierung durchgeführt wurde (vgl. Weiß/Trebbe 2001), allerdings ohne den Einbezug digitaler Medien. Nach Dresbach (2002: 169) hat sich die Internetnutzung von in Deutschland leben Türken vor allem seit 1999 beträchtlich geändert.[20] Die tatsächliche Nutzung jedoch lasse sich „derzeit kaum erfassen, da sehr viel – vor allem an privater Kommunikation – über die Telefonstuben läuft, die häufig auch Internetcafes sind" (Dresbach 2002: 169). Besonders hohe Zuwachsraten bei der Internetnutzung gab es 2001 und 2002 (vgl. Schulte 2003: 122). Die Mediennutzung der in Deutschland lebenden türkischen Bevölkerung wurde seit Mitte der 1990er Jahre auch vom Meinungs- und Marktforschungsinstitut Data4U untersucht, das sich als eines der wenigen auf diese Gruppe (ab 14 Jahren) spezialisiert hat (vgl. Schulte 2003: 115). Im Frühjahr 2001 nutzten knapp 30 % der türkischen Bevölkerung in Deutschland das Internet, wobei vor allem die Jüngeren zwischen 14 und 29 Jahren mit einem Nutzeranteil von knapp 50% besonders aktiv sind (vgl. Schulte 2002: 183). Das Internet erscheint als drittwichtigstes Medium nach Fernsehen und Tageszeitung. Anfang 2003 besaßen 55% der in Deutschland lebenden Türken einen internetfähigen PC (vgl. ebd.). Im Vergleich zur deutschen Bevölkerung lag die Nutzung damit um 8-10% hinter den bundesdeutschen Nutzern: „Bei der durchschnittlichen Geschwindigkeit der Entwicklung der Internetnutzung in den vergangenen Jahren entspricht dies einem zeitlichen Rückstand von ca. 12 bis 16 Monaten, den die TiD [Türken in Deutschland; S. H.] hinter dem gesamt-deutschen Durchschnitt liegen" (Schulte 2003: 118). Daneben entsprach die Struktur der Nutzer der deutschen Situation, denn es sind „vorwiegend jüngere, männliche Nutzer aus Haushalten, die über ein gehobenes Einkommen verfügen, die den Kern der Internetnutzer ausmachen" (ebd.: 119), wobei – im Gegensatz zu Fernsehen oder Printmedien – deutschsprachige Inhalte gegenüber türkischen bevorzugt werden. Über die Hälfte äußert Interesse an deutschsprachigen Inhalten, rund ein Drittel zeigt sich gleichermaßen an deutsch- und türkischsprachigen Angeboten interessiert, lediglich 8% interessieren sich vornehmlich für türkischsprachige Angeboten (vgl. ebd.: 121).

Inwiefern sich Jugendliche mit und ohne Migrationshintergrund in ihrer Mediennutzung unterscheiden, zeigt sich in einer Schweizer Studie von Bucher/Bonfadelli (2007), die in Form einer Befragung von 12-16 Jährigen Schülern durchgeführt wurde. Während sich bezüglich des Medienbesitzes zuhause – im Bereich der PC- und Internetausstattung – ein deutlicher Vorteil der Schweizer Haushalte zeigt (Bucher/Bonfadelli 2007: 231), kann mit Blick auf die Ausstattung mit elektronischen Medien im eigenen Zimmer der Jugendlichen eine bessere Ausstattung der Migrantenkinder festgestellt werden; dies weist darauf hin, „dass in eingewanderten Familien Medien häufig speziell

---

[20] Anlass sei eine Erdbebenkatastrophe gewesen, und das Internet habe sich durch Aktualität und Schnelligkeit als Vorteil gegenüber anderen Medien erwiesen. Dresbach spricht von einem „Boom des Internets bei vielen Türken", und zwar sowohl hierzulande als auch in der Türkei (Dresbach 2002: 169).

für die Kinder angeschafft werden, ohne dass die Eltern diese Medien ebenfalls nutzen würden" (232). Wie dies den Medienumgang konkret beeinflusst, bleibt jedoch offen. Bestätigung findet jedoch die bereits bei Becker (2003) getätigte Feststellung, dass vor allem Familien türkischer Herkunft bezüglich bestimmter Produkte als konsumintensiver in Erscheinung treten als vergleichbare einheimische (hier: deutsche) Familien: Danach geben türkische Haushalte mehr Geld für Heimelektronik aus und „ist z. B. die Ausstattung türkischer Haushalte mit Hifi-Anlagen, Videorekordern oder PCs höher als auf der deutschen Seite" (Becker 2003: 15).

Bezüglich der Internetnutzung zeigt sich in der Schweizer Studie weiterhin, dass der Anteil der Nicht-Nutzer unter den Migrantenkindern höher ist als unter den Schweizern, betrachtet man aber nur die User, „so kann für die Schüler Migrationshintergrund ein signifikant längere Nutzungsdauer festgestellt werden" (Bucher/Bonfadelli 2007: 233). Bezogen auf die genutzten Inhalte zeigen sich wiederum nur wenige Unterschiede zwischen Jugendlichen mit und ohne Migrationshintergrund: „Hauptzweck der Internetnutzung ist insbesondere die Informationssuche jeglicher Art, das E-Mail-Schreiben und das Spielen und Downloaden von Games. Ansonsten sind es unterschiedliche persönliche Interessen, welche darüber entscheiden, zu welchen Themenbereichen Internetseiten aufgerufen werden" (ebd.: 236). Als übergreifendes Fazit stellen die Autoren fest, dass „sehr viele jugendkulturelle Gemeinsamkeiten die Schüler mit und ohne Migrationshintergrund verbinden, dass also Migrantenjugendliche primär Jugendliche sind" (ebd.: 244).

Neben diesen wenigen quantitativen Befunden stellt sich die Sicht auf qualitative Arbeiten als bislang unzureichend dar: In Bezug auf Jugendliche mit türkischem Migrationshintergrund untersucht etwa Strotmann (2006), inwiefern der Aufforderungs- und Unterstützungscharakter von Settings wie Familie, Peers, Schule und außerschulischen Institutionen im Kontext ihrer Mediennutzung wahrgenommen wird. Als Resultat zeigt sich ein starker Aufforderungscharakter der Familie, welcher sich in Einstellungen und Erwartungen von Eltern und den daraus resultierenden Aufforderungen an Jugendliche ausdrückt. So sehen Eltern türkischer Herkunft „in dem Computer bzw. in der Fertigkeit mit ihm umzugehen ein ‚Mittel', um ihre hohen Bildungsaspirationen zu verwirklichen" (Strotmann 2006: 271), wobei sie gleichzeitig wenig eigene Unterstützung anbieten.

Ebenfalls als relevant für die Mediennutzung erweisen sich außerschulische Orte, wobei Mädchen offenbar eher geschlossene Formen – wie PC-Kurse – bevorzugen, während Jungen andere und mehr Orte aufsuchten, um sich Medien anzueignen. Schließlich bestehen Unterschiede in der Relevanz schulischer Medienangebote: Hier nehmen die Jugendlichen mit türkischem Migrationshintergrund „die Schule anders wahr als deutsche Jugendliche, die die Schule nicht als relevanten Ort der PC- und Internetaneignung sehen" (Strotmann 2006: 272), allerdings ist dies stark davon abhängig, inwieweit bereits Vorerfahrungen mit den Medien bestehen; so kommt es zur Unzufriedenheit vor allem bei denjenigen, die bereits über umfangreichere Wissensbestände und Handlungsstrategien verfügen, sodass, wiederum ähnlich zu deutschen Jugendlichen, Lehrkräfte nicht als herausragende Vermittler von Kompetenzen im Umgang mit den Medien betrachtet werden (vgl. ebd.). Insgesamt zeigt sich also, dass die verschiedenen Settings einen – mehr oder minder starken – Aufforderungscharakter Jugendliche mit türkischem Migrationshintergrund haben, sich mit den Medien auseinanderzusetzen.

Wie sehr in Familien mit Migrationshintergrund die Relevanz des Umgangs mit digitalen Medien wertgeschätzt wird, zeigt auch Treibel (2006). So wird bei einem Teil der von der Autorin befragten Jugendlichen eine „starke familiäre Einbindung deutlich" (ebd.: 228), nach der der Umgang mit Medien an die Unterstützungsleistungen und Handlungen von Eltern, Geschwistern und anderer Familienangehöriger gekoppelt ist. Heraus kristallisieren sich also „je spezifische Formen der Aneignung neuer Medien, die wir als Indikatoren einer familiennahen Adoleszenz und eines (zum Teil resignativ ausgeprägten) Pragmatismus verstehen" (Treibel 2006: 229). Deutlich machen diese beiden Studien, inwiefern die Mediennutzung von Jugendlichen mit Migrationshintergrund an kommunikative Strukturen gebunden verstanden werden muss, d. h zu fragen ist, wie sie davon geformt wird und sich als Beeinflussungsfaktor des Umgangs mit Medien ausdrückt. Mit Treibel kann festgestellt werden, dass diesbezüglich weiterhin „differenzierte Forschung" zu unternehmen ist (Treibel 2006: 231).

Was darüber hinaus grundlegend fehlt, sind Untersuchungen, die *tiefer liegende Strukturen* des Medienumgangs von Jugendlichen mit Migrationshintergrund zum Gegenstand haben, also dessen Motive und Alltagsrelevanzen berücksichtigen. Ebenso wie bei deutschen Jugendlichen (vgl. z. B. Barthelmes/Sander 2002) ist auch bei Jugendlichen mit Migrationshintergrund davon auszugehen, dass sie in Medienangeboten gezielt nach Orientierungen suchen, wobei sich Jugendliche unterschiedlicher Herkunft womöglich nach der inhaltlichen Präferenz unterscheiden, vor allem dann, wenn sie in Bezug auf ihre lebensweltlichen Situationen Diskrepanzen „zwischen unterschiedlichen oder gar unvereinbaren Lebenswelten und Kulturen" bewältigen müssen (Eggert/Theunert 2002: 291; vgl. auch Schiffauer 1997; Toprak 2004; Hafez 2000). Zu vermuten ist, dass sich deutsche und türkische Heranwachsende nicht nur im Mediennutzungsverhalten, sondern möglicherweise auch in Bezug auf die Wahrnehmung von Medieninhalten unterscheiden (vgl. Eggert/Theunert 2002: 295 ff.). Ebenso können geschlechtsbezogene, traditionell geprägte Rollenvorstellungen unterschiedlich sein, besonders bei Jugendlichen mit muslimischem Hintergrund: Ein Blick auf den Fernsehumgang türkischer Jungen zeigt etwa, dass sie „sich an starken, kämpferischen Helden orientieren, die sich durchzusetzen wissen und nicht klein beigeben", und dass „Actionfilme und -serien bei jungen Türken zwischen 6 und 13 Jahren hoch im Kurs stehen" (Eggert/Theunert 2002: 295). Auch die Präferenz für actionbetonte Video- und Computerspiele ist bei Jungen mit muslimischem Hintergrund und bei Jungen aus Aussiedlerfamilien stärker ausgeprägt als bei deutschen Jungen. Resümierend halten Eggert/ Theunert fest: Auch wenn der Medienumgang von Familien und Heranwachsenden mit Migrationshintergrund bisher kaum systematisch beforscht wurde, „verweisen die wenigen vorliegenden Befunde (...) darauf, dass nicht nur Differenzen zur Mediennutzung deutscher Erwachsener und Heranwachsender existieren (...)", sondern dass „darüber hinaus auch migrationsspezifische Spuren erkennbar [sind; S. H], denen insbesondere unter dem Fokus der orientierenden Bedeutung der Medien nachzugehen wäre" (ebd.: 296).

Generell ist davon auszugehen, dass die kulturellen Hintergründe und die aktuellen Lebensbedingungen der in Deutschland lebenden Migrantengruppen äußerst heterogen sind, weswegen sie sich nicht als Einheit auffassen lassen. Selbst bei der Beschränkung auf Jugendliche *eines*, z. B. türkischen, Migrationshintergrund konstatieren Eggert/ Theunert (2002: 289) umfangreichen Bedarf an Forschungen zu insgesamt fünf Bereichen: 1) Medienumgang von Migrantengruppen vor dem Hintergrund ihrer Lebensbedingungen und ihrer je spezifischen Sichtweisen auf Medien, 2) Mediennutzung von Migrantengruppen im aktuellen Trend sowie in ihrer längerfristigen Entwicklung, 3) Medienumgang und die den Medien zugeschrieben Bedeutung, insbesondere in geschlechtsbezogenen Ausprägungen und unter Berücksichtigung erzieherischer Haltungen gegenüber Alter und Geschlecht, 4) Medienumgang der Generationen in Familien, wobei z. B. Aspekte der Integration ebenso wie Aspekte von Kontrolle oder Begleitung des Mediengebrauchs zu berücksichtigen sind und schließlich 5) Funktionen von Medien, migrationsspezifisch kulturelle und soziale Identitätsbildung, Abgrenzung oder Ausgrenzung zu beeinflussen.

Damit ist ein beachtliches Forschungsdefizit umrissen, das kaum in einer Arbeit berücksichtigt und aufgearbeitet werden kann. Bezüglich der von Eggert/Theunert benannten Bereiche ist allerdings auch zu vermuten, dass sich bei einem empirisch detaillierten Blick auf den Medienumgang von Jugendlichen mit Migrationshintergrund Überschneidungen aufweisen lassen. Wichtig wäre es darüber hinaus, den Medienumgang von Jugendlichen vergleichend in den Blick zu nehmen, um genauer beschreiben zu können, was Jugendliche mit und ohne Migrationshintergrund nicht nur unterscheidet, sondern auch verbindet. Bemerkenswert ist, dass die Autorinnen grundsätzlich für eine empirische *Rekonstruktion subjektbezogener Sichtweisen* im Kontext von Medienhandlungen plädieren, indem sie das „Verstehen der Sicht der zu Untersuchenden" (Eggert/Theunert 2002: 297) fordern. Auch dies verdeutlicht noch einmal, inwiefern das Medienhandeln Jugendlicher vor allem differenziert und lebensweltbezogen, d. h. nicht allein beschränkt auf funktionale Erfordernisse zu betrachten ist.

1.3 Gegenstand und Rahmung der vorliegenden Studie: Medienbezogenes Wissen und Handeln als Thema sozialwissenschaftlicher Forschung

In Vorbereitung zu der im Zentrum der vorliegenden Arbeit stehenden empirischen Untersuchung, die eine Erweiterung der Forschungslage anstrebt, wird im Folgenden eine übergeordnete Rahmung geschaffen. Um die Forschungsperspektive näher zu beschreiben und zugleich deren allgemeinen theoretischen Horizont zu verdeutlichen, wird die zu untersuchende Fragestellung nach dem Handeln mit Medientechnologien auf der Folie der Begriffe *Lebenswelt* und *Wissen* diskutiert. Skizziert wird dazu, inwiefern ein sozialwissenschaftliches Interesse an Medientechnologie bei der Frage ansetzt, wie diese als Gegenstand des Erlebens und Handelns im Alltag verankert ist. Diese Verankerung wird durch ausgewählte Theoriebezüge differenziert, mithilfe der die in Abschnitt 1.1 angedeuteten und im Kontext von Medienhandeln zu berücksichtigenden Aspekte von Erfahrung und Sinndeutung konzeptualisiert werden. Hierzu ziehe ich – in gebotener Kürze – einige Grundgedanken des Weberschen Handlungsverständnisses, des symbolischen Interaktionismus, der Sozialphänomenologie sowie der neueren Wissenssoziologie heran. In Gestalt von Metatheorien bieten diese Bezüge grundlegende Aussagezusammenhänge, die im weiteren Verlauf aufgegriffen und verwendet werden. Im Folgenden beschränke ich mich zunächst auf gegenstandsbezogene Aussagen; die damit verbundenen methodologischen Implikationen werden in Kapitel 5 erörtert.

Wenn Technik in Bezug zu lebensweltlichen Handlungszusammenhängen theoretisiert wird, wird ihr keine vorrangig *objektive* Rationalität unterstellt – zwar ist die Existenz technischer Innovationen nicht *allein* als Option handelnder Akteure denkbar, allerdings wirken die von abstrakten Technikstrukturen ausgelösten Veränderungen wieder auf die Mikroebene des Alltäglichen bzw. müssen durch diese *hindurch* (vgl. Rohbeck 2000: 119). Indem Technik auf dieser Ebene mit Bedeutungen versehen wird, geht mit der Zunahme von Handlungsmöglichkeiten eine Offenheit für Sinnzuschreibungen einher (Pinch/Bijker 1987: 27). Deshalb gilt es, technische Wissens-, Verwendungs- und Wahrnehmungszusammenhänge in enger Anbindung zu den Erfahrungen und Sinndeutungen der Akteure zu problematisieren. Tully (2003) macht hierzu auf den ergebnisoffenen Charakter von Technik, insbesondere digitaler Medien, aufmerksam: Es sind alltäglich gewordene Apparate wie der internetfähige PC, „die beständig neue Chancen bereithalten und zugleich vertraute Bezüge aufbrechen" (ebd.: 111), etwa indem Kommunikation und Konsum durch technische Innovationen in andere Kontexte gestellt werden. Technik im Alltag ist in der Regel aus – wie immer gearteten – betrieblichen Verankerungen herausgelöst und informell lokalisiert. Sie ist nicht für präzise definierte Anwendungskontexte prädestiniert und in ihrer Funktion nicht starr fixiert.[21] Anstelle zweckhafter Umgangsformen mit Technik evoziert sie spielerische und intuitive Nutzungsformen: Indem sie „nur mehr ausnahmsweise als Werkzeug erlebt wird, fußt ihr Einsatz auf subjektiven Kriterien des Gefallens und nicht Gefallens" (ebd.: 210). Damit werden eindeutig festgelegte Handlungsroutinen und Organisationsmuster aufgelöst und Prozesse der Informalisierung vorangetrieben. Hieraus resultieren Möglichkeiten der Selbstkontextualisierung: Ist Technik nämlich weder von Funktion noch vom Einsatzfeld her determiniert, „liegt es an den Individuen selbst, ‚sinnvolle' Anwendungen zu identifizieren" (ebd.: 27). Alltagstechnik ist somit wesentlicher Bestandteil und Motor von Individualisierung, denn sie ist soziokulturell eingebettet und ihr Gebrauchswert ist in subjektiven Lern- und Entscheidungsprozessen jeweils erst sinnhaft zu erschließen (ebd.: 61). Damit verschieben sich auch Arrangements, in denen der Gebrauch und Anwendung von Technik thematisiert wird. Indem diese nämlich nicht von vornherein anwendungsbezogen und zweckstrukturiert gedacht ist, fällt die Aufgabe ihrer Kontextualisierung nicht mehr nur klassischen Institutionen, etwa der Schule, zu.

Diese Überlegungen sensibilisieren dafür, Medientechnik nicht allein von ihrer materiellen Seite her zu befragen – etwa in der Form, ob der Nutzer objektive Anforderungen mit ihr und durch sie erfüllt, ob z. B. ein Jugendlicher *richtig* mit dem Computer handelt – sondern vor allem von Subjektseite her. In Abkehr von einem rationalistischen Paradigma entspricht dies der Betrachtung ausgehandelter, sozial konstruierter, situierter und prozessierter Merkmale materieller Gegebenheiten – und damit *dem* zentralen Charakteristikum eines sozialwissenschaftlichen Zugangs zu Technik (Joerges 1996: 68). In einem solchen Zugang ist Technik, zumal in ihrer Expansion, nur mit Blick auf den *Akteur* verstehbar. Eine Untersuchung technikbezogener Handlungsmöglichkeiten

---

[21] Zu beobachten ist etwa, dass Technik, der ein bestimmter Gebrauch nahe gelegt und für den sie konstruiert wurde, nicht linear den damit tatsächlich realisierten Zweck prädeterminiert: Beispiel ist die SMS-Funktion, von Mobilfunkgeräteherstellern zuerst nur als Beiwerk gesehen, z. B. für den Gebrauch in Notfällen. Eine sich daraus entwickelnde massenhafte kulturelle Handlungspraxis war weder beabsichtigt noch wurde sie vorausgesehen.

als auch -einschränkungen erzwingt geradezu den Blick auf den Akteur als Subjekt und erfordert eine auf das Mikrolevel gerichtete Forschungsperspektive, welche sich als *subjektivitätsorientierte Technikforschung* an Fragen orientiert, wie sich Subjekte beim Umgang und Gebrauch von Technik „zu dieser in Beziehung setzen, wie sich subjektives Denken, Handeln, Fühlen in Bezug auf technische Logik formt bzw. diese von den Subjekten geformt wird" (Schachtner 1997: 20). In die Betrachtung einbezogen werden müssen deshalb auch „Vorstellungen und Phantasien, die sich um ein technisches Artefakt" bilden (Leithäuser 1995: 5).

Gerade vor dem Hintergrund technisch-medial aufbrechender Strukturen und Rahmenbedingungen nicht nur von Arbeits-, sondern Lebensbedingungen allgemein stellt sich die Frage, wie jenseits von funktionellen und materiellen Eigenschaften der Technik subjektive Bedeutungen und Bedeutungszuschreibungen diesen Prozess beeinflussen. Diese Bedeutungsgebungen haben wirksamen und Wirklichkeit strukturierender Status, deshalb stellt das, was Akteure sprachlich *über* Technik alles mitteilen, eine Erkenntnisquelle dar, und zwar „nicht nur für das Verständnis subjektiver Akzeptanz, sondern auch zur Beantwortung der Frage: wie kann das Ding Computer, das technische Artefakt selbst, sozialwissenschaftlich verstanden und theoretisiert werden?" (Leithäuser et al. 1995: 5). Mit Blick auf die subjektive Seite des Technikgebrauchs mitsamt seinen „Bedeutungen und Bewertungen, Phantasien und Wünsche, aber auch Konflikten" (ebd.: 6) wird Technik zum evokatorischen Objekt als einer symbolischen Form.[22] Materielle und symbolische Eigenschaften von Technik treten in Wechselwirkung mit psychischen Dispositionen der Subjekte, und gerade darin „zeigt sich der Computer als ‚kulturelles Objekt'" (ebd.: 7). So erscheinen technische Artefakte als ein Ensemble wirksamer Vorstellungen sowie als Konglomerat physischer und operativer Eigenschaften. Daraus entsteht die Frage, welche Unterstellung dem Computermedium gegenüber in verschiedenen Situationen aktualisiert und aufgrund welcher Vorstellungen sich dazu positioniert wird (vgl. Mikos/Winter/Hoffmann 2007: 8). Technische Artefakte, so die Schlussfolgerung, sind keine rein zweckrationalen Objekte, nicht allein „*ingenieurstechnische Konstruktionen*" oder „*technische Installationen aus physischer Materie, Energie und Information*" (Rammert 2007: 14; Herv. i. Orig.), sondern ideenhaft, metaphorisch und sozial. Sozialwissenschaftlich betrachtet ist es also ihr „gemachter, gebrauchter und damit auch ihr sozialer und kultureller Charakter", der an Technik interessiert (Hörning 2001: 22). Erst in dem Maß, wie Technik mit ihren funktionalen, sozialen und symbolischen Qualitäten ernst genommen wird, kann sie auf die handlungsmäßige und wissensbasierte Erschließung jugendlicher Akteure hin befragt werden. Die Prämissen dafür wurzeln innerhalb subjektiv wahrgenommener Gegebenheiten und Rahmenbedingungen, innerhalb der Subjekte über „die von ihnen gewählten sozialen Kontexte, sowie über die Funktion, die die Technik im Hinblick auf soziale Handlungen erfüllen soll" verfügen (Tully 2003: 35).

---

[22] Die Betonung der evokatorischen Seite von Technik im Zusammenhang mit neuen Informations- und Kommunikationstechnologien wurde vor allem von den Studien Sherry Turkles geleistet. Turkle (1984) selbst hatte den Begriff des evokatorischen Objekts genutzt und unter eine Vielzahl von Kategorien zusammengefasst, beispielsweise der des Computers als „Projektionsmedium", „Ausdrucksmittel", „metaphysische" und „psychologische" Maschine, als „reflexives Medium"; zusammenfassend findet sich auch die Bezeichnung des Computers als „kulturelles Objekt".

Einen zentralen Referenzpunkt zur Beantwortung der Frage, wie sich solche *Handlungen* in den Blick nehmen lassen, bietet der klassische Ansatz Max Webers. Sozialwissenschaft meint nach Weber eine Wissenschaft, „welche soziales Handeln deutend verstehen und dadurch in seinem Ablauf und seinen Wirkungen ursächlich erklären will" (Weber 1978: 9). Als Handeln begreift Weber dabei allgemein „menschliches Verhalten (…), wenn und insofern als der oder die Handelnden mit ihm einen subjektiven Sinn verbinden" (ebd.). Soziales Handeln wiederum solle nach Weber dasjenige heißen, „welches seinen von dem oder den Handelnden gemeinten Sinn nach auf das Verhalten anderer bezogen wird und darin in seinem Ablauf orientiert ist" (ebd.). Nach Weber ist Handeln danach die sozialwissenschaftliche Grundkategorie, welche auf Sinn und Bedeutung beruht, die vom Handelnden konstituiert werden und die sich nicht objektiv beobachten lassen, sondern *verstanden* werden müssen.[23] Ein solches Verstehen ist dann gegeben, wenn zu Äußerungen oder Handlungen ein bestimmter Sinnzusammenhang hergestellt werden kann (vgl. Schneider 2004: 18; Kurt 2004: 193 f.). Dabei geht es immer um einen Sinnzusammenhang, in dem ein Handeln aus Sicht des Deutenden kontextualisiert ist. Das deutende Erfassen dieses Sinnzusammenhanges wird von Weber als *Erklären* bezeichnet: Als ein Programm der Sozialwissenschaft als „mit dem Sinn des Handelns befasste Wissenschaft" ergibt sich daraus die Aufgabe der „Erfassung des Sinnzusammenhangs, in den, seinem subjektiv gemeinten Sinn nach, ein aktuelle verständliches Handeln hineingehört" (Weber 1978: 547).[24] An Webers Postulat einer „verstehenden Soziologie", nach der menschliches Handeln in Zusammenhängen situiert und ein sozialwissenschaftliches Interesse der verstehenden Handlungserklärung folglich auf die Struktur dieser Zusammenhänge zu richten ist (vgl. Reckwitz 2006: 367), knüpfen sich unterschiedliche Ansätze interpretativer Mikrosoziologien, die für die sozialwissenschaftliche Betrachtung jugendlichen Medienhandelns nutzbar gemacht werden können.

So greift etwa der symbolische Interaktionismus auf zentrale Überlegungen Webers zurück, nach denen soziales Handeln vor allem bedeutet, sich am Sinn des Handelns des Anderen zu orientieren (vgl. Schenk 1994: 173 f.). Blumer (1973) betont hierzu den Aspekt der wechselseitigen *Vermittlung* von Sinn und der Verständigung über eine gemeinsame *Situation*. Danach wird in Interaktionsprozessen der Sinn selbiger fortlaufend

---

[23] Dabei ging es Weber immer auch um die kulturelle Einbettung individueller Handlungen, weswegen sich die Soziologie mit der „Kulturbedeutung konkreter historischer Erscheinungen" zu beschäftigen habe (Weber 1973: 261) und die „Wirklichkeit des Lebens, in welches wir hineingestellt sind, in ihrer Eigenart verstehen" und „die Gründe ihres geschichtlichen So-und-nicht-anders-Gewordenseins" (ebd.: 212) untersuchen müsse.

[24] Weber selbst orientierte sich an einer Unterscheidung Simmels zwischen einem objektiven Verstehen des Sinns einer Äußerung und der subjektiven Deutung der Motive eines Sprechers: Im ersten Fall versteht man das *Gesprochene*, im zweiten den *Sprechenden* bzw. den *Handelnden*: Das bedeutet „dass jede wissenschaftliche Interpretation auf den Sinn zurückgeführt werden muss, den Handlungsentwürfe, Handlungsabläufe und Handlungsergebnisse für die handelnden Subjekte in der Sozialwelt haben" (Wagner 2005: 87 f.). Daraus resultiert jedoch nicht, dass Beobachtungen und Interpretationen subjektiv beliebig oder allein aus der Erfahrungswelt des Forschers heraus verständlich sein dürfen. Davon wird aber die Methode des Verstehens nicht angetastet: „Wo es darum geht, den sprechenden oder handelnden Mitmenschen wissenschaftlich zu verstehen, um darauf eine wissenschaftliche Erklärung der sozialen Welt aufzubauen, kann indessen nicht auf die verstehende Erschließung des subjektiven Sinns des Handelns menschlicher Wesen verzichtet werden, aus dem die soziale Welt hervorgeht. Letztlich ist Verstehen (…) stets auf die Erkenntnis von Sinnstrukturen und Sinnzusammenhängen gerichtet" (Wagner 2005: 88).

ausgehandelt, sodass die Perspektiven jedes Handelnden vom jeweils anderen interpretiert und mit der eigenen Sinnzuschreibung in Beziehung gebracht werden.[25] Blumer führt die zentralen Gedanken des symbolischen Interaktionismus in drei Prämissen zusammen: Die erste Prämisse besagt, „daß Menschen ‚Dingen' gegenüber auf der Grundlage der Bedeutungen handeln, die diese Dinge für sie besitzen", die zweite, „daß die Bedeutung solcher Dinge aus der sozialen Interaktion, die man mit seinen Mitmenschen eingeht, abgeleitet ist oder aus ihr entsteht" und die dritte Prämisse schließlich besagt, „daß diese Bedeutungen in einem interpretativen Proleß, den die Person in ihrer Auseinandersetzung mit den ihr begegnenden Dingen benutzt, gehandhabt und abgeändert werden" (Blumer 1973: 81). Die entscheidende Implikation dieser Prämissen ist, dass Handeln nicht auf ein funktionales Verhalten in Bezug zu Strukturbedingungen reduziert werden kann, sondern dass diesen Bedingungen erst Bedeutung gegeben wird, wodurch sie zugleich mitkonstituiert werden. Handeln wurzelt deshalb für Blumer darin, dass man die verschiedenen Dinge, die man wahrnimmt, „in Betracht zieht und auf der Grundlage der Interpretation dieser Dinge eine Handlungslinie entwickelt" (Blumer 1973: 95). Die vom Handelnden berücksichtigten Wahrnehmungsinhalte erstrecken sich dabei „auf solche Sachen wie seine Wünsche und Bedürfnisse, seine Ziele, die verfügbaren Mittel zu ihrer Erreichung, die Handlungen und die antizipierten Handlungen anderer, sein Selbstbild und das wahrscheinliche Ergebnis einer bestimmten Handlungslinie" (ebd.). Die in diesem Zitat angesprochenen *Dinge* enthalten grundlegend Objekte, die das Produkt symbolischer Interaktion sind. Solche Objekte, z. B. auch in Form *technischer Artefakte* und *Computermedien*, existieren demnach niemals für sich, sondern immer erst in einem wechselseitig ausgehandelten und interpretierten Konstruktionsprozess, der sie in einen Bedeutungszusammenhang[26] positioniert. Dies erfolgt nach Blumer in einem Prozess, in dem Objekte „geschaffen, bestätigt, umgeformt und verworfen werden" (1973: 91). Betont ist damit die *Bedeutungshaftigkeit* als „derjenige Aspekt von Welt, durch den diese für das Individuum für seine Lebensinteressen relevant und damit als Lernthematik zugänglich wird" (Faulstich 2005: 539). Das heißt: Erst vor dem Hintergrund ihrer Genese als bedeutungsgeladenes Erkenntnisobjekt werden Medien als Gegenstand von Handlungs- und Bildungsprozessen sichtbar (vgl. Ludwig 2005; Schachtner 2003).[27]

---

[25] Die Auffassung, dass durch diesen Prozess Handlungsbedingungen strukturiert werden, die auf der Interpretation einer Situation aufbauen, reicht zurück in die 1920er Jahre, als William I. Thomas die These formulierte: „Wenn Menschen Situationen als real definieren, sind auch ihre Folgen real" (Thomas 1965: 118).

[26] Nach Blumer kann die Sinnhaftigkeit von Objekten deshalb nur aus ihrer engen Verbindung zu den damit verbundenen Bedeutungen erschlossen werden: „Die Beschaffenheit eines Objekts – und zwar eines jeden beliebigen Objekts besteht aus der Bedeutung, die es für Personen hat, für die es ein Objekt darstellt. Diese Bedeutung bestimmt die Art, in der das Objekt sieht; die Art, in der sie bereit ist, in Bezug auf dieses Objekt zu handeln; und die Art, in der sie bereit ist, über es zu sprechen. (...) Die Bedeutung von Objekten für eine Person entsteht im Wesentlichen aus der Art und Weise, in der diese ihr gegenüber von anderen Personen, mit denen sie interagiert, definiert worden sind" (1973: 90).

[27] Eine entsprechende Übertragung dieser Überlegung in den Kontext von Medien und Technikverwendung hat Betram vor mehr als 20 Jahren vorgeschlagen: Zu untersuchen sei, wie die „soziale Konstitution der Nutzung von Technik zustande kommt, aufgrund welcher Motive, Werthaltungen und Orientierungsmuster die Menschen technische Geräte benutzen, ferner warum bestimmte technische Möglichkeiten zum Einsatz kommen, während andere völlig ignoriert werden" (Bertram 1987: 235).

In ähnlicher Richtung fragen *phänomenologische* Ansätze danach, wie Subjekte die Welt für sich bedeutsam konstruieren. Seinen theoretischen Fluchtpunkt findet dies im Begriff der *Lebenswelt*[28], der spätestens seit den Arbeiten von Baacke/Sander/Vollbrecht (1990) – verdeutlicht in ihrem Diktum „Lebenswelten sind Medienwelten" – eine wichtige Referenz für die Diskussion jugendlichen Medienhandelns darstellt.[29] Der auf Husserl (1976) zurückgehende Begriff bezeichnet das „Allerbekannteste, das in allem menschlichen Leben immer schon Selbstverständliche, in ihrer Typik immer schon durch Erfahrung uns vertraut" (Husserl 1976: 126). In Abgrenzung zu einer ideellen oder abstrakten Denkweise fokussiert Lebenswelt also eine Gesamtheit möglicher Erfahrungshorizonte, innerhalb dessen „ein wahrnehmend-erfahrendes Ich auf Gegenständlichkeit gerichtet ist" (Kunzmann/Birkhard/Wiedmann 2003: 197). In ihrer Struktur ist die Lebenswelt in verschiedene Wirklichkeitsbereiche differenziert und jeder dieser Bereiche „resultiert aus und ist geprägt von spezifischen Relevanzstrukturen, von bestimmten Zuwendungen zum eigenen Erleben, von speziellen Erfahrungsstilen und Bewusstseinsspannungen" (Honer 2003b: 110). So besteht die Lebenswelt aus unterschiedlichen Bestandteilen; sie setzt sich zusammen „aus aktuellem Erleben und aus Ablagerungen früheren Erlebens sowie aus mehr oder minder genauen Erwartungen zukünftig möglicher Erlebnisse" (ebd.: 111). Für den Menschen bedeutet das, dass sein „konkretes Hier-und-Jetzt, seine gegenwärtige Situation" für ihn „das Zentrum *seiner* Lebenswelt" ist (ebd., Herv. i. Orig.). Ein wichtiges Merkmal daran ist, dass die Lebenswelt Überschüsse an Handlungsmöglichkeiten birgt, also *mehr*, als das Subjekt tatsächlich thematisch realisieren kann; daher wählt es „ständig und zwangsläufig unter den ihm jederzeit prinzipiell möglichen Erfahrungen" (ebd.). Erfahrungen in der (medial-technisierten) Lebenswelt sind immer sinnhaft, und im Rückgriff darauf wird zwischen Wichtigem, Unwichtigem, Beliebigen und Nichtbeliebigen differenziert (vgl. ebd.: 112).

Diese Aspekte greift die Sozialphänomenologie von Schütz auf und differenziert sie bezüglich intersubjektiver und sozialer Aspekte der Sinnkonstitution (vgl. Schütz 1982; Schütz/Luckmann 2003; Flick 1995a). Intersubjektivität und Sozialität konstituieren sich, anders als bei Husserl, nicht in individuellen Bewusstseinsstrukturen eines transzendentalen Ego, sondern empirisch in der Lebenswelt[30], denn jene bestimmt die Erfahrungsweise des Alltagshandelns und des Alltagsdenkens, das Erleben und Handeln organisiert (vgl. Maasen 1999: 24).[31] Angesprochen ist damit eine Sozial- und Kultur-

---

[28] Vgl. grundlegend zum philosophischen Ursprung des Lebenswelt-Begriffs Meinberg 1988: 243.

[29] Der Begriff *Medienwelt* ist sozusagen an den soziologischen Terminus der Lebenswelt angelehnt und beschreibt diese als sinnerfülltes Handlungsfeld, das als sozialer und praktischer Sinnhorizont Umgangsformen mit Medien ermöglicht und zugleich das praktische Feld ist, das als „zu bewältigende Situation den Heranwachsenden aufgegeben ist" (Schäfer 2001: 30). Darin liegt die Voraussetzung einer komplex strukturierten Praxis, die Heranwachsende und Medien „gleichermaßen umfaßt" (ebd.).

[30] Für Schütz ist die Lebenswelt „die natürlich soziale Umwelt, in die jeder hineingeboren wird und deren Bestand er einfach als fraglos ansetzt. (...) Sie ist der Rahmen, innerhalb dessen für uns Möglichkeiten offen stehen, der Ort der Verwirklichung aller unserer offenen Möglichkeiten, die Gesamtsumme aller Umstände, die unserer autobiographischen Situation entsprechend ausgewählt und von ihr bestimmt werden" (Schütz 1982: 181).

[31] Bezüglich der Begriffsverwendung ist festzustellen, dass eine Differenzierung von *Lebenswelt* und *Alltag* in der Literatur häufig nicht exakt vorgenommen wird. Arbeitet man mit dem Begriff Alltag, dann fällt seine Nähe zum Begriff Lebenswelt schnell ins Auge. Man findet hierzu „sowohl Formulierungen wie ‚Lebens-

welt unter Einschluss bedeutungsabhängiger Objekte und Artefakte, innerhalb der nach Schütz gewissermaßen *vortheoretisch*, in einer natürlichen Einstellung und unter Verlässlichkeit auf Selbstverständlichkeiten agiert wird (vgl. Bachmair 2005: 98). Dazu muss die Lebenswelt *ausgelegt* werden, worunter Schütz ein Prozessieren von Erfahrungen und Tätigkeiten versteht, welche historisch aufgeschichtet sind: Beide haben „selbst eine Geschichte: Sie sind das Sediment von früheren Erfahrungen und Ereignissen, sie sind deswegen selbst konstituiert und miteinander zu einem Erfahrungsgerüst verbunden" (Schütz 1982: 30). Dieses Gerüst fällt subjektiv unterschiedlich aus, sodass thematische Horizonte „in subjektiver Sicht (das heißt vom Blickwinkel des in Frage stehenden Subjektes aus) eine ganz andere Struktur aufweisen als in objektiver Sicht (das heißt vom Blickwinkel des Beobachters aus)" (ebd.: 42). Erfahrungen und Tätigkeiten haben nach Schütz den wichtigen Effekt, dass sie *Vertrautheit* ermöglichen: Als Ressource des Subjekts, sein Umfeld zu strukturieren und darin zu handeln sedimentiert sie sich in „Gewohnheiten des Subjekts, das eine aktuelle Erfahrung mittels der in seinem gegenwärtigen Wissensvorrat vorhandenen Typen wieder erkennt, identifiziert und auswählt" (ebd.: 57).[32] Neben Gewohnheiten als Ausdruck biographischer Geschichtlichkeit resultiert aus Vertrautheit, dass sie dem Subjekt quasi zur Grenzziehung dient: Sie zieht eine Linie innerhalb des „Weltausschnitts" einer konkreten und aktuellen Lebenssituation[33] (vgl. Schütz/Luckmann 2003: 198) und trennt auf diese Weise zwischen Aktivitäten, die weiterverfolgt werden, an die also Interesse geknüpft wird und solchen, bei denen dies nicht der Fall ist.

Neben die Erfahrung als Modus der Auslegung der Lebenswelt treten die bereits erwähnten *Wissensvorräte*: Sie sind vorrangig typisierend, nach Relevanzen strukturiert, auf etwas gerichtet und intersubjektiv. Wissen ist somit in Bewegungen und Tätigkeiten eingelassen, ohne dass ständig oder bewusst darüber reflektiert wird (vgl. Maasen 1999). Es bildet sich im Alltagshandeln sowie im Alltagsdenken. Vor diesem Hintergrund gerät „nicht nur das Wissen jedermanns in den Blick", sondern gleichzeitig auch die „Grundlegung des Wissens in den typisierenden, idealisierenden Konstrukten des Alltags", denn genau hier findet sich derjenige „Vorrat an Wissen und Routinen, den alle Gesellschaftsmitglieder im Verlauf ihrer Sozialisation erwerben und der sie (...) fraglos orientiert" (Maasen 1999: 25). Diese das Subjekt orientierenden Muster bezeichnet Schütz auch als *zuhandenen Wissensvorrat*, welcher sich bildet, da jede Tätig-

---

welt des Alltags' wie auch ‚alltägliche Lebenswelt', die auf eine stillschweigend gebrauchte Gleichsetzung hinweisen." (Kirchhöfer 2000: 17). Meinberg kritisiert generell, dass „die erziehungswissenschaftliche Begrifflichkeit nicht das Prädikat ‚sorgfältig' verdient. Das gilt auch für den Alltagbegriff, der zumeist undifferenziert mit dem der ‚Lebenswelt' (…) ausgetauscht wird" (Meinberg 1988: 243). Soeffner weist jedoch darauf hin, dass gerade für den Ansatz von Alfred Schütz die Unterscheidung dieser Ausdrücke konstitutiv sei: Lebenswelt ist danach „der umgreifende Sinnhorizont für alle finiten Sinnbereiche", der „ausgezeichnete Sinnbereich des Alltags dagegen ist begrenzt und durch den spezifischen kognitiven Stil der Praxis gekennzeichnet" (Soeffner 2003: 21). Deshalb ist Alltag letztlich der exaktere, weil begrenztere, Begriff, um die Rekonstruktion von Handlungen der Subjekte zu fundieren.

[32] Vertrautheit ist also dadurch gekennzeichnet, „daß neue Erfahrungen mit Hilfe eines in Vorerfahrungen konstituierten Typs bestimmt werden können und sich diese Bestimmung in der Bewältigung der Situation bewährt" (Schütz/Luckmann 2003: 207).

[33] Diese Situation ist dabei gleichzeitig der Rahmen für die Erschließung von lebensweltlichen Gegebenheiten: „Ich mache mir die „relevanten" Elemente und Aspekte der Welt nur soweit vertraut, wie es zur Bewältigung der Situation nötig ist" (Schütz/Luckmann 2003: 198).

keit und jede Erfahrung „ihre genetische und autobiographisch bestimmte Geschichte" hat und „selbst das Sediment einer habituell erworbenen Übung" ist (Schütz 1982: 76). Als ein Substrat früherer Bewusstseinstätigkeiten ist auch der Wissensvorrat „durch Systeme von vorherrschenden aktuell operativen Relevanzen verschiedener Art geleitet" (ebd.: 102). Dieses Wissen hat sowohl geistig-intellektuelle als auch praktisch-handlungsrelevante Elemente[34], worin es als etwas Allgemeines und Übergreifendes konzeptualisiert wird, das in Momenten alltäglicher Handlungssituationen angewandt wird, unabhängig von der Frage, ob es systematisch oder eher diffus strukturiert ist.[35] Analog dazu muss auch der Wissens*erwerb* verstanden werden: Dabei handelt es sich um die Verdichtung aktueller Erfahrungen nach ihrer „Relevanz und Typik in Sinnstrukturen, die ihrerseits in die Bestimmung aktueller Situationen und die Auslegung aktueller Erfahrungen eingehen" (Schütz/Luckmann 2003: 173, vgl. auch Bonfadelli 1994: 82). Daher ist Wissen nicht rein individuell und in Sinnstrukturen des Subjekts verankert, sondern wird als sozial Erworbenes zugänglich. Ein Großteil davon speist sich aus der Erfahrung Anderer und wird von ihnen kommuniziert, wobei gilt, dass dieses „sozial von anderen erworbene Wissen, das ich in den verschiedenen Plausibilitätsgraden angenommen habe, (...) mein eigener habitueller Besitz von bekannten Dingen" wird (Schütz 1982: 121). Wissen in der Perspektive von Schütz ist also in der Lebenswelt verankert und hat dort seine Wurzeln sowie seinen Wirkungskreis; es ist zur Auslegung der (medialen) Lebenswelt nötig und an sie angepasst.

Diese lebensweltlich kontextualisierten Aktivitäten und Deutungsleistungen sind jedoch – wie bereits angedeutet – *nicht* in jedem Fall reflexiv-bewusst, sondern vollziehen sich in der Regel methodisch unkontrolliert, fraglos und beiläufig, das heißt „vor dem Hintergrund eines *impliziten Wissens* um das, was ‚hier und jetzt' ist und getan werden muss" (Soeffner 2003: 169, Herv. S. H.). Zentraler Handlungsmodus ist also das implizit Gewusste, immer schon Gedeutete und in die Deutung von Handlungen Einbezogene, was sich z. B. dadurch verdeutlicht, dass im Alltag ständig Normalitätskonstruktionen eingesetzt und neu produziert werden. Solche Konstruktionen sind eine „Wiederholung erprobter und bekannter Handlungsmuster in der Interaktion sowie die Erstarrung einiger dieser Muster zu Handlungsritualen" (ebd.: 23) und können als „Elemente von in gemeinsamen Verhaltenserwartungen abgesicherten Handlungsketten" (ebd.: 23) gesehen werden, welche „jederzeit entscheidungsentlastend" (ebd.) zum Einsatz kommen. Alltagswissen ist also hochgradig routinisiert und beruht auf Inexplizitheit, weil es „in einer Welt der Selbstverständlichkeiten" (ebd.: 25) angesiedelt ist. Im Sinne eines „tacit knowledge" (ebd.) wird es vorausgesetzt, in dem etwas gewusst wird,

---

[34] Schütz betont hierzu, dass „unser zuhandener Wissensvorrat nicht nur einen habituellen Besitz enthält, der in unserer theoretischen Tätigkeit gründet, sondern auch habituelle Weisen des praktischen Denkens und Handelns enthält – zum Beispiel wie man praktische Probleme löst, ebenso auch habituelle Weisen und Muster des Verhaltens, des Handelns, des Wirkens und so weiter. Der zuhandene Wissensvorrat enthält deshalb eine Reihe praktischer Rezepte, um typische Zwecke durch typische Mittel zu erreichen – Rezepte, die sich soweit „bewährt haben" und deshalb für sicher gehalten werden" (Schütz 1982: 110).

[35] Deswegen bedeutet Wissen für Schütz „nicht nur explizite, klare und gut formulierte Einsicht, sondern jede Form der Meinung und Annahme, die sich auf einen Sachverhalt beziehen, der als fraglos gegeben hingenommen wird" (Schütz 1982: 113).

ohne es sagen zu können oder zu müssen.[36] Auf diese Weise entsteht Verlass auf gesicherte gemeinsame Wissensbestände und als gemeinsam erkannte Erfahrungs- und Handlungsräume. Implizites Wissen, so Rammert (2007: 151), kann daher als „Kern von Sozialität" gelten, und zwar in Form von „Regeln des gesellschaftlichen Lebens, die jeder kompetente Teilnehmer erlernt, unterstellt, vollzieht und im abweichenden Vollzug verändert" (ebd.). Diese Regeln wiederum funktionieren wie „habitualisierte Schemata des Wahrnehmens, Urteilens und Verhaltens" und lassen sich als „in Begegnungen inkorporiertes gemeinsam geteiltes Wissen" definieren (ebd.).

Für die Untersuchung alltagsbezogener Handlungen im Kontext von Medientechnologien liegen hier wichtige Grundlagen, denn implizit lebensweltgebundenes Wissen lässt sich nachvollziehen in Form alltäglicher Medienhandlungspraxen, welche eine vortheoretische und wirkliche Voraussetzung wissenschaftlicher Erkenntnis darstellen: Medienhandlungen haben danach keine objektive Realität, die vom Forscher unabhängig besteht und deshalb einem Wahrheitsnachweis zugänglich ist, sondern sind subjektiv konstruierte Welt, wie die Jugendlichen sie erfahren, als wesentlich oder für sich als wichtig ansehen (vgl. Kirchhöfer 2000: 19).

Diese Annahmen entsprechen einer Perspektive, die auch als *wissenssoziologisch* bezeichnet werden kann und die eine Modellierung des „Verständnisses alltäglicher gesellschaftlicher Wirklichkeit" verfolgt (Bude 2003: 569). Hierzu haben insbesondere Peter L. Berger und Thomas Luckmann Ende der 1960er Jahre die Schützsche Sozialphänomenologie mit einer Wissenssoziologie verbunden.[37] Sie bildet einen *alltagsorientierten Forschungsansatz*, in welchem Alltag als das „Produkt subjektiver Sinnsetzungen" gefasst wird, der mit dem Sinn zusammenfällt, „den das Subjekt dieser Welt in seiner Lebenspraxis gibt" (Kirchhöfer 2000: 20). Demgemäß lautet – aufbauend auf Schütz – der Kernsatz von Berger/Luckmann, dass sich die *„ Wissenssoziologie (...) sich mit allem beschäfigen* [muss; S. H.]*, was in der Gesellschaft als ‚Wissen' gilt"* (2003: 16; Herv. i. Orig.). Aus der Prämisse, dass sich der subjektive Wissensvorrat je einzeln aus sedimentierten konkreten subjektiven Erfahrungen der Lebenswelt bildet, wobei dessen Struktur durch die Vorgänge des Wissenserwerbs und die dabei involvierten je

---

[36] In dieser Richtung argumentiert auch Polanyi (1985), dass man „menschliches Erkennen ausgehend von der Tatsache beschreiben [muss, S. H.], daß wir mehr wissen als wir zu sagen wissen" (1985: 14, Herv. i. Orig.). Polanyis Überlegungen bauen auf Erkenntnissen der Gestaltpsychologie auf, die davon ausgeht, dass „wir eine Physiognomie erkennen können, indem wir ihre Einzelheiten beim Gewahrwerden zusammenfügen, ohne daß wir jedoch diese Einzelheiten zu identifizieren wüßten" (ebd.: 15). Er verdeutlicht dies durch eine Analogie zum Erkennen eines Gesichtes: So ist man in der Lage, ein vertrautes Gesicht aus einer Vielzahl von Gesichtern (wieder-)zuerkennen, ohne jedoch in jedem Fall genau sagen, wie dies geschieht. Gestalt ist dabei das Ergebnis einer „aktiven Formung der Erfahrung während des Erkenntnisvorgangs" (ebd.: 15). Diese Formung oder Integration ist für Polanyi die „große stumme Macht, mit deren Hilfe alles Wissen gewonnen und, einmal gewonnen, für wahr gehalten wird" (ebd.). Das dabei erworbene *implizite Wissen* zeigt sich sowohl in abstrakter als auch in handlungspraktischer Form. Dieses Wissen unterliegt also (theoretischen) Kenntnissen ebenso wie dem Umgang mit Werkzeugen und Medien. Seine Bedeutung zeigt sich im Alltag darin, wie „wir unsere Vermögen des impliziten Wissens zur Deutung der uns umgebenden Welt einsetzen, indem wir nämlich die Zusammenstöße unseres Körpers mit den Dingen, die uns in den Weg kommen, in ein Verstehen ihrer Bedeutung umformen" (ebd.: 49).

[37] Ihre wichtigsten Grundannahmen beziehen sie vor allem auf anthropologische Überlegungen, geprägt von Marx, sowie die biologisch untermauerte philosophische Anthropologie von Plessner und Gehlen (vgl. Berger/Luckmann 2003: 18).

konkreten Probleme und Relevanzen bestimmt ist, bilden sich für Berger/Luckmann individuelle Wirklichkeitskonstruktionen eines jeden.[38]

Um dies zu verdeutlichen, greifen Berger/Luckmann zur Metapher des „Mannes auf der Straße", welcher eine Welt bewohnt, „die – wenngleich in unterschiedlichem Maße – ‚wirklich' für ihn ist, und er weiß – in unterschiedlich bemessener Zuversicht –, daß sie diese oder jene Eigenschaften hat" (Berger/Luckmann 2003: 1). Die Wissenssoziologie habe daher zu untersuchen, „wie es vor sich geht, daß gesellschaftlich entwickeltes, vermitteltes und bewahrtes Wissen für den Mann auf der Straße zu außer Frage stehende ‚Wirklichkeit' gerinnt" (ebd.: 3). Da nun theoretische Definitionen und theoretische Annahmen zur Realität nicht deckungsgleich mit dem sein müssen, was für Akteure real ist, „muß sich die Wissenssoziologie zu allererst fragen, was ‚jedermann' in seinem alltäglichen, nicht- oder vortheoretischen Leben ‚weiß'" (ebd.: 16). Damit sind wiederum die oben bereits erwähnten vortheoretisch verfügbaren und *impliziten Wissensbestände* angesprochen. Es interessiert in dieser Perspektive also vorrangig „jenes Wissen, welches das Verhalten in der Alltagswelt reguliert" (ebd.: 21). Weniger Relevanz hat zunächst, inwieweit sich diese Alltagswirklichkeit zu den Vorstellungen theoretisch-wissenschaftlicher Konstruktionen verhält, weswegen es erst in einem zweiten Schritt sinnvoll ist danach zu fragen, ob diese Konstruktionen mit solchen, die man im Zuge bestimmter, auch normativer, Vorstellungen entwickelt hat, übereinstimmen bzw. davon abweichen (vgl. Meuser 2003d: 140). Auf den Kontext von Medienhandeln bezogen bedeutet dies: Es ist nachrangig, ob Jugendliche mit Computer und Internet auf eine Weise interagieren, die den Vorstellungen von Herstellern oder Medienanbietern entspricht oder die pädagogisch vorab als erfolgreich oder wünschenswert definiert ist; vielmehr geht es um die *Klärung der Frage, aufgrund welchen Wissens über bzw. Erfahrungen mit diesen Medien und in welchen sozialen Situationen sie selbst mit diesen und durch diese Medien Handlungen vollziehen.*

Die Virulenz dieser Fragerichtung zeigt sich auch, wenn man die von Berger/Luckmann entwickelten wissenssoziologischen Grundlagen systemtheoretisch reformuliert und sie so für Aspekte von *Wissen*, *Sinn* und *Bedeutung* im Medienkontext erschließt (vgl. Graf 2004: 18). So versteht etwa Willke (2001b) unter Wissen die Einbettung von Informationen „in ein Muster von Erfahrungen und Erwartungen (...), so dass die Informationen in einer von diesen Präferenzregeln geprägten Weise produktiv genutzt werden können" (Willke 2001b: 383).[39] Informationen *können* in Wissen transformiert werden, wenn mit subjektivem Bezug darauf eine handlungspraktische Anschlussfähigkeit an eine als bedeutungsvoll wahrgenommene Umwelt hergestellt wird

---

[38] Um zu betonen, dass diese Wirklichkeitskonstruktionen gerade *nicht* objektivistisch missverstanden werden dürfen, plädiert Peter L. Berger dafür, „Wirklichkeit" und „wirklich" gehörten als Begriffe von Rechts wegen in Anführungszeichen gesetzt (1984: 78).

[39] Bevor überhaupt von *Informationen* die Rede sein kann, bedarf es der bedeutungsgebundenen Auswahl von *Daten*. Somit wird der Begriff der Information zwingend an das Vorhandensein einer Relevanz irgendeines Datums für ein informationsverarbeitendes System gekoppelt. Willke bezieht sich hier auf die Informationstheorie Batesons (1999): Nach dieser meint Information einen „Unterschied, der einen Unterschied macht" (ebd.: 582). Für ein System ist es daher nur möglich, Ereignisse als Daten wahrzunehmen, für welche es „über eigene Beobachtungsinstrumente verfügt. Damit ist jedes Datum eine beobachtungsabhängige Größe. Jedes System kann nur solche Daten als Informationen entschlüsseln, für welche sich nach seinen eigenen Relevanzkriterien Bedeutungen ergeben. Jede Information ist damit systemrelativ, sie ist eine von der Relevanzstruktur des Systems abhängige Größe" (Willke 2001a: 89).

(vgl. auch Bonfadelli 1994: 120). Medien und Technik bieten demnach keine sinn- und bedeutungsunabhängigen Handlungsoptionen, weder bezüglich ihrer *Form* als Artefakt noch bezüglich der durch sie vermittelten *Inhalte*. Diese Sinnzuschreibung ist wissensabhängig und an eine Erfahrung des Körpers gebunden, welche auf Reziprozität mit der Umwelt beruht. Wissen manifestiert sich daher in den „systemspezifischen brauchbaren, durch Lernen interiorisierten Verhaltensregeln für Interaktionen und Transaktionen mit einer Umwelt" (Willke 2001a: 90). Deswegen ist dem Wissen immer eine kommunikative Kollektivität *vorgängig*, in der Wissen generiert und verfestigt wird. Es entsteht „in rekursiven Schleifen von Beobachtung, Nachahmung, Lernen und Testen als inkorporierte Erfahrung" (ebd.) und aus einzelnen Wissenselementen emergieren dann umweltfunktionale Regeln, die in einem fortlaufenden Prozess „in kohärente Regelsysteme synthetisiert werden" (ebd.). Diese Sichtweise stellt eine wichtige Ergänzung zu den oben genannten symbolisch-interaktionistischen und sozialphänomenologischen Aspekten dar, weil darin die Relevanz einer *sozialen Praxis* unterstrichen wird.[40] Erst diese ermöglicht und konstituiert Wissen, und zwar indem „Beobachter in einer kommunikativ konstruierten und kommunikativ vermittelten sozialen Praxis Daten und Informationen in einen sinnhaften Zusammenhang bringen" (Willke 2002: 22). Durch die Einbettung von Wissen in Handlungsvollzüge entstehen für Willke daraus „immer bestimmte Kompetenzen in Umgang mit konkreten Situationen oder als bedeutungsvoll definierten Problemstellungen" (ebd.) – Kompetenzen, dies sei abschließend festgehalten, die an Definition und Wahrnehmung des *Akteurs* gebunden sind.

Mit diesen Überlegungen habe ich den Rahmen der vorliegenden Studie verdeutlicht, indem der Bezug zu einigen sozialwissenschaftlichen Grundkategorien hergestellt wurde. Konzipiert wurde damit ein metatheoretischer Horizont, der mir für die Beschäftigung mit dem Gegenstand jugendlichen Medienhandelns fruchtbar erscheint. Wie bereits erwähnt, werden die hier skizzierten Bezüge an unterschiedlichen Stellen der vorliegenden Arbeit aufgegriffen, weiterverfolgt und differenziert. Eine Zuspitzung erfahren sie vor allem unter der methodologischen Perspektive der dokumentarischen Methode (vgl. hierzu 5.3).

1.4 Zusammenfassung und Fragestellungen

Vor dem Hintergrund bisheriger Überlegungen gründen sich Wissen und Handeln auf eine kommunikativ konstruierte Praxis, sind also *relational*. Mit dieser Annahme lässt sich eine normative Engführung des Wissensbegriffs und seine Dichotomisierung vermeiden. Während in den Kategorien einer normativ postulierten Wissensgesellschaft beschrieben wird, wie mit Medientechnologien angesichts struktureller Bedingungen gehandelt werden *soll* – wobei der Fokus auf „beherrschen", „richtig machen" und dem engen Wechselverhältnis von strukturellen Anforderungen und darauf bezogenen Fähigkeiten zu deren Bewältigung liegt – liefern wissenssoziologische Bezüge die Grundlage für die Frage danach, wie vor dem Hintergrund sinnlogischer alltagsbezogener

---

[40] Diese Perspektive hat weitreichende Konsequenzen: Der Kern einer solchen Rekonfiguration des Wissensbegriffs erfordert nach Willke nichts weniger „eine Neubewertung von Praxis und Erfahrung für die Generierung von Wissen" (Willke 2001a: 88).

Relevanzen gehandelt *wird*. Bezüglich des Konstrukts der Wissensgesellschaft bedeutet das: Statt in objektiven Kategorien erscheint die Wissensgesellschaft als Beschreibungsfolie einer kulturellen Situation, in der technische Artefakte vor allem in Bezug auf ihre lebensweltbezogene Erschließung hin thematisiert werden, wodurch ihre alltagsbezogene Verwendung durch Subjekte in den Mittelpunkt des Interesses rückt. Betrachtet werden müssen deshalb je individuelle Modellierungsdynamiken und je eigene subjektive Handlungs-, Erlebnis- und Vorstellungswelten (Fauser 2004). Gerade weil Medien eine solche Vielzahl von Optionen bieten, entsteht die Frage, wie sich das Subjekt in das Verhältnis von Angebot und Nutzung dieser Optionen aufgrund welcher Möglichkeiten positioniert und welche Effekte diese Optionen in der sozialen Wirklichkeit haben.

Computer und Internet werden vor diesem Hintergrund als bedeutungsabhängige Objekte gefasst, deren Sinnhaftigkeit durch subjektive, alltags- bzw.- lebensweltbezogene Strategien der Zuschreibung und Nutzung entsteht. Sozialwissenschaftlich gesehen bedeutet dies, die Subjekte dabei zu beobachten, wie sie technische Artefakte sinnhaft deuten, und wie sie vor dem Hintergrund dieser Sinndeutung unter Benutzung dieser Artefakte Wirklichkeit konstruieren. *Wie* und *wozu*, so ist zu schlussfolgern, sich von Heranwachsenden mit Computer und Internet auseinandergesetzt wird, ist damit verbunden, in welcher Weise diese Medien in alltagskonstituierende Erlebnis- und Handlungsfunktionen eingebettet sind. Erst auf der Grundlage dieser Kontextualisierung werden sie quasi verwendungsfähig und zu einem Bestandteil von Deutungsmustern und Handlungsressourcen. Da die Nutzung dieser Medien im Alltag verankert ist, kommt dem medienbezogenen Alltagswissen eine hohe Bedeutung zu, da sämtliche Umgangsweisen mit Medien davon abhängig sind. Medienhandeln ist in alltägliche Praktiken und Handlungszusammenhänge eingebettet, die sehr unterschiedlich sein können, was innerhalb der je verschiedenen Lebenswelt auch ein Ergebnis von Bedürfnissen und Situationsanpassungen ist. Vor diesem Hintergrund ist nach den *Bedingungen* zu fragen, unter denen sich Medienhandeln entwickelt und nach den Prozessen, innerhalb derer sie lebensweltlich zum Tragen kommt (vgl. Grundmann et al. 2003: 40).

Mit Blick auf den Forschungsstand lässt sich feststellen, dass der Diskurs über jugendliches Medienhandeln weiterhin empirisch generierter Erkenntnisse bedarf, wie die Auseinandersetzung mit Medien (in ihrer formalen wie inhaltlichen Seite) in soziale Beziehungen als soziale Handlungsmuster und übergeordnete Orientierungen eingebettet ist (vgl. Thole 2004: 270). Dabei hat sich gezeigt, dass vor allem im Kontext von Jugendlichen mit Migrationshintergrund bislang kaum differenzierten Untersuchungen vorliegen. Herausgearbeitet wurde ebenso, dass eine Untersuchung des Medienhandelns Jugendlicher an deren Relevanzen, Orientierungen, Praxen und lebensweltlich strukturierten Formen der Aneignung insgesamt ansetzen muss. Vor diesem Hintergrund scheint es deshalb fraglich, wenn etwa Zwiefka (2007) als Resümee ihrer Studie zu den Bildungspotenzialen digitaler Medien einerseits das Fehlen differenzierter und detaillierter Untersuchungen zur Mediennutzung Jugendlicher konstatiert, daraus aber den Schluss zieht, es bedürfe vor allem „repräsentativer Untersuchungen, um sich ein detailliertes Bild über Medienpraxen und Medienhabitus (…) zu verschaffen" denn nur *diese* ermöglichten es, „entsprechend zu intervenieren und konkrete Handlungsansätze zu entwickeln" (ebd.: 131). Erforderlich wäre es, als *Ergänzung* zu Survey-Studien, gerade auch mit den Mitteln *qualitativer Forschung* Mediennutzungspraktiken verschiedener

Jugendlicher vergleichend in den Blick zu nehmen, um Gemeinsamkeiten und Unterschiede herauszuarbeiten. Zu fragen wäre also nach der Verwobenheit von Medienumgang und übergeordneten Handlungsorientierungen und -fähigkeiten, die jenseits eines methodischen Objektivismus[41] konkret am Einzelfall rekonstruiert werden müssten, zumal die Ausdifferenzierung von Mediennutzungsformen nicht eindimensional verläuft, wie es mitunter, vor allem vor dem Hintergrund quantitativ gewonnener Ergebnisse, zu sein scheint.

Eine Erweiterung der bisherigen Forschungslage im Kontext von Jugend und Medien erhält eine umso größere Relevanz, weil damit ein empirischer Beitrag geleistet werden kann, das Medienhandeln Jugendlicher für den pädagogischen Diskurses zu erschließen und beides miteinander zu verbinden. Wie wenig dies bisher erreicht ist, zeigt die Kritik von Welling (2008), der eine Ambivalenz von Medienpraxen Jugendlicher und pädagogisch motivierten Intentionen, vor allem in Form von Befürchtungen, konstatiert: Gegenüber stünden sich dabei „facettenreiche, inkorporierte und in ihrer Vielfalt nur schwer überschaubare adoleszente Medienpraxiskulturen" (ebd.: 28) einerseits und „Skepsis und Bedenken hinsichtlich möglicher, aus diesen Praxen resultierender, negativer Folgen für die Jugendlichen" anderseits (ebd.). Entscheidend sei, so Welling (ebd.), dass sich Befürchtungen „in vielen Fällen einer empirischen Überprüfung entziehen", weswegen „eine empirische Rekonstruktion der diesen Handlungspraxen zugrundeliegenden Orientierungen" (ebd.) dringend geboten sei.

Resümierend kann festgestellt werden, dass noch zu wenig darüber bekannt ist, warum und wie verschiedene Jugendliche handlungsbezogenes Wissen im Kontext ihrer Nutzung von Computermedien erwerben und wie dies konkret im Alltag geschieht. Dazu bedarf es einer differenzierten Analyse, welche Mechanismen dem Umgang mit Medien zugrunde liegen und mit welchen alltagsbezogenen Relevanzen und Strukturen dies wie verwoben ist. Um hierzu einen Beitrag zu leisten, ist eine Forschungsperspektive hilfreich, die den Umgang Jugendlicher *unterschiedlichen Geschlechts* und aus Familien mit *unterschiedlichen familiären Hintergründen* (mit und ohne Migrationshintergrund) in einer rekonstruktionslogischen Sichtweise in den Blick nimmt. Dabei sollte a) eine einseitige Kategorisierung innerhalb der zu untersuchenden Medienumgangsformen vorab vermieden werden (z. B. die Unterscheidung von Information und Unterhaltung bei der Mediennutzung oder die Aufspaltung einzelner Bereiche wie Kommunikation, Spielen, Lernen), um die Verwobenheit aus Sicht der fallspezifischen Medienumgangsformen nachzuzeichnen, b) der lebensweltliche Kontext bei der Mediennutzung mit einbezogen werden, d. h. die soziale und kommunikative Praxis des Umgangs mit Medien, c) nicht vorrangig eine im qualifikationsorientierten Sinn bildungsrelevante Mediennutzung fokussiert werden, d. h. institutionell verwertbare Informations- und Wissenserwerbsstrategien, weil damit d) tendenziell kulturell legitime und illegitime Formen der Mediennutzung unterschieden werden müssten, die einzelnen Mediennutzungsformen höheren Wert als anderen zusprechen; schließlich sollte e) vergleichend vorgegangen werden, in dem verschiedene Jugendliche aus Familien unterschiedlicher Herkunft in den Blick genommen werden, um Gemeinsamkeiten und Unterschiede herauszuarbeiten.

---

[41] Vgl. zur Darstellung und Kritik methodologisch-objektivistischer Forschungsansätze Nohl 2001b: 14.

Damit sind die grundlegenden Fragestellungen und zugleich der Fokus und die Relevanz der vorliegenden Studie verdeutlicht: Sie untersucht, welche Formen die Medienhandlungen Jugendlicher vor dem Hintergrund allgemeiner Orientierungen annehmen und inwiefern sich dabei die Kategorien Geschlecht und familiärer Migrationshintergrund als relevante Strukturierungskategorien erweisen. Damit soll ein Beitrag zu der Frage geleistet werden, welche Möglichkeiten sich aus medienpädagogischer Sicht eröffnen (können), diese Prozesse aufzunehmen, zu begleiten und zu unterstützen sowie Situationen und Räume zu schaffen, in denen an die rekonstruierten Orientierungen der Jugendlichen angeschlossen werden kann.

Die folgenden Kapitel dienen dazu, die Analyserichtung und den begrifflichen Rahmen der vorliegenden Studie theoretisch weiter auszuarbeiten, zu differenzieren und zu fundieren. Dabei handelt sich dabei um eine *Theoriediskussion*, die der generellen Theoretisierung und der theoretischen Sensibilisierung im Hinblick auf das empirische Material dient. Auf diese Weise werden im Gang durch die einzelnen Kapitel Prinzipien eines theoriegeleiteten Vorgehens realisiert, indem das aus den theoretischen Vorüberlegungen abgeleitete Informationsbedürfnis in Themenbereiche übersetzt wird, denen daraufhin in der empirischen Untersuchung nachgegangen wird. Diese Vorgehensweise ist erforderlich, trotzdem sich meine Untersuchung innerhalb eines qualitativen Paradigmas verortet, in dem es zuvorderst um die die empirische Generierung theoretischer Aussagen geht. Allerdings kann auch eine solche Forschungsperspektive „niemals theorielos sein. Im Rahmen rekonstruktiver Forschung ist es notwendig, formale bzw. grundlagentheoretische Kategorien heranzuziehen" (Fritzsche/Nohl/Schondelmayer 2006: 105; vgl. auch Strauss/Corbin 1996; Rittelmeyer/Parmentier 2001: 43/46). Die Erörterung solcher grundlagentheoretischer Kategorien erfolgt in den folgenden Kapiteln entlang der beiden thematischen Schwerpunkte, die den Horizont meiner Forschungsfrage bilden, und zwar *Jugend* (Kap. 2) und *Medien* (Kap. 3). Ohne eine solche grundlagentheoretische Erörterung wäre keine Untersuchung sinnvoll, denn erst theoretisches Vorwissen stattet den Forscher „mit der notwendigen ‚Brille' aus, durch welche die soziologischen Konturen empirischer Phänomene erst sichtbar werden" (Kelle/ Kluge 1999: 98). So verstehen sich die theoretischen Auseinandersetzungen der folgenden Kapitel als Hintergrund, vor dem die Umrisse meiner Fragestellung erst in Auseinandersetzung mit dem empirischen Datenmaterial selbst hervortreten.

2 Jugend

„Jugend", so Schäfers/Scherr (2005: 17), ist „kein klar definierter wissenschaftlicher Begriff", sondern stattdessen ein Wort „aus der Alltagssprache". Dieser Gedanke ist wichtig, weil er eine begriffliche Auseinandersetzung mit Jugend als notwendigen Bestandteil wissenschaftlichen Arbeitens verdeutlicht. Um sich den Begriffen *Jugend* bzw. *Jugendlichen* zu nähern, empfiehlt sich für deren Betrachtung die gleiche methodisch Einsicht, wie sie Honig (1999) für den Gegenstand *Kind* herausgearbeitet hat: Dass es sich dabei um ein Konstrukt handelt. Nur so wird der Konstruktivität des Sozialen Rechnung getragen, welches sich dadurch grundlegend von Natürlichem unterscheidet. In Form einer grundlegenden wissenschaftlichen Perspektive ist das Bewusstsein von Konstruktivität dabei „ein Merkmal von Modernität, das sich in Prozessen gesellschaftlicher Rationalisierung herausbildet und sich zugleich reflexiv auf sie bezieht" (Honig 1999: 184). So sind z. B. Vorstellungen und Maßstäbe darüber, was jugendlich, jugendgerecht oder jugendgemäß heißen könne, immer von Momenten der Dynamik und des Sozialen durchdrungen.

Jugend als Konstrukt zu fassen verweist also, mit Honig (1999) gesprochen, „auf eine diskursive Praxis und auf eine methodische Einstellung, die jener Einsicht in die Konstruktivität des Sozialen gerecht werden will" (ebd.: 184.). Deshalb ist der Gedanke der sozialen Konstruktion *von* Jugend und die sich daran anschließende Positionierung *zu* Jugend ein entscheidender Ausgangspunkt erziehungs- und sozialwissenschaftlicher Überlegungen (vgl. King 2002: 25 ff.). Allgemein existieren zahlreiche Versuche, Jugend treffend zu charakterisieren, vor allem im Rückgriff auf generationelle Aspekte; dazu findet sich ein uneinheitliches und vieldeutiges Begriffsinventar.[42] Wie auch immer Jugend beschrieben wird: „Die Etikette ist austauschbar", da der Begriff „lediglich typisierend benutzt wird" (Tully 2003: 101). Jugend lässt zwar sozialwissenschaftlich eine scheinbar immer noch eindeutige Kennzeichnung durch mehrere Merkmale zu (vgl. Tully 2003; Baacke 2000; Hurrelmann et al. 2002), z. B. die Aufnahme von Partnerbeziehungen und die Ablösung von der Herkunftsfamilie, den Übergang aus dem Bildungs- in das Erwerbssystem, die Grundlegung und Voraussetzung für ein ökonomisch selbstständiges Leben und die Gründung eines eigenen Haushaltes. Dennoch bleibt der Jugendbegriffs uneindeutig, denn trotz inhaltlicher Bestimmungen kann der Personenkreis kaum mehr korrekt adressiert werden. Gleichwohl erfreuen sich Versuche, Jugend einheitlich zu beschreiben und zu definieren, nach wie vor großer Beliebtheit, vor allem in journalistischer Perspektive (vgl. Moorstedt 2010).

Feststellen lässt sich also, dass sich Jugend – aus erziehungs- und sozialwissenschaftlicher Perspektive – als außerordentlich flüchtiger Gegenstand erweist. So bilanziert Merkens (2008) für die Jugendforschung ein insgesamt „enttäuschendes Bild": Weder liege eine einheitliche Definition von Jugend vor, die „als Grundlage für Jugendunter-

---

[42] Ende der 1980er Jahre sprach man von der „Generation X", Ende der 1990er Jahre wurde die „Chip-Generation" erfunden bzw. die „Generation @" (Opaschowski 1999b), die „Windows-Generation" (Schwab-Stegmann 1999) oder die „NetGeneration" (Tapscott 1998; siehe zu Generationenbegriffen auch Schäffer 2003).

suchungen verwendet werden könnte", noch gebe es einen einheitlichen „theoretischen Rahmen, innerhalb dessen entsprechende Untersuchungen erfolgen können" (Merkens 2008: 369). Vor diesem Hintergrund wird im Folgenden eine Theoriediskussion in Form einer multiperspektivischen Betrachtungsweise auf den Gegenstandsbereich Jugend geführt.

Als eine grundlagentheoretische Kategorie betrachte ich Jugend zunächst als eine Konstruktion und als ein Bild kollektiver und öffentlichkeitswirksamer Vorstellung (2.1), wodurch sich verdeutlicht, inwiefern eine differenzierte Betrachtung Jugendlicher angesichts universeller Konzepte erforderlich ist; weiterhin wird Jugend als historisches und kontingentes Phänomen kenntlich gemacht, welches von Beginn an als diversifiziert erscheint, weswegen begrifflich-homogene Subsumtionen vermieden werden müssen (2.2); anschließend wird Jugend vor dem Eindruck von gesellschaftlichen Veränderungen als Phase skizziert, die unter dem Eindruck von Modernisierung und Individualisierung weitreichenden Transformationen ausgesetzt ist (2.3 und 2.4); sodann wird Jugend als Sphäre der Subjektkonstitution beschrieben, die zum einen in Form präskriptiver Entwicklungsanalogien (2.5) und zum anderen anhand subjektorientiert-handlungstheoretischer Modelle (2.6) in den Blick genommen werden kann, wobei sich vor allem letztere als empirisch fruchtbar erweisen; abschließend wird Jugend unter den Bedingungen eines Migrationshintergrundes diskutiert und gefragt, welche Besonderheiten daraus bezüglich der Subjektkonstitution in der Jugendphase resultieren können (2.7).

2.1 Konstruktivität und Bilder von Jugend

Lenzen (1991) hat darauf hingewiesen, Konzepte von Jugend immer als Konzepte von Erwachsenen *über* Jugend zu verstehen, da es „einen steten Wandel der Auffassungen über die zeitliche und substantielle Bestimmung von Jugend" gibt, was jegliche empirische Begriffsfassung eigentlich untersage (ebd.: 43). Forschung *über* Jugend sei daher vor allem unter Perspektive interessant, was ihre Fragestellung „über den Status des Erwachsenenseins zu einem bestimmten historischen Zeitpunkt aussagt" (ebd.: 41). Über die „Wirklichkeit der Jugend" informieren empirische Untersuchungen demnach nur scheinbar – vielmehr ist diese Wirklichkeit als „Konstrukt in den Köpfen der Erwachsenen immer schon vorhanden und präformiert jede empirisch-analytische Untersuchung" (ebd.). Vor allem Differenzierungsvorgänge von Jugend lassen sich nicht angemessen verstehen, wenn man darauf verzichtet, „die theoretischen Obsessionen, zu denen Identität und Jugend als Konzepte gehören, hinsichtlich ihrer Mythengeschichte [zu] rekonstruieren" (ebd.: 51). Diese Argumentation Lenzens lässt sich als ein Plädoyer für die Suche nach *Bildern* interpretieren, welche vorannahmengleitete Konstruktionen von Jugend transportieren. Solche Vorannahmen sind pädagogischen Theorien und ihren jeweiligen Erziehungs- und Bildungsvorstellungen vorgelagert (vgl. Hafeneger 1995). Fokussiert sind darin keine konkreten Jugendlichen in Form empirisch generierter Befunde, sondern fiktiv-konstruierte und orientierende Universalien.

Bei der Identifikation von Bildern über Jugend beschreibt Erdheim (1989) Ähnlichkeiten zwischen für die Erkenntnis relevanten Bildern fremder Kulturen und denjenigen

Vorstellungen, die über den Gegenstand Jugend bzw. Adoleszenz konstruiert wurden.[43] Erdheim verweist auf den amerikanischen Psychoanalytiker Anthony (1975), der verschiedene Bilder und Reaktionen von Erwachsenen herausarbeitet: Als Vorstellungskomplexe basieren sie erstens auf kollektiven Reaktionen von Erwachsenen auf stereotyp wahrgenommener Verhaltensweisen Jugendlicher, zweitens verdeutlichen sie idiosynkratische Reaktionen, die sich in die Begegnung konkreter Personen mischen und drittens beeinflussen sie unbewusste Übertragungsreaktionen, die – aus früheren Lebensphasen stammend – das Verhältnis gegenüber Adoleszenten modifizieren. Anthony arbeitet drei idealtypische Vorstellungskomplexe heraus (ebd.: 468 ff.): Der Adoleszente als *Zerstörer* (versehen mit grausamen und amoralischen Attributen), der Adoleszente als *Opfer* (mit gutem Willen ausgestattet, aber ohnmächtig) und schließlich der Adoleszente als *Heilsbringer* (verstanden als Erneuerer und Hoffnungsträger, welcher aber durch eine korrupte Erwachsenenwelt verdorben werde). Die soziale Wirksamkeit dieser Idealtypen hat insofern Relevanz, da sie sich als „gesellschaftliche Konstruktionen von Wirklichkeit" (Berger/Luckmann 2003) über Jugend nachzeichnen lassen, die sich durch diskursive Präsenz auszeichnen und zur öffentlich-medialen Inszenierung von Jugendbildern gerinnen (vgl. auch Schröder 2002).[44]

Das Bild des *Zerstörers* assoziiert Jugend mit Merkmalen der Kulturlosigkeit bis hin zu -feindschaft. Beispiele dafür sind einschlägige (massen-)mediale Darstellungen und Diskurse, die vorrangig Aspekte von Kriminalität, Gewalt oder Sexualität in den Mittelpunkt stellen. Das Muster, welches diesem Diskurs unterliegt, ist das der *Abwehr*. Anstelle eines selbsttätigen Erringens von Selbstbewusstsein und Selbstbestimmung wird jugendliche Entwicklung darin als „Abweichung und Gefährdungsrisiko" wahrgenommen (Sturzenhecker 2003: 47). In diesem Kontext wird auch die Mediennutzung Jugendlicher thematisiert, vor allem dann, wenn – besonders vor dem Hintergrund der so genannten School-Shootings der jüngsten Vergangenheit[45] – Medienwirkungen negativ hypostasiert und Gewalthandlungen Jugendlicher linear-kausal auf ihre Medienrezeption zurückgeführt werden. Tatsächlich hat dieses Muster gegenwärtig Konjunktur, etwa wenn der Fernseh- und Computerspielkonsum Jugendlicher bei Pfeiffer (2006) als „eine absurde, kranke Welt" bezeichnet wird (ebd.: 2). Pfeiffer etikettiert einen beachtlichen Teil jugendlicher Mediennutzer mit dem Begriff der „Medienverwahrlosung" (2003: 2) und betrachtet Computermedien als Indikator für abweichendes Verhalten bzw. Jugenddelinquenz; demnach stelle bereits die Verfügbarkeit eigener Medien ein Risiko bezüglich der Quantität und Qualität der Nutzung dar (ebd.: 6). Ähnlich argumentiert Glogauer (1998), parallel zur steigenden Verbreitung vor allem gewalthaltiger Medien nähmen auch „die gewalthaltigen Handlungen von Kindern und Jugendlichen in Schule und in der Öffentlichkeit zu" (ebd.: 170). Schon bei der Idee des Entzugs

---

[43] Diese Strukturähnlichkeit weist bis ins 16. Jahrhundert zu Montaigne zurück, dessen Abhandlungen über „die edlen Wilden" von idealisierten Sichtweisen auf die Naturvölker durchzogen sind (Erdheim 1989: 83 f.).
[44] Dabei muss als weitgehend unklar gelten, wie dies im gegenwärtigen Medienzeitalter auf Jugendliche zurückwirkt. Man kann lediglich davon ausgehen, dass Jugendliche „in ‚irgendeiner Form' auf die zeittypischen Jugendbilder, die in den Medien über sie verbreitet werden und von Erwachsenen an sie gerichtet werden" beziehen (Hafeneger 1995: 125).
[45] Im April 2002 hatte ein 19-Jähriger Schüler in einem Erfurter Gymnasium 16 Menschen und anschließend sich selbst erschossen, woraufhin über ein sofortiges Verbot so genannter „Killerspiele" diskutiert wurde. Eine ähnliche Reaktion löste der Amoklauf von Winnenden im März 2009 aus.

oder Verbots von Medien neigten Heranwachsende zu Aggressivität und Unmut (vgl. auch Glogauer 1996).

Das Bild des *Opfers* kommt in pädagogisch-psychologischen Diskussionen zum Vorschein, in denen Jugend als *Objekt* der Erziehung gefasst wird. Der Heranwachsende wird als „noch-nicht" entwickeltes, tendenziell defizitäres Subjekt umschrieben, dem in der Haltung des Missionars oder des Entwicklungshelfers gegenübergetreten werden müsse (vgl. von Hentig 1998, siehe hierzu auch Abschnitt 3.5.2). Hier erscheint als Muster dasjenige der *Pädagogisierung*. Der Jugendlichen wird z. B. als motiviert zur Mediennutzung erkannt, gleichzeitig aber für zu wenig kompetent gehalten, da feindliche mediale Einflüsse seine Entwicklung beschädigten, weswegen er a) hinsichtlich einer bestimmten Mediennutzungsform intentional zu erziehen oder b) gleich ganz von Medien fernzuhalten sei. Populär geworden sind entsprechende Thesen seitens der Hirnforschung: So betrachtet z. B. Spitzer (2005) Medien als Äquivalent zu einer Verschmutzung der Umwelt (ebd.: 246), deren Ausweitung unbedingt eingedämmt werden müsse, da ansonsten mittelfristig mit einer erheblichen Zunahme an „Herzinfarkten, Zuckerkrankheiten und Schlaganfällen sowie Lungenkrebs" zu rechnen sei (ebd.: 6).

Das Bild des *Heilsbringers* schließlich entspricht dem des in ethnologischen Traditionen entstandenen Mythos des „Edlen Wilden" (vgl. Erdheim 1989: 84/85). Ihm wird einerseits in einer von der Faszination für seine Befreiungspotenziale getragenen Haltung begegnet, andererseits auch mit kulturkritischer Attitüde. Metaphorisch steht die Gestalt des „Edlen Wilden" ebenso wie der verklärte Adoleszente für ein Leben in Freiheit und reproduziert die kulturelle Projektion eines unbeschränkten, wesensmäßigen Ausagierens jenseits gesellschaftlicher Zwänge. In diesem Diskurs der *Idealisierung* erscheint z. B. der jugendliche Mediennutzer, von dem das Bild gezeichnet wird, er bewege sich naturwüchsig, souverän und völlig barrierefrei im „Dickicht multimedialer Optionen" hin und her, während er die dazu nötigen – und von anderen bewunderten – Fähigkeiten beinahe automatisch ausgebildet hat. In diese Richtung argumentiert etwa Don Tapscott (1998), der der so genannten „Netz-Generation" starkes Selbstbewusstsein, Neugier und Innovativität bescheinigt. Die heutigen Zwei- bis 22-Jährigen assimilierten Medientechnologie gleichsam instinktiv und natürlich (ebd.: 66), heranwachsende Mediennutzer seien „hellwach, problembewusst, konzentriert und haben ganz offensichtlich die Dinge im Griff" (ebd.: 128).

Bei den skizzierten idealtypischen Bildern und Mustern handelt es sich um stark generalisierte „gesellschaftliche Theorien über Jugend" (Hafeneger 1995: 125), die, anstatt starr zu sein, vielfältiges Changieren ermöglichen und sich in pädagogischen Topoi" (Zinnecker 1979: 728) zu Hintergründen erzieherischen Denkens und Handelns verdichten können. Nach Lenzen (1997) gründet das Motiv, Jugend *überhaupt* auf den Begriff zu bringen, in der Bearbeitung des Problems gesellschaftlicher Organisation und Formalisierung, kurz: des gesellschaftlichen *Umgangs* mit Heranwachsenden (vgl. auch Honig 1999). Aus der damit verbundenen konzeptuellen Verbegrifflichung von Jugend kann aber das Problem resultieren, dass damit vorrangig Abweichungen von sozial definierten und als erforderlich betrachteten Normierungen fokussiert werden, was im Widerspruch steht zu einer Analyse subjektbezogener Realität.[46] Lenzen verbindet dies mit einer Kritik an naturwissenschaftlich-objektivistisch idealisierten Jugenddefinitionen, welche Ausdruck einer Kultur sind, die „Individualität nicht zulassen will" und die die „Konsequenz eines Wissenschaftsverständnisses [sind, S. H.], welches die Wirklichkeit jeweils auf einen Begriff bringen will" (Lenzen 1997: 356). Jugend, so das Fazit, ist ein offenes Konstrukt. Damit ist auf die Gefahr essentialistischer Verkürzungen hingewiesen, sobald die Prinzipien der „Standortgebundenheit" im Sinne Mannheims (siehe Abschnitt 5.3) und somit das „Konstruktivitätsbewusstsein" (siehe oben) ignoriert werden.

2.2 Historizität und Diversifizierung von Jugend

Die Frage, wie sich Jugend und Aufwachsen charakterisieren lassen ist nicht trivial (vgl. Fend 1995: 1) und wird zudem behindert durch einen blinden Fleck. So erscheint das heutige Verständnis von Jugend „als selbstverständlich und alternativlos, als nichtkontingent" (Treml 2005: 293) und erst ein aus der „zeitlichen Distanz gewonnene Blick zurück in seine Entstehungsgeschichte hinein macht es als ein *historisch kontingentes Produkt* einer sozialen Evolution transparent" (ebd.; Herv. S. H.). Treml (ebd.) zeigt die soziale Genese moderner Auffassungen von Heranwachsenden am Beispiel von Bildungsromanen des 17. und 18. Jahrhunderts. Seit dieser Zeit, zu der noch keine ausdifferenzierte Pädagogik entwickelt war, lässt sich eine neuartige Fokussierung nicht nur des Menschen, sondern gerade des *jungen* Menschen verfolgen. Von dem sich darin dokumentierende Interesse an der heranwachsenden Generation gehen ambivalente Folgeerscheinungen aus, denn diese historisch neuartige Beachtung rückt den Heranwachsenden „in den Mittelpunkt des allgemeinen Interesses und gibt ihm eine eigene Würde. Aber gleichzeitig wird seine pädagogische Begleitung unvermeidbar" (ebd.: 305). Was demnach zusammenfällt, ist die Entdeckung von Jugend und das Aufkommen einer spezifischen Semantik ihrer Beobachtung (vgl. Luhmann 2006).[47]

Jugend im Sinne des Phänomens einer sozialen Durchsetzung einer Phase zwischen Kindheit und Erwachsenheit ist selbst das Resultat der Moderne (vgl. Helsper 1991: 74 ff.). Danach entsteht im Verlauf des 19. Jahrhundert mit dem Problem der Selbstlokalisierung im sozialen System dasjenige Gebilde, was als Jugendalter bezeichnet wird. In die Konstitution einer eigenen Sphäre der Jugend eingebunden ist auch die Medienentwicklung, welche die Kommunikation von jugendlichen Erfahrungen vor dem Hintergrund eines aufkommenden Systems der Massenkommunikation ermöglicht (z. B. in Form von Zeitungen, vgl. Sting 1998). Lebenszyklisch betrachtet entsteht etwas Neues

---

[46] Roth (1983) problematisiert dies als Spannungsverhältnis von Wesen und Begriff, wonach Jugendkonzepte zu Fremdbildern von Jugend werden: „Ein Jugendkonzept ist das Gegenteil von Jugend. Konzepte fixieren, legen fest, schränken ein, schreiben vor, verbieten, kanalisieren, biegen zurecht. Jugendleben dagegen ist unberechenbar, widersprüchlich, wechselhaft, verunsichernd – eben lebendig". Wozu, so Roth, „wenn nicht zu einer Gleichrichtung, sollte ein einziges Wort für tausend und eine Erscheinungsform des Jugendlebens gefunden werden?" (ebd.: 141).

[47] Ideengeschichtlich betrachtet fällt die Konstitution von Jugend zusammen mit der Einführung der Schulpflicht in Europa des ausgehenden 18. Jahrhunderts. „An der Erziehung, und damit an der Kindheit, kam schon bisher niemand vorbei; jetzt kommt man auch an der Schule – und damit an der Jugend – nicht mehr vorbei" (Treml 2005: 307).

und Eigenes: Jugend als Phase schiebt sich zwischen *Kindheit* – als „Phase des Vertrautwerdens mit den Grundregeln sozial-kulturellen Lebens" – und den Status des *Erwachsenen* „als selbständig-selbsttätig Beteiligter an den Prozessen gesellschaftlicher Produktion und deren Geschichte (...)" (Mollenhauer 1983: 173). In der Jugendphase wird – historisch erstmalig – das Identitäts-Problem zu einer spezifischen Bildungsaufgabe, welche ihrerseits eine Reihe weiterer historischer Aspekte zur Voraussetzung hat.

So hat die Debatte darum, *was* Jugend sei, eine lange Tradition und ist auch gegenwärtig noch stetigem Wandel unterworfen (vgl. zur Sozialgeschichte der Jugend Schäfers/Scherr 2005: 55 ff.). Eine wichtige Markierung datiert auf Ende des 19. Jahrhunderts/Anfang des 20 Jahrhunderts, als eine lebendige Diskussion über Sinn, Bedeutung und Status von Jugendlichkeit einsetzt. Deutlich zeigt sich dies an einer programmatischen Schrift aus dem Jahre 1914 von Gustav Wyneken (vgl. Hafeneger 2004: 24 ff.). Dessen Veröffentlichung mit dem Titel „Was ist Jugendkultur?" wirkt wie die Initiation einer gesellschaftlich weithin beachteten Jugenddebatte. Wenngleich Jugend und Jugendkultur auch keine Phänomene darstellen, die erst im 20. Jahrhundert einer Betrachtung unterzogen wurden, war Jugend bis dahin hauptsächlich als Anhängsel der älteren Generation verstanden worden, das weitgehend passiv und uneigenständig – sowohl im institutionellen Kontext der Schule als auch im Raum der Familie – als Objekt und Adressat der erzieherischen Vorstellungen von Erwachsenen konzipiert wurde (vgl. Schäfers/Scherr 2005: 23).

Diese Sichtweise wird nun schrittweise – vor allem im Umfeld reformpädagogischer Aktivisten, zu denen Wyneken zählt – einer paradigmatischen Änderung unterworfen, indem der Sphäre der Jugend eine spezifische Form von *Selbstreferenzialität* angeheftet wird. Mit der Begründung und Propagierung von Jugend „als eigener und krisenhafter Entwicklungszeit mit unsicheren und fließenden Übergängen und Grenzen (...) fordert Wyneken ein ‚Eigenrecht' auf Jugend mit all ihrer Besonderheit und Eigenart (...)" (Hafeneger 2004: 24). Hierzu formt Wyneken „Jugendkultur" zu einer Art Kampfbegriff und fordert die radikale Anerkennung eines jugendlichen Wesens bzw. Geistes als Ausdruck einer besonderen Lebensphase innerhalb des menschlichen Entwicklungspfades. Jugend wird dabei *ideell* und *kulturell* entworfen – sie solle Träger eines sehnsüchtig in die Zukunft schauenden Blicks sein, deren hauptsächliche Aufgabe Wyneken darin sah, vor allem eins zu sein, und zwar: jung.[48] Jugendkultur bedeutet eine besondere, dem einzigartigen Wesen des Jugendlichen angemessene Lebensführung mit einem spezifischen -stil. Hierzu wies Wyneken besonders auf die Aktivität des Wanderns hin (vgl. Schäfers 2001: 48 f.), die der Jugend die Gelegenheit gebe, eine eigene Geselligkeit zu formen, sich unabhängig von der Erwachsenenwelt zu bewegen und sich eigenen Interessen und Idealen zu widmen. Bereits an diesem Beispiel kann die Problematik eines vereinheitlichenden Jugenddiskurses nachvollzogen werden, da Wyneken – trotz der untrennbaren Verbundenheit von Jugendkultur und Wandervogelbewegung „von *der* Jugend und von *einem* jugendlichem Lebensstil spricht" (Straub 2006: 14, Herv. i. Orig.).

---

[48] Jugendliches Alter als wichtiges Unterscheidungskriterium im Vergleich zum Erwachsenenalter war für Wyneken ein unersetzbares Gut. Jugend als Idee sei als „eine Einheit" anzusehen, „ein einheitliches Empfinden, ein Stil, ein gemeinsamer Instinkt, der sich schöpferisch äußert" (Wyneken 1914: 27, zit. n. Hafeneger 2004: 24).

Jugend als uniforme Einheit zu beschreiben scheint also im Prinzip von Beginn an als problematisch, denn bereits die Jugendbewegungen vor Mitte des 20. Jahrhunderts zeigten deutliche Züge der Ausdifferenzierung, unterschieden sich beispielsweise Arbeiterjugendliche hinsichtlich ihrer Stilpräferenzen und sozialen Umgangsformen klar von Angehörigen bürgerlicher Jugendbewegungen. Die Idee einer Einheitlichkeit von Jugend tritt in sozialwissenschaftlichen Diskussion der Jugendforschung spätestens ab den 1950er Jahren in den Hintergrund und modifiziert sich dahingehend, dass Jugend und Jugendkultur stärker im Hinblick auf *differenzierende* und *heterogene* Merkmale zu begreifen und zu beschreiben versucht werden. So weist etwa Schelsky 1957 vor dem Hintergrund der sich wandelnden Industriegesellschaft auf eine *Veränderung* von Jugendlichkeit hin, die sich in Prozessen der Modernisierung befinde. Allerdings ist auch die Analyse von Schelsky (die „skeptische Generation"[49]) als Versuch zu werten, unter Verarbeitung empirischer Ergebnisse eine weitgehend kohärente Generationengestalt herauszuarbeiten. Unklar blieb dabei, für welche Personengruppen dieser Typus Jugendlicher repräsentativ war. Somit bleiben – grob betrachtet – exemplarische Konstruktionen von Jugend und Jugendlichkeit bis Mitte des 20. Jahrhunderts noch weitgehend dem Versuch verhaftet, begrifflich an Homogenität orientiert zu sein.

Von hier an sind es vor allem Aspekte von Wandlungsfähigkeit und Variationsreichtum, die in Zusammenhang mit dem Begriff der Jugend in die Diskussion einfließen. Spätestens seit Mitte der 1970er Jahre gilt als Konsens, „dass alle summarischen Aussagen über ‚die' Jugend problematisch sind" (Schäfers/Scherr 2005: 67, vgl. auch Merkens 2008: 350). Einen zentralen Argumentationsstrang bildet nun die Feststellung, dass die These einer einheitlichen jugendlichen Sphäre oder einem jugendlich-homogenen kulturellem Raum als unhaltbar anzusehen ist und dass „Aussagen über ‚die Jugend' (...) der Vielfalt und Heterogenität jugendlicher Lebensläufe nicht gerecht [werden, S. H.]. ‚*Die Jugend*' gibt es nicht" (Lenz 1991: 13; Herv. S. H.). So steht am vorläufigen Ende der historischen Debatte die Einsicht, dass statt mit Vereinheitlichung und begrifflicher Subsumtion Jugend bzw. Jugendliche nur noch mit einem „quasi-ethnologischen Blick auf die Mikrologik des Sozialen" (Reckwitz 2003: 298) erfassbar sind. Virulent wird diese These vor allem dann, wenn man, wie im Folgenden, den Blick auf Prozesse der Ausdifferenzierung von Jugend vor dem Hintergrund von Modernisierungsprozessen richtet.

2.3 Modernisierung und Individualisierung von Jugend

Während die Tatsache, dass sich heute überhaupt von Jugendphase sprechen lässt, selbst eine Folge gesellschaftlichen Wandels ist, tritt eine solche Phase nur in Gesellschaften eines bestimmten Typs auf, und zwar solchen, in denen „während der Kindheit nicht alle Qualifikationen und Kompetenzen erworben werden können, über die man als Erwachsener verfügen muss" (Merkens 2008: 351), also in *modernisierten* Gesellschaften.

---

[49] Schelsky gebrauchte diesen Ausdruck zur Kennzeichnung der Reaktion auf den Missbrauch der Jugend durch Staat und Gesellschaft zur Zeit des Nationalsozialismus und charakterisiert damit eine „Nachkriegsjugend, die den Ideologien und Phrasen misstraute und zur Wirklichkeit ein relativ nüchternes, aber auch distanziertes Verhältnis einnahm" (Schäfers 2001: 55).

Nachdem oben die historische Entdeckung der Jugendphase skizziert wurde, soll im Folgenden auf Modernisierungsprozesse im Kontext umfassender gesellschaftlicher Transformationen eingegangen werden, wie sie seit Mitte der 1980er Jahre in den Sozialwissenschaften diskutiert werden.

Wichtige Anregungen hierzu lieferte vor allem Becks Individualisierungsthese (1986). Diese These, die sich bei weitgehender Zustimmung und wenig Kritik als ein Theorem von großer Anziehungskraft erwies (vgl. Zinnecker 1987), enthält struktur-, kultur- wie auch subjekttheoretische Implikationen.[50] Sie fokussiert nicht nur zentrale Umbrüche bezüglich Lebenswelten, Traditionen und Organisationen, sondern bezieht sich ebenso auch auf Verhältnisse, Wahrnehmungen und Denkformen des Subjekts. Die Gründe für diese Umbrüche schreibt Beck im Wesentlichen drei sozialstrukturellen Entwicklungen der Nachkriegszeit zu: Der Erweiterung des individuellen Entwicklungsspielraums durch Einkommenszuwachs und arbeitsfreie Zeit, der Zunahme der sozialen Aufstiegsmobilisierung durch den Ausbau des Dienstleistungssektors sowie dem Anwachsen von Berufschancen und individueller Berufsoptionen durch eine Bildungsexpansion. Als Resultat dieser Entwicklungen entsteht ein immenses Wachstum an Optionen bezüglich individueller Formationen des Lebensverlaufs und des Lebensstils. Traditionale Beschränkungen werden aufgehoben, indem sich diejenigen Sicherheiten auflösen, die den Menschen vormals als Richtschnur zur Bewältigung und Gestaltung des Lebens zur Verfügung standen (z. B. in Gestalt von Normen, Werthaltungen und religiösen bzw. weltanschaulichen Vorstellungen). Diese umfassende Freisetzung beschreibt Beck (1986: 175) als Prozess einer „Gewalt", die die Menschen „selbst nicht begreifen" und deren Verkörperung sie in der völligen Fremdheit, mit der sie über sie kommt, „aus den Fassungen des Geschlechts, seinen ständischen Attributen und Vorgegebenheiten, herauslöst oder doch bis ins innerste der Seele hinein erschüttert" (ebd.). Das neuartige Gesetz, das über die Menschen kommt lautet: „Ich bin ich (...)" (ebd.).

Beck betont, dass die durch Individualisierungsprozesse gewonnenen Freiheiten hochgradig ambivalent und riskant sind, da dadurch ehemals Normalbiographien, festgelegt durch Familien, Klassen oder Milieukonventionen, nun zu einer *Wahl-* oder *Bastelbiographie* werden (vgl. Hitzler/Honer 1994). Auf der Grundlage eines vergleichsweise hohen materiellen Lebensstandards und vorangetriebener sozialer Sicherheiten ist die Herauslösung aus traditionellen Klassenbedingungen und familiären Versorgungsbezügen ein „historischer Kontinuitätsbruch", der die Subjekte „verstärkt auf sich selbst und ihr individuelles Arbeitsmarktschicksal mit allen Risiken, Chancen und Widersprüchen" verweist" (Beck 1986: 116). Deshalb ist die Ausdifferenzierung von Individuallagen keinesfalls mit einem bürgerlichen Persönlichkeitsideal eines emanzipatorischen Wandels gleichzusetzen. Während den Individuen auf der einen Seite Frei-

---

[50] Individualisierung entwickelt sich aus dem historischen Prozess der Emanzipation des Subjekts, wie er sich im Verlauf der Modernisierung und des sozialen Wandels seit dem Mittelalter beobachten lässt. Mit der „Heraufkunft der bürgerlichen Marktgesellschaft und ihrem sich allmählich aufbauenden proletarischen Fundament wird das Individuum auf sich selbst gestellt beziehungsweise auf sich zurückgeworfen" (Senghaas 2006: 224). Insofern ist Individualisierung kein neuartiges Phänomen und das Aufkommen individueller Selbstwahrnehmung lässt sich bereits zur Zeit der Renaissance beobachten. Bedeutsam ist, dass seit der zweiten Hälfte des 20. Jahrhunderts die Programmatik der Aufforderung zur eigenverantwortlichen Lebensgestaltung universal wird (vgl. Beck/Beck-Gernsheim 1994).

heitsgrade in der Gestaltung ihrer eigenen Lebensführung erwachsen, werden sie auf der anderen Seite „arbeitsmarktabhängig und damit bildungsabhängig, konsumabhängig, abhängig von sozialrechtlichen Regelungen und Versorgungen, von Verkehrsplanungen, Konsumangeboten, Möglichkeiten und Moden in der medizinischen, psychologischen und pädagogischen Betreuung" (Beck 1986: 119). Individualisierung als Prozess hat demnach zwei Seiten: Die Lockerung sozialer Bindungen einerseits und die Standardisierung von Lebenslagen andererseits (vgl. Helsper 1991).

Diese soweit beschriebene gesellschaftliche Transformation spitzt sich infolge weiterer Strukturumbrüche innerhalb der Modernisierung zu, die als Anzeichen einer *reflexiven Moderne* gedeutet werden. Beck und Bonß definieren diese Bewegung als „Modernisierung der Moderne", in der sich die westliche Moderne „selbst zum Thema und Problem" wird: Ihre „Basisprinzipien, Grundunterscheidungen und Schlüsselinstitutionen lösen sich in Zug radikalisierter Modernisierung von innen her auf", weswegen das Projekt der Moderne „neu verhandelt, revidiert, restrukturiert werden" muss (2001: 11). Damit ist bezeichnet, dass der Modernisierungsprozess selbst mit seinen gewollten und ungewollten Folgen konfrontiert wird: Durch Entwicklungen und Folgen im Bereich von Technologie, im Bereich sozialer, ökologischer und ökonomischer Fragen sowie durch Entstrukturierung und Globalisierung entstehen Problemzusammenhänge, deren Bedeutung weiter fortgeschrieben wird. Infolge des beschleunigten Tempos sozialstruktureller Veränderungen rücken „Knappheit und Risiken ins Bild" der westlichen Moderne (Schimank/Volkmann 2007: 11).[51] Entgegen anders lautender Diagnosen ist für Giddens (1991) die Moderne deshalb nicht am Ende, stattdessen erleben wir gerade eine Phase ihrer *Radikalisierung*. Als deren zentrales Moment gilt für Giddens eine Verunsicherung durch permanente Entscheidungssituationen, sodass Eigenständigkeit und Ungewissheit zentrale Kategorien alltäglichen Lebens werden.[52]

Dieser vor allem im Kontext der reflexiven Moderne diagnostizierte Strukturwandel bedingt eine radikale Aufwertung von *Subjektivität*: Diese wird Zentrum der sozialen Welterfahrung und setzt das Individuum unter Druck, sich selbst zu gestalten und zu erfinden. Bereits 1982, vor Erscheinen von Becks „Risikogesellschaft", konstatierten Ziehe/Stubenrauch, es komme infolge zunehmender Individualisierung für Jugendliche zur „Explosion der Möglichkeiten der Selbst- und Weltdeutung". Eine spezifische Subjektbezogenheit Jugendlicher zeichnet sich ab, denn unter solchen Bedingungen hängt alles „vom einzelnen Subjekt selbst ab" (Hornstein 1990: 150) – weniger objektiv Vorgegebenes, sondern „das Individuum selbst ist der Bezugspunkt" (ebd.). Diesen *Indivi-*

---

[51] Fast 20 Jahre nach Erscheinen der „Risikogesellschaft" fällt Becks aktuelle Gesellschaftsdiagnose (2005) ernüchternd aus: „Die Gesellschaft des Mehr nahm den Staat in die Verantwortung, die Gesellschaft des Weniger setzt auf das Individuum (...)" (ebd.: 15). Diese Situation zwingt das Subjekt zu einer „Selbstverantwortung und Selbstzurechnung von Fehlern, ja – zugespitzt gesagt – dem Prinzip der freiwilligen Selbstamputation: Man ist frei in der Wahl, worin man sich selbst beschneidet. Selbstentfaltung heißt: Jeder wird Dompteur seiner Anpassung an das Weniger" (ebd.).

[52] „The 'openness' of things to come expresses the melleability of the social world and the capabiblity of human beings to shape the physical settings of our existence. While the future is recognised to be intrinsically unknowable, and as it is increasingly severed from the past, that future becomes a new terrain – a territory of counterfactual possibility. Once thus established, that terrain lends itself to colonial invasion through counterfactual thought and risk calculation. The calculation of risk, as I have mentioned previously, can never be fully complete, since even in relatively confined risk environments there are always unintended and unforeseen outcomes" (Giddens 1991: 111 f.).

dualismus kennzeichnet Gensicke (2006) als eine „wesentliche Kenngröße der Moderne westlicher Prägung", die nichts weniger als eine „Grunderwartung an alle gesellschaftlichen Akteure" meint (ebd.: 7/8). Indem das jugendliche Individuum Risiko- und Unsicherheitserfahrungen selbst zu deuten und zu verarbeiten hat, treten an die Stelle fester Selbst*entwürfe* viel stärker subjektbezogene Selbst*beschreibungen* und *-darstellungen* im Sinne von „Selbststeuerungen und Vergewisserungen in Bezug auf lebensgeschichtlich relevante Vorgänge" (Brose/Hildebrand 1988: 18). Subjektivität als Referenz tritt an die Stelle vormals prägender und sozialisierender Instanzen, da diese nicht mehr wie selbstverständlich Rahmenbedingungen von Sozialisation und Entwicklung sind.[53] Angesichts dieser „experience of selfhood" (McDonald 1999) vermehren sich fragile Kämpfe und Anstrengungen jugendlicher Subjekte um Selbstbehauptung und -verortung: Die Lebenssituation Jugendlicher ist

> „no longer organised in terms of the tension between generation and class, nor in terms of socialising institutions; it is increasingly shaped by the imperatives of producing forms of subjectivity, of mobilising self-esteem, of entering into communication with self and other, of participating in a social world of flow and movement" (McDonald 1999: 6).

Jugendliche Orientierungen innerhalb dieses Spannungsverhältnisses deutet MacDonald auch als *struggles for subjectivity,* die in sämtlichen jugendlichen Praxen – nicht nur in den so genannten „bunten Kühen" verschiedener Jugendszenen (vgl. Farin 2001, zur Kritik Paus-Hasebrink 2005: 77 ff.) – beobachtbar sind.

Zusammenfassend lässt sich festhalten, dass die gesellschaftlichen Entwicklungen der letzten Jahrzehnte die soziale Wandlung der Jugendphase „bis hin zur Auflösung von ‚Jugend'" beschleunigen (King 2002: 81). Bedingungen, Möglichkeiten und Anforderungen der Jugendphase erfahren nicht nur neue Ausrichtungen, sondern bewirken auch Diversifizierungen, im Zuge derer sich Jugend „bis hin zur Unkenntlichkeit des bis dato als ‚jugendspezifisch' Erachteten in Hinblick auf Inhalt, Qualität und Abfolge zunehmend enttraditionalisieren und individualisieren" (ebd.). Eine relativ feste und fraglos gegebene Struktur verändert sich in eine Sphäre mit schwach ausgeprägten Konturen und wenig prästabilisierten Ordnungskriterien. Mit der Bildungsexpansion seit Ende der 1960er Jahre und der daraus resultierenden Tendenz zum Erwerb höherer Bildungsabschlüsse expandiert – parallel zur Verlängerung der Schulzeit[54] – auch Freizeit und Freizeitverhalten von Jugendlichen. Damit verbindet sich eine erhöhte Aufforderung an

---

[53] Ehrenberg (2004) arbeitet heraus, wie sich für das Individuum angesichts dessen weniger die Aufgabe stellt, sich Freiheit zu erkämpfen, sondern viel eher diejenige, man selbst zu werden und sich initiativ zu verhalten. Deswegen lautet für Ehrenberg die kulturelle Antwort auf Individualisierung: Depression. Diese beschreibt das „Janusgesicht" der Subjektivität in der Moderne (Ehrenberg 2004: 279), denn in einem sozialen Kontxt, in dem Wahl die Norm und die innere Unsicherheit der Preis sei, zeige sich besonders in der Depression, als Resultat der zeitgenössischen Innerlichkeit, ein „erschöpftes Selbst" (ebd.). Axel Honneth formuliert im Vorwort zu Ehrenbergs viel beachtetem Werk, die rapide Zunahme depressiver Erkrankungen sei das „paradoxe Resultat eines sozialen Individualisierungsprozesses", welcher die Subjekte durch die Befreiung aus traditionellen Bindungen und Abhängigkeiten zunehmend daran scheitern lasse, ein selbstverantwortetes und stabiles Leben zu führen.

[54] Die damit verbundene Expansion von Lernsphären lässt sich mit Münchmeier (2001) auch als *Bildungsmoratorium* bezeichnen: Waren z. B. 1962 40% der 16-18 Jährigen erwerbstätig, absolvierten weitere 40% eine Ausbildung und besuchten nur 20% die Schule, hat sich dieses Bild Ende der 1990er Jahre radikal gewandelt: Hier waren nur 4% der 16-20 Jährigen erwerbstätig, rund 30% in Ausbildung und 50% Schüler (vgl. Münchmeier 2001: 106).

jugendliche *Eigenaktivität*, da Jugendliche ihr Leben, das sich um eine komplexe und vielfältige Struktur herum aufbaut, selbständig und flexibel gestalten und sich mit konkurrierenden Wertorientierungen und der Universalisierung eigenverantwortlichen und individuellen Handelns auseinandersetzen müssen.

2.4 Entstrukturierung, Destandardisierung und Pluralisierung von Jugend

Die Beschreibung, dass Jugend und ihre kulturelle Form facettenreicher geworden sind erfolgt in der Jugendforschung zumeist unter den Begriffen *Entstrukturierung*, *Destandardisierung* und *Pluralisierung*, hinsichtlich der weitgehend Übereinstimmung besteht (vgl. Hitzler/Bucher/Niederbacher 2005; King 2002; Hafeneger 2004; Schäfers/Scherr 2005).

Entstrukturierung bezieht sich auf den seit den 1980er Jahren beschriebenen Strukturwandel der Jugendphase (vgl. Olk 1984; Hornstein 2002), der sich grob durch drei Elemente auszeichnet (vgl. hierzu Tully 2003: 103): *Erstens* beginnt Jugend früher, wobei sich ihr Beginn grob mit dem Einsetzen der Pubertät bestimmen lässt (ca. ab dem 12. Lebensjahr)[55]; *zweitens* endet die Jugendphase später, obgleich dieses Ende nicht mehr eindeutig definierbar ist und zunehmend mehr Jüngere „nach der Jugendzeit nicht ins Erwachsenensein, sondern in eine Nachphase des Jungseins" übertreten (Zinnecker 1998: 100)[56]; *drittens* sind in die Jugendphase häufiger und intensiver als früher kommerzielle und (medien-)technische Elemente integriert: Medien und Öffentlichkeit treten massiver und zeitlich eher an die Stelle traditioneller Institutionen wie Familie, Schule etc. und beeinflussen Wahrnehmungsmuster und somit den Lebensalltag Jugendlicher. Durch den wachsenden Stellenwert von Peergroups diversifizieren sich jugendkulturelle Optionen und Identitätsangebote und etabliert sich Freizeitkultur mit durch Medien kommunizierten Moden und Stilen (vgl. Tully 2003: 105).

Destandardisierung bezeichnet die Beobachtung, dass klassische Vorstellungen über die Jugendphase als *Lern- und Erprobungszeit* und als *Fundament* von persönlicher Identität und beruflich-sozialer Eingliederung erodieren. Jugendliche sind damit konfrontiert, dass sich Übergänge in selbst verantwortete Lebensstile nicht mehr unbedingt „an der klar konturierten und fest umrissenen Status-Rollenkonfiguration des Erwachsenen (Integration ins ökonomische Subsystem und Gründung einer eigenen Zeugungsfamilie) orientiert" und sich in diesem Zuge der „Druck auf die *eigenständige Ausgestaltung und subjektive Begründung* individueller biographischer Wahlentscheidungen" massiv erhöht (Olk 1989: 41; Herv. i. Orig.). Jugendliche werden metaphorisch zu „Pfadsuchern" in einer gesellschaftlichen Situation, in welcher statt fertigen Lösungen

---

[55] *Pubertät* ist eine biologische Kategorie zur Bezeichnung des Eintritts der Geschlechtsreife, mit der Körperwachstum und -veränderung einhergehen. Indem sich verbesserte Lebensbedingungen im historischen Prozess allgemein beschleunigend auf die körperliche Entwicklung ausgewirkt haben, lässt sich heute von einer „gesellschaftlich-historisch geprägten Variante einer früh einsetzenden, kurzzeitigen Pubertät" sprechen (Tillmann 1993: 191).

[56] Nach Zinnecker (vgl. 1998: 100f.) ist die Erscheinung einer solchen Nachjugendphase Ergebnis einer Ambivalenz von soziokultureller und sozioökonomischer Selbstständigkeit. Insbesondere aufgrund prekärer Arbeitsmarktlagen entstehen Schwierigkeiten, den Übergang zwischen Schule bzw. Ausbildung und der Arbeitsmarktintegration erfolgreich zu meistern (vgl. auch Hurrelmann 1995: 289).

eher das Beschreiten vielfältiger Wege und Umwege möglich und notwendig erscheint (Barthelmes/Sander 2001: 24 ff.).

Pluralisierung schließlich meint, dass sich Mentalitäten und Haltungen Jugendlicher transformieren. Zusätzlich zur Abkehr von historischen Begründungen und Aufgaben, in denen Jugend als Phase der Entwicklung zeitlich begrenzt und innerlich kohärent galt, haben jugendliche Ausdrucksformen heute „ihre soziale, subversiv-kulturelle und generationelle Dimension (...) verändert und als Kategorien des gesellschaftlichen Fortschritts verloren" (Hafeneger 2004: 25). Was somit tendenziell verschwindet, ist ein traditionelles Verständnis von Jugendkultur als *Gegen-* oder *Subkultur*. Für Böhnisch (1998: 71) gehört nicht nur Jugendlichkeit, sondern selbst Jugendkultur „im engeren Sinne nicht mehr den Jugendlichen", sondern ist vielmehr „einseitig synthetisch geworden und folgt in ihrem symbolischen Gehalt einer Produktlinie, die sich um den Habitus Jugendlichkeit gruppiert, die auch anderen Altersgruppen zugänglich ist." Zusätzlich zur generationellen Verwischung von Grenzen und Sphären problematisiert sich die Rede über Subkultur auch deshalb, da die Annahme einer verbindlichen Leit- oder Hochkultur, zu der sich Jugendliche dann irgendwie widersprüchlich und/oder gegenteilig verhielten, im Zuge des Diskurses über Modernisierung und Individualisierung obsolet wird (vgl. van der Loh/van Reijen 1992, Beck/Giddens/Lash 1996). Besonders diese „Entmächtigung der Hochkultur" (vgl. Ziehe 1996; 2002) ermöglicht Jugendlichen eine kaum mehr übersehbare Fülle von Variationen und Vermischungen von Stil- und Ausdrucksmentalitäten, vor allem unter den Bedingungen von Urbanität (vgl. Lindner 2004: 35). Diese Unübersichtlichkeit geht einher mit vielfältigen Übergängen, Überschneidungen und Formen von eher begrenzter Tiefenbindung Einzelner an eine spezifische Jugendkultur. Ziehe (1991) bezeichnet dies als Prozess der Diversifizierung von Weltzugängen, Lebensbereichen und Wissensbeständen:[57] Daraus erwachsen subjektive Entscheidungsproblematiken, denn die in einer situativen Attraktivitätskonkurrenz zueinander stehenden Wissensangebote müssen „unter Aufbringung eines motivationalen Aufwandes durchgemustert werden" (ebd.: 64).

Bedeutung bekommen in diesem Zusammenhang Inszenierungen und Ästhetisierungen des Körpers im Jugendalter. Obgleich nicht mehr nur auf Jugendliche beschränkt sind körperbezogene Stilisierungen jugendspezifische Artikulationsformen geblieben, worauf Modeindustrie und massenmediale Werbeformate Einfluss nehmen. In jugendlicher Körperkultur nehmen spezifische Techniken und Codes von Körperformung und -ausdruck einen wichtigen Platz ein (vgl. Hafeneger 2004: 31; Bimschas/Schröder 2003: 108; Krebs/Eggert Schmid-Noerr 1997: 7). Ferchhoff (2002 a/b) konstatiert darüber hinaus eine veränderte zeitliche Orientierung Jugendlicher hin zu einem spezifischen *Gegenwartsbezug*. Durch die Wandlung von einer relativ klaren Übergangs-, Existenz- und Familiengründungsphase zu einem eigenständigen und offenen Lebensbereich werden Übergänge „von der Kindheit in die Jugendphase sowie in das Erwachsensein (...) zunehmend entritualisiert und entkoppelt" (Ferchhoff 2002a: 159). Das Nachlassen der Zielkoordinate „Erwachsenwerden" ist gekoppelt an die bereits erwähnte Medialisierung der Lebenswelt: Sie bedeutet einen Zugewinn an *Selbständigkeit* und *Wissen* und

---

[57] So hat sich das Spektrum von „zu verarbeitenden Wissens-, Zeichen- und Erfahrungswelten" heutiger Jugendlicher „im Vergleich zu früheren Generationen beträchtlich erweitert" (Ziehe 1991: 64/65).

schafft darüber Gestaltungsspielräume und Wahlmöglichkeiten.[58] So besteht z. B. für Heranwachsende längst die Möglichkeit des Zugangs zu symbolischen Inhalten eines ehemals für Erwachsene exklusiven Wirklichkeitsausschnitts.[59] Damit verbunden sieht Ferchhoff die Abschwächung einer Vorstellung des entwicklungsbedingten kulturellen und symbolischen Zustandes eines „Noch-nicht". Brüchig geworden ist danach der traditionelle Sinn des Jugendalters, der lange Zeit zunächst einmal durch eine „Verzichtsleistung, um später die Belohnungen einzustreichen" sowie durch einen „Gratifikationsaufschub im Sinne des so genannten ‚deferred gratification pattern'" bestimmt wurde (Ferchhoff 2002a: 159). Indem sich das noch im traditionellen Gefüge von Generationenverhältnis und eigener Biographie wirkmächtige Prinzip des Aufschubs abschwächt, verschieben sich Antizipationsvorstellungen bezüglich Konsum und Partizipation: Anstatt darauf warten zu müssen, sich als Erwachsener bestimmten Lebensweisen und Erlebnissphären zuwenden zu können, kann längst nahezu alles „schon in der Jugendphase erfahren, durchlebt und erlebt werden" (Ferchhoff 2002a: 160), häufig auch in gemeinsamer Praxis mit den eigenen Eltern (vgl. Barthelmes/Sander 2001: 85 ff.).

Diese Prozesse sind unter zwei Gesichtspunkten relevant. Einerseits sind sie als Ausdruck einer historischen *Emanzipationsbewegung* der Jugendphase interpretierbar: Historisch betrachtet zeigt sich, dass es Jugendlichen „eigensinnig und eigengesetzlich gelungen ist, der Fremdbestimmung durch Erwachsene eine alternative Selbstbestimmung zur Seite zu stellen" (Neumann-Braun/Richard 2005: 10). Andererseits ist diese Bewegung selbst Ausdruck allgemein-gesellschaftlicher Veränderungen hin zu erweiterten Konsumoptionen. Im Prinzip kann sich „die Gesellschaft in ihren Jugendlichen erkennen", denn diese „bewältigen die unausweichlichen Herausforderungen und Krisen mehr denn je ‚mit freundlicher Unterstützung' von Medien und Markt" (ebd.; vgl. auch Lindner 2004: 34). Nach umfangreicher Individualisierung und Modernisierung ist Jugend deshalb kaum noch *Wartestand* oder *bildungsbürgerliches Moratorium*, sondern weist – auch vor dem Hintergrund zunehmender Statusunsicherheit und Zukunftsangst (vgl. Shell-Studien 2000/2002) – eine zunehmend *gegenwartsorientierte Finalität* auf. Jugend ist weniger „project" als vielmehr „condition" (MacDonald 1999: 3).

---

[58] Zur Beschreibung dessen wird in letzten Jahren vermehrt auf den Begriff der *Selbstsozialisation* zurückgegriffen (vgl. Fromme/Vollmer 1999; Mansel et al. 1999; Müller et al. 2002; Barthelmes/Sander 2001; Tully 2004; Barsch 2006). Dieser greift die Kritik an älteren Sozialisationsansätzen auf, welche Sozialisation primär auf den Reifungsprozess und/oder die Übernahme gesellschaftlich definierter Verhaltensstandards reduziert und die Vergesellschaftung des Individuums als lineare Integration des Einzelnen ins bestehende System beschrieben hatten. Selbstsozialisation drückt im Grunde nichts gänzlich Neues aus: Als modernes Konzept will es stärker berücksichtigen, dass Individuen als Informationen verarbeitende und handelnde Subjekte maßgeblich und aktiv an ihrer Entwicklung beteiligt sind. Allerdings erscheint auch Kritik berechtigt, denn der Begriff suggeriert, Sozialisation sei ein autarker Prozess, womit übersehen wird, dass trotz der Betonung erhöhter selbstbezogener Handlungsoptionen Reziprozität grundlegend für Sozialisation ist.

[59] Dies ist Ansatzpunkt der kulturkritischen These des „Verschwindens der Kindheit" von Postman (1983), welche davon ausgeht, dass elektronische Medien die Informationshierarchie von Erwachsenen gegenüber Heranwachsenden einebneten. Aufgrund veränderter Zugangsmöglichkeiten zu medialen Angeboten komme es zu einer Konvergenz, worunter Postman versteht, „daß sich das Verhalten, die Sprache, die Einstellungen und die Wünsche – und selbst die äußere Erscheinung – von Erwachsenen und Kindern immer weniger voneinander unterscheiden" (Postman 1983: 14). Postman kommt zu diesem Schluss deshalb, weil seine Theorie versucht, „die Unterscheidung verschiedener Lebensphasen unter fast ausschließlicher Fixierung auf die jeweils dominante Medienkultur zu erklären" (Jäckel 2002: 114), wodurch er übersieht, dass sozialer Wandel nicht allein aus bestehenden Informationsstrukturen abzuleiten ist.

Bereits Ende der 1980er Jahre weist Olk auf die Konsequenzen dieser Entwicklungen für den theoretischen Diskurs über Jugend hin: Ein Blick auf die Forschungslage vermittle den Eindruck, der Diskurs erlebe das gleiche Schicksal wie sein Gegenstand. Ebenso wie das Jugendalter Prozessen von Entstrukturierung, Destandardisierung und Pluralisierung unterliegt, scheint sich auch die sozialwissenschaftliche Beschäftigung mit Jugend „zu zerfasern und in gegeneinander abgeschottete Teildiskurse zu zerfallen" (Olk 1989: 31). Was hieran deutlich wird, sind spezifische *Probleme der Theoriebildung* über Jugend, die alle bei der „Beschreibung des zu erklärenden Gegenstandes, des *heterogenen Gebildes Jugend*" ansetzen (Oswald 1997: 388, Herv. i. Orig.) und die sich als „Theoriedefizite in der Jugendforschung" niederschlagen (vgl. Mansel/Griese/Scherr 2003; Merkens 2008). Als zentrale Schwierigkeit der Theoriebildung gilt für Oswald (1997), einen Rückschritt in Richtung homogenisierender Begriffsbildungen zu vermeiden *und* zugunsten theoretischer Konsistenz Gemeinsamkeiten zu fokussieren. Theoriebildung über Jugend, so Oswald, müsse – als kleinster gemeinsamer Nenner – nach Dimensionen der Vorbereitung *auf*, Entwicklung *in* und Umgang *mit* soziale(n) Bedingungen fragen, um daran anschließend deren Relevanz für zukünftige Lebensformen zu diskutieren, ohne sich jedoch in der Frage nach der Zukunft zu erschöpfen. Aufgabe von Theorien des Jugendalters wie auch theoretisch relevanter empirischer Untersuchungen sei es, dass sie „einerseits diesen Zukunftsbezug berücksichtigen, andererseits das gegenwärtige Sosein der Jugendlichen erklären" (Oswald 1997: 388) und zwar auf *erstens* durch vorangegangene Ereignisse, *zweitens* durch gesellschaftliche Bedingungen und *drittens* durch die aktive Auseinandersetzung der Jugendlichen mit diesen Ereignissen und Bedingungen mit dem Ziel einer „Erklärung des Ergebnisses, nämlich der künftigen Erwachsenen und ihrer Einordnung in die Gesellschaft" (ebd.).

Trotz der beschriebenen Veränderungen der Lebensbedingungen Jugendlicher eignet sich zur Kennzeichnung der Jugendphase immer noch der Begriff des *Moratoriums*, allerdings nur, wenn es dialektisch gedacht wird (vgl. Tillmann 1993; Hunner-Kreisel/Schäfer/Witte 2008). Jugendliche sind überwiegend davon befreit, durch Erwerbsarbeit den eigenen wirtschaftlichen Unterhalt zu verantworten bzw. für eine Familie und/oder Nachwuchs sorgen zu müssen. Sie befinden sich mehrheitlich in Bildungsinstitutionen, in denen sie durch Erwachsene auf das Erwachsensein vorbereitet werden. Im Zuge gesellschaftlicher Modernisierung wird ihnen – jeweils unterschiedlich konnotiert – das „stillschweigende Vorrecht" (Schäffer 2003: 339) eingeräumt, mit Beziehungskonzepten, Wertvorstellungen und Überzeugungen zu experimentieren, mit dem Ziel, eine eigene Perspektive zu gewinnen (vgl. Böhnisch 2002: 71). Daneben stellt das Moratorium allerdings auch soziale *Ansprüche* an Jugendliche, z. B. in Form der schrittweisen Ablösung von der Herkunftsfamilie, die Wahl eines weiterführenden Bildungs- oder Ausbildungsganges, die Findung der eigenen Geschlechterrolle und die Positionierung bezüglich gesellschaftlicher Leistungsansprüche. Diese Widersprüchlichkeit der Jugendphase lässt sich so zusammenfassen, dass diese „so etwas wie ein Schonraum für Selbstfindung und Selbsterprobung" ist, dass in ihr andererseits aber auch die „erfolgreiche Bewältigung biographisch höchst bedeutsamer Aufgaben" gefordert wird (Tillmann 1993: 192). *Wie* diese Bewältigung vor sich geht ist Gegenstand von Überlegungen, die sich thematisch auf die die Frage der *Subjektkonstitution* im Jugendalter beziehen. Dies ist Thema der nächsten beiden Abschnitte. Hierbei gehe ich zunächst auf eine Perspektive ein, die diesen Prozess anhand von Entwicklungs- und Identitätsmodellen in den Blick nimmt; darauf folgend werden handlungs-, subjekt- und sozialisationstheoretische Überlegungen skizziert.

2.5 Identitäts- und Entwicklungsmodelle zum Jugendalter

Aus einer Entwicklungsperspektive ist Individuation[60] das zentrale Thema, dessen Anforderungen in der Jugendphase kulminieren. Eine Folge davon ist die Problematisierung der eigenen Person und ein hohes Maß an egozentrischer Selbstreflexion, sichtbar darin, dass Fragen wie „wer bin ich?" und „wie werde ich sein?" immer wieder neu gestellt werden (Tillmann 1993: 241). Hinzu kommt die (individuell unterschiedlich intensive) Beschäftigung mit „gesellschaftlichen Deutungsmustern, kulturellen Überlieferungen und sozialen Standards", bei der bislang von Eltern übernommene Orientierungen hinterfragt werden, um „verworfen oder als Bestandteil von nunmehr selbstgewonnenen Überzeugungen übernommen zu werden" (ebd.). Dieser Prozess der Subjektkonstitution wird vor allen in klassisch-psychologischen Ansätzen auf einer Normalitätsfolie konzipiert, die ihn als prädeterminiert ansieht.

Für Erikson (1973) zentriert sich Entwicklung um die Ausprägung einer stabilen *Ich-Identität*. Deren Zielvorstellung sieht er in der Gewinnung eines „sicheren Gefühls innerer und sozialer Kontinuität" (Erikson 1973: 138), worunter eine durch signifikante Andere abgestützte und im Umgang mit ihnen entwickelte Identität an der Schwelle des Erwachsenseins verstanden werden kann (vgl. auch Krappmann 1998; Haußer 1995). Erikson konzipiert Entwicklung dabei konsequent als Phasenablauf, innerhalb dessen jeweils bestimmte Krisen zu bewältigen sind. Deren entscheidendes Merkmal ist es, dass im Falle des Gelingens „das jeweilige Problem in das Ich integriert wird und das nächste in Angriff genommen werden kann", ansonsten „das Ich an die erreichte Stufe fixiert bleibt bzw. retardiert" (Geulen 1998: 53). Innerhalb dieses Prozesses räumt Erikson externen, gesellschaftlichen Anforderungen hohe Priorität ein. Dabei idealisiert er das *Ende* der Jugendphase in einem Ineinander-Aufgehen von Ich Identität und sozialer Integration. Gerade dieser Aspekt hat, trotzdem Eriksons Modell große Anerkennung erfahren hat, Anlass zur Kritik gegeben (vgl. Keupp 1988): So entsteht durch die Synchronizität von Entwicklung eine Teleologie, die die Jugendphase von einem pränormierten *Endzustand* her begreift und analysiert.[61] Aus diesem Ansatz ergibt sich logisch, dass Prozesse gesellschaftlicher Integration *per se* als wünschens- und erstrebenswert gelten müssen. Ein gelungener Ausgang aus der Adoleszenzkrise wird von Erikson zwar als Integration auf der Persönlichkeitsebene, als Ich-Identität, beschrieben, diese unterstellt jedoch, dass eine gut integrierte Persönlichkeit sich „relativ konfliktfrei

---

[60] Anders als das ältere Konzept der Personalisation beschreibt Individuation einen Prozess der Persönlichkeitsentwicklung hin zu einem einzigartigen Individuum, in dem unterschiedliche soziale Erfahrungen zu einer einmaligen Biographie jenseits des sozial Typischen führen (vgl. Helsper 1998b: 72).

[61] Dabei handelt es sich um ein generelles Problem teleologischer Entwicklungsmodelle: Indem diese ein „Denkmuster des ‚evolutionären Universalismus'" darstellen, werden „idealistische und idealtypische Vorstellungen zu Endpunkten von Entwicklungslinien umdefiniert" (Schöfthaler 1984: 24), so etwa auch in der Theorie Piagets (vgl. die entsprechende Kritik bei Fornefeld 1998; Langeveld 1987).

und erfolgreich in das bestehende gesellschaftliche System einordnet" (Tillmann 1993: 212). Ich-Identität und soziale Integration sind damit wie selbstverständlich und von vorneherein „zwei Seiten der gleichen Medaille" (ebd.).

Damit steht Erikson in der Tradition eines Fortschrittsoptimismus und geht von einer Identifikation Jugendlicher mit einem unendlichen Erneuerungswillen der technischen Vernunft aus (vgl. Helsper 1983: 121). So erweist es sich, dass hinter dem von Erikson ausgearbeiteten Konzept der Identitätskrise Jugendlicher ein letztlich affirmatives Modell gesellschaftlicher Integration steht, das zudem der modernisierten Situation des Aufwachsens in einer reflexiven Moderne nicht mehr hinreichend gerecht wird. Denn in dieser haben sich die Ansprüche „an die biographische Selbstgestaltung der Lebensphase Jugend" massiv erhöht (vgl. Hurrelmann 1999: 71) – und unter solchen Bedingungen ist erwartbar, dass „durchaus mehr diffuse Identitätszustände anzutreffen sein werden wie auch das Moratorium häufiger oder auch länger beobachtbar sein könnte" (Ohlbrecht 2006: 41/42).

Die Kritik, Jugend vornehmlich als Teil einer Abfolge universeller Stufen oder Phasen zu betrachten, trifft auch auf das Modell der sog. *Entwicklungsaufgaben* von Havighurst (1953) zu. Es impliziert, dass die Gesellschaft als Referenzsystem an jugendliche Individuen in bestimmten Alters- und Entwicklungsstufen Anforderungen in Form konkreter Erwartungen heranträgt, welche bearbeitet und erfüllt werden müssen (vgl. Geulen 1998: 53). Somit verstehen sich Entwicklungsaufgaben als normativ und objektivistisch gleichermaßen; sie suggerieren, „daß es jemanden gibt, der oder die die Aufgaben stellt und ihre Erfüllung einfordert" (Flammer 1991: 94). Dieser Aspekt verleiht dem Konzept einen Charakter, der – ähnlich dem Konzept Eriksons – ein harmonisierendes Ideal bezüglich des Zusammenhanges zwischen subjektiver Individuation einerseits und sozialer Integration andererseits voraussetzt. Problematisch daran ist weniger die Konstruktion von Aufgaben per se, mit denen sich das Subjekt innerhalb seiner Entwicklung konfrontiert sieht; vielmehr ist es die Gefahr einer Verschleierung ihrer sozialen Generierung, denn auch die inhaltliche Definition von Entwicklungsaufgaben ist kulturell relativ und historisch kontingent:

So manifestieren sich etwa in Havighursts Entwicklungscurriculum diejenigen Standards und Normen, „die für die Mittelschicht der amerikanischen Gesellschaft zur damaligen Zeit repräsentativ waren" (Oerter/Dreher 1995: 329). Ähnlich weist Hagemann-White (1997: 69) darauf hin, dass Havighursts Modell grundsätzlich sozialoptimistisch sei und voraussetze, die Bedürfnisse von Jugendlichen stimmten a priori mit den gesellschaftlichen Erwartungen an sie überein. Auch die Kritik von Baacke (2000: 55 ff.) weist in diese Richtung: In Abarbeitung des Katalogs von Havighurst bemängelt er vor allem eine geschlechtstypische Polarisierung und die Unzeitgemäßheit der Aufgaben. Auch hätten mittlerweile gesellschaftliche Veränderungen stattgefunden, die der einfachen Aufstellung eines Entwicklungskanons gegenüberstünden. Entwicklungsaufgaben seien stattdessen „heute nur mit den Jugendlichen zu formulieren, da sie sonst ins Leere gehen" (Baacke 2000: 56), das heißt nicht als Sollwert zu betrachten, den „Erwachsene Jugendlichen aufgeben" (ebd.), sondern als ein Anknüpfen an die Lebenswelt konkreter Jugendlicher mit dem Ziel, neue Erfahrungs- und Handlungsmöglichkeiten zur Erweiterung vorhandener anzuregen.

Das Verbindende an der Kritik der beiden genannten Modelle lässt sich dahingehend abstrahieren, dass sie – in aller Unterschiedlichkeit – Entwicklung als einheitliches bzw. ordentliches Prozessieren universeller Stufen und Phasen mit einem endgültigen, relativ stabilen Ausgang vorstellen. Gemeinsam ist ihnen der Mechanismus, der beansprucht, Prozesse der Subjektkonstitution am Maßstab vorstrukturierter, allgemeiner und gesetzesmäßig formulierter Kategorien zu messen.[62] Als *normativ* gefasste Entwicklungsperspektive erlauben sie lediglich die Frage, ob Jugendliche ein „Bild sozialer Reife, das sich am Ideal des bürgerlichen Erwachsenen orientiert" (Merkens 2008: 357) erfüllen oder verfehlen bzw. ganz allgemein, ob ihr Entwicklungsprozess korrekt oder abweichend verläuft. Ob Entwicklungsanalogien als wirkliches Instrument der Erkenntnis Geltung beanspruchen können, wird daher sogar von Vertretern derselben kritisch gesehen (vgl. Oerter/Dreher 1995).[63]

Die theoretische Diskussion dieses Problems wird kontrovers geführt;[64] für die Zielrichtung der vorliegenden Arbeit ist die Feststellung wichtig, dass eine normative Perspektive dazu tendiert, die Jugendphase als Phase der Krise und Schwierigkeiten festzuschreiben, deren Untersuchung dann vorrangig auf die Frage hinausläuft, inwiefern Jugendliche eine kategorial vorstrukturierte Entwicklungsperspektive *zufriedenstellend* vollzogen haben bzw. dies *noch nicht* hinreichend getan haben oder gescheitert sind. Eine vor diesem Hintergrund konzipierte sozialwissenschaftliche Beschäftigung mit Jugend läuft Gefahr, den Blick auf Eigentümlichkeiten und Besonderheiten zu verstellen und darin gerade das Fallspezifische und Milieuhafte jugendlicher Entwicklung zu übersehen.

Dies sensibilisiert für eine alternative, auf die *subjektive Eigenlogik* abzielende Perspektive, die die Frage stellt, an welchen thematischen Relevanzen sich Jugendliche abarbeiten, die aus ihrem eigenen Denk-, Handlungs- und Erfahrungshorizont stammen, wobei der Ausgang als kontingent gedacht wird. Bildungstheoretisch wird damit der „Unverfügbarkeit des Subjekts" (Baacke 1996a: 121) Rechnung getragen – einer Denkfigur, die bis ins 18. Jahrhundert zurückreicht und die eine subjekttheoretische Differen-

---

[62] Oelkers (1991) weist darauf hin, dass im Zusammenhang des Vertrauens in allgemeine Gesetzmäßigkeiten der Entwicklung und der Betrachtung von Subjektivität ein *Paradox* entsteht. Dies ist umso bemerkenswerter, weil sich pädagogische Theoriebildung vor allem aufgrund der Verwendung des Entwicklungsbegriffs entwickelt hat (vgl. ebd.: 11 ff.). Dass sich der Heranwachsende entwickelt, konnte so zur anthropologischen Grundkonstante werden, weil sich die Einsicht durchsetzte, eine natürliche Entwicklung ohne geeignete pädagogische Einwirkung und Unterstützung nie zu Höherem führen werde, „obwohl aus dem Werden, also der unaufhörlichen Veränderung in der Zeit, weder auf eine phasenmässige Entwicklung (…) noch auf eine Erziehung geschlossen werden kann, die in der Lage ist, die Potentiale des Subjekts mehr zu fördern, als dies dem Subjekt selbst möglich wäre" (ebd.: 20).

[63] Skepsis sei vor allem angebracht aufgrund der „Tatsache der Wertgebundenheit von Aufgaben und Zielen der Entwicklung" (Oerter/Dreher 1995: 330), also dem Faktum, dass sie von präskriptiven Standards individueller und gesellschaftlicher Art nicht loszulösen sind

[64] Oswald (1997: 402) stellt fest, dass im Prinzip erst das Lösen von Entwicklungsaufgaben, das zudem in einem zeitlich fixen Rahmen stattfinden solle, überhaupt erlaubt, Aufgaben des Erwachsenenlebens zu bewältigen. Fritzsche (2003: 243) übt dagegen Kritik an einer einseitigen Orientierung am Modell von Entwicklungsaufgaben, da es „die Aktivitäten von Jugendlichen lediglich als Vorbereitung auf den Erwachsenenstatus zu fassen vermag und der Jugendphase keine eigenständige Gültigkeit jenseits dieser Teleologie zugesteht" (vgl. auch Kelle/Breidenstein 1996; Breidenstein 1997).

zierung von Entwicklung, Bildung und Erziehung einfordert.[65] Welche Entwicklungsziele als faktisch bedeutsam angesehen und zum Gegenstand eigener Auseinandersetzung von Jugendlichen werden, ist in dieser Perspektive weniger eine alleinige Frage der Norm von *außen*, sondern ebenso auch eine Frage der Relevanzsetzung von *innen*. Vor allem das Einholen jugendlicher Binnensichten auf Alltag und Handeln ermöglicht es demnach, Entwicklung *subjektorientiert* zu verstehen und zu gestalten. Dies eröffnet Perspektiven, die bei Jugendlichen nicht nur Interesse wecken, sondern unter denen auch Entwicklung als Bereich des Lernens *in eigener* Sache an Relevanz gewinnen und aktiv verfolgt werden kann (vgl. Baacke 2000: 56). Um dafür einen geeigneten Begriff zu finden, schlagen etwa Straus und Höfer (1998) vor, jugendliche Entwicklung nicht auf eine Logik der Erfüllung bzw. Nicht-Erfüllung von Aufgaben einzuschränken und dementsprechend statt von Entwicklungs- besser von *Handlungsaufgaben* zu sprechen. Darunter verstehen sie in Anlehnung an Haberlandt u. a. (1995) „ein System von vernetzten, sich gegenseitig beeinflussenden Anforderungen, die im Wechselspiel von gesellschaftlicher Vorgabe, kollektiver und subjektiver Aneignung definiert werden" (Straus/Höfer 1998: 279).

Statt einer objektivistischen Anforderungs-Bewältigungs-Logik rückt damit eine dialektisch-subjektorientierte Perspektive in den Mittelpunkt, die erstens die Verbindung von Lebenswelt und Biographie ermöglicht und die zweitens eine übergreifende Identitätsperspektive des Subjekts thematisiert (vgl. Altmeyer 2002: 169; Müller 1997: 21). Aus theoretischer Sicht wird der Zusammenhang von *Subjektwerdung* und *Integration* damit auf die Begriffe Handeln, Subjekt und Sozialisation bezogen.

2.6 Handlungs-, subjekt- und sozialisationstheoretische Perspektiven

Um die Subjektkonstitution in der Jugendphase zu beschreiben, ist vor allem vonseiten reflexiv-handlungstheoretischer bzw. mikrosoziologischer Ansätze vorgeschlagen worden, konstruierend-interpretierende Aktivitätspotenziale Jugendlicher zu untersuchen (vgl. Hurrelmann 1999: 66 ff.; Schäfers 2001: 37 ff; Schäfers/Scherr 2005: 52). Darunter fallen diejenigen subjektiven Konstrukte (wie etwa Wahrnehmungen, Interpretationen und Wissensbestände), welche von jugendlichen Akteuren im Austausch mit ihrer Umwelt entwickelt werden, um eigenes Handeln zu orientieren und zu bewerten. Damit rückt vor allem der *Handlungsbegriff* in den Vordergrund. Dieser wird im Folgenden zunächst kurz skizziert; im Anschluss daran wird das in der Jugendforschung verbreitete

---

[65] So insistierten die klassischen Vertreter der Pädagogik des 18. Jahrhunderts lange vor dem Gebrauch von Modellen zur Diagnose und Beschreibung individueller Entwicklung darauf, die Erziehung Heranwachsender gerade *nicht* einer Richtschnur zu unterwerfen (vgl. Mollenhauer 1983), um auf dem Wege der Bildsamkeit „eine Transformation von Subjektivität in Intersubjektivität, vom zwar Lebendigen, aber eben auch Unkalkulierbaren des kindlichen Organismus in das Berechenbare eines gesellschaftlichen Bildungsgangs gelingen" (ebd.: 89). In der Beobachtung der Heranwachsenden sollten daher immer *Kontingenzen*, Momente des *Nicht-Erfassbaren* und des *Nicht-Messbaren* mit einfließen, was die Ausbildung eines speziellen Vermögens erforderte, im Zu-Erziehenden mehr zu sehen, als was durch Verstehen und Erklären unmittelbar zugänglich ist: „Wer erziehen wolle, zumal in Hinblick auf eine nicht zuverlässig kalkulierbare Zukunft, der müsse versuchen, sich auch auf diesen nur zu ‚ahnenden' Teil des kindlichen Lebens zu beziehen" (ebd.).

Modell des *produktiv Realität verarbeitenden Subjekts* einschließlich seiner Weiterentwicklung diskutiert.

Im Zentralbegriff der Handlung bündeln sich – in scharfer Abgrenzung zu radikalkonstruktivistischen Auffassungen – diejenigen individuellen Lebensäußerungen, durch welche gesellschaftliche Bedingungen „aufgegriffen und damit die in diesen enthaltenen historisch akkumulierten Erfahrungspotentiale zur Befriedigung der individuellen und kollektiven menschlichen Bedürfnisse eingesetzt werden" (Hackl 2000: 21). Handeln fokussiert somit die Koordination lebensweltlicher Aktivitäten und eine sinn- und verständigungsorientierte Lebensführung. Als universellste Kategorie zur „Verallgemeinerung bewusster menschlicher Lebenstätigkeit" (Hackl 2000: 21) ist Handeln demnach ein maximal abstrakter sozialwissenschaftlicher Begriff, dessen Pointe darin liegt, dass sich Handeln „nicht weiter rechtfertigen muss, sondern *gesetzt* ist. Erleben, Denken, Kommunizieren gelten dann als besondere Formen eines so verstandenen allgemeinen (sozialen) Handelns" (Krotz 2005: 40; Herv. S. H.).

Generell bezieht sich der Handlungsbegriff *zweifach* auf den Akteur, denn einerseits fasst er diesen „als selbstreflexives Subjekt, das in der alltäglichen Aneignung soziale Wissensbestände ausdeutet und diese prüft, sie differenziert oder zusammenfasst", andererseits aber auch „als Adressaten von Wissensbeständen und darin eingelassenen Wertungen" (Hitzler/Reichertz/Schröer 1999: 13). Da es keinen linearen Zusammenhang zwischen äußeren Bedingungen eines vorgefundenen Handlungsraumes und subjektiven Handlungsdispositionen gibt, muss die Ausbildung von Handlungsbefähigung durch die Vermittlungsleistungen des Subjekts hergestellt werden.

Handeln in Bezug auf die Jugendphase unterliegt einer besonderen Spezifizierung. Während Subjekten aus anthropologischer Sicht prinzipiell die Kompetenz zum Handeln unterstellt wird (Baacke 1973), und zwar als Voraussetzung dafür, dass sie sich mit Erfordernissen und Anforderungen der Umwelt „arrangieren und dabei die eigenen Motive, Bedürfnisse und Interessen berücksichtigen und einbringen" können (Heitmeyer/Hurrelmann 1993: 109), ist die Jugendphase diesbezüglich eine *spezifische Phase* im Verlauf des Lebenslaufs, da hier die Wechselwirkung innerer und äußerer Realität eine besondere Entfaltung erfährt. Jugendliche bauen insofern Handlungskompetenz auf, weil sie damit beschäftigt sind, Erfahrungen in allen denjenigen Formen der Weltbemächtigung und -veränderung zu machen, „die zwar durch kommunikative Akte begleitet werden, aber über diese insofern hinausgehen, als hier Objekte, Gegenstände und Sachverhalte ‚verrückt' werden" (Baacke 2004: 22). Besonders das Kennenlernen neuer gesellschaftlicher Optionen hat für Jugendliche herausgehobene Bedeutung, wobei sie eine Innenperspektive vornehmlich mit einer Außenperspektive verschränken. Prinzipiell wird diese Außenperspektive für jeden Jugendlichen zu einem gravierenden Faktor, da er seine Handlungskompetenzen und -orientierungen mit sozial strukturierten Bedingungen in Beziehung setzt.

Dieser Prozess wird in der Jugendforschung üblicherweise mithilfe des Modells des *produktiv Realität verarbeitendes Subjekts* beschrieben, welches auf Klaus Hurrelmann zurückgeht und das anstrebt, zu einer Überwindung von „eindimensionalen Theoriekonstruktionen in Soziologie, Psychologie, Pädagogik und anderen Humanwissenschaften" zu kommen (Hurrelmann/Ulich 1998: 9).[66] Aufgrund seiner Verbreitung zu einem dominanten Theorem verdient es besondere Aufmerksamkeit, nicht zuletzt hinsichtlich seiner methodologischen Implikationen. Hurrelmanns Ansatz beschreibt Entwicklung als wechselseitigen Prozess zwischen „endogenen, im Inneren des Individuums angelegten Entfaltungsimpulsen, und exogenen, von Außen auf das Individuum zukommenden Impulsen" (Hurrelmann 1999: 67), und betont die „Selbstgestaltungskräfte des Menschen, die sich aus der Verarbeitung und Reflexion dieser jeweiligen Innen- und Außenimpulse ergeben" (ebd.). Das Subjekt erscheint darin als schöpferischer Interpret und Konstrukteur seiner eigenen Entwicklung und Lebenswelt. Die Fähigkeiten des Subjekts, seine eigene Person, seine Handlungen sowie die Gegebenheiten der Umwelt mit symbolischen Bedeutungen auszustatten und sie in Austausch mit anderen zu interpretieren, wird als eine wesentliche Voraussetzung für ein reflektierendes Bewusstsein gewertet. Die sozialen, kulturellen und natürlichen Bedingungen, unter denen dies stattfindet, beeinflussen zwar „die menschlichen Bewusstseins- und Handlungsstrukturen, aber sie determinieren sie nicht (...). Vielmehr bilden sie sich aus den wechselseitigen Beziehungen der Menschen untereinander" (Hurrelmann 1999: 67). Entworfen ist damit ein dynamischer Interaktionismus, welcher von einem reziprok interaktiven Individuum-Umwelt-System ausgeht und der Interaktion „als Prozeß einer wechselseitigen Beeinflussung" versteht, sodass „jedes Element innerhalb des Systems zugleich Produkt und Produzent des jeweils anderen ist" (Oerter/Dreher 1995: 325). Dieses handlungstheoretische Modell hat den Anspruch, der Lebensphase Jugend besonders gerecht zu werden, denn es sieht die Sichtweise des jugendlichen Akteurs *selbst* als wesentliche Voraussetzung dafür, eine „Analyse und Bewertung der individuellen Entfaltungsmöglichkeiten vorzunehmen" (Hurrelmann 1999: 69).

Das Theorem des *produktiv Realität verarbeitenden Subjekts* führt einige Implikationen mit sich, die unterschiedlich bewertet worden sind. Auf der einen Seite gilt Hurrelmanns Modell als positiver Versuch, jugendliches Handeln anschaulich und analytisch zugänglich zu machen, da es von der Annahme geleitet ist, dass die gesellschaftlich-kulturelle Situation von Jugendlichen „von diesen selbst durch die Sozialisations- und Entwicklungsprozesse hindurch mitgestaltet" wird (Wissinger 1991: 97). Dies fordere zur Frage auf, „wie Prozesse der sozialen Aneignung und der psychischen Verarbeitung der Realität von Jugendlichen sozial organisiert sind" (ebd.). In der Weise nämlich, in der der Jugendliche als handlungsaktives Subjekt in einer seine Umwelt aneignenden Weise kognitive, emotionale und soziale Merkmale seiner Subjektkonstitution ausbildet, schaffe er sich individuelle Voraussetzungen dafür, „um in sozialen bzw. psychischen Handlungs- bzw. Anforderungssituationen handlungsfähig und bewältigungsaktiv" sein zu können (ebd.: 100).

Auf der anderen Seite ist Kritik am Modell Hurrelmanns geäußert worden, welche, trotz dessen innerer Stimmigkeit, Widersprüche herausarbeitet. Breyvogel (1989) kritisiert, dass das Modell zwei theoriegeschichtliche Voraussetzungen mitführt, deren Auswirkungen es ausblendet: Zum einen reproduziere es das „aus dem Linkshegelianismus und der Praxisphilosophie übernommene Produktionsparadigma, wonach der Mensch sich in der Arbeit produktiv entfaltet" (Breyvogel 1989: 16), zum anderen sei in den

---

[66] Vgl. auch Hurrelmann 1983; Heitmeyer/Hurrelmann 1992; Hurrelmann 1999

Begriff der Realitätsverarbeitung, „nochmals der Arbeitsbegriff eingegangen, der sich gegen den Vorrang des symbolischen Interaktionismus wendet. So kommt es zu einer merkwürdigen Doppelung" (ebd.). Daraus resultiert das Problem, dass die Betonung der als *produktiv* qualifizierten Realitätsverarbeitung kategoriale Schwierigkeiten erzeugt. Diese führen z. B. bei der Beschreibung aggressiver oder gewalttätiger Entäußerungen jugendlicher Akteure in das Dilemma, solche sozial destruktiven Handlungen immer noch als „produktiv" bezeichnen zu müssen. Hurrelmanns Modell leistet es demnach nicht, derartige Handlungen aus der Subjektperspektive des Jugendlichen als adäquat bzw. funktional, gleichzeitig aber als sozial inakzeptabel zu begreifen. Dies liegt daran, dass der Begriff der produktiven Realitätsverarbeitung eine wertende Setzung enthält, deren normativer Gehalt nicht konsequent durchreflektiert ist: Gerade diese normative Aufladung „bedingt seine mangelnde Angemessenheit. Denn der Begriff des Produktiven funktioniert nur durch Ausschluss, indem er anderes als unproduktiv ausgrenzt" (Breyvogel 1989: 17). So entsteht, zugespitzt, ein normativ bedingtes Einschluss-Ausschluss-Dilemma: Unproduktive Handlungen kann es vor einem handlungstheoretischen Hintergrund streng genommen nur dann geben, wenn diesen Handlungen ihr Grundmechanismus der aktiven Realitätsverarbeitung *abgesprochen* wird, der aber *gleichzeitig* der diesen Handlungen zugrunde liegende Konstitutionsmechanismus sein soll.

Dieser Kontroverse um Hurrelmanns Modell wurde hier deshalb nachgegangen, weil handlungstheoretisch orientierte Jugendforschung trotz konzeptioneller Divergenzen um ein im Grunde ähnliches Anliegen kreist, und zwar die Frage nach Chancen und Grenzen der Verarbeitung von zugleich bedrohenden wie eröffnenden Handlungsräumen bzw. nach der Ausbildung von Handlungsbefähigung (vgl. Heitmeyer/Hurrelmann 1992: 118 ff; Grundmann 2006: 194 ff.). Deutlich wurde, dass sich der Zugriff auf diese Frage mit einer Fokussierung auf *Produktivität* mit seiner Verwandtschaft zum *Arbeitsbegriff* erschwert, was nicht zuletzt daran liegt, dass darin von einem engen bzw. statischen Begriff des Subjekts ausgegangen wird, das intentional handelt und kohärent wahrnimmt. Eine solche Vorstellung unterläuft die – soziologisch weit ausdifferenzierte – „Krise des Subjekts" (vgl. Reckwitz 2008: 123 f.; Zima 2007: 193 ff.), welche viel eher für Vorstellungen von Brüchigkeit und Fragmentierung sensibilisiert. Indem ein statischer Subjektbegriff das Verhältnis von Subjekt und Gesellschaft als Verhältnis zweier sich gegenüberstehender Größen denkt (etwa als Dichotomie von Anpassung und Widerstand oder in der Form, dass das Subjekt nach abgeschlossener Bewältigung des Jugendalters einen geschlossenen Block darstellt), wird er denjenigen subjektiven Phänomenen nicht gerecht, die vor dem Hintergrund von Merkmalen sozialer Segmentation, Informalisierung und Labilisierung heute beobachtbar sind (vgl. Hafeneger 2004: 37 ff.). Gestützt wird dieses Argument von neueren Identitätstheorien (vgl. Keupp 2005), die zwar nicht grundsätzlich bezweifeln, dass das Subjekt darum bemüht ist, Erlebnisse und Erfahrungen in einem kohärenten Selbstverständnis zu bündeln, die aber eine als umfassend verstandene Integration aller Aspekte der Persönlichkeit in ein in sich geschlossenes Bild als letztlich unerreichbar und durchaus auch problematisches Ideal entwerfen.[67]

---

[67] Identitätsarbeit, darauf weist Keupp (2001) hin, ist alltäglich und unabgeschlossen, deshalb haben Identitäten und Lebensentwürfe immer auch „etwas unheilbar Bruchstück-, Flickenhaftes oder Fragmentarisches" (ebd.: 53).

Aufgrund dessen ist das Modell des produktiv Realität verarbeitenden Subjekts mitsamt seinen Implikationen für die Jugendforschung von neueren Ansätzen aufgegriffen und weiterverfolgt worden. Aus einer sozialisationstheoretischen Perspektive weist Grundmann (2006) darauf hin, dass die Betrachtung von Sozialisationsprozessen immer mit dem Problem konfrontiert ist, dass diese „mit Entwicklungs- und Selektionsprozessen verwoben sind, die sich zudem hinsichtlich ihrer Bedeutung für die Persönlichkeitsentwicklung und die Bindung des Individuums ans soziale Kollektiv zuspitzen lassen" (ebd.: 28). Insofern stellt das Modell des produktiv Realität verarbeitenden Subjekts ein Modell mittlerer Reichweite dar: Indem es jeweils einzelne Teilbereiche des komplexen Wechselspiels von Entwicklung, Sozialisation und Selektion fokussiert, nimmt es vor allem Aspekte der Persönlichkeitsentwicklung in den Blick. Das Handlungssubjekt wird zwar selbst daraufhin befragt, welche sozialen Ressourcen seine Entwicklung fördern oder hemmen, womit einerseits „eine klare Bestimmung des Forschungsfeldes, zumindest im Hinblick auf den Konnex zwischen Entwicklung und Sozialisation, erreicht" ist (Grundmann 2006: 29); andererseits bleiben darin konstitutive zwischenmenschliche Beziehungen weitgehend ausgeblendet und damit werden diejenigen Sozialisationsaspekte vernachlässigt, über welche sich „gemeinsame Handlungsbezüge konstituieren, also jene sozialen Strukturierungsmechanismen, über die sich soziale Ordnungs-, Regulations- und Normierungsprozesse vollziehen, über die Akteure als an soziale Kontexte und Kollektive gebunden sind" (ebd.). Daraus ergibt sich Konsequenz, dass viel stärker als bisher nach der sozialen Genese von Handlungen und Handlungskompetenzen *und* ihrer Kontextualisierung gefragt werden muss (vgl. auch Aufenanger 2008: 90). Aus diesen Überlegungen folgt, Jugendliche Sozialisation als *soziale Praxis* anzusehen und entsprechend zu untersuchen, weil sich erst *in dieser* und *durch diese* ein soziales Zusammenleben etabliert, in welchem Erfahrungen, Fertigkeiten und Wissen zwischen Akteuren ausgetauscht und kultiviert werden.[68]

Diese Akzentuierung findet sich auch in Diskussionen der neueren Jugendforschung. So bemängelt etwa Paus-Hasebrink (2005), dass die konventionelle Jugendforschung weitgehend solche Ausgangsbedingungen proklamiere, die eine Festhalten an einer *Dichotomie* zwischen äußerer Realität auf der einen und innerer Realität auf deren anderen nahe legten, wodurch jedoch der Zusammenhang zwischen Identität und Lebenswelt in ihrer engen komplexen Verwobenheit nicht richtig erfasst werde (ebd.: 76 ff.). Als weitaus fruchtbarer erweise es sich daher, von jugendlichen *Orientierungsmustern* auszugehen, und zwar *weder* nur aus einer subjektiven *noch* aus einer nur objektiven Perspektive, sondern in Überbrückung beider. Gefordert ist damit ein Blick auf das „je individuelle, aber dennoch über die subjektive Repräsentation hinausweisende Lebensumfeld, das soziale Milieu, also die sozialen Räume, die dem einzelnen tatsächlich oder symbolisch zur Verfügung stehen" (Paus-Hasebrink 2005: 80). Damit verbindet sich für Paus-Hasebrink das Suchen bzw. Freilegen des *praktischen Sinns*, welcher aus unterschiedlichen Möglichkeiten Jugendlicher zur Ausbildung von Identität und zum Erwerb von Handlungskompetenzen resultiert und sich als *Habitus* ausprägt.

---

[68] Hierzu konstatiert Grundmann (2006: 28), dass solche Studien, „in denen für die Sozialisation zentralen Probleme der sozialen Bezugnahme, der Handlungskoordination und der gemeinsamen Lebensführung durch soziale Bindungsprozesse erörtert werden, in der Sozialisationsforschung nur ein Schattendasein fristen".

Mit letzterem wird auf die Zentralkategorie Bourdieus abgestellt, mit welcher eine Art implizite Grammatik der regelmäßigen und stillschweigenden Koordination alltäglichen Handelns bezeichnet wird (vgl. hierzu auch Abschnitt 3.5.2). Der Habitus *verweist* auf praktische Sinnschemata, in denen sich die Praxis der *Vergangenheit* sedimentiert und die sowohl die *gegenwärtige* als auch die *zukünftige* Praxis weitgehend autonom leiten (vgl. Bourdieu 1992: 102). Bei der Untersuchung jugendlichen Handelns sollten deshalb für Paus-Hasebrink drei Bereiche zusammengezogen und miteinander verklammert werden (2005: 80 f.): *Handlungsoptionen* als gesellschaftlich-strukturell bedingte Voraussetzungen des Handelns, *Handlungsentwürfe* als subjektive Wahrnehmungen dieser Struktur im Zusammenspiel der Verzahnung von Praxis und handlungsleitender Anschauung (verbunden mit dem jeweiligen sich aus diesem Zusammenspiel entwickelnden Eigensinn) sowie entsprechende *Handlungskompetenzen*, verstanden als die subjektiven Ausprägungen dieses Konglomerats auf der Handlungsebene, die zu einer sinnvollen Alltagsgestaltung eingesetzt werden.[69]

Damit wird ein äußerst komplexes handlungstheoretisches Verständnis zur Frage der Subjektkonstitution Jugendlicher deutlich, dass sich für die vorliegende Arbeit als sinnvoll erweist, weil es nicht nur die Frage aufwirft, *wie* Jugendliche handeln, sondern wie sie auch selber an der Wahrnehmung von Handlungsbedingungen beteiligt sind. Inwieweit sich hier Besonderheiten und spezifische Bedingungen ergeben, wenn man Jugendliche mit Migrationshintergrund betrachtet, soll der folgende Abschnitt erörtern.

2.7 Jugendliche mit Migrationshintergrund

Vor dem Hintergrund der Überzeugung, dass Deutschland ein Einwanderungsland mit einer multiethnischen und multikulturellen Gesellschaft geworden ist, erfolgt eine Hinwendung zur Situation Jugendlicher aus nichtdeutschen Herkunftsfamilien erst seit etwa Mitte der 1990er Jahre (vgl. Oberndörfer 2001). Bei der Frage, welche Jugendlichen überhaupt darunter fallen, hat sich in den letzten Jahren ein Paradigmenwechsel „von der Ausländerkategorie zum Migrationshintergrund" eingestellt (Treibel 2006: 212). So ist nicht mehr der Pass das Kriterium, sondern der *Migrationshintergrund* einer Person bzw. die Migrationsbiographie der Familien.[70] Während der Diskurs um Jugendliche vor allem mit türkischem Migrationshintergrund mitunter von einem Defizit- und Konfliktdenken dominiert wurde – so thematisierte z. B. die sozialwissenschaftliche Literatur diese vielfach unter Aspekten devianter Sozialisation wie Gewalt und Kriminalität (vgl. Heitmeyer/Müller/Schröder 1997) – wird mittlerweile vorrangig danach gefragt, welche Besonderheiten sich aus den Folgen der Migration ergeben (vgl. Uslucan 2005: 226 ff.). Inwiefern sich daraus wiederum Differenzen von Jugendlichen mit Migrationshintergrund im Unterschied zu ihren Altersgenossen ohne Migrationshintergrund ergeben,

---

[69] Vor diesem Hintergrund ist es irreführend, jugendliche Praxen – wie den Umgang mit Medien – dekontextualisiert zu beschreiben, wie dies etwa der Titel einer 2007 durchgeführten Tagung der Aktion Jugendschutz Baden-Württemberg nahe legt („Völlig losgelöst? Jugend, Medien, Kultur") – übersehen wird damit, dass jugendliche Alltagsorientierungen immer in Wechselwirkungen mit gesellschaftlichen Bedingungsfaktoren stehen.

[70] Formal gesehehen bedeutet Migrationshintergrund, dass mindestens ein Elternteil im Ausland geboren wurde.

lässt sich grob in soziale, kulturelle, und familiäre Aspekte unterteilen. Diese sollen hier schlaglichtartig betrachtet werden.

Bedeutsame Unterschiede zwischen Jugendlichen mit und ohne Migrationshintergrund zeigen sich zunächst hinsichtlich ihrer *Sozialintegration*. Diese meint den Einbezug in das gesellschaftliche Geschehen und damit auch ihre Möglichkeiten zur gesellschaftlichen Partizipation (vgl. Esser 2001: 66; Kiesel 1996: 23). Dabei handelt es sich um ein Phänomen, bei dem vor allem dem Bildungssystem eine wichtige Rolle zukommt, wobei sich zeigte, dass dieses in der Regel auf Besonderheiten, die sich aus dem Migrationshintergrund ergeben, „nicht in adäquater Weise reagiert" hat (Karakaşoğlu-Aydin 2001: 283; vgl. auch Kornmann et al. 1999; Gomolla/Radtke 2002; Stanat 2003). So ist besonders im Zuge der Pisa-Studien herausgestellt worden, dass bei Jugendlichen mit Migrationshintergrund unterschiedliche Benachteiligungen kumulieren.[71]

In kultureller Hinsicht wird die Lage Jugendlicher aus Familien nicht-deutscher Herkunft häufig als ein Leben „zwischen den Stühlen" dargestellt (vgl. Fuhrer/Uslucan 2005b: 10 f.) bzw. als ein „Spagat zwischen Herkunfts- und Ankunftskultur" (Hugger/Hoffmann 2006: 7), ohne daraus jedoch sofort eine grundsätzliche Belastung abzuleiten. Zu beobachten ist vielmehr eine als *Transkultur* beschriebene Situation, nach der z. B. die Mehrheit der in Deutschland lebenden türkischen Familien sozial, ökonomisch und kulturell sowohl in die hiesige als auch in ihre Herkunftsgesellschaft involviert ist (vgl. Caglar 2002: 154). Bezüglich einer solchen – auch durch elektronische Medien unterstützten – transkulturellen Entwicklung stellt sich die Frage nach der kulturellen Integration, die sich im Zusammenhang mit dem Migrationshintergrund von Jugendlichen ergeben.

Zur Modellierung dieser Frage wurde im Kontext der sogenannten Cross-Cultural Psychology bereits in den 1980er Jahren das Modell der *Akkulturation* entwickelt (vgl. Berry 1997). Es stellt eine einfache Systematisierung von Akkulturationstypen dar, welche auf grundlegenden Orientierungen der Persönlichkeitsbildung aufbaut. Vier Typen lassen sich mit Berry unterscheiden (vgl. 1997: 9): Wird die eigene kulturelle Identität beibehalten, dann ergibt sich entweder die Perspektive eines gleichzeitigen Kontaktes mit der neuen Kultur (*integrativer Typus*) oder der Abgrenzung von der neuen Kultur (*segregativer Typus*). Wird sich von der eigenen Identität distanziert, so ergeben sich die Möglichkeiten des Anschlusses an die neue Kultur (*assimilativer Typus*) oder der Orientierungslosigkeit (*Marginalisierung*). Abgesehen von der Frage, inwiefern diese Schematisierung bei Jugendlichen, die nicht selber zugewandert sind, sondern bereits im Ankunftsland ihrer Elterngeneration geboren sind, anwendbar ist, weisen die Typen als ein heuristisches Modell darauf hin, dass die Dynamiken der Persönlichkeitsentwicklung, die auf kulturelle, geteilte Gruppenmerkmale Bezug nimmt und daher untrennbar mit unterschiedlichen Formen des Kontakts zwischen kulturellen Gruppen verbunden ist, außerordentlich komplex sind (vgl. Krewer/Eckensberger 1998: 592). Akkulturation ist deshalb ein vielschichtiger Prozess bzw. eine dynamische Konstrukti-

---

[71] Im jüngsten Bildungsbericht ist dies folgendermaßen zusammengefasst: „Insgesamt bleibt die Förderung von Kindern und Jugendlichen mit Migrationshintergrund im Ergebnis unzureichend. Deutschland ist unter den OECD-Staaten derjenige Staat, bei dem im PISA-Naturwissenschaftstest 2006 sowie im PISA-Mathematiktest 2003 der stärkste Leistungsrückstand gefunden wurde" (Autorengruppe Bildungsberichterstattung 2008: 85).

on, worin jugendliche Subjekte, je nach Kontext des Kontaktes zu anderen kulturellen Gruppen und unterschiedlich nach instrumentellen oder sozialen Handlungszielen, eine Vorstellung und Bewertung der eigenen Person durch Bezugnahme auf kulturelle Eigenheiten ausbilden (vgl. Roebers/Mecheril/Schneider 1998: 725 f.). Die Situation von Jugendlichen mit Migrationshintergrund dimensioniert sich vor diesem Hintergrund im Wesentlichen durch drei Aspekte: *Erstens* durch die Abarbeitung an bestehenden Auffassungen oder Verhaltensweisen unter Einfluss des (neuen) kulturellen Umfelds im Unterschied zur Sphäre der Herkunft (der Eltern); *zweitens* durch eine in diesem Umfeld vermeintlich andere Art und Weise des Aufwachsens und einer somit anderen Übernahme von Auffassungen und Verhaltensweisen; *drittens* – wie bei allen Jugendlichen, gleich welcher Herkunft – durch ihre reguläre Entwicklung in der Jugendphase (vgl. Titzmann/Schmitt-Rodermund/Silbereisen 2005: 101). Überdies ist Akkulturation keine statische Gegebenheit, sondern muss als wandelbar und in Verbindung mit den einzelfallspezifisch unterschiedlichen Sozialisationsbedingungen Jugendlicher betrachtet werden.

Richtet man den Blick auf diese Sozialisationsbedingungen Jugendlicher im Kontext der Migration, zeigt sich, dass diese, in Anlehnung an die Unterscheidung von Hofstede (1993: 67), in ein Spannungsverhältnis von *Individualismus* und *Kollektivismus* eingebettet sein können[72], wobei sich letzterer im Alltag Jugendlicher zum Teil in Form eines *Familialismus* manifestieren kann. Boos-Nünning/Karakasoglu (2005) zeigen hierzu, inwiefern Jugendliche mit Migrationshintergrund versuchen, eine Verbindung von Individualismus und Familialismus herzustellen. Dabei vermerken die Autorinnen, wie gerade Mädchen eine offenbar defensive Strategie aufweisen: Ein überwiegender Teil von ihnen verhält sich so, wie es „die Eltern wollen" und stellt die „eigenen Wünsche eher zurück" (ebd.: 106). Treibel stellt darüber hinaus fest, dass bei jungen Türkinnen eine Aufwärtsmobilität zu beobachten ist, die mit einer gleichzeitig starken Bindung an das Familienkollektiv einhergeht, „ohne als restriktiv empfunden zu werden" (Treibel 2006: 215). So verfolgen die weiblichen Jugendlichen zwar eine eigene Perspektive, achten dabei jedoch sehr auf die Bindung an die Herkunftsfamilie. Dies steht mitunter auch in Verbindung mit einem hohen Erwartungsdruck seitens der Eltern bezüglich des von ihnen erwünschten Schulabschlusses bzw. des beruflichen Werdeganges (vgl. Merkens 1997b). Mit Bezug auf die von Elias beschriebene Verschiebung der Ich-Wir-Balance, mit der dieser die Balance von Individuum und Kollektiv beschrieben hatte (1987: 263 ff.), weist Treibel (2006) darauf hin, dass bei Jugendlichen mit Migrationshintergrund also offenbar eine nach wie vor stärker ausgeprägte *familiennahe Adoleszenz* existiert. Dies werfe die Frage auf, ob „Migrantenjugendliche in anderer Weise individualisiert sind als einheimische Jugendliche" (ebd.: 216), indem sie sich „stärker am Kollektiv orientieren und dadurch in geringerem Maße als einheimische Jugendliche den Prozess zur Ich-Wir-Balance durchlaufen" (ebd.). Ein Grund für diese familiennahe Adoleszenz wird darin gesehen, dass in Migrantenfamilien intergenerative Beziehungen besonders

---

[72] Als Individualismus beschreibt Hofstede (1993) Gesellschaften, in denen die Bindung zwischen den Individuen locker ist und die Erwartung besteht, „für sich selbst und seine unmittelbare Umgebung" zu sorgen (ebd.: 67). Im Gegensatz dazu meint Kollektivismus Gesellschaften, in denen der Mensch „von Geburt an in starke, geschlossene Wir-Gruppen integriert ist, die ihn ein Leben lang schützen und dafür bedingungslose Loyalität verlangen" (ebd.).

hoch motiviert und stärker koordiniert sind als in Familien ohne Migrationshintergrund. So stellt z. B. Nauck (1997) fest, dass Arbeitsmigrationsfamilien türkischer Herkunft stark an der Kernfamilie orientiert sind und die intergenerative Transmission darin intensiv ausgeprägt ist: Die Einstellungen von Eltern und Kindern sind eher konform, die Orientierung aneinander ist hoch und die Synchronität relativ stark ausgeprägt (vgl. ebd.: 98). Auch Herwartz-Emden (2000) weist darauf hin, dass die Familienmitglieder in türkischen Migrantenfamilien „mehr übereinander wissen und mehr miteinander kommunizieren als vergleichbare deutsche Familien" und sich Generationenbeziehungen „durch ein hohes Maß an Unterstützung und gegenseitigem Respekt" auszeichnen (ebd.: 19; vgl. auch Strotmann 2006; Güngör 2006).

Bisher Gesagtes macht deutlich, dass die Frage des Aufwachsens unter den Bedingungen des Migrationshintergrundes gerade *kein* einzelnes Projekt des individuellen Jugendlichen ist, sondern eingebunden gesehen werden muss in familiäre und generationelle Bezüge (vgl. Fuhrer/Uslucan 2005a: 7), an die sich erhebliche Unterschiede im Vergleich zu Jugendlichen aus deutschen Familien knüpfen können. So werden in Familien nicht-deutscher Herkunft mitunter andere Sozialisationsziele erkennbar, welche die Beziehungen zwischen allgemeinen soziokulturellen Orientierungen und ethnisch geprägten Vorstellungen, die Ansichten bezüglich eines „adäquaten Umgangs" und dessen „was nicht gut und nicht richtig ist" vermitteln (Keller 2004: 110). Nach Schiffauer (1997) sehen sich z. B. türkische Eltern im Alltag häufig einem Zielkonflikt ausgesetzt, denn sie müssen „abwägen zwischen der Notwendigkeit, die Kinder auf die Gesellschaft vorzubereiten, und der Angst, daß die Kinder ihnen durch ein anderes Wertefeld fremd werden könnten" (ebd.: 152).[73] Eine Verschärfung kann dies dadurch erfahren, wenn durch das Festhalten an traditionellen Auffassungen, z. B. bezüglich Gemeinschaft und Ehe, den Jugendlichen wenig individuelle Selbstbestimmung eingeräumt wird. Kelek etwa weist auf die Verbreitung eines türkisch-muslimischen Common-Sense hin, aus dem sich etwa ein „soziales Leitkonzept von Gemeinschaftlichkeit ab[leitet], das der Gemeinschaft den Vorrang vor dem Individuum einräumt" (Kelek 2006: 29). Dies tritt nach Kizilhan (2006: 100) vor allem dann auf, wenn die Erziehungsstile und -auffassungen türkischer Eltern von traditionellen und zum Teil religiösen Elementen durchzogen sind (vgl. auch Toprak 2004). So werde die Verantwortlichkeit für jugendliches Fehlverhalten tendenziell nicht individuell interpretiert, sondern im Sinne eines Problems der fehlenden Struktur, die dieses Verhalten zuallererst ermöglichte; dementsprechend sehe die Kindererziehung auch weniger ein Konzept einer „Charakterbildung" vor, sondern erwarte eher ein „,automatisches' Hineinwachsen" in alters- und rollengemäße Verhaltensnormen (Kizilhan 2006: 101).

Inwiefern ein zentraler Unterschied zwischen Jugendlichen mit türkischem Migrationshintergrund in Deutschland und ihren einheimischen Altersgenossen in der Art und Weise liegt, innerhalb einer sozialräumlichen Lebenswelt verschiedene Sphären aus Erwartungshaltungen und Normalitätsvorstellungen miteinander zu arrangieren, arbeitet Nohl (2001) heraus. In einer Rekonstruktion von Alltagserfahrungen Jugendlicher zeigt er, dass einheimische Jugendliche einen übergreifenden Rahmen ihrer Erfahrung von

---

[73] Dieser Konflikt wurzelt nach Schiffauer einerseits in dem Wunsch, dass sich Kinder in ihren Orientierungen und Werthaltungen nicht von den Eltern entfremden und andererseits aus dem Bedürfnis von Eltern, ihre Kinder zu stärken (vgl. Schiffauer 1997: 157).

sozialen Beziehungen aufweisen. Sie erfahren nämlich „entweder zwischen Familie und Gesellschaft keine Differenz hinsichtlich der Sozialitätsmodi (...), insofern sie alle Beziehungen entweder nach dem Muster nahweltlicher oder aber institutionalisierter Beziehungen erfahren bzw. eine totale Exklusion erleben" (ebd.: 111); oder aber sie „erfahren zwar Differenzen zwischen Familie und Gesellschaft" (ebd.), die aber – aufgrund einer vorrangigen Familienorientierung – wenige Relevanz erhalten. Die Gemeinsamkeit einheimischer Jugendlicher besteht nach Nohl folglich darin, dass sie einen einheitlichen Modus der Sozialität ausbilden. Hierin liegt der entscheidende Unterschied zu Jugendlichen in der Migrationslagerung (vgl. ebd.): Letztere erfahren einen *differenten Modus der Sozialität*, wobei sich zwei als diskrepant erfahrene Sphären gegenüberstehen: Die *innere Sphäre* „ist durch die Normalitätserwartungen der Eltern und ihrer Migrationsgeneration geprägt" und umfasst „einen – bisweilen unvermittelt – aus dem Herkunftsland tradierten Sozialitätsmodus, auf den die Jugendlichen mit den Metaphern „Respekt und Liebe Bezug nehmen" (Nohl 2001: 249). Die *äußere Sphäre* wiederum ist „durch gesellschaftliche Normalitätserwartungen und Beziehungsformen gekennzeichnet, wie sie vor allem in Form von institutionalisierten, berufsbiographischen Ablaufmustern, aber auch in ethnischer Diskriminierung Niederschlag finden" (ebd.).

In der Bearbeitung der Differenz dieser beiden Sphären durch Jugendliche rekonstruiert Nohl drei unterschiedliche Arten (vgl. Nohl 250 ff.): a) den Modus der *Sphärenfusion*, in welchem Jugendliche die Differenz zwischen innerer und äußerer Sphäre so zu bewältigen suchen, indem sie verschiedene Handlungsbereiche (Familie, Gesellschaft, Peergroup) miteinander verbinden. Dies erweist sich jedoch als zum Teil prekär, weil in den Sphären jeweils diskrepante Sozialitätsmodi herrschen: Z. B. sind die Jugendlichen in der Familie mit Reziprozitätserwartungen konfrontiert, die sie nicht erfüllen, sich aber auch nicht davon abgrenzen können. Zudem sind die Normalitätserwartungen der Eltern mit einer ethnischen Kontinuität verbunden, ohne dass familienbiographische Diskontinuitäten berücksichtigt würden. Das führt zu habituellen Unsicherheiten und es kommt zu einer Orientierungsdiffusion. b) In Form einer *Primordialität der inneren Sphäre* kommt es zu einer habitualisierten Trennung zwischen den Bereichen, wobei der inneren ein Vorzug eingeräumt wird und die äußere nur im Sinne von Biographizität im Allgemeinen relevant wird. Bezüglich der äußeren Sphäre entwickelt sich eine amoralische Haltung, welche Fremde kausal aus der gesellschaftlichen Stellung und Unterschiede im sozialen Habitus in einer Kosmologie des Schicksals erklärt. In der Familie werden die Erwartungen der Eltern berücksichtigt, um Kontinuität und Reziprozität zu wahren. Die Jugendlichen erfahren von ihren Eltern bezüglich ihres Verhaltens keine Verurteilung, soweit sie bestimmte Aktivitäten vor ihnen verbergen. Wichtig ist die Wahrung der familalen Integrität. c) Im Modus der *Konstitution einer dritten Sphäre* grenzen sich Jugendliche von beiden ab und bilden etwas „Drittes". Gegenüber der inneren Sphäre bilden sie eine scharfe Grenze, indem sie den Eltern Aktivitäten „draußen" vorenthalten. Ihre Kommunikation innerhalb der Familie ist rudimentär und hat nur geringe biographische Relevanz; die Reziprozität ist unvollständig. Jugendliche nehmen bei den Eltern eine Weltsicht wahr, die sie als alt und nicht angemessen wahrnehmen. Aus der Grenzziehung emergiert als dritte Gruppe die Peergroup. Hier entfaltet sich z. B. körperlich-ästhetische Aktionismen (z. B. Breakdance), die sowohl inszeniert als auch professionalisiert werden, wodurch die Handlungspraxis Jugendlicher zu einer stabilen dritten Sphäre wird. Insgesamt macht diese Studie darauf aufmerksam, in wiefern sich Differenzen zwischen verschiedenen Jugendlichen vor allem dann heraus arbeiten lassen, wenn von einer Gemeinsamkeit ausgegangen wird, die erst empirisch zu ermitteln ist, anstatt sie vorab, etwa in Form von Entwicklungsaufgaben oder -problemen im Alltag Jugendlicher, zu setzen.

Zusammenfassend lässt sich festhalten, dass Jugendliche mit Migrationshintergrund im Gegensatz zu ihren Altersgenossen aus deutschen Herkunftsfamilien mit Problemstellungen konfrontiert sind, die als zum Teil „sehr viel anspruchsvoller" gelten können (Uslucan 2005: 239), ohne dass daraus automatisch Schwierigkeiten oder Belastungen für sie resultieren. So ergeben sich aus den Besonderheiten ihres Migrationshintergrundes für Jugendliche Anforderungen, die neben „Ziellosigkeit und verstärkten Unsicherheiten" genauso aber auch zu Strategien der „souveränen Bewältigung" führen können (Hugger/Hoffmann 2006: 7). In Bezug auf die weiter oben beschriebenen Überlegungen zur gesellschaftlichen Modernisierung zeigt sich, dass sich Jugend vor dem Eindruck eines Migrationshintergrundes durchaus different darstellen kann, z. B. bezüglich ihrer Individualisierung, die in Verbindung gesehen werden muss mit familialen Sozialisationsbedingungen. Was wiederum, auch als theoretische Grundannahme der vorliegenden Untersuchung, alle Jugendlichen – gleich welcher Herkunft – miteinander verbindet, ist, dass sie, wenn auch unterschiedlich intensiv, mit biografisch bedeutsamen Aufgaben konfrontiert werden, die übergreifend die Frage ihrer *Subjektkonstitution* betreffen und die sich als Prozess der Herstellung eigener Handlungskompetenz bezeichnen lässt.

2.8 Zusammenfassung

Anliegen des zurückliegenden Kapitels war, Jugend auf mehrdimensionale Weise in den Blick zu nehmen. Wenn auch zum Zweck der Durchführung der empirischen Studie eine klare Eingrenzung des Personenkreises notwendig sein wird (vgl. 5.4.2.1) wurde der Jugendbegriff hier nicht exakt definiert, sondern zunächst unterschiedlich theoretisiert, wobei der Schwerpunkt auf subjekt- und handlungstheoretische Perspektiven gelegt wurde, innerhalb der sich die vorliegende Studie verortet.

Als Fazit aus den vorangegangen Überlegungen ist festzuhalten, dass zunächst einmal nicht von einem prädeterminierten Jugendkonzept ausgegangen werden sollte, das sich in bestimmten Festlegungen vorab äußert. Weiterhin wurde dargelegt, dass das gegenwärtige Aufwachsen Jugendlicher in eine soziale und kulturelle Situation eingebettet erscheint, die infolge von Prozessen der Individualisierung und Pluralisierung einerseits als unübersichtlich, widersprüchlich und enttraditionalisiert beschrieben werden kann, wobei andererseits aber konkret bzw. fallspezifisch zu fragen ist, ob und wie diese gesellschaftlichen Rahmenbedingungen tatsächlich erlebt werden. Vor dem Hintergrund eines familiären Migrationshintergrundes lässt sich konstatieren, dass Jugendliche mit Bedingungen des Aufwachsens konfrontiert sind, die von denen einheimischer deutlich abweichen können. Beispielsweise kann die Handlungspraxis im Alltag Jugendlicher durch ein unterschiedliches Erleben und Aushandeln gesellschaftlicher und familiär strukturierter Erwartungen bzw. Ansprüche gekennzeichnet sein. Andererseits sind Möglichkeiten der Individualisierung möglicherweise anders gegeben bzw. führen zu anderen Formen der Auseinandersetzung damit. Dennoch lässt sich – über

Fragen der familiären Herkunft hinaus – Jugendlich-Sein als ein Projekt der konstruktiven Selbstverortung mit dem Erfordernis einer relativ hohen Eigenleistung bezeichnen.

Das führt dazu, von einer Vorstellung Jugendlicher auszugehen, welche, als handelnde, wahrnehmende und deutende Akteure erscheinen, die in einer alltäglichen Lebenswelt agieren, und die dabei kontinuierlich Deutungsmuster, Sinnsetzungen und Bewertungskriterien entwickeln und benutzen. Ihre alltägliche Lebenswelt wiederum ist selbst durchdrungen von solchen orientierenden Mustern, an denen sich Jugendliche abarbeiten und die sie einerseits verwenden und andererseits auch überprüfen und modifizieren. Hieraus ergibt sich in wechselseitiger Bezugnahme zu anderen eine eigene Perspektive für ein subjektiv angemessen empfundenes Handeln in Situationen, die ihrerseits die „historische und situative Bedingtheit jedweder Erfahrung" (Fried 2002: 44) generieren. Ausgehen von dieser Erfahrungsbasiertheit entsteht das sozialwissenschaftliche Interesse an Jugendlichen in ihrer Eigenschaft als eigenständige Träger von Wissensbeständen und Handlungsorientierungen, und es stellt sich die Frage nach ihren individuellen Wirklichkeitskonstruktionen, in welche auch Normalitätsvorstellungen und Wertmaßstäbe eingebunden sind. Diese Frage entspricht der Forderung nach sinnhaften Erklärungen historisch-kultureller Akteure und ihrer Kontingenz (vgl. Groß 2005: 45).

Um das lebensweltliche Agieren von Jugendlichen nicht einseitig im Hinblick auf eine Teleologie und damit den Zusammenhang von sozialen Erwartungen und deren Erfüllung einzuschränken, bietet sich als Analyserichtung an, statt von *Entwicklung* stärker auf das *Handeln* Jugendlicher abzustellen. Damit wird von einem als idealtypisch gedachten oder einem normativ gesetzten Jugendbild abgerückt und es kommen Handlungsvollzüge in den Blick, die sich als alltägliche soziale Praktiken beschreiben lassen. Der Vollzug von sozialen Praktiken geht einher mit dem Einsetzen implizit bleibender sozialer Kriterien, entlang der sich jugendliche Akteure in der jeweiligen Alltagsgestaltung eine entsprechende Sinnwelt schaffen. In dieser besitzen wahrgenommene Gegenstände und andere wahrgenommene Personen eine zugeschriebene Bedeutung. Ausgehend von einem *praktischen Sinn* bzw. von einem *Habitus* als handlungsrahmender Kategorien gehen Jugendliche mit diesen Instanzen um, wobei dies auf der Grundlage impliziter und routinisierter Handlungsformen geschieht. Sollen diese untersucht werden, empfehlen sich praxcologische Analyseeinstellungen, die, in Anlehnung an Reckwitz (2004), zugleich als *kulturtheoretischer Blick* auf Jugendliche bezeichnet werden können. Die Bezeichnung kulturtheoretisch legitimiert sich dadurch, dass solche Sichtweisen „nicht von der Vorgegebenheit von subjektiven Interessen oder kollektiven Normensystemen, sondern von der Eingebettetheit der Handlungsmuster in symbolische Wissensordnungen ausgehen" (Reckwitz 2004: 320). In den Blick genommen müssen daher besonders „die einzelnen sozialen Praktiken: etwa Praktiken des Konsumierens, des Verhandelns, des Umgangs mit technischen Artefakten, der Reflexion des Selbst" (ebd.). Zusammengefasst geht es also schwerpunktmäßig darum, Handlungen, Handlungskompetenzen und Handlungsreflexionen jugendlicher Akteure zu befragen, die sich in einer lebensweltlichen Alltagspraxis ausbilden.

3. Medien – Technik – Medientechnologie

Wie im vorigen Kapitel deutlich wurde, findet jugendliches Handeln in einer hochgradig diversifizierten Medienkultur statt. Um diese Hintergrundbedingung mit ihren differenzierten Wahlmöglichkeiten im Kontext von Rezeptionsangeboten und Handlungsoptionen zu diskutieren, gilt es „Aufgaben und Leistungen *der Medien*" (Spangenberg 2002: 99, Herv. i. Orig.) zu hinterfragen. Stellt man sich der medienpädagogischen Aufgabe, Fragen der *Existenz*, *Funktionen* und *Möglichkeiten* von Medien zu stellen (Wagner 2004: 51, vgl. auch Wagner 1996), stellt man bezüglich des Medienbegriffs zunächst eine maximale Heteronomie von Betrachtungsweisen fest – also eine Koexistenz völlig unterschiedlicher Thematisierungsformen, die kaum noch systematisch bearbeitbar erscheint (vgl. zu verschiedenen Medienbegriffen Vollbrecht 2005). In maximalem Abstraktionsgrad erscheinen Medien als die „Anschauungsform von Raum und Zeit" (Sandbothe 1997: 56), aber auch auf niedrigeren Definitionsstufen existieren bezüglich Computermedien die unterschiedlichsten Begriffsangebote: Sie reichen von „neuen Medien" (Bertschi-Kaufmann/Härvelid 2007: 33; Holly 2000: 79 ff.) über „digitale Medien" (Schelhowe 2007a: 39 ff.) bis hin zu „Informations- und Kommunikationstechnologien" (Niedermair 2000: 176).

Für die folgende Diskussion soll ganz allgemein von einer *Interdependenz* von Technik und Medien ausgegangen werden. Eine solche Zweidimensionalität ist nach Fischer (2004) zwingend, da sich jedes technische Mittel in seinem Gebrauch aus zwei Perspektiven betrachten lässt (vgl. ebd.: 107 ff.), und zwar als *Medium* und als *Instrument*:[74] Daraus resultiert eine konzeptionelle Verwiesenheit von Technik und Medium, vor deren Hintergrund Medientechnologien als System aus einer technischen Einrichtung zur Zeichenvermittlung erscheinen (vgl. Charlton/Neumann-Braun 1992: 101 f.). Diese Begrifflichkeit verbindet – verknüpft mit der historischen und zeitgeschichtlichen Technikentwicklung (vgl. Rupp 1999: 36) – *technologische Werkzeugaspekte* mit *sozial-kulturellen Funktionsaspekten* von Medien.[75] Auch Tulodziecki empfiehlt, den Medienbegriff „auf technisch vermittelte Erfahrungsformen einzugrenzen", da dies „in besonderer Weise die Möglichkeit [eröffnet; S. H.], die Merkmale technisch vermittelter Erfahrungen und Inhalte zu untersuchen und wissenschaftliche Aussagen dazu zu formulieren" (Tulodziecki 1997: 36). Ausgehend von Technik als einer Basis, die etwas transportiert und darüber eine mediale Bedeutungsoption anbietet, welche sich angeeignet und über die kommuniziert werden kann, hält Tulodziecki „Bezüge zu *medientheoretischen* Annahmen" (Tulodziecki 1997: 81; Herv. S. H.) für erforderlich.

---

[74] Technische Instrumente sind einerseits Mittel *für* etwas und dienen *zu* etwas, nämlich der „Realisierung eines konkreten Zwecks aus dem Bereich der realen Möglichkeiten" (Fischer 2004: 107). Technische Medien sind aber auch Mittler *von* etwas, „nämlich von realen Möglichkeiten seines Gebrauchs im Hinblick auf bestimmte Gegenstände" (ebd.). „Im Gebrauch des Mittels als Medium erschließen sich die realen Möglichkeiten der technischen Manipulation bestimmter Gegenstände. Diese Einsicht in die realen Möglichkeiten geht über das hinaus, was für den Gebrauch des technischen Mittels als Instrument in der jeweiligen Handlung zur Realisierung ihres konkreten Zwecks kognitiv nötig ist. Kurz gesagt: Medialität ermöglicht, das Instrumentelle realisiert." (ebd.:).

[75] Für Cockburn und Ormrod (1997: 19) ist dies im Begriff der *Technologie* aufgehoben.

Unter der Überschrift *Medientheorie* ist spätestens seit den 1980er Jahren ein multidisziplinärer Diskurs entstanden, der kein einheitliches Paradigma ausgebildet hat (vgl. Helmes/Köster 2002: 15; Engell/Vogl 2004: 8 ff.; Rammert 2007: 81): Als ein vielschichtiges Gebilde mit unterschiedlichen Akzentsetzungen präsentiert sich Medientheorie als „kaum noch übersichtliches Feld programmatisch-theoretischer Beiträge" (Faulstich 1991: 5). Um hier eine Auswahl zu treffen, gehe ich im Folgenden von einem Medienbegriff aus, der zunächst global auf Bedingungen der Möglichkeit von Wirklichkeitserfahrung zielt und vor diesem Hintergrund Medien als „Sozialisations- und Enkulturationsinstanzen" begreift, die für die „Perspektivierung kulturellen Wissens" sowie die „Konstruktion von Wirklichkeit" fundamental sind (Hurrelmann 2002: 302). In den nächsten Abschnitten werden dazu die Medien aus verschiedenen Theorieperspektiven in den Blick genommen, welche – abhängig von wissenschaftlicher Disziplin und Erkenntnisinteresse – mit verschiedenen Begrifflichkeiten und auf verschiedenen Ebenen zentrale *Merkmale* herausstellen. Bei der Auswahl dieser Perspektiven orientiere ich mich einer *mehrdimensionalen Funktion* von Medientechnologien, wie Flick (1996) sie vorschlägt: Diese Mehrdimensionalität macht Medientechnologien zu

„Mitteln der Darstellung und des Verstehens der Welt. Sie liefern Mittel zur besseren Beherrschung und Kontrolle der Welt, gleichzeitig Mittel zum besseren Zurechtfinden in der Welt und schließlich ein Bild dieser Welt, das solche Orientierungen ermöglicht" (Flick 1996: 78).

Vor diesem Hintergrund erörtere ich im Folgenden einige zentrale medien- und techniktheoretische Aspekte, die sich jeweils einer oder mehrerer dieser von Flick genannten Funktionen zuordnen lassen. So werden Medien und Technik betrachtet hinsichtlich ihrer Funktion, Erfahrung und Erkenntnis zu ermöglichen (3.1), als Vehikel zu Beherrschung, Bemächtigung und Kontrolle (3.2), in Bezug auf Adaptionserfordernisse und Domestizierungsprozesse (3.3), in ihrer Rolle als Vermittler und Konstrukteure von Wirklichkeit (3.4) und schließlich als Gegenstand handelnder Auseinandersetzung (3.5), und zwar zum einen in Form einer Interaktion mit Medien (3.5.1), zum anderen als Gegenstand sozialer und kultureller Praxis (3.5.2).

3.1 Welterfahrung und Erkenntnis

Dass medientechnische Optionen das Potential haben, Erfahrung zu akkumulieren und Erkenntnis anzuregen, ist eine „apriorische Idee vom Menschen" (Fischer 2004: 10), die eine Rückkopplung medientechnischer Phänomene an das *Spezifische* des Menschen enthält. Eine solche Perspektive auf Medien ist deshalb relevant, da sich Medienpädagogik als Handlungswissenschaft versteht und deshalb auch „von Menschen und damit von anthropologischen Grundfragen" ausgeht (Spanhel 2000: 6). Aufenanger (2001a) verbindet damit die Forderung, die Positionierung des Menschen „in der Mediengesellschaft zu reflektieren" (ebd.: 10), was er als Aufgabe einer *Medienanthropologie* bezeichnet (vgl. auch Merkert 1992: 40).

Aus anthropologischer Sicht stellt sich grundlegend die Frage nach der allgemeinen Konstitution menschlicher Lebensweise in ihrer Stellung in der Welt (vgl. Wulf 1994). Ein wichtiger Beitrag hierzu stammt von Arnold Gehlen (1940/1986), dessen Werk – in

Form einer Systematisierung älterer philosophisch-anthropologischer Ansätze – eine grundlegende Theorie menschlicher Handlungsfähigkeit und Vermögensleistung bezüglich Technik darstellt (vgl. dazu Meinberg 1988; Deege 1996). Gehlens Hauptaugenmerk gilt dem Phänomen, dass der Mensch in seinen Anpassungsleistungen zwei wichtige Eigenschaften aufweist, die ihn vom Tier unterscheiden: Durch Einsetzen seines praktischen wie geistigen Gesamtvermögens kann er sich wechselnden Problemlagen gezielt anpassen und ist in der Anpassung seines Verhaltens nicht auf exogene Problemlagen beschränkt, sondern – durch solche Problemlagen *angeregt* – in der Lage, seine Umwelt in einem umfassenden und seinen eigenen Zwecken entsprechenden Sinn zu modifizieren. Der Mensch „*muß* sein Wesen deuten und von daher sich selbst und anderen gegenüber tätig und stellungnehmend sich verhalten (…)" (Gehlen 1986: 9, Herv. i. Orig.). Daneben ist der Mensch im Vergleich zum Tier ein *Mängelwesen* (vgl. Portmann 1998), besitzt er doch in seiner Körperausstattung keinerlei natürliche Waffen und ist die Qualität seiner Sinnesleistungen vergleichsweise schwach ausgeprägt. In diesem „durchgehenden Mangel an hochspezialisierten, d. h. umweltspezifisch angepassten Organen" konstituieren sich die „von außen sichtbaren Bedingungen eines handelnden und weltoffenen, also aus sich selbst gestellten Wesens" (Gehlen 1986: 86). Dies führt nach Gehlen zu zwei Arten von Akten: Zur produktiven *Bewältigung der Mängelbelastung* und zum *Hervorholen von Mitteln der Lebensführung aus sich selbst*.[76] Die spezifische Ausstattung und die Auseinandersetzung mit der Welt in Form von „Eigentätigkeit" (Gehlen 1986: 37) bedingen eine fundamentale Abhängigkeit von Technik. Der Mensch modifiziert naturbedingte Mängel in Optionen und Freiheitsgrade, die bei der kulturellen Formung von Verhalten offen stehen. Anstelle genetisch festgelegter Handlungsrepertoires initiiert sich dadurch eine an eigenem oder fremdem Verhalten orientierte kulturelle Praxis. Da nämlich menschliche Elementarbedürfnisse „nicht an feste Auslöser angepasst sind (…), versteht sich eben daraus die Notwendigkeit, sie an der Erfahrung zu *orientieren*, sie in ihrer zunächst gestaltlosen Offenheit zu ‚prägen' oder *mit Bildern zu besetzen*" (Gehlen 1986: 55, Herv. i. Orig.). Der biologisch definierte Mangel des Menschen *kann* also nicht nur mittels umfangreicher Kulturleistungen überbrückt werden, er *muss* es sogar. Diese Leistungen sind andererseits wiederum an seine biologische Disposition gebunden.

Aufgrund dessen erscheint seine biologische Mangelsituation geradezu als eine „Bedingung für die Kreativität und den Fortschritt des Menschen" (Berr 1994: 86/87): Erst seine Hilfsbedürftigkeit macht den Menschen offen für über körpergebundene Möglichkeiten hinausgehende Akte der Gestaltung und Formung mittels Symbolen und Techniken. Die zur Modifikation seiner biologischen Determination eingesetzten funktionalen Mittel sind für Gehlen deshalb keine abstrakten Materialisierungen einer abstrakten Rationalität, sondern *Ausdehnungen* und *Ausweitungen* des Menschen.[77] Mensch und

---

[76] In allen Handlungen des Menschen geschieht deshalb Doppeltes: Der Mensch bewältigt „tätig die Wirklichkeit um ihn herum, indem er sie ins Lebensdienliche verändert", andererseits „holt er damit aus sich eine sehr komplizierte Hierarchie von Leistungen heraus" (Gehlen 1986: 37).

[77] Diese Annahme steht in der Tradition der „Grundlinien einer Philosophie der Technik" von Ernst Kapp (1877), wonach der Mensch Glieder und Funktionen seines Körpers in die Außenwelt projiziert und sich selbst in Objekten vergegenselbstständigt: Aus der Vorstellung der Erfindung wird dabei die Nachahmung, resultierend aus der Imitation des Körpers: „So sind Axt oder Hammer Nachbildungen der Hand

Technik sind zwar verschieden, da Technik, anders als der Mensch, niemals Körper sein kann; dennoch ist Technik nicht ein dem Menschen vollständig differentes Objekt, denn dieser ist Teil einer Struktur, die in Symbolen und Techniken ihre Form findet. Technik übernimmt daher für den Menschen Funktion von *Organersatz, Organentlastung* bzw. *Organüberbietung* (vgl. Wagner 2004: 17). Gehlens Ansatz bietet damit grundlegende Kategorien bezüglich Medien und Technik in ihrer Disposition zur Weltbemächtigung. Diese durch Werkzeuggebrauch *vermittelte* Naturaneignung gilt nicht nur bezüglich einer einzelnen technischen Erfindung, sondern für deren *Gesamtentwicklung,* welcher Gehlen eine „hintergründige, bewusstlose aber konsequent verfolgte Logik" zuschreibt, die sich „allein mit den Begriffen der fortschreitenden Objektivation menschlicher Arbeit und Leistung sowie der zunehmenden Entlastung des Menschen beschreiben lässt" (Gehlen 1969: 19). In diesen Überlegungen zu Technik als Ausweitung von Körperorganen und des Nervensystems liegen Grundlagen weit jüngerer Medientheorien (siehe Abschnitt 3.4).

Die These, Technik sei nichts anderes als die Ausweitung menschlicher Organe, unterstellt ein vorgängiges strukturelles Ineinandergreifen körperlich-biologischer Ausstattung, technischer Mittel und umgebendem Raum. Diese Überlegung wird vor allem von Helmuth Plessner (1975, 1985) erweitert, indem er herausarbeitet, inwiefern dazu die Fähigkeit treten müsse, sich selbst zu *reflektieren*. Seine philosophische Anthropologie entwirft den Mensch dazu in einer Begrifflichkeit, die seine Stellung in der Welt topologisch bestimmt (vgl. Fischer 2004: 21 ff; Meinberg 1988: 282 ff). Der Mensch, so Plessner (1975: 290 ff.), ist in Form seines *Leibes* (,Körper-Sein') unhintergehbar einer räumlich-zeitlichen Positionierung verpflichtet. Gleichzeitig verfügt er aber über einen *Körper* (,Körper-Haben'), und damit verfügt er über seine Umwelt und produziert Geschichte. Diesen Doppelaspekt menschlichen Seins bezeichnet Plessner als *exzentrische Positionalität*. Das Weltverhältnis des Menschen erscheint als ein leibliches, welches über den Leib immer schon hinaus verweist, d. h. außerhalb des Leibes sein Zentrum hat. Insofern ist der Mensch nicht nur im ganz konkreten „Hier-Jetzt" platziert, sondern geht auch „hinter sich selbst, ortlos, (…) im Nichts auf, im raumzeithaften Nirgendwo-Nirgendwann" (Plessner 1975: 292). Er kann gewissermaßen die ihm gesetzten Grenzen transzendieren – der Mensch „lebt und erlebt nicht nur, sondern er erlebt sein Erleben" (ebd.), er ist gleichsam außer sich und kann von außen auf sich selbst schauen.[78] Diese Erlebnisfähigkeit macht den Menschen für Plessner von Natur aus künstlich, weshalb er sich nur deshalb entwickeln kann, wenn er sich außernatürlicher Dinge bedient, die seinem eigenen Schaffen entspringen.[79] Erst seine Organisationsform der exzentrischen

---

oder des Armes, optische Apparate in Anlehnung an das Auge konstruiert, und der Telegraph kopiert das Nervensystem" (Kloock/Spahr 1997: 50).

[78] „Das Ich ist eine Position außerhalb von Körper und Seele, von der her „man beides ,sehen' oder wahrnehmen oder erfahren kann, denn ich kann ja durchaus ,mich', meinen Körper und sein ,Innenleben' beobachten und anderen darüber Mitteilung machen: Das Dritte, das ich – außer Körper und seinem Innenleben – das bin ich ,als Blickpunkt'; von diesem Blickpunkt aus erscheint mir überhaupt erst das, was ich als Lebendiges in der zweifachen Seinsweise von Körper und Seele bin. Insofern, streng gesprochen, bin ,ich' außer mir: exzentrisch" (Mollenhauer 1983: 29/30).

[79] Vorweggenommen ist hier eine medienphilosophische Position, wie sie in ähnlicher Weise Villem Flusser vertritt (2000); danach ist der Mensch ein „unnatürliches Tier" (ebd.: 74), das mithilfe von symbolhaften Phänomenen kommuniziert, die auf andere Phänomene verweisen.

Positionalität ermöglicht dem Menschen die Existenz als Kulturwesen, und genau darin konstituieren sich technische Möglichkeiten als Kulturbestandteil (vgl. Fischer 2004: 32). Plessners Anthropologie charakterisiert den Menschen somit als körper- und raumgebundenes Wesen. Sie integriert den körperlichen Aspekt, die Natur des Menschen, in Sprache und widerspricht der – vor allem von Descartes bewirkten – Trennung von Körper und Geist (vgl. Berr 1994: 85; Meyer-Drawe 1996: 60 ff.). Trotz dieser Abkehr von der Idee der Loslösung eines Ich-Geistes vom Leiblichen wird der Mensch dennoch als ein raumbehauptendes Wesen gefasst, das mithilfe von Kultur, Technologie, Geschichte und Gesellschaft jeder gegeben-natürlichen Umwelt entkommen kann bzw. muss (vgl. Eßbach 1994: 15 ff.). Die Materialität des lebendigen Körpers und die Materialität technischer Lebensbedingungen sind unmittelbar aufeinander verwiesen, ohne jedoch ineinander aufzugehen. Daraus entsteht für Plessner ein eigentümliches Mensch-Technik-Verhältnis: Die Maschinen „geben uns nicht frei und wir geben sie nicht frei. Mit rätselhafter Gewalt sind sie in uns, wir in ihnen" (Plessner 1985: 36). Die Technisierung der Außenwelt und die Erschließung dieser technisierten Welt gleichsam von innen münden in einer Anthropologie der Weltoffenheit, welche das konstitutionelle Angewiesensein des leiblichen Menschenwesens auf Technologie und deren Reflexion als integrativ begreift.[80]

Die Anthropologie Cassirers (1930; 1944) weist darauf hin, dass aus diesem Angewiesensein vor allem Erkenntnismöglichkeiten resultieren, da der Mensch mittels der Bildung von Sprache und Werkzeugen grundsätzlich *medial* gedacht werden müsse. Cassirer stellt dazu heraus, dass in beidem – Sprache und Werkzeug – „die Kraft beschlossen" ist, mit der sich der Mensch gegen eine äußere Wirklichkeit behauptet und „kraft derer er sich ein geistiges ‚Bild' dieser Wirklichkeit erst erringt" (Cassirer 1930: 52). Eine geistige Bewältigung der Wirklichkeit ist daher an einen „doppelten Akt des ‚Fassens' gebunden: an das ‚Begreifen' der Wirklichkeit im sprachlich-theoretischen Denken und an ihr ‚Erfassen' durch das Medium des Wirkens; an die gedankliche wie an die technische Formgebung" (ebd.). Der Mensch erscheint deshalb als ein *mittelbarer*, weil er über Objekte in ihrer „formbildenden Kraft" (ebd.: 90) verfügt – er wirkt mit einem technischen Werkzeug nur dadurch, dass er „in irgendeinem, wenn auch anfangs noch so bescheidenen Maße *auf* dasselbe wirkt" (ebd.: 66; Herv. i. Orig.). Dabei wird es nicht nur „Mittel zur Umgestaltung der Gegenstandswelt", sondern erfährt „selbst eine Wandlung und rückt von Ort zu Ort" (ebd.). Im Übergang zum Werkzeuggebrauch sieht Cassirer nicht nur den Beginn eines neuartigen Modus der Welt*beherrschung*, sondern auch eine *Erkenntniswende*: In der Weise eines dem Menschen zueigenen Handelns *durch* Mittel begründet und verfestigt sich eine Art von Mittelbarkeit, die zum Wesen des Denkens gehört. Alles Denken ist daher „seiner reinen logischen Form nach mittelbar – ist auf die Entdeckung und Gewinnung von Mittelgliedern angewiesen, die den Anfang und das Ende, den Obersatz und den Schlußsatz einer Schlußkette mit-

---

[80] Im Zuge dieser Verwiesenheit appelliert Plessner bezüglich der technischen Entwicklung an den Menschen als *vernunftbegabtes Wesen*. So schreibt er Ende der 1960er Jahre, vor dem Hintergrund eines zweiten industriellen Entwicklungsschubs, es hänge von der menschlichen Verantwortung ab, „ob die Gesellschaft die stürmische Entwicklung ihrer technischen Kapazitäten wieder einholen kann, die ihr zeitweise davonzulaufen und sie ins Schlepptau zu nehmen droht" (Plessner 1985: 299). Anstelle eines Technik-Fatalismus sei die Einsicht zu entwickeln und kultivieren, dass die technischen Modernisierungen in menschlichen Ideen wurzele.

einander verknüpfen" (ebd.: 61). Das Werkzeug erfüllt für Cassirer die gleiche Funktion, allerdings „in der gegenständlichen Sphäre: es ist gleichsam der in gegenständlicher Anschauung, nicht im bloßen Denken erfaßte ‚terminus medius'" (ebd.: 61).

Diese Erkenntnistätigkeit bedeutet, dass der Mensch in einer Welt als *Symbolsystem* lebt – als ein „animal symbolicum" kann er der äußeren Wirklichkeit „nicht mehr unmittelbar gegenübertreten; er kann sie nicht mehr als direktes Gegenüber betrachten" (Cassirer 1944: 50). Weltzugänge sind Cassirer zufolge an symbolische Formen gebunden, wobei zwar der Abstraktionsgrad innerhalb der jeweiligen Symbolhaftigkeit variieren kann, ohne dass davon ihre Grundsätzlichkeit berührt würde.[81] Aus der Koppelung aller Präsentationsformen an ihre Symbolhaftigkeit ergeben sich weitreichende Ansprüche an den Umgang damit (vgl. Rath/Marci-Boehncke 2004: 204): Einerseits unterliegen unterschiedliche Symbolsysteme einer prinzipiellen Übersetzbarkeit, schon allein deshalb, um die Vielfalt symbolischer Formen wahrnehmen zu können. Andererseits muss auch nicht-diskursiven Weltaneignungsformen eine grundsätzliche Rationalität zugesprochen werden, was einer kulturellen Egalisierung entspricht. Fragwürdig erscheint es dann, wie etwa aus radikal medienkritischer oder bewahrpädagogischer Sicht, an der vermeintlichen Alternativlosigkeit von einer Medienwelt auf der einen und einer eigentlichen, unmittelbaren Welt auf der anderen Seite festzuhalten (vgl. Bachmair 2001: 45; siehe hierzu auch Abschnitt 3.5.2).

Die aus anthropologischen Ansätzen stammenden Überlegungen weisen in ihren Implikationen über die Grenzen der Anthropologie in Richtung einer *Kulturtheorie der Technik* hinaus (vgl. Rohbeck 2000: 113). Bei Gehlen und Plessner vor allem in Form von *Externalisierungen* gedacht, werden bei Cassirer einzelne symbolische Formen sowohl in ihren internen Entwicklungen als auch im stufenweisen Übergang von einer Form in die andere konzipiert. Danach erhält Technik eine folgenreiche Konnotation: Sie ist nicht allein „Mittel zur Herstellung bestimmter Gegenstände", sondern schafft „zugleich neue Bedingungen für Welterfahrung, Selbsterkenntnis und Selbstbewußtsein" (Rohbeck 2000: 114). Das heißt, dass Technik nicht allein als Mittel der Organerweiterung verstanden werden muss, sondern das Phänomen des „Entbergens" einschließt (Zons 2006: 23). Mediale Welterschließung findet zwar statt, indem Werkzeuge und Techniken als solche *gebraucht* werden, allerdings stehen am Beginn „keine Kontemplation und ihr theoretisches Resultat, das im Werkzeuggebrauch zur Anwendung käme, sondern der Gebrauch *selbst* erbringt das theoretische Resultat" (ebd.: 21, Herv. S. H.), was bedeutet, dass „sich für den Menschen in den gegenständlichen Mitteln etwas findet, daß sich ihm etwas aufdeckt" (ebd.). Technische Artefakte rufen etwas hervor, was sein *kann*, daher hat die Verwendung von Medientechnologie „den Charakter des Ent-Deckens als eines Auf-Deckens: es wird damit ein an sich bestehender Sachverhalt aus der Region des Möglichen gewissermaßen herausgezogen und in die des Wirklichen verpflanzt" (Cassirer 1930 zit. n. Fischer 1996: 204). Darin liegt eine Denkfigur von hoher bildungstheoretischer Aktualität und Bedeutung (vgl. Switalla 2008: 224 ff.), die auch für eine Beobachtung jugendlichen Medienhandelns fruchtbar ist.

---

[81] So fragt z. B. Faulstich (1998: 48), ob ältere Gesellschaften nicht ebenso als Medienkulturgesellschaften zu bezeichnen seien; ähnlich formuliert Kübler (2000b: 396): „Wenn alle kulturelle Produktion als symbolische Äußerung medialer Materialisierung und/oder Speicherung bedarf, dann war Kultur immer schon Medienkultur, zumindest in phänomenologischer Sicht" (vgl. dazu auch Wiegerling 1998: 226 ff.).

3.2 Beherrschung, Bemächtigung und Kontrolle

Das bisher skizzierte Ineinandergreifen menschlicher Dispositionen und Technik im Sinne umfassender Naturformung, -veränderung und -gestaltung lässt sich um die Frage seiner kulturellen Ausformung erweitern. Dadurch wird sichtbar, dass Medientechnologien das Potential eingeschrieben ist, sich als Nutzer derselben einflussreich und schöpferisch zu erleben. Vor diesem Hintergrund emergiert Technik als das Projekt von Beherrschung, Verfügung und Macht.

Ansatzpunkte für den Gedanken des schöpferischen Aspekts bietet zunächst die Sozialphilosophie von Cornelius Castoriadis (1981), welcher davon ausgeht, dass der Mensch durch die Schaffung von Technik Natur schrittweise überflügelt und besiegt. Technik erscheint bei Castoriadis als „Ins-Werk-Setzen eines vorausgesetzten Wissens" (Fischer 2004: 36), als ein Prozess der geistigen Überhöhung.[82] Das Zustandebringen und die Leistungen von Technik werden somit nicht als Imitationen oder Wiederaufnahmen eines natürlichen Vorbildes verstanden, Technik ist „vielmehr etwas in Bezug auf die Natur ‚Willkürliches'. Die Technik erschafft, ‚was die Natur nicht zustande bringen kann'" (Castoriadis 1981: 203). Technik ahmt nichts nach, sondern folgt dem Prinzip nach einer im Griechischen als $\varepsilon\tilde{\iota}\delta o\varsigma$ bezeichneten Konstruktion (zu verstehen als Ansehen bzw. Gestalt im Gegensatz zu Materie).

Die materielle Beschaffenheit eines technisch erzeugten Gegenstandes oder seine Zweckmäßigkeit haben nach Castoriadis kein natürliches Vorbild: Die Herstellung eines technischen Gegenstandes „ist nicht bloß eine Veränderung des bisherigen Zustandes der Natur (...). Sie bedeutet vielmehr die Konstitution eines allgemeinen Typus, die Setzung eines eidos, das fortan unabhängig von seinen empirischen Exemplaren ‚ist'" (Castoriadis 1981: 203, Herv. i. Orig.). Für das Verständnis des Mensch-Technik-Verhältnisses bedeutet das die Verwiesenheit einer gedanklichen Vorstellung von Kontingenz (im Griechischen als $\varepsilon\nu\delta\varepsilon\xi \acute{o}\mu\varepsilon\nu o\nu$ bezeichnet) auf die Rückbezogenheit zur Natur: Es gibt Mögliches, das heißt die Welt erschöpft sich nicht in ihrem bloßen Sosein – und es gibt Ideen. Der mit Technik ($\tau\varepsilon\chi\nu\acute{\varepsilon}$) handelnde Mensch ist aufgrund dessen in der Lage, jeweils unterschiedliche Hervorbringungen von Ideen zu leisten:

> „Obschon nun die techné bewirkt, was die Natur nicht zustande bringen kann, muß sie dennoch bereits vom *endéchoménon* gestützt sein. Sie ist also nicht-natürliche Aktualisierung eines Möglichen, das unmöglich nicht natürlich sein kann, durch die Vermittlung eines besonderen Agenten – des Menschen – ‚dessen eigene physis virtuell das Virtuelle der physis im allgemeinen zu aktualisieren imstande ist" (Castoriadis 1981: 198/199, Herv. i. Orig.).

Die menschliche Macht des Tuns, Hantierens und Herstellens bezieht sich damit auf eine *materielle* Ebene, die Macht des Schaffens, Erfindens und Stiftens dagegen auf eine *nicht-materielle Ebene*: Etwas Neues ist lediglich die „Aktualisierung eines Möglichen, das mit dem Sein unmittelbar gegeben ist" (Castoriadis 1981: 199). Allen Er-

---

[82] In alle Technologien sind demnach „bestimme Problemlösungsfähigkeiten eingebaut, die aus Erfahrungen gewonnen und in technisch umsetzbare Regeln (…) transformiert worden sind" (Willke 2002: 23).

scheinungen, die sich verschiedenartig als Technik herausbilden, liegt demnach eine Erfindungskraft zu Grunde.[83]

Als dahinter stehenden Mechanismus sieht Castoriadis den grundlegenden Modus menschlicher Bedürfnisse und Erfordernisse, sich mittels Technik zu *verobjektivieren*.[84] Ein vor diesem Hintergrund entstandener Technikbegriff[85] geht über seinen ursprünglichen Sinn weit hinaus, als er „die zweckdienliche Tätigkeit stets als freiwillige und dem subjektiven Belieben anheimgestellt faßt" (Castoriadis 1981: 199). So lässt sich heute, bezogen auf den Bereich von Tätigkeiten, beispielsweise von der Technik des Klavierspielens sprechen. Der gegenwärtige Begriff hat sich also verselbständigt und abstrahiert. Entscheidend für diesen Technikbegriff ist außerdem, dass er seine ehemalige Assoziation mit Zweckrationalität eingebüßt hat, und zwar in Form einer Abkopplung von Fragen, „die sich auf das Was und das Wozu des so Produzierten richten" (Castoriadis 1981: 200). Damit ist ein Technikbegriff erreicht, der „das zentrale und schöpferische Moment der gesellschaftlich-geschichtlichen Welt" charakterisiert (ebd.). Mit Technik lässt sich, und dies ist entscheidend, „etwas ins Werk setzen" (Schachtner 1997: 8).

Aus verschiedenen kulturwissenschaftlichen Perspektiven ist herausgearbeitet worden, wie sich an diesen Schöpfungsgedanken Phänomene der *Macht* und des *Mythos* knüpfen. Technik verortet sich geschichtlich häufig in mythischen Kontexten (vgl. Metz 2006: 248), so werden etwa in vormodernen Kulturen technische Erfindungen meist nicht dem Menschen, sondern den Göttern zugeschrieben.[86] Dies geschieht ganz allgemein vor dem Hintergrund einer Deutung der Natur und ihrer Erscheinungen als technomorph (vgl. Böhme/Matussek/Müller 2000: 168 ff.), woran sich das langfristige kulturelle Projekt verbindet, Technik als göttlich Gegebenes sukzessive in die Hand des Menschen zu überführen, sodass sich dieser selbst als Technit, als Homo Faber, deutete. Während menschliche Techniken zunächst den Göttern attribuiert wurden (Schrift, Schmiedekunst, Schifffahrt etc.), wurden nicht nur diese anthropomorphisiert, sondern

---

[83] Diese Erfindungskraft ist nach Waldenfels kaum durch eine vorgängige oder gesetzgebende Vernunft beherrschbar und bringt mit sich, dass „jedes Was und jedes Wozu sich in einem modalen Wie abwandelt und das jeder Phänomeno-logie (...) Spuren einer Phänomeno-technik aufgeprägt sind" (1988: 205).

[84] Im antiken Griechenland wurde der Begriff techné (τεχνέ) benutzt, um Prozesse des *Herstellens* und *Hervorbringens* zu bezeichnen (Castoriadis 1981: 196 ff.). Bei Homer vollzieht sich ein Bedeutungsübergang hin zu *Verursachen*, *Werdenlassen* und *Zur-Existenz-Bringen*. Techné als Erzeugung nimmt im Verlauf der Entwicklung rasch die Bedeutung von Hervorbringung an und bezeichnet eine für eine bestimmte Produktion erforderliche spezifische Form des Wissens und der Fähigkeiten. Deshalb wird der Begriff auch zunächst mitunter synonym zu επιστέμε (Wissen) gebraucht, dabei löst sich aber schrittweise die Bedeutung zweckdienlichen und wirkungsvollen Machen-Könnens von der des Herstellens. Grundgedanke bleibt folgender: *Techné* geht immer schon von etwas aus, es ist Zusammenfügung, wechselseitige Anpassung und Umformung der Materialien. Aristoteles schließlich bindet techné an den Begriff der Schöpfung (ποίεσις): Sie ist ein schöpferischer, mit Vernunft verbundener Habitus, der sich die Dinge richtet und etwas Mögliches anvisiert (vgl. Fischer 1996: 257).

[85] Aristoteles hatte zur Kennzeichnung der auf Veränderungen gerichteten menschlichen Aktivitäten die Möglichkeiten des Hervorbringens und die des Handelns unterschieden; zusammengeführt werden sie bei ihm schließlich im Begriff des *praktischen Könnens* (vgl. Fischer 1996: 15).

[86] Im antiken Griechenland beispielsweise verbindet sich die Herstellung von Werkzeugen mit dem Gott Hephaistos (vgl. Mickisch 2007: 129).

umgekehrt wurden auch technische Fertigkeiten vergöttlicht.[87] So wird beispielsweise im Zeitalter der Mechanisierung der Automatenbauer zum zweiten Gott, seine Maschine zur göttlichen Maschine. Der Mensch avanciert zum „Assistenten Gottes, und zwar durch seine technischen Möglichkeiten" (Meyer-Drawe 1996: 53). Auf diesem Wege besteht bis ins 16. Jahrhundert eine enge Koppelung von Technik und Magie, indem Technik die „manipulative Mimesis von Naturkräften" ermöglicht (Böhme/Matussek/ Müller 2000: 170).[88]

Vor diesem kulturhistorischen Hintergrund lassen sich Merkmale wie *technische Effizienz* und *Perfektion* bis hin zu Fragen der *Technikästhetik* bis heute als soziale Konstruktionen verstehen, die der ständigen Unterfütterung „von Mythen, Ideologien und Metaphern bedürfen, um nicht durch andere kulturelle Interpretationen unterwandert zu werden" (Hörning 2001: 61). Dieses *Technoimaginäre* ist ideengeschichtlich nicht allein deshalb interessant, weil technische Praktiken alter Gesellschaften vielfach mit dem „Sakralen und Religiösen, dem Phantastischen und Traumhaften verbunden waren", sondern vor allem, weil es „bis heute nahezu jede technische Innovation begleitet und in allen Massenmedien einen unermüdlichen Antrieb hat" (Böhme/Matussek/ Müller 2000: 168). Besonders Computertechnologie als „modernste Manifestation der Technik" erscheint als der „Mythos der Neuzeit, ist die Allesvermögende" (Schorb 1995: 63). So bilden auch in säkularisierter Zeit Utopie, Faszination, Angst und Macht zentrale semantische Topoi von Technik, wie Holländer (1994: 21) feststellt.

Dies hängt damit zusammen, dass Technik nach wie vor als prominentestes Vehikel der *Weltbemächtigung* erscheint. Ropohl (1999) erinnert diesbezüglich an das Motiv der *Macht* als eines grundlegenden Faktors innerhalb des technischen Entwicklungsprozesses. Es sind vor allem technische Artefakte, die dem menschlichen Streben nach Einflussnahme, Kontrolle und Weltbemächtigung auf spezifische Weise entgegenkommen, und zwar in mehrfacher Hinsicht: In einem *Herstellungszusammenhang* bestätigen technische Artefakte „als künstlich Gemachtes, das erfolgreich zustande gekommen ist, die menschliche Gestaltungskraft" (Ropohl 1999: 180); in einem *Verwendungszusammenhang* „steigern sie, oder ermöglichen überhaupt erst, die Wirksamkeit menschlichen Handelns gegenüber Natur und Gesellschaft" (ebd.). Mitunter vermittle schon „ihr bloßes Funktionieren, durch den sprichwörtlichen Knopfdruck ausgelöst, dem Menschen das Bewußtsein gelungener Weltbemächtigung" (ebd.).

Dieser hier genannte Aspekt der Bemächtigung ist auch Gegenstand der Psychoanalyse Lacans (1996), der von einem unspezifischen und multipel auszufüllenden Begehren des Subjekts ausgeht, welches versucht, einen als mangelhaft empfundenen Zustand zu überwinden. Dieses Begehren richtet sich auf eine symbolische Ordnung, die, im Verhältnis zum Subjekt, Projektion und Spiegelung bleiben muss. Diese Projektionen und Spiegelungen, in denen das Subjekt Gegenstände, Personen und sich selbst als begehrenswert auffasst, finden innerhalb kultureller Zeichensysteme statt, aber „sie übersetzen und transformieren diese immer schon auf die Ebene des ‚Imaginären'"

---

[87] Von der Antike bis zur Neuzeit „sind der Technit Prometheus, der Ingenieur Dädalos, der Maschinenbauer und Erfinder Heron von Alexandrien oder Archimedes die mythischen Figuren der Technik, die dieser ihren divinen Status (…) sichern" (Böhme/Matussek/Müller 2000: 168).

[88] Ropohl erinnert daran, dass die Worte „Magie", „Macht" und „Maschine" eine gemeinsame etymologische Wurzel aufweisen (vgl. 1999: 167).

(Reckwitz 2008: 60). Dem Begehren nach Bemächtigung kommt Technik entgegen, denn sie schafft eine Verbindung zum Imaginären, zu Vorstellungen und Fantasie, indem sie sich an ein *Phantasma* knüpft, das die Zerrissenheit des Subjekts überdeckt. Technik vermag dies aufgrund ihres Ermöglichungscharakters, denn mit ihr besteht die Option, Bestehendes zu verändern: Mögliches und Wirkliches „stehen sich also nicht neutral gegenüber. Vielmehr arbeitet im wirklichen Umgang mit Technik ein technisch induzierter Möglichkeitssinn immer schon mit" (Ziegler 2005: 75). Technik gestaltet also nicht nur etwas Vorhandene als ein Wirkliches, sondern „indem Technik gestaltet, wirkt ein ganzes Set an Möglichkeitswelten mit" (ebd.).

Diese Überlegungen erklären, inwiefern Technik zum Sinnbild strategischer, zielstrebiger Kontrolle und Bemächtigung *der* sowie Verfügung *über* Umwelt werden konnte. Nicht ohne Grund erscheint *die Maschine* metaphorisch als umgangssprachliches pars pro toto der gesamten technischen Hervorbringung. Im Rücken dieser Metaphorik wirken Machtmotive, die implizit mögliche natürliche und soziale Widerständigkeiten vorhersehbar und beherrschbar machen (vgl. Ropohl 1999: 180). Sichtbar wird dies z. B. dort, wo Technik, vor allem besonders faszinierende und von den Anwendungsmöglichkeiten über normale Alltagssituationen hinausgehende, mit einer Aura des Übernatürlichen ausgestattet wird. Dies gilt einerseits für die Hersteller oder Konstrukteure, die in der Lage sind, diese begehrte Technik zur Verfügung zu stellen – sie fungieren wie Zauberer (vgl. Schelhowe 2007a: 7). Andererseits ist – auf Nutzerseite – das Erleben von *Handlungsmacht* und *Durchsetzungskraft* beobachtbar: Buchen/Straub (2006) zeigen z. B. in einer Fallstudie, wie 14-16-jährige (männliche) Hauptschüler ausgeprägte Hackerfantasien entwickeln, die für sie mit gesellschaftlichem Machtgewinn assoziiert sind. So prahlten die Jungen damit, „den Schulcomputer zum Absturz gebracht zu haben oder Kontrahenten durch das Verschicken ‚gezüchteter' Viren geschadet zu haben (…) durch die im Internet frei zur Verfügung stehenden ‚Virenbaukästen'" (ebd.: 3). Mit Schelhowe (2007a)drückt sich darin eine generalisierbare Erfahrung aus: „Durch bloße Manipulation an der Oberfläche dieser virtuellen Maschine können die Wirkungen bis hinein in die materielle Realität reichen und grandiose Veränderungen bewirken" (ebd.: 23). Insofern liegen in den zurückliegenden Überlegungen, wie sie kulturwissenschaftlicher Sicht angestellt wurden, Deutungsangebote, die bis in gegenwärtiges Medienhandeln Jugendlicher hinein relevant sind.

3.3 Adaption und Domestizierung

Die bisherigen Überlegungen zu Möglichkeiten der Veränderbarkeit *mit* und *durch* Technik werden im Folgenden mit Prozessen der Technisierung sozialer und individueller Lebensbedingungen in Verbindung gebracht. Deutlich wird dadurch erstens, wie Medientechnologien Handlungspotentiale erweitern und einschränken, zweitens, dass sie umfassende Lern- und Adaptionsprozesse erforderlich machen und drittens, wie daraus ein Spannungsverhältnis von Freiheit und Abhängigkeit entsteht.

Zur theoretischen Fundierung dieser Aspekte eignet sich zunächst ein exemplarischer Rückgriff auf Überlegungen von Lewis Mumford (1977, 1934), der eine umfangreiche Kulturgeschichte zur Entdeckung und Entwicklung von Technik und ihrer Wirkung auf

Individuen und Gesellschaft ausgearbeitet hat, welche zwischen Momenten der Begeisterung für die Möglichkeiten und der Sensibilität für negative Folgen technischer Entwicklungen oszilliert (vgl. Glaser 2005: 2 ff.). Sie bietet eine Grundlage für die Diskussion des Lebens in einer Technikgesellschaft im Sinne einer technischen Zivilisation (Bammé 1997: 185), da sich in diesem Rahmen „das durch Technik vermittelte Verhältnis von Mensch und Natur" (Halfmann 2001: 350) modernisierungstheoretisch reflektieren lässt.

Mumford wirft die Frage auf, wie sich Lebenswelten aufgrund technischer Entwicklungen transformieren, wie also das Subjekt bei seiner Bildung und Umsetzung individueller Lebenspläne technisch beeinflusst wird (vgl. Mumford 1977: 198). Als ein in diesem Kontext entscheidendes Moment beschreibt er den Prozess der *Mechanisierung* (1934). Die „mechanical civilization" beginnt, als mit der Einführung der Turmuhr klösterliches und städtisches Leben reguliert wird, indem diese durch das Anschlagen der Stunden menschliches Zusammenleben synchronisiert. Durch ihre Produktion standardisierter Zeiteinheiten führt die Uhr zur Unabhängigkeit religiöser Rituale und Arbeitsstunden von Witterungen, Tages- und Jahreszeiten; sie versetzt den Menschen in Distanz zu seinen eigenen Körperrhythmen, wodurch dem sozialen Leben in seinen vielfältigen Strukturierungen ein invariantes Schema unterlegt wird (vgl. Meyer-Drawe 1996: 58).[89] Dieser durch Mechanisierung angestoßene Prozess verschaffte der Uhr die alles überragende Position im Ensemble der Techniken. In ihrer Rationalität ist sie das in ihrer Wirkung herausragende faktische Beispiel wie auch typisches Symbol der Maschine und – als Grundstein moderner Technologie – ein „Prophet der automatischen Präzisionsmaschine" (Mumford 1934: 17), welche nach Jahrhunderten weiterer Entwicklung in allen Bereichen industrieller Aktivitäten eine endgültige Bestimmung erfahren sollte. Hieran wird deutlich, wie Technologisierung mit dem Prozess der *Zivilisation* verflochten ist bzw. dass Technologisierung selbst als ein Spezifikum dieses Prozesses begriffen werden kann (vgl. Kornwachs 1994: 429).

Wie durch den Prozess der Zivilisation ein Spannungsverhältnis von *Kultivierung* und *Disziplinierung* entsteht, das sich bezüglich Technologien als fruchtbar erweist, arbeitet Norbert Elias (1997) heraus. Elias charakterisiert Zivilisation als einen parallel zur funktionalen Differenzierung der Gesellschaft ablaufenden Prozess einer sich intensivierenden inneren *und* äußeren Selbstbeherrschung der Individuen. Aus ihr erwächst dem Einzelnen die Aufgabe, ein dauerhaftes Gleichgewicht herzustellen „zwischen seinen gesellschaftlichen Aufgaben, zwischen den gesamten Anforderungen seiner sozialen Existenz auf der einen Seite und seinen persönlichen Neigungen und Bedürfnissen auf der anderen" (ebd.: 464). Elias weist nach, wie sich im Verlauf gesellschaftlicher Transformationen Fremdzwänge in Selbstzwänge modifizieren. Dieses Phänomen ist für ihn typisch für moderne Gesellschaften, da sie sich durch komplexe Handlungsverflechtungen und Interdependenzen auszeichnen und deshalb Individuen benötigen, die sich durch ein Vermögen zum Selbstzwang auszeichnen sowie die Fähigkeit haben, verschiedene gesellschaftliche Sinnbereiche zu erkennen und ein entsprechendes Verhaltensmanagement auszubilden (vgl. Hahn 1995). Diese Selbstzwänge in Form neuar-

---

[89] Mechanische Mittel verselbständigen sich zu einer allumfassenden Maschinerie, welche die Zeit der Gesellschaft herstellt (Mumford 1934: 17 ff.). Dadurch nimmt die Zeit einen dem Geld äquivalenten Charakter an: Sie kann angespart, ausgegeben, geteilt, gewonnen und verloren werden.

tiger, teils bewusster, teils automatisch ablaufender Gewohnheiten, wirken hin auf eine „gleichmäßige Dämpfung, eine kontinuierliche Zurückhaltung, eine genauere Regelung der Trieb- und Affektäußerungen nach einem differenzierten, der gesellschaftlichen Lage entsprechenden Schema" (Elias 1997: 342).

Der damit verbundene Zwang, Kontrolle über sich selbst verinnerlichen und Selbstkontrollkapazitäten erhöhen zu müssen, ist eng verbunden mit Vorstellungen zur Entwicklung moderner Identität (vgl. Lemke 2001). Diese Ausbildung von Identität durch das Subjekt kann mittlerweile nur noch vor dem Hintergrund von Technisierung und Medialisierung bewältigt werden, weil Medientechnologie nicht nur „Teil eines massiven Rationalisierungsprozesses, sondern selbst auch zentrales Ritual der modernen Gesellschaft" geworden ist (Bruder 1990: 42). Technologie als eine kulturelle Prägekraft durchwirkt soziale Strukturen und beeinflusst gesellschaftliche Formen des Zusammenlebens (vgl. Weizenbaum 1972), weshalb sie von den Individuen aus einer subjektiven Perspektive wahrgenommen und angeeignet werden muss, ähnlich der *Rationalisierungsthese* Webers (1991), nach der das Subjekt nicht aus den Vergesellschaftungsprozessen der Moderne ausbrechen, d. h. seine ihn umgebende, historisch gewachsenen Lebensordnung nicht überwinden kann.[90] Da der Mensch in einer bestimmten Zeit und Kultur im Rahmen von spezifischen Interdependenzen immer ein spezifischer Typ Mensch sein *musste*, der sich von dem eines anderen Zeitalters unterschied, geht mit neuen Technologien auch ein bestimmter Typ Mensch einher.[91]

Der Mensch wird vor dem Hintergrund dieser „technischen Zivilisation" im Sinne Elias' (Halfmann 2001: 349) mit einer Art *Zweiseitigkeit* von Technologie konfrontiert: Sie unterstützt ihn in seiner gesellschaftlichen Integration, gleichzeitig stellt sie dem Individuum neue Möglichkeitsräume zur Verfügung – sie funktioniert in Form einer Disposition zur Identität als ein internalisiertes Handlungs- und Planungspotenzial. Damit entsteht eine *Analogie* der individuellen Einfügung der Subjekte in ein gesellschaftliches Ganzes und der Funktionsweise selbsttätiger, automatischer Technologie und ihrer Nutzung – in beidem geht es um die Beziehung und die Regelung von Verhalten und dessen Wirkungen hinsichtlich *nicht-subjektiver Standards*. Technologisch effektivierte Selbstregulierung und individuelle Selbstkontrolle werden so zu Voraussetzungen der modernen Zivilgesellschaft, was dem Menschen eine „historisch neue Form von Subjektivität" ermöglicht (Bammé 1997: 188), welche nicht nur *Freiräume*, sondern auch *Grenzsetzungen* in Form von Anpassungserwartungen beinhaltet. In dieser Richtung charakterisiert Mumford (1977) Technisierung im Zeitalter der modernen Technologien als Prozess der *Erweiterung* und der *Einschränkung* menschlicher Freiheitspotentiale. Das Subjekt wird grundlegend mit zwei Seiten von Technologie konfrontiert: Beispielsweise heben moderne Telekommunikationsmedien „zwar die Entfernungen oberflächlich auf" (Mumford 1977: 676), reduzieren aber gleichzeitig Authentizität: „In

---

[90] Diese Ordnung ist der „Kosmos, in den der Einzelne hineingeboren wird und der für ihn, wenigstens als Einzelnen, als faktisch unabänderliches Gehäuse gegeben ist, in dem er zu leben hat" (Weber 1991: 45).
[91] Im Sinne Webers hat die von technischer Entwicklung begleitete „Durchsetzung des Weltbilds der ‚rationalen' Weltbeherrschung" dazu geführt, „daß formales, abstraktes und universelles Denken als Bildungsprodukt jenen Wandel stützen und jene Tradierung von Kultur steuern konnte" (Goldschmidt/Schöfthaler 1984: 462).

der echten Kommunikation hat jeder Faktor seine eigene spezifische Rolle zu spielen: die sichtbare Geste, das direkt gesprochene Wort, die geschriebene Botschaft (...)" (ebd.).

Darüber hinaus wird der Mensch zunehmend in Prozesse der Adaptation *an* verschiedene Technologien hineingezogen und daraus entsteht eine Spannung des Abwägens zwischen erwartetem *Nutzen* und erkanntem *Vorteil* (vgl. Mumford 1977: 540 ff.). Das Subjekt wird genötigt, Technologie mit seinen eigenen Bedürfnissen und seiner individuellen Lebenslage zu perspektivieren, indem es zwischen Vor- und Nachteilen abzuwägen sowie zu entscheiden hat, *ob,* für *welche Zwecke* und *wie* es Technologie nutzt. Der Entscheidung *dafür* korrespondiert dabei in jedem Fall die Akzeptanz ihrer Mechanismen. Während immer neue Technologien entwickelt werden, „entdeckt der moderne Mensch, daß er, um in dieses Schema hineinzupassen, die Gesetze der Maschine akzeptieren muß" (Mumford 1977: 546). Auf diese Weise entsteht eine „Ambiguität medial bedingter Freiheit" (Kalisch 2003): Wer sich z. B. einen Computer anschafft, akzeptiert, dass er dessen Bedienung – wie auch immer – *lernen* muss, um ihn benutzen zu können.

Vor allem „umfassend elektronisch mediatisierte" Handlungsformen (Krotz 2007: 35) erfordern die Internalisierung und das Prozessieren immer mehr und komplexerer Schritte, erfordert z. B. der private Online-Kauf einer Bahnfahrkarte den Besitz eines internetfähigen PCs, die Anmeldung bei einem entsprechenden Portal, das Bereithalten persönlicher Zugangsdaten, den Besitz einer Kreditkarte bis hin zum Besitz eines funktionsfähigen Druckers. Diese Ambivalenzen erscheinen aus modernisierungstheoretischer Sicht mit demjenigen Phänomen verwandt, welches van der Loo und van Reijen (1992) als *Domestizierung* bezeichnen. Darunter verstehen sie das Resultat von Bemühungen, „sich mit Hilfe technischer Mittel den Beschränkungen zu entziehen, welche die physische Umgebung und der eigene Körper auferlegten" (ebd.: 196). Die Evolution medientechnischer Optionen erscheint so als *Optimierung* von Möglichkeiten: Sie bewirkt Veränderungen in sozialen Netzwerken und lässt neue Denkmuster entstehen, allerdings führen komplexe medientechnische Installationen und ihr Eindringen in Lebenswelten „nicht nur zur Notwendigkeit einer Koordinierung des sozialen Handelns, sondern auch zu einem höheren Maß an Selbstdisziplin" (ebd.: 234). So setzen zahlreiche medientechnologische Anforderungen ein gewisses Programm kultureller Verhaltensweisen voraus, die individuell akzeptiert und internalisiert werden müssen. In diesem Sinne können die digitalen Medien in Form moderner Computertechnologie nicht in *einseitiger* Richtung gedeutet werden, und zwar deshalb, weil „im Falle der Domestizierung nicht von Befreiung *oder* Abhängigkeit gesprochen werden kann, sondern von Befreiung *und* Abhängigkeit" (van der Loo/van Reijen 1992: 207; Herv. i. Orig.). Dass sich das Subjekt diesem Spannungsverhältnis kaum entziehen kann, wird vor allem mit dem folgenden Blick auf die Diffusion von Medientechnologien in die moderne Lebenswelt deutlich.

3.4 Konstruktion und Vermittlung von Wirklichkeiten

Die These der vollständigen Durchdringung alltäglichen Lebens mit Medientechnologien ist mittlerweile ein medien- und kulturwissenschaftliches Allgemeingut (vgl. Krotz

2007; Mikos 2005). Eine übergreifende Grundlegung dafür bieten – nicht zuletzt, weil sie als implizites Fundament gegenwärtiger Medientheorien gelten[92] – die Überlegungen Marshall McLuhans zum elektronischen Zeitalter (1968/1978). Sie lenken den Blick im Wesentlichen darauf, dass Medien a) Folien der Wahrnehmung bereitstellen, dass sie b) Ausschnitte der Realität und darüber eine mediale Wirklichkeit konstruieren, und dass sie insofern c) kein Wissen speichern und transportieren, sondern viel eher Anlässe und Angebote distribuieren, an die eine wahrnehmende und kommunikative Bearbeitung anschließen kann bzw. muss.

Unabhängig von der kritischen Nachfrage, ob Medien in ihr „plausibel und brauchbar charakterisiert" sind (Krotz 2008: 261) liegen die Spezifika der von McLuhan formulierten Medientheorie der Technik – in den wesentlichen Punkten zusammengefasst – darin, ein kulturelles *Bedingungsgefüge* von Formen des Erlebens, Wissens und Sehens ausgearbeitet zu haben, das gleichzeitig auf neue Formen der kulturellen *Einflussnahme* durch Medien aufmerksam macht. Danach bilden Medien den Schlüssel zum Verständnis „aller wesentlichen menschlichen Verhältnisse", mithin einer „umfassenden Konstruktion sozialer und kultureller Umgebungen" (Mersch 2006: 114). McLuhan verwendet die Begriffe Medien und Technik nicht einheitlich, zum Teil sogar synonym, zudem benutzt er einen äußerst weiten Medienbegriff – darunter fällt für ihn „jede Technologie, mittels derer der Mensch mit seiner Umwelt in Beziehung tritt" (Krotz 2008: 257) –, was mitunter zu einer metaphorischen Gleichsetzung führt: Medien sind gleichsam Metaphern, da sie Erfahrungen der Wahrnehmung eine spezifische Form verleihen und dadurch Tätigkeiten wie Sehen, Hören oder Fühlen präformieren und Erfahrungen in eine neue Form transformieren. Medientechnologien induzieren für McLuhan insofern neue Wahrnehmungs- und Denkweisen, da sie wie ein „Filter in unserer Wahrnehmung wirken und zwar so, dass wir davon gar nicht mehr abstrahieren können, es uns also nicht bewusst ist" (Aufenanger 2001: 9).

Gemeint ist hier, dass eine alltägliche technikgebundene Medialität unhintergehbaren Eingang in die gesellschaftliche Wirklichkeit gefunden hat und ihre Bedeutung als gestaltende Kraft gestiegen ist. Technik gewinnt Einfluss, weil sie sich scheinbar passiv und formbar verhält, jedoch *indirekt* aktiv ist. Das elektrische Licht ist für McLuhan dabei das beste Beispiel: Es entzieht sich einer Betrachtung, denn bevor es nicht zum Zeigen „irgendeines Markenartikels in Buchstaben" gebraucht werde, beachte man es „nicht als Medium" – genau dann aber, so McLuhan, werde „nicht das Licht, sondern der ‚Inhalt' (oder das, was in Wirklichkeit ein anderes Medium ist) beachtet" (McLuhan 1968: 15). So resultiert die wachsende Bedeutung technischer Medien vor allem daraus, dass sie kaum noch hinsichtlich ihrer eigenen Effekte wahrgenommen, sondern eher in den Dienst davon abgekoppelter Zwecke gestellt werden. Dass z. B. der Empfang von Bildern aus allen Erdteilen möglich ist, ist unabhängig von der Rechtfertigung dessen, *was* wir denn erleben, wissen oder sehen möchten. Dass dies im Alltag weitgehend ignoriert wird, entspricht für McLuhan der „Nachtwandlermentalität" der modernen Gesellschaft (1968: 17). Ein Ausdruck dessen ist etwa, dass die Existenz von Mikroelektronik zum größten Teil unbewusst bleibt; wann immer aber „man heute mit technischen

---

[92] Vgl. Kloock/Spahr 1997: 40; Sandbothe 2001: 153 ff.; Böhme/Matussek/Müller 2000: 183 ff.; Vollbrecht 2005: 30; Krotz 2008: 257 ff.).

Geräten zu tun hat, kann man nahezu sicher sein, daß diese von Chips gesteuert und geregelt werden" (Bürdek 2001: 178). Im Verborgenen wirkende Mikroprozessoren bestimmen weithin die Funktionalität einer technisch geprägten Umwelt, zumal gerade fest in Routinehandlungen eingebundene Technik thematisch kaum relevant wird. Ihr selbstverständliches Operieren lässt Veränderungsprozesse, mit denen besonders Informations- und Kommunikationstechniken den Alltag bestimmen, aus dem Blick des Nutzers geraten. In diesem Sinne treibt die Technisierung eine „Invisibilisierung der kontingenten Praxis" voran (Hörning 2001: 178) und hat sich ein allgegenwärtiges kulturelles Erleben durchgesetzt, in einer technisierten Welt zu leben, die Technik „selbst jedoch nicht mehr als Technik" (Wagner 2004: 29) wahrzunehmen.

In der Verschmelzung von Kultur und Technologie im Prozess der Modernisierung kann das gegenwärtige Zeitalter mit McLuhan als das der *elektronischen Information* betrachtet werden: In Gestalt von Computertechnologie gilt dabei die Hoffnung auf die Überwindung der Mechanisierung als eingelöst – der Computer *ist* das ideale Medium, das alle anderen integriert und die Potentiale von Gehirn und Sinnesorganen ultimativ ausweitet (vgl. Höltschl/Boehler 2001: 256 ff.). Für McLuhan entspricht das computerisierte elektronische Zeitalter einer Art Modell des Zentralnervensystems, das sich zu einem „weltumspannenden Netz ausgeweitet und damit, soweit es unseren Planeten betrifft, Raum und Zeit aufgehoben [hat, S. H.]" (McLuhan 1968: 9). Der Mensch verlegt die seine Sinne koordinierenden Instanzen nach außen und Elektrizität stellt – entgegen älterer Ausweitungen des Körpers (Fuß, Hand, Auge) – einen neuen Zusammenhang her. Elektronische Technik ist gegenüber vormaliger Technik total und umfassend, denn sie schafft eine Einheit von ineinander greifenden Abläufen und somit einen neuen Funktionszusammenhang.[93] Damit wird ermöglicht, auf die Welt gleichsam „als Ganzes zu reagieren" (McLuhan 1968: 269) und die Geschwindigkeit solcher Beteiligungsmöglichkeiten führt zu einer „totalen Integration des persönlichen und öffentlichen Bewußtseins (...), weil elektrische Medien sofort und ständig ein totales Feld von gegenseitig sich beeinflussenden Ereignissen erzeugen, an welchen alle Menschen teilnehmen" (ebd.). Besonders die Gleichzeitigkeit elektronischer Kommunikation bewirkt eine Transformation der Welt in ein globales Dorf: In diesem ist „jeder von uns für jeden anderen Menschen auf der Welt gegenwärtig und erreichbar" (McLuhan 1968: 270), was der Möglichkeit eines Mit-dabei-Seins bei Allem zugleich entspricht.[94]

---

[93] Ähnlich werden in der neueren Medienphilosophie elektronische Medien, vor allem der Computer, zur Metapher des menschlichen Geistes apostrophiert. Dies führt etwa bei Bolz (1990) zur Auffassung vom Menschen als eine Art Reflex technischer Zeichenorganisation: „Die freien Gedanken sind zerebrale Software, Geist ist der Inbegriff aller möglichen Datenkombinationen, und Kultur heißt das Spiel auf der Tastatur des Gehirns" (Bolz 1990: 155). Für Bolz ist damit ein Prozess in Gang gesetzt, der das Problem des technisch-medial aus dem Mittelpunkt gerückten Menschen mit sich führt. In der technischen Wirklichkeit der neuen Medien sei der Mensch „nicht mehr Souverän der Daten, sondern wird selbst in Feedback-Schleifen eingebaut: Stetig wächst der Anteil der Kommunikation, der an Maschinen statt an Menschen gerichtet wird. So lässt sich thesenhaft sagen, dass alle Identitätsprobleme der humanistischen Kultur aus den Anforderungen einer neuen Mensch-Maschine-Synergie resultieren" (Bolz 1996: 661).

[94] Vollbrecht (2001: 122) weist darauf hin, dass McLuhans in den 1960er Jahren entwickelte Vision mittlerweile eingelöst zu sein scheint, allerdings „nur für die weiterentwickelten Gesellschaften. Weltweit gesehen haben etwa 50% der Menschen noch nie ein Telefon in Händen gehalten, und 80% haben noch nie einen Taschenrechner bedient" (siehe zur globalen Disparität der Kommunikationsmöglichkeiten auch Beck

Diese in der Gegenwart vollständig realisierte Mediensituation, die *Medienwirklichkeit*, lässt sich begrifflich unterschiedlich fassen: Welchen Begriff man dazu auch wählt (z. B. Medienflut, Berieselung, Datenstrom etc.) – die Ubiquität technologischer Infrastrukturen und damit einhergehender medialer Darbietungen erscheint als eine Art Fluss, der sich mit dem Körper verbindet und zu einer Folie der Wahrnehmung schlechthin wird; Technologien sind „von einzelnen apparativen Objekten zu einer durchgehend[en] (…) Umwelt geworden" (Doelker 2005: 17) und die Medien, „deren Einbezug in das persönliche Leben bislang dem freien Ermessen des Einzelnen anheim gestellt war, sind nun zum Medium (im physikalisch-chemischen Sinne) des Lebens selbst geworden" (ebd.: 19 f.). Demnach ist die Medialisierung des Alltags als Form der Veränderung des Bewusstseins zu verstehen, die selbiges weit über die Dimension von Sprache zu einer neuen Kultur der Oberfläche erweitert. Medien konstruieren eigene Symbolebenen und erschaffen vollkommen neuartige Umwelten – sie geben demnach die Wirklichkeit nicht wieder oder nehmen eine Vermittlerrolle ein, sondern *definieren* diese überhaupt erst selbst.[95]

Die Frage nach der übergeordneten formativen Kraft medialer Technologien bündelt sich bei McLuhan in seiner berühmten Kernformel, das Medium *sei* die Botschaft (1968: 14), welche zuspitzt, wie Medien die Modi menschlicher Weltwahrnehmung modifizieren und instruieren – die Medienbotschaft ist danach dasjenige Phänomen, was es mit den Menschen macht und nicht etwa, „wie das Alltagsverständnis suggeriert, der *Inhalt* desselben" (Kloock/Spahr 1997: 48, Herv. S. H.). Eben deshalb gibt etwa eine Inhaltsanalyse von Medienprogrammen „keine Hinweise auf die Magie (...) oder auf ihre unterschwellige Energie" (McLuhan 1968: 27). Insofern plausibilisert sich mit McLuhan die Auffassung, dass es keine lineare Inhalte-Übermittlung der Medien gibt und dass Grundfragen von Mediennutzung im Alltag prinzipiell an soziale Kommunikationsformen, d. h. die Kontextualisierung des Medialen, rückgebunden sind. Denn obwohl zwar die Inhalte medialer Kommunikation intendieren, die Absicht des Senders auszudrücken, besteht die eigentliche Botschaft in ihrem „Gesamteffekt auf den menschlichen Empfänger" (McLuhan 1978: 47) – mehr noch ist sie das „Ergebnis des vielschichtigen Zusammenwirkens der in ihm bewirkten Sinnesreaktionen mit seinen eigenen persönlichen Neigungen" (ebd.).

Dieses Verständnis von Medien fokussiert zwar deren Wirkungen, jedoch gerade *nicht* im Sinne einer (Medien-) Wirkungsforschung, welche mediale Einflüsse auf Einstellungen oder Verhalten untersucht, sondern viel grundsätzlicher im Sinne eines Verstehens von Medien in ihrer Funktionalität für die Strukturierung individueller Wahrnehmungen und Handlungen und darüber der sozialen Gemeinschaft (vgl. Krotz 2008: 261; Mersch 2006: 112). Medien besitzen oder speichern insofern kein Wissen und transportieren auch nichts, vielmehr stellen sie „kommunikative Möglichkeiten und Anlässe" zur Verfügung, infolgedessen „Daten von Individuen und Kollektiven in Informationen und diese in Wissen transformiert werden" (Schäffer 2003: 98). Medien- und Technikhandeln erscheint damit als vielschichtiger und voraussetzungsreicher Pro-

---

2008). Nicht übersehen werden darf allerdings, dass es McLuhan nicht um empirische Aussagen zur Ausstattung von Technologie ging, sondern darum, kulturtheoretisch deren Potenzial auszuloten.

[95] Systemtheoretisch reformuliert lautet dieser Gedanke bei Luhmann (1996): „Alles, was wir über die Welt wissen, wissen wir über die Massenmedien".

zess, von den Cultural Studies (siehe auch unter 3.5.2) als eine „kommunikative Konstellation" beschrieben, innerhalb der „ein produzierter medialer Text mit einem im Rahmen eines spezifischen kulturellen Kontextes sozialisierter Zuschauer vor dessen lebensweltlichem Hintergrund interagiert" (Mikos 2001: 327; vgl. auch Vollbrecht 2006: 36). Insofern fordert McLuhan dazu auf, Effekte von Medientechnologien nicht als statische Gegebenheiten, sondern als Interaktions*formen* verstehen, woraus sich ein Interesse an der *Medienperformanz* und dessen Sinnkonstitution ableitet. Ebenso wie Worte oder Bilder sind auch analoge und digitale Medienbotschaften nicht „eo ipso in ihrer Bedeutung festgelegt" (Böhme/Matussek/Müller 2000: 196), sondern diese entfalten sich erst in der Gebrauchssituation, die zudem bei digitalen Medien extrem flexibilisiert ist. Solche Gebrauchssituationen werden im Folgenden in den Blick genommen.

3.5 Handeln mit Medientechnologien

Die vorangegangenen medien- und techniktheoretischen Überlegungen haben auf unterschiedliche Weise Bedeutungshorizonte von Medien und Technik herausgearbeitet: Zum einen zeigte sich, inwiefern Medientechnologien als Datum fundamentaler Aneignungsprozesse gedacht werden können; zum anderen wurde thematisiert, wie wichtig es ist, ein häufig dichotom gedachtes Verhältnis von Menschen und Medien zu überwinden.

Dass sich bei einer solchen Überwindung immer noch schwer getan wird, zeigt sich am Vorhandensein einer Ambivalenz gegenüber Medientechnologien, die sich z. B. in den konträren Positionen von „Fortschrittsglauben" und von „Technikpessimismus" (Faulstich 1999: 262 ff.) niederschlägt. Dabei macht es nach Rammert (2000) keinen Unterschied, ob aus optimistischer Sicht die „Technik als Motor des Fortschritts" oder aus pessimistischer Sicht „als Sachzwang" angesehen wird, denn streng genommen steckt hinter beiden „die Annahme eines Technikdeterminismus" (Rammert 2000: 48). Das damit angesprochene Spannungsverhältnis von *technologischem Determinismus* und *sozialem Konstruktivismus* dokumentiert sich auch im Medienkontext, etwa in der unabgeschlossenen Debatte, ob nun die *Menschen etwas mit den Medien* machen oder die *Medien etwas mit den Menschen* (vgl. Merkert 1992: 28). Indem sich beide Annahmen – in Reinform – als theoretisch unzureichend erweisen, kommen integrative Perspektiven in den Blick, die sich gegenüber *dualistischen* Sichtweisen im weitesten Sinne als handlungstheoretische Zugänge verstehen.

3.5.1 Handlungsträgerschaft und Kreativität

Sollen die zuletzt angesprochenen einseitigen Determinismen vermieden werden, stellt sich die Frage, auf welche Weise Subjektivität zum Ausgangspunkt einer Interaktion mit Medientechnik genommen werden kann, ohne die Objekthaftigkeit von Technik aus dem Blick zu verlieren (vgl. Beck 2000: 242 ff.). So argumentiert etwa die Medientheorie Kittlers (1986), dass sich Handeln und Wahrnehmung in Bezug auf ein technisches Artefakt durch den Umgang mit demselben ändert: Beim Schreiben mit einer Schreibmaschine z. B. arbeitet diese selbst „mit an unseren Gedanken" (Kittler 1986: 304). In Technologie liegt demnach ein Handlungsprogramm, dass im Moment der Interaktion mit ihr relevant wird. Daraus folgt, dass Medien „am Gehalt der Botschaften – irgendwie – selbst beteiligt sein müssen", sie also nicht allein sinntransportierend, sondern auch sinnmiterzeugend gedacht werden müssen (Krämer 1998: 74). Medien produzieren insofern Eigensinn, als dass sie menschliches Handeln nicht unbedingt oder ausschließlich effektivieren, sondern – wie bereits unter 3.1 angesprochen – etwas ermöglichen, das „es ohne Apparaturen nicht etwa abgeschwächt, sondern *überhaupt* nicht gibt" (Krämer 1998: 85, Herv. i. Orig.). Ein Medium *ist* danach nicht einfach, sondern entfaltet erst im Gebrauch seine Medialität, kann z. B. ein Computer sowohl als Schreibwerkzeug genutzt werden als auch netzwerkartige, interaktive Kommunikation ermöglichen, worin etwas bisher Unbekanntes hervorgebracht wird (vgl. Peters 2005: 329). Einen interessanten Beitrag zur Frage, wie sich solche Interaktionen mit Technologie als unterschiedliche Handlungsformen ausprägen, liefert Bruno Latour (1998), dessen Theorie von Schäffer (2001; 2003) auf den Medienkontext übertragen worden ist. Sie bietet eine theoretische Perspektive, in der Akteure *zusammen* mit Medien handeln.

Als Vertreter einer symmetrischen Anthropologie und eines offensiven Post-Humanismus ist Latour bestrebt, einen ontologischen Dualismus zwischen einer humanen und einer natürlichen Welt aufzulösen, indem er auch Dinge als „eigenmächtige nicht-humane ‚Aktanten' interpretiert" (Reckwitz 2003: 298; vgl. auch Degele 2002: 126 ff.). Latours Konzeption übt umfassende Kritik an der Heideggerschen Auffassung von „Technik als Gestell" (Heidegger 1991), welcher der Mensch machtlos gegenüberstehe und zu deren Instrument er geworden sei: Danach ziehe die Technisierung eine umfangreiche Instrumentalisierung nach sich, indem Technik dem Benutzer bestimmte Handlungsmodi aufzwinge.[96] Diese Auffassung von Technik als letztlich unüberwindbare, omnipräsente und überlegene Instanz hält Latour für nicht haltbar. Stattdessen existiert von Beginn an „eine Synergie, ein Zusammenwirken, das sich zwischen purem Dienen und Beherrschen bewegt und eine einseitige Autonomie des Menschen ebenso fraglich macht wie einen reinen Automatismus der Technik" (Waldenfels 1988: 208). Diese von Waldenfels benannten und sich konventionell gegenüberstehenden Sichtweisen des Mensch-Technik-Verhältnisses illustriert Latour am Beispiel der Feuerwaffe (vgl. 1998: 31 ff.): Aus *materialistischer* Sicht ließe sich behaupten, Feuerwaffen töteten Menschen – eine Aussage, die die Annahme mit sich führt, das Objekt (hier: die Waffe) führe eine Handlung *selbst*, aufgrund seiner materialen Beschaffenheit, aus, sei also mit einem zwingenden Handlungsimperativ ausgestattet. Jedes Artefakt hätte dann sein eigenes Skript, „seine ‚Gewährleistung', dieses Potential, den Vorübergehenden aufzuhalten und ihn zu zwingen, in seiner Geschichte eine Rolle zu übernehmen" (Latour 1998: 32). Aus genau entgegengesetzter Richtung ließe sich behaupten, die Waffe selbst tue nichts, sondern sei nur neutrales *Mittel* und in ihrer Benutzung allein

---

[96] Für Heidegger, so Latours Vorwurf, beherrsche Technik „alles, selbst die rein theoretischen Wissenschaften. Indem sie die Natur entzaubert und verfügbar macht, spielt die Wissenschaft in die Hände der Technik, deren einziger Zweck diese endlose Entzauberung und Verfügbarmachung der Natur ist" (Latour 1998: 31). Zu fragen wäre, ob Heidegger damit unzureichend radikalisiert wird, denn dieser betrachtete es nicht als menschliches Schicksal, „Technik blindlings zu betreiben oder, was das Selbe bleibt, uns hilflos gegen sie aufzulehnen und sie als Teufelswerk zu verdammen. Im Gegenteil: wenn wir uns dem Wesen der Technik eigens öffnen, finden wir uns unverhofft in einen befreienden Anspruch genommen" (Heidegger 1991: 25).

dem Willen des Benutzers unterworfen – dann stellte sie den „neutralen Träger eines Willens dar, der zu dieser Geschichte nichts hinzufügt", ähnlich einem „Blitzableiter, durch den Gut wie Böse gleichermaßen unberührt hindurchfließen" (Latour 1998: 32).

Beide Sichtweisen hält Latour für widersprüchlich bzw. unvereinbar und fragt stattdessen, *wie* zwischen Akteur und Objekt vermittelt wird. Dies wiederum erklärt er als abhängig davon, was unter *Vermittlung* verstanden wird: Benutzte der Mensch zur Erreichung eines Zieles ein technisches Artefakt, wobei das Ziel in diesem Prozess unverändert bliebe, wäre es lediglich ein Werkzeug, das vermittelt (Latour 1998: 33). Komme es dagegen zur Verfolgung eines neuen Ziels, das der dem Artefakt inhärenten Intention entspricht, wäre menschliches Handeln lediglich „ein vermittelndes Dazwischen" (Latour 1998: 34). Beide darin deutlich werdenden Vorstellungen der Zielverfolgung bezeichnet Latour (ebd.) als Mythen – diejenige vom „neutralen Werkzeug unter totaler menschlicher Kontrolle" ebenso wie diejenige von der „autonomen Bestimmung der Technik ohne die Chance menschlicher Beherrschbarkeit" (ebd.). Eine dritte Möglichkeit führt Latour anhand des Begriffes der *Übersetzung* ein, welcher abzielt auf eine „Verschiebung oder Versetzung, eine Abweichung, Erfindung oder Vermittlung, die Schöpfung einer Verbindung, die in dieser Form vorher nicht da war und in einem bestimmten Maße zwei Elemente oder Agenten modifiziert" (ebd.). Anhand des Waffenbeispiels verdeutlicht er, dass sich im Moment des Aufeinandertreffens von Akteur und Artefakt *beide* verändern: Mit einer Waffe in der Hand „bist du jemand anderes, und auch die Waffe ist in deiner Hand nicht mehr dieselbe Waffe. Du als Subjekt und die Waffe als Objekt haben sich verändert, da ihr beide miteinander in eine Beziehung getreten seid" (Latour 1998: 35). In Übersetzungen verwischen demnach die Ziele zwischen Akteur und Aktant zu einem neuen komplexen Handlungsprogramm. In der Übertragung dieser Idee auf den Medienkontext durch Schäffer zeigt sich dies z. B. daran, dass ein Computer nicht zum *Ersatz*, sondern eher zur *Verbesserung* früherer Handlungspraktiken führt, etwa die des Briefeschreibens (vgl. 2001: 54).

Hinsichtlich der Vermittlung unterscheidet Latour drei weitere Dimensionen. Im Prozess der *Zusammensetzung* greifen mehrere Handlungen ineinander. Auch hier passt das Bild von Waffe und Schuss: Wer schießt, ist ein neu zusammengesetzter Akteur „Mensch-Waffe". Schäffer wiederum verdeutlicht hierzu, inwiefern beispielsweise der Computer Anteil daran hat, wenn mit seiner Hilfe ein Brief geschrieben wird (vgl. 2001: 54): Die eingearbeiteten Programme, wie Rechtschreibhilfe, Assistent etc. sind eigene Aktanten und der am Computer generierte Brief entsteht als gemeinsames Produkt von Nutzer und Programm.

Als *Reversibles Blackboxen* bezeichnet Latour den Umstand, dass Alltagsnutzer die in technischen Artefakten verborgenen Einzelaspekte und -programme in der Regel ausblenden bzw. nichts davon wissen (vgl. auch Swertz 2008: 66). Ins Bewusstsein kommen sie erst, sobald etwas fehlerhaft oder defekt ist und der Handlungsablauf gestört wird. Insofern werden die in technische Artefakte eingebauten Handlungsprogrammverkettungen im Akt alltäglicher Benutzung *geblackboxt*. Hier sich nach Schäffer z. B. Wahrnehmungsdifferenzen bei unterschiedlichen Generationen von Computernutzern: Während es jüngere Benutzer „als selbstverständlich erachten, die darin [im Computermedium, S. H.] aufgeschachtelten komplexen Handlungsprogramme zu nutzen, ohne sie unbedingt bis in die letzte Einzelheit zu verstehen, ist es den Älteren wichtig, die black boxes in ihren Einzelfunktionen nachzuvollziehen" (Schäffer 2001: 55).

Als *Delegation* schließlich bezeichnet Latour, dass Techniken *selbst* in der Lage sind, Bedeutungen zu erzeugen und – darüber modifiziert – zu handeln: So handeln z. B. auch Bodenschwellen auf der Strasse (so genannte „schlafende Polizisten"), weil sie den Autofahrer – ebenso wie ein echter Polizist – zur Verringerung seines Tempos zwingen. In die Schwelle ist das Handlungsprogramm der Konstrukteure gleichsam hineinzementiert und dadurch hat gewissermaßen eine akteuriale Verschiebung stattgefunden: Denn obwohl der Konstrukteur längst unsichtbar ist, wird die Nutzung (hier: das Befahren der Strasse) noch von ihm beeinflusst. Den Bezug zu Medien stellt Schäffer her, indem er zeigt, wie z. B. ein PC-Betriebssystem als ein komplexes Gebilde mit bestimmten Handlungsanforderungen funktioniert, das von PC-Nutzern entweder als Einschränkung oder aber als Option mit Handlungsfreiheiten erfahren werden kann (vgl. 2001: 57).

Was in Latours Konzeption über alle Arten von Vermittlung hinaus aktiv und bei der Verfolgung eines Ziels beobachtbar wird, ist ein so genannter *Dritter*: Aus der Synthese von Subjekt und Objekt wird ein *Hybrid-Akteur* (vgl. Latour 1998: 35). Diese Vorstellung zwingt zur Aufgabe „der Dichotomie von Subjekt und Objekt, bei der es sich um eine Unterscheidung handelt, die dem Verständnis von Technik, ja sogar dem von Gesellschaften im Wege ist" (Latour 1998: 36). Zusammengefasst behandelt sein Ansatz also Menschen und Dinge als Aktanten, welche gleichermaßen wirksam werden können und durch das Eingehen von Allianzen in eine heterogen gemischte Handlungseinheit – den Hybrid – führen.

Der Ertrag der Latour'schen Sichtweise ist Gegenstand kontroverser Diskussionen. Schäffer bescheinigt diesem Ansatz ein weitaus höheres Irritationspotenzial als anderen techniksoziologischen und -philosophischen Ansätzen, da sich Latour, indem er „technische Artefakte als ‚Quasi-Andere' handeln lässt, mit seinem Ansatz an eine ontologische und auch in der Alltagswahrnehmung bestehende Grenze herantastet" (2001: 57). Allerdings bleibe es bei aller Faszination schwierig, angesichts des Postulats der unaufhebbaren Verknüpfung von Mensch und Technik noch konkrete Interaktionen untersuchen zu wollen. Latour den „Vorwurf des Essayismus" zu machen (ebd.), nur weil sein Ansatz „an einer philosophischen Grundüberzeugung widerspricht: Nur Menschen können ‚handeln', Dinge ‚wirken'" hält Schäffer (2001: 57) allerdings für unberechtigt.

Aus Sicht der Techniksoziologie gilt Latours Ansatz als fruchtbare Ressource, die „Technikvergessenheit" der Sozialwissenschaften, ihr Nicht-Beachten der Materialität, zu überwinden (vgl. Joerges 1996; Rammert 1998; Degele 2002; Tully 2003). Ein Mehrwert, der entsteht, wenn Handeln mit Technik als *symmetrisch* gedacht wird, liegt für Rammert (2007) darin, dass Handeln „auf verschiedene Instanzen verteilt sein kann, eben nicht nur auf Menschen, sondern auch auf natürliche Dinge, die einbezogen werden, und künstliche Sachen, die gemacht werden" (ebd.: 33). Deswegen gelte es, die innerhalb von Praktiken hergestellten *Beziehungen* zwischen den heterogenen Einheiten zu betrachten (ebd.: 34 ff.).

Mit Schelhowe (2007a) kann festgehalten werden, dass an Latours Konzeption vor allem der Begriff der *Handlungsträgerschaft* besticht, denn mit dieser Bezeichnung kommt eine bestimmte Art der *Konstellation* von Nutzer und Technik in den Blick, nach der sich nicht nur die Absicht des Nutzers, sondern auch Technik selbst in ihrem Gebrauch verändert (vgl. ebd.: 28). Technische Handlungsoptionen entstehen dadurch nicht (ausschließlich) durch Prinzipien erfolgreicher und rationaler Bewältigung oder Kontrolle, sondern ergeben sich ebenso stark durch ein „Sich-Einlassen auf die Technologie, durch ein Sich-Überraschen-Lassen und Sich-Anregen-Lassen" (ebd.). Das bedeutet, dass die Genese von technikbezogenen Handlungsoptionen nicht linear oder einseitig zu verstehen ist, sondern komplex und vielschichtig verlaufen kann (vgl. dazu auch Möller 1990) – vor allem im *Zusammenspiel* eines rationalen, kognitiven Kalküls mit spielerischen, affektiven Komponenten. Beides ist Bestandteil der Handlungsfähigkeit mit Medientechnik: Auf der einen Seite „Immersion, Eintauchen in die virtuelle Welt, Identifikation mit dem Computer und Anthropomorphisierung des Computers, emphatisches Akzeptieren seiner Potenziale", auf der anderen Seite „auch das Wissen um die Hergestelltheit und Rationalität der logischen Operationen der Maschine" (Schelhowe 2007a: 28). Zu fragen wäre, zusammenfassend formuliert, ob und wie sich diese Aspekte bei konkreten, empirisch beobachtbaren Akteuren, nachzeichnen lassen.

3.5.2 Medien als Gegenstand sozialer und kultureller Praxis

Die im letzten Abschnitt angesprochene Handlungsfähigkeit beim Umgang mit Technik ist auch Gegenstand eines Diskurses, der diesen Umgang als *Praxis* konzeptualisiert. Während die Perspektive der Handlungsträgerschaft von Technik vor allem die *Qualität* und das *Resultat* des Medienumgangs betrachtet, stellt sich hier die Frage, als welche *soziale und kulturelle Form* dies beschreibbar ist.

In dieser Weise argumentiert vor allem Hörning (1994; 2001; 2005), dessen Ansatz sich – ähnlich den vorangegangenen Überlegungen – gegen einen einseitigen Determinismus wendet und den Gebrauch von Technik um den Aspekt des *praktischen Wissens* erweitert. Als theoretischer Integrationsversuch soziologischer Praxistheorien (vor allem von Bourdieu und Giddens) orientiert er sich an einer dialektisch gedachten Struktur von Technik und Kultur, nach der Technik „nicht nur eine kulturelle Seite", sondern Kultur „auch eine materielle Seite" hat (Hörning 2001: 74). Der Gebrauch von Technik und Medien darf deshalb nicht in einen beschönigenden Relativismus führen, der Anpassungszwänge und Folgeketten der fortschreitenden Technisierung des Alltags verschweigt, „so als ob Technik im alltäglichen Handeln je nach sozialer und kultureller Situation stets beliebig interpretierbar und einsetzbar wäre" (Hörning 2001: 35). Technik *hat* zwar einen Dingcharakter, gerade der Computer aber macht deutlich, dass „das Plädoyer für das Ernstnehmen der Dinge seine Tücken hat. Gerät man doch allzu leicht in eine Art ‚Dingmetaphysik' des ‚Dings an sich', des verselbständigten Apparats, ja, der Menschenähnlichkeit von Maschinen" (2001: 69). Während eben dies dazu führe, technischen Artefakten ein Eigenleben und somit Macht zuzusprechen, entstehen Handlungsoptionen für Hörning erst innerhalb einer sozialen Praxis, weswegen Technik – anders als bei Latour – streng genommen nicht als eigenständig handelnd gelten kann. Diese Praxis ist allerdings nicht nur „Anwendung vernünftiger Mittel zur Erreichung vorgegebener Zwecke und Ziele. Sie ist mehr" (Hörning 2001: 14). Dahinter steht die Auffassung, dass Handeln und Tun eher sozialen Praktiken und weniger intentionalen

Prinzipen folgt[97] – eine Annahme, die unmittelbar bei Bourdieu (1998) wurzelt, dessen Handlungstheorie besagt, dass die überwiegenden Handlungen der Menschen „etwas ganz anderes als die Intention zum Prinzip haben, nämlich erworbene Dispositionen, die dafür verantwortlich sind, daß man das Handeln als zweckgerichtet interpretieren kann und muß", ohne jedoch von „einer bewussten Zweckgerichtetheit als dem Prinzip dieses Handelns ausgehen zu können" (Bourdieu 1998: 167 f.).

Praktisches Handeln findet Ausdruck in unmittelbarer Relation zur Dinghaftigkeit, also darin, *wie* sich Subjekte darin verflechten und sich damit auseinandersetzen. Das dabei eingesetzte praktische Wissen ist in den diesbezüglichen Erfahrungen sozialer Akteure enthalten (vgl. dazu auch Abschnitt 1.3). Giddens (1984) leitet daraus ab, sozialen Akteuren grundsätzlich die Fähigkeit zu einem „praktischen Theoretisieren" mit einer gegenüber wissenschaftlicher Reflexion eigenständigen Rationalität zuzusprechen. Das bedeutet für ihn, dass „‚praktisches Theoretisieren' von Laien nicht einfach als Hindernis für ein ‚wissenschaftliches' Verständnis menschlichen Verhaltens übergangen werden kann, sondern „ein lebenswichtiges Element ist, durch das dieses Verhalten von den Handelnden konstituiert oder ‚in die Tat umgesetzt' wird" (ebd.: 63). Die in diesem Prozess generierten Wissensvorräte, aus denen die Gesellschaftsmitglieder schöpfen, um eine sinnhafte Sozialwelt zu gestalten, sind für Giddens „selbstverständlich", „stillschweigend" und „pragmatisch ausgerichtet" (ebd.). Der sozial Handelnde verfügt über Wissen, das er „kaum systematisch ausdrücken kann und für das die Wissenschaftsideale – Präzision der Formulierung, logische Vollständigkeit, klare lexikalische Definition – nicht relevant sind" (ebd.: 63/64).

Diese auf Bourdieu und Giddens aufbauende Perspektive des praktischen Wissens fokussiert Prozesse des Hervorbringens und der Veränderung *mit* technischen Dingen. Das von praktischem Wissen unterlegte Handeln folgt jedoch nicht allein einem Zweck-Mittel-Vokabular, denn dieses „sagt viel zu wenig über die möglichen Umgangsweisen mit den Dingen aus" (Hörning 2001: 165). Objekte werden nicht allein instrumentalisiert, sondern sie entfalten sich vor dem Hintergrund von Interesse und fortlaufender Handhabung „nicht nur als Gegenstände der Effizienz, sondern auch der Kommunikation und Interaktion, des Konsums und des Spiels, der Neugierde, der Wissensanwendung und des Vergnügens" (ebd.). Um dies zu verdeutlichen, unterscheidet Hörning zwischen *praktischem Wissen* und *technischem Können*: Technisches Können ist „ist zweckbezogener, Erfolg und Misserfolg lassen sich weithin recht klar beantworten" (Hörning 2005: 308). Im Gegensatz dazu entbehrt praktisches Wissen „eindeutiger Bewertungskriterien und ist deshalb nicht so entschieden und sicher. Es ist ein Vermögen, das sich aus der Fülle des Alltags und seiner Kontingenzen eher als ‚Urteilskraft' herausbildet" (ebd.). Dieses praktische Wissen konstituiert und begründet zugleich eine Handlungsnormalität im Alltag, denn im Zusammenhang mit einem häufigen und regelmäßigen „Miteinandertun" bilden sich „gemeinsame Handlungsgepflogenheiten heraus, die sich zu kollektiven Handlungsmustern und Handlungsstilen verdichten und so bestimmte Handlungszüge sozial erwartbar werden lassen" (Hörning 2001: 160).

---

[97] Vgl. zur Kritik an intentionalistischen Handlungstheorie auch Nohl (2006b: 15): Indem der Intentionalismus reflektierende und nicht-reflektierende Momente dichotomisiert, d. h. die Reflexion der Handlung als vorgängig zu deren Ausführung begreift, können Handlungen „nur noch als Entscheidungen aufgefasst werden" (ebd.).

Soziales Leben, und mit ihm die Technik, ist deshalb ein Geflecht aus eng miteinander verwobenen Handlungspraktiken, in deren Vollzug die Handelnden nicht nur „Routinen einüben und Gebrauchswissen erlangen", sondern auch „Einblick in und Verständnis für die Mithandelnden und die Sachwelt gewinnen und sich so allmählich und weithin unthematisch gemeinsame Handlungskriterien und Beurteilungsmaßstäbe herausbilden" (Hörning 2001: 162). Die Betrachtung dieser Prozesse entspricht, in Überwindung eines traditionell technikdeterministischen Blickes, einer *Kulturperspektive*, welche davon ausgeht, dass Medien-Technik den Alltag zwar durchdringt, dieser aber gleichzeitig äußerst komplex und nicht restlos formalisierbar ist. Erst im praktischen Handeln werden Nutzungsspielräume und Möglichkeitspotenziale exploriert und diesem Handeln wird ein gewisser *Eigensinn* unterstellt (vgl. Hörning 2001: 41). Auf diese Weise gelingt es einer Kulturperspektive, auch in einem so „materialistischen Feld wie der Technik (...) die Bedeutung herauszufinden, die Menschen an die Dinge herantragen bzw. aus dem Umgang mit ihnen gewinnen" (ebd.: 46).

Eine ähnliche Position wird in den so genannten Cultural Studies vertreten, einem in der Tradition des Birmingham Centres for Contemporary Cultural Studies entwickelten interdisziplinären Ansatz zur Analyse von Kultur und kulturellen Praktiken. Auf Grundlage der Ende der 1970er Jahre entstandenen Arbeiten von John Clarke und Paul Willis präsentieren die Cultural Studies ein vielfältiges und multidimensionales Theorie- und Forschungsprogramm.[98] In einem Einzelmedien abstrahierenden Zugang verfolgen sie die übergreifende Fragestellung, „welche Rolle Technologieentwicklung für den Wandel unserer heutigen Medienkulturen spielt und wie Technologien dabei konkret in den Alltag eingebettet werden" (Hepp 2008: 147). Medienkultur umfasst in diesem Rahmen nicht nur bestimmte Objekte, Produkte oder Wissensbestände, sondern sie zieht sich vielmehr „durch sämtliche soziale Praktiken" (Fritzsche 2003: 23). Dieses kulturanalytisches Verfahren beschränkt sich folgerichtig „nicht auf Produkte der Hochkultur (...), sondern bezieht notwendig die ‚popular cultures' mit ein" (ebd.), denn auch sie sind Ausdruck und Bestandteil von Kultur als einer symbolischen „Welt um uns herum, in der wir denken, handeln, fühlen und erleben, in der Sinn und Bedeutung unseres Handelns und Verstehens angelegt sind" (Krotz 2000: 165).[99] Die je unterschiedlichen Bewegungen innerhalb von Kultur werden als aktive Tätigkeiten und Orientierungen charakterisiert, sodass sich Medienrezeption und Alltagskultur eng miteinander verweben. Medien und Identitätsbildung werden deshalb auch als untrennbar erachtet, weil Medien wie keine anderen Sinnlieferanten symbolische Ressourcen anbieten, die zu Quellen der Identitätsbildung werden können.[100]

---

[98] Vgl. grundlegend Krotz 2000; Hepp 2004; Winter 2005; Winter 2006

[99] Dies entspricht einem (sozial-)anthropologischen Konzept von Kultur im Sinne von Geertz (1991): Kultur umfasst danach „die Summe aller materialisierten und ideellen Lebensäußerungen, sowie die internalisierten Werte, Haltungen und Sinndeutungen, die auch in ihren historischen Dimensionen betrachtet werden" (Friebertshäuser 1997a: 509).

[100] Vor allem Stuart Hall (1999) hat das Subjekt vor diesem Hintergrund als „postmodern", dezentriert und plural beschrieben. Im Zuge der Globalisierung kommt es nach Hall zur Ausbildung vielfältiger, auch sich widersprechender, Identitäten. Gerade die Globalisierung „hat eine pluralisierende Wirkung auf Identitäten, schafft eine Vielzahl von Möglichkeiten und neuen Positionen der Identifikation und gestaltet Identitäten positionaler, politischer, pluraler und vielfältiger sowie weniger fixiert, einheitlich und transhistorisch" (Hall 1999: 434).

Dass damit die kulturelle Seite des Subjekts in den Vordergrund gerückt wird, gilt als zentraler Motor der Entwicklung der Cultural Studies (vgl. Hörning 2001: 187) und verdeutlicht zugleich ihr Hauptanliegen: Handeln mit Medientechnologie gehört demnach als *kulturelle Praktik* zu *symbolischen Ausdrucksformen* in einer Gesellschaft, indem diesen auch Angebote von Medientechnologien zugerechnet werden, die Realitätsvorstellungen konstruieren und offerieren (vgl. Schicha 2008: 188). Dadurch werden Medienhandelnde „nicht nur mit diesen Realitäten konfrontiert, sondern auch in die jeweilige Gesellschaft mit eingebunden" (Jäckel 1996: 158). Handeln als Synonym für soziale Praxis verweist auf Muster der Lebensführung, welche die Mediennutzung maßgeblich mitbestimmen (vgl. ebd.: 159). Dieses Handeln erfolgt vor der Annahme eines *doppelseitigen Wissen*: Einerseits existieren kollektive Wissensschemata, die im Sinne eines Wissensrepertoires vielfältige Ausprägungen annehmen können und sich formal verfestigt haben, z. B. in Form von Symbolen, Diskursen, Artefakten, Technologien. Anderseits stehen dem gegenüber bestimmte Wissenskompetenzen, welche sich in Form von praktischen Fähigkeiten und Routinen darstellen, mit Objekten und Angeboten in der Welt umzugehen (Hörning 2001: 186).[101] In ihrer Einbindung in eine soziale Umgebung sind Medienhandlungen daher kontextuell verankerte gesellschaftliche Praxis, in welcher Bedeutungen von Artefakten „nicht vorgegeben sind, sondern erst auf der Basis sozialer Erfahrungen produziert werden" (Winter 2005: 53).

Medien wie auch andere Konsumwaren lassen sich vor diesem Hintergrund als „selbstverständlicher Bestandteil der kulturellen Praktiken von Jugendlichen" (Fritzsche 2003: 34) bezeichnen, wobei im Kontext einer „diesen Populärkulturen und der Alltagskultur generell zugrunde liegenden symbolischen Arbeit" über Medien vermittelte Bedeutungen in einem eigenen Sinne „aufgenommen, verworfen oder umgedeutet" werden (ebd.: 34). Wenn es, wie von Fritzsche artikuliert, um einen *eigenen Sinn* geht, der die Auseinandersetzung des Subjekts mit Medien strukturiert, verbindet sich damit eine Ablehnung einer *Dichotomisierung* von Kultur und kulturellen Praxen. Dadurch wiederum werden implizite und verborgene Umgangsweisen und Praktiken zum Gegenstand sozialwissenschaftlicher Beobachtung erklärt. Erst wenn man Kultur *nicht* auf die „offizielle Sphäre von Bedeutung und Repräsentation" reduziert (Hörning 2001: 188), treten die „zahlreichen, oft impliziten und nicht-semantischen Wissensbestände und Umgangskompetenzen hervor, die als gemeinsame kulturelle Vorannahmen den Alltagspraktiken unterliegen" (ebd.). Diese Form der sozialwissenschaftlichen Betrachtung alltäglicher, nicht pränormierter Gegenstände und Praktiken bezeichnen Müller et al. als „pop-fähig" (2002: 10), da sie Objekten populärer Kultur eine grundsätzliche Dignität zuspricht, zum Gegenstand der Betrachtung zu werden „und damit soziologiefähig zu sein" (ebd.). Die Bedingung dafür ist die Überwindung eines ästhetischen Paradigmas, „nach dem sich populäre und reine Ästhetik fundamental unterscheiden" (ebd.: 11).

Vor allem mit Rückgriff auf Bourdieu lässt sich zeigen, dass eine solche Grenzziehung für eine sozialwissenschaftliche Beobachtung sozialer und kultureller Praxen nicht

---

[101] Hörning (2001) spricht von einem *Doppelcharakter der Kultur*, denn diese ist einerseits ein „ermöglichendes und einschränkendes Repertoire an Deutungs-, Regel- und Wissensbeständen" wie andererseits auch „praktisches Wissen und interpretatives Können, das in den Handlungspraktiken des Alltags seinen – oft impliziten – Ausdruck findet" (ebd.: 186).

tragfähig ist. Bourdieu (1970: 162) hatte eine Ästhetik kritisiert, die von einem „Mythos des reinen Auges" getragen ist und somit Wahrnehmungen unabhängig von sozialem Code unterstellt. Durch diese Auffassung wird negiert, dass die Wahrnehmung von Dingen und Objekten, ebenso wie eine individuell kultivierte Alltagspraxis, immer eingeschliffenen Wahrnehmungsmustern folgt. Deutlich wird dies am Beispiel eines Betrachters, der versucht, ein Werk einer ihm fremden Kultur zu entschlüsseln: Aufgrund seiner eigenen Erfahrung wendet dieser automatisch einen Code an, der für seine alltägliche Wahrnehmung und damit für die Entschlüsselung ihm *vertrauter* Gegenstände gilt (vgl. Bourdieu 1970: 162).

Folgt man Bourdieu, ist einer reinen Ästhetik direkt zu widersprechen, weil sie als Machtmittel zur ideologischen Legitimation fungiert: Indem sie Unterschiede zwischen so genannter *hoher* und *populärer* Kultur festschreibt, inkludiert sie die diejenigen, die in der Lage sind, den legitimen Code der dominanten Kultur zu beherrschen und exkludiert die, welche dies nicht sind. Auf diese Weise werden kulturelle Formen und Objekte *naturalisiert* und ihre soziale Konstruktion und damit Macht- und Herrschaftspotentiale verschleiert.[102] Den Blick gleichsam „von oben" auf kulturelle Artefakte und Praktiken hält Bourdieu für eine Art von *Ethnozentrismus* (1970: 163) einer bestimmten Bildungssphäre und deren Anhängern:[103] Darin wird eine Wahrnehmungsweise für *natürlich* gehalten, „die doch nur eine unter anderen möglichen ist und durch eine mehr oder weniger dem Zufall überlassene oder zielgerichtete, bewusste oder unbewusste, institutionalisierte Erziehung erworben wird" (Bourdieu 1970: 163). Als ethnozentrisch im Sinne Bourdieus erschiene dann eine Betrachtung von Mediennutzungsmustern Heranwachsender, die von objektiven, normativen und vorab qualifizierten Kategorien ausginge, anstatt – andersherum – deren Genese, die alltagsbezogene Sinnhaftigkeit und die soziale Einbettung zu hinterfragen.

Der von Bourdieu geforderte Paradigmenwechsel hat gravierende Konsequenzen für die Betrachtung von Medienhandlungen: Zum einen verlangt er, die „Kompetenzen zu würdigen, die zur Produktion und Rezeption populärkultureller Objekte notwendig sind" (Müller et al. 2002: 12); zum anderen verbietet er, Medienhandlungen, die klassischerweise als „Unterhaltung" bezeichnet werden, geringzuschätzen oder sogar – wie etwa im Fall der *Vermassungsthese* der Kritischen Theorie Adorno'scher Prägung[104] – abzuwerten, wenn nicht symbolisch zu exkludieren. Kritikwürdig erscheinen vor diesem Hintergrund z. B. Forderungen, die in bewahrpädagogischer Manier zum kollektiven Boykott der Medien aufrufen, indem sie z. B. eine so nicht (mehr) existierende Wirk-

---

[102] Diese Naturalisierung ist für Bourdieu auch Ausgangspunkt seiner Kritik an einer bildungsmäßig betonten Auffassung und Zementierung kultureller Diversität: „Allein durch die Ausklammerung der sozialen Bedingungen, denen sich die Bildung und die ‚zu Natur gewordene' Bildung, eben die kultivierte Natur, allererst verdankt – jene Bildung, die alle Zeichen der Begnadung und Begabung aufweist und dennoch erworben, also ‚verdient' ist –, kann die charismatische Ideologie sich durchsetzen, die der Kultur und insbesondere der ‚Liebe zur Kunst' den zentralen Platz einräumt, den sie in der bourgeoisen ‚Soziodizee' einnehmen. Der Bourgeois findet natürlicherweise in der Bildung als kultivierter Natur und naturgewordener Kultur das einzig mögliche Prinzip der Legitimation seines Privilegs" (Bourdieu 1970: 195).

[103] Dies erfolgt bei Bourdieu vor dem Hintergrund eines Sphärenmodells der kulturellen Legitimationslogik, das sich in Bezug auf jeweilige Legitimationsansprüchen ausdifferenzieren lässt (Bourdieu 1970: 109).

[104] Populäre Musik etwa ist „objektiv unwahr und hilft das Bewusstsein derjenigen zu verstümmeln, die ihr ausgeliefert sind" (Adorno 1962: 53 zit. n. Müller et al. 2002: 11).

lichkeit „bewahren und musealisieren" (Zacharias 2001: 70) und so eine Universalisierung „des mittelständischen Kulturbegriffs" betreiben (Mollenhauer 1996: 141; vgl. auch Fürstenau 2007). Sie übersehen, dass sie auf diese Weise einen Großteil vor allem kinder- und jugendkultureller Medienhandlungen diskriminieren[105] und damit einer Herabwürdigung derjenigen Subjekte Vorschub leisten, „die bestimmte Kulturgenres und Umgangsweisen damit präferieren" (Müller et al. 2002: 11; vgl. auch Sanders 2002).[106]

Um die in diesem Zitat genannten *Umgangsweisen* und *Präferenzen* zu thematisieren, ist in den Cultural Studies der Begriff *Alltagskompetenzen* vorgeschlagen worden. Gemeint sind damit entwickelte wie auch sich noch entwickelnde Fähigkeiten, Medien in die eigene Lebenswirklichkeit zu integrieren, auch wenn die dabei eingesetzten Wissensbestände nicht in dem Maße diskursiv reflektiert sind, wie die Kompetenz professioneller Experten. Aufgrund dessen sind Mediennutzer „keine ferngesteuerten Medienopfer, sondern entwickeln im Umgang mit Medien Wissen- und Wahrnehmungsmuster, die sie (...) produktiv zur personalen Identitätssicherung und kulturellen Selbstverortung einsetzen" (Vogelgesang 2002: 177). Der dafür gebrauchte Begriff der Alltagskompetenz „ist dabei eng mit der Vorstellung verbunden, dass alltägliche Nutzerinnen und Nutzer von Medien keine ‚kulturellen Trottel' sind, sondern über eine ‚Medienliteralität' verfügen" (Hepp 2004: 274). Aus diesen Überlegungen leiten sich zwei entscheidende Schlussfolgerungen ab: Zum einen erzwingen sie die Abkehr von elitären, etwa klassisch bildungsbürgerlichen oder feuilletonistischen Sichtweisen, wie sie z. B. von einschlägigen Protagonisten der vermeintlichen Hochkultur apostrophiert werden.[107] Zum anderen untermauern sie eine Praxisperspektive und führen somit zurück zur Alltagsnutzung von Medientechnologien als eines *praktischen Umgangs*.

Mit der Betonung des praktischen Umgangs mit Dingen, so lässt sich zusammenfassen, werden Medien und Technik in den Analysezusammenhang einerseits von Herstellung und Verwendung, andererseits von Fremd- und Vertrautsein des Menschen mit den ihn umgebenden Artefakten gestellt. Um die Implikationen von Technik zu verstehen,

---

[105] Vermutlich *nicht* in dieser Absicht, aber genau *so* argumentierend schreibt etwa Hartmut von Hentig: „Die Kultgestalten und Kommunikationspartner, die Kriege der Sterne und das Reality-TV, die Videoclips und das Sichausstellen in Home-Pages schieben sich vor die Aufgabenlosigkeit, vernebeln die Langeweile, entheben den Medien konsumierenden Menschen der Skrupel des Geschöpfs, das sein Brot im Schweiße seines Angesichts essen sollte. Easy going and no problem, Antibabypille und Sozialdarwinismus, Selbstverwirklichung pur und der Walkman im Ohr – das sind schon die weichen Stellen im Deich gegen die große elektronische Flut. Die Erosion der Bürgerverantwortung durch die telematische Scheinwelt ist voll im Gang" (von Hentig 1998: 36).

[106] Ein Beispiel dafür, wie kulturelle Identität verletzt wird, weil Bildungsinstitutionen die populärkulturellen Identitäten ihres Klientels nicht respektieren liefert Harnitz (2002).

[107] Ein prominentes Beispiel für den *elitär-kulturkritischen Blick* auf populäre Formate und deren Aneignung gibt Botho Strauss in seinem „Anschwellenden Bocksgesang" (1993). Strauss schlägt z. B. vor, Talkshowteilnehmern ihr Recht auf Intimsphäre abzuerkennen, da sie es selbst ohnehin nicht mehr beanspruchten, und möchte populäre Formate nicht mehr unter dem Begriff Kultur gelten lassen: „Wenn man nur aufhörte, von ‚Kultur' zu sprechen, und endlich kategorisch unterschiede, was die Massen bei Laune hält, von dem, was den Versprengten (die nicht einmal eine Gemeinschaft bilden) gehört, und wie beides voneinander durch den einfachen Begriff der Kloake, des TV-Kanals für immer getrennt ist... Wenn man zumindest beachtete, daß hier nicht das gemeinsame Schicksal *einer* Kultur mehr vorliegt – man hätte sich einer unzähligen Zeitungsseiten füllenden ‚kulturkritischen' Sorge endlich entledigt." (ebd.: 207). In ähnliche Richtung weisen jüngst die Äußerungen von Paul Nolte (2004), der im Rahmen einer kulturalistischen Klassentheorie Medienkonsum als eine zentrale Ursache für das „Elend der Unterschicht" herausstellt und dieses „unzivilisierte Verhalten" durch eine Leitkultur überwinden will.

die sich gerade nicht in materiell-funktionalen Herstellungs- und Gebrauchswerten erschöpfen, überwindet diese Perspektive sowohl einen *Technikdeterminismus* als auch eine *Entmaterialisierung sozialen Handelns:* Es werden „sowohl die institutionelle Vereinnahmung der Dinge als auch die krasse Gegenüberstellung von sozialem und dingbezogenem Handeln obsolet" (Hörning 2001: 71). Es bedeutet, Artefakte als Träger vielfältiger und „nicht ausschließlich technisch-funktionaler Sinnsetzungen" zu begreifen (ebd.: 73) und nach der Wechselwirkung zwischen *Anpassung* an technische Vorgaben und den *Praktiken* des Umgangs zu fragen, innerhalb derer mit Medientechnik gehandelt und sich subjektiv nützliche und relevante Eigenschaften erschlossen werden. Dies entspricht einem genuin sozialwissenschaftlichen Technik-Konzept, nach dem es wenig hilfreich ist, Technik „ausschließlich unter der Perspektive zweckrationalen Handelns zu begreifen" (Degele 2002: 34), sondern stattdessen offen ist für differenzierende und detailgenaue Sichtweisen. Es impliziert ebenso, dass technische Artefakte selbst nicht völlig neutral sind, so als ob ihnen je nach Belieben Bedeutungen zugeordnet werden können. Sie sind – neben ihren technisch-funktionalen Inhalten – grundsätzlich Kulturobjekte oder auch selbst codierte Bedeutungen. Medientechnik wie auch der Umgang damit unterliegen also gesellschaftlichen Konventionen und Vorstellungen. In dieses Spannungsfeld ist das Handeln mit Medien eingebunden.

3.6 Zusammenfassung

Das zurückliegende Kapitel hatte die Absicht, in Durchsicht einiger einschlägiger Medien- und Techniktheorien verschiedene Sichtweisen zu rekonstruieren. Dabei bin ich von der engen Verbindung von Technik und Medien ausgegangen und habe mich auf eine exemplarische Diskussion technisch vermittelter Erfahrungsformen beschränkt. Mit dieser grundlagentheoretischen Diskussion wurde ein sehr breites Feld aufgespannt, womit das Ziel verfolgt wurde, nicht allein medienpädagogischen Begrifflichkeiten des common sense verhaftet zu bleiben („der Computer" und „das Internet"), sondern Technik und Medien zunächst konzeptionell übergreifend zu bestimmen.

Orientiert habe ich mich dabei am – wenn auch schmalen – medientheoretischen Konsens, nach welchem Medien Einfluss auf die Erfahrungsmöglichkeiten der Subjekte, ihr Selbstverständnis, ihre Deutungsmuster und ihr Weltbild haben (vgl. Helmes/ Köster 2002: 15). Gezeigt hat sich dabei, dass die Deutungsangebote von Technologien unübersichtlich und unterschiedlich im Ansatz sind (vgl. Rammert 2007: 81). Ähnlich Kapitel 2 leistete dieses Kapitel keine exakte operationalisierfähige Begriffsklärung, sondern spannte zuallererst einen Rahmen auf, innerhalb dessen Medientechnologien diskursiv zugänglich gemacht wurde, um im Rückriff darauf über ein möglichst breites Spektrum an Deutungshorizonten und Interpretationsreservoirs zu verfügen.

Dazu wurde zunächst aufgezeigt, inwiefern in Technik und Medien Möglichkeiten und Bedingungen liegen, handlungsfähig zu sein bzw. zu werden. Aus anthropologischer Sicht wurde eine Materialisierung von Möglichkeiten der Aneignung von Wirklichkeit, andererseits die Verstärkung bestimmter Formen von Wirklichkeitsaneignung herausgestellt. Der Nutzwert von Medien entsteht hier dadurch, dass „komplexe kognitive Operationen an die Auslagerung von Gedächtnisleistungen und an ihre Repräsentation in einem Medium gebunden sind" (Wagner 1996: 11). Fasst man an Technik gebundene Medien als Organersatz, Organentlastung und Organüberbietung, dann erweitern sie nicht nur den Horizont der Kommunikation, sondern sie intensivieren und modifizieren individuelle und gesellschaftliche Möglichkeiten zur Kommunikation und zur Aneignung von Wirklichkeit insgesamt, einschließlich der damit verbundenen Prozesse der Informationserfassung, -speicherung, -verarbeitung und -übermittlung. Vor diesem Hintergrund erscheinen sie als kulturrelevante und kulturverändernde Instanzen. Dass der Mensch auf Technik angewiesen ist impliziert das Mensch-Technik-Verhältnis als ein der menschlichen Reflexion zugängliches. Statt der Wahrnehmung, an Technik ausgeliefert zu sein, ist ihre Nutzung in Relation zu Fähigkeiten der Aneignung, Gestaltung und Kultivierung möglich. Technik ermöglicht die Generierung von Erfahrungen, bedingt eigene Erkenntnisse und ist für die Konstruktion individueller *Sinnhorizonte* konstitutiv. In ihren Potenzialen können Medientechnologien als Formen bzw. Möglichkeiten der *Weltbemächtigung* begriffen werden. In ihrem Gebrauch mischen sich Ideen, Vorstellungen und Wünsche über die Welt und sich selbst. Technik kann die menschliche Gestaltungs- und Formungskraft anregen und darüber als Vehikel dienen, Umwelt zu beeinflussen. Die Produktion von und Umgang mit Technik war und ist mit mythischen Bildern assoziiert und dazu geeignet, Macht- und Ermöglichungsfantasien anregen. Aus Sicht der Nutzer können sich in den Umgang auch Aspekte von Kontrolle, Beherrschung und Handlungsbewusstsein, ebenso aber auch Ohnmacht und Angst einschreiben.

Aus den Überlegungen zur Technisierung in ihrer Verbindung zu sozialer und individueller Entwicklung sind Technologien Bestandteile der historisch-gesellschaftlichen Lebensbedingungen, deren Grundstruktur dialektisch erscheint. Medien und Technik sind unmittelbar mit Prozessen gesellschaftlicher Transformation verknüpft und führen zu fundamentalen Adaptationsprozessen, beschreibbar als Prozess der Domestizierung. In ihrer Gestaltbarkeit sind Technologien mit menschlichem Handeln und Lernen assoziiert. Der Mensch gerät bezüglich der Nutzung und Anwendung der Technologien in ein Spannungsverhältnis von Freiheit und Zwang; er sieht sich damit konfrontiert, technologische Optionen mit seinen eigenen Handlungsentwürfen in Verbindung zu bringen, Vor- und Nachteile abzuwägen und ihnen vor diesem Hintergrund Bedeutung(en) zu geben.

Die (Medien-)Technik ist damit unhintergehbar in die Ambivalenz von Ermöglichung und Einschränkung eingebunden, was die sie benutzenden Subjekte vor die Aufgabe stellt, diese Ambivalenz auszubalancieren. Darüber hinaus sind mediale Technologien als Bedingung der Möglichkeit zu begreifen, sich über die Welt zu *informieren*, daran *teilzuhaben* und sie sich handelnd zu *erschließen*, wobei die Medialität dieses Modus sich verselbständigt hat und grenzenlos geworden ist. Medien konstituieren und präformieren verschiedene kulturelle Formen des Wissens, Sehens und Erlebens. Sie sind grundsätzlicher Bestandteil einer lebensweltlichen Umwelt, in der sie sich von handelnden Subjekten auf der Grundlage eigenlogischer Rezeptionsformen angeeignet werden müssen. Vor diesem Hintergrund geht von Medien keine lineare Wirkung aus, sondern die Wirkung konstruiert sich in einem interaktiven Prozess der Nutzung.

Auf dieser Mikroebene des Handelns ist der Umgang mit Medientechnologien weder aus einem Technik- noch aus einem Sozialdeterminismus heraus begreifbar. Das Handeln mit Medientechnologien kann als ein „Zusammenhandeln mit" aufgefasst werden, bei dem es zu einem Wechselspiel von in die Technik eingeschriebenen Dispositionen und Handlungspraxen auf Seiten des Nutzers kommt, was zu unterschiedlichen Ausformungen führen kann. Wird sich im Umgang mit Medientechnologien auf diese eingelassen, können Handlungspotentiale aktualisiert werden. Schließlich wurden – aus praxistheoretischer Sicht – Umgangsweisen mit Medientechnologien als komplex und nicht völlig formalisierbar beschrieben. Als kulturelles Handeln entstehen aus medientechnischen Optionen Handlungsspielräume, zu deren Nutzung ein praktisches Wissen befähigt, das implizit bleibt. Medientechnologien werden dadurch quasi kulturalisiert, wobei sich andererseits die Praxis des Handelns damit nicht entmaterialisiert. Als Ergebnis von Praxis werden die impliziten Strukturen von Medienhandlungen vorstrukturiert, gleichzeitig produzieren und reproduzieren die Praktiken diese Strukturen.

Mit diesen Überlegungen verbinden sich weitreichende Fragebereiche und Interpretationsfolien, die für eine empirische Studie anschlussfähig sind und aus denen sich bestimmte Leitideen für das weitere Vorgehen ableiten lassen. Hier scheint mir die Empfehlung Bergmanns hilfreich (2005), der – ähnlich den einleitenden Überlegungen zu diesem Kapitel – vorschlägt, Medien grundsätzlich an *Technologie* zu binden: Aus forschungspragmatischer Sicht und angesichts der Entgrenzungsgefahr des Medienbegriffs hat dies nicht nur die Funktion, „ein erforschbares Gebiet einzukreisen, sondern soll auch den Blick zurücklenken auf die kommunikativen Vermittlungsträger, die wir als ‚Medien' kennen" (Bergmann 2005: 14). Damit richtet sich der Blick auf verschiedene Medien- und Technikbegriffe bzw. -verständnisse, Umgangsweisen, Gebrauchssituationen und Handlungsvermögen, die im Zusammenhang mit den gegenwärtigen Bedingungen der weitgehenden Medialisierung gesehen werden müssen und an diese rückgebunden sind.

4 Synopsis: Medienaneignung als integrative medienhandlungs-theoretische Perspektive

Bei den Ausführungen zu den beiden zentralen Grundlagenkategorien meiner Arbeit sind immer wieder zwei Aspekte herausgestellt worden, und zwar die *Offenheit* der Medien bzw. Technik und die *Subjektivität* des jugendlichen Akteurs. Weiterhin zeigt sich, dass neben dem Produkt bzw. dem Ergebnis einer Medienhandlung auch und vor allem nach dessen *Prozess* gefragt werden muss, der sich in die Bereiche von Wahrnehmung, Nutzung und Bewertung von Medien differenzieren lässt (vgl. Pietraß 2002: 394). So ist davon auszugehen, dass Medienkompetenz weder als angeborene Disposition noch als Ergebnis einer Verhaltensprägung (im Sinne einer Anpassung an eine medialisierte Umwelt) bezeichnet werden kann, sondern vielmehr auf die handelnde Aneignung von Medienangeboten und Kommunikationsmöglichkeiten durch das Individuum zu beziehen ist (vgl. Baacke 1999a, 1999b; Groeben 2002a, 2002b). Der hiermit angesprochene Begriff der *Aneignung* ist bereits an mehreren Stellen der Arbeit gefallen. In diesem Kapitel nun soll er näher expliziert werden, weil er sich als eine integrative medien-handlungstheoretische Perspektive sehr eignet und für die anschließende empirische Untersuchung als Rahmung dienen kann. Dazu wird im Gang durch das Kapitel jeweils auf die entsprechenden Bezüge zu vorangegangenen Stellen der Arbeit verwiesen.

In der erziehungswissenschaftlichen Diskussion ist Aneignung bislang eher als „working term" verankert, weniger als ein grundlagentheoretisch fundiertes Konzept, obwohl der Begriff – auch interdisziplinär – sehr gebräuchlich ist, etwa in professionsorientierten Überlegungen, als Terminus in der Allgemeinen Pädagogik, der Pädagogischen Psychologie sowie der Sonder- und Sozialpädagogik (vgl. Winkler 2004: 74). Winkler stellt überdies fest, dass Aneignung gerade im Zuge der PISA-Studien an Bedeutung gewonnen habe: So sei es als Fazit der Diskussion dieser und anderer jüngerer Untersuchungen geradezu in Mode gekommen, auf *Aneignung* zurückzugreifen, wenn auch nicht „immer explizit und unter Verwendung des Ausdrucks, wohl aber in der Sache" (Winkler 2004: 72), und zwar deshalb, weil „das Konzept und eine ihm folgende pädagogische Praxis besser als andere klären, wie Subjekte (...) lernen und sich entwickeln" (ebd.).

Damit stellt sich Aneignung als ein ambitioniertes theoretisches Programm dar, dass ich für den Kontext der vorliegenden Studie verwenden möchte, und zwar vor allem so, dass der Begriff zunächst die Überlegungen aus Abschnitt 1.3 aufgreift und konkretisiert. In der Diskussion der dort behandelten metatheoretischen Bezüge (symbolischinteraktionistische, sozialphänomenologische und wissenssoziologische) zeigte sich, knapp zusammengefasst, inwiefern diese eine subjektivitätsorientierte Technik- und Medienforschung begründen bzw. einfordern, welche betont, dass die Gegenstände, mit denen die jugendlichen Akteure handeln – also die konkreten Medien – bedeutungsgebundene Artefakte darstellen, die in einen lebensweltgebundenen Wahrnehmungs- und Wissenshorizont lokalisiert sind. Diese Aspekte der lebensweltlichen Orientierungen jugendlicher Akteure lassen sich unter dem Begriff der Aneignung recht gut reformulieren: Zuerst im Kontext der so genannten Kulturhistorischen Schule entwickelt, bezeichnet Aneignung einen jeder Subjektivität vorgängigen Prozess des sich Zueigenmachens „sozialer, gesellschaftlich ausgebildeter Formen und Arten der Tätigkeit", welcher sich „später in innere, geistige Vorgänge um[wandelt]" (Leontjew 1977: 270). Der Modus der Aneignung trifft auf eine Welt, die das Produkt menschlicher Tätigkeit und aus sozialen Fähigkeiten und Operationen aufgebaut ist. Auf diese Weise kommt es zur Aneignung der Umwelt als eines sozialen Bedeutungs- und Handlungshorizontes, der Handeln und Denken des Subjekts konstitutiert. Dies ist kein rein individueller Vorgang, sondern ein durch Beziehungen zu anderen vermittelter:

> „Der Umgang, sowohl in seiner ursprünglichen Form als einer Seite der gemeinsamen Tätigkeit, einer ‚unmittelbaren Kollektivität', als auch in seiner inneren, interiorisierten Form bildet die zweite notwendige und spezifische Bedingung, unter der sich das Individuum die Errungenschaften der historischen Entwicklung der Menschheit aneignet" (Leontjew 1977: 284).

Aneignung ist demnach an den Umgang mit anderen gebunden, wobei die Umgangsformen in der inneren Form des Subjekts *interiorisiert* werden. Aneignung wird also sozial initiiert und ist in einer sozial gestalteten und bedeutungsgeladenen Umwelt fundiert. Unterstrichen ist damit die Einbettung subjektiven Handelns in gemeinschaftliche Kontexte, in der das Subjekt seine Gestalt erst über die Aneignung sozialer Formen gewinnt.

Damit korrespondiert der Begriff meiner Überlegung in Abschnitt 1.3, dass Bildungsprozesse als der Zusammenhang von Erfahrung und Sinndeutung verstanden werden können, die einerseits empirisch zu rekonstruieren sind und die andererseits nicht plan- und steuerbare Eigenaktivitäten haben, die nicht identisch sein müssen mit der Erfüllung curricularer Bildungsansprüche, z. B. dem Erwerb kognitiver Fähigkeiten (vgl. Sting 2004: 43). Wohl nicht zuletzt aufgrund dieses Subjektbezugs hat der Aneignungsbegriff vor allem dort Karriere gemacht, wo sich formale und informelle Bildungsstrategien begegnen (vgl. Liegle 2002: 69; Deinet/Reutlinger 2004).[108] Angebahnt wird damit ein Bildungsbegriff, der „die subjektive Aneignung des Selbst und der Welt als Bildungsprozess versteht, qualifiziert und erweiternd zugänglich macht" (Hafeneger 2004: 84). Damit wird Bildung um subjekthafte und lebensweltbezogene Aspekte erweitert, ohne gleichzeitig in eine gleichsam euphorische Bestimmung jugendlicher Subjektivität zurückzufallen, die im Prinzip auf Idealisierung hinausläuft.[109] Vielmehr verweist Aneignung auf den Prozess der lebendigen, praktischen Auseinandersetzung mit der eigenen psychischen Organisation und der Organisation von Kultur, wobei es sich

---

[108] Beispielhaft zeigt sich dies z. B. in der außerschulischer Jugendarbeit, die sich am Begriff der Bildung orientiert und dabei an Aspekten wie Autonomie, Selbsttätigkeit, Mitverantwortung, Selbstbestimmung, Partizipation, Lebenskompetenz, Eigensinn, Subjektbildung, Diskursivität, Interessenorientierung, Offenheit und Freiwilligkeit betont (Hafeneger 2004).

[109] So hatte beispielsweise Baacke noch 1987 Jugendkulturen und pädagogisches Handeln in scharfen Gegensatz gebracht. Zwischen dem jugendlichem Selbst, seinen Entäußerungs- und Stilisierungsformen und einem – wie immer gestalteten – planvoll organisierten pädagogischen Handeln bestünde eine tiefe Kluft: Auf der einen Seite eine fortschrittliche Jugend, auf der anderen Seite eine rückschrittliche Bürokratie. Jugendkulturen, so Baacke, ließen sich nicht verwalten: Gegen die „Einordnung allen Handelns in die Kategorie soziologischer Analyse und pädagogischer Interventionsstrategien" wendeten sich die Jugendkulturen in „Feier des Subjekts" (Baacke 1987: 211).

um den Akt der „Selbstkonstitution im Medium gesellschaftlicher und kultureller Möglichkeiten" handelt und insofern „um eine Form der Vergesellschaftung und Kultivierung als eigener Leistung des Subjekts" (Winkler 2004: 82).

Inwiefern gerade solche Eigenleistungen Jugendlicher betrachtet werden müssen, zeigen meine Überlegungen in Kapitel 2, da die Jugendphase verstanden werden kann als Prozess der konstruktiven Selbstverortung mit dem Erfordernis relativ hoher Eigenaktivität. Im Prozess der Aneignung sozialer Wirklichkeit entstehen für Jugendliche Handlungsoptionen und können Handlungsentwürfe entwickelt werden, die sich wiederum als Handlungskompetenzen in Form der subjektiven Ausprägung im Alltag niederschlagen können. Dieser Prozess der Subjektkonstitution ist in Zusammenhang mit dem Moment einer biographischen Selbststeuerung (vgl. Kade 1993) zu denken, die vor allem im Zuge der reflexiven Moderne wichtiger geworden ist: So entstehen vor dem Hintergrund vor allem von Individualisierung und Pluralisierung für Jugendliche Optionen der Lebensgestaltung, die sich beträchtlich diversifiziert haben, wobei diese Prozesse möglicherweise durch die Erfahrung eines familiären Migrationshintergrundes modifiziert sein können und insofern Aneignungsstrategien Jugendlicher aus einheimischen Familien und solchen nicht-deutscher Herkunft voneinander abweichen können (vgl. hierzu Abschnitt 2.7).

Aneignung erweist sich dabei als ein *milieusensitives* Konzept, indem sie als über Milieus vermittelt verstanden wird: Milieus werden sichtbar, weil sie (a) „die alltäglich Lebensführung ermöglichen, indem sie einen Entwicklungs- und Lernraum darstellen", weil sie (b) „stützen, indem sie eine weitere Form der Zuverlässigkeit bieten und daher entlasten" und weil sie (c) auch „beschränken, denn sie sind auch ein Vermittlungsmedium gesellschaftlicher Ungleichheit" (Braun 2004: 41). Zu fragen ist also, inwiefern sich Handlungsvollzüge Jugendlicher in milieuvermittelte soziale Beziehungen kontextualisieren, welche Rolle dabei vorgefundene Handlungsräume spielen und welche Handlungsmöglichkeiten darüber hinaus wahrgenommen werden bzw. wahrgenommen werden können.

Aneignung verweist darüber hinaus darauf, dass sich – jenseits der familiären Herkunft Jugendlicher – im Alltag so genannte *Schemata der Welterschließung* ausprägen (vgl. May 2004). Diese treten in Form von Wahrnehmung und Beurteilung „als Werkzeuge der Deutung neuer Situationen" in Erscheinung und sind ebenso „Handlungsschemata, welche als Werkzeuge eines angemessenen Handelns in ihnen fungieren" (May 2004: 53). Beides – Wahrnehmung und Handeln – ist durch die Erfahrung im Umgang mit vergangenen Situationen geprägt (vgl. ebd.). In Anbetracht dessen wird es möglich, Handlungen Jugendlicher in ihrer inneren Dynamik nachzuvollziehen, ohne – wie etwa im Modell des produktiv Realität verarbeitenden Subjekts (vgl. Abschnitt 2.6) – einer normativen Engführung zu erliegen, sondern stattdessen auch vermeintlich Unproduktives als Ausdruck von Realitätsverarbeitung bzw. Welterschließung zu verstehen. Eine so ausgerichtete Analyseperspektive gestattet es, „milieuspezifische Bildungsstrategien ernst zu nehmen, anstatt sie vorschnell als missglückte und defizitäre Bildungsprozesse abzuqualifizieren" (Grundmann et al 2003: 32), wodurch sich vermeiden lässt, die Einbettung von Medientechnologien in alltägliche Lebens- und Handlungszusammenhänge vorschnell als *positiv* oder *negativ* zu bezeichnen.

Indem darin weder allein die individuelle Selbstverwirklichung noch allein gesellschaftliche Erfordernisse verabsolutiert, sondern vielmehr beides ineinander verschachtelt gedacht werden, leistet Aneignung den Blick auf „das aktive sich zu eigen machen von verfügbarem Wissen, von Denkmöglichkeiten, ästhetischen Ausdrucksformen, Werten, Normen usw." (Scherr 2002b: 316). Fügt man dieser losen Aufzählung Scherrs die Medien hinzu, ergibt sich ein stimmiger Anschluss an den *Mediendiskurs*. Auch in diesem hat sich, spätestens seit Erscheinen des Buches „Medienrezeption als Aneignung" von Holly/Püschel (1993) ebenfalls der Aneignungsbegriff etabliert. Charlton betont darin, es müsse bezüglich des Umgangs mit Medien und ihre Einbettung in die Alltagspraxis der Subjekte um die Untersuchung „einer ganzen Reihe von kommunikativen Akten und sozialen Handlungen" gehen (Charlton 1993: 11). Sich ebenfalls auf Aneignung beziehend bezeichnet Schorb diese Prozesse als „Leistung der Subjekte, die Medien in ihr Denken und Handeln einzubeziehen" (Schorb 2005: 66).

Diese Überlegungen lassen sich in Bezug zu den von mir in Kapitel 3 herausgearbeiteten Potentialen und Erfordernisse von Medientechnologien in Beziehung setzen: Diese müssen sich handelnd erschlossen und mit subjektiv bedeutsamen Zielsetzung in Beziehung gesetzt werden, indem sich ihre Funktionalität angeeignet werden muss, um sie überhaupt verwenden zu können. Sie machen also einerseits Lern- und Aneignungsprozesse erforderlich, wobei andererseits zu fragen ist, wie diese Prozesse sinnhaft vermittelt sind, d. h. mit welchen Bedürfnissen sie in Verbindung stehen. Nicht zuletzt konstruieren Medien Realität, was die Frage aufwirft, inwiefern dies das Medienhandeln beeinflusst. Aneignung von Medien bedeutet demnach, Medien als etwas durch das Subjekt zu Erschließendes zu konzipieren, und zwar innerhalb einer Prozessperspektive: Zu eruieren wäre etwa, welche Medien- und Technikbegriffe die Jugendlichen selber gebrauchen und welche Verständnisse sie zeigen, das heißt über welche Medien- und Technikvorstellungen sie selbst verfügen. Wo wird Handlungsvermögen bzw. -unvermögen artikuliert und womit hängt dies zusammen? Erleben sich die Jugendlichen als technisch-versiert oder eher unsicher? Inwiefern sehen sie Lernbedarf bei ihrer Auseinandersetzung mit Medientechnologien? Wo werden Bewertungskriterien sichtbar und wie sehen sie aus? Wie wird die Durchdringung der Welt von Medientechnologien wahrgenommen und inwiefern wird davon Gebrauch gemacht? Wie werden kommunikative Optionen von Medien genutzt und in welchen Situationen?

Wie auch immer die Antworten ausfallen – letztlich geht es darum, der Wahrnehmung und dem Handeln jugendlicher Akteure in der gegenwärtigen Situation der weitgehenden Medialisierung des Alltags auf die Spur zu kommen. Dies ist auch deshalb plausibel, da vor allem digitale Medien die Möglichkeit neuartiger, von institutionalisierter Bildung weitgehend unerkannten Aneignungsformen bieten (vgl. Schäffer 2000: 262). Dass solche Aneignungsformen in Handlungszusammenhängen als eine soziale und kulturelle Form beschreibbar sind habe ich in Abschnitt 3.5.2 dargelegt. Vor diesem Hintergrund ist Medienaneignung innerhalb einer sozialen und kulturellen Praxis Jugendlicher lokalisiert, die nicht vollständig formalisierbar ist. Vor allem kann der Umgang mit Medien nicht mit Konzepten einer eindimensionalen Wirkung oder Manipulation gefasst werden, sondern stellt einen „sowohl aktuell als auch kulturell umfassend kontextualisierten Prozess des ‚Sich-zu-Eigen-Machens'" dar (Hepp 2005: 67). Nicht zuletzt verbindet sich damit eine subjektzentrierte Sichtweise des Mediennutzungsprozesses, welcher somit „auch jenseits einseitiger normativer Zielorientierungen betrachtet werden kann und hermeneutische Zugänge zu lebensweltlichen Relevanzen ermöglicht" (Kutscher 2009: 9). Auf diese Weise legt der Aneignungsbegriff eine grundlagentheoretische und eine evaluierende Aufgabe nahe. Einerseits bedeutet er, grundlegende Erkenntnisse über zwischen den Subjekten und technischen Artefakten entstehende Interaktionsmuster zu betrachten, andererseits aber auch, diese dahingehend zu bewerten, inwieweit das Nutzen „technischer Verfahren und Apparate Räume eröffnet, die es erlauben, Subjektivität vielfältig zu leben und weiterzuentwickeln" (Schachtner 1997: 20).

Um Medienhandeln mit Bezug auf jugendliche Akteur zu entwerfen erlaubt es Aneignung also, die aktive Verarbeitung der Anforderungen und Möglichkeiten neuer Technologien von Subjekten im deren Alltag zu hinterfragen. Medienaneignung charakterisiert sich dann dadurch, wie sich jugendliche Subjekte in Handlungen und Deutungen mit Medientechnologien „auseinandersetzen und praktische und ideelle Verfahren entwickeln (müssen), um die Anforderungen neuer Technologien bewältigen und die sich durch sie bietenden Möglichkeiten nutzen zu können" (Boehnke 2000: 8). Dieses Zitat weist auf zwei weitere Aspekte hin, die in der bisherigen Arbeit mehrfach herausgestellt wurden: Zum einen den *praktischen Sinn* von Medienhandeln einschließlich seiner implizit bleibenden Urteils-, Analyse-, Wahrnehmung- und Verstehensprinzipien im Sinne Bourdieus (vgl. 1992: 102). Zum anderen die mehrfach konstatierte Differenzierung von Medienhandeln in eine *Oberflächen-* und eine *Tiefenstruktur*. Damit ist unterstrichen, dass die Untersuchung von Medienaneignung wesentlich mehr als lediglich Aspekte der Benutzung bzw. Bedienung von Medien integrieren muss. Die Frage nach dem instrumentellen Umgang mit Medien und Technik allein reicht nicht aus, um Medienaneignung adäquat zu beschreiben, denn erst durch das „interpretierende Verhalten seitens der Nutzer [können] Computerartefakte wirken" (Schelhowe 2007b: 153/154).

Zusammengefasst beschreibt Aneignung also das, mehr oder weniger weitgehende, gestaltende sich Zueigenmachen einer vorgefundenen Realität (und darin der Medien), die infolgedessen erst vermittelt über die tätige Aneignung als wirksam angesehen wird (vgl. Voß 2000: 48). Zu untersuchen ist damit die Nutzung, Wahrnehmung und Bewertung von Medien, „eingebettet in die Lebenswelt und Alltagspraxis der Menschen" (Theunert 1994: 393). In Bezug auf verschiedene Überlegungen zum Begriff der Medienkompetenz bedeutet dies, dass die Rekonstruktion von Medienaneignung als der Vermittlung von Medienkompetenz vorgelagert erscheint. Generell gilt es aus Sicht der Medienpädagogik, dass diese grundsätzlich „die Entstehung des Wechselspiels von Subjekt und Medien nachzeichnen können muss, um sowohl problematische als auch fruchtbare Entwicklungen zu erkennen und dem Subjekt adäquate Strategien für den Umgang mit diesen zu vermitteln" (Schorb 2005: 66 f.). Auf diese Weise wird die Erforschung von Medienaneignungsprozessen zu einer Voraussetzung und zu einer Ressource für pädagogisches Denken und Handeln. In diesem Sinne hat die vorliegende Untersuchung zum Ziel, dazu beizutragen, Medienaneignungsprozesse im Sinne der Forderungen von Schorb (2005: 68) erstens „zu verstehen", zweitens „die subjektiven wie sozialen Differenzierungen zu erklären" und drittens „Hinweise darauf zu geben, welche Bedingungen die subjektive Interaktion mit der Umweltgegebenheit Medien für die Subjekte aussichtsreich im Sinne der Ausformung gesellschaftlicher Handlungsfähigkeit macht".

Dazu gehe ich von einem Verständnis von Medientechnologien aus, das diese in zweifacher Weise differenziert. Auf der einen Seite haben sie eine objektive Seite in Form einer Materialität der Technik, die bestimmte Anforderungen stellt, d. h. einen Dingcharakter hat. Auf der anderen Seite haben sie eine subjektive Seite, denn dieser Dingcharakter wird erst wirksam, in dem er erkannt, mit Bedeutungen versehen und sich handelnd erschlossen wird. Entscheidend ist also die Vermittlung zwischen diesen beiden Seiten im Kontext konkreter Interaktionen mit Medientechnologien. Darüberhinaus gehe ich von jugendlichen Akteuren aus, die auf der einen Seite durch objektive Sozialdaten (Geschlecht, Alter, Migrationshintergrund) charakterisiert werden können, deren Bedeutung am Einzelfall rekonstruiert werden muss, d. h. in ihrer Emergenz in fallspezifischen Kontexten einer Handlungspraxis. Diese ist wiederum an Aspekte der Erfahrung, der Situationsdeutung und der Sinnkonstitution gebunden, sodass sich eine lebensweltbezogene Alltagspraxis bzw. der Habitus als eine individuelle Vermittlungsleistung darstellt. In der Schnittstelle bzw. in Form eines Ineinanderfallens von Habitus und Interaktion mit Medientechnologien sind Prozesse der Medienaneignung beobachtbar, die sich also als Integration der Vermittlungsleistungen medientechnologischer Angebote und Potenziale sowie der Ausformung der Subjektkonstitution verstehen lassen. Ausdifferenziert werden kann dieser Prozess in die Dimensionen von Verwendung, Wahrnehmung und Bewertung von Medien innerhalb von sozialen und kommunikativen Bezügen. Die folgende Abbildung fasst diese Überlegungen schematisch zusammen:

			Medientechnologie	
			„objektive Seite"	„subjektive Seite"
			Materialität der Technik, Programme, Anforderungen	Wahrnehmung/ Nutzung von Optionen, Bedeutungszuschreibung, sinnhaftes Handeln
			Vermittlungsleistung im Kontext von Interaktion	
Akteur	„objektive Seite" objektive Sozialdaten, z. B. Geschlecht, Alter, familiärer Hintergrund	Vermittlungsleistung im Kontext von Lebenswelt und Alltagspraxis („Habitus")	Medienaneignung als Integration der Vermittlungsleistungen medientechnologischer Angebote/Potenziale und der Ausformung der Subjektkonstitution	
	„subjektive Seite" Erfahrung, Situationsdeutung, Sinnkonstruktion		Prozesse der Verwendung, Bewertung und Wahrnehmung von Medien innerhalb sozialer und kommunikativer Bezüge	

Abbildung 1: Medienaneignung als Ineinandergreifen von Akteur und Medientechnologie

5 Zur empirischen Untersuchung

In diesem Kapitel werden die methodisch-methodologischen Grundlagen und das Vorgehen der vorliegenden Studie beschrieben. Ausgehend von den theoretischen Ausarbeitungen wird dargelegt, welche methodischen Entscheidungen sich daraus für eine angemessene Untersuchung von Medienaneignungsprozessen ableiten lassen.

Aufgrund der lebensweltlichen Situiertheit von Medienaneignungsprozessen, das heißt ihrer Einbindung in alltägliche Orientierungen, wird in methodologischer Absicht noch einmal kurz zum Begriff der *Lebenswelt* zurückgekehrt, um darauf aufbauend einige Grundprinzipien qualitativer Forschung zu erörtern (5.1). Daran anschließend werden diese Grundprinzipien in Bezug zur Medienforschung gesetzt, indem zentrale Gedanken qualitativen Forschens auf den Gegenstand der Medien übertragen werden (5.2). Aus dieser Diskussion ergibt sich die Auswahl einer rekonstruktiven Vorgehensweise, weil sich diese besonders eignet, implizite Muster und Strukturen von Medienaneignungsprozessen offen zu legen; skizziert wird dazu die dokumentarische Methode mit ihren wichtigsten Prinzipien (5.3). Weitergehend wird das gewählte Forschungsdesign als konkrete Strategie der Umsetzung dargelegt (6.4) und im Einzelnen die zum Einsatz gekommene Erhebungsmethode (5.4.1), das Sampling, der Zugang zum Feld und die praktische Durchführung (5.4.2) sowie die Auswertungsschritte des empirischen Materials (5.4.3) beschrieben. Zum Abschluss werden Gütekriterien diskutiert (5.4.4).

5.1 Grundannahmen des qualitativen Forschungsparadigmas

Der Anschluss an lebensweltliche Orientierungen – und somit an Medienaneignungsprozesse – korrespondiert einem Grundtheorem, welches einfordert, die Sichtweisen des Forschers nicht vorab als objektiv zu setzen, sondern diese mit Sinndeutungen der handelnden Akteure in einen angemessenen Zusammenhang zu bringen (vgl. Hitzler 2003: 133; Gergen 1998: 137).[110] Diese Position legt nahe, Orientierungen in der Lebenswelt, die sich typischerweise im Rekurs auf subjektive wie intersubjektive Wissensvorräte entwickeln (vgl. Abschnitt 1.3) zum *Ausgang* theoretischer Überlegungen zu nehmen: Indem wissenschaftliche Reflexionen an Alltagshandlungen anknüpfen und sich darauf beziehen (vgl. Honer 2003b: 111), tragen sie zur Klärung menschlichen Handelns in der „intersubjektiven und geschichtlich strukturierten Welt des Alltagslebens" bei (Luckmann 1980: 13). Die methodologische Umsetzung dieser Programmatik liegt in der Wahl *theoriegenerierender* statt *hypothesentestender* Verfahren. Dies liegt an den grundsätzlich verschiedenen Auffassungen über das Verhältnis von Theorie und Erfah-

---

[110] Bezugnehmend auf die von Husserl in den 1930er Jahren konstatierte „Krisis der Europäischen Wissenschaften" verdeutlicht Meinberg (1988), dass sich die am Objektivitätsideal ausgerichteten positiven Wissenschaften gegenüber der Lebenswelt gleichgültig verhalten: Sie sind „für den handelnden Menschen völlig belanglos geworden, in alledem, was ihn wirklich angeht, was ihn besorgt und umhertreibt, was ihn, wie man heute sagen würde, ,betroffen' macht, lässt der Objektivismus den Menschen im Stich (...). Die ,Tatsachenwissenschaften' haben jeglichen Kontakt zur Lebenswelt verloren, sie laborieren an einer verhängnisvollen ,Lebensweltvergessenheit'" (ebd.: 245).

rung, die beiden Forschungsverständnissen zugrunde liegen: Bei hypothesentestenden Verfahren werden gegenstandsbezogene Hypothesen generiert, die einer Überprüfung unterzogen werden, wobei es nach Popper (1971) lediglich zur Falsifikation kommen kann (vgl. auch Kelle 1994: 131). Eine an diesem Paradigma orientierte methodisch kontrollierte Forschungsarbeit verpflichtet den Forscher, *vor* der Sammlung empirischer Daten elaborierte Untersuchungsinstrumente, z. B. Fragebögen, zu erstellen, mit Hilfe derer die „zu Beginn formulierten theoretischen Konzepte operationalisiert werden" (Kelle/Kluge 1999: 14). Vernachlässigt wird auf diese Weise, dass so der Forschungsprozess vereinseitigt und die Entwicklung neuer theoretischer Erkenntnisse aus Daten selbst verhindert werden kann.

Einen wichtigen Schritt zur Überwindung dieser hypothetisch-deduktiv vorgehenden Forschungsstrategie haben insbesondere Glaser und Strauss (1967/1998) beigetragen. Im Mittelpunkt ihres Konzeptes einer gegenstandsbezogenen Theoriebildung (grounded theory) steht die Forderung, von Erfahrungen und Bedeutungsgebungen sozialer Akteure auszugehen. Die Zielrichtung einer in Daten bzw. der Empirie verankerten Theorie sehen Glaser und Strauss darin, auf der Basis protokollierten und dokumentierten empirischen Materials (z. B. Interviews, Feldbeobachtungen, Erzählungen etc.) zu theoretisch neuartigen Einsichten und Erkenntnissen bezüglich des untersuchten Gegenstandes zu kommen (vgl. auch Corbin 2003). Eine solche Theorie bezieht ihren Anspruch aus der theoretischen Relevanz ihrer Aussagen, die – im Gegensatz zu deduktiv abgeleiteten Aussagen – empirisch *dicht* am Gegenstand bleiben und sich daher zur Entwicklung von Theorien mittlerer Reichweite eignen, welche bestimmte, vom jeweiligen Vorgehen abhängige, Geltungsansprüche erheben (vgl. Krotz 2005: 38). Das oben angesprochene Verhältnis von Theorie und Erfahrung wird also in der Tradition der grounded theory in genau *umgekehrter* Weise bearbeitet wie in der Tradition hypothesentestender Verfahren: Statt um Falsifikation geht es um die Bildung theoretischer Aussagen, welche „direkt auf empirischen Beobachtungen beruhen und deswegen den Phänomenen im Untersuchungsfeld angepasst" sind (Kelle 1994: 287; vgl. auch Bude 2003: 577).

Der fundamentale Beitrag solcher auf diesem Weg generierten theoretischen Aussagen liegt für Luckmann (1980) darin, „sinnvolle Lösungen für Grundprobleme des Alltagslebens zu finden, dem Menschen bei seiner Orientierung in der Welt behilflich zu sein" (ebd.: 29) – weswegen jede Theorie „zunächst sinnvolle Rekonstruktionen der Fragen des Alltagslebens" zu betreiben habe (ebd.; vgl. auch Luckmann 1999: 17 ff.; Soeffner 2003: 168; Soeffner 2004a: 57). Indem Sozialwissenschaft das Spektrum menschlicher Handlungsmöglichkeiten erstens erkundet und zweitens die vorgefundenen Handlungsmöglichkeiten extensiv expliziert und deutet, schafft sie eine Grundlage, auf der sinnvolle und begründbare Aussagen und Erklärungszusammenhänge sozialen Handelns möglich werden (vgl. Bude 2003: 570).

Hierzu muss eine Analyseeinstellung eingenommen werden, welche Handlungen – wie etwa den Umgang Jugendlicher mit neuen Medien – nicht von vorne herein auf einer (z. B. normativen) Folie klassifiziert und bewertet. Stattdessen geht es um einen Blick auf Besonderes bzw. Fallspezifisches: Dieser Blick entspricht einer „nicht reifizierenden Perspektive" (Hitzler 1995: 234) auf Anstrengungen und Leistungen „normaler und abnormaler Subjekte" (ebd.), welche allesamt „zwischen den Strukturen sich einnisten und ihre kleinen Welten zusammenbasteln" (ebd.), wobei sie dies nicht immer

„in Übereinstimmung mit allgemein gültigen Programmen" (ebd.) tun, sondern mitunter auch in „eigentümlichen, schnell ausgeschiedenen oder vereinnahmten Gegenentwürfen" (ebd.). Dass solche Entwürfe darüber hinaus sozial kontextualisiert sind, ist bereits in Abschnitt 1.3 dargelegt worden: Hier wurde beschrieben, dass die soziale Welt aus Objekten zusammengesetzt ist, die Produkte symbolischen Aushandelns und wechselseitiger Konstruktion darstellen. Eine daraus abzuleitende methodologische Forderung lautet, „den Definitionsprozeß des Handelnden zu erschliessen, um sein Handeln zu verstehen" (Blumer 1973: 96), sich also auf Darstellungen der Wirklichkeit einzulassen, wie sie seitens der *Forschungssubjekte* (Hoffmann-Riem 1980) präsentiert werden. Komprimiert finden sich diese Überlegungen in der Kernidee des so genannten *interpretativen Paradigmas*:

> „Da die Handlung des Handelnden aus seinen Wahrnehmungen, seinen Deutungen und seinen Urteilsbildungen heraus entsteht, muß die sich aufbauende Handlungssituation durch die Augen des Handelnden gesehen werden, – müssen die Objekte dieser Situation wahrgenommen werden, wie der Handelnde sie wahrnimmt, – müssen die Bedeutungen dieser Objekte so ermittelt werden, wie sie sich für den Handelnden darstellen, – müssen die Leitlinien des Handelnden nachvollzogen werden, wie sie der Handelnde entwickelt. Kurz: Man muß die Rolle des Handelnden übernehmen und die Welt von seinem Standpunkt aus sehen" (Wilson 1973: 61).

Befolgt man die Ideen des interpretativen Paradigmas[111], entsteht die Forschungsaufgabe, Alltagswirklichkeiten der Untersuchten in ihren eigenen Kategorien zu erfassen und zu beschreiben. Deshalb wird auf die *Formulierung von Hypothesen* a priori verzichtet: Beginnt nämlich die Forschungstätigkeit damit, dass die Forschenden „formale Theorien operational herunterbuchstabieren" (Kelle/Kluge 1999: 14), besteht die Gefahr, dass diejenigen „Sinn- und Bedeutungsstrukturen, mit denen die Akteure ihre soziale Alltagswelt selber kognitiv strukturieren, durch die Relevanzsetzungen der ForscherInnen überblendet werden" (ebd.).

Dass überhaupt von der Differenz der Relevanzsetzungen zwischen Forscher und Beforschtem auszugehen ist, ist eng mit der Grundannahme von differenten Bedeutungen verbunden, die in (Sprech-)Handlungen transportiert werden.[112] Strauss und Corbin verdeutlichen dies am Beispiel alltäglicher Gesprächssituationen, in denen für gewöhnlich „jeder den Wörtern, die er hört oder sieht, Bedeutungen zu[weist, S. H.], die dem allgemeinen Gebrauch oder der Erfahrung entspringen" (1996: 61). Dies liegt daran, dass wir „selber in einer bestimmten Art handeln und fühlen" und deshalb allzu oft glauben, „daß unser Gesprächspartner selbstverständlich auch das Gleiche mit seinen Worten meint. Dieser Glaube ist nicht notwendigerweise richtig" (ebd.: 61). Wichtige Erkenntnis einer an dieser Aussage orientierten qualitativen Sozialforschung ist es, dass ihre

---

[111] Der Stellenwert des interpretativen Paradigmas wird kontrovers diskutiert: Von manchen Autoren als „Kampfbegriff" bezeichnet, um lediglich die „Dominanz der deduktiv-nomologischen Methodologie aufzubrechen" (Meuser 2003c: 94), gilt es anderen an sinnvolles Konzept, um nach subjekt- und lebensweltgebundenen Sinnkonstruktionen zu fragen, um so die Herstellung kommunikativer Prozesse in bestimmten Situationen zu untersuchen (vgl. Fuhs 2007: 14).

[112] Hierzu stellt Frank (1991) aus identitätsphilosophischer Sicht heraus, dass generell Identitäten *different* sind: Aus diesem Grund ist fremder Sinn „aus der Perspektive keines Individuums antizipierbar, bei keiner Gesprächsäußerung kann ich des Verständnisses, bei keinem Wortgebrauch seiner vollständigen und gleichgesinnten Mitteilbarkeit sicher sein" (ebd.: 476).

Anstrengungen in erster Linie – wenn auch nicht ausschließlich – auf sprachliche Äußerungen gerichtet sein müssen. Solche Ausdrucksformen aber jedoch keinen Zugriff, der „subsumtionslogisch, also von außen und mit vorgefertigten Kategorien" operiert (Garz/Kraimer 1991: 2): Indem Akteure *selbst,* in der Regel sprachvermittelt, unterschiedliche Bedeutungsgebungen vornehmen, stellt sich die Frage, *wie* sie Wirklichkeit deuten und *welche* alltagsweltlichen kommunikativen Methoden sie dabei anwenden (vgl. Rosenthal 2005: 40).

Diese Methoden wiederum können mit Alfred Schütz (1971) als *Konstruktionen* bezeichnet werden. Wie bereits in Abschnitt 1.3 erörtert, erhält für Schütz unser gesamtes Wissen – wissenschaftliches wie alltägliches – Konstruktionen, worunter er einen „Verband von Abstraktionen, Generalisierungen, Formalisierungen und Idealisierungen" versteht (ebd.: 5). Die Bildung des Wissens über die Welt ist daher nicht als reine Abbildung von gegebenen Fakten zu verstehen (vgl. Flick 2005a: 22), sondern Tatsachen in der Realität und was als solche erscheint bzw. für wahr genommen wird, werden überhaupt erst über ihre Bedeutungen und ihre Interpretationen relevant. Daraus folgt, dass der Sozialwissenschaftler, anders als der Naturwissenschaftler, „eine vorinterpretierte Welt vorfindet, d. h. die Unterscheidungen, mit denen er operiert, treffen auf Unterscheidungen, mittels deren die von ihm beobachteten Akteure ihre Welt einteilen und ordnen" (Bergmann 2006: 23). Das bedeutet jedoch nicht, diese Unterscheidungen (d. h. die Kategorien und Deutungen subjektiver Akteure) als Forscher *selbst* zu verwenden, sie also quasi zu *verdoppeln* – dies wäre ein Missverständnis bzw. eine Engführung. Vielmehr trifft der Sozialwissenschaftler, indem er interpretiert, *seinerseits* auf interpretative Praktiken von Akteuren, stellt also „Beschreibungen von Beschreibungen" her und liefert „Interpretationen von Interpretationen" (Bergmann 2006: 24). Deshalb ist das Resultat qualitativer Forschung immer artifiziell, das heißt eine *Konstruktion zweiter Ordnung.*

Zusammenfassend lässt sich festhalten: Qualitative Forschungsverständnisse, so divergent sie theoretisch und methodologisch reflektiert sind, betonen die Frage nach typischen und subjektiven Erfahrungen und die Frage nach den diesen inhärenten Erfahrungsstrukturen. Vor diesem Hintergrund haben sie nicht nur als methodisches Repertoire, sondern auch als sozial- und kulturwissenschaftliche Verfahren der Erkenntnisgewinnung und als theoretisches Selbstverständnis spezifischen Stellenwert. Dies erklärt, warum Prinzipien des qualitativen Paradigmas in den letzten Jahren gerade auch in die Medienforschung eingeflossen sind und dort von wachsender Bedeutung sind (vgl. Mikos/Wegener 2005).

5.2 Qualitative Medienforschung

Innerhalb der Medienforschung hat sich in den letzten Jahren ein paradigmatischer Wandel vollzogen. Am deutlichsten wird dies im Bereich der Wirkungsforschung, welche sich als traditionell starker Zweig der Medienforschung zunehmend von der Bindung an quantitative Verfahren löst und „qualitative Studien heute grundsätzlich als gleichwertig" erachtet (Moser 2001: 14).[113] Innerhalb der qualitativen Methoden der Medienforschung wiederum herrscht mittlerweile eine Vielfalt methodischer Ansätze, die sich durch die Orientierung an gemeinsamem Leitlinien und Annahmen auszeichnet (vgl. Aufenanger 1995: 221 ff.).[114]

Diese Entwicklung basiert vor allem auf einer bewussten Abkehr von standardisierten Forschungsmethoden (vgl. Döring 2003: 203), welche davon ausgehen, dass Medienereignisse durch ihre inhaltlichen und formalen Eigenschaften kognitive Prozesse und darüber Verhalten beim Rezipienten erzeugen. Entsprechend zentriert sich deren Forschungsinteresse „auf die Medien und ihre Effekte auf die rezipierenden Objekte" (Theunert 1994: 392). Eine solche Perspektive muss daher von „einem fixierten Gegenstand Medien ausgehen, um seine Beziehungen zu anderen Gegenständen eruieren zu können, und kommt auf diese Weise fast zwangsläufig zu kausalen ‚Lehrsätzen' über das Verhältnis der Medien zu ihren Rezipienten" (ebd.). Damit einher geht die Sicht des Rezipienten als in seiner Aktivität beschränkt, z. B. bei der Selektion von Medienangeboten, so dass Wahrnehmungs- und Verarbeitungsprozessen und ihrer Bedeutung für Wirkungspotentiale von Medien wenig Raum gegeben wird – und somit die Frage, welche Faktoren und Prozesse sich hinter spezifischen Formen von Mediennutzung verbergen, nicht hinreichend beantwortet werden kann (vgl. Theunert 2008: 303 ff.).

Dementsprechend beziehen sie die zwei wichtigsten Kritikpunkte an quantitativer Medienforschung auf ihre *Entsubjektivierung* und *Dekontextualisierung*: Als reduktionistische Verfahren der Realitätskonstruktion lösen sie in Form empirisch-statistischer Datenerfassung ihren Forschungsgegenstand in einzelne Variablen auf und zugleich aus dem alltäglichen Kontext heraus (vgl. Baacke/Kübler 1989: 5; Swoboda 1994: 421). Durch den Einsatz standardisierter Fragebögen oder experimenteller Designs werden Spuren individuellen subjektiven Erlebens durch Datenaggregation getilgt. Damit deutlich wird zugleich die Beschränkung statistischer und numerischer Daten im Sinne der quantitativen Medienforschung (vgl. Möller 2008), so wichtig sie für bestimmte Fragestellungen auch sind. So lassen sich etwa mit demoskopisch ermittelten Daten wie denen der JIM-Studie (vgl. Abschnitt 1.2) sichtbare Anwendungsbreiten und somit bestimmte Nutzerprofile und ihre Verteilung aufzeigen; sie zielen aber lediglich auf die äußere Seite und erlauben keine Einblicke in unterschiedliche Modi von Medienaneignungsprozessen (vgl. Eckert et al. 1991; Flick 1996). Begreift man Medienaneignung als gebunden an subjektive Sinn-, Erfahrungs- und Wissenswelten der Akteure, dann können entsprechende Vorannahmen dazu – entsprechend den Überlegungen im letzten Abschnitt – auch nicht in „Antwortvorgaben von Fragebögen einfließen" (Mikos 1998: 4). Dass qualitative Forschung hier Vorteile hat, wird besonders virulent mit Blick auf den Kontext, also die Frage, wie Medien in verschiedenen alltäglichen Bezügen verankert sind und wie sie selbst konstitutiv dafür sind, womit sich die Aufmerksamkeit auf

---

[113] Als Indikator für die Expansion qualitativer Medienforschung kann in jüngster Zeit die Veröffentlichung zweier umfangreicher Sammelbände gelten (vgl. Mikos/Wegener 2005; Ayaß/Bergmann 2006); für einen Überblick über qualitative Verfahren im Kontext der Kinder- und Jugendmedienforschung siehe auch Paus-Haase/Schorb (2000).

[114] Das Spektrum zeichnet sich sowohl durch unterschiedliche Erhebungstechniken orientiert an offenen Verfahren als gemeinsamer Basis (unstrukturierte bzw. narrative Interviews, teilnehmende Beobachtungen, biographische Methoden, symbolische Ausdrucksmöglichkeiten, aktive Medienarbeit, Videoaufnahmen etc.) sowie großer Heterogenität der Auswertung von Daten aus (vgl. Aufenanger 1995).

die kontextuell verankerten variablen Interaktionen der Akteure mit Medien richtet. Daraus resultiert eine alltagsnahe Medienforschung, die den Anspruch verfolgt, „sowohl die Veralltäglichungsprozesse der Medien selbst (...) zu berücksichtigen, als auch die Handlungs- und Bedeutungsmuster der Nutzer zu thematisieren, d. h. Aneignungsstile und Habitusformen aus der Perspektive des Einzelnen zu analysieren" (Eckert et al. 1991: 80).

Wichtige Impulse zu dieser Sichtweise gehen vom so genannten *Nutzenansatz* aus, der sich als exploratives Verfahren der Analyse von Medien- und Unterhaltungsrezeption Mitte der 1970er Jahre entwickelte (vgl. Bonfadelli 2004: 168 ff.; Holzer 1994: 23 ff.). Mit ihm wurde innerhalb der Medien- und Kommunikationswissenschaft erstmalig ein mechanistisches Reiz-Reaktions-Schema überwunden, indem die Vertreter dieses Ansatzes das Publikum nicht mehr als passive Konsumenten, sondern als aktive und gemäß ihrer Bedürfnisse an der Auswahl von Medienangeboten Beteiligte konzipierten.[115] Von zentralem Interesse ist deshalb, *warum* bestimmte Personen bestimmte Medien benutzen bzw. Angebote wahrnehmen und *inwiefern* sie davon profitieren. Statt Wirkungen von Medien, also Veränderungen im Rezipienten, interessieren Gründe der Mediennutzung und der Nutzen der durch Medien vermittelten Inhalte für den Rezipienten. Die medien- und kommunikationswissenschaftliche Betrachtung thematisiert also mit dem Nutzenansatz eine „active audience" – das Subjekt rückt „mehr und mehr ins Zentrum und wird zum Ausgangspunkt der Erklärung medienbezogenen Handelns" (Jäckel 1996: 149). Publikum wird nicht länger als „graduell unterschiedlich ‚gefügiger' Adressat (massen-)medialer Signale" verstanden, sondern als ein „wesentlicher Faktor eines prinzipiell interaktiven Rezeptionsprozesses in seiner emotional-geistigen Eigenaktivität" (Korte 2001: 199). Wichtig dabei ist, dass Kommunikation stärker symmetrisch gedacht wird und einen aktiven Sender (Kommunikator) wie einen aktiven Empfänger (Mediennutzer) zugrundelegt. Damit verbindet sich die Abkehr von einem nachrichtentechnischen Sender-Empfänger-Modell (vgl. Treumann et al. 2002: 23). Eine wichtige Konsequenz des Nutzenansatzes für die Untersuchung von Medienhandeln ist zum einen, dass sie nicht auf eine bloße „Feststellung von Häufigkeiten, mit denen ein bestimmtes Medium genutzt wird" beschränkt sein dürfen (Charlton/ Neumann Braun 1992. 46); zum anderen muss davon ausgegangen werden, dass Mediennutzung „an einer subjektiven Sinngebung orientiert und mithin entsprechend motiviert ist" (Bonfadelli 1993: 355). Medienzuwendung ist also erklärungsbedürftig, und zwar durch Rückbezug auf hinter der Medienzuwendung stehende Bedürfnisse und Probleme, weil sich jedes Medium als „als spezifische Konstellation von Vor- und Nachteilen" darstellt (ebd.).

Trotz dieser Hinwendung zum Rezipienten ist nicht zu übersehen, dass Mediennutzung innerhalb des Nutzenansatzes zwar als bedürfnisgesteuert, letztlich aber rein *zweckrational* konzipiert wird. Hurrelmann kritisiert etwa, dass Forschungen im Umkreis des Nutzenansatzes von einem selbstbestimmten Nutzer ausgehen, „der bewusst entscheidet, welche Wirkungen er zulässt und welche nicht" (Hurrelmann 1999: 100). In der Annahme des aktiven Rezipienten, der intentional und selektiv je nach Bedürfnis-

---

[115] Der Nutzenansatz „simply represents an attempt to explain something of the way in which individuals use communications, among other resources in their environment, to satisfy their needs and to achieve their goals and to do so by simply asking them" (Katz/Blumer/Gurevitch 1974: 21).

sen und Gratifikationserwartungen bestimmt, welche Medien er in welchen Situationen wie gebraucht, deutet sich insofern eine Engführung an, denn das Subjekt erscheint als autonom und selbstbewusst, mithin kaum von Sozialisationsinstanzen beeinflusst. Darin liegt ein grundsätzliches Problem, das die Brauchbarkeit des Nutzenansatzes deutlich einschränkt, und zwar die Annahme „prinzipiell bewusster (abfragbarer) Nutzungsmotive und Rezeptionsentscheidungen" (Hurrelmann/Hammer/Nieß 1995: 73). Dies entspricht einer Auffassung von Prozessen der Mediennutzung im Sinne des *Rational Choice*[116], womit gerade ausgeblendet wird, dass die Hinwendung zu Medien „vielfach Gewohnheiten und Routinen [folgt], die sich ‚hinter dem Rücken' der Individuen ausbilden", sodass die artikulierbaren Intentionen „mit den tatsächlichen Nutzungsmotiven selten voll und ganz übereinstimmen" (ebd.). Ähnlich argumentieren Charlton/ Neumann-Braun (1992: 50): Es darf nicht übersehen werden, dass mittels Befragungen lediglich „solche Motive aufgefunden werden können, die den Betroffenen selbst bewusst sind". Weiterhin ist zu bedenken, dass die gewählte Befragungstechnik selbst schon Einfluss auf die Angaben der Rezipienten ausübt, etwa, wenn bestimmte Motive vorgelegt werden, andere jedoch nicht (vgl. ebd.).

Betrachtet man Medienaneignung als Handeln, müsste danach gefragt werden, „wie es zu einem Handlungsschema kommen kann und wie dessen Aktualisierung im konkreten Handeln möglich ist" (Böhler 1985: 239). Dabei, so Böhler, stoßen Modelle, die auf rationalen und utilitaristischen Kriterien zur Handlungserklärung aufbauen – wie der Nutzenansatz – an Grenzen, denn sie blenden die Erörterung des geschichtlichen Situationsbezugs von Handlungsschemata und Handlungsorientierungen weitgehend aus. Hält man am Bedürfnisprinzip fest, dann verlangt dies im Prinzip eine stillschweigende Akzeptanz des Utilitarismus, dem zufolge Menschen einfach deshalb handeln, „weil sie ein Bedürfnis befriedigen, einen Nutzen haben, Wohlergehen sicherstellen wollen" (Böhler 1985: 239). Eine solche These führt nach Böhler zu einem verblüffend einfachen Resultat, das von einem Common-sense-Konsens getragen werde: Eine Handlung zu verstehen hieße demnach, das Bedürfnis zu kennen, dem sie abhelfen solle. Zu fragen sei aber vielmehr: „Wie (…) kommt es zur Handlungsorientierung durch Bedürfnisse usw.? Wie sind nicht-zweckdienliche Handlungen (…) verstehbar?" (ebd.). Hier deutet sich für eine Medienforschung in der Tradition des Nutzenansatzes ein Desiderat an. Dass dem Nutzenansatz kein schlüssiges theoretisches Konzept zugrunde liegt, ist auch Kern seiner gegenwärtigen Kritik, welche ihn der Theorielosigkeit und der Tautologie bezichtigt: Streng genommen wird Mediennutzung „auf Bedürfnisse des Individuums zurückgeführt (…), die wiederum als Erklärung für die Hinwendung zu Medien herangezogen wird, die vom Rezipienten selbst angeführt werden" (Reimer 2008: 298). Darüber hinaus legt der Ansatz ein induktives Vorgehen bei der Datenerhebung nahe, indem Rezipienten einfach nach Gründen ihrer Mediennutzung gefragt werden; im Anschluss daran bleibt die Auswertung quantitativen Strategien verhaftet, denn die Ant-

---

[116] Hurrelmann/Hammer/Nieß zeigen am Beispiel Lesen, inwieweit der Nutzenansatz um interaktive und systemische Perspektiven erweitert werden muss. So ist z. B. der Umgang mit Büchern in der Familie nicht vollständig geplant und bewusst organisiert. Dass und wie sich Büchern zugewendet wird, ist „im allgemeinen stark durch Alltagsroutinen und mehr oder weniger flexible kulturelle Muster bestimmt, nicht durchweg durch eine bewusste Wahl des einzelnen Lesers (Hurrelmann/ Hammer/Nieß 1993: 73).

worten werden in der Regel zusammengefasst mit statistischen Gruppierungsverfahren systematisiert (vgl. Schwab 2001: 63).

So gehen vom Nutzenansatz zwar wichtige Impulse für die Entwicklung qualitativer Medienforschung aus, gleichzeitig bestehen jedoch Probleme, ihn bruchlos innerhalb von Prinzipien qualitativer Forschung (vgl. Abschnitt 5.1) zu kontextualisieren. Nicht ohne Grund fanden deshalb zahlreiche Weiterentwicklungen statt, die zum einen die begriffliche Unschärfe des Ansatzes bemängelten (vgl. Merten 1994: 318; Bonfadelli 2004: 175), und zum anderen auf die Tatsache eines umstrittenen oder zumindest uneindeutigen Menschenbildes aufmerksam machten (vgl. Charlton/Neumann-Braun 1992: 47; Kübler 2000a: 44). Vor allem eine stärkere Orientierung an handlungstheoretischen Grundannahmen führte dazu, medienbezogene Handeln menschlicher Akteure nicht länger „als ‚Reaktion' auf einen ‚objektiven' Akt oder Sachverhalt ‚per se' zu verstehen", sondern als „Aktion im Hinblick auf die jeweils subjektiv zu konstruierende ‚Bedeutung' von Akten oder Sachverhalten im Lichte der eigenen Relevanzsetzungen" (Renckstorf 1989: 330). Damit wird betont, z. B. die Selektion von Medien *positiv* zu beurteilen, ohne den Mediennutzer jedoch autonom oder isoliert zu setzen; die Zusammenstellung eines eigenen Medienmenü geschieht demnach weder völlig frei noch eigenverantwortlich oder gar beliebig. Entscheidend für die Selektion ist vielmehr ein Relevanzsystem des Rezipienten, das „jenseits seiner eigenen Definition liegt, nämlich z. B. psychisches und physisches Wohlbefinden, Umweltanpassung oder gesellschaftliche Notwendigkeiten, die durch strukturelle Lebensumstände vorgegeben sind" (Treumann et al. 2002: 24). Damit rückt qualitative Medienforschung in eine gewisse Nähe zum Begriff des *Habitus*, auf dessen Grundlage der Prozesse der Medienaneignung nicht als individualistischer Akt oder als Ausdruck von Wahlfreiheit, sondern immer auch als durch soziale Faktoren (vor-)strukturiert verstanden werden muss (vgl. Kommer 2006: 168). Zugleich trifft sich diese methodologische Ausrichtung stimmig mit der Kritik an intentionalistischen Handlungstheorien, da selbige habituelle Anteile von Handlungen, also auch Medienhandlungen, ausblenden (vgl. dazu auch 2.6 und 3.5.2).

Zusammenfassend lässt sich festhalten: Für eine Untersuchung von Medienaneignungsprozessen, die in Abgleich mit und der Anpassung an ein jeweiliges Milieu stattfinden, d. h. in einer medienbiographisch relevanten Umwelt, die bestimmte vorprägende Eigenschaften besitzt, eignet sich vor allem ein qualitatives Vorgehen, welches *rekonstruktiv* vorgeht. Dieses wird im Folgenden vorgestellt.

5.3 Rekonstruktive Methodologie und dokumentarische Methode

Als rekonstruktiv sind Forschungsrichtungen zu bezeichnen, die einen Zugang zu den Interpretationsrahmen und Relevanzsystemen der Beforschten anstreben, mit anderen Worten an ihrer Perspektive, ihren Erfahrungen und ihrem Handeln ansetzen. Gemeinsamer Ausgangspunkt dieser Verfahren[117] ist eine „Rekonstruktion der impliziten Wis-

---

[117] Die rekonstruktive Sozialforschung wird im Wesentlichen bestimmt durch die *wissenssoziologische Hermeneutik* (Soeffner et al.), die *objektive Hermeneutik* (Oevermann), die *Methodologie des narrativen Interviews* (Schütze) und die *dokumentarische Methode* (Bohnsack) (siehe zur Klassifikation auch Hitzler 1995: 235).

sensbestände und der impliziten Regeln sozialen Handelns" (Meuser 2003d: 140). Die Betonung liegt deshalb auf *Re*-Konstruktion, da – in Analogie zu den Aussagen in 1.3 – Wirklichkeitskonstruktionen in Form von Deutungsmustern[118] der Untersuchten „im Regelfall des Alltagshandelns keine bewusst vorgenommenen und intentional gesteuerten Akte" sind, sondern „gewissermaßen en passant im Routinehandeln" geschehen (ebd.). In diesem Prozess wird Wirklichkeit subjektiv deutend angeeignet und dadurch wiederum an der Konstruktion der objektiven Wirklichkeit mitgewirkt (vgl. Honer 1999: 57).

Dass somit, anders als eine standardisierte bzw. subsumtionslogische, vor allem eine rekonstruktive Methodologie offen dafür ist, eine Alltagspraxis zu erschließen, liegt auf der Hand, da nur sie in Lage ist, einen Zugang zu impliziten Sinngehalte zu finden. Als ein in diesem Kontext richtungsweisendes Modell begründeten Charlton und Neumann 1986 den Ansatz der strukturanalytischen Rezeptionsforschung[119], welcher sich als Gegenentwurf zum Mainstream der bis dato vornehmlich behavioristisch geprägten Medienforschung verstand. Dabei gingen sie von der These aus, „daß jede Person den Medieninhalt in besonderer Weise versteht und für ihren ganz persönlichen Alltag Nutzen daraus zieht", was für die Autoren ein Phänomen darstellt, welches sich „nicht mithilfe von aggregierten Daten untersuchen" lässt (ebd.: 12).[120] So zielen strukturanalytische Fallstudien auf das Verstehen und Erklären von Medienhandlungen, deren Sinn und Bedeutung sich so erschließt, indem die prinzipiell mögliche Bedeutungsvielfalt und die konkreten Kontextbedingungen einer Medienhandlung vergleichend in Beziehung gesetzt werden (vgl. Aufenanger 1994; Neumann-Braun 2008). Medienbezogene Handlungen sind danach so zu analysieren, dass dadurch Allgemeines ermittelt werden kann, und zwar einerseits, indem „Fallstudien als Musterbeispiel für Alltaghandeln zugänglich werden" andererseits dadurch, indem „zentrale Rahmen- und Strukturierungsprinzipien des Medienhandelns aufgezeigt werden" (Charlton/Neumann 1986: 73).

Die Annahme der Kopplung von Medienhandlungen an bestimmte Nutzungsmotive – wie im Nutzenansatz – wird also nicht prinzipiell aufgegeben, entscheidend ist allerdings, dass darauf durch „Analyse der Handlungsbedingungen sowie der zur Verfügung stehenden bzw. tatsächlich realisierten Handlungsalternativen *rückgeschlossen*" wird (Vollbrecht 2001: 140; Herv. S. H.). So kann Medienaneignung durchaus ein Resultat spezifischer Handlungs- und Wahrnehmungsverkettungen sein, allerdings ist davon auszugehen, dass diese nicht immer bewusst sind, sondern auch unbewusst stimuliert sein können und deshalb nicht immer vollständig benennbar sind (etwa im Kontext eines Interviews). Dies impliziert forschungsmethodisch, dass zur Aufdeckung dieser

---

[118] Vgl. zu Deutungsmustern Wiedemann 1989: 212; Matthiesen 1994: 102.

[119] Das Attribut *strukturanalytisch* zielt darauf ab, „beobachtbares Verhalten in Relation zu dem vorgegebenen und für den jeweiligen Handlungstypus relevanten Bezugsrahmen zu setzen und es in dieser Weise als sinnvoll nachzuzeichnen" (Reichertz 2003: 520). Ziel ist das Sichtbarmachen der strukturellen, das heißt objektiv durch die Teilnahme an der Gesellschaft vorgegebenen *Handlungsprobleme* und *-möglichkeiten*, die bei der Herausbildung einer subjektiven Perspektive handelnder Akteure von Bedeutung sind (vgl. Reichertz 1996: 89).

[120] In einer methodisch angemessenen Untersuchung müsse man daher „in jedem einzelnen Fall die Lebensumstände des Medienkonsumenten, seine Probleme und Bedürfnisse, seine Bewältigungsstrategien und persönlichen Begrenzungen kennen lernen, um in einer Art Inzidenzverfahren nachweisen zu können, wie das Medium im Handeln der Person Spuren hinterlassen hat" (Charlton/ Neumann 1986: 12).

Prozesse das Material mit rekonstruktiven Methoden untersucht werden muss, mit denen das Strukturhafte der Medienaneignung offengelegt werden kann (vgl. ebd.: 141). Mit Schuegraf (2008: 111) lässt sich abschließend der Mehrwert rekonstruktiver Methoden folgendermaßen zusammenfassen: Ihnen geht es um ein Verständnis

> „für die Nutzungsmotive, -hintergründe und -erfahrungen wie auch Verwendungsweisen und Gebrauchsformen der Mediennutzenden in Bezug zur ihrer Lebens- und Alltagswelt. Damit steht der konkrete Umgang mit dem einzelnen Medium bzw. den zur Verfügung stehenden Medien(angeboten) im Vordergrund, wodurch Sinndeutungen, Orientierungen und Handlungsmuster der Subjekte nachgezeichnet werden."

Mit diesen kurzen Überlegungen ist die Sinnhaftigkeit des rekonstruktiven Charakters von Methoden innerhalb qualitativer Medienforschung herausgestellt, da sie es erlauben, durch Interpretation und Rekonstruktion Bedeutungen und Sinnstrukturen offen zu legen.

Ein methodologisch rekonstruktives Verfahren, das mir für den Gegenstand der vorliegenden Untersuchung besonders geeignet erscheint und an dem ich mich deshalb orientiere, ist die *dokumentarische Methode*, die im Wesentlichen auf die Arbeiten von Bohnsack zurückgeht.[121] Diese Methode, die vor allem im Kontext der Erziehungs- und Sozialwissenschaften ein breites Anwendungsfeld gefunden hat, wird im Folgenden zunächst in aller Kürze skizziert, im Anschluss daran folgt eine zusammenfassende Schlussfolgerung für die vorliegende Studie.

5.3.1 Grundlagen der Dokumentarischen Methode

Die dokumentarische Methode impliziert eine Beobachterhaltung der Differenz zwischen Sinnstruktur beobachteten Handelns und subjektiv gemeintem Sinn des Akteurs, wobei dessen Wissen immer empirische Basis der Analyse bleibt. Die Überlegung, dass es sich hierbei um ein *Erfahrungswissen* handelt, welches in einen Erlebniszusammenhang eingebettet ist, ist Kernstück der wissenssoziologischen Arbeiten Karl Mannheims aus den 1920er und -30er Jahren. Mannheim geht davon aus, dass zwischen Wissen und Sozialstruktur eine Ausdrucksbeziehung besteht: Im Wissen drückt sich die „Standortgebundenheit des Denkenden" aus, insofern auch einzelne Aussagen und Urteile als „Ausdruck einer bestimmten Weltanschauung" begriffen werden, welche wiederum „in Struktur und Gliederung als standortgebunden" erscheint (Maasen 1999: 18). Aus der Auffassung von Wissens und Denken als *standortgebunden* resultiert, dass Wirklichkeitskonstruktionen nie für sich, sondern nur im Vergleich mit anderen beobachtbar sind.[122]

---

[121] Vgl. Bohnsack 1989; 1992; 1997; 2001; 2003a; 2003b; 2003c; 2003d
[122] Deshalb hat eine wissenssoziologische Analyse im Sinne Mannheims drei Aufgaben: „1. bewusste Distanzierung von überlieferten und verinnerlichten Weltanschauungen und Denkstilen, 2. konsequente Relationierung aller Aussagen und Denkstile im Hinblick auf die sozialen Zusammenhänge, in denen sie entwickelt werden, 3. Partikularisierung, d. h. die „inhaltliche und strukturelle Einkreisung" des Bereichs, über den Aussagen gemacht werden, um die ‚Fassungskraft der verschiedenen Standorte' deutlich zu machen" (Maasen 1999: 18).

Die Standortgebundenheit erklärt Mannheim mit der Abstammung von Anschauungen über Gebilde der Welt aus einem bestimmten Lebensraum, welcher Bedeutungen generiert, die Dingen gegenüber beigemessen werden und verschiedene Modi des Umgangs damit prägt. So verfügen Subjekte über die in ihrem gemeinschaftlichen Erfahrungsraum vorfindlichen Gebilde in *zwei Ebenen*, und zwar „einmal in vorreflexiver geistiger Intendiertheit, indem man sie aktualisiert (man nennt das auch ‚in den Gebilden leben'); das andere Mal, indem man theoretisch-reflexiv auf sie gerichtet ist" (Mannheim 1980: 269).[123] Mannheim leitet daraus ab, dass eine qualitativ verfasste Sinnerkenntnis den „gemeinschaftlichen Erfahrungszusammenhang" (ebd.) fokussieren müsse – versuche sie dagegen, diesen Erfahrungszusammenhang zu transzendieren, etwa indem sie anstrebt, „sich in jene Ebene der Abstraktion zu erheben, in der mit vornherein definierten systematisch überzeitlichen Begriffen gearbeitet wird" (ebd.: 270), verzichte sie „auf die Erfassung der konkreten Fülle der geistigen Gehalte, auf das ‚von innen heraus sehen' des historischen Lebens, also auf den wirklichen interpretativen Teil der historisch-gesellschaftlichen Erfahrung" (ebd.). Dieses Zitat verdeutlicht, inwiefern Mannheims Perspektive eine fruchtbare *Ressource qualitativ-rekonstruktiver Sozialforschung* ist: Vor allem der Blick auf die vorreflexive Ebene ermöglicht es, Einblick in die Wahrnehmung der Dinge im tatsächlichen Vollzug von Lebenspraxis der Subjekte zu gewinnen, sodass beobachtbar wird, welche Orientierungen für sie handlungsleitend sind. Dabei wird jedoch keine vorrangig individuumzentrierte Sichtweise eingenommen – wie etwa im Kontext der strukturanalytischen Rezeptionsforschung (siehe oben) –, sondern Handlungen werden eingebunden in Kollektivvorstellungen verstanden. Solche Kollektivvorstellungen legen sich „über alle Dinge, Ereignisse, Beziehungen des Lebens, und die Bedeutsamkeit eines Dinges für den konkreten Lebensraum überlagert, verdeckt und saugt in sich die Bestimmungen der puren Existenz auf" (Mannheim 1980: 230). In dieser Vorstellung liegt ein konsequenter *Relationismus*, der eine bedeutungsgebende Wirkung über Dinge zuallererst dem Überindividuellen, Sozialen bzw. Kollektiven zuspricht: „Man hat die Dinge nicht, wie sie an sich sein könnten, sondern nur wie sie für die Gemeinschaft da sind" (ebd.).

Bereits in Abschnitt 5.1 wurde darauf hingewiesen, dass die Bedeutung sozial konstruierter Funktionalitäten insbesondere bei der Begriffsbildung zum Tragen kommt. Mannheim unterscheidet hier zwischen *zwei Arten*, einer überzeitlichen bzw. überkonjunktiven – also *streng definierten* – und einer in konkreten Lebensvollzügen in einer spezifischen Gemeinschaft entstandenen – also *individualisierenden* – Begriffsbildung: Letztere beruht auf der Möglichkeit, jeden beliebigen Begriff „als Namen zu benützen, wobei unter Namen die spezifische Eigenschaft der Wörter verstanden werden soll, ein bestimmtes Ding in einer bestimmten Funktion in seiner einmaligen Beziehung zu uns und die für unsere bestimmte konjunktive Gemeinschaft zu bezeichnen" (Mannheim 1980: 218). Das bedeutet, dass Gemeinschaften *eigene* Begriffe ausbilden, mit denen sie die Welt bezeichnen und ihr Zusammenleben strukturieren. Dieses begriffliche Inventar konstituiert seine Bedeutung immer erst im Kontext des gemeinschaftlich eingebundenen Benutzerkreises, sodass es kollektiv verankert und individualisierend eingesetzt

---

[123] Die Differenz dieser beiden Ebenen verdeutlicht Mannheim (1980: 248) am Beispiel der griechischen polis: „Das Dasein der polis in einem Zeitabschnitt ihrer Existenz ist etwas anderes als der Begriff, den sich die Erfahrungsgemeinschaft über sie bildet".

wird.[124] Auf diese Weise entstehen für Mannheim geistige Realitäten, „die zu einem bestimmten Erfahrungsraum gehören" (ebd.: 272). Dass es sich dabei um „existentiell gebundene perspektivische Bedeutungen" (ebd.) handelt, hat zur Folge, dass ein Beobachter nicht einfach darüber verfügen kann, sondern sich diese auf dem Weg der Erzählung oder Beschreibung einer Handlungspraxis *erschließen* muss. Möglich ist dies allein auf dem Weg des *Verstehens*, das heißt durch „Eindringen in einen gemeinschaftlich gebundenen Erfahrungsraum, in dessen Sinngebilde und deren existentielle Unterlagen" (ebd.).

Für diese Methodologie des Verstehens ist entscheidend, dass nach Mannheim, ähnlich den Begriffen, jede Art von Wissen – alltagspraktisches wie wissenschaftliches – von zwei Denkformen strukturiert werden kann, einer *konjunktiven* und einer *kommunikativen* (vgl. 1980: 270).[125] Erstere resultiert aus einer kollektiven Sozialisationsgeschichte der Akteure, letztere beinhaltet institutionalisierte, öffentliche bzw. normierte Definitionen und Erwartungen, die sich auch in standardisierter Form abfragen lassen. An diese Differenz koppeln sich unterschiedliche Sinnebenen, die unterschiedliche Formen der Handlungserklärung nach sich ziehen (vgl. Nohl 2006a: 8 f.): Eine Handlung kann danach einen *immanenten* Sinn haben, dessen Interpretation nicht auf die Akteure, sondern die Handlung selbst gerichtet ist.[126] Zur Erfassung des Sachgehalts einer Handlung besitzt und benötigt der Forscher soziale Normen und Normalitätserwartungen, entlang der aber lediglich kommunikativ-generalisierende Gehalte einer Handlung erfasst werden können – die Einbettung des Handelns in spezifische Erfahrungsräume der Akteure bleibt offen. Deshalb ist diese Interpretation streng genommen keine Handlungs*erklärung*, sondern eher *-beschreibung* (vgl. Gaffer/Liell 2001: 191).

Vom immanenten Sinngehalt abzugrenzen ist der *Dokumentsinn*, welcher im Gegensatz zum immanenten Sinn in einer Handlungspraxis wurzelt (Mannheim 1964: 108) und anhand dessen sich kollektive Orientierungen sowie implizite und habitualisierte Formen des Handlungswissens der Akteure identifizieren lassen. Dieses Wissen wird von Mannheim – ähnlich dem unter 1.3 beschriebenen impliziten Wissen – als *atheoretisch* bezeichnet (vgl. 1980: 73), weil in einer Handlungspraxis darüber verfügt wird, ohne expliziert werden zu müssen. Die Untersuchung dieses atheoretischen Wissens erfordert eine *genetische Einstellung* (vgl. Mannheim 1980: 85 ff.), die nicht danach fragt, *was* Motive sind, sondern *wie* diese hergestellt werden. Erst sie führt zu einer

---

[124] Nach Mannheim lässt sich gut beobachten, wie eine enge konjunktive Sozialität eine eigene, zum Teil „sektiererische" Sprache ausbildet. Besonders prägnante Begriffstypen sind die „Kosenamen oder verzerrten Wortbildungen, die in der Kindersprache und in der Sprache von Liebenden oder Freunden vorkommen" (1980: 218).

[125] Bohnsack (2001: 231) illustriert dies am Begriff der *Familie*. Uns allen ist die Familie „als Institution und als verallgemeinerbarer Begriff in einer objektivierten Bedeutung gewärtig, die auf institutionalisierten Erwartungen und z. B. rechtlichen Definitionen beruht". Dies ist die kommunikative Bedeutung des Begriffes Familie. Eine davon verschiedene Bedeutung erhält der Begriff dagegen „für diejenigen, die die Gemeinsamkeiten und Besonderheiten einer konkreten familialen Alltagspraxis miteinander teilen (...). Wir sprechen hier dann von einer ‚konjunktiven' Bedeutung des Begriffes Familie und von der Familie als einem ‚konjunktiven Erfahrungsraum'" (Bohnsack 2001: 231).

[126] Innerhalb des immanenten Sinngehaltes ist noch einmal zu unterscheiden zwischen dem intentionalen Ausdruckssinn und dem Objektsinn, wobei es sich beim ersten „um Absichten und Motive des/der Erzählenden", beim zweiten um die „allgemeine Bedeutung eines Textinhalts oder einer Handlung" handelt (Nohl 2006a: 8).

sozialwissenschaftlichen Analyse „auf dem Niveau von Beobachtungen des Beobachters" (Bohnsack 2001: 228).

Wichtige Grundlagen einer solchen Analysehaltung stammen aus dem Kontext der Ethnomethodologie (vgl. hierzu Meuser 2003e; Bergmann 2003; Schneider 2002), welche vor allem den *indexikalen Charakter* sprachlicher Äußerungen herausstellt: Demzufolge verweisen Äußerungen auf ein Muster, das diese zwar konstituiert, in ihnen selbst aber nicht explizit thematisch wird. Das Prinzip der Indexikalität drückt also eine Beziehung zwischen Erscheinungen und den zugrunde liegenden Strukturen im Sinne wechselseitiger Determination aus. Eben darin liegt ein Kerngedanke der dokumentarischen Methode, denn diese strebt an, „in der Vielfalt sprachlicher Äußerungen, Handlungen und Ereignisse das zugrunde liegende Muster, den Sinn zu identifizieren" (Witzel 1982: 18). Dabei wird jede einzelne Erscheinung als Dokument, das heißt als Ausdruck eines latenten Musters interpretiert; umgekehrt wird versucht, dieses Muster durch seine vielen konkreten Erscheinungen zu erfassen.

Insofern stellt die dokumentarische Methode ein interpretatives Verfahren dar, welches das Problem der Indexikalität von Ausdrücken bewältigen will, was der Intention Mannheims entspricht, einen adäquaten Zugang zur Indexikalität fremder Erfahrungsräume im Sinne eines *Fremdverstehens* von Handlungspraxen zu finden. Auf diese Weise stellt Fremdverstehen – und nicht etwa Introspektion – *das* Zentralmerkmal rekonstruktiver Sozialforschung dar (vgl. Schütze/Meinefeld/Springer/Weymann 1973: 490). Bohnsack (2003a: 145) betont allerdings, dass den fremd zu verstehenden Praxen *kein* zweckrationaler Handlungsentwurf zugrunde liegt und dass es deswegen unzureichend ist, nur den subjektiv gemeinten Sinn des Handelnden nachzuzeichnen. Erforderlich ist stattdessen die bereits erwähnte genetische Einstellung Mannheims, da sie ermöglicht, Handlungsmotive nicht allein in ihrem intentionalen Prinzip zu erfassen, sondern auch „im Zusammenhang ihrer Konstitutionsbedingungen, d. h. jener Erlebniszusammenhänge, aus denen sie entstanden sind" (Bohnsack 2003a: 146).

Dies ist Aufgabe der so genannten *genetischen Interpretation*, welche auf die „der sozialisationsgeschichtlichen Entwicklung und der habitualisierten Alltagspraxis zugrunde liegenden Prozeßstruktur, also auf den *Habitus*, auf die generative Formel" zielt (Bohnsack 1997: 58).[127] So steht mit der dokumentarische Methode insgesamt ein Inventar zur Verfügung, das Zugang „nicht nur zum reflexiven, sondern auch zum handlungsleitenden Wissen der Akteure und damit zur Handlungspraxis" ermöglicht

---

[127] Die Verwendung des *Habitusbegriffs* suggeriert Ähnlichkeiten zwischen der Wissenssoziologie Mannheims und den Arbeiten Bourdieus; allerdings existieren wichtige Unterschiede (vgl. Bohnsack 2003a: 68). Mannheims Annahme, dass Erfahrungsräume (z. B. Geschlecht, Bildung, Milieu, Generation etc.) Dimensionen der Herkunft von Orientierungen sind, ist *nicht* gleichzusetzen mit der sozialen Lage, wie sie sich z. B. in *objektiven Sozialdaten* manifestiert. Während sich für Bourdieu die soziale Lage wie ein Dispositionsrahmen auswirkt, in dem sich bestimmte Habitus ausprägen, erbringt er keinen rekonstruktiv zu erbringenden „Nachweis der Wirkung der sozialen Lage bzw. des Kollektiven auch am Einzelfall" (Meuser 2001: 212). Stattdessen schließt Bourdieu, wie etwa in den „feinen Unterschieden" (1982), aus statistischen Verteilungen objektiv erhobener Sozialdaten auf den Habitus. Im Gegensatz dazu beharrt eine rekonstruktive Methodologie in der Tradition Mannheims darauf, dass „das Wirken eines Habitus in der Handlungspraxis erst dann erfasst ist, wenn sich zeigen lässt, wie er sich in fallspezifischen Kontexten dokumentiert" (Meuser 2001: 212). Diese Kritik trifft in ähnlicher Weise auch Klassen- und Schichtmodelle der Sozialstrukturforschung (Steinkamp 1998: 257; Hradil 2001: 366), die davon ausgehen, dass aus objektiv unterscheidbaren Lebensbedingungen *gleiche* Effekte für die Betroffenen resultieren.

(Bohnsack/Nentwig-Gesemann/Nohl 2001: 9; vgl. auch Nohl 2006a: 22). Die Rekonstruktion fokussiert habitualisiertes oder inkorporiertes Orientierungswissen, welches das Handeln relativ unabhängig vom subjektiv gemeinten Sinn strukturiert, wobei gleichzeitig die empirische Basis des Akteurswissens nicht verlassen wird.

5.3.2 Zusammenfassung und Schlussfolgerungen für die vorliegende Untersuchung

Die zentralen Grundannahmen der dokumentarischen Methode mündeten in der Überlegung, dass sich Muster und Prozesse der Medienaneignung samt der darin befindlichen Bedürfnisse, Motive und Zwecke nicht direkt abfragen lassen, da ihnen Strukturen zugrunde liegen, die den Jugendlichen nicht diskursiv verfügbar sind, sondern die Eigenschaft eines impliziten bzw. atheoretischen Wissens haben. Indem also versucht wird, dieses Wissen im Kontext der Medienaneignung Jugendlicher zur *Explikation* zu bringen, wird ein Zugang zu der ihrer Praxis zugrunde liegenden (Prozess-)Struktur ermöglicht, die sich der Perspektive der Jugendlichen selbst entzieht (vgl. Bohnsack/ Nentwig-Gesemann/Nohl 2001: 12). Es geht also nicht darum, die Medienaneignung Jugendlicher als solche zu beobachten, sondern darum, „wie und was die Akteure beobachten" (Bergmann 2006: 24).

Dieser für die dokumentarische Methode charakteristische Wechsel weg von der Frage, was die gesellschaftliche Realität in der Perspektive des Akteurs ist, hin zur Frage, wie diese von ihnen hergestellt wird, trifft sich mit den unter 1.3 und 3 beschriebenen Merkmalen der *Konstruktivität* und *Allgegenwärtigkeit* von Medien und Technik. Vor diesem Hintergrund ist zu untersuchen, *wie* Jugendliche mit Medien umgehen und wie sie erklären und bewerten, was sie tun: Auf welche Weise messen sie Medien Bedeutung bei? Welche Orientierungen werden aus ihren Schilderungen über Medienaneignung sichtbar? Indem in Berichten über Medienaneignung etwas theoretischbegrifflich zu erfassen versucht wird, was zunächst atheoretisch gegeben ist, geht es darum, in etwas scheinbar *Unbedeutendem* etwas *Bedeutsames* zu erkennen. Das Erkenntnisinteresse ist also bewusst auf das vermeintlich „Unprätentiöse alltäglicher Situationen" (Heinrich 2001: 221) gerichtet.

Diese Analyseeinstellung ist für die Untersuchung der Medienaneignung Jugendlicher deshalb relevant, da der Umgang mit Medien – wie bereits mehrfach betont – normalisiert und inkorporiert ist und tendenziell „in einer Zone des Nicht-Bedeutsamseins" verschwindet (Hörning 2001: 151). Mithilfe einer rekonstruktiven Methodologie wird es dann möglich, gemäß den unter 5.1 skizzierten Prämissen qualitativer Sozialforschung „das Nichtbedeutsame zu problematisieren, die Prämissen ‚natürlich'-lebensweltlichen Erlebens quasi ‚aufzuheben'" und somit die „gängigen und alltäglich gewordenen Perspektiven aus einem fremden Blickwinkel zu betrachten, um sie so in ihrem selbstverständlichen Funktionieren kenntlich zu machen" (ebd.). Dabei ist grundsätzlich davon auszugehen, dass Jugendliche Träger gesellschaftlich vermittelten Wissens sind, dass sich also auch in alltäglichen Situationen ihrer Medienaneignung etwas Gesellschaftliches reproduziert.

Die von mir zu untersuchenden Perspektiven Jugendlicher auf ihr Medienhandeln können dazu als eine mir als Forscher *unbekannte Erfahrungswelt* bezeichnet werden:

Für den Zugang dazu ist das der dokumentarischen Methode inhärente Verständnis von *Sozialität* konstitutiv, denn in diesem sind die kommunizierenden Subjekte insofern „einander fremd, als ihre individuellen Perspektiven sich prinzipiell voneinander unterscheiden" (Bohnsack 2003a: 58). Dies entspricht einem Grundverständnis hermeneutischer Sinninterpretation, deren Ziel gerade „keine eindeutige Tatsachenaussage [ist] (...), sondern das Bewahren der ‚Fremde' eines jeden interpretierten Gegenstandes" (Rittelmeyer/Parmentier 2001: 14). Das bedeutet auch, dass die Sicht des Forschenden streng genommen gegenüber derjenigen der Erforschten keinen höheren Anspruch an Objektivität erheben kann. Seine Perspektive darf nicht davon ausgehen, mehr zu wissen „als die Akteure oder Akteurinnen, sondern davon, dass letztere selbst nicht wissen, was sie da eigentlich alles wissen" (Bohnsack/Nentwig-Gesemann/Nohl 2001: 11).

Damit zusammenhängend korrespondieren die Überlegungen zur Standortgebundenheit mit der Aussage, bei der Untersuchung von Medienaneignung keine von vornherein normativ ausgerichtete, z. B. bildungsbürgerlich geprägte Sichtweise einzunehmen (vgl. hierzu 2.5, 3.5.2 und 4.4). Mannheim bezeichnet dies auch als „Einklammerung des Geltungscharakters" (Mannheim 1980: 88):[128] So kann es nie das Ziel der Interpretation sein, Darstellungen in Bezug auf ihre Wahrheit oder Richtigkeit hin zu bewerten oder zu klassifizieren.[129] Indem stattdessen versucht wird, den „modus operandi", den der Medienaneignung zugrunde liegenden Habitus zu rekonstruieren (vgl. Bohnsack/Nentwig-Gesemann/Nohl 2001: 13), wird die Frage nach „richtiger" oder „falscher" Medienaneignung obsolet. Es geht also im Rahmen der dokumentarischen Methode zunächst nicht um die Frage, wie korrekt Jugendliche mit Medien handeln, ebenso wenig wie das Ziel einer entsprechenden Untersuchung sein kann, gelungene oder misslungene Medienaneignungsformen zu identifizieren. Stattdessen wird der Blick darauf gerichtet, auf welche Weise Aspekte bezüglich Wahrnehmung, Benutzung und Bewertung von Medien in den Darstellungen Jugendlicher hervorgebracht werden.

5.4 Das Forschungsdesign

Nachdem dargelegt wurde, dass eine rekonstruktive Forschung mitsamt ihrer sinnverstehenden Methodologie für die Untersuchung jugendlicher Medienaneignung prädestiniert ist, geht es im Folgenden um eine Ableitung eines entsprechenden Forschungssettings. Um den Forschungsprozess transparent zu machen, wird er in den kommenden Abschnitten umfassend dokumentiert. Dazu erläutere ich im Folgenden, welche Erhebungsmethode zum Einsatz gekommen ist (5.4.1), meine Vorgehensweise bei der Erhebung der Daten (5.4.2.), hier die Samplebildung (5.4.2.1), die praktische Durchführung (5.4.2.2) und die Stichprobe (5.4.2.3). In den darauf folgenden Abschnitten wird auf die

---

[128] Dieses Prinzip weist Ähnlichkeiten auf zu dem von Husserl geprägten Begriff der Epoché, welcher die Suspendierung der natürlichen Einstellung beschreibt, die im Sinne einer erkenntnisinteressierten Reflexionshaltung eine *Voraussetzung* des Verstehens ist (vgl. Kurt 2002: 157 ff.).

[129] Dies auch deshalb, weil in der Wissenssoziologie Mannheims die Verwendung des Wissensbegriffs von der Kopplung am Wahrheitsbegriff gelöst wird: „Ob Wissen wahr oder falsch ist, ob es wohlbegründet oder unbegründet erscheint, ist nicht die sozialwissenschaftliche Fragestellung, was zählt, ist vielmehr die soziale Relevanz des Wissens, seine faktische Wirkung in der Handlungspraxis" (Reckwitz 2006: 154).

Auswertungsstrategie des Datenmaterials (5.4.3.) sowie Gütekriterien (5.4.4.) eingegangen.

5.4.1 Erhebungsmethode

Aus den Grundannahmen rekonstruktiver Sozialforschung folgt, dass nicht-standardisierte Verfahren zum Einsatz kommen müssen, da nur sie ermöglichen, Daten zu erheben, die sich für einen verstehenden Nachvollzug der Medienaneignung Jugendlicher eignen. Da also Erfahrungskorrelate der Jugendlichen Gegenstand meines Interesses sind, stellt sich die Frage, inwieweit es gelingen kann, den „Sinn *ihrer* Erfahrungen" einzuholen (Honer 2003c: 195, Herv. i. Orig.). Eine entsprechende Datengewinnung erfordert daher den Einsatz von Methoden, „deren Qualitätskriterium darin besteht, ob bzw. in welchem Maß sie geeignet sind, die Relevanzen des anderen aufzuspüren" (ebd.). So stellt sich an die Erhebungsmethode der Anspruch, dass darin eigene Vorannahmen nicht von vorneherein das Thema Medienaneignung zu stark strukturieren oder einschränken. Ein Verfahren, das diesem Anspruch gerecht zu werden versucht und das ich auswählte, stellt das qualitative Interview dar. Im Folgenden beschreibe ich zunächst einige allgemeine Spezifika dieser Methode und erläutere dann die von mir eingesetzte Form.

5.4.4.1 Das qualitative Interview

Innerhalb der qualitativen Sozialforschung nehmen Interviews eine zentrale Stellung ein und sind eines der meistgenutzten Erhebungsverfahren überhaupt (vgl. Hopf 2003: 349 ff.; Honer 2003a: 97; Friebertshäuser 1997b: 371 ff.). Inzwischen existiert ein unübersichtliches Spektrum an Varianten und Neu- bzw. Weiterentwicklungen verschiedener Interviewtechniken. Im Zuge einer uneinheitlichen Terminologie (vgl. Friebertshäuser 1997b: 372) werden mitunter ähnliche Vorgehensweisen unter einen neuen Begriff gefasst oder lassen sich für gleiche Verfahren weitere Bezeichnungen finden.[130] Bei aller Divergenz beziehen qualitative Interviews ihre Attraktivität daraus, dass sie im Sinne der Grundannahmen qualitativer Forschung die *Interaktion* zwischen Forscher und Interviewtem als konstitutives Moment des Forschungsprozesses begreifen. Für die Medienforschung stellt Aufenanger fest, dass das qualitative Interview „eine wesentliche Bereicherung darstellt" (2006: 111) und dementsprechend weite Verbreitung gefunden hat, etwa dort, wo das Interesse der Forscher auf das Rezeptionsverhalten – oder auch die Medienbiographie – von Mediennutzern gerichtet ist (vgl. auch Bergmann 2006: 30; Keuneke 2005: 254). Für den von mir untersuchten Gegenstand der Medienaneignung

---

[130] Ein Beispiel für dieses von Lamnek (1995, II: 36) als „babylonisches Sprachgewirr" betitelte Phänomen ist die Verwendung des Begriffs „halbstandardisiertes Interview" für ein Leitfadeninterview. Auch das so genannte Problemzentrierte Interview zeigt die begrifflichen Schwierigkeiten. Eigentlich als eigene Form des Interviews entwickelt (vgl. Witzel 1982, 1996, 2000), scheint es sich mittlerweile zum Oberbegriff für eine ganze Familie von Befragungsformen entwickelt zu haben. Unter diesem Begriff sollten nach Mayring (2002: 67) „alle Formen der offenen, halbstrukturierten Befragung zusammengefasst werden".

erweist sich das qualitative Interview als sinnvoll, da es ein direktes Gespräch mit den zu befragenden Jugendlichen ermöglicht, wobei die zentralen Prinzipien der *Offenheit*, der *Kommunikativität* sowie der *Dialogizität* berücksichtigt werden können.

Das Prinzip der Offenheit besagt, dass „die theoretische Strukturierung des Forschungsgegenstandes zurückgestellt wird, bis sich die Strukturierung des Forschungsgegenstandes durch die Forschungssubjekte herausgebildet hat" (Hoffmann-Riem 1980: 343). Dazu ist erforderlich, dass sich der Interviewpartner nicht der Erhebungslogik in Form vorgegebener Frageformulierungen und den in Antwortvorgaben enthaltenen Bedeutungen anpassen muss (vgl. Helfferich 2004: 100). Indem er mitentscheidet, auf welche Weise er welches Bezugssystem und welchen Detaillierungsgrad wählt, eröffnet sich ihm die Gelegenheit, „sich authentisch, d. h. unbeeinflusst und natürlich, zu äußern, ohne durch den Forscher prädeterminiert zu werden" (Lamnek 1995, II: 199). Für Oevermann müssen Interviewfragen deshalb *authentischen* Charakter haben, sodass „der Fragende die Antwort noch nicht kennt" und „genuin neugierig" auf sie ist (Oevermann 2004: 440).[131] Nicht übersehen werden darf allerdings, dass auch offene Erhebungsverfahren einen Eingriff in die Normalität der Alltagskommunikation darstellen, indem sie eine Verpflichtung zur konsistenten Darstellung beinhalten. Daher ist Offenheit zwar idealtypischerweise anzustreben, kann aber nicht darüber hinweg täuschen, dass das Interview eine asymmetrische Kommunikationsform darstellt.[132]

Das oben erwähnte Prinzip der Kommunikativität zielt darauf ab, dass jede Interviewsituation prinzipiell und unabhängig von der Interviewform im Besonderen „eine Kommunikationssituation darstellt und dass erst in einer solchen Kommunikationsbeziehung Forschende den Zugang zu dem Sinnsystem der Erzählperson finden können" (Helfferich 2004: 67). Generell gilt, dass *Realität* im Sinne der qualitativ-empirischen Sozialforschung als *kommunikative Realität* gedacht wird: Folglich ist die Erfassung der in dieser Realität vorfindbaren Kommunikationsinhalte „unabdingbarer Bestandteil des soziologischen Forschungsaktes" (Lamnek 1995, II: 174). Dahinter steht die Auffassung, dass in allen Handlungsverläufen Bedeutungszuschreibungen mitschwingen, dass sich mittels sozialwissenschaftlicher Forschung (etwa dem Einsatz von Interviews) jedoch nur *kommunikative Akte* erschließen lassen und nicht die zugrunde liegenden Handlungsverläufe *selbst*.

Dennoch kann davon ausgegangen werden, dass Bedeutungszuschreibungen, die Handlungen beigemessen werden, die gleichen sind, die den kommunikativen Akten zukommen, dass also kommunikative Akte die Bedeutungszuweisungen einer Hand-

---

[131] Davon scharf abzugrenzen sind nach Oevermann Kontroll- und Prüfungsfragen, bei denen „umgekehrt der Fragende die Antwort genau kennen muß, um deren Relevanz und Bedeutung einzuschätzen und beurteilen zu können". In diesem Fall aber interessiert ausschließlich, „in welche schon bekannte Ausprägungskategorie der Proband aufgrund seiner Antwort fällt. Ein genuines Interesse an der Einzigartigkeit der Subjektivität des Erlebens und der Erfahrung auf seiten des Probanden ist grundsätzlich schon ausgeschlossen" (Oevermann 2004: 440).

[132] Bourdieu (1997) stellt hierzu fest: „Es ist der Interviewer, der das Spiel beginnt und die Spielregeln bestimmt; er ist es auch, der (...) über die manchmal, zumindest in den Augen des Befragten, schlecht definierten Gegenstände und Verwendungsweisen des Interviews bestimmt" (ebd.: 781). Da die Interviewsituation a priori von Asymmetrie geprägt ist, hält es Bourdieu für erforderlich, die durch den Interviewer potentiell ausgeübte „symbolische Gewalt (...) so weit wie irgend möglich zu reduzieren" und eine Beziehung des „aktiven und methodischen Zuhörens zu schaffen, die vom reinen Laissez-faire des nicht-direkten Interviews genauso weit entfernt ist wie vom Dirigismus eines Fragebogens" (ebd.: 782).

lungssituation auch dann repräsentieren, „wenn nicht gehandelt wird, sondern retrospektiv oder fiktiv über einen Handlungsverlauf gesprochen wird" (Lamnek 1995, II: 200). Zur Generierung von Wirklichkeit ist daher ausreichend, „wenn ein kommunikativer Akt über einen vergangenen oder fiktiven Handlungsablauf initiiert wird" (ebd.: 200; vgl. auch Gergen 1998: 109). Zu dessen Gelingen versucht der Forscher, sich der kommunikativen Realität des Interviewten so weit wie möglich zu nähern, indem er sich etwa bei der Gesprächsführung an alltagsweltlichen Konventionen des Forschungssubjekts orientiert und sich dessen sprachlichem Code anpasst (vgl. Keuneke 2005: 255).

Ein in diesem Zusammenhang oft diskutiertes Thema ist der *Einfluss* des Interviewers auf das Interview. Mittlerweile hat sich die Einsicht durchgesetzt, dass Resultate offener Interviews immer mit interaktiven Momenten derselben in Zusammenhang zu denken sind, dass das qualitative Interview als Methode mithin eine dialogische Interaktionsform *ist*.[133] Die Methodendebatte wurde lange Zeit von der Auffassung dominiert, mögliche Interaktionseffekte in Interviews unbedingt zu minimieren, weil die Verzerrung einer möglichst *reinen Situation* befürchtet wurde (vgl. Bogner/Menz 2005: 48).[134] Allerdings, so Bogner/Menz, ist dieser Idealtyp aus interaktionstheoretischer Sicht *überholt* (vgl. ebd.). Ähnlich argumentieren Jensen/Welzer (2003), dass die soziale Situation des Interviews zu der spezifischen Gestalt der jeweiligen Erzählungen und Antworten beiträgt, dass also die erhobenen Daten „unausweichlich von allen Interakteuren gemeinsam produziert" sind (ebd.: 5). Das bedeutet, dass im Sinne einer „Ko-Konstruktion" (vgl. Keuneke 2005: 255; Froschauer/Lueger 2003: 51) kommunikative Verhaltensweisen des Interviewers ebenso konstitutiv für die mittels Interviews erhobenen Daten sind wie die vom Interviewten im Interview entwickelten Konstruktionen (vgl. auch Witzel 1989: 237; Breuer 2003: 41). Nach Jensen/Welzer ist es daher gerade bei Gegenständen und Fragestellungen, die sinnvollerweise qualitativ zu erschliessen sind, geradezu kontraproduktiv, sich an – zum Teil immer noch in der Methodenliteratur auffindbare – Neutralitätspostulate zu halten: Diese beruhen „kommunikationstheoretisch (…) auf einem Missverständnis" und sind „wissenschaftshistorisch (…) an einem Paradigma orientiert, das mit interpretativen Forschungsstrategien und ihrer Begründung nichts zu tun hat" (Jensen/Welzer 2003: 58).

Nachdem die drei wichtigsten Prinzipien qualitativer Interviews dargestellt wurden, soll abschließend die Frage ihrer *Geltungsbegründung* diskutiert werden, das heißt die Frage, inwiefern sie das Potenzial der Erkenntnis im Sinne eines sozialwissenschaftlichen Umgangs mit Texten haben (vgl. Flick 1992). Kommunikative Inhalte eines Inter-

---

[133] Die Forderung, Interaktionen zwischen Interviewer und Befragtem *nicht* als auszumerzendes Problem, sondern als Erkenntnisquelle zu deuten, ist in der Sozialforschung im Prinzip nicht neu. Kahn/Cannell formulierten bereits 1957 (zit. n. Witzel 1996: 55): "To say (…) that we want an interview without interviewer influence is a contradiction in terms".

[134] Die Autoren bezeichnen diese Denkweise als orientiert am so genannten „archäologischen Interview", in welchem implizit von „der Existenz kontextunabhängiger, ‚wahrer' und ‚eigentlicher' Einstellungen, Situationsdefinitionen und Handlungsorientierungen" ausgegangen wird, welche auf einer „Tiefenschicht der menschlichen Psyche angesiedelt sind und die möglichst in Reinform mittels geeigneter Interviewtechniken ans Tageslicht befördert werden sollen" (Bogner/Menz 2005: 47). Dies erkläre auch die zum Teil noch vorhandene tiefe Abneigung gegen jede Art von *Effekten*; dass Interaktionen „Effekte zeitigen – ohne sie wäre Interaktion keine, sondern bedeutungsfreies ‚Rauschen'" – gerät mitunter immer noch „zur Pathologie der Kommunikation, zu einem Defekt des idealen, störungsfreien Interviews, den es zu vermeiden gilt" (Bogner/Menz 2005: 48).

views sind nach Flick (1996) eine Wissensform und ein empirisches Medium zur Analyse eines Wissenstyps, welcher sich als narrativ versteht – und sich damit von semantischen, argumentativen oder logischen Modellen abgrenzt (vgl. auch Bruner 1998: 47 ff.).[135] Es kennzeichnet sich zwar durch eine formale Struktur, wichtiger aber ist „seine Funktion in der Zuschreibung von Bedeutungen zu bestimmten Erfahrungen durch ihre Einordnung in ein spezifisches Erfahrungsschema" (Flick 1996: 131). Daher eignen sich Interviewerzählungen dazu, dicht an eine tatsächliche lebensweltliche *Erfahrung* des Interviewten heranzuführen, obgleich sie nicht *identisch* mit dieser Erfahrung sind. Kommunikative Inhalte prozessieren vielmehr im Modus der Aushandlung, und zwar einer *intern-kognitiven* „zwischen den Erfahrungen/Situationen und der Erzählung, zu der sie verarbeitet werden, wobei Bewertungen in beiden Richtungen vorgenommen werden" (ebd.: 132), also hinsichtlich der konkreten Inhalte der Erzählungen (ihrem Informationsgehalt) und der Angemessenheit der sich darüber entfaltenden Geschichte. Ebenso findet aber auch eine *soziale* Aushandlung statt, die – im Sinne der oben erwähnten Ko-Konstruktion – Interviews zu einer gemeinsamen Aktivität von Erzähler und Zuhörer machen.

Ausgehend von der Annahme, dass der Befragte im Interview implizit mitdenkt, ob das von ihm Gesagte überzeugen kann, stellt sich die Frage, inwiefern sich Erzähltes und Erlebtes als übereinstimmend denken lassen. Nach Flick (1996) hat das im Interview Verbalisierte *doppelten Situationsbezug*: Es ist eingebettet in ein Hier und Jetzt der Situation, *in* der erzählt wird, und bezieht sich auf das Damals und Dort der Situation, *über* die etwas gesagt wird. Das Ergebnis ist also eine Schilderung „in einer bestimmten Situation und gegenüber einer bestimmten Person", aber ebenso auch „aus einer spezifischen Situation heraus" (ebd.: 139). Insofern handelt es sich bei Erzählungen wie beim Erzählten „um Konstruktionen der Wirklichkeit seitens des Erzählenden (...), in die dann auch Fiktionales einfließt" (ebd.): Es sind Konstruktionen bestimmter Situationen (des Erzählten) in bestimmten Situationen (also des Sprechens angesichts des Interviewers). Deshalb können auch fiktionale Anteile „Aufschlüsse über die Zuschreibung von Bedeutungen zum Erzählten durch den Erzähler geben" (ebd.: 139).

Bisher Gesagtes lässt sich so zusammenfassen, dass mithilfe qualitativer Interviews erhobene Daten einen Schlüssel zu Erfahrungen und Wissen darstellen. Sie vermögen kontextbezogene Darstellungsformen von Erfahrungen und Handlungsweisen zu liefern, in denen Prozesse und Strukturen der Medienaneignung der befragten Jugendlichen, auch unter Einbeziehung von aktiven Konstruktionsleistungen, hinsichtlich des Erwerbs, der Verarbeitung und der Darstellung ihrer Erfahrungen ausgedrückt werden. Damit wird deutlich, dass die von mir erhobenen qualitativen Interviews keinen direkten Zugang *zum* Handeln der Jugendlichen mit Medien liefern können, jedoch einen Zugang eröffnen zur subjektiven Sichtweise *auf* das Handeln und die Präsentation *des* Handelns. Gegenstand ist also weniger das alltagspraktische Handeln selbst, sondern

---

[135] Diese Modelle betonen hauptsächlich die Ordnung des Wissens durch Begriffe und die Relationen zwischen diesen Begriffen. Die sich daran knüpfende Methodologie legt den Schwerpunkt konsequenterweise auf die Konstruktion von Fragebögen, die jedoch ihrerseits wichtigen Grundannahmen qualitativer Forschung nicht gerecht werden. Flick geht daher vom Modell sozialer Repräsentationen in Wissen und Sprache aus, die Zugänge zur Psychologie des Sozialen erlauben und es ermöglichen, die soziale Verteilung von Perspektiven auf ein Phänomen oder einen Prozess zu untersuchen (vgl. Flick 1995a: 54 ff.; 1995b: 7 ff.; 1996; 2002: 271 ff.).

„die Reflexionen über solches Handeln, die Version, die der Erzähler von seinem eigenen Handeln und dem Kontext, in dem es stattfand, hat bzw. in der Situation des Interviews vertritt" (Flick 1996: 141). Somit nehmen Interviewdaten prinzipiell *sekundäre Sinngebungsprozesse* in den Blick, zu deren Rekonstruktion sich bei der Auswertung gefragt werden muss: Welche Sichtweise präsentiert der Erzähler und warum? Weniger als um das Verstehen des *Was* geht es in erster Linie um das *Wie* der Interviewtexte (vgl. hierzu auch 5.4.3.3). Einzelne Schilderungen wie auch das gesamte Interview haben keinen Abbildcharakter hinsichtlich des Berichteten, sondern sind Konstruktionsleistungen der zu befragenden Jugendlichen zu diesem Zeitpunkt. Im Interview getätigte Äußerungen sind Mittel der Konstruktion und Interpretation eigener Erfahrungen, ihren situativen Kontexten und Abläufen für sich und andere.

5.4.4.2 Leitfadeninterview zur Medienaneignung

Für den thematischen Gegenstand der Medienaneignung wird im Folgenden geklärt, welche Form der Strukturierung des eingesetzten Interviews angemessen erscheint. Nach Marotzki (2003a: 114) ist die wichtigste Unterscheidung aller Interviewtypen diejenige, die sich aus der Verwendung der Kriterien *Strukturierung durch den Informanten* versus *Strukturierung durch den Interviewenden* ergibt. Diesbezüglich gilt es zu entscheiden, ob die Datenerhebung mittels Interview eher an ausformulierten Fragen orientiert ist oder ob dieses sehr offen auf der Grundlage einiger weniger Fragen oder Fragerichtungen geführt wird (vgl. Hopf 2003: 351).

Ich entschied mich mit dem *Leitfadeninterview* für einen Mittelweg, weil dessen Einsatz die Vergleichbarkeit der Daten erhöht und der Fragestellung der Untersuchung und den Daten eine spezifische Struktur gibt. Die Entscheidung für ein Leitfadeninterview erfolgte erstens aufgrund der thematischen Struktur zum Gegenstand der Medienaneignung, aus der sich bestimmte Impulse für das Interview mit den befragten Jugendlichen ableiten lassen und zweitens aufgrund der altersspezifischen Kommunikationsmöglichkeiten der befragten Jugendlichen – so bevorzugen diese aufgrund ihres Alters „nicht unbedingt die Erzählung als Modus ihrer Darstellung, eher findet man Collagen, Diskussionen, Episoden" (Ohlbrecht 2006: 142). Eine Erzählung im Sinne der Gesamtformung einer Erzählgestalt „liegt Jugendlichen ferner" (ebd.). Mit dem Leitfadeninterview verbinde ich allgemein die Erwartung, dass in einer relativ offenen Gestaltung der Interviewsituation die Sichtweisen des zu befragenden Subjekts eher zur Geltung kommen als in standardisierten Interviews, die mit der Vorgabe, wann und auf welche Art und Weise Themen behandelt werden, den Weg zur subjektiven Sicht eher *verstellen* als öffnen.[136] Wichtig ist, dass trotz thematischer Fokussierungen seitens des Interviewers der Befragte in selbst gewählten Formulierungen zu Wort kommen kann, seine – auch widersprüchlichen – Meinungen, Erfahrungen und Gedanken frei artikulieren und weitgehend selbst wählt, ob und wie ausführlich er auf einzelne Aspekte eingehen und sie vertiefen möchte.

---

[136] Vgl. Marotzki 2003a: 114; Bergmann 2003: 19; Flick 2002: 145; Helfferich 2004: 159; Meuser/ Nagel 2005: 78; Schmidt 1997: 548; Kelle/Kluge 1999: 63

Mit Kohli (1978) lassen sich die Vorzüge von Leitfadeninterviews zu drei Aspekten bündeln (vgl. auch Mayring 2002: 68). Sie respektieren erstens die *Variabilität von Bedeutungen*, die einem Objekt oder einer Situation beigemessen wird: Diese variiert mit Hintergrund und Erfahrung der Befragten, sodass der Vorteil gerade darin liegt, „daß diese Schwierigkeit thematisch wird. In seinen Antworten gibt der Befragte zu erkennen, wie er die Frage aufgefasst hat" (Kohli 1978: 10). Zweitens werden sie der *Komplexität von Bedeutungen* gerecht: Während geschlossene Fragen „der Komplexität kognitiver Strukturen generell nicht gerecht" werden (ebd.: 12) anerkennen offene Fragen, dass Wissen, Einstellungen und Meinungen häufig vage, widersprüchlich oder mixturartig sind. Drittens erlauben sie eine *situative Herstellung von Bedeutungen*: Während der Befragte bestimmte Vorstellungen von Sinn oder Ziel des Interviews als Ganzem hat, beeinflusst diese seine Schilderungen, dies geschieht aber auch durch den konkreten *Verlauf* des Interviews selbst. Offene Verfahren können daher „Definitionen und Intentionen (...) besser sichtbar machen" (ebd.: 14), denn sie erlauben es zu erkennen, „was der Befragte von sich aus äußert" (ebd.) und wo er sich nur auf entsprechende Vorgaben äußert. Diesen Vorteilen stehen jedoch auch Schwierigkeiten gegenüber (vgl. Flick 2002, Hopf 1978), denn es kann zu *Vermittlungsproblemen* kommen zwischen den Vorgaben des Leitfadens bzw. den Zielsetzungen der Fragestellung und den Darstellungsweisen der Befragten. Der Interviewer benötigt daher einerseits ein hohes Maß an *Sensibilität* für den konkreten Interviewverlauf und den Interviewten, andererseits den *Überblick* über bereits Thematisiertes und dessen Relevanz für die Fragestellung. Darüber implizieren Leitfadeninterviews aus der Perspektive rekonstruktiver Methodologie die Gefahr, dass sie Erzählungen als denjenigen sprachlichen Texten, die „dem Handeln am nächsten stehen" (Fritzsche/Nohl/Schondelmayer 2006: 17) zu wenig Raum bieten. Indem der Interviewpartner durch eher argumentative Interviewfragen zur Explikation seiner Sichtweise auf bestimmte Problemfelder gedrängt wird, kann dies die Darstellung seines atheoretischen Wissens und seiner konjunktiven Erfahrung behindern (vgl. Nohl 2006a: 22).

Im Kontext der dokumentarischen Methode stellen Leitfadeninterviews bislang eher eine Ausnahme dar. Vorrangig zum Einsatz gekommen ist die Methode im Verbund mit Gruppendiskussionen oder biographischen Interviews, erst in jüngster Zeit ist sie bezüglich Leitfadeninterviews fruchtbar gemacht worden (vgl. Nohl 2006a; Fritzsche/Nohl/ Schondelmayer 2006). Insofern entspricht Datenmaterial vom Typus Leitfadeninterview im Kontext der dokumentarischen Methode einer „neuen Sorte" (Nohl 2006a: 15), die aber ebenso der Analyse tiefer liegender Sinngehalte, die sich hinter Erzählungen, Beschreibungen und Metaphern der Interviewten verbergen, zugänglich gemacht werden kann. So ist davon auszugehen, dass sich auch in diesem – einerseits thematisch vorstrukturierten, andererseits offenen – Interviewtypus Darstellungen finden lassen, die eine Prozessstruktur habituell geformter Medienaneignungsprozesse zu transportieren vermögen. Zu erwarten ist – und die Fallrekonstruktionen (vgl. Kap. 7) bestätigen dies – dass die befragten Jugendlichen themenübergreifend immer wieder in ihren Orientierungsrahmen gewissermaßen *zurückfinden*.

Im Sinne des oben genannten Prinzips der Offenheit sollte deshalb das Ziel sein, die Befragten dazu anzuregen, ihre eigene Sicht auf die Medien, deren lebensweltliche Situiertheit einschließlich der medienbezogenen symbolischen Konstruktionen und Relevanzsysteme darzustellen: Damit wurde *keine Operationalisierung* im klassischen Sinne vorgenommen, sondern ein thematischer Rahmen entworfen, der Impulse für die Interviewpartner gibt. Damit verwende ich die theoretischen Überlegungen aus den vorangegangenen Kapiteln im Sinne von so genannten *sensibilisierenden Konzepten*, welche eine Art Raster bilden, das durch empirische Befunde zunehmend gefüllt werden soll,[137] das heißt erst in der Auseinandersetzung mit dem Datenmaterial. Gegenüber definitiven Konzepten, die dem Forscher eine vermeintlich exakte Analyserichtung a priori ermöglichen sollen, schaffen sensibilisierende Konzepte

"directions along which to look. The hundreds of our concepts – like culture, institutions, social structure, mores, and personality – are not definitive concepts but are sensitizing in nature. They lack precise reference and have no bench marks which allow a clean-cut identification of a specific instance and of its content. Instead they rest on a general sense of what is relevant" (Blumer 1954: 7, zit. n. Kelle/Kluge 1999:27).

Die Überlegungen, in welchem Rahmen nach Phänomenen der Medienaneignung gefragt werden kann, bilden also als sensibilisierende Konzepte *Leitideen* und somit den Ausgangspunkt der Forschung in Form offener Fragen, die in einem Leitfaden zusammengestellt werden. Dieser enthält verschiedene Frageimpulse, die sich schwerpunktmäßig einem der Bereiche Wahrnehmung, Benutzung und Bewertung von Medien einschließlich des sozialen und kommunikativen Kontextes der Medienaneignung zuordnen lassen. Aus dieser thematischen Bündelung habe ich folgende Fragebereiche abgeleitet: Den Beginn des Interviews markiert in der Regel die Aufforderung an den Befragten, zu berichten, wie er überhaupt dazu gekommen ist, sich mit den Medien (PC und Internet) zu beschäftigen und wie und in welcher Form der Umgang damit gelernt wurde. Darüber hinaus umschließen die von mir in den Leitfaden ausgelagerten Grobbereiche verschiedene Fragerichtungen.

Wahrnehmung: Hier geht es um Vorstellungen, die der Befragte mit den Begriffen Computer bzw. Internet verbindet und wie er beschreibt, was darunter zu verstehen ist, womit auch seine Modellvorstellungen bezüglich Aufbau und Funktionsweise dieser Medien angesprochen sind. Ebenso eine Rolle spielen Aspekte, die den Umgang mit bzw. die Wahrnehmung von Computermedien emotional (positiv wie negativ) begleiten.

Nutzung: Hier geht zunächst darum, wie die Nutzung der Medien typischerweise in den Tagesablauf eingebettet ist, wozu sie genutzt werden und wie wichtig die Nutzung im Vergleich zu anderen Freizeitaktivitäten empfunden wird. Darüber hinaus sollte der Stellenwert von Computermedien im Vergleich zu anderen Medien benannt werden und ob Vor- oder Nachteile zwischen den verschiedenen Medientypen gesehen werden. Eingedenk der instrumentellen Handlungsdimension wurden auch handlungspraktische Aspekte angesprochen, z. B. ob Schwierigkeiten im Umgang mit den Medien existieren, etwas z. B. nicht funktioniert, ganz generell, wobei der Befragte Probleme sieht und wie er damit umgeht. Darüber hinaus geht es um die Bedeutung, die der Beschäftigung mit Computermedien für die Zukunft bzw. das eigene spätere Leben beigemessen werden, welche Perspektiven die Befragten für sich sehen und welche Rolle die Medien darin spielen.

---

[137] Vgl. zur konzeptionellen Begründung von sensibilisierenden Konzepten Strauss/Corbin 1996: 25; Jaeggi/Faas/Mruck 1998: 10; Charlton/Neumann 1986: 66; Helfferich 2004: 102; Böhm 2003: 476; Kelle/Kluge 1999: 27.

Bewertung: Diesen Bereich markieren Fragen mit unterschiedlicher Konnotation: Zum Beispiel wurden die Jugendlichen mit der These negativer Medienwirkungen konfrontiert, die in öffentlichen Berichterstattungen immer wieder transportiert wird. Um dies zu neutralisieren (vgl. Gläser/Laudel2004: 134) wurde deutlich gemacht, dass dazu durchaus unterschiedliche Positionen bestehen. In ähnlicher Richtung ging es auch um eine Einschätzung der Informationsfreiheit des Internet und diesbezüglich der Wahrnehmung und/oder Bewertung möglicher Folgen (z. B. in Form der Verbreitung pornographischer oder gewalthaltiger Inhalte).

Sozialer Kontext/Kommunikation schließlich fokussiert Aspekte der sozialen Einbettung der Medienaneignung, z. B. ob die Nutzung eher allein oder im Beisein mit anderen erfolgt oder wer als Gesprächspartner in Erscheinung tritt. Dazu wurde auf zwei zentrale Kontexte abgestellt: Peergroup (in Form von gemeinsamen Nutzungsformen von Medien, typischen Gesprächsanlässen und Aktivitäten) und Familie (neben gemeinsamen Handlungen und Interaktionen wurden hier auch speziell familiäre Rahmenbedingungen des Medienumgangs angesprochen, etwa bestehende Regelungen, Absprachen, Konflikte sowie Einschätzungen der Eltern bezüglich des wahrgenommenen Medienumgangs).

Generell waren die verschiedenen Subthemen den Interviews nicht als feste Ablaufstruktur unterlegt, sondern wurden an unterschiedlichen Stellen und, je nach Interviewpartner, unterschiedlich variiert angesprochen.

5.4.2 Sampling, Zugang zum Feld und praktische Durchführung

5.4.2.1 Zusammenstellung der Teilnehmer

Eine grundlegende Fragestellung aller empirischen Studien besteht in der Zusammensetzung der Stichprobe, die zudem der Komplexität qualitativen Datenmaterials und des damit verbundenen Aufwands der Auswertung gerecht werden muss.[138] Indem es in qualitativer Forschung darum geht, „ein Problemfeld durch die Auswahl der Befragungspersonen zu repräsentieren" (Witt 2001: 19), sollte die Stichprobe nicht zu homogen sein, sondern die im Untersuchungsfeld vorhandene Heterogenität in den Blick nehmen:

> „Mit der gezielten Auswahl möglichst unterschiedlicher, z. T. extremer Fälle wird dieses Ziel weit besser erreicht als durch den Versuch, die Verteilung spezifischer Merkmale in einer Population durch ein entsprechendes Sample abzubilden (...). Die Anwendung rationaler qualitativer Samplingstrategien dient dazu, daß die tatsächliche Heterogenität und Varianz des Untersuchungsfeldes durch das Sample möglichst weitgehend abgebildet wird" (Kelle/Kluge 1999: 99, Herv. i. Orig.).

---

[138] Aus diesem Grund gilt die Beschränkung auf wenige Fälle als das *Proprium* rekonstruktiver Sozialforschung: Mit großen Stichproben wird gerade „die Logik hermeneutischer Forschung verfehlt, denn nicht die große Zahl verbürgt die Aussagefähigkeit, sondern die extensive Explikation des Textsinnes im Einzelfall" (Combe/Helsper 1991: 237).

Darüber hinaus müssen Stichproben typischerweise so zusammengestellt sein, dass sie aus Informanten bestehen, von denen der Forscher annehmen kann, dass sie in der Lage sind, ihm Informationen zu geben, die ihn im Sinne seiner Fragestellung interessieren.

In Anlehnung an Morse (1994) charakterisiert Merkens (1997a: 101) so genannte „gute" Informanten anhand folgender Merkmale: Sie haben entsprechendes Wissen und Erfahrung; sie sind in der Lage zu reflektieren; sie haben die Fähigkeit, sich zu artikulieren; sie verfügen über die nötige Zeit, sich befragen zu lassen; sie sind bereit, an einem Interview teilzunehmen. Neben dieser „primären Selektion" (vgl. ebd.) ist zu klären, welche Merkmale die zu befragenden Stichprobenteilnehmer aufweisen sollen. Das Zugrundelegen von Kriterien der Auswahl von Interviewpartnern entspricht einem *selektiven Sampling*, welches an Jugendlichen orientiert ist, deren Perspektiven auf den Gegenstand der Medienaneignung „besonders aufschlussreich erscheinen" und das „damit vorab festgelegt ist und nicht (...) aus dem Stand der Interpretation abgleitet" wird (Flick 1996: 161).[139] Damit ist – analog den Überlegungen zum Leitfadeninterview (siehe 5.4.1.2) – besonders auf Vergleichbarkeit gezielt.

Hierzu hilft ein qualitativer Stichprobenplan, anhand dessen ein qualitatives Sample bestimmt wird, das einerseits „die Heterogenität im Untersuchungsfeld abbildet" und andererseits eine Größe festlegt, „bei welcher die Datenauswertung bewältigbar bleibt" (Kelle/Kluge 1999: 100). Um zusätzlich zu diesen Kriterien die Vergleichbarkeit der Interviews zu gewährleisten, orientierte ich mich bei Fallauswahl an folgenden *Kriterien*: Zum einen, dass die Jugendlichen neue Medien (PC und Internet) tatsächlich nutzten, und zwar in einer gewissen Regelmäßigkeit. Bestimmte Präferenzen waren ebenso wenig ausschlaggebend wie eine vorab festgelegte Nutzungshäufigkeit. Hinsichtlich des formalen Bildungshintergrundes entschied ich mich, diesen konstant zu halten, indem ich mich auf Realschüler der neunten Klassenstufe beschränkte. Geschlecht und Migrationshintergrund der Interviewpartner wiederum sollten kontrastieren. Die Geschlechterverteilung erfolgte dabei paritätisch, ebenso wie die familiäre Herkunft der Jugendlichen; ausgewählt wurden dabei einerseits Jugendliche aus deutschen Familien und solche, deren Eltern beide aus der Türkei stammen. Aus der Konstanz der Klassenstufe ergibt sich, dass sich alle Jugendlichen im Alter zwischen 14 und 15 Jahren befinden. Gegenüber jüngeren Heranwachsenden sind die Medienausstattung und der Umgang damit bei dieser Altersgruppe in der Regel umfangreicher und der Zugang zu Medien erfolgt zunehmend eigenständiger und diversifizierter (vgl. Barthelmes/Sander 2002; Schindler 1999; Hedrich/Voß-Fertmann 1999).

Zusammenfassend lässt sich festhalten, dass das Sampling mit der Wahl eines qualitativen Stichprobenplans so angelegt ist, dass „VertreterInnen aller relevanten Merkmalskombinationen im qualitativen Sample vertreten sind" (Kelle/Kluge 1999: 49). Mithilfe eines solchen theoriegeleiteten „Kriterienrasters" (Merkens 2003: 292) wird sichergestellt, dass innerhalb der Stichprobe oben genannte Kriterien gewährleistet sind,

---

[139] Eine solche Vorgehensweise, das heißt die Vorabauswahl an Fällen und eine sich daran anschließende Datenerhebung und -auswertung, wird innerhalb der qualitativen Forschung auch kritisiert. So wird etwa für Hildenbrand (2003: 42) nur ein theoretisches Sampling im Sinne von Strauss den Anforderungen qualitativer Sozialforschung gerecht. Ich schließe mich hier der Kritik von Schuegraf (2007: 118) an, die dieser Position zu Recht entgegenhält, dass aus Gründen der Forschungspragmatik auch durchaus davon abgewichen werden kann.

sie gleichzeitig aufgrund einiger Einschränkungen aber überschaubar bleibt. Diese Fallauswahl stellt bewusst kein „‚repräsentatives', d. h. maßstabsgetreu verkleinertes Abbild einer Grundgesamtheit" her, sondern berücksichtigt „theoretisch bedeutsame Merkmalskombinationen bei der Auswahl" (Kelle/Kluge 1999: 53).

5.4.2.2 Kontaktaufnahme und forschungspraktischer Ablauf

Der gesamte Datenerhebungsprozess wird davon beeinflusst, inwieweit es dem Forscher gelingt, sich das Forschungsfeld zu erschließen und darin zu agieren. Dabei hängt es entscheidend von seiner ganzen Person ab, zu welchen Erkenntnissen er gelangen kann, ob diese aufschlussreich sind oder eher begrenzt bleiben.[140] Bei qualitativer Forschung ist dies umso dringlicher, da bei Vorbereitung und Durchführung der Datenerhebung persönlichere und unmittelbarere Merkmale zum Tragen kommen. So steht der Forscher an sämtlichen Stationen des Forschungsprozesses vor der Aufgabe der Ausbalancierung von Nähe und Distanz im Verhältnis zu den Untersuchten sowie der Offenlegung und Aushandlung von wechselseitigen Erwartungen, Zielen und Interessen (vgl. Flick 2002: 95). Vor diesem Hintergrund skizziere ich im Folgenden das *Zustandekommen* und die *Umstände* der Datenerhebung im Kontext der vorliegenden Studie.[141]

Zunächst war – im Sinne des „Zugangs zum Feld" (vgl. Flick 2002: 87) – der Kontakt zu jugendlichen Interviewpartnern zu klären. Ich entschied mich, einerseits unter Aspekten einer „Ökonomie bei der Stichprobenziehung" (vgl. Merkens 1997a: 104) und andererseits aufgrund des oben genannten Kriterienrasters als „primäre Selektion" (ebd.: 101), Jugendliche über Schulen zu kontaktieren. Hieraus resultierte ein mehrschrittiger Feldzugang, der von einer institutionellen hin zu einer personenbezogenen Ebene fortschreitet. Dabei mussten zunächst einige so genannte *gate-keepern*[142] passiert werden, vor allem Schulleitung, Schulkonferenz[143], Schulbehörde[144] sowie schließlich die Lehrkräfte. Die Korrespondenz mit den Einzelschulen war davon geprägt, dass jede eine Organisation mit einer je eigenen Rationalität bzw. eigenen Kultur darstellt, sichtbar in spezifischen Kommunikationsstilen und -abläufen.

Bei Besuchen in Schulklassen machte ich mich mit den Schülern bekannt und erläuterte mein Vorhaben. Um Interesse zu wecken, begegnete ich den Jugendlichen mit

---

[140] Insbesondere im Kontext der Ethnopsychoanalyse (vgl. Devereux 1998, Erdheim 1989) ist hervorgehoben worden, dass die in Beziehungsmuster eingebettete Kommunikation mit den beteiligten Akteuren des Forschungsfeldes subjektive Momente enthält, die nicht vollständig formalisierbar und rationalisierbar sind.

[141] Damit wird der Forderung entsprochen, den Forschungsprozess auf dem Wege einer umfassenden Datenbeschreibung transparent zu machen (vgl. Strotmann/Wegener 2005: 395 ff.).

[142] Darunter werden Personen verstanden, die dem Forscher den Feldzugang eröffnen, da sie aufgrund ihrer Schlüsselposition in bestimmten Institutionen für den Forscher die Rekrutierung von Untersuchungsteilnehmern und deren Erreichbarkeit reglementieren (vgl. Merkens 1997a: 101).

[143] Die Schulkonferenz ist ein beschlussfassendes Gremium, das sich aus Vertretern der Gesamtkonferenz zusammensetzt und ca. drei bis viermal im Jahr tagt.

[144] Der entsprechende Passus im Schulgesetz (SchulG) für das Land Berlin vom 26. Januar 2004 lautet: „Wissenschaftliche Untersuchungen, die nicht von der Schulaufsichtsbehörde oder in ihrem Auftrag durchgeführt werden, bedürfen der Genehmigung der Schulaufsichtsbehörde. Die Genehmigung soll erteilt werden, wenn der Erziehungs- und Bildungsauftrag der Schule hierdurch nicht unangemessen beeinträchtigt wird (…)" (SchulG§ 65, 2).

einer forscherischen Haltung, sie als *Experten* anzusprechen, entsprechend einem Expertenbegriff, der jeden Menschen mit besonderen Informationen und Fähigkeiten „für die Bewältigung des eigenen Alltagslebens" ausgestattet sieht und ihm einen „spezifischen Wissensvorsprung bezüglich persönlicher Arrangements" zuspricht (Bogner/ Menz 2005: 40).[145] Auf diesem Weg wurden mit denjenigen Jugendlichen, die Interesse signalisierten und den in oben genannten Kriterien entsprachen, mündliche Terminabsprachen für ein Interview getroffen.

Wann immer möglich, habe ich vor Durchführung der Interviews die Gelegenheit zu einem ersten Treffen genutzt, um die Intention meiner Studie transparent zu machen, Vorbehalte und Ängste seitens der Jugendlichen abzubauen und ein Vertrauensverhältnis anzubahnen (siehe hierzu auch Abschnitt 5.4.4.2). Zum Interview verabredeten wir uns jeweils in zur Verfügung stehenden Räumlichkeiten der Schule. Sämtliche von mir durchgeführten Interviews wurden auf Band aufgenommen; sie dauerten in der Regel zwischen 45 und 70 Minuten und im Anschluss daran verfasste ich Notizen, z. B. zu speziellen Vorkommnissen im Interview, wie Störungen oder Unterbrechungen und sonstigen Auffälligkeiten.

5.4.2.3 Stichprobe

Insgesamt wurden Interviews mit 12 Jugendlichen aus sechs verschiedenen Berliner Realschulen und zwölf unterschiedlichen Klassen derselben Klassenstufe in die Untersuchung einbezogen. Aus Gründen des Datenschutzes wurden allen interviewten Jugendlichen fiktive Namen zugewiesen und finden sich keine weiteren Angaben zur Schule oder Stadtbezirk, die Rückschlüsse über die Identität der Befragten zulassen. Die nachstehende Tabelle veranschaulicht die Zusammensetzung des Sample:

---

[145] Was unter *Experte* verstanden wird, ist in der Literatur durchaus umstritten, denn Experte ist kein einheitlicher Begriff: „Ob jemand als Expertin angesprochen wird, ist in erster Linie abhängig vom jeweiligen Forschungsinteresse. Expertin ist ein relationaler Status" (Meuser/Nagel 2005: 73). In der Regel wird der Terminus nur für Personen verwendet, denen aufgrund einer besonderen gesellschaftlichen Position zugestanden wird, Deutungsmuster und Handlungsanweisungen durchzusetzen, die ihren Expertenstatus also einer spezifischen Stellung innerhalb eines Machtgefüges verdanken (vgl. Bogner/Menz 2005: 40). Letztlich wird aber der Expertenstatus immer „in gewisser Weise vom Forscher verliehen, begrenzt auf eine spezifische Fragestellung" (Meuser/Nagel 2005: 73). Die methodologische Pointe liegt darin, dass mit dem Ansprechen eines Interviewpartners als Experte eine standardisierte Vorgehensweise von vornherein ausscheidet, weil sein spezifisches Wissen und seine Erfahrung auf diese Weise nicht angemessen in den Blick genommen werden kann (Gläser/ Laudel 2004: 25).

Name	Alter, Geschlecht	familiärer Hintergrund[146]	Familiensituation	Wohnen
Derya	15, w	Türkei	lebt bei Mutter (Eltern sind getrennt), eine ältere Schwester	Berlin-Zentrum
Sunay	15, w	Türkei	lebt bei Eltern, eine jüngere Schwester, ein jüngerer Bruder	Berlin-West
Zeynep	14, w	Türkei	lebt bei Eltern, ein jüngerer Bruder, ein älterer Bruder	Berlin-Süd-West
Ferhat	15, m	Türkei	lebt bei Eltern, ein älterer Bruder	Berlin-Nord
Yüksel	15, m	Türkei	lebt bei Eltern, zwei jüngere Schwestern	Berlin-Nord
Sercan	15, m	Türkei	lebt bei Eltern, eine jüngere Schwester, ein älterer Bruder	Berlin-Süd-Ost
Vanessa	15, w	Deutschland	lebt bei Eltern, eine ältere Schwester	Berlin-Nord
Melanie	14, w	Deutschland	lebt bei Mutter (Eltern sind getrennt), Einzelkind	Berlin-Süd-Ost
Carola	14, w	Deutschland	lebt bei Mutter (Eltern sind getrennt), Einzelkind	Berlin-Süd-West
Timo	15, m	Deutschland	lebt bei Eltern, Einzelkind	Berlin-West
Olaf	14, m	Deutschland	lebt bei Eltern, drei ältere Schwestern	Berlin-Süd-Ost
Andreas	14, m	Deutschland	lebt bei Mutter (Eltern sind getrennt), eine jüngere Schwester	Berlin-Süd

Tabelle 1: Zusammensetzung der Stichprobe

5.4.3 Auswertungsschritte

5.4.3.1 Von der Interaktion zum Transkript

Damit sich Interviews interpretativ bearbeiten lassen, bedürfen sie der Transkription. Diese Feststellung ist keineswegs trivial, sondern verweist auf das dahinter stehende Problem, von der quasi-natürlichen Situation des Interviews zum Vorhandensein eines *textförmigen Protokolls* zu gelangen, das der Auswertung zugänglich ist. Oevermann z. B. kritisiert, dass die Frage der Transkription in der qualitativen Methodologie bisher „als systematisches und nicht nur technisches Problem kaum zu Bewusstsein" gekommen sei (2004: 450). Tatsächlich sind alle derzeitig verwendeten Transkriptionsverfahren sehr unterschiedlich – ein „Standard hat sich bislang nicht durchgesetzt" (Hartung

---
[146] Herkunft von Vater und Mutter

2005: 483; Flick 2002: 252). Generell gilt, dass nur eine angemessene Fixierung der Interviewsituation Grundlage einer Interpretation werden kann: Nur wenn der Text fixiert ist, kann er empirisches Datum sozialwissenschaftlich-hermeneutischer Rekonstruktion werden (vgl. Soeffner 2004a: 80; Wernet 2006: 51). Methodologisches Grundprinzip der Transkription ist, dass sie kein *Abbild* dessen ist, was sich im Kontext der Forschungsinteraktion abgespielt hat, sondern eine aktive Tätigkeit der Daten*konstruktion*, die bestimmte Aspekte heraushebt und andere vernachlässigt (vgl. Knoblauch 2004: 159). Verschriftlichen bedeutet immer aktives Eingreifen in die erhobenen Daten, es ist selbst „*konstitutiver Teil* des empirischen Forschungsprozesses" (Ayaß 2005: 377, Herv. i. Orig.). Indem sie zeitgebundene Gespräche in zeitentbundene Produkte transformieren, sind Transkripte immer „selektive Konstruktionen", mithin ist bereits ihre Anfertigung theoriegeladen (vgl. Kowal/O'Connell 2003: 440). Durch Transkription entsteht aus erhobenen Daten ein *neuer Text*, welcher die Wirklichkeit durch regelgeleitete Verfahren substantialisiert: Diese neue Realität ist die „einzige (Version der) Realität, die der Forscher für seine anschließenden Interpretationen noch zur Verfügung hat" (Flick 2002: 255).

Transkribierte Texte sind nach hermeneutischem Verständnis analog zu Handlungen zu verstehen, weswegen sie auch so interpretiert werden können. Der Interpret hält nicht etwa einen Bericht über mögliche Verhaltensweisen fest, sondern *beobachtet* das Forschungssubjekt während der Hervorbringung *im* Text. Der Begriff Text ist dabei mit Oevermann im weiten Sinne als Protokollierung einer Ausdrucksgestalt zu verstehen: „Protokolle erscheinen leicht wie bloß forschungstechnisch bedeutsame Datenblätter. Sie sind aber viel mehr. Sie repräsentieren zugleich die Textförmigkeit sozialer Wirklichkeit" (Oevermann 1986: 47). Der einzelne untersuchte Text als Ausdrucksgestalt ist der Manifestationsort konstitutiver Regeln, die eine Lebenspraxis strukturieren (vgl. zur Textförmigkeit sozialer Wirklichkeit auch Reckwitz 2006: 250 f.) Zur Verschriftlichung der Interviews hielt ich mich an den Vorschlag von Knoblauch (2004), der folgende Transkriptionsregel empfiehlt: „So fein wie nötig, aber immer einen kleinen Schritt feiner als gedacht (…)" (ebd.: 160). Es kam ein Transkriptionsschema zum Einsatz, das sich im Rahmen rekonstruktiver Sozialforschung bewährt hat und das neben verbalen auch prosodische, parasprachliche sowie außersprachliche Merkmale berücksichtigt.[147]

Die dokumentarische Interpretation der von mir erhobenen Interviews vollzieht sich in verschiedenen, aufeinander aufbauenden Arbeitsschritten, die an die in Abschnitt 5.3 beschriebene methodologische Leitdifferenz von unterschiedlichen Sinntypen – immanentem und dokumentarischem – und ihrer empirischen Erfassbarkeit anschließt.

5.4.3.2 Formulierende Interpretation

Am Beginn steht die so genannte formulierende Interpretation, auch als immanente Interpretation bezeichnet, bei der im Bereich des immanenten Sinngehaltes verblieben und den Text daraufhin befragt wird, worüber gesprochen bzw. was ganz wörtlich gesagt wird. Dieser Schritt hat zum Ziel, das im Interview Mitgeteilte auf einer ersten

---

[147] Siehe dazu die verwendeten Transkriptionsregeln im Anhang.

Verstehensebene nachzuvollziehen, „ohne dabei den Relevanzrahmen der Befragten zu transzendieren" (Fritzsche 2003: 90). Die im Text auffindbaren Sachverhalte werden thematisch geordnet und auf diese Weise wird das Was des Textes bzw. der textförmig vorliegenden Handlung geklärt. Hierzu werden zunächst zusammenfassende Formulierungen im Sinne von Oberbegriffen, Überschriften und Themen ausgearbeitet, die einen Überblick über den Text geben. Anschließend wird der Text reformuliert, indem – unter Suspendierung sozialwissenschaftlicher Begrifflichkeiten – zu jedem Thema eine thematische Zusammenfassung in ganzen Sätzen und mit den eigenen Worten des Forschers angefertigt wird: Diese Reformulierung dient dazu, sich als Forschender gegenüber dem Text fremd zu machen und sich bewusst zu werden, „dass der thematische Gehalt nicht selbstverständlich, sondern interpretationsbedürftig" ist (Nohl 2006a: 47).

Im Prinzip ist schon dieser Arbeitsschritt eine Interpretation, da dabei „etwas begrifflich-theoretisch expliziert wird, was im Text implizit bleibt" (Bohnsack 2003a: 134). Innerhalb der formulierenden Interpretation wird also eine Art Übersetzung geleistet, indem der Interpret die Sprache des Erforschten „in Richtung der Sprache der Forschenden überführt" (Przyborski 2004: 53). Der Text wird gewissermaßen auf ein anderes, abstrakteres Niveau als das des Ausgangstextes gehoben. Dafür ist wichtig, möglichst unmittelbar an die Worte des Interviewpartners anzuschließen und sich innerhalb dessen Deutungs-, Orientierungs- oder Erwartungssystem zu bewegen; deshalb werden hier auch weder Vergleiche angestellt noch wird das subjektive Deutungs- und Orientierungssystem des Forschungssubjekts als solches thematisiert oder in Frage gestellt. Die formulierende Interpretation beschränkt sich demnach auf eine „*immanente* Rekonstruktion des Selbst- und Weltverständnisses des Textproduzenten (...)" (Straub 1990: 176, Herv. i. Orig.).

5.4.3.2 Reflektierende Interpretation

An die formulierende schließt sich die reflektierende Interpretation an. Diese zielt auf die Rekonstruktion des so genannten *Orientierungsrahmens*[148], innerhalb dessen die einzelnen Themen bearbeitet und abgehandelt werden, mit anderen Worten: das *Wie* des Textes (vgl. Nohl 2006a: 78). Das Konstrukt des Orientierungsrahmens bezeichnet ein sich im Text dokumentierendes Strukturmuster, das sich diskursiv expliziert oder in Beschreibungen und Erzählungen entfaltet.[149] Dabei handelt es sich um die individuelle Selektivität, d. h. die spezifische Weichen- und Problemstellung bei der Behandlung eines Themas.

Mit der reflektierenden Interpretation wird auf die unter 5.3 beschriebene Ebene des so genannten Dokumentsinns Bezug genommen, welcher Äußerungen bzw. Handlun-

---

[148] Gegenüber dem Orientierungs*rahmen* charakterisiert Bohnsack „jene Handlungsentwürfe, an denen das Handeln im Sinne von (zweckrationalen) Um-Zu-Motiven orientiert ist und Gegenstand der Commons-Sense-Typenbildung sind, als Orientierungs*schemata*" (2001: 230, Herv. i. Orig.). Der Terminus *Orientierungsmuster* wird von ihm als „Oberbegriff für beide" verwendet (ebd.).

[149] Im Gegensatz zu Gruppendiskussionen, bei denen der Diskurs daraufhin beobachtbar ist, wie die Teilnehmer aufeinander Bezug nehmen, kann man bei Interviews lediglich rekonstruieren, wie der Befragte spricht, erzählt, beschreibt oder argumentiert, indem nachvollzogen wird, wie der Sprecher quasi auf sich selbst Bezug nimmt.

gen in ihrer Herstellungsweise begreift. Gemeint sind damit Sinngehalte, die sich in Berichten, Erzählungen und Schilderungen über die befragten Jugendlichen identifizieren lassen. Der Dokumentsinn konstituiert sich demgemäß aus einer „Interpretationsleistung eines Beobachters, der die Frage nach seinem Entstehungszusammenhang bzw. danach stellt, was sich in dem Gebilde über seine Schöpfer dokumentiert" (Nohl 2001a: 46). So wird mit dem Schritt der reflektierenden Interpretation eine zweite Verstehensebene angestrebt, auf welcher analysiert wird, welches Erfahrungswissen der Jugendlichen in ihren Schilderungen und Beschreibungen liegt, was sie wie begründen oder bewerten und welche Normalitätsmuster sie dabei vertreten. Es gilt zu fragen, was sich im Text über den Fall zeigt, welche Bestrebungen bzw. Abgrenzungen sich in den Äußerungen finden lassen und welches Prinzip in der Lage ist, eine oder mehrere thematische Äußerungen als Ausdruck desselben zugrunde liegenden Sinns einsichtig zu machen.

Während der reflektierenden Interpretation gilt es zudem, unterschiedliche Textsorten in der Spezifität des jeweiligen Falles zu beachten, etwa zu fragen, ob der Sprecher mehr oder weniger argumentiert als andere Fälle und was sich daraus schließen lässt. Dies umfasst z. B. die Beachtung von so genannten Hintergrundkonstruktionen (vgl. Nohl 2006b: 78 f.), die es ermöglicht, den Fall besser zu verstehen, da bestimmte Formulierungen etwa spezifische Raum- und Zeitbezüge erkennbar werden lassen[150] und dadurch ebenfalls Aufschluss über Sinnmuster geben können.[151] Diese formale Struktur des Interviews ist auch deswegen interessant, da formale und semantische Aspekte in engem Bezug zueinander stehen, mit anderen Worten Form und Inhalt des Gesagten nicht voneinander zu trennen sind. Es reicht daher nicht aus, „nur nach dem Inhalt einer Äußerung zu schauen", sondern es gilt auch zu fragen, „wie dieser Inhalt in eine Ausdrucksform gebracht wird" (Przyborski 2004: 21) – umgekehrt reicht „auch die Betrachtung der Form einer Äußerung nicht aus" (ebd.). Die Interviewanalyse muss deshalb

---

[150] Hinter der Beachtung von Textsorten steht die Annahme, dass deren Wahl bei der kommunikativen Darstellung von Erfahrungen *nicht* zufällig ist. Da Erfahrungen „sowohl mit einer ausführlichen Erzählung oder einem knappen Bericht oder in der Form einer Beschreibung oder einer Argumentation präsentiert werden können, lassen sich am je konkreten Fall Hypothesen über deren Funktion formulieren" (Rosenthal 2005: 185). So hat die Wahl der Textsorte eine doppelte Referenz, sie hat „sowohl etwas mit der Interaktion zwischen Interviewer und Interviewtem als auch mit der jeweils biographischen Erfahrung zu tun" (ebd.). Allerdings ist es nicht sinnvoll, von einer strengen Trennung der Textsorten auszugehen, weil die dahinter stehende „Unterscheidung zwischen konjunktivem Wissen und kommunikativem Wissen eine analytische ist; gerade das Zusammenspiel von Erzählung/Beschreibung und Argumentation/Bewertung (...) macht deutlich, dass die Menschen stets in beiden Ebenen der Sprache leben" (Nohl 2006a: 5).
[151] Bedingt durch das Leitfadeninterview nehmen die Befragten immer auch Bezug auf verschiedene Arten von *Wissenstypen*. Hier kommen ihre Alltagstheorien ins Spiel, die nicht unbedingt in Form von Erzählungen, sondern auch als Bewertungen, Meinungen, Stellungnahmen und Evaluationen auftreten. Dies war auch von mir bewusst so angestrebt und die Fragen zielen häufig genau darauf ab. Wenn die befragten Jugendlichen also Alltagstheorien darstellen, dann verbinden sie damit „eine kommunikative Absicht" (Nohl 2001b: 46). Deshalb sind grundsätzlich auch die reflexiven Textsorten in die Analyse mit einzubeziehen, da in rekonstruktiver Forschung generell der Eigensinn des Materials beachtet wird. So stellen die Schilderungen der Befragten in jedem Fall (wenn auch noch so versteckt) eine Art Eigentheorie dar, in welcher Selbstbeschreibungen und Selbstverortungen enthalten sind. Im Gegensatz zur Analyse narrativer Interviews in der Tradition von Schütze (vgl. Riemann 2003), bei der alle Nicht-Erzählungen getilgt werden, lassen sich mit der dokumentarischen Methode auch Argumentationen in ihrer Herstellungsweise betrachten, denn auch dies gibt „Aufschluss über die Orientierungsrahmen, innerhalb derer eine Person ihre Themen und Problemstellungen bearbeitet" (Nohl 2006a: 50).

Form und Bedeutung zusammen betrachten, da sich Orientierungen sowohl auf einer *verbal-inhaltlichen* als auch auf einer *performatorischen* Ebene vermitteln. Die als Orientierungsrahmen begriffenen Sinnmuster, die einzelne und durchaus verstreute Interviewpassagen ordnen und hervorbringen, sind Prozessstrukturen, die in unterschiedlichen Handlungen, also auch Sprechhandlungen in *homologer* Weise reproduziert werden. Die Beobachtung dieser Muster erfordert die Rekonstruktion von Erzählungen und Beschreibungen der Jugendlichen, weil sie sich in einer sinnadäquaten und regelmäßigen *Sequenzierung* ihrer Äußerungen zeigen. Dabei ist, wie eben erwähnt, davon auszugehen, dass die Abfolge von Textabschnitten innerlich homolog ist und dass diese Regelhaftigkeit als dokumentarischer Sinngehalt den Orientierungsrahmen ausmacht.[152] Eine dokumentarische Interpretation sucht daher immer nach produktiven Ordnungsprinzipien bzw. Regelhaftigkeiten. Die bezüglich mehrerer Äußerungen angenommene Homologie führt dazu, dass ein Orientierungsrahmen „nicht in einer einzelnen Sequenz, sondern im Bezug verschiedener Sequenzen zueinander" rekonstruiert wird (Nohl 2001a: 262; vgl. auch Schäffer 2003: 358; Loos/Schäffer 2001: 63).[153] Diese Vorgehensweise bildet quasi das Kernstück der Interpretation und vollzieht sich derart, dass nach der „Klasse von Reaktionen gesucht wird, die nicht nur als thematisch sinnvoll erscheinen, sondern die auch homolog und funktional äquivalent zu der empirisch gegebenen Reaktion sind" (Bohnsack 2001: 304). Nohl (2006a) umschreibt das Theorem der Homologie folgendermaßen:

> „Geht man zunächst davon aus, dass in einem Fall ein Thema auf eine (und nur eine) bestimmte Art und Weise (d. h. in einem Rahmen) erfahren wird, so kann für eine thematische Interviewpassage davon ausgegangen werden, dass auf einen ersten Erzählabschnitt nur ein spezifischer, nämlich ein der jeweiligen Erfahrungsweise, dem jeweiligen Rahmen entsprechender zweiter Abschnitt folgen kann" (ebd.: 52).

Sobald das Muster bzw. die Regel identifiziert ist, können einzelne Äußerungen als Ausdruck dieses Musters erscheinen, welches zunächst zwar schon an einer einzelnen oder kleinen Äußerung erfassbar ist, sich jedoch an weiteren Passagen als plausibel erweisen muss. Um überhaupt Strukturmuster erkennen zu können, ist von prinzipiellen Struktur*merkmalen* auszugehen, die das Gesagte als Dokument einer Orientierung konstituieren. Zum einen gibt es „positive Ideale, die eine Richtung, einen ‚positiven Gegenhorizont' anzeigen, auf den eine Orientierung zustrebt", zum anderen kann „eine Richtung, eine Entwicklung, ein Ausgang abgelehnt werden, wodurch die Orientierung sich von einem ‚negativen Gegenhorizont' ab[grenzt]" (Przyborski 2004: 56).

Die Beachtung solcher Gegenhorizonte ist entscheidend, weil nur dadurch Orientierungen deutlich werden, in dem diese nämlich „ihre Konturen dadurch [gewinnen; S. H.], dass sie an derartigen Gegenhorizonten festgemacht werden" (Bohnsack 2003a: 136). Mit diesen Komponenten ist ein Rahmen des Erfahrungsraumes gegeben und zwischen „diesen Komponenten bzw. innerhalb dieses Rahmens ist die von diesem Erfah-

---

[152] Przyborski (2004: 59) spricht in diesem Zusammenhang von einer „Produktionsregel", die in Form einer Orientierung eine Äußerung hervorbringt.

[153] Aus der Perspektive der Gesprächsanalyse lässt sich zeigen, „dass Gespräche sich nicht zufällig und ungeordnet, sondern nach bestimmten, den Sprechern allerdings nicht unbedingt reflexiv zugänglichen Regeln vollziehen" (Nohl 2001a: 262). So geht man etwa in der Konversationsanalyse davon aus, dass jede einzelne Sequenz an die vorherige formal anknüpft bzw. dadurch bedingt ist.

rungsraum getragene Orientierungsfigur gleichsam aufgespannt" (ebd.). Zusammenfassend lässt sich festhalten, dass es der reflektierenden Interpretation darum geht, „Beschreibungen und Erzählungen hinsichtlich ihres metaphorischen Gehaltes aus[zu]loten" (ebd.: 43), um auf diese Weise zu versuchen, dasjenige zu erfassen, „was uns zunächst ‚atheoretisch' gegeben ist, d. h. begrifflich nicht expliziert ist" (ebd.). Hierzu wird das in den Daten liegende Potential an Aussagekraft begrifflich-theoretisch erschlossen, ohne dabei jedoch – wie etwa bei inhaltsanalytischen Verfahren – das im Interview Geäußerte einem theoretischen Begriff oder Konzept lediglich zuzuordnen. Nicht zuletzt ist zur Durchführung einer Rekonstruktion eine gewisse Distanz notwendig, über die soziale Akteure in einem unmittelbaren erlebnismäßigen Vollzug nicht ohne weiteres verfügen (vgl. hierzu auch 5.4.4.1).[154]

Die grundlegende Auswertungsform der Interpretation ist eine *sequenzanalytische*. Unter diese Bezeichnung fallen alle diejenigen Analyseverfahren, die der *Gestalt* eines Textes hohe Bedeutung beimessen und ihn deshalb sequentiell bearbeiten.[155] Die Suche nach Sinn-Ordnungen durch Anwendung sequenzanalytischer Verfahren führt dazu, dass die Daten den Forscher ins Grübeln bringen, indem sie ihn an seinen gewohnten Überzeugungen zweifeln lassen und er gültige Vorurteile, Urteile und Meinungen hinterfragt.

Die Intention der Sequenzanalyse der dokumentarischen Methode liegt im Auffinden von Bedeutungen, die – als handlungsstrukturierendes Moment – durch ihre Kontextuierung hergestellt werden, also in Relation zum von den Akteuren selbst produzierten Kontext. Mit dem Ziel der Rekonstruktion einer handlungspraktischen, habituellen Herstellung von Realität auf der Basis atheoretischen Wissens wird der Vollzug von Äußerungen daraufhin befragt, welche Unterscheidungen zunächst getroffen werden, sodass die Weiterführung als sinnvolle nachvollziehbar wird. Die Interpretation folgt also „der sequenziellen Ordnung der Daten Schritt für Schritt" (Przyborski 2004: 57). Von dieser sich sequenziell ausdrückenden Ordnung wird angenommen, dass sie „grundlegend eine soziale und erkenntnislogisch dem subjektiv gemeinten Sinn der Akteure vorgeordnet" ist (Bohnsack 2001: 303). Hier stimmt die dokumentarische Methode mit der objektiven Hermeneutik überein, allerdings favorisieren beide Methoden unterschiedliche Arten der Sequenzanalyse: Geht die objektiven Hermeneutik von einer Regelhaftigkeit aus, die dem Interpreten „zuvor schon bekannt ist" (Przyborski 2004: 57), verfährt die dokumentarischen Methode dagegen quasi umgekehrt: So wie in der objektiven Hermeneutik wird zwar ebenfalls davon ausgegangen, dass sich eine Regelhaftigkeit von Äußerungen nur in ihrer Abfolge aufdecken lässt, der Ursprung dieser Regelhaftigkeit aber

---

[154] Siehe zur Differenz von alltagsweltlichem und sozialwissenschaftlichem Verstehen auch Kurt 2004: 261; Bude 2003: 574; Soeffner 2003: 167. Vor diesem Hintergrund begründet sich Oevermanns Kritik am Konzept der *kommunikativen Validierung*, der ich mich trotz ihrer harschen Formulierung anschließe: Da Sinnerschließung nur mittels extensiver Interpretation gelingt, scheidet kommunikative Validierung „als Kandidat für eine den Namen wissenschaftlich verdienende Lösung des Problems der Geltungsbegründung von vornherein aus" (Oevermann 1983: 120).

[155] Vor dem Hintergrund der Annahme, dass sich in Texten sinngeladene Ablaufgefüge aus bestimmten Aktions- und Reaktionssequenzen manifestieren, meint Sequenzanalyse dabei übergreifend „die Methodisierung der Idee einer sich im Interaktionsvollzug reproduzierenden (…) Ordnung" (Bergmann 1985: 313; vgl. zu Formen der hermeneutischen Sequenzanalyse auch Soeffner 2004a: 79; Kurt 2002: 185; Sutter 1994: 49).

wird „den atheoretischen, den konjunktiven Wissensbeständen der Untersuchten" (ebd.: 57) zugeschrieben, die darüber intuitiv verfügen.

5.4.3.4 Komparative Analyse

Wichtiger Bestandteil der reflektierenden Interpretation ist das Vergleichen: Denn nachdem in der formulierenden Interpretation noch kein Vergleich angestellt wurde, wird nun der Orientierungsrahmen des Interviewpartners thematisiert und einem vertieften Verständnis zugeführt, indem er „mit anderen Deutungs- und Orientierungssystemen kontrastiert und verglichen wird" (Straub 1990: 177). Reflektierendes Interpretieren gründet also auf der bewusst angestrebten und expliziten Gegenüberstellung und Unterscheidung von Phänomenen. Insofern impliziert das Adjektiv „reflektierend" das Heranziehen des Vergleichs mit anderen Fällen, da Reflexion immer Gegen- oder Vergleichshorizonte voraussetzt. Soll eine Reflexionsleistung empirisch-methodisch kontrolliert vollzogen werden, muss sie sich „auf empirische fundierte und nachvollziehbare Gegenhorizonte stützen" (Bohnsack 2003a: 38). Das bedeutet, dass eine Verständnis schaffende Interpretation von sinnhaften Äußerung eines Forschungssubjekts nur dann erreicht wird, wenn diese Äußerungen „durch die Konfrontation und den Vergleich mit relevanten Gegenhorizonten genauer reflektiert" werden (Straub 1990: 178). Das mithilfe reflektierender Interpretation zu erreichende Verständnis ist somit „in hohem Maße von den kontrastiven Gegenhorizonten abhängig, die in den Interpretationsprozeß einbezogen werden" (ebd.). Das Heranziehen von Vergleichshorizonten hängt also einerseits von der theoretischen Sensibilität des Forschers ab, andererseits müssen diese auch empirisch fundiert sein. Mit einer den Vergleich strukturierenden Instanz ist ein *tertium comparationis* gegeben, dass dazu fallübergreifende Relevanz besitzen muss. Durch die Orientierung an einem solchen tertium comparationis werden die Fälle relationiert, indem sie anhand dessen zueinander in Bezug gesetzt werden, um dadurch die unterschiedlichen Orientierungsrahmen hervortreten zu lassen. Zunächst durch die Themen des Leitfadens gegeben, konstituiert sich ein Vergleichspunkt ebenso darin, wie die Interviewten sie aufgreifen und sich dazu äußern, das heißt durch die empirische Analyse selbst. Der Vergleich findet in jedem Fall in Bezug auf das tertium comparationis statt, die den Fällen als gemeinsam identifiziert werden, um anschließend Unterschiede herauszustellen.[156]

Vor diesem Hintergrund misst die dokumentarische Interpretation dem Einzelfall weniger Bedeutung zu als andere Verfahren. Besonders Nohl (2006a: 37 ff.) kritisiert den Anspruch, mittels der Analyse eines einzigen Falles zu theoriebildenden Aussagen zu kommen. Dies kann nur in der Methode des Fallvergleiches geschehen. Das Vergleichen von Fällen ist auf die Entwicklung gegenstandsbezogener Theoriebildung gerich-

---

[156] Übergeht man in der Analyse das Herausstellen einer empirisch generierten Gemeinsamkeit, die als gemeinsames Drittes den Vergleich der Fälle strukturiert, droht eine so genannte *Nostrifizierung*. Sie tritt dann ein, wenn der Vergleichspunkt „nicht als ein Drittes neben den beiden Größen, die zu ‚vergleichen' sind, sondern als eine Universalisierung der einen Größe in Gestalt eine abstrakten Begriffes" gebildet wird (Matthes 1992: 84, zit. n. Nohl 2001a: 261). Diese Gefahr besteht z. B. dann, wenn das tertium comparationis vorab der eigentlichen Forschung gesetzt wird (vgl. Nohl 2001a: 267).

tet, welcher es darum geht, „empirisch gegründete theoretische Aussagen zu einem spezifischen Gegenstandsbereich (...) zum machen" (ebd.: 38; vgl. hierzu auch Abschnitt 5.1). In dieser Perspektive darf dem Einzelfall keine zu hohe oder gar alleinige Priorität eingeräumt werden, gleichwohl die Analyse beim Einzelfall ihren Anfang nimmt. Es ist „nicht die Aufgabe der Forschenden, einen Fall besonders gut zu kennen, sondern seine wesentlichen Orientierungsrahmen zu identifizieren, die sich vom Fall abheben und auch in anderen Fällen finden lassen" (ebd.: 13). Erst wenn nicht nur in einem einzelnen Fall, sondern in mehreren Fällen ein bestimmter Orientierungsrahmen auffindbar ist und dieser von anderen unterscheidbar ist, lässt er sich „vom Einzelfall ablösen und zum Typus ausarbeiten" (ebd.). Auf diese Weise wird eine Typenbildung angestrebt, die sich fundamental von anderen Arten der Typenbildung, z. B. gruppierenden oder Realtypenbildung, unterscheidet.

Hierzu werden in einem ersten Schritt die Orientierungsrahmen von den jeweiligen Fällen losgelöst. Diese so genannte sinngenetische Typenbildung stellt darauf ab, „die in einem Fall rekonstruierten Orientierungsrahmen zu abstrahieren und mit den Orientierungsrahmen anderer Fälle typisierend zu kontrastieren" (Nohl 2006a: 88; vgl. auch Nentwig-Gesemann 2001: 291). In sinngenetischer Typenbildung zeigt sich, innerhalb welcher Orientierungsrahmen die Befragten mit den im Interview auffindbaren Themenstellungen umgehen. Eine sich daran anschließende soziogenetische Typenbildung führt dies weiter und fokussiert die soziale Genese dieser Orientierungen, um sie besser erklären zu können (vgl. Nohl 2006a: 57; Nentwig-Gesemann 2001: 295). Dies ist deshalb wichtig, da ein bestimmter Orientierungsrahmen in seiner Überlagerung durch bestimmte Erfahrungsräume variiert oder spezifiziert werden kann. Wird dagegen eine Handlung vorschnell auf ein bestimmtes Hintergrundkriterium zurückgeführt, besteht die Gefahr eines essentialisierenden Kurzschlusses. Zu dessen Vermeidung betont die dokumentarische Methode, dass das Subjekt weder durch seine Zugehörigkeit z. B. zu einem bestimmten Milieu, dem Geschlecht oder einer anderen sozialen Positionierung ganz ausgefüllt oder determiniert ist. Deshalb ist danach zu fragen, wie sich etwa geschlechts- oder herkunftsbedingte Erfahrungen überlagern und ineinander greifen. Am Fall können sich also stets unterschiedliche Typiken überlagern, was für die Interpretation bedeutet, dass sie nicht nur eine Bedeutungsschicht eines Falls herausarbeitet, sondern ihn durch „Hinzuziehung mehrerer Vergleichshorizonte auf unterschiedliche Dimensionen hin" untersucht (Fritzsche 2003: 77). Diese Vorgehensweise hat den Vorteil, dass gegenseitig überlagernde Bedeutungsschichten bestimmter Orientierungen in der Analyse hervortreten können, sich eine auf den ersten Blick typisch männlich erscheinende Handlung als ebenso herkunftsbedingt strukturiert erweisen kann.

5.4.4 Gütekriterien qualitativer Forschung

Die bisherigen Überlegungen lassen sich dahingehend verdichten, dass es qualitativ-rekonstruktiver Sozialforschung darum geht, methodisch kontrolliert zu *verstehen*, d. h. in – wie immer gearteten – Texten implizite Sinngehalte zu entdecken. Deshalb darf sie sich gerade *nicht* (nur) auf das beschränken, was ohnehin schon „auf der Hand zu liegen scheint" (Hitzler 2002: 23) und muss darum bemüht sein, den Rekonstruktionsvorgang intersubjektiv nachvollziehbar zu machen bzw. zu halten: „Das reflexive Grundproblem des sozialwissenschaftlichen Interpreten", so Hitzler (ebd.: 24), besteht darin, „für sich selbst und für andere durchsichtig zu machen, wie er das versteht, was er zu verstehen glaubt, und wie er das weiß, was er zu wissen meint" (ebd.). Das von Hitzler benannte Durchsichtigmachen des Forschungsprozesses verweist auf die Notwendigkeit von *Gütekriterien*, deren Sinn es ist, die „Bewertung und den Vergleich von Forschungsarbeiten" sowie die „Bewertung der Qualität qualitativer Daten" zu ermöglichen (Ohlbrecht 2006: 148; vgl. auch Reichertz 1999: 342 ff.; Lamnek 1995, I: 152 ff.). Während im Rahmen quantitativer Methodologien eindeutig ist, „wann eine Messung als objektiv, zuverlässig oder gültig erachtet wird" (Mruck 2000: 30), fehlen für die qualitative Forschung ähnliche allgemein akzeptierte Bewertungskriterien weitgehend. Gefordert ist somit die Klärung der Frage nach der *Regelgeleitetheit* qualitativer Forschungsverfahren und ihrer *Einhaltung*.[157] Dazu dienen die beiden nächsten Abschnitte.

5.4.4.1 Modifizierung klassischer Gütekriterien

Bereits mehrfach wurde betont, dass quantitative und qualitative Forschungsmethoden strukturell *verschiedene* Gegenstände in den Blick nehmen: Geht es dieser um die Bestimmung mengenmäßiger Verteilung und Relation von konkret erfragten Einstellungen etc. innerhalb großer Grundgesamtheiten, liegt der Fokus jener auf der Rekonstruktion der Handlungsmotivierung sozialer Phänomene. Beide Methodenarten konstituieren demnach „je unterschiedliche Gegenstandsbereiche, entwerfen Bilder von Welt, die eine unterschiedliche ‚Grammatik' haben" (Bauer 1988: 85). Schon deshalb können Aspekte der Gütesicherung nicht von vornherein als *identisch* gelten. Während zwar die Diskussion über den tatsächlichen Umgang mit Gütekriterien innerhalb qualitativer Sozialforschung nicht abgeschlossen ist, kann doch als Konsens gelten, dass die im Kontext standardisierter bzw. hypothesenprüfender Forschung geltenden nicht einfach adaptiert werden können (vgl. Flick 2004: 51; Steinke 2003: 322) – dennoch besteht wenig Eindeutigkeit darüber, an *welchen* Gütekriterien sich qualitative Forschung orientieren soll (vgl. Lüders 2003: 80 f.). Vor diesem Hintergrund geht es im Folgenden zunächst um die Abarbeitung klassischer Gütekriterien und eine entsprechende Modifizierung.

Von den klassischen Gütekriterien erscheint das der *Objektivität* am wenigsten mit qualitativ-rekonstruktiven Annahmen vereinbar. Traditionell als Unabhängigkeit der Messinstrumenten und der von ihnen gemessenen Werte von den sie anwendenden Personen verstanden (vgl. Dieckmann 2001: 216), konfligiert Objektivität a priori mit einem Grundmerkmal qualitativer Ansätze: Diesen liegt gerade *nicht* die Vorstellung zugrunde, zu *messen*, d. h. einen Ausschnitt von beobachteter sozialer Vielfalt auf Skalen abzubilden und mit Häufigkeiten des Auftretens von Merkmalsausprägungen zu

---

[157] Reichertz äußert sich generell skeptisch zur derzeit vorhandenen Qualität und zur Beachtung von Gütekriterien in der qualitativen Sozialforschung. Daten würden „oft zufällig eingesammelt, deren Besonderheit wird weder diskutiert noch berücksichtigt, Auswertungsverfahren werden ohne Rücksicht auf Gegenstand, Fragestellung und Daten fast beliebig ausgewählt und aufgrund der Spezifik der Forschungssituation vor Ort reflexionsfrei modifiziert, Einzelfälle werden nicht selten ohne Angabe von Gründen zu Typen stilisiert, und immer wieder werden die Geltungskriterien für eine schillernde und kurzweilige Formulierung aufgegeben" (Reichertz 2005: 575).

operieren, sondern perspektivgebundenes Wissen sowie Handlungs- und Deutungsmuster – im Falle der vorliegenden Studie Orientierungen in Bezug auf Prozesse der Medienaneignung – zu *dokumentieren* und zu *interpretieren* (vgl. Gläser/Laudel 2004: 24). Hierbei handelt es sich im Kern um abbildende Wiedergabe durch Sprache, die jedoch nicht bei der Beschreibung einer Erscheinungsweise stehen bleibt, sondern den Schritt von der Erscheinungsweise zu deren Struktur und zu den Bedingungen, unter denen sie sich bildet, vollziehen soll. Objektivität ist auch deshalb kein angemessenes Gütekriterium qualitativer Forschung, da die Daten immer kontextabhängig und die Versionen bei einer Wiederholung eines Interviews nie identisch sein können (vgl. Helfferich 2004: 138 f.). Die Unmöglichkeit von Objektivität ist deshalb „nicht ein Mangel, sondern Ausgangspunkt qualitativer Forschung" (ebd.: 138). In diesem Sinne kennzeichnet Kleining (1995: 150) einen qualitativ-sozialwissenschaftlichen Objektivitätsbegriff als „intersubjektiv" und damit als „historisch" und „nicht-universalistisch" (siehe auch Abschnitt 5.4.4.2). Eben dies korrespondiert mit der dokumentarischen Methode (siehe Abschnitt 5.3), der es anstelle einer vermeintlich überindividuellen Wahrheit um die Frage geht, „weshalb sich den einen ein Gegenstand so darstellt und den anderen anders" (Heintz 1998: 118).

Reliabilität meint herkömmlicherweise die Wiederholbarkeit einer Untersuchung mit dem Ziel gleicher Ergebnisse. Dass ein solcher Anspruch nur unter Inkaufnahme streng objektivistischer Grundannahmen eingelöst werden kann, liegt auf der Hand. Nach Bohnsack (2003d) erfährt qualitative Forschung ihre Güte gerade durch bewusste *Ablehnung* einer statischen und damit letztlich künstlichen Sichtweise auf die Realität, indem bei der Datenerhebung eine gewisse *Natürlichkeit der Kommunikation* eingelöst wird, sich also an Strukturen „alltäglicher Kommunikation" (ebd.: 377) orientiert wird. Zur Umsetzung dieses Anspruches habe ich auf eine möglichst unverfälschte Interviewsituation geachtet, indem ich mit den Jugendlichen in einer ihnen verständlichen Alltagssprache gesprochen und mein Erkenntnisinteresse somit in den soziokulturellen Kontext meiner Gesprächspartner zu übertragen versucht habe (vgl. Hermanns 2003: 368).

Reliabilität bei qualitativer Forschung lässt sich auch im Sinne von *Nachvollziehbarkeit* bestimmen, und zwar in doppelter Hinsicht: Erstens sollte das Zustandekommen der Daten dahingehend expliziert werden, „dass überprüfbar wird, was Aussage des jeweiligen Subjekts ist und wo die Interpretation des Forschers schon begonnen hat" (Flick 2002: 322). Damit wird der Subjektivität des Forschers (siehe oben) insofern Rechnung getragen, dass sie nicht als Störquelle verstanden, sondern als reflexives Moment im Forschungsprozess gekennzeichnet wird (vgl. Breuer 2003: 19; Schmidt 1997: 559). Zweitens sollte das Vorgehen des Forschers im Feld bzw. in der Interviewsituation „in Schulungen und Überprüfungen expliziert werden, um die Vergleichbarkeit der Vorgehensweisen (…) zu verbessern" (Flick 2002: 322). Während das erstgenannte Kriterium unmittelbar auf Fragen der Darstellung von Erhebung, Auswertung und Ergebnissen verweist und somit unter die Aufforderung zu umfassender Explikation der Ergebnisse fällt, ist das zweite Kriterium für die vorliegende Studie nur partiell umsetzbar, da sie von mir allein durchgeführt wurde.[158] Jedoch habe ich Probeinterviews durchgeführt, um zu prüfen, inwiefern die darin angesprochenen Themen von Jugendlichen überhaupt angenommen und verstanden wurden und um im Kontakt zu ihnen Möglichkeiten der kommunikativen Verständigung auszuloten und zu verbessern. Während der Erhebungsphase wurde dann darauf geachtet, Interviews in ähnlichen Settings zu führen, um die Situationsrahmungen einander anzugleichen. So hat sich etwa das Übereck-Sitzen an einem Tisch als Sitzordnung bei sämtlichen Interviews bewährt, da es als wenig konfrontativ empfunden wurde. Mit dieser Angleichung des Settings verbindet sich jedoch nicht der Anspruch, durch Anwendung derselben Methode auf dieselbe Art kontinuierlich zu gleichen Ergebnissen zu kommen. Anstelle von Standardisierbarkeit und identischer Replizierbarkeit des Forschungsverfahrens zum Zweck der methodischen Kontrolle diente dies lediglich der „Vergleichbarkeit der Interviewsituationen" (Helfferich 2004: 139). Insgesamt lässt sich also das Kriterium der Reliabilität in Richtung einer Prüfung der Verlässlichkeit von Daten und der Vorgehensweisen reformulieren.[159] In Anlehnung an Flick sind damit andere Verständnisweisen von Reliabilität, etwa in Form von beliebig häufiger Wiederholbarkeit von Erhebungen mit denselben Daten und Resultaten zurückgewiesen, zumal diese Form der Reliabilität „eher Misstrauen den Daten gegenüber als Vertrauen in ihre Verlässlichkeit" nahe legt (Flick 2002: 322).

Validität bezeichnet unter quantitativ-testtheoretischen Gesichtspunkten die Gültigkeit, d. h. den Grad, mit dem das Erhebungsinstrument dasjenige Merkmal der Untersuchungseinheit charakterisiert, welches erfasst werden soll (vgl. Abel/Möller/Treumann 1998: 73, vgl. auch Scholl 2003: 28 ff.). Während Validität im quantitativen Forschungsparadigma im Allgemeinen als wichtigstes Merkmal gilt (vgl. Dieckmann 2001: 223 ff.) wird ihr auch in der qualitativen Forschung große Aufmerksamkeit geschenkt (vgl. Mruck 2000: 32; Lamnek 1995 I: 160 ff.). Hier die Frage nach Validität zu stellen bedeutet zu prüfen, ob der Forscher wirklich das erkennt, was er zu erkennen beabsichtigte. In Anlehnung an Kirk/Miller (1986: 21 f.) ergeben sich dabei drei mögliche Fehlerquellen: Erstens einen Zusammenhang erkennen, der nicht vorhanden ist, zweitens einen vorhandenen Zusammenhang nicht erkennen sowie drittens das Stellen falscher Fragen. Offen bleibt hier, woran überhaupt erkennbar sein soll, ob Zusammenhänge objektiv existieren bzw. ob es überhaupt objektive Zusammenhänge geben kann. In quantitativer Forschung wird dieses Problem üblicherweise durch die Kontrolle der Kontextbedingungen gelöst, z. B. der weitgehenden Standardisierung der Erhebungs- und Auswertungssituation. Nach Flick ist dies mit qualitativen Methoden allerdings

---

[158] Dieses zweite Kriterium adressiert eher solche Studien, in die mehrere Personen involviert sind und wo die Frage entsteht, wie deren Strategien miteinander abzugleichen sind. Wenn aber, so bemerkt Anselm Strauss, „ein Wissenschaftler allein an einem Forschungsprojekt arbeitet, liegt die Antwort auf diese Frage auf der Hand" (Strauss 1998: 68).

[159] Ein besonderer Fall von Reliabilität wird in qualitativer Forschung evident, wenn Daten *inhaltsanalytisch* ausgewertet werden, weil dann in der Regel eine *Interraterreliabilität* angestrebt wird, indem unterschiedliche Codierer unabhängig voneinander zur gleichen Zuordnung von Textstellen zu Codes oder Kategorien kommen (vgl. Kuckartz 1999: 160). Dies ist aber nur dann zu unterstellen, wenn genau definierte Kategorien mit einem *Codiermanual* und präzise definierten Ein- und Ausschlusskriterien existieren: Genau hier liegt die zentrale Kritikpunkt an der Inhaltsanalyse Mayrings (2003), die „zwischen einer klassifikatorischen und einer sinnrekonstruierenden Vorgehensweise angesiedelt" ist (Meuser 2003b: 90) und somit vernachlässigt, dass subsumtionslogische und rekonstruktive Verfahren eher widersprüchlich als vereinbar sind.

"nicht kompatibel bzw. stellt ihre eigentlichen Stärken in Frage" (Flick 2005b: 584). Daher erscheint es sinnvoll, Validität in qualitativer Forschung in der Frage zu suchen, ob die Version, die der Forscher vom Gegenstand liefert, in den Daten *begründet* ist – und zwar unter der Anerkennung von Selektivität und Perspektivgebundenheit.

Vor diesem Hintergrund wird deutlich, dass es innerhalb des qualitativen Paradigmas keine vollständig rationalisierbare Prozedur zur Messung der Richtigkeit oder Wahrheit einer Interpretation geben kann. Bruner (1998) bezeichnet das zentrale Gütekriterium eines qualitativ-rekonstruktiven Vorgehens daher auch als *Schlüssigkeit*: Ziel der Analyse ist es, „eine überzeugende und widerspruchsfreie Auslegung dessen zu liefern, was eine Geschichte bedeutet, eine Interpretation, die im Einklang steht mit den Einzelheiten, die sie ausmachen" (ebd.: 57). Eine solche Schlüssigkeit bzw. Güte wird bei interpretativen Verfahren dadurch erreicht, dass dem Leser die Möglichkeit der Interpretation *selbst* gegeben wird und er sie dadurch nachvollziehen kann – aus diesem Grund sind im Ergebnisteil (Kapitel 6) zum Teil recht umfangreiche Interviewfragmente abgedruckt. Ob eine Interpretation als gültig gelten kann, ist nämlich prinzipiell *nur* an den „Interaktionstexten selbst [zu] beantworten, indem man die Plausibilität der Interpretationen an den Belegstellen nachweist oder widerlegt" (Oevermann et al. 1976: 392). Ein valides Interview muss sich darüber hinaus in seiner Verwendung als *zweckmäßig* erweisen, wenn es sich als sich als sinnvoll im Hinblick auf „Relevanz und Angemessenheit der Analyse im Hinblick auf die Erkenntnis über den Gegenstandsbereich" erweist (Matt 2003: 586). das heißt zu einer Erweiterung des Diskussions- und Deutungsrahmens sozialer Wirklichkeit beiträgt.

5.4.4.2 Kernkriterien der vorliegenden Studie

Der letzte Abschnitt zeigte, dass sich die innerhalb der standardisierten Sozialforschung formulierten Kriterien nicht linear auf qualitativ-rekonstruktive Vorgehensweisen übertragen lassen, sondern der Modifikation bedürfen. Für die vorliegende Studie soll dazu abschließend ein *Katalog von Kernkriterien* qualitativer Forschung diskutiert werden, den Steinke (2003 323 ff.) benannt hat:[160] Aus diesem Katalog greife ich im Folgenden die zentralen Punkte heraus (Intersubjektive Nachvollziehbarkeit, Indikation des Forschungsprozesses, empirische Verankerung, Limitation, Relevanz sowie Reflektierte Subjektivität[161]) und konkretisiere sie in Bezug zur vorliegenden Arbeit.

Intersubjektive Nachvollziehbarkeit (vgl. Steinke 2003: 324) wird gewährleistet, indem Erhebungs- und Auswertungsmethoden wie auch die Daten von mir dokumentiert wurden. Darüber hinaus war die Diskussion in einer Gruppe und mit (Fach-)Kollegen gegeben, was einer diskursiven Form der „Herstellung von Intersubjektivität und Nachvollziehbarkeit durch expliziten Umgang mit Daten und deren Interpretation" (Steinke 2003: 326) entspricht. Ein solches Verfahren erscheint gerade für rekonstruktive Verfahren angebracht, da es verhindert, dass sich explizite und/oder implizite Lesarten von vornherein durchsetzen und die Interpretation insofern verzerrt wird.

---

[160] Vgl. zur kritischen Diskussion dieses Katalogs Lüders 2003: 81
[161] Das außerdem von Steinke benannte Kriterium der Kohärenz (vgl. 2003: 320) wird hier außer Acht gelassen, da dies in den Kontext der Ergebnisdarstellung und -diskussion fällt.

Zur *Indikation des Forschungsprozesses*[162] (vgl. Steinke 2003: 326) wurde im Verlauf der Darstellung meiner Studie deutlich, warum sich ein qualitatives Vorgehen anbietet. Für die Untersuchung von Medienaneignung erscheint dies sowohl hinsichtlich der Erhebungs- als auch der Auswertungsmethode eine gegenstandsangemessene Wahl, da es nicht um Repräsentativität oder um eine Verteilung von Merkmalen auf eine Grundgesamtheit geht, sondern um die Frage, *wie* Jugendliche die Integration neuer Medien in ihren Alltag thematisieren. Hierfür bot sich das Interview als ein reaktives Erhebungsverfahren an, weil es den Untersuchten Gelegenheiten bietet, „in eigener Sprache und gemäß den eigenen Relevanzstrukturen ihr Handeln darzustellen und Sachverhalte zu erläutern" (Meuser 2003d: 141). Da die mittels der Interviews erhobenen Schilderungen eine Medienaneignungspraxis dokumentieren, innerhalb der davon ausgegangen werden kann, dass darin Muster und Strukturen enthalten sind, fiel die Wahl auf ein rekonstruktives Auswertungsverfahren, welches erlaubt, subjektiven Bedeutungen nachzugehen und soziale Praxen nachzuzeichnen, um auf diesem Wege verschiedene Facetten von Medienaneignung im Alltag der Jugendlichen freizulegen.

Eine *empirische Verankerung* (vgl. Steinke 2003: 328) leitet sich aus der extensiven, sequentiell vorgehenden Textanalyse ab. Die Interviewfragmente sind zusammen mit den dazugehörigen Interpretationen dokumentiert und erlauben nachvollziehbare Rückschlüsse und Bezüge zueinander.

Grenzen des Geltungsbereichs der Ergebnisse sollen durch das Kriterium der *Limitation* (Generalisierbarkeit) festgelegt werden (vgl. Steinke 2003: 329). Eine Gültigkeit von Generalisierungen wird dadurch ermöglicht, dass Hypothesen, die bei der Analyse aus den Daten gewonnen werden, am weiteren Datenbestand überprüft werden und Ergebnisse daher empirisch begründet sind. Ein rekonstruierter Orientierungsrahmen wird also am weiteren Datenbestand auf seine Stimmigkeit überprüft. Generalisierbar ist dies insofern, dass sich in den rekonstruktiv analysierten Fällen allgemeine Phänomene zeigen, und zwar in Form genereller Strukturen, die gegeben sein können, wenn Medienaneignung im Alltag als Handlungsaufgabe Jugendlicher von diesen selbst beschrieben wird. Dabei kommt es zu fallspezifisch unterschiedlichen Formen der Ausprägung bzw. Bearbeitung.[163]

---

[162] Indikation meint die Frage, „warum eigentlich bestimmte – und nicht andere – Methoden für die konkrete Untersuchung verwendet wurden" (Flick 2004: 59). Zu klären ist dabei, wann welche qualitativen Methoden für welchen Gegenstand angemessen sind, d. h. für welche Fragestellung, Untersuchungsgruppe oder welches Untersuchungsfeld. Insofern gleicht die Methodenwahl einem *Qualitätsmanagement* (Flick 2004: 62). Die Klärung von Qualitäts- und Indikationsfragen dient nach Flick (2005b: 581) der Stimmigkeit der einzelnen Schritte und der darin zu treffenden methodischen Entscheidungen.

[163] Hier stellt sich die Frage, was an einem Fall des *Besondere* und was das *Allgemein* ist. Das Kriterium der Generalisierbarkeit verweist also auf Überlegungen zum Verhältnis von Allgemeinem und Fall. Rekonstruktive Sozialforschung geht davon aus, dass jeder herangezogene Einzelfall besonders – *und* allgemein ist – weil er sich im Kontext allgemeiner Regelhaftigkeit entwickelt hat. Der analysierte Fall ist „immer schon allgemein und besonders zugleich. Denn in jedem Protokoll sozialer Wirklichkeit ist das Allgemeine ebenso mitprotokolliert wie das Besondere im Sinne der Besonderheit des Falls. Der konkrete Fall ist insofern schon mehr als ein Einzelfall, als er ein sinnstrukturiertes Gebilde darstellt" (Wernet 2000: 19). Dass qualitative Forschung aus diesem Grund mit kleinen Fallzahlen operiert, ruft nach wie vor Kritik hervor: Allgemein, so der Vorwurf, sei nur das, was häufig auftrete, daher könne man auch nur im Hinblick darauf verallgemeinern. Diese Kritik übersieht, dass interpretative Verfahren das Verhältnis von Fall und Allgemeinem – ausgehend von der Annahme, dass

Das Kriterium der *Relevanz* (vgl. Steinke 2003: 330) der Forschungsergebnisse und der Fragestellung ergibt sich aus unterschiedlichen Bezügen, die im theoretischen Teil der Arbeit ausgearbeitet sind. Fragen der Medienaneignung erscheinen sowohl aus medienpädagogischer wie sozialwissenschaftlicher Perspektive relevant. Aus der Tatsache, dass der Alltag von Heranwachsenden von Medien durchdrungen ist, ergeben sich für sie zahlreiche Handlungsoptionen, die zugleich in soziale Interaktionen eingebettet sind. Sich über diese Phänomene zu vergewissern hat unmittelbare Bedeutung für eine allgemeine medienpädagogische Debatte wie für den Dialog von Medienpädagogik und sozialwissenschaftlich orientierter Jugendforschung.

Das letzte von Steinke genannte und hier diskutierte Kriterium der *reflektierten Subjektivität* soll prüfen, „inwiefern die konstituierende Rolle des Forschers als Subjekt (mit seinen Forschungsinteressen, Vorannahmen, Kommunikationsstilen, biographischem Hintergrund) und als Teil der sozialen Welt, die er erforscht, möglichst weitgehend methodisch reflektiert" wird (Steinke 2003: 330 f.). Dieser Punkt spricht ein außerordentlich breites Feld an, das hier nur ansatzweise bearbeitet werden kann.

Allgemein findet das Prinzip der Selbstreflexion seine prominenteste Anwendung im Kontext der Ethnographie: Diese strebt an, Besonderheiten sozialer, räumlicher und zeitlich unterschiedlich strukturierter Kontexte alltäglicher Handlungsmuster adäquat in den Blick zu nehmen und zu verstehen, um schließlich eine detaillierte Beschreibung und Interpretation dieser situierten Praktiken und ihrer Bedeutung geben zu können (vgl. Lüders 1995; Hirschauer/Amann 1997; Krotz 2005).[164] Die reflektierte Subjektivität des Forschers kommt hier insofern ins Spiel, dass sich der Forscher darüber bewusst sein bzw. werden muss, inwiefern das von ihm Untersuchte durch seine Anwesenheit verändert wird. Sozialforschung orientiert sich hierbei an der Idee des Forschers als eines *Bricoleurs* im Sinne von Denzin/Lincoln (1997). Damit beschreiben die Autoren eine selbstreflexiv-verstehende Haltung des Forschenden, „that research is an interactive process shaped by his or her personal history, biography, gender, social class, race and ethnicity, and those of the people in the setting" (ebd.: 3). Qualitative Forschung als *Bricolage* meint danach die Anerkennung des Forschungsprozesses als eines durch Interpretationen, Verstehens- und Umgangsweisen sowie methodologische Prämissen des Forschers konstruierten und komplexen Gesamtbildes.

Allerdings versteht sich die vorliegende Studie aus verschiedenen Gründen *nicht* als Ethnographie, u. a. weil die Befragung nur zu einem Zeitpunkt durchgeführt wurde und somit ein tiefes Eindringen in die Praxis der Medienaneignung der Jugendlichen nur eingeschränkt ermöglicht. Gleichwohl verfolgt sie das Ziel, Medienaneignung aus Akteursperspektive zu untersuchen, um auf diesem Wege Einblicke in Strukturen und Sinnmuster der Jugendlichen zu gewinnen. Um hierzu auf kommunikativem Wege Daten zu gewinnen, war es wichtig, eine Vertrauensbeziehung zu den Jugendlichen herzustellen (vgl. auch 5.4.4.2). Neben der Versicherung der Einhaltung des Datenschutzes geschah dies vor allem durch die Herstellung von Transparenz und das Einlassen auf

---

Allgemeines prinzipiell in Besonderem auffindbar ist – nicht *linear*, sondern *dialektisch* konzipieren (vgl. Oevermann 1991: 272; Rosenthal 2005: 75).

[164] Das ethnographisches Grundprinzip liegt darin, sich als Forschersubjekt ins Feld als eine Kultur hineinzubegeben und die zu erforschende Kultur zu erlernen, indem über längere Zeit in ihr gelebt und so Praktiken, Sprache und darüber Handlungs- und Deutungsweisen verstehen gelernt werden (vgl. Krotz 2005: 251 f.).

individuelle Fragen und Belange der interviewten Jugendlichen hinsichtlich des gesamten Forschungsprozesses. Dazu gehörte z. B. die Klärung folgender Fragen an mich als Forscher: Wer bin ich als Person? Wie bin ich dazu gekommen, die Studie durchzuführen? Warum führe ich Interviews durch? Warum müssen die Interviews aufgezeichnet werden, was passiert später damit? Unter 5.4.4.2 habe ich bereits einige Besonderheiten des Feldzugangs problematisiert: Einerseits war der Kontakt zu den Jugendlichen als Angehörige einer Institution – als Schüler einer konkreten Schule – zustande gekommen, jedoch wollte ich sie nicht explizit in dieser Rolle ansprechen.

Bei der Durchführung der Interviews galt es daher jeweils neu zu versichern, dass es ausgeschlossen war, etwas „Falsches" zu sagen, das heißt jeden Einzelnen in seinen Schilderungen ernst zu nehmen (vgl. Paus-Haase et al. 1999: 104). Während diese Haltung innerhalb des qualitativen Paradigmas eigentlich selbstverständlich ist, erhöht sich deren Notwendigkeit, wenn Interviews – wie in meinem Fall – im Rahmen der *Schule* durchgeführt werden, da Schule ein sozialer Raum ist, der – im Sinne Luhmanns (2002) – eine durch Prinzipien von „richtig" oder „falsch" codierte kommunikative Sphäre bildet. Deshalb galt es deutlich zu machen, dass ich die Jugendlichen nicht testen wollte, sondern an ihren Erfahrungen und Einschätzungen interessiert war. Bezüglich meiner Rolle als Interviewer war ebenso darauf hinzuweisen, dass ich nicht von Lehrkräften beauftragt worden war, etwas über die Jugendlichen in Erfahrung zu bringen, sondern durch ein anderes Erkenntnisinteresse motiviert war. Einige Jugendlichen fragten explizit danach („wer hat Sie geschickt?", „für wen machen Sie das?"). Mitunter waren auch Fragen nach dem Warum der Studie zu beantworten, was im Prinzip auf die Offenlegung der Sinnhaftigkeit des gesamten Prozesses und der Vermittlung an die Befragten hinwies. Hierzu habe ich versucht, gewissermaßen den Mehrwert von Untersuchungen wie der vorliegenden zu verdeutlichen, der auch für Jugendliche darin liegen kann, dass aus der Kenntnis ihrer Medienaneignung im Alltag Überlegungen resultieren können, die differenziert an ihren Erfahrungen ansetzen.

6 Ergebnisdarstellung: Fallrekonstruktionen und Typisierungen

In diesem Kapitel werden die empirischen Befunde der Arbeit vorgestellt. Die nachfolgend präsentierten Interpretationsergebnisse stellen das Resultat einer abstrahierenden Typisierung dar, zu deren Zustandekommen folgendermaßen vorgegangen wurde: Zunächst wurde jeder Fall aus jeder Samplegruppe einzeln betrachtet und anhand des im letzten Kapitels vorgestellten Vorgehens analysiert; infolgedessen zeigte sich, dass sich dabei fallübergreifende Gemeinsamkeiten herausstellten. Indem nach Abschluss der Fallrekonstruktion festgestellt werden konnte, dass sich die Fälle einer Subgruppe unter eine gemeinsame übergreifende Orientierung fassen ließen, wurde eine samplegruppenbezogene Abstrahierung vorgenommen. Dass im Folgenden *zwölf generalisierte Orientierungsrahmen* präsentiert werden, ist sowohl auf die *Sample-* als auch auf die *dreigeteilte Themenstruktur* zurückzuführen.

Im Durchgang durch die Rekonstruktionen wird deutlich, dass die Dreiteilung der Forschungsfrage nach Nutzung, Bewertung sowie Wahrnehmung von Medien eine analytische ist und insofern artifiziell anmutet. An ihr wird festgehalten, um die einzelnen samplegruppenbezogenen Orientierungsrahmen besser in den Vordergrund treten zu lassen. Wie die Zusammenführung im nachfolgenden Kapitel zeigt, ist die Medienaneignung nur dann zu verstehen, wenn alle drei Bereiche gemeinsam betrachtet werden. Daraus ergibt sich, dass die Darstellungen unterschiedlich lang ausfallen, da in der zuerst dargestellten Dimension Späteres bereits angelegt ist. Innerhalb des ersten Teils dieses Kapitels sind den Falldarstellungen jeweils kurze portraitierende Einleitungen vorangestellt.

6.1 Medien nutzen

Der thematische Bereich der medienbezogenen Verwendung richtet sich schwerpunktmäßig darauf, auf welche Weise die Jugendlichen ihre Beschäftigung mit Medien darstellen. Die Themen, die dabei berührt werden, spannen einen weiten Bogen, der im Interview unter anderem durch Fragen zur Medienbiographie, zu medienbezogenen Lernwegen, zu Vorlieben und Interessen bei der Nutzung über den Umgang mit Schwierigkeiten bis hin zu medienbezogenen Zukunftsvorstellungen angeregt wurde. Wichtig sind dabei ebenso die Anlässe sowie die Kontexte, aus denen und in denen eine Zuwendung und ein Gebrauch der Medien sich jeweils entwickeln.

Die aus den Beschreibungen und Erzählungen rekonstruierten Orientierungsrahmen lassen sich bezüglich der vier Samplegruppen folgendermaßen differenzieren: Die Darstellungen der Jungen mit türkischem Migrationshintergrund zeichnen sich vorrangig durch Merkmale von *Status, Anerkennung und Prestige* (6.1.1), die der deutschen Jungen durch Aspekte von *Handlungserweiterung, Rationalisierung und Normalisierung* aus (6.1.2). Die Schilderungen der deutschen Mädchen lassen sich mit den Begriffen *selektiver Pragmatismus und Selbstverwirklichung* fassen (6.1.3), die Mediennutzung der Mädchen mit türkischem Migrationshintergrund wiederum ist an *Selbstbehauptung und affirmativer Einordnung* orientiert (6.1.4).

6.1.1 Status, Anerkennung und Prestige

Ferhat ist 15 Jahre alt und hat einen drei Jahre älteren Bruder. Seine Eltern sind vor 30 Jahren nach Deutschland gekommen, sein Vater ist selbstständig, seine Mutter Hausfrau. Unsere erste Verabredung zum Interview in der Schulbibliothek fiel aus, weil er nachmittags einen Termin im Kampfsportverein hatte, in dem er aktiv ist. Ferhat ist muskulös und stämmig, er tritt, vor allem betont durch seine Kleidung, lässig auf. Bei unserem Treffen hat er eine weiße Jeans und ein weißes Sweatshirt mit dem Logo eines Berliner Modelabels an. Er trägt einen fein säuberlich gestutzten Kinnbart. Als ich mich am Ende für das Interview bedanke, streckt er mir die Hand entgegen und sagt „kein Problem". Ferhats Vater ist ein Geschäftsmann, der sich mit dem Verkauf von Kfz-Versicherungen selbständig gemacht hat. Ferhat beschreibt sich während des Interviews als Teil einer aufstrebenden Familie, die es zu wirtschaftlichem Erfolg gebracht hat: „Also ich mein uns geht's gut. Mein Vater hat uns vor zwei Jahren, also da haben wir uns ein eigenes Haus gekauft hier. Ja, und kommen, besser gesagt, aus besseren Verhältnissen. Uns geht es nicht SCHLECHT besser gesagt" (279). Das große Hobby der Familie ist Skifahren („Ich gehe- wir fahren jeden Winter mit meinen Eltern zum Ski Fahren nach St. Moritz oder nach Neustift, 221"). Vor dem Hintergrund des Vorhandenseins finanzieller Möglichkeiten schildert er z. B. den Erhalt seines PCs als einfachen Akt der Aufstockung: Sich früher nicht mit seinem Bruder einigen können „wer da ran geht" (37) habe sich sein Vater gesagt „,so, reicht! Bis hierhin, kaufen wir dir einen neuen PC, hast DU deine Ruhe, habe ICH meine Ruhe', so halt" (37). Auch Ferhats Angabe seiner häuslichen Mediensituation lässt an Wohlstand denken; so besitzt die Familie nach seiner Aussage derzeit „vier PCs und drei Laptops" (38).

Ferhats Orientierung, selber etwas souverän erreichen zu können bzw. schon erreicht zu haben, wird deutlich, als er Beginn seiner Medienbeschäftigung erzählt, worin zugleich Prinzipien einer Kompetenzinszenierung sichtbar werden:

```
(98)
I: Wie ist denn das so, wie bist du denn eigentlich dazu gekom-
men, dich damit zu beschäftigen? Kannst du das mal erzählen?
F: (2) ((lacht)) Mmm, ich WEISS nicht ((lacht)). Angefangen hat
es im Internetcafé. Mein Cousin hat sich ein Internetcafé ge-
kauft, habe ich bisschen ab und zu ausgeholfen, weil mir lang-
weilig war, bin ich dann man rumgesurft. Und ja, seitdem bin
ich einfach- (2) also ich weiß nicht wie es jetzt OHNE Internet
wäre für mich, wäre schon HART, aber weil wenn man sich dran
gewöhnt hat, ist es so was wie wenn man ein Handy in der Tasche
hat. Also das gehört zum Leben halt.
I: Aha. Und wann war das, wann bist du das erste Mal, also wann
hast du so angefangen Internet zu machen? // F: ((seufzt)) //
I: So ungefähr.// F: Acht? Weiß nicht so. Acht so. Ja.
```

Sich fast über die Frage nach seinem Einstieg in die Welt der neuen Medien amüsierend meint Ferhat sich kaum erinnern zu können; er wähnt sich bereits lange und habituell stabil darin verankert und schildert daraufhin einen knappen medienbiographischen Abriss, beginnend im Internetcafe. Deutlich wird zunächst eine familiäre Nähe zur Welt der Technik, in dem ein naher Verwandter sich ein solches „gekauft" hat; seine Verwandtschaft erscheint als nicht nur technikkompetent, sondern vor allem auch -besitzend und -anbietend. Dies ist der Hintergrund *seiner* Eingebundenheit in die Technikwelt, an die er anknüpft und in der er groß wird. Zunächst in der Rolle desjenigen, der „bisschen" aushilft, dass heißt in einer die familiäre Technikumgebung bereits unterstützenden Funktion tätig wird und sich darin einsozialisiert. Inwiefern Ferhat darauf insistiert, Angehöriger und Emporkömmling einer technikaffinen Sphäre gleichermaßen zu sein, reproduziert sich im Verlauf des Interviews mehrfach; so hebt er z. B. die Ausstattung seines Vaters hervor (dessen Wagen hat ein „Navigationsgerät, so mit Fernseher" (265) und einen „Bordcomputer, gucken wir so Bundesliga beim Ampelstehen" (266)), und betont, dass auch seine „Verwandten in der Türkei" mit neuester Computertechnik ausgestattet ist („das ist schon SEHR fortgeschritten bei denen", 55).

Dass er in der obigen Passage seine Herangehensweise an Medientechnologie viel eher aus Langeweile und nicht aus Interesse motiviert präsentiert, dokumentiert, wie selbstverständlich und ohne größere Mühe er seinen Umgang damit sieht. Zugang *zum* und Umgang *mit* dem Medium werden hier zum Bestandteils eines Ansehens, einer technikbezogenen Entwicklung zugehörig zu sein. Vor allem ist die Beschäftigung mit dem Internet etwas, dass für ihn „zum Leben" grundlegend dazugehört, ähnlich einer anthropologischen Grundkonstante. Seinen Alltag vermittelt Ferhat – mittels Gedankenexperiment – als so weit digitalisiert, dass ein Leben ohne Internet „HART" wäre; er positioniert sich als Akteur, der ohne Zweifel Teilhaber einer digitalen Medienpraxis ist. Symbolisch reduziert er dazu den Umgang mit Medientechnologie auf den Technikumgang, welchen man mit dem Handy pflegt, also in Bezug auf eine veralltäglichte, mobile und grenzenlose Selbstverständlichkeit, über die Ferhat verfügt. Deutlich wird bislang, wie sich Ferhat daran orientiert, über eine mit Status ausgestatteten Herkunft zu verfügen *und* sich selbst einen solchen anzueignen bestrebt ist. Ein solcher Bezug dokumentiert sich auch auf die Frage nach seinem Erstkontakt mit dem PC:

```
(104)
F: PC, klar, ich meine AUCH schon längere Zeit ((lacht)), das
hat bei mir schon in der GRUNDschule angefangen. Ich war auf
der A.-F.-Grundschule und das ist eine Schule, die sehr viel
mit Technik arbeitet und den Kindern probiert Englisch zum Bei-
spiel mit PCs beizubringen durch Lernprogramme und, ja halt so
Programme und Unterricht, wo man lernt mit PCs umzugehen und
so.
```

Ebenso wie der Kontakt mit dem Internet liegt auch der erste Berührungspunkt mit dem Computermedium biographisch schon weit zurück. Seine Kompetenzgenese beschreibt Ferhat als Analogie zum Erwerb eines Bildungspatentes an einer öffentlichen Institution mit umfänglicher medientechnologischer Ausrichtung; den engen Computerbegriff erweitert er dazu („Technik") und entwirft auf diesem Wege eine technische Handlungssphäre, die an seiner Schule herrschte und dessen Teil er war. Vor allem entwirft er sich als Angehöriger einer technikgeschulten Kindergeneration, die bereits von klein auf durch ein entsprechendes Curriculum gegangen ist und computergestützt unterwiesen wurde. Das Verfügen über eine Computerbiographie im Rahmen der öffentlich-institutionellen Sphäre kann hier wiederum in Zusammenhang mit einer Statusorientierung gelesen werden: Sie fungiert als ein Dokument der Anerkennung und weist Ferhat bezüglich der Medien als versiert und souverän aus. Die einzelnen Lerninhalte, mit denen er sich beschäftigte, schildert er deshalb auch in einem Modus der Systematik, die anzeigen, inwiefern er sich als technik-beherrschend darstellt:

```
(107)
F: Ja halt also, erstmal wo ich was FINDE im PC, wozu ich es
VERWENDEN kann, wie ich Sachen rauf speichere, wie ich Sachen
lösche, ohne dass ich dem PC viel kaputt mache. Ja, wie ich-,
ja alles Mögliche, was man halt so BRAUCHT. Also, auch als
Schüler, was man so halt braucht, zum Beispiel schreiben, Word-
Pad und so etwas. Halt Alles so was, alles.
```

In seiner Aufzählung macht Ferhat eine Computerkompetenz anhand mehrerer Lernbezüge geltend, die seine PC-Fähigkeiten in Form einer digitalen Könnerschaft entwerfen. Der thematische Zusammenhang ist wiederum der des Beherrschens einzelner Verwendungszusammenhänge, konkret: die Orte von Dateien bzw. Programmen innerhalb der Struktur des Rechners zu finden, sich die einzelnen Handlungsoptionen zu nutze zu machen, Inhalte abzulegen und zu entfernen, und zwar so, dass die Technik dabei unversehrt bleibt; Das Thema der Anerkennung erscheint hier dreifach: Einerseits beherrscht Ferhat Technik so gut, dass sie nicht „kaputt" geht, andererseits verfügt er über Wissen bezüglich medialer Handlungsoptionen, die der generalisierte, moderne Mensch ganz einfach benötigt und drittens relationiert sich sein Computerwissen bezüglich der Einnahme und Erfüllung einer Rolle der öffentlichen Sphäre.

Bezogen auf seine sich bisher andeutende PC-Könnerschaft zeigt sich weiterhin, dass er das Internet betont als ein Medium des Nicht-Lernens bezeichnet:

```
(109)
F: BRAUCHT man ja doch gar nicht lernen, also das ist ja nicht-
man muss ja nur die Adressen eingeben und meistens, wenn man
was wissen möchte, geht man bei Google rein oder irgendeiner
Serviceseite, wo man sich dann Sachen raussuchen kann. Ja. Also
da GAB es nicht viel zu lernen oder so. Was man GESUCHT hat,
hat man auch GEFUNDEN.
```

Auf diese Weise mischen sich in die sich bisher dokumentierende Orientierung erneut Aspekte einer Kompetenzinszenierung. Ein Merkmal, das im Zusammenhang mit dieser Kompetenzinszenierung virulent wird, ist die Ausprägung einer Art digitalen Spezialistenhabitus, sichtbar z. B. in Passagen zu möglichen Schwierigkeiten im Umgang mit digitalen Medien:

```
(119)
I: Gibt es manchmal etwas, das dir Probleme macht [wenn du-]
F: [WAS MICH FRÜHER] gestört hat, war diese (2), ja diese, die-
se Viren haben mich gestresst und so, und diese Spamdinger,
```

wenn ich nur mal eine Seite anklicke zum Beispiel, dass mir sofort TAUSEND Dinger ins Gesicht geschossen kommen, ja.

Den Interviewer unterbrechend wird deutlich, wie schnell und dringend Ferhat an die Frage nach möglichen Problem in seinem Medientechnikumgang anschließen will: Sofort fällt ihm etwas ein bzw. will er nicht darauf warten lassen, sich dazu zu äußern. Computerschwierigkeiten sind demnach ein Bereich, in den er sich als intensiv eingebunden erlebt und worüber er unbedingt berichten will. Sie bilden eine Sphäre bereits schon länger zurückliegender Erfahrungen, hat er sich schon „FRÜHER" immer wieder damit beschäftigt. Zunächst suggeriert das einsetzenden Relativpronomen, dass eine spezifische Situation oder ein Problem präsentiert werden wird, dass ihn „gestört" hat, was dann mittels Demonstrativpronomen weitergeführt wird, aber abbricht. Als positiver Gegenhorizont erscheint hier abermals, sich als souveräner und beherrschender Computernutzer zu entwerfen. Die Pause steht in eigentümlichen Gegensatz zum schnellen Einsatz seiner Antwort, was dokumentiert, dass er eigentlich beim Thema Computerprobleme mitreden *will* bzw. *kann*, dann aber doch Bedenkzeit benötigt. Erst dann erfolgt die Eingrenzung, wozu er eine eigentlich größere Anzahl digitaler Eindringlinge benennt, die ihn in psychische Anspannung versetzt haben und macht damit eine emotional hohe Involvierung deutlich; anstatt gelassen oder nüchtern zu bleiben und sich der Viren rational zu erwehren, geht es ihm um eine gewisse Dramatik des Geschehens.

Mit „diese Spamdinger" nennt er eine wiederum größere Anzahl von auftauchenden digitalen Erscheinungen, gegen die er sich wehren muss. Hierzu bringt er eine Art Kampfsemantik in Anschlag, durch welche sich erneut eine gewisse Dramatik dokumentiert: Das Internet erscheint in Analogie zu einem Kriegsschauplatz mit einer Vielzahl von Feinden. Hierzu hypostasiert Ferhat die Tätigkeit des Navigierens insoweit, dass eine kleine Aktion („eine Seite anklicke") eine vorgeblich riesige Wirkung hat, dass nämlich „sofort" der Angriff einer übermächtigen Masse an Spam („TAUSEND Dinger") folgt, und zwar frontal und an körperlich empfindlicher Stelle („Gesicht"). Seine Internetpraxis erscheint wie ein sich Hineinbegeben in und Agieren auf äußerst gefährlichem und bedrohlichem Terrain, in dem man jederzeit mit einem Höchstmaß an Attacken rechnen muss und auf dem es sich kampfesmutig zu *beweisen* und zu *verteidigen* gilt.

Während er sich hier nach Art eines digitalen Kämpfers positioniert, inszeniert er sich auch als Spezialist in Sachen Abwehr:

```
(120)
I: Was hast du denn dann gemacht, wenn so etwas kam?
F: Dann habe ich mir gleich, also ERSTES so habe ich mir so ein
Virusprogramm runtergeladen, von hier Dings- Microsoft, und, ja
seitdem läuft es SUPER. Also seitdem haben wir halt immer ein
Virusprogramm, und Schutz gegen manche Seiten, also ja, klar.
```

Auf dem Schauplatz des von ihm entworfenen digitalen Kampfszenarios schildert sich Ferhat als überaus souverän. Als Abwehrmaßnahme gegen die Übermacht an „Spamdingern" weiß er sich ohne zu Zögern zu helfen. Eine Präventionsmaßnahme zum Schutz seines PCs ist das sofortige Beschaffen eines entsprechenden Programms, dessen

Hersteller er gleich mit benennt. Deutlich wird darin Ferhats Beherrschungshabitus der Technik, die sich nach folgendem, dreischrittigem, Muster darstellt: maximale Bedrohung bzw. Angriff auf seinen Computer, versierter Einsatz von Computerwissen zum Zweck der Abwehr von Attacken, schließlich Wiederherstellung von Souveränität in Form des wiedererlangten Schutzes seines Computers und nachhaltige Sicherung gegen jede Art von Fremdeinwirkung. Diese Souveränität reproduziert sich auch im weiteren Fortgang:

```
(122)
I: Woher wusstest du denn da, wie man das macht? Also wie das
[geht?]
F: [Also] ich hatte früher einen Freund, der war Spezialist,
besser gesagt, der war so eine Art Hacker, der ist überall lo-
cker rein gekommen, und, ja von dem. Haben VIEL zusammen ge-
macht immer am PC. Haben zum Beispiel meinen Computer aufgerüs-
tet immer, mit einer neuen Festplatte, bisschen Computer schön
gemacht und so, damit der schneller wird. // I: Aha. // F: Dies
das. Haben zum Beispiel von einem Studenten einen alten PC ge-
kauft und haben den total aufgemotzt und jetzt ist der besser
als die neuen ((lacht)). Zum Beispiel jetzt, so durch IHN, weil
er hat sehr viel Ahnung davon.
```

Auf die Frage der Genese seiner Technikkompetenz schildert Ferhat das Vorhandensein einer freundschaftlichen Beziehung zu einem männlichen Computernutzer, dem er seine Fähigkeiten verdankt. Dass er ihn „früher" hatte, verweist wieder darauf, dass er sich bereits länger als souverän im PC-Umgang wähnt, indem seine Technikkompetenz biographisch bereits in der Vergangenheit erworben wurde und er diese als Habitus längst stabil verinnerlicht hat. Die befreundete Person, die Ferhat als Wissensquelle präsentiert, zeichnet sich dadurch aus, kein gewöhnlicher alltäglicher Computernutzer zu sein, sondern „Spezialist": Ferhat relationiert damit eigenes Wissen in Bezug zu einem exklusiven *Spezialwissen*, an dem er partizipiert hat und nun selber darüber verfügt. Deutlich wird dies daran, dass er seinen Freund als „Hacker" bezeichnet, also als jemanden, der formal in der Regel ein ausgewiesener IT-Profi ist und der sich durch überdurchschnittlich hohe Computerfähigkeiten auszeichnet, mithilfe derer er sich *Respekt* verschaffen kann (vgl. Nagenborg 2006); so steht das Computermedium im Kontext des Hackertums für ein Werkzeug und Symbol der *Macht*, ist der Hacker – auch in Ferhats Wahrnehmung – jemand, der eben „überall locker rein" kommen kann. Indem Ferhat eine intensive gemeinsame Computerpraxis mit ihm darstellt, präsentiert er sich als im Besitz eines mächtigen Computerfreundes, durch den er selbst zu entsprechendem Medienhandeln ermächtigt wurde. Dies bezieht sich nicht nur auf die Ebene des handlungspraktischen Umgangs mit dem Medium, sondern auch auf die des hardwarebezogenen Bastelns: In dieser Funktion schildert Ferhat das technische Eingreifen in die Computertechnik, bezüglich dessen er über Erfahrung verfügt. Der PC wurde „aufgerüstet", mit einer neuen Komponente ausgestattet und damit aufgewertet. Dass es dabei nicht um eine zweckfreie Handlung des Bastelns geht, sondern um eine statusbezogene Tätigkeit, die seine eigene Könnerschaft fokussiert, dokumentiert sich darin, dass Ferhat auf den Kauf eines alten PCs von einer Person mit formal höherem Bildungskapital verweist („Student"), dessen alte Technik er in der Lage war, soweit aufzuwerten („aufgemotzt"), dass sie solche Geräte, die sich auf neuestem Entwicklungsstand befinden, in punkto Leistungsfähigkeit sogar übertrifft. Es geht hier weniger darum, Technik lediglich zu reparieren oder wieder instand zu setzen, sondern ein symbolisches Ergebnis zu erzielen, was die eigene technikbezogene Souveränität besonders eindrucksvoll dokumentiert.

Ferhats Inszenierung eines digitalen Spezialistenhabitus zeigt sich auch in einer weiteren Textstelle, in der das Thema Virenabwehr verhandelt wird:

```
(245)
F: Das war dieses SARS-Virus glaube ich oder- // I: Aha. //
F: Also, da wo immer, äh, 59 Sekunden kamen. // I: Mhm. //
F: Immer so ein kleiner Block so, und dann stand da immer so
ein großes X und dann waren dann halt 59 Sekunden. Habe eine
Woche dran gearbeitet, bis ich die Scheiße runter hatte
((lacht)). Also, mhm- habe ich schon RICHTIG Probleme damit ge-
habt. // I: Und, hast es dann hinge[kriegt?] // F: [Ja ja]. Al-
so, hatte auch in der Woche kaum so Zeit so gehabt, und habe
dann halt so immer so eine Stunde daran gesessen. Und dann mal
wieder 10 Minuten, um mal zu gucken. Also ich habe erstmal so
zwei drei Stunden gebraucht, um herauszufinden, woran das
LIEGT. Dann habe ich erstmal gefunden, wo sich das rein gefres-
sen hat, dieses Scheißvirus. Und dann habe ich angefangen so
dagegen ein bisschen was zu tun.
```

Analog zur Passage zuvor wird auch hier der implizite Zusammenhang von *Kampf* und *Sieg* deutlich; so erforderte die Virenbereinigung seines PCs[165] für Ferhat die Investition aufwändiger Arbeit, welche zudem äußerst schwierig war, um überhaupt zur Wurzel des Problems vorzudringen; hierzu musste er sich ins Innere der PC-Architektur begeben, um herauszubekommen, wohin sich der Virus „reingefressen" hat. Ähnlich der oben interpretierten Textstelle kommt es auch hier zu einer Hypostasierung sowohl des technischen Problems als auch seiner Abwehrstrategie. Beides lässt sich als im Dienst einer nicht nur Kompetenz- sondern auch Machtinszenierung stehend interpretieren, indem Ferhat wiederholt eine eigenständige und kompetente Problemlösestrategie zur heroischen Verteidigung gegen einen mächtigen Feind darstellt.

Wie sich bereits oben andeutete, geht es Ferhat – neben einer auf die Ebene der *Bedienung* abzielenden technischen Könnerschaft – auch um den handlungspraktischen Aspekt im Umgang mit technischen *Geräten*:

```
(126)
I: Machst du das jetzt auch noch so, dass [du am PC bastelst?]
F: [Ab und zu], (2) ja also, ja klar, wenn ich jetzt irgendwie
einen, was weiß ich was PC bekomme, der zum Beispiel uralt ist
und was weiß ich, richtig LANGE braucht. Der gar nicht ins In-
ternet gehen würde. Dann schlachte ich den erstmal aus, und,
dann erstmal die alten Sachen RAUS, dann finanziere ich neue
```

---

[165] Hintergrund dieses Computervirus ist eine schwere Infektionskrankheit im Zeitraum von Anfang 2002 bis Mitte 2003 in China und anderen asiatischen Ländern. In der Folgezeit tauchte im Internet ein Wurm namens „Coronex-A" auf, der PC-Nutzer anhand unterschiedlicher Emails nähere Informationen zur SARS-Epidemie in Aussicht stellte. Beim Öffnen der infizierten Nachricht wurde der Wurm an alle Einträge im Outlook-Adressbuch versandt.

> Sachen und verkaufe den dann wieder für den doppelten Preis.
> Also- // I: Mhm // F: Also, wenn ich zum Beispiel einen alten
> Rechner kaufe für 200 und hole mir Festplatte für 100, dies
> das, und verkaufe den dann wiederum für 700, weil der aufgerüstet ist und nagelneu. Habe ich schon ganz schön Gewinn, 300
> Euro oder so. Lohnt sich dann.

Folgt man seiner Darstellung, ist es ihm im Prinzip möglich, einen beliebigen PC wieder soweit zu mobilisieren, dass dieser dadurch leistungsstärker und sogar internetfähig wird. Ähnlich wie Sercan (siehe weiter unten) beschreibt sich Ferhat als ausgewiesener Hardwareprofi. Die Technik des Gerätes erscheint hier wie eine Ansammlung technologischer Komponenten, die souverän „ausgeschlachtet" und durch aktive Eingriffe modifiziert werden. Dabei wird diese Praxis auch zu einer wirtschaftlich attraktiven Angelegenheit, denn er erzielt mit dem Resultat „den doppelten Preis". Darin sind zwei Aspekte wesentlich: Zum einen, dass Ferhat sich als technisch versiert erlebt, und zwar in einem Bereich, der sein eigenes Vermögen substantiell und greifbar präsentiert – dem Basteln. Zum anderen, dass er dies mit kommerziellem Erfolg verbindet und sich dadurch als erfolgreich Handelnder in der öffentlichen Sphäre wahrnimmt, innerhalb der er das Empfinden von Prestige herausstellt, das er auf seine Person bzw. seine Kompetenz rückbezieht. Beides steht im Kontext einer umfassenden Status- und Anerkennungsorientierung. In deren Zentrum steht die Wahrnehmung, über Erfolge Anerkennung zu finden und sich diesbezüglich in Szene zu setzen.

Ein solches Erfolgsstreben, das Ferhat erneut mit der eigenständigen Akkumulation von ökonomischem Kapital verbindet, zeigt sich weiter am Beispiel von Ebay, das von Ferhat genutzt wird, um z. B. mit Kampfsportartikeln zu handeln:

> (389)
> F: Ja KLAR Ebay, öfters ((lacht)). // I: Mhm. // F: Ich verkaufe auch Sachen da. // I: Was denn so? // F: Alles Mögliche.
> Katana, weißt du was das ist? // I: Nein. // F: Ninjaschwerter.
> // I: Ach so // F: Hatte ich drei Stück gekauft, damals, also
> Originale, richtig scharf und so, habe ich für 900 verkauft,
> aber ich habe die selber für 300 damals gekauft. Noch Mark und
> habe sie für 900 Euro verkauft. Und ja, solche Sachen, alte
> Schuhe zum Beispiel. Ich meine wegschmeißen okay, aber 20 Euro
> für alte Schuhe zu bekommen, das ist ja ordentlich.

Wie schon zuvor beschreibt sich Ferhat als erfolgreicher Geschäftemacher, der sich auf exklusivem Feld bewegt (wenngleich die immanente Geltung des in seinem Online-Handel mit „Katanas" erzielten Gewinns hier nicht überprüft werden kann – immerhin eine Wertsteigerung von 600%). Worum es seiner Darstellung geht, lässt sich dahingehend verdichten, dass er sich als erfolgreich und selbstwirksam präsentiert, im Feld der Medien Kapital schlagen zu können bzw. geschlagen zu haben. Darin scheint ein Kontrast zu Andreas auf (vgl. Abschnitt 6.1.2), welcher ebenfalls über recht umfangreiche Ebay-Aktivitäten berichtet; anders als Ferhat thematisiert Andreas diese Praxis als eher formales Geschehen zur unspektakulären Veräußerung von Gebrauchsgegenständen.

Ein damit in Verbindung stehendes Motiv der sozialen In-Wert-Setzung der eigenen Medienerfahrung scheint in einer Passage zur Praxis des Bildbearbeitens auf; Ferhat entwirft sich hier als *Versorger* und *Ermöglicher*, von dessen Expertise die Peergroup profitiert:

```
(169)
F: Also so ich designe kleine Fotos, für Fotoalben zum Bei-
spiel. Zum Beispiel wenn wir eine Privatparty hatten, und wir
haben Fotos geschossen, dann mache ich halt ein Album draus,
oder so was halt. Das ist schon GUT so, zum Sachen designen zum
Beispiel so, ja, alles Mögliche. // I: Mhm // F: So, als wir
gefeiert haben, hat wer einfach so paar Schnappschüsse gemacht.
Dann probieren wir die so bisschen auszuschmücken so mit Hin-
tergrund, Umrahmung und so. Dann verteilen wir sie an Freunde
und so. // I: Mhm // F: Die dabei waren, also damit die AUCH
was davon haben.
```

Anders als Carola (vgl. Abschnitt 6.1.3), die ebenfalls die Nutzung von Digitalfotografien herausstellt und sich dieser als symbolische Form des Selbstausdrucks bedient, orientiert sich Ferhat daran, inwiefern die Gestaltung eines Medienprodukts vor dem Hintergrund souveränen Könnens sozial resoniert; symbolisch geht es auch hier um die Praxis des Aufwertens von Produkten (einfache Gelegenheitsfotografien werden „designt"), die von Ferhat in Verbindung gebracht wird mit deren Weitergabe und einer entsprechenden Außenwirkung.

In Weiterführung dieser Wirkungsbetonung zeigt sich, wie Ferhats digitaler bzw. technikbezogener Habitus auch Aspekte von Überlegenheit impliziert. So betont er z. B., inwiefern er selbst über eine exzellente Medienausstattung verfügt („ich habe ja nicht nur eine, nee, ich hab drei Digitalkameras ((lacht)), so halt eine zum Fotos machen, eine zum Drehen so, die hat halt acht Megapixel, das ist schon ganz ordentlich", 176). Vergegenwärtigt man sich, dass zum Zeitpunkt des Interviews die durchschnittliche Bildauflösung bei Digitalkameras bei 3-4 Megapixeln lag, wird ersichtlich, inwiefern Ferhat hier den Besitz eines qualitativ weit über dem Standard liegenden Produkts anzeigt.

In den Kontext einer solchen Präsentation eigenen medientechnischen Besitzes fällt auch seine symbolische Abwertung öffentlicher Medienorte; so erklärt er z. B., die Technik im Internetcafe sei minderwertig und er habe es nicht nötig, sich eine Sphäre herabzulassen, die aus seiner Sicht beschränkt und verletzend zugleich ist:

```
(235)
F: Ich meine, warum soll ich ins Internetcafé gehen, wenn ich-
Ins Internetcafé gehen, also, die PCs zum Beispiel, gibt ja
auch meistens DA Probleme, weil irgendwie was mit dem Anschluss
nicht in Ordnung ist und so, und man dann mal Probleme hat mit
den anderen zu spielen oder über das Internet, der hakt dann
meistens, im Internetcafé, weil der nicht so GUT ist, halt so
BILLIGE Rechner meistens, und bei mir zu Hause ist ja auch mei-
ne eigene Tastatur, alles für mich eingestellt also, alles und
so. Deswegen ist es für mich bequemer erstens, ja dann spare
ich auch noch Geld dabei, ja, und es ist auch ruhiger für mich,
weil da wird ja meistens geraucht, und das stört mich voll,
weil meine Augen dann sofort tränen und so, wenn ich da raus
```

komme, so mit knallroten Augen und so, das GEFÄLLT mir NICHT sonderlich. ((lacht))

Umso deutlicher hier die alteritäre Medientechnik von Ferhat degradiert wird, umso hochwertiger erscheint seine eigene, von ihm selbst arrangierte private. Gegenüber dem Internetcafe ist seine häusliche Medienumgebung nicht nur luxuriöser, sondern auch an ihn angepasst und bietet das Erleben von Exklusivität und Bequemlichkeit. Darüber hinaus macht er deutlich, sich – im Gegensatz zu vielen anderen Besuchern des Internetcafes – auch nicht gesundheitsschädlich zu verhalten. Sich dem Qualm der anderen auszusetzen, erlebt er als Beschädigung seines körperlichen Ansehens, das er dann öffentlich, beim Verlassen des Internetcafes in Gefahr sieht. Selbiges erscheint damit für Ferhat als ein in jeder Beziehung verächtlicher, würdeloser Raum, seiner Person und seinen Ansprüchen nicht angemessen. Erkennbar wird daran, wie Ferhat sich exponiert, sodass erneut sein Status – materiell und symbolisch – zur Geltung kommt.

Diese (technikbezogene) Herausstellung einer eigenen Überlegenheit dokumentiert sich auch dergestalt, dass sich Ferhat über geltende, ihm bewusste Konventionen im Zusammenhang mit Fragen der Mediennutzung hinwegsetzt. Hierzu schildert er zwei Arten von Grenzübertretungen: Bezüglich seiner schulischen Nutzung etwa beschreibt er seine Internetnutzung zunächst wie eine Art Spiel, in welchem er mühelos Anforderungen umgeht:

(145)
F: Wenn wir zum Beispiel einen Aufsatz haben, dann, naja, wir haben ein Buch gelesen und ich habe nicht mitgelesen zum Beispiel ((lacht)), dann lade ich mir einfach die Zusammen-, äh, hier (3) // I: Zusammenfassung? // F: Die gesamte Zusammenfassung runter, und, ja. Lese ich mir zwei-dreimal durch und schon hab ich den ganzen Text drauf ((lacht)).
I: Machst du das häufiger mal [so für die Schule?].
F: [Ja für] Aufsätze schon. Das finde ich besser als das ganze Buch durchzuackern ((lacht)), wenn ich die wichtigen Sachen DA kriegen kann.

Seine eigene Geltung bzw. Erhabenheit bemisst sich hier daran, inwiefern Ferhat genau weiß, im Unterricht nicht „mitgelesen" zu haben, was ihn belustigt und worin sich ein abschätzige Konnotierung des Unterrichts andeutet. Die durch seine Nicht-Aufmerksamkeit entstandene Lücke ist er sich sicher, durch Herunterladen und „zwei-dreimal" Durchlesen einer „Zusammenfassung" nachträglich und mit wenig kognitivem Aufwand schließen zu können. Hiermit macht er deutlich, inwiefern er der schulischen Rationalität mit einiger Arroganz gegenübersteht und auf der Basis einer Grandiositätsvorstellung gegenüber dem „durchackern" eine scheinbare Leichtigkeit des (Nach-)Lernens in Opposition bringt, die ihm aufgrund seiner technischen Fähigkeiten selbstverständlich erscheint. Ihm ist klar, dass seine Handlungspraxis eine institutionell vorgegebene Relevanz („Buchlesen") unterläuft; im Kontrast entwirft er sich als Triumphator über eine schulische Praxis, in der sich aus seiner Sicht mit eigentlich Unwichtigem aufgehalten wird, wo er doch „die wichtigen Sachen DA", sprich online, findet. Insofern wird hier die sich bislang abzeichnende Orientierung um eine Dominanz über das schulische Geschehen erweitert.

Dieser Selbstzuschreibung eines Status der Dominanz entspricht, dass Ferhat seine Internetpraxis bewusst als temporäre Gesetzesübertretung artikuliert und ohne zu Zögern darüber informiert:

```
(150)
I: Mhm. Und sonst so im Internet? Was sind das noch so für
Sachen zum Beispiel?
F: Ja (2) Logos, Musiktöne, dies das. Es gibt ja auch diese
illegalen Sachen, zum Beispiel wie Kazaa. // I: Ja. // F: Na
ja, da lädt man sich auch schon öfters was runter ((lacht)) //
I: Ja? // F: Ja klar ((lacht)). Ich meine, warum soll ich da
50 Cent, 1 Euro ausgeben für ein- pro Lied, wenn ich das da
UMSONST kriege. // I: Mhm. // F: Ich meine, da erwischen tun
sie eh nur selten einen und WENN dann zahle ich halt die Strafe
von 50 Euro, SO VIELE Lieder wie ich da schon runtergeladen ha-
be, das ist es allemal wert ((lacht))
```

Deutlich wird, dass es Ferhat gerade nicht darum geht, seine Praxis des illegalen Downloads etwa zu rationalisieren, sondern sie als Dokument eines Beherrschungshabitus viel eher zu *idealisieren*. Dass es ihm erneut darum geht, sich als kompetent und überlegen zugleich zu positionieren und auf diese Weise seinen eigenen Status zu akzentuieren, verdeutlicht sich weiter darin, dass er sich über einen aus seiner Sicht inkompetenten Nutzer amüsiert: Diesen zum Opfer seines Nichtwissens erklärend reproduziert sich Ferhats materieller und symbolischer Distinktionsgewinn:

```
(161)
F: Ich habe nur so einmal GEHÖRT, dass da so-, also es gibt ja
auch Morpheus, es gibt ja verschiedene solche Sachen, wo man
herunterladen kann und Morpheus hat- irgendwie wenn man sich
NEU da registriert, muss man irgendwie Geld bezahlen. Und DER
hat- der WUSSTE das nicht, weil es früher ja umsonst war und
hat sich da über 100 Lieder runtergeladen und dann kam einen
Monat später die Rechnung von 140 Euro, also, war wahrschein-
lich nicht gerade angenehm ((lacht)).
```

Als verbindendes Element der beiden Episoden (Umgang mit schulischen Anforderungen und illegaler Download) lässt sich hier festhalten, dass es aus Sicht von Ferhat um ein selektives Außer-Kraft-Setzen geltender Regeln geht, das ihm auch selber bewusst sind und das er als Ausweis eigener Souveränität begreift. Beides ist Dokument seiner Orientierung im Umgang mit digitalen Medien: Computerwissen und Computerhandeln stehen in enger Wechselwirkung mit Fragen der Positionierung im sozialen Raum bzw. der eigenen Geltung und Überlegenheit, anhand dessen sich vermittelt, Anerkennung und Respekt in Bezug auf andere verschafft zu haben bzw. verschaffen zu können.

Auch auf anderen Gebieten seiner Mediennutzung präsentiert sich Ferhat als Teilhaber einer Praxis, die er als erfolgsorientiert und souverän zugleich vermittelt. So beschreibt er, ähnlich wie Sercan (siehe unten), seine Chatpraxis als Handlungsfeld, das Aspekte von Bemächtigung und Status impliziert:

(66)
F: Ja auch, aber meistens mit WEIBERN ((lacht)). // I: Mhm. //
F: Ja, also so AUCH so, andererseits macht es auch Spaß. Das
ist auch richtig gut so, weil dann spart man wenigstens ein
bisschen Geld, weil immer diese SMS-Schreiberei und so, die
geht schon ganz schön an die Kasse. // I: Mhm, also SMS auch?
// F: Ja, schon. (2) Bisschen zu teuer ((lacht)), also wenn man
sich fast jeden Tag ein neues Guthaben kaufen muss, dann geht
es langsam in die Kasse bisschen.
I: Mhm. Und wie ist das mit dem Chatten so? Könntest du das
noch einmal genauer erzählen?
F: Ja, also wenn mir langweilig ist so, geh ich- auf jeden Fall
gehe ich JEDEN Tag einmal so mindestens fünf Minuten rein, in
diesen Chat. Das ist ein großer Chatroom, bundesweit, also in
ganz Deutschland, und dann kann man sich also da anmelden, kostenlos, Vorraussetzung ist, dass man eine F-Mailadresse hat und
dass man seine Adresse und dies das, persönliche Daten angibt,
falls da irgendwie Probleme entstehen, falls man bisschen Probleme macht, dass die einen auch darauf hinweisen können und so.
Ja, halt dann gibt man einen Nickname ein, das ist ein Künstlername für einen. Ja, und dann muss man einfach nur ein Profil
erstellen von sich selber, wie man sich den Partner vorstellt,
was man für Hobbies hat, wie groß man ist, Gewicht, dies das
und ja, dann kann man Fotos rein- also hochladen, wenn man welche auf dem Computer hat. Ja [und dann-]. // I: Hast du [welche
von dir-] // F: [Ja, klar HABE] ich. Und, ja, dann kann man mit
Mädchen chatten. (2) Wenn man will, meistens, oder so mit
Freunden, also die man schon kennt, persönlich kennt.
I: Was ist denn das für ein Chatroom? Ist das ein bestimmter?
Weil [es gibt im-]
F: [Das ist so] ein-, das heißt myflirt, der Chatroom heißt
myflirt. Und, ja, da kann man neue Leute kennen lernen halt, so
als Partnerbörse so. So was.
I: Und wieso gehst du ausgerechnet da rein? Weil es gibt ja
[wahrscheinlich-]
F: [MACHT SPASS], also das ist schon interessant so, mal so
Leute kennen zu lernen.
I: Mhm. Hast du [schon einmal]?
F: [Viele Leute]. Klar, meine FREUNDIN ist aus-, habe ich von
DA rausge- ((lacht)) also, kennen gelernt. Die läuft schon seit
sechs Monaten mit mir, also die hab ich da kennen gelernt. //
I: Aha. Mhm, also auch aus B. dann, [ja klar]. // F: [Ja klar],
nicht aus Schweiz oder so ((lacht)).

Ferhat verdeutlicht, inwiefern die Chatkommunikation für ihn vorrangig eine Frage von ökonomischem Kosten-Nutzen-Kalkül ist. Den Kontakt zu „Weibern" erklärt er zu einer eigentlich kostspieligen Angelegenheit – dass man ihn praktiziert, erfolgt in Abgleich damit, was man aus der „Kasse" herauszuholen bereit ist. Der Geschlechterkontakt ist hier etwas, *das* einiges kostet und der Chat deshalb vorteilhaft, auch gegenüber der SMS-Kommunikation, dass er finanzielle Entlastung bringt. Kontakte zu *haben* bzw. zu *halten* assoziiert insofern eine Statusangelegenheit – es ist eine materiale Frage. Vor allem wird die Strategie des Beziehungsaufbaus hier als vom Mann *abhängig* erklärt: Von seiner eigenen Haltung der finanziellen Noblesse, seiner gefühlsmäßigen Indifferenz und seiner zur Verfügung gestellten Zeit. Deutlich über alle drei Dimensionen wird: Mann *leistet* sich offenkundig eine Freundin, die Verfügung über eine solche gehört augrenscheinlich zum guten Ton und ist der eigenen Position angemessen. Sie ist Prestigeobjekt, auf das er als Agens nach Belieben zugreifen kann. Die Chatcommunity erscheint in Form eines Selbstbedienungsladens, aus dem man sich eine Person des anderen Geschlechts „raus" holt, die dann mit einem „läuft". Abgesehen davon, dass dies gratis ist, wähnt sich Ferhat in einem doch vermeintlich exklusiven Club, bei dessen Mitgliedschaft man die „persönlichen Daten" offenlegt, und zwar für den Fall, dass „irgendwelche Probleme" entstehen, anders formuliert, sich jemand nicht an die Clubregeln hält und in diesem Fall von den Betreibern ermahnt werden kann. Einmal Mitglied geworden wird es „einfach" – man bedient sich der Selbstpräsentation und -darstellung, die neben der Klärung körperlicher Attribute wie Körpergröße und Gewicht auch eine Fotografie im Sinne einer Validierungsmöglichkeit enthält (vgl. Burda/Helfferich 2006: 155). Zusammenfassend formuliert: Chatkommunikation zur Anbahnung heterosexueller Beziehungen ist ein Betätigungsfeld, auf dem souverän und präsent agiert wird; sie dokumentiert den eigenen Status als Mann, sich dieser Kommunikationsform selbstverständlich bedienen zu wissen und sich ein prestigeträchtiges Objekt – die Freundin – besorgen zu können.

Angelehnt an statusanzeigende Merkmale von Erfolg, Vermögen und Können antizipiert Ferhat schließlich auch seine medienbezogene Zukunft. Zunächst scheint ihm die Relevanz von Computerkenntnissen dahingehend relevant, inwiefern es gelingen kann, vor einer ranghöheren Person nicht als jemand zu erscheinen, dem es an nötigen Fähigkeiten mangelt:

```
(409)
I: Wie wichtig ist das für dich für später, für dein späteres
Leben? Hast du da eine Idee?
F: Das ist glaube ich schon wichtig. Dass man schon bisschen
Erfahrung damit hat, mit Computern. Nicht dass man jetzt ir-
gendwie vor dem Chef dasitzt und nicht weiß, wie man mit einem
Computer umgehen soll. Das ist schon wichtig, glaube ich mal.
Dass kann auch helfen und so.
```

Sich als Person beschreibend, die aufgrund eigener Erfahrung ein Wissen darüber besitzt, welche computervermittelten Tätigkeiten sich im Kontext eines Autoritätsgefüges ausführen lassen, äußert er eine relativ feststehende Berufsperspektive, die den Willen zur Aufstiegsmobilität impliziert: Er will, so führt er aus, sein „Fachabi versuchen, oder, vielleicht richtiges Abi und dann will ich Versicherungsfachmann werden, also bei meinem Vater in der Firma einsteigen" (411). Sich hier die Anwendung von Computerkenntnissen vorstellend deutet Ferhat diese als Vehikel, das unmittelbar mit der Aufrechterhaltung der wirtschaftlichen Prosperität des Familienbetriebes verknüpft ist („sehr wichtig, weil man ja die ganzen Kunden anschreiben muss, dies das", 412), wobei er vor allem auf eine souveräne Arbeitsorganisation abstellt („also wenn man nicht weiß wie das geht, dann hat man einen Haufen Arbeit. Aber manchmal kann man sich einfach durch kürzere Wege Sachen sparen", 413). Auch einen diesbezüglichen Kompetenzerwerb stellt Ferhat in einen direkten Zusammenhang mit der beruflich erfolgreichen Sphäre des elterlichen Betriebes. Als Quasi-Assistent Vaters („ich mache einfach weiter in meines Vaters Betrieb mit und helfe", 415) stellt sich Ferhat vor, durch direkte Mithilfe an den anfallenden Tätigkeiten zu einem Beherrscher selbiger zu werden: „Also, einfach da Sachen mit ausfüllen zum Beispiel Versicherungen, Kfz-Versicherungen ausfüllen, gucken dies das und so. Solche Sachen halt. Früh anfangen, damit ich es später beherrsche" (416). Vor allem letzteres erinnert an eine Haltung des kontinuierlichen an sich selbst Arbeitens, die zu einer Art späteren Meisterschaft führt. Nicht zuletzt weist seine Darstellung eine Parallele zum Beginn des Interviews – seiner Medienbiographie – auf: Hier wie dort kommt Ferhats Selbstpositionierung zum Ausdruck, Angehöriger einer familiären Kapitalsphäre zu sein, aus der man im Prinzip selbstverständlich und ohne größere Mühe als *kompetent* hervorgeht.

Damit dokumentiert sich erneut Ferhats Habitus, das Verfügen *über* und die Verwendung *von* Medientechnologien in einen Kontext von Status, Ansehen und Prestige zu bringen. Schließlich bearbeitet er auch die Frage nach weiteren computerbezogenen Interessen entlang eines Geltungsbewusstseins:

```
(417)
I: Gibt es denn Sachen am Computer, die du gerne noch lernen
würdest? Die dich noch besonders interessieren?
F: Ja, halt dieses Webdesign so. So Homepage erstellen und so
was. Habe ich mal jetzt angefangen mit, mit einem Freund zusam-
men. Ich HATTE mal eine und dar war also so ein Link zu meinem
alten Kickboxverein, die haben auch so eine Homepage, und dar
war einfach ein Link so als ich Berliner Meister geworden war,
so wo sie sich FOTOS anschauen konnten und so, von unserer Sie-
gesfeier und so was ((lacht)). Ja und die Vorgeschichte, wann
ich angefangen habe und so, ein kleiner Lebenslauf von mir und
so was, mit Bild.
```

Das Interesse an „Webdesign" erklärt Ferhat aus dem *Effekt* einer medialen Darstellung, von dem er hofft, dass er auf den Betrachter ausgeht. Deutlich machend, dass die Erstellung einer Webseite kein neues Terrain darstellt, auf das er sich später einmal begeben möchte (er „HATTE" bereits eine), arbeitet er sich weniger an der Art und Weise der Gestaltung dieses Medienproduktes ab, vielmehr an dessen Funktion zur Präsentation seiner eigenen Person. So erlaubte die frühere Seite zunächst den Nachvollzug seiner Einbindung in einen Kampfsportverein, der seinerseits über ein Internetangebot verfügt, welches als Plattform fungierte, von der aus sich der Nutzer ein Bild von seinem sportlichen Erfolg machen konnte. Dabei schildert Ferhat sich selbst als „Meister", der auch als solcher wahrgenommen werden will, wobei er seinen sportlichen Werdegang bereits an einer anderen Stelle als erfolgreich dargestellt hatte („ich habe früher Kickboxen gemacht. Ja. Ich habe viel DAMIT zu tun gehabt früher, hatte auch kaum Zeit so, weil ich habe auch- war auch ein bisschen so leicht professionell. Habe auch Teil- also Wettkämpfe bestritten, wurde einmal Berliner Meister im Jahrgang 2002, und einmal deutscher Vizemeister", 217). Die mit den Möglichkeiten einer Homepage verbundene Visualität ist Ferhat besonders wichtig, weil sie für ihn mit dem Effekt gekoppelt ist, umfassend gewürdigt zu werden; zumal erhalte der Betrachter tieferen Einblick als lediglich in das reine Datum seines sportlichen Erfolges, sondern bekommt Zugang zu Ferhats biographischem Werdegang und kann sich z. B. über den Beginn seiner sportlichen Betätigung informieren. Diese von Ferhat hervorgehobenen Aspekte markieren zugleich erneut wichtige Komponente seines positiven Gegenhorizontes, Medientechnologie zum Zweck der Vermittlung eigenen Erfolges bzw. eigenen Prestiges anzusehen. Dabei interessiert ihn ganz offensichtlich viel weniger der *Prozess* des Erstellens einer Webseite als solcher – also das Programmiergeschehen bzw. der digitale Transformationsprozess – sondern viel mehr das *Resultat* in Form eines Besitzes einer digitalen Möglichkeit des Selbstmarketings. Es geht ihm um die Präsenz und die Wahrnehmbarkeit der eigenen Person („das ist schon krass, wenn man so eine EIGENE Homepage hat so bisschen", 421), die er zudem selbstbewusst und erfolgsorientiert antizipiert: Der Besitz einer eigenen Webseite *ist* sein erklärtes Ziel: „Ja KLAR, ich überlege so, ob ich mir jetzt demnächst eine so anschaffe" (424). Insofern bettet er auch hier die Verwendungsmöglichkeiten von Medien in eine statusanzeigende, darstellungsbetonte und auf soziale Anerkennung gerichtete Selbstinszenierung ein.

In einem ähnlichen Modus wie Ferhat stellt auch <u>Yüksel</u> seine Mediennutzung dar. Yüksel ist 15 Jahre alt, seine Eltern stammen aus einer Stadt am schwarzen Meer, er hat vier Geschwister, von denen zwei bereits verheiratet sind. Sein Vater ist von Beruf Reisebusfahrer, seine Mutter Verkäuferin. Zu Beginn des Interviews wirkt Yüksel ein wenig zurückhaltend, fast unsicher; er hat etwas Förmliches an sich und ist auch der einzige Interviewpartner, der mich durchgehend siezte. Insgesamt geht er sehr bereitwillig und offen auf die Fragen ein, bliebt aber zugleich, auch durch das Anbehalten seiner Winterjacke, auf Distanz. Am Ende unseres Gespräches möchte er über den weiteren Fortgang informiert werden („was machen Sie jetzt damit? Also sie haben es ja jetzt aufgenommen", 380); noch während ich erkläre, dass das Interview zunächst transkribiert wird, ist Yüksel vorrangig an der Verwendung interessiert („kommt das zum Beispiel in eine Zeitschrift oder so, Zeitung?" 384). Meine Erläuterung, die Ergebnisse in einer Forschungsarbeit zu veröffentlichen kommentiert er mit „ah GUT". Als seine Hobbies nennt Yüksel „Computerspiele", „Fußball" und „Spazierengehen". Yüksel nimmt aktiv am islamischen Gemeindeleben im Stadtbezirk teil, einmal die Woche besucht er die Moschee.

Mehrfach betont er seine Herkunft („ich bin hier geboren, aber sonst bin ich eigentlich, Türke" 12), die sich auch in einer starken Verbundenheit zu Geschehnissen in der Türkei ausdrückt; z. B. stellt er heraus, bezüglich der Vorkommnisse in einem türkischen Fußballverein auf allerneustem Stand zu sein („bei Galatasaray so geh ich immer so. Also lese immer dieses neue da, also ob neue Transfers gibt, ob die neuen Spieler, was halt so passiert (3) Was die so die Zukunft von denen ist und so. Da lese ich halt immer die neuesten Sachen", 76). Geht es ihm einerseits darum, vermittels der Nutzung medialer Optionen in Sportgeschehnisse nicht nur involviert, sondern vor allem mit brandaktuellen Informationen ausgestattet zu sein, präsentiert er sich auch selbst als Träger eines sportlich-körperbezogenen Habitus („so Freizeit spiele ich SCHON sehr oft Fußball. So Wochenende, manchmal auch in der Woche. Spiele schon sehr oft Fußball", 68); auch kennzeichnet er körperliche Fitness als eine Grundkonstante in seinem Leben („also Sport BRAUCHT man ja im Leben, damit man in Form ist", 112).

Erste Elemente seines Orientierungsrahmens lassen sich da auffinden, wo Yüksel, gleich nach der Begrüßung, davon berichtet, (noch) keinen deutschen Pass zu besitzen:

Im Modus einer offenkundigen Statusunsicherheit schildert er daraufhin, dass er seine eigene Zukunft in Deutschland davon abhängig sieht, inwiefern es ihm gelingt, innerhalb der Gesellschaft einen Platz zu finden:

```
(18)
Y: Ich weiß nicht. Also wenn ich hier ne Arbeit finde, Ausbil-
dung, kann ich auch hier bleiben. Also, vielleicht ich will
Feuerwehrmann werden, aber, wenn man hier also keine Arbeit
mehr findet, dann fliege ich vielleicht wieder in die Türkei
und bleibe vielleicht für immer dort. Also, das kann ja AUCH
passieren, ja. Aber eigentlich gerne, ich will auch schon hier
bleiben. // I: Willst lieber hier bleiben- // Y: Ja, weil ich
mich schon hier dran GEWÖHNT habe, so hier die Gegend und so,
sind ja auch alle meine Freunde hier (2)
```

Keine weiterführende Beschäftigung finden wäre die Alternative, Deutschland ein für alle Mal den Rücken zu kehren – sie mutet fatalistisch an, denn eigentlich ist es sein erklärter Wille, zu bleiben. Aufgeworfen sind damit Themen, die für Yüksel von Bedeutung sind und das weitere Interview prägen, und zwar eine Auseinandersetzung mit einer drohenden Marginalisierung und ein Ringen um eine soziale Positionierung. Ein Dokument dieser Orientierung ist z. B., dass er trotz des Nichtvorhandenseins eines häuslichen Internetanschluss betont, ständig Zugang zum Netz zu finden: „*I: Habt ihr Internet zuhause?* F: Nein, leider (1), aber ich gehe SEHR OFT rein bei meinem FREUND, also, DER hat Internet, oder Internetcafe" (35). Auch weiter macht er deutlich, wie er ein vermeintliches Abgeschnittensein von Medienoptionen durch das Verfügen über Sozialkapital überbrücken kann:

```
(94)
Y: Also wenn ich Internet zu HAUSE hätte, würde ich auch viele
Sachen machen im Internet. Also machen wir auch vielleicht bald
zu Hause, Internet. // I: Holt ihr Euch dann? // Y: Ja, mein
Vater sagt also „mach dir wenn du willst", aber ich weiß noch
nicht ob ich dann DSL mache oder, ich mache vielleicht auch ne
Flatrate. Das hat auch mein Freund, das ist GUT eigentlich,
kann man ja so OFT reingehen will. Also, die laden auch runter
meine Freunde. Und das gibt's ja auch, Runterladen und so,
aber, ja (2) // I: Mhm // Y: Also ich, wenn ich zu meinem
Freund gehe mache ich das. Weil ich sage dann „lade mal zum
Beispiel ein Lied runter was neu rausgekommen ist, was ich mag"
und so. Dann macht er das halt.
```

Gleichwohl sie derzeit unvollständig ist, wähnt Yüksel bereits, wie er sich eine technische Medienumgebung „machen" würde, die mindestens der des Freundes entspräche. Anders gesprochen geht es ihm darum, die Fähigkeit zu signalisieren, eine faktische Handlungsbeschränkung durch eigene Handlungsmacht und die Betonung sozialer Anerkennungsbezüge überwinden zu können; er zeigt an, Anschluss an eine medienbezogene Handlungsarena finden zu *wollen* und bereits gefunden zu *haben*. Diese Orientierung zeigt sich auch in der Darstellung seiner biographischen Verankerung seiner Computermedienpraxis:

(37)
Y: Ähm, also, also viele Freunde von mir HATTEN ja schon einen
PC, und hat Spaß gemacht da also zu spielen und so halt. Äh,
und (2) danach habe ich zu meinem Vater gesagt, also hier „ich
brauche einen PC, für Schule und so". Hat er mir eins gekauft,
und dann hab ich, und also, Spiele und so, ich spiele Spiele
drauf. Für Schule auch ab und zu mal. Brauche ich auch mal den
PC. So, deswegen, wegen meinen Freunden eigentlich, die hatten
auch alle schon PC. Wollte ich einfach AUCH eins haben. Und
wollte ich also so lernen wie das so IST, mit PC umzugehen und
so. Macht Spaß, also gefällt mir gut. Ja.

Geschildert wird ein Szenario, in dem Yüksel die überwiegende Mehrzahl der Freunde – anders als sich selbst – bereits persönlich besitzend beschreibt; sie „HATTEN" diese Technik bereits und er partizipierte daran, zunächst im Modus einer rein spaß- bzw.- spielbezogenen Nutzung. Hier zeigt sich eine offensichtliche Mangelsituation, zunächst nämlich nur teilnehmend, nicht aber computer*besitzend* zu sein; es ist ein im Vergleich zu dem für ihn zentralen Referenzrahmen – seiner peergroup – also zeitlich verspätet einsetzender Kontakt zur Welt der Computer. Allerdings gelingt es Yüksel scheinbar mühelos und souverän, den Anschluss herzustellen und damit den Zustand der Exklusion zu überbrücken, denn er schildert eine einfache, knappe Aufforderung an seinen Vater, der dieser offenbar sofort nachkam. Es ist eine Erfahrung, unter Anrufung familiärer Ressourcen einen Statusunterschied zu überbrücken und zu der bisher nur in Form passiver Teilhabe erlebten Handlungspraxis aufzuschließen um selbst aktiv bzw. inkludiert sein zu können. Deutlich wird auch, wie es Yüksel gelingt, seine familiären Ressourcen im eigenen Sinne zu nutzen, denn er wirbt für die Anschaffung eines PCs mit zweckrationalen, weil schulbezogenen Nutzungsformen, die seinem Vater eine vermeintlich lernbezogene Verwendung dieses neu anzuschaffenden Gerätes suggerieren. Insofern vermittelt die Passage, wie es Yüksel gelang, sich im eigenen Interesse und zum Erringen von Anerkennung durchzusetzen.

Eine damit verbundene Demonstration von Teilhabefähigkeit zeigt sich weiter, als Yüksel, angesprochen auf seine allgemeinen Medieninteressen, sich selbst in einem breiten Themenspektrum verortet:

(308)
Y: Also, so Filme, also ich interessiere mich sehr für Filme,
ich habe schon SEHR viele Filme angesehen. Also was ich am
meisten gucke im Fernseher ist auch über PCs und so, wenn, also
manchmal gibt's ja auch so Dokumentfilme, über PCs oder über
Internet, das guck ich mir auch immer an. Also wenn ich, also
es ist auch Zufall, wenn ich aufmache und dann gibt's das, dann
gucke ich mir das an.
I: *Und wie ist das so mit Lesen?*
Y: Ja, also wenn ich zum Beispiel ein Zeitung mal in der Hand
habe und da steht zum Beispiel was über PCS was, dann les ich
mir. Also lese ich es immer vor. Auch wo anders, Zeitschriften
oder so, wenn da was steht, dann kauf ich mir manchmal, wenn es
interessant ist.
I: *Und liest du auch Sachen die nichts mit PC zu tun haben?*
Y: Ja, ja. Also wie gesagt so über Sport, Nachrichten, das neu-

este Thema immer. Oder mich interessiert auch immer was so, Astronomie interessiert mich sehr oft. Also Astronomie mag ich auch. Und was auch in der alten Zeit passiert ist. Zum Beispiel erste Weltkrieg oder in der Türkei in die Kriege, also was Atatürk für Kriege gemacht hat. Also das lese ich auch. Oder noch ältere Zeiten.

Vermittels eines ostentativen Hinweises auf die prominente Stellung des Computers im Ensemble seiner Medieninteressen kommt es hier zur Selbstzuschreibung der Akkumulation von computerbezogener Medienerfahrung; Yüksel transportiert ein Selbstbild, akteursmäßiger Teilhaber einer Medienszenerie zu sein, in der das Thema Computer übergreifend (via Print- und TV-Medium) verhandelt wird und man sich computerbezogene Inhalte selbst bei akzidenteller Präsentation aneignen kann. Im positiven Gegenhorizont steht hier, umfassende, genreübergreifende und historisch weitläufige Interessenlage anzuzeigen und auf diese Weise eine medienbezogene Zugehörigkeit und Partizipationsfähigkeit geltend zu machen. Er präsentiert sich als *heavy user*, orientiert an einer aktiven und souveränen Teilhabe an medienvermittelten Optionen. Sein eigener PC, den er seit „drei Jahren" (40) besitzt ist ihm insgesamt „SEHR wichtig" (40) und befindet sich, das betont er deutlich, in seinem „EIGENEN Zimmer" (42). Deutlich werden also bislang Yüksels Bemühungen, sich an der Erarbeitung eines eigenen medienbezogenen Status, die ihn als teilhabend vermitteln abzuarbeiten. Inwiefern er diesen Status auch gegen Beeinflussungsversuche zu verteidigen weiß, zeigt sich in seiner Hinwegsetzung über die Eltern:

```
(110)
Y: Also ich spiele, jeden Tag spiele ich bestimmt zwei Stunden
PC zu Hause, Spiele und so. Spiele ich sehr oft. Also es ist
eigentlich schon sehr wichtig. Aber mein Vater will ja nicht,
dass ich immer so oft spiele. Dann sagt er „du bekommst Kopf-
schmerzen, deine Augen werden schlimmer", also er will dass ich
lieber LERNE und nicht PC spiele, aber ich spiele schon sehr
oft PC ((lacht))
```

Sich von seiner Praxis des intensiven Spielens nicht abbringen lassend dokumentiert sich hier ein Durchsetzungsvermögen; entsprechend werden die Warnungen des Vaters bezüglich möglicher Gesundheitsschäden oder dessen Wunsch, der Sohn möge „lieber LERNEN" zwar wahrgenommen, nicht jedoch befolgt. Deutlich wird hier, wie Yüksel durchaus eine gewisse Sorge seines Vaters um ihn konzediert, gleichzeitig aber zu erkennen gibt, wie fähig er dazu ist, sich *dagegen* stellen zu können, eine eigenständige, selbstwirksame Position zu vertreten und den eigenen Interessen nachgehen zu können. Dass er sich den Warnungen des Vaters entzieht bedeutet indes nicht, dass er diesem respektlos gegenüber stünde, im Gegenteil; So berichtet er etwa, dass er seinem Vater eine intensive Unterstützung zuteil werden lässt, etwa indem er ihm bei der Ausübung seiner religiösen Praxis hilft („so ich mach ihm die CD an, dann hört man laut wie einer so Koran liest", 160) und ihm auch ansonsten beim Computerumgang assistiert („er kann's ja nicht, er kann zum Beispiel die Maus nicht so gut steuern, drauf drücken. Er kennt sich ja nicht aus", 166).

Orientiert an einem Muster aus Statusgewinn und dem Eingebundensein in eine Struktur aus wechselseitiger Anerkennung und Unterstützung thematisiert Yüksel dann seine Peergroup:

```
(45)
I: Wie hast du denn so gelernt, wie man so mit Computer umgeht?
Y: Also ich habe erst meinen Freund gefragt ob das schwer ist,
er hat gesagt „am Anfang ist es sehr schwer, aber mit der Zeit
lernst du es schon alles, wird auch immer leichter" und so. Und
er hat auch Recht, also, und ich habe ein paar Freunde, die
kennen sich sehr gut aus mit PCs. Und wenn ich mal Probleme ha-
be dann rufe ich die an. Und danach habe ich es auch immer
SELBER so gelernt, also so mit Megahertz und so, wie das alles
so ist, die Grafikkarte, wie man paar Sachen macht, die Hard-
ware die Software und so. Habe ich schon alles so selber ge-
lernt danach. (3)
```

Der Freundeskreis erscheint als zentraler Referenzrahmen medienbezogen Lernens und Handelns. Bezüglich des eigenen Wissensaufbaus zum instrumentellen Umgang mit dem Computer holt er zunächst Erkundigungen bezüglich des Schwierigkeitsgrades ein. Die von ihm dazu gebrauchte indirekte Rede vermittelt zwei Aspekte: Einerseits die Rückmeldung seines peers, dass es gar nicht so einfach sei, in die Welt der Technik einzusteigen; andererseits dessen Aussprechen von Motivation, sich darauf einzulassen, zumal sich mit zunehmender Zeit einfachere Handlungsvollzüge einstellten. Innerhalb Yüksels peergroup existiert demnach ein konjunktiv geteiltes Wissen, dass es sich beim Umgang mit Computermedien um etwas Kompliziertes handelt, das man sich aber mit der Zeit aneignet. Er bestätigt diesen Referenzrahmen, in dem der dem Freund attestiert, „auch Recht" zu haben. Die Inkorporation der Umgangsweise mit dem Medium erscheint auf diese Weise wie eine Art Bewährungsprobe, die jedoch zugleich von einer Versicherung begleitet wird, man werde es schon schaffen. So vermitteln sich in dieser Passage Prinzipien von Inklusion und Anerkennung in der peergroup. Erkennbar wird außerdem eine kompetitive peergroup-Struktur, die zugleich zu einem Motor des medienbezogenen Kompetenzerwerbs wird. Ein technikbezogenes Wissen gilt hier als Ausweis eines Dabeiseins und als Dokument von wechselseitiger Anerkennung und Ansehen – mithin als symbolisches Kapital. Wie bedeutsam dies ist, vermittelt Yüksel auch durch das betonte Vorhandensein zahlreicher persönlicher Kontakten zu äußerst versierten Computerkennern, über die er nicht nur verfügt, sondern auf die er auch aktiv zurückgreifen kann: Es existiert eine Art von Netzwerk, das telefonisch jederzeit aktivierbar ist, falls handlungspraktische Schwierigkeiten beim Umgang mit dem Artefakt auftreten. Deutlich werden hier also einerseits Momente eines Empowerments durch das Eingebundensein in die Peergroup, andererseits aber auch Momente einer Distinktion von den diesbezüglichen Mitgliedern, indem Yüksel nämlich betont, wie nachhaltig und effektiv seine eigenen Lernanstrengungen verlaufen sind und er sich „SELBER" technikbezogene Handlungs- und Wissensbereiche des Mediums Computer angeeignet hat. Zusammenfassend formuliert geht es hier um die Verfügung über beherrschungsrelevantes Technikwissen vermittels einer Handlungsarena, aus der der Einzelne durch seine Einbindung in eine Sphäre aus gemeinsam geteilten Praxen einer Orientierung an Status- und Präsentationswissen als vermögend bzw. könnend hervorgeht.

Die Peergroup als der zentrale Mittelpunkt computerbezogener Tätigkeiten zieht sich thematisch auch durch das weitere Interview. Sie erscheint als Sphäre und Handlungsort, wo sich gegenseitig Anerkennung ausgesprochen und sich unterstützt wird:

```
(125)
Y: Ja, also über neueste Spiele reden wir SCHON sehr oft. Ich
meine dann „hast du neue Spiele, weil zu Hause ist es langwei-
lig", dann meint er „ja ich habe Spiele", dann gibt er mir,
also Strategiespiele habe ich, Manager und so, Fußball und so,
also ich hab schon sehr viele Spiele. Also wir reden, also ich
habe so einen Freund, der mag kein Fußball und der redet eher
so über PC, über Filme, über neue Filme. Und dann rede ich mit
ihm sehr oft darüber. Und ich habe auch ein paar Freunde, die
interessieren sich mehr für Fußball, und dann rede ich sehr
wenig mit denen über PCs und so.
I: Mhm, ah ja. Also es ist schon ein Thema für euch [so, also-]
F: [Ja ja] KLAR es ist schon- Ich rede auch mit den Kumpels,
also die Fußball spielen, mit denen rede ich auch sehr oft über
PC, weil man braucht ja neue Spiele, wird ja immer langweilig,
wenn man das gleiche Spiel spielt. Und dann meint er „hast du
neue Spiele?" oder ich meine „hast du neue Spiele?" und danach
geben wir uns die immer gegenseitig.
```

Zentrum der Darstellung ist es, einerseits im Rahmen der Peergroupkommunikation aktiv an aktuellen Entwicklungen und Trends im Sektor Computerspiele und anderer Medienproduktionen teilzuhaben, andererseits, sich gegenseitig mit jeweils neuen Produkten zu versorgen und darüber triste Phasen des häuslichen Alltags überbrücken zu können; dabei wird eng und solidarisch an der materiellen Ausstattung des anderen partizipiert. Deutlich wird, wie stark Yüksel seinen Freundeskreis auch dadurch geprägt sieht, inwiefern sich auf die je unterschiedlichen kommunikativen Bedürfnisse der Einzelnen eingelassen wird. Dazu werden die Gesprächsthemen individuell variiert und an den momentanen Interessen ausgerichtet. Wer keinen „Fußball" mag, mit dem „redet" man eben über Filme; geht die Präferenz dagegen in genau diese Richtung, hat das Thema Computer in diesem Fall nur untergeordnete Priorität. Deutlich wird hier: Die Freunde können sich im Prinzip über alles Mögliche verständigen, sind offen und aufgeschlossen gegenüber dem anderen und respektieren sich gegenseitig. Auf diese Weise dokumentiert sich über seine Erzählung, wie variabel Yüksel sozial eingebunden ist und über welches stabile Netzwerk er verfügt, in welchem sich umfangreich aneinander orientiert, sich ausgetauscht und wechselseitig geholfen wird. Ähnlich wie Sercan thematisiert auch Yüksel seine Computerpraxis als konstitutiven und souveränen Bestandteil persönlicher Alltagspraxis, in der die Verfügung über und die Teilhabe an entsprechenden Optionen zwar eine zentrale Rolle spielt, man sich aber gerade nicht auf die Rolle eines Computerversessenen eingeschränkt sehen möchte, der sich überwiegend oder gar ausschließlich auf diesen Bereich konzentriert.

Dennoch wird der Bezugspunkt Computer immer wieder zu einem Schauplatz, an dem sich Fragen des *Sozialprestiges* entscheiden. Hier liegen entscheidende Merkmale der Orientierung, innerhalb der Yüksel auch im weiteren Verlauf des Interviews medienbezogene Verwendungs- und Nutzungsszenarien schildert. Überdies wird darin erneut das Peergroup-Thema reproduziert und variiert. Zunächst gibt er erneut zu erkennen, wie wichtig ihm persönlich Nutzung und Besitz des Computers sind:

```
(118)
Y: Also Computer überhaupt ist eine GUTE Erfindung. Weil sonst,
also ich weiß nicht, vor drei, also vor einer Woche war ja mein
PC kaputt, drei Wochen lang, und danach war es mir zu Hause
SEHR langweilig. Und in der Woche gehe ich NICHT so oft raus,
und im Winter wird's auch schnell dunkel, und mein Vater lässt
mich ja nicht so spät raus. Und deswegen war es schon sehr
langweilig. Musste ich nur Fernsehen gucken. Oder Hausaufgaben
machen, Lernen und so, war ja langweilig.
```

Die Computertechnik in Form einer positiven Errungenschaft und seinen Umgang damit bindet Yüksel eng an seinen alltäglichen Lebensvollzug. Ein Alltag ohne Computernutzung ist öde und grau: Der Computer ist *das* zentrale Mittel, die häusliche Freizeit zu gestalten, zumal er sich aufgrund familiärer Regelungen häufig in der Wohnung aufzuhalten hat, wo es ohne Computer eintönig ist und er sich auf die Beschäftigung mit „Fernsehen" oder schulischen Dingen eingeschränkt sieht. Dieser aus dem Defekt des Computers entstandenen Handlungsbeschränkung setzt Yüksel, das zeigt die nächst Passage, eine eigene, technikbezogene Aktivität entgegen, um sich aus dieser Situation selbstwirksam zu befreien und dadurch seine computerbezogene Freizeitgestaltung wiederherzustellen: Dazu demonstriert er im Folgenden die Wirksamkeit einer computerbezogenen Beherrschungskompetenz, die ähnlich wie bei Ferhat – wenn auch in schwächerer Form – einer Semantik von Kampf und Sieg folgt:

```
(122)
I: Und wie ist er dann wieder heile [gegangen der Computer?]
Y: [Ja, der] geht jetzt schon wieder. // I: Wie ist das, hast
du den [dann] // Y: [Nein, also] ich wollte ihn ja erst Reparatur schicken ((lacht)), weil ich habe USB-Kabel drangemacht für
MP3-Player und danach, und der PC ist dann einfach so geblieben. Und ging's nicht mehr. Da habe ich ihn AUS gemacht. Und
das USB-Kabel war noch hinten dran. Habe ich ausgemacht und
wieder angemacht, und danach, der Monitor ging von allein wieder aus. Ging nicht mehr. Habe ich einfach paar Freunde gerufen. Und die haben diesen Virus-Chip drinne rausgeholt, also
war vielleicht auch ein Fehler, aber die haben's rausgeholt und
wieder rangemacht und dann ging's wieder (3). Also da hat er
was gezeigt, aber jetzt ging er nicht wieder in Windows, also
in den Desktop ging er NICHT wieder rein. Danach habe ich ein
paar Wochen gewartet, danach habe ich, gibt's doch auch für den
Drucker und Scanner, also macht man doch bei USB hinten dran,
habe ich die rausgemacht, und angemacht dann ging's wieder.
Also ich wollte erst zu A-Com gehen und reparieren. Ich hab
sogar meinen Rechner mitgenommen. Da meinte er so „ist voll",
waren viel Rechner dort, meinte er so „komm' in drei Wochen"
und da hatte ich keine Lust mehr ((lacht)). Dann habe ich halt
das mit dem USB-Kabel probiert, habe ich einfach rausgenommen,
angemacht dann ging's wieder.
```

Beginnt seine Schilderung zunächst damit, sich beim Kaputtgehen seines Computers eines professionellen Servicedienstes zu bedienen, wechselt Yüksel dann die Ebene seiner Beschreibung hin zu *eigenen* Handlungsaktivitäten, in denen er sich der Reparatur seines PCs widmet. Wollte er seinen PC erst weg „schicken", das heißt ihn aus dem Bereich der eigenen Handlungswirksamkeit entlassen und anderen überantworten, stellt er nun dar, was er stattdessen praktisch selber unternommen hat, um die aus der Funktionsunfähigkeit des PCs resultierende Handlungsbeschränkung zu beheben. Dabei erscheint bezüglich der sich hier abzeichnenden Orientierung das reale Computerproblem, um das es sich handelte, eher nebensächlich; entscheidender an Yüksels Schilderung ist, sich in Auseinandersetzung mit dem technikbezogenen Handlungsproblem als stark involviert und alles andere als ohnmächtig zu entwerfen. So vermittelt diese Episode durchgängig, dass sich Yüksel als überlegen entwirft, Computerprobleme erfolgreich zu bewältigen: Nach Anschließen eines Musikabspielgerätes friert der Computer zunächst gewissermaßen ein, wonach durch ein einfaches Aus- und wieder Einschalten auch das Bildschirmsignal wegbleibt. Diese Situation wird nun zu einer Angelegenheit der zusammengetrommelten Peergroup, die sich der Hardware-Architektur des PCs annimmt und im Inneren des Rechners einen „Virus-Chip" entfernt, was sich Yüksel zufolge aber nicht uneingeschränkt als richtig erwies; zumindest funktionierte der PC nach Entfernen und Wiedereinsetzen – allerdings nur vordergründig, denn nun ließ sich auf einmal die Benutzeroberfläche nicht mehr aufrufen. Es schließt sich eine mehrwöchige Pause und damit eine Zeit der Computerabstinenz an, bis er selbst auf die Idee kommt, es durch das Entfernen sämtlicher Anschlüsse erneut zu versuchen – mit Erfolg. Allerdings sucht er zwischendurch, jedoch erst *nach* dem eigenen Ausprobieren zahlreicher Eigenversuche, ein nahe gelegenes kommerzielles Technikcenter auf. Hierzu unternimmt er einigen Transportaufwand („Rechner mitgenommen"), wird aber vom Betreiber des Computerladens mit Verweis auf die aktuelle Auslastung der Auftragslage abgewiesen und mit Aussicht auf eine mehrwöchige Wartezeit wieder nach Hause geschickt. Daraufhin wendet sich Yüksel von der Idee dieser Art der Problemlösung ab („keine Lust mehr"). Er erlebt, dass er durch eigenes Ausprobieren, gleichsam *auf eigene Faust*, ein im Prinzip gleiches Resultat erzielt, das er sich zunächst von einem professionellen Reparateur zu bekommen erhofft hatte. Es ist die Erfahrung, das dokumentiert sich hier, dass er im Grunde genommen auf die Hilfe von „A-Com", gar nicht angewiesen war.

Damit transportiert sich zugleich der Kern der hier wiedergegebenen Episode, die als signifikant für Yüksels Orientierungsrahmen gelten kann: Danach geht es darum, etwaige Handlungsbeschränkung selbstständig und eigenaktiv aufheben zu können und sich selbst behaupten und durchsetzen zu können. Darin impliziert ist die Überwindung fremdgesetzter Grenzen durch die personale Umwelt – in Form etwa *seines Vaters* („im Winter wird's auch schnell dunkel und mein Vater lässt mich ja nicht so spät raus") – und der *technischen Umgebung* (dem Defekt des PCs). Gegen diese Grenzsetzungen gilt es, sich zur Wehr zu setzen, um die eigene Handlungsautonomie wieder zu erlangen. Vermittelt ist darin ebenso wieder auch Yüksels Einbindung in einen technikbeherrschenden Freundeskreis, der ihm einerseits Hilfe und Unterstützung garantiert, in welchem er sich andererseits aber selbst eine dominante Rolle zuschreibt. Deutlich wird dies auf eine Nachfrage, wer denn nun der Hauptakteur bei Wiederherstellung der Funktionsfähigkeit seines PCs war: Schnell bemüht er sich hier um den Hinweis auf seine eigene Verantwortlichkeit („eigentlich habe ich es selber gemacht", 23), in der er die erfolglosen Versuche seiner Freunde, den Computer mittels einer Formatierung wieder in Stand zu setzen („die haben's versucht, also die haben es formatiert und so, ging nicht also nutze nichts, 23) übertrumpfte. Letztlich erscheint also Yüksel persönlich als siegreicher Bezwinger eines Problems, das ihn und seine Freunde gemeinsam eine Weile in Schach gehalten hat.

Allerdings erlebt auch Yüksel Situationen der Handlungsbeschränkungen, gegen die er eigenmächtig nichts ausrichten kann. Es sind Erlebnisse, in denen die eigene Medienpraxis nicht nur erschwert, sondern zum Teil ganz verunmöglicht wird und in denen Aspekte von Teilhabe und Beherrschung beschädigt werden. Solche Erlebnisse dokumentieren beinahe die Qualität existentieller Krisenerfahrungen:

```
(345)
Y: Manchmal so, ich werde auch SAUER, schlage ich manchmal ge-
gen meinen PC, weil ((lacht)) lan ich werd SO sauer. Was mich
auch sehr stört am PC ist- Weil, also zum Beispiel ich habe den
PC vor zweieinhalb drei Jahren gekauft, und jetzt ist der schon
fast alt geworden. Wenn ich jetzt zum Beispiel, vielleicht ken-
nen sie Doom3 dieses neue Spiel, also wenn ich das jetzt auf
meinen PC machen würde, würde es vielleicht gar nicht GEHEN.
Und so was, das ist Scheiße! Weil, wenn die mal ein neues Spiel
entwickeln braucht man auch immer bessere Grafikkarte, bessere,
also mehr Megahertz und so. Braucht man ALLES BESSERE, und das
finde ich auch sehr scheiße. Oder wenn auch der PC langsamer
wird, also wenn er so abstürzt, das finde ich auch sehr schei-
ße. Zum Beispiel jetzt, man spielt die ganze Zeit, und dann auf
einmal er stürzt ab. Und danach, man hat nicht gespeichert und
so. Das ist schon Scheiße so was. (1) Oder zum Beispiel so, ich
habe mal Manager gespielt, und dann habe ich, also da hat man
ja eigene Mannschaft, und ich habe gespielt und es war in SEHR
wichtiges Spiel. Dann habe ich es verloren, und dann wollte ich
IRGENDWAS kaputt machen wollte ich. Also das war schon sehr
oft, da habe ich gegen Wand einmal geschlagen und meine kleine
Schwester die war drüben [Störgeräusche] also die hat es sogar
bis dahin gehört. Und hat auch gesagt „was ist denn los" und
so.
```

Deutlich wird zunächst, wie überaus stark Yüksel emotional in die Computertechnik involviert ist („lan[166] ich werd SO sauer"). Das Artefakt wird zum materiellen Gegner, der physische Attacken einstecken muss. Die hier anschaulich geschilderten Momente von Frust- bzw. Wut sind in drei Beispielen wiedergegeben: Die Unmöglichkeit der Installation eines aktuellen Spiels und dadurch die Unmöglichkeit dessen Rezeption; der Verlust eines Speicherstandes infolge eines Computerabsturzes; schließlich die Niederlage bei einem Fußballsimulator. Ärger resultiert zunächst aus dem Erleben, infolge der fortschreitenden technischen Evolution in eine Abseitsposition zu geraten. Liegt die Anschaffung des PCs erst knapp drei Jahre zurück, ist dieser nun „schon fast alt geworden". Die für das Spielen neuer Spiele notwendigen Systemvoraussetzungen sind so

---

[166] *lan* = türkisch für „ey Mann!"

hoch, dass sein Computer sie nicht (mehr) erfüllen kann.[167] Anders als Ferhat, der seine technikbezogene Überlegenheit schildert, macht Yüksel also die Erfahrung technischer Unterlegenheit. Es erscheint, als fühle sich Yüksel geradezu ungerecht behandelt, indem er auch Ärger über die Hersteller von Medienangeboten artikuliert: Diese fordern gewissermaßen etwas ein, das er nicht bieten kann; auf diese Weise erscheinen die Medien als technologisches Kräftefeld, auf dem er der Schwächere ist und auf der Verliererseite stehen muss. Anders ausgedrückt thematisiert Yüksel hier eine Ausgrenzung aus einem Anerkennungsszenario, das sich gerade durch Verfügung und Beherrschung über computerbedingte Optionen auszeichnet. Auf der anderen Seite steht das Erleben, dass auch im Zusammenhang mit der Rationalität des technischen Artefakts selbst Exklusionserlebnisse resultieren können – der Computer stürzt „auf einmal ab" und auf diese Weise wird Yüksel aus einem aktuellen und subjektiv hochrelevanten Geschehen herausgerissen; ein für ihn langwieriges Projekt wird abrupt beendet und das kraft eigener Stärke Errungene erscheint zerstört, da er „nicht gespeichert" hat.

Ebenso kommt es vor, dass er aus einer wettbewerbsähnlichen Situation, die mit einer hohen Bedeutung aufgeladen ist als Verlierer hervorgeht. Daraus resultiert ein Gefühlsausbruch, der in Verbindung mit einem offensichtlich angegriffenen Selbstwertempfinden sogar mit dem Ausagieren eines ziellosen Vandalismus einhergeht („IRGENDWAS kaputt machen"). Es kommt zur Entäußerung physischer Gewalt, die lautstark und durchdringend mitgeteilt wird, sodass auch seine personale Umwelt (die im Nebenzimmer sitzende Schwester) davon Kenntnis nimmt. Yüksels körperlicher Gewalteinsatz – das gegen den PC und gegen die Wand schlagen – wird hier in einer Weise artikuliert, „die sowohl soziale Aufmerksamkeit erzwingt, als auch die Erfahrung eigener Stärken als Kompensation von Erfahrungen der Unzulänglichkeit zugänglich macht" (Scherr 2004: 219). Gemeinsam ist den drei Beispielen, dass sie jeweils Erfahrungen subjektiven Ausgeliefert-Seins transportieren: Gegenüber der technischen Modernisierung bzw. dem Medienmarkt und seinen steigenden Erwartungen; gegenüber der Rationalität der Technik, ihres Eigensinns bzw. einer nicht immer beherrschbaren Bedienung; schließlich gegenüber einem symbolischen Gegner. Gemeinsam ist den Beispielen ebenso, wie sich durchgängig ein negativer Horizont vermittelt: Er besteht darin, von der technischen Entwicklung bzw. allgemein der technischen Rationalität so ausgeschlossen zu sein bzw. so randständig zu werden, dass daraus das Erleben eigener Ohnmacht erwächst. Demgegenüber konstituiert sich der positive Horizont dahingehend, an aktuellen und prestigeträchtigen Medienhandlungsarenen aktiv und erfolgreich teilzuhaben. Was hier übergreifend zum Ausdruck kommt, ist einerseits die Erfahrung einer gesellschaftlich-technologischen Entwicklung, bei der man aufgrund fehlenden ökonomischen Kapitals nicht mithalten kann. Andererseits sind es Erlebnisse der symbolischen Exklusion bzw. des symbolischen Verlierens, die nicht nur emotional starke

---

[167] Das hier angesprochene Spiel ist ein idealtypisches Beispiel für das Ärgernis, das viele Computerspieler angesichts des sogenannten *Hardware-Hungers* je aktueller Produktionen empfinden und in einschlägigen Internetforen diskutieren. So setzte der im Jahr 2004 veröffentlichte dritte Teil der „Doom"-Serie neue Maßstäbe im Bereich 3D-Grafik; nach Angaben des Portals gameshop.de waren, um das Spiel richtig spielen zu können, mindestens 2.4 Gigaherz, 1024 MByte RAM und eine Grafikkarte mit 128 MByte nötig – eine in damaliger Sicht seltene Ausstattung privater Computertechnik.

Reaktionen hervorrufen, sondern die mitunter sogar das Potential zur Aktualisierung körperlicher Gewaltaffekte haben.

Diese sich bislang zeigende Orientierung an einem Status, handlungsfähig und durchsetzungsstark zu sein, zeigt sich auch bezüglich der von Yüksel geschilderten Mediennutzung für den Unterricht: Vermittelt wird hier, wie umfassend er sich in der Lage sieht, mittels des Gebrauchs von Medien den Anforderungen der Institution Schule gerecht zu werden:

```
(200)
Y: Äh, jetzt also halt für die Schule, habe ich auch schon ge-
sagt, und so was. // I: Was machst du da so? // Y: Zum Beispiel
jetzt, wenn unserer Lehrerin sagt, "schreib diesen Text", oder
"mach einen Text" oder "ein Märchen erzählen" oder so, danach
schreib ich es immer, dann FRAGE ich auch "kann ich es auch auf
dem PC machen?" Dann sagt sie "ja", dann schreibe ich es auf
PC, dann DRUCKE ich es AUS, oder- Gibt's halt auch so Programme
wo man was lernen kann. Und das- Also ich bin auch früher so zu
einem PC-Kurs gegangen, da haben sie uns beigebracht wie man
jetzt also zum Beispiel ohne auf die Tastatur guckt schreibt.
Also so was, haben die so was beigebracht, auch andere Sachen.
```

Yüksel zufolge ist diese Episode nur ein „Beispiel", das heißt nur eine Auswahl aus einem bereiten Spektrum an Situationen erfolgreicher Bewältigungen. Dazu gibt er die Worte der Aufgaben stellenden Lehrerin gleich dreifach zitierend wieder; auf diese Weise erhöht er performativ das Anforderungsvolumen, das seitens der Lehrerin an ihn gerichtet wird. Diesen Ansprüchen kommt er nicht nur nach, sondern erkundigt sich auch aktiv danach, den Computer zur Erledigung von Aufgaben einsetzen zu *dürfen*. Hierin dokumentiert sich, dass Yüksel es nicht dabei belässt, einfach nur auf gestellte Anforderungen zu reagieren, sondern wie er sich auch selbstbestimmt in der Rolle desjenigen sieht, der institutionellen Erwartungen entgegenzukommen und diese selbstverständlich und vollständig zu erfüllen weiß. Gegenüber der „Lehrerin" als Vertreterin einer gesellschaftlich-öffentlichen Institution wird sich hier kompetent positioniert. Ganz in diesem Sinne informiert er auch über die Kenntnis von Programmen, „wo man was lernen kann". Diese soweit geschilderte Souveränität in der Erfüllung institutioneller Anforderungen bricht dann ab und Yüksel erzählt seine eigene Kompetenzgenese anhand einer medienbiographisch zurückliegenden Episode zum Besuch eines institutionellen Lernangebotes. Diese Demonstration erinnert in ihrer Art an Ferhat, welcher bezüglich seiner Medienbiographie ebenfalls das Durchlaufen eines formalen Bildungsangebotes herausgestellt hatte. Für Yüksel handelt es sich dabei um einen medienbezogenen Kompetenzerwerb, der nicht nur zur instrumentell-technischen Beherrschung des Computers befähigte (Tippen, ohne „auf die Tastatur" zu sehen), sondern der offensichtlich auch „andere Sachen" vermittelte und insofern eine umfassende formale Computerbildung anzeigt.

Auf eine diesbezügliche Nachfrage dokumentiert sich, wie Yüksel das von ihm besuchte Bildungsangebot wiederum in eine Kompetenzinszenierung einbettet:

(204)
I: Kannst du jetzt mit zehn Fingern jetzt richtig schreiben?
Y: Nein, ja (4) ich KONNTE es früher. Ich bin jeden Tag hingegangen zum PC-Kurs, war auch kostenlos, also das war- hier bei K.-A.-Allee so, so in der Nähe, also es war auch gleich hier. Dann habe ich, ich weiß nicht ob's das noch gibt. Und da bin ich IMMER hingegangen. Da hat sie uns halt so beigebracht, viele Sachen. Ich kann mich auch nicht mehr erinnern, was sie beigebracht hat, ich kann mich halt an diese Tastatur-Sachen erinnern. Also wie man so Microsoft aufmacht, da warn wir auch noch klein. Wie man PC anmacht, ausmacht, wie halt die Sachen und so, wie man CD reinlegt, wie man Diskette und so speichert. Also, halt SEHR viele Sachen beigebracht, aber ich habe auch vieles vergessen. Aber war SEHR viel.

Deutlich wird, wie das Erlernen medienbezogener Handlungskompetenzen von Yüksel als kontinuierlich, grundlegend und biographisch früh angelegt demonstriert wird; auf diese Weise erscheint er als Teilhaber einer von formalen Bildungsinstitutionen gestützten computerbezogenen Kompetenzsphäre, als Person, die wie selbstverständlich durch ein Curriculum anwendungsbezogener Kenntnisse gegangen ist. Gleichzeitig wird dieses Curriculum samt der dazugehörigen Institution – augenscheinlich präventiv – invisibilisiert. Vor allem seine Mitteilung, welche Anwendungsbereiche und welch hohes Pensum („sehr viele Sachen") bezüglich des computerbezogenen Umgangs „früher" vermittelt und angeeignet wurde, zeigen an: Hier geht es um ein Wissen, das als inkorporiert wahrgenommen wird, das mittlerweile aber, so formuliert es Yüksel selbst, „vergessen" wurde. Deutlich wird daran, wie stark es Yüksel um die Positionierung seines Selbst geht, Besitzer eines objektiven kulturellen Kapitals zu sein. Auf diesem Wege entlarvt sich dieses aber gewissermaßen gleichzeitig als Teil einer Kompetenzinszenierung, die – auch und gerade der Person des Interviewers gegenüber – das Verfügen über multiple Wissensbereiche anzeigt und damit die Funktion einer auf soziale Anerkennung zielenden Selbstzuschreibung von Wissen erfüllt.

Dieses Phänomen erscheint unmittelbar an die Forschungskommunikation, das Interview *selbst,* rückgebunden. Entscheidend ist, dass das Interview hier einen Punkt erreicht, an dem sich Yüksel offensichtlich bloßgestellt sieht, und zwar durch die Frage, ob er über die gelernte Fähigkeit auch aktuell verfüge *("jetzt richtig schreiben?")* – denn infolgedessen, der Anfrage nach der Aktualisierbarkeit medienbezogenen Handlungswissens, kommt es zunächst zu einer unsicheren Reaktion, die zudem von einer ungewöhnlich langen Pause begleitet wird und an die sich eine umso *größere* Kompetenzinszenierung anschließt, welche transportiert, gerade *nicht* inkompetent zu sein. Offenbar sieht sich Yüksel gegenüber dem Forscher tendenziell entwertet, gerade weil er vermutet, dass seine realen Fähigkeiten von diesem infrage gestellt werden. Insofern lässt sich der Modus seiner Schilderung als Reaktion auf die vermutete Freilegung einer vermeintlich marginalen Position interpretieren: Einem von Forscherseite suggerierten Unvermögen wird mit der Überhöhung eigener Fähigkeiten begegnet.

Inwiefern Yüksel Computerfähigkeiten und -wissen mit einer statusanzeigenden Selbststilisierung verbindet, steigert sich in einer Passage, in der er sichtlich stolz davon berichtet, ein beachtliches Arsenal an Programmen zu besitzen, die zu unterschiedlichen Zwecken genutzt werden können:

(208)
Y: Also, Encarta und so, wollte ich auch gerade sagen. Also nützt mir SEHR gut. Also Encarta habe ich. Auch so ANDERE Programme. Also ich habe schon SEHR viele Sachen. Das ist, also zum Beispiel da schreibt man ein, was man suchen will, gibt's eigentlich alles gibt's da. Zum Beispiel, äh (2), also sagen wir mal Zweite Weltkrieg oder Hitler oder so, schreibt man rein, und dann kommen Hörbeispiele, Bilder, was alles passiert ist. // I: So eine Art [Lexikon]? // Y: [Ja, so] Lexikon. Gibt's alles, also habe ich, gibt's schon alles. Habe ich von meinem Freund. Also er hat es auf normale CD so gebrannt. Vielleicht vom Internet oder von seinem Freund. Oder ich hab auch so, also als ich den Rechner gekauft habe, ist auch mit CDs rausgekommen. Also wenn man zum Beispiel, so von Berlin die Landkarte von Deutschland, von Europa und so, ist AUCH alles mit drinne. Also zum Beispiel die GANZEN Strassen von Berlin sind in dieser CD mit drinne. Autoroute heißt das glaube ich, ich weiß jetzt nicht mehr. Ja, das ist mit rausgekommen, das habe ich halt AUCH alles auf PC. Halt noch so halt ein paar andere, also, zur Zeit, ich habe ja meinen PC formatiert weil er nicht ging, ich weiß jetzt nicht mehr was ich jetzt alles hatte. Aber HABE das alles so. // I: Und wozu benutzt du das so, ich meine, so Schule oder- // Y: (3) Mache ich nicht mehr. Ich habe schon lange nicht mehr, aber (2) ich gebe auch zu ((lacht)) ich habe auch so Spicker mit dem PC gemacht, da habe ich so klein ausgedruckt. Hat sie ja nicht gefunden ((lacht)). Nützt auch, weil wenn man mit der Hand schreibt, wird's zu groß und schmiert auch.

Darum bemüht, materielles und handlungspraktisches Vermögen anzuzeigen, was sich in der Verfügung über umfassende mediale Orientierungs- und Lernoptionen ausdrückt, geht es Yüksel vor allem darum, ein umfangreiches Kontingent an digitalen Produkte zu *besitzen*, mit denen sich verschiedenste Möglichkeiten verwirklichen lassen und die ein Optimum an multimedialen Informations- und Unterhaltungszwecken bieten. Ähnlich wie Sercan nimmt Yüksel hier bezüglich medialer Produkte nicht nur eine possessive Haltung ein, sondern bindet die Verfügung darüber auch in ein netzwerkartig vorhandenes soziales Kapital ein, als dessen Teil er sich vermittelt. Gleichzeitig gibt er zu erkennen, dass er den Computer und die entsprechenden Anwendungen z. B. für schulische Zwecke eigentlich „schon lange nicht mehr" benutze. Stattdessen teilt er leicht amüsiert das Erstellen einer Spickhilfe mit, mit der er die Lehrerin überlistete. Insofern dokumentiert sich hier, wie vermittels der betonten Verfügung über eine augenscheinlich große Palette von medialen Lerngelegenheiten eine Art *geballte Kompetenz* suggeriert werden soll, die Yüksel jedoch wenig in der Lage zu sein scheint, im Sinne eines Lernmediums zu nutzen bzw. nutzen zu können.

Hier entsteht eine Analogie zwischen Forscher und der oben zitierten „Lehrerin", beides Vertreter der gesellschaftlich-öffentlichen Sphäre: Ihnen werden offensichtlich eigene Fähigkeiten und eigener Besitz umso mehr signalisiert, gerade *weil* sie mit einem Erleben einhergehen, dass die gesellschaftlich dominanten bzw. erfolgreichen Kapitalsorten, entlang derer das eigene Verhalten angefragt und evaluiert wird, nur vermeintlich schwach ausgeprägt sind. Aus der für Yüksel zentralen Orientierung, so lässt sich schlussfolgern, deutet sich ein kommunikativer Modus an, der eine überaus handlungsautonome Position vertritt und verteidigt, die ein Abweichen von sozial dominanten bzw. bildungsbürgerlichen Formen medienbezogener Bildung gleichzeitig kaum in der Lage ist, zu überdecken. Insofern deutet sich hier der Wunsch an, den Erwartungen einer bildungsbürgerlich konnotierten Normalität entsprechen zu können, sich aber gleichzeitig des eigenen Nicht-Könnens bewußt zu sein und mit den kommunikativen Mitteln der Selbstüberhöhung zu versuchen, diese Differenz zu verschleiern. In genau diesem Muster steht die betonte Selbstzuschreibung von sozial anerkanntem Wissen, Vermögen und Handlungskompetenz, in der sich eine habituelle Unsicherheit dokumentiert, die zwar um die Relevanz medienbezogenen Wissens und Handelns für eine sozial prestigeträchtige Positionierung weiß, die sich aber gleichzeitig in einer tendenziell unterlegenen Situation sieht, diese tatsächlich erreichen zu können.

Dieses Muster entfaltet sich noch einmal in aller Deutlichkeit in den Passagen zu Yüksels medienbezogener Zukunft: Hier arbeitet er sich vorrangig daran ab, wie es gelingen kann, im Kontext fortschreitender Technologisierung einen ansehnlichen Status zu erlangen:

```
(250)
Y: Ja ja, also für später, also später wird bestimmt auch die
Zeit kommen, wo man ALLES mit dem PC macht. Macht man ja schon
HEUTE fast alles. Aber, zum Beispiel, gibt's doch auch neue
Autos, die haben schon Internet und so. Wird ja immer besser.
Also PC braucht man schon fürs LEBEN, also für die Zukunft.
Auch zum Beispiel die Arbeit da, wird doch alles mit Maschinen
gemacht, durch Computer durch Technik. Deswegen gibt's doch
auch immer mehr Arbeitslosigkeit und so. // I: Wie meinst du
das? // Y: Also die Arbeit ist ja leichter, aber dann hat man
ja keinen Job, also keine Arbeit dann hat man auch kein Geld.
Also wenn man, also man muss einfach schlau sein, man muss studieren, man muss sein Ding machen dann ist es gut. Also dann
hat man Technik, dann wird's immer leichter. Also die Leute die
jetzt studieren, werden es bestimmt leichter haben als vor weiß
nicht wie vielen Jahren.
```

Yüksel imaginiert das Heraufziehen einer gesamtgesellschaftlichen Situation, in der sämtliche Handlungsoptionen total und umfassend an den Gebrauch von Computertechnologie gekoppelt sein werden, soweit sie es nicht ohnehin schon sind. Er verdeutlicht dies an einem Beispiel, das seine *Wahrnehmung von Technik als etwas Grandiosem* verdeutlicht (siehe hierzu auch Abschnitt 6.3.2) – so besteht für ihn bereits in modernen Kraftfahrzeugen die Möglichkeit, online zu gehen. Den Annehmlichkeiten moderner Technologie, die man „schon fürs Leben braucht" und die einen ansehnlichen Lebensstil ermöglichen, stehen jedoch Schattenseiten gegenüber: Im Zuge der die Verbreitung technologiebasierter Innovationen können gesellschaftliche Ausschlussmechanismen in Gang gesetzt werden, da infolgedessen Arbeit vernichtet wird, indem sie an Technologien ausgelagert wird. So erscheint erneut als Yüksels positiver Horizont, statusbezogen an neuartigen Technologien partizipieren zu wollen und als negativer Horizont, auf der gesellschaftlichen Verliererseite zu stehen. Würden Arbeitsprozesse vereinfacht, erhöhe sich gleichzeitig auch die Gefahr, arbeitslos und darüber mittellos und sozial handlungsunfähig zu sein. Der positive Aspekt der Durchdringung der Welt mit Technologien ist demnach nur einem Teil der Gesellschaft zugänglich, während ein anderer davon ausgegrenzt bleiben muss.

Damit validiert Yüksel zunächst seinen negativen Gegenhorizont, nämlich infolge von Technisierung in eine gesellschaftlich marginale Position zu geraten und nicht mithalten zu können. Darauf erläutert er die ihm einzig logisch erscheinende Strategie, dem zu entgehen, die er dreifach als „man muss" kennzeichnet und darin eine Art klaren und quasi-systematischen Erfolgsplan signalisiert. Dieser besteht erstens darin, eigene Cleverness zu besitzen, zweitens ein formal hohes Bildungskapital zu akkumulieren und drittens sein eigenes Schicksal in die Hand zu nehmen. Vor diesem Hintergrund scheint ihm der Anschluss an die positive Seite der Technisierung möglich. Vor allem scheint ihm der Weg der akademischen Bildung zu garantieren, der Verliererseite zu entgehen. Ebenso bewusst ist ihm, dass die Verfügung über Computerwissen zu einer gesellschaftlich erfolgreichen Position führen kann. Hierzu verortet er seine berufsbiographische Wunschperspektive eindeutig im Kontext von Computertechnologie, hebt aber sogleich auch eine diesbezügliche Schwierigkeit hervor:

```
(254)
Y: Also ich würde SEHR GERNE was mit PC machen, es ist aber
auch schwer. Mein Cousin, der lebt hier nicht in Deutschland,
aber in der Türkei, der ist auch an einer sehr großen Universi-
tät, also ist auch schon Angebot von Deutschland gekommen, also
von Dortmund und so, er wird also Computeringenieur. Und er hat
mir gezeigt was er lernen muss, und da hat er mir so einen Sta-
pel gezeigt, von Blättern was er auswendig lernen muss für
Computer und so. Und, also es ist schon sehr schwer, also Com-
puteringenieur zu werden. Also Informatiker.
```

Welche Chancen sich im Kontext einer medientechnisch orientierten Berufslaufbahn ergeben, exemplifiziert er an seinem Verwandten und dessen gesellschaftlichem Erfolg: Dieser befindet sich an einer Akademischen Bildungseinrichtung, die für Yüksel zudem herausgehobene Bedeutung hat und hat bereits ein Beschäftigungsangebot aus einer deutschen Großstadt erhalten. Damit signalisiert Yüksel, inwieweit eine berufliche Orientierung im Bereich Computertechnik für ihn sinnbildlich für eine vertikale Aufstiegsmobilität steht.[168] Dem gegenüber steht allerdings das Bewusstsein, mit wie viel Mühe und Anstrengung eine solche Aufstiegsmobilität verbunden ist, denn sie erfordert die Abarbeitung eines großen Pensums an Lerninhalten. Hier stehen sich zwei Pole gegenüber: Auf der einen Seite das Bewusstsein für das individuell erfolgreiche Projekt, das mit einer computerbezogenen Ausbildung verbunden sein kann und als Resultat eine gesellschaftlich erfolgreiche Position in Aussicht stellt. Auf der anderen Seite eine Distanz gegenüber dem damit verbundenen Aufwand, den dies erfordert. In diesem Zusammenhang steht er dem Cousin bewundernd gegenüber, anderseits scheint es ihm unerreichbar, an dessen erfolgreiche Berufsbiographie anschließen zu können. Er sieht hier eine Hürde, gerade weil ihm der Lernaufwand so komplex und mühsam erscheint.

---

[168] Ein Dokument dieser Orientierung ist auch Yüksels an den Forscher gerichtete Frage, wie *dieser* denn zu seiner gesellschaftlichen Stellung gekommen sei („Was sind Sie denn eigentlich? Haben sie mit PC zu tun, also ihr Beruf?", 256).

Trotz eines ausgeprägten Bewusstseins für die Relevanz von Computerfähigkeiten für die gesellschaftliche Integration handelt es sich also für Yüksel um eine Zukunftsvorstellung, die für ihn selbst aussichtslos erscheint, nicht zuletzt deshalb, weil er in Bezug auf eigene Lernerfahrungen überwiegend Misserfolge erzielt hat. Eine Hürde stellen für ihn z. B. Englischkenntnisse dar, denen er eine Schlüsselfunktion zuweist. Allerdings ist er fatalistisch gestimmt, denn die eigenen schulischen Leistungen in diesem Fach sind schlecht; infolgedessen stellt er heraus, dass er sich im Grunde als bereits gescheitert sieht und seinem Wunschberuf „Informatiker" (264) längst abgeschworen hat.

```
(264)
Y: Also ich würde gerne Englisch lernen, weil es ist ja das
wichtigste eigentlich, wenn man Englisch kann, kann man auch
die anderen Sachen. Und also, wäre ich in Englisch gut, dann
hätte ich mir vorgestellt, Informatiker zu werden, aber ich
stehe ja englisch immer so vier fünf, und das ist scheiße. Also
will ich, und so im Büro und so arbeiten ist ja mit PC aber es
ist ja immer auch langweilig, muss man immer selber schreiben,
also ich hätte lieber so einen Job mit Abenteuer, so wie Feuer-
wehrmann oder Polizei.
```

Während ihm der mit gesellschaftlichem Prestige verbundene Beruf des „Informatikers" nicht (mehr) offen steht, scheinen ihm andere berufliche Computerverwendungskontexte stupide: Eine PC-Nutzung im Rahmen alltäglicher Bürokommunikation, das heißt die Verwendung von Computertechnik lediglich als Arbeitsinstrument, ist ein absolut negativer Gegenhorizont („langweilig"). Stattdessen wünscht er sich „Abenteuer", die er im Beruf als Feuerwehrmann oder Polizist vermutet. Deutlich wird daran wiederum, dass sich seine Vorstellungen weniger an einer aktiven Konstruktion von universellen, sondern eher an der Verfügung über prestigeträchtige Computerfähigkeiten orientieren.
  Deswegen zeigt er sich überaus aufgeschlossen gegenüber solchen Wissensgebieten und Lernarenen, die mit Spiel und Anerkennung in der peergroup verbunden sind:

```
(266)
Y: Wie man so Spiele entwickelt und so, würde ich auch gerne,
also wie man die Spiele so entwickelt. Habe ich mal gesehen,
also wie die so was machen. Gibt's ja auch immer so, habe ich
PC-Bild, diese Zeitschriften, da wird auch immer so alles er-
klärt wie die es alles gemacht haben und so. Also manchmal kau-
fe ich die auch, und gucke ich. Lese ich auch manchmal, also
ist auch SEHR interessant. Also mein Freund, er kennt sich sehr
gut mit PCs aus, ich habe ihn gefragt „wieso bist du, also wie
bist du so gut geworden?" Und da meinte er aber „du musst ein-
fach nur lesen, lesen lesen. Und dann musst du auch immer alles
behalten was du gelesen hast" und dann, also ich habe gesehen
er hatte so viele Zeitschriften zu Hause, sehr viele. Und das
hat er auch gelesen. Also ist schon sehr schwer. Und danach,
also man muss, was ich auch sehr gerne kapieren will, also
machen will, ist also wie gesagt Internet, also mehr auskennen.
Also wäre das Beste.
```

Worum es hier geht, ist der Wunsch, Einblicke in die Sphäre kreativer medientechnologischer Handlungsoptionen zu nehmen, begleitet auch von der Lektüre von Computerzeitschriften. Allerdings wird Yüksel auch in diesem Zusammenhang mit dem Erfordernis eines systematischen und anstrengenden Lernaufwandes konfrontiert, der an den Bildungsprozess erinnert, den er oben in Bezug auf seinen Cousin geschildert hatte. Auch bezüglich des Lernmusters erscheint hier eine Analogie, denn es stellt sich vom Prinzip als aufwändig und stupide dar („du musst einfach lesen, lesen, lesen" und das Gelesene „immer alles behalten"). Wieder konstruiert Yüksel also eine Art Barriere, deren Überwindung er allerdings dem Freund attestiert – hat sich dieser doch eine große Menge an Literatur besorgt, durchgearbeitet und sich darüber Computerwissen angeeignet. Aus Yüksels Orientierung erwächst hier vermeintlich folgendes Dilemma: Einerseits wird Computerwissen als Schlüssel zu gesellschaftlichem Erfolg und Anerkennung gedeutet, andererseits wird dessen Erwerb mit einem hohen und systematischer Arbeitsaufwand assoziiert, der schwierig zu bewältigen erscheint. Die Möglichkeiten der Erweiterung computerbezogener Handlungsmöglichkeiten werden zwar gesehen, sind aber letztlich so eng an das Vorhandensein-Müssen von sozialer Anerkennung, wie sie z. B. Spieleentwickler genießen, gebunden, dass dies – weil damit große Lernanstrengungen einhergehen – zugleich als Hürde erfahren wird. Die hier von Yüksel geschilderte computerbezogene Bildungsaspiration – Spiele entwickeln – ist so anspruchsvoll, dass ein damit verbundener Aufwand an systematischem Lernen letztlich das Projekt anderer bleibt. Zum Ausdruck kommt damit erneut der Wunsch, an andere, bildungserfolgreiche und mit prestigeträchtigem Wissen ausgestattete Personen anschließen zu wollen, denen gegenüber aber zugleich ein Gefühl der Unterlegenheit besteht.

Ähnliche Elemente der Orientierung wie bei den vorigen beiden Jungen mit türkischem Migrationshintergrund lassen sich auch im Fall von <u>Sercan</u> rekonstruieren. Sercan, 15 Jahre alt, ist das Mittlere von drei Geschwistern, sein Bruder ist 18, seine Schwester 14 Jahre alt. Seine Eltern sind seit „17, 18, 19, 20 Jahre oder so" in Deutschland. Sein Vater arbeitet derzeit als Handwerker, seine Mutter ist Hausfrau. Sercan ist 15 Jahre alt und betont gleich zu Beginn, dass er in drei Wochen seinen 16. Geburtstag feiert. Als seine Hobbies nennt Sercan „Fußball" und „Comics lesen"; außerdem spielt er leidenschaftlich gerne die Lotto-Sportwette „Oddset". Bevor das Interview beginnt, bekundet er reges Interesse an meinem Laptop, der ausgeschaltet auf dem Tisch steht und möchte Alter und Ausstattungsmerkmale wissen. Seine offenkundige Begeisterung für Technik kulminiert am Ende des Interviews, als er von selbst die Weiterentwicklung der Medien- und Gerätelandschaft anspricht („sagen wir mal jetzt 2020, da gibt's einen neuen Monitor. Da ist dann schon so Rechner und so ALLES rein gebaut, Laufwerk, Kamera drin eingebaut. In einem Monitor alles eingebaut. Glaube ich. Es werden bestimmt auch Handys rauskommen, mit DVD-Player und so" 504). Sich eine neue Generation von Technologie vorstellend, die verschiedene Features in sich vereint, vermittelt sich Sercan als ein die Entwicklung aktiv Verfolgender.

Auch den Beginn seiner eigenen Beschäftigung mit Computertechnologie verortet er in einer biographisch frühen Phase, in der er lediglich eine Spielkonsole besaß. Deren Funktionen erschienen im Lauf der Zeit aber eingeschränkt und er suchte nach neuen medienbezogenen Betätigungen, die seine bisherige Spielepraxis nicht nur erweitern, sondern sich auch deutlich davon unterschieden:

> (49)
> S: Am Anfang, ganz früher hatte ich nur eine Playstation Eins, und dann, das hat mir gar nicht mehr gefallen, nur Spielen Spielen, ich wollte was ANDERES lernen und so. Computerzeichnen, Spiele installieren. Also da war ich aber noch KLEIN, also noch kein Computer. Und danach, also heutzutage hat JEDER Computer, also JEDER Mensch hat einen Computer zuhause stehen. Also, jeder hat so sein Hobby, da gehört zu meinem Hobby dazu, mit dem Computer zu beschäftigen. Ich habe noch andere, viele Hobbies, aber das gehört dazu.

Wichtig ist ihm der Hinweis, dass er bereits als Kind den Wunsch hatte, den Computer zu seinem späteren „Hobby" zu machen; hierdurch entwirft er sich als zielstrebig und aufgeschlossen gegenüber neuen Entwicklungen. Die Hinwendung zum Computer erfolgt in Form eines eigenständigen und selbstbewussten Schrittes in Bereiche von Handlungsaktivitäten, die über passive und gleich bleibende Formen der Nutzung hinausgehen. Dadurch werden zwei Gegenhorizonte sichtbar, die sich auch durch das weitere Interview ziehen: der negative, nicht ausgeschlossen sein zu wollen von technischen Innovationen sowie der positive, Anschluss zu haben und zu halten an eine allgemeine Entwicklung, in der der Computer sich sowohl veralltäglicht als auch verbreitet hat. Dies ist für ihn ein Phänomen, an dem er wie selbstverständlich Anteil hat und er insofern eine soziale Stellung anzeigt, die ihn so sein lässt wie „JEDER Mensch". PC-Aktivitäten sind für ihn eine Sphäre der Normalität, in der er sich betont verortet und dadurch signalisiert, inwiefern er medienbezogen überaus handlungsfähig ist und eine PC-Nutzung zu seiner habitualisierten Alltagspraxis dazuzählt.

Nach Aufzählung seiner zahlreichen Hobbies, denen gemeinsam ist, dass sie auf körperlich-aktionistische, vorrangig sportliche Betätigungen und das Sich-Messen mit anderen abzielen (vor allem „so Schwimmen im Verein und Fußball, klar", 52), bestimmt er den Stellenwert des Computers in seiner Freizeit:

> (54)
> S: Sagen wir mal, in meinem Leben, also in meiner Freizeit, von hundert Prozent, beschäftige ich mich so Fifty-fifty so, also 50 Prozent DAS, und 50 Prozent DAS. Weil, wir gehen ja- Also ich hänge ja immer in so einem Computerladen rum, und da sind auch VIELE Freunde von mir. ALLE meine Freunde sind da. Wir treffen uns alle DA, und danach gehen wir so eine Stunde Internet. Gucken so, laden was runter, Musik oder so. Und dann gehen wir wieder. Also so am Tag sind wir immer so Internetcafe, sind wir da also. Also von meinen Freunden hat jeder auch Ahnung von Computern und so.

Sercan misst seiner Computerpraxis eine überaus stabile Verankerung in seinem Alltag zu, in welchem er auch Anteil an einer öffentlich-sichtbaren und kommerziell betriebenen Computersphäre hat; dort verortet er den Bezugspunkt seiner sozialen Eingebundenheit und das Zentrum seiner Computeraktivität – sie findet „immer" dort statt, zumal „ALLE" Freunde sich am gleichen Ort aufhalten. Hier entwickelt sich eine Regelmäßigkeit und Struktur der gemeinschaftlichen Nutzung, die sich fest etabliert und den Mittelpunkt seiner Peergroupgeselligkeit bildet. Diese Praxis erscheint als Hintergrund, vor dem sich eine individuelle Statusrollenkonfiguration bildet, bezüglich der sich Sercan als Teil einer Gleichaltrigengruppe wahrnimmt, die er wie eine Gruppierung digitaler Experten entwirft (jeder darin hat „Ahnung"). In dieser Gruppierung bildet sich ein Statusgefüge über das Vorhandensein und die Demonstration von Computer Knowhow.

Insofern orientiert sich Sercans Darstellung durchgängig an Momenten einer gelungenen Inklusion durch erfolgreiche Anschlussbestrebungen an eine Computerszene. Seine jetzige Mitgliedschaft darin stellt er betont mit einer die eigenen Ressourcen schonenden Internetnutzung einhergehend dar. Auf diese Weise orientiert er sich daran, wie ihm selbst vermittels eines sich erarbeiteten Status die Teilhabe an computervermittelten Tätigkeiten gewährt wird; etwa berichtet er davon, sich scheinbar mühelos einen mit Privilegien verbundene Stellung im „Computerladen" verschafft zu haben: „Früher da kannte ich den ja noch nicht den Besitzer und so. Und danach, also ich war immer jeden Tag da, ich so „hallo hallo", habe ich die dann gekannt. Und JETZT so, sage ich mal von 100 Prozent da rum hängen, also 80 Prozent bezahle ich nicht", 365). Das sich hier zeigende Vorhandensein von hohen Partizipationsmöglichkeiten und Sozialkapital erscheint als Ausweis eines sozialen Status und einer sozialen Geltung, die mitunter sogar mit dem Transfer von Kompetenzen und von Verantwortlichkeit einhergeht:

```
(56)
S: Also, ich kann da jeden- ganzen Tag, weil, das gehört meinem
Freund. Ich muss nichts bezahlen. // I: Mhm // S: Weil, Besit-
zer, ich kenne da ALLE. Manchmal geben die mir auch den Schlüs-
sel, ich mache den Laden auch auf, so manchmal, so früh und so.
Und, wenn so Kunden kommen, also wenn, also das ist ein Araber
der Besitzer, F., und wenn der keine Zeit hat, und meine Freun-
de sind auch weg oder so, muss ich auch so Kunden beraten und
so. Wegen Motherboard, Mainboard, ob DAS gut ist für ihren PC
oder DAS.
```

Vermittelt über die Zugehörigkeit zur Computerszene wird ihm und seinen Fähigkeiten hohes Vertrauen entgegengebracht; sein Status wird bereits als so kompetent wahrgenommen, dass ihm mitunter die Verantwortung für den gesamten Betrieb des Internetcafes übertragen wird – in diesem Fall ist er in der Rolle desjenigen, der die Schlüsselgewalt besitzt und das Geschäft schon „auch" einmal selbständig „aufmacht". Was daran deutlich wird, ist Sercans Orientierung, ein Ansehen zu genießen, und zwar in einer sozialen Gruppierung, der er sich zugehörig fühlt und die ihm wiederum Anerkennung zuteil werden lässt. Bezogen auf die seine in der Passage zuvor angesprochene Selbstständigkeit ist darüber hinaus ein Thema vorweggenommen, das Sercan an späteren Interviewstellen weiterführen wird, und zwar die habituelle Orientierung an einem Chefsein. Dass er hier schildert, den eigentlichen Besitzer zeitweilig ganz zu ersetzen und „Kunden" mit seinem Computerwissen bei Bedarf an Hardware-Komponenten zu beraten, verweist darauf, dass er – erinnert man an die obige Passage – nicht nur innerhalb einer Peergroup mit statussicherndem Computerwissen ausgestattet ist, sondern auch als Experte agiert, der in computerbezogenen Interaktion mit Fremden als solcher nachgefragt wird und Expertenberatung anbieten kann. In diesem Phänomen ist die Kategorie der gesellschaftlichen Anerkennung gleich doppelt codiert, denn Sercan erscheint hier als Träger eines Spezialistenwissens, das nicht nur in der Sphäre öffentlicher Kommunikation, sondern auch im Rahmen kommerzieller Transformationen verortet und wirksam ist.

Seinen diesbezüglichen Kompetenzerwerb beschreibt er in einem Modus einer umfassenden technischen Sozialisation. Sercan erwähnt zunächst mehrere Lerninstanzen bzw. Lernsphären, derer er sich bedient und verdeutlicht dadurch, über wie viele Bezüge er verfügt, über die sich die Aneignung von Computerwissen vollzieht:

```
(60)
I: Also, äh, wo hast du das her?
S: Also, durch Freunde (2), von meinem Vater (2), durchs Fern-
   sehen (2).
I: Durchs Fernsehen? Wie meinst du das?
S: Also, die zeigen ja manchmal, wie man so umgeht und so. Da
   gibt's doch auch so Programme dafür, CDs, so, man guckt sich
   das an, da zeigen die alles. So, ja und ich habe auch von
   SELBER, ALLEINE gelernt. Aber, besser gesagt, hat mein Vater
   mir auch ZIEMLICH viel beigebracht.
```

Das statusorientierte Eingebundensein in die Medienpraxis der peergroup als Referenz für Computerwissen wird hier um zwei weitere Lernarenen erweitert. Dabei betont er die Eigenständigkeit seiner Lernaktivitäten und die gemeinsame Praxis mit seinem Vater, den er als intensiven Lernhelfer bezeichnet. Evident wird hier Sercans Haltung gegenüber seinem Vater, die er so schildert, dass auch darin Merkmale aufscheinen, die an sozialem Aufstieg und gesellschaftlicher Inklusion orientiert sind. Auf die Frage nach der Herkunft der PC-Kenntnisse seines Vaters schildert er auf respektvolle Art und Weise dessen erfolgreichen Lernprozess, den er an das Vorhandensein von Sozialkapital knüpft:

```
(36)
I: Kennt er sich aus mit Computern?
S: Mein Vater, ja, gut, SEHR gut eigentlich.
I: Woher kommt das, also [woher]-
S: [Ganz am Anfang], so vor fünf Jahren, er wusste noch nicht
   mal, wie man das AUS macht und so. Er hat VIELE Freunde, deut-
   sche Freunde, mein Vater hat früher in der BVG gearbeitet, und
   da hat er so deutsche Freunde, die sehr gut Ahnung haben. Dann
   sind die mal zu uns gekommen. Dann haben die es meinem Vater
   gezeigt. Und mein Vater hat es auch von ALLEINE ein bisschen
   gelernt. Also, er kann eigentlich nicht ALLES, so professionell
   ist er mal AUCH nicht, aber er kann schon, was er braucht. Kann
   er das schon alles.
```

Durch die Betonung der Anzahl der Freunde und dessen deutscher Herkunft spricht Sercan das Thema der *gelungenen Integration* an: Diese dokumentiert sich in der beruflichen Tätigkeit und der aktiven Gestaltung von Sozialkontakten mit einheimischen Kollegen, die nun „Freunde" des Vaters geworden sind. Die soziale Einbindung wird dadurch elaboriert, dass die Freunde zu Vermittlern von (medienbezogenem) Wissen geworden sind, es hier also zu einer Transformation von kulturellem Kapital durch Vertreter der Mehrheitsgesellschaft gekommen ist. Durch dieses Thema hindurch wird der Vater von Sercan als Person mit erfolgreichen und anschlussfähigen Kontakten in der gesellschaftlich-öffentlichen Sphäre vorgestellt. Hiermit ist überdies auch das Thema der männlichen Ehre *(şeref)* aufgeworfen, die dem Vater von Sercan hier vermittels seiner Schilderung von erfolgreicher Integration und Wissenszuwachs zugeschrieben wird.[169]

Inwiefern sich in Sercans Orientierung Sozialkapital in Computerwissen niederschlägt, zeigt sich auch daran, dass er – neben der Tatsache, dass er den PC von seinem Vater bekommen hat – auch die innerfamiliäre Transmission von computerbezogenem kulturellem Kapital als Statusfrage begreift:

```
(64)
S: Na ja, Brennen, mit dem Brenner so umzugehen. Videokassetten
auf eine CD machen, DVD zu brennen, also, so was. Und, er hat
mir dann einmal meinen Rechner aufgeschraubt, hat er mir alle
Teil so drinnen gezeigt, so das ist DAS und das ist DAS und das
ist DAS, so, das ist der Belüfter, das ist das Motherboard, TV-
Karte, Grafikkarte, hat er mir so alles gezeigt. Ich würde es
auch hinbekommen, Sie geben mir jetzt sagen wir mal irgendein
TEIL, so ein TV-Karte, ich würde es einbauen können.
```

Hier wiederholt sich zunächst die Orientierung an der Selbstwahrnehmung als eines digitalen Experten; neben dem Vervielfältigen von Datenträgern als wichtigen Bestandteil seiner Medienpraxis berichtet Sercan, wie er mithilfe seines Vaters auch eine technologische Kompetenz erlangt hat und aufgrund dessen nun über ein Wissen über die einzelnen Bestandteile des Rechners und damit über das technologische Zusammenspiel der Hardware-Komponenten mühelos zu verfügen scheint. Technikbezogener Wissenserwerb kennzeichnet sich hier als eine Statustransformation, in welchem der Vater ähnlich einem Vorbild bzw. einem Lehrmeister erscheint, der vom Sohn als Ressource erlebt wird, um die dadurch erlangte Computersouveränität in einem außerfamiliären Kontext zur Darstellung zu bringen, etwa in der Beratung der „Kunden" des Internetcafes (siehe oben) oder auch kommunikativ in der Situation des Interviews. Zum Ausdruck kommt hier eine Art Selbstbestätigung: Würde der Interviewer ihm ein beliebiges „TEIL" des Computers aushändigen, wäre er imstande, es „einbauen" zu können. Auf diese Weise setzt Sercan performativ die eigene Handlungsfähigkeit in Szene und versucht auf diese Weise, den Forscher in Form der Selbstinszenierung als Hardware-Profi mit einer technikbezogenen Souveränität zu überzeugen.

Diese hohe symbolische Bedeutung des Hantierens *mit* Objekten und die Einbindung *in* die Welt medientechnischer Dinge (vgl. Schäffer 2001: 60) zeigt sich auch dort, wo Sercan in fast atemloser Performanz Einblicke in die kollektive Selbstwahrnehmung seiner Peergroup als hardwarebezogene Experten und Händler schildert. Deutlich wird

---

[169] Im Gegensatz zu namuş (siehe hierzu das Fallbeispiel von Zeynep) bedeutet şeref die Ehre als Resultat persönlicher Leistungen, ähnlich dem deutschen Begriff der Würde (vgl. Strobl 1996: 164); şeref kann z. B. durch eine erfolgreiche berufliche Karriere oder die Reputation in öffentlichen oder politischen Beziehungen erworben werden, umfasst also „den guten Ruf in der Gemeinschaft, das Ansehen in der Gemeinschaft" (Strobl 1996: 164).

darin eine starke habituelle Übereinstimmung in der Orientierung an einer technikbezogenen Souveränität:

```
(375)
S: Ja, wir immer so „brauchst du ein neues Motherboard?",
„kannst du mir eine neue Maus kaufen, oder besorgen?", „weißt
du wo es die billiger gibt?", „weißt du wo man einen Brenner
kauft?" oder „kannst du mir meinen Brenner verkaufen, irgendje-
mandem, ich habe keinen Kunden", „mein Computer stürzt ab, was
ich kann ich dazu tun?" So was halt.
```

Die Freunde handeln und behandeln sich gegenseitig wie Protagonisten in einer Sphäre technikbezogener Alltagspraxis, die sich wechselseitig reproduziert. Die technische Apparatur als solche hat hier hohen symbolischen Wert; es gilt, elektronische Bauteile und Eingabegeräte zu besitzen, zu beschaffen und weiterzuverkaufen. Zum Ausdruck kommen damit eine Orientierung an der Materialität technischer Ausrüstungsgegenstände und eine ausgesprochen possessive Haltung ihnen gegenüber. Entscheidend ist aber, trotz dieser Selbststilisierung nicht als „Freak" (65) gelten zu wollen:

```
(65)
I: Mhm, also ich kenne mich damit nicht aus, also ich weiß
nicht, welches Teil da wie heißt ((lacht))
S: Okay, so scharf bin ich jetzt mal AUCH nicht, so über Compu-
ter, so ein Freak bin ich AUCH nicht. Aber-
I: Mhm, aber du kennst dich ganz gut damit aus.
S: Nicht SO GUT, aber, es reicht für mich, und insofern.
```

Es geht Sercan darum, Computerwissen in einem dem Status der Peergroup angemessenen Maß zu *haben*, sich aber nicht so weit in die Technik zu vertiefen, dass dies etwa seltsam oder grenzwertig erscheint. Diese Lesart ist im negativen Gegenhorizont des Computerfreaks aufgehoben: Der Computer soll gerade nicht das einzige sein, was beherrscht bzw. worüber verfügt wird, sondern was sich als persönliches Attribut Option in eine Ensemble aus mehreren Optionen einreiht, wodurch die Person eben nicht ausschließlich über das Computerwissen definiert wird. Dass der Computer gerade nicht der einzige Lebensinhalt ist – wie beim „Freak" – wird so zum Dokument eigener Souveränität, die noch genug Distanz zum Computer wahrt und durch die Beschäftigung damit nicht in ein soziales Abseits gerät.

In der Orientierung, statt fanatisch vor allem könnend zu sein, betont Sercan, dass eine medienbezogene Kompetenzerweiterung jederzeit und einfach möglich sei; etwa informiert er umstandslos über das Vorhandensein von Wissenslücken beim handlungspraktischen Umgang mit dem Computer, welche aus seiner Sicht aber mühelos überbrückbar sind; Probleme macht z. B. manchmal der Umgang mit der „Digitalkamera" (447):

```
(447)
S: Ich weiß zwar SCHON, wie man Fotos schießt, aber den Rest
weiß ich nicht, also so die Digitalkamera an meinen Computer
ran zu machen und so was. Mit dem Kabel umzugehen und so, da
kenne ich mich nicht gut mit aus. Würde es mein Vater mir ein-
mal zeigen, könnte ich SCHON damit umgehen. Manchmal lerne ich
```

auch vom Sehen so, ich gucke halt, er macht das und das, okay, ich hab's schon gelernt.

Ein erkanntes eigenes Unvermögen bezüglich der PC-Bedienung wird zwar konstatiert, daran aber sofort mit dem Hinweis auf die Fähigkeit sofortigen Imitieren-Könnens angeschlossen. Die computerbezogene Wissenslücke könnte sofort überbrückt werden und es sind Wissenskontingente vorhanden, die sich souverän angeeignet werden könnten; hierzu reiche es zuzuschauen und das Resultat in Form eigenen Vermögens emergiere wie von selbst.

Diese Selbstwahrnehmung eines Könners lässt sich auch am Modus herausarbeiten, in dem Sercan selbst Computerwissen an andere weitervermittelt: Im familiären Kontext grenzt er sich z. B. betont von seinem drei Jahre älteren Bruder ab („er kennt sich ÜBERHAUPT nicht aus, GAR nichts). Er weiß nicht mal, wie man den Computer ausschaltet oder anmachen soll", 401); ganz im Gegensatz dazu ist er derjenige, der der Mutter „mal beigebracht hat", wie man „mit dem Computer und so Lieder hört" (409): „ICH habe ihr das ALLES gezeigt, Innerhalb von zehn Minuten konnte sie ALLES. Wie man den Computer bedient und so. ICH habe es ihr so alles gezeigt" (411). Zum Ausdruck kommt damit die Akkumulation von familiärem Prestige, als männlicher Technikexperte zu agieren und der Mutter in kürzester Zeit auf die Sprünge zu helfen.

Auch in anderen Zusammenhängen wird Computerwissen zu einem symbolischen Kapital, das in sozialen Kontexten von Sercan in Wert gesetzt wird:

```
(500)
S: Mein Freund, er hat einen PC bekommen, vor zwei Jahren, also
zum ersten Mal. Er hatte KEINE AHNUNG. Ich habe ihm so- also er
hatte die Windows XP Home-Edition, und er wollte Professional
haben, habe ICH ihm das gemacht. Er wusste nicht wie es geht,
ist eigentlich leicht, kann jeder. Aber seine Festplatte war
durchgedreht und so. Haben wir dann einen Mann gerufen. Haben
wir dann eine neue Festplatte gekauft. Habe ich ihm dann GEHOL-
FEN, so, ich WUSSTE es aber auch nicht so, ich konnte es auch
nicht so. Aber das Risiko bin ich dann eingegangen, habe es
dann versucht, es hat dann auch geklappt und so. Habe ich dann
so mitgeholfen, seinen Tisch mit aufzubauen, seinen Computer-
tisch. Habe ich dann- Also er brauchte dann WinZip, auf seinem
PC, auf seiner Festplatte. Und, ich glaube so um Dos-Spiele zu
spielen. Das habe ich ihm dann auch installiert. Ich weiß nicht
genau, wozu WinZip dient.
```

Während er hier schildert, die Medienumgebung des Freundes eingerichtet zu haben, orientiert er sich weniger an rational-technikbezogenem Detailwissen als an der Demonstration einer technischen Machbarkeitskompetenz. Vermittelt wird hier, in der Position des Fachmannes eigenes Können in den Dienst anderer gestellt zu haben, woran sich einerseits ein Empowerment, andererseits aber auch ein eigener Distinktionsgewinn ablesen lässt. Indem die Passage eine Fähigkeit transportiert, die er selbst in den Augen Anderer genießt und deren Wirkung ihm wichtig ist dokumentiert sich darin eine Orientierung an sozial anerkannter und mit sozialer Geltung ausgestatteter Technikexpertise.

Inwiefern sein Status innerhalb der Peergroup den zentralen Rahmen für Erwerb und Relevanz von Computerwissen für Sercan bildet, dokumentiert sich auch in Bezug auf die Umgangsfertigkeiten mit dem Internet: Auf die Frage nach diesbezüglichen Lernerfahrungen führt er aus:

```
(70)
S: Jetzt so, also es gibt so eine Seite, und ALLE meine Freunde
so, alle in einer Reihe, jeder hat seinen eigenen PC. Und dann
spielen wir alle so gegeneinander, so Schießerei und so. So
was, und dann auch, man hat schon so von ALLEINE dann Ahnung,
man bekommt schon so Ahnung. Man bekommt schon von alleine so
Ahnung. So, ja, also so unter Freunden sind wir immer so im
Internetcafe, so, sind wir immer im Internet so.
I: Mhm, wie hast du denn gelernt, wie man sich im Internet so
bewegt, also man muss ja auch [wissen wie-]
S: [Ach, das ist] doch eigentlich LEICHT einfach, also du
siehst da den Internetexplorer, klickst du so www und dann,
also, wenn ich die Wahrheit sage, habe ich das auch im Fernse-
her gelernt. So, ich habe das immer so gesehen, so wie machen
die das da, so www, DAS und DAS, dann Punkt de klicken, und
dann gehen wir da rein, also die zeigen es ja immer. Aber, man
muss nicht IMMER www schreiben, man muss eigentlich NIE www
schreiben. Du kannst einfach so B.-Oberschule.de schreiben, www
muss man nicht.
```

Die Beherrschung des Internet erscheint hier daran gemessen, inwiefern die eigene medienbezogene Handlungsfähigkeit in einem sozialen Referenzrahmen zur Geltung kommt. So erscheint Sercan als Glied einer Kette, das sich im wahrsten Sinne des Wortes in die „Reihe" der Freunde einreiht und sich darüber das entsprechende Handlungswissen aneignet. Der Erwerb der Computer- bzw. Internetkompetenz findet hier auf dem Wege statt, dass gemeinsame Computeraktivitäten im Kreise der Freunde praktiziert werden, aus denen man „ALLEINE dann" die notwendige „Ahnung" bekommt, welche sich dann wiederum im Kreise der Freunde bewährt bzw. bewähren muss. Auf diese Weise schildert Sercan medienbezogenes Lernen im Modus des Anschlusses an eine Peergroup-Souveränität, in der sich der Umgang mit dem PC in einer aktionistischen Logik entwickelt und darüber eine Selbstwahrnehmung produziert, Experte zu sein. In diesem Sinne stellt sich für Sercan auch die instrumentelle Handhabung des Internet als überaus einfach und voraussetzungslos dar und erscheint der Umgang damit vom Prinzip her „LEICHT"; er erschließt sich darüber, dass man in die Befehlszeile des Browsers eine Adresse eingibt, was auch beinhaltet, entsprechende Beispiele im Fernseher zu verfolgen, zu reproduzieren und dann darüber zu verfügen. Insofern handelt es sich hier um die Übernahme bzw. Imitation von instrumentellen Handlungsvollzügen zum Zweck der Gruppenintegration, wobei es auch darum geht, ein Verfügungswissen zu demonstrieren, das die eigene Fähigkeit anzeigt, umstandslos und weitgehend unkompliziert im Netz navigieren zu können. Der Horizont, vor dem dies erfolgt, ist eine Praxis des selbstverständlichen Tuns unter Freunden, an der teilgenommen wird und vor welchem „Lernen" äquivalent erscheint zur Überbrückung eines Statusunterschiedes mit anschließender Demonstration der Inklusionsfähigkeit.

Hierzu gehört auch die betonte Selbstzuschreibung, im Verlauf der eigenen Computerbiographie selbst vermögend geworden zu sein und sich bei Schwierigkeiten mit der Computertechnik handlungsmächtig und souverän zu verhalten.

```
(145)
S: Früher, also ich habe immer so den Knopf gedrückt. So, aus-
schalten. Aber ich wusste nicht dass man auf „Start" gehen
muss, „Computer beenden", so.
I: Mhm, wie ist denn das jetzt? Gibt's denn manchmal Sachen die
du schwierig findest? // S: Nee. // I: Gibt's keine? // S: JA,
stürzt ab, da- Okay, also WENN es abstürzt, danach- Ja, oder
wenn der Computer RICHTIG so langsam ist, schon richtig schwach
geworden ist, dann defragmentiere ich meinen Computer. Das dau-
ert drei Jahre. Ach, drei Jahre sage ich- [((lacht))] //
I: [((lacht))] // S: Zwei Tage oder so. Und dann ordnet es die
Ordner wieder so, so bringt das wieder so in Form, das ist dann
wieder, sagen wir mal so, wieder wie normal, der Computer. Das
dauert zwei Tage, einen Tag. Ja, so einfach „Start", „Defrag-
mentierung", das ordnet dann deine Ordner.
```

Gelang ihm anfangs lediglich eine einfache und unspezifische Umgangsweise mit dem PC, hat sich Sercan zu einem User weiterentwickelt, der die vollständige Funktionsfähigkeit der Technologie und ihre Möglichkeiten der Wiederherstellungsfähigkeit souverän beherrscht. So schildert er hier den Akt eines reparaturhaften Eingriffes in die Computertechnik nach Art einer Vorgehensweise der beherrschenden Modifizierung von etwas Minderwertigem („richtig schwach") in etwas Ansehnliches („wieder so in Form"), das begleitet wird vom Erleben einer aufwändigen Involviertheit in die Technologie, die dann vermeintlich „drei Jahre" dauert.

In den Kontext dieser selbstverständlichen Involviertheit fällt auch das Verfügen über „Lieder" auf dem Computer als eines im Freundeskreis hochbedeutenden symbolischen Kapitals, das sie sich regelmäßig „runterladen" und „weitergeben" (432). Die Bestrebungen, auf dieser prestigeträchtigen Bühne mitzuspielen, schildert Sercan als das individuelle Projekt einer Überwindung von Schwierigkeiten, in dem er sich einer Anstrengung unterzog, die zum Ziel führte:

```
(347)
S: Ich habe mal das Programm „Kazaa" auf meine Festplatte, so
runtergeladen. Da musste ich nicht wieder in Internet, so auf
diese Seite, dann habe ich immer auf meine Festplatte, das war
auf meinem Desktop, also Kazaa, ich habe dann da so drauf ge-
klickt, und dann habe ich das alles so runtergeladen. Also, das
könnte eigentlich JEDER machen, Kazaa auf die Festplatte, aber
ich hab's gemacht, ohne dass ich es vorher WUSSTE. Ich hab's
von alleine versucht, habe ich es dann geschafft. // I: Und
dann? // S: Habe ich mich RICHTIG gefreut, aber, also habe ich-
aber ich hab so gedacht „wenn ich was WILL KANN ich das dann".
Also wenn ich mir dann Mühe gebe. Weil manchmal, also ich LESE
nicht richtig, und klicke dann einfach weiter weiter weiter.
Beim Installieren, ich klicke einfach so.
```

Das Runterladen des Programms ist hier zunächst die Bedingung, sich Musik aus dem Internet zu beschaffen. Während dies einfach ist und von Sercan als ubiquitäre Fähigkeit jedermanns vorgestellt wird, ist entscheidend, dass Sercan selbst dies ohne Vorhandensein eines vorherigen Handlungsplans *gelungen* ist. Anders ausgedrückt: Learning by doing wird offensichtlich als prestigeträchtiges Distinktionsmerkmal gegenüber der Allgemeinheit von Computernutzern erfahren; auf diese Weise schreibt sich Sercan die Fähigkeit zu, selbstständig ein Ziel zu erreichen, wo andere erst einmal wissen müssen, wie dies geht. Begleitet wird dies vom Erleben einer Machtfantasie, die den eigenen Willen zum alleinigen Motor erklärt, ein Ziel zu erreichen. Den eigenen Erfolg verbucht Sercan dazu als Beweis einer besonderen Willensstärke. Das Resultat ist aus alleinigem Antrieb erreicht worden, was mit dem Zusprechen eigener Selbstwirksamkeit einhergeht, die gleichzeitig als Auszeichnung sich selbst gegenüber konnotiert wird. Es geht hier darum, etwas aus eigenem Antrieb auf die Beine gestellt zu haben verbunden mit der Selbstwahrnehmung einer Distinktion von der Masse und einhergehend mit der Demonstration einer Fähigkeit, sich aus dem Zustand eines Nicht-Wissens kraft eigener Souveränität befreien zu können.

Über die Orientierung am Besitz sozial anerkannter und mit Sozialprestige ausgestatteter technisch-instrumenteller Handlungsvollzüge hinaus zeigen sich auch in der Medienrezeption Motive, die symbolisch das Thema Status implizieren. Deutlich wird dies an Schilderungen zur Nutzung von Angeboten mit einem hohen Aufforderungs- und Identifikationspotential:

(199)
I: Ja, also du hast jetzt gesagt [Fußballspiele-]
S: [Ja, aber auf] Playstation 2 spiele ich das.
I: Ja, und auf deinem PC? Gibt's da auch Spiele?
S: Nee, auf meinem PC brenne ich nur. Also mache ich Filme auf meine Festplatte, die ich von meinen Freunden bekomme. Und installiere ich paar Spiele, was ich so auf Computer habe, und NICHT auf Playstation 2 habe. Also, jetzt SO, da spiele ich Fußball, „Fifa 2005" und so. Und „Need for Speed Underground 2", ich mag so Autospiele so, wo man auch aufmotzen kann und so. Ja. // I: Ja, mhm // S: Da gibt's doch eine Serie, „Pimp my Ride", kennen sie die vielleicht. Ja, also so mit „West Coast Customs" und so. Ich MAG das, das zu gucken, wie die das so aufmotzen und so, und bei „Need for Speed Underground 2", da kann man es SELBER machen. // I: Ach so. // S: Das macht SPASS. Und Fußball? Ich spiele ja auch so in meiner Freizeit Fußball, auch so unter Freunden und so. Und dann stelle ich mir so vor, der bin ich, in diesem Spiel halt, wenn ich spiele. Man kann so COOLE Trickse machen und so, als jetzt da SPIEL, das macht SCHON Spaß. // I: Mhm. // S: Fußball und- So Ballerspiele, ich MAG das nicht so gerne. Du läufst, es kommt einer, du ballerst ihn ab. Ein ANDERER Mann kommt, du erschießt ihn. Aber bei Autospielen, also du kaufst dir ein neues Auto, motzt den auf. Fußball, da kannst du Spieler kaufen, Spieler verkaufen. So was macht Spaß. Strategie mag ich AUCH nicht so. Nur „Age of Empires" mag ich.
I: Warum magst du das gerade?

S: Also DA kenne ich mich AUCH gut aus. Ich kenne viele Cheats und so.

Neben dem selbstverständlichen Überspielen von Formaten von einem zum anderen Medium geht es hier um die Praxis des Aufwertens und Verbesserns technischer Artefakte, welche mit dem Erleben eigener Selbstwirksamkeit und Grandiosität einhergeht. Hierzu bedient er sich eines Medienformates, das er aus dem Medium Fernsehen kennt und häufig rezipiert: Die entsprechend beobachtete Handlungspraxis imitiert er anschließend in einem an die TV-Serie angelehnten Computerspiel. Hier fallen wichtige Merkmale seiner Mediennutzung zusammen: die Rezeption entsprechender populärkulturell verankerter symbolischer Bild- und Themenwelten, und die mimetische Aneignung der vermittelten Handlungsoptionen. Bezüglich des darin zum Ausdruck kommenden Habitus ist es allerdings nicht eindeutig so, dass eine dieser beiden Seiten am Anfang steht – im Sinne einer Linearität – sondern dass beide ineinander verschachtelt sind. So folgt aus dem Anschauen der Serie nicht unbedingt der Effekt des Imitierens, sondern selbiges wirkt auch wieder auf das Anschauen zurück. Vielmehr scheint die gesamte Medienpraxis aufgehoben in einem technikbezogenen souveränen Habitus mit Akzent auf Status und Anerkennung. Ähnlich verhält es sich mit dem Fußballspiel: Hier identifiziert sich Sercan mit einer der virtuellen Spielfiguren, während gedanklich bzw. im Hintergrund die entsprechende reale Praxis auf dem Fußballplatz mit Freunden prozessiert und mit dem Geschehen am Bildschirm synthetisiert wird. Genau hier imaginiert er sich als jemanden, der etwas Außergewöhnliches *kann* („so COOLE Trickse"), was ihm in der realen Welt augenscheinlich verwehrt bleiben muss; in anderen Worten: Die eigene soziale Stellung in der peergroup wird im Kontext der Medienrezeption auf ein symbolisches Areal von fiktiver Stärke appliziert. Insofern beschreibt er hier die Nutzung von Medienangeboten als virtuelle Verhandlung des eigenen Status und dessen Transformation in etwas Höheres.

Orientiert an Möglichkeiten des Erlebens von Stärke, Status und Prestige bearbeitet Sercan auch die Beziehung zu anderen Medienfigurationen; etwa berichtet er von einer über sein Medienarrangement vermittelten Symbolfigur des männlichen Helden, zu der Sercan eine interaktiv Star-Fan-Beziehung pflegt. Hierzu schildert er einerseits die mediale Verfügbarkeit bzw. den Zugang zu bildlichen Darstellungen, andererseits aber auch eine realweltliche Situation des Kontaktes zu ihm:

(255)
I: Erzähl doch nochmal so'n bisschen was du sonst so im Internet zum Beispiel-
S: Manchmal, ich schreibe dann einfach so Namen, von jemandem, sage ich mal Jackie Chan, was ich sehen will, auf „Bild" klicke ich dann, dann kommen ALLE seine Bilder. [Störgeräusche] hier so, also in „In 80 Tagen um die Welt", kennen sie diesen Film?
I: Ja, der war auch gerade im Kino, oder?
S: Ja, der mit Jackie Chan. // *I: Genau.* // S: Der ist doch auch HIER gedreht worden, Gendarmenmarkt. // *I: Mhm* // S: Da war ich AUCH. Da habe ich ein Foto von ihm gemacht. // *I: Echt?* // S: Ja ja, SO NAH, SO NAH wie Sie jetzt hier sind, yemin adıyorum, SO NAH.
I: Hey, und hast du dann ein Autogramm gekriegt dann oder-

S: Das war SCHWER, von tausend Leuten hat er nur zwei Leuten [ein Autogramm gegeben]
I: [Na ja der war abgeschirmt] oder-
S: Nee, das wollte ich eben gerade sagen, er hatte KEINE Bodyguards. // I: Mhm // S: Er hat auch ZEIT für seine Fans genommen.

Die von Sercan empfundene Magie des von ihm hier wiedergegebenen Erlebnisses speist sich aus dem Erleben eines tatsächlichen Dabeigewesenseins und damit der realen Überbrückung einer ansonsten nur medial bzw. aus der Distanz erlebbaren Fanhaltung. Wichtig ist dabei die Teilhabe an einem Event aus Anlass einer aktuellen Produktion, anders ausgedrückt das Up-to-date-Sein bezüglich der Aktivitäten des Schauspielers; der beschwörende Stolz („yemin ediyorum"[170], einen prestigeträchtigen Platz in der Zuschauermasse erkämpft zu haben, fast gewissermaßen bis auf Tuchfühlung mit dem Idol gegangen zu sein und ein mediales Erinnerungsprodukt produziert zu haben; schließlich die Idealisierung dessen physischer Präsenz und Stärke, die es „Jackie Chan" erlaubt, sich frei bewegen zu können und darüber hinaus Sercans Erleben, dass ihm als Fan selber respektvoll Beachtung geschenkt wird und auf diese Weise Aufmerksamkeit seitens der Figur zuteil wurde. Der Realkontakt zu dieser Figur vermittelt sich hier wie ein persönlicher Statusgewinn; es geht Sercan darum, *dass* das Idol ihn so nah an sich herangelassen hat und *dass* ihm von diesem etwas gewährt wurde (Nähe und Zeit) – dass ihm also selbst Anerkennung zuteil wurde von einer mit männlichen Attributen ausgestatteten Figur, mithin einer Figur, die er als in einer Statusposition befindlich wahrnimmt.

Auch in einem weiteren Mediennutzungsbereich – dem Chatten – zeigt sich, inwiefern Sercans Habitus eine Orientierung an Status mit Männlichkeitsaspekten verbindet:

(89)
I: Chatten machst du auch?
S: Na ja, nicht immer. Da gibt's jetzt so eine Seite, die heißt www.myflirt.de. Aber da bin ich nicht registriert, aber ALLE meine Freunde, ALLE DA. Fragen sie ganz BERLIN, ganz DEUTSCHLAND, alle sind da registriert. // I: Mhm // S: Alle sind da. Das ist jetzt so- also du brauchst ein Foto, man hat ein Foto da. Und, du lernst dich mit jemandem kennen. Kannst du dann nach MSN- also Kamera, könnt ihr euch dann sehen, und dann könnt ihr euch schreiben.
I: Aber DU bist da nicht [reg-]
S: [Ach], ist nix für MICH.
I: Ach so, aber sonst jetzt chatten machst schon gerne oder wie-
S: Chatten, ja. So bei www.chatcity.de, nee also http:www.chatcity.de. Da gibt's VIELE, es gibt chatcity, freechat. Freechat, chatcity, äh, chattalk, da gibt's viele.
I: Mhm, und mit wem chattest du dann so?
S: Mit MÄDCHEN.
I: Aha. Also, magst du das erzählen, oder-
S: Weil ich nicht auf Jungs stehe. ((lacht))
I: Ja okay, aber, mhm. Na ja, also man könnte ja auch mit Jungs

---

[170] türkisch für = „ich schwöre"

> *chatten, also mit Freunden.*
> S: Ja, Freunde, so, wenn du telefonierst, und hast kein Guthaben mehr, und dann kannst du mit denen reden was du willst.
> I: *Ja, und worüber unterhaltet ihr euch so?*
> S: Na ja, man will sich ja eine Freundin klären.
> I: *Aha, und hast du schon mal jemanden [kennen]*
> S: [Nee], ist nix für mich. Ich will keine Dings so, also keine Freundin aus dem Chat so. Ich verarsche die lieber.
> I: *Ach so. Mhm, wie machst du das, also-*
> S: Ja, „ich sehe so und so aus", oder „lass uns treffen", so was halt. Aber nicht IMMER, manchmal- also ich KENNE ja auch die Mädchen. Da gibt's VIELE Städte, kannst da rein gehen. Kannst Berlinchat gehen, Hamburgchat (2), auch türkischer Chat.

Zunächst verdeutlich Sercan, dass er sich als Mitglied einer Sphäre kollektiv generalisierter Praxis wähnt, an der er selbst jedoch nicht aktiv teilnimmt. Es geht hier aus seiner Sicht offensichtlich um eine Praxis, die bundesweit betrieben wird und an dem er gerne mitspielen möchte und dessen Regeln er überdies sehr genau kennt: Über das Funktionieren der Abläufe weiß er ebenso gut Bescheid wir über die technischen Möglichkeiten, den Kontakt zu „jemand", den man kennen lernen möchte, visuell zu intensivieren. Außerdem informiert er darüber, wie viele und multiple Möglichkeiten der Chatkommunikation es gibt, die auch ein selbstverständliches Repertoire seines Medienwissens darstellen. Entscheidend ist, dass diese Kommunikation vorrangig für den Beziehungsaufbau zum anderen Geschlecht genutzt werden kann, andererseits, dass die kommunikative Nutzung des Chats eine a priori vergeschlechtliche Nutzungsform darstellt. Sie erscheint als Bestandteil einer Konstruktion eines Männlichkeitshabitus, der hier auch eine ironische Zurückweisung von Homosexualität impliziert („nicht auf Jungs stehe"). Weiter vermittelt sich eine anonyme Form des In-Kontakt-Tretens zu Mädchen, das besonders attraktiv ist, weil man gerade nicht mit ihnen telefoniert, also direkt (zumindest verbal) mit ihnen spricht, sondern indirekt interagieren kann. Dabei deutet das unpersönliche Pronomen hier an, dass Sercan darin eine zutiefst männliche Handlungspraxis wähnt, an der man als Mediennutzer ganz einfach teilhat, um sich auf diesem Wege eine Freundin zu „klären". Darin dokumentiert sich wiederum Sercans Orientierung an Status, und zwar als Mann wahrgenommen zu werden, der aber gleichzeitig keinesfalls so eine „Dings" aus dem Chat kennen zu lernen gedenkt, sie stattdessen lieber „verarscht". Dies funktioniert über die Selbstpräsentation körperlicher Attribute und das Angebot einer Begegnung in der realen Welt, jedoch nicht „IMMER", denn in der Regel „KENNT" er die „Mädchen". Während sich also in der Anonymität des Chats einer Maskerade bedient wird, hat Sercan genau diese *selber*, so vermittelt er hier, scheinbar gar nicht nötig: Er „KENNT" ja auch die (echten) Mädchen. Deutlich wird hier: Ein *doing masculinity* ist jederzeit möglich; man kann sich eine „Freundin klären", *muss* dies aber nicht – in jedem Fall ist der Mann der eigentliche Hauptakteur, der die Regeln der Interaktion bestimmt.

Entscheidend ist, wie Sercan hier über die Passage hinweg ein implizites Ausgeschlossensein, ein Noch-Nicht, thematisiert, das aber zugleich von der Präsentation dessen begleitet wird, genaue Vorstellungen davon zu haben, wie die männliche Rolle gespielt werden muss und dass er selbst auch fähig wäre, sie spielen zu können. Genau diese Differenz wird zur Aufrechterhaltung der Demonstration des eigenen Status offenbar überbrückt. Die Praxis des Chattens erscheint hier wie die Schaubühne einer generalisierten Männlichkeitspraxis, welche Erfolg auf Anerkennung über das Vermögen verspricht, Nähe zum anderen Geschlecht herstellen zu *können* und sich eine Partnerin ähnlich einem Objekts zu *holen*. Das eigene Unvermögen, auf genau dieser Bühne (noch) nicht mitspielen zu können, wird von Sercan mit betontem Hinweis auf eine selbstgewollte Abstinenz heruntergespielt und somit überdeckt („Ach, ist nix für mich"). Insofern verfügt Sercan gewissermaßen über eine ausgeprägte Männlichkeitsinszenierungskompetenz. Inwiefern in diese, über die kommunikativen Mediennutzung hinaus, auch ansonsten der Computer eingebunden ist, dokumentiert sich darin, dass er sich die Praxis des Bildbearbeitens zur Imagination eines in die Zukunft gerichteten, männlichen Körperselbst zunutze macht: Die kreative Benutzung eines Bildbearbeitungsprogramms erfüllt demnach den projektiven Wunsch nach einem erwachsenen Männlichkeitsideal:

```
(439)
S: Ich habe mal eine Fotomontage gemacht. Mein eigenes Foto
gescannt. Und danach habe ich so einen Pickel weggemacht, dann
habe ich mir einen Bart drangemacht. So was, so älter, wie ich
so AUSSEHEN will, so, so was habe ich gemacht.
```

Zusammenfassend lässt sich sagen, dass Sercans Orientierungsrahmen der Mediennutzung um Fragen des Anschlusses an andere, der sozialen Geltung sowie des Status kreist und dabei die Suche nach einer gesellschaftlichen Positionierung impliziert, die mit Anerkennung und Prestige verbunden ist.

Dies lässt sich abschließend daran herausarbeiten, wie er sich bezüglich seiner Zukunft und der Bedeutung des Computers darin positioniert. Während sich im Fall von Ferhat eine bereits klare berufsbiographische Perspektive darstellte, in der dieser der Medientechnologien einen festen Platz im Kontext von Arbeitsabläufen innerhalb des elterlichen Betriebes zuweist, stellt sich die Situation bei Sercan zunächst genau gegenteilig dar:

```
(155)
I: Mhm. (2) Wie ist das denn eigentlich, also du machst ja eine
Menge mit dem Computer, und für wie wichtig hältst du das für
dein späteres Leben? Könntest du das mal sagen? Wie wichtig ist
das für dich für später?
S: Eigentlich GAR nicht. (2) Also, das würde für mich GUT sein,
wenn ich was mit dem Computer zu tun hätte. Ich glaube aber
nicht, dass ich mit dem Computer was zu tun haben werde. KANN
ja sein, vielleicht ändere ich meine Meinung, mache ein EIGENES
Internetcafe auf. Oder, so einen Computerladen, kann ja passie-
ren.
```

Sercan beginnt mit einer kategorischen Verneinung einer etwaigen Bedeutung der digitalen Medien für eine spätere Lebenszeit. Nützlich zeigten sie sich wenn überhaupt im Falle einer persönlichen Involvierung in eine computerbezogene Tätigkeit. Auf diese Weise entthematisiert er zunächst die Möglichkeit etwaiger Erfordernisse oder Aufgaben, zu deren Erfüllung sich Computerwissen bzw. Computerfähigkeiten als nötig und sinnvoll erweisen könnte. Deren Bedeutung wird vielmehr aus einer Ich-Perspektive vorgetragen, d. h. zur alleinigen Instanz, die über eine Nützlichkeit die Entscheidung zu treffen hat, wird er selbst. Dies wird auch deutlich, indem Sercan dann die anfängliche Irrelevanz der Medien bezüglich seiner Zukunft modifiziert und eine möglicherweise doch zukunftsbezogene Sichtweise einnimmt. Sichtbar wird auch hier wieder ein Entwurf der Zukunft aus der eigenen Perspektive, die Sercan durch die Vorstellung eines eventuellen Meinungswechsels artikuliert. Thematisch ist nun ein vollkommener Wechsel vollzogen: Nach anfänglicher Skepsis stellt er sich nun vor, ein „Internetcafe" oder ein Computertechnikgeschäft zu eröffnen. Damit antizipiert er eine selbständige Gründertätigkeit und eine eigene wirtschaftliche Existenz aus Sicht eines selbständigen Unternehmers – er wähnt die Möglichkeit, „Entrepreneur" zu sein, der „etwas Neues schafft und mit Hilfe von Innovationen versucht, den Markt zu erobern" (Fritzsche 2006: 37). Deutlich wird auch hier, vor allem durch den Nachsatz, inwiefern er sich als eigenmächtig und äußerst selbstwirksam präsentiert: Der eigene Erfolg sei jederzeit möglich, er „kann passieren". In dieser Konstellation, in der sich bezüglich seiner medienbezogenen Zukunft auf der einen Seite Irrelevanz und auf der anderen Seite eine auf Medien gegründete Existenz gegenüberstehen offenbart sich eine maximale Offenheit und Unsicherheit seiner (berufs-)biographischen Zukunftsperspektive, die er mittels der Vorstellung, alles sei möglich, bearbeitet und darüber vermittelt Stärke signalisiert.

Dass seine eigene Zukunftsperspektive, ganz unabhängig von der Frage der Medien, noch unklar ist, bejaht Sercan auf Nachfrage zunächst deutlich:

```
(157)
I: Weißt du denn schon, was du nach der Schule machen willst?
Hast du schon eine Idee? // S: Meine Zukunft jetzt? // I: Ja.
So, zum Beispiel Beruf, hast du da schon eine Idee? //
S: Eigentlich GAR nicht.
```

Aufgrund dieser Eindeutigkeit schreitet das Interview voran zur Frage nach weiteren Lernwünschen in Bezug auf den Computer im Allgemeinen. Es scheint daraufhin, dass Sercan diese offenbar von ihm selbst erkannte und gegenüber dem Interviewer mitgeteilte Perspektivlosigkeit so nicht stehen lassen möchte; als ob er wähnte, er könne gegenüber dem Interviewer als jemand erscheinen, der von gesellschaftlicher Marginalisierung bedroht sei, lenkt er das Gespräch von alleine auf die Frage nach seiner beruflichen Zukunft zurück:

```
(162)
S: Aber, jetzt noch mal zurück in die andere Frage, also mein
Vater ist jetzt nach Spanien geflogen. Er sucht jetzt was, also
er will irgendwas mit Restaurant machen und so. Vielleicht
könnte ich meinem Vater helfen. Vielleicht Restaurant größer
aufbauen, vielleicht wird es ja berühmt. Vielleicht mache ich
auch mein EIGENES Restaurant auf. (2) Ja, irgendetwas also mit
Essen. Soll was mit Essen sein, so Restaurant. Ich glaube ich
werde so ein Restaurant aufmachen. Ja.
I: Ja, okay, nehmen wir mal an, du würdest ein Restaurant auf-
machen. Was meinst du denn, wie wichtig ist es denn dann dafür,
dass du dich mit dem Computer auskennst?
S: (3) Eigentlich, eigentlich NICHT. Weil, ich werde ja der
Chef sein. Dann werde ich Arbeit haben, die, na ja, aber es
```

KANN ja sein, wenn man jetzt so Speiselisten herstellen will, dann zum Schreiben. Dann muss man damit umgehen können, Speiseliste ausdrucken und so, schreiben, die schreiben. Dann könnte es gut sein, damit um zu gehen.

Sercan vollzieht in dieser Passage eine kommunikative Transformation der zuvor explizit eingestandenen Unsicherheit in eine scheinbar sichere Perspektive. Dies gelingt ihm im Rückgriff auf eine episodale Schilderung bezüglich der Souveränität seines Vaters, der sich darauf versteht, auf dem Arbeitsmarkt flexibel zu verhalten und gerade dabei ist, im Ausland eine eigene wirtschaftliche Existenz aufzubauen. Sercan wähnt eine berufsbiographische Anschlussmöglichkeit an seinen Vater, indem er durch die Wiederholung „vielleicht" verschiedene Optionen durchspielt. Damit hat er sich kommunikativ eine starke Position zurückerobert, denn nun scheinen wieder viele Möglichkeiten offen. Hierzu imaginiert er zunächst, dem Vater zu assistieren, worauf später folgen könnte, das Restaurant werde seiner Vorstellung nach nicht nur „größer", sondern sogar „berühmt". Die nächste Option ist die Eröffnung eines eigenen Restaurants, worin wieder die bereits oben aufgetauchte Orientierung am eigenen Unternehmertum und die Schaffung einer unabhängigen Existenz aufscheinen. Der eigenen berufsbiographischen Unklarheit ist damit ein maximaler Gegenhorizont gegenübergestellt, und zwar das Erreichen von wirtschaftlichem Erfolg und Anerkennung. Orientiert an der Perspektive eines eigenen Unternehmers überrascht nicht, dass ein späteres Auskennen im Bereich Computermedien bzw. eine entsprechendes Wissen für Sercan wenig Relevanz hat. Das Besondere des wirtschaftlichen Erfolgs besteht hier vielmehr darin, sich in der Funktion eines „Chefs" zu befinden, der sich aufgrund der damit verbundenen Rollenprivilegien gerade *nicht* auf etwaige Bildungsrückstände oder lückenhaftes Wissen hin befragen lassen muss. Das Computermedium ist hier lediglich Hilfsmittel, um den eigenen Erfolg quasi technisch zu begleiten und daher auf seine handwerklich-dienende Funktionalität beschränkt, etwa bei der Produktion von Speisekarten im Restaurant zur Anwendung zu kommen – wenn überhaupt.

Im Anschluss an diese in Bezug auf den beruflichen Sektor deutliche Orientierung am Prinzip des Erfolgs und der sozialen Anerkennung äußert sich Sercan auf die Frage nach sonstigen weiteren Interessen am Computer folgendermaßen:

(167)
I: Ja, mhm. Okay, und jetzt noch mal, gibt's denn was, was du, im Moment so, was du gerne noch lernen würdest am Computer, was dich noch interessiert näher kennen zu lernen?
S: Ich weiß ja nicht, was es noch GIBT. Was man noch dazulernen KANN. Weiß ich nicht. Es gibt VIELE- Ich würde, also wie man eigene Email-Seite herstellen kann. // I: Mhm, warum gerade das? // S: Na ja, also wenn man sich manchmal registrieren will, da steht dann „bitte geben sie ihre Email-Adresse ein". Und, ich HABE ja keine, dann kann ich mich nicht registrieren in vielen Seiten. // I: Ach so, mhm. // S: Ja, und manche Freunde können auch was für mich schreiben, so Emailadresse.

Er offenbart zunächst, dass ein weiterer Interessehorizont hinsichtlich der Möglichkeiten des Computers kommunikativ nicht wirklich zugänglich ist. Bezüglich eines weiteren medienbezogenen Kompetenzerwerbs fällt es ihm sichtlich schwer, konkrete Gegenstände bzw. Inhalte zu benennen, gleichzeitig weist er auf „VIELE" Dinge hin, denen er Interesse entgegenbringt. In der schließlich von ihm genannten Partizipation an den Möglichkeiten des Email-Verkehrs dokumentiert sich, ähnlich zum Fall von Yüksel, ein negativer Gegenhorizont, und zwar eine Exklusion durch fehlende technische Möglichkeiten. Gerade *weil* Sercan keine eigene Emailadresse besitzt, macht er die Erfahrung, sich auf diversen Internetseiten nicht registrieren zu können, und das heißt: nicht dabei sein zu können und aufgrund des eigenen technologischen Rückstandes von Optionen abgeschnitten zu bleiben. Insofern zeugt dieser medienbezogene Lernwunsch von einer Orientierung an Anerkennung, Teilhabemöglichkeiten und Besitz.

6.1.2 Handlungserweiterung, Rationalisierung und Normalisierung

Anders als die Darstellungen der Jungen mit türkischem Migrationshintergrund orientieren sich die Jungen des Sample aus den Familien deutscher Herkunft hinsichtlich ihrer Mediennutzung an Prinzipien der Handlungserweiterung, der Rationalisierung und der Normalisierung.

Timo ist 15 Jahre alt und lebt als Einzelkind bei seinen Eltern. Seine Mutter arbeitet als Erzieherin, sein Vater ist Sparkassenagestellter. Das Interview mit Timo findet im Anschluss an eine Sportstunde statt, sodass er, um pünktlich zu erscheinen, sich nicht umgezogen hat und immer noch Sportbekleidung trägt. Er ist für sein Alter ungewöhnlich groß („ein bisschen mehr als eins neunzig", 11). Als ich danach frage, ob er vorhabe, Basketballspieler zu werden, winkt er lachend ab („nicht wirklich", 13). Timo wirkt freundlich, aber auch etwas reserviert. Als Hobbies nennt er „Freunde", „Computer" und „Kino".

Seine erste Begegnung mit dem Computermedium schildert Timo als eine eher zufällige, nicht durch ihn selber initiierte: Seinen Kontakt mit dem PC als Geschenk der Eltern wertet Timo als eher beiläufig bzw. normal und schildert eine sofortige und spontane Beschäftigung damit, wobei er dies als Tätigkeit charakterisiert, die, einmal angestoßen, zu einem selbstgesteuerten Projekt der Aneignung wurde:

```
(24)
T: Also, mit Computer, einfach mal so, zum (2) Geburtstag, halt
einfach mal einen so geschenkt gekriegt. Habe ich mich dann da
gleich RAN gesetzt, von meinem Vater ein bisschen erklären las-
sen und so. Und, in den ersten Jahren waren das halt nur so
Spiele, so zwischendurch, und dann, ja als es mit der Schule
losging, auch dann, habe ich dann auch noch so Internet ge-
kriegt. Und seitdem (2) mache ich da eigentlich fast täglich
was dran.
I: Mhm. Hast du denn einen eigenen Computer?
T: Ja. Mehrere. // I: Mehrere? // T: Mhm. // I: Inwiefern?
Also- // T: Ich habe drei Stück. // I: Drei? // T: Drei Stück,
ja, ((lacht)) // I: Warum? // T: Na ja, die haben sich halt mit
der Zeit so (2) angesammelt. Zusammengebastelt. Habe ich immer
mal so geguckt und so.
```

```
I: Mhm, aber die sind nicht alle drei gleich wahrscheinlich,
oder?
T: Nee, die sind nicht gleich, nee. Ein bisschen unterschied-
lich noch.
I: Mhm. Also und die stehen dann alle in deinem Zimmer, die
Computer oder wie?
T: Ja ZWEI davon stehen bei mir im Zimmer und EINER der ist
noch so ein bisschen am Basteln so. // I: Mhm. // T: Na ja,
wenn da irgendwie (1) also die Grafikkarte ein bisschen häss-
lich ist, dann such ich da halt eine neue oder so. Oder die
Festplatte ist zu klein, und so was halt.
I: Mhm. Äh, baust du denn dann selber so was ein oder-
T: Ja, na ja ((lacht)), ach das ist kein Problem eigentlich.
Nur ein bisschen stecken und dann so- (2)
I: Naja, für einige schon. Viele können das nicht. // T: Ja (2)
// I: Mhm. Äh, und wie ist das mit dem Internet, also wie bist
du dazu gekommen, dich damit zu beschäftigen?
T: Oh, naja das haben mir einfach so ein paar Freunde mal ge-
zeigt und (2) ich dachte das wäre auch eine gute Idee für die
SCHULE, weil man da ja aus dem Internet sehr viele SACHEN he-
rausfinden kann. Und auch mal für ein paar Vorträge oder so.
Und da hatte ich keine Lust immer alles in Büchern nachzugu-
cken, habe ich gedacht, (2) „setz' dich halt an den Computer."
```

Seinen Vater als Begleiter seines an den PC „Ransetzens" beschreibend wird deutlich, dass Timo die Aktivität eher bei sich selber verortet als bei diesem, sodass der Vater wie ein temporärer Aneignungspartner seiner anfänglichen Mediennutzung erscheint. Seiner Mediensozialisation eine zeitliche Dimension von mehreren Jahren einer vorwiegend spielbezogenen Nutzung gebend lässt Timo erkennen, dass er eine rein spielbezogene Nutzung subjektiv eher gering schätzt; diese scheint in seiner Offline-Zeit auch nicht übermäßig wichtig gewesen zu sein, fand sie doch nicht ständig oder häufig statt, sondern – im Gegenteil – „so zwischendurch". Bezüglich des Erhaltes eines Internetanschluss setzt Timo eine zeitliche Marke, durch welche Schule und Internetnutzung zusammenfallen und die Schule als zeitlicher Starter seiner Internetnutzung in Erscheinung tritt, die er seitdem als „fast täglich" klassifiziert. Bedeutsam erscheint hieran, dass er die Internetnutzung als aktives Tun verbalisiert, wohingegen er die frühere, spielbezogene Nutzung des PCs mit keinem äquivalenten, Aktivität signalisierenden, Verb belegt. Insgesamt scheint Timo fast bemüht, seine Computerausrüstung nicht zu hypostasieren, sondern anstatt dessen seine Ansammlung von Geräten als eher normale Begleiterscheinung einer technisch orientierten Hinwendung zum Computermedium zu verdeutlichen, in der eben mehrere Geräte sukzessive zusammengekommen sind. Während sich darin eine kontinuierliche Beschäftigung damit ausdrückt, dokumentiert sich weiter, dass Timo auf ein aktives Eingreifen *in* und ein Gestalten *der* Medientechnik abzielt, in dem es darum geht, diese zu verändern und zu verbessern. Er schildert dies am Beispiel zweier Hardwarekomponenten, deren Veränderung eine Aufwertung, Beschleunigung und Modernisierung des PCs bewirken. Zwar bindet er dies zunächst an ästhetische Kriterien, sucht etwa eine neue Grafikkarte, weil die alte „ein bisschen hässlich ist", schon bei der Festplatte geht es ihm aber um eine Erweiterung der Speicherkapazität. Den Ausdruck, den er zur Formulierung seiner Basteltätigkeit verwendet verweist auf eine Modellvorstellung des PCs als eines Komponentensystems, welches Eingriff und Gestaltung gleichermaßen ermöglicht, indem man beliebig Bestandteile auswechselt und dieses damit modifiziert. Obwohl die Technik hier nicht nur neutrales Objekt, sondern etwas Verschönerungs*bedürftiges* und Verschönerungs*fähiges* ist, vermittelt sich dies hier wie eine eher sachliche gerätemäßige Einbautätigkeit. Darin dokumentiert sich wiederum eine Orientierung an Aufbau und Funktionsweise der PC-Architektur, die etwa im Gegensatz zu Ferhat und Sercan (die dies als „aufmotzen" beschreiben) weit nüchterneren Charakter hat.

Dass Timo den Frageimpuls zur der ersten Begegnung mit dem Internet zunächst in einem ähnlichen Modus wie oben aufgreift, drückt aus, dass er seine Mediensozialisation insgesamt als eher beiläufig erinnert, nebenher verlaufen und ohne Besonderung. Genannt werden dann zunächst seine Freunde als Sozialisationsagenten, welche ihm das Internet „mal gezeigt" hätten. Die Weiterführung dieser ersten Begegnung stellt sich als von der Idee geprägt dar, das Internet schulbezogen nutzen zu können. Diese Vorstellung ist auch schon relativ konkret, denn es geht ihm darum, Recherchen durchzuführen, um die Ergebnisse für „Vorträge" nutzen zu können. Seine Internetbiographie stellt sich darin tendenziell zweckrational und verstehend dar. Weiterhin drückt sich darin eine Sichtweise des Internets als einer hilfreichen Datenbank aus, mit deren Hilfe Suchergebnisse in einem neuen Kontext (der Schule) zur Anwendung gebracht werden können. Das Medium ist hier eine *Erweiterung* der Bücher als konventioneller und bisheriger Informationsressourcen. Dies impliziert wiederum eine Mediennutzung unter den Vorzeichen einer instrumentell-werkzeugartigen Benutzung von Medien.

Bisheriges lässt sich so zusammenfassen, dass sich Timo als technisch orientierter Nutzer entwirft, der sich Medien rational, eigenaktiv-konstruktiv und lernend zuwendet und sie vorwiegend verständnisorientiert, bewusst und ausgewogen verwendet. Aufgeworfen ist damit eine Orientierung an einem rational-technikbezogenen Lernen und Verstehen im Modus der Nutzung und Erweiterung von Handlungsoptionen. Ein zentraler Bestandteil davon ist ein spezifischer Lernhabitus, der von der Betonung wissenserweiternder und systematischer Mediennutzungsformen geprägt ist. Dazu ist Timo daran gelegen, seine Medienpraxis gegenüber anderen Freizeitaktivitäten, vor allen seinen Freunden, deutlich niedriger einzuschätzen („also die FREUNDE sind mir SCHON wichtiger", 57) und seine Zuwendung zum Computermedium generell als normales Geschehen zu kennzeichnen („aber (2) ist auch SCHON gut wenn man auch mal Internet zu Hause hat", 57). Solche Momente von Aktivität und Rationalität ziehen sich auch durch den folgenden Gesprächsausschnitt:

```
(64)
I: Na ja, man kann ja auch ins Internetcafe gehen, oder so.
T: Ja, okay, AUCH manchmal, aber dann (2) irgendwie nur (2) so
Spiele gegeneinander spielen oder so.
I: Ach so. Okay. Äh (1) also du sagst, du sitzt täglich dran.
Und wie lange sitzt denn du so dran so?
T: Na ja, eigentlich meistens jetzt nicht länger als ne halbe,
dreiviertel Stunde so. Im INTERNET jedenfalls. Computer, immer
wenn ich Lust habe, irgendwas zu zocken oder so ((lacht)).
I: Mhm. Okay. Wenn du jetzt sagst du benutzt das Internet so
täglich halbe, dreiviertel Stunde, wozu benutzt du denn das?
```

Was machst du so alles im Internet? Das würde mich mal interessieren.
T: Na wie gesagt mit Freunden Chatten, oder Online-Games, so was wie „O-Game" oder so. Und (2), ja, was gibt's noch? (3) Ja, auch noch für die SCHULE wie gesagt mal so Sachen raussuchen. Oder mal halt was schnell downloaden (2) und in letzter Zeit lerne ich vom Internet Gitarre spielen. In einer Online-Gitarrenschule.
I: *Ach? Wie bist du denn dazu gekommen?*
T: Na ja, ich habe einfach mal so überlegt, äh, also (2) im Schrank habe ich ja ne alte Gitarre gefunden (2), habe ich mir dann neue Saiten gekauft, und so, und, dann konnte ich das ja nicht SPIELEN. Habe ich mal halt im Internet dann so gesucht, ob ich da ein paar Griffe finde oder so. Und dann habe ich eine RICHTIGE Online-Gitarrenschule halt gefunden.
I: *Aha, mhm, und, äh warum hast du das im Internet gemacht? Man kann sich ja auch irgendwie ein Buch nehmen oder so.*
T: Na ja, ich hab kein Buch davon zu HAUSE ((lacht)), und DESWEGEN.
I: *Ja, mhm, Und also, wie war das jetzt, also-*
T: Einfach mal SO, halt aus Spaß an der Freude habe ich mal nachgeguckt, ob es da was gibt und so.
I: *Und was hast du da jetzt gefunden? Was ist das genau?*
T: Na ja da ist- das ist eine ganz normale Seite (3) und da ist halt so ein Lehrer, und jede Woche ist da halt eine neue äh, Download PDF-Datei, ja, und dann guckt man sich die halt AN, und dann sind da jedes Mal so ein paar neue Griffe (1) und so was zum Nachspielen, und auch die Sounddateien, dass man es sich auch anhören kann, ob es auch RICHTIG ist, was man dann da spielt (3).
I: *Mhm. Und wie lange machst du das jetzt schon?*
T: Na ja, circa zwei, drei Monate so bisher.
I: *Mhm. Und hast du richtig Fortschritte gemacht dadurch?*
T: Ja ein bisschen ((lacht)). Eins, zwei Lieder kann ich jetzt SCHON spielen. (3)

Das Aufsuchen eines Internetcafes ist eingebunden in eine deutliche Markierung diesbezüglicher Grenzen: Zeitlich eher selten und inhaltlich nur zum Zweck, sich den Medien spielbezogen zuzuwenden. Deutlich wird damit eine bewusste, einer bestimmten selbst gegebenen Struktur folgende Mediennutzung, welche Timo bezüglich der zeitlichen Limitierung von oberhalb determiniert und eine unspezifische Spielepraxis an das bewusste Vorhandensein einer entsprechenden darauf gerichteten Motivation koppelt. Wiederholt ist damit das zweckrationale und strukturierte an Timos Mediennutzung. Weiterhin wird durch die Aneinanderreihung der Aktivitäten eine umfangreiche und vielseitige Nutzung erkennbar, die ein breites Spektrum an Anwendungsmöglichkeiten impliziert. Spiel- und arbeitsbezogene Nutzungsmodalitäten stehen sich dabei relativ gleichberechtigt gegenüber, zwischen ihnen wird *osziliert*. In der Wahrnehmung der Medien als Hilfsmittel kommt es zum Erwerb bzw. zum Aufbau neuer Handlungsoptionen: Nach dem Zusammenbau der alten Gitarre fehlt Timo die Anleitung, sie richtig benutzen zu können: Aktiviert wird dadurch eine Recherche, zunächst motiviert vom erwarteten Auffinden einiger kleiner Handlungstipps; letztlich gefunden und genutzt wird jedoch weit mehr als das, nämlich ein von Timo als echtes Manual bezeichnetes

Online-Lehr-Lernangebot. Timo antizipiert also zunächst die Existenz hilfreicher Online-Angebote, derer man sich relativ voraussetzungslos und leicht bedienen kann, wobei er den Umgang damit in einer gewissen Systematik als ein fortschreitenden und sukzessiv sich erweiternden Lernprozess beschreibt, auf den sich wiederholt und kontinuierlich eingelassen wird. Deutlich wird auch hier wieder eine technisch-funktionale Rationalität, an der Timo sich bezüglich der Medien und dem Umgang damit orientiert: Es existieren Textdateien zum Herunterladen und diese visualisieren die Gitarrengriffe, welche dann von ihm als Nutzer übernommen und nachgeahmt werden können; ebenso ein Audioangebot, das einen akustischen Abgleich und eine Überprüfung des sich angeeigneten Lerninhaltes ermöglicht. Timo betont hierzu, wie wichtig es ihm ist, dass sein Gitarrespielen korrekt ist, das heißt sein eigener Lernfortschritt der Rationalität des Angebotes auch hinreichend korrespondiert. Umgesetzt wird dies auch dadurch, dass es mit dem Spielenkönnen von „eins, zwei Liedern" um die Neukonstruktion von etwas Vollständigem und Ganzem geht.

Diese sich bislang dokumentierende Orientierung an der aktiven Konstruktion von Wissensbereichen und Handlungsmöglichkeiten lässt sich weiterverfolgen, wo Timo eine Wechselwirkung seiner eigenen Mediennutzung und der schulischen Computerbildung berichtet:

```
(125)
I: Und jetzt noch mal so am PC, äh was machst du denn mit dem
so alles? Kannst du das noch mal erzählen?
T: Na klar, also jetzt so zum Beispiel vom Informatikunter-
richt, da versuche ich halt SCHON ein paar eigene Programme zu
schreiben auch, um den Matheunterricht ein bisschen zu erleich-
tern oder so. Also, dann die ganzen Gleichungen und so (3).
Dann, ja schnell ein Programm geschrieben, und dann schaffe ich
das auch, muss ich nicht soviel NACHrechnen. Und ansonsten, na
ja, was mache ich denn noch? (3) Wenn ich also- Schreiben, so
Word Programm so ein bisschen. Sonst, na ja, Spiele habe ich in
letzter Zeit NICHT mehr so oft, weil, also macht keinen SPASS
mehr so richtig. So immer nach zwei, drei Stunden durchge-
spielt, und dann halt so (1) „toll..." ((lacht))
I: Also spielen machst du gar nicht so viel, oder?
T: GAR nicht, nee, eigentlich nicht.
I: Mhm. Ah ja. Und dann hast jetzt gesagt Computerunterricht in
der Schule, kannst du [das nochmal]
T: [Na, wie gesagt auch], äh, auch mal für die Zehnte Klasse,
so ich bin jetzt Neunte, und dann versuchen wir schon die The-
matik aus der Zehnten, da so diese ganzen Gleichungen und so,
die man in Chemie und Physik und so hat, da BEARBEITEN wir die
jetzt schon und schreiben halt Programme, damit uns das
LEICHTER fällt, und wenn wir das dann in der Zehnten haben.
Sonst- (3)
I: Wie würdest du denn sagen, das was ihr da in IT-, nee, wie
heißt der Unterricht für Computer?
T: Informatik. // I: Informatik, wie findest du das, also
jetzt-
T: Na KLAR, das hilft, richtig. Also, wenn man jetzt hier zum
Beispiel Dreiecksberechnung oder irgend so ein Zeugs, ja, oder
Pyramidenberechnung, gebe ich einfach meine drei Längen, vier
```

209

Längen ein, und dann HABE ich gleich das ERGEBNIS. Muss ich nicht irre viel Gleichungen ausrechnen und so. Also schon eine große Hilfe.

Den von ihm selbst praktizierten technisch-zweckrationalen Umgang vermittelt er in Relation zu den Erfahrungen des von ihm besuchten Computerunterrichts. Ausgehend vom Informatikunterricht enaktiert er eigene Programmierpraxen, die ihrerseits wiederum dazu dienen, das Fortkommen im schulischen Unterricht, diesmal auch in einem anderen Fach zu unterstützen: Dabei geht es darum, die Inhalte („Gleichungen") technisch umzusetzen und damit bearbeitbar zu machen. Dies fällt ihm nach eigenem Bekunden leicht, das Erstellen von kleinen Hilfsprogrammen geht schnell von der Hand. Der Computer wird zum Assistenten, der Rechenaufgaben abnimmt und somit die vorher konventionell, sprich im Kopf, zu bearbeitende Aufgabe übernimmt. Computertechnik erscheint hier als ein *Rechenknecht*, der in seiner Funktionalität genutzt wird und dessen Arbeitsergebnisse sich durch Schnelligkeit und Exaktheit auszeichnen – der Computer *ist* der perfekte Arbeitspartner, dessen Resultate nicht weiter geprüft werden müssen. Dieses zweckrationale Moment wird im Folgenden weitergeführt, denn damit verbindet sich eine Handlungspraxis, die über das bloße Nutzen des Computers als Spielzeug weit hinausweist: Gespielt *wird* zwar von Timo noch, Spielen wird als Nutzungsmodus aber gegenüber anderen Funktionalitäten des Computers deutlich abgewertet. Spiele sind inhaltlich beschränkt und implizieren über den Moment hinaus offenbar kaum echte Handlungsrelevanzen; sie sind nach überschaubarer und relativ eingegrenzter Zeit vorbei und den sich daraus ergebenden Mehrwert ironisiert Timo als gering. Auf die Frage nach den Inhalten des Computerunterrichts in der Schule geht Timo interessanterweise zunächst nicht auf Inhalte ein, sondern benennt mit dem kommenden Schuljahr einen in der Zukunft gelegenen Bezugspunkt. Er zeigt damit an, dass er die Beschäftigung mit dem PC in der Schule als auf etwas gerichtet erlebt und gibt ihr einen vorbereitenden Charakter. Antizipiert wird darin ein späterer Anwendungskontext, für den sich momentan mit dem PC beschäftigt wird. Den Inhalt der Beschäftigung charakterisiert er mit „Gleichungen, die man in Chemie und Physik hat", für die Programme erstellt werden, um den Umgang damit zu erleichtern. Damit reproduziert sich Timo Wahrnehmung des PCs als Hilfsmittel zur selektiven Vereinfachung. Deshalb erlebt er den Informatikunterricht auch eindeutig und betont als hilfreich und elaboriert dies am Beispiel Dreiecks- und Pyramidenberechnung: Hierzu könne er einfach etwas eingeben, und erhielte dann ein Resultat. Analog zu oben dokumentiert sich darin eine Wahrnehmung der Medien als eine instrumentelle Technologie, die Arbeit unterstützen bzw. Arbeit substituieren kann. Der PC erscheint hier als eine das menschliche Denken erleichternde und überbietende Maschine. Dass Timo die für sein Beispiel relevanten Rechenoperationen übersteigert („irre viel") signalisiert ebenso eine Orientierung an einer Medientechnik als Ermöglichung von Handlungsvollzüge, die unter Verzicht darauf weit schlechter zu bewältigen wären.

Entscheidend ist, dass hier das schulisch-institutionelle Lernangebot und seine Teilnahme daran offensichtlich in ein wahrgenommenes Vorhandensein eigener Handlungsoptionen transformiert werden: Schulische Computerbildung und eigene Medienpraxis werden in Komplementarität zueinander gesetzt. Darin zum Ausdruck kommt auch eine ausgeprägte Orientierung an gesellschaftlich-institutionalisierten Normalitätsvorstellungen und Erwartungshaltungen. So vermittelt Timo hier, inwiefern ein Wissenstransfer nicht nur reibungslos stattgefunden hat, sondern auch Bestandteil des eigenen Habitus geworden ist, an institutionell vermittelten Formen computerbezogener Handlungsfähigkeit selbstverständlich teilhaben zu wollen und auch zu können. Die eigene Handlungsbefähigung wird der Rationalität des schulischen Bildungsangebotes zugeschrieben, welche dadurch interiorisiert und habituell reproduziert wird.

Dieser Habitus eines aktiv Lernenden zeigt sich auch darin, wie Timo zusätzlich zur Schule eine weitere Lernarena darstellt: Bezüglich der Genese seines Computerwissens führt er aus:

```
(292)
T: Also einen TEIL hat man damals in der siebten Klasse, in
ITG, also in Informationstechnischer Grundkurs. Hat man das
dann da gelernt. Oder einfach mal so, vom Nachbarn oder so. Mal
gefragt, wie das funktioniert. Ob er das erklären kann und so.
I: Aha. Mhm. Äh, gibt's jemanden, den du um Hilfe fragst, wenn
du irgendwie Probleme oder eine Frage über den Computer hast?
Oder wen fragst du dann?
T: Also, meine Eltern ist SCHLECHT wenn ich die frage. Da habe
ich glaube ein bisschen MEHR Ahnung als sie ((lacht)). Oder ich
geh zu meinem Nachbarn halt, der wohnt genau unter uns. Und
der der- den kenne ich auch schon seit fünfzehn Jahren jetzt wie-
der, und der ist AUCH so Computer verrückt. Und dann setzen wir
uns da zusammen hin und versuchen irgendwelche Probleme zu
lösen.
I: Mhm. Ach so. Das macht ihr dann, ihr tüftelt dann zusammen
so ein bisschen?
T: Genau.
```

Sein Computerwissen wird von Timo nur partikular auf die Schule zurückgeführt. Zu einem anderen Teil hat er es auf informellem Weg erworben, und zwar von einem Nachbarn, der offensichtlich über PC-Kenntnisse verfügt. Damit kennzeichnet Timo seinen Wissenserwerb als *interessiert* und *aktiv-aufsuchend*; der Nachbar wurde von sich aus gebeten, in die Bedienung eingeführt zu werden bzw. um computerbezogene Erklärungen gebeten.

Indem er wiederholt auf die Formulierung „einfach mal so" zurückgreift, bestätigt er, dass es sich bei der Aneignung von medienrelevantem Wissen um einen für ihn offensichtlich normalen und selbstverständlichen Prozess handelt, der dann überdies auch dazu führt, sich entlang eines formalen Wissens von den Eltern abzugrenzen; bei seinen Treffen geht es dann auch um PC-Fragen, die nur noch unter „Computerverrückten" verhandelbar sind. Insofern nimmt Timo hier – im Gegensatz zu den Jungen mit türkischem Migrationshintergrund – eine begriffliche Selbstverortung vor, die an das Phänomen des Computerfreaks erinnert. Bestandteil dieses sich hier dokumentierenden Mediennutzungs- und Lernhabitus ist es, sich von Anfang an informeller Lern- und Aneignungspartner neben den Eltern und zusätzlich zur Schule als Wissens- und Lernressource bedient und von ihnen profitiert zu haben. Herausgestellt ist damit ein dialogisches, wissenserweiternde und das teamorientierte Potenzial einer gemeinsamen Computerbeschäftigung, die dabei hilft, Handlungsprobleme besser zu verstehen und zu bewältigen.

In diesem Zusammenhang beschreibt Timo seine Mediennutzung auch im Modus der Normalisierung eines computerbezogenen Könnens, das aufgrund eigener handlungspraktischer Erfahrung zu einem problemlösenden Umgang mit dem Medium befähigt:

> (102)
> I: Gibt's denn manchmal Sachen, die DU schwierig findest? Auf
> die du stößt, die nicht so klappen? Gibt's da Sachen?
> T: (3) Tja, ja, na ja, eigentlich eher WENIGER. Weil, wenn man
> sich damit schon jahrelang beschäftigt, dann KOMMT irgendein
> Problem, und dann weiß man ja auch, wie man das löst.
> I: Mhm. Was kommen denn so für Probleme? Kannst du mal so ein
> Typisches sagen, oder so?
> T: Na, ((seufzt)) keine Ahnung (3) wenn jetzt zum Beispiel die
> Seite nicht aktualisiert wurde oder so. Oder schon seit JAHREN
> da ist, dann muss man halt GUCKEN, ob man eine neue Version da-
> von findet. Oder, ja, was gibt's noch für Probleme? Na ja, zum
> Beispiel wenn die Firewall das oder das nicht zulässt, oder so.
> Dann ist immer schlecht ((lacht)). // I: Wieso? // T: Na ja
> gut, wenn man jetzt die Seiten, muss ja nicht ganz legal sein
> ((lacht)), aber wenn man dann da RAUF möchte, und dann wird die
> halt GESPERRT. Das ist immer schlecht (2).

Im Prinzip, so wird hier deutlich, *macht* der Computer keine oder kaum Probleme. Vielmehr geht es Timo um eine Interaktion mit den digitalen Möglichkeiten und deren Verfügbarkeit, bei der der generalisierte Nutzer mittels Internet eben „Aktualisierungen" von PC-Programmen vornimmt; Performativ fast schon gelangweilt stellt Timo dar, dass „man" sich der zur Verfügung stehenden Angebote bedient und ganz einfach danach sucht, ob sich etwas entsprechend Passendes „findet". Der handlungspraktische Umgang mit dem Medium stellt sich auf diese Weise rational-kalkülhaft dar; in diesem Kontext werden auch subversive Elemente der eigenen Medienpraxis (wie die Warnung der „Firewall" beim Aufsuchen illegaler Seiten) ironisiert.

Das sich bisher abzeichnende Vertrautsein mit computervermittelten Tätigkeiten lässt sich auch dort herausarbeiten, wo Timo die Medien als Handlungsressourcen bezeichnet, denen auch für die eigene Zukunft hoher Wert beigemessen wird. Beispielsweise wünscht sich Timo eine Ausbildung in einem informationstechnisch orientierten Beruf:

> (144)
> T: Naja (3) Also später, ich würde SCHON gerne (2) wenn, Aus-
> bildung und so, in Informatiker oder so. Aber, ist mir nicht
> das WICHTIGSTE, ich würde auch irgendwie Mechaniker oder so ma-
> chen, also IST mir WICHTIG, aber halt nicht- also SO wichtig
> ist es mir auch nicht.
> I: Also hast du schon einen Berufswunsch, richtig oder-
> T: Einen Berufswunsch? Ich hatte eigentlich KOCH, aber in letz-
> ter Zeit ist es, wenn ich dann in Schichten arbeiten muss, habe
> ich keine Lust dazu. Und sonst, INFORMATIKER würde mir SEHR
> viel Spaß machen. Oder, hier, groß war auch dings hier, äh,
> Webdesign. Da hatte ich mich auch schon bei einem Prakti-
> kumsplatz angemeldet, aber ich wurde leider nicht genommen. (3)
> I: Ach, schade. Und was meinst denn du, also jetzt egal, was,

wenn du dir auch noch nicht sicher bist, was du später machen willst. Wie wichtig sind denn so Computerkenntnisse für dich?
T: Also ich finde es schon SEHR wichtig in der heutigen Zeit. Weil, wenn man (2) was weiß ich, zum Beispiel auch wenn, wenn man jetzt Krankenschwester ist oder so, da muss man sich AUCH mit Computern auskennen. Die ganzen Krankenunterlagen werden doch jetzt AUCH schon auf Computer gemacht und so. Und nicht mehr alles mit Hand geschrieben. Also ist SCHON SEHR wichtig eigentlich heute.

Nach der eher zögerlichen Nennung einer relativ deutlichen berufsbiographische Wunschperspektive mit inhaltlichem Profil stockt Timo; führt man seinen angedeuteten Konditionalsatz gedankenexperimentell fort (in Form von „wenn...ich es mir aussuchen könnte... dann") und unterstellt, dass Timo weiß, dass er es sich den Wunschberuf vermutlich nicht einfach wird wählen können, erscheint darin ein Pragmatismus nach Art eines „mal sehen, was so möglich ist". Seine Einschränkung, dass er der Ausbildung zum „Informatiker" keine allerhöchste Priorität einräumt, zeigt: Er imaginiert eine zukünftige Berufsbiographie nicht im Sinne einer absoluten Wunscherfüllung, sondern eher nüchtern vorausschauend. Realistisch wäre eine berufliche Zukunft auch in Richtung einer eher handwerklich ausgerichteten Perspektive vorstellbar. Allerdings will sich Timo den Begleiterscheinungen der Berufswelt nicht einfach fügen, sondern bemüht sich um eine Passung zwischen Anforderungen und eigenen Wünschen und Bedürfnissen. Anders formuliert: Die (berufliche) Zukunft soll einerseits mitgestaltet werden, während er sich andererseits die Bedingungen des Arbeitsmarktes in Form beruflicher Unannehmlichkeiten wie etwa Schichtarbeit nicht einfach aufoktroyieren lassen will. Insofern orientiert sich Timo an zukunftsbezogenen Handlungsmöglichkeiten, bei denen sich weder den Anforderungen einfach untergeordnet, noch der eigene Wunsch oder das eigene Interesse verabsolutiert wird.

Vor diesem Hintergrund deutet Timo Computerwissen und Computerfähigkeiten als universelle Kulturtechnik im Modus der gesellschaftlichen Integration; während beides nicht unbedingt den Mittelpunkt einer späteren (Berufs-)Tätigkeit bilden muss, ist es gleichzeitig in jedem Fall produktiv nutzbar. Der Mehrwert einer anwendungsbezogenen Medienkompetenz scheint gegenwärtig so ubiquitär, dass es ihm schwer fällt, dafür ein konkretes Beispiel zu nennen, worauf er mit dem Beruf der Krankenschwester als einer vermeintlich computerfernen Tätigkeit fortführt, bei welcher sich vermeintlich selbstverständlich und unhinterfragt mit der Computertechnik ausgekannt werden muss. Insofern dokumentiert sich hier, wie Computerfertigkeiten von Timo als Basisqualifikation im Prinzip aller möglicher Berufe gesehen werden. Zu einer gelingenden Berufsbiographie in der Gegenwart gehören PC-Kenntnisse wie selbstverständlich zum Anforderungsprofil dazu, hat sich die Berufswelt weiterentwickelt und ist quasi soweit computerisiert, dass niemand die Augen davor verschließen darf. Hierdurch dokumentiert sich bei Timo eine Verinnerlichung von generalisierten Kompetenzzumutungen, die an die Feststellung von Olaf erinnert, „wir" lebten „ja auch nicht mehr gerade im Mittelalter". Gemeinsam ist ihnen die Vorstellung des digitalen Mediums als einer Selbstverständlichkeit und eines universellen Mittels im Kontext einer gesellschaftlich-technologischen Modernisierung, die erstaunlich nah an den aktuellen Kompetenzdiskurs und den darin eingelassenen Vorstellungen von Employability (vgl. Radtke 2006) heranreicht; sich auf verändernde Bedingungen und Anforderungen einzustellen wird als eine zukunftsorientierte Normalitätsvorstellung nicht nur verinnerlicht und damit sich selbst zu eigen gemacht, sondern, das artikuliert Timo, auch von anderen eingefordert und damit generalisiert.

Dass damit auch eine Verschmelzung der Kategorien von gesellschaftlicher Brauchbarkeit und individueller Selbstverwirklichung verbunden ist, zeigt sich in Timo weiteren Lernwünschen:

```
(150)
I: Mhm. Gibt's denn was, was du da am Computer noch lernen würdest?
T: (2) Na ja, also, was würde ich lernen? (2) // I: Was dich noch näher interessieren würde? Was du gerne noch näher kennen lernen würdest? // T: Na klar, wie man auch INTERNETseiten schreibt so. Also, jetzt so GROB KANN ich das schon, aber halt, jetzt nicht so perfekt.
I: Warum würde dich das gerade interessieren?
T: Na ja, auch so eine eigene Homepage haben ist SCHON was Besonderes. Oder, wenn man jetzt so Firmen halt, auch wegen dieses Webdesign halt (2). Da muss man ja auch für ANDERE Firmen die Seiten gestalten, und so, und DAS halt noch ein bisschen schöner machen.
I: Mhm. Das würde dich noch-
T: Das würde mich SEHR interessieren. Ja. (3)
```

Während es hier einerseits darum geht, bereits erworbene Fähigkeiten auszubauen bzw. zu verfeinern, weil sie aus Timos Sicht noch nicht ganz ausgereift sind, wird andererseits sichtbar, wie Computerfähigkeiten ins Private auslagert und dort als Möglichkeit definiert werden, mit diesen möglicherweise doch auch an Prozessen gesellschaftlicher Produktivität teilhaben zu können. Ähnlich zur oben geschilderten beruflichen Zukunftsvorstellung wird auch hier deutlich, wie die eigenen Fähigkeiten und Interessen weder nur in Bezug auf die eine – gesellschaftliche – noch die andere – private – Seite kontextualisiert werden; stattdessen entsteht etwas Drittes, das man als *Flexibilität* bezeichnen könnte: Computerfähigkeiten etwa für die Erstellung einer Webseite sind für einen *selbst* interessant und zugleich eine Möglichkeit, dies auch Arbeitgebern bzw. Unternehmen anbieten zu können. Insofern ist Timo von der Vorstellung geleitet, selbsterworbenes IT-Wissen relativ zwanglos in Arbeitskontexte zu transferieren. Fähigkeiten werden als für multiple Kontexte auszubildend angesehen, die umstandslos in den Dienst von Erfordernissen gestellt werden können. In diesem Sinne orientiert sich Timo an einer Vorstellung, die Zukunft als individuelles Projekt verstanden wissen will, in welchem sich die Medien als Erweiterung von Handlungsoptionen – in Form von Schlüsselfertigkeiten – in beruflichen wie privaten Kontexten verorten.

Ein ähnlicher Mediennutzungshabitus lässt sich im Fall von <u>Andreas</u> herausarbeiten. Geboren in einer westdeutschen Kleinstadt lebt er seit seinem dritten Lebensjahr in Berlin. Seine Eltern sind getrennt und Andreas lebt bei seiner Mutter, die als Angestellte bei einem Autozulieferer arbeitet. Er hat eine zwei Jahre jüngere Schwester. Die Schulferien verbringt Andreas bei seinem Vater, der in einer 60 Kilometer entfernten Kleinstadt lebt; aufgrund dessen gibt er an, einen „verstreuten" Freundeskreis zu haben. Als Hobbies benennt er „sich mit Freunden treffen" und „rausgehen", „manchmal Fernsehen". Nach eigenem Bekunden hört er ständig und überall Musik, auch als ich ihn zum Interview treffe, baumelt ein MP3-Player um seinen Hals. Befragt nach seinen Musik-Vorlieben hält er sich bedeckt („alles mögliche", 34). Andreas spricht freundlich und mir zugewandt, gleichzeitig hat seine Sprachmelodie etwas Monotones; mitunter wirkt er etwas emotionslos. In einer kritisch-skeptischen Haltung der Distanz gibt er im Laufe des Interviews an, den Computer so gut wie nie zum Zweck der Chatkommunikation zu nutzen („chatten nicht so, das ist besser, wenn es persönlich ist. Weil wenn man die Leute sieht, man weiß ja nie, manchmal sitzen da irgendwo zwei siebenjährige Jungs ‚hahaha' und so, und lachen da durch die Gegend", 243). Sich anonymen Formen der Kommunikation zu bedienen erscheint ihm als kindisch. Den Erhalt seines Computers erinnert Andreas zunächst in Form einer Weitergabe innerhalb der Familie, in der ein naher Verwandter ihm einen solchen „gegeben" hatte:

```
(38)
A: Mein Stiefvater hatte mir einen Computer gegeben, also sei-
nen alten, weil er hatte sich auch einen neuen geholt. Dann
hatte er und sein Bruder, Stiefbruder, Halbbruder irgend so et-
was war das- mir das gezeigt, alles Mögliche, und sein Stief-
bruder, der heißt Tom, der zeigt mir das jetzt auch immer wie-
der. Also wenn ich irgendwas nicht VERSTEHE oder so was oder er
MACHT mir das auf jeden Fall auch jetzt immer wieder, weil mei-
ne Mutter ist jetzt nicht mehr mit dem Manfred, ihrem Ex, so
hieß der, zusammen. // I: Ach so. // A: Und der kommt auch häu-
figer, weil er hat keinen Internetanschluss und macht dann auch
was. Hilft mir und so. Ebay und alles Mögliche.
I: Mhm. Und deinen Computer hast du dir den selber gekauft
oder-
A: Nein, den hat meine Mutter gekauft. (2) Den hatten wir
GÜNSTIGER bekommen, weil der Tom, der kann halt jemanden, der
kennt halt Leute, die, die auch- die einen eigenen LADEN haben,
und die verkaufen das. Und deshalb hat sie halt den günstiger
bekommen.
I: Ach so. Und musstest du da auch was für bezahlen oder hast
du den geschenkt bekommen?
A: Nein, den habe ich geschenkt bekommen.
```

Infolge einer Neuanschaffung wird ein Gerät ausrangiert und auf diese Weise frei. Deutlich wird zunächst, dass es sich hier um eine mehr oder weniger selbstverständliche Weitergabe- bzw. Vererbungspraxis von Computermedien handelt, in der, wenn sich jemand ein neues Gerät „holt" (was, im Gegensatz zu „anschaffen" oder „besorgen" auf eine ebenso selbstverständliche Kaufpraxis hinweist), dieses anderen zur Verfügung gestellt wird. Das Computermedium erscheint auf diese Weise als eine Ressource, die sich im Kontext zweckmäßiger Entscheidungen und eines rationalistischen Nutzenkalküls innerhalb der Lebenswelt materialisiert und netzwerkartig verbreitet.

Weiterhin dokumentiert sich hier eine intergenerationell selbstverständliche familiäre Computermedienpraxis, in der Geräte auf informellem Wege über verwandtschaftliche und Bekanntenbeziehungen vererbt werden, wobei auf diesem Wege auch gleich basale Computerkenntnisse weitergegeben werden und sich bei Problemen geholfen wird. Diese Struktur erscheint wie ein systemartiges Netzwerk aus familiären Helfern und eine stabile Praxis einer computerbezogenen Gegenseitigkeit inklusive Praktiken des Erklärens und Zeigens. Diese ist allerdings nicht unbedingt emphatisch oder emotional, sondern eher formal und rational-technikbezogen. Der generelle Zugriff auf das Computermedium erscheint hier wie eine Angelegenheit sachlich-nüchterner Entscheidungen und transportiert auf diese Weise Anzeichen eines rational-technikbezogenen Habitus.

In diesem Habitus thematisiert Andreas bezüglich seiner Verwendung des Computermediums auch Spiele, allerdings haben sie deutlich untergeordnete Funktion – es waren früher „so Kleinigkeiten, Spiele und so was, jetzt spiele ich eigentlich kaum noch am PC" (83). Vor allem evaluiert er Spielen vor dem Hintergrund technischer Parameter in Form des Vorteils einer besseren Ergonomie des Eingabegerätes: „Ja, also ich habe eine Playstation2 und mit der spiele ich eigentlich mehr als mit dem PC. // I: Mhm // A: Vielleicht, ist leichter mit so einem Joystick, als die ganze Zeit so auf der Tastatur" (91). Zum Ausdruck kommt hier: Spielen ist kein zentraler Teil seiner Computerpraxis, sondern etwas, dass separat an die Spielkonsole ausgelagert wird; es wird getrennt zwischen dem Computermedium als Multifunktionsgerät und einer Videospielkonsole, die ausschließlich unterhaltungsbezogen konstruiert ist. Auch auf Nachfrage zu einem etwaigen Lieblingsspiel orientiert sich Andreas an einem rationalistisch gefärbten Zugriff: „Ja, Metal Gear Solid, das ist so ein (2) Action-Agenten-Spiel, so ungefähr. Eigentlich mit dem Ziel unentdeckt zu bleiben, aber auch man kann auch-, (2) freie Bahnen mit dem Maschinengewehr leer durchrennen. Naja" (95). Es wird deutlich, dass er im Spiel weniger eine symbolische Kampfhandlung sieht, sondern ein vermeintlich sinnentleertes Tun ohne erhöhten Reiz; mittlerweile könnte er „gut drauf verzichten, weil das ist ein Zeitvertreib, und ein GUTER" (103).

Diese Geringschätzung einer spielbezogenen Nutzung bzw. deren deutliche Funktionalisierung resultiert offenbar daraus, dass sie keine technischen Handlungsmöglichkeiten bieten, anhand derer sich Andreas viel eher mit den neuen Medien auseinandersetzt. Ein Beispiel dafür ist seine Schilderung, sich die Umgehensweise mit dem PC beständig und sukzessive, vor allem auf einer instrumentell-technischen Ebene des handlungspraktischen Umgangs mit dem Computer angeeignet zu haben:

```
(46)
A: So mit der ZEIT immer, so kleine Tricks. SO, ALT F4, schlie-
ßen und so was. // I: Mhm. // A: Oder so, so große Sachen, wie
FEHLER beheben oder so was kann ich eigentlich NICHT.
I: Aha. was meinst du damit?
A: Viren und so was selbstständig bekämpfen. Das soll eigent-
lich mein Programm immer nur löschen, oder desinfizieren oder
so.
I: Aha. Hast du denn manchmal einen Virus gehabt schon mal?
A: Häufiger. Bestimmt jeden Tag mindestens. // I: Mhm. // A:
Und das ist dann ÄTZEND. Das Programm faucht dann immer in so
einem grässlichen Ton. // I: Aha ((lacht)) // A: Mhm, da muss
ich einfach nur aussuchen, ob ich desinfizieren und wenn nicht
möglich löschen, desinfizieren oder nur Bericht anzeigen, oder
gleich löschen die Datei. // I: Mhm. // A: Meistens sage ich
```

ihm dann, erst desinfizieren und danach löschen, wenn es nicht GEHT.

Dass es darum geht, den PC mit „kleinen" Bedienungsgriffen in Form von Tastenkombinationen zu Ersparung von Umwegen beherrschen zu können verdeutlicht, vor allem durch den Nachsatz, dass es für Andreas weniger von Belang ist, sich als digitalen Experten zu entwerfen; sachlich informiert er darüber, über umfangreichere Zugriffsformen („große Sachen"), die über die von ihm zuvor beschriebenen „Tricks" hinausgehen, „eigentlich NICHT" zu verfügen. Auf Nachfrage nach möglichen „Fehlern" beschreibt Andreas dann ein Szenario, in dem sich sein rational-technischer orientierter Umgang mit dem PC dokumentiert: Anders als bei Ferhat, der im Modus technikbezogener Souveränität die Abwehr von Viren in Form einer Kampf-Sieg-Semantik beschreibt, schildert Andreas das „bekämpfen" als etwas, was er eigentlich noch nicht „selbständig", also alleine oder expertenhaft, zu tun vermag, sondern zu dessen Bewältigung eigentlich sein „Programm" da ist, welches Viren „immer nur löschen, oder desinfizieren" soll. Von diesem Problem ist Andreas allerdings nicht selten betroffen; augenscheinlich des öfteren von Virenalarm betroffen, ist er mit Schwierigkeiten, die sich aus Befall des Computers mit digitalen Eindringlingen ergeben, vertraut: Die dann einsetzende akustische Belästigung ist eine in der eigenen Computerpraxis nervende und offenbar normale Begleiterscheinung, welcher mit Rückgriff auf eine rationale Handlungsstrategie begegnet wird. Um Viren abzuwehren geht es lediglich um die Entscheidung für eine Option, die das entsprechende Programm anbietet, wozu Andreas drei diesbezüglich zur Wahl stehenden Möglichkeiten relativ nüchtern und wie eine Art *Algorithmus* schildert. Zur Wahl steht, ob der Virus a) desinfiziert und bei Nicht-Gelingen gelöscht werden soll, b) nur der Virusreport angezeigt werden soll oder c) sofort eine Löschung erfolgen soll. Indem Andreas noch anfügt, wie er in der Regel vorgeht und mit dem PC interagiert, dokumentiert sich erneut, wie er an einer sachlich-technischen Logik orientiert ist. Zum Ausdruck kommt hier eine Interaktionsform mit dem Medium im Modus einer Eingabe-Ausgabe- bzw. Aktions-Reaktions-Logik. Deutlich wird ebenso eine habituell hohe Affinität für methodisch formalisierte Zugriffs- und Handlungsformen.

Vorweggenommen ist damit ein Aspekt, der an späterer Stelle nochmals auftauchen wird: Dass Andreas die technische Infrastruktur selbst als Interaktionspartner anspricht („sage ich ihm dann"), was den Computer zu einem menschenähnlichen Substitut werden lässt. Im Vollzug, d. h. in der Performation des Technischen, werden weitere Elemente seines Orientierungsrahmens sichtbar, die sich in Form eines Maschinendenkens und einer technologiebezogenen Subjektivität ausdrücken. Darin werden z. B. auch zwischenmenschliche Beziehungen als technikhaft gedachtes Prozessieren eines abstrakten Handlungsprogramms gedacht und im Rahmen einer technologieinduzierten Nutzung von Handlungsoptionen bearbeitet. Nach der Nennung einiger Fernsehsendungen, die er hin und wieder sieht, beschreibt Andreas sein derzeitiges Lieblingsformat:

(405)
A: Und diese Sendungen auf RTL2 und so gefallen mir, diese Kindererzieherin da. // I: Mhm. // A: Mit den netten Kindern, die ihre Eltern schlagen und so // I: Ach ja? // A: Das Super-, Supermütter oder so was. // I: Ach so. // A: Supermamas, Super-

nanny und so was. // I: Mhm // A: Das ist ganz toll, so Kinder, die ihre Eltern, wenn sie die Hausaufgaben nicht machen wollen, anspucken und so, schreien, beschimpfen und so. // I: Ach so // A: Das sind so voll die Problemfälle, und dann kommen diese Supermütter und helfen denen dann bei der Erziehung und so.

Indem Andreas Erziehung als eine Sozialtechnologie ironisiert, die als eine formalisierte Behandlungsmethode widerspenstiger Objekte vorgestellt wird, inszeniert sich sein Habitus, der von der Vorstellung geprägt ist, mithilfe einer Technologie auf etwas zuzugreifen und es im Modus des Verfahrensmäßigen zu modifizieren. Anders formuliert werden hier soziale Erscheinungen zu mithilfe technisch geformter Regeln beeinflussenden Entitäten. Innerhalb dieses Habitus sind die Gegenstände bzw. Inhalte eine zu steuernde Gegebenheit, sodass Andreas hier das Problem der „Kinder" semantisch homolog zum technischen Umgang mit Computerviren beschreibt.

Diese Affinität zu einer mit dem Computermedium harmonisierenden Normalitätssphäre des Technischen stellt sich – wiederum beim Thema „Viren" – als stabil habitualisiert heraus:

(61)
I: Hast du den Virus immer geschafft dann wegzumachen? Oder auch manchmal nicht?
A: Manchmal NICHT. Das muss irgendwann-, demnächst wird da wahrscheinlich wieder so NEU restauriert sozusagen. // I: Mhm // A: (2) Einen habe ich ihn schon in die KNIE bekommen ((lacht)), na ja, nee // I: Aha // A: (1) Also, das war der DAVOR. // I: Mhm // A: Der war dann soweit, der hat dann plötzlich wieder auf-, von Windows XP hat er nicht mehr GESTARTET und 98 gestartet. Keine AHNUNG wieso. In dem Zustand, wo-, in dem Zustand, wo er war bevor XP drauf gespielt wurde.

In der Schilderung, dass es nicht immer gelingt, Viren zu beseitigen, schärft sich der Kontrast zum Fall von Ferhat, der angab, am Ende selbstverständlich gegen alle Arten obsiegt zu haben. Die Vermutung einer Lösung nach Andreas liegt darin, dass in unbestimmter Zeit vermutlich das Computersystem einem Erneuerungsprozess unterzogen werden muss. Allerdings will er es sich augenscheinlich nicht nehmen lassen, doch auch einen digitalen Erfolg zu präsentieren. Interessanterweise lacht er selber über genau diese Formulierung und deutet darin eine Relativierung an, augenscheinlich belustigt, dass er hier den sich bisher durchziehenden Sprachstil wechselt, indem er für einen kurzen Moment von einer rational-technischen in eine irrational-kampfbezogene Semantik wechselt („in die KNIE"). Diese verlässt er dann aber wieder zugunsten der vorherigen Form, wohl in der Überzeugung, dass dies passender erscheint, um zu schildern, dass er sich aufgrund des im Computer befindlichen Virus auf einmal vor einem Betriebssystem wieder fand, das einem alten, früheren Zustand seines Rechners entsprach – ein Phänomen, dass sich Andreas nicht erklären kann. Die Existenz von Viren wiederum ist Teil einer von Andreas wahrgenommenen technischen Normalität – so konstatiert er, manche „Leute" stellten eben „auch einfach infizierte Sachen einfach rein oder haben SELBST einen infizierten PC und WISSEN es nicht, und dann laden die Leute einen von denen RUNTER" (73). Sich bezüglich der Komplexität dieser technischen Zusammenhänge zu informieren, findet Andreas zwar „interessant" (74), gleichzeitig rationalisiert er aber den Computer auch als Alltagsmedium:

```
(75)
I: Wie das überhaupt so geht, hast du dir das selber beige-
bracht oder-
A: Teils teils, mal habe ich SELBST mal so im Internet oder bei
Freunden oder so, oder irgendwo gelesen. // I: Mhm. // A: Also,
Ein BISSCHEN. Ich hatte das mal versucht, ich hatte so ein
schön DICKES Buch bekommen von Windows 98, glaube ich, und das
geht ja auch noch für XP. Da hatte ich mal rein gelesen, aber
dann wieder aufgegeben. // I: Aha // A: Ich LESE nicht so gerne
so viel. // I: Mhm. // A: Von dem verstehe ich SOWIESO nicht so
viel. Für das, was ich brauche, komme ich auch mit dem Computer
klar.
```

Mit der Schilderung, sich auf verschiedenen Wegen Wissen angeeignet zu haben, und zwar online, bei Freunden und mithilfe von Computerliteratur, demonstriert Andreas eine gewisse Aufgeschlossenheit gegenüber einem kontinuierlichen Erwerb computerbezogener Kenntnisse, die aber aufgrund der Komplexität der Fachliteratur nicht weiterverfolgt wird. Deutlich wird vor allem, dass er sich nicht unbedingt als Computerspezialist sieht, sondern, vermittelt über eine limitative Beschreibung, als Normalnutzer und mit lediglich solchem Wissen ausgestattet, das den eigenen Handlungsvollzügen gerecht wird. Vor diesem Hintergrund schildert Andreas im Weiteren mediale Verwendungs- und Nutzungsszenarien ohne einen aus seiner Sicht tiefen Besonderungscharakter. Darin geht es immer wieder um eine selektive Vereinfachung durch Computerisierung und die Auslagerung alltäglicher Handlungsvollzüge in technische Formen im Modus der Normalisierung. Normal ist z. B. die Teilhabe an multiplen Verwendungskontexten, zu denen etwa auch der Online-Handel gehört:

```
(109)
A: Puh. Meistens gucke ich nebenbei fern und kontrolliere bei
Ebay, so, gucke so ein bisschen meine Emails, ich spiele ein
bisschen SIMS. (3) Und so. (3) Und manchmal bestelle ich auch
Sachen im Internet, wenn ich GELD habe.
I: Aha. ((lacht)). Du hast ja schon gesagt, Ebay machst du
recht häufig, oder?
A: Ja, ich kaufe manchmal Sachen, so, habe ich letztens jetzt
so eine Bacardi-Fahne, so für an die Wand anhängen, bestellt
und (2) auch verkauft jetzt, Bücher, alte. // I: Machst du das
öfter? // A: Ja, schon. Das mit dem Verkaufen mache ich erst
seit NEUESTEM, wurde mir auch wieder von dem Bekannten gezeigt.
Und, ist ja nicht besonders SCHWER eigentlich, einfach nur
reinsetzen und dann die ganzen hin- und herkontrollieren, ob
Geld jetzt eingetroffen ist, rausschicken.
I: Und hast du auch schon mal was verkauft?
A: Ja, Bücher halt so manchmal, und PlayStation1-Spiele. [Stör-
geräusche] Und Kassetten, CDs. (2) Das mache ich auch jetzt
momentan. Nachher muss ich eh wieder los, meine Kontoauszüge
holen und kontrollieren. Gestern habe ich wieder 10 Bücher ver-
schickt an eine Person. Da habe ich dann ca. 15 Euro verdient.
I: Aha. Setzt du denn viel Geld mit Ebay um?
```

A: Äh, ausgeben höchstens, wenn ich wirklich irgendetwas BRAUCHE oder so, bisschen was haben möchte oder so. Und Umsätze, ungefähr so 20 Euro mache ich jetzt mit dem, was ich jetzt verkauft habe. Das war jetzt erst das ERSTE, mit den Büchern und so, die erste Auktion.

Darauf verweisend, dass es keine speziellen Vorlieben oder Hobbies sind, denen seine Medienpraxis dient – und es vielmehr „manchmal Sachen" sind, die ge- und verkauft werden – dokumentiert sich hier die Nutzung einer Handlungsoption, die aus Andreas Sicht ohnehin eher simpel erscheint und aus mechanisch zu vollziehenden Einzelschritten besteht wie Anbieten, Weiterverfolgen, regelmäßig Kontrollieren und Versenden. Sichtbar werden hier Merkmale, die Andreas' Habitus einen gewissen Grad an Formalisierung geben, so erscheint der Online-Handel als ökonomisches Geschehen, das sachlich abgewickelt wird („an eine Person"). Ferner ist es eine Praxis, die wiederum an die normalen Handlungen seines Umfeldes anschließt („von dem Bekannten") und die als alltägliche Möglichkeit, mit der Veräußerung ausrangierter Besitzstände kleinere Geldbeträge zu verdienen, nun Bestandteil des eigenen Medienhabitus ist.

Ausdruck dessen ist auch eine instrumentell-utilitaristische Haltung, in der Andreas das Medienangebot als eine Art globalen Supermarkt ansieht, in dem man sich bedient. Zur Teilhabe an mediengestützten Konsummöglichkeiten wie Ebay gehört dann auch das Verfügen über Möglichkeiten, sich mittels Medien umfassend mit audiovisuellem Material zu versorgen. Teil dieser Orientierung ist zum Beispiel Andreas' rationalistischer Zugriff auf verschiedene Mediensorten, z. B. das häufige Downloaden, das ihm sein „Stiefvater auch erklärt hat" (160) – vor allem „Musik und so etwas, so was NEUES. Was man im Fernsehen sieht, kann man gleich HOLEN und auf dem MP3-Player hier ((holt seinen MP3-player heraus))" (161). Während hier die eigene Praxis dem Interviewer präsentiert wird, stellt Andreas weiterhin dar, dass er sich im Prinzip als Normaluser sieht, der etwas macht, was seine „Verwandten" (162) auch ab und zu machen und er insofern Medien auf eine Art verwendet, die den technischen Zugriff auf Inhalte aller Art gewährleist, und zwar mit einer vorrangig *zweckrationalen Intention*. So wird Musik bei „Kazaa" heruntergeladen[171], die Seite sei „ja überwiegend bekannt", allerdings „auch nicht SO oft", „höchstens wenn ich was finde, was ich brauche oder so. Aber ich KAUFE mir auch Musik" (162). Besorgt werden sich von ihm ebenso Filme, allerdings „richtig GROSSE Filme nicht, die hole ich mir. Die hole ich mir aus der Videothek und brenne sie mir. Und richtig Filme oder so aus dem Internet, also ich habe das mal probiert, aber da findet man nur Filme, die mit Videokamera aufgenommen wurden, im Kino" (162). Deutlich wird hieran, dass im Bezug auf diese Medienverwendungskontexte die Mitteilung seiner eigenen Subversivität konstitutiver Bestandteil von Andreas Medienhabitus ist, diese aber kaum als solche selbst wahrgenommen, sondern vielmehr als Sphäre der Normalität gesehen wird, in der Medien den Horizont der

---

[171] *Kazaa* ist eine Online-Tauschbörse, in der basierend auf einem Peer-to-Peer-System Musikdateien, Videos, Texte und Bilder distribuiert werden. Ermöglichte die Seite früher das freie Tauschen von urheberrechtlich geschütztem Material, ist sie nun nur noch gegen monatliche Bezahlung nutzbar den Kunden eine Flatrate zum herunterladen von Songs. Das Abspielen von Musik auf tragbaren MP3-Playern ist z. B. nicht möglich, zudem werden heruntergeladene Songs gesperrt, falls der Nutzer seine Mitgliedschaft kündigt.

Handlungsoptionen selbstverständlich eben auch auf vermeintlich unmoralische oder normativ problematische Bereiche hin erweitern.

Die Effekte dieser Praxis werden ihrerseits wiederum an eine Technik-Normalität des Alltags gebunden bzw. darin verortet. Dies zeigt sich etwa an seiner Rezeption von Inhalten, die aus bildungsbürgerlicher Sicht möglicherweise zumindest unkonventionell oder gewagt erscheinen mögen. Auch hierbei geht es Andreas jedoch einzig um die Nutzung technikbasierter Handlungsmöglichkeiten, die die eigene Subversivität zwar mitthematisieren, sie jedoch verfahrensmäßig-technisch gleich wieder normalisieren:

```
(183)
A: Jetzt habe ich zum Beispiel auch gesucht, wie man dieses
Tücher von der Bundeswehr nennt, wie hier, in Arabien, die sind
am Kopf und dann so im Gesicht so, habe ich eins. Weil ich hat-
te mir so eins als Schal geholt und da hatte mich mal so inte-
ressiert, wie man das als Kopftuch und so bindet. Und dann hat-
te ich das GESUCHT und hatte die ganze Zeit nur nach dem
Tuchbinden und so gesucht und dann hatte ich über eine andere
noch Seite gefunden, dass die eigentlich (???) oder so heißen,
und darunter habe ich das dann auch sofort gefunden. // I: Aha.
// A: Und dass es verboten ist, so ins Internet zu stellen, wie
das GEHT. // I: Wieso? // A: KEINE Ahnung, also, das habe ich
dann noch irgendwo auch noch mal gelesen bei den Treffern, dass
man das nicht ZEIGEN darf, irgendwie dass das eigentlich ein
Geheimnis ist oder so. // I: Ach // A: Ja ja, da war dann auch
ein Bild mit allen Schritten ordentlich beschrieben und so aber
das Gesicht auch zensiert. // I: Aha. Was für eine Seite war
das denn? // A: Keine Ahnung. Das war glaube ich eine Privat-
seite, es gibt ja auch manchmal Privatseiten von Lycos, oder so
etwas.
```

Sichtbar wird hier, wie es Andreas offensichtlich nicht darum geht, mit seiner Handlung zu provozieren, sondern verfahrensmäßig technisch eine sachliche Information zu recherchieren, die den richtigen Gebrauch bzw. die ordnungsgemäße Handhabung des Kleidungsstücks vermittelt. Das gefühlmäßige Erleben, dass dabei an etwas gesellschaftlich Geächtetem teilgehabt wird, ist nicht Gegenstand der Schilderung, sondern nur die bloße Feststellung, *dass* er hier vermutlich ein „Geheimnis" gesehen hat. Diese Rationalisierung wird als unhinterfragter Teil zur Logik des eigenen Habitus, in dem vorrangig die Logik der Technik bzw. des Mediums leitend ist; so wird etwa im Internet „ordentlich" beschrieben, wie man das „verbotene Tuch" bindet, wenngleich das Gesicht des Trägers „zensiert" ist.

Während Andreas seine Medienverwendung orientiert an Merkmalen eines analytischen und instrumentell-strategischen Steuerungs- und Regelungshandelns vermittelt, knüpft sich daran auch sein Interesse an Fragen der technischen Steuerung, die sich z. B. im Zusammenhang mit der Navigation im Internet ergeben. Woran er sich z. B. abarbeitet, ist die Möglichkeit mittels eigener Computermöglichkeiten auf aus seiner Sicht unerwünschte Webinhalte – unter anderem „Pornos" (379) – Einfluss zu nehmen:

```
(379)
A: Ja, das ist nervig, aber es gibt auch so Popupblocker, aber
die sind AUCH Müll eigentlich, weil die sperren auch manchmal
```

so Seiten, die sich öffnen wollen, wenn nur Werbung von einer
Seite aufkommt, die selbst so ihre eigenen CDs anpreisen oder
so. Oder manchmal machen die auch Probleme, wenn man nur ein
neues Fenster öffnen will oder so, über die Seite, dann macht
Programm dann-, wenn nun die Seite sagt, die Bilder öffnet es
jetzt immer in einem neuem Fenster, dann sagt das Programm
„nee", die sind gesperrt.
I: *Ach so, mhm. Also das Problem mit den Popups hast du auch
oder wie? Oder kennst du auch, dass die [mal so-]*
A: [Jetzt nicht] mehr. Ich HATTE das mal eine Zeit lang, aber
ich benutze jetzt nicht mehr den Windows-Explorer, sondern
Mozilla, wenn dir das was sagt, und da ist das nicht mehr SO
groß. Ich habe den Internetexplorer aufgegeben, weil Windows
hat sich GANZ toll gedacht, sie machen es jetzt immer, dass man
diese (2) wie heißen die jetzt, die Dinger, die sich immer mit
einwählen, damit das schneller geht. // I: *Dialer?* // A: Dia-
ler-, nee, nicht Dialer, die sind AUCH nervig, aber (3).
I: *Mhm, ich weiß nicht, was du meinst. Dialer sind ja diese
0190-Dinger.*
A: Aber die haben- das ist nur bei mir auf meinem PC nervig,
wenn die dann-, so die machen den bei mir langsamer, weil durch
DSL kann ich keine zusätzlichen Kosten bekommen. // I: *Ach so*
// A: Es gibt ja diese Teile, ich weiß jetzt nicht genau, wie
die heißen, die speichern sich ein und wenn man das nächste mal
die Seite besucht, geht das schneller auf jeden Fall. Und
Windows hat sich gedacht, die machen das sie fragen jedes Mal
an, ob man auf der Seite das auch wirklich akzeptieren will und
wenn man einmal gesagt hat „abbrechen"-, es gibt ja songtex-
te.net, da habe ich aus Versehen auf „Abrechen", auf „Ablehnen"
geklickt, und konnte dann die GANZE Seite nicht mehr benutzen,
weil immer wieder, wenn ich mich versucht habe einzuloggen, hat
er gesagt „nein, das muss erst aktiviert werden" und Windows
hat mir gesagt „das kann nicht aktiviert werden wieder", weil
das dann gefährlich wäre. // I: *Ach so.* // A: Und Mozilla macht
die Probleme halt nicht. // I: *Mhm, Mozilla ist besser?* //
A: Und schneller.

Übergreifend dokumentiert sich hier eine Orientierung an Phänomenen der Mediennutzung, die diese wie ein technisch-strukturelles Problemgefüge erscheinen lassen, auf das, wie bereits zuvor, mit einem instrumentellem Handlungskalkül reagiert wird. Zunächst signalisiert Andreas, dass ein unvermittelt auftauchender Webinhalt grundlegend zu normalen Erfahrungen des Internetsurfens dazugehört – wie z. B. auch unerwünschte pornographische Angebote. Statt einer Bewertung dieser oder anderer Inhalte geht es ihm im Weiteren um eine analytische Evaluation der Leistung, die ein Anwendungsprogramm erbringt, was die Funktion hat, das plötzliche Aufspringen dieser zusätzlichen Browserfenster zu unterbinden. Aufgeworfen ist damit ein Orientierungsgehalt an der Frage, *welche* technische Applikation *welche* Effekte auf Möglichkeiten der Darstellung und darüber der Navigation hat. So existieren aus Andreas Sicht zwar computerbedingte Möglichkeiten der Verhinderung unerwünschter Webinhalte, und zwar in Form von Popupblockern, allerdings sind diese in ihrer Funktion deutlich beschränkt („Müll"), denn mit ihrem Einsatz würden gleich sämtliche Fenster gesperrt, und dann eben auch solche, die eigentlich nur Reklame beinhalten. Ebenso komme es mitunter vor, dass dadurch das Öffnen eines neuen Browserfensters via des bereits bestehenden bzw. geöffneten verhindert würde; in diesem Fall verhindere der Popupblocker die Anzeige.

Was seine Überlegungen deutlich machen, ist, wie Andreas sich an einer Gelegenheit der technischen Bewältigungsmöglichkeit abarbeitet, die einerseits die Navigation transparenter macht und bestimmte Inhalte filtert, andererseits aber auch das Surfen aus seiner Sicht offensichtlich auch erschwert und sich dementsprechend als dysfunktional erweist. Im Prinzip ist diese Frage allerdings, so dokumentiert sich weiter, längst geklärt, denn Andreas hat von „Windows-Explorer" auf „Mozilla" umgestellt. Dabei geht es ganz offensichtlich um den Web-Browser Firefox, welcher als frei zugängliches Open-Source-Angebot neben dem Windows Internet Explorer der am häufigsten genutzte Webbrowser ist.[172] Vermittels dessen dokumentiert sich hier, wie ein als technisch wahrgenommenes Problem bei der Medienverwendung durch einen technischen Eingriff rationalisiert wird – das Problem ist jetzt nicht mehr „SO groß". Auf diese Weise positioniert sich Andreas in einem Terrain technisch aktiver und moderner Computernutzer, die sich nicht mit Standardprodukten begnügen möchten, sondern sich ihre Anwendungen selber wählen und dadurch Medienarrangement und -nutzung zu steuern und zu optimieren suchen.

Genau diese Selbstverortung will er im Folgenden auch weiter ausführen, wobei er allerdings terminologisch in Schwierigkeiten kommt. Jedenfalls reicht ihm die Aussage nicht aus, dass nach dem Produktwechsel etwas einfacher ist als vorher, sondern dass dies auf die Funktionalität der technischen Rationalität selbst zurückzuführen ist, die ihn offensichtlich interessiert. Insofern geht es hier auch darum, als Computernutzer an Optionen der technischen Steuerbarkeit anzuschließen und Bisheriges durch den Einsatz von etwas Neuem gleichsam zu überlisten: Dazu wird der technische Zusammenhang selbst zum handelnden bzw. denkenden Akteur, mit dem in Interaktion getreten wird. So hat sich etwa das Betriebssystem etwas „ganz toll gedacht", und zwar eine kontinuierliche Nachfrage nach der Zulässigkeit eines bestimmten Programmablaufs während des Datentransfers. Worauf Andreas abzielt, sind vermutlich Cookies, das heißt solche in der Struktur des Browsers vonseiten des Webservers hinterlegten Informationen, die z. B. bei einem Wiederbesuch einer Seite ausgelesen werden. Durch diese auf Nutzerseite persistenten bzw. gespeicherten Daten wird die Benutzung von Webseiten erleichtert, die auf Benutzereinstellungen reagieren. Aus Andreas Sicht geht damit das Problem einher, dass in der konventionellen Windows-Logik ein einmal erfolgter und – wie in seinem Fall – versehentlich erfolgter Abbruch oder eine Ablehnung dazu führt, dass ein komplettes Angebot („die GANZE Seite") unrezipierbar wird, da eine Aktivierung derjenigen Prozessmerkmale, die zum Besuch der Seite notwendig sind, nicht zugelassen werden. Zusammenfassend zeigt sich hier übergreifend, wie mit dem Verweis auf den Wechsel zu einem anderen Medienprodukt eine technisch induzierte Erweiterung von Handlungsoptionen geschaffen wird, die mit der Selbstpräsentation eines technisch

---

[172] Welcher von beiden präferiert wird, ist Gegenstand eines anhaltenden Lagerkampfes, welcher Browser vielfältiger, flexibler und besser sei. Diskutiert werden z. B. Unterschiede im Bereich der Erweiterungsmöglichkeiten, der Anpassung der Oberfläche an die eigenen Bedürfnisse sowie diverser Anzeige- und Einstellungsmöglichkeiten. Im Prinzip geht es dabei statt um eine Geschmacks- eher um eine mitunter hochstilisiert anmutende *Glaubensfrage*.

versierten und selbstverständlichen Gestalters und Steuerers der eigenen Medienumgebung einhergeht.

Im positiven Horizont stehen dabei das Verständnis und die Nutzung einer Art Techno-Logik beim Umgang mit den neuen Medien, das Mitspielenwollen und das Überlisten ihrer technischen Rationalität bzw. ihrer Grammatik. Worum es Andreas geht, ist eine instrumentell-strategische Handlungsfähigkeit durch die aktive Teilhabe an Möglichkeiten der Steuerung bzw. Kontrolle des Datenflusses und dem Zusammenspiel zwischen eigenem Computer, dem Internet und den einzelnen Bedien- und Installationsfragen, aus denen eine Art Kräftefeld emergiert, in dem bessere technische Lösungen auch bessere Resultate erzeugen. Dabei wird im Zuge der damit verbundenen Technikaffinität das Medium bzw. die technische Infrastruktur nicht nur als Werkzeug, sondern selbst als Interaktionspartner angesehen; der Computer wird zu einem menschenähnlichen Substitut – die Programme „machen" etwas, „Windows" hat sich etwas gedacht und „fragt" einen. Dadurch vermittelt sich durchgehend eine Orientierung an technikbezogenen Interaktionsformen, welche weniger von der Präsentation eigener Grandiosität begleitet wird, sondern vielmehr von einer rational-nüchternen Bewältigung und Steuerung bzw. einem Verstehen-Wollen und Nutzen der Computerlogik.

Diese Bezugnahme auf Optionen technikbezogener Handlungsfähigkeit und Flexibilität lässt sich auch daran herausarbeiten, dass es Andreas darum geht, wie man mithilfe computergestützter Möglichkeiten Fragen der personalen Identität steuern kann.

```
(271)
I: Mhm. Und du hast mehrere F-Mail-Adressen, hast du gesagt?
A: Ja, zwei insgesamt. // I: Warum? // A: Die eine bei GMX ist
mehr so für Freunde, dann für Sachen wie EBAY und so nutze ich
mehr Yahoo. // I: Ach so, mhm. Warum machst du das unterschied-
lich? // A: Weil, bei Yahoo ist das schon mit Namen, weil, bei
GMX habe ich Semtex einfach. // I: Ach so, da hast du so einen
(2) [anderen Namen also-] // A: [Na ja, und wenn ich nun] zum
Beispiel schreibe oder so, und wenn jetzt jemand so rauskriegt,
weil Semtex heißt- also ist Plastiksprengstoff. // I: Ach so.
Das ist nicht so gut, ne. Verstehe. // A: Wenn ich zum Bei-
spiel-, weil ich hatte mal die Polizei so wegen Praktikum ange-
schrieben so, per F-Mail, und die Bundeswehr, und da wollte ich
dann ja nicht mit Plastiksprengstoff-
```

In Form der Benutzung zweier verschiedener Emailadressen geht es hier um eine Form der Schematisierung von Modi der institutionalisierten Kommunikation, hinsichtlich der von Andreas genau getrennt wird: Im privaten Rahmen wird die Email-Adresse mit einem Fantasie- bzw. Nickname benutzt, im Rahmen gesellschaftlich-öffentlicher Kommunikation der echte Name. Deutlich wird dadurch wiederum ein hohes Bewusstsein für Aspekte gesellschaftlich-institutioneller Formalisierung, die mit dem Gebrauch der Möglichkeit von Erweiterungen einer Handlungsoption einhergeht: Handhabbar wird Andreas dadurch erneut das Erleben eigener Subversivität (die Verwendung von „Plastiksprengstoff" als *alter ego*) und dessen Bewahrung im Freundeskreis auf der einen und das Auftreten als Person auf der anderen Seite, wenn es etwa darum geht, mit gesellschaftlichen Institutionen der Ordnungsmacht in Emailkontakt zu treten. Das Computermedium wird hier Mittel, diese Dichotomie formal und methodisch zu rationalisieren. Es dokumentiert sich weiterhin, wie Andreas sich an einem gesellschaftlich modernen Normalitätsmuster abarbeitet, das auf einer Trennung von privat/öffentlich basiert und in der Sphäre des Privaten den Menschen im Prinzip Subversivität zugesteht, solange sie dort verbleibt – dies erscheint hier als eine Selbstverständlichkeit verinnerlicht, der die Medienverwendung im Modus der technischen Steuerung auf ideale Weise entgegenkommt. Wie auch Timo orientiert sich Andreas an gesellschaftlich-institutionalisierten Normalitätsvorstellungen und Erwartungshaltungen.

Insofern geht es Andreas auch darum, sich in beiden Sphären – gesellschaftlicher und privater – als Nutzer von längst um sich gegriffenen Technikstrukturen und -anforderungen zu positionieren; so vermutet er bezüglich seines Wunschberufes „Polizist" (292), in diesem Kontext habe man vermutlich „seine eigenen [Computer]Programme, ich weiß nicht, vielleicht so vordefiniert oder so, vorangefertigte Texte oder irgend so was", 296). In diesem Zusammenhang orientiert sich Andreas, und darin homolog zu Olaf und Timo, am Stellenwert bzw. Mehrwert von Computerfähigkeiten als einer universalen Kulturtechnik zur Vereinfachung und Rationalisierung. Obwohl er zunächst keine ganz konkrete Vorstellung zu seiner eigenen Zukunft artikuliert („WEISS ich nicht so", 286), ist er sich sicher, dass im Computer Optionen liegen, die nutzbar sind, wenn es darum geht, „später jetzt so mehr" (286) tun zu wollen:

```
(285)
A: Ich kann mich da halt auch informieren, aber, Zukunft, WEISS
ich nicht so. Wenn ich zum Beispiel später jetzt so mehr- (2),
also kann ich mir halt Wissen aneignen im Gegensatz zu jeman-
dem, der keinen PC hat oder so, na ja, und hat man wenigstens
so ein BISSCHEN Grundkenntnisse, so, wie man mit Word, Excel
und so arbeitet.
```

Das Medium wird als Handlungserweiterung verstanden und darüber zu einem Vehikel, mit dem sich neue, bisher nicht bekannte Wissensgebiete erschließen lassen, wofür das Medium selbst eine unablässige Bedingung ist, deutlich an dem Vergleich zu einer Person, die nicht über Computertechnik verfügen. Vor allem wähnt Andreas eine Verbindung zwischen bisher erworbenen basalen Computerumgangsfertigkeiten und etwaigen späteren Bereichen der Nutzung. Dass er sie betont als „BISSCHEN" herausstellt, verdeutlicht, dass er schon etwas Weniges als hilfreich wähnt, dass also gewissermaßen schon eine Ahnung von computerbezogenen Optionen eine Voraussetzung dafür ist, sich darauf aufbauend etwas Weiteres zu erschließen. Hierzu bezeichnet er Computerwissen als eine Art Grundfertigkeit, die kontextübergreifend von Relevanz sein kann, je nachdem, in welcher Weise sie sich als nützlich erweist.

Demgemäß schildert Andreas auch, wie zwei Microsoft-Standardanwendungen („Word" und „Excel") von ihm für variable Aufgaben verwendet werden, die auch aus verschiedenen Bereichen stammen können, etwa der Schule („Stundenpläne oder Texte halt", 288) oder auch sonstigen Anwendungsmöglichkeiten, z. B. dem Verfassen von Emails, die er häufiger mit Word schreibt, weil man hier – anders als bei einem Mailprogramm – die „Rechtschreibung und so kontrollieren" kann (288). In dieses Muster passen sich auch Andreas' in die Zukunft gerichteten Medieninteressen ein, die sich sehr klar auf eine Erweiterung technikbezogener Handlungsoptionen beziehen:

(298)
A: Ja so, Griffe, ich habe- so ein paar Griffe KANN ich ja, hier so, F4, Alt F4 und so was. Aber wie ich so richtig GUT im Internet ohne-, nur so mit Tastatur klar komme, so was lernen wir wahrscheinlich irgendwann noch in Informatik. (2) Hoffentlich.
I: Mhm. *Warum würde dich gerade das interessieren?*
A: Dann kann man schneller ARBEITEN und so. Genau so mit löschen und einfach, ist ja schneller als die ganze Zeit so Rechtsklick und „löschen", „ja", und dann einfach nur entfernen, „ja". Entfernen (geht ja auch anders???)
I: Mhm. *Also damit besser klar zu kommen so zu sagen, mit der-* // A: Ja. (2) // I: *Und gibt es noch andere Sachen, die dich [noch]* // A: [Vielleicht] wie man so eine Internetseite erstellt. // I. Mhm. // Und zum Beispiel hier-, es gibt ja Freenet oder wie das heißt da, wo man seine eigene Internetseite machen kann, aber diese großen, wo man sich so richtig einen Namen aussuchen kann, so was mit Punkt und de sind ja meistens kostenpflichtig.

Auf die gleiche Weise, wie Andreas Medienverwendungsszenarien schildert, erscheint auch hier – in antizipierter Form – ein Set an Möglichkeiten zur Verbesserung instrumentell praktischer Handlungsvollzüge: die Erhöhung des Tempos bei der Navigation und bei Routineeingaben sowie die Vereinfachung der Benutzung durch Konzentration auf die Tastatur als Eingabegerät (unter Verzicht auf die langsame Mausbewegung). Darin dokumentiert sich erneut eine übergreifende Orientierung an den Möglichkeiten des direkten und kontrollierten Interagierens mit der Computertechnik im Modus der Steuerung und der Normalisierung. Auch Andreas' Interesse an einer eigenen Homepage („wie man so eine Internetseite erstellt", 304) und sein diesbezügliches Gedankenexperiment folgt diesem Muster:

(308)
A: Könnte man gut machen, wäre ja leichter als F-Mailen. Könnte man so GROSSE Mengen auch reinsetzen. Wenn ich meinen Kumpels jetzt sage irgendwie jetzt „hier guck' mal ich habe hier eine ganze Fotoreihe gefunden von irgendwas", setze ich die auf die SEITE, er guckt sie sich an und kann das ja auch irgendwie löschen wieder von meiner Seite.

Den Besitz bzw. die Nutzung einer persönlichen Webseite fasst Andreas als hilfreich auf, weil damit Inhalte auf technischem Weg bearbeitet, darüber verfügbar und distribuierbar gemacht sowie mithilfe des Mediums von der Handhabung her vereinfacht würden. Anstatt auf Emailanhänge zurückzugreifen, stünde für den Umgang mit Digitalfotografien dann eine Plattform bereit; das heißt: die alltägliche Praxis des Umgangs mit Bildern für sich und andere ließe sich rationalisieren. Das Computermedium erscheint hier äquivalent zu einem Instrument, mit dem Daten effizient reduziert, verarbeitet und zugänglich gemacht werden können. Ganz in diesem Sinne geht es Andreas auch weniger um die potentielle Nutzung einer Internetseite zum Zweck der Selbstpräsentation (etwa des eigenen Prestiges, wie im Fall von Ferhat), sondern eher – wie Olaf – zum Zweck der Transformation von Informationen in Inhalte bzw. Angebote. Demgemäß liegen Andreas Hoffnungen, das deutete sich bereits an, konsequenterweise auf dem „Informatikkurs" (312) in der Schule, von dem er sich wünscht, dort Fähigkeiten im Bereich der technischen Umsetzung vermittelt zu bekommen:

```
(314)
A: Ich hoffe ja, dass LERNEN wir. Ich bin ja im Informatikkurs.
Und da sind wir jetzt auch gerade dabei, eine Internetseite zu
entwerfen. Aber nicht so groß, ich denke-, ich HOFFE, das ma-
chen wir noch in der Zehnten, aber momentan machen die Zehnt-
klässler eine neue Seite für die Schule, und wir sollen da
wahrscheinlich noch EINE, irgendwie, eine kleine Seite noch mit
rein machen oder so was.
```

In diesem medienbezogenen (Lern-)Wunsch dokumentiert sich eine medienbezogene Bildungsaspiration, die sich viel weniger an Fragen von gesellschaftlicher Anerkennung abarbeitet, sondern ganz auf die Aneignung von computertechnischem Handwerkszeug bezieht, das seinen Anwendungsbereich im Kontext von rechnergestützten Konstruktionsprozessen findet.

Eine Andreas und Timo vergleichbare Orientierung lässt sich in den Darstellungen zur Mediennutzung von Olaf herausarbeiten. Olaf ist das jüngste von vier Geschwistern und zum Zeitpunkt des Interviews 14 Jahre alt; zwei seiner drei Schwestern leben mittlerweile nicht mehr zuhause. Sein Vater arbeitet als Verwaltungsangestellter, seine Mutter war bis vor einem halben Jahr bei einem Sozialverband beschäftigt und ist nun frühpensioniert. Die Schule gefällt Olaf nach eigenem Bekunden gut, obwohl er angibt, „nicht so viele Freunde da jetzt" zu haben (18); er bezeichnet neben „Musikhören" den Computer als sein großes Hobby, womit er den Hauptteil seiner Freizeit verbringt. Olaf spricht verhältnismäßig leise und gebrauchte kurze Sätze, auch scheint er immer wieder eine Ermunterung zu benötigen, auf die Fragen einzugehen. Zum Schluss des Interviews scheint er froh zu sein, dass dieses beendet ist. Insgesamt erscheint sein Sprachduktus trocken und abgeklärt. Sachlich-nüchtern beschreibt er etwa die häusliche Mediensituation: „Na ja, jeder benutzt ihn eigentlich. Und, na ja. Also ein Punkt ist er eigentlich schon. Also wenn ihn jeder benutzt, dann denke ich mal schon dass er eigentlich auch bei uns wichtig ist", 297). Weiterhin gibt er an, den Computer nicht für Emailkontakte zu gebrauchen („na ja mit wem sollte ich Emails schreiben? Das wüsste ich gar nicht" 135); dass er nach eigenem Bekunden keine Computerspiele spielt, begründet er folgendermaßen: „Internet ist doch viel spannender. Na ja, also ich bin halt nicht gerade so ein Spielefreak oder so, deswegen" (285).

Vor allem seine allgemeine Positionierung zu elektronischen Medien lässt Elemente seines Orientierungsrahmens hervortreten: So schildert er z. B. „Fernsehen" (269) als Medium mit nur geringer subjektiver Relevanz; es wird sich einfach dazugesellt, wenn jemand anderes eingeschaltet hat („eigentlich gucke ich nichts Festes. Also das ist meistens dass ich irgendwie so mitgucke, wenn jemand anderes vielleicht was schaut. Dann schaue ich einfach mit", 269). Ist sein Fernsehinteresse ungerichtet und ergibt sich die Rezeption lediglich situativ ergibt, wäre Fernsehen, so stellt Olaf dar, für ihn auch *ganz* verzichtbar („na ja weil ich Fernsehen nicht so oft mache. Und ich mache halt am Computer auch mehr. Computer kann man ja auch VIEL MEHR MACHEN. Und am Fernsehen MACHT man ja eigentlich gar nichts. Man schaut ja nur", 275). Das hervorstechende Merkmal des Computermediums ergibt sich für ihn aus multiplen Möglichkeiten, *mit* diesem zu interagieren, da es grundsätzlich Optionen einer flexiblen Beschäftigung bietet. Vor allem die Geringschätzung von Fernsehen – als einer einseitigen und rückkopplungsarmen Medienformation – zeigt: anstelle eines passiven und beschränktes Rezeptionsgeschehens (man „schaut ja nur") geht es Olaf darum, gerade nicht nur an einem Gerät zu sitzen, sondern es aktiv zu verwenden. Das Computermedium ist dabei ein Artefakt in der eigenmächtigen Hand des Nutzers und insofern positioniert sich Olaf als aufgeschlossen gegenüber interaktiven und instrumentell-handlungspraktischen Verwendungsmöglichkeiten digitaler Medien.

Vor diesem Hintergrund konzeptualisiert er die Computermedien auch im Kontext eines knappen medienbiographischen Abrisses als etwas zu Erschließendes:

```
(32)
O: Na ja, ich weiß gar nicht genau, mmm (2) ich glaube das war
1999, ja, da waren meine Eltern irgendwie ganz brennend darauf,
sich einen Computer zu kaufen. (2) Na ja, und dann haben sie
das da halt gemacht. Und, also zuerst war kein Internet dabei.
Das war zuerst nur ein ganz normaler Computer. An den man sich
dann halt so irgendwie herantastet, und so langsam immer mehr
und mehr so kann. Und irgendwann haben wir dann Internet bekom-
men. Aber ich weiß nicht mehr genau wann. Also, dann hatten wir
Internet auch zuhause. Und dann habe ich angefangen das Inter-
net zu erkunden ((lacht)).
```

Geschildert wird ein Alltag, in dem Medien einerseits von starkem Interesse geleitet („brennend") und auf der anderen Seite im Modus der Normalität – man kauft es „halt" – emergieren. Ebenso wird das Erleben einer Prozesshaftigkeit der gerätemäßigen Verwendungsreichweite deutlich: Zunächst noch ohne Internetzugang ist der PC ein wenig besonderer, welchen Olaf wie ein erst einmal unbekanntes Objekt artikuliert, das man auf kaum systematisierbare Weise entdeckt, indem sich ein erster Eindruck davon verschafft wird und man es durch kontinuierliches Tun allmählich zu verstehen und zu beherrschen beginnt. Metaphorisch wird das Lernen der Umgangsweise hier ein „Herantasten", eine sich nähernde bzw. von außen nach innen vordringende Bewegung (so wie man sich etwa an den inneren Kern eines Problems herantastet). Spiegelbildlich dazu erscheint Olafs Kontakt mit dem Internet: Dieses wird angeschafft und darauf hin wird begonnen, es zu explorieren.

Insofern vermittelt diese Passage den sukzessiven Aufbau von computerbezogenen Handlungskompetenzen, welcher im Modus eines ständigen und erneuten Ausprobierens prozessiert; deutlich wird auch, dass dieser Prozess nicht unbedingt systematischen, sondern eher forschend-entdeckenden Charakter hat. Auf diese Weise verdeutlicht sich ein rational-technikbezogenes Anschließen an eine offensichtlich computeraffine soziale Umwelt und eine vermittels eigener Handlungen erlebbare Nutzung und Erweiterung von Handlungsmöglichkeiten: Sein „Erkunden" erklärt Olaf auf Nachfrage folgendermaßen:

(34)
O: ((Seufzt)) Na ja, also einfach rumprobiert, so aus Interesse. Und man sieht ja auch jeden Tag im Fernsehen so, ÜBERALL, immer Internet Internet Internet. Und dann will man das eben auch mal, dann interessiert man sich eben halt schon dafür. Und will dann wissen, was es damit so auf sich hat.

Die Verknüpfung eines diffusen und unspezifischen Handelns im Modus des trial-and-error mit einem spezifischen Motiv – „Interesse" – koppelt Olaf an den Anschluss an eine aus seiner Sicht auch massenmedial betriebene Verbreitung des Phänomens Internet; er stellt dies dar wie eine Entwicklung, die gleichsam draußen in der Welt abläuft und die „eben" nicht spurlos an einem vorüber geht, ähnlich einer Art *Hype*, welcher zum einen wahrgenommen und zum anderen rationalisiert wird. Es entsteht zwar Interesse an dem „Internet Internet Internet", dennoch entspricht die sich hier dokumentierende Selbstverortung von Olaf der eines nüchtern-distanzierten Beobachters, der sich aufgerufen fühlt – angestoßen durch den Wirbel, der darum gemacht wird – einmal selbst zu prüfen, ob und was überhaupt da dran ist – „man" will „wissen, was es damit so auf sich hat." Zum Ausdruck kommt damit der Habitus eines Technologie rational lernen und verstehen wollenden Mediennutzers. Fallkontrastiv ist daran interessant, dass es Olaf – anders als etwa Sercan – nicht darum geht, sich den Medien aus Gründen der (fehlenden) sozialen Anerkennung zuzuwenden, um statusmäßig mit anderen gleichzuziehen, sondern weil dies einem auf den Gegenstand gerichteten Interesse entspringt.

Statt der Bearbeitung eines Exklusionserlebens geht es hier um die Adaption einer als modern wahrgenommenen Entwicklung, die Chancen bietet, den eigenen Handlungsspielraum zu erweitern. Ausdruck dessen ist auch, dass Olaf einen Teil zu seinem eigenen Computer „mitbezahlt" hat (38) und sich den Wunsch erfüllte, über ein eigenes Gerät zu verfügen („also ich wollte eigentlich schon immer einen eigenen Computer haben", 39), wobei er seinen Computer („einen Laptop", 40) sachlich als „nicht irgendwas Besonderes" (21) charakterisiert. In seinem häuslichen Umfeld erscheint die Computerausstattung dann auch als eine, die „normal" (43) ist und um deren Benutzung kein großes Aufheben gemacht wird („wir haben halt mehrere Computer, und manchmal ist halt der andere belegt, und dann kann sie [die Schwester, S. H.] wenn ich da was anderes dran mache, dann kann sie auch mal", 43).

In einem solchen Modus der Normalität stellt Olaf auch die Genese seiner computerbezogenen Handlungsfähigkeit dar, die erneut eine hohe Affinität zu Formen selbstbezüglichen Ausprobierens bzw. Bastelns implizieren:

(51)
O: Na ja, also vieles weiß man ja irgendwie schon am Anfang. Also einige Sachen, die gehen ja sofort, also das geht einfach. Also ich habe nirgendwo jetzt ein Buch gelesen oder so etwas. Das habe ich mir eigentlich alles selbst beigebracht. Also ich kann mich gar nicht richtig dran erinnern, ob ich habe auf keinen Fall ein Buch oder so gelesen.

Grundlegendes Wissen ist im Prinzip von Beginn an da und „einige Sachen" am Computer sind umstandslos möglich, während darüber hinausgehende Möglichkeiten der Verwendung offensichtlich komplexere Wissensbestände erfordern. Deren Aneignung ist jedoch ohne entsprechende Lektüre möglich, wobei Olaf Wert darauf legt, bei der Erschließung handlungserweiternder Funktionen des Computermediums autodidaktisch vorgegangen zu sein. Wie auf Nachfrage deutlich wird, handelt es sich dabei um einen übergreifenden Korpus an Verwendungsmöglichkeiten, der nicht in spezielle Einzelbestandteile zerlegbar ist, sondern der als inkorporierte Fähigkeit wahrgenommen wird, etwas tun zu können: „Na ja, also wie man jetzt zum Beispiel (2), ja, also wie man halt mit dem Computer umgeht ((lacht)). So genau kann ich das gar nicht sagen" (55). Insofern bedient sich Olaf nicht einer performativ grandiosen Inszenierung, dass man z. B. bezüglich des Computers gar nichts zu lernen braucht oder dass man besonders viel gelernt hat – wie z. B. Ferhat –, sondern zum Ausdruck kommt eher ein kommunikativ kaum bearbeitbares Gefühl, in einem subjektiv befriedigenden Maß handlungsfähig zu sein. In diesem Sinne greift Olaf hier auch nicht zum Mittel einer Kompetenzinszenierung, sondern scheitert eher an der Schwierigkeit, konkrete Lerninhalte sequentiell herunterzubuchstabieren. Anders als eine Selbstzuschreibung sozial anerkannten Wissens lässt sich dies als ein Eingeständnis performativ nicht zu konkretisierenden Wissens interpretieren, welches in der eigenen Praxis entstanden ist.

Zur Wahrnehmung des Computermediums als etwas zu Erschließendes hat nach Olafs Bekunden auch die Schule beigetragen, und zwar in Form einer basalen Grundlegung von Fähigkeiten:

```
(59)
O: Ja, also in meiner Grundschule gab's damals so Wahlpflicht-
unterricht. Also dass wir da irgendein Fach wählen mussten. Und
da war auch manchmal eben so ein Computerkurs, der wurde da an-
geboten. Und da hat man uns dann auch so einiges gezeigt. //
I: Übers Internet? // O: Ja, genau, für Internet. // I: Aha,
und wie war das so? // O: Also, na ja, da wurden SCHON viele
Sachen so erklärt. Über die einzelnen Programme, die für das
Internet wichtig sind. Und, jetzt kann ich die eben halt rich-
tig nutzen. Und auch mehrere Sachen damit machen. Weil, viele
haben die Programme zwar auch, aber die nutzen meistens ja dann
nur die Standard-Sachen. Und, man kann da eigentlich noch mehr
machen als nur so was halt.
```

Ähnlich wie Timo rekurriert Olaf auf die schulische Computerbildung als eine Art Fundament, das als Ressource wahrgenommen wird, das Medium „halt richtig" zu nutzen. Anders als etwa wiederum bei Ferhat vermittelt sich das institutionelle Bildungsangebot hier nicht wie ein kompetenzanzeigendes Patent, über das man verfügt, sondern herausgestellt wird von Olaf eher dessen handlungspraktischer Mehrwert zum Vollzug umfangreicherer Handlungsvollzüge. Es geht darum, mit dem Medium jenseits von „Standard-Sachen" umzugehen. Wie bei Timo und Andreas wird die schulisch transportierte Medienbildung hier zu einem Anschub einer freizeitlich weiterverfolgten Beschäftigung mit dem Medium. Vor dem Hintergrund, dass man „noch mehr" mit den Medien machen kann, beschreibt Olaf auch die Verwendung des Internets innerhalb der üblicherweise im Rahmen des Unterrichts geforderten Anforderungen als nichts Besonderes:

(67)
O: Das sind eigentlich meistens nur Hausaufgaben wo man was recherchieren muss, zum Beispiel jetzt Geschichte oder Erdkunde, manchmal auch Deutsch. Aber sonst eigentlich nicht so. So für Mathematik kann man ja schlecht etwas nachforschen. // I: Und wonach guckst du dann so? // O: Na ja, über das Thema was wir halt bearbeiten sollen, was wir aufhaben. // I: Und kommt das häufig vor? // O: Na ja, nicht so oft, weil das kommt auch auf die Aufgabe an, manchmal bekommen wir gar nicht die Aufgabe. Manchmal ist das auch schon in Büchern, und dann braucht man ja gar nicht mehr ins Internet.

Eine schulbezogene Mediennutzung ist habitueller Alltag und das Internet ein multiples, fächerübergreifendes Hilfsmittel, das sich je nach Anforderung zur Erledigung von Aufgaben eignet, die man eben hin und wieder abzuarbeiten hat, wobei es sich fallweise sogar dem Printmedium als unterlegen erweist. Sichtbar wird hier ein negativer Gegenhorizont, nämlich Medien allein bzw. nur im Rahmen einer heteronomen Aufgabenerfüllungslogik zu nutzen. Dies ist zwar möglich und sinnvoll, insgesamt aber eher bildungsbürgerliches Handwerkszeug, dessen man sich „halt" bedient – z. B. zur Informationsrecherche („halt mal in einer Enzyklopädie im Internet nachschauen", 141) oder der Suche nach Texten deutscher Klassiker („wenn man also beispielsweise einen Text von Goethe sucht, und nur das Wort Goethe eingibt, dann kommen eben natürlich auch Sachen, wo einfach nur „Goethe" steht. Und dann muss eben eingeben Goethe-Texte, oder auch den Titel des Textes den man sucht. So halt, ja" (142). Anders als Yüksel, der die Nutzung des Computers als Mittel darstellt, schulische Bildungsansprüche souverän erfüllen zu können vermittelt Olaf, dass mit dem Gebrauchs des Internets lediglich als Hilfsmittel dessen Potenziale noch längst nicht ausgeschöpft sind. Sie bieten sich erst im Rahmen des selbstbezüglichen Ausprobierens von technischen Möglichkeiten und zwar „zum Beispiel Internetseiten machen. Na ja, DAS ist halt so meine Freizeit" (75):

(77)
O: Na ja, was ich da mache? (2) Also, um das machen zu können, muss man ja halt die Art wissen, wie man bestimmte Sachen schreiben muss, damit das dann alles auch dargestellt werden kann und so weiter. Das muss schon alles gelernt werden. // I: Wie war das bei dir? // O: Ich habe es mir selbst beigebracht. Also, ich habe mir diesen Text bei anderen Seiten angeguckt. Und habe dann irgendwann gemerkt, wenn man das und das macht, dann kommt so was halt. Und irgendwann- Also ich habe es mir nirgendwo beibringen lassen.

Das Internet als Informationsquelle verstehend, das zum Aufbau eigenen Wissens genutzt wird, wobei es z. B. um die Umwandlung von Schreibeingaben in ein visuelles Produkt geht, kommt ein Prozessieren von Einzelschritten zum Ausdruck, bei deren Ausführen man sukzessive und beobachtend wahrnimmt, welcher Effekt sich einstellt („dann kommt so was halt") und insofern ein medienbezogener Kompetenzerwerb, der sich aus der Nutzung technischer Angebote spiralförmig entwickelt und beinahe zu einem Selbstläufer wird; anfangs gab es „schon Probleme, also ich habe halt immer wieder ausprobiert", was solange anhielt, „bis ich das richtig konnte" (107). Dabei investiert Olaf auch einiges an Zeit („Also, jetzt mal so für eine Seite selbst alleine, so das Grundgerüst fertig, kommt drauf an. Also wenn ich mich beeile, und wenn ich die Zeit habe, an zwei Tagen. Manchmal auch eine Woche oder zwei" 109). Ebenso deutet sich ein hohe Selbstbezüglichkeit an, bei der es vorrangig um ein Ausprobieren bzw. ein autodidaktisches Basteln geht („naja, also eigentlich mache ich die nicht für jemand anders, sondern eigentlich für mich selbst, ja, so paar Sachen", 85).

Infolge der Bitte, diese Praxis weiter auszuführen, gerät Olaf ins Stocken und wird abwehrend; er mag kaum erzählen, offensichtlich weil es sich dabei um *work in progress* handelt, dem es auch an technischer Perfektion mangelt und er insofern seine Programmierfähigkeiten auf den Prüfstand gestellt sieht. Inhalt der Seite sind „viele Sachen eigentlich. Das sind so mehrere" (91). Nur durch erneutes Nachbohren lässt er sich weiter darauf ein („Na ja, zum Beispiel über so Stars die ich so gerne mag", 93) und ist erst nach mehrfacher Bitte bereit, dies zu konkretisieren: „Ja, von mir aus (2), also zum Beispiel so (2) Kylie Minogue, dann Sarah Jessica Parker (3) Maroon Five, ja, so (2) halt, die so. Mehr habe ich eigentlich nicht. Dafür fehlt mir die Zeit" (95). Deutlich wird daran, inwiefern Olaf hier eine klar produktive Mediennutzung selbst rationalisiert, da es sich dabei offensichtlich um eine fragile Phase der ersten eigenen Schritte im World Wide Web handelt, die sich gerade in der Entdeckungs- bzw. Aufbauphase befindet. In jedem Fall kommt dem Ausprobieren der Möglichkeiten ein hoher motivationaler Stellenwert zu, zumal das Resultat über die Selbstbezüglichkeit der Erstellung auch sozial wahrgenommen werden kann:

```
(97)
O: Na ja (4), auf der einen Seite, es macht halt eigentlich
sehr viel Spaß. Obwohl es manchmal zum verzweifeln ist
((lacht)), weil manchmal will es halt nicht so wie man will.
Und, na ja. (2) Einfach nur so, und auch für die anderen ei-
gentlich. Weil andere Leute ja auch auf die Seite gehen. Also
wenn man zum Beispiel was über die Stars sucht, dann können
Leute ja auch da was nachlesen. Das ist ja eigentlich FAST auch
nur für Besucher halt.
```

Erneut dokumentiert sich hier der Habitus eines Bastlers, der auch bei Schwierigkeiten nicht aufgibt und die Technik mitunter auch als widerspenstig erlebt. Deutlich wird ebenso, wie sich Olaf infolge des technischen Bastelns als eine Art Mini-Dienstleister wahrnimmt, der im Rückgriff auf die Umsetzung technischer Handlungsregeln nicht nur ein eigenes Produkt kreiert, sondern dies auch als nutzbar für andere ansieht. So vermutet Olaf als Besucher seiner „Seite", dies seien „als erstes Mal Fans von den Leuten. Die was darüber wissen wollen, und auch vielleicht ein bisschen MEHR darüber wissen wollen. Und dann, ja- (2)" (115). Dabei erzählt Olaf – nach Beendigung des Interviews –, dass es sich bei der von ihm erstellten „Seite" im Prinzip statt um das Ergebnis einer ausgefeilten Programmierpraxis um eine lose Zusammenstellung von Material über Musiker und Bands handelt, die er mittels eines frei nutzbaren Webportal gepostet hat, und zwar blogger.com, einem von google angebotenen Service zur Erstellung eigener Beiträge, bei dessen Handhabung die Benutzer weder Software auf Servern installieren noch HTML beherrschen müssen. Von dieser Einschränkung wird allerdings die hier verhandelte Thematik nicht tangiert, im Gegenteil. Es konturiert sich Olafs Habitus eines technisch orientierten Mediennutzers, dem es darum geht, sich in einem spielerischen Modus an der Transformation von Inhalten in ein mediales Format unter Zuhilfenahme von gegebenen technischen Möglichkeiten zu versuchen. Dabei sind sogar die Inhalte tendenziell *austauschbar* und stehen Fragen des Zugriffs, der Verarbeitung und Darstellung im Mittelpunkt:

```
(103)
O: Also ob es Schauspieler sind, oder jetzt Musik halt, es
kommt immer drauf an. Aber es ist meistens immer dasselbe. [...]
Na ja, über die Person selber, über Kylie selber. Dann ihre
Veröffentlichungen, alles das so. Und auch Videos, Audio, das
ist vielleicht nicht ganz legal ((lacht)), aber das macht ja
sowieso jeder. Ja, was sonst so? (3) Bilder, ja Bilder.
```

Vor diesem Hintergrund wird das eigene Medienprodukt nicht Mittel zur Selbstpräsentation, sondern im Gegenteil Gegenstand der Entdeckung von Möglichkeiten technologieunterstützter Handlungsfähigkeit. Ganz nebenbei wird hier die eigene Subversivität – so wie schon bei Timo und Andreas – technisch *rationalisiert*; Material, das eventuell urheberrechtlich geschützt ist („vielleicht nicht ganz legal"), wird zum content erklärt, dessen sich ja „sowieso jeder" bedient. Deutlich wird ebenso, wie soziale Anerkennung nicht durch Besitz von objektivem kulturellem Kapital, sondern durch die Verfeinerung inkorporierter, der Technik korrespondierender Fähigkeiten angestrebt wird.

Während nun einerseits die Medien das perfekte Hilfsmittel sind, Inhalte zusammenzustellen, zu bearbeiten und verfügbar zu machen, bearbeitet Olaf – das deutete sich bereits im Zusammenhang mit seiner „Homepage" an – auch soziale Beziehungen im Bezug auf eine Technikrationalität und verortet sich familiär entlang seiner aktiven Erfahrungen in der medialen Handlungssphäre. Dabei kommt es in Beziehung vor allem zu seinen Schwestern zur Selbstwahrnehmung einer Rolle des Technik-Zuständigen. Während es ihm beispielsweise „schon Spaß" mache (164), computerbezogene Probleme selbstbezüglich lösen, oft auch erst nach ein „paar verzweifelten Stunden" (164), würden seine PC-Kenntnisse von diesen nachgefragt:

```
(171)
O: ((Lacht)) Na ja, also die meisten fragen eigentlich immer
MICH ((lacht)).
I: Ach so. Bei was wirst du denn so gefragt zum Beispiel?
O: Na ja, es gibt halt so, na ja- (3) Manche so, also zum Bei-
spiel meine Schwestern, die kennen sich ja mit so was GAR nicht
aus. Die fragen mich auch ständig. Ja, so „was mach ich denn
jetzt?" ((lacht)), und „wo muss ich denn da jetzt drauf gehen?"
Und dann sage ich immer „ja, das STEHT doch da, pass doch mal
auf. Lies doch mal NACH." Und dann sagen die immer „Nein, nein"
((lacht)). Aber sonst eigentlich immer nur wegen dem Internet.
Weil die auch manchmal dieses Ding, wie heißt das jetzt, also
nicht Modem, sondern diese Box da. Die geht halt manchmal
nicht. Und dann muss man die eben NEU installieren, und das
kann keiner außer mir. Und dann sagen immer alle „los, komm mal
her", und, na ja. Aber sonst eigentlich, das geht eigentlich
meistens immer nur darum.
```

Offensichtlich genießt es Olaf, der Wissende sein zu können und belustigt sich auch über die vermeintliche Inkompetenz der Schwestern, die mitunter am Computer nicht weiterkommen oder Bedienungsschwierigkeiten haben. Er reagiert darauf mit dem Hinweis, dass die entsprechende Wissenslücke durch rationales Befolgen einer textförmig verfügbaren Handlungsanleitung zu schließen sei, der man sich als Nutzer bedienen könne. Während also einerseits die Schwestern von Olaf pädagogisiert werden, verwundert ihn andererseits, dass sich des Computers überhaupt ohne den Rückgriff auf eine formalisierte Strategie der Beschäftigung damit bedient wird. Indem er hier also seine familiäre Position als desjenigen darstellt, der sich mit technischen Zusammenhängen und Geräten auskennt, die eben „manchmal" neu „installiert" werden müssen, schildert er auch eine Fremdzuschreibung computerbezogener Expertise, die im gleichen Atemzug wieder rationalisiert wird, weil sie für normal und selbstverständlich gehalten wird. In diesem Zusammenhang zeigt sich eine vermeintliche Rationalisierung der Geschwisterbeziehung, die mit der Nutzung des Computermediums zu korrespondieren scheint. Gleich zu Beginn des Interviews berichtet Olaf davon, dass er sich als einziger Sohn von vier Geschwistern lange in der Rolle des „Kleinen" sah, was als „schon ein bisschen blöd" bezeichnet (9). Auf Nachfrage erklärt er hierzu:

```
(8)
O: Na ja, weil man immer der Jüngste ist, und dann sind die an-
   deren auch SCHWESTERN ((lacht)), und man kann sich auch nicht
   immer unbedingt unterhalten mit denen. Also jetzt wo ich älter
   bin dann schon, aber als ich kleiner war, da waren die immer
   schon älter, und dann dachten die sich immer, ‚ach hier der
   Kleine und so'.
```

Vor dem Hintergrund seiner jetzigen Rolle als desjenigen mit der familiären PC-Expertise scheint es, als sei aus dem „Kleinen" derjenige geworden, zu dem die weiblichen Familienmitglieder aufschauen und ihn brauchen, etwa wenn es darum geht, die häusliche Internetverbindung wieder in Gang zu bringen. Dabei inszeniert er sich jedoch nicht unbedingt als grandioser Experte, sondern die Schwestern werden subtil pädagogisiert – ihnen wird ironisch entgegnet, sie könnten das doch auch, wenn sie nur einmal ein Manual läsen. Auf diese Weise handelt Olaf die Interaktion mit den Familienangehörigen nicht in Form einer Statusbeziehung, sondern – ähnlich wie im Fall von Timo – innerhalb einer wahrgenommenen Differenz von formalem Wissen und Erfahrung ab. In diesem Zusammenhang wird auch die sozial-emotionale Anerkennung, die ihm darüber anerkannt wird, rationalisiert:

```
(317)
O: Also, naja, die finden das schon toll. Also die sagen schon
auch manchmal „oh, wie machst du das nur" und so. // I: Wie
meinst du das? // O: Na ja, dass ich so was KANN. Ich weiß auch
nicht. Das finden die halt gut. Weil es Ihnen selber-, also sie
finden so was schon ziemlich schwer. Und darum wohl auch.
```

Während die Familie seine technische Expertise „schon toll" findet, „weiß" Olaf selber nicht so genau, worin jetzt das Faszinosum besteht, für das er hier Bewunderung erntet. Dass er mit dem Computer umgehen „KANN", wird vor dem Hintergrund der Passage zuvor darauf zurückgeführt, dass sich eben eines technischem Datums und darüber einer Nutzung einer Handlungsoption bedient wurde, was mit etwas Konzentration („pass doch mal auf") jedem gelänge. Reproduziert wird damit erneut seine Orientierung, in der er die Nutzug und Verwendung des Mediums bearbeitet; so koppelt er die bewundernde Haltung der anderen ihm gegenüber nicht daran, dass es aus seiner Sicht tatsächlich sehr schwer ist, den Computer zu nutzen, sondern weil die anderen das „finden"; anders formuliert: Der Umgang mit dem Computermedium ist Aufgabe einer rationalen Hinwendung dazu und bedarf eines Sich-Einlassens auf seine inhärente Logik. Insofern dokumentiert sich hier das Erleben, dass sich ein rational-technikbezogener Habitus als sozial funktional erweist und von anderen auch nachgefragt wird.

Ein Dokument seines bislang rekonstruierten Medienhabitus ist es weiterhin, sich in der Person eines Nutzers zu positionieren, der quasi die Zeichen der Zeit längst erkannt hat und die Verfügung über eigene Handlungsoptionen fortschrittsoptimistisch und zukunftsgewandt konnotiert. Die Möglichkeit, durch die Benutzung von Technik handlungsfähig zu sein, wird von Olaf an einen epochalen Lebensstil gebunden, in welchem digitale Medien als Paradigma der Gegenwart erscheinen:

```
(195)
O: Na ja ich denke mal, wir leben ja auch nicht mehr gerade im
Mittelalter, und dass Computer immer mehr Überhand gewinnen.
Und wenn wir uns dann damit auskennen, ist das nicht gerade
falsch. Weil, es geht ja immer einen Schritt vorwärts, das geht
ja SO SCHNELL. Und daher sollte man sich damit schon auskennen.
I: Wie ist das für dich ganz persönlich, wie wichtig ist dir
das selber für deine Zukunft?
O: Na ja, also ich könnte jetzt auch OHNE auskommen. Aber, es
wird schon wichtig sein. Aber ich würde jetzt nicht wissen,
WAS.
```

Gefragt nach seiner allgemeinen Zukunftsvorstellung greift Olaf auf eine Metapher zurück, die eine deutliche Markierung artikuliert. So ist das „Mittelalter" einerseits eine – gegenüber der Gegenwart – technisch unentwickelte Epoche, andererseits aber auch eine historische Phase, zu der keine individuellen Handlungsoptionen aufgrund von (biographisch selbstgesteuerten) Wahlmöglichkeiten verfolgt werden konnten. Damit kennzeichnet sich ein Merkmal seines negativen Gegenhorizontes, und zwar eine Handlungsunfähigkeit im Kontext von zeitlich bedingter Technologieabstinenz. Die Computertechnologie ist ohnehin längst da und hat die Zeit durchdrungen, zumal die Menschheit „auch nicht mehr gerade" im Mittelalter, sondern in einer vollständig medien- und technikgeprägten Lebenswelt lebt, die für ihn sogar dabei ist, „Überhand zu gewinnen". Darin verbirgt sich, wiederum metaphorisch, das Topos der Machtübernahme und des Einflusses von Technologie, angesichts dessen der Mensch aufgefordert ist, handlungsfähig zu bleiben, anstatt davon beherrscht zu werden. Damit ist zugleich der positive Gegenhorizont aufgeworfen, und zwar die generelle Bewusstheit für die Existenz von Technologie und deren Optionen. Das Projekt, sich dieser zu bedienen wird von Olaf sprachlich so gedreht, dass er daraus nicht eine Notwendigkeit ableitet (im Sinne von „und deshalb ist es wichtig, sich damit auszukennen"), sondern eher eine Selbstverständlichkeit: Als generalisierter Bewohner einer technologisch geprägten Epoche kann man gar nichts „falsch" machen, wenn man sich Computermedien zuwendet, indem man sich damit „auskennt", zumal es auch darum geht, nicht den Anschluss an eine technische Entwicklung zu verlieren oder davon abgehängt zu werden. Somit deutet Olaf Computertechnik als fundamentales Datum der Gegenwart, dem man sich nicht entziehen kann, sondern dessen Potenziale man erkennen und sich im Sinne einer biographischen Option einer Handlungserweiterung universell aneignen sollte. Seine eigene Zukunft sieht er zwar nicht existenziell an das Verfügen über ein konkretes Auskennen gebunden, unterstellt aber eine grundlegende Bedeutsamkeit, deren präzise Bestimmung jedoch (noch) nicht aktualisiert wird.

Im Gegensatz dazu ist ihm in Bezug auf seinen Berufswunsch („also ich will eigentlich Journalist werden", 203) die Relevanz von Computerwissen bewusst. Hier wiederholt sich das Muster der Selbstverständlichkeit: Betonend, dass im Kontext des Journalismus ohnehin ein Großteil Arbeit computergestützt bearbeitet werde („also ich denke mal, vieles WIRD ja schon über Bildcomputer und so gemacht. Also wenn man jetzt Journalist ist, die meisten schreiben ja sowieso am Computer ihre Sachen", 204) erklärt Olaf Computertechnologie zum längst normal gewordenen Handwerkszeug der Berufssphäre. Aber auch außerhalb beruflicher Anwendungskontexte hebt Olaf die Gestaltungsmöglichkeiten von Computern hervor, sichtbar in seinen Ausführungen über weitere computerbezogene Interessen und Lernwünsche:

```
(207)
O: (2) Tja, ich würde gerne noch mehr Programmiersprachen lernen. Aber, ich weiß nicht.
I: Warum gerade Programmiersprachen?
O: Na ja, weil man, wie soll ich das sagen? Man kann halt die
Seiten verbessern, so wie die zum Beispiel aussehen. Man kann
mehr, na ja also mehr rein tun, wie mehr rein passt. Man kann
dann damit flexibler umgehen.
```

Deutlich wird erneut eine Orientierung an der Erweiterung von Handlungsoptionen, die Olaf im Zusammenhang mit den neuen Medien artikuliert. Er wähnt hier – ähnlich wie Andreas – die Möglichkeiten, vermittelt über Kenntnisse Webseiten zu optimieren, deren Erscheinung aufzuwerten und sie über einfache Grundlagen hinaus mit mehr Inhalt füllen zu können. Dies bedeutet für ihn, „flexibler", also beweglicher und gestaltungsfähiger, zu sein. Ihm ist bewusst, dass dafür besondere Kenntnisse in Form von Programmiersprachen erforderlich sind, die sich Olaf auch vorstellen kann, zu lernen („PHP, und, na ja (3) das ist eigentlich die einzige. Das System was ich jetzt schon kann, ähnelt dem ziemlich", 211). Darin dokumentiert sich, dass er computerbezogene Handlungsoptionen, die er bereits kennt, vertiefen und erweitern möchte, wobei er bereits informell und auf zweierlei Arten Lernanstrengungen unternommen hat, und zwar durch Lektüre und den Versuch einer experimentellen Umsetzung am Computer selbst, wenn auch ohne erkennbaren Erfolg („Na ja, also ich hab schon mal zwei Bücher darüber gelesen und auch schon mal was ausprobiert. Also, entweder sind die Bücher falsch, oder ich bin zu dumm dafür", 213).

Eine solche Erweiterung medienbezogener Handlungsoptionen wird von ihm als individuelles Projekt begriffen, dem man sich auch zweckfrei widmen kann; dabei geht es ihm nicht so sehr darum, sich professionell oder entlang klar zweckstrukturierter Erfordernisse einzuarbeiten:

```
(214)
I: Und könntest du dir da irgendwie vorstellen Hilfe zu holen,
um das zu lernen oder-
O: Na ja, weiß nicht. Jetzt so, also Leute fragen, also ich
kenne ja erstmal NIEMANDEN der das kann. Aber im Internet könn-
te man schon- Also ich frage jetzt schon auch nach, bei Leuten
die das können.
I: Wen fragst du denn da so, was sind das für Leute?
O: Na ja, eben so Leute, die auch Seiten haben, also die das
schon können. Also das sind natürlich auch keine Experten
jetzt, die haben sich das auch nur so angeeignet.
I: Und jetzt ganz konkret, so einen Computerkurs belegen? Könn-
test du dir das vorstellen?
O: (2) Nee, eigentlich nicht, Also erstmal habe ich dafür keine
Zeit, und zweitens auch überhaupt gar keine Lust, weil, jetzt
brauche ich das sowieso gerade nicht.
```

Die Strategie, sich an Möglichkeiten medienbezogener Handlungserweiterungen abzuarbeiten bleibt informell. Hierzu holt Olaf Erkundigungen ein bei „Leuten die das können", obwohl er um die Begrenztheit dieser Lernstrategie weiß, indem er zu einem echten Lernen der Programmiersprache eigentlich das Wissen von „Experten" benötigt, was seine informellen Ratgeber in Onlineforen eben nicht sind und auch gar nicht sein können bzw. müssen. Deshalb ist die Wahrnehmung eines formal-institutionellen Lernangebots für ihn auch eine Frage von Zeit und Lust, das heißt: Eine Frage der eigenen Entscheidung, die dem eigenen Belieben und der Freiwilligkeit anheim gestellt ist und nicht etwa – wie z. B. bei Zeynep (siehe weiter unten) – in Antizipation einer zu erfüllenden Aufgabe nötig erscheint, um sich für etwas zu qualifizieren.

6.1.3 Selektiver Pragmatismus und Selbstverwirklichung

Carola ist 14 Jahre alt, Einzelkind und gebürtig in Berlin („wohne die ganze Zeit hier, also war nie woanders" (15). Sie lebt bei ihrer Mutter, die als Verkäuferin arbeitet. Während ihre Eltern getrennt leben, betont Carola, dass sie intensiv zwischen Mutter und Vater hin- und herpendelt, zumal beide nicht weit auseinander wohnen („also ich kann jederzeit wenn ich will zu meinem Vater gehen und so, er wohnt auch in der Nähe gleich, ich brauch bloß in den Bus steigen, mit der U-Bahn hin und dann bin ich da", 15). Was sie zum Zeitpunkt des Interviews Ende November vor allem bewegt, ist, dass ein naher Umzug in einen anderen Stadtteil bevorsteht („also entweder Ende dieses Jahres oder Anfang nächstes Jahr, und dann ziehen wir nach K.", 11), wobei sie froh zu sein scheint, dass ihr Schulweg sich dadurch nicht verlängert („also ich denk mal, ich hab auch also genau die gleiche Gelegenheit mit dem Bus hin zu fahren", 12). Zum Interview kommt Carola etwas verspätet, was sie damit erklärt, dass sie mit Freunden vorher auf einem nahe gelegenen Sportplatz war; sie ist ein wenig müde und wirkt abgekämpft. Als Hobby gibt sie ihren „Hund", „draußen Sein" sowie „meine Digitalkamera" an. Bevor das Interview beginnt, zeigt sie mir ihre Kamera, welche sie nach eigenem Bekunden „häufig mit dabei" hat. Carola bittet mich, ihren Kosenamen zu verwenden („weil die meisten nennen mich so", 5).

Auf den ersten Frageimpuls schränkt sie ihre Computerpraxis auf eine spezifische sozialräumliche und personenbezogene Situation ein; das hauptsächliche Beschäftigungsszenario wird quasi aus der Situation heraus geboren und ist stabil daran gebunden:

```
(31)
I: Ähm, also ich weiß ja jetzt schon von dir, dass du dich hin
und wieder mit Computer und Internet [beschäftigst]
C: [Ja aber nur bei] meinem Vater.
I: Okay dann erzähl doch mal davon.
C: Ja, also bei meinem Vater, die haben auch Internetzugang und
so, also. Und dann manchmal, also wenn ich gute Laune habe und
nichts anderes zu tun habe, weil ich eigentlich viel um die Oh-
ren habe, weil ich DRAUSSEN bin, mich viel eigentlich mit Frei-
zeit eher draußen beschäftige, mit meinen Freunden und so, dann
sitze ich nicht so REGELmäßig vor dem Computer. So, manchmal
dann aus Langeweile sitze ich dann so im Internet (3) gucke was
so los ist und so, oder (2) zeichne irgendwas, was weiß ich
(3), ja oder guck mir halt Fotos an, die ich so gemacht habe,
und da dann in den Internet gestellt habe, also da in dem ge-
speichert habe.
I: Aha. Wie, du sagst, wenn dir langweilig ist, also- // C: Na
ja… // I: Kannst du das mal beschreiben?
C: Also wenn ich gerade nichts zu tun habe, das kommt zwar
SELTEN vor, aber, also ich bin eigentlich fast immer am Compu-
ter wenn ich bei meinem Vater bin, also (2) von daher. Ja.
```

Ihre Computerpraxis im Ensemble sonstiger Alltagspraxen erscheint zunächst wie ein Substitut bzw. wie das letzte Glied innerhalb eines Spektrums an aktiven Handlungs- und Erlebnisräumen, die ihrer Medienbeschäftigung deutlich vorgeordnet sind: *Ob* der Computer genutzt wird, ist abhängig von Bedingungen, die innerhalb ihrer sonstigen, erlebnisorientierten Alltagsgestaltung entstehen, wenn z. B. die Gefühlslage darauf abgestimmt ist und für den Moment keine anderen Handlungsalternativen in Sicht sind. In solchen Situationen wird das Medium zu einem Mittel, das im Sinne eines Stimmungsmanagements und kreativ nutzbar ist. Dies transportiert sich auch performativ: War ihre Schilderung zuerst flüssig und bewegt, wird Carola, als es um die Computernutzung geht, eher stockend, was die vielen Pausen signalisieren. Sie muss überlegen, um was es sich bei ihrer Nutzung eigentlich handelt: sie schaut eher willkürlich umher („was so los ist") und gestaltet etwas zeichnerisch, wobei auch dies eher wahllos erscheint. Zusammenfassend dokumentiert sich in der Passage eine mehr oder weniger ziellose und ungerichtete, aber auch unbeschwerte Mediennutzung, die an eine bestimmte Situation gebunden ist und hauptsächlich darin angesiedelt ist. Etwas in einer computerfreien Sphäre „zu tun zu haben" erscheint als die subjektiv zentrale Beschäftigungsform ihres Alltags, während sie ihre Medienpraxis beinahe zum Gegenteil erklärt.

Diese Situierung ihrer Medienpraxis in Verbindung zu sozialen Erlebnismomenten lässt sich auch daran zeigen, wie Carola ihre anfängliche Computernutzung an soziale, konkreter: familiendynamische Entwicklungen koppelt:

(37)
I: *Wie bist du eigentlich dazu gekommen, dich überhaupt mit dem Computer zu beschäftigen?*
C: Also weil ich ja schon mal mit meinem Vater FRÜHER drüber geredet habe und so, weil die mir selber einen Computer anschaffen wollten. Weil wir immer wieder auf die Idee kamen umzuziehen, meinten die dass das unlogisch ist. Dass sie dann in der NEUEN Wohnung, dass sie mir dann einen neuen Computer anschaffen. Und dann, wo mein Vater einen bekommen hat, dann habe ich mich so angefangen damit gleich zu beschäftigen irgendwie. (3) Ja, habe auch, also ich habe auch so, wie sagt man, Gedichte auf dem Computer geschrieben oder, ja oder Geschichten. Ja, ich mach so was gerne eigentlich.
I: *Mhm. Und was waren das so für Sachen?*
C: Na also so ausgedachte Dinge eben. So aus dem Kopf, so über (2), vielleicht auch über Mädchen, so, weil ich auch eine Karriere als Sängerin anfangen wollte, oder so. Das habe ich dann halt so geschrieben halt und ausgedruckt aus Langeweile. Manchmal.
I: *Und machst du das immer noch?*
C: Ja, aber jetzt nicht mehr SO oft. Nicht mehr so oft, nee, also ich bin auch nicht mehr so gut in der Schule, ich streng mich nicht mehr so viel an, also weil ich kümmer mich mehr um meine Freizeit. Deswegen. Das ist eigentlich nicht so gut, aber-

Der Computer ist frühes Thema der familiären Kommunikation, in welcher die Anschaffung eines solchen verhandelt wurde. Ihre Computerpraxis beginnt mit der wenig konkreten Idee zum Erwerb von Hardware, die in Carolas Schilderung untrennbar mit Veränderungen innerhalb sozialräumlicher Konstellationen verbunden ist. Auf diese Weise macht sie deutlich, inwiefern es vor allem soziale Dynamiken sind, die das Medium für sie erst zu einer subjektiven Handlungsressource werden lassen. Ihre Medienpraxis entsteht auf diese Weise in einer Situation, die nicht allein von ihr geschaffen wurde, sondern die sich aufgrund überindividueller Entscheidungen und Pläne ergeben hat und innerhalb dieser sie aktiv wird: Ihre früheren Tätigkeiten des am PC Schreibens erfolgen in Form des Ausdrückens ihrer Phantasie, sind zweckfrei und eine kreative Phase des Ausprobierens. Vor allem erscheinen sie selbstbezüglich und als Form der Auseinandersetzung mit ihrer eigenen Subjektivität. Hierzu setzte sie Phantasien, die mit der eigenen Person bzw. Persönlichkeit assoziiert sind – z. B. auch in Bezug auf ihren Traumberuf „Sängerin" – mit dem PC um, sodass auch ein Produkt entstand, dass sie selbst in den Händen halten konnte. Zum Ausdruck kommen hier eine Veräußerung von inneren Vorstellungen und Gedanken und ein kreatives Ausprobieren von computerbedingten Möglichkeiten zu deren Materialisierung; der PC wird zum Ort der Verobjektivierung einer eigenen Gedankenwelt. Eine solche Art der Beschäftigung ist allerdings gegenwärtig kaum noch wichtig („nicht mehr SO oft"): Das Um-Zu-Motiv (im Sinne von Schütz) einer kreativen und schöpferischen Nutzung des Mediums wird vom gegenwärtigen Sog einer intensiven Beschäftigung mit *sich selbst* dominiert. Sie „kümmert" sich „mehr" um die „Freizeit". Es hat hier den Anschein, als sei eine Nutzung des PCs – ähnlich wie das Engagement für die Schule – keine Freizeit. Homolog zur Eingangspassage wird damit deutlich: Das Computermedium hat nur untergeordneten Rang im Ensemble anderer und als wichtiger wahrgenommener aktueller Handlungsoptionen: Alles – so dann auch der Computer – ist dem gegenwärtigen Primat eines persönlichen Freizeiterlebens unterstellt, dem Carola als eines hochgradig sinnstiftenden Lebensbereiches höchste Priorität einräumt. Es geht ihr, anders ausgedrückt, darum, aktuell vorrangig *in eigener Sache* unterwegs zu sein und Energie in subjektiv Bedeutsames jenseits von Verpflichtungen zu investieren.

Vor diesem Hintergrund kontextualisiert sich ihre Medienpraxis innerhalb eines Rahmens von situativ-pragmatischer Situationsadäquanz. In einem solchen Rahmen stellt sie auch ihr Zueigenmachen der Funktionen des Computermediums dar:

```
(42)
C: Also eigentlich, also ich hatte schon so von FRÜHER, also
weil meine Freundin, wir saßen immer zusammen am Computer, und
dann haben wir zusammen manchmal so was gemacht. DIE hat mir
das meistens beigebracht. Und dann in der achten Klasse hatten
wir dann auch ITG-Unterricht. Und da KONNTE ich aber AUCH schon
ein bisschen. Na ja, und mein Vater hat mir auch paar Sachen
gelernt, und so. Also ich komme eigentlich ganz gut mit Technik
klar so.
```

Das Kennenlernen von computerbezogenen Möglichkeiten ist eingebettet in eine gemeinsam erlebte Handlungspraxis *am* Computer, die situativ und freundschaftlich intensiv erfolgte. Die Auseinandersetzung mit den Optionen und deren Aneignung erfolgt wiederum aus der Situation heraus. Wichtig sind dabei eine gemeinschaftliche Art der Beschäftigung anstatt eines zielgerichteten oder strategischen Handelns und eine soziale Beziehung, innerhalb der sich die für Nutzung des Computers relevanten Wissensbestände weitervermitteln. Die aus diesem Zusammenhang erworbenen Kenntnisse werden durch den ITG-Unterricht nicht unbedingt wirksam erweitert. Stattdessen fügt sich dieser Unterricht in Carolas Medienbiographie lose ein, indem er von ihr zeitlich einfach dazu addiert wird. Er wird von ihr ganz offensichtlich nicht als wichtige Lernarena wahrgenommen, denn ihm gegenüber wird die frühere und informelle Auseinandersetzung mit dem PC zu einem Fundament, aufgrund dessen sie „AUCH schon ein bisschen" konnte. Dazu zählt sie schließlich noch „paar Sachen" von ihrem Vater, sodass deutlich wird, inwiefern sie insgesamt ein eher selektives Arrangement von Lerngelegenheiten erinnert, das, so ihre Schlussfolgerung, zu einem Erleben führt, „gut klar" zu kommen. Dass sie in diesem Zusammenhang statt vom Computer übergreifend von „Technik" spricht, deutet an, dass sie sich das Vorhandensein einer Art pragmatischer Generalkompetenz zuschreibt, im Hier und Jetzt etwas tun zu können. Vor allem dieses „Klarkommen" signalisiert einen Habitus, der jenseits von Beherrschung an einer pragmatischen Nutzung orientiert ist. So hat sich Carola soweit mit der „Technik" vertraut gemacht, dass sie soweit als nötig damit zurechtkommt, um diese, ohne berührungsängstlich oder hilflos zu sein, nutzen zu können.

In dieser Art des informellen Arrangierens, das Handhabung ermöglicht und für den eigenen Bedarf ausreicht, schildert Carola auch ihr familiäres Umfeld nicht als geprägt durch Computerexpertise; so sei z. B. ihr Vater jemand, der am Computer situativ Hilfe benötigt, etwa beim „Lieder runterladen". Während er dies „früher nicht ganz konnte, er wusste auch nicht so, wie man das Programm einstellt", hat ihm „so ein Freund" geholfen, sodass der Vater nun „eigentlich ganz gut damit klar" kommt (47). Woran sich Carola orientiert, und hier wiederholt sich das bereits angedeutete Muster, sind an einem praktischen Nutzen ausgerichtete Medienverwendungsszenarien, ein bedürfnisorientiertes und gelegentliches Ausprobieren und eine subjektiven Interessen folgende Benutzung des Computers im Rahmen eines situativen Tuns, innerhalb dessen zwar auch Wissenslücken emergieren, welche sich aber bedarfsgerecht und insgesamt eher für den Moment, das heißt *selektiv*, überbrücken lassen. Aspekte einer solchen auf das Medium bezogenen Selektivität und Situativität zeigen sich auch darin, wie Carola ihre übergeordnete Haltung bezüglich des Zugangs zum Computer charakterisiert:

```
(175)
C: Sonst dann, eben wenn die Freundin gerade von meinem Vater
dran ist oder er, dann warte ich eben kurz, wenn ich irgendwas
machen will, am Computer. Ich habe ja meistens Zeit wenn ich da
bin. Und wenn ich dann eben keine Zeit habe, oder es muss
schnell gehen, dann lassen die mich vielleicht mal kurz auch
ran dann. Wenn ich was machen muss. Aber meistens ist ja nichts
Wichtiges. Also daher. Bin ich eigentlich nie in Eile wenn ich
an den Computer will.
```

Das Medium ist eine Ressource des Augenblicks mit situationsbezogenem Gebrauchswert. Entscheidend ist, wer was gerade zu tun hat und ob der Mehrwert einer computerbezogenen Tätigkeit aktuell Relevanz hat. Von Bedeutung ist außerdem, dass die Nutzung eingebunden ist in ein soziales Geschehen um diese herum; insofern ist das Computermedium eine Option, die Carola vorrangig an eine gemeinsame Praxis mit anderen Personen, vor allen ihren Vater, bindet:

```
(155)
C: Mein Vater, ja, wenn er nix zu tun hat, wenn er nicht gerade
kocht oder so, weil er ja meistens kocht dann wenn ich da bin.
Macht er immer was zu essen, wenn ich da bin. Und dann, wenn er
gerade nix zu tun hat, dann guckt er auch mal so was ich mache
oder. Dann sagt er so „wollen wir mal zusammen in DIE Seite
vielleicht mal kurz gehen" oder so.
I: Zeigt er dir dann auch manchmal auch Sachen so?
C: Ja, meint er was er vielleicht gerade mal so raus gefunden
hat oder so, vielleicht gesehen hat oder so. // I: Mhm //
C: Weiß nicht, oder, wenn er vielleicht gerade ein neues Lied
gefunden hat, was ihm gefällt so, dann so „ja, guck mal hier
was ich runtergeladen habe", dann zeigt er mir es manchmal.
```

In hauptsächlich vom Nachgehen alltagspraktischer Handlungen geprägten Situationen wird das Medium zum Anlass, zueinander zu kommen und sich auszutauschen; es ist dabei insgesamt eher Nebensache und die rezipierten Inhalte sind eher kontingent. Den digitalen Medien kommt hier übergreifend der Status einer Alltagsheuristik zu, die einerseits eine spontane Hinwendung dazu impliziert und andererseits in ansonsten gewöhnliche Beschäftigungen eingereiht wird.

Auch jenseits einer gemeinsamen Praxis mit ihrem Vater beschreibt Carola ihr gesamtes Medienmenü als abhängig von selektivem Interesse und einer auf den Moment gerichteten Attraktivität. Beispielsweise spricht sie dem „Lesen" eine gleichsam wertschöpfende, zumindest eine nutzbaren Erfolg versprechende, Funktion zu und weist ihm positive Folgen für den Schriftsprachgebrauch zu:

```
(109)
C: Lesen, also früher war ich dafür. Also da habe ich sehr viel
gelesen. Ich habe eine ganze Palette von Harry Potter, und auch
so spannende Bücher, so Alfred Hitchcock und so. Habe ich auch,
da habe ich auch manchmal bisschen gelesen. Oder (2) Psycho-
zum Beispiel so was. Ja, so spannende Romane oder so habe ich
auch manchmal gelesen. Aber jetzt, habe ich auch nicht mehr so
viel Zeit dafür, ist auch immer wieder so- und manchmal gucke
ich noch in Büchern nach, lese dann mal ne Seite, oder es gibt
ja auch von irgendwelchen Serien, zum Beispiel Bücher auch von
Charmed habe ich ein Buch von. Das habe ich auch sogar DURCHgelesen.
Oder Anne Frank zum Beispiel, das habe ich auch schon zweimal
durchgelesen, weil es mich dann interessiert hat. Ja, und so.
Früher war ich für Bücher, also da war ich auch noch besser in
Rechtschreibung in Deutsch und so. Ich denke mal schon dass es
irgendwo auf einer Seite was mit dem Lesen zu tun hat, da man
sich die ganzen Worte irgendwo im Gehirn auch speichert. Also,
wenn man viel liest. Ich denk mal schon dass das irgendwas
bringt so.
```

Konzediert wird, dass Lektüre einen Mehrwert haben kann (in Form der Ablagerung der Wortgestalt im Gehirn und dadurch eine korrekte Rechtschreibung). Reformuliert enthält Carolas Darstellung folgende Intention: Läse sie viel, hätte sie eine gute Rechtschreibung; dies bedeutete einen Erfolg, der sich später und bei hohem Lesepensum einstellen würde. Sie allerdings präferiert, deutlich durch den Bezug auf Genuss, Thrill und ein direktes und unmittelbares Erleben etwas, was mit momentanen *Neigungen* zu tun hat. Lesen wäre gewissermaßen vernünftig, aktuell wird jedoch statt einer nachhaltigen Investition eine eher situative Bedürfnisbefriedigung gesucht. Deutlich wird daran: Ihre Mediennutzung folgt den aktuellen und jeweiligen Lebensinteressen und Relevanzen – sie wird ihnen *untergeordnet*. Welchen Stellenwert Medien überhaupt haben, wird eng an Situationen des momentanen Lebensvollzugs gebunden. Erneut beschreibt Carola damit eine Hinwendung zu Medien in Relation zu einem Effekt, der sich dann einstellt oder entwickelt, wenn man sich kontinuierlich und bei Vorhandensein eines hohen subjektiven Interesses damit beschäftigt. Ein solcher subjektiver Effekt wird z. B. sichtbar in ihrer musikbezogenen Fanhaltung, die sich darin ausdrückt, ausnahmslos alle Tonträger von der ihr favorisierten „J-Lo" (81) zu besitzen, der US-amerikanischen Sängerin, Tänzerin und Schauspielerin Jennifer Lopez:

```
(93)
C: Ja, ich habe ALLE Alben von ihr. Ja also ich hör- also,
Musik ist für mich eigentlich mein LEBEN ((lacht)). Ich hör ei-
gentlich, also sobald ich nach Hause komme, Tasche weggeworfen,
```

dann immer gleich Musik an so, also Musik ist mir schon SEHR wichtig eigentlich. Ja.

Musikhören ist nicht nur auditives Geschehen, sondern ein den gesamten Lebensvollzug prägendes Phänomen. Erneut reproduziert sich damit Carolas positiver Gegenhorizont, der darin besteht, sich einem Medium begeistert und intensiv hinzugeben und ihm alles andere unterzuordnen, wenn dies ein subjektives Aufgehen impliziert. Mit Bezug auf Ferchhoff (2002a: 159) lässt sich hier von einer „Aktualität des Augenblicks" und eines „Subito-Prinzips des Sofort-Genusses" sprechen, an denen sich Carola orientiert. Medien erscheinen als das idealtypische Vehikel zur Enaktierung dieser Prinzipien in ihrem Alltag. In Bezug auf den damit zusammenhängen Verwendungsmodus der Medien wird zugleich eine geschlechtsbezogene Differenz deutlich: Während Carola bezüglich des Musikhörens ein Gefühl des momenthaften Aufgehobenseins, eine enge Verwurzelung im Alltagsleben und ein sinnlich-körperliches Erfasstsein artikuliert, beschreiben die Jungen Musikhören eher als ein technisch geformtes und rechnergestütztes Geschehen, dass sie zudem von der Seite der gerätemäßigen Wiedergabe her darstellen („mit dem PC kann ich auch Musik hören").

Carolas Fanhaltung drückt sich auch darin aus, dass sie eine medienkonvergente Nutzungspraxis in Form der Rezeption von Popikonen enaktiert, an der sich ihrerseits ihr Orientierungsrahmen herausarbeiten lässt:

```
(81)
C: Bei google manchmal so, also Stars die mir so gefallen. So
Beyoncé, oder Jlo oder so. Und dann, wenn ich manchmal so neue
Bilder haben will von denen, weil ich ja auch Fan bin von Jlo
so zum Beispiel, dann äh drucke ich mir die einfach aus. Ja.
Also, ich gucke dann immer bei google, und dann gehe ich auf
„Jlo" immer, und das- dann klicke ich auf Bilder, und dann sind
da, manche sind ja auch GESPERRT manche Bilder, also die kann
man dann nicht sehen. Oder man kann die auch nicht vergrößern
oder so. Gibt's auch.
```

Während sie in der Regel problemlos Zugang zu Bildern findet, schildert sie ihre Praxis auch als mit Schwierigkeiten konfrontiert, die der technologiebedingten Materialisierung der symbolischen Angebote geschuldet sind. Allerdings zeigt sich erneut, dass es ein subjektives Interesse ist, das für den Moment hohe Energie freizusetzen in der Lage ist:

```
(95)
I: Gibt's sonst manchmal Sachen, die dir schwierig erscheinen,
[also mit denen du nicht so richtig klarkommst]?
C: [Ja so manche Sachen] also, bei manche Seiten, so die in die
ich früher reingegangen bin, ins Forum oder so, dann fällt mir
manchmal nicht mehr ein, wie die Internetadresse war. Aber zum
Glück habe ich ja so ein Buch, also mein Vater hat so ein ganz
dickes Buch, und da stehen manche Internetadressen drinne. Wo
man dann reingehen kann oder so. Dann steht da aber manchmal
„Error" oder so. Und dann komme ich gar nicht in die SEITE
rein, dann weiß ich gar nicht was los ist oder so manchmal.
I: Ja, und was machst du dann, wenn so was [passiert]?
```

```
C: [Ja, das ist mir manchmal] egal, das interessiert mich dann
nicht, dann gehe ich aus der Seite raus, versuche irgendwas an-
deres rein zu gehen was mich interessiert. Oder ich versuche
dann so lange, bis ich dann irgendwie, bis mir die richtige
Adresse eingefallen ist, oder ich hole mir Hilfe.
I: Ah ja, und wo suchst du dir da die Hilfe?
C: Also gibt's ja so eine, also dann steht da „F1" oder so,
kann man sich ja Hilfe suchen oder so. Und dann drück auf die
Taste, und dann steht da- manchmal liegt's vielleicht auch an
den Kabeln oder so, weil die nicht richtig angeschlossen sind
oder so. Oder an irgendwelchen Verbindungsproblemen oder so. Ja
(3)
```

Ein Handlungsproblem kann daraus erwachsen, sich mitunter nicht mehr an die korrekte URL eines bereits früher rezipierten Webangebotes zu erinnern. Sichtbar wird wieder das pragmatische und situative an Carolas Mediennutzung, die zumindest kein intensives oder technisch-nachhaltiges Interesse an Optionen mit sich führt, die der Rationalität der Technik selbst inhärent sind. Allerdings folgt daraus jedoch kein Abbruch ihrer Medienpraxis, im Gegenteil: Sie greift in dieser Situation auf eine traditionelle Problemlösestrategie zurück und behilft sich mit einem Printmedium. Ein selektiver Pragmatismus und eine situative Motivation sind hier so miteinander verknüpft, dass es die jeweilige finale Relevanz der Medienhandlung ist, die darüber entscheidet, ob sich eine Bereitschaft entwickelt, sich mit dem Medium zu beschäftigen oder nicht. Die Entschlossenheit, Bedienungsschwierigkeiten zu lösen relationiert sich zu einem situativen Interesse, und bei dessen Vorhandensein beschreibt sie sich als hartnäckig und ausdauernd („versuche dann so lange"). Anders ausgedrückt: Erschwert das gegebene Problem das Nachgehen eines Bedürfnisses, kommt es zu intensiven Bemühungen. Insofern vermittelt Carola Computerprobleme als selektiv überbrückbar und dokumentiert darin einen Problemlösehabitus, innerhalb dessen – bei subjektiver Relevanz – dann auch der technische Strukturzusammenhang zu einem Problem wird, dem sich gewidmet wird.

Diese Bereitschaft zu einem Sich-Einlassen in einen Problemzusammenhang, das dann erfolgt, wenn es mit einem affektiven Erleben einhergeht, zeigt sich auch an der Art und Weise, wie Carola Computerspiele thematisiert. Deren Reiz vermittelt sie darin, sich in einen spiralförmigen Prozess einzubinden und sich in einer Situation wieder zu finden, die ihr über eine längere Zeit eine hohe Involviertheit abverlangt:

```
(62)
C: Ich habe da so meine Lieblingsspiele und so, Tombraider und
so. // I: Ja? // C: Ja also, manchmal spiele ich da meistens
mehr so mit Waffen Spiele, so meistens, oder Kampfspiele, aber
was ich auch gerne mache, ist Autorennen. Das spiele ich auch
sehr gerne. Zum Beispiel. Ja, und meistens so in der Richtung,
so Autorennen, Kampfspiele und TOMBRAIDER. // I: Ach so?] //
C: [Ich mag die Strategie] einfach. Und die- einfach, man muss
halt KÖPFCHEN einsetzen bei dem Spiel manchmal. Denn wenn,
manchmal sitzt man drei Stunden vor dem Spiel, wenn man von ei-
nem Level einfach nicht weiterkommt. Und, dann MUSS man ja sei-
nen KOPF anstrengen. Also, irgendwann MUSS man ja weiter kom-
men. Und das macht eben das Spiel aus. // I: Mhm // C: Ja, ich
HAB ja alle Spiele von dem. // I: Ach? // C: Ja, außer, also
```

> ich habe von Playstation eins da habe ich ALLE Spiele, da fehlt
> mir nur Teil zwei glaube ich. Und den würde ich SO GERNE haben,
> weil ich den mal bei einer Freundin gespielt habe. Das Spiel
> mag ich, aber irgendwie FINDE ich das Spiel nicht mehr
> ((seufzt)). Ich habe schon bei Karstadt nachgeschaut und so
> was. Das Spiel ist nicht mehr zu kriegen, wahrscheinlich schon
> zu alt (2). Ja, und so, manchmal, also wie heißt das, Max
> Payne. Das spiele ich auch da manchmal. Aber auch manchmal
> Autorennen ((lacht)), also auch dort, also das spiele ich auch.
> Aber wenn dann gehe ich manchmal ins Internet. Gucke auf Seiten, so wie google nach oder so, dann gucke ich mir manchmal
> Stars an, so Fotos oder so ((lacht)).

Durch Einsatz eigenen Nachdenkens gelingt es, eine Barriere zu überwinden, die daraus entsteht, dass der Sprung von einem zum anderen „Level" nicht gelingt, man sich als Spieler jedoch gleichzeitig in der Gewissheit wähnt, dass ein „Weiterkommen" unter der Bedingung der Investition von Energie und Hartnäckigkeit im Bereich des Möglichen liegt. Das Fortkommen ist dabei davon abhängig, ob man „Köpfchen" hat, dass heißt, Carola beschreibt hier ein Gefühl, bei dem sich durch den Einsatz kognitiver Anstrengungen am Ende eine Lösung einstellt, die, lässt man sich nicht davon abbringen, eine Art kathartische Wirkung entfaltet. An anderer Stelle beschreibt sie dies so: „Letztens, da war ich im letzten Level, das war so schwer, und da war ich so GLÜCKLICH dass ich das geschafft habe, ich bin so, also ich habe schon richtig Höhenflüge gemacht ((lacht)), so glücklich war ich darüber" (202). Dabei stellt sie bezüglich der Spielmotivation – wenngleich die von ihr genannten Spiele dem Action-Genre entstammen – auch *nicht* auf Prinzipien von Wettbewerb oder Kampf ab, sondern gewissermaßen auf eine Strategie der Hartnäckigkeit, die sich am Ende durchsetzt. Zum Ausdruck kommt damit eine Art geistige Beharrlichkeit, die sich nicht vom eigenen Weg ablenken lassen will. Dass die von ihr favorisierte Spielreihe nicht vollständig in ihrem Besitz ist, beschreibt sie resignativ. Das Nicht-Verfügen über einen Teil erscheint hier wie eine Enttäuschung produzierende Lücke; das Spielerleben ist durch ein missing link unterbrochen; das begehrte Objekt ist nicht mehr zu „kriegen". Gleichzeitig wird hier wiederum ein selektiver Pragmatismus deutlich, was die Zusammenstellung ihres eigenen Medienmenüs angeht: Während sie sich einer konventionellen Einkaufsmöglichkeiten im Kaufhaus bedient, wird sie enttäuscht, weil ältere Produkte dort mit der Zeit aus den Regalen verschwinden. Das Internet selbst ist kein Medium der Handlungserweiterung, hat etwa der Online-Handel zum Erwerb des von ihr gesuchten PC-Spiels für Carola keine Relevanz. Ihre Enttäuschung resultiert daraus, dass sie das Computermedium vorrangig in seinem Potenzial wahrnimmt, sich für den Moment einer symbolischen Welt hingeben zu können, was dann mit hochgradiger Faszination und dem Verfolgen eigener Ziele besetzt ist. Infolgedessen sieht sie sich der Beendigung eines eigenen Projektes quasi selbst beraubt, deutlich daran, dass sie andere Spiele, im Gegensatz zu ihrem Favoriten als eher selektives Spielgeschehen ohne finale Relevanz beschreibt; sie werden eingereiht in das anschließende Ins-Internet-Gehen, um zum sich z. B. Bilder von Popstars anzusehen.

Deutlich wird daran erneut der positive Gegenhorizont einer unmittelbaren Gratifikation der Mediennutzung. Neben der bisher deutlich gewordenen subjektiven bzw.

selbstbezogenen liegt eine solche Gratifikationserwartung auch in einer sozialen Dimension. Diese zeigt sich beispielsweise in Carolas Überlegung, ob eine medienbedingte Option wie das Schreiben von Emails soziale Resonanz findet; in anderen Worten: Wo die Relevanz medienbedingter Nutzungsmöglichkeiten nicht an eine soziale Referenz gekoppelt ist – auch weil ihre Freundinnen nicht über die notwendige Ausstattung verfügen – stellt sie auch keine Motivation an einer entsprechenden Mediennutzung dar:

(87)
I: Mhm. Und schreibst du auch manchmal Emails? // C: Öh ((lacht)) Emails nicht. // I: Mhm. Interessiert dich nicht so, oder, weil machen ja viele Jugendliche. // C: Eigentlich nicht SO groß, also weil zum Beispiel meine Freundin die schreibt AUCH keine Emails. Und dann, eine andere Freundin von mir, die BESITZT gar keinen Computer. Ich HÄTTE noch eine Freundin, aber die hat zum Beispiel keinen Internetzugang und so. Also, von daher.

Während sich bereits zeigte, dass Carola die Verwendung von Medien in eine Orientierung an affektiven Momenten und ein Erleben sozialer Beziehungsdynamiken einbettet, erfährt dies im weiteren Interview eine Zuspitzung: anschaulich beschreibt sie, wie sie sich aktiv betätigt, verschiedene Sportarten betreibt und mit Freunden unterwegs ist:

(113)
C: Also ich gehe eigentlich sehr oft mit meinen Freunden auf den Sportplatz, da spielen wir Fußball oder andere Sportarten. Ja, ich unternehme viel mit meinem Freund eigentlich, oder mit meinen Freundinnen, am Wochenende. Vorgesehen. Da gehen wir eigentlich meistens in die Disko, oder haben Privatpartys oder so, veranstalten irgendwas oder feiern Geburtstage nach, wenn jemand Geburtstag hatte, weil wir auch so viele Freunde haben. Die jetzt also im Herbst Geburtstag haben. Also, Oktober und November. Ja, feiern wir jetzt viele Geburtstage jetzt erstmal. Bloß, wenn ich dann Hausarrest habe, weil ich auch viel Mist anstelle, ist ja klar dass ich dann keine Zeit dafür habe ((lacht)). Weil ich dann zu Hause rum sitze ((lacht)). // I: Kriegst du den manchmal? // C: Na ja, also meine Mutter war eigentlich früher immer so locker, und hat alles nicht so ernst genommen. Aber seitdem ich da einmal Stress hatte mit der Polizei, äh ((lacht)) na ja. Da ist eben ja NICHT mehr alles so locker ((lacht)). Na ja. Ist ja dann klar. (3)
I: Mhm, macht ihr denn im Freundeskreis auch manchmal was zusammen mit dem Computer?
C: Ja, eigentlich schon, also bei meiner Freundin, die, also wie sagt man, wie soll ich das erklären (2), äh, die inszeniert selber manchmal so BILDER am Computer, so Farben, so Hintergründe, und dann schreibt sie irgendwas vorne rauf oder so, oder macht aus Geburtstagskarten selber oder so. So was, aber ihr Computer steht jetzt AUCH meistens aus. Weil sie braucht ihre Freizeit, weil sie sich sehr viel mit ihrer Mutter streitet. Und von daher, also manchmal sind wir auch bei mir, haben dann irgendwas am Computer gemacht, weil wir Internetzugang haben. Sind wir dann bei mir an den Computer gegangen, haben da

was gemacht, aber da sich die Freundin von meinem Vater nicht so gut mit meiner besten Freundin versteht, weil sie daran beteiligt war, an diesem Stress mit der Polizei. Ja, äh, deshalb sind sie nicht so besonders gut, miteinander befreundet, ja (2).
I: Ah so, und die hat das dann nicht so gerne, wenn ihr da im Internet seid bei deinem Vater.
C: Na ja also sie sieht's ÜBERHAUPT nicht so gerne. Das Mädchen. die findet das eher so na ja. Und mein Vater hat ja NICHTS dagegen. Also er versteht sich ja gut meiner Freundin, er mag sie, weil ich kenne sie ja schon- wir kennen uns seitdem wir geboren sind. Und mein Vater kennt ja deren Mutter, genau wie meiner Mutter auch ihre Mutter kennt, die von meiner Freundin. Also wir kennen uns sehr lange schon. Deswegen.

Geschildert wird ein hohes Freizeitbedürfnis, das vorrangig auf Beziehungspflege und gemeinsame Aktionismen gerichtet ist, denen ein festes Zeitbudget zugeordnet ist, etwa das dafür „vorgesehene" Wochenende. Neben körperlich-sportlichen Aktionismen und dem Besuch von Diskotheken werden Feiern im privaten Rahmen veranstaltet, die sowohl unspezifisch sein als auch einen konkreten Anlass haben können. Umfassend dokumentiert sich hier ein intensiver Selbstbezug, einhergehend mit notorischer Zeitknappheit: Geburtstage sind so zahlreich, dass sie nicht punktgenau begangen werden können, sondern nachgefeiert werden müssen. Daneben transportiert sich in der Passage eine Orientierung an einer Gemeinsamkeit der Gruppe, einer Anteilnahme und einer personenbezogenen Sorge. Neben gemeinsamen Leidenschaften wird dabei eine Abgrenzung gegenüber dem Alltag deutlich: Es ist ein großes Netzwerk an peers, das scheinbar ununterbrochen damit beschäftigt ist, beisammen zu sein und gemeinsame Rituale zu pflegen. Woran sich Carola in ihrer Darstellung orientiert, ist ein massives Engagement im Bereich von Aktivitäten, die die Funktion freizeitlicher Selbstverwirklichung im Kontext einer Peergroup-Geselligkeit haben. Mit Bezug auf Bohnsack lässt sich dies als im „Dienst einer episodalen Negation der Alltagsexistenz" stehend interpretieren (Bohnsack et al. 1995), mit der sich die Erfahrungen des normalen Lebens – vor allem unter der Woche – durch das Versinken in der gemeinsamen Handlungspraxis bearbeiten lassen. Der Dreh- und Angelpunkt ist dabei die Sphäre gemeinsam verbrachter Freizeit.

Dazu gehören auch Erfahrungen von Konflikten mit Institutionen der öffentlichen Sphäre wie der „Polizei", bezüglich der Carola davon berichtet, schon einmal mit ihr in „Stress" geraten und daraufhin mit Hausarrest belegt worden zu sein. Insofern deutet sich bei Carola ein Verhalten an, dass als adoleszenztypische Auseinandersetzungsbewegung mit Formen gesellschaftlich strukturierter Sanktionierungsmechanismen und den damit korrespondierenden Grenzübertretungen gedeutet werden kann. In diesem Zusammenhang ändert sich auch die Beziehung zu ihrer Mutter: ließ diese früher die Zügel „locker", so hat sich dies seit dem Konflikt mit der Polizei geändert, was Carola belustigt und auf diesem Wege normalisiert; insofern deutet sich hier als Resultat ihres nicht nur freizeitbezogenen, sondern vor allem entwicklungsbezogenen Verhaltens das Erleben einer neuartigen Subjekt- *und* auch Beziehungsqualität an. Die hohe Bedeutung solcher Beziehungsqualitäten im Allgemeinen geht einher mit der Einbindung des Computermediums in eine Orientierung an Möglichkeiten des kreativen sich Ausdrückens. Carola kann kaum rational erklären, was sie und ihre Freundin da tun, es ist eher ein Phänomen bzw. ein Ereignis, was sich abspielt und das man aufführt. Hier deutet sich an, was sich in Passagen zu ihrer „Digitalkamera" (siehe unten) weiter fortsetzen wird: Sie begreift Technik stark als *Medium der Gestaltung*, das im Rahmen der sozialen Beziehungspflege verwendet werden kann und auch verwendet wird und das sich zum kreativen Selbstausdruck eignet („Geburtstagskarten selber" machen): Digitale Medien bieten Möglichkeiten zur Verwirklichung eigener Ideen und sind hinsichtlich ihrer Potentiale relevant, die in Relation zu ihrer sozialen Einbindung liegen.

Vor diesem Hintergrund bindet Carola – wie schon in vorigen Passagen – die Nutzung des Computermediums daran, inwiefern diese mit einem sozialen Erleben und einer situativen Gefühlslage in Zusammenhang steht. Es hat dann Bedeutung, wenn es mit der Erfahrung von subjektivem Freiraum im Einklang steht, der sich seinerseits mit dem Erleben eines harmonischen Beziehungsgefüges in Wechselwirkung befindet. Was passiert, wenn sich dieses Gefüge negativ färbt, exemplifiziert Carola am Beispiel ihrer Freundin: „Freizeit" wird zu etwas, in dem der Computer auf einmal *überhaupt* nicht mehr vorkommt und stattdessen „aus" ist. Der kreative Gebrauchswert des Computermediums erlischt in dem Moment, in dem eine signifikante Beziehung getrübt ist, sich z. B. gerade „viel" mit der Mutter gestritten wird. Deutlich wird darin auch das Erleben einer Anfälligkeit für emotionale Befindlichkeiten, die in ihrer Wirkung auf soziale Beziehungen entscheidenden Anteil für das Verfolgen von Handlungsoptionen haben.

Was den Computer anbelangt, so kann zwar noch auf einen anderen Ort ausgewichen werden, steht die Zugangsmöglichkeit zum väterlichen PC offen. Allerdings erscheint auch dort wieder als Faktor der Nutzung, dass sich die notwendigerweise daran Beteiligten gut miteinander verstehen. Da die Partnerin von Carolas Vater um die Beteiligung der Freundin an ihrer Auseinandersetzung mit der „Polizei" weiß, besteht hier ein Problem, dass sich die Partnerin und die eigene Freundin missgünstig gegenüberstehen. Dabei geht es offensichtlich nicht darum, dass die Mediennutzung der beiden gemeinsam nicht gerne gesehen wird, sondern um die persönliche Wahrnehmung der beiden Personen untereinander. Erneut wird der Computer damit in ein komplexes Sozialgeschehen eingebunden und seine Nutzung von Carola in ein familiales Beziehungsgeflecht bzw. familienübergreifendes und intergenerationelles Phänomen eingebunden, bestehend aus insgesamt sechs Personen samt ihres jeweiligen Verwandtschafts- bzw. Bekanntschaftsverhältnisses sowie Länge und Qualität der jeweiligen interpersonalen Verhältnisse. Die sich daraus ergebenen Konstellationen, die sich zudem wie eine Mischung aus Sympathie und Antipathie darstellen, erscheinen als zentrale Faktoren, die die Möglichkeiten, sich mit den Medien zu beschäftigen, außerordentlich stark beeinflussen.

Wovon sie sich durchgängig abgrenzt, ist wiederum eine außerhalb eines sozial geprägten Erlebniszusammenhanges stehende und zweckfreie Hinwendung zu Medien. Das damit in Verbindung stehende Motiv der phantasievollen und eigenwilligen Aneignung von Medien kulminiert in ausführlichen Passagen zum Umgang mit ihrer Digitalkamera als eines zentralen Bestandteils ihrer Medienpraxis. In diesem Kontext zeigt sich zunächst, dass sie sich eigenständig ein digitales Medium beschafft hat, um kreativ sein zu können, wobei es auch zur Investition eigenen ökonomischen Kapitals kam: Ihre

Digitalkamera („die hat 199 Euro gekostet", 184) hat sie sich von ihrem „Weihnachtsgeld" gekauft, zumal sie „ja an Weihnachten ja auch Geburtstag" hat (186):

```
(190)
C: Ja, und da ich viel Geld zusammen hatte, habe ich mir die
Kamera geholt. // I: Mhm // C: Also ich mache eigentlich oft
Fotos, dann wenn mir manchmal auf Partys sind, oder so. Mache
ich dann richtige Fotos. Oder wenn wir draußen sind, irgendwas
unternehmen, zum Beispiel schwimmen gehen oder so. Und dann
mache ich auch manchmal Fotos. Ja. (2) Ja, und entweder ich
drucke die dann aus bei meinem Vater, lade die erstmal runter.
Weil dann kann ich die auf meiner Kamera löschen, dann habe ich
genug noch frei für meinen Speicherplatz. Aber ich kann auch
mit der Filme aufnehmen, mit der Kamera. Also mit Ton, und ich
kann sie mir auch ansehen über die Kamera, ich muss nicht erst
an den Computer oder so. Ich kann ich sie mir dann auch da an-
sehen. Bloß dann muss ich immer ganz viel Akku haben eben. Die
Batterien müssen geladen sein. Oder ich muss welche holen die
eben genug Volt, also eine genügende Volt-Anzahl haben. Deswe-
gen, also manchmal nervt es dann, wenn die Kamera ausgeht und
man möchte gerade was ansehen. Das ist natürlich blöd dann. //
I: Ah ja. Und, wie viel Fotos hast du schon so gemacht [insge-
samt]? // C: [Oh Gott], ((lacht)), weiß ich nicht, also ich ha-
be noch ein paar Fotos von meiner, ich war mal in einer Mäd-
chengruppe, von der Fahrt habe ich noch viele Fotos, und noch
Filme, drei Filme habe ich glaube ich aufgenommen oder so. Ja,
von der Klassenfahrt, die ist schon ein bisschen länger her,
die war im April, die habe ich alle auf dem Computer schon
längst rübergeladen. Dann so, von paar Freunden, die ich mal so
gemacht habe Fotos. Oder von meinem Hund oder von meiner Katze.
Oder so, da habe ich auch Fotos.
```

Die übergreifende Motivstruktur der hier dargestellten umfangreichen Medienpraxis, deren Merkmal es ist, das Gerät als konstitutiven Bestandteil freizeitlichen Erlebens überall mit hin zu nehmen, bezieht sich auf in einen sozialen Erlebniszusammenhang kontextualisierte Bilder – von gemeinsamen Feiern über Aktivitäten in der „Mädchengruppe" bis hin zu den eigenen Haustieren. Dabei handelt es sich um ein Geschehen mit einem affektiven Involvement, aus dem Carola sich vor allem dann herausgerissen sieht, wenn die gerätemäßige Leistung nachlässt oder ganz versagt. Ihre Medienpraxis wird auf diese Weise an ein den Moment zelebrierendes Erleben gekoppelt, in das sie hier auch technische Probleme einbindet. Tauchen diese auf, folgt ihnen ein situatives Engagement, in dem sich ein Wissen um die Rationalität der Technik dokumentiert, das in diesem Fall aktualisiert werden muss; möchte man „gerade was ansehen" und ist der Akku leer, muss umgehend für Ersatz gesorgt werden. Neben einer Medienpraxis mit hohem Produktionscharakter wird sichtbar, inwiefern ihre Schilderung sich daran orientiert, dass Medienwissen und Medienverwendung ihre ganze Bedeutung in einem subjektiv relevanten Engagement entfalten und eingebettet sind in ein Erleben, das sozial motiviert ist.

Weiterhin zeigt sich, dass dieses Engagement auch Lernprozesse in Gang setzt, die auf der Entfaltung eigener Vorstellungen und einem individuellen Selbstbezug basieren:

(197)
C: Ich hab das mir eigentlich, ich habe mir mal die Gebrauchsanweisung, habe ich mir nur den Anfang durchgelesen ein bisschen. So, weil ich eigentlich ganz gut mit so was klar komme. Habe ich eben SELBER alles einge- eingearbeitet. Ich habe mir selber alles ins Menü, ich wusste alles eigentlich. Die meinten, ich kann es mir leichter machen, in dem ich mir es durchlese. Wusste ich ja auch selber, aber dann dachte ich mir so ja für mich ist es aber leichter wenn ich einfach SELBER ausprobiere. Alles, und dann habe ich eben alles ausprobiert, so, wo was ist, wo ich die Bilder wieder löschen kann. Dann habe ich, manche Sachen habe ich dann doch nicht gewusst, da habe ich mir dann einen kleinen Text durchgelesen. Zum Beispiel ich habe erst nach zwei Monaten erfahren, dass ich ein Video aufnehmen kann. Also, und da habe ich die ganze Zeit gesucht, weil die meinten zu mir „ja du kannst mit der Kamera ein Video aufnehmen" und so, und dann meinten die „lies dir doch mal die Gebrauchsanweisung durch", und dann meinte ich so „nein, ich will es aber selber rausfinden". Und so, und dann habe ich gemerkt, dass es ganz leicht ist, so da ist ein Schalter und ich brauch den nur zur Seite schieben. Und dann kann ich schon aufnehmen. Ja, das habe ich dann nach zwei Monaten erst so rausbekommen ((lacht)).

Das zur Kamera mitgelieferte Manual wird nur anfänglich zur Kenntnis genommen, weil „so was" im Prinzip keine Instruktionen erfordert und sich der Umgang damit durch die Beschäftigung mit dem „Menü" erschließt. Im Kontrast dazu steht die Haltung der Eltern, deren Meinung es ist, ein einfacherer Zugang zu den Funktionen der Kamera erfolge auf dem Weg des „Durchlesens" der Bedienungsanleitung. Dass dies so sein kann, ist Carola „selber" klar, dennoch beharrt sie auf einem subjektiv-eigensinnigen Weg des *Ausprobierens*. Woran sie sich hier abarbeitet, erscheint wie eine intergenerationelle Differenz im Zugang zu Medientechnologien: Auf der Seite der Älteren steht die Präferenz für ein systematisches Vorab-Erschließen durch das Studium einer Handlungsanweisung, auf ihrer Seite, der der Jüngeren, steht eine zwanglose Herangehensweise. In dieser Situation positioniert sich Carola so, dass sie gerade nicht den Willen ihrer Eltern übernimmt, sondern einen selbstgesteuerten Lernweg verfolgt, der als ihr *ureigener* erscheint; anstelle des Studiums der Bedienungsanleitung ist es für sie selbst „leichter", die Funktionen „einfach" selber zu erkunden. Das Verfügen über die Möglichkeiten des Gerätes *soll* gerade allein das Resultat von subjektiven Suchbewegungen sein. So orientiert sie sich hier an einem Aneignungsmodus, der nicht vorrangig einer vermeintlich objektiven Rationalität der Technik entspringt, sondern der an der selbstreferentiellen Hinwendung bzw. eines mimetischen Sich-Anschmiegens *an* die Technik orientiert ist. Im positiven Horizont steht dabei, sich Funktionalitäten auf eine Weise zu erschließen, die eigengesetzlich und eigenwillig ist und sich dabei von einer Fremdlogik bewusst abgrenzt. Die eigene Zugangsweise wird dabei von der Anderer akzentuiert. Die Bedienung wird sich selber zurechtgelegt, und zwar so, dass dabei eine pragmatische Handlungsfähigkeit entsteht („wo ich die Bilder wieder löschen kann"); selektiv wird bei Schwierigkeiten wiederum auch die Anleitung zur Hand genommen und ein „kleiner Text" gelesen. Übergreifend geht es darum, für den Moment handlungsfähig zu sein und *das* tun zu können, was im aktuellen Relevanzhorizont der Nutzung steht. Damit erinnert Carolas Aneignungsmodus der Kamera an einen technikbezogenen Lernvorgang, den Schelhowe (2007b: 144) folgendermaßen beschreibt: „Man muss nicht verstehen, was passiert und die Systematik erkennen, um die Technik erfolgreich nutzen."

Es ist nicht ein rational-technikbezogenes Kalkül, in dem sich situations- und zweck*un*abhängig – z. B. vor dem Gebrauch – über die Funktionalität des Mediums informiert wird, sondern im Mittelpunkt steht ein situativ befriedigendes funktionales Anwendungswissen. Bestandteil dessen ist es auch, dass es Carola egal bzw. irrelevant ist, ob sich ihr auf diese Weise eine mögliche Funktion – „ein Video aufnehmen" – erst Monate später erschließt, wichtig ist allein, dass sie es selber „rausbekommen" hat. Sie will, das dokumentiert sich hier, gar nicht unbedingt wissen, was man mit der Digitalkamera alles machen kann, das heißt das Verfügen über ein breites Spektrum an Funktionen ist nicht ihr Ziel – entscheidender ist es, wozu eine jeweilige Funktion innerhalb tatsächlich aktualisierter und aktualisierbarer Situationen nützlich ist. In diesem Sinne erweisen sich ihr einmal erschlossene Möglichkeiten im Nachhinein als fast trivial – für eine Videoaufnahme ist lediglich ein „Schalter" zur Seite zu schieben.

Auf diese Weise dokumentiert sich erneut Carolas Orientierung am Aufbau eigener Handlungskompetenz in Abgrenzung zu vorgegebenen Wegen bzw. die Emergenz einer eigenen Verwendungsweise von Medientechnologie abseits vorgezeichneter Strategien. Bedingung dafür ist, dass dies im Dienst der Verwirklichung eigener Vorstellungen steht, welche einen Bezug zur eigenen Person und zu kreativen Optionen implizieren, wie sie am Beispiel der Fotos weiter exemplifiziert:

```
(225)
C: Also wenn ich zum Beispiel Fotos ausdrucke, also natürlich
mit einem Farbdrucker, hab ich bei einer Freundin gemacht,
dann, also, soll- muss es auch eine besondere zum Beispiel Qua-
lität haben. Also, nicht dass das irgendwie verschwommen aus-
sieht, dass da die Augen irgendwie so schwarz sind dass man die
gar nicht erkennt oder so. Also, die Farbqualität muss schon
gut sein. Würde ich mal sagen. Nicht dass das dann irgendwie so
grünlich ist, wenn es eigentlich gelb sein soll. Oder, weil es
ja oft vorkommt, weil man zum Beispiel auch vom Handy ein Foto
kopiert oder so. Weil die Qualität dann nicht so gut ist, dass
das Bild nicht so toll aussieht eben. Also ich muss schon sa-
gen, die Qualität muss gut sein, wenn man Fotos ausdruckt, das
ist mir eigentlich wichtig. Weil, sonst bringt das Foto ja
nichts, wenn man sich es dann nicht anhängen will. Wenn man es
dann nicht erkennt, was soll es dann bringen?
I: Mhm, das hängst du dir dann [auch auf?]
C: [Ja, also ich habe auch] Fotos im Flur, die hängen da, zum
Beispiel von Silvester oder so habe ich Fotos. Und die hängen
dann im Flur. So als Andenken oder so.
I: Ah ja, mhm, hast du dann deine selber gemachten Fotos [dann]
C: [Ja, meine] Mutter hat auch in ihrem Zimmer, im Wohnzimmer
hat sie zwei Fotos, hat sie zwei von Silvester, wo einmal wo
wir alle zusammensitzen, einmal nur von mir und meinem Vater,
und dann bin ich da, habe ich da so einen schwarzen Zylinder
habe ich da auf ((lacht)), ja.
```

> I: *Das hast du alles selber gemacht, dann die [Fotos geknipst und ausgedruckt]*
> C: [Ja, die Fotos wurden mit meiner Digitalkamera] gemacht.
> I: *Und bearbeitest du die auch manchmal irgendwie?*
> C: Ja, also bei meiner Freundin, da habe ich die erstmal auf einer Diskette runtergeladen, das habe ich bei meiner Freundin gemacht, die hatte so ein, wie soll ich sagen, so ein System, da kann man die Gesichter verschieben, verschwommen machen, das ist voll witzig. // I: *Ach, mhm* // C: Ja, das kann man so lang ziehen, verwischen oder so, ja. Das sieht dann voll witzig aus.

Die Materialisierung der eigenen Fotos ist ein Prozess, der an vielfältige ästhetische Kriterien gekoppelt ist: So werden die Bilder „natürlich" nicht in Schwarz-Weiß hergestellt und müssen sich durch eine herausragende Bildbeschaffenheit auszeichnen, soll das Motiv bis in kleine Details hinein unverkennbar und gut abgebildet sein und soll es außerdem zu keiner Farbabweichung von der Ursprünglichen kommen: Wozu, fragt sich Carola, sollte man überhaupt eigene Bilder herstellen, wenn nicht auf ihre Güte geachtet wird? Es geht ihr, kurz gesagt, um die Verwendung von medientechnisch gestützten Reproduktionsmöglichkeiten, die den eigenen Qualitätskriterien entsprechen. Entscheidend ist einerseits der Effekt, den das Resultat für einen selber hat, zum anderen die phänomenologische Wirksamkeit der selbsthergestellten Bilder in der fantasievoll ausstaffierten häuslichen Nahumwelt. So charakterisiert Carola die Zimmerwände der Wohnung als Orte, an denen die Ergebnisse ihrer Medienpraxis symbolisch repräsentiert werden. Dabei ist wiederum vorrangig relevant, inwieweit es sich dabei um Erinnerungen sozial bedeutsamer Anlässe handelt, wie etwa Feiern, deren Spuren verobjektiviert sind (als „Andenken") und welche ihrerseits schwerpunktmäßig soziale Beziehungen thematisieren („wo wir alle zusammensitzen").

Die Medien erscheinen als Vehikel, selbsthergestellten Produkten in Form von Bildern eine eigene Note zu verleihen, die die eigene Autorenschaft dokumentieren und den persönlichen Blick ebenso lust- wie wirkungsvoll verkörpern. Neben Prinzipien von Selbstinszenierung und Selbstausdruck geht es auch hier um den Aspekt der Selbstverwirklichung: Der Effekt soll sich dadurch auszeichnen, dass er den eigenen Vorstellungen entspricht, dass er nach außen hin wirksam und sichtbar ist und dass sich die eigenen Intentionen darin widerspiegeln. Bei diesem Zugriff auf den Computer als Mittel zur kreativen Manipulation ist dann auch weniger relevant, wie nun die Software genau heißt („so ein System"), entscheidender ist der lusterzeugende Ertrag des eigenen Tuns („voll witzig"). Nicht der rechnergestützte Prozess des Bildbearbeitens steht hier im Vordergrund, sondern die Wirkung, die die eigene kreative Handlungspraxis für sich und die eigene Nahumwelt hat. Zwei Kontrastfälle zu Carola fallen hier ins Auge: Zum einen zum Fall von Andreas, der Bildbearbeitung als eher instrumentell-technische Handlung an Prinzipien von „Löschen", „Rüberziehen", „Wegmachen" oder „Aufbessern" darstellt; zum anderen zum Fall von Sercan, dem dies zur Projektionsfläche von Männlichkeitsfantasien dient.

Das Zelebrieren des Moments, die hohe Relevanz das Augenblicks und der situative Pragmatismus zeigen sich schließlich auch darin, dass Carola bezüglich ihres späteren Lebensweges eine vorrangig selektiv-pragmatische Computernutzung imaginiert; hierzu evaluiert sie die Sinnhaftigkeit der Computertechnik vor dem Hintergrund dessen, was sie für den Moment bringt:

(101)
C: Ja, also ich denke mal, ich weiß nicht, also ich will ja einen JOB, so, ne, Krankenschwester machen oder Arzthelferin. Ich denke mal so, auf einer Seite ist es SCHON sehr wichtig, weil man ja irgendwie den Computer braucht für die ganzen Termine, manchmal tippt man ja darin ein, oder auch, so für diese Krankenscheine und so Zettel, die werden ja daran ausgedruckt. Mit den- eben mit den Anforderungen und so. Irgendwo ist es schon wichtig. Aber früher war es ja auch eigentlich AUCH unwichtig, also die haben halt alles selber geschrieben, also würde es keine Computer geben, eigentlich so schlimm wäre das auch nicht.
I: Mhm. *Du meinst, man müsste die nicht unbedingt haben.*
C: Nein, also UNBEDINGT nicht. Aber sie nehmen schon, also wie sagt man, viel der Probleme, die man hat eben, nehmen die schon weg. Also erledigen die einem schon.

Bereits ihr allgemeiner Zukunftsentwurf – das deutet sich mit der Formulierung „JOB" machen an – führt wenig Unternehmerisches mit sich. Wichtig ist der Computer dann, wenn er eingebunden ist in eine Struktur von „Anforderungen", die der Beruf eben mit sich bringt, z. B. die Erledigung notwendiger Tätigkeiten. Dabei reduziert Carola das Computermedium auf seine Zweckrationalität und platziert es in den Kontext der Bürokommunikation, wo es hilft, Probleme der Arbeitsorganisation zu bewältigen. Auf diese sachstrukturierten Bereiche ist seine Sinnhaftigkeit aber dann auch schon beschränkt bzw. kann sich Carola vorstellen, dass es darin eine Bedeutung in ihrer Berufsbiographie bekommen könnte. Jedoch hält sie die Computertechnik auch für weitgehend verzichtbar, was ihr Vergleich zu „früher" deutlich macht, sodass sie sich die von ihr vorgestellte Berufssphäre auch computerfrei vorstellen kann, ohne dass es hier zu irgendeiner nennenswerten Beeinträchtigung der (Arbeits-)Abläufe käme, im Gegenteil – so „schlimm wäre das auch nicht". Computertechnik erscheint damit wie eine rationale Erledigungstechnik, die einem vorrangig etwas „wegnimmt" und es „erledigt". Über dieses Szenario hinaus, führt man diesen Gedanken weiter, gibt sie einem aber auch nichts bzw. nichts, was ohne sie genauso gut möglich wäre.

In Bezug auf die zukünftige Nutzung entwirft Carola damit eine rein pragmatische Technologienutzung im Sinne einer situativen Bearbeitung beruflicher Anforderungen. Deutlich wird an diesem Zukunftsentwurf erneut, inwiefern Carola den Mehrwert computerbezogener Handlungen in Bezug auf einen subjektiven Effekt relationiert: In der Vor-Computer-Ära sind die Menschen auch *ohne* diesen klargekommen. Das bedeutet: Entscheidend ist nicht die Technik selbst und ihre Möglichkeiten, sondern die menschliche *Verwirklichung*. Man kann seine subjektiv gesetzten Ziele auch *ohne* Computermedium erreichen; wichtig ist, dass sich ein Handlungsplan umsetzen lässt, im Zweifelsfall – ähnlich wie Vanessa dies artikuliert (siehe unten) – eben auch unter Verzicht auf Medientechnologie. Vor diesem Hintergrund hegt Carola auch wenig Ambitionen, ihre aktuelle Computermedienpraxis zu verändern oder zu erweitern; genügsam, pragmatisch und auf den Moment gerichtet erklärt sie, es sei „nicht so ihr „Ding", sich da

„so richtig reinzusteigern darin. Um das kennen zu lernen. Mir reicht das aus, was ich mache am Computer, eigentlich schon. Ja" (224).

Melanie ist 14 Jahre alt und lebt bei ihrer Mutter, seit sich ihre Eltern vor drei Jahr getrennt haben. Ihre Mutter ist von Beruf Apothekerin. Melanie ist Einzelkind, wobei sie diesen Status bedauert („leider, ich hätte gerne Geschwister", 14). Als Hobbies gibt sie Fernsehen und ihre Haustiere an („eine Maus und Fische", 19). Zu Beginn des Interviews erzählt sie ausführlich, dass sie anstelle auf die Real- lieber auf eine Gesamtschule gegangen wäre („weil ich da auch meinen Gymnasialabschluss machen kann", 23), sich allerdings ihr Vater durchgesetzt habe; dieser meinte „dass ich DIREKT meinen Realschulabschluss machen soll" (25). Insgesamt ist sie auf der jetzigen Schule nicht sonderlich zufrieden („ich fühle mich nicht so wohl (2) ‚aber'- naja", 26). Sie freut sich auf das Ende ihrer Realschulzeit und hofft, danach eine weiterführende Schule zu besuchen („dann, wenn meine Zeugnisse GUT sind dann möchte ich gerne auf ein Gymnasium gehen", 27). Bei unserem Treffen macht Melanie einen offenen und fröhlichen Eindruck auf mich; sie hatte sich nach eigenem Bekunden sehr auf das Interview gefreut. Freundlich stellt sie am Ende klar, dass sie nach bestem Wissen auf meine Fragen eingegangen ist („alles was ich erzählt habe stimmt", 523).

Relativ am Anfang des Gesprächs berichtet sie davon, dass sie früher häufiger ins Internetcafe gegangen sei; auf die Frage, wieso sich dies verändert habe, antwortet sie: „Weiß ich nicht, wir GEHEN halt einfach nicht mehr ins Internetcafé ((lacht)) // I: Warum? // M: Weiß ich nicht, manche Dinge werden halt WENIGER, und dafür andere WICHTIGER. Oder, es bleibt halt GLEICH, oder es wird halt einfach weniger", 189). Erkennbar wird hier, wie Melanie ihre Medienbeschäftigung tendenziell als eher unspezifische Praxis betrachtet („Dinge"); etwas, das sich eher beiläufig ereignet und dessen Veränderung in der Rangskala des persönlichen Erlebens eher erlebt als aktiv konstruiert werden.

Angesprochen auf ihren ersten Kontakt zum Computermedium bettet sie dieses in eine familiäre Situation ein, in der das Medium von ihr vorgefunden wird bzw. in ihren Lebensverlauf mehr oder weniger einfach so eintrat:

```
(48)
M: Also FRÜHER, da haben meine Eltern, die sind jetzt getrennt,
früher, wo die noch zusammengewohnt haben, dann hat mein Vater
einfach mal den Computer gekauft, und das war's schon. Da war
ich schon neun oder so, und da hab ich angefangen, da wollte
ich auch mal am Computer gucken, und was da so GEHT und so, und
die TASTEN haben mich irgendwie fasziniert ((lacht)). Keine Ah-
nung wieso, aber dann wollte ich einfach mal GUCKEN und dann
hat mein Vater mir das gezeigt und, ja und seitdem tu ich den
Computer nutzen.
```

Die Emergenz des Computers in ihrem Lebensverlauf („war ich schon neun") relationiert sie zu einer ungerichteten Faszination für die phänomenologische Gestalt des Gerätes und eines ebenso ungerichteten Interesses für die damit verbundenen Möglichkeiten („was da so GEHT"), was – in Bezug auf die von ihr geschilderte Herangehensweise – an eine Art kindliche Begeisterung für das Betätigen bzw. Drücken von Knöpfen erinnert, wobei die Motivation dazu sich beinahe aus dem Nichts ergeben hat. Dieser Prozess ist insgesamt eher diffus, sodass sie ihn nicht exakt beschreiben kann. Insofern schwankt Melanie zwischen einer konkreten Situation, den Computer vorzufinden und einer neugierig-begeisterten, gleichzeitig aber auch unspezifisch-momenthaften Herangehensweise an dieses Artefakt.

Ein solcher pragmatischer Zugriff auf etwas Vorgefundenes zeigt sich auch darin, dass sie erzählt, gerne die computerseitig voreingestellten Spiele zu spielen, und zwar Solitair („ich liebe am Computer Solitair zu spielen" (125) und Minesweeper („ja ich spiele eigentlich nur DIE beiden" 127), wobei sie Spielen als Zeitvertreib und Randbeschäftigung kennzeichnet („also in letzter Zeit habe ich keine, weniger Zeit, aber wenn ich Zeit HABE (2) zum Beispiel am Wochenende abends oder so (2) dann spiel ich schon, dann mach ich den Computer an und dann spiele ich. (4) Aber auch nicht OFT jetzt, also, das spiele ich nun mal ab und zu", 135).

Weder der Computer als solcher noch dessen Applikationen sind für sie symbolischen Kapitalien, die man sich aktiv beschafft oder deren persönlicher Besitz wichtig sind, sondern es geht ihr um einen situativen und lustbetonten Vollzug computerbedingter Möglichkeiten, der sich jenseits eines strategisch-instrumentellen Handlungskalküls bewegt. In dieser Orientierung schildert sie auch ihren Kontakt mit dem Internet als ein Eingehen auf ein Angebot einer massenhaften Vielfalt von Optionen, aus der sie selber, wiederum entlang der eigenen Neugier und dem eigenen Interesse, auswählte: „Ja also mein Vater meinte auch zu mir „kannst ja mal gucken, da gibt's sehr- also TAUSENDE von Seiten, die dich vielleicht interessieren würden." Da meinte ich so „ja, kann ich ja mal MACHEN." Und dann bin ich das erste Mal ins Internet gegangen ‚und hab so geguckt' (53). Eine Selektion aus den „TAUSENDEN" Seiten, von denen sie berichtet, war ihr persönlich überlassen: Ob und wie sie die Einladung des Vaters annahm, erinnert sie hier als selbstgesteuert und an ein subjektives Bedürfnis gebunden. Im positiven Gegenhorizont steht hier, sich medienbedingte Handlungsoptionen nach eigenem Belieben anzueignen, im negativen Gegenhorizont steht das Vorhandensein einer Verbindlichkeit, Medien zielgerichtet oder funktional zu nutzen. Die digitalen Medien sind vor dem diesem Hintergrund eine eher unspezifische Ressource, der sie sich je nach eigener Ermessenslage und situativer Intention bedient.

In der sich darin verdeutlichenden Orientierung werden von ihr auch Anlässe der Mediennutzung einer momenthaften Gelegenheit oder einer örtlichen Gegebenheit zugeschrieben („also wenn Freunde von mir sagen, „lass mal ins Internetcafé gehen" oder so, dann geh ich natürlich MIT, aber sonst nicht. Oder in der Bibliothek, wenn ich da mal am Computer bin, dann geh ich da AUCH ran", 54). Entscheidend für ihre Mediennutzung ist, ob diese einem augenblicklichen Bedürfnis entspringt und sich situativ bequem enaktieren lässt („ich habe ja einen EIGENEN Computer, da brauche ich ja nicht extra RAUS gehen, ins Internetcafé oder so", 55). Auch die generelle Verortung des Computers in ihrem Alltag wird von Melanie einer Zeitlichkeit zugeordnet, die sich daraus ergibt, dass sie den Großteil des Tages als computerabstinent darstellt („also, ja eher abends, weil ich tagsüber immer DRAUSSEN bin, da habe ich eigentlich immer nur ABENDS dafür Zeit oder am Wochenende, wenn ich so mal, na ja (2) oder nichts zu tun hab, also, ja", 65). Neben der Lokalisierung des Computers in bestimmte Zeiträume ist das Medium selbst – ähnlich wie bei Carola – eher nebensächlich oder ein Lückenfüller bei fehlenden Alternativen. In den ihr bedeutenden Handlungsarenen hat der Computer dann auch nur geringe Priorität und ist anderen Dingen untergeordnet („Shoppen ((lacht)). (2) Freunde treffen, Familie und, äh (3) was man eigentlich so macht. Wenn irgendwo eine PARTY ist, dann gehe ich auf eine Party", 71). Auch bei ihrer Beschreibung der Computernutzung am Wochenende wird sichtbar, wie Melanie die Verwendung des Mediums vorrangig entlang der eigenen Gefühls- und Stimmungslage perspektiviert:

> (67)
> M: Nee, also (2). Es kommt manchmal so drauf an, manchmal gibt's so Tage bei mir, wo ich kein Bock hab raus zu gehen, ja und dann bleibe ich in meinen Schlafanzug und so ((lacht)) und dann geh ich auch mal an meinen Computer.

Ihre Computermedienpraxis vermittelt sie abhängig von einem subjektiven Befinden; sie gestaltet sich jenseits von zu erfüllenden Verpflichtungen und in selbstbestimmten und privaten Situationen, wobei der Computer eingereiht wird in maximal selbstgewählte Formen der Beschäftigung und des Zeitvertreibs. Vor diesem Hintergrund erwächst ihr der Mehrwert des Computermediums hauptsächlich daraus, dass sie ihn *überhaupt* nutzen kann:

> (73)
> M: Eigentlich SCHON wichtig, weil man da schon Dinge SUCHEN kann, wie jetzt zum Beispiel, äh was für Arbeiten gibt oder so, dann kann ich da mal GUCKEN oder so, ob da irgendwas für mich ist. Also das ist schon auch wichtig, aber wenn's nicht geben würde, würde ich halt in ein ((lacht)) Internetcafé gehen.

Entscheidende Funktion des Mediums ist es, Mittel zur Findung von Angeboten zu sein, die einen subjektiven Selbstbezug („für mich") implizieren. Ihre Medienpraxis erklärt sie damit zu einer Option, die sie dann sinnvoll findet, wenn sie sich bedürfnisgesteuert realistischerweise lohnt. Insofern entsagt sie sich hier auch Potentialen eines eigenen Computerbesitzes und einem Interesse, eine eigene technische Infrastruktur selber zu gestalten. Zum Ausdruck kommt damit das genaue Gegenteil einer etwa possessiven Haltung. Wichtig ist lediglich der allgemeine und grundsätzliche Zugang zum Internet und damit ein selektiver Gebrauchswert, nicht ein Haben-Wollen oder Gestalten-Wollen eines eigenen Gerätes. Diese pragmatische Orientierung zeigt sich auch darin, dass sie das sich Zueigenmachen von Möglichkeiten des Computers anstelle einer Erweiterung technikgestützter Handlungsspielräume eher als kurzzeitiges Einweisen in handlungspraktische Umgehensweisen im Modus selektiver Demonstrationen von Eingabeoptionen zu einem einfachen Vollzug schildert:

> (76)
> M: ((lacht)) Mein VATER hat mir das beigebracht. // I: Mhm. //
> M: Ja, mein Vater hat mir einfach mal gezeigt, der hat mich auch gerufen „Melanie, komm jetzt HER" oder so. Dann hat er mir das gezeigt, was es da für Tasten gibt, dass ich da nicht raufgehen sollte oder wo ich raufgehen KANN. Ja. // I: Und, weiß

der wie das geht? Kennt der sich gut damit aus? // M: Ja, er
kennt sich GUT damit aus. Also woher, WEISS ich nicht
((lacht)). Aber er kennt sich schon gut aus, könnte man sagen.

Das Zeigen des Vaters ist hier eine rudimentäre Unterweisung in Form einer Möglichkeit, daran anschließen zu können. Deutlich wird daran eine Aneignung des Mediums im Modus der Heranführung – wenn auch keiner besonders intensiven – und einem darauf folgenden eigenen Tun. Es ist ein alltägliches, normales Geschehen ohne Besonderungscharakter oder den Einsatz irgendeines Spezialisten- oder Expertenwissens. In homologer Weise beschreibt sie dies auch für das Internet:

(85)
M: Das habe ich mit der Zeit gelernt, wo ich-, wo meine Eltern
mir das BEIGEBRACHT haben, da habe ich auch gesagt „kann ich
mal ins Internet?" oder so. Dann hat mein Vater mir das einmal
GEZEIGT und dann habe ich das NACHGEMACHT. Also so, da habe ich
mir gemerkt, die Schritte und dadurch konnte ich das dann.
I: Mhm. Wenn du sagst, dein Vater hat dir das beigebracht, mit
dem Computer so, mit den Tasten und so, was hat er dir denn da
alles gezeigt? Was hast du denn von dem alles gelernt? //
M: ((Seufzt)) Das ((lacht)) ist eine SCHWIERIGE Frage. Mhm (5)
mhm, keine- // I: Kann man nicht so genau sagen? // M: Ja.

Geschildert wird ein sukzessiver Prozess, der sich mit der Zeit abspielt und der erneut das Muster von Ermöglichung durch Zeigen enthält. Ebenso deutlich wird wiederum ein selektives Interesse, das dazu führt, dass sich daran eine auf den Moment bezogene lernende Hinwendung ergibt; in dem hier dargestellten Imitationsgeschehen – dem sich „Merken" von „Schritten" – dokumentiert sich ein Aufbau von Handlungsfähigkeit, welche in Einklang *mit* einer spezifischen Situation steht und die an einem Resultat orientiert ist, das sich *aus* dieser Situation ergibt.

Auch die Relevanz zukünftiger computerbezogener Wissensbestände wird von Melanie in enger Relation zu Situationen beschrieben, die an ihre persönliche Entwicklung gebunden sind:

(335)
I: Was meinst du denn, wie wichtig ist denn so der Computer für
dich für später?
M: Also, das kommt drauf an, was ich aus mir MACHEN möchte.
Oder, ob ich vielleicht später damit doch etwas zu TUN habe.
Oder, in meiner Freizeit, wenn ich jetzt sagen wir mal ausziehe
und dann ALLEINE bin, dann möchte ich natürlich SCHON gerne
wissen, wie das geht, damit ich mir auch helfen kann. Aber,
wenn nicht, dann ist es dann nicht so schlimm.

Als Bestandteil von und in Abhängigkeit ihrer weiteren subjektorientierten Biographiegestaltung werden Computerkenntnisse eingebettet in die Frage individueller Selbstverwirklichungsoptionen. Melanie deutet hier die subjektive Sinnhaftigkeit eines weiteren Kompetenzerwerbs an, verpflichtet diese aber sehr deutlich auf das Vorhandensein eines realen Handlungsbezuges. Implizit bedeutet dies, dass *ohne* einen solchen auch keine Notwendigkeit weiterer Computerfähigkeiten gesehen wird. Ebenso relationiert sie Computerwissen zu ihrer Entwicklung im Rahmen der mit zunehmenden Alter einhergehenden Ablösungsprozesse von der Familie („ausziehe"), im Zuge derer es sich als nützlich erweisen könnte, um unabhängig von fremder Hilfe sein zu können. Deutlich wird, dass es ihr nicht darum geht, computerbezogene Handlungsoptionen zu erweitern, sondern sich selbst „helfen" zu können, in anderen Worten: pragmatisch Computerschwierigkeiten zu beheben, also einen Status quo wieder herstellen zu können, *ohne* sich eingehender damit zu beschäftigen und etwaige Computerkenntnisse zu vertiefen oder zu verfeinern. Sich im Zweifelsfall und auf sich allein gestellt nicht von der Rationalität des Mediums überwältigen zu lassen oder davor zu kapitulieren ist allerdings seinerseits nicht sehr wichtig, ein Rückgriff auf externe Hilfe undramatisch („nicht so schlimm"). Darin dokumentiert sich erneut eine Relevanz von Computerwissen in Anlehnung an tatsächliche Situationen und wenig Anspruch auf eigene Expertise.

Diese pragmatische Zukunftsoffenheit spricht auch aus ihren persönlichen Zukunftsentwürfen, die sich ihrerseits an der Idee orientieren, etwas nach eigenem Willen werden zu können:

```
(331)
M: Ich will gern, also VIELLEICHT Pharmazie studieren, also
dass ich das werden kann. Oder, wenn ich nicht GUT genug dafür
bin ((lacht)), dann würde ich gern pharmazeutisch-kaufmännische
Angestellte werden. Also, in der Apotheke halt arbeiten. //
I: Mhm // M: Oder WAS mich auch interessiert: MODE. Mode interessiert mich. Aber das ist schon schwer, erstmal einen Laden
überhaupt zu finden, der das auch FÖRDERT oder wirklich richtig
damit was zu tun hat. Oder Anwalt, Anwältin.
```

Was sie sich vorstellt, ist ein breites Spektrum an Lebensperspektiven, die aber (noch) kontingent sind. Als handlungsleitend erscheint hier das Vorhandensein eines eigenen Interesses zur Umsetzung der späteren Lebensgestaltung, die zwar auch die Möglichkeit eines Scheiterns beinhaltet, in der aber die persönliche Entwicklung sich *vor* strukturelle Erfordernisse, z. B. des Arbeitsmarktes, schiebt.

Ähnlich, wie sie bereits die Bedeutung allgemeiner Computerkenntnisse eingeschätzt hatte, äußert sie sich auch zu computerbezogenen Fähigkeiten im Kontext beruflicher Erfordernisse entsprechend gelassen. Sich mit dem Computer auszukennen hat keine jenseits einer aktuellen Situation liegende Relevanz. Eine computerbezogene Handlungsfähigkeit wird sich mit der Zeit quasi automatisch einstellen – sie ergibt sich *on the job*:

```
(337)
M: Ach, also ich meine, als Anwalt, als Anwältin, braucht man
schon Erfahrung. Aber ich meine das LERNT man ja mit der Zeit
auch, oder Modedesignerin, das muss man halt die Schnitte ausrechnen so am Computer. Aber, das lernt man.
```

Während sie Computerwissen innerhalb der beruflichen Sphäre als eine notwendige und hinzunehmende Bedingung ansieht, der man sich zwar zu *stellen* hat, die man gleichzeitig aber auch auf sich *zukommen* lassen kann, erscheinen ihr weitere computerbezogene Handlungsoptionen darüber hinaus – im privaten Bereich – einerseits diffus („äh, das ist

258

eigentlich eine schwierige Frage", 345), andererseits aber auch wieder „interessant"
(346), allerdings nur, wenn diese ein individuelles Projekt der Erfahrbarkeit der eigenen
Handlungsfähigkeit mit anschließendem Erfolgserlebnis sind:

```
(348)
M: Vielleicht da SELBER was einprogrammieren oder so. // I: Ach
so. Warum würde dich das [interessieren?] // M: Ich denke mal,
dass es SPASS machen würde. Und, dann könnte man eben auch
stolz auf sich sein ((lacht)). // I: Mhm // M: Dass man das
GESCHAFFT hat.
```

Jenseits von funktionalen oder Statuserwägungen orientiert sich Melanie hier an einer Antizipation eines Könnens, das ganz auf sich selbst bezogen und auf ein affektives Moment gerichtet ist.

Im Orientierungsrahmen dieses selektiven Pragmatismus beschreibt Melanie auch den von ihr besuchten ITG-Unterricht. Dort wurden am Computer hauptsächlich „Bewerbungen geschrieben, mhm ja Tabellen, (3) einfach SO geschrieben, (2) ja, das haben wir eigentlich gemacht" (150). Bezüglich des Ertrags des Unterrichts ist es wiederum der pragmatische Nutzwert, etwa im Bereich Textverarbeitung, dem Erstellen und Layouten von Dokumenten oder der Erscheinungsweise des Schriftbildes, den sie als relevant für ihre eigene Computermedienpraxis kennzeichnet:

```
(150)
M: Eigentlich- (1) das mit den TABELLEN hat mir geholfen, als
wir das- oder zum Beispiel, mhm FARBIG, oder in verschiedenen
(2) mhm also (2) die SCHRIFT anders, das hat mir SCHON gehol-
fen, weil ich das vorher nicht wusste. (2) Also zum Beispiel so
BUNT und dann so SCHRÄG oder so. Ja, das hat mir geholfen. Aber
der Rest hat mir eigentlich NICHT geholfen.
```

Zum Ausdruck kommen hier ein betontes Selegieren von Inhalten der schulischen Medienbildung und die Trennung in Verwendbares und Unnützes. Insofern evaluiert Melanie den ITG-Unterricht weniger hinsichtlich eines Ermächtigungs- oder Erweiterungsgedankens, sondern eher hinsichtlich eines real-praktischen Handlungsbezugs. Ein solcher real-praktischer Handlungsbezug zeigt sich auch in ihren Schilderungen zu ihrer häuslichen Schreibpraxis am Computer, die sie sogar „häufig" (120) betreibt:

```
(121)
M: Ja zum Beispiel, wenn wir Hausaufgaben haben oder so, dann
schreibe ich das erstmal VOR mit dem Computer oder so, dann
schreibe ich das AB. Oder ich schreib einfach SO, wenn
LANGWEILIG ist, dann gehe ich einfach an den Computer und
schreibe irgendeinen Quatsch, egal was, über was mir grad so
einfällt. Oder, was ich auch FRÜHER gemacht habe, manchmal so
Briefe an meine Freunde geschrieben, aber wirklich kleine.
[[Störgeräusch]] // I: Mhm. // M: Oder um irgendwas zu spei-
chern auf Diskette oder so.
```

Das Tippen charakterisiert Melanie als subjektiv zugänglicher als manuelles Schreiben. Interessanterweise wird der Computer hier zu einer *Vorlage* für die anschließende

259

Handarbeit – und nicht etwa umgekehrt. Gleichzeitig ist Schreiben auch ohne äußeren Anlass attraktiv. Es dient, wie bei Carola und Vanessa, der Verobjektivierung einer eigenen Gedankenwelt mittels des Computers als Schreibwerkzeug. Die Inhalte relativiert Melanie zwar („irgendein Quatsch" und „wirklich kleine"), misst ihnen aber doch auch eine Bedeutung zu, da sie manches davon, was sie aber nicht näher konkretisiert, aufhebt („speichern"). Der PC erscheint hier als Medium und Speicher von aufgeschriebenen Fantasien und der Schreibprozess *unabhängig* von einer eindeutigen Funktionszuweisung, z. B. nur für die Erledigung schulischer Aufgaben. Schulbezogene und selbstbezügliche Mediennutzung verschwimmen hier im Modus einer eigenwilligen Verwendung des Computermediums als Werkzeug und als Denkzeug. Bezüglich dessen orientiert sich Melanie zwar auch am praktischen Nutzwert des Computers, den sie darin sieht, dass er eine Rechtschreibkorrektur ermöglicht („also am Computer, also als ich Praktikum hatte, hatten wir so ein Berichtheft, und da habe ich eigentlich jeden Tag drei Wochen lang IMMER erst am Computer geschrieben, wegen meinen Rechtschreibfehlern und dann habe ich das übertragen", 103). Dieser praktische Nutzwert des Computers ist jedoch nicht *alles*, denn die Verwendung des PCs als Schreibmedium gegenüber graphomotorischen Aktivitäten schildert sie als lustbetonter; z. B. würde sie Hausaufgaben gerne „noch häufiger" (108) am PC erledigen:

```
(115)
M: Ja, also ich schreib nicht so GERNE, wenn das viel ist. Und
deswegen, dann würde mir es einfacher- und es macht mir auch
SPASS am Computer zu schreiben. // I: Was ist daran schöner als
mit der Hand? // M: Es macht SPASS! // I: Mhm. // M: Ja
((lacht)), ich weiß nicht, wie man das NENNT. Es macht einfach
Spaß so mit den Tasten da so rumzutippen. (3) Ja, DAS ist es
eigentlich.
```

Neben dem, dass sie Computerschreiben als Erleichterung wahrnimmt, kann sie kaum erklären, *was* es ist, was auch den jenseits der konkreten Funktion der Erleichterung erlebbaren Reiz des Tippens ausmacht. Es ist kein rationales Geschehen, sondern eher eine implizite und deshalb nicht benennbare Faszination für einen motorisch-haptischen Prozess, der sich hier dokumentiert. Eben dies zeigt sich auch in der Verwendung des Computers zum bereits angesprochenen Briefeschreiben. Der Umfang dieser Tätigkeit hat sich im Gegensatz zu früher zwar verringert, dennoch zeigen sich auch hier Einblicke in Melanies Orientierungsrahmen: „Wo ich kleiner war, da wollte ich IMMER an den Computer UNBEDINGT, so wegen den Tasten, und, dann, ja, habe ich immer da Briefe geschrieben. (2) „Wie geht es dir?" und „was machst du?" und so" (119). Es war demnach *nicht* ihre *vorrangige* Intention, Briefe zu verfassen, sondern am Computer zu tippen. Aus einem zunächst ungerichteten Tun, dem motorischen Ausprobieren, entsteht erst die Idee, diese Tätigkeit in eine Zweckform, das Briefeschreiben, zu transformieren. Woran sich Melanie hier abarbeitet, ist demnach kein zweckrationaler Handlungsentwurf, dem eine Mediennutzung folgt, sondern genau umgekehrt steht das situative Handeln mit dem Medium am Anfang. Anders formuliert: Aus einer pragmatischen Herangehensweise an das Medium koppelt sich ein kreativer Prozess der Selbstverwirklichung eigener Gedanken und der Gestaltung von sozialen Beziehungen. Darin kommt erneut eine Mediennutzung zum Ausdruck, die an den Moment gekoppelt und weniger nachhaltig auf die Erweiterung von technikbedingten Handlungsspielräumen gerichtet ist.

Aspekte einer solchen Momenthaftigkeit und Situationsspezifität der Mediennutzung zeigen sich auch an der Art und Weise, wie Melanie Schwierigkeiten im Umgang mit den Medien thematisiert.

```
(170)
I: Mhm, wie ist das mit dem Internet, wenn du da drin bist,
auch das kann ja Probleme[ geben.]
M: [Ja], ((lacht)), das kotzt mich VOLL an.
I: Das kotzt dich voll an? // M: Ja. // I: Wieso? ((lacht)) //
M: Wenn ich zum Beispiel auf eine Seite, sagen wir MTV, dann
(2), dann STEHT da was, dann KOMMT das da gar nicht, oder das
dauert TAUSENDE Jahre bis das da mal kommt oder so. Das ist
schon doof. (3) Oder die Seiten GIBT'S nicht. // I: Mhm. Hast
du das häufiger das Problem? // M: Nein, wenn ich jetzt einfach
mal so gucke, welche Seite es zum Beispiel gibt, und dann tippe
ich immer, sagen wir jetzt mal (1), weiß ich nicht (2), irgend-
ein WORT ein, und dann GIBT'S diese Homepage nicht, aber ich
will UNBEDINGT darüber etwas erfahren, dann muss ich erst mir
überlegen, wo geh ich jetzt HIN? halt oder so. // I: Und was
machst du [dann?] // M: [Ich suche], BIS ich sie gefunden habe.
((lacht)) // I: Ah ((lacht)) // M: ((lacht)). Ja, ich lass mich
nicht davon wegdrängen. Ich MACH'S, bis ich es geschafft habe.
```

Beschrieben wird hier ein dreistufiges Handlungsproblem: Eine gesuchte Seite baut sich nicht auf oder es dauert extrem lange oder die antizipierten Angebote existieren nicht. Diesbezüglich schildert sie ein schematisches Vorgehen bei der Umgehensweise mit dem Medium, welche linear und festgelegt gedacht ist und in der, anders ausgedrückt, ein Weg in der Regel zu einem Ziel führt – die Eingabe eines „Wortes" etwa zum Auffinden einer „Homepage". Ist diese schematische Vorgehensweise erfolglos, schildert sie sich auf sich selbst zurückgeworfen. Dann entfalten sich jedoch auch Hartnäckigkeit, Beharrlichkeit und Ausdauer bei der Problemlösung, die ihrerseits jedoch nur bei höchstem subjektivem Interesse relevant sind („UNBEDINGT"), das heißt wenn das Ziel klar und auch persönlich bedeutsam ist. In diesem Fall dokumentiert sich eine gewisse Standfestigkeit gegenüber technologiebedingten Schwierigkeiten – sie lässt sich nicht „wegdrängen". Dies steht in Zusammenhang damit, dass sich ein geplanter Handlungsentwurf nicht in die Tat umsetzen lässt, wobei entscheidende Priorität hat, ob sich das Finden des Medienangebotes verwirklichen lässt.

Dieser situative Vewirklichungscharakter von Melanies Mediennutzung dokumentiert sich auch dort, wo sie berichtet, sie habe im Internet nichts über einen Sänger (den us-amerikanischen Rapper Baby Bash) finden können. Diese Situation karikiert sie als einen infolge akuter Schwierigkeiten zugespitzten Zustand der Belastung:

```
(523)
M: Dann krieg ich eine Krise ((lacht)) // I: Ach so ((lacht))
// M: Nein, aber, das ist schon doof. Dann muss ich halt die
ganze Zeit SUCHEN, dann KANN ich halt nicht auf diese Seite,
obwohl ich so gerne auf diese Seite WILL, dann hab ich halt
PECH gehabt. Dann muss ich halt auf eine andere Seite gehen.
```

> Aber das ist schon doof, weil dann sollten die-, dann sollte diese Seite nicht in der Zeitung stehen oder im Fernseher angesagt werden oder so. // I: Mhm. *Wie meinst du das?* // M: Ja, zum Beispiel jetzt, zum Beispiel Baby Bash, sagen wir mal MTV.de. Ich KOMME nicht auf diese Seite, dann sollte da schon STEHEN, dass man nicht da IMMER hinkommt, oder, ach, dass man das eben schon VORHER weiß. Und sagen kann „vielleicht lohnt sich das gar nicht, da rauf zu gehen" oder, dass man dann eben halt keine Krise bekommt.

Bei der Verwirklichung einer gewünschten Rezeption wird Melanie enttäuscht, obgleich ihr die Erwartung des Auffindens eines bestimmten Angebotes angepriesen wurde und sich infolgedessen ihr Bedürfnis und ihr Willen ausprägten, genau dieses Angebot aufzusuchen.

In Reaktion auf das Enttäuschungserlebnis erhebt sie die normative Forderung, dass Medienanbieter aus den Bereichen Print und TV entweder gar nicht erst für dieses Angebot werben oder zumindest auf eine mögliche Beschränkung des Zugangs dazu aufmerksam machen sollten. Darin dokumentiert sich eine Orientierung am Primat einer Befriedigung eines situativen Bedürfnisses, einhergehend mit dem Wunsch, einem aktuellen Begehren, und zwar bequem und direkt, nachgehen zu können. Ebenso deutlich wird Melanies Orientierung an einem Pragmatismus, im Kontext ihrer Mediennutzung an ein Ziel zu kommen. Deswegen, so ihr Anspruch, könne ein die Mediennutzung begleitendes Frustrationserleben dadurch gemindert werden, dass der Nutzer sich erst gar keine Mühe mache bzw. keinen Aufwand betreiben müsse, wenn er wisse, dass sein Wunsch nicht erfüllt werde. Mit ihrer Forderung, es solle keine Wunscherzeugung beim Rezipienten stattfinden, verbindet sich erneut ihre Orientierung an einem pragmatischen Nutzwert des Computermediums und Möglichkeiten eines linearen und direkten Erlebens. Es geht, anders ausgedrückt, um eine sofortige Verfügbarkeit eines Angebotes zur Verwirklichung eines situativen Bedürfnisses.

Dabei hat die technische Rationalität selbst wenig bis kaum Relevanz – sie wird nicht in Erwägung gezogen, etwa um sich Besonderheiten oder Schwierigkeiten der Navigation im Internet verständlich oder zugänglich zu machen. Stattdessen fokussiert Melanie, indem sie hier die Schwierigkeiten bei der Navigation als ein Wechselverhältnis von Aufwand und subjektivem Ertrag darstellt, auf Möglichkeiten der augenblicklichen Selbstverwirklichung. Im *positiven* Gegenhorizont steht hier eine sofortige Bedürfnisbefriedigung, die Einbindung der Mediennutzung in den Moment und eine praktische technische Zugänglichkeit zu Inhalten; im *negativen* Gegenhorizont steht eine rationalistische Handlungserweiterung jenseits von Momenten der Bedürfnisbefriedigung sowie der Einbezug der technologischen Rationalität des Mediums als Bedingung der Handlungserweiterung.

Die in diese beiden Gegenhorizonte eingespannte Orientierung lässt sich auch dort herausarbeiten, wo Melanie Chatten thematisiert. Nachdem sie berichtet hat, „so manchmal zu chatten, aber nicht so oft" (368), verdeutlicht sie, inwiefern sie diese Mediennutzung mit dem Wunsch nach authentischem In-Kontakt-Sein mit einem personalen Gegenüber verbindet:

(369)
I: Was ist denn das Besondere am Chatten für dich? Also [was-?]
M: [Es macht] Spaß. Du kannst, du lernst verschiedene von Leuten kennen, die mal DAHER kommen, mal DA und, die, weiß ich nicht, ihre ANDERE Erfahrung zum Beispiel in der Schule haben oder, einfach so, was die SO machen. Und das ist, ja- […] //
I: Wie lange bist du denn da so drin in dem Chat? // M: Das kommt drauf an. Wenn jetzt wirklich jemand, mit dem ich wirklich schreibe, dann kann es schon mal eine Stunde werden oder so. Dann schreib ich auch wirklich immer mit DEM, mit dieser Person. Wenn ich merke, da ist keiner, der mir, sagen wir jetzt mal so GEFALLEN würde, dann gehe ich auch RAUS. Ich bin ja nicht so süchtig, dass ich chatten MUSS, aber ab und zu schon.

Ein selektiver Nutzungsmodus des Mediums und der nur temporäre Zugriff auf den Chat wird hier so beschrieben, dass sich daran ein direktes, quasi-echtes und selbstbezügliches Erlebnis koppelt, dem sich, bei Emergenz einer entsprechenden Erlebnisqualität, durchaus einige Zeit gewidmet wird. Zu kommunizieren hat für Melanie den Stellenwert einer Aktivität, bei welcher sich der Eindruck einstellt, *real* und *authentisch* mit jemand anderem in Austausch zu sein bzw. ein Akt, der vom Gefühl der Wirklichkeit des personalen In-Kontakt-Seins mit einem Gegenüber begleitet ist.

Deshalb ist diese Nutzungsoption wiederum kein Selbstzweck, sondern auf sie wird pragmatisch zugegriffen, d. h. in Abhängigkeit davon, ob sich der Wunsch nach der Echtheit einer Begegnung verwirklichen lässt. Es geht dabei um ein momenthaftes Sich-Einlassen auf etwas, das mit „Gefallen" verbunden ist und ein Abwägen bezüglich der Mediennutzung, ob sie auch real mit einer tatsächlichen Gratifikation verbunden ist. Diese Gratifikation besteht hier in den Möglichkeiten einer authentischen Erfahrung, die Melanie als in Gefahr sieht, weil ihr bisweilen auch „so Ältere dir auch schreiben und wo du dein Alter sagst und so, die nerven dich dann, das ist schon, ja, das ist doof" (361). Melanies genereller Bezugspunkt ist also auch hier ein mit der Mediennutzung in Verbindung stehendes real spürbares Erleben.

An diesem Aspekt orientiert sie sich schließlich auch dort, wo sie elektronische Medien untereinander anhand der Frage evaluiert, ob und wie die Rezeption mit einer direkten Erfahrung in Verbindung steht. Hierzu beschreibt sie Rezeptionsformen von Fernsehen und Internet in Relation zu einem Bedürfnis nach situationsadäquater Teilnahmefähigkeit:

(430)
I: Du hast vorhin gesagt, dass du jetzt zum Beispiel MTV guckst oder auch im Internet nach Musik guckst, so, [kannst du das nochmal-]
M: [JA, also, eigentlich], ja, MTV. Also was ich-, wenn der Star, der einem irgendwie gefällt, genau DA ist, dann krieg ich auch alles mit, was der SAGT und so. Und da finde ich zum Beispiel, der FERNSEHER, also MTV im Fernsehen besser. Aber wenn der jetzt nicht DA IST, oder ich hab das VERPASST und es steht im Internet, DA find ich das dann gut, weil dann kann ich das im Internet gucken.
I: Und wo ist der Unterschied, ob du das im Internet machst oder im Fernseher?

> M: Im Fernsehen kann ich ihn auch noch SEHEN ((lacht)). Ja und
> da ist ja auch, da steht, da ist ja auch viel MEHR, weil, sagen
> wir jetzt mal, wenn er Scherze macht und so, sieht man halt
> alles, und im Internet steht das ja nicht, was der GENAU DA ge-
> macht hat oder gesagt hat.

Als positiv vermittelt sie, dass das gewünschte Geschehen im aktuellen Blickfeld steht, sich also eine audiovisuelle Direktheit bei der Medienrezeption einstellt. Es geht ihr um ein Dabeisein bei einem unmittelbaren Ablauf am Bildschirm, der es vor allem erlaubt, Aspekte der personenbezogenen Performance mitzuverfolgen. An dieses audiovisuelle Erleben ist auch das Erfahren von Authentizität geknüpft. Eine dem Fernsehen nachgeordnete, später stattfindende Rezeption des Geschehens im Internet ist zwar möglich, hier entsteht aber – als *erste* Einschränkung – ein Authentizitätsdefizit und ein Mangel an Unmittelbarkeit. Unter diesem Primat der Unmittelbarkeit ist das Internet deshalb eher zweite Wahl; wird jedoch ihr Bedürfnis nach Unmittelbarkeit, das das Fernsehen bietet, *nicht* befriedigt bzw. erfüllt es nicht den Wunsch nach einem Erleben, greift Melanie auf das Internet zurück, weil sie hofft, wenigstens dort etwas über ihren bevorzugten Star Baby Bash (siehe oben) in Erfahrung zu bringen: „Weil man ja jetzt so, wenn man Fernsehen oder so guckt, GAR nichts über ihn (1) mehr erfährt, also er macht keine Lieder mehr hier, und ich würde schon mal gerne wissen WARUM (206)". Das Problem, was Melanie hier schildert, besteht darin, dass Baby Bash konventionell via Musikfernsehen nicht (mehr) verfügbar ist; er ist – wie sie es ausdrückt – „wie vom Bildschirm verschwunden" (210). Aus dem daraus resultierenden Bedürfnis nach einer anderen Informationsquelle entsteht das Motiv, sich ins Internet zu begeben („Und da dachte ich so mal „gehst du mal auf seine Homepage", 210). Allerdings entsteht bei der Internetrezeption eine erneute und somit *zweite* Einschränkung, denn Inhalte sind neben ihrem Mangel an audiovisueller Erlebnisfähigkeit entweder nicht immer verfügbar („da STEHT gar nix", 210) oder nicht jederzeit auf dem neuesten Stand:

> (210)
> M: Also, wenn ich DA RAUF gehe, dann ist schon vom LETZTEN Jahr
> noch was und da wurde NIX neu geändert oder so, und das finde
> ich ‚scheiße'. // I: Aha, mhm. (3) Wie, da ist vom letzten Jahr
> noch [was]? // M: [Ja], zum Beispiel er hatte DANN und DANN bei
> VIVA einen Auftritt, und das ist aber schon im September oder
> Oktober oder so gewesen und das steht da IMMER noch und da
> gibt's nix Neues. Ja. // I: Ach so, und das ärgert dich oder-
> // M: Ja ((seufzt)).

Worüber sich Melanie hier ärgert, ist, dass ein reales Geschehen und eine diesbezügliche Online-Berichterstattung nicht synchron sind. Auf diese Wiese aktualisiert sich auch hier eine Enttäuschung, weil ihre Mediennutzung vor dem Hintergrund eines selektiven Pragmatismus vorrangig an einem Primat der Unmittelbarkeit, einer aktuellen Bedürfnisbefriedigung und der Bestrebung nach einer situativen Verwirklichung einer Authentizitätserfahrung orientiert ist.

Ähnliche Merkmale wie die Schilderungen von Melanie und Carola zeigen sich auch in den Darstellungen von Vanessa. Vanessa ist 15 Jahre alt und lebt seit ihrer Geburt in Berlin. Sie wirkt sehr aufgeschlossen, hatte sich z. B. während einer Schulbesuchsstunde sofort für ein Interview bereit erklärt. Sie lebt bei ihren Eltern, die als Zahnarzthelferin bzw. Steuerberater arbeiten. Vanessa hat eine sechs Jahre ältere Schwester, die demnächst ihre Ausbildung beendet; die Art, wie sich Vanessa über sie äußert, erinnert an ein Mischung aus Pragmatismus, Resolutheit und Amüsement; die Schwester wohnt zwar noch zuhause, „aber nicht mehr lange, also wenn sie ihre Ausbildung fertig hat dann muss sie auszuziehen. // I: Mhm. // V: Sie wird RAUSgeschmissen ((lacht))" (7). Als ihre Hobbies benennt Vanessa „Fernsehen, vor allem Arztserien" und „Schlafen"; ferner berichtet sie davon, in der Jugendarbeit der evangelischen Kirchengemeinde ihres Wohnstadtteils aktiv zu sein. Bevor das Interview beginnt, wünscht sich Vanessa eine ausführliche Erklärung über Sinn und Zweck meines Forschungsvorhabens, die ich ihr daraufhin gebe. Sie sagt daraufhin „so okay kann losgehen".

Nachdem sie über ihre häusliche Computersituation informiert hat (es sind „drei" PCs vorhanden und ihre „Schwester hat eine Verbindung und meine Eltern haben auch eine, also zwei haben wir" (19) berichtet sie gleichmütig, selbst keinen eigenen Internetzugang zu besitzen. Ihr eigener, nicht online-fähiger Computer „na ja steht halt bei mir in meinem Zimmer, also ja, auf dem Schreibtisch" (21). Inwiefern ihr hinreichend erscheint, *dass* Medien „halt" vorhanden sind, vermittelt sie auch auf die Frage, ob und inwiefern das Computermedium Gegenstand von Gesprächen im Freundeskreis sei:

```
(353)
V: Oh Gott, das kommt sehr SELTEN vor. Tja (2) also meine
Freundin hat jetzt Internet bekommen. Da habe ich mal so ge-
fragt, also habe ich ihr gesagt, „na ja ich habe KEINS, aber
ist ja auch egal, weil meine Schwester und meine Eltern haben
welches", und „das reicht ja auch", und dann meinte sie so „ja
ja". Na ja, über SOWAS halt, aber sonst eigentlich nichts.
```

Neben einer weitgehenden Exklusion von Fragen der technischen Infrastruktur aus dem Relevanzbereich der Peergroup-Kommunikation signalisiert Vanessa erneut: Man selbst muss einen Internetzugang nicht unbedingt besitzen, es genügt, ihn nutzen zu können. So vergewissern sich die Freundinnen darüber, inwiefern das Medium in der Nahumwelt verfügbar ist, ansonsten rückt es nicht ins Zentrum der Aufmerksamkeit. Ein kommunikativer Austausch darüber ist „eher selten. Also es gibt ANDERE Themen ((lacht))" (354). Während es von ihr als etwas im Grunde Nebensächliches und mit lediglich selektivem Interesse verbundene charakterisiert wird, beschreibt sie das Medium auch bezüglich ihres Weges zu einer Computernutzerin als etwas Nicht-Konkretes und Verallgemeinertes:

```
(56)
V: Ja, wir haben das halt gekauft, und ich wollte halt da was
mit für die Schule machen und da habe ich halt immer mal so
halt irgendwas so mit ausprobiert. Ja, und dann hatten wir das
auch mal in der Schule halt, Internet und halt ITG, in der sie-
benten Klasse. Und, ja, so bin ich dann dazu gekommen.
```

Die technische Infrastruktur erscheint als ein unspezifischer Gesamtzusammenhang, der sowohl privat, im familiären Rahmen, als auch in Bezug auf die Schule wahrgenommen wird. Den Prozess, angefangen vom Kauf über ein unspezifisches Ausprobieren bis hin zum schulischen ITG-Unterricht, vermittelt Vanessa additiv und als eine pragmatische Herangehensweise, die sich „halt" ereignet. Ähnlich wie Melanie und Carola nimmt auch Vanessa die Medien in Form von etwas Bereitgestelltem wahr, wobei ihr die Intention dieser Bereitstellung eigentlich irrelevant ist: „Gekauft" haben das „Internet mein Vater und meine Mutter, die wollten Internet haben. Tja, warum? Ich habe keine Ahnung, ich habe sie nie gefragt ((lacht))" (61). Bezüglich ihrer Herangehensweise verdeutlicht Vanessa ein zwar beständiges, gleichzeitig aber auch eher ungerichtetes und nebensächliches Tun im Verlauf ihres altersmäßigen Entwicklungsprozesses: Bezüglich ihrer PC-Biographie führt sie aus:

```
(74)
V: ((seufzt)) Ja, meine Eltern haben sich halt mal einen ge-
kauft, also WIEDER über meine Eltern ((lacht)), und (2) da habe
ich halt auch immer irgendwie (2), das war als ich glaube ich
zehn oder so was war, da habe ich auch mal Spiele bekommen, und
dann habe ich zuerst mal damit gespielt und auch irgendwie so-.
Ja, so halt (3)
```

Deutlich wird ein aus Vanessas Sicht unspektakulärer Ablauf ohne Besonderungscharakter. Wie sie sich die Umgangsweise mit dem PC angeeignet hat, schildert sie als intergenerationellen und intrafamiliären Kompetenztransfer mit selektivem Zuschnitt:

```
(81)
V: Äh, also ja, meine Mutter hat mir das gezeigt, weil die auch
mit Computern sehr viel bei der Arbeit zu tun hat. (2) Und, ja,
so halt. // I: Was macht denn deine Mutter? // V: Sie ist Zahn-
arzthelferin, und dann halt manchmal muss sie da was am Compu-
ter machen, und von daher.
```

Das sich Zueigenmachen des Gerätes gestaltet sich in Form einer Veralltäglichung eines aus der beruflichen Sphäre kommenden Computeranwendungswissens, das anschlussfähig gemacht und zu einer normalen und keine Schwierigkeiten bereitenden Nutzung der Tochter führt. Orientiert an einer solchen *Normalbefähigung* schildert Vanessa auch ihre anfängliche Herangehensweise ans Internet als Eintritt in eine Sphäre des gewöhnlichen Gebrauchs, in der man sich nach unspezifischen Gegenständen umschaut: „Irgendwie habe ich das halt SO mitgekriegt so // *I: Also wie-* // V: Ja. Naja, ich bin reingegangen und habe halt irgendwas geguckt halt, was es so alles gibt und sowas, und dann (2) bin ich halt dazu gekommen", 87).

Dieser sich bislang bei Vanessa zeigende medienbiographische Pragmatismus mündet in einen ebenso pragmatischen Mediennutzungshabitus, deutlich z. B. daran, wie sie auf eine Nachfrage zu dem von ihr angesprochenen ITG-Unterricht Stellung nimmt:

```
(63)
I: Und dann hast du gesagt du hast ITG in der siebenten gehabt?
Was habt ihr denn in ITG-
```

```
V: =Nee, in der achten hatte ich das, also halt wie man eine
eigene Homepage erstellen kann. Wie man (2) halt so mit den
ganzen Sachen, zum Beispiel mit google oder so was umgeht. Und,
na ja das WUSSTE ich zwar schon VORHER, aber ((lacht)), auch
ein paar neue Sachen dazugelernt.
```

Anstatt konkreter Inhalte oder Programme erinnert Vanessa unspezifische „Sachen", wobei sie sich hinsichtlich computerbezogener Wissensbestände an einer Dualität orientiert, nämlich dem eigenen Vorwissen, dass sie bereits vorher erwarb und „Sachen", die neu hinzukamen. Die Relevanz dieses neu Hinzugelernten – „ja, wie man so eine Web-, so eine eigene Homepage erstellt, das wusste ich vorher nicht" (65) – und dessen Anwendung bindet sie an eine extrinsische Motivation.

Auf die Frage, ob sie dies bereits einmal ausprobiert habe, antwortet sie „Ja, naja, also wir hatten das auch mal in Deutsch, hatten wir so ein (??), das war so ein Projekt, und da sollten wir auch eine eigene Homepage erstellen, und so, na ja, halt" (67). Während sie das Ausprobieren eher passiv und fremdbestimmt vermittelt, sieht sie *außerhalb* eines schulischen Zusammenhanges keinen subjektiven Mehrwert derartiger Computeranwendungsbereiche, weder in zeitlicher noch in inhaltlicher Sicht („also zuhause nicht, nee, weil ich irgendwie nie sehr viel Zeit dafür habe, irgendwie. Ich weiß nicht. Ich weiß auch gar nicht was ich da RAUF machen sollte ((lacht))" (69)). Inhalte mit dem Computer im Modus eines technischen Transformations- oder Programmiergeschehens selbst zu bearbeiten, findet sie prinzipiell nicht uninteressant („vielleicht, na ja ich weiß nicht so, glaub schon", 71), jedoch außerhalb des aktuellen Relevanzbereiches stehend („im Moment weiß ich das gar nicht ((lacht))", 73). Was sich über diese kurzen Fragmente hinweg dokumentiert, ist eine bejahende Orientierung an *generellem* Wissen um die Möglichkeiten des Mediums bzw. Prinzipien, mit ihm umzugehen.

So artikuliert Vanessa Interesse daran, wie etwa ein Programmiergeschehen (die Erstellung einer Webseite) *gemacht* wird, das heißt sie konzediert einen Wissenszuwachs durch die schulische Medienbildung, jedoch kaum aktiven Zugriff darauf. Der Computerunterricht ist hier kein Transfergeschehen in die eigene Medienpraxis, sondern hinterlässt computerbezogene Wissensbestände, die lediglich einen *Möglichkeitshorizont* bilden; im Hier und Jetzt wird wenig praktischer Nutzwert gesehen. Einen solchen praktischen Nutzwert spricht sie auch einem Wissen über die PC-Architektur ab: „In ITG, da habe ich auch was, über das Innenleben des Computers was gelernt. Was ich aber wieder vergessen habe ((lacht))" (83). Anders formuliert: Ein erfolgter Wissenszuwachs aus dem Bereich Hardware sinkt wieder in den Bereich des Nichtwissens hinab – der Gebrauchwert von Computermedien leitet sich aus ihren auf die tatsächliche und unmittelbare Nutzbarkeit gerichteten Verwendungskontexten ab.

Einen solchen unmittelbaren Verwendungskontext des Computers schildert Vanessa anhand des Schreibens am Computer für Hausaufgaben. Hier geht es ihr darum, den Computer selbstbezüglich zu nutzen, weil er einfach praktisch ist, ohne sich dabei über die schulische Rationalität hinwegzusetzen:

```
(112)
I: Mhm. Also du machst manchmal auch was für die Schule hast du
jetzt gesagt. Was ist denn das so?
V: Ja zum Beispiel jetzt wenn wir irgendwie zum Beispiel eng-
```

lisch aufhaben, dann mache ich das halt gerne. Schreibe ich das
dann damit, schreibe so die Antworten halt alles hin, und
((seufzt)), drucke das dann auch aus. Und dann ist es dann halt
fertig ((lacht)).
I: Machst du denn häufig Hausaufgaben mit dem Computer?
V: Nee, na ja unsere Lehrerin sagt halt immer, das kannste ja
dann- dass man das ja dann halt ZEHNMAL ausdrucken könnte und
dann haben es ALLE irgendwie. Also sie MAG das nicht so wirklich gerne. Aber, man kann es schon machen. Aber man sollte es
nicht zu oft machen.

Anstelle der Demonstration, vermittels ihrer Computerpraxis die schulischen Anforderungen erfolgsorientiert zu meistern, erscheint das Medium hier als brauchbare Ressource zur Anfertigung textförmig zu erledigender Aufgaben. Dass es Vanessa dabei um einen Aspekt der unmittelbaren Selbstbezogenheit geht, wird dadurch deutlich, dass sie die Meinung der Lehrerin wiedergibt, die Reproduktionsmöglichkeiten des am Computer Geschriebenen könnten zu einer Unterwanderung der schulischen Praxis beitragen und der Computer werde zum Erfüllungsgehilfen einer Praxis des Schummelns.

Zum Ausdruck kommt damit, dass ihre Computerpraxis gewissermaßen in vernünftigen Grenzen prozessieren sollte und dies auch tut, sodass die Ansprüche der Lehrerin nicht verletzt werden, gleichzeitig aber der praktische Nutzwert des Computers dennoch erfahrbar wird. Das Produkt verbleibt bei ihr *selbst* und ermöglicht ein Erleben, es mittels des Computers „fertig" gestellt zu haben. Dabei ist es der Vorteil des Computers, dass mit ihm unmittelbar und schnell geschrieben werden kann („Das dauert halt nicht so lange ((lacht)), nicht wie normales Schreiben, 119), wenngleich sie wiederum aus der technischen Rationalität des Computers heraus erklärt, warum sie dies nicht häufiger tut: „Ich weiß nicht, na ja, (3) keine Ahnung ((lacht)). Man muss halt auch erstmal den Computer anmachen und so. Und das dauert dann eben auch wieder länger als wenn ich das gleich einfach SO- (3)" (121). Insofern vermittelt Vanessa ihre Lust zu Schreiben als abhängig von der jeweiligen Lust, sich situativ auf den Computer einzulassen.

Ein Zugriff auf Schreiboptionen des Computers, der lustbetont ist und sich subjektiv lohnt, kommt da zum Ausdruck, wo sie, über den praktischen Nutzen für die Schule hinaus über eine private Schreibpraxis am Computer berichtet und auf diese Weise dem Schreiben generell neben extrinsischen auch in intrinsisch motivierten Situationen Bedeutung zumisst. Ähnlich wie Carola verdeutlicht Vanessa dabei, inwiefern dem Medium ein Stellenwert bei der Veräußerung einer eigenen Gedankenwelt zukommen kann. Am Computer schreibt sie „meistens irgendwelche Geschichten die ich mir ausdenke ((lacht)). Mhm, ja so was mache ich manchmal" (125):

(378)
V: Ja, ich habe halt mal eine Geschichte geschrieben, von Anfang bis Ende durch. Und, das habe ich gemacht. Das liegt jetzt
irgendwo in meinem Zimmer. Und dann- das habe ich mal richtig
fertig gemacht. Und sonst habe ich halt immer nur ANGEFANGENE
Sachen. Die ich irgendwann zu Ende machen will.

Kommt es zu einem Einlassen auf den Computer, dann beschreibt sie sich als produktiv, wenn auch nicht immer ergebnisorientiert. Angesprochen auf den Unterschied zum manuellen Schreiben führt sie aus:

(127)
V: Na ja ((lacht)), also ist das so, also wenn ich gerade irgendwie ANgefangen habe, dann kommt immer MEHR. Und dann
schreibe ich und schreibe ich und schreibe ich, und, irgendwie
ist das mit der Hand so eine Sache. Dann werde ich immer unordentlicher. Und, das kann man dann nicht mehr lesen ((lacht)).

Bei der Verobjektivierung eigener Vorstellungen in Form von Geschichten am Computer zeigt sich, dass Vanessa, kaum dass sie begonnen hat, in eine Art Sog des Schreibens gerät. Dabei orientiert sich ihre Darstellung an einer Gebrauchsform des Mediums, welchem situationsbezogen eine Art eigener Sinn eingeschrieben zu sein scheint, welcher dazu führt, dass sich die medienbezogene Handlung – und der damit verbundene Prozess der Veräußerung von Gedanken – fast verselbständigt. Gerade hierbei entfaltet sich der Mehrwert des Mediums optimal, denn es kommt bei längeren Schreibprozessen zu keiner Verschlechterung des Schriftbildes – erlahmt die Hand mit der Zeit und wird der Text „unordentlicher" ist dies beim Computer nicht der Fall. Deutlich wird damit, inwiefern der Computer ihrer Intention, sich auszudrücken, entgegenkommt, denn seine Verwendung unterstützt nicht nur ein kreatives Potenzial, sondern die „Geschichten" bleiben auch lesbar. Dass sie sich den Computer hierbei im Sinne einer Selbstverwirklichung zunutze macht, zeigt sich auch darin, dass dieses Schreiben eine Art von Privatsphäre bildet, in die dem Interviewer kein Einblick gewährt wird: Die Frage, ob sie erzählen mag, um was für „Geschichten" es sich handelt, weist Vanessa zurück: „Nein, die sind nur für MICH. Ja." (128).

Ein ähnlich wie beim Schreiben beobachtbarer pragmatischer Mediennutzungshabitus zeigt sich auch bei Vanessas Schilderungen zur internetgestützten Suche nach Informationen aller Art:

(143)
I: Wenn du rein gehst, was interessiert dich denn da alles so?
Was machst du denn da drin alles?
V: Ich gehe halt irgendwie halt (2) manchmal zu google. Da gucke ich was nach, nach irgendwelchen BEGRIFFEN oder so, und,
wenn zum Beispiel irgendwas auf ist für die Schule. So, wir
hatten jetzt Geschichte, da sollten wir ein Referat machen, und
da musste ich halt auch Bilder raussuchen. Von dieser Person
da, ich weiß nicht mehr genau. Und sonst, da gehe ich halt NUR
unter google, und gucke halt so. Oder halt unter irgendwie anderen Sachen, so, wie von Stars so was irgendwas raussuchen
oder so.

In von Vanessa dreifach gebrauchten unspezifischen Wortwahl („irgendwelche, irgendwas, irgendwie") dokumentiert sich, inwiefern Inhalte weitgehend kontingent und in der Regel unbestimmt sind. Gleichzeitig ist ihr Zugriff aber auch zielorientiert und zweckbezogen („nachgucken" und „raussuchen"). Deutlich wird daran, wie sich Vanessa des Internets auf ähnliche Weise bedient, die Parallelen zu einem selektiven und situationsbezogenen Umgang mit einem Katalog oder einem Lexikons zeigt. Handlungsleitend ist dabei der jeweils aktuell zu befriedigende Bedarf und eine Unmittelbarkeit des Erfolgs, was sie etwas später so formuliert: „Ich gucke das aber immer nur so DURCH, überlege da aber nicht lang, sondern drück' irgendwas. Halt irgendwas was sich irgendwie interessant anhört oder so was", 159). Diesem weitgehend unspezifischen und auf kontingente Informationen bezogenen Zugriff steht jedoch ein weiterer Zugriffsmodus gegenüber, der sich dann einstellt, wenn sich der Gebrauch des Internets auf etwas ihr Bekanntes und mit Interesse Verbundenes bezieht: In diesem Fall wird der ansonsten dominierende Zugriff auf „google" zugunsten eines in die Breite gehenden Rezeptionsgeschehens im Internet erweitert: So rezipiert sie gerne Webseiten von „Christina Aguilera zum Beispiel" (145), wobei es sie interessiert, generell von Stars „irgendwelche Biografien und Texte raus[zu]suchen. So was mache ich auch gerne" (145). Das Medium wird ihr hier zu einer Möglichkeit, sich mit dem Gesamtzusammenhang eines Künstlers zu beschäftigen, vor allen seinen Texten: „Ja, halt ich gucke meistens auf der Homepage erstmal ob es die da gibt, dann drucke ich sie mir AUS. Oder ich geh halt auch woanders gucken, ob es vielleicht woanders welche gibt oder so was. Und dann (2) drucke ich sie mir halt aus dann. // I: Warum? // V: ((lacht)) Na ja ich will sie mir nicht abschreiben" (151). Dabei geht es ihr neben Texten aber auch um mehr, und zwar um Lebensgeschichten, aktuelle Informationen und Konzerttermine („Ich weiß nicht, also es sind ja nicht nur die Texte, sondern auch irgendwie Biografien und so. Oder was für Neue, also, auch wann die so zu Konzerten kommen. Oder ob es was Neues von denen gibt", 155) – und insofern um den Umgang mit symbolischem Material, was durch Rückgriff auf das Medium der Verwirklichung einer Star-Fan-Beziehung dient. Zum Ausdruck kommt damit eine selbstbezügliche Beschäftigungsform mit mehreren Dimensionen eines subjektiv bedeutsamen Themas jenseits von funktionalen Erfordernissen, an die sich ein gegenüber sonstigen Verwendungsformen intensiviertes Rezeptionsgeschehen koppelt.

Dass aber auch bei einem konkreten und auf einen spezifischen Gegenstand gerichteten Interesse pragmatisch mit dem Medium gehandelt wird, dokumentiert sich in einer Episode zu ihrer Internetrecherche nach einem Buch:

```
(160)
I: Mhm, und hast du denn bisher immer gefunden was du im Internet gesucht hast?
V: Nicht wirklich ((lacht)), also nicht IMMER. Nee, kann man nicht sagen.
I: Was war denn das was du nicht gefunden hast, weißt du das noch?
V: Ja, also das war irgendwas, ja genau, ich wollte was über Jeanne d' Arc erfahren. Weil, es hat mich halt interessiert. Und da wollte ich halt ein BUCH von ihr. Und wollte halt gucken ob die da halt irgendwo was haben, und da habe ich nichts gefunden. Da waren irgendwelche ANDEREN Sachen. Und die haben mich irgendwie NICHT so interessiert, das war irgendwie alles uninteressant. // I: Mhm, ja, und dann? // V: Dann habe ich mir halt irgendwie anderes genommen, habe ich so eine Seite gefunden, wo was über ihr Leben draufstand. Und das habe ich mir dann ausgedruckt, und dann war ich ein bisschen zufrieden ((lacht)). So hab ich halt doch was gefunden ((lacht)).
```

Wurde das Internet von ihr zunächst als Verweismedium genutzt – und erschien alles andere als die Angabe zur Verfügbarkeit eines Printmediums als „uninteressant" – stellte sie im Moment des Nicht-Findens ein konkretes Interesse zurück und gibt sich mit etwas anderem „ein bisschen zufrieden". Diese Inhalte aus dem Internet sind eher zweite Wahl, die eigentliche Präferenz gilt dem Printmedium und nur aufgrund eines Nicht-Erfolges einer diesbezüglichen Recherche wird auf Webinhalte umgeschwenkt. Dabei steht die Verwirklichung ihres ursprünglichen Handlungsentwurfes – ein konkretes Informationsbedürfnis nach „Jeanne d'Arc" zu befriedigen – im Mittelpunkt; an diesem wird festgehalten, auch wenn es vermeintlich kein „Buch" über sie gibt. Entscheidend ist für sie, überhaupt etwas zu *finden* und es sich zu *nehmen*, sodass am Ende ein Informationsbedürfnis pragmatisch gestillt ist. Während sie an ihrem inhaltlichen Interesse festhält wechselt sie das Medium; höchste Priorität hat, dass der Handlungsentwurf verwirklicht wird. Im positiven Gegenhorizont ihrer Schilderung steht dabei, in jedem Fall an ein Ziel zu kommen und dabei dann auch situativ das digitale Medium nutzen, wobei dem Rückgriff auf etwas Konventionelles bzw. Nicht-digitales tendenziell der Vorrang gegeben wird und die Nutzung von Internetinhalten pragmatischen Zielwertcharakter hat, wenn andere Quellen nicht verfügbar sind.

Diesem sich bisher zeigenden pragmatischen Gebrauch auf einer inhaltlichen Ebene der Mediennutzung korrespondiert auch Vanessas ebenso pragmatischer Umgang mit der Medientechnik, sichtbar z. B. dort, wo sie Umgangsschwierigkeiten mit dem Gerät beschreibt: Ihr genereller Nutzungsmodus angesichts von PC-Problemen besteht darin, sich an eine einfache Handlungsanweisung zu halten, die die Eltern ausgesprochen haben:

```
(168)
I: Gibt's da Sachen, die dir manchmal Schwierigkeiten machen?
Die nicht funktionieren oder so?
V: Na ja schon, jetzt irgendwie wenn mal so eine Seite kommt,
die ich NICHT angeklickt habe oder so was. Wenn jetzt kommt
„bitte klicken sie hier drauf" oder so, das gibt's ja jetzt.
Und, da haben mir auch meine Eltern gesagt, dass ich das sofort
schließen soll und NICHT darauf gehen soll, falls so was mal
kommt. Sonst wird's halt (2) sehr teuer. Und irgendwie kommt
man da dann nicht mehr- oder man fängt sich einen Wurm ein oder
so.
I: Ach hattest du so was schon mal, dass du dir einen Virus
oder so was eingefangen hattest?
V: Ich jetzt nicht direkt, also ich habe das NICHT fabriziert,
sondern meine Mutter. Und da musste halt ein Freund von uns,
der ist Computerspezialist, der musste dann halt da RAN. Und
hat uns das dann wieder alles in Ordnung gebracht.
I: Ach so, mhm, also das ist ein Freund von euch. Und wie häufig muss der dann so kommen?
V: Also nicht SO häufig ((lacht)), das war einmal, da hatte
meine Mutter irgendwas gemacht, und seitdem heißt sie auch
Absturzius ((lacht)), weil ihr der Computer abgestürzt [ist]…
// I: [((lacht))] // V: …und der hat also, dann musste halt so,
weiß nicht, glaube so eine neue Festplatte rein, und es war
wohl GANZ schlimm. Ich konnte (3) da fast vier Wochen nicht an
den Computer ran. Also da HATTE ich noch keinen eigenen.
I: Und das hat euer Bekannter da-
V: Ja, der hat das dann wieder in Ordnung gebracht so.
```

Das Befolgen einer einfachen und auf das Auftauchen von Popup-Seiten bezogenen Vereinbarung funktioniert in der Regel und Vanessa fängt sich keinen „Wurm" ein. Wird sich, wie im Fall ihrer Mutter, nicht so verhalten, wie es eigentlich richtig gewesen wäre, wird dieser ihre auf den Moment bezogene Unzulänglichkeit in der Computerbedienung auf eine humorvolle Weise zurückgespiegelt – ihr wird ein Kosename gegeben. Deutlich wird an dieser Episode, wie sich Vanessa, jenseits von Fragen technischer Expertise, viel eher auf einer Ebene der sozialen Beziehungen bewegt, die sich infolge des Mediums symbolisch verändern. Während keine eigene Auseinandersetzung mit technischen Schwierigkeiten stattfindet, wird die Handlungsfähigkeit wieder hergestellt, indem sich mit dem Computerproblem auf pragmatische Weise arrangiert wird: Dem Verursachen eines Schlammmassels durch die Mutter, das diese „fabriziert" hat, folgt externe Hilfe und bringt die Situation „wieder in Ordnung". *Was* in diesem Zusammenhang geschieht, ist ihr weniger wichtig. Sie nimmt vor allem wahr, *dass* das technische Problem desaströs gewesen sein muss („GANZ schlimm"), während sich jenseits des Reparaturgeschehens über eine vermeintliche Technikinkompetenz belustigt wird.

In einer solchen ganz auf die Verwendbarkeit hin bezogenen Nützlichkeitserwägung beschreibt Vanessa auch ihren eigenen PC: Sie schildert ihn als Objekt, das infolge gestiegenen Alters zunehmend Eskapaden an den Tag legt, ohne dass sie dies grundsätzlich zu stören scheint. Sie besitzt einen noch ihrer Großelterngeneration entstammenden PC („der ist noch von meinem Opa", 181), welchen sie „irgendwann, naja vielleicht mal" (181) zu ersetzen gedenkt:

```
(183)
V: Also meiner hakt halt sehr oft. Also früher ist halt immer
so ausgegangen. Das lag aber am Bildschirm halt, da habe ich
einen neuen bekommen, jetzt geht's wieder. Und (3) ja, sonst,
na ja (2) die Maus funktioniert nicht so richtig, es funktio-
niert irgendwie ALLES nicht richtig ((lacht)). Und das ist
schon manchmal blöd. Und klar, wenn der überlastet ist, stürzt
der schon manchmal auch ab und- Ja.
I: Was machst du denn dann?
V: Dann hole ich meine Mutter und die bringt das dann meistens
wieder in Ordnung ((lacht)). Also dann macht sie meinetwegen
auf Reset und dann (2) funktioniert es wieder.
I: Mhm, und, ja wie häufig hast du denn Probleme am Computer
überhaupt? Jetzt, egal welche.
V: Also NICHT sehr häufig eigentlich. Eher selten. Kommt nur
selten vor.
```

Dem eigenen Gerät wird eine gewisse Eigenlogik zugeschrieben, die zu manchmaligem Ausfall führen kann; auf einfach Weise kann jedoch Abhilfe geschafft werden, in dem eine neue Gerätekomponente hinzugekauft wird, die eine augenblickliche Nutzung wieder ermöglicht („jetzt geht's wieder"). Im Prinzip vermittelt Vanessa ihren ganzen PC als einen, salopp formuliert, Schrotthaufen, bei dem eigentlich nichts (mehr) einwandfrei funktioniert. Es entspricht der inhärenten Logik seines Alt-Seins, dass ein Zuviel an Arbeitsbelastung eben situativ zum Absturz führt. Anders ausgedrückt: Das gegenwärtige Sosein ihres Computers ist das Datum, das sie hinnimmt und auch hinzunehmen bereit ist, selbst wenn es hin und wieder „blöd" ist. Darin dokumentiert sich erneut Vanessas Orientierung am Computermedium als eines selektiv pragmatischen Gebrauchsgegenstandes, in welche sie auch die eigene Computertechnik einbindet. Auch deren Wieder-in-Gang-Setzen folgt einem unmittelbaren Pragmatismus: Was die Mutter da genau tut, ist wenig bedeutsam – am Ende „funktioniert" es wieder. Entscheidend ist, dass man damit am Ende etwas – tun bzw. verwirklichen kann, nicht ob das Artefakt einem bestimmten technischen Standard entspricht, besonders leistungsfähig oder hochwertig ist.

Zum Ausdruck kommt damit auch Vanessas implizite Ablehnung eines materialistischen Besitzdenkens, die sich auch an einer anderen Interviewstelle transportiert, wo sie sagt, der Computer sei „halt irgendwie materiell" (111). Insgesamt folgt sie zwar keiner idealistischen Verzichtshaltung, stellt jedoch fest, dass, wenn man vorsichtig damit umgeht, auch etwas Altes durchaus noch gebrauchstüchtig sein kann, wie z. B. ihre alte „Computermaus" (338):

```
(340)
V: Ja, die irgendwie, keine Ahnung die rollt nicht mehr rich-
tig. Und das ist halt nicht SO gut. Und da werden meine Eltern
auch irgendwie nervös, wenn die das sehen, die sagen halt „wie
kannst du nur mit der Maus umgehen?" Na ja, aber, geht, das
muss man halt mit LIEBE machen ((lacht)).
I: Na ja, du könntest dir ja einfach eine neue kaufen.
V: (2) Ja, okay, ich hätte sogar das Geld. Aber ich will ir-
gendwie nicht. Das reicht noch gerade so.
```

Indem sie darstellt, dass das Gerät seinen subjektiven Zweck selbst dann noch erfüllt, wenn eine technische Komponente schon soweit ramponiert ist, dass sich darüber seitens der Eltern bereits echauffiert wird, kommt darin eine eigensinnige, fast nostalgische Züge tragende Beziehung zu einem Artefakt zum Ausdruck, die anstelle technischer Beherrschung eher an eine diffuse Gefühlsrelation erinnert und die ganz auf tatsächliche und reale Handlungsbezüge *mit* dem Gerät abstellt. Es ist dieser reale Handlungsbezug, der die Computertechnik zum diametralen Gegenteil eines symbolischen Kapitals macht, in das ökonomisch investiert wird, um es z. B. luxuriöser oder höherwertiger erscheinen zu lassen.

Dieser auf reale Handlungsbezüge und eine gewisse Genügsamkeit ausgerichtete Habitus transportiert sich z. B. in Vanessas Schilderungen zu einem situativen Gebrauch und einer ebenso situativen Handlungsfähigkeit in Bezug auf ihren MP3-Player:

```
(324)
V: Also mein Vater hat mir halt erklärt, wie das geht auf einen
MP3-Player draufzuspielen. Und hat das dann mit mir zusammen
gemacht. Und das hat er mir dann halt erklärt wie das dann
geht. // I: Hast du einen eigenen? // V: Ja. // I: Ach so, und
seitdem machst du das dann selber oder- // V: Na ja, also ich
habe den zu Weihnachten bekommen. Und da habe ich halt mal was
raufgespielt, so 10, 12 Sachen. Und so, wenn ich jetzt mal
irgendwelche neuen Lieder draufhaben möchte, dann könnte ich
das schon alleine. Aber bis jetzt reicht mir das.
I: Lädst du dir denn auch manchmal Musik runter?
```

V: Nein. Also ich nicht, aber das macht ein Freund von meinem Vater, und der gibt mir das dann halt immer. So CDs und so. Also ich frage den immer ob ich das und das haben kann. Und dann klappt das schon.

Durch das Zeigen des Draufspielens durch den Vater entwirft sich Vanessa als für den Moment handlungsfähig. Wichtig ist, dass sie Musik *hören* kann, die Demonstration einer darüber hinausgehenden technischen Expertise oder ein maximales Inventar an Songs sind nicht entscheidend. Äquivalent zur Computertechnik schildert Vanessa nun auch Medien*dateien* bar jeglicher symbolischer Überhöhung – und damit in maximalem Kontrast etwa zu Sercan; insofern orientiert sie sich hier an einer eigenen Handlungsautonomie und an einem technischen Wissen, mit dem Gerät im Sinne einer Situationsadäquanz umgehen zu können; eine laufende Enaktierung dieses Handlungswissens hat jedoch kaum Relevanz. Es „reicht" für den Moment, wenn sich „10, 12 Sachen" auf dem MP3-Player befinden, darüber hinaus ist nicht von Belang, sich Lieder ständig oder in großen Umfang zu beschaffen (schon gar nicht mittels Download) und ist völlig hinreichend, jeweils für den Moment an der Musiksammlung eines Bekannten zu partizipieren.

Eine Nutzung von Medien in Gestalt momenthafter Handlungsvollzüge zeigt sich auch in der Weise, wie Vanessa Formen der kommunikativen Mediennutzung beschreibt. Beispielsweise hat Chatten nur geringe Bedeutung („gehe ich eigentlich nicht", 197) und wird von ihr als situatives Zufallshandeln beschrieben. Überhaupt zu chatten ergibt sich aus einer Situation heraus, und zwar dergestalt, dass die Klasse infolge einer Vertretungsstunde bei „Frau T.", der „ITG-Lehrerin" „ins Internet manchmal" gehen darf (197). So beschreibt sie diese Form der Computernutzung als ein Medienhandeln, dass ihr durch eine Vertreterin der Institution Schule ermöglicht wird („sie erlaubt es uns auch dann", 197) und dass kaum darüber hinausgehende subjektive Relevanz hat. Kommt es im Rahmen einer Vertretungsstunde zum Chat, ist dieser zwar „ganz lustig" (198), hat aber keine konkrete oder personenbezogene Bedeutsamkeit („ach das ist eigentlich egal. Also das ist mir nicht so wichtig mit wem ich chatte. Hauptsache ich habe irgendwie Spaß und so", 198). Insofern dokumentiert sich eine Chatpraxis, die keine *wirkliche* ist, sondern etwas, das sich aus einer zeitlichen Gegebenheit ergibt, die eigentlich für andere Dinge (Schulunterricht) vorgesehen ist. Sie ist insofern auch nicht planbar oder absichtsvoll herbeigeführt, sondern findet nur selektiv, im Rahmen eines zufälligen Zugangs zu den Schulcomputern, statt. Vanessa verbindet damit keine z. B. geschlechtsbezogene Positionierung und charakterisiert Chatten auch ansonsten kaum als symbolisch bedeutsame Handlungsform, sondern Chatten ist – in Form eines Überbrückungshandelns im Rahmen einer Freistunde – reiner Zeitvertreib mit momenthaftem Spaßcharakter.

Die selektive Relevanz einer Nutzung des Computermediums für kommunikative Zwecke zeigt sich darüber hinaus auch bezüglich des Emailschreibens. Zwar verfügt Vanessa über eine eigene Emailadresse, greift aber nur äußerst sporadisch darauf zurück: „Also ich gucke schon ab und zu mal ob ich welche bekommen habe und dann beantworte ich die auch" (197). Über diesen nur vereinzelten Zugriff hinaus macht sie die Email als eher unbedeutende Option kenntlich:

(213)
V: Na ja ich gehe NICHT so häufig in meine, also zu meinem
Posteingang, weil irgendwie (2) vergesse ich das dann immer
((lacht)). Und dann sind dann da irgendwelche Werbungen drin
((lacht)). Und hunderttausende Emails die ich noch nicht gelesen habe. Und da habe ich dann keine Lust die zu beantworten.

Sich über das eigene Vergessen, den „Posteingang" zu pflegen und die Zusendung diffuser Werbeangebote belustigend hypostasiert sie ihre elektronische Post zu einem Berg, der noch gar nicht abgearbeitet ist. In diesem Abbruch und der damit verbundenen Geringschätzung des Kommunikationsgeschehens – sie „beantwortet" die an sie gerichteten Emails nicht – dokumentiert sich, dass Vanessa dieses rechnergestützte Geschehen nur selektiv von Bedeutung sieht, weil sie *andere* Formen der Kommunikation präferiert. Dies wird daran deutlich, dass sie das Thema der Kommunikation selbst von digitalen zu nicht-digitalen Formen der Beziehungspflege hin wechselt:

(215)
I: Und mit wem schreibst du denn so Emails, wer ist das so?
V: So eine Freundin, die ist umgezogen, die wohnt jetzt in
Griechenland. Und mit der (2) schreibe ich halt manchmal. Aber
so in letzter Zeit auch nicht mehr so. Und sonst mit meinen anderen Freundinnen halt die halt nicht in Berlin wohnen. Und
sonst eben so AUCH, wenn ich im Urlaub bin halt so Postkarten,
und sonst regelmäßig Briefe. Also Emailschreiben ist nicht SO
wichtig, mir ist schon VIEL wichtiger Briefe zu schreiben. Weil
irgendwie, das mag ich mehr. Da kann ich ein bisschen mehr, und
so, ERZÄHLEN als in einer Email.

Ein Mehrwert der Email ergibt sich bezüglich ihres funktionalen Gebrauchscharakters, der daraus resultiert, dass Realbeziehungen aufgrund räumlicher Distanz, z. B. durch Umzug ins Ausland, nicht face-to-face gepflegt werden können. Darüber hinaus macht Vanessa eine deutliche Trennung zwischen elektronischem und traditionellem Postweg, wobei sie letzterem den Vorzug gibt und ihn auch kontinuierlich nutzt. Vor diesem Hintergrund vermittelt sie ihre soziale Beziehungspflege als nicht vollständig digitalisiert, sondern sie evaluiert die zwei verschiedenen Schreibmodi hinsichtlich der Überlegung, wie dies mit ihrer subjektiven Intention in Verbindung steht, *überhaupt* mit ihren Freundinnen in Kontakt zu treten. Hier spricht sie dem Brief Vorteile gegenüber der Email zu, welche aus ihrer Sicht offensichtlich die Möglichkeit bietet, *erzählen* zu können, anders ausgedrückt: subjektiv über sich zu berichten und sich dem anderen mitzuteilen. Die Email, und damit der Zugriff auf das digitale Medium, ist situationsbezogen nützlich und erfolgt singulär, generell aber steht die Selbstverwirklichung bzw. die Umsetzung eines von digitalen Medien unabhängigen und eher sozial-kommunikativen Handlungsentwurfs für sie im Vordergrund. Im positiven Gegenhorizont steht hier, Potenziale der Medien zu einer Verwirklichung einer eigenen Gedankenwelt zu relationieren. Im negativen, Medien zum Selbstzweck zu nutzen, nur weil sie verfügbar sind.

Diese, zumindest ansatzweise sichtbaren, Merkmale einer kulturkritischen Attitüde von Vanessa – dem Modernen nicht um seiner selbst willen den Vorzug zu geben, sondern auf einer Rückbindung moderner Technologien an subjektive Ausdrucksmöglichkeiten zu beharren – macht eine Homologie zur Schilderung ihres Computers augenfällig (siehe oben), welcher antiquiert ist, aber dennoch seinen Zweck erfüllt. Hier wie dort geht es darum, an etwas Traditionellem festzuhalten, weil es im Sinne der eigenen Intention adäquat erscheint: Die Verwirklichung des Handlungsentwurfes wird *nicht* von der Frage des technischen Mediums her gedacht, sondern umgekehrt fügt sich dessen Verwendung der Überlegung, inwieweit dies der Verwirklichung des Handlungsentwurfs zuträglich ist – oder eben nicht.

Dass Vanessa den digitalen Medien nur bedingt – und insofern selektiv und pragmatisch – den Vorzug gibt, zeigt sich auch daran, dass es mitunter ein sozialkommunikativer Zusammenhang ist, der aus ihrer Sicht über das für und wider von Computermedien entscheidet:

```
(221)
I: Ja, mhm. Benutzt du denn das Internet auch manchmal für die
Schule. Also du hast gesagt, PC zum Schreiben, und jetzt Inter-
net auch für die Schule?
V: Ja, wenn wir zum Beispiel in Geschichte, falls wir ein Refe-
rat vorbereiten oder eins halten müssen über irgendwas. Oder
wenn ich was über jemanden raus finden soll, oder halt irgend-
wie den Auftrag bekomme, über diesen und jenen was raus zu fin-
den. Dann benutze ich das auch. Und halt, und ich gehe auch
manchmal in die Bücherei und hole mir DORT was. Aber, ja, ich
gehe ich auch ins Internet.
I: Mhm. Für welche Fächer ist denn das dann so?
V: Also Geschichte, Deutsch war das auch einmal. Und dann gucke
ich halt so, wenn wir irgendwelche Hausaufgaben haben, in Bio
oder so was, über die Leber hatten wir mal was. Und da habe ich
auch mal meine Schwester gefragt. Und dann bin ich auch ins
Internet gegangen. Würde ich auch ins Internet gehen, wenn kei-
ner das wüsste in unserer Familie.
I: Wie, wenn keiner das wüsste?
V: Ja, meine Schwester ist Arzthelferin, sie WEISS es. Also-
```

Ausschlaggebend ist, unmittelbar und auch unter Verzicht auf das Medium ein Informationsbedürfnis zu stillen, mit dem der „Auftrag" der Schule erledigt werden kann. Indem sie die „Bücherei" akzentuiert, verdeutlicht sich, dass in Bezug auf den Quellenort keine eindeutige Hierarchie erkennbar ist zwischen einem traditionellen und seinen diesbezüglichen Möglichkeiten und einem digitalen. Vanessas Orientierung an einem selektiven Pragmatismus der Mediennutzung verbindet sich hier mit einer Einreihung der Medien und ihrer Optionen in solche Möglichkeiten, sich *anderer* Mittler – konventioneller Medien und Menschen – zu bedienen. Bezüglich letzterer greift sie etwa auf inkorporiertes Wissen eines Familienmitgliedes zurück; dieser Weg erscheint zudem praktischer, da die „Schwester" über das benötigte Fachwissen verfügt. Der Gang ins Internet ist zwar möglich („würde ich auch (...) gehen"), muss sich aber auch vor dem Hintergrund anderer Bezüge als sinnvoll erweisen. Das digitale Medium ist hier zwar nicht unbedingt zweite Wahl, seine Möglichkeiten bleiben aber in Vanessas Orientierung tendenziell hinter solchen Möglichkeiten zurück, die ihr ein sozial-kommunikatives Austauschgeschehen bieten können.

Diese Orientierung an Medien als Möglichkeit, welche an den augenblicklichen und subjektiven Mehrwert gebunden ist, zeigt sich weiter darin, dass eine Erweiterung ihrer derzeitigen Computermedienpraxis für Vanessa momentan keine Relevanz hat („ ((seufzt)) Oh, na ja (2), jetzt so spontan fällt mir nichts ein (2)", 270); auch sind ihr Möglichkeiten, nähere Einblicke in computerbezogene Umgangsmöglichkeiten jenseits der ihr aktuell bekannten zu nehmen, kaum bedeutsam – hier muss sie lange überlegen, ob ihr etwas einfällt („(5) Nein, eigentlich bis JETZT noch nicht", 272). Gleichzeitig konzediert sie die Universalität von PC-Kenntnissen, etwa im Kontext einer arbeitsbezogenen Zeitersparnis, und spricht sie sich selbst eine generelle Nutzungskompetenz zu:

```
(253)
V: Ich denke mal eigentlich ist es SCHON wichtig. Dass es wich-
tig ist, weil ich ja auch vielleicht was mit Computern machen
will. Und weil ich damit ja auch sehr gut klar komme. Und weil
ich denke dass es irgendwie vielleicht auch SCHNELLER geht.
Weil in JEDEM Beruf braucht man ja irgendwie Computer und- also
denke ich mal. Und ohne Computer würde man (2) vielleicht ein
bisschen dumm da stehen ((lacht)).
```

Das Bewusstsein, mit dem Computer bereits „sehr gut" klar zu kommen, verbindet sich hier mit der Vorstellung, dieses Können in Relation zu einer berufsbiographisch ausgerichteten Perspektive einzusetzen. Während sie die Arbeitswelt als grundlegend computerisiert ansieht, argumentiert Vanessa, dass der Computer kein Objekt darstellt, das erweiternde oder ermöglichende Potenziale hat, derer man sich bedienen sollte, sondern dass *ohne* dieses Objekt die Rationalität der Berufssphäre nicht funktioniert, weswegen „man" „ohne Computer" dort auch handlungsunfähig wäre. Durch ihre Wortwahl „dumm da stehen" wird deutlich, dass es ihr um die Verinnerlichung einer generellen Erwartungshaltung geht, *dass* man den Computer braucht, obgleich der konkrete Einsatz und ein entsprechendes Wissen kontingent sind. Insofern artikuliert sie hier das Erfordernis einer pragmatischen Grundkompetenz, wobei die Verfügung über Computerwissen für sie kein Selbstzweck ist.

Während sie einerseits noch keine klare berufsbiographische Perspektive für sich sieht („also ich schwanke noch", 255) würde sie am liebsten „was mit Medizin so was" (260) machen, sieht bezüglich dessen aber die Hürde, dass dafür ein formal höherer Bildungsgang erforderlich ist („da müsste ich studieren ((lacht))", 260). Dennoch vermittelt sie letzteres als einen Selbstverwirklichungsgedanken, der sich, wenn auch formal schwierig umzusetzen, auf das Verstehen eines humanen Zusammenhanges richtet („zu sehen, woran die Menschen gestorben sind oder so. Das interessiert mich halt", 262). Verknüpft sie diesen Zukunftsentwurf an ein subjektives Interesse, erzählt sie einen alternativen als gebunden an einen situativen Einblick in die Berufssphäre: So kann sie sich als Beruf auch „Anwaltsgehilfin" (263) vorstellen, weil sie derzeit auch ein „Praktikum da, beim Anwalt" (263) absolviert.

Daraufhin spielt sie verschiedene Optionen der Computerverwendung in den von ihr vorgestellten Wunschberufen durch. Als Gemeinsamkeit kennzeichnet sie dabei, dass es sich bei dem Erfordernis von Computerkenntnissen um eine notwendige Erscheinung handelt, die sich vor allem über einen zweckrationalen Anwendungsbezug legitimiert: Weil man die entsprechenden Kenntnisse gemäß einer Anforderung wirklich *braucht*: Im Beruf der Anwaltsgehilfin veranschlagt sie Computerkenntnisse als „SEHR wichtig, weil, was ich da gesehen habe, die sind da ja NUR an ihrem Computer. Und schreiben da alles irgendwie nur mit. Ich glaube das braucht man da sehr viel" (266). Bezüglich einer Arbeit im medizinischen Sektor hingegen relativiert sie Computerkenntnisse tendenziell:

```
(268)
V: Ich glaube nicht, weil ich glaube da bräuchte ich eher
Kenntnisse über die Menschen. Und über die Krankheiten und so
was. Ich meine dass kann ich zwar auch im Internet oder im-
auch NACHsehen, aber das ist schon besser wenn man das weiß.
Und irgendwie in so Büchern stehen hat. Ich glaube DA ist dann
der Computer nicht SO WICHTIG. Also so ein bisschen vielleicht
irgendwie zum Identifizieren von irgendwelchen Leute oder so.
```

Anders als bei der Büroarbeit unterstützen Computer die medizinische Berufspraxis nur situativ, besser noch wäre, wenn Wissen, zumal bezüglich eines Humanzusammenhanges, inkorporiert oder auf traditionelle Weise in Printform verobjektiviert sei. Computerwissen und Computerhandeln müssen hier situationsadäquat und subjektiv sinnvoll sein. Ein Zugriff auf das Medium ist kein Selbstzweck, hat keinen Vorrang vor konventionellen Wissens- und Handlungsbezügen und muss sich auf seine Stimmigkeit mit dem zu erfüllenden Handlungsziel befragen lassen. Insofern orientiert sich Vanessa erneut am Prinzip einer situativen Perspektive, aus der heraus sich ein Mehrwert einer Computerverwendung aus einem unmittelbaren Verwendungszusammenhang ergibt. Die Relevanz des Computermediums bemisst sich an seiner erkannten Funktion zur praktischen Bewältigung von Aufgaben, auf die, je nach Kontext, verzichtet werden kann.

6.1.4 Selbstbehauptung und affirmative Einordnung

Bei den Mädchen mit türkischem Migrationshintergrund lassen sich Orientierungen zur Mediennutzung rekonstruieren, die sich darin ähneln, dass sie übergreifend Prinzipien von Selbstbehauptung und affirmativer Einordnung zeigen.

<u>Sunay</u> ist 15 Jahre alt und das älteste von drei Geschwistern. Sie hat eine drei Jahre alte Schwester und einen 14-jährigen Bruder. Ihr Vater stammt aus einer türkischen Großstadt, ihre Mutter ist in einer Kleinstadt geboren, beide leben seit über 20 Jahren in Deutschland. Von Beruf ist ihr Vater LKW-Fahrer, die Mutter Hausfrau. Sunay gibt als Hobbies „ins Café gehen", „einkaufen mit Freundinnen" und „Hello Kitty" an. Sie berichtet, einen großen Freundinnenkreis zu haben, sich ständig zu treffen und unterwegs zu sein. Sunay selbst hatte sich bei ihrem Klassenlehrer dafür stark gemacht, für das Interview eine Freistunde zu bekommen und sich damit durchgesetzt. Insgesamt wirkt sie bei unserem Treffen sehr offen und entspannt. Sie trägt lange schwarze Locken und ist sportlich-schick gekleidet. Als ich sie zum Interview in der Schule abhole, verlässt sie das Klassenzimmer unter lautem Johlen der männlichen Mitschüler; bevor wir den Raum verlassen, dreht Sunay sich um und zeigt den Jungen demonstrativ den Mittelfinger. Obwohl sie auf dem Kurzfragebogen angegeben hatte, ein bis dreimal wöchentlich den Computer zu benutzen, sagt sie vor Beginn des Interviews „also Computer benutze

ich wirklich nur Notfall" (7) – dass sie hier offensichtlich mit der eigenen Mediennutzung kokettiert, zeigt sich an einer sich im Interview offenbarenden eher umfänglichen Computerpraxis.

Auf die Eingangsfrage nach ihrer Medienbiographie beginnt Sunay mit der Akzentuierung einer geschlechtsspezifischen Kompetenz- bzw. Wissenshierarchie und einer nahezu vollständige Abhängigkeit vom Funktionieren der Technik:

```
(16)
S: Das war, also meine Eltern haben uns einen Computer gekauft.
Und dann habe ich dann halt durch meinen Bruder, der hat halt
MEHR Ahnung als ich ((lacht)), der kennt sich mit dem Computer
BESSER aus, und dann hat das so langsam mit schulischen Sachen
angefangen. Und dann bin ich halt auch öfters ins Internet ge-
gangen. Habe, auch wegen schulischen Sachen auch was nachge-
guckt. So bei google zum Beispiel. Und dann war ich immer so
Chatten, und halt das war auch unterschiedlich. Aber jetzt ist
mein Computer kaputt ((lacht)), und ich kann GAR nix mehr dran
machen ((lacht)).
```

Männliche Expertise und eine intakte technische Infrastruktur erscheinen als voraussetzende und begleitende Einflussgrößen ihrer eigenen Medienverwendung. Es deutet sich ein eher technikferner Habitus an, in dem Computertechnik männlich konnotiert ist und die eigene Medienpraxis innerhalb einer davon abgegrenzten Sphäre erfolgt. Diese *Sphärentrennung* wird Sunay an späterer Stelle aufgreifen, an der sie davon spricht, Computer seien aus ihrer Sicht ohnehin „mehr so Jungssache" (242). Hier ist zunächst entscheidend, dass sie sich als tendenziell nicht-zuständig für technische Fragen erklärt, sondern ihr Handeln in Abhängigkeit von Rahmenbedingungen artikuliert: Ihr Medienumgang erscheint als etwas, was durch heteronome Bedingungsfaktoren ermöglicht wird, ebenso aber auch als Feld, auf dem sie im Sinne funktionaler und kommunikativer Verwendungsszenarien aktiv ist. Sie entwirft sich einerseits als handlungskompetent, andererseits als – angesichts des momentanen Computerausfalls – maximal handlungsunfähig; die Thematisierung eines eigenen Könnens und die Beschränkung dieses Könnens stehen sich hier gegenüber.

Dass sie sich gegenüber der Medientechnik tendenziell als nicht-zuständig zu erkennen gibt – siehe hierzu auch Abschnitt 6.3.4 – steht allerdings nicht entgegen, sich eine überaus selbstbewusste Herangehensweise an das Computer*medium* zu bescheinigen:

```
(32)
S: Das ist eigentlich ganz leicht. Man MACHT es halt, okay
manchmal macht man eben auch mal ein paar Fehler, aber dann
lernt man eben daraus. Und das ist ja eigentlich ganz leicht
mit dem Computer umzugehen. Weiß nicht, also wenn man so ein
bisschen ein Gefühl dafür hat und (2) WEISS wie man damit um-
geht, dann ist eigentlich ganz leicht. Ja. Naja, klar UND durch
meinen Bruder, UND durch seine Freunde. Die haben mir das halt
öfters gezeigt.
```

Nicht nur ihre Zugangsweise an das Medium, sondern der Computer insgesamt erscheint als keine wirkliche Schwierigkeit, im Gegenteil. Sich selber das Verursachen von „Fehlern" zuerkennend, aus denen „man" als generalisierter Nutzer der Medien dann eben „lernt" vermittelt sie sich als beharrlich und artikuliert ihre Zugangsweise als selbstbewusst und unbeirrt. Durch die Beschreibung ihres Lernprozesses wird sie als jemand kenntlich, der sich beim Auftreten von Problemen oder Irrtümern nicht entmutigen lässt, sondern vielmehr gestärkt daraus hervorgeht. Das prinzipielle sich Zueigenmachen des Mediums vermittelt sie weiterhin entlang einer emotionalen Intuition („Gefühl") sowie einem damit zusammenhängenden Wissen und sieht sich in diesem Rahmen als durchaus als fähig, das Medium zu benutzen. Sie beschreibt sich auf subjektive Art und Weise als handlungswirksam, bindet ihr Können wiederum auch betont („klar", „öfters") an eine Ressource in Form männlicher Personen. Übergreifend zeigt sich Sunay als eigenmächtig und kompetent, achtet aber gleichzeitig sehr darauf, als durch andere ermächtigt zu erscheinen. Es ist ihr positiver Gegenhorizont, eine Selbsthandlungsfähigkeit anzuzeigen, die zugleich einen einordnenden Bezug aufweist. Auch weiterhin erscheinen das Wissen bzw. die Erfahrung Anderer als gewichtigen Faktor ihrer eigenen Handlungsbefähigung:

```
(37)
S: Na ja, wie das überhaupt angeht, am Anfang, und dann wie ich
in die einzelnen Programme reinkomme halt. Ja (2) So eigent-
lich. // I: Mhm // S: Und mein Bruder, DER kann es durch seine
Freunde, weil sein Freund hat einen Computerkurs belegt. Und da
hat er das dann halt gelernt.
I: Und wie ist das mit dem Internet, wie hast du da so [ge-
lernt-]
S: [Da war] ein Bekannter bei uns, der kennt sich mit dem Com-
puter ganz gut aus. Der hat das auch für uns installiert, also
den Internetanschluss gemacht. Und, dann hat er mir halt auch
alles beigebracht, wie das geht. Und, dass ich da keinen Virus
reinkriege, und halt keine Fehler. Und wegen Virus so eine Kar-
te (2) oder so was. Hat er uns auch gegeben, falls ein Virus
mal auftauchen sollte. Durch den habe ich das gelernt, weil der
kennt sich mit dem Computer auch gut aus, der hat unseren auch
gemacht. Wir haben es von ihm gekauft. Und er hat unseren Com-
puter auch zusammengebastelt. Also der hat es auch SELBER her-
gestellt.
```

Neben der Akkumulation von Kenntnissen durch ihren Bruder und seine Sozialkontakte (von denen einer sogar ein formales Bildungsangebot belegt hat) sowie der anschließenden Partizipation durch die Schwester orientiert sie sich auch darüber hinaus an einer Fremdexpertise; dabei fällt auf, in welcher beinahe hochachtungsvollen Art sie die Kenntnisse des „Bekannten" wertschätzt, denn sie attestiert ihm Computerexpertise auf gleich mehreren Ebenen: Er hat formales Wissen, ist für den Herstellungs- bzw. Fertigungsprozess zuständig und unterrichtet über die Umgangsweise damit. Wie bereits zuvor positioniert sich Sunay als ermächtigt durch männliches Familienkapital, von dem sie profitiert, indem sie dessen Instruktionen folgt. Sie schildert hier eine Kompetenz, die einer Verinnerlichung von Vorgaben ähnelt und das Befolgen dieser Vorgaben als eine Art Schutz in eigener Sache deutet. Die Teilhabe an den Kenntnissen des „Bekannten" wiederum beschreibt sie als einen Prozess von Demonstration und Übernahme grundsätzlicher Handlungsabläufe, die feststehend sind. Sie wird befähigt, sich gegenüber Computerschwierigkeiten zu erwehren und erhielt sogar ein entsprechendes Tool. Das Computermedium erscheint wie eine Maschine bzw. Automat, welchen man bei Problemen mittels der Anwendung eines erhaltenen Hilfsmittels wieder in den Griff bekommt. Augenfällig ist ihre Aussage, ihr sei beigebracht worden, dass etwas Bestimmtes *nicht* passiert, dass ihr also gezeigt wurde, wie man das Computermedium nutzt und es gleichzeitig fehlerlos bedient. Im Prinzip bestimmt sie damit ihr eigenes Lernen *ex negativo* und als Übernahme von Handlungsvollzügen zu einer schadensfreien Bedienung. Dabei artikuliert sie die Vorgaben anderer als kausalen Einflussfaktor des eigenen Wissens und Handelns, wobei die eigene Handlungsbefähigung in einer abgegrenzten – tendenziell inferioren – Form erscheint, gleichzeitig aber die eigene Befähigung betont wird. Die eigenen Kenntnisse und Fähigkeiten erscheinen als allgemein und im Prinzip nicht weiter hervorhebenswert, vielmehr als *eigene Sphäre*, innerhalb der sie sich als kompetent und souverän beschreibt. Demgegenüber verdeutlicht sie ein exklusives und spezielles Wissen und Können jenseist der eigenen Sphäre. Deutlich wird hier eine Differenz: auf *ihrer* Seite ein einfaches Bedienen-Können durch die Verfügung über ein Wissen bezüglich feststehender Handlungsabläufe, auf der *anderen* Seite (der des männlichen Bekannten) die Produktion bzw. Herstellung und das Ins-Werk-Setzen der technischen Infrastruktur. Damit orientiert sich Sunay an einem Wissenstransfer von der speziellen, ihr heteronom bleibenden, Sphäre in die eigene, und zwar im Modus eines Imitationsgeschehens, das ein Erleben von Ermächtigung und Befähigung mit sich führt.

Der Umgang mit dem Computermedium bedeutet für sie vor diesem Hintergrund ein Vermögen über aus ihrer Sicht leichte Handlungsschritte, die es einzuhalten gilt (etwa das Ein- und Ausschalten oder das Öffnen von Programmen). Eine solche Umgangsweise verortet sie in der ihr zugänglichen Normalität; sie ist Alltagshandeln ohne Besonderungscharakter. Damit spricht sie sich eine eigene Handlungsbefähigung bzw. -autonomie zu, die sich zugleich in ein dichotomes und tendenziell hierarchisches Wissens- und Kompetenzschema verortet. Konzediert wird ein eigenes Können, das zugleich seine Situierung in unterschiedliche Sphären von Handlungsfähigkeiten betont, wobei diese Sphären als stabil vorgestellt werden. Zusammengefasst gesagt orientiert sich Sunay daran, sich einerseits innerhalb vorgegebener Rahmenbedingungen zu lokalisieren, andererseits innerhalb dieser funktional und erfolgreich zu sein.

An Schilderungen zu Schwierigkeiten beim Umgang mit dem Computermedium, die ein grundsätzlicher Bestandteil ihrer PC-Praxis sind („Ja ja, KLAR kenne ich auch. Ist mir auch schon mal passiert", 100), lässt sich dies weiter ausarbeiten:

```
(100)
S: Dass es irgendwie auf einmal STEHEN geblieben ist. Also da
musste ich den Computer noch mal herunterfahren und neu star-
ten. Und, das ist ja AUCH schon aufwändig. Und bleibt der auf
einmal irgendwie STEHEN, und dann dauert es ein bisschen bis er
wieder so normal wird. Und dann, ja, also es ist schon manchmal
stressig also. Auch noch, also wenn man gerade ein Referat
macht, also in was richtig vertieft ist, und dann stürzt der
auf einmal AB, dann kriegt man ja voll die Macke.
I: Ja, mhm, und ja, was passiert dann?
```

S: Ja, dann WARTE ich erstmal, und wenn dann wirklich gar
nichts passiert, dann fahre ich den herunter und dann fange ich
noch mal von vorne an. Ja, das dauert zwar ein bisschen, aber
na ja.
I: *Hast du denn häufiger mal Probleme mit so was?*
S: Na ja das ist mir ÖFTERS passiert, aber dann, nach einer
Zeit ging es wieder. Und dann ging der Computer irgendwann GAR
NICHT an. Dann stand da immer so was, so „Overwrite" oder so
glaube ich, wenn ich den angemacht habe. Und dann, wenn ich
richtig lange dran versucht habe, dann GING der wieder, und na
ja es ist immer unterschiedlich. Also der Computer spinnt auch
manchmal ((lacht)). Ja.

Auf nicht näher benannte Weise erstarrt das Medium und der Vorgang des Wieder in Gang Setzens erfordert Mühe, Zeit und Energie; es dauert, bis sie den vorherigen Zustand wieder vor sich hat und daraus erwächst – zumal in Arbeitssituationen, die mit der Investition von Konzentration verbunden sind – eine nervliche Belastung. Vor allem letzteres stellt Sunay als Höhepunkt in einer Reihe von Schwierigkeiten dar. Das, was beim Umgang mit dem PC schwierig ist, widerfährt ihr einerseits, verlangt ihr einiges ab und bringt sie in eine eher passiv-reaktive Rolle. Andererseits hat sie einen ganz eigenen Modus gefunden, mit den Schwierigkeiten umzugehen. Anstatt sich gewissermaßen davon unterkriegen zu lassen, richtet sie sich entsprechend ein und behauptet sich: Sie arrangiert sich mit den Eigensinnigkeiten der Technik auf ihre Weise, zumal deren Tücken ihr ohnehin unabänderlich scheinen und hingenommen werden müssen. Funktioniert diese normale Handlungsstrategie des gleichförmigen Nichtstun oder Ein- und Ausmachen nicht oder hat kein Ergebnis, dann „spinnt" die Technik. Das Nichtfunktionieren liegt im Gerät. Nicht das eigene Unwissen oder Nicht-Beherrschen sind das Problem, sondern die eigensinnige Logik des Mediums. In dieser Umkehrung dokumentiert sich eine Entlastung und eine Wegführung von eigener Insuffizienz – die Situation wird bearbeitet, indem dem Computermedium Irrationalität zugeschrieben wird. Insofern dreht Sunay hier den Spieß um; sie nimmt eine situative Macht der Technik *über* sie hin und fügt sich ihr beinahe stoisch, andererseits *arrangiert* sie sich damit. Dem Computer wird Macht über das eigene Handeln zugeschrieben, gleichzeitig wird die eigene Unterlegenheit im Modus des Sich-darüber-Erhebens bearbeitet.

Zum Ausdruck kommt darin, wie Sunay ihr eigenes Handeln mit dem Erleben einer Handlungsbegrenzung in Verbindung bringt. Sie positioniert sich als eingebunden in eine Struktur, in der sie das eigene Handeln so ausrichtet, dass es trotz vermeintlichen Ärgernisses über die Struktur Normalität ermöglicht. Während auf diese Weise ein selbstmächtiges Behaupten gegenüber dem Computermedium gelingt, beschreibt sie sich jenseits des Funktionierens normaler Handlungsstrategien partiell als ohnmächtig und angewiesen auf Fremdexpertise, ohne dass ihr dies übermäßig zu einem Problem würde:

(109)
S: Ja, und sonst, da habe ich dann immer meinen Bruder gerufen,
weil DER kennt sich-
I: *Was war denn das?*
S: Also, irgendwie (2) ich weiß nicht, kam so eine Meldung
„wenn Sie jetzt den Computer nicht ausschalten", halt so (2),

äh, „wenn Sie den Computer nicht ausschalten, dann wird was passieren" oder so. Irgendwie so was so, dann wird ein Virus reinkommen glaube ich. Und dann habe ich meinen Bruder schnell gerufen ((lacht)), weil ich war echt in Panik, und dann meinte er, äh, „ja, fahr den jetzt einfach runter, und dann fang noch mal von vorne an". Und das dann- also, da bin ich schon auch in Panik geraten, also da wusste ich überhaupt nicht was ich machen sollte. Aber der hat mir dann weitergeholfen. Und einmal war er NICHT zuhause ((lacht)), da habe ich den einfach ausgemacht, und dann habe ich GEWARTET ((lacht)).

Von der Wahrnehmung eines bevorstehenden Virenbefalls bedroht gerät sie außer Kontrolle und erlangt, das Kommando des Bruders befolgend, Handlungsfähigkeit wieder. Diesem bescheinigt Sunay nicht nur die technische Hoheit über das Problem, sondern schreibt ihm auch zu, ihre Gefühlslage beruhigt zu haben. Sich selbst in der Rolle einer affektiv durcheinander Geratenen bzw. Hilflosen und ihren Bruder als Könner beschreibend erhält sie eine Trennung medienbezogener Kompetenzsphären aufrecht und schreibt sie fort: Ohne Bruder macht sie nicht einfach das Gleiche, sondern verhält sich stattdessen (wieder) passiv. Es wird von ihr keine Gleichrangigkeit angestrebt, sondern die Ungleichheit im Umgang mit dem Medium (emotional/panisch versus kompetent/ruhig) wird reproduziert, ein wahrgenommenes Kompetenzgefälle stabilisiert und die Herstellung eigener Handlungsfähigkeit in Abhängigkeit von und Einbindung in eine dichotome Zugangsweise zum Computermedium erklärt. Insofern entwirft Sunay zwei Arten von Handlungsfähigkeiten: Eine männliche, der ein aktiver Part zukommt und eine weiblich, welcher eine Unsicherheit eingeschrieben ist und die im Zweifelsfall vom männlichen Part abhängig ist. In der Art und Weise, wie sie hier das Wiedererlangen von Handlungsfähigkeit durch Inanspruchnahme von Fremdexpertise und die die Befreiung aus einer Problemlage entlang einer Affirmation eines geschlechtsrollenförmigen Wissens- und Kompetenzgefälles schildert, dokumentiert sich eine Art zweiseitiger Habitus: Sich einerseits nicht einschüchtern zu lassen, sich andererseits aber wiederum an einem traditionellen Schema festzuhalten und sich in dieses einzuordnen.

Anzeichen einer solchen Behauptung ihres Selbst und die Demonstration einer eigenen Handlungsautonomie, die eng mit einer schematischen Einordnung verbunden sind, zeigen sich weiter, als Sunay von der, eher zufälligen, Rezeption eines Online-Intelligenztests erzählt:

(91)
S: Ich habe mal einen IQ-Test gemacht ((lacht)). // I: Ach ((lacht)) // S: Ja, also da kam irgendwie 100 raus oder irgendwie so was, ich weiß nicht mehr so genau.
I: Wo hast du denn den gemacht, weißt du das noch?
S: Ja, das war (2) also ich bin gerade ins Internet rein gegangen. Und dann kann da halt die Google-Seite. Und dann stand da „möchten Sie einen IQ-Test machen?" Und dann habe ich das halt angeklickt, und dann kamen da ganz viele Fragen. Das hab ich mit einer Freundin gemacht. Und dann, irgendwann hatten wir aber keine Lust mehr, weil es sind fast ((lacht)), also immer die gleichen Fragen fast gekommen. Und am Ende hatten wir irgendwie 100, oder so was in der Richtung. Und dann meinten wir

„na ist ja nicht SO SCHLIMM" ((lacht)), ist wohl durchschnittlich.

Geschildert wird eine spaßhafte Verwendung eines Messinstruments zur personenbezogenen Einordnung bzw. Selbstverortung innerhalb einer Gesamtgröße. Über dieses Instrument wird sich von Sunay erhoben – das Ganze ist im Prinzip monoton und gleich bleibend. Anderseits wird das von ihr ausprobierte Selbstverortungsverfahren affirmiert. Es ist nicht „SO SCHLIMM", wenn die Freundinnen das Resultat erfahren, ihre Leistung sei offenkundig „durchschnittlich". Ein Akt des Sich-Vermessen-Lassens mithilfe eines an standardisierte Verfahren angelehnten Instruments zur Ermittlung einer Kenngröße zur Bewertung eines Leistungsvermögens wird spielerisch ausprobiert, verspottet und im selben Moment als normales Bewertungsmuster präsentiert. So unterwerfen sich die Freundinnen hier einer Fremdattribution, verlachen deren Resultat, das heißt erheben sich darüber, machen sich diese Fremdbewertung aber gleichzeitig auch zu eigen. Sie akzeptieren das Resultat und behaupten sich selber, in dem die Rückmeldung, Durchschnitt zu sein, zu einem selbststabilisierenden und tröstenden Akt unter Freundinnen wird. Die kategoriale Einordnung wird auf diese Weise für gültig erklärt und als solche nicht angetastet, stattdessen ins eigene Selbstkonzept bzw. Selbstbild übernommen und zugleich eigene Integrität bewahrt.

Eine solche habituelle Bewahrung der eigenen Integrität trotz vermeintlicher Insuffizienz zeigt sich auch bei Sunays Mediennutzung für die Schule. Auch hier dokumentiert sich, wie wechselseitig eine eigene Handlungsfähigkeit demonstriert wird, die zugleich auf eine Einbindung in die diese Handlungsfähigkeit bedingende Struktur verweist:

```
(144)
S: Also zum Beispiel Hausaufgaben. Jetzt für BO brauchen wir
das auch. Und das gute ist, da ist ja auch gleich diese Recht-
schreibkorrektur gleich mit drinne. Und dann mache ich das AUCH
manchmal. Und, ja was mache ich noch? Ach ja, wir haben ja En-
carta. Das ist so ein Programm. Und dann gucke ich mir da halt-
da gibt's auch was über Referate, in Geschichte und so. //
I: Was ist das genau? // S: Also, das ist ganz unterschiedlich,
da gibt's ganz viele unterschiedliche Sachen. Halt so, zum Bei-
spiel (3) Gitarren, wo die herstammen damals. Und dann, über
einzelne Personen auch, zum Beispiel Friedrich Wilhelm den
Zweiten. Zeigen die dann auch ganz viele Informationen, ist
schon interessant. Aber ich habe die CD jetzt verloren
((lacht)). Da muss ich mir jetzt eine neue besorgen. // I: Mhm,
was war das [nochmal]? // S: [Das] hat mein Bruder von seinem
Freund bekommen. Das muss man glaube ich, also die zeigen das
auch manchmal, wenn man www.encarta.de eingibt, dann muss man
das erst mal runterladen. Also nee, nicht runterladen, sondern
(2) auf eine Festplatte oder so, irgendwie so was. Und dann,
ja, hat man das irgendwie auf einer CD. Also ist eigentlich
ganz leicht. Also Encarta ist besser jetzt als Google eigent-
lich. Weil dann findet man dann auch was man haben will. Weil,
da sind dann auch mehr Informationen drin.
```

Mit dem Verweis auf die computerbedingte Erleichterung der Hausaufgaben, den Vorteilen der automatischen Fehlerkorrektur und der Erschließung unterschiedlicher Wissensgebiete (von Musikinstrumenten bis hin zu historischen Persönlichkeiten) positioniert sich Sunay als ehrgeizige Schülerin, die lernwillig und bildungsbereit das Computermedium als Hilfsmittel zum Zweck des schulischen Mitkommens und zur Gestaltung von Lernprozessen einsetzt. Gleichzeitig thematisiert sie, der dazu notwendigen Materialisierung verlustig gegangen zu sein. Deutlich wird dabei ihr Orientierung an einem Vermögen, das seine eigene Begrenzung mit thematisiert und kommunikativ durch Selbstbewusstsein bearbeitet. Hierbei zeigt sich erneut, dass sie objektiv gesehen vom Vorhandensein und vom Funktionieren der Technik abhängig ist und signalisiert, dass sie in diesem Bereich kaum über hinreichend eigene Handlungsmacht und Wissensbestände verfügt: Wie die Enzyklopädie nun auf den Computer kommt und damit nutzbar wird – das heißt der Prozess der technischen Materialisierung – ist ihr opak, die Nutzung hingegen erscheint ihr „ganz leicht" und sogar vorteilhaft gegenüber einer Suchmaschine. Anstatt auf einer technisch-formalen Ebene fokussiert sie damit ihre tatsächliche Nutzung auf einer inhaltlichen Ebene, etwa der Informationsrecherche. In den Mittelpunkt rückt dadurch ihre Lernwilligkeit und Bildungsbereitschaft – begrenzt durch beschränktes Funktionswissen –, die innerhalb eines Rahmens verbleibt, was durch Wissensbestände anderer ermöglicht wird.

Ähnlich wie Derya vermittelt auch Sunay: sind die Rahmenbedingungen zur Mediennutzung gegeben und stabil vorhanden, beschreibt sie sich als aktiv. Sie macht dabei eine Verwiesenheit auf die das eigene Handeln ermöglichenden Rahmenbedingungen deutlich, gegenüber denen eine Abhängigkeit besteht. Erkennen lässt sich daran eine Einbindung in einen pränormierten Handlungsrahmen, innerhalb dessen sie aber selbstbewusst agiert; etwa partizipiert sie an der Medienkompetenz des Bruders, nutzt das Medium auf ihre Weise und bindet sich gleichzeitig an die technische Expertise anderer. Dass sie überaus aktiv, zielgerichtet und funktional mit Medien umgeht und dies gleichzeitig in einen Rahmen stellt, der geprägt ist durch unterstützende, vor allem familiäre Bedingungen, dokumentiert sich auch in einer Passage zum Referat über eine „türkische Sängerin" (120). Sie vermittelt sich darin als *ehrgeizig* und *ausdauernd* („das hat wirklich lange gedauert, bis ich was über sie gefunden habe. Weil auf türkisch gibt's ja nicht so viel", 121) und zugleich abhängig von familiärem Bildungskapital („dann habe ich halt voll lange geguckt, und dann habe mir halt einen Texte angeschaut, da steht alles auf türkisch und ich dann halt so ‚Mama, Hilfe', dann hat sie mir alles übersetzt noch mal so richtig", 122). Auch hierin dokumentiert sich eine Lernwilligkeit und Bildungsbereitschaft, die begrenzt durch beschränktes Wissen gekennzeichnet wird und die Abhängigkeit von Wissensbeständen anderer *und* eine eigene Durchsetzungsfähigkeit miteinander verbindet.

Inwiefern Sunay Aspekte von Beschränkung *und* Handlungsfähigkeit miteinander verbindet, zeigt sich, als sie der Barriere einer schulbezogenen Computerbenutzung einfach eine soziale Ressource und ein lediglich geringes Erfordernis entgegenstellt:

```
(150)
I: Machst du denn viel für die Schule am Computer?
S: Na ja jetzt nicht mehr. Also- naja also weil er kaputt ist.
Aber wenn ich jetzt UNBEDINGT was brauche, dann gehe ich schon
mal zu einer Freundin. Ja, aber eigentlich AUCH nicht so viel.
Eigentlich brauche ich den Computer jetzt allgemein für die
Schule NUR für Referate. Aber sonst eigentlich NICHT. Weil, die
```

```
Lehrer sagen jetzt auch nicht „ja ihr müsst das jetzt mit dem
Computer machen". Das ist halt immer freiwillig, ob wir mit dem
Computer schreiben wollen oder nicht. Und dann schreibe ich
halt lieber selber.
I: Ach so, Ihr könnt Euch also du kannst dir das aussuchen-
S: Ja ja, genau. Und mit der Hand ist dann halt auch besser
finde ich. // I: Warum? // S: Na ja, wenn jetzt zum Beispiel
jemand aus der Klasse keinen Computer hat, dann muss der ir-
gendwo anders hingehen. Und wenn die Freunde auch nichts haben,
dann halt Internetcafe oder so. Aber Internetcafe ist ja jetzt
AUCH nicht mehr so, weil Internetcafe ist ja jetzt nur noch
auch für Chat und so. Und wenn man halt im Internetcafe unbe-
dingt nachgucken muss, dann muss man halt auch bestimmte
suchen, damit man das dann auch wirklich dann ausdrucken kann.
Weil das geht ja gar nicht überall.
```

Vor allem durch den Redeimport ihrer Lehrer transportiert sich, dass sich Sunay trotz Einschränkung fähig sieht, sich etwa für die Gestaltung von Referaten Zugang zum Computermedium zu verschaffen, obgleich ihr diese Fähigkeit eigentlich nicht explizit abverlangt wird. Während sie einerseits – vor dem Hintergrund der Passage zuvor – die Qualität von medienbedingten Optionen sieht, deren Vorteile bzw. Mehrwert benennt, Interesse signalisiert und verschiedene Anwendungsmöglichkeiten beschreibt, relativiert sie dies nun in der Beschreibung ihrer Quantität: Der heimische Zugang zum Medium ist momentan nicht gegeben und die schulischen Anforderungen ohnehin kontingent. Insofern vermittelt diese Passage das Erleben eines Unvermögens und die Erfahrung eingeschränkter Möglichkeiten bezüglich a) der Beherrschung von, b) dem Zugang zu und c) die Zuständigkeit für die Computertechnik. Diese Situation bearbeitet Sunay mit dem Verweis auf Zwänge, in denen *andere* stecken, weil sie ebenfalls einer Handlungsbeschränkung aufgesessen sind. Mit ihnen – den „have-nots" – solidarisiert sie sich, wodurch sich implizit eine Entlastung von der Unzulänglichkeit der eigenen Medienpraxis transportiert. Hierzu führt sie aus, dass einem Computernutzer bei einem Nicht-Funktionieren oder dem Fehlen einer technischen Infrastruktur vielfältige Barrieren entstünden, die ihn vor fast unlösbare Probleme stellten: Er müsse sich anderer Orte bedienen, welche aber nicht automatisch eine gelingende Mediennutzung garantierten; öffentliche Institutionen seien eher ungeeignet, dort werde nur gechattet oder es gebe nicht immer Möglichkeiten, „ausdrucken" zu können. Das bedeutet: Das Erleben, sich im Falle der Nicht-Verfügbarkeit auf der falschen Seite eines digitalen Grabens wieder zu finden wird von ihr durch ostentative Ablehnung einer schulbezogenen Mediennutzung zugunsten manueller Tätigkeiten bearbeitet.

Auf diese Weise präsentiert sich Sunay als selbstbewusst und es gelingt ihr, trotz Zwängen kommunikativ Handlungsfähigkeit unter Beweis zu stellen, um das eigene Bild – hier: einer lernwilligen und bildungsbereiten Schülerin, die die Anforderungen zu erfüllen weiß – aufrecht zu erhalten. Habituell vermittelt sie sich als einerseits eingebunden in heteronome Rahmenbedingungen, innerhalb der sie jedoch eigenständig und selbstbehauptet erscheint. Ein eigener Handlungsentwurf wird von Sunay in Zusammenhang mit Restriktionen gebracht, die machtvoll erscheinen – diese werden so bearbeitet, dass ihnen das Geltend-Machen von etwas Eigenem entgegengestellt wird.

Ein Dokument dieser Orientierung ist es z. B., wie Sunay ihre Mediennutzung in Verbindung mit der sozialen In-Wert-Setzung ihrer eigenen Fähigkeiten bringt, die von ihr innerhalb eines familienhierarchischen Ordnungsgefüges verortet wird und so die oben bereits angesprochene Sphärentrennung wieder aufnimmt. Geschildert wird von ihr zunächst ein vertrauter, alltäglicher Umgang mit Bildern und symbolischem Material, den sie sowohl selbstverständlich und handlungsroutiniert als auch ehrgeizig sowie kontextübergreifend, für sich selbst und für die Schule, pflegt:

```
(71)
S: Na ja ich gehe halt in google rein, und dann gucke ich mir
Fotos von Sängern an und so. Dann gehe ich halt auf „Bilder",
und dann tippe ich den Namen ein, und dann gucke ich mir die
Bilder halt an. Wenn ich zum Beispiel ein Referat zum Beispiel
machen muss, und dann zum Beispiel kein Poster habe von der
Sängerin oder dem Sänger habe, dann drucke ich das halt aus,
und dann ist das so als Posterformat. Dann benutze ich das dann
halt dafür.
I: Mhm. Welche Sänger interessieren dich denn so zum Beispiel?
S: ((lacht)) Ach, zum Beispiel Ashanti. Jennifer Lopez auch,
und Ja Rule, Usher. Halt ganz unterschiedlich. Und Christina
Aguilera ((lacht)), ja, die finde ich so ziemlich cool. Also
ich habe jetzt keinen FAVORITEN. Aber halt die so interessieren
mich, weil ich will ja später AUCH irgendwas mit Musik machen.
Ja. Und deswegen, mein Vater war ja auch Schlagzeugspieler
((lacht)). Ja, und das hat sich in der Familie so rumgespro-
chen. Und der hat auch viel mit Musik gemacht, und deswegen ha-
be ich die Gabe glaube ich von ihm [((lacht))] // I:
[((lacht))] // S: Und daher will ich das AUCH so durchziehen.
I: Machst du denn in deiner Freizeit auch so Musik?
S: Ja, na ja geht eigentlich ((lacht)), also ich singe vor
Freunden manchmal, also meine Freundin hatte mal Geburtstag,
und da habe ich halt ihr vorgesungen. Meinten alle so „ja los
sing mal" und dann habe ich gesungen, und dann waren die alle
voll ERSTAUNT dass ich so eine gute Stimme halt habe ((lacht)).
Ja und dann, keine Ahnung, dann meinten alle „ja mach doch spä-
ter mal was mit Musik, weil du hast so eine gute Stimme, du
hast Talent". Na ja, mal gucken.
I: Und du willst das jetzt auch richtig machen, oder-
S: Ja, aber mein Vater, weiß ich nicht, der glaube ich der
traut mir das nicht so zu. Weil er hat meine Stimme noch NIE
gehört. Und mein Bruder der wird ja Fußballstar ((lacht)), weil
er jetzt in einer Mannschaft ist. Also mein VATER der wünscht
sich das. Und der fliegt jetzt auch bald nach Türkei, in eine
türkische Mannschaft, und dann kommt er halt vom Training da
zurück. Weil, sein Trainer WILL ja auch unbedingt, weil er ist
Linksfüßler und das ist sehr gut. Er ist sehr begabt. Und, des-
wegen. Mal gucken.
```

In Verbindung mit einer selbstbewussten Zielsetzung werden Medienangebote zu einer strategischen Ressource, auf die zielstrebig zugegriffen wird. So bringt Sunay ihre gegenwärtige Rezeption von Popstars sogar Verbindung mit eigenen Zukunftsambitionen. Das von ihr genannte Feld popkultureller Bezüge vermittelt sie als Inspirationsquelle und Projektionsfläche gleichermaßen, wobei man die Gemeinsamkeit der von ihr aufgezählten „Sänger" darin sehen kann, dass ihnen künstlerischer und kommerzieller Erfolg, ein gesellschaftlicher Aufstieg und die Präsenz auf internationaler Bühne zu eigen ist. Künstlerisch und gesellschaftlich Anerkennung zu finden wird damit implizit zu einem für Sunay erstrebenswerten Lebensmodell von hoher Attraktivität. Zwei Bezugspunkte werden dabei evident, und zwar a) die gegenwärtige Musikszene und b) die Biographie ihres Vaters, die Sunay respektvoll thematisiert: Nicht nur genießt seine frühere Praxis als „Schlagzeugspieler" familienweit Anerkennung, sondern auch ihre eigene Musikalität ist eine „Gabe" von ihm, also etwas Weitergegebenes, das man pflegen, kultivieren oder entfalten kann. Dass sie diesbezüglich von „durchziehen" spricht, deutet an, ein zielorientiertes Vorgehen mit Ehrgeiz und Energie in die Tat umsetzen zu wollen. In Betracht gezogen ist damit, dass Gabe allein nicht ausreicht, sondern dass es Anstrengung erfordert, den von ihr hergestellten Bezug zu gesellschaftlichem Erfolg tatsächlich auch zu realisieren. Diesen von ihr in die Zukunft gerichteten Ehrgeiz stellt sie auf diese Weise quasi genährt von einer familienbiographischen Anlage dar: Die Fähigkeit, einen Lebensentwurf zu realisieren, wird hier in einer Vergangenheit verortet, über die sich zudem achtungsvoll geäußert wird. So sieht sich Sunay als Teil einer familienbiographischen Kontinuität und erklärt das Erreichen eines eigenen Zieles bei gleichzeitig starker Bindung an die Herkunftsfamilie. Auf die diesbezügliche Nachfrage beschreibt sie ihre tatsächliche musikalische Praxis jedoch als eher gering („naja geht") und situiert sie in einen geschlossenen Rahmen unter Freunden; in Gestalt einer Aufführungspraxis bzw. einem szenischen Arrangement in einem sozialen Raum schildert Sunay hier die Artikulation eines eigenen Könnens und die Reaktion, die dies in einem subjektiv relevanten Umfeld hervorruft; im Exponieren auf einer sozialen Bühne wird ihr Gesang erstmals entdeckt und damit wahrgenommen. Ihre Fähigkeit erfährt sie zudem über diese momentane Situation hinaus als wertgeschätzt – es ist die geteilte Meinung der gesamten Zuhörerschaft, sie könne auch über den privaten Rahmen hinaus bestehen und ihr Stimmkapital auch zukünftig in Wert setzen. Sichtbar wird hier eine Praxis unter Gleichaltrigen, verbunden mit dem Aussprechen von Anerkennung und Ermutigung, die Qualität einer Fähigkeit und deren Beherrschung als ausbaufähiges Fundament anzusehen.

Bezüglich der tatsächlichen Umsetzung dieser Gabe berichtet sie ein Erleben, das von einer Differenz bezüglich der sozialen In-Wert-Setzung von Fähigkeiten geprägt ist: Selbst im privaten Kreise Achtung erfahrend, wähnt sie ihren Vater als skeptisch bzw. misstrauisch und erklärt dies kausal mit seiner nichtvorhandenen Kenntnis ihrer Fähigkeiten; beide treten dazu nicht in Kontakt. Ganz anders beim jüngeren Bruder, dessen Ambitionen sie mittels einer Konjunktion anschließt: Sein Karriereprojekt wird vorangetrieben, nicht nur ist er bereits eingebunden („Mannschaft"), sondern wird sogar – mit dem Vater als Förderer – jenseits seines Heimatvereins ein Spezialtraining absolvieren. Anders als bei ihr weiß der Vater um die Begabung des Bruders, wünscht sich dessen erfolgreiche Karriere und eine Position als „Star". Dem Bruder schreibt Sunay dazu eine sozial begehrte, weil exklusive Fähigkeit zu. Bruder und Tochter treffen sich hier in einem Punkt: Sie sind *beide* begabt, während sich Sunay selbst als die familiär Unentdeckte und Nichtgeförderte, ihren Bruder dagegen als mit väterlicher wie öffentlicher Aufmerksamkeit Ausgestatteten beschreibt; bei der Kultivierung dessen „Gabe" wird Aufwand betrieben, in ihn wird investiert. Erkennen lässt sich hier eine Erfahrung der Ungleichheit in der sozialen In-Wert-Setzung von Fähigkeiten bzw. deren Zur-Geltung-Kommen, ohne dass dies von Sunay als ein Zurückbleiben hinter oder eine Benachteiligung gegenüber ihrem Bruder artikuliert wird, sondern viel eher als normaler Ausdruck einer primordialen Verschiedenheit einer geschlechtsrollenförmig geprägten Ordnungsmatrix, in welcher ein auf Unterstützung und Wertschätzung gerichteter intergenerationeller Umgang different ausfällt. Evident wird hier ein Innen-Außen-Schema: Auf der einen Seite eine nach innen gerichtete Sphäre, abgeschirmt und mit privater Anerkennung verbunden; auf der anderen Seite eine nach außen gerichtete, sichtbare und auf gesellschaftlich-öffentliche Anerkennung gerichtete. In diesem Schema findet Sunays eigene Entfaltung gleichsam nach innen gerichtet statt, sie prozessiert im Schatten. Ihren eigenen Erfolg erzielt sie dabei in einem den männlichen Familienangehörigen differenten Rahmen; die Freundinnen erscheinen als soziale Ressource einer eigenen Handlungsdimension, die sich selbst stützt und eine eigene Art von Anerkennungsmechanismen ausbildet. Über die Passage hinweg dokumentiert sich – wie schon bisher – die Demonstration einer eigenen und ehrgeizigen Handlungsfähigkeit, die zugleich in ein hierarchisches Ordnungsschema situiert wird. Einer aus der impliziten familiären Rangordnung resultierenden Begrenzung der eigenen Handlungspraxis, zumindest deren Nicht-Förderung, steht die Errichtung eines eigenen Handlungsfeldes gegenüber – die Begrenzung selbst wird als Ausdruck einer Ordnung gesehen, die als gültig erscheint und der sich gefügt wird.

Orientiert an der Wechselseitigkeit von Affirmation einer familiären Rangordnung und einer eigenen Selbstbehauptung beschreibt sie an anderer Stelle, wie im Sinne eines wenn/dann-Schemas feststehend zu sein scheint, sich bezüglich der eigenen Mediennutzung der Praxis des Vaters unterzuordnen:

```
(129)
I: Erzähl doch nochmal so von zuhause, also-
S: Ja, mein Vater, also. Der ist halt manchmal drinne. Und der
guckt sich dann halt auch so verschiedene, bei ebay so, guckt
er sich dann zum Beispiel Lastwagen- weil mein Vater ist Last-
kraftwagenfahrer, so mit Transporter. Und der guckt sich dann
halt so was an, so was es für Lastkraftwagen gibt zum Beispiel,
ob's gute gibt, und wie viel die kosten. Oder wenn er mal ein
Ersatzteil braucht, dann guckt er da AUCH noch mal vorher nach.
Also mein VATER ist eigentlich oft im Internet drin. Und WENN
er mal drin ist, dann bleibt er auch ganz lange drin. Und meine
Mutter wird dann immer SAUER ((lacht)), weil wir müssen ja AUCH
noch irgendwann mal ran.
I: Ja, weil ich meine, du hast ja gesagt der Computer steht bei
dir im Zimmer. // S: Ja, genau. // I: Und wie ist [das dann] //
S: [Na ja], dann ist der manchmal so bis halb zehn oder so
drinne. Und ich gehe ja normalerweise um halb zehn oder zehn
schon schlafen. Und dann, boah ((lacht)) dann WARTE ich immer.
Und wenn er dann sagt „oh Mann ich will auch mal" und so, „weil
ihr seid ja auch die ganze Zeit drin". Dann sage ich „ja dann
mach wenigstens"- er kommt ja, also manchmal kommt er spät nach
hause manchmal früh, dann sage ich ihm „ja wenn du mal früher
von der Arbeit kommst, dann mach es doch gleich DANACH, und
nicht irgendwie dann erst abends, und dann nicht irgendwie
```

abends, fang dann erst um neun halb zehn an". Weil ich muss ja auch noch Hausaufgaben irgendwann machen. Ja, und so, und der Computer ist ja halt auch auf dem Schreibtisch und so.

Ähnlich wie Zeynep beschreibt auch Sunay eine implizite Vormachtstellung bezüglich der zuhause praktizierten Inanspruchnahme von Räumen; den eigenen Zubettgehrhythmus situativ am Verhalten des Vaters ausrichtend und auf die „Hausaufgaben" wartend, bis der „Schreibtisch" frei ist, wird deutlich: Der Vater behindert *ihr* Lernen, während sie, das zeigt sich in einer weiteren Passage, *sein* Lernen unterstützt. Beispielsweise erklärt sie ihr Bemühen, Wissenslücken des Vaters zu schließen, sodass dieser von ihr profitiert. Während eine gemeinsame Medienpraxis mit dem Vater selten ist („wenn ich mal im Internet bin, dann ist er ja nicht zuhause. Er arbeitet ja", 137), ist ihr wichtig zu beschreiben, dass sie etwas für ihn tut: „Wenn ER halt was nicht versteht, wenn was auf englisch ist, weil bei ihm ja auch manchmal was englisches kommt, dann fragt er mich schon", 139).

Darin bestrebt, in den Vater zu investieren, wird sie zur Ansprechpartnerin in Lern- und Verständnisfragen; parallel zu Zeynep geht es auch hier um ein Zusammenspiel, in dem eine Restriktionen durch ranghöhere Familienmitglieder erlebt wird, denen gegenüber sich gleichzeitig in eine helfende Position begeben wird. So erklärt sich Sunay bereit, Bemühungen für das Familienoberhaupt auf sich zu nehmen, während dies andersherum weit weniger zu gelten scheint: Der Okkupation des eigenen Zimmers, die Einschränkung eines eigenen Raumes steht eine respektvolle Thematisierung des Vaters gegenüber: So schildert Sunay ihren Vater als strategischen und zugleich multiplen Internetnutzer; seine PC-Praxis sei mitunter beruflich orientiert und sie attestiert ihm implizit, er handele vernünftig und richtig im Sinne seines beruflichen Fortkommens. Zwar versucht Sunay, den Vater zu pädagogisieren – er solle seine Internetnutzung zeitlich anders organisieren („mach es doch gleich DANACH, und nicht irgendwie dann erst abends") – und ist bestrebt, dem ihr Aufoktroyierten eine Selbstbestimmung entgegenzusetzen, bleibt aber doch gebunden an seine Dominanzstellung und ist implizit darum bemüht, diese auch zu erklären. Erneut entwirft sie ihre eigene Handlungsfähigkeit in Relation zu faktischen Rahmenbedingungen, die beeinflussen, inwiefern sie eine eigene Mediennutzung geltend machen kann.

Sunays Habitus erscheint vor diesem Hintergrund wiederum von einem Oszillieren geprägt: Sie vermittelt ihr Handeln als von stabilen Macht- und Rollenverteilungen durchwirkt und versucht gleichzeitig, domestizierend zu sein; sie erhebt sich gegen eine implizite Machtordnung, der sich zugleich gebeugt werden muss, präsentiert den eigenen Handlungsraum als von Einschränkungen beeinflusst und zeigt sich zugleich auf gewisse Art als wehrhaft (wenn auch nur versuchsweise und tendenziell erfolglos).

Ein Rückgriff auf diese Orientierung lässt sich auch bei Sunays Erzählungen ihrer Chatpraxis herausarbeiten. Chatten ist eingebettet in eine Handlungspraxis, die vor allem im Kontext einer geschlechtshomogenen Peergroupgeselligkeit stattfindet. Sie entfaltet eine eigene Dynamik, indem sie gemeinsam, im Kreise von Freundinnen, d. h. von Gleichen unter Gleichen, erfolgt und eine gewisse interne Stabilität hat – man geht *zusammen* in Internetcafes, die sich als soziale Räume aktiv angeeignet werden („ich gehe eigentlich, halt wo ich gerade so bin, mit Freunden. Ja, kommt drauf an, manchmal in Wedding, manchmal in Neukölln", 163) und es den Freundinnen ermöglichen, ihren separaten Interessen nachzugehen („so mit Freundinnen, ja, da war ich halt mit Freundinnen da, dann waren wir, also die eine war dann bei myflirt, das ist AUCH so was, und die andere war in einem anderen Chatraum, und ich war in einem anderen. Und dann haben wir auch so ein bisschen so gechattet, 159). Vor allem das Internetcafe ist für Sunay eine von den Eltern unbeobachtete Sphäre („na ja, Internetcafe ist so, da kommen deine Eltern nicht die ganze Zeit rein und lesen was du da schreibst ((lacht))", 161), geeignet, sich den Interventionsversuchen ihrer Eltern zu entziehen. Als solche berichtet sie z. B. davon, dass ihre Eltern zuhause nicht nur unangemeldet ihr Zimmer betreten, damit der Chat abgebrochen wird („die kommen halt rein, und dann sagen sie ‚so, das reicht langsam'. Also meine Mutter meistens"), sondern auch um ihre Privatgespräche zu beenden („auch beim Telefonieren und so, wenn ich mit meinen Freundinnen rede, sagt sie so ‚komm das reicht langsam'" (173).

Dennoch relativiert sie die elterlichen Interventionen, etwa, indem sie eine Bloßstellung durch die Mutter mit dem Vorhandensein eines Vertrauensverhältnisses zu ihren Eltern in Zusammenhang bringt:

```
(167)
S: Na ja mein Vater kommt jetzt nicht, aber meine MUTTER. Ja,
dann sagt sie „ja, was schreibst du denn da schon wieder" und
so. Und dann sage ich „ja ich rede halt nur mit denen, ich
KENNE die ja auch" und so. Damit ich mich schnell RAUSreden
kann ((lacht)). Aber, im Allgemeinen sagt sie da nichts, weil
sie vertraut mir ja auch. Und mein Vater auch. Und ich sage de-
nen ja eigentlich auch fast alles.
```

Durch diese Artikulation einer Reglementierung *und* einer Offenheit wirkt Sunay ambivalent: Zum einen ist sie an einer eigenbestimmten Mediennutzungsform interessiert und geht dieser auch nach, zugleich merkt sie aber, dass dies die Perspektive der Eltern verletzt. Das Erleben einer freiheitlichen Nutzungsform der Medien vermittelt sich hier in Komplementarität mit dem Sich-Fügen in eine Machtstruktur; die Erfahrung von Kontrolle und Disziplinierung scheint hier mit Referenz auf eine Familiengemeinsamkeit neutralisiert. Deutlich wird weiter, wie Sunay durch die Erwartungshaltungen ihrer Eltern beherrscht scheint, dieses Beherrschtwerden aber so habitualisiert, dass sie dadurch selber in eine starke Position gerät. Mitunter argumentiert sie selbst überaus normativ: Selbstbewusst bescheinigt sie sich etwa, inwiefern ihre eigene Mediennutzung von einer Art *Ethos* geprägt ist; beinahe beflissen erklärt sie, dass sie der Computer im Prinzip vom Nachgehen von Erledigungen abhalte und limitiere ihre Beschäftigung mit Verweis darauf, sie verhalte sich normgerecht:

```
(171)
S: Man KANN es ja auch übertreiben. Und ich bin ja jetzt auch
nicht so ein Computerfreak. Weil, also- ich bleibe meistens
nicht länger als eine Stunde oder so drinne, und das reicht ja
dann auch. Man hat ja auch noch andere Sachen zu erledigen
((lacht)).
```

Ein solches Ethos scheint in einer Erzählung wieder auf, die die Reglementierung und Konformisierung der Mediennutzung im Kreis von Freundinnen thematisiert. Auch hier geht es darum, sich anhand der Mediennutzung Freiraum zu verschaffen und den eigenen Interessen nachzugehen, wobei dieser Freiraum zugleich in Komplementarität mit der Einhaltung eines normativen Verhaltensschemas gebracht wird. So wird von Sunay in der folgenden Passage ein Handlungsrahmen beschrieben, in dem derjenige, der sich über die Maßen Freiheit zugesteht, nicht nur reglementiert, sondern auch performativ bestraft wird:

```
(184)
S: Ja wir sind halt manchmal zusammen Internet drinne. Und dann
regen wir uns halt über die eine auf ((lacht)), und dann macht
die ganz ANDERE Sachen, dann sagen wir „komm' lass uns jetzt
mal rausgehen", weil irgendwie ist es noch Nachmittag. Dann
sagt sie „ja ich bin gleich fertig" und so. Und dann dauert es
halt doch manchmal DOCH länger. Und dann machen wir ihr den
Computer einfach aus, dann wird sie sauer ((lacht)), ja und- //
I: Was macht ihr denn wenn ihr zusammen im [Internet seid] //
S: [Na ja die eine], die chattet dann halt auch meistens, bei
MSN, diesem Messanger, mit Freunden oder Bekannten, mit ihrem
Cousin und so. Aber im Allgemeinen, na ja, wir sagen dann meistens „so das reicht jetzt langsam" weil wir wollen dann auch
mal zum Ende kommen. Und die Mutter wird dann AUCH manchmal
sauer. Dann sagt sie zu ihrer Tochter „ja was soll denn das?
Kommt sie jetzt nur zu uns, um ihre Beziehungen da im Chat zu
regeln?" Aber sonst, ist eigentlich alles ganz normal.
```

Gegenüber demjenigen Mädchen aus der peergroup, das aus einem normativen Verhaltensschema ausschert, begeben sich die Freundinnen in eine Position, die in Sunays Schilderung fast sittlichem Charakter annimmt. Die „eine" nimmt sich nach Sunay gewissermaßen etwas *heraus*, missachtet die Mahnungen der anderen, sich vom Computer abzuwenden und wird letztlich kurzerhand zur Räson gebracht. Die Formulierungen, die sie untereinander benutzen und mit denen Sunay sich und ihre Freundinnen zitiert, entsprechen dabei (siehe oben) wortgleich der Disziplinierung durch ihre Mutter („so das reicht jetzt langsam"). Weiterhin hat das Ganze beinahe einen moralisierend-pädagogisierenden Unterton, erinnert die Phrase „wir wollen dann auch mal zum Ende kommen" nicht zuletzt an die Worte einer Erzieherin/Lehrerin zur Beendigung einer Aktivität. Zudem wissen sich die ermahnenden Freundinnen offenbar auf einer Linie mit der Mutter derjenigen Freundin, bei der sich die Szene abspielt: Die Mutter wird zum Komplizen der Freundinnen, das Verhalten des Mädchens anzuprangern; ein Verhalten, das sich – um einen altmodischen Begriff zu gebrauchen – nicht geziemt: Die Freundin hat es überreizt, ihr Computerbeschäftigung dauerte am Ende „doch länger", ganz so, als würde der Besuch bei einer anderen Familie dazu ausgenutzt, einem egoistischen Interesse an der Online-Kontaktpflege nachzugehen. So fordert Sunay hier ein Handlungsmuster ein, das solche Grenzen zu beachten hat, die aus einer Einordnung unter bestimmte Verpflichtungen heraus erwachsen.

Hier taucht im Übrigen ein Motiv auf, das in Abschnitt 6.2.4 weiter ausgearbeitet wird: Dass übermäßiger Medienkonsum Sunay als verwerflich gilt, weil er der Einhaltung implizit normativer Verhaltensstandards zuwiderläuft. Insgesamt zeigt die obige Passage auf erhellende Weise, wie eine Orientierung an Imperativen, sich nicht ungebührlich zu verhalten und gegen einen Verhaltenskodex zu verstoßen, augenscheinlich in die Mädchengruppe hinein verlagert wird. Die Nutzung von Medien zum Verfolgen einer eigenen Zielsetzung wird in Verbindung gebracht mit der Unterordnung unter das Gebot einer Gruppenkonformität und in diesem Sinne gehen die Mädchen durchaus disziplinarisch und rigide miteinander um. Bestätigung findet diese Lesart am Ende, wo Sunay sagt, sonst sei „eigentlich alles ganz normal" – normal ist es demnach, sich nicht über Mahnungen hinwegzusetzen, sich aneinander zu orientieren und die Gebote der anderen zu befolgen – sich mit anderen Worten in ein implizites Schema aus kollektiv-hierarchischen Normen einzugliedern.

Auch an der Art und Weise, wie Sunay ihre weiteren eigenen Chaterfahrungen thematisiert, lässt sich nachvollziehen, inwiefern sie bestrebt ist, eine starke Position zu erringen, die zugleich vom Befolgen eines Ordnungsschemas zeugt. Während Chatten, wie bereits gezeigt, ein fester und unhinterfragter Bestandteil der Peergroupgeselligkeit ist, bringt Sunay gegenüber den Möglichkeiten der Online-Kommunikation selbst eine normative Einschränkung hervor:

```
(49)
S: Wenn ich bei Freunden bin, oder die bei mir, dann gehen wir
halt ins Internet. Und, ja bei Messenger, KENNEN sie bestimmt
oder?
I: Nein kenne ich nicht, was ist denn das?
S: NEIN? Na ja das ist so eine Emailadresse. Macht man sich ei-
ne Emailadresse halt. Und dann chattet man halt mit seinen
Freunden oder mit Bekannten, so Leuten halt. Aus Libanon (1)
oder aus Türkei oder so. Kann man sich dann mit denen selber so
unterhalten. Und, ja, und dann gibt's auch noch so andere (2)
Chaträume. Wo man auch, chatten kann irgendwie. Das ist eigent-
lich ganz cool ((lacht)), ja.
I: Ach so (1). Mhm, also das machst du [gerne].
S: [Ja, es] GEHT, aber ich TREFFE mich dann auch nicht mit den-
jenigen. Das ist mir viel zu riskant.
I: Wie meinst du das?
S: Na ja, also keine AHNUNG, vielleicht ist das gar nicht mein
TYP, der aus dem Chat. Und ich WEISS nicht, also ich finde so-
wieso, man sollte sich auch gar nicht einem vom Chat treffen
irgendwie. Weil, auf der Strasse gibt's GENÜGEND Jungs
((lacht)). Na ja, ist eigentlich schon so.
```

Während sie einerseits betont, wie sie innerhalb des durch den Chat realisierbaren kommunikativen Geschehens einen aktiven Part einnimmt und sich die Potenziale einer unter anderem Grenzen überschreitenden Unterhaltung zunutze macht, die ihr durchaus attraktiv erscheinen, hebt sie andererseits hervor, es kommt von ihrer Seite aus zu keiner realweltlichen Verabredung mit einem Chatpartner. Dem Geltend-Machen eines freiheitlich-selbstbestimmten Mediengebrauchs steht die vorauseilende Subordination unter ein normatives Verhaltensschema gegenüber; das Nutzen von Möglichkeiten, sich auf grenzüberschreitende Weise zu „unterhalten", wird konzediert, sich zugleich das Einhalten einer Grenze attribuiert. Dass sie dazu begrifflich auf *Risiko* abstellt, deutet darauf hin, dass sie „Treffen" mit einem Wagnis ohne abschätzbare Folgen und ohne Gewährleistung von Sicherheit assoziiert. Denken ließe sich z. B., bei einem Treffen in ein Machtgefälle zu geraten, in dem man sie als Schwächere einem distanzlosen oder übergriffigen Verhalten ausgesetzt wäre. Sunays Erläuterung gegenüber dem Interviewer nimmt jedoch eine gänzlich andere Wendung: „Riskant" ist in ihrer Darstellung, dass der Partner den eigenen Geschmack verfehle („gar nicht mein Typ"). Was zunächst wie eine Gefahr anmutete, wird zur Frage eines personenbezogenen Gefallens bzw. Nicht-Gefallens erklärt, über die allein *sie* entscheidet. Die Verhältnisse kehren sich um: Aus der Angst, sich mit einem Unbekannten einzulassen, wird das selbstbewusste Geltendmachen eigener Geschmackskriterien. Dem folgt eine apodiktische anmutende Feststellung, die Sunay zudem generalisiert – vom Kontakt mit „einem vom Chat" sollte „sowieso" abgesehen werden. Wenn es aber im Prinzip darum geht, bei einem Treffen festzustellen, ob der ehemals digitale Gesprächspartner dem eigenen „Typ" entspricht, erscheint diese generelle Absage wie die Forderung einer Abstinenz gegenüber Möglichkeiten der eigenen Geschmackskultivierung und insofern widersprüchlich.

Aufgelöst wird dieser Widerspruch durch ihre kausale Begründung, man finde ohnehin ausreichend „Jungs" auf der „Strasse": Man brauche den Chat eigentlich gar nicht – mögliche Partner laufen doch in Scharen umher. Insofern konzediert sie das implizite Vorhandensein einer macht- und geschlechterbezogenen Asymmetrie, stellt sich aber zugleich als aktiv und selbstbewusst dar. Gegenüber den „Jungs" markiert sie auf diese Weise eine gewisse Überlegenheit in der Unterlegenheit: Sie sind einerseits ein Risiko, ein Treffen mit ihnen ist angstbesetzt; andererseits sind sie nur nicht ihr „Typ", sondern eine Frage ihres Geschmacks. Performativ gewinnt Sunay in diesem Ausschnitt die (weibliche) Oberhand zurück. Sie präsentiert sich als überlegen und informiert zugleich über die implizite Wirksamkeit einer geschlechtsrollenförmig verteilten Machtstruktur und dem Befolgen eines daraus abgeleiteten Handlungsschemas.

Dieses Muster lässt sich an entlang der Nachfrage zu Möglichkeiten eines Treffens mit dem Chatpartner weiter ausarbeiten: Sich als diejenige beschreibend, die schon jede Menge Avancen bekommen hat und aus der Distanz des Chat auf überlegene Weise agieren kann, positioniert sich Sunay gegenüber dem Interviewer als begehrt; sie stellt sich in der Rolle eines Jungenschwarms und gleichzeitig – in Bezug auf ein tatsächliches Ausagieren dieser Rolle – als enthaltsam dar:

```
(86)
I: Aha, mhm. Und, also du hattest gesagt, das mit dem Treffen,
dass du das nicht machen würdest. Hat dich denn schon mal je-
mand gefragt, ob du [das machen würdest?]
S: [Ja, VIELE]. Ja klar. Halt, und ich meinte dann „na ja muss
ich erstmal überlegen", aber ich hab es bis jetzt noch nie ge-
macht. Aber, meine Freundin hat mich dann halt mal mitgenommen.
Sie meinte „komm wir gehen einkaufen", weil ich brauchte eine
Jacke. Und dann meinte ich „okay", dann sind wir zur G.-Passage
gefahren, und dann meinte sie so „KOMM, uns holt gleich jemand
ab". Dann meinte ich ja „was, also WOHIN denn?" und so. Dann
sagte sie „ja ich habe auf dem Chat jemanden kennen gelernt,
ich will mich TREFFEN gehen". Dann sind wir dahin gefahren, und
ich war halt auch wirklich ZIEMLICH sauer. Und meistens die
Jungs aus dem Chat, die sehen jetzt auch nicht so BESONDERS aus
((lacht)). Und deswegen TREFFE ich mich auch nicht so einfach.
Weil ich werde halt auf der Strasse ja halt GENUG angemacht.
Deswegen, aber ich gebe denen aber meistens auch gleich einen
Korb ((lacht)). Weil ich mag so was nicht.
```

In Kontrast zum eigenen Verhalten steht die Episode ihrer Freundin, deren – erinnert man die Passage zuvor: grenzübertretendes – Verhalten hier auch von Sunay unverhohlen dafür angeprangert wird, eine Einkaufstour zur Flirttour umfunktioniert zu haben. Wie zuvor erklärt sie den Kontakt zu Jungen als eine vorrangig ästhetische Angelegenheit, verspottet die überwiegende Menge der Chatpartner und konkludiert, sich *deshalb* auch nicht mit ihnen einzulassen. Darin wiederum signalisiert sie ein ausgeprägtes Selbstbewusstsein, das reformuliert so lauten könnte: Mit einem hässlichen Jungen lasse ich mich doch gar nicht ein. Performativ erhebt sich hier gleich doppelt über die Freundin: Erstens artikuliert sie Ärger, dass diese ein normatives Verhaltensschema nicht nur eigenmächtig verlassen hat, sondern Sunay sogar hintergangen hat; zweitens belustigt sie sich implizit auch über die Freundin und spricht ihr zu, diese habe einen schlechten Geschmack. Es kommt hier – ähnlich wie bei Derya – zu einer Distanzierung von Freizügigkeit und einer Selbstzuordnung zu einem Verhaltensschema, das selbst als rollenkonform gekennzeichnet wird. Sich selber bescheinigt Sunay erneut, ein Verhalten wie die Freundin gar nicht nötig zu haben; sie werde ausreichend „angemacht", wisse sich aber dagegen zu wehren. Das Geltend-Machen eines *eigenen* Begehrtwerdens mit dem Hinweis, sich *korrekt* zu verhalten, reproduziert sich.

In einer weiteren Passage wird sichtbar, dass es vor allem die Distanz der Chatkommunikation ist, die eine spielerisch-überlegene Selbstverortung ermöglicht; nicht ohne Stolz berichtet Sunay, online einige Bekanntheit bei „Jungs" zu genießen. Deutlich wird, wie sie ihre Bekanntschaft mit Jungen in die Medienkommunikation auslagert und ansonsten wenig realweltliche Kontakte zu ihnen pflegt:

```
(81)
I: Mit wem chattest du denn so überhaupt?
S: Na ja, ist unterschiedlich. Manche Jungs KENNEN mich sogar
((lacht)), ich kenne DIE dann aber halt nicht. Ja, und dann,
ja, FRAGEN wir uns halt gegenseitig, „ja woher kennst du mich
denn" und so. „Sind wir uns schon mal begegnet?" Also sonst
kennt mich eigentlich fast niemand, also ich bin jetzt auch
nicht SO oft draußen, in der Schulzeit. Na ja und sonst halt
mit Freunden ganz normal, was die halt gemacht haben, am
Wochenende. Und wie das alles so war, und die Schule und so.
I: Und chattest du auch manchmal auf türkisch?
S: ((lacht)) Nee, weniger. Nein, ich kann zwar, aber jetzt
nicht SO gut türkisch, und deswegen ((lacht)). Also, es war
schon manchmal, dann sprechen mich SCHON viel auch Jungs aus
der Türkei an, und fragen dann halt „ja kann ich mit dir re-
den?" und so. Und dann BLOCKE ich immer gleich ab. Dann sage
ich „nee ich habe keine Zeit" und so. Dann rede ich auch nicht
länger mit denen.
```

Der Chat wird zur Möglichkeit, Beziehungsmuster auszuprobieren, die in der Realwelt offensichtlich verwehrt bleiben. Sich überwiegend in den eigenen vier Wänden aufhaltend kann sich Sunay online vortasten: Kennt man sich? Hat man sich schon einmal gesehen? Hinsichtlich des Sich-Unterhaltens scheint es zwei Ebenen zu geben: Mit Freundinnen werden Alltagsgespräche geführt („normal"), man erkundigt sich nach Befindlichkeiten und zurückliegenden Aktivitäten; vor allem scheint es, dass der Chat mit Freundinnen nur die Funktion einer späteren Verabredung zu einer face-to-face-

Unterhaltung hat: „Und mit Mädchen, na ja, WENIGER. Weil, obwohl, mit Freundinnen die auch manchmal drinne sind, dann REDE ich mit denen. Und dann verabreden wir uns auch später irgendwie. Und dann reden wir halt noch mehr ((lacht)), 88). Im Unterschied dazu lässt sich in der Unterhaltung mit Jungen ein Probehandeln realisieren, frei von Konventionen einer realweltlichen Begegnung. Vor allem scheint es so, dass Sunay hier die *Kontrolle* über das Kommunikationsgeschehen genießt; die Entscheidung, ob es überhaupt und wenn ja wie lange zu einer Unterhaltung kommt, liegt allein bei ihr. In diesem Geschehen ist sie selbstbestimmte Akteurin, beherrscht Anfragen von „Jungs aus der Türkei", und hat die Kontrolle über sie („BLOCKE ich ab"). Sichtbar wird außerdem erneut, dass sich Sunay als umschwärmt von Vertretern des männlichen Geschlechts präsentiert und die Kontaktmöglichkeiten zu ihnen nutzt und genießt.

Selbstbewusst und erhaben spricht sie sich in diesem Kontext auch gegen männliches Dominanzgebaren aus:

```
(88)
S: Wenn mir jetzt Jungs so POSITIV vorkommen, dann REDE ich
auch gerne mit denen. Wenn die aber gleich so mit Sprüchen kom-
men, so „na meine Süße" und so, dann denke ich immer „ja, wer
seid IHR denn?". Weil die KENNEN mich ja gar nicht, die wissen
nicht wie man mit einem Mädchen UMgeht, also ich habe ja auch
ANSPRÜCHE ((lacht)), wenn man das jetzt mal so betonen darf
((lacht)). Aber, na ja ich lasse mir so was nicht gefallen.
Also, so Anmache, dass die dann so „Schatz" und was weiß ich.
Das mag ich nicht. Aber sonst sind die eigentlich ganz nett
meistens, halt bis auf ein paar Ausnahmen.
```

Sie sieht sich als Kontrollierende und Starke, die auf die hegemonialen Ermächtigungsfantasien der Jungen herabblickt. Sich über die Jungen erhebend dreht sie den Spieß um: Aus einer respektlos Behandelten wird eine Mächtige. Es geht hier um die Bewahrung der weiblichen Würde, verbunden mit der Achtung einer Grenze, wobei sich zugleich ein von fundamentalen geschlechtsbezogenen Rollenerwartungen durchwirkter Habitus transportiert. So wehrt sich Sunay gegen ein geschlechtsstereotypes männliches Bewertungs- bzw. Sprechmuster – das der Hegemonie – und affirmiert gleichzeitig ein ebenso geschlechtsstereotypes weibliches Muster – das des bestimmte rollenförmige Umgangsweisen erfordernden Umworbenwerdens („wie man mit einem Mädchen UMgeht"). Gegenüber einem geschlechterstereotypen Gebaren wird etwas in Stellung gebracht, was seinerseits tiefgreifend von einer Orientierung an einer stabilen und klassisch-asymmetrisch zu nennenden Rollenverteilung geprägt ist. Ihr Geltend-Machen der eigenen Integrität wird zudem begleitet von einer Selbstrelativierung der eigenen „Ansprüche"; beinahe scheint sich Sunay dafür rechtfertigen zu müssen, dass sie gegenüber den männlichen Annäherungsversuchen etwas Eigenes reklamiert. Insofern handelt es sich hier um einen Akt des Sich-Behauptens und des Sich-Verortens innerhalb eines asymmetrischen und hierarchischen Handlungsrahmens, der als gültig erscheint („naja").

In einer Episode zur Auseinandersetzung mit Jungen „Internetcafe" steigert sich dies; positiver Gegenhorizont ist auch hier, sich zu entfalten, frei von Übergriffen zu sein und sich gegen Angriffe gegen ihre geschlechtsbezogene Integrität zur Wehr zu setzen – zugleich erscheint Sunay im Folgenden als Domestizierende *und* Domestizierte, Überlegene *und* Unterlegene:

```
(160)
Also, was mich jetzt am Internetcafe voll stört, die JUNGS da.
Weil, die machen einen dann auch die ganze Zeit an, und das
nervt dann nach einer Weile auch. Und wenn man denen sagt, „ja
sei mal"- dann so „oh mann du eingebildete Kuh" und so, dann
kommen halt SO'ne Sprüche dann halt raus. Und das lasse ich mir
nicht gefallen. Die können mich nicht irgendwie so nennen, die
KENNEN mich ja gar nicht. Dann sage ich auch schon mal was zu-
rück, dann werde ich auch schon mal frech, und dann sagen die
„sei mal nicht so frech" und so „sonst kriegst du gleich mal
eine von mir reingecatcht". Sage ich dann „ja KOMM her mach
doch" und so, und dann trauen die sich meistens schon gar nicht
mehr. Aber manche KENNE ich ja auch, und dann tue ich so als ob
ich die nicht kenne. Das ist mir letztens passiert. Mit dem
habe ich früher mal geredet, und dann hat er mich auch die gan-
ze Zeit so komisch angeguckt, und dann bin ich ihm halt die
ganze Zeit aus dem Weg gegangen.
```

Unerschrocken schildert Sunay, wie sie bestrebt ist, sich nicht einschüchtern zu lassen und auf die Einhaltung einer Grenze bedacht ist. Andererseits wird erkennbar, wie ihr *Sich-Wehren gegen* und ihr *Sich-Fügen* in einem hierarchischen Geschlechtergefüge miteinander verschachtelt sind: Dies zeigt sich etwa daran, dass Sunay ihre Reaktion auf die das Verhalten der „JUNGS" als „frech" bezeichnet; auf diese Weise erscheint ihr Verhalten viel weniger als angemessener oder gerechtfertigter Widerstand gegen einen beleidigenden Angriff, sondern als eines, das sich seinerseits nicht gehört, das anmaßend oder unverschämt ist. Legt man weiterhin in „frech" hinein, dass es eine gewisse Respektlosigkeit mit dem Beigeschmack von Verruchtheit suggeriert, erscheint weibliches Verhalten, das sich von männlichem Dominanzgebaren nicht einschüchtern lassen will, *selber* als aufrührerisch und ungebührlich. Ist jedoch ein Ringen um die eigene Position ein impliziter Verstoß gegen männliches Verhalten, affirmiert es dessen Vormachtstellung. Diese Konstellation scheint überdies von einer bestimmten Distanz-Nähe-Relation gekennzeichnet und scheint Sunay weniger darüber verärgert, *dass* sie degradiert wurde, sondern weil Jungen dies tun, ohne sie zu „kennen". Übertreten ist damit aus ihrer Sicht offenbar eine Grenze, die darin besteht, ihr verbal zu nahe getreten zu sein, ohne sich (vorher) intensiver mit ihrer Person zu beschäftigen.

Die Beschädigung ihrer Integrität erscheint damit als Problem, weil diese aus einem *Fremdsein* heraus geschieht. Ist das eigentliche Kriterium das Kennen bzw. Nicht-Kennen, weist dies darauf hin, dass – sind sich Vertreter beider Geschlechter näher bekannt – der Mann eine durchaus männlich-hegemoniale Umgehensweise mit der Frau praktizieren darf, die sie, allerdings *nur* in diesem Fall, akzeptiert. Untermauert wird diese Lesart dadurch, wie – erinnert man die Passage zuvor – Sunay sich über die Konfrontation mit intimisierenden Anreden im Chat echauffierte. Zum Problem wurden ihr diese vorrangig deshalb, weil – wie sie es formulierte – (noch) keine Nähe realisiert war („die KENNEN mich ja gar nicht"). Auch hier scheint es demnach so zu sein, demjenigen, der einmal in ihre Nähre gekommen ist, die Benutzung einschlägiger Attribute

(„Schatz", „meine Süße") explizit zuzugestehen. Daraus lässt sich die Vermutung ableiten: Ein Junge darf schon auf die Semantik herablassender Männlichkeit zurückgreifen, er darf es nur nicht sofort tun; anstelle einer universellen Fairness im Geschlechterumgang scheint es hier um die Unberührtheit einer Grenze bzw. das Wahren von Distanz zu gehen.

In Bezug auf den aktuellen Gesprächsausschnitt lässt sich auch hier eine Zweiseitigkeit von Selbstbehauptung *und* Einordnung ausmachen: Gelingt es Sunay situativ, sich in einer von Männern beherrschten Technikumgebung durchzusetzen, vermittelt sie ihre Handlungswirksamkeit als übergreifend von einer Machtverteilung geordnet, die primordial ist und mit ihr geschieht („passiert"). In dieser bleibt ihr Auflehnen von begrenzter Reichweite – was in einem Moment ein offensives Kräftemessen, ist in einem anderen das sich Einfügen in ein unhintergehbar scheinendes Kräftefeld: Letztlich reicht schon der „komische" Blick eines Jungen aus, ihm das Feld zu überlassen. Insofern berichtet sie hier von einem Sich fügen unter die Macht eines männlichen Widersachers, die allein nonverbal funktioniert. Woran sie sich hier übergreifend abarbeitet, lässt sich als Einordnung in ein Erfahrungsmuster der exterioren Begrenzungen bezeichnen (auch z. B. in Form von Beschädigungen der eigenen Integrität), innerhalb der es zur Ausprägung eines Selbstbewusstseins kommt, das jedoch seinerseits diese Begrenzungen nicht überwinden kann, sondern stillschweigend affirmiert. Übergreifend dokumentiert sich darin eine Orientierung, die vom Geltend-Machen einer eigenen Handlungsautonomie durchzogen ist, die zugleich in eine stabile Ordnungsvorstellung eingebettet ist. Bestandteil dessen ist eine Selbstbehauptung, die auf Wahrung der eigenen Achtung bedacht ist und die gleichzeitig von einem Sich-Fügen unter rollenförmig gegebene Vorgaben gezeichnet ist.

Bisheriges lässt sich so zusammenfassen, dass Sunay ihr Handeln so ausrichtet, dass es einerseits durch prästabilisierte Ordnungskriterien geprägt, andererseits aber auch an einer erfolgreichen Selbstpositionierung ausgerichtet erscheint. In dieser Orientierung spricht sie sich – gefragt nach ihrer medienbezogenen Zukunft – deutlich für ein Erfordernis zu verfügender Kompetenzen aus; dabei macht sie jedoch klar, dass sich diese in Komplementarität mit einer rollenförmig zu erbringenden Verpflichtung befinden sollten:

```
(220)
S: Na ja wenn man halt im Berufsleben viel mit Computer zu TUN
hat, dann ist es SCHON wichtig. Aber wenn man fast GAR NICHTS
mit dem Computer zu tun hat, dann, WEISS ich nicht. Es gibt
doch hier zum Beispiel auch Informatik, das habe ich mal in der
achten Klasse gemacht. Da lernt man halt wie man Zeugnisse
schreibt, oder Einladungen, dass man das zum Beispiel nicht je-
des Mal einzeln schreiben muss, sondern dass man das auch wirk-
lich nur einmal schreiben muss und dann mehrmals ausdrucken
kann. Gibt's schon, also wenn man wirklich später was mit dem
Computer zu TUN hat, zum Beispiel als Sekretärin. Da ist man ja
auch viel am Computer, dann braucht man das SCHON, aber wenn
man jetzt einfach SO- weiß ich nicht, also (2)
```

Ein zukünftiger PC-Umgang wird eingespannt in eine Dichotomie aus der Verpflichtung zur berufsbiographischen Erfüllung von Aufgaben und einer beruflichen Tätigkeit, die gerade dies nicht beinhaltet. Zukünftiges Computerhandeln steht hier in Abhängigkeit dessen, inwiefern es gilt, eine aus heteronomen Erfordernissen abgeleitete (Sach-)Aufgabe zu erledigen. Sunay exemplifiziert dies bezüglich des schulischen Unterrichts, den sie als ein auch von ihr selbst besuchtes Angebot wahrnimmt und das den Schüler mit ausschließlich instrumentell-zweckrationalen Fähigkeiten ausstattet, die sich später in den Dienst der Ausübung einer Berufsrolle stellen lassen. Sie zementiert damit die Trennung zwischen einer computerbezogenen beruflichen Sphäre und einer sonstigen, innerhalb der ihr weiteres Computerwissen fraglich erscheint. Das bedeutet: Zukünftiges Computerwissen muss mit einer Anforderung korrespondieren, die sich komplementär zu einer rollenförmigen Verpflichtung verhält. So spricht sie sich für eine Kompetenzerweiterung aus, jedoch nur in Verbindung mit Inhalten, die im Sinne eines pränormierten Rahmens vorgegeben, vermittelt und legitimiert werden. Außerhalb dessen scheint es ihr beinahe abwegig, den eigenen medienbezogenen Handlungsrahmen zu erweitern. Einer freizeit- oder hobbymäßigen Erweiterung eines computerbezogenen Handlungsspielraumes, wie sie sich in anderen Fällen herausarbeiten ließ (vor allem bei Timo, Olaf und Andreas), scheint sie hier tendenziell *fremd* gegenüber zu stehen.

Sich eine computerfreie spätere Berufstätigkeit wünschend („((seufzt)) Ich finde das eigentlich GAR nicht so wichtig, also hoffe ich ((lacht))", 221) artikuliert sie eine – trotz Ausschluss von PC-Kenntnissen – deutliche Bildungsaspiration; so das Erreichen eines höheren formalen Abschlusses („entweder eine Ausbildung, oder mein Fachabi, falls ich das schaffen sollte", 222) und eine leitende Position („also eine Ausbildung mit irgendwas so als Hotelmanagerin oder so. Und dann mal weitersehen", 223). Deutlich wird weiterhin eine sehr bewusste in die Zukunft gerichtete Wahrnehmung von Lernerfordernissen; ausdrücklich artikuliert sie z. B. die Sinnhaftigkeit berufsbezogener Fremdsprachenkenntnisse („man muss halt so ein paar Sprachen gut drauf haben. Zum Beispiel englisch ist sehr wichtig. Und englisch ist meiner Meinung nach ja auch leicht zu lernen. Weil, ich finde das nicht so schwer jetzt", 224) sowie mögliche Lernbarrieren, deren Überwindung sie aber zugleich antizipiert („aber jetzt so spanisch oder französisch, da werde ich schon bestimmt Schwierigkeiten haben. Dann muss man das wohl auch schnell lernen irgendwie", 225).

Während sie zu erwerbende Kompetenzen und Wissen tendenziell funktionalisiert, vermittelt sie in diese als erfolgs- und erfordernisbezogen zugleich. In diesem Modus äußert sie auch Interesse an computerbezogenen Wissensbeständen; sie zeigt sich lernwillig, fokussiert ihren Lernwillen aber gleichzeitig auf schulische Belange („na ja, weil das ja mit dem Schulischen viel zu tun hat. Ja, wenn man halt ganz speziell jetzt nicht weiß wie das geht, dann könnte man da halt nachgucken", 229). Statt explorativer Möglichkeiten geht es Sunay um eine aufgaben- und anforderungsbezogen Nutzung des Computermediums, die zudem leicht zugänglich, niedrigschwellig, systematisch und kostengünstig sein sollte:

```
(228)
S: Ja, so halt im Unterricht, wenn man zum Beispiel in Mathe
speziell was nicht weiß, dann zeigen die es dann ja auch so in
einzelnen Schritten wie man das macht. Und ich habe zum Bei-
spiel so ein Lernprogramm. Da zeigen die es halt, aber nicht SO
```

GENAU jetzt. Weil, das ist jetzt für die siebente und achte
Klasse. Und ich habe da halt damals reingeguckt, und ich habe
fast GAR nichts gefunden. Aber so im Internet, wenn die mal
zeigen so, wie man das so macht, zum Beispiel Lernprogramme,
damit man das jetzt nicht extra kaufen muss.

Eine Bildungsvorstellung wird sichtbar, die auf eine erfolgs- und zielorientierte Handlungsfähigkeit setzt. Gleichzeitig verbleibt diese innerhalb einer konkreten und funktionalen Intention und impliziert eine Orientierung an instruktionaler Belehrung, an der Reproduktion von programmmäßig vorgegebenen Inhalten und einem Nachvollzug von vorgegebenen Schritten, wobei sich dies kontextbezogen und situativ als sinnvoll erweisen soll. Ähnlich wie bei Zeynep und Derya geht es auch hier um notwendige und auf spezifische Anforderungen bezogene Wissensbestände und die Adaption von direkten Bedienfertigkeiten. Sunays Orientierungsrahmen ist auch hier, eine Selbstbehauptung anzustreben – hier: in der Rolle einer aktiv Lernenden, die es „GENAU" wissen will – und sich zugleich in eine festgelegte Struktur – hier: von Lernerfordernissen – einzuordnen.

Das zweite Mädchen mit türkischem Migrationshintergrund, Zeynep, ist 14 Jahre alt und lebt zusammen mit zwei Geschwistern bei ihren Eltern. Ihr acht Jahre älterer Bruder ist Adoptivkind, der kleine Bruder ist 6 Jahre alt und gerade eingeschult worden. Sie erzählt, dass ihre Mutter Ende der 1970er Jahre nach Deutschland gekommen sei, zwei Jahre später jedoch wieder in die Türkei zurückzog; mit 16 Jahren erfolgte ihre erneute Rückkehr, zwei weitere Jahre später die Hochzeit mit ihrem Vater, der auf diesem Wege nach Deutschland kam. Ihr Vater arbeitet in einem Restaurant, welches dem Onkel gehört; ihre Mutter ist nach Zeyneps Aussage arbeitslos. Auf ihre jetzige Schule geht Zeynep sei zweieinhalb Jahren, nachdem sie „das Probehalbjahr" (17) an einem Gymnasium nicht bestanden hat. Zeynep ist sehr elegant gekleidet, sie spricht mit heller und klarer Stimme. Als ihre Hobbies benennt Zeynep „Einkaufen", „Fernsehen" und „Internet". Zum Interview wird sie von einer Freundin begleitet, die während unseres ca. 45minütigen Gesprächs vor der Tür auf sie wartet.

Zeynep thematisiert ihre Mediennutzung anhand von Schilderungen, welche diese zunächst als einerseits folgsam, andererseits selbstbestimmt erscheinen lassen. In Betonung einer bereits bestehenden intensiven Beschäftigung ihres Bruders positioniert sie sich fast wie in dessen Schlepptau, als es darum ging, sich das erste Mal mit den neuen Medien zu beschäftigen, ähnlich einem passiven Anhängsel, das dem Älteren und Erfahrenen eher zufällig mitgegeben wird. Sie verbleibt jedoch nicht in dessen Windschatten, sondern löst sich daraus und wird *selber* aktiv:

(27)
I: *Wie bist du denn dazu gekommen dich damit zu beschäftigen.*
Z: Also mein Bruder, der ist voll OFT, also im Internet-Cafe
und so. Und einen Tag halt, sollte ich äh, mit ihm mitgehen,
und da habe ich gesehen, dass er so GECHATTET hat, und ich fand
das dann halt voll GUT. Also, du schreibst was, danach ist der
andere dranne und dann so. Und dann meinte ich so „ja, warum
fange ich auch nicht damit an?" und so. Und danach gab es dann

halt voll viele Hausaufgaben, so zum Beispiel wenn wir Referate halten mussten. Und dann gab es dort halt (2) Internetseiten. Und dann meinte ich, „ja, das macht doch bestimmt Spaß". Und dann habe ich die Aufgabe halt ANgenommen. Dann meinte ich, „ja Referate im Internet schreiben", so, das ist was für mich. Und ich lieb das auch, also mit dem Computer so halt (2) RUMzusurfen oder, was weiß ich, Spiele zu spielen. Und jetzt, also Emails, also jetzt so zum Beispiel EMAILS das liebe ich richtig über ALLES. Mit meinen Bekannten aus der Türkei. Und so, ja, (2) aber ich chatte meistens. Ja (2)

Die Verwendung von Medien stellt sich in Form eines Möglichkeitsraums dar, der durch fremdgesetzte Impulse zunächst präformiert ist und innerhalb dessen eine eigene, selbstbewusste Perspektive gesucht wird. Auf diese Weise inszeniert sich hier eine Subordination unter exteriore Zwänge bzw. Imperative mit der nachträglichen Attribution einer Selbstbehauptung: Sie macht, was man ihr sagt, ohne dies als Akt der Unterordnung zu erleben, sondern als Entwicklungsfeld von etwas Eigenem: Aus einem familienhierarchischen Abhängigkeitsverhältnis („sollte ich mit ihm mitgehen") entsteht eine eigene, zunächst hauptsächlich kommunikative Mediennutzung („warum fange ich auch nicht damit an?"); die Annahme schulischer Verpflichtung („Hausaufgaben") wird zu einem eigenen lustbetonten Projekt („das ist was für mich"). Insofern changiert Zeynep performativ zwischen Merkmalen von Unterwerfung und Selbstbewusstsein – sie pendelt zwischen der Erfüllung wahrgenommener Anforderungen auf der einen und der Herstellung einer eigenen Perspektive. Das Computermedium selbst erscheint eingebettet in dieses Kontinuum: Es ist Mittel zur Erfüllung schulischer Aufgaben und bietet Optionen, die ihr Spiel, kommunikative Freiheit und die Pflege familienorientierter Beziehungen ermöglichen. Zum Ausdruck kommt darin, wie sich Zeynep an einer Balance abarbeitet zwischen der Befolgung heteronomer Impulse und der Präsentation eines ausgeprägten Selbstbewusstseins und beide Pole habituell zu synthetisieren versucht. Die hierin aufscheinende Orientierung lässt sich dahingehend verdichten, dass es Zeynep um eine Selbstverortung als Mediennutzerin geht, die sich einerseits *funktional*, andererseits *selbstbehauptet* bzw. *selbstbestimmt* verhält. So wirkt sie gegen Ende der Passage fast schwärmerisch ob der vielen Möglichkeiten, die die digitalen Medien ihr bieten. Es erscheint das Bild einer selbstbewussten modernen jungen Frau, die den Computer „lieb" gewonnen hat und sich als Teilhaberin an aufregenden Möglichkeiten sieht. Später wird sie sagen „also Computer ist ein TEIL von mir geworden" (55) – auch dies ist Dokument einer Selbstwahrnehmung, Akteurin in der Computersphäre zu sein, deren Optionen ihr in Fleisch und Blut übergangen sind.

In Rahmen dieses Aktiv-Seins erzählt sie von einer intensiven Mediennutzung, die sie zugleich an *feste Bezugsgrößen* bindet; etwa eine kommunikativen Mediennutzung, vor allem zum Austausch mit ihren Verwandten in der Türkei („Ja, also mit meinen Cousins. NUR, so, ja halt, mit denen schreibe ich mir halt, Emails und so, ja", 29), wobei sie die Email als technische Erleichterung gegenüber einer traditionellen Beziehungspflege herausstellt („na ja, weil Postkarten, ich weiß nicht, ich bin nicht so ein Schreibtyp ((lacht))", 31). Neben einer solchen selbstbewussten Nutzung von medieninduzierten Formen des Verwandtenaustausches schildert sie auch das Eingebundensein in eine Sphäre von gemeinsamer Rezeption und von wechselseitigem Austausch über

Medienerlebnisse unter Gleichaltrigen. Sichtbar wird auch hier wieder, dass Zeynep sich an festen Bezügen orientiert – waren es beim Email „NUR" die Cousins, nennt sie im Folgenden „nur" Personen des Nahbereiches als Referenzrahmen: Gerne nutzt sie das Internet „mit meiner Freundin oder der Tochter meiner Nachbarin. Mit DENEN, öfters, aber nur mit denen. Also wenn es mir keinen Spaß mehr macht alleine. Weil es gibt dann halt voll lustige Dinger, mit denen ich dann mit ihnen rede, ich will das auch mit meinen Freundinnen halt zusammen erleben" (217). Es entwickelt sich ein gemeinschaftlicher Erlebnisraum unter Freundinnen, im Zuge dessen Erfahrungen geteilt und spielerisch inszeniert werden; manchmal kontaktiert sie spontan ihre Freundin, nur um ihr etwas im Internet zu zeigen („mhm, dann ruf ich sie an, „ja sei jetzt mal im Internet" oder so, „komm mal rüber, so", 219).

Aufgrund ihrer Möglichkeiten, sich der Medien zu bedienen, etabliert sich Zeynep im Kreise ihrer Freundinnen zudem wie eine Art Expertin, sichtbar etwa in ihrer Schilderung zur Wahrnehmung einer Techniknutzenden, die von anderen nachgefragt werde und mitunter kleine „Aufträge" (220) von anderen erledige:

```
(221)
Z: ja, meine Freundinnen halt, die wissen ja dass ich ein rich-
tiger Internet-Freak bin. Ja, und die finden das halt voll
cool. Danach- die rufen mich dann an, „ja guck mal nach was das
und das ist" und so. Und dann guck ich halt eben nach, weil die
meisten von meinen Freundinnen die haben kein Internet zu Hau-
se. Und deswegen.
I: Und dann bist du diejenige die gucken soll, für die anderen
auch.
Z: Ja ((lacht)). Dann gucke ich halt nach und ruf sie dann an,
und sage „ja, so und so".
```

Die Medien nicht nur dazu verwendend, um sich gegenseitig zu helfen, erscheinen sie insgesamt eingebettet in ein Netz aus sozialen Beziehungen gleichaltriger Geschlechtsgenossinnen, in dem Zeynep stolz und aktiv agiert. Dass die überwiegende Mehrzahl der Freundinnen „kein Internet" hat, wird durch freundschaftliche Unterstützung überbrückt; hier einen Schritt voraus zu sein wird zur Quelle von Selbstbewusstsein, vermittelt über das Vorhandenseins technischer Möglichkeiten und darauf bezogenen Fähigkeiten, die andere dann „voll cool" finden. Während es Zeynep genießt, gewissermaßen der verlängerte Arm der Freundinnen sein zu können, wenn es um Rechercheaufträge für sie geht, zeigt sich eine genussorientierte Mediennutzung auch da, wo sie das Internet dazu nutzt, eigenen Interessen nachgehen zu können:

```
(81)
Z: Ja, H&M, das alles, also das, was alles halt der neueste
Trend ist und so. Und dann, türkische Serien, die ich mir immer
angucke. Also dort, was halt nächste Woche da so ablaufen wird
und so. Dort halt. So am meisten. Oder ich lade mir öfters Lie-
der runter.
```

Neben dem „neuesten Trend" und Fernsehserien aus der Türkei geht es ihr darum, Musikinteressen zu verfolgen. In diesem Zusammenhang wird das Medium zu einem Mittel, dem eigenen Geschmack nachzugehen, was auch beinhaltet, sich gegenüber

Medienangeboten der deutschen Kultur abzugrenzen bzw. sich solche aus der Heimat ihrer Eltern zu erschließen („JA. Türkische Musik, SEHR GERNE [...] deutsche nicht, also eher Black Music und türkische Hip-Hop-Lieder und so", 87), und daran zu partizipieren („jetzt neue Stars, zum Beispiel Cetin Kaya oder so", 275). Insofern gelingt es Zeynep, sich spielerisch Zugänge symbolischen Angeboten zu verschaffen, die eine Bearbeitung von Fragen der eigenen Identität durch Rückgriff auf unterschiedliche kulturelle Kontexte ermöglichen. In diesem Zusammenhang haben vor allem Musikformate, die in der Herkunftskultur ihrer Eltern wurzeln, einen hohen Stellenwert:

```
(284)
Z: Also dort, das ist halt so, die arbeiten bei Akbaş Müzik.
Dann gehe ich halt dort rein. Und dann sind da voll viele Stars
und so. Und dann, also zum Beispiel Akbaş Müzik, arbeitet halt
ein Mann, Ibrahim Tatlises, und der hat die Jungs dann halt- da
gemacht und so. Und dann steht da auch, dass da Mehmet und
Murat Lieder drauf sind, und Cetin Kaya und so. Und dort gehe
ich dann drauf.
```

Während sie Anteil an einer kulturellen Sphäre türkischer Künstler und Produzenten nimmt und entsprechende Internetseiten besucht, rezipiert sie Angebote *von* Migranten *für* Migranten. Deutlich wird, wie Zeynep sich als eine Akteurin positioniert, welche medialen Beschäftigungen nachgeht, die das Potenzial haben, eine *hybride Identität* ausdrücken zu können; sie erscheint als fast prototypische Vertreterin der in dritter Generation in Deutschland lebenden Jugendlichen mit Migrationshintergrund, denen vermittelt über die Nutzung digitaler Medien – so der Kern der neueren Debatte – der „gleichzeitige Bezug auf (mindestens) zwei kulturelle Kontexte" (Hugger 2006: 44) zu gelingen scheint.[173] Zeigt sich darin einerseits eine selbstbestimmte Form der Mediennutzung, so steht dem gleichzeitig eine bestimmte Art von Rahmung gegenüber, die Zeynep, apodiktisch anmutend, folgendermaßen formuliert: „Also, naja, deutsche Musik hören WIR ja gar nicht" (275); an ihrer Mediennutzung wird auf diese Weise eine Eigenaktivität erkennbar, die in enger Anbindung an kollektiv-familiäre Geschmacksnormen steht, in die sie sich einordnet.

Während sich bisher rekonstruieren ließ, inwiefern Zeynep mittels Medien eigene Interessen verfolgt und diese selbstbestimmt und selbstbehauptet nutzt, zeigt sich weiterhin, dass sie ihre Nutzung mit Restriktionen in Verbindung bringt, wobei besonders der Umgang damit kenntlich macht, inwiefern es zu einem Oszillieren zwischen Selbstbehauptung und affirmativer Einordnung kommt. Ein Dokument dafür sind z. B. bestimmte Rollenzuweisungen und Rechte im Kontext der Mediennutzung. So berichtet sie etwa darüber, dass die Zeit zu chatten zuhause eindeutig reglementiert ist („ich darf eine Stunde, und dann aus" 214) und während der elterlichen Anwesenheit erfolgen muss, wobei der Vater eigentlich Anstoß daran nimmt:

---

[173] Bezüglich dieser Hybridität findet sich auch über Zeyneps Medienpraxis hinaus ein lebensweltliches Pendant; so bezeichnet sie sich selbst als Teilhaberin einer sprachlichen Praxis, die sie „gemischt" nennt: Z: Äh, (2) ich WEISS nicht, also hier zum Beispiel in Kreuzberg, dort – hier reden die MEISTEN Schüler, also Kinder, türkisch und deutsch halt in einem Satz. Also gemischt. Und so rede ich halt AUCH mit denen, also NUR deutsch nicht. Deutsch und ein paar türkische Wörter sind auch drinne. Das ist immer hier so. So reden die IMMER so" (99).

(242)
Z: Ja, mein Vater ist SCHON dagegen dass ich chatte. Aber weiß auch dass ich das nicht LASSEN kann. Dass es mir halt Spaß macht. Und deswegen hat er mir auch bestimmte Zeiten gegeben.

Bezüglich des vorgegebenen Zeitfensters thematisiert Zeynep kein Ärgernis, sondern rechtfertigt dies fast in eigenem Interesse. So wird der Interviewer hier über das Verhalten des Vaters als generöses Zugeständnis an seine Tochter informiert, das er ihr in einer verständnisvollen Haltung gegenüber ihrer Chataffinität („nicht LASSEN kann") einräumt. Indem die eigene Reglementierung von Zeynep aus der Perspektive des Vaters nachzuvollziehen und zu verstehen versucht wird, wird ihm in diesem Zusammenhang auch stillschweigend das Recht eingeräumt, sich regelmäßig Zugang zu ihrer Praxis verschaffen:

(245)
Z: Ja, der kommt auch immer und guckt nach was ich mache. // I: Ach so- // Z: Was wir uns so gegenseitig schreiben. So halt. // I: Mhm, und dann, also- // Z: Ich finde das immer voll lustig, dass er kommt und guckt. Weil, äh, ich meine, manchmal sage ich auch „erwarte so was nicht", weil der erwartet dass ich da- was perverses oder so schreibe und so. Deswegen guckt er immer nach.

Sich in die Praxis der Tochter Einblick zu verschaffen ist dem Vater offenbar jederzeit möglich und wird von ihm auch kontinuierlich praktiziert; dabei interessiert ihn augenscheinlich nicht nur der Text der Tochter sondern auch die Antwort des Chatpartners, mit anderen Worten der gesamte kommunikative Austausch. Dagegen kann nichts unternommen werden und selbst die von Zeynep mitunter ausgesprochene Versicherung, es werde bezüglich der Unterhaltung mit den Chatpartnern nichts Unanständiges geschrieben, reicht als Abschirmmechanismus vor seinen Blicken nicht aus. Deutlich wird, dass Zeynep ihm ein Recht zur Einsichtnahme gewähren muss und dies nicht antasten kann; die Kontrolle des Vaters über die Unterhaltung der Tochter wird aufrechterhalten und dieses Sich-Fügen in eine elterliche Gewalt wird kommunikativ mit dem Mittel des Humors bearbeitet – sie findet es „voll lustig". Ein Oszillieren zwischen affirmativer Einordnung und Selbstbehauptung findet hier im Prinzip uno actu statt: Es muss sich dem Vater unterworfen werden, gleichzeitig wird sich darüber erhoben.

Auch an anderer Stelle wird deutlich, inwiefern ihre Medienverwendung an eine familiäre Gewaltenteilung gebunden ist, innerhalb der sich Zeynep auf ihre eigene Weise arrangiert:

(113)
Z: Also nach der Schule, wenn ich nach Hause komme, mache ich auf jeden Fall meine Hausaufgaben als erstes. Übe bisschen, und danach lege ich alles zur Seite, und dann fängt meine Serie an. Gucke ich mir das an, und dann gehe ich halt raus, so für zwei Stunden oder so, und wenn ich wieder nach Hause komme, so wie halt ich habe nichts besseres zu tun, dann gehe ich ins Internet. Das ist halt so zu verschiedenen Zeiten, und dann, eine Stunde, und danach meint mein- kommt mein Bruder aus der Arbeit und meint „ja, so ICH will mal jetzt ans Internet", dann meine

```
ich „ja okay", dann GEHE ich, also wieder in mein Zimmer. Mache
wieder was für die Schule, bereite das alles vor, was ich mor-
gen anziehen soll, und so, und dann gehe ich wieder Fernsehen
gucken.
```

Den freizeitlichen Stellenwert ihres Medienumgangs an einem normalen Tag beschreibt sie als stabile Ordnung mit festem Ablaufschema. Nach Erledigung der Schulaufgaben, einer kurzen Übungsphase, dem Anschauen einer Fernsehserie und einem Aufenthalt draußen stellt die Beschäftigung mit dem Internet eine willkommene Möglichkeit dar, etwas zu machen, wenn man „nichts besseres zu tun hat". Während Zeynep dies als variabel schildert („zu verschiedenen Zeiten"), scheint es eine offenbar unantastbare bzw. invariante Gesetzlichkeit zu geben, die ihre Surfaktivitäten begrenzen, und zwar die Heimkehr ihres Bruders von der „Arbeit". Seiner Aufforderung, „jetzt ans Internet" zu wollen, wird Folge geleistet. Ihm wird anstandslos das Feld geräumt und der eigene Ausflug ins Internet wird zugunsten von auf die Erfüllung von Verpflichtungen gerichteten Handlungen beendet. Zum Ausdruck kommt damit eine implizite männliche bzw. geschwisterrollenförmige Vormachtstellung bezüglich des Zugangsrechts zum Computer. Ihre eigene Internetnutzung wird von Zeynep hier zwar nicht unbedingt als Muss dargestellt, sondern eher im Sinne einer Alternativlosigkeit, dennoch setzt sie sie performativ ans Ende einer Kette von freizeitlichen Handlungsaktivitäten – sie steht am relativen Schluss eines durchstrukturierten Tages, der von abzuarbeitenden Verpflichtungen und selbstgewählten Formen der Alltagsgestaltung geprägt ist. Auf diese Weise wirkt der Gang ins Internet wie ein selbst verabreichtes Belohnungserlebnis, das man sich zugesteht, das jedoch in dem Moment, da der Bruder auf den Plan tritt, abreißt. Allerdings erscheint ihr gesamtes Verhalten ohnehin eingepasst in eine Struktur von funktionalen Erfordernissen und Gewohnheiten, von denen die Praxis, dem Bruder nach Aufforderung Platz zu machen, nur ein Element darstellt, wobei dessen Vormachtstellung von ihr nicht als störend oder geringschätzend erlebt wird, sondern als Reglementierung stillschweigend affirmiert wird.

Eine stillschweigende Einordnung in ein innerfamiliäres kommunikatives Machtsystem dokumentiert sich auch in ihrer Schilderung zum gemeinsamen „Fernsehen" (156), das ausschließlich zusammen mit den Eltern stattfindet.

```
(157)
Z: Also ich MAG SOWAS nicht. Wenn ich mich auf etwas konzent-
riere, dann will ich nicht dass was dazwischen kommt. Ich hasse
das auch, wenn ich, also was MACHE und meine Eltern halt andau-
ernd fragen „ja, wer ist denn DER, wer ist denn DAS?" oder so.
Zum Beispiel wenn wir Fernsehen gucken, dann meinen sie halt so
„ist der gestorben jetzt? Hat DER ihn umgebracht?" und so, und
solche Fragen mag ich nicht. Ich will also, wenn ich was MACHE,
will ich das alleine machen, und mich auch darauf konzentrie-
ren. Aber, na ja.
```

Dass während der Mediennutzung vonseiten der Eltern ständig hereingeredet wird, „hasst" sie einerseits, andererseits nimmt sie dies als hinzunehmend wahr („na ja"). Deutlich wird daran erneut, wie sich Zeynep innerhalb eines implizit reglementierten

Rahmens bewegt, gegen den sie einerseits aufbegehrt und etwas Eigenes reklamiert, den sie andererseits nicht transzendieren kann. Aspekte einer solchen Reglementierung zeigen sich auch darin, dass Zeynep generell den Zugang zu Medien in Form einer Möglichkeit darstellt, die durch das Verhalten anderer Familienmitglieder präkonfiguriert ist. Dies beginnt mit den Gelegenheiten fernzusehen („wenn der besetzt ist, geht's nicht, dann kann ich noch DVD auf Computer gucken", 121), setzt sich fort bei der Verfügung über Computerspiele („nur wenn mein Vater Spiele MITbringt", 121) und zeigt sich schließlich auch bei der Aufstellung des internetfähigen PCs zuhause: Dieser steht „im Schlafzimmer von meinen Eltern, ja und mein Bruder hat einen, aber da ist kein Internet" (71); während also zuhause der Zugang zum internetfähigen Computer beschränkt ist, weicht Zeynep des Öfteren auf ein Internetcafe aus. Allerdings bestehen auch hier Barrieren, denn dieses kann nicht immer einfach so betreten werden: „Wenn meine Cousins und so dort- da drin sind, dann DARF ich da nicht rein" (73) – Grund ist, dass diese nicht wollen, dass es zu einem Kontakt „mit Jungs" (77) kommt. Obgleich sie einerseits der Macht ihrer männlichen Verwandten unterworfen ist, gelingt es ihr dennoch, sich Zutritt zum Internetcafe zu verschaffen; sie beschreibt dies in Gestalt einer selbstbewussten *Raumnahme* durch ihre Peergroup („wenn wir viele Mädchen sind, und wenn es auch leer ist, dann gehen wir rein", 78), die beinahe wie ein gruppenhafter *Triumph* anmutet („Und dann machen wir, was wir da machen können", 79). Sind die Hürden zum Internetcafe überwunden, ist es Zeynep möglich, dort „Spaß" (143) zu haben und „am meisten ist das Chatten" (143):

```
(145)
Z: Ich weiß nicht so, du hast dann halt bestimmte Personen
dort, mit denen du ÖFTERS chattest, denn meinst du halt so „ja,
komm mal um so und so viel Uhr halt rein, lass mal reden" und
so, und dann redest du halt mit denen. Oder mit anderen Kumpels
aus der Gegend. Die sind halt dann auch öfters dort drinne.
Dann chattest du halt mit denen, anders am Telefon halt. [...]
Weiß ich nicht, weil, am Telefon kannst du nur mit EINER Person
reden. Und wenn du chattest, kannst du gleichzeitig mit voll
vielen anderen chatten.
```

Es bildet sich ein spezifischer Personenkreis aus, mit dessen Mitgliedern sich unterhalten werden kann, wobei sich auch zeitlich fest verabredet wird. Dies stellt sich dar als eine selbstbestimmte Möglichkeit, intensiv Kontakte mit Freunden zu pflegen und Alltagsgespräche in den Chat zu verlagern. Dabei ist gegenüber dem konventionellen Eins-zu-Eins-Gespräch per Telefon vor allem die Option interessant, die Unterhaltung auf eine größere Gruppe auszuweiten. Vermittelt über die Möglichkeiten des Chats setzt sie sich auch selbstbewusst über das eigentliche Verbot ihrer männlichen Familienangehörigen hinweg, zu Kontakt „Jungs" (35) zu haben. Während der Beziehungsaufbau zum anderen Geschlecht in die Online-Kommunikation ausgelagert wird, zeigt sich, dass Zeynep sich auch dort am Primat einer männlichen Dominanzstellung orientiert. Das „Reden" (35) mit Jungen schildert sie so:

(36)
Z: Mit dem, der mich halt (3) da- dazu anfordert. Und sagt „hallo", und denn (1) bin ICH halt an der Reihe, und dann kann ich dann, und dann haben wir halt so einen Kontakt. [...] (1) Fast jeden Tag ((lacht)), also entweder bei Edencity oder myflirt. // I: Warum gerade da? // Z: Ich WEISS nicht, bei Edencity, da gibt's dann halt Bekannte aus Kreuzberg voll viele, und bei myflirt auch halt. Da kannst du dir doch AUCH denen- so die Fotos sehen und so. Und Jungs, na ja, dann meinte ich so „joah, der ist was für mich" ((lacht)). Danach halt, guckst du halt, wartest so, ob er dir ein Angebot macht, ob er dein Kumpel sein würde, und denn, wenn er „ja" sagt, dann hast du vielleicht AUCH Kontakt mit ihm, dann gibt er dir auch vielleicht so Email zum austauschen. Und dann, also WENN, schreibe ich ihm auch Emails, und die mir auch, oder (2) er mir.

Während die Kommunikation unter vielen, der Gruppenchat, wie eine wechselseitige Aktivität des Redens „jeder mit jedem" schien, schildert sie den Moment einer heterosexuellen Kontaktanbahnung weitaus passiver und zurückhaltender. Es wird gewartet, bis sie ein Junge „anfordert" – was begrifflich eine Synonymität zu ordern oder bestellen aufwirft. Folgt man dieser Lesart, dann erscheint darin eine Selbstzuschreibung als *Objekt*, das die Zuneigung zu diesem vom Willen bzw. der Intention des Jungen abhängig macht.

Das Zueinanderkommen innerhalb einer gemischtgeschlechtlichen Kommunikationssituation – die Geschlechterbegegnung – vermittelt sich auf diese Weise wie ein Aufrufen der Frau seitens des männlichen Partners. Eindeutig scheint in jedem Fall die sequenzielle Abfolge des Kontaktgeschehens zu sein: Erst nach Eingabe des auffordernden „hallo" ist das Mädchen „an der Reihe" und „kann" seinerseits aktiv werden bzw. sein. Den Vorteil der von ihr favorisierten Chatcommunities beschreibt Zeynep unter anderem damit, dass diese auf ihren Seiten eine visuelle Vorabauswahl einer offenbar großen Menge männlicher Chatpartner („voll viele") erlauben; spielerisch ist es hier möglich, sich durch Betrachten von „Fotos" selbst einen Jungen auszuwählen, der den eigenen Vorstellungen entspricht; sie wähnt sich souverän und fast lustvoll, hier eine Auswahl treffen zu können („joah, der ist was für mich"). Kontakt kommt jedoch erst *dann* zustande, wenn dieser gleichsam Auserwählte wiederum „ein Angebot" macht, sich also seinerseits interessiert zeigt und die Initiative ergreift. Übergreifend wird deutlich, wie sich Zeynep selbst in einer tendenziell passiven Rolle sieht, während der männliche Part als aktiv angesehen wird – *er* ist Agens und von *ihm* ist abhängig, ob „vielleicht" ein Kontakt zu ihm zustande kommt, indem er der Partnerin eine Emailadresse hinterlässt. Insofern schildert Zeynep den Chatkontakt zu Jungen als eine vergeschlechtliche Praxis mit klarer Rollenverteilung, die sich spiegelbildlich zu den Darstellungen etwa im Fall von Ferhat und Sercan liest – diese beschreiben die Rolle des männlichen Chatpartners als aktiv und betont souverän; man „holt sich" eine Freundin aus dem Chat bzw. will sich dort eine „klären".

Diese Orientierung an einem bestimmten Geschlechtsrollenverhalten wird dadurch differenziert, dass Zeynep auch unterschiedliche inhaltliche Präferenzen der Mediennutzung damit in Verbindung bringt, die sie als Dichotomien von Vorlieben thematisiert:

(115)
Z: Also, (2) weiß ich jetzt nicht, so Internet? Also ohne Internet einen Computer zu besitzen ist langweilig. Ja, weil, ich weiß nicht, ist BESSER halt. Internet. Also wenn ich einkaufen will, aber ich weiß gar nicht also, was dort alles ist. Und im Internet gucke ich halt nach, ja, das ist ja billig, und meine Mutter macht es ja auch. Weil sie ist so ein Kauf-Freak. Ja, und dann halt, dort- und dann meinen wir „ja, lass uns dort hingehen, dort ist was billiges", dann gehen wir halt da so hin. Besser halt als halt SO rum zugehen und denn halt ohne Tüten wieder nach Hause zu kommen. // I: Was kauft ihr dann so? // Z: KLAMOTTEN ((lacht)) (2) Aber mein Vater, DER guckt sich SCHON auch so diese Seiten von Mediamarkt, Saturn oder so an. Geht auch manchmal hin so, guckt so, so da und da.

Ein PC „ohne Internet" erscheint öde, weil man dadurch der Möglichkeiten beraubt wäre, sich vor einem Einkauf über das Produktangebot zu informieren. Das world wide web bietet optimale Gelegenheiten, sich über das Vorhandensein preiswerter Angebote einen Überblick zu verschaffen, wobei es sich um eine Praxis handelt, die sie auch gemeinschaftlich mit der Mutter teilt. Mutter und Tochter erscheinen hier wie Schnäppchenjäger, stets darum bemüht, etwas Günstiges zu finden, wobei ihnen das Internet zum perfekten Hilfsmittel wird, die Einkaufstouren nicht zu ergebnislosen Ausflügen werden zu lassen. In Kontrast dazu skizziert sie ihren Vater, den sie nach kurzer Pause mit einem betonten Demonstrativpronomen als jemanden darstellt, der im Internet „SCHON auch" das Angebot von Technikmärkten aufsucht. Sichtbar wird dadurch eine *Grenzziehung* zwischen einem weiblichem und männlichen Mediennutzungs- und einem sich daran anschließenden Einkaufsverhalten: Wonach gegugt bzw. gesucht wird, ist scheinbar klar festgelegt. Während Zeynep und ihre Mutter Kleidung favorisieren, ist das Interesse des Vaters auf Technik und Geräte gerichtet; sein Einkaufsverhalten ist flanierend bzw. schlendernd, während es Zeynep als „besser" bezeichnet, sich in Geschäften zielgerichtet und erfolgsorientiert zu bewegen anstatt sich treiben zu lassen. Das eigene Vermögen, sich spielerisch und kenntnisreich im Internet orientieren zu können, fokussiert sich hier auf die Funktionalität zu preisgünstigem Konsumverhalten, während dies für den Vater offensichtlich nicht gilt. Die Praxis der Frauen erscheint hier aus Zeyneps Schilderung nicht unbedingt minderwertig, wird jedoch deutlich hierarchisch konnotiert. Weibliche und männliche Medienzuwendung einschließlich ihrer Referenzen wird *dichotomisiert* und habituell festgeschrieben, gleichzeitig dokumentiert sich in der Nutzung der Frauen, abseits der Männerwelt eigenen Konsum- und Geschmacksinteressen nachzugehen, auch ein selbstbewusstes Verhalten.

Inwiefern sich ein solches Selbstbewusstsein durchaus in Synthese zu einer Rollen- und Machtverteilung befinden kann, lässt sich am Beispiel einer innerfamiliären Computerpraxis weiter verfolgen:

(153)
I: *Erzähl doch noch mal ein bisschen was du sonst noch so alles mit dem Internet machst.*
Z: (3) ((lacht)) Ich konnte wegen dem Internet meinem Cousin bei seiner Prüfung helfen.
I: *Aha, erzähl doch mal davon.*

Z: Also, der hat- der will Geschichtslehrer werden. Und der wusste GAR NICHT mehr weiter ((lacht)). Und er war völlig durcheinander dass ihm das nicht einfiel dass er im Internet AUCH mal nachgucken kann ((lacht)) Und das war dann halt, ich weiß nicht. Es war glaube ich, der musste dann auch auf die - also an die Tafel, also, nee, was musste er denn tun? (2) Weiß ich auch nicht mehr, aber, vor der GANZEN Schule musste er schon was vortragen. Keine Ahnung. Und dann- er wusste gar nicht mehr weiter, er hatte nur ein Thema noch, und- dann meinte ich guck' doch mal im Internet nach und so. Und dann, er wusste die Seite nicht. Und dann meinte ich, also er hat bei google nachgeguckt. Und da hat er dann auch nichts Interessantes gefunden. Und dann, ich hatte ein Buch von Was ist Was. Und dort haben wir dann halt nachgeguckt, und da war voll vieles. // I: Und da hast du ihm dann so geholfen? // Z: Ja, und er hat es dann auch bestanden. Jetzt ist er Geschichtslehrer. Er hat's GESCHAFFT ((lacht)).

Zeynep schildert ihren männlichen Verwandten als einigermaßen desorientiert, indem er während seiner Prüfungsvorbereitung beispielsweise vergaß, dass doch das Internet eine Informations- und Wissensquelle sein kann. Sie stellt dies dar wie ein belustigendes Erheben über den dummen, ahnungslosen Cousin. Vor dem Hintergrund, dass eben dieser Cousin ansonsten als gate-keeper in Erscheinung tritt, bestimmend, wann sie das Internetcafe betreten darf (siehe oben), erscheint es, als ob es Zeynep hier gelingt Weise gelingt, ein Stück Macht *über ihn* zurück zu gewinnen: Ohne sie wäre er „GAR NICHT" mehr weitergekommen. Die Abhängigkeitsverhältnisse kehren sich für einen Moment um – er ist nun auf *sie* angewiesen. Gleichzeitig überlegt sie in dieser Passage intensiv, worin denn nun die von ihm zu meisternde Herausforderung genau bestand, die sie dann als zumindest nicht eben einfache Aufgabe skizziert: Er hatte sich mit einem Vortrag vor der gesamten Schulgemeinde zu exponieren, steckte mit seinem „Thema" allerdings in einer Sackgasse. In dieser Situation dient sich Zeynep ihm mit ihrem Medienwissen und ihrer Medienerfahrung an: Sie gibt ihm den Tipp „doch mal im Internet" zu gucken, was sich jedoch nicht als erfolgreich erweist; am Ende dient als Quelle der Vorbereitung ein Sachbuch („Was ist Was").

Was sich in dieser Erzählung dokumentiert, ist eine in ein spezifisches Rollenmuster eingelassen Beziehungsqualität, an der sich Zeynep orientiert. Vor allem hinsichtlich der Konstellation des Szenarios scheint darin der Habitus einer helfenden Unterstützerin auf, die ermutigend zur Seite steht und sich situativ fürsorglich kümmert, während sie gleichzeitig im Schatten des erfolgreichen Ranghöheren verbleibt. In diesem Sinne haftet der hier wiedergegeben Episode etwas Konservatives an: So geht es Zeynep betont darum, ihr Wissen *in den Dienst* des Cousins und seines beruflichen Projektes, Lehrer zu werden, gestellt zu haben. Der Hinweis auf entsprechende Webseiten ist der Versuch, zu *dessen* Erfolg – dem Bestehen der Prüfung – beizutragen, eine Aufgabe, die sie überdies fast in Form einer vom Cousin zu meisternden heldenhaften Bewährungsprobe vorträgt. Den Schlüssel dazu sieht sie zwar in *ihrem* Wissen, gleichzeitig ist der gesamte Prozess vor allem hinsichtlich *seines* Erfolges relevant („er hat's GESCHAFFT"). Interessanterweise bindet Zeynep ihre Hilfe auch nicht an ihre technische Expertise, sondern letztlich gelingt die Prüfungsvorbereitung im Rückgriff auf ein traditionelles

Printmedium, welches sie „hat". Das in der Passage zum Ausdruck kommende Selbstbewusstsein, vermittels eigenem Wissen und Erfahrung eine Gleichheit oder sogar eine Überlegenheit zu erringen, lässt sich so gleichzeitig als Orientierung an einem hierarchischen Ordnungsschemas von gesellschaftlich erfolgreichem Mann versus häuslich helfender Frau rekonstruieren. Insofern handelt es sich um ein Selbstbewusstsein, dass die eigene Einbindung innerhalb eines Macht- bzw. Ordnungsverhältnisses *mit sich* führt.

Ihre Einordnung in ein solches Macht- bzw. Ordnungsverhältnis wird von Zeynep dann auch nicht nur als selbstverständlich und normal, sondern auch als positiv dargestellt, selbst da, wo dies wie eine *Funktionalisierung* anmutet, sichtbar in einer weiteren Szene familiärer Mediennutzung:

```
(227)
Z: Internet, ja, ist wichtig (2). Ist wichtig in unserer Fami-
lie. Weil wir erledigen voll viele Sachen im Internet.
I: Und, ja, macht ihr auch manchmal was zusammen?
Z: Ja, wenn ich halt zum Beispiel mit meinem Opa Emails ver-
schicke und so. Und dann kommt die ganze Familie, und sagt „ja,
schreib mal Opa das und das, schreib mal Opa das und das" und
„was er macht" und so. Und halt so was. (2)
I: Ach, ihr sitzt dann alle vorm Computer, wie viele seid ihr
denn dann?
Z: Also, mein Vater, mein Bruder und meine Mutter und ich und
mein kleiner Bruder.
I: Aha, ihr sitzt alle vor dem Computer und dann schreibt ihr
Emails zum Beispiel. // Z: Ja ((lacht)) // I: An wen so? //
Z: Meinen Opa, meinen Onkel oder meine Cousins // I: In die
Türkei? // Z: Mhm, oder mein- also ich weiß nicht wie das geht,
aber mein Vater der macht das, er hat so eine Kamera vor- auf
dem Computer, er macht dann halt auch FOTOS so, und schickt die
dann, und wir bekommen Fotos von meinem Opa ((lacht)). Das ist
voll COOL.
```

Während die kommunikativen Möglichkeiten des Internet hier im Sinne einer Brücke zur Verwandtschaft ins Heimatland zum Tragen kommen (vgl. hierzu auch Eggert/ Theunert 2002: 291) wird die Mediennutzung hier regelrecht zum Event, das alle Familienmitglieder erfasst und vor dem PC zusammenführt. Gleichzeitig ist dieses gemeinschaftliche Familienerleben von der Ausrichtung auf eine strenge Rollenverteilung gekennzeichnet, sichtbar etwa in Zeyneps Aufzählung der vor dem Computer sitzenden Familienmitglieder, die die Form einer sequenziellen Familienhierarchie annimmt. Offensichtlich zunächst alleine am Computer „kommen" die anderen hinzu und geben ihr etliche Instruktionen, was sie nun zu schreiben hat. Zum Ausdruck kommt darin, dass sie funktionalisiert *wird* bzw. sich (bereitwillig?) funktionalisieren *lässt*, wenn es darum geht, die textförmigen Eingaben für die Familie zu erledigen. Ihre Darstellung weist darauf hin, dass sie eher Wünsche *umsetzt* als selbst am Inhalt der Nachrichten an die Verwandten beteiligt zu sein. Während sie für die Schreibarbeit zuständig ist, deutet sie dann euphorisch als „voll COOL", dass mittels Kamera auch Bilder verschickt werden; der dafür Zuständige ist wiederum ihr Vater, der eine solche Kamera „hat" und „weiß" wie man damit umgeht. Etwas überspitzt formuliert: Der Zuständige, Gestalter und Ermöglicher des visuellen Erlebnisses ist das männliche Familienoberhaupt, während Zeynep die Funktion der Sekretärin übernimmt. Es kommt zu einer Funktionalisierung, die als im Dienste des gemeinschaftlichen Familienerlebens stehend geschildert wird und die zugleich erneut von einer Dichotomie männlicher und weiblicher Technikverwendung durchdrungen ist.

Aspekte einer Funktionalisierung lassen sich auch daran zeigen, dass Zeynep den neuen Medien eine hohe berufsbiographische Relevanz zuspricht und sich *mit* ihnen bereits eigenaktiv über ihre berufliche Zukunft informiert hat. Zum Ausdruck kommt darin eine Selbstfunktionalisierung, die ihrerseits eingespannt ist in das Changieren zwischen der Suche nach einer eignen Entwicklungsperspektive und der Erfüllung anstehender Anforderungen. So berichtet sie stolz von ihrer Nutzung der Seite „Berufenet" (45):

```
(45)
Z: Bei Berufenet. Ja, weil ich, auch, bis zur heutigen Zeit
nicht wusste, was ich SEIN will. Und (3) wegen dem Internet
habe ich jetzt- WEISS ich jetzt was ich sein will. // I: Mhm //
Z: Ja, äh, na ja ich habe halt so meine Interessen und so alles
rauf geschrieben. Ich meinte so, „ja, mit dem Computer arbei-
ten" und so. Und dann, also auch wo ich auf der SCHULE bin, wie
mein Notendurchschnitt ist, und dann, wie also- so der Gehalt
sollte AUCH gut sein. Und dann, so halt, im Deutschunterricht
und so, Rechtschreibung ist halt gut bei mir. Und danach mein-
ten die dann halt ja, „Verwaltungsfachangestellte IST was für
dich". Ja, weil da auch stand, Hobbies und so, Stärken und
Schwächen. Ja so war das.
I: Aha, und wer meinte das? Dass das was für dich ist, das habe
ich noch nicht verstanden.
Z: Ich hab's RAUF geschrieben, und denn kam auf einmal diese
Seite.
I: Ach so // Z: Ja // I: Und jetzt weißt du, dass du das machen
willst? // Z: JA, Verwaltungsfachangestellte.
```

Das eigene Aufsuchen einer offiziellen Berufsinformationsseite hat ihr nach eigenem Bekunden geholfen zu wissen, was sei „sein" will, worin anklingt, dass sie einen Zustand längerer Orientierungslosigkeit selbstständig beendet hat. Auf diese Weise vermittelt sich Zeynep als auf der Höhe der Zeit der einschlägigen Medienkompetenzdebatte, in der die Nutzung des Internets zur frühzeitigen eigenständigen Suche Jugendlicher nach Zukunfts- und Beschäftigungsmöglichkeiten eine häufige Forderung darstellt. Die Suche nach ihrem Wunschberuf schildert sie dabei so, dass dabei eigene Vorlieben, Leistungen sowie gewünschte Verdienstmöglichkeiten eine Rolle spielen sollten. Bei der Berufsberatung ging es ihr also zunächst darum, entlang der eigenen Interessen und Vorstellungen vorzugehen. Während sie diese nun einerseits gewahrt sehen möchte, übernimmt sie andererseits – scheinbar alternativlos – den Beruf, der als passend zu ihren Angaben herausgefiltert wurde. So thematisiert sie nicht, nach alternativen oder äquivalenten Berufen gesucht oder verschiedene Möglichkeiten einer zufrieden stellenden Passung durchgespielt zu haben, sondern allein die Übernahme einer Fremdeinschätzung, die ihrerseits nicht weiter hinterfragt, sondern affirmiert wird, zumal sie erklärt, *dass* diese Fremdeinschätzung doch genau mit ihrem Profil übereinstimmt

("Hobbies und so, Stärken und Schwächen"). Auf diese Weise vermittelt sie „Verwaltungsfachangestellte" als denjenigen Beruf, der augenscheinlich perfekt zu ihr passt, weil er sich komplementär zu ihrem Profil darstellt. Das Finden ihrer eigenen (Zukunfts-)Perspektive stellt sich demnach aus ihrer Sicht als Resultat einer Fremdeinschätzung und insofern als Übernahme heteronomer Kategorien dar, zugleich aber auch als persönlich adäquat. Im Prinzip ist hier kaum zu unterscheiden, ob es sich dabei um eine (überspitzt gesagt: selbstlose) Reproduktion einer Fremddiagnose oder, genau andersherum, um das selbstgesteuerte, zielstrebige und individuelle Projekt einer subjektiv zufrieden stellenden Zukunftsplanung handelt. Anders ausgedrückt: Sie macht, was man ihr sagt, ohne dass dies wie einfacher Gehorsam, sondern wie die Anbahnung eines selbst gewählten Weges erscheint. Homolog dazu schildert sie auch medienbezogene Lernwünsche:

```
(161)
Z: Ja, dieses- das freie Schreiben. Halt ohne auf die Tasten zu
gucken. // I: Mhm // Z: Weil das braucht man auch als Verwaltungsfachangestellte. Weil man da richtig so voll viel Texte
schreiben muss und so. Und da will ich halt nur auf den Bildschirm gucken. Weil das bringt mich dann ja AUCH völlig durcheinander.
I: Mhm. Und, wie würdest du das lernen wollen, also hast du da
schon eine Idee?
Z: Ja, durch Computerkurse. Also ich will mich jetzt also nach
diesem Halbjahr auch da anmelden bei TREND am M.-Platz. (2) Das
ist mein Onkel, der Besitzer. Und deswegen, dort- durch den,
und da will ich dort- // I: Das ist ein Computerladen? //
Z: Ja, Computerkurs und Nachhilfe. // I: Ah ja, und da willst
du das dann lernen. // I: Mhm. Freu mich schon drauf (2)
```

Die für sich erwünschte Fähigkeit des blind Tippen Könnens erklärt Zeynep aus der Anbindung an die beruflichen Anforderungen in Form großer Mengen anfallender Textverarbeitung und relationiert einen medienbezogenen Lernwunsch insofern zu einer beruflichen Qualifikation. Dieses Tippen – eine externe Erwartungshaltung der Beherrschung instrumenteller PC-Kenntnisse – möchte sie so „richtig" wie möglich, das heißt am besten professionell ausführen können. Der Computer erscheint hier zwar als Hilfsmittel, das die Bewältigung großer Textmengen erleichtert und es kommt Zeynep vor allem auf die korrekte Bedienung an, um den Anforderungen gerecht werden zu können, von denen sie glaubt, dass sie an sie gestellt werden: In einer solchen Situation möchte sie ungern „durcheinander" geraten, d. h. fehlerhaft arbeiten und damit die erwarteten beruflichen Anforderungen verfehlen. Zu deren Vorbereitung plant sie die Inanspruchnahme eines formalen Bildungsangebotes, und zwar bereits sehr präzise: So stehen z. B. Zeit und Ort bereits fest, wobei sie an ein familiär vorhandenes Bildungskapital anschließen möchte. Deutlich wird hier eine Bildungsaspiration, die bereits sehr deutliche Züge trägt und die computerbezogenen Kompetenzerwerb zur Erfüllung sachstrukturierter Erfordernisse relationiert, die zudem in Obhut von männlichen Vertretern der familiären Sphäre erfolgt.

Zum Ausdruck kommt damit eine Aufwärtsmobilität mit gleichzeitiger starker Bindung an die Herkunftsfamilie. Insofern dokumentiert sich hier wieder ein Selbstbewusstsein, das Verfolgen einer eigenen Perspektive und die Antizipation beruflicher Anforderungen – der Computerkurs wird eigeninitiativ aufgesucht („ich will mich (...) anmelden"); gleichzeitig eine Unterwerfung unter das Erfordernis, heteronom geformte Anforderungen funktional zu erfüllen, die zudem in der Sphäre älterer männlicher Familienangehöriger erfolgt.

Eine Sunay und Zeynep vergleichbarer Orientierungsrahmen lässt sich bei Derya nachzeichnen. Derya ist 15 Jahre alt und lebt bei ihrer Mutter. Ihre Eltern leben seit 26 Jahren in Deutschland, seit zehn Jahren sind sie getrennt. Ihre Mutter arbeitet als Servicekraft. Derya hat eine zehn Jahre ältere Schwester, die in einer westdeutschen Großstadt lebt. Auf die Frage nach ihren Hobbies gibt Derya an, eigentlich keine speziellen zu haben; „höchstens mal so Fernsehen" oder „rausgehen". Derya ist groß und erscheint zum Interview in dunkler eleganter Kleidung; sie ist leicht geschminkt und hat lackierte Fingernägel. Zu ihrer Verwandtschaft in die Türkei hat sie nach eigener Aussage wenig Kontakt („also wenn ich natürlich rüberfliege, ich war jetzt das letzte Mal vor zwei Jahren da, und sonst nicht. Also wir telefonieren auch nicht", 88). Nachdem Derya zunächst etwas angespannt wirkte, wird die Gesprächsatmosphäre sehr schnell offen und freundlich. Um Getränke zu holen, unterbrechen wir das Interview einmal.

Derya situiert ihr Handeln immer wieder in Relation zu Impulsen anderer Personen und vermittelt ihre Medienpraxis jeweils innerhalb von ihr als feststehend dargestellten Rahmenbedingungen. Wie sie zu ihrem Computer gekommen ist berichtet sie anhand einer Schilderung, in der sie die Anschaffung eines PCs als eine zielstrebige und ehrgeizige Investition ihrer Mutter in ihren Bildungserfolg darstellt („dass ich auch lernen kann am Computer", 28), zugleich aber auch als eine heteronome Aktivität („sie hat ihn angeschafft, also ein Exfreund hat den glaube ich mitgebracht", 28); ähnlich wie Zeynep und Sunay vermittelt auch Derya eine gewisse Lernwilligkeit und Bildungsbereitschaft, die sie zugleich als abhängig von fremden Impulsen kennzeichnet. So erklärt sie etwa, angesprochen auf eine Nutzung des Computers im Schulkontext, zu dessen Verwendung eine konkrete Aufgabenstellung zu benötigen, um aktiv zu werden: Sie beschreibt sich als ehrgeizig, zugleich aber auch begrenzt, selbstbewusst und zugleich auf die Erfüllung einer ganz spezifischen Aufgabe fokussiert; sich selbst verortet sie dabei zwischen Aktivität und Passivität:

```
(99)
I: Benutzt du den Computer manchmal für die Schule auch?
D: Nee ((lacht)), GAR NICHT. Nein, na ja ich wollte mal, ich
hab es mir vorgenommen, aber ich wusste gar nicht was. Weil,
das einzige wenn ich so mal Referate schreibe, dass ich das
tippen kann. Aber irgendwie habe ich noch nie die Gelegenheit
gehabt, oder ich hatte noch nie ein Referat was ich zuhause
schreiben konnte. Also ich habe das noch nie benutzt, für die
Schule.
```

Eine Absichtserklärung formulierend, sich einer Anstrengung zu unterziehen, signalisiert Derya das Vorhandensein einer prinzipiellen Motivation – allerdings ist ihr ein ebenso prinzipieller oder universeller Nutzen nicht klar. So dokumentiert sich hier ein lediglich diffuses Wissen um die potentiellen Einsatzmöglichkeiten des PCs im Schulkontext; das, worauf sie konkret zugreift, ist der Einsatz in Bezug auf eine spezifische Verwendungsform in Relation zu einer Aufgabenstellung. Damit erklärt sie eine deutliche Bereitschaft, Medien zu nutzen, die sie zugleich durch konkrete Impulse und Aufträge motiviert sieht. So koppelt sie ihre Absicht, mit dem Computermedium für die Schule aktiv werden zu wollen, aber bisher nicht geworden zu sein auch nicht an Unlust, sondern an einen Anlass, der sich bisher nicht ergeben habe – sie hatte bisher einfach noch nie ein Referat zum „tippen".

Reformuliert deutet sich darin an, dass Derya sich implizit fragt, warum man ihr bislang keines aufgegeben hat – sie *hätte* es dann am Computer gemacht. Auf diese Weise entlastet sie sich von der Verantwortung für eine bislang ausgebliebene schulische Mediennutzung und behauptet sich selbstbewusst angesichts einer selbst erkannten und auch selbst thematisierten Begrenztheit des eigenen Handlungsspielraumes. Sie lässt hier die Möglichkeit im Raum stehen, dass es ja irgendwann mal eine Gelegenheit geben könnte, die sie dann ergriffe. Auf diese Weise inszeniert sie sich als grundsätzlich nutzungsbereit und schreibt sich das Vorhandensein eines Willens bzw. einer Motivation zu. Dass dies nicht in die Tat umgesetzt wurde relationiert sie zu äußeren Rahmenbedingungen, wodurch deutlich wird, inwiefern Derya sich daran orientiert, in einem vorrangig pränormierten Handlungsrahmen aktiv zu sein. Sie positioniert sich ehrgeizig, relationiert dies aber mit spezifischen Anforderungen und schildert sich abhängig von heteronomen Impulsen, infolgedessen sie eine entsprechende Medienpraxis enaktiert.

Eine solche Selbstpositionierung zieht sie auch durch ihren biographischen Zugang zum Computer, welchen sie „seit drei oder vier Jahren glaube ich" (27) besitzt: Sie erzählt, wie sie den Wunsch hatte, im Verlauf der Zeit an die schulbezogene Mediennutzung der Schwester anzuschließen, einem Anliegen ähnlich, ihr nachzueifern bzw. es ihr gleichzutun – ohne eine tatsächliche Umsetzung. Stattdessen geht sie darauf ein, wie sie es stattdessen gemacht hat; sie erfuhr von anderen, was diese tun („ins Internetcafe gehen", 24), ohne dass sie über ein gemeinsames Erschließen des Mediums mit ihnen berichtet, sondern wiederum nur ihre eigene Entwicklung hin zu einer Medienbesitzerin verdeutlicht. Insgesamt thematisiert sie auf doppelte Weise einen Anschluss an etwas ihr differentes mit anschließender Artikulation von etwas Eigenem und changiert dabei zwischen Prinzipien von Nachahmung und Abgrenzung; es geht ihr, ähnlich wie den anderen beiden Mädchen mit türkischem Migrationshintergrund, um ein Geltend-Machen eines eigenen Handlungsrahmens, der sich eng an äußeren Vorgaben und Tätigkeiten anderer ausrichtet. An ihrer Nutzung von Emails wird dies besonders deutlich:

```
(83)
I: Wie ist denn das mit anderen Sachen bei dir so im Internet,
so zum Beispiel Email schreiben, machst du das auch?
D: Ich habe zwar eine Emailadresse, aber irgendwie, also mein
Freundeskreis die haben alle KEINE Emailadresse. Und WENN ich
mal Emails schreibe dann meiner Schwester, oder ja, also ei-
gentlich NUR meiner Schwester. Sonst kenne ich keinen hier, der
eine Emailadresse hat. Und ich glaube nicht die wollen auch
nicht, dass ich jetzt Emails schicke oder so. Die würden das
selber auch nicht machen.
```

Während das Emailschreiben auf den Kontakt zu ihrer Schwester eingeschränkt ist, beschreibt Derya, wie sie sich darüber hinaus an ein soziales Einvernehmen bezüglich dieser Form der Mediennutzung hält. Deutlich wird daran erneut, inwiefern sie innerhalb eines Mediennutzungsrahmens verbleibt, den sie als feststehend erlebt. So ist sie prinzipiell bereit, das Medium (aktiv) zu nutzen und tut dies auch, allerdings in enger Relation zur Nutzungsmöglichkeit des Sozialgefüges ihrer peergroup, der sie eine fundamentale Prägekraft über ihr Handeln zuspricht: Emails zu schreiben, selbst wenn die anderen eine Adresse besäßen, wäre etwas sozial *Unerwünschtes* – eine Handlung, die nicht dem entspricht, was andere *wollen*. Es ist aus ihrer Sicht der Wille anderer, dass sie sich dieser Mediennutzungsoption nicht bedient, zumal die anderen das, was sie von Derya wollen, dass sie es nicht tut, selber *auch* nicht tun. Auf diese Weise verortet Derya ihre Mediennutzung innerhalb einer sozialen Konvention, in die sie sich einfügt. Sie übernimmt die Impulse, die von anderen ausgehen und setzt ihr eigenes Verhalten in Beziehung dazu.

Auch die Genese ihrer Handlungsfähigkeit schreibt Derya vorrangig der Prägung durch andere zu und orientiert sich an Mechanismen der Adaption von Umgangsformen. Schilderte sie etwa die Bereitstellung der technischen Infrastruktur als heteronom, geht es ihr darum, sich dieser einfach *bedienen* zu können. Selbstbewusst stellt sie im Folgenden dar, auf welche Weise sie zu einer Internetnutzerin geworden ist und leitet dies zugleich durch die Nennung heteronomer Impulse und der für sie relevanten Rahmenbedingungen ein:

```
(33)
D: Durch meine Kumpels. Die haben halt gesagt „ja, komm mal
mit, hier gibt's myflirt", das ist so eine Chatadresse. Und da
habe ich mich halt angemeldet. Und seitdem nutze ich das auch
regelmäßig.
I: Wie hast du denn gelernt, wie man das Internet so benutzt?
D: Eigentlich automatisch so irgendwie. Also ich habe mal ge-
fragt immer mal wieder. So mal meine Schwester oder meine Mut-
ter. Und die haben mir das erklärt. Oder wir hatten hier in der
Schule auch ITG, da haben wir auch ein bisschen gelernt. Aber
ich war auch nicht so oft da ((lacht)). Also, eigentlich so
durch alleine. Irgendwie halt mal ausprobiert, wo man klicken
muss, und was sich dann öffnet. Und SO hat man das dann eigent-
lich gelernt würde ich mal sagen.
I: Hat dir das was ihr so in ITG gemacht habt geholfen?
D: Eigentlich GAR nicht ((lacht)). Weil, irgendwie wir haben
besprochen, aber ich muss auch sagen ich war wirklich nicht oft
da, und als ich da war haben wir besprochen wie so ein Computer
drinne aussieht. Und das hat mich irgendwie weniger interes-
siert. Weil ich schraub ja keinen Computer auseinander
((lacht)), und gucke erstmal was da so für Dinger da drin sind
((lacht)). Und sonst, eigentlich viel gelernt haben wir da
nicht. Oder ICH zumindest nicht.
```

Sich das Internet zunutze machen wird zu einem wie von selbst ablaufenden Prozess einer Praxis unter Freunden oder gleichgeschlechtlichen Familienangehörigen. Erkennen lässt sich hier, wie Derya sich zunächst selbst in ein durch die peergroup geprägten Schema einordnet und deren Aufforderung befolgt; sie verortet sich in einem vorstrukturierten Rahmen, innerhalb dessen sie zielgerichtet agiert, wobei sie sich als grundlegend umgangskompetent präsentiert. Sich vom schulischen Computerunterricht distanzierend signalisiert Derya eine Abwehr gegenüber einer auf die Hardware bzw. die Architektur bezogene Auseinandersetzung mit dem Computermedium und stellt dem eigene Lernwege maximal gegenüber. Es geht ihr darum, im Rahmen eigener Ziele aktiv zu sein; so behauptet sie sich hier souverän gegenüber den Ansprüchen seitens der Schule, schreibt sich eine selbstgesteuert prozessierende Handlungsfähigkeit und situiert sich in einem Rahmen unmittelbarer Handlungsvollzüge. Insofern könnte man hier von der Herausstellung einer eigenen Handlungsfähigkeit angesichts einer bewussten Nicht-Einordnung unter Ansprüche und Verpflichtungen sprechen. Sie orientiert sich an einem Geltend-Machen einer selbstbewussten Position angesichts von Anforderungen und der Demonstration selbständiger Handlungswege. Im positiven Gegenhorizont stehen hier das Anzeigen einer vermittels des Einfügens in etwas Vorgefundenes erlangten Selbsthandlungsfähigkeit und die Abgrenzung von computerbezogenen Spezialkenntnissen.

Orientiert an einem Geltend-Machen eigener Ziele, das sich in Wechselwirkung mit einem feststehenden Handlungsrahmen befindet, berichtet Derya von ehemals eigenständigen Medienaktivitäten („früher, also ich hatte immer so Phasen, da gehe ich zum Beispiel im Monat so fast jeden Tag ins Internet", 41), die sich infolge eines kurzzeitigen Auszuges von zu hause reduziert haben. Dass sie nun weniger aktiv ist als früher beschreibt sie jedoch nicht mit einem nachgelassenen Interesse, sondern damit, dass sie zwischendurch „kein Internet" (41) mehr hatte. Auch im Folgenden wird deutlich, dass ihre Nutzung in stabile Rahmenbedingungen situiert ist, angesichts der sich Derya zwar negativ beeinflusst sieht, zugleich aber als unantastbar ansieht:

```
(237)
D: Und sonst halt früher runterladen, aber das jetzt auch nicht
mehr, leider ((seufzt)) // I: Warum findest du das schade? //
D: Na ja weil ich keine guten CDs mehr habe. Weil, so hatte ich
halt immer gute CDS, oder wenigstens konnte ich das hören. Und
jetzt darf ich das halt nicht mehr. Und das ist halt doof.
Weil, ich kauf mir auch keine CDs, dafür bin ich viel zu gei-
zig. Und, na ja. So hatte ich halt immer mal eine gute CD, oder
konnte mir auch was brennen. Und das war halt besser. Und jetzt
kann ich nicht mehr. Und ich wüsste jetzt auch wie man DVD-
Filme runter lädt, aber das geht ja jetzt auch nicht mehr. //
I: Wie meinst du das? // D: Durch einen Kumpel, also der hat es
mir halt ein bisschen erklärt. Also ich weiß nicht ob ich es
RICHTIG könnte, aber er hat es mir erklärt wie man es machen
soll. Und, ja das wäre auch gut, wenn ich immer die neuesten
Filme hätte. Aber das geht halt nicht. Weil da hat meine Mutter
wirklich Angst, dass halt irgendwann die Polizei kommt, und wir
Strafe zahlen müssen oder so was.
I: Ach so, das hat sie richtig gesagt, dass du das nicht
darfst?
D: Das darf ich nicht. Sie hat irgendwie das Programm wegge-
macht. Ich finde das nicht mehr, oder sie hat es vollkommen ge-
löscht, glaube ich. Weil, ja ich finde es nicht, und ich kann
SCHON ein bisschen suchen so auf dem Computer, so ob ich was
finde. Aber ich glaube das gibt's gar nicht mehr. Also ich den-
```

ke mal sie hat es gelöscht damit ich nicht heimlich was runterlade.
I: *Habt ihr darüber auch gesprochen oder hat sie das einfach so gemacht?*
D: Nee ((lacht)), also ich habe es erstmal noch gemacht, also es war noch da, und dann hat sie gesagt „hör mal bitte auf, mach es nicht. Weil die kontrollieren halt sehr stark". Aber ich habe es weiterhin einfach gemacht, mir war das egal. Und, dann bin ich ausgezogen von zuhause, und dann kam ich wieder, und dann war das weg. Dann war nix mehr da ((lacht)).

Eine Veränderung ihrer zuvor aktiv-bereichernden Mediennutzung schreibt Derya selbst einer fast schicksalhaften Fügung unter die aktuellen Situation ihrer Nutzung zu; sie empfindet es als negativ, dass sich das eigene Medienmenü nicht mehr ständig erweitern lässt und sie keine „guten CDs" mehr hat, welche sie nicht einmal zu besitzen trachtet, sondern deren vorrangiger Mehrwert für sie das „Hören" ist. Dem Wunsch nach dem Besitz aktueller Medienformate steht das Verbot gegenüber, keinen Download mehr betreiben zu dürfen; dem Ausweichen auf Kaufprodukte steht der Umgang mit eigenen finanziellen Mitteln im Weg – insgesamt sieht sie sich mit dem Abgeschnittensein von einer medialen Lieblingsbeschäftigung konfrontiert. Selbst das von einem Freund beigebrachte Wissen, wie man sich „Filme runter lädt", kann nun nicht mehr zur Anwendung kommen, weil die Mutter ihre technische Infrastruktur modifiziert hat. Derya beschreibt hier den Wunsch nach medienbezogenen Konsummöglichkeiten als durch Restriktionen behindert, sieht gleichzeitig diese Restriktionen aber als unabänderlich an. Sie bringt zum Ausdruck, etwas zu *wollen*, zugleich aber auch *eingeengt* zu sein. So arbeitet sie sich daran ab, inwiefern ihre medienbezogene Handlungsautonomie eingeschränkt ist und artikuliert Ohmacht aufgrund fehlender Möglichkeiten; gleichzeitig wird die Beschränkung ihres Handlungsfähigkeit offenbar *nicht* als eigenmächtig überbrückbar angesehen: Sie verbleibt diesseits der Begrenzung ihres medienbezogenen Handlungsspielraumes und findet sich damit ab, dass bestimmte Medienutzungsoptionen gegenwärtig nicht mehr erreichbar sind – diese Begrenzung wird einerseits zum *Problem* („doof"), andererseits wird sie *akzeptiert* („geht halt nicht").

Im positiven Gegenhorizont stehen hier einerseits ein Begehren, über aktuelle Medienformate zu verfügen und eine Enttäuschung angesichts einer Abgeschnittenheit diesbezüglicher Teilhabemöglichkeiten; andererseits eine Hinnahme von Verboten und Einschränkungen sowie die Abhängigkeit von der Praxis anderer. Im negativen Gegenhorizont stehen eigene Möglichkeiten der medienbezogenen Handlungserweiterung bzw. eine Ausweitung des persönlichen Handlungsspielraumes durch eigene medienbezogene Fähigkeiten. Insofern positioniert sich Derya habituell eingebunden in ein Bedingungsgefüge aus heteronomen Einflussfaktoren, die sie selbst als einschränkend, aber ebenso als nicht zu ändern imstande beschreibt. Im Wege stehen ihr dabei ihre Selbstbestimmung über eigene finanzielle Ressourcen („geizig") und das Vorhandensein der mütterlichen Intervention. Insofern beschreibt sie sich als doppelt begrenzt und *fügt* sich in diese Begrenztheit, ohne jedoch eigenen Ansprüchen zu entsagen. Der Umgang mit den Medien erfährt eine Barriere, die ihrerseits als unüberwindbar – willentlich oder unwillentlich – thematisiert wird. Insofern verortet Derya mediale Verwendungsmöglichkeiten innerhalb von umgrenzten Spielräumen, die ihr insofern als *normal* erscheinen.

Als ein ebenso normaler Handlungsspielraum erscheint es Derya, dass sie infolge der eigenen Nicht-Beherrschung der Technik nur geringe Möglichkeiten der Beschäftigung damit sieht. Beispielsweise spielt sie einerseits gerne („ich mache manchmal gerne so Freecell oder so, wie heißt jetzt dieses Spiel", 92), andererseits aber nur „die da schon drinne sind im Computer. Die ich jetzt nicht extra rein mache, so mit CD-ROM oder so, das nicht. Weil, ich glaube das könnte ich gar nicht, oder- bei unserem Computer ginge das nicht" (102). Dass also die eigene Spielpraxis auf die vorgefertigten, vorab im PC installierten Spiele beschränkt bleibt bzw. bleiben muss, ist weniger ein Problem, sondern eher ein *Datum*, innerhalb dessen sie agiert.

Trotz der bisher sichtbar gewordenen Beschränkungen ihres Mediennutzungsrahmens gelingt es ihr jedoch auch, sich eigenbestimmt auf spezifische Medienformate zurückzuziehen, um in diesem Rahmen Teilhabechancen zu realisieren. Dabei lotet sie Möglichkeiten aus, mittels Medien Erlebnisse von Eigenaktivität und Mitwirkungsmöglichkeiten zu haben und auch zu nutzen:

```
(42)
I: Was machst du denn sonst so in deiner Freizeit? Was sind dir
da wichtige Sachen?
D: Tja, na ja eigentlich nicht viel ((lacht)). Also ich habe
keine Hobbies oder so. Ich habe früher mal getanzt in so einem
Verein. Aber jetzt auch nicht mehr. Ja, was mache ich zuhause?
Ich gucke Fernsehen, oder ich treffe mich mit einer Freundin.
Oder mit Leuten. Und, das war's eigentlich auch schon.
I: Wie wichtig ist dir denn so Computer in deiner Freizeit ei-
gentlich? Auch im Vergleich zu den anderen Sachen so.
D: Eigentlich wichtig. Also im Vergleich zum Fernseher ist er
mir schon wichtig. Weil, na ja wenn man halt was sucht, oder
zum Beispiel eine Strasse sucht. Einfach mal ins Internet geht.
Kommt der Stadtplan, da weißt du genau wie du hinkommst und so.
Also, es ist schon praktisch. Oder bei Ebay, wenn man sich da
Sachen kauft, ist schon gut.
```

Sich über die relativ geringe Ausprägung des eigenen Aktivitätsniveaus in ihrer Freizeit belustigend orientiert sich Derya daran, ihre generelle – auch nicht-medienbezogene – Handlungsfähigkeit in einem klar umgrenzten Rahmen zu situieren, sich aber auch mit dem von ihr benannten, nicht unbedingt sehr variabel oder intensiv stattfindenden Freizeiterleben zu begnügen: Während eine frühere sportliche Tätigkeit – zumal sozial eingebunden – nicht mehr stattfindet, informiert sie über drei klare Bereiche, in die sich ihr Alltag aufteilt; selbige vermittelt sie wie festgelegte Alternativen, mit denen im Grunde alles gesagt ist („das war's eigentlich auch schon"). Ihren auf diese Weise als *feststehend* vermittelten Aktionsradius vermittelt sie auch bezüglich des Computermediums: Dessen prinzipiellen Mehrwert gegenüber dem Fernsehen sieht sie darin, dass in Rückgriff darauf eine zielgerichtete Orientierung im Stadtgebiet möglich wird. Hierfür ist der Weg ins Internet „einfach" – das Angebot „kommt" augenblicklich und erlaubt die exakte Angabe der Wegstrecke. Das Medium erscheint hier in Form einer unmittelbaren

Funktionalisierung in eigener Sache, da es, eingegrenzt auf eine spezifische Funktion, einfach „praktisch" ist.

Auf diese Weise präsentiert sich Derya im Sinne einer punktuellen Mediennutzung als zielorientiert und aktiv. Inwiefern dies gleichzeitig in einem überschaubaren Rahmen verbleibt, vermittelt der folgende Ausschnitt:

```
(52)
I: Was sind denn überhaupt sonst Sachen, die du im Internet
machst?
D: Zum Beispiel, es gibt Kiss FM. Das ist so ein Radiosender.
Und die haben auch eine Internetseite, und da bin ich schon öf-
ters. Da bin ich auch Mitglied. Und da guckt man halt wo Partys
laufen, oder da sind manchmal Fotos von Diskos. Halt wenn die
da waren. SO was gucke ich mir gerne an. Sowas gucke ich mir
an. Dann halt diese myflirt-Sache. Ja (2) was mache ich noch im
Internet? Ja, halt alles mögliche, wenn ich zum Beispiel was
wissen möchte, wo zum Beispiel bestimmte Strassen sind. Das ma-
che ich auch öfters. Weil ich zum Beispiel nicht weiß, wie ich
da und da hinkomme. Und dann gucke ich halt auf den Stadtplan.
// I: Mhm // D: Meistens bei google, und dann Stadtplan Berlin,
und dann kommt es schon. Da kommen mehrere Dinger. Und dann
gucke ich das an.
```

Dreh- und Angelpunkt ihrer Nutzung ist ein örtliches Radioangebot, dass sie als unmittelbar existent beschreibt. Das dazugehörige Webangebot rezipiert sie nicht nur häufig, sondern sie berichtet auch – vermittels ihrer Mitgliedschaft – über eine gewisse Affinität dazu. Die Rezeption gewährt ihr Einblicke in das aktuelle Szenegeschehen und ermöglicht ein nachträgliches Anschauen einer Bildberichterstattung über vergangene Geschehnisse; gleichzeitig artikuliert sie die motivationale Bindung an genau *dieses eine* Angebot betont und sogar doppelt. Jenseits der Nutzung dieses Angebotes und einer Chatseite wird ihr ihre weitere Internetnutzung selbst zur Frage; daraufhin artikuliert sie diese als „alles mögliche", suggeriert also einen gewissen Umfang ihres Mediennutzungsspektrums, exemplifiziert dies allerdings mit Rückgriff auf das bereits in der Passage zuvor angesprochene Thema „Stadtplan". Durch die fast wortgleiche Wiederholung dieses Themas zu oben („nicht wissen wie man da hin kommt" – „gucken" – „dann kommt es") kommt zum Ausdruck, wie Derya ihre Mediennutzung in einem begrenzten Rahmen verortet, *innerhalb* dieses Rahmens aber selbstbewusst, aktiv und zielgerichtet agiert – sie weiß genau, wie sie sich das Internet zum Zwecke der Information über Erlebnisthemen und zur geographischen Orientierung in der Großstadt zunutze machen kann. Das Medium wird hier zum *Navigationsgerät* und zum *Szeneseismographen* – beides Funktionen, die implizit auf eine Selbstbehauptungsfähigkeit verweisen: Sich selbstständig den Weg bahnen zu können und medial bei nicht erfolgter Realteilnahme am Szeneleben teilzuhaben. Zugleich schränkt Derya ihre Mediennutzung weitgehend selbst darauf ein. Im positiven Gegenhorizont steht hier eine klare Fokussierung der Mediennutzung auf eine Form der modernen Teilhabe an aktuellen Geschehnissen und auf die Funktion zur Orientierung sowie eine Eingrenzung auf spezifische Angebote, bezüglich der sich eine Art von Selbstverständlichkeit und Eigenständigkeit bzw. Expertise entwickelt. Im negativen Gegenhorizont steht ein in die Breite gehendes Spektrum an Rezeptions- bzw. Verwendungsformen und damit eine Mediennutzung jenseits präkonfigurierter Möglichkeiten.

Dies reproduziert sich im weiteren Interviewverlauf; beispielsweise benennt sie das bereits genannte Medienangebot „Kiss.FM" als ihre „Lieblingsseite" (110):

```
(112)
D: Na ja da kann man gucken halt wo Partys laufen. Oder da
gibt's auch so Aktionen, wie zum Beispiel, ich weiß nicht ob du
das kennst, im Radio „der Pate". Also da rufst du dann an, und
der sagt „20 Euro, 40 Euro" und so. Und wenn man nicht „Kissfm"
sagt irgendwann, dann schießt er dich ab und dann du kriegst du
gar nichts. Oder du zögerst es so hinaus, dass du dann wirklich
da 200 Euro da absahnen kannst. Und das kann man auch da spie-
len. Oder da gibt's meistens auch Fotos. Weil Kissfm auch in
die Diskos geht und Fotos macht. Ja, so was halt. Und was
gibt's noch? Ja Radio kann man da auch hören.
```

Zusätzlich zur Funktion, sich über Partygeschehnisse zu informieren – die sprachlich nahezu identisch zur Passage zuvor ist – berichtet Derya die Nutzung des Senderangebotes im Radio, das auch Teilnahmemöglichkeiten der Hörer beinhaltet. Sie vermittelt hier, inwiefern sie – auch durch die Nennung des Titels – ihr Aktiv-Sein und ihr Auskennen in den Rahmen eines ganz spezifischen Angebots stellt, mit dem sie sich offenkundig identifiziert. Dass sie hier – trotzdem sie es selbst noch nicht ausprobiert zu haben scheint – über ein subjektiv bedeutsames Angebot berichtet, deutet sich dadurch an, dass sie nach der Bekanntheit dieses Angebotes beim Interviewer fragt; erklärend, was zu tun sei, um an diesem Angebot aktiv und erfolgreich zu partizipieren arbeitet sie sich an einer Möglichkeit ab, entweder im Rahmen vorgegebener Regeln eines Spiels aufmerksam zu sein, um nicht zu verlieren („dann kriegst du gar nichts") oder darüber hinaus innerhalb dieses Regelwerkes durch den Mut zu „zögern" erfolgreich sein zu können. Insofern berichtet sie über ein Spielgeschehen, das einfach strukturiert ist und einen direkten Reiz-Reaktionsmechanismus, ein Wechselspiel von Vorgaben und deren Befolgung, impliziert und das sie mit Involviertheit und Aktivität assoziiert. Dass sie bezüglich der Ertragschancen von „absahnen", also einem erfolgsorientierten Abschöpfen von Gewinnen, spricht, deutet implizit an, inwiefern sich Derya an einer Mediennutzung als Möglichkeit der In-Wert-Setzung eigener Handlungen orientiert, die von ihr gleichzeitig daran gebunden wird, dass sie innerhalb eines fremdgesetzten Rahmens prozessiert.

Diese Enaktierung ihrer Medienpraxis innerhalb eines fremdgesetzten Rahmen zeigt sich auch an der Art und Weise, wie Derya das Internetcafe als Ort einer möglichen Mediennutzung charakterisiert: Auch hier schildert sie sich in Relation zu Impulsen Anderer („also durch meine Freundin kenne ich das. Das ist hier, in der Y.- Strasse. Und da, na ja ich war bisher vielleicht zweimal da. Sage ich mal so, also ich bin jetzt nicht jede Woche da. Und bei mir halt, in der G.-Strasse da gibt's auch eins. Und da war ich bisher auch einmal nur", 250). Zwar sind Internetcafes im Nahraum des Stadtteils vorhanden, dortige Besuche jedoch eher selten, weil sich dort regelmäßig „Jungs" (251) aus einer bestimmten ethnischen Community aufhalten („so irgendwelche Jungs, Araber oder Türken, na ja", 251). Insofern sieht Derya das Internetcafe als Sphäre der Fremdbestimmung, der sie sich nicht aussetzen möchte. Daher geht sie dort „also WENN ÜBERHAUPT mit Freundinnen" hin (249). Während sie den Besuch ähnlich wie Zeynep und Sunay als eine gemeinschaftliche Praxis unter gleichaltrigen Mädchen kennzeichnet, schildert sie weitere Zwänge, die sie davon abhalten, sich dort aufzuhalten:

(255)
D: Ja erstmal muss ich immer da auf die Uhr gucken, wie viel es halt in der Zeit kostet. Dann sind da irgendwelche Idioten, die dann deinen Namen gucken. Also deinen Nickname, und die dir dann schreiben wollen, und irgendwie voll bescheuert. Oder halt, ja, na ja es ist halt auch nicht so gemütlich, da kann ich nicht essen, dabei rauchen und so ((lacht)). Und zuhause kann ich halt was essen, rauchen, gucken. Macht mehr Spaß. Muss man nicht auf die Zeit gucken, so „oh schon ein Euro, ein Euro zwanzig" und so. Und es ist auch TEUER. Weil wenn ich einmal anfange zu chatten, dann chatte ich schon zwei drei Stunden. Und ich meine, drei Euro für Computer ist mir viel zu teuer, also für ins Internet gehen.

Neben dem, dass der Gang ins Internet Kosten verursacht, versuchen andere Personen, sich Derya zu nähern und Kontakt zu ihr aufzunehmen; an anderer Stelle beschreibt sie dies folgendermaßen: „Da sind halt so viele Leute die gucken, und das macht keinen richtigen Spaß" (61). Zusätzlich zu diesem Ausgesetztsein fremder Blicke ist die Atmosphäre ungemütlich und steht einer von Genuss begleiteten Hingabe an das Chatgeschehen im Wege. Vor diesem Hintergrund beschreibt Derya den häuslichen Internetanschluss wie einen symbolischen Ausdruck persönlicher Freiheit: Sein Vorhandensein ist wie eine Privatsphäre, die sich von Möglichkeiten, anderswo ins Internet gehen zu können, fundamental unterscheidet; er ermöglicht ein maximales Erleben von Selbstbestimmung gleich in dreifacher Weise, und zwar in einer *ökonomischen* (nicht zu teuer), einer die persönliche *Integrität* wahrenden (niemand „guckt") und einer auf das eigene *Verhalten* bezogenen („essen, rauchen, gucken") Dimension. Im positiven Gegenhorizont steht hier ein Ungezwungen sein abseits von heteronom geformten Einflussfaktoren und Unannehmlichkeiten; im negativen ein Sich unterordnen müssen unter exteriore Zwänge.

Inwiefern sie ein Sich-Hingeben an das Medium anstrebt, vermittelt Derya anhand weiterer Passagen zu ihrer Chatpraxis. Gleichzeitig zeigt sich erneut, wie sie dies als Reaktion auf einen Impuls schildert – ähnlich dem Besuch des Internetcafes und der Aufnahme ihrer Chatpraxis –, worin sich wiederum Momente der Einordnung in einen heteronom geprägten Handlungsrahmen dokumentieren:

(56)
D: Also, ich habe mich angemeldet wegen meinem Exfreund. Der hat gesagt „los meld dich mal an". Und dann habe ich mich angemeldet. Und automatisch lernt man ja da halt Leute kennen. Und jetzt meistens mit meiner Freundin immer. Eigentlich NUR mit meinen Freunden. So, die halt aus der Schule. Also, sonst halt nicht so, also mit anderen Leuten nicht. // I: *Und wie häufig machst du das?* // D: Also wenn ich chatte, wenn ich reingehe, dann chatte ich MINDESTENS drei Stunden oder so. Und das dann viel-

leicht alle drei Tage oder so. Als ich noch bei meiner Mutter
gewohnt habe. Weil, das ist ja auch gemütlicher, wenn man zuhause Internet hat als wenn man ins Internetcafe gehen muss. Da
war ich eigentlich jeden Tag drin, so drei vier Stunden. Aber
seit zwei Monaten nicht mehr so. // I: Aha, und wieso nicht? //
D: Ja weil ich keine Lust mehr habe so oft zu meiner Mutter zu
gehen, nur wegen Internet. Und Internetcafe macht mir auch
nicht mehr SO EINEN Spaß. So, da ist keine schöne Atmosphäre
((lacht)). Da sind halt so viele Leute die gucken, und das
macht keinen richtigen Spaß.

Dass sie *überhaupt* zu chatten begann, vermittelt sie – ähnlich wie bereits zuvor – als ein Befolgen einer kommandoartigen Aufforderung: Sie tat zunächst, was ihr gesagt wurde und infolgedessen dessen entwickelte sich eine intensive kommunikative Mediennutzung, die sich auf Kontakt zu „Freunden" bezieht. Vor allem im privaten und häuslichen Umfeld gestaltete sich dies als angenehmer als in den Räumen des Internetcafes. Die Beendigung dieser in einem geschützten Kontext exzessiv betriebenen Praxis erklärt Derya anhand von zwei Faktoren: erstens, weil ein Weg zurückzulegen ist und zweitens, weil sie in den Räumen des Internetcafes den Blicken anderer ausgesetzt ist. Beidem gemein ist, dass es sich um Rahmenbedingungen handelt, welche die Weiterführung ihrer ehemaligen Chatpraxis aktuell erschweren. Dadurch zeigt sich erneut: Sind der Zugang zum Medium und damit die Rahmenbedingungen niedrigschwellig, leicht und angenehm, beschreibt sich Derya als aktiv. Geht von den Rahmenbedingungen dagegen etwas Begrenzendes aus, reagiert sie in einer abwehrenden Haltung. Deutlich wird ebenso, wie Derya ihre eigene Mediennutzungsaktivität in Relation zu äußeren Impulsen vermittelt: Dass zu chatten begonnen wurde ebenso dass damit aufgehört werden musste, macht sie an heteronomen und ihr eigenes Verhalten pränormierenden Anlässen fest: Der Aufforderung durch den „Exfreund" und der Wegfall eines häuslichen Zugangs zum Internet. Ihre Mediennutzung hat dadurch insgesamt eher kurzfristigen und episodalen Charakter, gerade weil sie (nur) dann aktiv ist, wenn die Rahmenbedingungen stabil sind und etwas Aufforderndes von ihnen ausgeht bzw. ihnen nichts Unangenehmes anhaftet.

Weiterhin stellt sich heraus, dass Derya sogar das Chatten *selbst* – von ihr oben als häufig praktizierte Mediennutzung benannt – in ein Spannungsverhältnis einer Selbstbehauptung und einer Einordnung in einen das eigene Handeln begrenzenden Rahmen einbettet:

(63)
I: Was ist denn jetzt für dich das besondere am Chatten?
D: Eigentlich ((lacht)) wenn ich ehrlich bin finde ich das voll
bescheuert ((lacht)). Ja, weil- // I: Ach ((lacht)) // D: Das
sind irgendwie immer die gleichen Fragen, so „hallo, wie
geht's, was machst du?" Aber halt wenn man Langeweile hat und
man denkt sich so okay, einfach ein bisschen quatschen, so dann
halt. Aber eigentlich finde ich es doof. Und ich würde mich
auch NIEMALS mit Leuten von da treffen. Weil, keine Ahnung, die
können sich ja voll gut beschreiben, voll lieb und voll nett.
Und dann kommt irgend so ein Psychopath da ((lacht)). Also davor habe ich auch Angst, und das mache ich auch nicht. Aber,
halt aus Langeweile. Aber sonst? Hätte ich glaube ich mehrere

> Hobbies, und wenn ich beschäftigt wäre, dann würde ich das auch
> gar nicht nutzen. Weil das ist einfach nur (2) dumm. So „hallo,
> ja wie geht's, gut". Na ja, oberflächlich. // I: Ja, und wor-
> über unterhaltet ihr euch dann so? // D: Also wir lästern meis-
> tens ((lacht)). Über irgendwelche Profile, weil da sind ja so
> Profile, und da steht zum Beispiel Lieblingsfarbe oder Lieb-
> lingsfilm und so. Ja, über alles mögliche halt. Was wir am
> Wochenende machen. Oder wen wir gesehen haben letztens oder so
> was. Alles mögliche eigentlich.

Derya charakterisiert den Chat dreifach negativ; der Chatkommunikation Monotonie, Niveaulosigkeit und Oberflächlichkeit zuschreibend degradiert sie diese zu einem kommunikativen Geschehen ohne irgendeine Qualität: Die Kommunikation kreise um sich selbst und man erkundige sich nach dem jeweiligen Befinden und momentanen Aktivitäten. Derartige Unterhaltungen seien zwar ein probates Mittel, sich in Ermangelung einer aktuellen Handlungsalternative abzulenken, im Grunde aber „doof". Zudem könne zwischen der Online-Darstellung und der realen Person ein maximaler Kontrast bestehen. Neben dieser Erhebung über ihr eigenes Tun gibt Derya zu erkennen, dass sie eigentlich aus einer vermeintlichen Alternativlosigkeit heraus an den „dummen" Gesprächen teilhat und bearbeitet eben diese auf dem Wege einer sich selbstbewusst abgrenzenden Positionierung. So beschreibt Derya hier etwas äußerst Ambivalentes: Auf der einen Seite berührt der Chat nicht die wirklich relevanten Themen („oberflächlich") und die Möglichkeiten eines Realkontaktes bereiten ihr „Angst", gleichzeitig macht es aber doch Vergnügen, die Daten anderer Chatteilnehmer durchzumustern und sich über Wochenendaktivitäten oder vergangene Begegnungen auszutauschen. Implizit lässt sie erkennen, dass diese Form der Mediennutzung Funktionen der Abgrenzung, Selbstverortung, des Austausches und des Up-to-date-Seins bietet. Während im positiven Gegenhorizont steht, Chatten zu degradieren bzw. sich darüber zu erheben und Möglichkeiten des Beziehungsaufbaus zu Fremden abzuwehren, steht im negativen, ein Chatopfer zu sein und sich einfach so auf ein Treffen einzulassen. Gleichzeitig genießt es Derya aber offenbar, die Möglichkeiten, die der Chat bietet – trotzdem sie ihn nur praktiziert, weil sie nicht „beschäftigt" ist – auch in eigener Sache zu nutzen. Deutlich wird dies da, wo sie Chatten als Ort der Geschlechterbegegnung beschreibt, der es ermöglicht, sich selbstbewusst auszuprobieren:

> (72)
> D: Ja, na ja mit Jungs ist es halt so, das baut sich so alles
> halt auf Lügen auf irgendwie ((lacht)). Also ich bin nicht so
> wie ich vor meinen Freundinnen bin. Und, so halt, ich verstelle
> mich da, ich schreibe so Sachen die gar nichts mit mir zu tun
> haben, die gar nicht zu mir passen. Also ich verarsche die bes-
> ser gesagt ((lacht)). Und meine Freundinnen verarsche ich
> nicht.

Zum Ausdruck kommt hier eine spielerische Selbstbehauptung gegenüber männlichen Altersgenossen in Form eines Rollenspiels bzw. eines Vortäuschens von Identitäten. In der Anonymität des Chats kann gleichsam mit den Jungen *gespielt* werden, während dies in der Realwelt – das deutet sich in der nächsten Passage an – keine Fortsetzung findet. Bezüglich der Möglichkeiten einer dem Chat folgenden Verabredung mit dem Chatpartner führt Derya aus:

```
(75)
D: Ja, ich kenne VIELE die sich schon mal getroffen haben
((lacht)). Also ich habe mich allerdings auch schon einmal ge-
troffen, EINMAL. Und, okay mit dem bin ich dann auch zusammen-
gekommen, acht Monate. Aber das war Zufall. Also ich hätte
nicht gedacht, dass das so klappen würde. Aber sonst, ich habe
eine Freundin, die trifft sich fast mit jedem da. Also es ist
keine Freundin, sondern eher eine Bekannte besser gesagt. Und
die erzählt selber halt, dass sie irgendwelche Leute kennen ge-
lernt hat. Oder besser gesagt irgendwelche Jungs, die ihr dann
gleich an den Arsch gefasst haben oder so. Und, na ja, sie ist
halt auch selber schuld, dann soll sie da auch nicht hingehen.
```

Geschildert wird eine massenhafte Handlungspraxis des Sich-Treffens mit Chatpartnern, bezüglich der Derya eingesteht, dies selbst bereits einmal ausprobiert zu haben, betonend, dies sei singulär und eher überraschend gewesen – wenn auch mit dem Resultat einer mehrmonatigen Beziehung. Ihr Erlebnis kontrastiert sie zum Verhalten einer „Freundin", die exzessiv und beinahe jede Gelegenheit zur Kontaktanbahnung nutzt und von der sich Derya dann auch sogleich kommunikativ distanziert – diese erlebte, dass es infolge des Kontaktes zu einer unvermittelten sexuellen Annäherung kam: Diesbezüglich wird Derya nicht das Verhalten der „Jungs" zu einem Problem, sondern „schuld" ist vielmehr die Freundin. Deutlich wird daran, dass innerhalb der geschützten Sphäre der Online-Kommunikation offensichtlich eine Abgrenzung *von* und ein spielerisches Experimentieren *mit* der Geschlechterordnung mühelos gelingt. Dies zeigt sich, nebenbei, auch daran, wie Derya einen gemeinsamen Austausch über Medienerlebnisse mit der Mutter beschreibt, wo sich beide vornehmlich über männliche Personen aus der von Derya rezipierten Chatcommunity unterhalten („ich zeige ihr irgendwelche Typen von myflirt, also so ‚guck mal Mama der ist voll so und so', 213), sich Personen auf der Homepage einer Diskothek anschauen („sie zeigt mir mal Bilder, da von ihrer Disko, die Leute, den DJ, zeigt sie mir ‚guck mal das ist der und der'", 213) oder die Mutter Deryas Chatpraxis kommentiert („sagt halt ‚na da fragt irgend so ein Ochse ja wie heißt du denn'", 213). Abseits der Online-Kommunikation, in der realen Welt, findet dies keine Fortsetzung: Ganz im Gegenteil schildert Derya *hier* die Geschlechterordnung als unantastbar und geht von einer männlichen Dominanzstellung aus. In diesem Sinne wird Derya – ähnlich wie sich dies auch bei Sunay zeigte – gegenüber ihrer „Bekannten" fast zu einer moralischen Instanz und äußert sich abfällig über deren Verhalten, während sie ihr eigenes Verhalten als korrekt beschreibt. Damit behauptet sich gegen ihre Bekannte und affirmiert gleichzeitig die bestehende Geschlechterordnung als feststehenden Rahmen.

Ähnlich wie sie die Geschlechterordnung als feststehenden Rahmen darstellt, den sie als vorgegeben und unabänderlich thematisiert, schildert sie ihren Umgang mit Schwierigkeiten des Computermediums. Auch hier zeigt sich, dass diese von Derya als unumstößliche Handlungsbegrenzung beschrieben werden, der sie sich einerseits fügt und gegen die sie sich andererseits zu behaupten trachtet:

(137)
I: *Gibt's denn oder gab's denn manchmal Sachen die du schwierig findest? Oder wo du Probleme hattest?*
D: (2) Ja, beim Speichern, ja da. So Sachen speichern, da weiß ich immer nicht so genau. Zum Beispiel, ich hatte Fotos drin im Internet. Und da wollte ich die verkleinern, weil die sonst nicht bei myflirt reingehen würden. Und das konnte ich zum Beispiel nicht. Das ging irgendwie nicht. Und da habe ich halt den Exfreund von meiner Mutter angerufen, und der hat es mir gemacht ((lacht)) // I: Ah ja // D: Oder halt so Dinger, ja was noch? Ja, ich weiß immer nicht so wo die ganzen Ordner, für was sie sind und wo alles gespeichert ist. Also das fällt mir schwer, weil da komme ich nicht mit klar. Also, weil klicke ich jetzt da rauf, dann kommt irgendwas anderes, und dann weiß ich manchmal gar nicht mehr wo das ist was ich suche. Sowas eigentlich, aber sonst-
I: *Na ja, zum Beispiel kann es ja sein, weiß nicht, also dass der Computer jetzt abstürzt, das kann ja auch passieren.*
D: ((lacht)) Dann drücke ich einfach irgendwo auf die Tasten ((klopft mit den Fingern auf den Tisch)), und dann geht's meistens immer irgendwie ((lacht)).
I: *Ach so, mhm. Hattest du denn schon mal ein Problem was du nicht, wo das nicht weiterging alleine, am Computer?*
D: Ja, dieser Absturz, das war schon mal, da habe ich den Computer einfach ausgemacht. Und wieder angemacht. Und dann ging es auch. Und sonst eigentlich kann ich mich nicht erinnern, dass irgendwas war.

Trotz Schwierigkeiten beim „Speichern" und der Reduktion einer Grafik gelingt es ihr, ein medienbezogenes Handlungsziel zu erreichen; sie kann, wenn auch nur mit fremder Hilfe, ein Foto in der von ihr rezipierten Chatcommunity platzieren. Trotz einer Nicht-Beherrschung der dazu notwendigen Bildbearbeitung realisiert auf diesem Weg eine Teilnahmefähigkeit im Netz. Ihr Bild am Ende bei „myflirt" positionierend behauptet sie sich hier, obwohl sich der zu erreichende Handlungsentwurf zunächst „irgendwie nicht" in die Tat umsetzen ließ, zumindest nicht eigenhändig. Was sie einerseits wie ein Scheitern vermittelt, schildert Derya andererseits als einfachen Griff zum Telefon und insofern als aktiven Rückgriff auf eine heteronome Instanz, an die das Problem einfach *delegiert* wird. Dabei wird der Bekannte, dessen sie sich bediente, zu einer Person, die ihr einen freundschaftlichen Servicedienst erbracht hat („hat es mir gemacht"). Während sie sich also auf der einen Seite als eher wenig kompetent und tendenziell nichtwissend zu erkennen gibt („weiß ich immer nicht so genau") stellt sie sich auf der anderen Seite als Expertin für schnellen Zugriff auf externe Hilfe dar. Dabei scheint bezüglich ihrer Computernutzung der Zusammenhang zwischen der Wahrnehmung eines eigenen Könnens, dem Erleben einer Grenze und dem Rückgriff auf eine externe Ressource ein stabiles Muster darzustellen („konnte ich nicht... ging nicht... habe ich angerufen"). Computerschwierigkeiten als „Dinger" beschreibend deutet sich an, dass Derya Probleme beim Medienumgang verobjektiviert bzw. existentialisiert – sie erscheinen als etwas Seiendes, das unabhängig von der Möglichkeit existiert, dass es für sie zugänglich und somit für sie selbst verhandelbar würde. Dass aus Deryas Sicht diese Dinge vermeintlich sind, wie sie sind, deutet sich auch dadurch an, dass sie das *Haben* einer Schwierigkeit (als Explanandum) kausal mit ihrem *Nichtklarkommen* (als Explanans) erklärt, und nicht etwa umgekehrt. Da also, folgt man ihrer Beschreibung, ein Nicht-Klarkommen mit dem Medium gerade nicht aus einer Schwierigkeit *heraus* und somit eine Handlungsbegrenzung *aus* einem Problem erwächst, sondern genau umgekehrt ein Schwerfallen am *Anfang* steht, gibt sie der handlungspraktischen Umgangsweise mit dem Medium und den dabei auftauchenden Barrieren etwas Unausweichliches – ohne dass sie hier besonders resigniert wirkt. Damit erklärt Derya implizit, dass das digitale Medium bezüglich seiner Bedienung ein scheinbar fundamentaler Problemzusammenhang *ist*, innerhalb dessen Situationen der Schwierigkeit emergieren, denen man sich zu fügen hat, weil man sie ohnehin nicht grundsätzlich lösen kann. Sie beschreibt sich selbst als partiell handlungsohnmächtig, gleichzeitig aber auch als im Rahmen der ihr gesetzten Ziele als durchsetzungsfähig.

Das Computermedium erscheint als eine Option, die im Sinne der eigenen Intention verwendbar, gleichzeitig aber aufgrund handlungspraktischer Schwierigkeiten damit nur eingeschränkt nutzbar ist, weil es in eine *Fremdheits- bzw. Nichtzuständigkeitsrelation* eingebunden ist (vgl. dazu auch Abschnitt 6.3.4): So ist die Computersystematik nach Deryas Schilderung etwas, das in seiner Eigenlogik bzw. seiner Rationalität unverstanden bleibt und das aufgrund dessen Momente der Handlungsbeschränkung hervorruft, die ohne Rückgriff auf ein Sich-Einlassen auf seine Logik oder Rationalität gelöst werden *müssen* und auch gelöst *werden*. Dadurch beschreibt Derya ihre Medienpraxis so, dass sie unterhalb solcher Möglichkeiten verbleibt, die sie vermittels eines Wissens über erweiterte Umgangsfähigkeiten eigentlich *hätte*. Gleichzeitig ist ein Sich-Einlassen auf grundlegende Aspekte einer medienbezogenen Systematik kein Bestandteil ihres Orientierungsrahmens. So artikuliert sie hier eine vermeintlich mit Problemen behaftete Medienpraxis, ohne sich selbst bzw. die eigenen Fähigkeiten infrage zu stellen oder sich darüber zu beschweren, dass der Umgang mit dem Computer so problematisch ist (und *ohne* sich z. B. auch eine bessere Usability zu wünschen). Zusammenfassend lässt sich dies so interpretieren, dass Derya kein Kompetenzdefizit erlebt, sondern dass ihre Mediennutzung eher einem Habitus folgt, Handlungsbeschränkungen als unausweichlich hinzunehmen und sich damit zu arrangieren.

Dies steigert sich in Passagen zu Schwierigkeiten im Umgang mit dem Internet; die von Derya als objektiv wahrgenommenen Probleme des Mediums werden auch hier in Rückgriff auf eine externe Ressource bearbeitet:

```
(146)
D: ((lacht)) Nee, also dann gehe ich einfach. Also ich habe
überhaupt keinen Bock drauf. Weil manchmal ist es so. Dann
steht da zum Beispiel „diese Seite wurde nicht gefunden", ob-
wohl Internet und so alles angeschlossen ist, ja und dann habe
ich keinen Bock mehr. Dann mache ich Computer aus, oder sage
meiner Mutter Bescheid dass sie da was machen soll. Und wenn's
dann wieder klappt, dann gehe ich wieder ran. Also ich mache es
dann meistens nicht. Meine Mutter macht es dann.
```

Das Ende einer Surfaktivität berichtet sie wie einen Fortgang aus einem Raum, in dem man nichts (mehr) verloren hat. Den ursprünglichen Plan, etwas zu finden, aufgebend wird sich von einem ehemaligen Ziel abgewandt, da sie maximale Unlust verspürt, sich weiter damit zu beschäftigen. Ihr Verhalten vermittelt sie so, dass es wie ein stillschweigendes Sich-Fügen angesichts einer als feststehend wahrgenommenen Situation erscheint – sie kapituliert angesichts einer technisch-strukturellen Problematik des Mediums. Implizit fragt sie sich aber auch, warum sie sich *überhaupt* mit etwas abtun soll, was ohnehin unlösbar und irrational ist; eine Eigensinnigkeit des Mediums erscheint ihr als gegeben und unabänderlich („ist so") und öffnet sich z. B. eine Webseite nicht, *obwohl* „alles angeschlossen ist". Die Zuständigkeit dafür überlässt sie ihrer Mutter, die dann dafür sorgt, dass es am Ende wieder „klappt". Dabei signalisiert Deryas zweimalige Verwendung des „keinen Bock" mehr Habens eine Abwehr von Anforderungen, für die sie sich nicht selbst zuständig erlebt und die von sich gewiesen wird. Auf diese Weise transportiert die Passage eine Selbstbehauptung gegenüber aufgrund von technischen Rahmenbedingungen und Strukturen resultierenden Schwierigkeiten, gleichzeitig auch das Erleben eigener Unzulänglichkeit. Im positiven Gegenhorizont steht hier das Geltend-Machen einer eigenen Handlungsautonomie angesichts einer für sie unabänderlich scheinenden Situation; im negativen eine Bereitschaft, sich auf einen computerbedingten Problemzusammenhang nachhaltig einzulassen. Dieses Muster reproduziert sich weiter in Deryas Schilderung bezüglich der Schwierigkeiten bei der Informationsrecherche:

```
(151)
D: Also was auch so was ist, wenn ich bei google was suche,
dann kommen GANZ ANDERE Sachen, als ich eigentlich gesucht ha-
be. Und dann muss ich halt ALLE anklicken, und DAS nervt halt
echt, das ist schon ein Problem. Weil, ich gebe halt was ein,
und es kommt was ganz anderes raus. Und da muss ich ja alles
anklicken, und das sind ja zehn Seiten oder was weiß ich. Und
das ist halt ein Problem.
```

Das Finden von Informationen fordert ihr mitunter einiges ab; Ergebnisse entsprechen nicht dem Gesuchten und müssen nacheinander durchgemustert werden. Dabei scheint durch Deryas Schilderung eine Haltung hindurch, die an eine Arroganz angesichts eines Nichtverstehens erinnert: Implizit arbeitet sie an der Frage ab, was sich das Medium, salopp ausgedrückt, eigentlich dabei *denkt*, dass es ihr eine solche Belastung abverlangt. Im Erleben, dass Anfrage und Ergebnis bei einer Suchmaschine kein lineares Kontinuum sind, empfindet sie es hier fast als dreist, dass das Medium sich erlaubt, „was ganz anderes raus" zu geben, als das, was sie eingegeben hat, zumal sie dies dann alles „anklicken" muss. Ihr hauptsächliches Auswahlverfahren beschreibt sie schließlich so:

```
(156)
D: Wenn ich was suche, ja dann tippe ich das einfach ein, kli-
cke und dann gucke ich halt, wenn ich nach dem fünften Mal
nicht DAS gefunden habe was ich suche, dann lass ich es auch
sein. Weil, ich bin dann ((lacht)) ja auch schon mal irgendwie
aggressiv, und dann habe ich auch keinen Bock mehr darauf
((lacht)).
```

Gestaltet sich ein normaler Suchvorgang nach Derya im Grunde „einfach" – eingeben, klicken, gucken – ist das Auswahlprozedere mengenmäßig limitiert: stellt sich nach dem „fünften Mal" kein Ergebnis ein, welches exakt dem Suchwunsch entsprach, erfolgt ein Abbruch – sie kapituliert und hat wiederum, ähnlich zu oben, „keinen Bock" mehr. Trotz einer Kapitulation zeigt sich auch hier eine gewisse Art von Selbstbehauptung und wirft ihr Verhalten eine Analogie auf zu einer Situation, die man angesichts des Erlebens, mit den gegebenen Anforderungen nicht zurechtgekommen zu sein, beendet und dabei dennoch das eigene Gesicht wahrt. Man ist *nicht* der Verlierer oder Unterlegene, sondern hatte einfach „keinen Bock" mehr. Schwierigkeiten der Umgangsweise mit dem Medium werden von ihr hingenommen – sie werden affirmiert – gleichzeitig wird sich eine eigene Integrität bewahrt. Auf diese Weise gelingt es Derya, ihr Scheitern im Sinne eines nicht mehr *Wollens* zu beschreiben und damit vor sich selbst zu legitimieren. Deutlich wird dabei auch, wie vermeintlich selbstbewusst sie sich angesichts einer erlebten Handlungsbeschränkung inszeniert: Entscheidend ist ihr das, was *sie* gesucht hat; findet sie es nicht, lässt sie „es auch sein", verweigert sich also eines nachhaltigen Engagements. Zudem merkt sie, wie sie „aggressiv" wird, das heißt sie erlebt, wie sie in eine emotional äußerst angespannte Situation gerät, nicht ans Ziel zu kommen – in dieser Situation entlädt sich ihr Frust allerdings gerade nicht bzw. investiert sie keine weitere Energie, sondern auch hier, ähnlich wie bereits zuvor, wendet sie sich in der Haltung des „keinen Bock mehr" Habens vom Medium ab und verweigert sich jeglichen weiteren Versuches. Das Medium und seine Anforderungen befinden sich damit in keiner symbolischen Gegnerschaft (mehr), sondern die Auseinandersetzung damit wird von Derya *beendet*.

Auf welche Weise Derya hier erneut eine eigene Begrenzung thematisiert und sich innerhalb eines Rahmens verortet, innerhalb dessen sie eigene Handlungsautonomie geltend macht, erinnert an ein Phänomen, das man in zwangloser Anlehnung an Poschardt (2000) als *Coolness* bezeichnen kann. Damit lässt sich ausdrücken, wie sich das Ich in einem handlungsbeschränkenden Rahmen erlebt, ohne diesen Rahmen als solchen transzendieren zu können. Cool sein bzw. cool bleiben erscheint dann als die – nicht unbedingt bewusste – Strategie, die Bedingungen der Handlungsbeschränkung bewältigen zu können. In dieser Richtung muten die Schilderungen Deryas an, als habe sie sich einen unsichtbaren Panzer zurechtgelegt, um stark zu sein und unantastbar zu wirken. Sie vermittelt durchgängig, sich gerade nicht an Bedingungen der technischen Rationalität anzupassen, sondern sich den daraus resultierenden Schwierigkeiten zu verweigern. Mit einer gewissen Lässigkeit transportiert Derya, welche Strategien sie entwickelt hat, um die Problematik technisch bedingter Schwierigkeiten von sich abzuhalten. Auf diese Weise lässt sich sagen, dass sie Probleme mit dem Computermedium habituell in einem coolen Modus bearbeitet – im Prinzip *war* ein tatsächliches Computerproblem am Ende doch gar nicht *ihres*. Auch darin reproduziert sich ein habituelles Geltend-Machen von Handlungsautonomie, die zugleich innerhalb eines durch Computerschwierigkeiten begrenzten Handlungsrahmens verbleibt.

Eine solche Haltung der Abgrenzung ihrer eigenen Perspektive gegenüber komplizierten und mit Aufwand verbundenen Bemühungen und Anforderungen verdeutlicht sich schließlich auch in Deryas Schilderungen zur Nutzung von Printmedien, welche sie als von ihrer Mutter aufgedrängt bezeichnet („Ich will eigentlich GAR NICHT lesen ((lacht)), aber meine Mutter zwingt mich immer", 128):

(130)
D: Ja, oder eben die B.Z., okay ich weiß das ist eigentlich
voll die eklige Zeitung ((lacht)), aber die B.Z. ist halt so,
da versteh ich was, da ist nicht alles so kompliziert geschrieben, und, ja also die manchmal. Aber nicht so oft.

Sich selbst der Leserschaft eines Printmediums zuordnend, über das sie sich zugleich lachend erhebt, rechtfertigt Derya die Boulevardzeitung vorauseilend als ein ihr verstehensmäßig zugängliches Medium; auf der einen Seite „eklig", ist ihr entscheidend, die Inhalte zu begreifen. Anders ausgedrückt: Ihr ist bewusst, dass sie etwas jenseits des guten Geschmacks tut – dies aber ist ihr egal, gerade weil sie das zu Rezipierende als nicht so „kompliziert" wünscht. Auf diese Weise verortet sie sich selbst erneut innerhalb eines Mediennutzungsspektrums, das klar, übersichtlich, gut strukturiert und gleichzeitig begrenzt ist – und *innerhalb* dessen sie selbstbewusst agiert.

Selbstbewusst und zugleich an einer Komplexitätsreduktion orientiert bearbeitet Derya auch das Zukunftsthema: Bezüglich einer in die Zukunft gerichteten Sinnhaftigkeit eines Computerwissens und einer Computernutzung äußert sie sich zunächst aufgeschlossen. Dabei antizipiert sie sich als Mediennutzerin, die als Erwachsene an einem Prozess fortschreitender Modernisierung teilzuhaben gedenkt:

(286)
D: Also auskennen sollte man sich schon, etwas, finde ich.
Weil, ich glaube mal in zehn Jahren wird es NUR noch Computer
geben überall. Da werden die schon in der dritten Klasse anfangen mit Computern umzugehen. So denke ich mal. Und später im
Beruf wird es mir bestimmt auch wichtig sein. Weil, auch so das
mit dem online Zahlen, so Miete oder Sachen, alles kann man ja
mit dem Computer bezahlen, so mit dem Internet. Und das ist ja
schon auch wichtig.

Grundsätzlich der Ansicht, dass – zumindest ansatzweise – ein zukünftiges Erfordernis von PC-Kenntnissen besteht und zeigt Derya an, dass sie dies in abstrahierender Form, also alle Menschen betreffend, für gültig hält. Binnen einer Dekade werde Computertechnologie ubiquitär geworden sein und eine neue Generation Heranwachsender infolge dieser fundamentalen Entwicklung bereits im Grundschulalter damit vertraut gemacht. Es geht ihr darum, nicht hinter einer gesellschaftlichen Entwicklung zurückzubleiben – sie wähnt eine Mediennutzung, die sich als Anschluss an äußere (gesellschaftliche) Rahmenbedingungen versteht, innerhalb der es ihr „wichtig" erscheint, sich funktional zu verhalten. In eine selbstbezügliche Sprachform wechselnd verdeutlicht Derya dann die Relevanz zukünftiger computerbezogener Handlungen für ihre eigene Person, die sie zunächst auf das Eingebundensein in eine Erwerbstätigkeit bezieht, innerhalb der sie dem PC eine hohe Bedeutung zuweist. Deutlich werden daran einerseits ein Selbstbezug und ein eigenes Interesse, Teilhaberin an der von ihr vermuteten Modernisierung zu sein, andererseits auch die Vorstellung einer Reaktion *auf* und einer Anpassung *an* veränderte äußere Bedingungen, angesichts der sie eine eigene Funktionalität antizipiert, die mit der Erfüllung eines konkreten Erfordernisses harmoniert. Ihre Begründung, mittels der Medien kommerzielle Transaktionen abwickeln zu können, deutet an, wie sich Derya antizipativ selbstbewusst als Nutzerin modernisierter Formen

von Zahlungsmöglichkeiten wähnt, was die Vorstellung einer erwachsenen, rollenförmigen und öffentlichen Form der gesellschaftlichen Partizipation impliziert.
Obwohl noch keine näher umrissene Vorstellung einer eigenen beruflichen Perspektive („eigentlich nicht richtig, nein. Vielleicht Modedesignerin oder so", 289), stellt sie sich weiter vor, dass diese weitgehend ohne das Erfordernis einer Computernutzung auskommt („Aber, ich glaube da braucht man ja glaube ich auch keinen Computer", 289). Auf die Bitte, sich dennoch einmal vorzustellen, inwiefern das Computermedium beruflich wichtig sein könnte, führt sie aus:

> (291)
> D: Wenn ich Modedesignerin wäre, dann so halt, dass ich das Grunddings so weiß. Also dass ich weiß wie man einen Computer anmacht, wie man ins Internet geht, oder wie man halt so bestimmte Sachen macht. Aber halt nicht so schwer und kompliziert ((lacht)). Ich habe ja bald Praktikum, und das ist halt in der Werbegrafik, und da werde ich wohl auch viel mit dem Computer umgehen müssen, und da werden die es mir auch erklären. Das ist auch GUT. Also man kann nie zuviel wissen, aber ich will jetzt nicht unbedingt wissen, wie nun das kleinste Detail da jetzt geht, oder wie man das und das und das und so macht. Das interessiert mich eigentlich jetzt NICHT so. Also (2) das wichtigste nur, wie man ins Internet geht, wie man vielleicht irgendwas druckt oder scannt oder so. So was. Aber jetzt halt nicht so alles mögliche.
> I: Und, gibt's denn sonst Sachen, die du am Computer gerne noch lernen würdest?
> D: Tja, ja wie man halt Festplattenspeicher löscht, und (2) ja jetzt zum Beispiel wo ich Praktikum mache, die machen so Autobeschriftungen. Und die machen es ja irgendwie im Internet. Und dann drucken die es irgendwie, und das würde ich auch gerne wissen wie das geht. Dass wenn ich jetzt hier sage ich mal ein „A" mache, dass es dann in so einer Druckermaschine gedruckt wird. Also so was, das ist halt voll kompliziert ((lacht)). Aber so was würde ich auch gerne wissen. // I: Warum? // D: Ja weil ich das vielleicht irgendwann selber machen könnte, so Beschriftungen oder so. // I: Und sonst am Computer, irgendwas damit zu machen, gibt's da noch was- // D: Nee, am Computer eigentlich fast gar nicht. Also ohne Internet, nein. Also am Computer wüsste ich jetzt nichts. Wenn man einen Text halt schreiben will geht man einfach in ein Programm rein, da sind die Schriftarten, die Größen und dann geht man auf Drucken, also das weiß ja wirklich jeder so.

Ihr geht es zunächst um ein Basiswissen hinsichtlich der Bedienung, was für sie vom allgemeinen In-Betrieb-Nehmen des Gerätes bis hin zur Erledigung spezifischer und konkreter Aufgaben reicht. Wie sehr sie sich eine Beschränkung auf diese Ebene wünscht, zeigt ihr Nachsatz, der Umgang mit bzw. das Wissen über den Computer solle möglichst einfach und nicht zu diffizil sein. Ihr Verhältnis zu Medientechnologien innerhalb der beruflichen Sphäre kleidet sie in ein Beispiel zu einer zeitlich nahe gelegenen Berufsvorbereitungsmaßnahme: Sie ist sich sicher, dass dort der Umgang mit der Technologie auf sie zu kommen werde, was ihr wie eine nicht zu umgehende Notwendigkeit erscheint. Dies bringt sie in Verbindung mit einem Instruktionsszenario, in dem ihr die in der Werbeagentur Tätigen den Umgang „auch erklären" werden, was sie als „GUT" bewertet. Bilanzierend stellt sie sich das Verhältnis von technologiebezogenen Handlungsoptionen und ihrer eigenen Position folgendermaßen vor: Auf der einen Seite sei es nicht nur möglich, eine große Menge Wissen über Technologie zu besitzen, sondern darüber hinaus auch unmöglich, „zuviel" davon zu haben – auf der anderen Seite beschränkt sie ihren Wunsch nach eigenen Anteilen an diesem Wissensbestand und grenzt sich ab von detailliertem Spezialwissen, das mit vielfältigen Handlungsoptionen einhergeht („wie man das und das und das so macht"). Auf diese Weise stellt sie sich eine medienbezogene Befähigung hinsichtlich ganz konkreter Bereiche vor – woran sie interessiert ist, sind notwendige oder auf spezifische Anforderungen bezogene Wissensbestände: Es geht ihr gerade *nicht* um „alles mögliche", sondern nur um das „Wichtigste" im Sinne einer Adaption von direkten Fertigkeiten. Habituell präsentiert sie sich abermals als lernwillig, grenzt dies aber gleichzeitig auf lediglich funktionale und überschaubare Aspekte ein.

Über solche funktionalen und überschaubaren Aspekte hinaus artikuliert sie kaum Interesse an etwas Neuem. So sieht sie einerseits die Relevanz zukünftigen computerbezogenen Wissens, unterscheidet aber andererseits sehr deutlich zwischen einem grundlegenden („Grunddings") und einem spezialisierten („voll kompliziert"). Während sie das grundlegende Wissen als universell ansieht, ist das spezialisierte eines jenseits ihres Interesses. Allerdings ist sie bereit, sich zumindest soweit damit zu beschäftigen, dass sie selbst zukünftig über die Fähigkeit verfügt, ein konkretes Produkt möglicherweise einmal selber zu produzieren. Entscheidend ist hier, dass Derya das, was sie denkt *tun* zu wollen, wiederum eng an die vorherige Präsentation durch *andere* anlehnt. Deutlich wird darin ein Wunsch zur eigenaktiven Gestaltung mittels der Technologie, andererseits entspricht dieser exakt dem, was dem Rahmen einer heteronomen Anforderung und eines heteronomen Impulses durch andere (und die Erklärung durch sie) entspringt. Ansonsten fokussiert sie Computertätigkeiten, die ihr einen praktischen Umgang mit dem Artefakt gewährleisten und die sie in Form eines linearen Vorgehens schildert: Das Programm öffnen, die Schriftart auswählen, die Größe festlegen, etwas ausdrucken.

Den Computer auf diese Weise zu nutzen ist ein universeller Wissensbestand („wirklich jeder so weiß"), den sie ausdrücklich nicht als erweiterungsbedürftig ansieht, sondern als vollständig und bereits erworben. Damit verortet sie sich selbst im Rahmen eines nicht nur für jedermann zugänglichen, sondern eines ohnehin bei jedermann vorhandenen Wissens. Es geht ihr darum, einerseits etwas angesichts des von ihr *Geforderten* und andererseits etwas im Rahmen des ihr aktuell *Zugänglichen* zu tun. Möglichkeiten erwachsen damit in ihrer Orientierung weniger aus der individuellen Entscheidung für die Erschließung eines medienbezogenen Handlungsspielraums, sondern aus der Einordnung in einen präformierten Handlungsrahmen, innerhalb dessen sie sich dann aber aktiv und selbstbewusst positioniert.

6.2 Medien bewerten

Der Themenbereich der Bewertung von Medien fokussiert die Fragestellung, auf welche Weise sich die Jugendlichen ins Verhältnis zu Medien setzen und welche Folgen bzw. Auswirkungen sie im Zusammenhang mit der Rezeption von Medienangeboten wie reflektieren. Dies betrifft zum einen die These der Wirkungen von Medien auf das Handeln und Verhalten des Rezipienten, das heißt das allgemeine Wechselverhältnis von subjektivem Nutzerverhalten einerseits und Medienangeboten andererseits und die Frage, welche Instanzen das medienbezogene Verhalten überhaupt regulieren bzw. regulieren sollten. Zum anderen geht es um die Frage, wie sich zu den Möglichkeiten der freien Verbreitung und Zugänglichkeit von Medieninhalten durch das Internet positioniert wird, welche Potentiale und Gefahren hiermit verbunden werden und aufgrund welcher Vorstellungen welche Regulierung der Medienangebote als sinnvoll erachtet wird.

Neben den im Interview von den Jugendlichen selbst angesprochenen Reflexionen des Medienumgangs bei sich und anderen basieren die zum Thema Medienbewertung evozierten Schilderungen unter anderem auf der Konfrontation mit der Behauptung negativer bzw. schädlicher Medienwirkungen in Form von Sucht oder Vereinsamung; ferner auf der Diskussion um einen möglichen Zusammenhang zwischen der Rezeption so genannter Ego-Shooter[174] und dem Amoklauf von Erfurt, welcher bei vielen Jugendlichen zum Zeitpunkt der Interviewdurchführung noch gut im Gedächtnis war; schließlich auf der Konfrontation mit der Fülle der Verfügbarkeit und der Streuung von Medienangeboten mit gewalthaltigem, rechtsradikalem oder pornographischem Inhalt und der Frage, inwiefern dies und was davon genau als problematisch angesehen wird und sich mögliche Auswirkungen bzw. Regulierungs- oder Interventionsmaßnahmen vorgestellt werden.

Die Orientierungsrahmen, innerhalb der Medien einer Bewertung unterzogen werden, sind in ganz unterschiedlichen Textsorten aufgehoben (Argumentationen, erlebnisbezogene Schilderungen, gedankenexperimentell entworfenen Szenarien bis hin zu biographischen Erzählungen). Wie auch schon im Abschnitt zuvor zeigt sich, dass es nicht ein einziges, sondern mehrere Merkmale sind, die die jeweiligen Orientierungen konstituieren. Zudem handelt es sich um Orientierungsmuster, die weit über den thematischen Bezug hinaus auf generelle subjektive Vorstellungs- und Erfahrungswelten verweisen – von Modellen des Subjekts über Erziehungs- und Entwicklungsvorstellungen bis hin zu individuellen Entwürfen bezüglich Krankheit bzw. Gesundheit.

Zu den Subgruppen ließen sich folgende Orientierungs- und Bewertungsmuster rekonstruieren, wobei sich natürlich nicht alle Jugendlichen im Interview gleich intensiv bzw. themenidentisch geäußert haben. So finden sich in den Schilderungen der Jungen mit türkischem Migrationshintergrund vor allem Prinzipien der *Stärke und Stabilität*, der *sozialen Vergemeinschaftung* und der *autoritären Begrenzung* (6.2.1). Die Jungen

---

[174] In den Interviews wird, unterschiedlich intensiv, immer wieder auf Ego-Shooter Bezug genommen, von denen der meistgenannte *Counter-Strike* darstellt. Das Spiel ist eine Modifikation des Ego-Shooters Half-Life und wurde besonders durch Local-Area-Network (LAN)-Partys und das Internet bekannt und verbreitet. In dem Spiel geht es um Gefechte zwischen Terroristen und einer Antiterroreinheit, bei denen bestimmte Aufträge zu erfüllen sind. Seit Veröffentlichung von Version 1.0 im Jahr 2000 ist Counter-Strike eines der populärsten und meistgespielten Actionspiele.

aus den deutschen Familien hingegen bewegen sich bei der Medienbewertung in einem Rahmen von *Selbstregulierung* und der *Internalisierung institutionalisierter Regelstrukturen* (6.2.2). Anders die Mädchen aus Familien mit deutschen Eltern: Hier werden Medien vor dem Hintergrund von Merkmalen der *Erziehung*, einer Orientierung an der *Reziprozität von Perspektiven* und Aspekten von *gemeinsamer Praxis* bewertet (6.2.3). Einen Kontrast dazu bilden wiederum die Mädchen mit türkischem Migrationshintergrund, bei denen Prinzipien von *Anpassung, Disziplinierung* und *Schutz* sichtbar werden (6.2.4).

6.2.1 Stabilität und Stärke, soziale Vergemeinschaftung und autoritäre Begrenzung

Die Rekonstruktion der Orientierungen zur Medienbewertung beginnt mit Sercan, darauf folgt die Darstellung von Yüksel, schließlich wird die Gruppe der Jungen mit türkischem Migrationshintergrund mit dem Fall von Ferhat komplettiert.

Für Sercan ist charakteristisch, dass er zunächst von einer realen Gefahr medienbezogener Vereinsamung ausgeht:

```
(173)
I: Es wird ja manchmal in der Zeitung so was geschrieben, so
über Computer und Jugendliche, so, dass Jugendliche die sehr
viel am Computer sitzen, dass das schädliche Wirkungen haben
kann auf sie. Dass sie vielleicht vereinsamen, oder sogar süch-
tig werden. Das schreiben [ja manchmal die Zeitungen]-
S: [Ja ja, ich habe das auch so] schon mal gehört.
I: Hast du auch schon von gehört? Was meinst denn DU dazu? Ist
da was dran?
S: Na ja, ich glaube ich schon. Weil, man SOLL auch sich Zeit
nehmen mit FREUNDEN. Weil, wenn man immer sich mit diesem Com-
puter beschäftigt, man denkt dann, der Computer ist dein Freund
so. Immer so, ja, „du und der Computer, jeden Tag", zuhause
so, GUTES Wetter- ALLE spielen Fußball, ALLE gehen schwimmen.
Computer, es GIBT solche Leute. // I: Ja? // S: Ja ja, be-
stimmt, ja ja. // I: Kennst du jemanden, [der sich nur] //
S: [Ja, also SO einen Freund hatte] ich mal ((lacht)), er hieß
K., und er war IMMER an der Playstation. Er hat einen Computer
bekommen, IMMER Computer. Dann habe ich immer mal zu ihm gesagt
„komm, lass mal schwimmen gehen" und so. „Nein, keinen Bock",
er so immer nur „Computer, Computer, Computer". Und, ich glaube
auch das ist schädlich für die Augen, JEDEN Tag Computer.
I: Und, hast du eine Idee, was man dagegen jetzt machen könnte?
Dass Jugendliche NICHT süchtig werden?
S: Ich glaube da mehr, so die ausländischen Leute, die beschäf-
tigen sich NICHT mit dem Computer so. Ich glaube mal, so die
DEUTSCHEN so, die beschäftigen sich mit dem Computer.
```

Dass eine zeitlich übermäßige Computerbeschäftigung dazu führt, dass der PC reale Peerbeziehungen ersetzt, transportiert Sercan sprachlich in Form einer Forderung, die an ein generalisiertes Subjekt gerichtet ist („man SOLL"): Es sollte sich also ein gewisses Zeitbudget, das ihm zur Verfügung steht, für das Pflegen von Sozialkontakten allgemein reservieren – eine Anspruch, den Sercan mit hohem Aufforderungscharakter ausstattet. Performativ werden damit ein normativer Verhaltensstandard und die Einforderung zu dessen Einhaltung umgesetzt. Inwiefern ein Verstoß hiergegen für Sercan aussieht, erklärt er so, dass ständiges und langes Beschäftigen mit dem Computer diesem zum „Freund" werden lasse. Auf diese Weise wird genau das Gebot der Achtung des Kollektivs, die Verpflichtung, sich darin einzubringen, verletzt. Dies scheint Sercan ein verwerfliches Verhalten darzustellen, das er in einen Vorwurf kleidet, indem ein so imaginierter Nutzer zeigend herausgestellt wird: „Du und dein Computer" – der Computersüchtige erscheint hier wie ein Hybrid, eine Einheit aus Nutzer und Computer, die sich drinnen in seinen vier Wänden, abgekapselt und getrennt von Anderen, befindet. Demgegenüber spielt sich draußen gleichsam das Leben ab, zumal auch „GUTES Wetter" herrscht. Auf diese Weise wird der sich seiner Computersucht Hingebende von der Sphäre der Anderen maximal isoliert. Er macht genau das Gegenteil nicht nur von dem, was irgendwelche Anderen machen, sondern was für Sercan eine soziale Gesamtheit um ihn herum tut. Der intensive PC-Nutzer ist demnach erneut isoliert – er ist einsam und damit kein Teilnehmer einer kollektiv stattfindenden Handlungspraxis. Solche in ihrem Verhalten nicht mit den kollektiv stattfindenden Geschehnissen übereinstimmenden Personen existieren für Sercan überdies ganz sicher („GIBT solche Leute"). Diese haben es offenbar versäumt, reale (nicht mediale) Kontakte zeitlich intensiv zu pflegen und darüber die Orientierung an in der Gruppe als gültig erkannten Verhaltensmustern verletzt, sich gewissermaßen daraus ausgeklinkt und eben missachtet. Das infragestehende Medienverhalten wird auf diese Weise zu einem Ausscheren aus kollektiv zu beobachtenden Verhaltensmustern.

Dies elaboriert Sercan anhand eines Freundes offensichtlich deutscher Herkunft („Kevin"), den er performativ wie ein *Opfer* der Medien darstellt. Kevin habe sich beinahe automatisch, nämlich gleich nach Erhalt des Computers in eine Art Isolation begeben, welche auch mit dem Appell, sich einem peergruppenbezogenen Verhalten anzuschließen, nicht aufzubrechen schien. Hierzu schildert Sercan, wie er selbst kontinuierlich einen verbalen Impuls an seinen Freund richtete, wobei es sich um eine Aufforderung handelt, sich einer kollektiven Handlungspraxis anzuschließen („komm lass mal Schwimmen geh'n"), die Sercan zuvor als eine Verallgemeinerte bezeichnet hatte. Damit entspricht sein eigenes Vorgehen einem Impuls, der sowohl ein *Beziehungsangebot* an den computersüchtigen Freund enthält, nämlich gemeinsam mit ihm etwas zu unternehmen, als auch eine *Erinnerung* an kollektiv wahrgenommene Verhaltensnormen. Allerdings hatte sein Freund bereits alles um sich herum vergessen, war starr auf Computer fixiert und verhielt sich quasi nur noch selbstreferentiell. Er hatte alles um sich herum ausgeblendet, was Sercan in Form einer mechanisch-roboterhaften Hinwendung zum Computer darstellt („Computer, Computer, Computer"), die seiner Ansicht nach neben dem Effekt der sozialen Isolation auch gesundheitliche Schäden nach sich ziehen kann.

Was Sercan hier schildert, lässt sich also als – wenn auch gescheiterter – Versuch interpretieren, auf das Verhalten des Freundes mit der Wiedereingliederung in eine soziale Struktur und das Angebot von Zusammengehörigkeit einzuwirken, um ihm auf diesem Wege eine verloren gegangene Stabilität zurückzugeben. Damit wird ein positiver

Gegenhorizont sichtbar, nämlich eine stabile Vergemeinschaftung zur Prävention schädlicher Medienwirkungen bzw. allgemein eines abweichenden Verhaltens. Als Ressource, persönliche Stabilität auszubilden, erscheint hier eine gemeinschaftsbezogene Praxis und ihre Struktur, innerhalb der sich Subjektstärke und entwickeln kann.

Diese Orientierung verdeutlicht sich im Anschluss an die exmanente Frage nach möglichen Interventionsstrategien, denn Sercan beantwortet sie mit Verweis auf eine Differenz der generellen PC-Nutzung infolge kultureller Unterschiede zwischen Ausländern und Deutschen; diese Argumentation lässt sich folgendermaßen interpretieren: Da Sercan explizit nicht von Türken spricht, sondern von „ausländischen Leuten", werden diese, eben durch ihre Nicht-Einschränkung auf eine bestimmte ethnische Community, generalisiert und zu den „Deutschen" maximal kontrastiert. Die Deutschen sind somit besonders herausgestellt bzw. allein – *sie* sind es, von denen Sercan annimmt, sie seien dafür anfällig, sich an den PC zurückzuziehen.

Diese Lesart wirft noch einmal besonderes Licht auf das von ihm vorgebrachte Freund-Beispiel: Kevin war, so ist zu vermuten, Deutscher – dass er also, wie Sercan beschreibt, so computersüchtig wurde, ist offenkundig ein Phänomen seiner sozialkulturellen Zugehörigkeit, aus der ein Fehlverhalten resultierte, das als außerhalb gemeinschaftlich geltender Verhaltensnormen und -konventionen stehend gedacht wird – es ist gleichsam *überindividualisiert*, zumal Kevin sich auch auf den Versuch, sich ein Stück weit wieder zu *ent-individualisieren*, nicht ändern lassen wollte. Entscheidend für die Entwicklung ist demnach für Sercan die Zugehörigkeit zu einer sozialkulturell gedachten Gemeinschaft bzw. die Zusammengehörigkeit in einem Kollektiv. Wird man dorthinein einsozialisiert, existiert auch kaum die Gefahr der Entstehung computersüchtigen Verhaltens und erhält sich Gesundheit bzw. entsteht keine Sucht. Anders gewendet resultiert daraus die Orientierungsfigur, dass Sucht bzw. Schwäche vor dem Hintergrund eines Individualismus gedacht wird, der einem Ausscheren aus kollektiv gültigen Praxisnormen gleichgesetzt wird.

Darin dokumentiert sich, inwiefern Sercan das Thema der als schädlich erkannten und von ihm auch explizit benannten Medienwirkungen vor allem in Zusammenhang mit sozialen Zugehörigkeiten stellt und erklärt. Wie Medien wirken, ist für ihn eine Frage der Bindung an ein Kollektiv, von dem verhaltensregulierende Impulse ausgehen und das zur Entwicklung von Stärke den Rahmen setzt.

Dieser Erklärungskategorie folgt Sercan auch weiter, als es um die Frage nach der Wirkung von Computerspielen geht:

```
(183)
S: Ja, Amoklauf, in Erfurt.
I: Ja, genau, Amoklauf, da hat ja jemand 16 Leute erschossen,
und da wurde hinterher immer gesagt, das kommt davon, dass er
Counter-Strike gespielt hat, so viel.
S: Ja ja, Counter-Strike.
I: Was meinst denn du, ist das was dran?
S: Ja, BESTIMMT, weil man denkt- Ich habe das auch mal ge-
spielt. Gefällt mir nicht SO, aber, jetzt unter Freunden macht
das schon Spaß. Ich habe das so drei Stunden gespielt. Immer
abballern, abballern. Danach, also ich hatte keine Lust mehr,
wir sind dann raus gegangen mit meinen Freunden. Danach, so ich
```

habe IMMER noch gedacht, so Schießen Schießen Schießen. Ich habe immer noch so gedacht, dass ich das jetzt noch so spiele so.

Das Thema der Medienwirkung durch Computerspiele demonstriert er am Beispiel seiner eigenen mehrstündigen Spielepraxis, die auch später noch einen starken Effekt hinterließ. Den quasi intrapsychischen Nachhall des Spiels bei sich selbst führt er auf eine heftige Intensität dieses Medienerlebnisses zurück, die sich in seiner anschließenden Rückkehr in die Realität offenbar weiter fortsetzte. Damit macht er deutlich, wie überaus heftig sich die Wirkungen von Counter-Strike sich ihm *selbst* darboten. In diesem Zusammenhang hypostasiert er den Effekt des Spiels auf seine Wahrnehmung hier so weit, dass er sich nach Beendigung so wie ferngesteuert beschreibt, indem er nämlich das mediale Programm („Schießen Schießen Schießen") noch einige Zeit nach der Rezeption in sich getragen hat. Auf diese Weise attestiert sich Sercan selbst das Erleben äußerst intensiver und nachhaltiger Medienwirkungen, die er in eine soziale Vergemeinschaftung eingebettet beschreibt („unter Freunden"), auf die jedoch gerade bei ihm selbst *keine* Imitation des Schießens in der realen Welt folgte. Implizit deutet sich hier an, dass Sercan, zumal er davon ausgeht, dass das Erfurter Attentat „BESTIMMT" im Zusammenhang mit dem Spiel zu sehen ist, sich selber das Aushalten der Rezeption attestiert, ohne selbst von einer Gefahr betroffen zu sein, selbst zum Attentäter zu werden. Diese hier von Sercan kommunikativ demonstrierte lineare Wirkungshypothese wird hier kombiniert mit der Präsentation eines Vorhandenseins eigener Selbstbeherrschung, sich vor einer Nachahmung schützen zu können bzw. gegen eine Anfälligkeit gefeit zu sein.

Genau diesen Mechanismus, nach dem ein intensives Medienerleben reale Handlungseffekte haben könnte, attestiert er im Folgenden dem Erfurter Amokläufer:

(189)
I: *Ja, mhm, also meinst du da ist was dran oder wie? Dass der Amoklauf damals was damit zu tun hatte?*
S: Ja, bestimmt, ja. Er dachte- Vielleicht dachte er, er ist auch noch im Spiel oder so. Das wurde auch verboten glaube ich, oder, jetzt haben sie das dann wieder erlaubt. Da gab's auch so einen Film, „Tanz der Teufel", der ist ab 21. Kennen sie diesen Film? // *I: Nee* // S: „Tanz der Teufel", da sind so, ich habe es gehört, so in den 70er Jahren so, das geht über Satan und so, Satan rufen. Da sind so viele Leute voll von Herzinfarkt gestorben. Das habe ich so gehört, und, das ist AUCH nicht jetzt erlaubt, der Film. Und ich meine halt, GUT so.
I: *Aber, wenn du jetzt meinst, Counter-Strike hätte da jetzt irgendwie mit Schuld dran, meinst du man müsste das deswegen verbieten, oder wie meinst du das?*
S: Eigentlich SCHON, weil (3) Leben ist ja WICHTIG für ein Spiel.
I: *Ja, aber- (2) also findest du man sollte das jetzt verbieten, oder-*
S: Eigentlich JA, eigentlich NICHT. Weil, wenn die es verbieten (3) Na ja, also was sollen die Jugendlichen dann spielen? Also, JEDER spielt das. // *I: Ja* // S: Ja, ich gehe- Also JEDES Internetcafe wo ich reingehe, sind IMMER da Jugendliche und

spielen Counter-Strike. Aber das ist nichts für mich, so, Counter-Strike.

Sercans Schilderung zufolge konnte der Täter anscheinend nicht mehr differenzieren zwischen seiner Spieleaktivität und der Realität. Damit spiegelt er den Medieneffekt, dessen Erleben er oben bei sich selbst wahrgenommen und demonstriert hatte, auf das infragestehende Verhalten des Amokläufers. An diese Vorstellung der direkten Wirkung medialer Erlebnisse koppelt er kommunikativ das Thema des *Verbots*. Auf diese Weise arbeitet er sich am Thema einer möglichen Verhaltensregulierung so ab, dass es eingespannt wird in Fragen von Verhinderung bzw. autoritärer Begrenzung. Vor allem sein Hinweis auf den Horrorfilm „Tanz der Teufel", der seiner Wahrnehmung nach einer Reglementierung unterliegt („ab 21") und von dem er gehört hat, mittlerweile verboten zu sein[175] illustriert erneut den Horizont, vor dem Sercan medienbezogenes Verhalten deutet: Auf der einen Seite stehen sich dabei *ultrastarke* Medienbotschaften, auf der anderen Seite *anfällige* Medienopfer gegenüber, die den Wirkungen der Medien erliegen.

Ein Verbot entsprechender Darstellungen hält er deshalb auch für „GUT", weil es nach seiner Erklärung eben eine große Zahl Personen gibt, die zu *schwach* oder *labil* sind, mediale Darstellungen zu ertragen und die offenbar direkt infolge des Ansehens eines entsprechenden Programms zugrunde gehen, indem sie einen „Herzinfarkt" bekommen. Hier reproduziert sich das oben angedeutete Muster: Medien können demnach sehr starke, tendenziell lineare Wirkungen haben und bieten die Möglichkeit intensiven Erlebens einschließlich der Gefahr eines anschließenden imitatorischen Ausagierens von Gewalt oder eines physischen Zusammenbruchs. Der Nutzer muss demnach in der Lage sein, kraft eigener, sozial vermittelter Stärke und Stabilität mit den Angeboten der Medien umzugehen. Wem dies nicht gelingt, dem muss die Rezeption eben verboten werden. Auf dieser Folie lässt sich auch interpretieren, weshalb Sercan auf meine Aufforderung, sich zu einem Verbot des Spiels eindeutig zu positionieren, so *ambivalent* bleibt („Eigentlich JA, eigentlich NICHT"). Ein Verbot von Counter-Strike beraubte die Jugendlichen ihrer medialen Lieblingsbeschäftigung, der zudem „JEDER" nachgehen würde. Als einzige Möglichkeit der Verhaltensregulation bleibt allein die Zuversicht, mit Medienangeboten im Modus der *Selbstsicherheit* umzugehen, so wie er: Während in allen Internetinternetcafes nämlich „IMMER" gespielt würde, ist dies, so sein Fazit, „nichts für mich". Die bewusste Abgrenzung aus einer kollektiv stattfindenden Medienpraxis hat hier den vermeintlichen Zweck der Demonstration eigener Stabilität.

Diese Orientierung an der eigenen Selbstsicherheit koppelt sich in der Passage zu Darstellungsmöglichkeiten des Internet zunächst wiederum mit der bereits aufgeworfenen Orientierung an der Demonstration eigener Stärke, die in Relation zu einer sozialen Gemeinschaft steht. Deutlich wird auch hier ein spezifisches Wechselverhältnis von individuellem Lebensentwurf und der Einbindung in ein Kollektiv, von dem Sercan

---

[175] Tanz der Teufel (*The Evil Dead*) ist ein Kinofilm des us-amerikanischen Regisseurs Sam Reimi aus dem Jahre 1981, der in Deutschland aufgrund seiner drastischen Gewaltdarstellung beschlagnahmt wurde und dessen Originalfassung bis heute von der Bundesprüfstelle für jugendgefährdende Medien (BPjM) indiziert ist.

ausgeht. Es impliziert eine Statusvorstellung, die auf der Präsentation eigenen Vermögens aufbaut:

```
(213)
I: Das ist ja sehr frei. Und dass das so frei ist, wie findest
du das eigentlich?
S: Eigentlich gut. Jeder hat dann was, also mit dem Internet zu
tun. Lohnt sich ja dann auch, Internet zu haben, zuhause und
so. // I: Mhm. // S: Ich finde so was eigentlich gut, meiner
Meinung nach.
I: Warum findest du gut, dass das so frei ist? Also, was ist
daran das Gute für dich?
S: (2) Dass die jetzt so eigene Bilder da reinstellen können
und so?
I: Zum Beispiel. Jeder kann ja da was rein bringen.
S: Sie können ja nur in ihre EIGENE Seite was rein machen. Dann
können sie es sich so vorstellen und so, und dann können ja an-
dere Menschen sehen, was der so DRAUF hat und so. Was der in
seinem Leben so macht. Irgendwie, so was drauf schreiben, oder
rein machen.
```

Die freien Möglichkeiten des Internet scheinen für Sercan zunächst ein gutes Vehikel der Selbstdarstellung zu sein; es kann dazu dienen, sich anderen zu zeigen und zwar so, dass dabei vor allem Einblicke in das eigene Können genommen werden und Betrachter sehen können, was man eben „so drauf hat". Eine wichtige Funktion ist hier die Präsentationsfigur des eigenen Ich und die Möglichkeiten, auf diesem Wege Stärke vorführen zu können, deren Resonanzboden die Wahrnehmung generalisierter Anderer ist. Somit verläuft diese Argumentation ähnlich wie im Fall von Ferhat, der von einem Plan berichtet, sich eine eigene Homepage zum Ausweis seiner sportlichen Erfolge anzuschaffen.

Nach meiner Konfrontation mit der Existenz von Gewaltdarstellungen verdeutlicht Sercan zunächst sein eigenes Wissen bezüglich der massiven Verbreitung entsprechender Angebote.

```
(224)
S: Es gibt ja auch eine Seite, rotten.com, kennen sie diese
Seite? // I: Ja. // S: Das ist auch sehr EKLIG und so. Also,
das war mal eine lange Zeit geschlossen. Verbietet diese Seite,
jetzt ist es wieder offen. Es gibt VOLL VIELE Seiten, es gibt
ogrish.com, es gibt rotten, es gibt VOLL VIELE solche Seiten.
```

Nach der Information über die Existenz einer so genannten Schockerseite im Internet zeigt sich, wie gut Sercan Bescheid weiß über das Vorhandensein einer „ekligen" Bilderwelt im Internet, die seiner Wahrnehmung nach riesig ist.[176] Er beobachtet außerdem, inwiefern diese Bilderwelt von Interventionsmaßnahmen betroffen ist, indem Seiten

---

[176] Die hier neben rotten.com (vgl. dazu Fn. 181) erwähnte Webseite ogrish.com war eine so genannte Schockerseite zum Download von Video- und Bildmaterial zu realen Unfällen, Tötungen und anderen Gewaltakten. Seit Oktober 2006 existiert die Seite nicht mehr, sondern nur noch eine Weiterleitung auf nicht verwandte Angebote.

über längere Zeit unzugänglich waren, jetzt aber wieder „offen" stehen, was er offensichtlich für einen normalen Mechanismus hält.

Nach einer knappen Bewertung schildert Sercan, wie er das Verhalten anderer Mediennutzer angesichts solcher Medienangebote beobachtet:

```
(227)
S: (3) Das ist eklig eigentlich, so was. Ich war letztens mal
so im Internetcafe, so kleine Kinder gucken sich das an. Schon
KLEINE Kinder. Weil, jeder hat dann diese Seite, rotten, ich
muss dann mal auch da reingehen, wie das aussieht. Ich glaube,
die STEHEN auf so was.
I: ((hustet)) Mhm, und warum stören die dich im Internet, also,
was findest du an denen nicht gut?
S: (5) Also, es ist eklig. Und, es gibt jetzt viel Terror, viel
Gewalt. Und, also, sind die geil darauf, so Opfer zu sehen?
Dass die aufgeschlitzte Menschen sehen? // I: Mhm, mhm. (3) //
S: Ja ja, aus Neugier guckt sich das mal JEDER an, danach sagt
man „nein, ich gucke das nicht mehr wieder an", dann sagt jetzt
dein Freund „es gibt da so eine Seite", dann erzählt es jeder
jedem, ganz Deutschland weiß das dann. Dann gehen die ja alle
rein, und danach- (1)
I: Ja, ist ja jetzt die Frage, was sollte man machen- was
meinst du denn?
S: (2) Eigentlich sollten die es lassen. Manche Menschen sollen
auch sehen. Also- (3)
```

Die Rezeption derartiger Angebote deutet Sercan als ubiquitäres Phänomen, auf das man bereits stößt, wenn nur „mal so" das Internetcafe aufgesucht wird. Es ist für ihn ein Geschehen, dass einfach jeden betrifft, woraus er seine Neugier ableitet, sich selbst ein Bild davon machen zu müssen. Gleichzeitig betont er jedoch, nicht darauf zu „stehen", was signalisiert, dass er sich selbst also *nicht* mit den Kindern, die er beobachtet, in eins setzen, sondern deutlich von Ihnen abgrenzen und sich *über* sie stellen möchte. Dies setzt er kommunikativ folgendermaßen um: Seine eigenen Motive, sich die Schockerseite einmal angeschaut zu haben, erscheinen hier gleichsam journalistischer Natur und er entwirft sich wie ein Beobachter, der unter dem Vorwand, sich neutral ein Bild von der Praxis anderer zu machen, im Prinzip seine eigene Schaulust befriedigen kann. Damit vermittelt Sercan, dass er einerseits an den infrage stehenden Angeboten eigentlich doch selbstverständlich teilhat und sie gut kennt, gleichzeitig aber nicht als jemand gelten will, den dies über Gebühr fasziniert, sondern *darüber* steht. Somit erscheint er selbst als *erhaben*, mithin als stabil (genug) ausgestattet, diese Bilderwelt subjektiv einfach aushalten zu können.

Diese Demonstration eigener Erhabenheit wiederholt sich, indem er die Frage stellt, ob andere eigentlich „geil" drauf seien, sich an der Betrachtung von Gewaltdarstellungen zu ergötzen, was performativ an eine Entrüstung über andere erinnert, die Sercan hier dem Interviewer gegenüber artikuliert. Daraufhin fährt seine Erklärungstheorie fort, indem sie einen Wirkungsmechanismus entfaltet, der Sercan der Wechselspiel von Verbreitung und Nutzung gewalthaltiger Medieninhalte zugrunde zu liegen scheint: Danach steckt die Neugier zur Rezeption entsprechender Darstellungen dispositional in *allen* Subjekten („guckt sich das mal JEDER an"). Im Anschluss an die Rezeption flaut diese Neugier jedoch wie von selbst wieder ab. Zum Ausdruck kommt darin ein Moment der *Naturalisierung*, mit dem beispielsweise auch Yüksel (weiter unten) erklärt, seine Spielelust verflüchtige sich nach einiger Zeit automatisch. Sercan stellt zudem dar, wiederum ähnlich zu Yüksel, wie sich fragwürdige Medienangebote auf unaufhaltsame Weise in der Medienlandschaft ausbreiten und man sich ihnen dadurch kaum entziehen kann; sie geraten nach dem Schneeballprinzip in Umlauf und verbreiten sich durch Mund-zu-Mund-Propaganda, bis irgendwann „ganz Deutschland" davon Kenntnis hat. In diesem Prozess bleibt niemand außen vor, vielmehr gehen „ja alle rein". Somit entwirft Sercan eine Situation, in der der Nutzer sich im Prinzip in großer Gemeinschaft weiß, die zudem qua Natur anfällig für die Verlockungen sind, sich ab und an „eklige" Webangebote anzuschauen. Implizit macht Sercan deutlich, dass er hier erneut auf einen Regulationsmechanismus von Stärke und Stabilität abstellt; dass es also angesichts einer Verlockung gilt, *souverän* zu sein und über den Weg natürlicher Stärke die entsprechenden Medienangebote *aushalten* zu können oder ihnen zu *entsagen*.

Auf diese Weise schlussfolgert Sercan auch, es mache keinen Sinn, die Angebote einzudämmen, deshalb sollte man sie gewähren lassen. Es ist den Nutzern, zumindest einer nicht näher bestimmten Gruppe („manche Menschen") und ihrer Gefestigtheit überlassen, sich in einer Medienwelt, in der die Rezeption abstoßender Inhalte jederzeit möglich ist, zu bewegen. Zugehörig zu dieser Gruppe ist, wer stabil und souverän genug ist. In genau dieser Weise entwirft sich Sercan selbst, indem er über die Passagen hinweg transportiert, wie er selbst scheinbar distanziert, gleichzeitig aber auch stark involviert, Medien samt der von ihm selbst als fragwürdig („eklig") charakterisierten Inhalte nutzt, nämlich im Modus der Stabilität, der Stärke und der Erhabenheit. Dass sie ihn und sein Verhalten nicht negativ beeinflusst, ist bei ihm überdies an die Frage einer sozialen Vergemeinschaftung gebunden, die zugleich einen Präventionsmechanismus gegen übermäßigen Medienkonsum und abgibt.

Im Gegensatz zu Sercan berichtet <u>Yüksel</u> von einer häufigen Rezeption des Spiels Counter-Strike. Dies ist auch der Ansatzpunkt, an dem die Rekonstruktion seiner Orientierung zur Bewertung von Medien ihren Anfang nimmt. Yüksels frühere intensive Spielepraxis, vor allem im Internetcafe, hat sich aufgrund einer Regulierungsmaßnahme stark modifiziert; durch eine Altersbeschränkung rückt das Spielen – zumindest im Internetcafe – in weite Ferne und kann von ihm, formal betrachtet, erst in drei Jahren wieder aufgenommen werden (er ist gegenwärtig 15 Jahre alt). Dies nimmt er als Eingriff wahr, der eng durch staatliche Kontrollorgane überwacht wird und von der Gefahr der Sanktionierung bzw. Bestrafung der Betreiber von Internetcafes begleitet wird. Sie fügen sich diesen Maßnahmen und reglementieren den Zugang für die Besucher durch Vorlage des Ausweises:

```
(134)
Y: Also früher haben wir es gemacht, Counter-Strike haben wir
sehr oft gespielt. Aber, dann haben sie es ja VERBOTEN, muss
man jetzt ab 18 und so sein. Jetzt spielen wir also fast gar
nicht mehr Counter-Strike so zusammen. Und danach wir haben
auch-
```

> I: Ach die haben es Internetcafe verboten euch zu [spielen]?
> Y: [Ja ja, weil] in Erfurt ist doch dieser, also der Junge hat
> doch seinen Lehrer getötet, und da meinten die so „wegen Coun-
> ter-Strike!". Danach, also die Polizei macht doch jetzt Kon-
> trollen im Internetcafe. Und die Besitzer haben Angst, weil
> sonst bekommen sie ja die Anzeige. Und deswegen fragen die
> immer nach dem Ausweis, ob man 18 ist.

Geschildert wird zunächst die Verbannung einer sich zuvor gemeinschaftlich gebildeten Medienpraxis aus ihrem angestammten Ort durch die Regulation mittels Verbote. Yüksel positioniert sich als Teilhaber einer zuvor autonomen Medienpraxis, die nun mit äußeren Maßnahmen der Reglementierung konfrontiert ist und dadurch beschnitten wird. Sie bedeuten für ihn eine Exklusion aus früher selbstverständlichen, normalen und üblichen Computernutzungsformen; im Folgenden wird deutlich, wie er dadurch eine stabile Vergemeinschaftungsform in ihrer Existenz bedroht sieht, die sich durch enge Gruppenkohäsion auszeichnete:

> (137)
> Y: Also das finde ich SEHR scheiße, weil, also wir sind vor ei-
> nem Jahr, ungefähr eineinhalb Jahren war es ja sehr Mode Coun-
> ter-Strike. Es war ja im Internetcafe gab's sogar keinen Platz
> mehr im Internetcafe. Danach hat es sehr Spaß gemacht, wir ha-
> ben sehr oft gespielt, wir haben auch andere Spiele gespielt,
> also wie Strategiespiele, also (Revenant?) und, wie heißt das
> noch mal das Spiel, ich habe jetzt vergessen, so Strategie-
> spiel, haben wir auch sehr oft gespielt, im Internetcafe und
> jetzt haben sie es ja verboten, muss man ja ab 18 sein. Und
> deswegen gehen wir auch immer Chatten. Also gehen wir surfen,
> weil man ja nicht mehr Counter-Strike spielen kann.

Das als maximal negativ empfundene Verbot richtet sich in Yüksels Wahrnehmung gegen eine bis vor kurzem gängige „Mode" des Spielens. Nimmt man deren metaphorischen Gehalt ernst, meint *Mode* eine in einem bestimmten Zeitraum und in einer bestimmten Gruppe von Menschen als zeitgemäß geltende Art, bestimmte Dinge zu tun, Dinge zu benutzen oder anzuschaffen, sofern diese Art, etwas zu tun, nicht von großer Dauer ist, sondern im Verlauf der Zeit infolge gesellschaftlicher Prozesse immer wieder durch neue – dann als zeitgemäß geltende – Arten revidiert wird, sofern sie also zyklischem Wandel unterliegt. Auf das Computerspiel übertragen dokumentiert sich, dass Yüksel die intensive Counter-Strike-Praxis als etwas ansieht, was eigentlich *nicht* regulierungsbedürftig ist, sondern irgendwann eben wieder „aus der Mode" kommt und sich insofern auf natürliche Art und Weise von selbst erledigt und verschwindet; es handelt sich um einen Zeitgeist, bei dem man einfach mitgegangen ist und dabei war. Wie beliebt diese Mode war bzw. wie viele Anhänger sie mobilisieren konnte, verdeutlicht seine Beschreibung der intensiven Erlebnisse im Internetcafe: Dieses war mitunter völlig belegt und im Zuge dessen bildete sich im Internetcafe eine Sphäre gemeinschaftlichen Erlebens, die sich als eine Mischung aus Spaß und dem Ausprobieren verschiedener Spieloptionen wie ein Sog darstellt, in den man hineingezogen wird. Die Reglementierungsmaßnahme in Form der Heraufsetzung der Altersfreigabe hat diese Sphäre zwar nicht zerstört, aber doch fundamental modifiziert, insofern sie sich nun hauptsächlich um die kommunikativen Nutzungsmöglichkeiten des Internet gruppiert. Eine mögliche Verknüpfung des Spiels mit dem Ereignis des Amoklaufs ist für ihn vor diesem Hintergrund eine Diskussion, die sich weit weg von seinem eigenen, gemeinschaftlich eingebetteten Erleben abspielt:

```
(139)
I: Wie ist denn das, also du hast jetzt gesagt, dass dieser
   Mord da in Erfurt, der hätte was mit Counter-Strike zu tun.
   Oder könnte [was]-
Y: [Ja haben] DIE ja behauptet.
I: Glaubst du das, dass das stimmt oder-
Y: (2) Naja, also der Junge, also haben DIE ja gesagt DER hat
   oft das gespielt Counter-Strike und danach, also vielleicht hat
   er danach gedacht, „also Töten ist ja was Leichtes" und dann
   hat er es einfach gemacht aber na ja, keine Ahnung (2).
I: Und was meinst du jetzt? Stimmt das?
Y: Also hat SCHON damit was zu tun, aber dass man das jetzt
   gleich verbietet, ab 18, ich finde es auch ein bisschen ZU
   hart. Also dass es gleich ab 18 ist. Dann hat man ja keinen
   Spaß mehr, spielt man zu Hause alleine, macht nicht so viel
   Spaß. Also, hat beide Seiten, eher gut eher schlecht, also mit-
   telmäßig meine ich. (3)
```

Ein Zusammenhang des Spielens mit dem Amoklauf stellt für Yüksel eine fremde Behauptung dar, die er gleich doppelt als generalisierte These unpersönlich bleibender Urheber kennzeichnet. Dabei stellt er sich einen möglichen Wirkungsmechanismus als lineares Ablaufschema vor, das aus den drei Schritten Spielen, Denken und Handeln besteht. Der Amokläufer hat danach das im Spiel angebotene Handlungsprogramm des Tötens mechanistisch umgesetzt, was für Yüksel einem schicksalhaften Ausagieren gleichkommt. Etwaige Motive oder Dispositionen des infrage stehenden Verhaltens bleiben hier ausgeblendet, stattdessen ereignet es sich – es wurde „einfach gemacht".

Obschon er einen Zusammenhang für denkbar hält, der aber unspezifisch bleibt, arbeitet sich Yüksel viel intensiver am Verbot als solchem ab, das für ihn in einem völlig unverhältnismäßigen Zusammenhang mit seiner eigenen Spielepraxis steht. Es ist als zeitliche Sofortmaßnahme zu *radikal* und vom Maß der Altersbeschränkung her zu *hoch*. Vor allem bezieht es sich auf ein Verhalten, das ohnehin stattfindet, wenn nicht in der Sphäre des Internetcafes, dann eben im privaten Rahmen, wo es allerdings um wesentliche Komponenten seiner Faszination beraubt ist. Insofern ist die Reglementierung für Yüksel völlig willkürlich und prozessiert als ein Verfahren, das etwas Natürliches und an positive Emotionen sowie spielerische Formen der Vergemeinschaftung Gekoppeltes behindert. Eine Einschränkung qua Verbot widerspricht dem Mechanismus, der das medienbezogene Verhalten der Nutzer *eigentlich* zu regulieren in der Lage ist.

Auf welche Weise sich dieser für Yüksel darstellt, dokumentiert sich in der Passage, in der das Thema Sucht aufgeworfen wird.

```
(145)
Y: Ja ja, das ist-
I: Was meinst du denn dazu eigentlich?
Y: Ist SCHON eigentlich, also ich war auch so, Manager 2004
   hatte ich, habe ich auch sehr oft gespielt, wurde ich auch ein
```

bisschen süchtig, aber nach einer Weile bei mir, nach drei vier Wochen, so einem Monat, spätestens zwei Monaten, habe ich keinen Bock mehr auf das Spiel und dann spiele ich nicht mehr. Also bei MIR ist es so, bei ANDEREN, die werden süchtig, und dann spielen die es jeden Tag.

Yüksel bejaht die Möglichkeit eines Abdriftens in die Computerspielsucht, das er im Zusammenhang mit einem Fußballsimulator auch selber an sich erlebt hat. Deren Überwindung schildert er im Rückgriff auf das Verstreichen von Zeit, worin sich ein naturalisierendes Moment andeutet. Es verging eben eine „Weile", und darüber vermittelt erledigte sich das Gefühl, „ein bisschen süchtig zu sein", automatisch. Dieser Mechanismus erinnert an das Phänomen der Modeerscheinung, das er oben in Bezug auf das Spiel Counter-Strike artikuliert hatte. Deutlich wird dies hier vor allem auch an seiner zeitlichen Angabe: Spätestens nach zwei Monaten hatte er auf naturwüchsige Weise das Interesse an „Manager 2004" verloren („keinen Bock mehr"). Während er, ähnlich wie Timo, auf Zeitkategorien abstellt, die den Medienkonsum regulieren, ist es hier, anders als bei Timo, keine Regel, etwa in Form der zwischenzeitlichen Abstinenz, auf die Yüksel abzielt. Vielmehr setzt er hier einen deutlichen Schlusspunkt, der für ihn, das vermittelt der letzte Satz, gleichzeitig als Ausweis der Demonstration von Stärke bzw. persönlicher Stabilität fungiert, die ihn im Gegensatz zu „ANDEREN" auszeichnet.

Diese Dichotomie des eigenen Verhaltens auf der einen und des infragestehenden Verhaltens auf der anderen Seite verläuft homolog wie im Fall von Ferhat, der sich ebenso attestiert, mit den Medienangeboten aufgrund einer naturwüchsigen Fähigkeit umgehen zu können, während er dies bei anderen stark bezweifelt. Dies steigert sich, als Yüksel, sein eigenes Verhalten in Beziehung zu dem beobachteten Verhalten anderer Jugendlicher thematisiert:

(149)
Y: [Ja ja, also ich] war mal Internetcafe, ich bin reingegangen, ich habe so einen Jungen gesehen, der spielt so ein Strategiespiel gerade. Danach ich bin rausgegangen, komme nach zwei drei Stunden wieder, und er spielt IMMER noch weiter. Also, manche sind schon sehr süchtig. Und dann bin ich noch eine Stunde im Internetcafe geblieben, und er spielt immer noch weiter, also-
I: Was meinst du wie ist das gekommen, dass er so geworden ist?
Y: Na, wenn er, also wenn die Leute, die Ingenieure sehr GUT machen die Spiele, da wird man ja süchtig. Will man ja immer MEHR spielen, immer mehr immer mehr immer mehr. Danach kommt man also halt dazu dass man sehr oft spielt. Also ich finde die Kinder haben auch keine Schuld, wenn die zu VIELE Spiele raus machen, und jeder spielt, und dann- (4).

Ähnlich wie Sercan bringt Yüksel Medienangebote in einen kategorialen Zusammenhang von Versuchung und Widerstand; so ziehe ein gut konstruiertes Spiel unvermeidlich eine intensive Beschäftigung damit nach sich, äquivalent zu einer Droge, deren anfänglicher Konsum zum Verlangen einer immer höheren Dosierung führt. Damit verbunden sind in Yüksels Argumentation zwei Merkmale: Einerseits eine Entlastung der (jungen) Spieler, andererseits eine Zuweisung von Verantwortlichkeit an die Entwickler und Produzenten („Ingenieure"), welche den Markt mit ihren Produkten überschwemmen und auf diese Weise eine (erhöhte) Hinwendung dazu erst provozieren. Anders formuliert: Die Verlockung, sich einem spannenden Medienangebot hinzugeben, ist sehr stark. Von Medien gehen insofern starke Effekte aus, da ihnen die Versuchung *inhärent* ist, sie auch entsprechend intensiv zu rezipieren. Diese Hinwendung ist ihrerseits ein Schicksal, das heißt kein individuelles Fehlverhalten der Nutzer, sondern der natürlichen Disposition eines Jeden geschuldet („jeder spielt"), ähnlich wie auch Sercan dies betonte. Sich angesichts dieser Bedingungen zu positionieren, ist auch für Yüksel an die Ausbildung und die Demonstration eigener Stärke gekoppelt, in einer solchen Situation eben nicht schwach zu sein, sondern sich im Gegenteil souverän und ich-stark in Absetzung zu denjenigen zu entwerfen, die den Verlockungen der Medienangebote nicht widerstehen konnten. Deswegen steht Yüksel der von mir erneut nachgefragten Schuldfrage im Prinzip ambivalent gegenüber, weil sie in der Konstellation seiner Orientierung nicht eindeutig zu beantworten erscheint:

```
(153)
I: Also du meinst die Schuld haben nicht die Spieler, sondern
mehr die Entwickler, oder wie meinst du das?
Y: Eher BEIDES so, also wenn die Entwickler also so Spiele ent-
wickeln, und danach, also die entwickeln es ja damit die Leute
das auch spielen und kaufen. Und die spielen es und dann werden
die süchtig. Danach, also die dürfen halt nicht so oft spielen,
also hat auch was mit den ELTERN was zu tun. Die Eltern müssen
auch sagen „ja jetzt reicht es, nicht mehr spielen, mach
Hausaufgaben, kein PC mehr", das ist ja bei mir AUCH so, deswe-
gen bin ich auch nicht eigentlich süchtig. Also wenn ich jetzt
eine Stunde PC spiele zu Hause und er sagt „ja mach jetzt aus
und lern was". Und danach muss ich auch ausmachen.
```

Im Prinzip *muss* sich das Verhalten durch natürliche (Ich-)Stärke angesichts einer medialen Umwelt regulieren, die übersät ist mit ansprechenden Produkten. Ist diese nicht vorhanden oder nur mangelhaft ausgebildet, müsse – gewissermaßen als *ultima ratio* – eine Disziplinarmaßnahme erfolgen, über deren selbstverständliches eigenes Verfügen und Befolgen Yüksel hier gleich mit informiert. Auf diese Weise koppelt er die Verfügung über die Fähigkeit, Stärke auszubilden bzw. ausgebildet zu haben, an die Existenz eines Autoritätsimpulses; dieser erscheint als persönliche Stärkequelle, indem er im Fall exzessiven Mediengebrauchs in Form einer unzweideutigen Begrenzung auftritt. Auf diese Weise konstruiert Yüksel ein anfälliges Subjekt, das medialen Optionen ausgeliefert ist und dazu neigt, in seinem Verhalten einer Art Versuchung anheim zu fallen; vor allem ist es ein Subjekt, dem im Falle eines Schwachwerdens mit Autorität begegnet werden muss, damit es gerade nicht zum Medienopfer werden kann. Insofern stellt sich Yüksel eine medienbezogene Verhaltensregulierung derart vor, dass sie auf der Grundlage des Vorhandenseins einer stabilen Ordnungsstruktur stattfindet, die aufgrund einer durch sie demonstrierten Autorität geschaffen und reproduziert wird. So handelt es sich bei den Erziehungsforderungen, die Yüksel – ähnlich den anderen Jugendlichen mit türkischem Migrationshintergrund – von Eltern wiederum einfordert, auch um Formen autoritärer Begrenzungen, denen respektvoll Folge zu leisten ist bzw. selbst auch geleistet *wird*. Der Modus von Verhalten insgesamt erscheint hier erneut vor dem Hintergrund einer Vorstellung von Stabilität und Stärke, der nur autoritär begegnet werden kann um sie überhaupt regulieren zu *können*.

Inwiefern Yüksel dieser Vorstellung einer Demonstration von Stärke einen durchaus schicksalhaften Charakter zueignet, verdeutlicht sich dort, wo er die Möglichkeiten der Informationsfreiheit im Internet einschätzt:

```
(269)
Y: Ist doch GUT, sagt jeder seine eigene Meinung. Aber manchmal
sollte man auch nicht so übertreiben mit der Meinung, weil es
gibt's ja auch andere, Kritiken, also die sagen „nein du hast
nicht Recht" und danach streiten die sich. Kann auch, also wenn
der eine schreibt so, das ist so und so und der andere sagt
„nein das ist nicht so", danach streiten die sich ja. Und, wenn
die sich auf der Strasse sehen würden, würden die sich ja ge-
genseitig schlagen, töten (3).
```

Den zunächst positiv bewerteten Aspekt des Internets, Raum für die Artikulation individueller Ansichten zu sein, relativiert Yüksel durch ein Beispiel für ein fatalistisch anmutendes Szenario. So führt das Aufeinandertreffen von unterschiedlichen, übermäßig stark artikulierten Meinungen für Yüksel beinahe automatisch in einen gewalthaltigen Konflikt, sieht er die personale Konfrontation zweier unterschiedlicher Meinungsinhaber relativ geradlinig und unausweichlich in ein tödliches Ende driften. Beide Parteien verharren danach so stark in ihrer jeweiligen Perspektive, dass eine reziproke Vermittlung oder gar Verständigung ausgeschlossen erscheint. In Anlehnung an Toprak (2007: 171) nimmt Yüksel hier physische Gewalt als „folgerichtig, legitim und angebracht" wahr, um „unversöhnliches Verhalten und Unnachgiebigkeit" zu regulieren. In diesem von Yüksel hier artikulierten Konflikt- anstelle eines Diskursmodells geht es also letztlich darum, dass sich zwei Parteien nur im Modus ihrer Demonstration von Macht und Stärke *überhaupt* miteinander auseinandersetzen können, und sich dabei im Extremfall gegenseitig zum Schweigen bringen. Daher gilt es für Yüksel auch, es nicht „zu übertreiben mit der Meinung". Die Ausbildung und die Vervielfältigung einer Meinung qua Medien wird demnach nicht vor einem Hintergrund bewertet, der auf wechselseitige Verständigung oder Anregung abzielt, sondern die Artikulation von Medienbotschaften wird daran bemessen, inwiefern sie in einer situativen Konkurrenz in der Lage ist, *bestehen* zu können oder nicht – und diesem Falle *unterzugehen*.

Bei der Frage nach einem etwaigen eigenen Nutzen der Möglichkeiten, sich via Internet zu artikulieren, arbeitet Yüksel diese Orientierung weiter aus:

```
(271)
Y: Ja, würde ich gerne mal-
I: Hast du das schon mal gemacht irgendwie wo?
Y: Nein, nein. Nicht. Ich bin auch noch zu jung finde ich für
so was. Muss man ja erst, also man muss sich auch erst mit so
was AUSKENNEN. Man muss ja auch überlegen und dann schreiben,
und nicht einfach seine Meinung hinschreiben.
```

Für eine eigene Betätigung in Form eines Online-Beitrags fühlt sich Yüksel nicht hinreichend sozialisiert. Hierin dokumentieren sich zunächst Merkmale von Alter und Wissen, die für ihn zu einer Befähigung führen, in öffentlicher Form eine Position zu vertreten. Im Gegensatz etwa zur Argumentation von Melanie koppelt sich für Yüksel die Fähigkeit, die Informationsfreiheit des Internet zu nutzen, nicht an Kriterien wie Seriosität und Ernsthaftigkeit (also: einen inhaltlichen Aspekt), sondern eher an formale. Der Autor muss weniger thematisch beschlagen oder normativ korrekt ausgewiesen sein, sondern Aspekte von sozialisatorischer *Reife* erfüllen, um den eigenen Standpunkt zu vertreten. Allerdings äußert Yüksel tiefe Skepsis bezüglich der Möglichkeiten einer normalen Koexistenz verschiedener Sichtweisen:

```
(275)
I: Also du findest auf jeden Fall, dass es frei ist dass jeder
da aktiv sein kann-
Y: =Ist SCHON gut. Aber, vielleicht haben Sie in den Nachrich-
ten gehört, der Van Gogh hat ja seine Meinung ein Film gemacht,
da haben wir ja gesehen, was passiert ist. Das meine ich ja da-
mit.
```

Ähnlich zu oben stellt sich das Öffentlichmachen einer standortgebundenen Meinung und somit der aktive Gebrauch von Möglichkeiten der Meinungsfreiheit für Yüksel als ein Terrain dar, das von vornherein Konfliktpotential birgt. Mit Verweis auf einen islamkritischen Autor[177] belegt er, wie er den Umgang mit und den Effekt von kontroversen Medienbotschaften beobachtet; in einer Haltung der moralischen Enthaltsamkeit deutet er hier die soziale Welt als eine Arena von Auseinandersetzung und Kampf, in der es gilt, sich zu behaupten – oder eben zu schweigen.

Damit gibt Yüksel Einblicke in fundamentale Aspekte seines Weltbildes, das zutiefst geprägt von einem Glauben an ein Leben nach dem Modell des *survival of the fittest* zu sein scheint und in dem offenbar wenig Spielräume für diskursive Formen von (medialen) Auseinandersetzungen existieren. In diesem geht es weniger darum, sich sozial abzustimmen oder Standpunkte hinsichtlich des Versuchs einer Vermittlung in einem Diskurs mit anderen zu prüfen, sondern viel eher darum, sich sozial durchzusetzen.

Sichtbar wird dies im Weiteren darin, dass Yüksel von einem Meinungsrelativismus überzeugt zu sein scheint, dessen Balance nur auf dem Weg der autoritären Begrenzung reguliert und aufrechterhalten werden kann. Dies zeigt sich, als er sich zur Existenz gewaltverherrlichender und rechtsradikaler Internetseiten positioniert:

```
(277)
I: Ja. Also, es gibt da ja zum Beispiel, hast du ja selbst auch
gesagt, so Gewaltseiten oder Rechtsradikalenseiten oder so.
Y: Also wenn die an so was GLAUBEN, sollen die also. Also,
gibt's ja nicht nur Nazis, gibt's auch in der Türkei Leute die
zum Beispiel gegen Kurden sind, da haben die auch immer so, al-
so.
I: Aber das wird einfach alles so ins Internet gestellt so.
Y: Ja, aber die bekommen doch glaube ich Strafen oder? Gibt's
so was nicht?
```

---

[177] Der niederländische Filmregisseur und Publizist Theo van Gogh hatte 2004 in einem Film die Missbrauchserfahrungen und die Unterdrückung von islamischen Frauen thematisiert und wurde von einem fanatischen Attentäter erschossen.

I: Ich weiß es nicht genau.
Y: Also wenn man zum Beispiel im Fernseher was zeigt, dann bekommt man doch so ein paar Tage Sendesperrung, DARF man ja nichts zeigen.
I: Aber im Internet ist das ja alles drin. Man muss nur wissen wo es ist dann kann man sich das angucken.
Y: Also, ich weiß nicht, also wenn man so EIGENE Meinung von macht. Also für denjenigen der das hin macht, ist ja GUT also für SEINE Leute und so. Wenn die also zum Beispiel in den Nachrichten schreiben „die Schwarzen oder die Ausländer raus" oder „die Juden sind scheisse" ja das ist ja gut was für Nazis, aber für die Juden ist es ja was Schlechtes. Deswegen also. Also wenn man ein Nazi ist würde man sagen „ja, er hat Recht. Weiter so, ist ja gut". Und wenn man ein Jude ist halt nicht (6)

Eine Perspektivenvielfalt wird sichtbar, in der im Prinzip alle möglichen Standpunkte koexistieren dürfen; welche Botschaften vertreten werden, ist Yüksel eine Frage, woran die Menschen „GLAUBEN", was sie demnach auch „sollen" dürfen, ähnlich einem universellen Grundmuster der sozialen Welt. Begrenzung findet dieser Mechanismus in der Existenz übergeordneter autoritärer Instanzen, die bestimmte Perspektiven unter Strafe stellen: Insofern kann man, folgt man Yüksels Argumentation, eine problematische Medienbotschaft bzw. daran erkennen, dass ihr nach Ausstrahlung „ein paar Tage Sendesperrung" auferlegt wird. Statt einer Möglichkeit der Verschränkung oder Veränderung der Perspektiven auf einen Medieninhalt wird diese Vielfalt als ein Phänomen wahrgenommen, das nahezu automatisch Konfliktpotential birgt, welches seinerseits nur durch die Anrufung autoritärer Instanzen reguliert werden kann, denn jede Perspektive hat offensichtlich aus ihrer Warte heraus gesehen eine eigene Berechtigung, solange sie sich einer sozialen *Akzeptanz* bzw. *Mehrheit* sicher sein kann.

So ist die Wirksamkeit einer „Meinung" hier von Yüksel daran gekoppelt, inwiefern sie sich eben als „GUT" für „SEINE Leute", dass heißt in Bezug auf die soziale Stabilität eines Meinungs*führers* darstellt. Eine Regulation der Medien und ihrer Angebote bzw. ihrer Nutzung scheint hier verhärtet, sodass im Prinzip keine anderen Modi denkbar sind, als die des selbstbewussten Ausagierens zum Zweck der Durchsetzung. Anders ausgedrückt geht es Yüksel weniger um eine inhaltliche Auseinandersetzung mit der Genese oder dem Charakter des infragestehenden Mediengeschehens, sondern um die Vorstellung einer Kraft der autoritären Begrenzung einer ihrerseits ungebändigten Kraft subjektiven Ausdrucksvermögens. Hier schließt sich der Kreis zu seiner oben dargestellten Bewertung der Wirkung von Counter-Strike. Ein Verbot dieses Spiels deutete er als negative Maßnahme, nicht aber deswegen – wie im Fall von Andreas – weil man auf diesem Wege nichts erreicht, da die Nutzer selbstreferentiell nach ihren eigenen Regeln prozessieren, sondern weil ein Verbot eine Medienpraxis trifft, die ohnehin mehrheitlich Akzeptanz findet und in einer stabilen sozialen Vergemeinschaftung aufgehoben ist und in die ein Eingriff von außen einem Verstoß gegen einen starken *esprit de corps* gleichkommt, der sich im Inneren entwickelt hat und der sich dort reguliert.

Bislang dokumentierte sich, dass für Yüksel allgemein über Botschaften von Medien im Rahmen einer sozial starken Vergemeinschaftung entschieden wird, aus der heraus bestimmte Formen des Umgangs emergieren. Ebenso zeichnete sich ein Medienrelativismus ab, an den die Anbindung an eine Autoritätsstruktur resultiert, die eine starke

Orientierung bietet und die Vorgaben für die Gestaltung der eigenen Lebenspraxis gibt. Diese Orientierung lässt sich im Zusammenhang sehen mit einem Gesprächsausschnitt, den Yüksel damit einleitet, er spiele ja „eh, also nicht so viel" (169), weil er einen beträchtlichen Teil seiner Freizeit in der Moschee verbringt:

```
(170)
Y: Also WENN ich was lerne, ich gehe auch immer in die Moschee,
da ist auch immer der Hoca, also der Prediger, also der immer
alles beibringt und der immer so betet. Also der dort, also
der, also der Boss, der sich mit alles auskennt, wenn man Fra-
gen hat geht man zu ihm. [...] Hoca ist zum Beispiel wenn man zum
Beispiel jetzt betet, einer ist doch immer vorne, vielleicht
haben's Sie es Fernseher schon mal gesehen? Und das ist der
Hoca, der zum Beispiel sagt „Allah hu akbah", dann macht jeder
ihn nach. Und danach also, der kennt sich mit alles aus, wenn
man zum Beispiel Fragen hat, Probleme hat, geht man ZU ihm, und
also so zusagen. Er ist der BOSS, also der in einer Moschee
ist. Der sich am meisten auskennt. Und da MUSS ja auch einer so
Hoca sein, in jeder Moschee gibt's auch einen. Also, zum Bei-
spiel, wenn man zum Beispiel beten, um eine bestimmte Zeit muss
man beten gehen. Und danach, wenn man betet, danach, so zwanzig
Minuten gibt es dann noch Zeit bis zum Beten, danach erklärt
der immer, wie Moslems leben müssen, oder was sie machen müs-
sen. Wie das früher war mit unseren Propheten und so. Der sich
also sehr gut auskennt. Der also Koran und so alles auswendig
kann. // I: Mhm // F: Also ich gehe jeden Tag, so um sechs gehe
ich immer hin, erst beten wir, und danach, ich und meine
Freund, und er bringt uns immer bei, wie wir beten müssen, was
wir auswendig lernen müssen. Also wie das früher war, also- Al-
so Islam ist SEHR GROSS, also wenn sie mal gerne möchten, kön-
nen Sie ja AUCH mal hingehen, und also alles so Sachen erfah-
ren. Die ist hier U-Bahnhof B.-Strasse, ist in der Nähe //
I: Mhm // Kennen sie U-Bahnhof B.-Strasse? // I: Ja [also-] //
F: [Das ist] in der Nähe, die heißt A.-Moschee.
```

Wenn auch nicht unmittelbar thematisch auf die Bewertung von Medien bezogen, kommt der hier wiedergegeben Passage doch der Status einer sogenannten Fokussierungsmetapher zu, die die vorab dargestellten und interpretierten Textstellen erhellt.[178] Folgt man Yüksels Schilderung seiner Erfahrungen in der Moschee und damit seiner religiösen Praxis, zeigt sich, dass die Ausprägung einer seinen Alltag bestimmenden Orientierung offensichtlich vor dem Hintergrund des Eingebundenseins in eine hierarchisch gegliederte Ordnungsstruktur und dem Vorhandenseins eines *opinion leaders* erfolgt, welcher einerseits eine inhaltlich-richtungsweisende, andererseits aber auch eine sozialpsychologische Beratungsfunktion innehat. So orientiert sich Yüksel bezüglich der prägenden Momente seiner Erfahrungen deutlich an einem Oberhaupt bzw. einem

---

[178] Nach Bohnsack (2003a) kommen in sogenannten *Fokussierungsmetaphern* relevante Orientierungsmuster besonders gut zum Ausdruck. Bezeichnet ist damit eine Textstelle, in der ein Aspekt der Wirklichkeitskonstruktion von Akteuren rekonstruiert werden kann, wo diese besondere „Höhepunkte des Engagements, der Intensität und Dichte" erreicht (ebd.: 86). An einer solchen Passage kann sozusagen das zentrale Problem sozialer Akteure, das Zentrum ihrer Aufmerksamkeit, abgelesen werden, weil sie auf aktuelle Handlungs- und Orientierungsprobleme hinweist (vgl. auch Bohnsack 2003e).

Meinungsführer, der den Subjekten sagt, „was sie machen müssen", in diesem Fall dem „Hoca"[179] (den Yüksel als „BOSS" tituliert"), denn insbesondere dieser „kennt sich sehr gut aus", vor allem aber „MUSS" es auch eine solche Figur geben. Dieser Struktur misst Yüksel hohe Bedeutung zu, wenn es darum geht, sich im Sinne einer für ihn subjektiv relevanten Lebensorientierung beeinflussen zu lassen („WENN ich was lerne"). Erneut fällt hier ein positiver Gegenhorizont ins Auge, nämlich eine soziale Gemeinschaft und eine Zusammengehörigkeit, die in Anleitung durch eine herausgehobene und mit Autorität ausgestattete Instanz sowie die Befolgung ihrer Weisungen Stärke und Stabilität ausbildet und in den Besitz einer lebensorientierenden Gewissheit gelangt. Zugleich drückt sich hier ein hohes Vertrauen darin aus, dass eine Lebensorientierung, die sich hier im Modus einer Mischung aus Respekt und Gehorsam auf der einen und persönlicher Nähe und dem Erfahren von Stärke auf der anderen Seite angeeignet wird, als fraglos und richtungsweisend erweist.

Bezogen auf das Thema der Medienbewertung ergeben sich hier folgende Interpretationsfolien und Deutungshorizonte: In Bezug auf die Einschränkungen, die Yüksel durch den Verbot des Ego-Shooters scharf kritisiert lässt sich – etwas überspitzt – formulieren: Es ist die deutsche Polizei, die hier eine Reglementierung von außen vornimmt und die Yüksel als völlig inakzeptabel zurückweist, weil dadurch eine starke Gemeinschaft (die der Spieler) mit einem Ordnungsmuster konfrontiert wird, das als fremdreferentiell erfahren wird und das in eine community-bezogene Praxis eingreift, die sich – wenn überhaupt – nach eigenen Ordnungsmustern selbst regulieren lassen möchte. Es ist in diesem Fall *nicht* die von ihm anerkannte Autoritätsinstanz, von der er sich den Weg weisen bzw. etwas verbieten lassen möchte. Dass seine Reaktion anders ausfiele, spräche sich etwa der Hoca gegen diese Art der medialen Beschäftigung aus, darüber kann hier freilich nur spekuliert werden. Vor allem opponiert Yüksel auch deshalb, weil sich die Begründung des Verbots, wie er sie wahrnimmt, auf die Behauptung eines Mechanismus stützt – den des nachahmenden Tötens – von dem er bzw. seine Freunde sich als Ausführende einer solchen Spielepraxis weit entfernt wähnen, weil sie sich als ohnehin beherrscht, stabil und selbstwirksam erleben: Sie *haben* eine stabile Orientierung, die sie vor der Anfälligkeit negativer Medienwirkungen schützt – andere haben diese möglicherweise nicht, und deshalb „kommen" sie dann „halt da so zu". Deswegen haben für Yüksel, wie er es formulierte, „auch die Kinder keine Schuld, wenn die zu VIELE Spiele raus machen" – wenn es also Hersteller von Medienprodukten gibt, die ihre Angebote mit einem Höchstmaß an Anreizen ausstatten.

Heranwachsende, so lässt sich interpretieren, *können* für Yüksel mit Medien umgehen, aber nur unter der Bedingung, dass sie ansonsten stabile Lebensorientierungen ausgebildet haben. Genau diese sind für ihn wichtig, gerade weil es so viele mediale Verlockungen gibt, die nur darauf warten, dass sich der Nutzer ihnen hingibt und dann „immer mehr immer mehr" will. Dass dieser Effekt bei manchen zu beobachten ist, auch bei anderen Jugendlichen gleichen Alters, ist für Yüksel daran gekoppelt, dass sie nicht genügend Stabilität aufweisen, um dagegen gefeit zu sein. Eine Möglichkeit, dieser Anfälligkeit für eine Schwäche zu begegnen, besteht für ihn daher auch darin, dass eine starke Instanz dem Subjekt mit starker Hand den Weg weist („er [der Vater] sagt

---

[179] Hoca: Koranlehrer an einer Moschee

‚mach jetzt aus'"); dies ist Präventionsmittel gegen individuelle Schwäche eines Einzelnen, der anfällig ist für die Verlockungen einer (auch medial) transportierten Botschaft.

Ein weiterer Bezugspunkt ergibt sich bezüglich der These der freien Möglichkeiten von Informations- und Meinungsverbreitung via Medien: In diesem Zusammenhang geht Yüksel davon aus, dass Ansichten bzw. allgemeine Haltungen aus einer stabilen Vergemeinschaftung erwachsen, die als wichtigste Referenz dafür in Stellung gebracht wird, welche Perspektive sich auf einen Gegenstand sozial durchsetzt und welche nicht. Deshalb muss bei einer weithin vernehmbaren und öffentlichkeitswirksamen Veräußerung einer „Meinung" auch damit gerechnet werden, dass es andere Lager gibt, die nicht derselben Auffassung sind und sich die deshalb dagegen zur Wehr setzen. Ein solcher Meinungsrelativismus ist deshalb ein sozialer Tatbestand und kann bei übermäßig starker Artikulation einer Meinung zu einem Problem werden, weil die Gewissheit der Richtigkeit einer Botschaft der Gewissheit der eigenen Community entspringt, die wiederum stabil vergemeinschaftet und daher tendenziell nach außen hin abgeschottet ist. Legt es ein Urheber eines Medienangebotes darauf an, sich mit der Intention seiner Botschaft *gegen* die Überzeugungen derjenigen zu richten, die diese innerhalb einer stabilen Vergemeinschaftungsform als ihre Gewissheit erfahren, kann dies unweigerliche Folgen tragen, die man auch in der Realität beobachten kann („da haben wir ja gesehen, was [mit dem Filmemacher Van Gogh] passiert ist"). So macht der sich im Fall von Yüksel abzeichnende Orientierungsrahmen, der sich – ähnlich den anderen Jungen mit türkischem Migrationshintergrund – aus den Momenten der Stabilität und Stärke, der Anbindung an eine Gemeinschaft und der autoritären Begrenzung zusammensetzt, offenkundig Prozesse der Verständigung schwierig, weil hinter der Ausbildung und dem Transportieren von Botschaften immer starke Gemeinschaften stecken, die unzweifelhaft im Recht sind.

Inwieweit eine Reglementierung von Medienangeboten weniger über den Weg der inneren Einsicht, oder der Bewusstheit erfolgt, sondern vorrangig durch eine Grenzsetzung von außen gedeutet wird, zeigt sich auch im Fall von <u>Ferhat</u>. Angesprochen auf die Freiheit der Informationsangebote des Internet führt er aus:

```
(357)
Y: Also ((seufzt)) für MANCHE Sachen ist das okay, aber für-
also zum Beispiel solche rechtsradikalen Sachen zum Beispiel
finde ich nicht okay.
I: Ja, die sind da ja drin, ne, jede Menge und so.
Y: Ja, deswegen. Also ich meine jetzt so LEGALE Sachen so, die
   niemandem irgendwie was tun oder die jemanden persönlich belei-
   digen oder so was, DANN ist es okay. Ja, aber ich meine solche
   Sachen das ist doch SCHEISSE. Ich meine, ich finde es doch
   Schwachsinn, dass sie so etwas zulassen, also Deutsche haben ja
   auch eine Geschichte von früher, und die WISSEN, in wie weit
   das ausarten kann, wenn man so was erlaubt.
```

Angebote, die für Ferhat respektvoll sind (niemandem „was tun") sind für ihn „LEGAL", also im Einklang mit Gesetzen. Hier zeigt sich, dass Ferhat die aus seiner Sicht problematischen Inhalte nicht auf entlang eines moralisch-inhaltlichen Standards evaluiert, sondern vor dem Hintergrund, inwiefern sie zu einer abstrakten Gewalt konform sind. Es ist demnach, so lässt sich daraus ablesen, die Aufgabe einer machtvollen Ordnungsstruktur, den Umgang miteinander zu regeln. Ist diese Regelung gewährleistet, findet sie Ferhats Billigung.

Für „Schwachsinn" hält er deshalb gerade nicht die Darstellung (hier: rechtsradikaler Angebote im Internet) aufgrund ihres fragwürdigen Charakters, also ihrer Intention, sondern eher, dass es zu einer entsprechenden Darstellung überhaupt *gekommen* ist. Dass dies so ist, liegt für ihn daran, dass „sie" so etwas „zulassen", dass – von Ferhat nicht näher differenzierte – autoritäre Dritte dies ermöglicht haben. *Dass* sich eine Meinung, von deren Darstellung bzw. Verbreitung dann beleidigende Wirkungen auf andere ausgehen kann, also überhaupt ausbildet ist weniger die Verfehlung einer Maxime, deren Einhaltung er hier vermisst oder einfordert.

Das Heranwachsen einer Einstellung koppelt sich weniger an einen Prozess innerer Einsicht, indem sich z. B. Überzeugungen bilden und kognitiv verfestigen, sondern verläuft in Relation zu äußeren Geboten und Verboten, reguliert sich also Verhalten in Orientierung an einer autoritären Ordnungsstruktur. Versagt diese Struktur, kann infolgedessen durchaus Fehlverhalten resultieren, für welches Ferhat aber gerade nicht das Individuum moralisch verantwortlich machen will, sondern das sich allein einer autoritären Struktur zu unterwerfen hat. Ein solches Ergebnis lässt sich für Ferhat in der Geschichte zeigen. Hier wurde versäumt, auf externem Weg für eine innere Ordnung zu sorgen, vielmehr wurde zugelassen, dass sich rechtsradikale Meinungen bilden konnten. Lasse man dies zu, schlage das Verhalten „aus der Art", treibt also Blüten, die dann wiederum vermittels einer autoritären Ordnungsstruktur zu bewältigen sind. Zur Frage zur Regulierung solcher Medienangebote meint Ferhat:

```
(364)
F: [Es] gibt ja hundertprozentig Wege, um solche Sachen auf-
fliegen zu lassen und so. Sie sind ja meistens mit so einer
Deckhomepage, wo man erst so durch Links da ran kommt. Und- ja
(3)
```

Anstelle einer inhaltlichen Auseinandersetzung denkt Ferhat an eine Intervention zur Bereinigung des Internets von entsprechenden Inhalten. Problematische Medienbotschaften deutet er so, dass es ihm nicht um die Wechselwirkung von Inhalten und Nutzer oder um einen Schutz der Rezipienten geht, weil etwa eine sozial folgenreiche Rezeption befürchtet wird, sondern dass sich in der Durchführung einer autoritären Begrenzungsaktion eine eindrucksvolle Wirkung einstellt. Ähnlich wie Andreas stellt Ferhat hier auf einen technischen Eingriff ab – nicht jedoch um eine Barriere zu institutionalisieren, sondern orientiert an einer Machtdemonstration.

Dass es vor allem Stabilität und Stärke sind, die den Umgang mit und die Wirkung von Medien beeinflussen, zeigt sich auch in den Passagen zur Ferhats selbstbezogener Verhaltensregulierung. Ähnlich wie Yüksel gibt auch er sich als großer Fan des Spiels Counter-Strike zu erkennen:

(181)
F: Ja, Spiele. Counter-Strike, kennst du vielleicht // *I: Ja* //
F: Ja ja ((lacht)),voll der- also VOLL der üble Zocker bin ich
// *I: Ja?* // F: Ja, süchtig danach. ((lacht)) Ja. ((lacht)). Da
zocke ich manchmal über das Internet. Manchmal stundenlang,
gibt schon Tage, wo ich einfach die Jalousien runtermache und 8
Stunden durchspiele. // *I: Mhm* // F: Ja. Das ist geil so, weil
das Spaß macht da, haut das voll rein, voll geil. ((lacht))
I: Spielst du das dann von zu Hause aus im Internet?
F: Mit Clan zum Beispiel. Ich habe einen Clan. Also das ist ein
TEAM, also die spielen gegen andere Teams jetzt zum Beispiel
so.
*I: Gibt ja auch viele, die ins Internetcafé gehen, um das da zu
spielen. Machst du das auch oder-?*
F: Na ja, ja, selten. Aber, Clans spielen MEISTENS von sich zu
Hause aus. // *I: Aha.* // F: Und, die machen ja-, also die meistens ins Internetcafé gehen, spielen ja nur über LAN-Kabel, und
die spielen dann nur gegen einander halt und WIR spielen- und
wir haben auch schon gegen Leute aus Europa gespielt, also ganz
Europa zum Beispiel, ja, Spanien, Griechenland. Da gibt es nämlich auch solche Gruppen, die das machen und, ja, gibt's schon
manchmal, dass wir uns da verabreden so.

Sich selbst mit seinem eigenen Verhalten brüstend kokettiert Ferhat damit, bereits „süchtig" zu sein. Sich als Nutzer beschreibend, der sich mitunter zeitlich sehr intensiv aus dem normalen Tagesgeschehen ausklinkt und sich ganz in die Mediensphäre hinein versenkt entwirft sich als involviert und souverän zugleich. Deutlich wird darüber hinaus seine eigene Grandiosität, auf dessen Grundlage seine Spielepraxis aufbaut und die sich, innerhalb einer medienbezogenen Vergemeinschaftung, bereits in konkurrenzorientierten Situationen mit anderen Spielern sogar aus anderen europäischen Ländern bewährt hat. Wie schon in Abschnitt 6.1.1 deutlich wurde, nimmt Ferhat auch hier eine Statusbestimmung vor; sind andere Spieler darauf angewiesen, ins Internetcafe zu gehen – und haben insofern nur über eingeschränkte (technische) Möglichkeiten, verfügen er *selbst* und seine Mannschaft mittels häuslicher Internetverbindung über die Option, sich länderübergreifend mit Gegnern zu messen; er ist selbst Teil einer starken Community, die nicht darauf beschränkt ist, nur im engen Rahmen der Nahumwelt zu agieren, sondern Teilhaber an einem globalen Wettbewerb.

Im Folgenden wird deutlich, wie unumstößlich er sich selbst als Zentrum einer medienbezogenen Verhaltensregulierung wahrnimmt und sich attestiert, souverän mit Medienangeboten wie Counter-Strike umgehen zu können:

(194)
*I: Was macht dir an dem Spiel so besonderen Spaß? Was macht das
denn aus für dich?*
F: (4) Keine Ahnung, das IST einfach so- ich weiß nicht so,
viele sagen ja dieses blutige Rumgemetzel und so, das ist
schrecklich für die Kinder, aber ich meine das ist, ich finde
es ÜBERHAUPT NICHT, weil wenn man sich denkt, dass es ein SPIEL
ist und nicht irgendwie verherrlicht und sich nicht irgendwie
da rein steigert, dann ist es okay. // *I: Mhm.* // F: Weil dann
macht es auch wirklichen Spaß so. Ich meine, das Blut stört

mich nicht, und so zuzusehen, wie man wen abballert macht SCHON
Spaß. Aber, ich meine da sind keine kranken Hintergedanken dabei. So, dass man sich so denkt, morgen mache ich Amoklauf und
so. Man denkt sich, ist ein SPIEL mehr auch nicht und so.
Soweit geht es dann halt AUCH nicht wieder.

Während er zunächst nicht näher eingrenzt, worin der Reiz des Ego-Shooters für ihn liegt, gleicht es seiner folgenden Darstellung einem eher natürlichen Mechanismus, dass dieses Angebot Faszination ausübt („IST einfach so") und an dem man deswegen teilhat. Seine eigene Haltung schildert er vor dem Hintergrund, dass er sich sehr wohl bewusst ist, inwiefern in der Öffentlichkeit ein kommunikativ geteiltes Wissen über die Brutalität des Spiels kursiert („viele sagen ja"): Dessen Intention oder Relevanz will er jedoch für sich *selbst* nicht gelten lassen bzw. bringt sich in deutliche Opposition dazu.

Auf diese Weise präsentiert er sich als ein Nutzer, der sich selber die Freiheit zugesteht, an etwas Spaß zu haben, das im öffentlichen Diskurs als zweifelhaft gebrandmarkt ist. Er setzt sich damit souverän über eine sozial geteilte Meinung hinweg und entwirft sich als erhaben. Hierzu demonstriert er, inwiefern er persönlich über die Fähigkeit verfügt, Fiktion und Realität auseinander zu halten. Für ihn ist entscheidend, Distanz zu bewahren und sich eben nicht in das Spiel „hineinzusteigern". Seine sich darin zeigende Souveränität macht sich dadurch bemerkbar, dass er meint, erst „dann", also erst über den Dingen stehend, mache es erst „wirklichen" Spaß.

Dieser Mechanismus ist für ihn wiederum eine Frage physischer Kontrolliertheit, über die „man" als Spieler ganz einfach verfügt. Deutlich wird dies auch daran, wie er darüber informiert, welche Details er während des Spiels alle sieht und erlebt – und gleichzeitig darauf insistiert, es seien eben keine „kranken Hintergedanken" dabei sind. Konzediert wird damit, dass die Rezeption zwar kognitive Spuren hinterlassen kann, er selbst davon aber keinesfalls so betroffen ist, auf diesem Wege manipulierbar zu sein. Gerade mittels der Art und Weise, auf die er einen gewalttätigen Ausgang der Spielepraxis als negativen Gegenhorizont entwirft, präsentiert er sich selbst – gegensätzlich – als grundsätzlich gefestigt.

Inwiefern er diese Gefestigtheit als Garant für die Verhinderung unbeherrschten Ausagierens („morgen mache ich Amoklauf") sieht, zeigt sich auch in der folgenden Passage:

(198)
I: *Ja. Aber es gibt es ja auch manchmal, dass in den Zeitungen
was darüber steht, dass Jugendliche, die irgendwie so ganz viel
Computer spielen, dass das auch schädliche Folgen haben kann.*
F: Ja ja ja, KANN.
I: *Also kann man manchmal lesen in der Zeitung, so dass die
vereinsamen oder süchtig werden. Was meinst denn du dazu?*
F: Also ich würde mal sagen, also (2) dass sind ja auch, also
die SOWAS HABEN, die so WERDEN, das sind meistens sowieso Ein-
zelgänger, oder Leute, die keine Freunde haben. So Außenseiter
zum Beispiel. Die haben sich dann den Computer zum Freund sozu-
sagen ((lacht)). Und bei MIR ist es NICHT so. Ich habe genügend
Freunde, mit denen ich auch abends weggehe, Party mache, auch
Freunde, mit denen ich rumchille und so. Also, ja-, es ist ja
NICHT so, dass ich den ganzen Tag am Computer rumhocke und so.

> Ich meine, wenn es sich ergibt, dann gehe ich RAN, wenn NICHT, dann halt NICHT. Ich meine es ist nicht, dass das jetzt lebensnotwendig ist oder so.

Mit der betonten Antwort „KANN" dokumentiert Ferhat, dass er einer direkten Wirkungshypothese eine Absage erteilt bzw. sich dagegen wehrt.[180] Allerdings gebe es durchaus Subjekte mit einer Empfindlichkeit für negative Medienwirkungen – sie charakterisiert er zunächst als solche, denen eine Eigenschaft anhaftet („die SOWAS HABEN"), was er dann aber hinsichtlich eines Prozesses korrigiert („die so WERDEN"). Implizit erscheinen diejenigen Personen, die aus seiner Sicht für Medienwirkungen empfänglich sein können, als Individuen, die von Grund auf („sowieso") mit irgendeiner Art von Anfälligkeit ausgestattet sind. Diese wiederum liegt für ihn in einer sozialen Deprivation begründet, welche er aber weniger als Auslöser für ein bestimmtes Verhalten deutet, sondern eher in Form einer schicksalhaften Koinzidenz, von der vor allem soziale Verlierer („Außenseiter") betroffen sind. Seine eigene Situation entwirft Ferhat daraufhin als genau gegensätzlich. Er ist gerade kein Medienopfer, was er auf eine Weise hervorhebt, die nicht nur die Quantität seines sozialen Netzwerkes anzeigt, sondern gleichzeitig auch die Qualität gemeinsamer Aktivitäten.

Damit erklärt er seine soziale Position vor dem Hintergrund einer starken sozialen Vergemeinschaftung als stabil und überlegen zugleich. Vor allem sein eigener Computerumgang ist soweit selbstbeherrscht, dass er als souveräne Medienpraxis erscheint, in welcher es sich „ergibt", ob und wann er an den PC „RAN" geht. Dies transportiert auch die von ihm gebrauchte Begrifflichkeit, mit der er eine scharfe Grenze zwischen einer seiner Ansicht nach defizitären und einer gelungenen Beherrschung des Medienumgangs markiert. Anders als für sozial Deprivierte ist nämlich der PC für ihn selbst gerade *nicht* „lebensnotwendig", hat also nicht den Stellenwert eines existenzsichernden Grundnahrungsmittels, sondern im Gegenteil den eines Luxusgutes, dessen Konsum hin und wieder gefrönt wird. An einer anderen Stelle des Interviews formuliert er, der Computer sei „im Endeffekt auch nur so ein Blechhaufen, ja ((lacht))", 223) und transportiert auch hier die Überzeugung, so beherrscht zu sein, dass ein Verzicht nicht nur auf Spielen, sondern im Prinzip seine gesamte Medienpraxis jederzeit möglich erscheint: der Computer wird soweit symbolisch degradiert, dass er als totes Blech erscheint, über dessen Wirkung allein er selbst als Nutzer wacht. Bezogen auf die Frage der medienbezogenen Verhaltensregulation geht es ihm weniger um Verhaltensstandards als Regulationsmechanismus, als vielmehr um die Demonstration dessen, souverän, stabil und grundsätzlich beherrscht zu sein – eine Stärke, die nicht zuletzt in einer stabilen Vergemeinschaftung wurzelt, die überdies *exklusiv* ist.

Darüberhinaus zeigt sich, wie Ferhat das Muster der sozialen Deprivation und der Schwäche als Erklärung für negative Medienwirkungen um den Aspekt der Pathologie erweitert:

---

[180] Nach dem Interview erklärt Ferhat, er könne die Diskussion um Gewaltspiele und ihre mögliche Wirkung eigentlich nicht mehr hören („Ich habe gedacht, Mann, jetzt kommt das schon wieder, also ((lacht)) nee echt")

(202)
I: Aber du meinst, es könnte schon negative Folgen haben für manche?
F: Für MANCHE. Also die nicht so richtig so selbständig sind so, also nicht richtig klar DENKEN können, die bisschen schon so in ihrer eigenen Welt leben, also, das ist schon- kann schon ganz schön KRASS werden bei denen, dass die dann irgendwie Amoklauf machen zum Beispiel. // I: Mhm. // F: Durch dieses Spiel also, es gibt ja solche kranken Leute, die so was machen.

Das Bewertungsmuster, nach dem sich Ferhat selbst die Fähigkeit zugesteht, mit Medienangeboten wie Counter-Strike angemessen und stabil umzugehen und gleichzeitig auf negativen Effekten für „MANCHE" beharrt, erinnert an das aus der medienwissenschaftlichen Literatur bekannte Beispiel des Dritte-Leute-Effektes (vgl. Kunczik/Zipfel 2004). Es besagt, dass Personen ihren Umgang mit solchen medialen Inhalten, die in der gesellschaftlichen Öffentlichkeit als negativ beurteilen (z. B. aufgrund ihrer Gewalthaltigkeit) im Hinblick auf sich selbst als unproblematisch ansehen, im Gegensatz dazu aber für andere – vor allem jüngere Rezipienten (z. B. Kinder) negative Auswirkungen postulieren. Eine solche Anfälligkeit für negative Medienwirkungen ist für Ferhat dann auch ein Ausdruck von Krankheit, die dann gegeben ist, wenn es nicht gelingt, richtig „selbständig" zu sein. Damit stellt er auf Kategorien von Befähigung und Reife ab, die medienbezogenes Verhalten regulieren und die Stärke derjenigen von solchen, die sozial isoliert sind, unterstreicht.

Eine Gefahr der Medien ist für Ferhat daher gegeben, wenn diese Aspekte schwach ausgeprägt sind oder ganz fehlen: Vor diesem Hintergrund universalisiert er die Existenz von Medienopfern:

(206)
I: Es gab mal so einen Amoklauf, in [Erfurt, der-]
F: [JA ja, und der] hat ja AUCH- ja auf diesem Gymnasium, so'n Gymnasiast, ne- ((lacht))
I: Genau, hast du davon gehört?
F: Ja KLAR ((lacht)).
I: Damals [wurde ja auch immer behauptet, dass das ein-].
F: [Robert Steinhäuser], oder wie der auch heißt.
I: Genau. Dass das von Counter-Strike kommt, wurde von einigen gesagt.
F: Ja, weil der das gespielt hat. KANN sein, MUSS nicht sein. Also, ich meine, mhm, es gibt IMMER irgendwelche Leute, die bei irgendeiner Sache austicken können, das muss ja nicht unbedingt Counter-Strike sein. Das kann jedes andere Spiel genauso sein. Zum Beispiel wenn man Spiderman spielt und man denkt sich halt, dass man Spiderman IST, man kann aus dem FENSTER springen oder so. Es gibt ja genügend solcher Leute. Ich meine, es muss ja nicht Counter-Strike sein. Es gibt IMMER solche Fälle, also da kann man nichts gegen tun.

Seine Reaktion impliziert zunächst, inwiefern sich Ferhat darüber belustigt, dass ein vom formalen Bildungshintergrund höher stehender Computerspieler („so'n Gymnasiast") offensichtlich nicht in der Lage war, so beherrscht mit dem Spiel umzugehen wie er. Darüberhinaus sind zwei Aspekte wichtig: Zum einen führt er vom Spiel Counter-

Strike *weg* und entlastet es somit von dem Verdacht, mit gewalttätigem Handeln in Verbindung zu stehen – es erscheint eingereiht in ein umfassendes Medienangebot, das ebenso negative Wirkungen entfalten kann. Zum anderen entwirft er eine diffuse Masse von Personen, von denen er ausgeht, sie könnten jederzeit infolge ebenso diffuser Auslöser die Kontrolle verlieren. Dies ist wiederum in Zusammenhang zu sehen mit seiner oben geschilderten Selbstdarstellung, nicht nur über das Spiel und seine etwaigen (kognitiven) Folgen, sondern auch über den Anlass, sich diesem überhaupt zuzuwenden, autonom zu walten.

Darin reproduziert sich erneut Ferhats Überzeugung, dass die Medienrezeption nur dann negative Wirkung entfaltet, wenn der Nutzer zu schwach bzw. zu labil war. Auch der von ihm dargestellte lineare Wirkungsmechanismus, den er am Beispiel des Spiels „Spidermann" veranschaulicht, steht in der Funktion dieses Musters: So attestiert er dem Spiel Effekte, die dann eintreten, wenn man einfach das Handlungsprogramm des Medienangebotes imitiert und z. B. glaubt, man verkörpere selbst die Spielfigur und besitze dann eben die Fähigkeit, einen Fenstersturz zu überleben. Diese naive Identifikation mit der Spielfigur, die er „genügend" Leuten attribuiert, steht im maximalen Kontrast zu seiner oben geschilderten Selbstzuschreibung einer affektiv-physischen Totalkontrolle, mit der er seine *eigene* Spielepraxis beschreibt. Die Selbstverantwortung des Spielerindividuums hält Ferhat für äußerst schicksalhaft – man kann über dessen inneren Regulationsmechanismus, also das, was er möglicherweise dabei dachte oder fühlte, eigentlich nichts wissen, dies ist vollkommen opak. Damit entwirft Ferhat erneut den Horizont einer sozialen Ordnung, die sich durch grundsätzliches Vorhandensein von, salopp gesagt, Menschen als tickenden Zeitbomben auszeichnet, eine Gefahr, die er als durchaus realistisch ansieht und die ihm unabänderlich erscheint.

Vor diesem Horizont konstituiert sich seine Orientierung, die die Bewertung von Medien in den Rahmen von Aspekten der gemeinschaftlich gestützten Stärke, Stabilität und der Souveränität stellt. Darin einbezogen ist eine Art negative Anthropologie, die dieses Muster so unterfüttert, dass sie streng trennt zwischen sozialen Gewinnern und sozialen Verlierern, denen nicht nur Schwäche und Instabilität, sondern tendenziell auch Unfähigkeit unterstellt wird, mit Medienangeboten umgehen zu können, die ein intensives Erleben ermöglichen. Eine solche Praxis erscheint vielmehr exklusiv für denjenigen Personenkreis reserviert, der – beinahe schon evolutionistisch gedacht – fähig, stark und stabil ist, um in einer Art Gesamtspiel, das hier gespielt wird, bestehen zu können.

6.2.2 Selbstregulierung und Internalisierung institutionalisierter Regelstrukturen

Timo vermittelt seine Medienbeschäftigung generell als eher maßvollen Umgang mit Computer und Internet, der einer geregelten Zeitstruktur folgt („Na ja, eigentlich meistens jetzt nicht länger als ne halbe, dreiviertel Stunde so. Im INTERNET jedenfalls. Computer, immer wenn ich Lust habe, irgendwas zu zocken oder so" (67). Diese limitative und regelhafte Bewertung der eigenen Medienpraxis projiziert Timo auch auf die These negativer Medienwirkungen:

(165)
T: Also, naja ich denke NICHT, dass ich süchtig bin. (2) Und, ich treffe mich eigentlich auch in letzter Zeit sehr viel mehr mit Freunden oder so. Und, na ja, man kann ja schon MAL auf eine LAN-Party gehen (3) und dann halt den ganzen Tag spielen. Aber dann muss es auch für ein halbes Jahr oder einen Monate, oder zwei, drei Monate REICHEN finde ich. Also ich muss jetzt nicht den ganzen Tag alleine am Computer sitzen. So, das macht auch irgendwie AUCH keinen Spaß mehr ((lacht)).

Seine Überzeugung, nicht computerabhängig zu sein, koppelt Timo an aktive Bemühungen um soziale Kontakte in der Peergroup. Er kleidet dies sprachlich in ein verinnerlichtes Vorhandensein einer regen Beschäftigung von der nahen Vergangenheit bis in die Gegenwart. Interessant ist, dass er dann mittels des unpersönlichen Pronomens den Modus seiner Darstellung wechselt. Auf diese Weise führt sie im Folgenden performativ von einer *Ich-* zu einer *generalisierten* Perspektive und wieder *zurück*. Darin dokumentiert sich, wie das eigene Handeln, das hier in Frage steht, in Beziehung zu einem abstrakten Handlungsprogramm gesetzt wird, welches Handlungsprämissen enthält, die in Form einer Verinnerlichung als wirksam und maßstäblich angesehen werden. So hält es Timo für durchaus legitim, sich einer LAN-Party anzuschließen und sich den „ganzen" Tag einer Spielbeschäftigung hinzugeben, sich also einer intensiven und zeitlich langen Computerpraxis zu widmen. Ein solches Verhalten ist aus seiner Sicht vollkommen unproblematisch, man „KANN" dies „ja SCHON MAL" machen.

Demgegenüber bringt er argumentativ eine Einschränkung in Form einer Art *Selbstdisziplinierung* hervor, denn im Anschluss an eine erfolgte Spielparty ist aus einer Sicht erst einmal eine zeitliche Pause angesagt, die „man" sich selbst verordnen muss, wobei er auch gleich angibt, welchen Umfang diese Auszeit haben sollte. Dass er sich hier nicht eindeutig festlegen will („ein halbes Jahr oder einen Monate, oder zwei, drei Monate") signalisiert erneut, dass es ihm um einen Aspekt der Selbstkontrolle geht, der gar keiner unbedingten Festlegung bedarf, wichtig ist vielmehr ein generelles Vorhandensein dieses strukturierenden Mechanismus, dem man Folge leisten sollte. Die Legitimierung eines intensiven und spaßbezogenen Abtauchens in die Mediensphäre gelingt hier über das anschließende sich selbst Auferlegen einer Abstinenz. Das Zugeständnis des Ausagierens einer exzessiven Computerpraxis wird auf diesem Wege nicht negiert, sondern im Gegenteil an das Vorhandensein eines Bewusstseins für eine Struktur gebunden, das dafür sorgt, dass die Computerspielepraxis nicht ausufert und sich darüber möglicherweise negative Medienwirkungen einstellen. Die Wirkung von Medien in ihrer Form, Ermöglicher intensiver und gemeinschaftlicher Erlebnisse zu sein, wird von Timo hier also auf dem Wege eines verinnerlichten Bewusstseins für deren Steuerbarkeit rationalisiert.

Inwieweit sich die Bewertung von Medien bei Timo als gebunden an formalverinnerlichte Regeln darstellt, zeigt sich auch an einem Gesprächausschnitt, in dem er eine skeptische Haltung gegenüber einer vorbehaltlosen Rezeption von Internetinhalten artikuliert:

(213)
T: Na ja, wenn man jetzt zum Beispiel irgendwelche Programme downloaded oder so, könnte ja ein Virus drauf sein. Also na ja

357

DA ist man SCHON immer ein bisschen skeptisch oder so. Oder, wenn es jetzt ums Kaufen oder so geht, oder jetzt also, naja, wie nennt man das, ja auch bei ebay und so. Bin ich SCHON manchmal ein bisschen skeptisch, ob das alles so mit rechten Dingen zugeht. // I: Warum? // T: Na ja, das kommt von meiner Mutter ((lacht)), die will das AUCH NICHT so, dass ich da die ganze Zeit irgendwas kaufe oder so. Und dann- // I: Aha. (2) Die will das nicht- // T: Nee, die MAG das nicht so gerne, weil (2) die denkt dann PASSIERT irgendwas Schlimmes oder so. (3) Also sie HAT es nicht so mit der Technik, so mit Elektronik und so. Eher noch so ein bisschen altmodisch ((lacht)).
I: Aha. Wie ist das denn überhaupt bei euch zu Hause, wenn du jetzt sagst deine Mutter, also die will zum Beispiel nicht, das du bei Ebay so viel kaufst, äh, inwiefern ist das denn bei euch zu Hause überhaupt ein Thema, so Computer und Internet?
T: Also, ich würde nicht sagen, das es bei uns ein großes Thema ist, nee (2) Außer, wenn da jetzt mal irgendwelche Rechnungen kommen oder so. Dann gibt's SCHON mal ein bisschen Ärger, aber sonst. // I: Wie, was meinst du damit? // T: Na ja, auch irgendwie, dass jetzt, ((seufzt)), na ja, was gibt's für Rechnungen? Ja, halt wenn ich zu LANGE im Internet war oder so. Aber in letzter Zeit ist da nicht so. // I: Musst du die dann selber bezahlen- // T: Nee, meine Mama bezahlt das dann. ((lacht)) Gibt's dann halt nur einen bösen Blick und dann halt so, „na ja gut (2), machst du nicht noch mal" ((lacht))

Neben der Vermutung, dass bei der Beschaffung irgendeines Programms aus dem Internet sein PC kontaminiert werden könnte vermittelt Timo ein Misstrauen, ob ein Einkauf bei Ebay gefahrlos und ordnungsgemäß abgewickelt werden kann. Die Existenz dieses Misstrauens bei sich selbst schreibt er der Wahrnehmung seiner Mutter zu, der er aufgrund eines generationellen Unterschiedes zwar ein wenig differenziertes Technologieverhältnis attestiert, während er jedoch gleichzeitig sein eigenes Verhalten in Bezug zu ihrem Denken relationiert. Dass sich Timo nicht immer gemäß der Haltung der Mutter verhält, erzeugt zwar familiäre Spannungen („ein bisschen Ärger"), die aber metakommunikativ bewältigt werden. Abgesehen davon, dass Timo nicht selber zur Kasse gebeten wird, um die „Rechnungen" zu begleichen, ist hieran entscheidend, dass er und seine Mutter sich hier vermittels eines Vertrauens in die Einhaltung einer institutionalisierten Regel verständigen. Es bedarf offensichtlich keiner erzieherischen Intervention, einer offenen Maßregelung oder autoritären Grenzsetzung, sondern es reicht aus, vermittels des „bösen Blickes" zu transportieren, dass sich die Sache nicht wiederholen wird. Andererseits setzen sich Timo und seine Mutter kaum inhaltlich mit seinem Medienverhalten auseinander, sondern regeln das Ganze *formal*. Auf diese Weise wird von Timo auch das Verhältnis zur Mutter im Orientierungsrahmen formaler institutionalisierter Regelstrukturen bearbeitet, auf dessen Grundlage sich (sein) medienbezogenes Verhalten reguliert.

Auch an anderer Stelle wird sichtbar, wie Timo sich an Strukturmomenten abarbeitet, etwa dort, wo er seine Computerspielpraxis als ein Phänomen entwirft, dass sich gewissermaßen in geregelten Bahnen bewegt:

(303)
I: Äh, und wie ist das noch mal so in deinem Freundeskreis. Äh.
Wie ist denn das da so generell, inwiefern ist Computer und
Internet da so ein Thema?
T: Also, Thema ist es auch bei uns AUCH, weil wir auch öfter
mal LAN-Parties so machen. Mieten wir uns halt einen großen
Saal oder so, bringt jeder seinen Rechner mit und dann geht es
eine Nacht durch und so. Also (1) machen wir vielleicht einmal
in zwei Monaten oder so. Wenn wir halt alle ZEIT haben. Und das
ist halt SEHR selten. Aber DANN, macht das schon Spaß, und dann
wird auch irgendjemand organisiert, der das Essen vorbeibringt
und so.
I: Mhm. Und äh, was spielt ihr dann meistens so?
T: Na, was spielen wir? Call of Duty spielen wir sehr gerne.
Oder Strategiespiele, so was halt.
I: Zu wie vielen macht ihr denn das?
T: Na, schon zwanzig, sechzehn bis zwanzig.
I: Also richtig große-
T: Richtig groß, ja.

Die LAN-Party im Freundeskreis ist eine Praxis, die vor allem einer Organisation bedarf und sich über eine Regelstruktur entfaltet, innerhalb der sie dann „schon Spaß" macht. Entscheidend ist, dass Timo bezüglich des Spielens viel weniger auf Prinzipen der Kompetition oder der Action eingeht (anders als etwa Ferhat und Yüksel), die die Spielepraxis rahmen und daraus ihre Faszination gewinnen, sondern dass er *Spiel* vor allem als eine geordnete Veranstaltung vermittelt, die zwar durchaus „eine Nacht durch" gehen kann, die aber vor allem nach bestimmten Regeln prozessiert – angefangen von der Verfügung über die Zeit, die alle Teilnehmer überhaupt haben müssen, um sich treffen zu können, bis hin zur Organisation derjenigen Person, die die Verpflegung übernimmt. Nach dieser Schilderung geht es also einerseits darum, medienbedingte Verhaltensregulation so zu steuern, dass selber individuell Maß gehalten wird bzw. darum, ein solches Maß als abstraktes Regelprogramm zu verinnerlichen und andererseits darum, das Verhalten an eine Regelstruktur zu binden.

Indes zeigt sich hier, wie die Rezeption eines vermeintlich problematischen Medienproduktes selber rationalisiert wird – so besitzt das von Timo und seiner Peergroup favorisierte Spiel Call of Duty nach Einschätzung der Unterhaltungssoftware Selbstkontrolle (USK) keine Jugendfreigabe gemäß §14 Jugendschutzgesetz (JuSchG); es dürfte also streng genommen von Timo nicht gespielt werden. Hier dokumentiert sich, dass in Timo Orientierung ein verbotenes Tun kaum als ein solches wahrgenommen wird, weil es im Rahmen formaler Abläufe verhandelt wird. Die Hinwendung zu Medienangeboten erscheint hier als ein organisiertes Handeln, eingebunden in eine Raum-, Zeit- und Rollenstruktur mit einem gewissen Grad der Formalisierung. So vermittelt sich Timo als Angehöriger einer Computerspielgruppe, die wie ein geordnetes Kollektiv aus Rechtssubjekten erscheint, das sich einen „Saal mietet". Darin dokumentiert sich erneut eine Orientierung in Gestalt einer Selbstregulation durch Internalisierung institutionalisierter Strukturen. Dieses Muster zeigt sich weiter bei der potenziellen Computersuchtgefahr bei anderen Jugendlichen:

(166)
I: Und hältst du das überhaupt für realistisch, dass es- das so was passiert bei Jugendlichen?
T: Ja, na ja ich würde SCHON sagen, weil (3) wenn die in der Schule auch keine Freunde haben oder von allen da irgendwie, wie nennt man das (2), hier, also jetzt RUNTER gemacht werden und so, dass die dann SCHON ganz einsam am Computer sitzen und so. // I: Mhm. // T: Über einen längeren Zeitraum (2) Also, hat schon was DAMIT zu tun, wäre ja auch schon KRASS wenn man so ange- na ja also, hier (2) behandelt wird halt von andern Leuten so halt. (2)

Negative Medienwirkungen sind hier ein Phänomen, das sich an eine mangelnde soziale Einbindung in Form der Exklusion aus freundschaftlichen Beziehungen oder einer massiven Beschädigung von sozialer Anerkennung knüpft. Aus der Erfahrung einer missachtenden Behandlung, dem „runtermachen" durch andere, resultiert aus Timo Sicht eine *Reaktion* auf seiten des Subjekts, das sich daraufhin zurückzieht und sich isoliert einer Computerbeschäftigung hingibt. Diese Verhaltensweise entsteht nach Timo allerdings nicht linear, sondern dergestalt, dass kontinuierlich („über einen längeren Zeitraum"), eine Erfahrung der Missachtung und Abwertung durch andere *verarbeitet* werden muss. Somit wird das hier infrage stehende Verhalten nicht als schicksalhaft bzw. unausweichlich gedeutet, sondern im Gegenteil als voraussetzungsvoll und langwierig. Entscheidend ist, dass Timo die Ursachen des Verhaltens desjenigen Subjekts, das dann möglicherweise „SCHON ganz einsam" am Computer sitzt, in Wechselwirkung zu sozialen Interaktionsformen deutet, die sich im Rahmen *institutionalisierter Sozialbeziehungen* abspielen und dort etabliert haben. Hierzu führt er aus, dass er ein Abgleiten in die Mediensucht vor allem bei denjenigen für denkbar hält, die „in der Schule" keine Freunde haben oder vor allem dort, also im Rahmen institutionalisierter Umgangsformen, Missachtungserfahrungen sammeln müssen.

Damit bindet Timo die Prävention negativer Medienwirkungen an das Vorhandensein einer institutionalisierten Verhaltensrationalität, welche – sollte sie negative Formen annehmen – das Subjekt auch negativ beeinflusst. Dieser auf diesem Weg in Gang gesetzte und nach innen gerichtete Verarbeitungsmechanismus ist von zentraler Bedeutung, zumal Timo in seiner Darstellung keinen Appell an die Sphäre der sozialen Einbindung vorträgt, Merkmale der von ihm beschriebenen potentiellen Isolation durch Missachtung zu verhindern, sondern sich fast ganz auf die Frage beschränkt, welche Folge dies für das Subjekt haben könnte. In seiner Orientierung ist vorrangig von Belang, in welcher Form das Subjekt darauf reagiert, wenn es sich der Situation einer negativen Behandlung durch andere ausgesetzt sieht.

Diese Orientierung an einem nach innen gerichteten Regulationsmechanismus zeigt sich auch in der Passage zum Umgang mit der Informationsfreiheit des Internet:

(191)
T: Ich finde es eigentlich ganz GUT, dass jeder seine eigene Meinung sagen kann. Aber, na ja, er muss ja jetzt nicht irgendwie damit preisen, dass er irgendwie ein Nazi ist oder so. Also, DAS würde ich schon ein bisschen heftig finden. Aber wenn jetzt zum Beispiel gegen George Bush oder so jemand sagt, dass er ihn Scheiße findet und so, DANN finde ich das ganz okay.

> I: Mhm. Also du hast ja selbst schon gesagt, es gibt viel Mist
> im Internet, Naziseiten und Gewaltseiten und so. Die, die sind
> da ja drin. Was meinst du dazu?
> T: Na, das gefällt mir ÜBERHAUPT nicht. Weil, da muss man sich
> SCHON ein bisschen denken, dass die ein bisschen BLÖD sind die
> Leute. Wenn man weiß, was die damals angestellt haben.

Die Möglichkeiten der Meinungsfreiheit als positiv deutend sieht Timo sie davon abhängig, inwiefern eine angemessene Balance sichergestellt werden kann. Ihr Gelingen erklärt er dergestalt, dass derjenige, der sich öffentlich artikuliert, eine subjektiv zu verurteilende Meinung zwar haben *darf*, sie aber nicht über Gebühr exponieren sollte. Dies signalisiert der von ihm gebrauchte Begriff des „Preisens": Es geht also darum, dass für die infrage stehende Positionierung („ein Nazi ist") keine Werbung nach außen hin gemacht werden sollte, mittels der die Botschaft gemehrt und in die Öffentlichkeit gestreut wird – in diesem Fall verurteilte er dies bzw. würde es „heftig" finden. Im Prinzip bemisst er auf diese Weise das Thema der Informationsfreiheit an der Frage, welche Haltung oder welche Einstellung vertreten wird und wie damit umgegangen wird. Entspricht die Meinungsäußerung einer nach seinen Maßstäben richtigen Haltung – und richtet sich z. B. gegen den (zum Zeitpunkt des Interviews amtierenden) US-Präsidenten George Bush – ist sie als „ganz okay" zu bewerten. Die Evaluation einer Meinungsäußerung erfolgt hier also in Abhängigkeit von einer normativen Bewertung, die zugleich auch einer bestimmten *Regelung* unterworfen werden soll. Vor diesem Hintergrund argumentiert Timo im Rahmen einer *Norm* als einer verbindlich geltenden und anerkannten Regelstruktur für das Verhältnis von Menschen, die sich in Abhängigkeit von den gesellschaftlichen Verhältnissen abgebildet hat und die, um zu funktionieren, internalisiert worden sind.

Ganz in diesem Sinne äußert er sich hier performativ wie eine Art Schiedsrichter, der die Regeln aufstellt, nach denen er das Geschehen bzw. die Teilnehmer des Geschehens wiederum normativ, d. h. in Bezug auf gegebene Regeln, bewertet. Im Rahmen dieser Regeln darf jeder Akteur eine „eigene Meinung sagen", solange er das Gebot der *institutionalisierten Kommunikation* nicht verletzt. So dürfen Personen aus seiner Sicht zwar rechtsradikales Gedankengut *in sich* tragen, dies aber eben nicht in die Sphäre öffentlicher Meinungsbildung einfließen lassen. Es geht hier also um den Umgang mit entsprechenden Medienangeboten, der sich über die Verfügung über eine internalisierte Bewertungsstruktur vollzieht. So äußert sich Timo negativ über die Verfügung von Rechtsradikalenseiten, *weil* der Nutzer doch die Kenntnis darüber haben muss, um welche Art Geschehnisse es sich handelte, über die die entsprechenden Seiten informieren. Medien erscheinen hier übergreifend als Transporteure von Botschaften, mit welchen wiederum mittels der Etablierung internalisierter Regeln auf seiten der Nutzer umgegangen werden kann.

An späterer Stelle im Interview sagt Timo „Ich höre gerne Ärzte und so. Also was gegen die Nazis und so, weil ich das voll Scheiße finde von denen, damals" (332) – Medien werden hier funktionalisiert, indem die Band „die Ärzte" in Form einer Institution definiert wird, die eine politische Botschaft transportiert. Auch hier orientiert sich Timo an einer Selbstregulierung durch Internalisierung, insofern er von einer Abhängigkeit eines Bewusstsein über Medieninhalte ausgeht, über das sich Verhalten regulieren soll. So vollzieht sich die Einschätzung des rechtsradikalen Gedankenguts im Internet anhand eines solchen Bewusstseins für die historische Entwicklung. In dieses Muster passt auch Timo generelle Haltung gegenüber dem Umgang mit derartigen Medienangeboten:

```
(194)
I: Und hast du eine Idee, was man dagegen machen könnte?
T: Na ich denke NICHT, das man die Seiten VERBIETEN kann oder
so. Aber, na ja, also man könnte darauf hinweisen, dass die
halt Scheiße sind diese Seiten oder so.
```

Anstelle einer Verhinderung geht es hier um eine Steuerung durch Aufklärung. So impliziert sein Vorschlag eines Hinweises darauf, dass die entsprechenden Seiten „halt Scheiße sind" die Prämisse, dass das Verhalten der Nutzer nur auf dem Wege der Anregung innerer Dispositionen erreicht werden kann, um z. B. einen aufklärerischen Hinweis, wie ihn Timo vorschlägt, überhaupt deuten und verarbeiten zu können. Der Nutzer erscheint so mit der Fähigkeit ausgestattet, sich mit den Medien auf dem Weg der Einsicht zu befassen und sich ihnen gegenüber zu positionieren. Was sich Timo demgemäß vorstellt, ist eine Art Kampagne, die eine normative Bewertung der zu beeinflussenden Angebote vorträgt, deren Intention dann von den Rezipienten wiederum auf dem Weg der *Internalisierung* aufgenommen werden muss, um ihr Bewusstsein zu erreichen. Darin besteht die entscheidende Analogie zum oben behandelten Thema Computersucht: Eine Verhaltensregulierung erscheint übergreifend im Modus der Internalisierung institutionalisierter Regeln bzw. Strukturen.

Ausdruck findet dies auch dort, wo Timo seine eigene Medienpraxis des Musikdownloads als Regelverstoß deutet:

```
(333)
I: Ja. Und lädst du dir viel Musik runter?
T: Na, es geht. Und WENN dann brenne ich mir auch mal von
Freunden die Alben oder so. Aber richtig, also auch LEGAL
[((lacht))] // I: [((Lacht))] // T: [(…)] // I: Nee, also kannst
du ruhig erzählen, also ist ja weit verbreitet. // T: Ja, finde
ich aber Scheiße. // I: Mhm. Findest du? // T: Ja ein bisschen,
weil- (3) Na ja, weil ja doch auch wieder die Wirtschaft dadurch zugrunde geht. Von der Musikindustrie und so. Und wir
brauchen ja ein bisschen mehr Arbeitsplätze heutzutage. Und da
ist SCHON gut, wenn man das eigentlich legal macht. // I: Mhm.
(3) Also du meinst, das schadet- // T: Schadet eigentlich, ja
(3) // I: Mhm // Ist zwar nicht SCHLECHT, aber es SCHADET halt.
```

Diese Passage dokumentiert, inwieweit Timo sein Medienverhalten in Bezug zu strukturellen Folgewirkungen relationiert bzw. von einer Wechselwirkung ausgeht, sprich: dass nämlich der Download des individuellen Nutzers von Musik aus dem Internet Effekte bezüglich der „Wirtschaft" hat. In diesem Sinne wähnt er sich absolut im Klaren darüber, welche Folgen sein Medienverhalten für die gesellschaftlich-öffentliche Sphäre möglicherweise hat, dass aus seiner Sicht nämlich „Arbeitsplätze" in der „Musikindustrie" vernichtet würden, die aber in der gegenwärtigen gesellschaftlichen Situation eigentlich vonnöten seien. Timo bisher angedeutete Orientierung an der Internalisierung öffentlicher bzw. institutionalisierter Regeln geht hier soweit, dass er sich selbst zwar mitunter illegal verhält, *gleichzeitig* aber das eigentliche Phänomen, nämlich einen Regel*verstoß*, mit thematisiert.

An dieser Stelle zeigt sich etwa, dass sich Timo Medienhandlungspraxis – isoliert betrachtet – mit derjenigen von Ferhat trifft, der ebenfalls berichtet hatte, sich Musik mit illegalen Downloads zu beschaffen. Während Ferhat dies jedoch im Rahmen einer eigenen Könnerschaft betrachtet und betont, wie es ihm souverän gelungen ist, nicht dabei erwischt zu werden, verweist Timo viel eher darauf, dass es sich hierbei um ein Wechselspiel der eigenen Handlungen mit institutionalisierten Strukturen geht, derer man sich klar sein müsse. Das bedeutet indes nicht, dass sich das eigene Verhalten nicht auch *entgegen* dieser wahrgenommenen strukturellen Folgewirkungen ausprägen kann – illegales Herunterladen von Musik ist eben für den Einzelnen, auch für Timo *selbst*, „nicht SCHLECHT", allerdings steht es in einem dialektisch anmutenden Zusammenhang mit gesellschaftlich-öffentlichen Strukturproblemen; es „SCHADET halt".

Medien werden hier übergreifend als Phänomene begriffen, deren Nutzung vor dem Hintergrund bewertet wird, inwiefern ihre Nutzung selbstregulativ und im Bewusstsein institutionalisierter Regeln erfolgt und reflektiert wird: Die Bindung von Spiel an anschließende Pausen bzw. den Rahmen organisierter Institutionalität; die Koppelung von Mediensucht an das Vorhandensein institutionell erfahrener Missachtung; die Auffassung und Steuerung problematischer Webinhalte durch geregelte Formen der Kommunikation, schließlich die Reflexion von Musikdownload in Bewusstsein für mögliche strukturelle Folgen.

Eine ähnliche Situation findet sich im Fall von Andreas. Stärker als Timo arbeitet sich Andreas (siehe weiter unten) vor allem an der freiheitlichen Verbreitung von Medienangeboten im Internet und Möglichkeiten zu deren Steuerung ab. Anders als Timo bindet er die Möglichkeit negativer Medienwirkungen zunächst an sehr spezifische Mediennutzungsdispositionen, ist z. B. Suchtgefahr für ihn vermutlich bei einer ganz konkreten Gruppe von Mediennutzern gegeben:

```
(223)
A: Das kommt ganz darauf AN. Süchtig sind wahrscheinlich eher
die SPIELER und so was, die den ganzen Tag irgendwelche Spiele
spielen. Meine Schwester würde ich fast bei SIMS als süchtig
bezeichnen. // I: Wieso? // A: Ja, weil sie den ganzen Tag,
seit sie das hat, immer da-, wenn sie frei, wenn sie Zeit hat.
Nur, sonst eigentlich schädlich-, höchstens für die AUGEN, wenn
man wirklich zu NAH dran sitzt. Das ist halt das mit den
Schreibtischen. Die stehen halt nicht zwei Meter, wie die man
vielleicht sein SOLLTEN, entfernt. Dann erkennt man ja auch
nichts mehr. Ich habe auch eine Brille, aber die brauche ich
zum Lesen und so eigentlich überwiegend.
I: Mhm. Und dass die Jugendlichen dadurch vereinsamen, also
dass sie sich immer mehr zurückziehen oder so, meinst du da ist
irgendwas dran?
A: Nee. Na ja, in den Ferien bin ich ja eh bei Freunden und so
und da sind wir eigentlich eh die ganze Zeit irgendwo unterwegs
und so.
```

> I: Und für andere Jugendliche, meinst du das-, du sagst für
> dich ist das kein Thema, aber für andere?
> A: Das sind dann wahrscheinlich welche, die auch nicht wirklich
> Freunde suchen, die dann wirklich überwiegend an ihrem PC rum-
> hängen.
> I: Mhm, ja. Und dann gibt es ja auch manchmal so Berichte, dass
> Computerspiele schädlich sein können, sagen die Zeitungen
> manchmal. Ich weiß nicht, ob du dich noch erinnerst. Vor zwei
> Jahren gab es mal so einen Amoklauf in Erfurt. Da hat so ein
> Schüler 16 Leute erschossen und da wurde hinterher auch behaup-
> tet, das käme davon, dass der so viel Counter-Strike gespielt
> hat.
> A: Das GLAUBE ich nicht, das ist eigentlich Schwachsinn. Das
> kommt eigentlich WIRKLICH darauf an, wie die Leute das
> AUFFASSEN, weil ein Sechsjähriger könnte das dann auch besser
> auffassen als der Typ dann. Das wird nicht nur daran gelegen
> haben, dass er das SPIEL gespielt hat. Höchstens vielleicht auf
> die IDEE gekommen sein, dass er es so anstellt.
> I: Was meinst du was es war, wenn nicht das Spiel?
> A: Irgendwelche Probleme wahrscheinlich und dann hat er es auch
> aus WUT gespielt und so. Man soll so ein Spiel halt nicht aus
> Wut und sich irgendjemanden-, (2) nur auf dieses TÖTEN konzent-
> rieren.

Ein Mediensuchtpotential besteht für Andreas bei vermutlich einer spezifischen Fraktion von Mediennutzern gegeben, die er klar benennt und die sich vollständig und zeitlich umfassend in ihrer Aktivität verlieren: Am Beispiel seiner Schwester illustriert er dies: Sie verhalte sich strukturlos, in dem sie sich „den ganzen Tag" mit den „Sims" beschäftige. Wenn überhaupt negative Folgewirkungen von Medien ausgehen, dann nur sehr partiell („höchstens") im Hinblick auf einen abgegrenzten körperlichen Bereich. Diesen Mechanismus schreibt Andreas der Missachtung ergonomischer Parameter zu: Aus dem zu nahe Sitzen am Bildschirm resultierten Augenschäden, aber wiederum nie automatisch, sondern nur wenn der Nutzer zu wenig Abstand halte. Wichtig ist ihm in jedem Fall das Einhalten eines korrekten ergonomischen *Settings* der Computernutzung, welches ihm entscheidend für einen nicht gesundheitsbeeinträchtigenden Umgang mit dem Artefakt erscheint: Man muss hier das richtige Maß finden, ansonsten ist eine angemessene Mediennutzung per se gar nicht möglich, muss die Darstellung am Bildschirm zum Nutzer in eine funktionale Passung gebracht werden (sonst „erkennt man ja auch nichts mehr"). Die Befolgung solcher technischen Handlungsregeln demonstriert er an sich selbst: Durch die Verfügung über eine Lesehilfe gelingt ihm ein korrekter Umgang mit dem Computermedium.

Als positiver Gegenhorizont erscheint hier, dass der Mediennutzer für Andreas sich seine Medienumgebung *selbst* gestaltet und formt und damit kein passives Opfer von Geräten oder Medien ist: Ob diese wirken, hängt davon ab, ob der Nutzer in der Lage ist, sie in ein *regelgeleitetes* Verhältnis zu sich setzen. Wichtig hierzu ist, die inneren Mechanismen bzw. Wirkweisen der beteiligten Instanzen zu kennen (Medium und Akteur), denn erst vor einem solchen Hintergrund lässt sich eine stimmige Passung dazwischen installieren. Deutlich wird bis hierher, dass Andreas das Thema der negativen Medienwirkungen als eine formal-strukturelle Frage behandelt. Die von mir nachgefragte Gefahr der sozialen Isolation erklärt Andreas als abhängig vom aktiven Aufsuchen sozialer Kontakte, die mit Alternativen zu medienbezogenen Aktivitäten einhergehen. Damit dies gelingt, müssen diese initiativ aufgesucht werden. Bei ihm selbst ist dies klar *geregelt*: Seine Freizeit ist so strukturiert, dass er „eh" unterwegs ist und sich deshalb auch keiner negativen Beeinflussung ausgesetzt sieht.

Indem er dann die Existenz eines direkten Zusammenhanges des Spiels Counter-Strike und dem Erfurter Attentat scharf zurückweist wiederholt sich in seiner Erklärungstheorie ähnlich oben, dass Wirkungsszenarien immer in Abhängigkeit *von* gedacht werden müssen, in diesem Fall abhängig von bestimmten internalisierten Verarbeitungsmechanismen bzw. den kognitiven Regelstrukturen derjenigen, die das Spiel rezipieren. Andreas erhebt dies zum dominanten Faktor schlechthin, indem er ihn am Beispiel eines kleinen Kindes verdeutlicht, das in seinen Augen dazu in der Lage sein könnte, mit dem Spiel Counter-Strike angemessener umzugehen als der Erfurter Attentäter, wenn es nur über eine richtige „Auffassung" darüber verfüge. Deutlich wird hieran, inwiefern Alter, und damit auch Aspekte wie Erfahrung oder sittlich-moralische Reife, für Andreas wenig Relevanz bezüglich vorgestellter Wirkungen haben, sondern er sich den Nutzer in Form eines regelverarbeitenden Systems vorstellt, das unabhängig von sonstigen Faktoren allein durch das Vorhandensein interner Regelungen funktioniert. In dieser, gleichsam an ein systemtheoretisch striktes Postulat der Neutralität erinnernden, Vorstellung gibt es keine objektiven oder linearen Wirkungen von Medien, sondern deren Entfaltung ist vollständig an interne Dispositionen und Mechanismen gebunden.

Als erklärender oder gar alleiniger Faktor für das Attentat erscheint Andreas deshalb das Spiel auch nicht hinreichend: Wenn überhaupt, hat sich im Zuge des Spielens eine innere Vorstellung entwickelt, auf welche Weise der Amoklauf in die Tat umgesetzt worden ist („dass er es so anstellt"). Medienwirkungen entfalten sich demnach so, dass sich die Rezeption bestimmter Inhalte zu „Ideen" verfestigen, die wiederum aber von der Struktur der Realitätsverarbeitung des Nutzers abhängen. Problematisch erscheint es Andreas daher folgerichtig, wenn das Spiel in einer affektiv negativen Stimmung rezipiert wird: Deutlich wird hier, inwiefern ein Wirkungsszenario wiederum an innere Dispositionen und ein entsprechendes Bewusstsein darüber gekoppelt wird: Ist man wütend, solle man sich in diesem emotionalem Zustand vom Spiel lieber fernhalten, da dann eine kognitive Kontrolle nicht mehr gewährleistet ist und sich die Wahrnehmung verengt, und zwar auf aggressive Anteile im Spiel. In diesem Fall käme es für Andreas zu einer Kanalisierung der Wahrnehmung, ähnlich einem Tunnelblick, und damit zur Fokussierung auf „dieses Töten" als jedoch nur *eine* von mehreren Facetten des Spiels, die dann aber außerhalb des Blickfeldes geraten.

Das isolierte Spiel als Verursacher der Gewalttat weitgehend ausschließend stellt sich Andreas vor, die Verfasstheit des Spielers habe dazu geführt hat, dass sich dieser sich daraufhin dem Spiel zugewandt habe, ohne dass ihm die *Qualität* dieser Verfasstheit weiter ausführenswert erscheint – es waren „irgendwelche Probleme wahrscheinlich". Wie man sich in einer solchen Situation verhalten sollte, formuliert Andreas im Anschluss daran – erneut – in Form einer Regel, die es offenkundig zu befolgen gilt: man „soll so ein Spiel halt nicht aus Wut" spielen. Anders gewendet bedeutet dies: Man kann das Spiel schon spielen, dann aber eben *im Bewusstsein einer das eigene Befinden betreffenden Regel.* Darin dokumentiert sich, wie Andreas auf die Internalisierung eines inneren Verhaltensstandards abzielt, die aus seiner Sicht eine medienbezogene Verhaltensregulation steuert. Dabei handelt es sich um einen Kontrollmechanismus, der – selbstauferlegt und reflexiv – als Garant für schädliche Medienwirkungen in Erscheinung tritt. Damit stellt sich Andreas Argumentation ähnlich zu der von Timo dar: in beiden Fällen zeigt sich, inwiefern nicht der Umgang mit Medien (hier: Counter-Strike) an sich negativ bewertet wird, sondern dass er vielmehr an das Vorhandensein einer Regelstruktur gekoppelt wird; während es bei Timo eine selbstauferlegte (zeitliche) Abstinenz zwischen den „LAN-Parties" ist, ist es bei Andreas das Bewusstsein über die eigene affektive Verfasstheit.

Die eingeworfene Verbotsforderung des Spiels Counter-Strike als öffentlich verbreitete Präventionsmaßnahme weist Andreas ebenso scharf zurück wie oben bereits die Behauptung einer linearen Wirkung:

```
(233)
A: Das finde ich AUCH schwachsinnig, weil die Leute kriegen es
SOWIESO irgendwoher, egal aus den Videotheken, die werden das
wahrscheinlich auch nicht gleich rausstellen oder so, auch un-
term Ladentisch oder von Freunden noch kopieren und so, und aus
Amerika kann man sich die Sachen sogar bestellen lassen, das
haben Freunde von mir auch gemacht, bei Amazon.com einfach ein
Spiel bestellt und das wurde ihm auch einfach zugeschickt. //
I: Mhm // A: Ja, und es kommt ja darauf an, wie die Leute das
AUFFASSEN das Spiel. Die meisten sehen das ja nur als SPASS an,
als Spielspaß.
```

Es überrascht nicht, dass Andreas ein Verbot des Spiels als sinnloses Mittel erscheint. Unter Bezugnahme auf die strukturelle Verfasstheit des *Mediensystems* einerseits und der *Nutzer*, die um diese strukturelle Verfasstheit wissen, andererseits führt er dies aus: Demnach stellt sich die Situation so dar, dass die Verbreitung des Spiels so allgegenwärtig ist, dass es über verschiedenste Kanäle überall erhältlich ist: über den kommerziellen Verleih, über soziale Netzwerke sowie den globalen Online-Handel. Zum anderen ist in Rechnung zu stellen, dass „die Leute" sich das Spiel unbeirrt von irgendwelchen Barrieren („SOWIESO") beschaffen: Man kopiere sich das Spiel „bei Freunden", außerdem würden öffentliche Medienanbieter („Videotheken") das Spiel vermutlich eben nicht „gleich rausstellen", vielmehr auch „unterm Ladentisch" weiter vertreiben.

Ein Verbot griffe also gar nicht, zumal die Möglichkeit der Internetbestellung jederzeit gegeben ist, was Andreas durch die Nennung von „Amazon" mit dem Kürzel „.com" verdeutlicht – selbst wenn der nationale Vertrieb reglementiert würde, könne man jederzeit schnell und einfach auf den internationalen Handel ausweichen. Wie problemlos dies möglich ist, demonstriert Andreas am Beispiel seiner „Freunde": Auch sie haben sich das Spiel „einfach" so beschafft, ohne dabei auf Hindernisse gestoßen zu sein. Die Frage also, wie man Probleme im Zusammenhang mit dem Spiel Counter-Strike möglicherweise in den Griff bekommen kann, stellt sich für Andreas dergestalt dar, dass er sie in Form einer Art *Dialektik* von strukturellen und individuellen Aspekten des Rezeptionsgeschehens *insgesamt* deutet. Woran er sich vorrangig abarbeitet, ist die Frage, inwiefern ein Wechselspiel stattfindet zwischen den institutionellen bzw.

institutionalisierten Regelstrukturen und den Mediennutzern als Subjekten, die diese kennen, also *internalisiert* haben. Der Medienmarkt ist weitgehend selbstreguliert, *weil* sich die Rezipienten das innere Funktionieren von Medienangeboten und -institutionen längst zu eigen gemacht haben. Ein Verbot, zusammengefasst, ist demnach eine völlig unterkomplexe Maßnahme und wird sowohl den Distributionsmechanismen der Medien als auch dem Funktionieren beteiligter Akteure nach ihren *eigenen Regeln* nicht gerecht bzw. kann sie nicht außer Kraft setzen. Was als Möglichkeit übrig bleibt, ist erneut der regelgerechte Umgang der Nutzers mit dem Medienangebot („wie die Leute das AUFFASSEN"), über den die „meisten" ohnehin verfügen.

Das sich bislang bei Andreas dokumentierende Muster, dass es vor allem vom Nutzer und seinem Regelwissen abhängt, wie er mit den Medienangeboten umgeht und wie er sie bewältigt, zieht sich auch durch den weiteren Verlauf des Interviews. Vor allem die Informationsfreiheit des Internet ist für ihn ein Phänomen, das er als technisch-strukturelle Herausforderung begreift und das beständig dazu führt, sich mit Problemen herumschlagen zu müssen. So bezeichnet er die Offenheit des Internet als „Schwachsinn" (315):

```
(316)
A: Manche Leute geben auch so Alben als ZIP-Ordner an und so,
und dann lädt man die sich RUNTER und dann gucke ich da halt
schon meistens REIN und da sind dann da irgendwelche komischen
Dateien mit so einem aufgerollten Dokument oder so sieht das
aus. Und dann weiß ich eigentlich schon, das sind Viren. //
I: Aha. // A: Wenn man die dann ÖFFNEN will, dann kommt sofort
Virusalarm. // I: Mhm. // A: Ich verstehe nicht, was die Leute
für einen Spaß daran haben.
```

Aus der offen zugänglichen Mediensphäre des Internet resultiert eine Verbreitung aller möglichen Daten, die Schäden anrichten können. Dabei werden auch die Urheber der hier geschilderten digitalen Mogelpackungen von Andreas als rationale Akteure gedeutet und nach deren Motiven für ihr Handeln befragt. Von vorrangiger Bedeutung ist für Andreas, ein Bewusstsein für die technischen Schwierigkeiten zu entwickeln und sich dadurch gegen jede Art von Verschmutzung des Netzes zu wappnen.

So steht auch im Vordergrund weiterer Schilderungen die Gefährdung seiner Autonomie als Internetnutzer, der er ein entsprechendes Regelwissen *entgegenzusetzen* hat. Dabei ärgert ihn immer wieder, dass es zu Situationen kommt, die er in Form technischer Regelverstöße deutet, welche das freiheitliche Benutzen der Internetsphäre einschränken:

```
(325)
A: Ja, das sind irgendwelche Freaks, die dann auch so irgend-
welche Sachen mit ENDLOSLANGEN Namen, damit sie auch jeder
Arsch findet so, egal was man sucht. // I: Mhm // A: Es gibt so
EINS, das findet man häufiger, wenn man IRGENDEIN Musikvideo
sucht. Da hat sich jemand einen Porno reingestellt, mit Namen
von bestimmt mindestens 20 verschiedenen Musikern. // Mhm //
A: Und da findet man das, so EGAL was man sucht, man findet
DIESEN EINEN FILM.
```

```
I: Ach so. Und wenn man sich den runter lädt, bekommt man
gleich einen Virus mit oder-
A: Nein nein, das ist einfach nur der Porno. KRASS- also, wie
GEHT DAS?
I: Ach so. [Das ist gar nicht das, was-].
A: [Obwohl man immer-, EGAL, nach was man sucht].
I: Verstehe, das ist gar nicht das, wonach es aussieht eigent-
lich. Ach so, ja.
A: Oder die setzen einfach irgendwelche Dateien rein, die gar
nicht funktionieren oder gar nicht sind, als das was die be-
schrieben sind. // I: Mhm. // A: Eine Frage. Wissen Sie zufäl-
lig, ob den Leuten das vielleicht irgendwas BRINGT, wenn die
Leute das runter laden? Weil manche Sachen sind noch nicht mal
infiziert oder so. Einfach nur IRGENDWELCHE Dateien, die tota-
ler Schwachsinn sind. Irgendwas anderes.
```

Der Datenfluss prozessiert für Andreas in einer technischen Logik, die sich manche Spezialisten („Freaks") zunutze machen, um gezielt Inhalte aller Art zu streuen, die dann „auch jeder Arsch" findet. Über diese Erfahrung verfügt auch Andreas selbst, indem er nämlich während der beliebigen Suche nach einem „Musikvideo", aber auch sonst, also im Prinzip *unabhängig* vom Inhalt der Suche immer wieder zu *dem einen* Ziel (dem „Porno") geleitet wird. Darüber scheint er einerseits verärgert, gleichzeitig kann er sich aber einer gewissen Faszination für die Beschaffenheit dieses Mechanismus nicht erwehren („wie GEHT DAS?"). Die technischen Regelstrukturen des Internet werden von ihm hier als etwas aufgefasst, was aufgrund eines technischen Wissens manipulierbar ist, gleichzeitig hat er Interesse an dem dahinter stehenden Mechanismus, der dafür verantwortlich ist und sie ermöglicht. Vor allem möchte er wissen, worin das aus seiner Sicht rationale *Kalkül* derjenigen Urheber besteht (was es ihnen „bringt"), die ganz offensichtlich sogar funktions*unfähige* Dateien ins Internet schleusen.

Dabei bezieht sich sein Unmut im Kern auf die damit zusammenhängende technische Rationalität, dass nämlich die Dateien aus formaler Sicht gar nicht das sind, was sie zu sein scheinen („als was die beschrieben sind"). Außerdem ist er sichtlich irritiert darüber, dass die Urheber solchen Datenmaterials selbst von ihrer eigenen Logik scheinbar abweichen und eben auch solche Inhalte ins Netz stellen, die ja „noch nicht mal infiziert sind". Implizit steht hier also die Frage im Raum, welche Strategie die Urheber eigentlich verfolgen: Wollen sie dem Nutzer nun schaden oder nicht? Auf diese Weise dokumentiert sich erneut Andreas Orientierung an einem technisch-formalen Bewusstsein bzw. technisch-strukturellen Regeln, mittels dessen es einem gelingt, sich innerhalb der technischen Gegebenheiten des digitalen Mediums zu bewegen.

In diesem Sinne unterstellt er im weiteren Verlauf, dass sich „die Leute da echt hin setzen" (340), um offenbar aus zweckrationalen Motiven heraus gezielt Schäden anzurichten und den normalen Gebrauch des Internets für die User nachhaltig zu stören. Auch sucht er wiederholt nach Gründen dafür, denn seiner Überzeugung nach schädigten sich Produzenten bzw. Anbieter von entsprechenden Downloadseiten letztlich *selber* („Das ist doch-, dadurch werden doch DEREN PCs ja eigentlich langsamer, wenn da zig Leute, fast 20.000 Leute was runterladen"; 342). Was ihn interessiert, ist demnach weniger die Bewertung des Geschehens auf einer inhaltlichen Ebene, sondern auf einer formal-technischen: Warum handeln die Verantwortlichen der ihn selbst störenden

Internetinhalte so, dass sie sich dabei selber ein technisches Problem einhandeln, nämlich die Verlangsamung ihrer eigenen Rechenpower. Erneut orientiert er sich damit an einer Art technologischen Grammatik und dessen Kenntnis, innerhalb der für ihn eine Regulierung medienbezogenen Verhaltens aufgehoben ist.

Dies zeigt sich auch an der Stelle, an der ich das Interview direkt auf die Einschätzung von rechtsradikalen und gewaltverherrlichenden Angeboten lenke; auch hier orientiert sich Andreas vorrangig daran, ob etwas technisch machbar ist:

```
(344)
I: Wie findest du denn das, dass die da einfach so drin stehen?
A: Äh, solche Seiten könnte man schon LÖSCHEN. Könnten- also
sollten die vielleicht auch machen, so Seiten. Was ich NOCH
schwachsinniger finde, ist dass zum Beispiel die ganzen Seiten
wie Kazaa und BearShare nicht einfach GESPERRT werden.
```

Nicht die Inhalte sind hier das Problem, sondern viel eher die Frage, inwiefern man diese für die Sphäre der Nutzer gezielt steuern kann. In diesem Zusammenhang erscheint es ihm sogar als äußerst fragwürdig, dass solche Download-Seiten, die er an anderer Stelle im Interview als seine Lieblingsseiten bezeichnet hatte („Kazaa" und „BearShare") nicht längst unzugänglich gemacht worden sind und stattdessen weiterhin existieren. Woran er sich im Weiteren abarbeitet, ist die Frage, warum eigentlich diejenigen Personen verfolgt würden, die ein im Internet angebotenes Programm nutzen, das Programm *selbst* aber im Internet stehengelassen werde. Dies macht für ihn keinen Sinn, denn dadurch lasse man „vielleicht fünf Leute im Monat hoch gehen und zwanzig neue Leute holen sich das Programm und nutzen das dann" (346). Worum es also auch hier geht, ist der Wunsch, hinter eine logische Strategie zu kommen, die das Problem quasi bei den Wurzeln packt und auf diesem Wege nachhaltig behebt. So stellt er sich vor, man solle „dann diese ganzen Sachen sperren und so. Aber vielleicht auch Strafen auf DIE Leute, die das entwickeln, weil die entwickeln das ja nicht dafür, dass die Leute es nicht BENUTZEN" (346). Das bedeutet zunächst, dass es aus seiner Sicht ganz einfach die institutionalisierte Rationalität des Internet *ist*, dass es Anbieter gibt, die ein Produkt absetzen wollen. Die Logik der Strafverfolgung von Internetanbietern ist für ihn deshalb *nicht* der Logik der Nutzer angepasst, da sich diese unbeeindruckt davon zeigen. Darin orientiert er sich wiederum an einer Autonomie-Heteronomie-Spannung des Mediennutzers, was sich soweit steigert, dass Andreas mich im weiteren Verlauf des Interviews in ein Gespräch verwickelt, in denen er Möglichkeiten auslotet, unter Zuhilfenahme welcher institutionalisierter Regelungsmechanismen mit dieser Spannung möglicherweise umzugehen sei.

Es kommt dabei zu einem von ihm angestoßenen Diskurs darüber, wie man einerseits als Mediennutzer autonom agieren kann und wie man andererseits – gedankenexperimentell – vorgehen müsste, um in diese Autonomie auf technisch logischem Weg einzugreifen. Insofern hat sich das Topos der technischen Regelungen und Operationen soweit verselbständigt, dass es von Andreas in Form eines Spiels mit den technischen Möglichkeiten abgehandelt wird. Deutlich wird darin die hohe Relevanz dieses Themas für ihn, was sich in einer hohen interaktiven Dichte des Interviews dokumentiert. Das Thema der Medienbewertung bzw. der medienbezogenen Verhaltensregulierung erscheint somit eingebettet in eine Kontroll- bzw. Steuerungsphantasie durch die Anwendung technischer Regeln und Standards. Dabei interessiert ihn vorrangig, wie eine medienbezogene Verhaltensregulierung operationalisierbar ist, wenn doch gleichzeitig sowohl *Nutzer* als auch *Anbieter* von Medienprodukten nach ihren eigenen Regeln, mithin ihren eigenen Gesetzen prozessieren:

```
(349)
I: Mhm. Aber du benutzt es doch selber AUCH, und wenn es ge-
sperrt wäre, könntest du selber es ja auch nicht mehr benutzen.
A: Ja, aber ich finde es schwachsinnig von der Polizei, dass
die dann DIE Leute jagt, die es downloaden. // I: Ach so. //
A: Weil die können ja nicht alle einfach- die Leute lassen sich
doch davon nicht einschüchtern, die machen das ja trotzdem wei-
ter.
```

In diesem Zitat dokumentiert sich, wie Andreas, ähnlich zur obigen Counter-Strike-Passage, die Masse der Internetnutzer als selbstreferentielle Systeme wahrnimmt, die mittels einer einfachen Verfolgungsstrategie nicht davon abzuhalten seien, sich Zugang zu Medieninhalten zu verschaffen. Was er hier im Kern als „schwachsinnig" empfindet, ist demnach, warum die innerhalb der Polizei-Logik institutionalisierten Regeln es einfach nicht berücksichtigen, dass sie ihr Ziel im Prinzip verfehlen *müssen*. Wenig später entwirft er sogar eine eigene Strategie, wie er selbst die Autonomie des Mediennutzers einschränken würde, inwiefern also nur ein Bewusstsein für die technischen Regelzusammenhänge der Internetnutzung Erfolg hat:

```
(353)
A: Die Betreiber-, es GIBT ja keine Betreiber, es gibt einfach
nur DIE Leute, die das Programm entwickeln und das Programm zum
Downloaden freistellen im Internet. Dann holen sich die Leute
das Programm und, wie schon gesagt, dann holen sich mehr Leute
das Programm als die wieder einfangen.
I: Mhm, meinst du denn, dieses Programme sollten gesperrt wer-
den für alle? Damit man sich da nichts mehr downloaden kann?
A: Also aus dem Blickwinkel der Polizei sollten die schon lie-
ber die ganzen Programme sperren als die einzelnen Leute zu
jagen. Das wäre wahrscheinlich ein GRÖSSERER Erfolg.
I: Mhm. Ja, würde dir das denn dann nicht fehlen, dass du dann
nichts mehr downloaden kannst?
A: SCHON, aber es ist ja nur das, was ich da am Denken der
Polizei nicht verstehe. // I: Mhm // [Störgeräusch] A: Wo ich
eigentlich dann ja eigentlich mehr nachdenke als DIE.
```

Deutlich wird auch in diesem Zitat, wie es ihm darum geht, das Phänomen der Informationsfreiheit entlang der Verinnerlichung technischer Regeln zu thematisieren. Sich selber imaginiert er sogar in der Rolle einer Art von *Netzpolizist,* der einen höheren „Erfolg" erzielen würde, als ihm dies bisher der Fall zu sein scheint. Dass dabei seine *eigene* Praxis des Downloadens eingeschränkt werden könnte rückt dabei in den Hintergrund – zwar störte es ihn „SCHON", sich nichts mehr herunterladen zu können, das Ganze wird jedoch überblendet von einer Steuerungsphantasie, deren Effekte er für weit nachhaltiger hält als diejenigen institutionalisierten Regelmechanismen, wie sie ihm derzeit praktiziert zu werden scheinen. Was Andreas, so zeigt sich hier, nicht versteht, ist, warum man sich nicht einfach soweit in das rationale Denken der Nutzer und ihr Kalkül hineinversetzt, dass man das Problem dann eben richtig angeht. Dabei geht es ihm auch *nicht* darum, die Entwickler von entsprechenden Programmen zur Verantwortung zu ziehen, wie er auf Nachfrage zu erkennen gibt:

```
(362)
I: Es ist ja gar nicht so leicht, die Leute zu finden, die das
entwickelt haben.
A: Das nicht, aber die könnten ja einfach die SEITEN sperren
und so. Es gibt ja auch Coverseiten und so, wo man die ganzen
CD-Cover herkriegt und so. Und da steht sogar immer-, manchmal
stand da auf einer Seite, hatte ich gesehen: „Diese Seite ist
verboten. Klicken Sie bloß nicht hier drauf" und so.
I: Kann man denn so Seiten einfach sperren?
A: Auf jeden Fall eine Seite WURDE gesperrt mit Covern, die wo
man darauf klicken musste, um da rein zu kommen und dann
erstmal durchlesen-
I: Wie kann man denn Seiten sperren?
A: Keine Ahnung. Auf jeden Fall WURDE die gesperrt. (2) Auch
rotten.com, ich weiß nicht ob sie das kennen. Das ist so eine
Seite mit total kranken Bildern und so, von irgendwelchen
Unfällen, und so zerstückelten Menschen und so was. Und rot-
ten.de GAB es mal, habe ich zumindest GEHÖRT, und rotten.com
gibt es jetzt immer noch. // I: Mhm. // A: Das ist auch in den
Internetcafés, da kommt man da nicht rein, das ist gesperrt,
also von dem Internetcafé, wenn man Privatanschluss hat, kommt
man TROTZDEM rauf ((lacht)).
```

Obgleich Andreas hier, angestoßen durch meinen Einschub, eine personenbezogenen Strategie der Einschränkung von Webinhalten für schwierig hält, gibt er sogleich wieder zu erkennen, dass es sich eigentlich ohnehin um ein technisches Problem handelt: Die beste Lösung sei es, Zugangsbarrieren im Netz zu *institutionalisieren*, wobei ja bereits entsprechende technische Vorkehrungen existierten, zu. B. zur Beschränkung der Beschaffung von „CD-Covern". Indem das Phänomen des illegalen Beschaffens von Inhalten wiederum mittels technisch-institutionalisierter Strukturen bewältigt werden solle, konstatiert Andreas hier eine Medienrationalität, die wiederum durch Vorkehrungen und Mechanismen reguliert wird. Dies betrifft aus seiner Sicht auch Medienangebote, die dezidiert „total krank" seien und „irgendwelche Unfälle" sowie „zerstückelte Menschen" präsentierten.[181] Scheinbar ist er amüsiert darüber, warum die bisherigen Verfahrensweisen so offensichtlich unterkomplex sind, obwohl man doch eigentlich *wissen* müsste, dass die Sperrung von „rotten.de" an öffentlichen Netzzugängen nichts an der Möglichkeit häuslichen Zugangs und der Nutzung ändert. Seine Orientierung an einer Strukturlogik des technischen Umgangs mit Medienangeboten weitet sich nun auch explizit auf solche mit gewalthaltigem Inhalt aus. Was sich darin zeigt, ist, dass ein etwaiges Problem solcher Angebote nicht in ihrer Beschaffenheit gesehen wird; vom

---

[181] Die hier erwähnte Webseite rotten.com stellt unter anderem Todesfälle, Krankheiten und Fotos aus der Autopsie oder Forensik sowie Perversionen und bizarre, auch sexuelle, Handlungen dar. Die Seite nennt sich „Archive of disturbing illustration" („Archiv verstörender Darstellung") und wird als so genannte „Schockerseite" bezeichnet.

inhaltlichen Charakter her sind sie für Andreas wenig von Belang – so bezeichnet er sie vorrangig als eine Angelegenheit, über die der autonome Nutzer weitgehend selber entscheiden darf und soll:

```
(372)
I: Und was sagst du jetzt dazu, dass die da einfach alle drin
sind diese Seiten? Mit zerstückelten Leichen und sonst was,
also [findest-]
A: [Das stört mich] eigentlich nicht, das sollen DIE Leute sich
ansehen, die sich dafür interessieren und so und sich die ande-
ren nicht darüber aufregen. Auch deswegen ist Google, wollten
das ja sperren, wenn man so Pornos und so findet, aber die kön-
nen das doch damit nicht VERHINDERN, wenn man im Internet, egal
WO, allein nur die Seiten ausprobiert, sagen wir mal www.sex.de
oder so was einfach nur mal eingibt, dann FINDET das ja irgend-
ein- JEDES Kind. Und Kinder, wenn die das meinen, das ist
schlecht, wenn die das sehen-, versteh ich nicht.
I: Also findest du es-, ja aber die Gefahr bestünde, dass Kin-
der aus Versehen da landen auf so einer Seite. Wie findest du
das?
A: Ja aber, wenn-, das ist ja nur die Bildersuche, die sie da
anschwärzen dann. Aber die Kinder- aber das sind ja DIE Kinder,
die wirklich dann nach diesen Begriffen SUCHEN. Die haben das
auch gezeigt in einer Reportage, die haben wirklich einfach nur
nach diesen Begriffen wie Sex und so gesucht.
```

Das Aufsuchen und die Rezeption gewalthaltiger Darstellungen ist für ihn eine Frage individuellen Interesses, dem man unter freiheitlichen Bedingungen nachgehen kann und das keine emotionale Bewertung von extern nach sich ziehen sollte. Eine solche, so deutet sich hier an, macht aus Andreas Sicht ohnehin wenig Sinn, da man z. B. auch das Auffinden von pornographischem Material generell nicht „VERHINDERN" kann, zumal das gesamte Internet damit angefüllt ist.

Es entsteht eine Analogie zu oben, wo Andreas die Beschaffungsmöglichkeiten des Spiels Counter-Strike trotz eines möglichen Verbots herausgestellt hatte: Selbst beim Versuch, die Funktion einer Suchmaschine einzuschränken, fänden diejenigen Nutzer mit Interesse an entsprechenden Angeboten andere Wege finden, um an den gewünschten Inhalt zu gelangen. Dies gelänge überdies sehr einfach („JEDEM KIND"). Hier zeigt sich: Die Fokussierung auf technische Fragen der Machbarkeit bzw. Steuerung hat sich bei Andreas soweit verselbständigt, dass ihm z. B. mögliche Folgen der Rezeption von Pornographie für Minderjährige unverständlich bleiben („versteh ich nicht"). Sie sind vielmehr gar nicht sein Thema bzw. bilden keinen Bestandteil seines Orientierungsrahmens, innerhalb dessen er Medien bewertet. Eine qualitative Prädikation von Darstellungen als solcher ist ihm nahezu irrelevant, da irgendeine Positionierung hierzu ohnehin an der Autonomie der Nutzer vorbei geht, weswegen man sich auch gar nicht länger damit aufzuhalten hat. Ihn interessiert vielmehr, wie genau die Autonomie des Nutzers angesichts der technischen Komplexität des Internet eigentlich funktioniert und wie sie organisiert werden kann. Dieses Wechselspiel ist für ihn wie ein Strukturzusammenhang, in welchem es darum geht, dass die technisch versiertere Instanz, also diejenige mit dem ausgefeilteren Regelkenntnissen über die jeweils andere obsiegt.

Deshalb gleicht für ihn die Frage der Medienrezeption allgemein einem Zusammenspiel autonomer Regelsysteme, deren wechselseitiges Verhältnis ihn reizt und darüber die Frage der Medienbewertung fast völlig dominiert.

Vor diesem Hintergrund bearbeitet er auch die erneute Frage nach der Gefahr, dass etwa Kinder auf pornographische Seiten gelangen könnten, vorrangig als technische Frage: Die freie Zugänglichkeit *als solche* ist für ihn ein marginales Problem und betrifft auch nur einen kleinen Teil Heranwachsender, nämlich diejenigen, die dazu motiviert sind und sich eigenaktiv auf die Suche danach begeben. Selbst wenn man die Suche nach direkten Darstellungen erschwerte („anschwärzen"), bliebe immer noch die Tatsache, dass der Nutzer via Begriffssuche an sein Ziel kommt. Auch hierbei verbleibt Andreas ganz innerhalb seines Orientierungsrahmens: Ein „Kind" führt danach eben einen technischen Vorgang aus – gibt z. B. „www.sex.de" in den Browser ein – daher bekommt es strukturbedingt eben logischerweise auch ein entsprechendes Ergebnis zu sehen; dabei handelt es sich für Andreas um eine Art technisch-abstrakten Prozess, worin sich dokumentiert, wie eng er das Verhalten der „Kinder" mit einer Rationalität technischer Strukturen und ihrer Logik relationiert: Sucht man, dann findet man eben auch. Daraus leitet er jedoch weder die Konsequenz ab, dass Kinder z. B. nicht nach problematischen Inhalten suchen sollten oder sie deswegen zu erziehen seien, noch richtet er einen Appell an die Medienanbieter, die Inhalte gar nicht erst herzustellen und zu vertreiben. Ihm geht es allein um die Frage, *wer* die internen Regelstrukturen des Mediensystems kennt und wie diese mit den Verhaltensweisen der Nutzer in Wechselwirkung stehen, von denen er annimmt, sie seien eben selbstreferentiell. Sichtbar wird hier ein *ingenieurales Steuerungsdenken*, das auf der Internalisierung formal-abstrakter Regeln aufsattelt und inhaltliche Wertungen weitgehend entthematisiert.

Ob es danach bei der Medienrezeption zu einem Kontakt mit gewalttätigen oder pornographischen Inhalten kommt, ist ein Problem der technischen Strukturen und ihrer Steuerung und *nicht* des Verhaltens und seiner etwaigen Fehlgeleitetheit oder (moralischen) Unreife. *Ob* entsprechende Angebote rezipiert werden, *ist* gar nicht die Frage, sondern nur, vor dem Hintergrund *welchen* technischen Regelmechanismus dies erfolgt ist. Zur Regulation des medienbezogenen Verhaltens bedarf es also einer formal-abstrakten Struktur, die darüber wacht und die im Zweifelsfall zu verändern ist. Dass dies aber selten und bislang nur unzureichend gelingt, liegt daran, dass die Nutzer nach ihren eigenen Regeln funktionieren und es ihnen gelingt, immer neue Wege finden, die technischen Regelstrukturen aufgrund ihres eigenen technischen Strukturwissens zu umgehen bzw. zu überlisten. Auf diese Art und Weise orientiert sich Andreas an einem Mediennutzer, der sich so im „Dickicht der Medienangebote" zu bewegen sucht, indem er über entsprechende institutionalisierte Regelmechanismen verfügt bzw. diese verinnerlicht hat, um sich darüber zurechtzufinden.

Ähnlich zu Timo und Andreas lassen sich auch im Fall von Olaf Orientierungen an institutionalisierten Regelstrukturen erkennen, vor deren Hintergrund Medien bewertet werden. Auch ihm stellt sich das Zusammenspiel von Medienwirkungen und Nutzerverhalten als Verhältnis von Subjekt und institutionalisierter Struktur dar:

(220)
O: Also süchtig machen kann es denke ich mal schon. Also, es gibt ja auch die Sorte von Leuten, die jetzt also, die gehen nicht zur Schule, natürlich nur die Älteren, aber die sind dann STÄNDIG davor. Die fangen morgens an, bis spät in die Nacht, oder bleiben sogar 24 Stunden online. Also wenn das soweit, also, finde ich dann auch schon vielleicht bisschen krank so (2). Weil, irgendwann wird's einfach auch zu viel. Irgendwann denkt man sich „oh, aufhören, es reicht". Und, also ich kann mir schon vorstellen, dass man süchtig davon werden kann, ja. Toll ist das nicht. Und, vereinsamen tut man wahrscheinlich auch, weil, man ist dann so daran gefesselt, dass man dann- Also man geht dann nicht mehr raus, man redet auch kaum noch mit Leuten. Man sitzt da halt nur extrem viel vor dem Computer.
I: Und, kennst du jemanden, von dem du sagen könntest, der ist so?
O: Nee, die meisten die ich kenne, die sehr lange online sind, sind die die daran arbeiten. Und dann damit auch Geld verdienen. Die MÜSSEN dann ja logischerweise so lange da dran bleiben, aber natürlich sind die jetzt auch nicht 24 Sunden am Netz. Aber sonst kenne ich keinen, der süchtig danach ist.
I: Ja, mhm. Aber, verstehe ich das richtig, dass du das aber für eine Gefahr hältst, dass eine sein könnte? // O: Ja. //
I: Und was meinst du könnte man dagegen machen? // O: Oh, gute Frage (3). Also man kann ja die Person ja dann nur vom Computer weg kriegen, indem man irgendwie den Computer weg tut einfach. Oder dass der unzugänglich gemacht wird. Aber, also das ist ja oft gar nicht möglich. Wo soll man den denn hin tun?

Ein computerbedingtes Suchtpotenzial besteht nach Olaf als eine Möglichkeit, weniger als ein Automatismus. Mit einer einleitenden Konjunktion folgt dann seine Exemplifizierung. Das Prädikat *süchtig* erfüllt seiner Ansicht nach diejenige Untergruppe von Personen, die nicht „zur Schule gehen", die also keine formal-institutionelle Einbindung (mehr) haben und insofern auch nicht in institutionalisierte Regelstrukturen integriert sind. Dabei handelt es sich um eine Exklusion aus einer bis zu einem bestimmten Alter selbstverständlichen Eingebundenheit, die überdies nicht freiwillig erzeugt ist, sondern aufgrund der gesetzlichen Schulpflicht für alle bindend ist. Versteht man das „dann" als temporale Konjunktion, deutet sich an, dass für Olaf die von ihm angesprochene „Sorte" von Leuten, eben die „Älteren", nicht *mehr* zur Schule gehen, sie erleben demnach etwas *nicht* mehr, und zwar die Normalität eines durch Institutionen geprägten Alltagslebens. Damit stehen sich in seiner Argumentation zwei Parteien gegenüber: Auf der einen Seite die Jüngeren (Schüler), eingebunden in eine Realität normaler Ablaufmuster, welche einerseits Leistung einfordert und andererseits soziale Integration gewährleistet und auf der anderen Seite Personen, die es vermeintlich nicht geschafft haben, danach, also nach Ausscheiden aus der Schule, ein vernünftiges Pendant zur ehemals institutionell geformten Rationalität ihres Lebens aufgebaut zu haben.

Folgt man seiner Schilderung, ist exzessives Computern eine (Ersatz-)Beschäftigung von massivem Ausmaß für sie geworden. Olaf beschreibt damit einen Prozess, der, angestoßen durch äußere Faktoren, sich als ein nach innen gerichteter Prozess (weiter-)entwickelt. Es erscheint ein Subjekt, das das Herausgenommensein aus den Bahnen der

Normalität kompensiert und seine Zeit vollständig mit der Hinwendung zum PC verbringt – die Beschäftigung damit ist dann umfassend und total: Der Tag ist damit ausgefüllt, wofür Olaf zwei Szenarien denkbar hält, die sich in ihrer Intensität steigern: Der Tag beginnt entweder damit, dass bereits bei Tagesanbruch mit Computern begonnen wird und sich dies bis weit über das Tagesende hinaus kontinuierlich fortsetzt oder gleich die komplette Zeit in Beschlag genommen wird („24 Sunden online"). Damit beschreibt Olaf eine Art Strukturlosigkeit, in der natürliche und normale Tageszeitkategorien außer Kraft gesetzt sind: Man hört einfach nicht mehr auf und die Verbindung zum Netz wird nicht mehr entkoppelt, stattdessen findet Leben „online" statt. Damit ist ein Zustand erreicht („wenn das soweit-"), den Olaf als im Ansatz als pathologisch bezeichnet („bisschen krank so").

Was sich daran zeigt, ist, dass Olaf das infrage stehende Medienverhalten an eine Normalität koppelt, die geprägt ist durch gesellschaftlich strukturierte Mechanismen, innerhalb der sich ein für ihn normaler Mensch auch ebenso normal entwickelt und bei Funktionieren dieser Kopplung keine Pathologie ausbildet. Den Abwehrmechanismus gegen diese Art von Pathologie begründet Olafs Argumentation mit dem Vorhandensein einer selbstverständlichen und verinnerlichten Schranke: Irgendwann „wird's einfach auch zu viel", wobei dieses „wird" auf einen Prozess- anstelle eines Zustandsgedankens hinweist: Normal ist, dass nach dem Verstreichen einer gewissen und nicht näher zu bestimmenden Zeit von alleine eine Sättigung eintritt, ähnlich einem ungeschriebenen Gesetz. Eine Sättigung ist demnach nicht unbedingt bewusst geplant, sondern resultiert wie selbstverständlich von innen, erinnert sich der generalisierte Nutzer also nach einer gewissen Zeit wie von selbst daran, dass sein Verhalten an eine Grenze stößt. Bezieht man diese Lesart zurück auf die sich andeutende Einbindung in eine institutionell bedingte Normalität, die Olaf als suchtverursachend annimmt, zeichnet sich eine Vorstellung des Subjekts ab, das autonom und selbstreflexiv zur Prävention übermäßigen Medienkonsums fähig ist, weil es über eine verinnerlichte Schutzreaktion verfügt, die in der Regel den Erhalt eines natürlichen Gleichgewichts sichert und aufrecht erhält.

Vor diesem Hintergrund kann sich Olaf „schon vorstellen", dass Sucht entstehen kann, und zwar als Verlust der Selbstkontrollkräfte des Subjekts, dem anscheinend etwas abhanden gekommen ist und es etwas nicht mehr *kann* oder nicht mehr *hat*. Tritt dies ein, funktionieren die eigentlich verinnerlichten und normalen Schranken nicht mehr korrekt, die Folge ist Suchtverhalten. Es entwickelt sich für Olaf analog zu einem (Selbst-)Kontrollverlust, den das Subjekt erleidet – und sich dann nicht mehr sagen kann „oh aufhören, es reicht". Im Zuge dessen entwickelt sich eine soziale Isolation und es ist unmöglich, diese aus eigenem Antrieb aufzubrechen: Das Resultat sind Einigelung und der Verlust von kommunikativen Kontakten. Anders ausgedrückt: Ist der PC-Süchtige erst einmal so an den Computer „gefesselt", liegt es nicht mehr in seiner Macht, sich davon zu befreien, sondern er muss befreit werden – im Sinne der Fessel-Metapher, also z. B. bei Handschellen, von jemandem, der den Schlüssel besitzt.

Dieses Szenario tritt für Olaf dann nicht ein, wenn es sich bei übermäßiger PC-Tätigkeit um Arbeit handelt, d. h. Lohnerwerb in Form einer wirtschaftlich-produktiven Tätigkeit. Arbeit erscheint hier als das genaue Gegenteil davon, sich einfach so zeitlich intensiv dem Computer hinzugeben, gerade *weil* Arbeit als Tätigkeit nicht selbstreferentiell, sondern fremdreferentiell gerahmt ist. Hat man einen PC-Job, *geht* es gar nicht anders, als sehr viel Zeit am PC zu verbringen – begründet liegt dies in der inneren Logik der Struktur der Arbeit („müssen dann ja logischerweise so lange da dran bleiben".) Diese Nutzung ist der Rationalität von Arbeit geschuldet und muss auch gar nicht weiter hinterfragt werden, allerdings existieren auch bei dieser Nutzungsform gewissen Grenzen, denn die PC-Arbeiter sind aus Sicht von Olaf natürlich „auch nicht 24 Stunden am Netz". Das heißt: Hier, im Rahmen von Arbeit, funktioniert die Entkoppelung, das Vom-Netz-Gehen erfolgt selbstverständlich („natürlich") – und damit genau im Gegensatz zu der „Sorte" Personen, die er zuvor beschrieben hatte.

Dass kein Suchtverhalten entsteht, wird von Olaf damit doppelt an institutionalisierte Regelstrukturen gebunden: Die *Logik der Schule* (als Prägekraft zu strukturiertem und funktionierendem Verhalten) und die *Logik der Arbeit* (als fremdreferentielle Rahmung einer sachorientierten und produktiven Tätigkeit). Beide Logiken sind – in ihrer Gemeinsamkeit – derjenige Modus, der das Subjekt davor schützt, nicht an die „Fessel" Computer zu geraten. Vielmehr ist es gerade dann – und *nur* dann – frei und verfügt über funktionierende Selbstkontrollmechanismen. Demnach besteht für Mediennutzer also in einer Sphäre institutionalisierter Regeln und Strukturen auch kaum die Gefahr, Suchtverhalten auszubilden. Eine Verhaltensregulation findet hier statt im Modus der Internalisierung einer Regelhaftigkeit, dass der Nutzer eben genau weiß, zu welchem *Zweck* und in welchem *Kontext* er Medien – auch durchaus intensiv und lange – nutzt. Computersucht wird dagegen zu einer Form des Herausfallens aus einer sozialen Sphäre, die durch institutionalisierte Anerkennung und Eingebundensein geprägt ist, was nach Olafs Darstellung ähnlich dem Fehlschlagen einer Balance von innerer und äußerer Struktur erscheint. Dass dies ein für Olaf relativ klares, gleichzeitig aber auch komplexes Wechselspiel ist, offenbart seine Reaktion auf meine Interventionsfrage; hinter einer möglichen Intervention steckt demnach ein komplexes Problem, auf dass es keine so eindeutige Antwort gibt.

Als Interventionsmaßnahme erscheint ihm denkbar, den Computer – gewissermaßen als das Objekt der Begierde – mittels eines externen Eingriffs zu entfernen oder den Zugang für die entsprechende Person dazu zu versperren. Um jemanden also vom Computer als seiner „Fessel" zu befreien, müsste dieser a) zum Verschwinden gebracht oder b) eine Barriere zwischen den Süchtigen und den Computer konstruiert werden. Beiden Optionen ist gemein, dass es sich um äußerliche Maßnahmen der Verhaltensregulierung handelt und sich auf den Gegenstand, nicht aber auf eine etwaige Umerziehungs- oder Hilfsmaßnahme für das Subjekt handelt (im Sinne einer ihm angebotenen Hilfe, davon loszukommen oder eines Beziehungsangebotes, dass es auf andere Gedanken bringt etc.). Es handelt sich vielmehr um nicht-kommunikative Maßnahmen, die, anstelle an der inneren Problemlage des Subjekts anzusetzen, es eher *formalisiert* behandeln wollen: in beiden Fällen würde „die Person", einem Drogensüchtigen ähnlich, auf kalten Entzug gesetzt.

Allerdings zweifelt Olaf selbst an der Umsetzbarkeit der Optionen a) und b), denn ihm ist unklar, wo man mit dem Computer „hin" soll – eine Wegnahme funktioniert nicht – die Welt ist ohnehin computerisiert und der Nutzer könnte sich wahrscheinlich eines anderen Computers bedienen. Sich also der Computertechnik als eines potenziellen Suchtobjektes einfach zu entledigen ist schwierig. Entscheidend ist, dass sich hier das Muster aktualisiert, in dem Olaf über die Passage hinweg das Verhältnis von Verhalten und Struktur beschreibt. Eigentlich, so zeigte sich, vom Vorhandensein eines normalen Mechanismus ausgehend, der eine Medienbeschäftigung begrenzt, erwähnt er diesen bei der Frage nach Veränderungsmöglichkeiten nicht mehr: Hier geht es ihm darum, den Nutzer vom Computer „weg zu kriegen". Ist die natürliche Schranke nicht mehr da, hilft demnach, salopp gesprochen, kein Reden mehr, sondern es bedarf eines unempathisch anmutenden Eingriffs von außen. Dieser ist weniger erzieherisch konnotiert oder auf die Veränderung bzw. Entwicklung des infragestehenden Subjekts gerichtet, sondern entspricht viel eher einer formalen Behandlungsmethode nach Art eines technisch-abstrakten bzw. formal-institutionalisierten Eingriffs. Sie erklärt sich in Olafs Argumentation daraus, dass eine Verhaltensregulierung über das Prinzip der *Einsicht* als eigentlichem Generalprinzip nicht *mehr* möglich ist. Insofern erscheint seine Idee (PC „weg tun"), als (hilfloser) Versuch, das Medienverhalten zu regulieren, wenn alles andere nicht (mehr) hilft – aber auch dies scheint ihm kaum möglich, da man dieses Objekt nicht ausmerzen kann. Übergreifend dokumentiert sich daran das Prinzip, an dem sich Olaf orientiert: Das Suchtverhalten ist danach ein nach innen gerichteter Akt der Selbstregulation, was sich in extremer Weise als Prozess einer fortschreitenden sozialen Isolation ausbilden kann und der zu einer Spirale wird, wenn die für das innere Gleichgewicht erforderliche institutionalisierte Regelstruktur nicht mehr gegeben oder zerstört ist.

Diese sich bisher andeutende Orientierung an einer Internalisierung institutionalisier Strukturen und Regeln wird erhellt durch einen Gesprächsausschnitt, in welchem Olaf seine eigene Medienpraxis in Bezug auf seine Freizeit schildert und dabei eng zu zeitlichen Vorgaben relationiert, die ihm infolge institutionalisierter Verpflichtungen gesetzt sind:

```
(258)
I: Aha, mhm. Wie ist denn das sonst, also ich wollte noch mal
zu deiner Freizeit fragen. Wann beschäftigst du dich eigentlich
in deiner Freizeit mit dem Computer? Wie sieht das so aus bei
dir?
O: Na ja, tja (2), eigentlich ist das NUR der Computer, also
sonst, viel Freizeit habe ich eigentlich nicht. // I: Ach so,
warum? // O: Noe, viel Freizeit habe ich nicht, nee, weil den
größten Teil des Tages und auch der Woche nimmt die Schule ein.
Und, na ja es ist eben nicht viel Zeit für andere Sachen. Viel-
leicht zwei drei Stunden oder so.
I: Und was machst du dann in diesen freien Stunden?
O: Na ja, entweder Fernsehen schauen oder so, oder Computer
halt. Und am Wochenende ist das eigentlich nicht anders.
I: Mhm. Wie sieht denn so ein normaler Tag bei dir aus? Könn-
test du das mal beschreiben?
O: Na ja, also erstmal Schule. Dann eigentlich wieder Schule,
nämlich Hausaufgaben machen. Dann Lernen, meistens sehr lange.
Na ja, und dann- Das was ich eigentlich machen will, entweder
Fernsehen oder Musik hören oder eben Internet.
I: Wie wichtig ist dir denn so Computer und Internet im Ver-
gleich zu den anderen Freizeitsachen die du so machst? Wenn du
das mal vergleichst?
O: Na ja, es ist eigentlich das wichtigste.
```

Indem aus der institutionelle Verpflichtung zur Teilnahme am Schulleben wenig Raum bleibt, sich einem zentralen Hobby zu widmen zeigt sich, wie die Institution Schule sehr deutlich die Form seiner Strukturwahrnehmung prägt – ohne dass sich Olaf erkennbar darüber ärgert oder etwa darunter leidet. Es „ist eben" so, dass wenig Zeit besteht und dies ist ein so stabiles Muster, dass es sogar „am Wochenende" prinzipiell „nicht anders" ist. Hierin dokumentiert sich einerseits die Akzeptanz einer Wechselseitigkeit von institutionalisierten Strukturen und individuellem Verhalten – beides ist miteinander verwoben und bedingt einander. Andererseits kommt aber auch die Prägekraft institutionalisierter Strukturen zum Ausdruck, die Olaf fraglos verinnerlicht hat und an der er sich orientiert. So kommt aufgrund dessen, dass sich für ihn „Schule" aufgrund der noch nach Schulschluss darauf bezogenen Tätigkeiten „sehr lange" in den Nachmittag hinein verlängert diejenige Aktivität, die er „eigentlich machen will" auch performativ bei Olafs Darstellung einer Tageszeitabfolge ganz hinten, wird der Computer erst angemacht, wenn die Anforderungen der Schule erledigt sind. Das bedeutet: Tagesablauf und Freizeitinteressen sind hier mit der Rationalität der Schule gekoppelt und werden in Abhängigkeit dazu entworfen. Was man „will" hängt eben davon ab, wann man aufgrund struktureller Bedingungen und Zwänge überhaupt Zeit dazu hat. Hier wird der Bezug zu Olafs Ausführungen zum Thema Computersucht sinnfällig: Die Schule als idealtypische institutionalisierte Struktur hält einen ganz einfach davon ab, sich über ein bestimmtes zeitliches Maß hinaus mit dem Computer zu beschäftigen, *auch wenn* dieses der persönlichen Präferenz zufolge „das wichtigste" Element im Ensemble aller Freizeitaktivitäten darstellt.

Zur Einschätzung der Informationsfreiheit im Internet äußert sich Olaf zunächst indifferent – „ja, naja, wie soll ich das finden?" (229) und auf die konkrete Nachfrage meint er „Na ja also Nachteile würde ich mal sagen NICHT. Was sollte das sein?" (229). Daraufhin spreche ich konkret das Vorhandensein von Gewaltdarstellungen an, worauf er antwortet:

```
(230)
O: Na ja, SO FREI ist das eigentlich gar nicht. SO wie immer
erzählt wird ((lacht)). Also besonders frei, denn zum Beispiel
so Seiten, damit verbreitet man ja seine Meinung auch, das ist
ja nicht UMSONST. Also SO FREI ist es gar nicht. Also es ist
eigentlich sehr teuer. Ganz schön sogar.
I: Okay, es kostet Geld, mhm. Aber nehmen wir mal an, das Geld
ist nicht das Problem für jemanden, also er HAT das Geld sozu-
sagen. Dann kann er das ja machen.
O: Ja.
```

Wie dieser Ausschnitt zeigt, arbeitet sich Olaf zunächst an den strukturellen Bedingungen der Verfügbarkeit von Inhalten ab: Danach ist es gar nicht so ohne weiteres möglich, einfach so oder gar beliebig Content ins Internet zu bringen, sondern dies ist bedeutend an materielle Ressourcen gekoppelt und davon abhängig. Damit vermittelt Olaf übergreifend, dass er sich einerseits mit den (technikbezogenen) Möglichkeiten des Inhalte-Verbreitens im Internet auskennt und sich andererseits von der allgemeinen Sichtweise, dies sei umstandslos möglich, distanziert. *Dass* das Internet offen sei, verweist er beinahe in den Bereich eines Gerüchtes oder einer Legende. Was sich hier dokumentiert, ist, dass es Olafs, ähnlich wie Andreas, vor allem um eine technisch-strukturelle Sicht geht, weniger um inhaltlich-moralische Aspekte. Dass Inhalte zur Verfügung stehen, ist für ihn genau ein solches technisch-strukturelles Phänomen, das – so zeigt die nächste Passage – anhand eines rationalen Verfahrens in den Griff zu bekommen ist:

```
(240)
O: Okay, das ist natürlich schon irgendwie blöd, aber ich denke
mal NIEMAND der nicht danach sucht, findet dann auch solche
Seiten. Deswegen. Und die wenigen sind ja auch nicht schlimm.
Also wenn man danach nicht sucht, dann kommt man da auch nicht
drauf. Weil, also ich zum Beispiel in den ganzen Jahren auch
noch nie so was gesehen habe, oder gefunden habe. Weil ich auch
gar nicht danach SUCHE. Aber, es ist schon nicht SO GUT. Also
okay, das ist schon vielleicht ein Nachteil, dass das Internet
so frei ist. Aber sonst (2)
```

Dass die Existenz gewaltverherrlichender Seiten *per se* eher unproblematisch ist, schreibt Olaf dem Vorhandensein eines Mechanismus zu, der das Ganze gewissermaßen von *selbst* reguliert: Der Nutzer muss sich zum Finden entsprechender Angebote erst einmal *selbst* aktiv auf die Suche begeben. Selbige sind zudem nur geringfügig vorhanden, seltenen und verstreut liegenden Inseln in einem großen Meer ähnlich, deren Existenz deshalb einerseits vernachlässigbar ist und die andererseits nur auffindbar sind, wenn einiger Aufwand dafür betrieben wird. Somit stattet Olaf den Nutzer mit dem Vorhandensein eines Willens und eines Bewusstseins für sein eigenes (Medien-)Handeln aus. Nicht die vielleicht fragwürdigen Internetinhalte stehen im Mittelpunkt, sondern das Nutzerverhalten, sein „Suchen", seine absichtsvolle und zielgerichtete Aktivität. Während nun die angesprochenen und möglicherweise als problematisch zu geltenden Inhalte des Internet für Olaf gering an der Zahl und damit kein wirkliches Problem sind, arbeitet er sich an der Frage ab, *ob* die infragestehenden Angebote überhaupt wahrgenommen werden und somit überhaupt zu einem diskussionswürdigen Thema werden. Es ist dem einzelnen Nutzer und seinem individuellen Surfverhalten überantwortet – weniger ein Problem des Informationsangebotes. Somit beharrt er deutlich auf den Voraussetzungen der Internetnutzung und weniger auf ihren Effekten. Vor diesem Hintergrund geht es einfach darum, entsprechende Inhalte nicht zu suchen, und ist der Nutzer autonom und selbst verantwortlich. Man braucht, so lässt sich schlussfolgern, kein großes Aufheben darum machen, da es für die Frage nach möglicherweise problematischen Inhalten und dem Umgang mit ihnen eine einfache Lösung gibt: Man muss einfach unterlassen, sie zu rezipieren.

Diese Wenn-dann-Beziehung gleicht Olaf einer klaren Regel, deren Verinnerlichen und deren Einhalten dazu führt, dass sich das Ganze von *selbst reguliert*. Dies verbindet er mit einer Art der Selbstmoralisierung, die zugleich über die Verfügung über diesen inneren Regelmechanismus bei ihm selber informiert: Deutlich macht dies sein Beispiel, sich selbst integer zu verhalten, denn in seiner zeitlich umfangreichen eigenen Medienpraxis ist es noch nie zu einem Kontakt mit derartigen Darstellungen gekommen. Die kausale Begründung dafür lautet, dass er eben „gar nicht danach sucht". Die von ihm aufgestellte Regel funktioniert seiner Wahrnehmung nach scheinbar optimal und gewährleistet es, dass ggf. problematische Inhalte des Internet eben gar erst nicht zu einem Problem werden. Darin dokumentiert sich wiederum erneut seine Orientierung an der Verinnerlichung von (Regel-)Mechanismen, die als Garant bzw. verantwortliche Instanz dafür erscheinen, ob es überhaupt zu einer Berührung mit entsprechenden Medienangeboten kommt und ob diese letztlich Wirkung zeigen. Die Verbreitung von Inhalten jeglicher Couleur – und dann eben auch von gewalthaltigen – wird auf diese Weise entproblematisiert und als individuelle sowie selbstregulative Angelegenheit des Nutzers und seines regelgeleiteten Verhaltens gedeutet.

6.2.3 Erziehung, Perspektivenreziprozität und gemeinsame Praxis

Die Mädchen deutscher Herkunft betten ihre Bewertungen von Medien vorrangig in Phänomene von sozialen Beziehungen ein, die sie im Zusammenhang mit Medien und deren Angeboten tangiert sehen.

Im Fall von Vanessa zeigt sich zunächst, inwiefern es sich bei ihrem Medienalltag um einen dialektischen Prozess von erzieherischen Interventionen auf der einen und einem Akt ihrer eigenen Perspektivenübernahme auf der anderen handelt. Sie informiert zunächst darüber, warum sie selbst (im Gegensatz zu ihrer Schwester und ihren Eltern) keinen eigenen Internetanschluss besitzt:

```
(27)
V: Ja, weil irgendwie, na ja das ist weil irgendwie wird es
denen dann zu teuer. Und weil ich dann wahrscheinlich NUR im
Internet wäre. Oder so, wahrscheinlich deswegen.
I: Mhm. Musst du denn dafür irgendwas bezahlen wenn du mal ins
Internet gehst?
V: Nee, also ich FRAGE eigentlich immer nur wenn ich mal will,
und dann, wenn meine Eltern das halt sagen dass ich nicht rein-
gehen soll, dann GEHE ich auch nicht. Und dann geht's eben
nicht. Aber sonst darf ich eigentlich ab und zu mal.
```

Deutlich wird hier, inwiefern Vanessa die verbale Absichtserklärung ihrer Eltern in Bezug auf ihren Medienumgang als ein Erziehungsgeschehen deutet, dessen Effekt sie für sich anerkennt („dann geht's eben nicht"). Weiterhin erzählt sie, dass der Computer, an dem sie ins Internet geht, im „Wohnzimmer" (40) steht, wo sie dann „meistens halt so dran" (40) geht. Auf die Bitte, dies weiter zu erläutern, führt sie aus:

```
(41)
I: Und, also du meinest eben du musst dann fragen-
V: Naja, nee, nur wenn halt, wenn ich also zu lange drin war
oder so, dass jetzt zu viel bezahlt werden muss, dann sagen
meine Eltern immer „du kannst dann und dann wieder gehen, aber
jetzt erstmal lieber nicht".
```

Hier dokumentiert sich, dass Fragen des Medienzugangs und der -verwendung bei ihr selbst auf solche Weise reguliert sind, dass sie hier performativ ihre Eltern gleichsam zu Wort kommen lässt, die ihr eine Grenze setzen, wobei es kein drastisches Verbot ist, dass hier ausgesprochen wird, sondern lediglich eine zeitliche Abstinenz. Entscheidend daran ist, dass sie sich selbst als Medien*erzogene* sieht, die sich an die Intentionen ihrer Eltern hält:

```
(43)
I: Und, wie ist das so, darfst du denn meistens oder ist es
auch schon mal vorgekommen dass du NICHT durftest?
V: Also DÜRFEN tue ich eigentlich immer, also das ist nicht so
das Problem.
I: Weil du eben meintest, dass-
V: Ja, also ich gehe nicht so sehr lange ins Internet, die ha-
ben mir schon vorgeschrieben, dass ich irgendwie nur so einein-
halb Stunden oder zwei Stunden drin bleiben darf. Weil, sonst
wird es halt auch zu teuer, und meine Eltern sind selber AUCH
NICHT viel länger drin.
I: Das habt ihr vereinbart dann oder wie?
V: Ja. Na ja, also klar, die sind ja meistens immer DA wenn ich
da ins Internet gehe. Weil alleine DARF ich ja gar nicht. //
I: Ach so // V: Nein, also sie haben halt gesagt, halt „wenn
irgendwas passiert" oder, keine Ahnung, falls es abstürzt oder
so was. Also, aber das IST mir ja auch schon öfter passiert
((lacht)).
```

Ihre Nutzungszeit schildert Vanessa als limitiert, weil die Vereinbarung eines zeitlichen Rahmens besteht, über dessen Einhaltung durch ihre eigenen Eltern sie hier gleich mit informiert. Deutlich wird hier, wie das eigene Verhältnis zum Medium eng an eine *Gemeinsamkeit* mit den Eltern gekoppelt wird. Es ist das Resultat einer gemeinsamen Praxis und eines Erziehungsgeschehens, das reziprok zueinander vermittelt ist. Ihre eigene Möglichkeit, sich mit den Medien auseinanderzusetzen, ist zwar auf eine gewisse Weise fremdreguliert, doch sie wird kenntlich als eine Mischung aus Erlaubnis, Zugeständnis und Kontrolle, das sich Vanessa *selbst* zu eigen gemacht hat. So relationiert sie das Ausmaß ihrer eigenen Medienpraxis zu einem Verhalten der Eltern, die „selber auch nicht viel länger drin" sind. Auf diese Weise deutet sie ihre Eltern implizit als Vorbild, die auf diesem Weg zu erreichen versuchen, dass sich die Formung ihrer Medienpraxis im Modus der Perspektivenübernahme gestaltet.

Entscheidend ist weiterhin, dass sie ihr eigenes Verhalten wiederum perspektivisch mit der erzieherischen Absicht ihrer Eltern verschränkt, indem sie nachschiebt, dass ihr ein technisch-instrumentelles Handlungsproblem tatsächlich „auch schon öfter passiert" sei. Dies stellt sie so dar, dass sich ihre Eltern in sie hineinversetzen und Folgen ihres Medienumgangs antizipieren und dass dies aus ihrer eigenen Sicht auch gerechtfertigt erscheint. Sie selbst erscheint durchgehend, auch in anderen Textstellen, als Erzogene: „Meine Eltern sagen halt, dass man irgendwie die Zeit vergisst und dass ich deswegen nicht chatten soll. Und ich WILL eigentlich auch gar nicht chatten" (197).

Über die einzelnen Passagen hinweg wird also deutlich, dass sich Vanessa daran abarbeitet, inwiefern die erzieherische Absicht ihrer Eltern mit ihrem eigenen Verhalten wechselseitig in Zusammenhang steht bzw. inwiefern dies ein Prozess von Erziehung ist, der bei ihr selbst Spuren einer wechselseitigen Verwiesenheit des eigenen Standpunktes mit einem erzieherischen Willen darstellt, der ihr *eigener* geworden ist. Es zeichnet sich das Muster ab, dass Vanessa Medien vor dem Hintergrund einer selbst erlebten intentionalen Medienerziehung wahrnimmt, welche sich bei ihr selbst als Habitus einer an Momenten eines reziproken Erziehungsgeschehens orientierten Medienbewertung niederschlägt. Vor allem, wie sie die von ihr geschilderten medienerzieherischen Absichten reproduziert, gibt sie als Trägerin eines erzieherisch konnotierten Habitus zu erkennen, welcher Verhalten insgesamt sehr stark an die Frage von gegenseitiger Anerkennung und Sozialität bindet.

Ähnlich wie Melanie (siehe weiter unten) versetzt sich auch Vanessa im Folgenden die Lage anderer, die aus einer Außenperspektive wahrnehmen, inwiefern ein in Frage stehendes Medienverhalten mit einer Veränderung des Subjekts einher geht und darüber Fragen des gemeinsamen Zusammenseins tangiert:

```
(275)
I: Dann möchte ich dich noch mal fragen, also in der Zeitung
wird ja manchmal berichtet und geschrieben, dass Jugendliche
die ganz viel am Computer sitzen, so den ganzen Tag beispiels-
weise, dass das auch schädliche Wirkungen haben kann. Dass die
zum Beispiel süchtig werden können oder dass die dadurch ver-
einsamen können. Sowas liest man ja manchmal. Was sagst denn du
dazu?
V: ((seufzt)) Ich denke AUCH- ich finde dass, also wenn man den
ganzen TAG daran sitzt, dass man seine Freunde verlieren könn-
te, weil man halt nichts mehr mit denen macht. Und, die dann
halt auch vielleicht sagen „ja, mit DIR wollen wir NIX mehr zu
tun haben, DU sitzt halt nur am Computer und du kümmerst dich
halt nicht darum was mit UNS ist, dass du dich mit uns TRIFFST"
oder sowas. So „was hängst nur an dem COMPUTER rum" und- das
ist auch irgendwie- Also, ICH würde das NICHT so schön finden
wenn meine Freundin jetzt nur am Computer hängen würde.
I: Mhm, kennst du denn jemanden, von dem du sagen würdest der
hat sich jetzt irgendwie sehr verändert dadurch dass er viel am
Computer sitzt?
V: Nee, kenn ich nicht.
I: Und sonst, ich meine dass das irgendwie Wirkungen haben
kann, ich meine das wird ja immer mal wieder behauptet.
V: ((seufzt)) Ich kann dazu nichts sagen, also ICH krieg nur
immer Kopfschmerzen wenn ich zulange Fernsehen gucke oder so
was alles ((lacht)), ja.
```

Den potentiellen Verlust freundschaftlicher Beziehungen durch eine exzessive Beschäftigung mit dem Computer führt Vanessa nicht darauf zurück, dass sich andere einfach abwenden, sondern weil ein Nutzer in diesem Fall „halt nichts mehr mit denen macht", und damit die soziale Einbindung und somit Fragen der Perspektivenreziprozität gefährdet sind. Sie elaboriert diese Orientierung durch ihren Wechsel in den Modus der indirekten Rede, wodurch sich verdeutlicht, wie sie sich in die Situation derjenigen begibt, die das infrage stehende Medienverhalten möglicherweise aus einer kommunikativen Außenperspektive kritisieren; dies gleicht einer appellativen Rede, die hier, überspitzt formuliert, beinahe pastorale Züge annimmt und mittels der eine Sanktion des in frage stehenden Verhaltens transportiert wird. Der Person des Nutzers, der sich über Gebühr mit dem Computer beschäftigt, wird danach angedroht, fallengelassen zu werden („mit DIR wollen wir NIX mehr zu tun haben"), wenn er eine soziale Konvention verletzt hat, und zwar die des sich gegenseitig umeinander Kümmerns. Was dem Subjekt, das aus Vanessa Sicht „den ganzen Tag am Computer sitzt" vorgeworfen wird, ist also, dass sich dieses mit seiner Handlung gewissermaßen egozentrisch verhält. So besteht der Vorwurf einerseits darin, dass die Person auf diese Weise die Existenz anderer vernachlässigt, um die es sich aber aus ihrer Sicht zu kümmern gilt. Andererseits wird ihr vorgehalten, sich nicht in die anderen hineinversetzt zu haben, um auf diese Weise zu erkennen, dass auch sie davon betroffen sind, denn ihre Perspektive („was mit UNS ist") scheint nun nicht mehr von Belang.

Aus der Sicht der bewertenden Personen, die Vanessa hier imaginiert, geht es allerdings weniger um ein Verstehen dessen, was sich *im* Anderen abspielt, sondern entscheidend ist die Forderung nach Aufrechterhaltung von Sozialität. Dies ist bedeutend für eine sich darin verbergende Vorstellung vom Umgang mit Alterität: Diese wird als etwas fremd zu regulierendes angesehen, die unter zu Hilfenahme erzieherischer und moralischer Imperative quasi an das Gebot der Perspektivenreziprozität zu erinnern ist. Darin enthalten ist die Demonstration fordernder, vorwerfender und sozial anspruchlicher Haltungen. Dabei wird der Modus der Perspektivenreziprozität generalisiert und im Falle einer Verletzung derselben Exklusion angedroht. Eine Missachtung der für Vanessa offensichtlich wichtigen Maxime, sich in die Lage anderer hineinzuversetzen, erscheint ihr sozial problematisch, weswegen es auch eine moralisierende Reaktion auf seiten der anderen nach sich zieht.

Dazu kommt, wie sich weiterhin dokumentiert, dass Vanessa insgesamt eine intensive Beschäftigung mit elektronischen Medien („so was alles") eher als eine fremde kalte Welt erscheint. Deutlich wird dies etwa in ihrer Weigerung, zu weiteren Medienwirkungen weiter Stellung zu beziehen („ich kann dazu nichts sagen"). Stattdessen beantwortet sie den Frageimpuls mit einem ostentativen Bezug auf sich *selbst* und den negativen Folgen, die ein übermäßiger Medienkonsum bei *ihr* selbst hinterlassen: „ICH krieg immer nur Kopfschmerzen". Nimmt man die Betonung ernst, transportiert dies einerseits Bedeutung in Form eines demonstrativen (im Sinne von „sieh *her!*") und andererseits in Form eines perspektivischen Ausdrucks (im Sinne von „ich sitze doch *selber* nicht so lange vor dem Bildschirm") – und damit wiederum einen moralisierend appellativen Moment, ganz ähnlich dem Modus der Rede, den sie bei Anderen als Reaktion auf überhöhten Medienkonsum artikuliert hatte.

Ihre Orientierung an erzieherischen Merkmalen bestimmt auch diejenige Passage, in der sie sich an der Frage der Wirkung des Spiels Counter-Strike abarbeitet. In ihrem Fokus steht hier das Motiv einer Erziehung als Fremdeinwirkung zu gutem und gemeinschaftlichem Verhalten:

```
(281)
I: Ich weiß ob du dich daran erinnerst, vor zweieinhalb Jahren,
da gab es einen Amoklauf in Erfurt. Da war ein Schüler, der hat
damals sechzehn Menschen erschossen.
V: Ach, ja ich erinnere mich.
I: Und damals wurde in hinterher in den oft Zeitungen geschrieben, dass das auch daher gekommen wäre dass er soviel Computer
gespielt hat, nämlich Counter-Strike, so ein Kampfspiel. Also
das wurde behauptet, dass das auch vom dem Computerspiel ausging. Was meinst denn du?
```

> V: Na ja, vielleicht ein BISSCHEN, aber ich denke mal klar, das
> hat auch was mit der Erziehung zu tun. Dass also die Eltern
> vielleicht auch mal sagen könnten, dass (2) äh, er vielleicht
> mal AUFhören sollte und auch mal RAUSgehen soll. Und NICHT
> immer nur am Computer hängen soll. Und irgendwie auch mal- Und
> nicht immer ALLEINE ist. Und, ich denke mal das hängt auch ein
> bisschen was mit den Eltern zusammen. Dass die da hätten auch
> mal gucken können was ihr Sohn so macht und so was.
> I: Also, wie würdest du das jetzt sagen, wie groß ist die Wirkung dieses Computerspiels?
> V: ((seufzt)) Ach keine Ahnung, ich weiß nicht ich habe so was
> noch nie gespielt. Ich will es auch gar nicht. Also, mich interessiert so was gar nicht.

Verantwortlich für den Erfurter Amoklauf kann für Vanessa nicht so sehr das Spiel als solches gewesen sein, es hat höchstens ein „BISSCHEN" dazu beigetragen. Viel entscheidender ist für sie elterliches Fehlverhalten, das es an Verantwortung und Verpflichtung dem Kind gegenüber hat fehlen lassen. So wurde in der Erziehung versäumt, einerseits deutliche Grenzen des Medienkonsums zu setzen (dass der Spieler mal „AUFhören sollte") und andererseits auch Alternativen zu ihm anzumahnen (in dem der Spieler „auch mal RAUSgehen sollte"). Einen weiteren Grund sieht Vanessa darin, dass sich anscheinend kein hinreichendes soziales Miteinander etablieren konnte, der Attentäter stattdessen „ALLEIN" gelassen wurde und sich sein Verhalten vor allem auch durch fehlende Kontrolle und Unbeaufsichtigtsein der elterlichen Erziehungspersonen ausgebildet und entwickelt hat. Auch an dieser Stelle dokumentieren sich deutlich diejenigen Merkmale, die Vanessas Orientierungsrahmen bezüglich der Bewertung von Medien konstituieren; dabei enthält die Art und Weise, wie Vanessa hier den Aspekt der Fremdregulierung artikuliert, wiederum moralische und pädagogisierende Momente in Richtung eines sozialen Miteinanders. Dies steht in maximalem Kontrast zu den Mädchen mit türkischem Migrationshintergrund, die das Thema der Verhaltensregulierung auch in Bezug auf eine Fremdeinwirkung behandeln, dabei jedoch weniger auf moralische oder appellative Ansprüche eingehen, sondern dies als Akt der Disziplinierung (im eigenen Interesse des Kindes) beschreiben. Wie deutlich es Vanessa um die Etablierung eines sozialen Miteinanders geht, zeigt sich auch da, wo sie erneut, ähnlich zu oben, ein richtiges Verhalten quasi demonstriert: Ihr selber ist das Spielen gewalthaltiger PC-Spiele fremd („habe so was noch nie gespielt") und sie möchte sich die Folgen lieber auch gar nicht erst vorstellen („Ach keine Ahnung").

Überdies ist für Vanessa charakteristisch, dass sie Fragen der Medienbeschäftigung *als solche* stark an Aspekte einer sozialen Einbindung koppelt, die in Form eines wechselseitigen Austauschprozesses gestaltet ist und ebenfalls das Motiv des sich umeinander Kümmerns impliziert. So geht sie z. B. „viel raus" (101) und manchmal „auch zur Nachhilfe so" (102). Einen wichtigen Platz innerhalb ihrer Freizeit nimmt die Beschäftigung in der Kirchengemeinde ihres Stadtteils ein; dort verbringt sie mehrere Nachmittage pro Woche. Auch als sie darüber spricht, findet sich das Muster der Perspektivenreziprozität und zeigt, inwiefern sich Vanessa selbst häufig in erzieherisch konnotierten Kommunikationsformen bewegt:

(102)
V: wir haben so eine Konfer-Schulung, da wo wir so Teamer werden. Und die Konfirmanden halt so durch den Konfirmandenunterricht bringen. Und dann mache ich das auch jetzt mit. Und daher habe ich nicht so viel Zeit. Und eigentlich ist Montag der einzige Tag frei in der Woche, wo ich mal für MICH Zeit habe.

Zentral erscheint hier das Phänomen von Perspektivenübernahme und -weitergabe, ausgedrückt in dem Vorhaben, die Jüngeren durch das kirchliche Bildungsangebot „durchzubringen". Während sie sich viel und aufopferungsvoll um andere kümmert, sodass sogar nur Montag der „einzige Tag frei bleibt, hat der Computer für Vanessa insgesamt auch nur untergeordneten Stellenwert.

Vor diesem Hintergrund erscheint ihr eine exzessive Computerpraxis als Ausdruck eines Verhaltens, das sich als eine Hinwendung zu etwas Leblosem darstellt und das deshalb auch a priori mit dem Potenzial behaftet zu sein scheint, Sozialität zu *gefährden*:

(111)
V: So Computer ist mir da Eigentlich NICHT so wichtig. Weil, mir sind meine Freunde und halt die anderen Sachen so mehr wichtiger. Weil, Computer ist halt irgendwie materiell und ich kann also damit nicht sehr viel (3) jetzt machen außer jetzt vielleicht irgendwas schreiben oder, irgendwie spielen oder, keine Ahnung. Ja, und mit meinen Freunden kann ich halt auch REDEN und so (2)

Vor allem das Miteinander „REDEN" innerhalb des Freundeskreises ist hier ein *positiver Gegenhorizont*: Als Ausdruck eines intensiven wechselseitigen Austausches und eines Eingebundenseins erscheint es als Modus, der medienbezogenes Verhalten reguliert. Der Computer ist hier demgegenüber tote Materie („irgendwie materiell"), etwas, mit dem man eben nicht sozial interagieren kann; daher ist die Beschäftigung mit ihm auch das genaue Gegenteil einer sozialen Praxis. Diese sich bislang dokumentierende Orientierung, in deren Mittelpunkt das Bedürfnis steht, dass sich gewissermaßen die Perspektiven sozial Handelnder Akteure ineinander verschachteln und aufeinander Bezug nehmen, reproduziert sich, als ich sie bitte, zur Frage der Informationsfreiheit Stellung zu beziehen. Die These, dass im Internet Angebote jeglicher Art verbreitet werden können, beurteilt sie folgendermaßen:

(296)
V: ((seufzt)) Na ja, ja. Na ja es geht. Also jetzt wenn irgendwelche (3) Rassisten das tun würden das fände ich jetzt so gut. Dass die da halt hinschreiben was die WOLLEN. Also DAS finde ich nicht gut. Also wenn man das aber mal anders sieht, jetzt irgendwelche, vielleicht über eine Reise oder so, die da gemacht worden ist. Und dass das lockt, dass man vielleicht AUCH da mal hin möchte. Und sich das halt mal anguckt. Also manche Sachen sind gut und manche Sachen sind halt NICHT so gut dass die da drin sind.

Ihre Argumentation zielt darauf ab, dass die Urheber rassistischen Gedankenguts im Prinzip erst gar nicht den Willen haben sollten, sich entsprechend zu äußern („was die WOLLEN"). Es ist hier weniger die Tatsache, dass sich entsprechende Personen überhaupt äußern, die Vanessa zu stören scheint, sondern dass dies offensichtlich aus einem willentlichen Bewusstsein heraus geschieht, ohne Antizipation möglicher Folgen. Inwiefern es vor allem ein sozialer Effekt ist, auf den Vanessa abstellt, zeigt sich daran, dass ihr erneut die Frage der Perspektive entscheidend ist („wenn man das mal anders sieht"): Medienbotschaften und -angebote, die sie „gut" findet, sollten demnach so gestaltet sein, dass sie Impulse aussenden, die die Perspektive des generalisierten Anderen so treffen, dass *Anregung* stattfindet. Deshalb sollte die informative Freiheit des Internet für sie vorrangig danach bemessen werden, inwiefern daraus Angebote bzw. Darstellungen resultieren, die eine Bilder- bzw. Vorstellungswelt im Kopf des Anderen entstehen lassen, etwa in Form eines Inhaltes, von dem man sagen kann, er „lockt", anders formuliert: der auf eine Weise gestaltet ist und die Intention hat, eine Orientierung anzubieten, die für andere anschlussfähig ist – so z. B., indem ein Autor über seine selbstgemachten Urlaubserfahrungen berichtet („eine Reise") und der generalisierte Adressat im Zuge seiner Rezeption ein *eigenes* Interesse daran entwickelt, möglicherweise einmal den *gleichen* Ort aufzusuchen („AUCH da mal hin möchte"). Bestätigung findet auch hier das Muster der Wechselseitigkeit, dass nämlich in Vanessas Orientierung „gute" Medienangebote davon abhängig gemacht werden, inwiefern daraus positive soziale Folgen für andere resultieren. Insofern evaluiert sie hier Medienangebote vor dem Hintergrund, inwiefern sie mit einer von ihr vermuteten Gedankenwelt der Nutzer und deren realen Handlungseffekten abgestimmt sind.

Auch bei der erneuten Ansprache von Gewaltdarstellungen im Internet greift sie thematisch auf Aspekte der wechselseitigen Anerkennung und der Perspektivenreziprozität zurück:

```
(297)
I: Na ja, du hast es selber schon angesprochen. So Gewaltsei-
ten, gibt's ja sehr viele im Internet.
V: Ja ja, also ich war noch nie auf einer drauf, aber ich WILL
auch gar nicht da drauf. Weil irgendwie, ich finde das irgend-
wie nicht in Ordnung dass man das halt da so einfach SCHREIBT.
Weil JEDER Mensch ist halt so wie er IST. Und er KANN ja nichts
dafür.
I: Mhm, und hättest du eine Idee was man dagegen machen könnte?
V: Vielleicht irgendwie (2), na ja also man VERFOLGT die ja
schon irgendwie, keine Ahnung jetzt, also bis nach Hause, oder
so was. Ich habe keine Ahnung irgendwie. Vielleicht so- so was
EINbauen dass man so was nicht rein schreiben kann, vielleicht
so was.
```

Vanessa signalisiert sehr deutlich, inwiefern ihre eigene Medienpraxis absolut frei von der Rezeption gewalthaltiger Angebote ist. Ihre Schilderung bezieht sich daher nicht auf eine ihr selbst bekannte problematische Mediendarstellungen und eine diesbezügliche Abwehr, sondern rekurriert auf eine eigene grundsätzliche Haltung bzw. Perspektive. Zusätzlich attestiert sie sich sehr betont den eigenen Willen, auf die infrage stehenden Seiten gar nicht „drauf" gehen zu *wollen*. Deutlich wird daran eine Subjektvorstellung, in der die eigene Fähigkeit zur unbedingten Perspektivenübernahme mit einem Willen korreliert, nicht etwas zu tun, was einer Achtung sozialer Gleichheit bzw. Gleichwertigkeit widerspricht („JEDER Mensch ist halt so wie er ist"). Aufgrund dessen stellen entsprechende Angebote für sie eine Verletzung des Prinzips wechselseitiger Achtung dar, welches sie mit einiger Emphase artikuliert und das von seiner Intention her nicht zuletzt an die Programmatik der Integrationsbewegung erinnert, die sich ein Wort von Richard von Weizsäcker zu eigen gemacht hat: Dass es gewissermaßen „normal ist, verschieden zu sein" (vgl. Eberwein 2003).

Vor diesem Hintergrund reproduziert sich auch erneut Vanessas negativer Gegenhorizont, nämlich etwas zu tun, ohne die Effekte dieses Tuns bezüglich der Perspektive anderer Menschen zu reflektieren. Es geht ihr darum, sich gerade nicht einer Freiheit zu bedienen, die die Einzigartigkeit und Integrität des Anderen missachtet. Auf diese Weise attribuiert sie Medienbotschaften das Potenzial der Verletzung einer sozialen Würde, an der Medienangebote mit entsprechendem Inhalt direkt beteiligt sind. Medien modellieren demnach eine bestimmte Perspektivik auf andere, die nicht deren individueller Eigenheit entspricht.

Vor diesem Hintergrund stellt sich Vanessa vor, dass man entsprechend personenbezogen „die" nachhaltig „VERFOLGT" oder zumindest einen Mechanismus installiert, der die Veröffentlichung eines entsprechenden Gedankenguts verhindert. Es geht ihr hier um die direkte Erfahrbarkeit eines Sanktionsmechanismus bzw. eine spürbare Intervention, die in den privaten Nahraum hineinreicht, mithin um ein personales Geschehen, das Urheber persönlich adressiert und persönlich haftbar macht. Erneut evaluiert sie darin das in frage stehende Verhalten auf einer unmittelbaren Personenebene und stellt sich auf diese Weise vor, Medien und ihre sozialen Folgewirkungen auf dem Wege einer Fremdregulation zu erreichen.

Auch Carola verdeutlicht, inwiefern medienbezogenes Verhalten in eine soziale Beziehungsstruktur eingebettet ist, innerhalb der sich der Umgang mit Medien vor dem Hintergrund erzieherischer Beeinflussungsversuche entwickelt:

```
(50)
C: Ja, also jetzt im Moment eigentlich NICHT mehr so oft. Aber
sonst, eigentlich, so bestimmt so (2) paar Mal in der Woche.
Würde ich mal sagen. Ja also weil ich auch manchmal dann bei
meinem Vater bin. Also ich bin ja paar Mal in der Woche bei
meinem Vater im Moment. Entweder wenn ich ihn so besuche, also
wenn ich dann keine Playstation spiele, weil ich dann keine
Lust mehr habe ((lacht)), dann gehe ich meistens an den Compu-
ter.
I: Ach Playstation spielst du auch gerne?
C: Ja ((lacht)), oh ich liebe Playstation.
I: Bei dir zu Hause oder bei deinem Vater dann auch?
C: Bei meinem Vater. Meine Mutter erlaubt mir nicht, dann sagt
sie „ja dann spielst du zuviel", und so, und „ich kenn dich"
und so. Weil sie will mehr, dass ich mich in der Schule
anstrenge, und wenn ich dann noch Playstation noch spiele, dann
mach ich ja GAR nichts mehr. Dann sitze ich nur noch zu Hause
und spiele. Deswegen.
```

> I: Mhm. Aha, ja also man liest das ja ach manchmal in der Zeitung, weiß nicht ob du das schon mal gesehen hast- // C: Ja. // I: Dass so Jugendliche die so ganz viel am Computer sitzen, dass die so vereinsamen würden. Oder sogar süchtig werden. // C: Ja, ja. // I: Was meinst du denn dazu? // C: Ja, also okay so das glaube ich jetzt nicht, dass ich danach süchtig bin oder so. Aber, also ich spiele eigentlich so zu sagen regelmäßig. Wenn ich die ZEIT dazu habe, oder Langeweile habe oder so zu Hause, und nix zu tun habe, gehe ich fahre ich extra zu meinem Vater um Playstation zu spielen. Also das mach ich schon, also vielleicht bin ich's schon ((lacht)). Ich habe da so meine Lieblingsspiele und so, Tombraider und so.

Was Carola in dieser Passage schildert, sind im Prinzip soziale Bedingungsfaktoren, die ihren Medienumgang geformt haben und als eine soziale Praxis kennzeichnen: Ihr Medienverhalten hat sich im Vergleich zu früher deutlich reduziert, findet aber sonst mehrfach statt und ist an den Besuch bei ihrem Vater gekoppelt, da sie zuhause dem erzieherischen Einfluss der Mutter ausgesetzt ist, der zweifach zum Ausdruck kommt: Zum einen in dem Appell, es nicht zu übertreiben („dann spielst du zuviel"), zum anderen in dem Hinweis, sie wisse sehr genau über den Habitus von Carola Bescheid („ich kenn dich"). Darüberhinaus sieht sich Carola mit dem Anspruch konfrontiert, einer formalen Bildungsverpflichtung nachzukommen, deren Erfüllung das Spielen an der Playstation nicht nur entgegen zu stehen scheint, sondern sogar vollkommen aushebelt, weil sie dann „GAR" nichts mehr macht. Deutlich wird hier, wie sich in Carolas Orientierung ein medienbezogenes Verhalten in Abhängigkeit von erzieherischen Interventionen entwickelt, die es begleiten und versuchen, zu beeinflussen und zu reglementieren, was ihr auch sehr bewusst ist. Darin dokumentiert sich, wie Carola den Umgang mit Medien in Relation zu einer sozialen Perspektivenreziprozität darstellt, in dem sich generalisierte Medienwirkungen als ein Resultat von sich wechselseitigen Bedingungen darstellen. So schildert sie hier spiegelbildlich einen Modus, in dem auch Melanie (siehe unten) das Medienverhalten ihrer eigenen Kinder regulieren wollen würde, nämlich durch elterliches Aufpassen und elterliche Erziehungsversuche. Solchen erzieherischen Interventionsversuchen sieht sie sich Carola real ausgesetzt und diesen versucht sie aktiv zu entgehen, in dem sie sich auf den Weg zu ihrem Vater begibt, um dort ungestört und fern von einer intentionalen Medienerziehung ihre „Lieblingsspiele" zu spielen.

Eine Wertung ihres Verhaltens als Sucht erscheint ihr daher auch wenig bedeutsam. Vor allem sieht das in frage stehende Suchtverhalten als ein individuell verantwortetes und absichtsvolles Verhalten an, das sich nicht schicksalhaft gleichsam *ereignet* (wie etwa sich etwa im Fall von Zeynep zeigt) und auf das eine autoritäre Grenzsetzung erfolgt, der man sich – wie Zeynep – gehorsam zu fügen hat. Im Gegensatz dazu gibt Carola Ursachen in Form von sozialen Bedingungsfaktoren an, die ihr Medienverhalten als Resultat wechselseitiger Interaktionen einer Erziehungspraxis kenntlich machen. Dass sie Computer spielt, hat gewissermaßen *Gründe*, die in der Sphäre der bewussten Aushandlung eigener und fremder Perspektiven, das heißt in der sozial bedingten Herbeiführung bzw. Genese eines bestimmten Rezeptionsverhaltens, liegen. Somit ist Medienverhalten für Carola ein Phänomen, das in seiner Regulierung über eine Abhängigkeit von reziproken Perspektiven entwickelt und ausprägt. Eine Form der „Mediensucht", über deren möglicherweise Vorhandensein bei sich selbst sie sich belustigt entwickelt sich nicht einfach so, sondern entsteht, indem sie sich bewusst der Perspektive der Mutter und ihren erzieherischen Appellen *entzieht,* sich also gleichsam unerzogen verhält und ganz einfach einen anderen Ort aufsucht.

Bisher deutete sich an, wie Medien im Orientierungsrahmen reziprok vermittelter sozialer Beziehungen und Perspektiven bewertet werden, der darauf abzielt, welche soziale Wirkung Medienbotschaften auf die Interaktion zwischen Akteuren haben und welche sozial Beziehungen wiederum die Hinwendung zu Medienangeboten evozieren. Diese Sichtweise auf Medien und ihre Rezeption bzw. Wirkung zeigt sich auch da, wo Carola berichtet, sie habe während der Besuche im Internetcafe bereits mehrfach unfreiwillig mit pornographischen Inhalten im Netz zu tun gehabt:

```
(73)
C: (2) ((seufzt)) Ach es gibt da SO VIEL ((lacht)). Also
((lacht)) manchmal ist es auch blöde wenn man chatten geht oder
so, dann kommen manchmal so Sexseiten auch, also das ist voll
beschissen irgendwie. Also dann kommt man manchmal so schwer
RAUS aus den Seiten. Und dann denken die ich habe das extra ge-
macht, manchmal so, das ist voll bescheuert. Obwohl die Seiten
mich gar nicht interessieren.
```

Neben dem, dass sie das plötzliche Auftauchen pornographischer Internetseiten als ein instrumentelles Handlungsproblem wahrnimmt – man kommt „schwer RAUS aus den Seiten" – ärgert sich Carola darüber, dass sich auf diese Weise die Einstellung Anderer ihr gegenüber modifizieren, anders formuliert: dass sie auf diese Weise in eine Wahrnehmung anderer gerät, die objektiv nicht der Wirklichkeit entspricht. Was sie hier „voll bescheuert" findet ist, dass Andere *denken,* sie rezipiere Webseiten mit sexuellem Inhalt *absichtsvoll,* obwohl diese sie „gar nicht interessieren". Insofern kommt es hier zu einer Schieflage der wechselseitigen sozialen Perspektiven, die sie selbst in sozialen Misskredit bringt und sie bloßstellt – deswegen ist sie auch darum bemüht, die entsprechenden Seiten möglichst schnell „irgendwie WEG zu klicken" (75). Auch hieran dokumentiert sich, wie Carola vor allem die sozialen Folgeerscheinungen von Medienangeboten bzw. die soziale Einbettung ihrer Wirkung thematisiert.

Diese Orientierung lässt sich auch dort herausarbeiten, wo Carola die Informationsfreiheit des Internet als ein Phänomen beurteilt, das die Möglichkeit in sich birgt, dass anderen Schaden zugefügt wird. Was sie stört, ist, dass es aus ihrer Sicht offenbar Urheber von Medienangeboten gibt, die sich keine Gedanken über die Folgen ihres Handelns auf seiten der Nutzer machen:

```
(122)
C: Also okay, das finde ich NICHT so toll, wenn man jetzt
macht- so zum Beispiel so Sachen verbreitet oder so. Manche
sind ja auch so, die, das hat man ja jetzt auch wieder im Fern-
sehen gehört, die geben irgendeine SEITE an, und da steckt ein
Virus drin. Also wenn man dann auf diese Seiten geht, hat man
dann gleich das Problem, also das finde ich schon ein bisschen
(2) SCHEISSE. Weil manche Viren sind ja schwer rauszukriegen,
also wir HATTEN schon mal, so weit ich mich erinnern kann,
```

HATTEN wir schon mal ein Virus, aber den haben wir rausbekom-
men. Also der Freund von meinem Onkel hat den Virus dann ir-
gendwann mal rausbekommen, so weit ich mich erinnern kann. Ja.
I: Und das findest du nicht so gut, dass das so-
C: Nee, weil das ist ja, was soll denn das bringen? Also (2)
I: Mhm, na ja, warum macht man das? // C: Ja deswegen. //
I: Und wer das macht, hast du da eine Idee? // C: ((seufzt))
Weiß ich nicht. Kranke, würde ich dazu sagen, ja. Die Langewei-
le wahrscheinlich haben. Und nichts anderes zu tun haben.

An der Existenz von Viren enthaltenden Webseiten nimmt Carola – ähnlich zur obigen Passage – zunächst hauptsächlich deshalb Anstoß, da ihr durch das Aufrufen derartiger Seiten ein unmittelbares medienbezogenes Handlungsproblem erwächst, denn der Virus ist „schwer rauszukriegen". Hier erscheint also die Frage nach der ungehinderten Verbreitung von Medieninhalten ähnlich wie auch in den Fällen von Andreas und Olaf zunächst als eine technisch-strukturelle. Anders als die Jungen aber evaluiert Carola das Online-Stellen von schädigenden Inhalten viel stärker vor dem Hintergrund dessen, welche Folgen dies für sie *selbst* hat, zumal sie selber nicht genau weiß, wie sie (technisch) damit umzugehen hat, sondern der Hilfe anderer bedarf. Es ist ihr negativer Gegenhorizont, dass „die" (gemeint sind hier offensichtlich die Verantwortlichen von Viren-Seiten) sich aus Carola Sicht einer Freiheit bedienen, die diejenige ihrer eigenen Internetnutzung behindert, worunter sie selbst zu leiden hat, zumal sie auch – für eine Weile – handlungsunfähig gemacht wurde, solange nämlich, bis ein Bekannter den Virenbefall ihres Computers „irgendwann mal" behoben hat. So steht im Zentrum der sich hier andeutenden Orientierung eine Kritik, sich eine Schwierigkeit einzuhandeln, die ein Anderer bewusst bzw. willentlich verursacht hat. Die Frage nach der Verantwortung wird zu einer *personalen*, denn Carola sieht diejenigen digitalen Angriffe, derer sie selbst sich nicht erwehren kann, von realen Personen verursacht; deren Verhalten deutet sie als pathologisch, was hier einem Mangel an Handlungsalternativen entspricht, aus dem sozial dysfunktionales Handeln resultiert. Der Datenfluss des Internet wird hier als eine Sphäre intentionalen Handelns gedeutet, das eine Missachtung der Handlungssphäre anderer mit sich führt. Darin dokumentiert sich, inwiefern es Carola um ein aus ihrer Sicht offensichtlich nicht vorhandenes Bewusstsein von Medienanbietern für die Effekte geht, die daraus auf einer sozialen Handlungsebene resultieren.

Ein weiteres Dokument dieser Orientierung zeigt sich auch in Carolas Beurteilung von gewalthaltigen Inhalten im Netz. Woran sie sich abarbeitet, ist die von ihr wahrgenommene Tatsache, dass der Akt der Brutalität einer von ihr beschriebenen Mordszene bildlich veröffentlicht und dadurch zugänglich gemacht wird:

(130)
I: Es gibt ja auch viele andere Sachen im Internet, die so,
also so Gewalt-Seiten zum Beispiel. Was sagst du dazu?
C: Ja also (2) ja was soll ich dazu sagen, ja also? Puh
((seufzt)) ((lacht)) Na, also jetzt zum Beispiel, im Moment
hier mit so, die zeigen ja Seiten, also das war auch im Fernseher glaube ich, wo (2) die Araber oder so von so einem Japaner
jetzt richtig den Kopf abschlagen. Das finde ich auch ein bisschen krank, dass sie das auch noch in einer Internet-Seite zu
zeigen. Und wer sich DAS dann noch ansieht, vielleicht das dann

auch noch GUT findet. Also ich weiß auch nicht (2) Das ist so ein bisschen, also schon KRASS eigentlich. Dass die sich das trauen, im Internet zu zeigen. Außerdem, woher sollen die wissen wie die anderen Leute darauf reagieren? Also von daher.

Bei der von ihr geschilderten Szene handelt es sich aus Carolas Sicht offenbar um reale Geschehnisse, die hier gezeigt werden („richtig den Kopf abschlagen"). Darstellungen dieser Art sind, so meint sie, ohnehin bereits massenmedial im Umlauf („Fernseher") und von daher sehr präsent. Deshalb empfindet es Carola als „krank", dass etwas ohnehin Verbreitetes zusätzlich „auch noch" auf einer Internetseite erscheint, dass also, so lässt sich interpretieren, der Nutzer Gewalt auf *vielen* Kanälen bzw. *multimedial* angeboten bekommt. So kann die mediale Darstellung und Verbreitung von brutalen Inhalten für Carola die Konsequenz haben, dass dies auf Nutzer stößt, die Interesse an einer entsprechenden Rezeption haben. Problematisch erscheint ihr deshalb nicht nur die Existenz jemandes, der entsprechende Angebote rezipiert, sondern selbige auch noch für sich „GUT findet", also eine positive Haltung gegenüber dem Gesehenen einnimmt. Deutlich wird daran, dass es Carola eben nicht nur um den Rezeptionsakt als solchen geht, sondern vor allem auch um die *Einstellung*, die sich daraufhin verändert. Diesbezüglich äußert sie sich resignativ („ich weiß auch nicht"), gerade weil sie im Folgenden vor dem Hintergrund argumentiert, dass man eben nicht genau wissen kann, wie es um die Reaktion der Nutzer bezüglich der Rezeption bestellt ist.

Den Anbietern von Medienangeboten kann es aus ihrer Sicht überhaupt nicht gelingen, die Reaktion der Nutzer abzuschätzen; eine wechselseitige Perspektivenübernahme ist nicht möglich, um den Effekt der Medienangebote im Kopf der Nutzer überhaupt abzuwägen. Aus Sicht der Medienanbieter erscheint der Nutzer hier gerade nicht als eine Art *black box*, sondern als ein eigenlogisch reagierendes Subjekt, das die Angebote auf *seine* Weise deutet (und vielleicht eben auch positiv übernimmt bzw. gut findet). Gerade *weil* man darüber aber nichts weiß, erscheint ihr nicht nur der Akt des Zeigens „krass", weil es möglicherweise zu einer Perspektivenübernahme kommt, sondern auch der Umstand, dass sich von ihr nicht näher beschriebene Medienanbieter „sich das trauen". Wer sich etwas *traut*, geht ein Wagnis ein; er betritt unbekanntes Terrain, kann die Folgen seines Handelns nicht exakt vorausberechnen und nimmt Ungewissheiten in Kauf. Genau dies tun nach Carola die Medienanbieter. Sie wagen es, etwas Brutales zu zeigen, obwohl ihnen die Reaktion der Rezipienten ungewiss ist. Der Ausgang dieses Wagnisses ist völlig offen – man weiß nicht „wie die anderen Leute darauf reagieren". Eine Antizipation der Effekte des Zeigens kann nicht gelingen; anders formuliert: Reziprozität kann nicht gewährleistet werden. Damit erfolgt Carolas Bewertung von gewalthaltigen Inhalten homolog zu den von ihr beschriebenen Virenangriffen im Internet: sie artikuliert sich vor dem Hintergrund, was das Dargestellte bzw. Transportierte möglicherweise mit anderen *macht* bzw. welche Effekte es auf die Perspektive Anderer hat. Bezüglich Carola Medienbewertung zeigt sich hier: Ein problematisches Medienangebot ist vor allem deswegen problematisch, weil das Rezeptionsgeschehen insgesamt nicht so gestaltet ist, dass die Folgen der Rezeption *direkt* erfahrbar sind.

Deutlich wird allerdings auch ein Dilemma, das zeigt, wo die Grenzen dieser Orientierung liegen, die Carola auch bewusst sind. Denn im Prinzip müsste man bezüglich einer Änderung dieser Situation da anfangen, wo die jeweilige Quelle des Problems liegt und direkt dort einen Perspektivenwechsel herbeiführen. In diesem Sinne spielt Carola gedankenexperimentell einen Appell an die in ihrem Beispiel vorkommenden Aggressoren durch:

```
(132)
I: Und hast du eine Idee was man dagegen machen könnte?
C: Nee, ich denke mal man KANN ja nichts dagegen machen. Man ja
nicht da hin gehen, jetzt extra irgendwie nach Arabien fliegen,
und sagen jetzt „hört auf damit!". Nee, also was soll denn das
bringen? Krieg führen bringt auch nichts, also. (3)
```

Die Darstellung von Gewalt und Brutalität ist demnach deshalb so gut wie nicht zu verhindern, *weil* diese Verhinderung für Carola eigentlich über das Prinzip der direkten Perspektivübernahme erfolgen sollte, wobei sie sich vorstellt, diese mittels eines erzieherischen Appells in die Tat umzusetzen. Gleichzeitig ist ihr bewusst, dass dies praktisch gar nicht umsetzbar ist: Man kann die Verantwortlichen *nicht* direkt erziehen, denn man kann sich nicht direkt zu ihnen hinbegeben („nach Arabien fliegen") und mit ihnen in direkten kommunikativen Austausch treten, um auf sie einzuwirken, indem man ihnen die eigene Botschaft bzw. die eigene Sichtweise/Perspektive übermittelt („hört auf damit").

Was hier von Carola resignativ verneint wird, macht zugleich den Kern ihrer Orientierung aus: Eine Regulierung der Medienangebote erfolgt darin vor dem Hintergrund einer gemeinsamen kommunikativ geteilten sozialen Praxis. In dieses Muster ordnet sich auch Carolas pazifistisch konnotierter Schlusssatz ein („Krieg führen bringt auch nichts"), welcher anstelle des Ausübens von struktureller Gewalt eine personenbezogene Perspektivenreziprozität einfordert, die auf kommunikativem Wege als umsetzbar gedacht wird.

Auch im Fall von Melanie werden Medien eingespannt in eine Orientierung aus Erziehung, Perspektivenreziprozität und gemeinsamer Praxis bewertet. Für sie erklären sich negative Medienwirkungen dergestalt, dass ein vorhandenes Zeitbudget durch intensive Computerzeit nicht so aufgeteilt und genutzt wird, dass peergroupbezogene Aktivitäten überhaupt noch möglich sind.

```
(269)
M: Ja, also ich [stell-]
I: [Das] wird ja manchmal behauptet, was meinst du denn dazu?
M: Ich glaube, dass das SCHON so was gibt, dass die- // I: Ja?
// M: Ja, dass die dann, wenn die den GANZEN Tag nur IMMER am
Computer nach der Schule sitzen, den GANZEN Tag, dann ist doch
KLAR, dass die nicht so viele Freunde haben KÖNNEN, oder, die
sich nicht so viel mit DENEN beschäftigen, weil wenn sie nur an
dem Computer sitzen, dann ist ja so gesagt, der Computer von
denen der beste FREUND. Das ist nicht schön, das würde ich
MEINEN Kindern auch gar nicht erlauben. Die sollten schon RAUS
gehen, in die NATUR oder so, ja.
```

Das Resultat übermäßigen Medienverhaltens erscheint ihr logisch, einer mathematischen Gleichung ähnlich, mit der man die vorhandene Zeit und die darin stattfindenden Aktivitäten in eine Relation bringt. Indem sie sich also implizit gleichsam auszurechnen versucht, was mit Subjekten geschieht, die den „GANZEN TAG" am Computer verbringen, signalisiert sich ein positiver Gegenhorizont: Er besteht darin, sich in andere hineinzuversetzen und ihr Verhalten in Bezug auf soziale Effekte hin wahrzunehmen. Als negativer Gegenhorizont erscheint hier eine Tätigkeit, die, ähnlich wie im Fall von Vanessa, eine Beschäftigung mit anderen in Form einer sozialen Praxis vernachlässigt. Dieses Verhalten als negativ wertend wechselt sie dann in den Konjunktiv und imaginiert eine Situation, in welcher sie *selbst* in der Rolle einer Erziehungsberechtigten mit einem solchen maßlosen Verhalten konfrontiert wäre. Die *ihr* schutzbefohlenen und von ihr zu erziehenden eigenen Kinder würden das infrage stehende Verhalten demnach kaum ausbilden, da sie es ihnen nicht erlauben, in anderen Worten: gestatten bzw. ermöglichen würde, sich übermäßig viel mit dem Computer zu beschäftigen. Deutlich wird hieran, wie sich Melanie daran orientiert, das in frage stehende Verhalten mit gedanklichen Handlungsalternativen, in diesem Fall ihren *eigenen* erzieherischen Eingriffen, zu relationieren und in Wechselwirkung zueinander zu bringen.

Auch bei der Bearbeitung des Themas Amoklauf greift sie auf diese Orientierung zurück:

```
(284)
M: Ja, das ist AUCH schlimm, also, man sollte schon wissen-,
also ich finde es zum Beispiel SCHON gut, wenn die Eltern wis-
sen, auf was das Kind für SEITEN geht. Ich meine MAL ist es ja
erlaubt, so ´ne Ballerspiele zu spielen oder, aber wenn ich
MERKE, dass mein Kind ständig nur noch DAS spielt, dann würde
ich das meinem Kind auch nicht erlauben. Weil ich dann auch
denken würde, er lässt sich davon beeinflussen, oder, er kommt
auf dumme Gedanken oder so. Dann würde ich das mein Kind auch
nicht machen lassen.
I: Meinst du denn, das kann dazu führen, dass tatsächlich
jemand so [einen Amoklauf da-]
M: [Ja, zum Beispiel] vielleicht, wenn die das lustig finden,
es gibt ja so ´ne, die das lustig finden, wenn jemand erschos-
sen wird oder so, und sich da wirklich richtig hineinsteigern,
dann würde ich SCHON denken, ja dass manche das machen würden,
vielleicht, die auch nicht so ganz im Kopf sind. ((lacht)) (2)
I: Und was meinst du, sollte man das Spiel jetzt verbieten?
Oder-
M: Nein also, verbieten würde ich das NICHT, aber ich würde
halt auf mein Kind AUFPASSEN, auf was das für SEITEN geht.
Also, ICH bin auch der Meinung, die Eltern sind AUCH schuld,
weil die müssen das schon kontrollieren.
```

Die von ihr oben angesprochenen erzieherischen Interventionen sind hier damit verbunden, dass bereits frühzeitig Einblicke in die Medienpraxis des zu Erziehenden bestehen, das heißt *bevor* es überhaupt zu einem Eklat kommen kann. Dies gelingt für Melanie über ein „Wissen" über die Inhalte und Vorlieben des „Kindes" bezüglich der Medien. Auf diese Weise stellt sie wiederum eine *Perspektivenreziprozität* her, denn einerseits konzediert sie, *dass* das Kind über eine ausgebildete und ggf. stabile Medienpraxis verfügt, die andererseits also solche zunächst *nicht* angetastet oder erzieherisch überformt werden sollte, sondern über die man sich erst einmal grundlegend *informieren* müsse. Entscheidend ist hier, dass man voneinander *weiß*, dass also Einblicke in eine zu begleitende Medienpraxis bestehen. Dabei konzediert Melanie sogar, diese Medienpraxis dürfe auch Elemente enthalten, denen sie selber eigentlich ablehnend gegenüber steht („so 'ne Ballerspiele").

Die Rezeption gewalthaltiger Mediendarstellungen *per se* hält sie also für unproblematisch und würde ihn selber auch – in *Maßen* – billigen. Dieser Aspekt verhält sich spiegelbildlich zur Argumentation von Timo, der ebenso auf das Vorhandensein eines subjektiv verinnerlichten Regelmaßes abgestellt hatte, nur dass Melanie dieses hier quasi von *außen* – in ihrer imaginierten Mutterrolle – erzieherisch in ihr wiederum imaginiertes Kind hineinzuverlagern gedenkt. Wichtig ist ihr außerdem, dass ein Gewalt implizierendes Medienangebot die Medienpraxis weder dominieren noch zum alleinigen Gegenstand selbiger werden darf („nur noch DAS"). Es geht ihr also um eine Ausgewogenheit, an der für sie entscheidend ist, aus einer Fremdperspektive auch selber Anteil daran zu haben, indem der infrage stehenden Medienkonsum begleitet wird, um dann „merken" zu können, wann die normativ gewünschte Ausgewogenheit kippt. Erst in diesem Fall plädiert sie für einen reglementierenden Eingriff bzw. würde diesen selbst (als Mutter) vornehmen wollen. Eine erzieherische Intervention ist demnach für Melanie an das tatsächliche Vorhandensein einer als gefährlich wahrgenommenen Medienpraxis gekoppelt, deren Genese aus Sicht einer diese Praxis begleitende und sich darum sorgende Perspektive mitverfolgt wird und ihr insofern (rechtzeitig) bekannt ist.

Dass jemand so weit durch ein Computerspiel beeinflusst wird, dass es zum Ausagieren aggressiver Handlungen kommt, ist für Melanie „vielleicht" möglich, und zwar unter derjenigen Bedingung, dass jemandes subjektive positive Emotion in einen drastischen Gegensatz zu einem für sie zweifelsfrei brutalen Geschehen gerät (man es eben „lustig findet, wenn jemand erschossen wird") oder wenn das eigene Lusterleben sich sogar noch verstärkt – sich die Betrachter da nämlich „wirklich hineinsteigern". Worum es Melanie hier geht, ist, dass Haltung und Wahrnehmung des Subjekts mit dem Beobachteten in eine aus ihrer Sicht stimmige Passung gebracht wird – dass sich also, wie sich bereits oben andeutete, eine *Reziprozität der Perspektiven* ausbildet. Dieses Prinzip ist für Melanie offenkundig verfehlt, wenn sich jemand über die Tötung eines anderen Menschen belustigt; infolgedessen, jedoch *erst dann*, hält sie dann „SCHON" auch einen gewalttätigen Effekt eines „Ballerspiels" für denkbar.

Während ihr ein Verbot des entsprechenden Spiels nicht zielführend ist, orientiert sie sich auch weiterhin an Prinzipien von erzieherischer Fürsorge und Kontrolle. Eine etwaige medienbezogene Verhaltensregulierung bedarf daher weniger der Grenzsetzung als solcher, diese ist eher ultima ratio; viel eher geht es ihr um ein „Aufpassen" – was synonym gebraucht werden kann zu *darauf achtgeben* und *wachsam sein* – was sich für Vorstellungswelten und Bewertungsmuster sich beim Anderen infolge der Medienrezeption konstituieren. Damit validiert sich erneut ihre Orientierung am Prinzip der sozialen Perspektivenreziprozität: Fokussiert ist darin die Forderung nach einem Bewusstsein darüber, welche Gedankenwelten sich im Kopf des anderen ausbilden und das in Rechnung Stellen des eigenen Anteils daran. Damit konstituiert sie eine Vorstellung des Subjekts, nach der diesem die Gefahr des abweichenden Verhaltens inhärent ist, und das *deshalb* einer in sozialem Miteinander aufgehobener Fürsorge *und* der Beobachtung bedarf.

Eine möglicherweise negative Medienwirkung ist demnach in Melanies Orientierung kein individuelles Phänomen, sondern ein soziales, an welchem die alteritäre Perspektive mit „schuld" ist, wenn sie die Aufgabe verantwortungsvoller Begleitung *und* rechtzeitiger Intervention nicht wahrgenommen bzw. verfehlt hat. Ganz in diesem Sinne äußert sie auch sehr grundsätzlich und betont („ICH bin der Meinung"), dass eben nicht *nur* der Einzelne für sein Handeln verantwortlich zu machen sei, sondern dass es sich um ein gemeinsames Geschehen von Eltern und Kind handelt, aus dem heraus es sich entwickelt hat. Das infrage stehende Medienverhalten wird hier ein solches, das sich in sozialer Interaktion, einer gemeinsamen Praxis, zwischen Edukator und Edukandus generiert hat. Diese Praxis setzt sich nach Melanies Argumentation aus einem Wechselspiel zwischen Kontrolle und Erlaubnis zusammen.

Diesen Topos des *Erlaubens* reaktiviert Melanie auch, als es um die Frage der Internetfreiheit geht.

```
(245)
M: Na ja, mhm ich finde-, also ich WEISS ja nicht. Könnte ICH
jetzt zum Beispiel AUCH einfach was da rein machen oder so?
I: Na ja, du könntest dir z. B. ne eigene, eine Webseite ein-
richten.
M: Also das finde ich zum Beispiel doof. Also ICH würde das so
machen, die wirklich damit was zu TUN haben, die Ahnung davon
haben, und wirklich sich mit dem Thema beschäftigen. Ich würde
nur DIE das erlauben, zu machen. // I: Ach so, mhm. // M: Damit
auch nicht JEDER, der dann da irgend so ein doofes Zeug da rein
schreiben kann oder so.
```

Abgesehen davon, dass sich Melanie darüber wundert, dass die Möglichkeiten der Partizipation prinzipiell jedem Internetnutzer – und damit auch ihr – offen stehen, möchte sie bezüglich der Informationsfreiheit des Internet die Möglichkeiten des Veröffentlichens am liebsten exklusiv halten bzw. von ihrer Erlaubnis abhängig machen, dass sie im Prinzip vorher weiß, dass derjenige dann auch „Ahnung" von dem hat, was er tut, damit kein „doofes Zeug" in die Internetsphäre gelangt. Sie begründet dies im Folgenden mit dem Verweis auf die Existenz von mitunter benachteiligenden und herabwürdigenden Inhalten:

```
(251)
I: Ja. (2) Warum würdest du das nicht jedem erlauben?
M: Weil, ich meine (2), manchmal ist es auch diskriminierend,
oder halt es nicht SCHÖN, was die schreiben, und dann würde ich
wirklich nur DIE machen-, okay, man KANN zum Beispiel über
Stars doofe Sachen schreiben, aber das sollte schon in Grenzen
sein und nicht jetzt zum Beispiel dass kleine Kinder das lesen,
das ist NICHT schön.
```

Zwar findet es Melanie in Ordnung, wenn über „Stars" mitunter Positionen veröffentlicht würden, die sie „doof" findet, vor allem aber sorgt sie sich um eine mögliche Rezeption durch „kleine Kinder"; deshalb wünscht sie sich eine Reglementierung in gewissen „Grenzen", was einer Aufforderung entspricht, dass die anbietende Seite (also die Produzenten von fragwürdigen Inhalten) mögliche Verhaltensweisen auf Seiten der Nutzer reflektieren sollte. Es geht ihr demnach um die Forderung nach einer Art von Reglementierung, welche sich aus dem Bewusstsein für die Folgewirkungen auf Nutzerseite legitimiert.

Direkt auf die Existenz von gewaltverherrlichenden Darstellungen im Internet angesprochen wird wiederum deutlich, dass sie befürchtet, es könne bei der Rezeption von problematischen Inhalten zu einer Perspektivenübernahme kommen:

```
(258)
M: Ja, das ist NICHT schön. Aber ich GEHE auch nicht auf solche
Seiten, aber TROTZDEM, das sollte man-, deswegen meinte ich ja,
nicht JEDER sollte auf so eine Seite kommen.
I: Meinst du das ist, äh, warum sollen die Leute das da nicht
rein schreiben? Warum nicht?
M: Weil, manche Leute lassen sich davon beeinflussen. Und die
können halt nicht ihre EIGENE Meinung-, und wenn sie jetzt das
da LESEN, dann sagen sie das auch „ja ja klar, Nazis sind gut
oder so", obwohl die das gar nicht SIND. Die haben keine Ahnung
davon. Und ja, die sind wirklich schon- das ist nicht schön (2)
```

Sich vorstellend, dass aus der Rezeption entsprechender Angebote eine kritiklose Übernahme resultiert befürchtet sie hier manipulative Wirkungen der Medien, die sich in Form von Kognitionen auswirken und die Nutzer darüber quasi verblenden, vor allem dann, wenn diese eigentlich gar „keine Ahnung" von der Materie haben. Es geht ihr also um mögliche Einstellungen, die sich infolge der Rezeption beim Nutzer ausbilden können und an deren normativem Gehalt sie interessiert ist. Worum sie sich sorgt, ist wiederum ein möglicherweise stattfindender Perspektivenwechsel, der sich nach dem „LESEN" rechtsradikaler Webseiten bei „manchen Leuten" einstellt. Sichtbar wird auch in dieser Passage, wie Melanie über das Verhalten Anderer räsoniert, worin erneut deutlich wird, inwiefern sie ihre eigene Perspektive auf Medienangebote mit derjenigen anderer zu verschränken sucht. So wünscht sie sich etwa, dass eben „NICHT JEDER" auf Webseiten mit gewalthaltigem Inhalt kommen möge. Darin dokumentiert sich, wie sich Melanie an der negativen Beeinflussung der Gedankenwelt anderer durch die Übernahme einer aus ihrer Wahrnehmung heraus gesehen objektiv falschen Sichtweise abarbeitet („obwohl die das gar nicht sind"). Diese erzieherische Haltung den Medienangeboten *und* den Nutzern gegenüber erklärt sich somit erneut – analog zu oben – daraus, dass die Rezeption von Angeboten für Melanie eine fragwürdige Vorstellungswelt im Kopf des Nutzers entstehen lassen kann; eine Vorstellungswelt, die aus ihrer Sicht nicht mit einer von ihr angenommenen tatsächlichen Sichtweise übereinstimmt.

Anhand eines eigenen Erlebnisses erzählt sie daraufhin, warum sie die einfache, völlig voraussetzungslose Zugänglichkeit zu entsprechenden Angeboten für sehr problematisch hält:

```
(262)
M: Mhm (2). JA, es gibt eine Seite, die heißt genauso wie ICH
und das kotzt mich VOLL AN. ((lacht)) Also- warum GIBT'S so
was? (2)
I: Was ist das für eine Seite?
```

> M: Das ist auch da, so eine Frau, eine NACKTE Frau, und als wir
> im- noch ITG hatten, ja da hat so ein Junge aus meiner Klasse
> auch einfach so www und dann meinen Namen .de eingegeben. Da
> kam dann so eine Pornoseite, also das ist schon wieder-
> ((lacht)), das finde ich NICHT schön. // I: mhm // M: Mein
> NAME, ja ((lacht)).
> I: Ja, das finde ich auch nicht schön.
> M: Ja dann haben die halt so „Melanie, was machst DU denn da?"
> und so. Ja, das fand ich nicht so gut, also, so was finde ich
> nicht schön.

In der hier geschilderten Begebenheit liegt für Melanie eine drastische Grenzübertretung, die ihre Haltung verdeutlicht, dass Medienangebote die persönliche Integrität derart verletzen können, dass dies einer öffentlichen Bloßstellung gleichkommt.[182] In Wechselwirkung stehen hier die Existenz von Medienangeboten, eine umstandslose Nutzung selbiger und die daraus resultierende soziale Situation. In dem von ihr erzählten Beispiel bedienen sich z. B. ihre männlichen Mitschüler der Zugänglichkeit zu pornographischen Webinhalten, um sie gezielt zu demütigen. An diesem Verstoß gegen die Achtung ihrer Person und ihrer Würde stört Melanie vor allem, dass er aufgrund der Nicht-Reglementierung der Inhalte überhaupt realisierbar ist – man kann sie „einfach so" aufrufen. Darin dokumentiert sie erneut eine Orientierung, in deren Mittelpunkt die Sorge darum steht, welche sozialen Folgen ein unreflektierter und verantwortungsloser Umgang mit Medienangeboten haben kann.

Bezüglich der Medieninhalte ist entscheidend, dass der Umgang *anderer* mit diesen Inhalten zum zentralen Problem wird: So ist es nicht nur die *Existenz* pornographischen Seite bzw. die Möglichkeit, diese durch Eingabe ihres Eigennamens *einfach so* aufrufen zu können, woran Melanie sich abarbeitet, sondern vor allem auch die Situation, *dass* dies tatsächlich jemand *in ihrer Gegenwart* getan hat („Junge aus meiner Klasse") und sie auf diese Weise persönlich brüskiert. Damit bestätigt sich erneut, dass es Melanie um den (negativen) sozialen *Effekt* geht, der von einem Mediengebrauch ausgehen kann und sich beispielsweise, wie hier geschildert, in einem sozialen Geschehen äußert, das sich als Verletzung der Würde ausprägt. Was hier den Kern von Melanies Erfahrung ausmacht ist nämlich, dass das Eingeben der Sexseite erfahrbar wird – und zwar dergestalt, dass die anderen aus der Klasse daraus noch ein – aus Sicht der Jungen offenkundig lustiges – Ereignis machen („was machst du denn da?"). Erst dadurch fühlt sie sich bloßgestellt. Was sich aus Sicht von Melanie demnach abgespielt hat, ist das Erleben einer beschädigten sozialen Praxis. Vor diesem Hintergrund konturiert sich auch erneut ihr negativer Gegenhorizont, dass nämlich jemand ein Medienangebot so wahrnimmt, deutet und zum Anlass seines Handelns nimmt, dass eine *andere* Person – in diesem Fall sie selbst – darunter zu leiden hat. Insofern sind innerhalb von Melanies Orientierung auch nicht die Medien als solche das hauptsächliche Problem oder das eigentliche Thema, sondern die soziale Praxis, in der bestimmte soziale Effekte infolge des Umgangs mit Medien auftreten.

---

[182] Im Juli 2009 erreichte man unter der von Melanie genannten Webadresse ein deutschsprachiges Internetangebot mit pornographischen Inhalten.

6.2.4 Anpassung, Disziplinierung und Schutz

Zur Rekonstruktion der bezüglich der Medienbewertung zutage tretenden Orientierungen der Mädchen mit türkischem Migrationshintergrund wird zuerst auf Sunay eingegangen. Die ihr Bewertungsmuster konstituierenden Merkmale lassen sich zunächst an einer Passage nachzeichnen, in der sie sich allgemein zu Medien positioniert. Dabei handelt es sich um eine Textstelle, die vordergründig Ähnlichkeiten zum Fall von Olaf aufweist, da auch hier das Verhältnis von Mediennutzung und Schule angesprochen wird. Bei näherem Hinsehen entpuppt sich Sunays Schilderung jedoch als fundamental verschieden:

```
(275)
S: Also, jetzt in der Schulzeit, habe ich eigentlich weniger
was mit dem Computer zu tun. Weil, dann bin ich auch wirklich
beschäftigt mit meinen Hausaufgaben. Und die muss man ja meis-
tens dann zum nächsten Tag anfertigen. Und dann, ja, muss man
halt noch so ein bisschen die anderen Sachen machen, so Sachen
packen. Und dann ist es auch gleich schon spät, weil man macht
zwischendurch ja auch sehr oft Pausen. Und man isst zum Bei-
spiel was oder so, und dann geht die Zeit halt AUCH schon
schnell rum. Aber sonst, na ja dann gucke ich auf die Uhr, dann
ist es schon neun Uhr, dann muss man halt noch schnell was ma-
chen. Und wenn ich dann fertig bin, dann gehe ich auch schla-
fen. Also, so, damit ich am nächsten morgen nicht so müde auf-
wache ((lacht)). Damit ich nicht so fertig in der Schule bin.
```

Sunay schildert hier durchgehend ein Verhalten, das davon geprägt ist, sich um die Erfüllung schulischer Verpflichtungen zu kümmern. Im positiven Gegenhorizont steht hier, den eigenen Alltag so zu gestalten, dass das eigene Funktionieren als Schüler, und damit einer rollengemäßen Verhaltensnorm, nicht gefährdet ist. Eine Beschäftigung mit dem Computer, so vermittelt sie, hält im Prinzip davon ab, die Anforderungen richtig zu erledigen: Es gibt viel zu tun, Hausaufgaben müssen zeitnah und pünktlich ausgeführt werden; insgesamt gesehen ist die Zeit knapp – sie geht „schon schnell rum", in anderen Worten: Es gilt, sein eigenes Zeitbudget richtig zu nutzen und keine Zeit – ähnlich ihrer Aussage in einer späteren Passage – sinnlos zu vergeuden. Selbst der Schlafrhythmus ist mit der Anpassung an die Wahrnehmung einer Verpflichtung synchronisiert.

Übergreifend fügt sich Sunay einer Konvention und den dadurch gesetzten Grenzziehungen. Sie will morgens ausgeschlafen und fit sein, worin sich dokumentiert, sich im Hinblick auf eine Verpflichtung so anzupassen, indem man sich gleichsam vernünftig und konform verhält. In Bezug auf die Positionierung zu Medien und damit deren Bewertung bedeutet das: Nicht die *Schule* hält davon ab, sich mit den *Medien* zu beschäftigen (wie bei Olaf), sondern die *Medien* halten davon ab, sich mit der *Schule* zu beschäftigen. Der Computer erscheint hier wie eine Störquelle bezüglich der funktionalen Anpassung an Erfordernisse. Deshalb ist hier auch eine Beschäftigung mit ihm in der"Schulzeit" Anderem klar nachgeordnet, weil „wirklich" Wichtigeres auf der Agenda steht. Deutlich wird hier ein negativer Gegenhorizont, der sich auf ein Verhalten bezieht, das der Anpassung an externe Vorgaben bzw. ihrer Erfüllung zuwider läuft. Im positiven Horizont steht, das eigene Verhalten im Interesse des Nicht-Abweichens an Vorgaben auszurichten.

Im Rückgriff auf diese Orientierung bearbeitet Sunay auch die Frage, inwiefern eine Mediennutzung möglicherweise zu Vereinsamung oder sogar Sucht führen könne:

```
(199)
S: Na ja, es gibt halt diese Leute, klar. Auch in meiner Klas-
se, die halt wirklich fast den GANZEN Tag im Internet sind, und
dann statt irgendwie, wenn draußen schönes Wetter ist irgendwie
rauszugehen, vergeuden die ihre Zeit im Internet. Und gucken
sich irgendwelchen Quatsch an. Und ich finde das lächerlich.
Weil, erstens ist es so, die ELTERN müssen das ja bezahlen und
nicht sie SELBER. Und deswegen ist das ja halt auch schon
manchmal wirklich krass.
I: Wie ist denn das bei Euch mit dem bezahlen, wer macht denn
[das?]
S: [Meine] Eltern, meine Mutter. Die machen das, also wir müs-
sen da nichts beisteuern.
I: Okay, also du meinst das könnte schon eine Gefahr sein? So,
also ein dauerndes Davor-Sitzen?
S: Na ja, ich weiß nicht, ich find das halt nicht- entweder man
schmeißt seine Zeit weg, wenn man halt WIRKLICH nix besseres zu
tun hat. Man kann aber auch dann irgendwas ANDERES machen, so
Hausaufgaben irgendwie, wenn man was zu erledigen hat, oder im
Haushalt mithelfen und so. Und ich finde auch, also die Eltern
die SOWAS wirklich auch erlauben, die sollten mal aufpassen was
sie machen. Weil, ich finde das nicht gut, also-
I: Und wie ist das, in deiner Klasse sind da jetzt auch welche,
die-
S: Ja, also die ERZÄHLEN das halt so, aber ich weiß nicht genau
ob das jetzt der Wirklichkeit entspricht. Aber einige, die
sagen dann so „ja, ich war gestern mal wieder VOLL LANGE im
Internet" und so. Und dann frage ich mich, was MACHEN die denn
da so lange? Ich meine, als ob die nichts Besseres zu tun ha-
ben? Weil, wir kriegen ja auch viele Hausaufgaben manchmal auf.
Und dann machen die wahrscheinlich ihre Hausaufgaben nicht mal
richtig und so.
I: Und warum sind die da so lange drin, was meinst du?
S: Ich weiß nicht ((lacht)), keine Ahnung. Die chatten be-
stimmt, also ich weiß nicht. Ich finde das dann auch schon wie-
der irgendwie ängstlich wenn man SO LANGE im Internet ist.
```

Bezüglich des infrage stehenden Medienverhaltens geht Sunay auf abweisende Distanz („diese Leute"), obwohl sie entsprechende Personen auch aus ihrem direkten Umfeld kennt („meiner Klasse"), diese hier aber nicht als Mitschüler bezeichnet, sondern viel eher als aus einer in diesem Kontext normalen Rolle fallend. Darin vermittelt sich eine scharfe Ablehnung des hier verhandelten Themas eines abweichenden bzw. problematischen Verhaltens. Dies stellt sich ihr so dar, dass in dem Fall, dass sehr viel Zeit online verbracht wird, diese „vergeudet" werde, was metaphorisch Bedeutungen von „verprassen" und „verjubeln" transportiert. Jemand, der so handelt, verhält sich verschwenderisch, unverhältnismäßig und maßlos, zumal der Inhalt der Beschäftigung für Sunay jeglichen Sinns entleert ist und den sie als grotesk empfindet.

Damit wird ein Bestandteil ihres negativen Gegenhorizontes sichtbar, nämlich sich über Gebühr mit etwas zu beschäftigen, was keinen Wert hat. Sie begründet ihre Haltung mit einer finanziellen Belastung, welche durch langes Surfen der Kinder auf seiten der Eltern verursacht. Zum Ausdruck kommt hier eine Abwehr von solchen Verhaltensweisen, mit welchen die Erziehungsberechtigten als eine natürlich gegebene Autorität gleichsam zum Zweck des eigenen Vergnügens ausgenutzt werden. Insofern orientiert sich Sunay an einer Dyade aus persönlicher Verschwendung und Missachtung elterlicher Autorität. Hier zeigt sich im Übrigen ein Zusammenhang zu ihrer an anderer Stelle gemachten Aussage, die Quantität ihrer eigenen Chatpraxis habe sich infolge einer verbalen Zurechtweisung durch die Mutter reduziert („früher hat meine Mutter mich dann abends dann schon manchmal angeschrien ‚ja geh' jetzt raus!' und so, ‚was machst du denn da so lange'", 81).

Dass sich übermäßiges Medienverhalten überhaupt ausprägen kann, liegt für Sunay daran, dass man seine Zeit „wegschmeißt", diese also im Prinzip wie etwas Unwertes bzw. wie Müll behandelt, dessen man sich entledigt, wenn man real über keine anderen Handlungsalternativen verfügt. Dem gegenüber stehen für sie aber sehr wohl Möglichkeiten, seine Lebenszeit in die Hand zu nehmen, welche sie zweifach artikuliert: zum einen in der Erfüllung schulischer Bildungsansprüche, und damit der Anerkennung einer institutionellen Verpflichtung, derer man sich bewußt sein sollte („Hausaufgaben"); zum anderen in der Unterstützung häuslich-familiärer Strukturen bzw. eines sich darin Einbringens und Betätigens („im Haushalt mithelfen"). Dass diese beiden Handlungsoptionen – deren Gemeinsamkeit darin besteht, dass es sich um eine Unterordnung unter fremdgesetzte Verpflichtungen handelt – *nicht* wahrgenommen werden, liegt für Sunay vorrangig an den Eltern, die diese Situation überhaupt erst zugelassen haben. Sie handeln verwerflich, weswegen sie von Sunay vorwurfsvoll daran erinnert werden, einmal „aufzupassen", *wie* sie handeln.

Das infrage stehende (Medien-)Verhalten ist für sie demnach weniger eine individuelle Fehlleistung des Subjekts als vielmehr einerseits durch die Erziehungsberechtigten und deren Verhalten hervorgerufen bzw. verantwortet. Andererseits erklärt sie die Genese durch eine fehlgeschlagene Anpassung des Verhaltens an externe Erfordernisse und Verpflichtungen. Als verabscheuungswürdig empfindet sie daher auch ein solches Verhalten, das sogar noch damit prahlt, genau diese Anpassungsleistung nicht erbracht zu haben und sich in selbstgefälliger Angeberei noch damit brüstet, mal wieder „VOLL LANGE" im Internet gewesen zu sein, obwohl doch andere Verpflichtungen bestanden, die hätten erledigt werden müssen und deren Erfüllung somit verletzt wurden. Sie kann kaum nachvollziehen, was den Reiz ausmacht, sich gerade diesen Verpflichtungen entzogen zu haben, vielmehr relationiert sie das infrage stehenden Verhalten in Bezug auf eine Abweichung, dessen Aktualisierung sie sogar „ängstlich" macht. Dass sie von Angst spricht, deutet implizit an, dass sie es als Bedrohung empfindet, wenn ein Handlungsmodus der Einordnung in ein Schema von Disziplineinhaltung angesichts einer strikt asymmetrischen Eltern-Kind-Konstellation in Form einer maßlosen Hingabe an ein Mediengeschehen infragegestellt wird.

Dass es Sunay um einen Verhinderungsmechanismus zur medienbezogenen Verhaltensregulierung geht, reproduziert sich auch in der Passage zur Freiheit von Internetdarstellungen:

(209)
S: ((seufzt)) Also ich finde das ganz unterschiedlich. Aber, na
ja also wenn es WIRKLICH jetzt was Kreatives ist, oder wenn es
was Sinnvolles ist dann ist es okay. Aber wenn es halt nur dummes Gespött oder so ist, dann finde ich das halt negativ. Weil,
ich weiß nicht, na ja Internet ist doch eigentlich auch dazu da
um was zu lernen. Meistens, also wenn es zum Beispiel um das
schulische geht. Und wenn die da so irgendeinen Quatsch reinpa-
cken, dann wird man, für Kinder halt, wirklich so zurückgeblieben ((lacht)), sage ich mal so. Und manche drucken das halt
wirklich aus, und dann kriegen sie in der Schule eine schlechte
Zensur dafür. Und ich weiß nicht, also man sollte schon NACH-
denken, was man ins Internet wirklich so alles reinstellt.

In Ordnung sind für Sunay Inhalte, die tatsächlich schöpferischen Charakter haben oder bestimmten Sinn haben. Dem gegenüber stehen für sie unnütze Formen der Kommunikation („dummes Gespött"). Das Internet darauf verpflichtend, eigentlich als ein Medium des Lernens wahrgenommen zu werden möchte sie dessen Nutzen hauptsächlich auf die Erfüllung schulischer Ansprüche eingeschränkt sehen. Füllten unpersönliche Andere das Internet jedoch mit diffusen und sinnlosen Inhalten füllen führt dies ihrer Erklärung zufolge zur Einschränkung der geistigen Entwicklung – man bleibt „so zurückgeblieben". Dies ist für Sunay verwerflich, weil es ein Versäumnis der Medienproduzenten darstellt, ein Informationsangebot zu präsentieren, das geradezu dazu führen muss, dass infolge einer Rezeption Verstöße der Nutzer gegen die ihrer Ansicht zu erfüllenden externen Anforderungen (hier: in der Schule gut bewertet zu werden) überhaupt zugelassen werden.

Hierin liegt Äquivalenz zur vorigen Passage, in der sie Eltern vorwarf, durch ein Versäumnis, Kinder nicht rechtzeitig zu verpflichten, sich ihnen unterzuordnen (indem sie an Verbindlichkeiten erinnert und gebunden werden), gegen ihre Normalvorstellung einer Verhaltensregulierung verstoßen zu haben. Darin dokumentiert sich folgende Analogie: Durch das diffuse Medienangebot im Internet und seine Rezeption kann der eigentliche Entwicklungspfad des Nutzers, hinter dem er als Subjekt gerade nicht „zurückbleiben" sollte, in seiner Naturwüchsigkeit gestört werden, was – etwas salopp formuliert – dem Modell einer Pflanze ähnelt, über der sich saurer Regen ergießt: Diese nimmt dann gewissermaßen einen schlechten Entwicklungspfad, indem sie den sauren Regen aufnimmt und infolgedessen nicht mehr einer Idealvorstellung entspricht, wie sie eigentlich sein sollte.

Übertragen auf die informationelle oder Medienumwelt bedeutet das, dass das Internet für Sunay eigentlich von schädlichen Inhalten frei bzw. rein gehalten werden sollte, da sonst ein Hineinwachsen in solche Verhaltensnormen tendenziell verhindert wird, die sie in Abhängigkeit zu sozialen Verpflichtungen entwirft. Das Subjekt erscheint hier als überaus anfällig für die Rezeption und weiterführende Nutzung aller möglicher Inhalte („manche drucken sich das wirklich aus") – deshalb sollte den Nutzern gar nicht erst die Möglichkeiten dazu gegeben werden, zumal sie in dem Fall, dass sie ungehindert Medienangebote nutzen, bezüglich einer rollenförmigen Verpflichtung letztlich schlecht da stehen („kriegen sie in der Schule eine schlechte Zensur dafür"). Es gilt aus Sunays Sicht also, den (vor allem kindlichen) Rezipienten zu schützen, dass er sich nicht einfach so der zur Verfügung gestellten Inhalte bedient bzw. bedienen kann und sich infol-

gedessen auf eine Weise entwickelt, die nicht einem Hineinwachsen in eine Rollenmodell entspricht, das sich vorrangig durch die Übernahme von Verpflichtungen auszeichnet.
Ihre Bewertung des von ihr oben so ambivalent beurteilten Informationsflow führt sie auf Nachfrage weiter aus:

```
(211)
I: Mhm, was ist denn so Quatsch für dich im Internet? Was wür-
dest du denn da sagen?
S: Keine Ahnung, ich weiß nicht, so, ich habe nur mal einfach
so geguckt, und dann war da irgendwie George Bush, der irgend-
wie so was geredet hat, was richtig schwachsinnig ist, oder
Saddam Hussein. Ja, der sich dann darüber freut dass er irgend-
wie die World Trade Center irgendwie eingekracht hat. Und dann
machen die da so zwei World Trade Center, und dann so im Hin-
tergrund so „Ha ha ha". Und ich finde so was richtig schwach-
sinnig. Man muss ja auch mal bedenken, wie viele Leute da ums
Leben gekommen sind. Und das ist- finde ich nicht zu spaßen.
```

„Quatsch" findet man demnach bereits dann, wenn man sich kurz und unverbindlich ins Internet begibt: Die von Sunay angeschaute Darstellung im Internet in Form der beiden politischen Akteure ist für sie „schwachsinnig": Bush habe irgendetwas Diffuses von sich gegeben, Hussein sich über den Angriff bzw. die Zerstörung des World Trade Centers amüsiert. Interessanterweise arbeitet sich Sunay aber nicht etwa an einer Bewertung der beiden inhaltlichen Positionen ab – beide sind gewissermaßen gleich „schwachsinnig", sondern an der Darstellung in ihrer Existenz als solcher. Es scheint ihr dabei viel weniger um eine z. B. moralisch konnotierte Bewertung der Darstellung zu gehen oder um die Frage, welche Spuren die Rezeption dieser Darstellung in Bezug auf mögliche Einstellungen oder Wahrnehmungen der Nutzer hinterlassen oder eine irgendwie gearte-te Vorstellungswelt bei ihnen entstehen lässt, die sozial problematische Folgewirkungen nach sich ziehen kann (etwa wie bei Vanessa oder Melanie). Viel eher geht es ihr um deren Gesamtbewertung als negativ. Woran Sunay ganz offensichtlich Anstoß nimmt, ist, dass man hier etwas auf eine Weise zeigt, die an dem wesenhaften Realismus des Geschehens aus ihrer Sicht völlig vorbeizugehen scheint. Denn der eigentliche Tatbe-stand des Attentats vom 09. September liegt darin, dass dort „viele Leute da ums Leben gekommen sind", und mit diesem Tatbestand ist „nicht zu spaßen". Dies wiederum lässt sich als ein Plädoyer dafür interpretieren, dass es keine andere Sichtweise auf dieses Geschehen geben sollte – auch keine satirische (wie man bezüglich ihrer Darstellung der von ihr beobachteten Szene vermuten könnte) – als eine solche, die den vermeint-lich *wahren* Kerngegenstand thematisiert.

Medien präsentieren dabei Inhalte auf eine Weise, das nicht einem Abbild der Wirk-lichkeit entspricht – somit geht das hier infragestehende Medienangebot an dem vorbei, wie es eigentlich sein sollte. Die von Sunay geschilderte Szene hat eine ganz eigene Sichtweise transportiert und damit etwas verfremdet. Indes befürchtet Sunay nicht, es könne zu einer Perspektivenübernahme kommen, etwa durch Rezipienten, die sich über etwas derart in Szene gesetztes amüsieren, sondern der Akt der medialen Darstellung als solcher ist für sie anstößig, weil er etwas anderes vermittelt als dasjenige Phänomen, um das es eigentlich geht. Die Rezeption solcher Angebote führt den Nutzer damit von einem vermeintlich richtigen Blick auf die Dinge weg, denn er bekommt eine Bilderwelt zu sehen, die an der eigentlichen Bedeutung der Dinge vorbeigeht. So erscheinen Medien als Instanz, der das Potential innewohnt, Lügen über die reale Welt zu verbreiten, was Sunay an anderer Stelle im Interview auch explizit ausdrückt; beispielsweise ärgert sie die Berichterstattung über von ihr hochgeschätzte Musiker wie etwa „Jennifer Lopez", die „ja jetzt auch verheiratet" (250) ist und über die zwar „kaum noch was" kommt, aber wenn, „dann ist das sowieso meistens eine Lüge" (250).

Während Mediendarstellungen mitunter den wahren Gehalt eines Sachverhalts verfehlen, besteht für Sunay das *Gegenteil* davon in solchen Medienangeboten, die ihr eine direkte Relation von Dargestelltem und Inhalt vermitteln:

```
(213)
S: (2) Ja, also es gibt ja so einzelne Läden, die auch eine
eigene Website haben. Jetzt zum Beispiel Esprit oder so. Da
kann man dann ja auch gucken was die so alles neu haben. Und
dann muss man nicht unbedingt extra da hin. Wenn einem wirklich
was sehr gut gefällt, dann läuft man da einfach hin und fragt
ob sie diese oder diese Ware haben, schreibt man sich die Num-
mer auf, und dann HOLT man sich das. Muss man nicht unbedingt
jetzt zum Kuhdamm oder so laufen, so extra. DAS ist halt was
Positives. Oder Deichmann hat ja auch eine Seite, und da kann
man sich die Schuhe angucken, man kann sich das da glaube ich
auch zuschicken lassen. Und das finde ich eigentlich GUT so,
aber, ja.
```

Was ihr nach dieser Passage gefällt, sind Möglichkeiten der Nutzung eines Warenangebots bzw. die einfache Zugänglichkeit dazu; hierüber vereinfachen sich das Anschauen und der Konsum und stellt sich eine Erleichterung des Alltags ein. Vor allem geht es hier um den direkten Zusammenhang zwischen Darstellung und objektiver Dingrealität, auf die man sich nach dem Prinzip des what you see is what you get verlassen kann. „Positiv" sind ihr demnach Medienangebote, die den Nutzer in direkten Kontakt zu den Dingen bringen, wobei sozusagen eine Eins-zu-Eins-Übersetzung gewährleistet ist, die sich zudem auf Inhalte bezieht, die – wie Bekleidung und Schuhe – harmlos sind, weil sie einen täglichen Gebrauchswert haben. Der Wert bzw. Unwert eines Medienangebotes wird hier also nicht, wie z. B. von Vanessa, vor dem Hintergrund dessen bewertet, inwiefern eine Anregung des Nutzers entsteht, die möglicherweise seine Wahrnehmungen, Einstellungen und Verhaltensweisen prägt, sondern daran, inwiefern der Nutzer nicht belogen, sondern stattdessen gewissermaßen *reell* informiert wird.

Das Interview wird daraufhin nochmals auf die Existenz von Gewaltdarstellungen gelenkt. Deren negative Bewertung dokumentiert erneut Sunays subjektive Entwicklungstheorie, die an die obige Passage zur Füllung des Internet mit „irgendeinem Quatsch" erinnert:

```
(215)
S: So Gewaltseiten. Ich find das nicht gut. Weil, zum Beispiel,
wenn jetzt mal meine kleine Schwester irgendwie aus VERSEHEN da
ran geht, und dann sieht sie wie da jemand zusammengeschlagen
wird, das finde ich halt SCHLIMM. Weil, die kleinen Kinder neh-
men ja so was schnell auf, weil die sind ja gerade in der Lern-
```

```
phase wo die so viel lernen. Und das ist dann SCHON SCHLIMM
wenn man so was zeigt. Und man soll ja auch (2), na ja also ich
finde so was sollte man irgendwie verbieten, weil, und das
sollte auch bestraft werden. Ja, und dann so Kazaa und so
gibt's ja auch, das ist ja auch (???). Also ich weiß nicht. Ich
finde das schwachsinnig. // I: Was ist das noch mal? // S: Das
ist so eine, also da kann man Lieder downloaden. Aber ist ja
verboten. ich weiß nicht, also das sollte schon bestraft wer-
den, wenn man weiß wer das ist und so. Da sollte schon mehr
darüber getan werden.
```

Ihre Verurteilung von Gewaltdarstellungen exemplifiziert Sunay mit Bezug auf ihre Schwester, die sie als Beispiel für die mögliche Gefährdung von Entwicklung durch die ungehinderte Rezeption entsprechender Angebote anführt. Darin deutet sich an, dass Entwicklung für Sunay in Form der ungefilterten Aufnahme von Informationen aus einer (Medien-)Umwelt prozessiert, bei der das Subjekt – wiederum analog zu oben – auf keinen Fall gestört werden darf: Deshalb evaluiert sie auch das imaginierte Verhalten ihrer kleinen Schwester, sollte diese einmal aus „VERSEHEN" an derartige Inhalte „ran gehen" als überaus desaströs.

Sunays subjektive Entwicklungstheorie trägt hier Züge einer bewahrpädagogischen Haltung: Sieht das sich in Entwicklung befindliche Subjekt eine Gewaltdarstellung, ist dies für Sunay folgerichtig „GANZ SCHLIMM". Sie wähnt, es würde in einem solchen Fall zu einer sofortigen, direkten und linearen Aufnahme des Gesehenen kommen. Wozu es nach Sunays Befürchtung offensichtlich kommt, ist die *Zerstörung eines kindgerechten Weltbildes*, womit hier ein Bewertungsmusters vorliegt, das auch Meister et al. (2008: 63) bei der Argumentation von Jugendlichen bezüglich der Wirkung medialer Gewalt rekonstruieren konnten.

Für Sunay ist überdies charakteristisch, dass es nach ihrer Erklärungstheorie weniger darum zu gehen hat, „Kindern" Einsicht zu vermitteln bzw. nachträglich und auf erzieherischem Wege an ihren inneren Vorstellungen anzusetzen; erforderlich ist vielmehr, sie unbedingt vor entsprechenden Darstellungswelten zu beschützen bzw. die Bilderwelt als solche zu verbieten und die Medienproduzenten als Urheber mit einer Strafe zu belegen. In diese Forderung nach einer Sanktionierung bzw. Disziplinierung der Medienproduzenten bezieht sie sogar nicht nur die vorher angesprochenen Gewaltdarstellungen ein, sondern weitet sie auch auf Anbieter von Musikdownloads aus. Darin zeigt sich erneut, wie deutlich sich Sunays Orientierung an einem Mediennutzer abarbeitet, der aus ihrer Sicht *Schaden* an einem ungehinderten Zugang *zu* und der Nutzung *von* Inhalten solcher Art nehmen kann, die nicht sachbezogen sind oder mit der Erfüllung eines für ihn sinnvoll gedachten Ziels in direktem Zusammenhang stehen.

Darin dokumentiert sich wiederum eine Orientierung am Prinzip der Fremdregulierung durch Disziplinierung: Anders als etwa bei Vanessa, Melanie und Carola geht es Sunay nicht vorrangig darum, über eine Einsicht in die Kognition des Anderen, indem z. B. seine Bilderwelten im Kopf begleitet oder erzieherisch kontrolliert werden sollten, Entwicklung zu begleiten, sondern seine Entwicklung, die für Sunay nach einer Art innerem Bauplan abläuft, nicht zu stören oder irre zu leiten. Wichtig dafür erscheint eine Disziplinierung der strukturellen Medienumwelt und ihrer Angebote, welche es dem Subjekt ermöglicht hat, sich abweichend zu entwickeln.

Ein dem bisherigen vergleichbarer Orientierungsrahmen zeigt sich im Fall von Zeynep. Während sie sich zur Frage der Informationsfreiheit des Internet nicht äußern mochte, enthält das Interview mit ihr eine geschlossen Episode, die die Beziehung zwischen Medien bzw. ihrer Wirkungen und dem Verhalten des Nutzers thematisiert.

Interessant ist zunächst, dass sie sofort ins Thema einsteigt, indem sie mich unterbricht und damit eine hohe subjektive Anschlussfähigkeit durch eine selbst gemachte Erfahrung des Erlebens bzw. Bewältigens einer medienbezogenen Verhaltensproblematik verdeutlicht:

```
(170)
I: Ich weiß nicht ob du das schon mal gehört hast, so, aber das
steht ja manchmal in der Zeitung, oder dass die sogar süchtig
[werden] // Z: [JA JA] // I: Wenn sie ganz viel am Computer
sind. Was meinst du denn dazu?
Z: Ich war früher- total süchtig- // I: Ach. // Z: = also RICH-
TIG süchtig, also ich konnte mich gar nicht mehr, also
davon lassen halt. UNBEDINGT Computer, UNBEDINGT. Ich habe dann
die Schule dann, ich habe mich gar nicht mehr für die Schule
konzentriert und so. Nur Chatten und am Computer sitzen und so.
Und dann, ich wollte auch keine Freunde haben. Computer hat mir
schon gereicht, Computer war mein bester Freund und so. Ja, und
danach halt hat mein Vater mit mir geredet. Hat mir auch nicht
so geholfen. Danach hat mein Onkel mit mir geredet, den ich
auch sehr mag, und WENN er mir was sagt und wenn er mich halt
dafür auch anbrüllt, dann- das verletzt mich richtig. Seine
Wörter. Und er hat dann halt mit mir geredet, er meinte dann so
„ja mach dein Schule, ist doch besser für dich" und so. Und er
hat mir dann halt gezeigt, wo es halt LANG gehen soll. Ja, und
wegen ihm habe ich- bin ich das dann los geworden halt.
I: Das heißt, dadurch hat dich das verändert, dass du da dann
weniger am Computer...
Z: Ja, und ich habe angefangen bei uns im Laden zu arbeiten.
Das hat mich AUCH halt davon abgelenkt.
I: Was für ein Laden arbeitest du denn, oder hast du gearbei-
tet?
Z: Wir haben so ein Restaurant, so ein großes, und dort habe
ich dann halt richtig so Fenster gewaschen, Geschirr gewaschen
und so. Und habe die dann halt bedient dort.
I: Mhm. Und dann hast du weniger am Computer gesessen, deswe-
gen.
Z: Ja. (2)
I: Also, meinst du denn dass das für Jugendliche so eine Gefahr
ist, dass wenn die wirklich zu viel am Computer [sitzen, dass-]
Z: [Ja wenn die] von klein auf anfangen, dann ja. Also man
sollte SCHON Grenzen haben.
```

Im Modus der Beschreibung schildert Zeynep eine biographische Phase der gänzlichen Vereinnahmung durch ihre eigene Computerpraxis; in selbiger empfand sie sich als völlig gefangen im Bann ihrer Computerbeschäftigung und sah sich nicht in der Lage, sich eigenmächtig daraus zu befreien. Bezüglich dieser von ihr eindrücklich beschriebenen Phase hebt sie zwei Aspekte hervor: Einerseits beschreibt sie ihre Vernachlässigung schulischer Bildungsaspirationen im Sinne eines Abweichens von einer eigentlich wichtigen Verpflichtung („gar nicht mehr konzentriert"). Andererseits beschreibt sie, wie ihr offensichtlich der Wille abhanden gekommen ist, soziale Beziehungen zu pflegen bzw. überhaupt zu „haben", indem sie sich abkapselte. Insofern stellt sie die von ihr dargestellte Lage in doppelter Hinsicht als *desolat* dar. Bezüglich ihres soweit geschilderten eigenen Verhaltens thematisiert sie keinerlei Beweggründe oder Motive, wodurch Aspekte der Genese ihres Verhaltens weitgehend ausgeblendet bleiben, sondern sie entwirft sich als machtlos und handlungsunfähig. Insofern vermittelt sich ihre Episode weniger als individuelles Fehlverhalten, für dass sie nach Gründen sucht oder die sie zumindest für thematisierungsbedürftig hält, sondern eher wie ein *automatisches* Abdriften in eine Computersucht und damit wie eine Art *schicksalhaftes* Abgleiten in die Mediensphäre mit starken negativen Effekten für ihr Alltagsleben.

Diesem Verhalten gegenüber thematisiert Zeynep zwei Akte der Intervention seitens älterer, männlicher Familienangehöriger, die bezüglich ihrer Computersucht auf den Plan treten. Deutlich wird daran, wie sie das infrage stehende Verhalten zu autoritären Instanzen der Disziplinierung und ihren Reaktionen relationiert. Wie wichtig ihr dies ist, zeigt sich auch daran, dass sie zwei aufeinander folgende Akte schildert, in denen ihr Verhalten zu einer Angelegenheit des familiär strukturierten Machtgefüges wird, welches dafür eintritt, das Verhaltensmuster der Tochter zu modifizieren. Nachdem die Aussprache mit dem Vater zunächst folgenlos bleibt („nicht so geholfen") tritt mit dem Onkel eine weitere Autoritätsperson an sie heran, wodurch sich die von Zeynep dargestellte Orientierung bezüglich der Verhaltensregulierung noch einmal steigert. Die Beziehung zu ihm zeigt zwei Merkmale, einerseits eine starke emotionale Verbundenheit mit ihm, ist der Onkel jemand, den Zeynep „sehr mag", andererseits ist der kommunikative Austausch bezüglich ihrer Erziehung mit ihm eher selten, sondern tritt offenbar vor allem dann auf, wenn es um die Herstellung von Struktur und Ordnung geht. Darüberhinaus kleidet Zeynep die Umgehensweise des Onkels mit ihr in deutliche Worte – er „brüllt" sie an, was sie „richtig verletzt". Deutlich wird hier also das Praktizieren einer unzweideutigen Grenzziehung mit den Mitteln der verbalen Zurechtweisung. Außerdem dokumentiert sich darin, dass die zurechtweisende Instanz, hier der Onkel, eine offensichtlich normative Perspektive bezüglich Zeyneps Entwicklung verfolgt, ausgedrückt in dessen Appell, die Schule sei „besser" für sie.

Deshalb erscheint es so, dass das infrage stehende (Medien-)Verhalten hier als ein solches verhandelt wird, dem eine als richtig empfundene Bahn gewiesen werden muss. Eingebettet ist dieser Prozess in ein autoritär strukturiertes Ordnungsmuster, das ein Garant der Einflussnahme ist. An diesem Punkt offenbart sich Parallele zum Fall von Sunay: Was zur Umsetzung der Frage einer Verhaltensregulierung greift bzw. greifen soll, ist bei beiden das Vorhandensein einer Struktur, die dafür Sorge trägt bzw. tragen soll, dass sich ein abweichendes Verhalten entweder erst gar nicht entwickelt, oder die im Grenzfall als ordnungsstiftende Instanz in Erscheinung tritt. Das infrage stehende Verhalten in Form von Zeyneps Computersucht wird darüber hinaus nicht unbedingt moralisch angeprangert oder als solches auf seine innere Motivkonstellation hin befragt oder überprüft, sondern als Ausdruck eines gleichsam natürlich-schicksalhaften Vom-Weg-Abkommens wahrgenommen und entsprechend behandelt. So zeigt gerade Zeyneps Formulierung „wo es halt LANG gehen soll", inwiefern ihr Verhalten scheinbar vom Weg abgekommen ist und nun vermittels eines disziplinierenden Eingriffs auf externe Weise korrigiert werden muss. Diese Intervention erscheint einerseits autoritär, andererseits wird sie von Zeynep offenbar *nicht* als restriktiv wahrgenommen, sondern als notwendige und legitime Maßnahme, infolge der sich eine Befreiung von ihrer Computersucht einstellte („losgeworden").

Was sich hier zeigt, ist, dass Zeynep ganz offensichtlich dem Anspruch der älteren Männer auf *saygi* (Achtung) nachkommt (vgl. Toprak 2004; Kizilhan 2006). Dieser Begriff bezeichnet den Respekt bzw. die Achtung in Bezug auf die Familienhierarchie, welche sich z. B. in einer entsprechend respektvollen Äußerung über höhergestellte Familienmitglieder oder ein zurückhaltendes Verhalten in der Gegenwart von hierarchisch Höherstehenden niederschlagen (vgl. Toprak 2004: 32). So kommt Zeynep hier gehorsam den Aufforderungen nach, ohne zu widersprechen. Ebenso deutet sich an, wie die älteren männlichen Familienmitglieder Zeynep gegenüber das Prinzip von *sevgi* zur Geltung bringen (vgl. Toprak 2004: 67), das auf die Verantwortung der Eltern gegenüber der Erziehung der Jüngeren abzielt. Das Ineinandergreifen dieser beiden Prinzipien konkretisiert sich gegen Ende der Passage darin, dass Zeynep sich in ein familiär strukturiertes Ordnungs- und Machtgefüge einpasst bzw. dorthinein eingepasst wird: Sie begann, im familiären Restaurant als Servicekraft zu arbeiten. Deutlich wird hier ein Prinzip der Unterordnung, indem sie ihre dortige Tätigkeit in einer klar *dienenden Funktion* schildert, in welcher sie „richtig" Fenster und Geschirr säuberte und die Restaurantgäste „bediente".

Vor allem in Zeyneps Konklusion dokumentiert sich dann noch einmal, inwiefern sie Medien und ihre Wirkung bewertet und mit dem Thema der Verhaltensregulierung relationiert: Demnach haben Medien und ihre Angebote das Potential, jemanden so einzunehmen, dass er sich ihrer nicht erwehren kann und gleichsam in seinem *eigenen* Interesse in die Schranken gewiesen werden muss. Negative Medienwirkungen können für sie dann entstehen bzw. werden zu einem Problem, wenn die Nutzer von „klein auf", das heißt *zu Beginn* eines Entwicklungspfades, bereits einen falschen Weg einschlagen und diesen *grenzenlos*, also ohne das Erleben einer disziplinierenden Beschränkung, beschreiten.

Eine Mischform aus Schutz *und* Disziplinierung, an der sie sich orientiert hat, schildert Zeynep überdies auch bezüglich alltäglicher Mediennutzungssituationen. Nachdem eine häusliche Internetverbindung in der Familie eingerichtet wurde, begann ihr Vater sogleich damit, den Umgang der Kinder damit zu strukturieren:

```
(55)
Z: Aber jetzt ist es halt Scheiße, wir haben, mein Vater sagt
   immer, äh, „DU bleibst ne Stunde drinne und DU bleibst ne Stun-
   de drinne", also NICHT lange. // I: Mhm // Z: Ja. Und er hat
   manche Seiten auch- die Seiten verschlüsselt und so, wegen mei-
   nem Bruder. // I: Wie denn? // Z: Weiß ich nicht. Dafür braucht
   man ein bestimmtes Passwort, also ein Passwort. // I: Für dich
   auch? // Z: (2) Also, für MICH nicht. Also, weil er hat Ver-
   trauen zu mir. Aber bei meinem Bruder, bei DEM weiß man nicht
   was der macht.
```

Die zeitliche Länge der Internetnutzung der Kinder ist hier unzweideutig und vor allem autoritär reglementiert, zusätzlich wird auch die Zugänglichkeit zu Inhalten beeinflusst.

Wenn dies auch nur für ihren Bruder gilt, hält Zeynep das Errichten von Barrieren („Passwort") offensichtlich für ein probates Mittel, (sein) medienbezogenes Verhalten zu regulieren. Die Beschäftigung mit Medien erscheint hier erneut als ein Handlungsfeld, das einem Regelement unterliegt, über das sich Zeynep einerseits ärgert, dem sie sich andererseits fügt. Medien werden als potentielle Gefahrenquellen gesehen, die es ermöglichen, unerwünschte Verhaltensweisen auszuprägen und die deshalb strukturell einzuschränken sind.

Inwiefern sich Zeyneps Medienalltag auch ansonsten als fremdreguliert darstellt, zeigt sich an einer Passage, in der sie von einer Kontrolle ihrer Medienumgebung:

```
(73)
Z: Also wenn wir mit FREUNDEN zusammen sind, und dann, wenn wir
meinen, „ja, lass uns mal reingehen", und wenn das halt dort
nicht zu VOLL ist, dann GEHEN wir halt rein. Aber wenn es da
halt zu voll, und wenn meine Cousins und so dort- da drin sind,
dann DARF ich da nicht rein. // I: Warum? // Z: Meine Cousins,
weil, die erlauben das nicht.
I: Die wollen nicht dass du ins Internetcafe gehst?
Z: Ja, weil dort voll viele Jungs sind und so. (2) Und die mei-
nen halt, also- wollen halt nicht dass ich Kontakt mit Jungs
habe und so. // I: Mhm // Z: Ja, aber wenn die NICHT dort sind,
und wenn wir viel zu viele Mädchen sind, und wenn es auch leer
ist, dann gehen wir rein. Und machen da was wir machen können.
```

Neben der Tatsache, dass das Internetcafe nicht zu ausgelastet sein darf, um von Zeynep und ihren Freundinnen betreten zu werden, ist hier entscheidend, dass die Zugangsmöglichkeit durch die Gegenwart älterer männlicher Familienangehöriger reguliert wird. Der freie Besuch des Internetcafes ist von der Abwesenheit der „Cousins" als gatekeeper abhängig, denn diese befürchten einen Kontakt der Cousine zu Angehörigen des anderen Geschlechts. Dieser sozialen Kontrolle muss sie sich unterordnen, wodurch sich erneut zeigt, wie ihr Medienverhalten von Momenten der Disziplinierung geprägt ist, welche sich in diesem konkreten Fall offensichtlich aus einer Sorge der Cousins um die *namuş* (Ehre) ihrer Cousine erklärt. Bezüglich dieses spezifischen Ehre-Prinzips haben die Männer in türkischen Familien darauf zu achten, dass die Frauen „sich so verhalten, dass es nicht zu Grenzverletzungen kommen kann" (Przyborski 2004: 201), wobei sich die Ehre der Frau vor allem mit ihrer sexuellen Reinheit verbindet und „in starkem Maße an den weiblichen Körper und das sexuelle Verhalten geknüpft" ist (Kizilhan 2006: 104). Zeynep erscheint vor diesem Hintergrund erneut als *Mediendisziplinierte*, zumal sie auch von anderen Reglementierungen berichtet:

```
(244)
Z: Mein Vater, so, der verbietet eben auch, dass ich so mit
Jungs so halt Kontakte haben darf. Weil, da wird man dann halt
als schlechtes Mädchen bezeichnet und so. Ja, und deswegen,
also mein Vater hat zwar nichts dagegen dass ich mit Jungs Kon-
takt habe, aber er will nicht dass ANDERE hinter meinem Rücken
halt so REDEN. Und deswegen sagt er, „du darfst nur bestimmte
Zeiten haben, aber du darfst dich mit dem Jungen nicht treffen.
```

Neben dieser Anerkennung eines Verhaltensregulationsprinzips, nach dem unsittliche Verhaltensweisen der Tochter auf die Familie zurückfallen, zeigt sich in den zitierten Passagen durchgängig ein Moment der Anpassung, denn ein bestimmter Weg, eine bestimmte (Lebens-)Orientierung ist für Zeynep so vorgesehen, dass Medien dabei potentielle Störfaktoren darstellen, indem eine Beschäftigung damit ein selbstbestimmtes Ausagieren individueller Vorlieben enthalten kann (wie z. B. den Kontakt zum anderen Geschlecht), die nicht konform zu dieser Vorbestimmung laufen. Insofern deutet sich hier bezüglich Zeyneps Orientierung der Medienbewertung eine tief greifende *Ambivalenz* an: Es zeigt sich, dass sie Eingriffe in ihren Medienumgangs einerseits bejaht und als *Schutz* in eigener Sache deutet. In diesem Sinne akzeptiert sie die von geschilderten Disziplinierungen und generalisiert sie sogar als positive Möglichkeit, Verhalten zu beeinflussen („man sollte SCHON Grenzen haben"); andererseits sucht und findet sie Wege, mit alltäglichen Begrenzungserfahrung, wie z. B. in Form der das Internetcafe bewachenden Cousins, kreativ umzugehen. Die Cousins können nämlich offensichtlich nicht immer da sein, und genau das ist ihre Chance, die sie, vor allem in Gemeinschaft mit Freundinnen, ergreift. Hier reproduziert sich, was in Abschnitt 6.1.4 bereits herausgearbeitet wurde, dass ihre Mediennutzung einem Orientierungsrahmen von Selbstbehauptung und affirmativer Einordnung folgt.

Etwas anders gelagert als bisher stellt sich der Fall von Derya dar. Sie berichtet nicht von Erfahrungen selbsterlebter Disziplinierungsmaßnahmen bezüglich der eigenen Mediennutzung und orientiert sich, anders als Sunay und Zeynep, auch weniger an elterlichen Interventionsmöglichkeiten. Dennoch zeigen sich bei der Art und Weise, wie sie Medien bewertet, ähnliche Prinzipien, die eine Orientierung an den Merkmalen von Schutz, Anpassung und Disziplinierung dokumentieren. Dies zeigt sich z. B. bezüglich der These der freien Informationsverbreitung im Internet:

```
(182)
D: Eigentlich finde ich das gut, aber irgendwie finde ich es
auch schlecht. Weil die Menschen es glaube ich missbrauchen.
Also, die machen nicht anständige Sachen rein, zum Beispiel, es
gibt ja so welche Dinger, so ogrish zum Beispiel. ((lacht)) Ah,
genau. Da gehe ich auch oft hin. // I: Was ist das? //
D: Ogrish.com. Also, das ist so was wie rotten.com halt. Aber
da sind halt so Videoclips über, ich weiß gar nicht so genau,
die Russen und die Tschechen sind doch im Streit, und die Rus-
sen haben irgendwie tschechische Geiseln genommen, oder eine
Geisel genommen. Und haben der halt vor laufender Kamera den
Kopf abgeschnitten. Und das ist aber alles echt. Und man hört
noch so „uah uah" und so was, wie das Blut spritzt. Ja, und ich
finde SOWAS- Okay ich guck's mir zwar selber an, aber ich finde
manche Leute sollten es besser nicht gucken. Weil die viel-
leicht dann zwei Wochen nicht schlafen können. Und das die halt
SOWAS ins Internet stellen, dass viele das einfach missbrau-
chen. Und einfach IRGENDWAS, zum Beispiel ja auch Pornos oder
so-
I: Mhm, ja da sind ja auch sehr viele einfach so drin.
D: Ja, genau. Und manche wissen es ja auch gar nicht, dass die
```

da drin sind im Internet. und so was finde ich Scheiße. Aber, im Großen und Ganzen finde ich das eigentlich okay, dass jeder da was rein machen kann wie er es möchte. Aber halt GUTE Sachen und nicht so was.

Eine Ambivalenz bekundend unterstellt Derya zunächst dem „Menschen", das heißt dem generalisierten Subjekt einer Gattung, die Optionen des Internet nicht im Sinne eines als richtig gedachten Zweckes zu nutzen, diese stattdessen zu „missbrauchen". Prinzipiell sei davon auszugehen, dass ins Internet unanständige Inhalte gelangten, die das Gebot von Ehrenhaftigkeit, Aufrichtigkeit und Rechtschaffenheit verletzen („nicht anständig"). Dies gleicht ihr einer Art Fatum, gegen das nichts unternommen werden kann. Die Existenz derartiger Inhalte nennt sie in Form von etwas Unspezifiertem und greift mit „ogrish.com"[183] ein Beispiel heraus, wobei ihr spontan einfällt, dass sie dieses Angebot „auch oft" aufsucht. Deutlich wird darin zunächst ein Bewusstsein für eine Art *doppelte Moral*, indem sich nämlich die Fragwürdigkeit einer Darstellung und die tatsächliche eigene Medienpraxis zum Gegenüber werden, worüber sich Derya amüsiert.

Daraufhin offenbart sie eine relativ detaillierte Kenntnis über Angebote dieser Art, deutlich zum Beispiel in der Benennung einer genreverwandten Seite („so was wie rotten.com")[184] und die zur Verfügung stehenden Optionen („so Videos"). Das von ihr Gesehene schildert sie äußerst anschaulich, wobei sie besonders den audiovisuellen Realismus betont und in seinem ganzen Ausmaß entfaltet („man hört noch so ‚uah uah' und so was, wie das Blut spritzt"). Damit attestiert sie sich selbst eine Rezeptionshaltung, in der sie sich das regelmäßige Ansehen brutaler Darstellungen selber zugesteht bzw. auch zutraut. Hierbei nimmt sie keine moralische Beurteilung der Darstellung als solcher vor, die deshalb selber zur Disposition stünde, sondern arbeitet sich an der Frage ab, welche Auswirkungen ein solches Anschauen für das Subjekt haben könnte, nämlich die Störung eines ansonsten natürlichen *Biorhythmus*, den sie dann als maximal defizitär bezeichnet („zwei Wochen nicht schlafen können"). Abstrahiert man davon, erscheint folgende Lesart: Schläft man zwei Wochen nicht, erleidet man erhebliche körperlich-gesundheitliche Schäden und ist kaum noch lebensfähig, worin sich andeutet: Darstellungen hinterlassen in Deryas Erklärungstheorie weniger psychische Spuren, sondern tangieren vor allem das natürliche Gleichgewicht des Körpers. Aufgeworfen ist damit eine Orientierung an einer Verhaltensregulierung, die durch Anpassung an einen natürlich gegebenen Entwicklungsverlauf bestimmt wird und ein gleichsam natürlich-mechanistisches Menschenbild impliziert.

Ähnlich zur Argumentation von Sunay fällt die Analogie zu einem natürlichen Wachstumsprozess ins Auge: Bei einem – zugespitzt formuliert – schädlichen *Input* wächst man zwei Wochen lang nicht, danach geht es vermeintlich so weiter wie zuvor. Deshalb müssen für Derya bestimmte Nutzer – und insbesondere die Jüngeren, wie sich im weiteren Verlauf ihrer Schilderung zeigen wird – vor der Rezeption *beschützt* bzw. soll Ihnen das Anschauen entsprechender Bilder *verwehrt* werden. Dieses Anschauen ist für sie erst dann möglich, wenn man eine bestimmte Reife erreicht hat, die dem Nutzer die Rezeption ohne negative Folgen ermöglicht. So hält sich Derya selbst, das doku-

---

[183] siehe zur Erklärung Fn. 176
[184] siehe zur Erklärung Fn. 216

mentiert auch die folgende Passage – für bereits hinreichend reif, sich brutale Gewaltdarstellungen im Internet anschauen zu können:

```
(188)
I: Mhm. Gibt's denn was, was dich jetzt besonders stört am
Internet, dass das da drin ist?
D: Ja, dass so zum Beispiel diese Pornos einfach drin sind.
Und, ja halt manche Sachen, auch andere Sachen wie dieses
ogrish da, mit der Geisel da. Aber ganz ehrlich, ich guck mir
das ja SELBER an, weil ich davon fasziniert bin, wie so was
geht, wie so was aussieht. Aber ich meine, jeder Zehnjährige
kann da reingehen, und wenn der irgendwie ein bisschen bekloppt
ist, ja, dann macht er das irgendwie nach. Oder probiert das
nachzumachen. Und das finde ich halt Scheiße. Also es müssten
irgendwie nur bestimmte Leute gucken können. Aber das kann man
ja auch nicht kontrollieren oder so. Das ist halt doof.
```

Abgesehen von der Kritik an der Zugänglichkeit von Pornographie gesteht sie ein, wie aufregend es sein kann, nah dran zu sein und Einblick zu nehmen in die bildlichen Details einer Gewaltdarstellung. Gewalt wird ihr hier selbst zum „Faszinosum" (Soeffner 2004: 69), das sich mithilfe des Internet auf eine Weise erleben lässt, die die Möglichkeit von Erfahrungen leidenschaftlichen Schauderns beinhaltet. Demgegenüber artikuliert sie aber auch deutliche Bedenken, steht doch die Zugänglichkeit zu Darstellungen dieser Art prinzipiell offen, auch Jüngeren („Zehnjährige"), die, vor allem in dem Fall, dass sie einen psychischen Defekt aufweisen das Gesehene mehr oder weniger automatisch reproduzieren. Hier validiert Derya die bereits oben angedeutete Orientierung an einem tendenziell naturalistischen Menschenbild: Weicht das Subjekt von dieser Normalitätsfolie ab, ist es eben scheinbar „bekloppt" und in diesem Fall anfällig für die Imitation gewalthaltiger Medienangebote.

Ähnlich den anderen Jugendlichen mit türkischem Migrationshintergrund stellt sie hier auf einen linearen Wirkungsmechanismus der Medien ab, den vor allem die Jungen in ihren Darstellungen so funktionalisieren, dass er ihre eigene Stärke demonstriert, ihn aushalten zu können, ohne selbst der Gefahr einer Beeinflussung ausgesetzt zu sein. Auch bei Derya wird demnach die Fähigkeit, solche selbst als gewalthaltig und normverletzend benannten Inhalte folgenlos rezipieren zu können, an die Natürlichkeit einer sich entwickelten Stabilität gekoppelt. Sie selber *darf* – aufgrund dessen, dass sie eben nicht mehr „Zehn" ist – vom Anschauen einer Enthauptung im Internet „fasziniert" sein, *weil* ihre natürlich Reife dies zulässt. Damit erinnert ihre Argumentation zumindest ansatzweise an die These Postmans (1983), nach welcher Medien zum Verschwinden der Kindheit beitragen, indem diese ihnen ohne Zugangsbeschränkung und ohne kindgerechte Erklärung eine Welt der Erwachsenen präsentieren.

Was Derya hier nämlich weiterhin beschäftigt, ist weniger die Rezeption also *solche*, sondern die Konsequenz in Form eines bestimmten Verhaltens *nach* dem Kontakt mit einer bestimmten Art bildlicher Darstellungen. Deshalb sollte die infrage stehende Bildwelt, folgt man ihrer Argumentation, *exklusiv* sein, und zwar nur für eine kleine Nutzergemeinde, die eben fähig ist, damit *umgehen* zu können. Letztlich ist ihr für die Organisation oder Durchsetzung dieser Exklusivität aber kein Filter oder eine Zugangsbeschränkung denkbar, der – salopp formuliert – die Fähigen von den Unfähigen trennt, stattdessen ist die Nutzung unkontrollierbar. Darin dokumentiert sich eine Orientierung, nach der es bezüglich der Wirkungen von Medien weniger um die Sorge um die Bilder- und Vorstellungswelten im Kopf des Nutzers geht – wie bei Melanie oder Vanessa –, sondern um den *Zugang* zu den Bildern. Anstelle des Verhältnisses von Darstellung und innerer Wahrnehmung, die in reziproker Weise zu einander vermitteln sind, geht es Derya deswegen um die *Fremdregulation der Quelle von Bildern und Darstellungen*. Setzt man dies in Bezug zum Fall von Andreas, bildet sich hier ein maximaler Kontrast, denn Andreas etwa stellte sich vor, dass bereits ein Sechsjähriger berechtigt sei, Counter-Strike zu spielen, wenn er nur in der Lage dazu sei, das Geschehen am Bildschirm richtig aufzufassen (weswegen er auch ein Verbot für nicht zielführend hielt). Für Derya, so lässt sich zusammenfassend festhalten, sind weniger die Darstellungen oder ihr Charakter problematisch, sondern das aus ihrer Sicht unlösbare Problem, dass man den Zugang dazu nicht regulieren kann.

Weiterhin zeigt sich, dass sich Derya zusätzlich zu ihrer skeptischen Haltung gegenüber der freien Zugänglichkeit von Darstellungen auch als eine Art *Anwältin des Nutzers* entwirft und die Verbreitung von Medienangeboten, wie sich bereits andeutete, deutlich einschränken möchte:

```
(190)
I: Ja, es gibt zum Beispiel ja auch viele andere Gewaltseiten
oder auch Rechtsradikalenseiten im Internet.
D: Ja, habe ich zwar noch keine gesehen, aber ich weiß, dass es
welche gibt. Sowas ist auch blöd. Genauso wie das auch mit an-
deren Sachen ist, zum Beispiel wenn jetzt die Moslems irgendwie
sagen, ja „Krieg für Allah" oder so, das ist auch genauso be-
scheuert. Also, so was darf man eigentlich nicht ins Internet
stellen. Weil dann irgendwelche bekloppten Leute, ja, das nach-
machen. Und halt Kinderpornos oder so was. Das regt mich
RICHTIG auf. Also wenn ich da glaube ich so einen Typen in die
Hände kriegen würde, ich würde den glaube ich aufhängen.
```

Aus dieser sich hier abzeichnenden Schutzorientierung resultiert, dass es ihr nicht darum geht, den Rezipienten zu stärken, damit er möglicherweise erst gar kein Bedürfnis entwickelt, entsprechende Angebote rezipieren zu wollen, sondern um eine maximale Bestrafung des aus ihrer Sicht Verantwortlichen, hier vor allem des Urhebers der im Internet zur Darstellung gekommenen Kinderpornographie. Diesen möchte Sie zudem gerade nicht in institutionalisierte Formen der Bestrafung überführen, wie dies etwa im Fall von Vanessa deutlich wurde (welche darüber spekulierte, ob Urheber fragwürdiger Internetinhalte von der Polizei „bis nach Hause verfolgt" würden); stattdessen sinniert Derya offen über das Mittel der Selbstjustiz. Diese Orientierung erinnert, vor allem was den letztgenannten Aspekte anbelangt, an den von Grimm (1999) herausgearbeiteten sogenannten Robbespierre-Affekt, nachdem Rezipienten die Perspektive der Opfer einnehmen und aufgrund eines Mitleids mit den Betroffenen und aus einer moralischen Entrüstung über aggressive Handlungen heraus Rachegelüste sowie die Bereitschaft zur Anwendung von Gewalt gegenüber dem Aggressor entwickeln. Dass es möglicherweise dem Mediensystem und seiner Struktur anzulasten ist, dass Darstellungen wie die von Derya angesprochenen verbreitet und zugänglich gemacht werden, ist dabei nicht Bestandteil ihrer Orientierung, sodass Derya von der Vorstellung einer Disziplinierung der Bilder zum Schutz der Rezipienten geleitet bleibt.

Bisher ließ sich herausarbeiten, dass Derya Medien danach bewertet, inwiefern der Umgang damit zu einer negativen Entwicklung beiträgt, die gleichermaßen *abgeschirmt* und *diszipliniert* werden muss. In dieser Orientierung bearbeitet sie auch den Zusammenhang von Medienwirkung und individuellem Nutzerverhalten. Hier zeigt sich, dass sie das vom Interviewer aufgeworfene Phänomen der *Mediensucht* für etwas hält, das aus ihrer Sicht einer fehlgeschlagenen Anpassung an eine soziale bzw. kollektiv gültige Normalität entspricht:

```
(192)
D: Ja das finde ich auch. Ich kenne zum Beispiel so einen Jun-
gen, und der sitzt wirklich den GANZEN Tag vorm PC, er hat gar
keine Freunde, er wird irgendwie als Opfer bezeichnet, also als
jemand, dessen einziger Freund der Computer ist. Und, halt der
wird auch von allen gehauen, geschlagen und so ((lacht)). Also
halt weil alle denken, na ja er ist ein kleiner und dünner Jun-
ge, weiß nicht, er sitzt den ganzen Tag am Computer. Hat gar
keine Freunde, geht nicht raus. Und ist halt immer so jemand,
der immer Lieder runter lädt, und kann man doch jetzt auf Han-
dys so Videoclips und so was alles machen. Und, ein Idiot, lädt
das alles runter, bezahlt Geld dafür, und die anderen NEHMEN
das alle von ihm. Also das stimmt schon dass die vereinsamen,
wenn die fast 20 Stunden vorm PC sitzen, finde ich schon. Und
das ist auch nicht gut.
```

An den Frageimpuls mit der Erzählung eines ihr bekannten Beispiels anschließend bedient sich Derya einer Beschreibung der aus ihrer Sicht defizitären Situation des „Jungen": Er ist sozial isoliert und im Zuge seiner Marginalisierung, für die Derya ein symbolisches Label gebraucht („Opfer"), auch noch körperlichen Attacken und Demütigungen seitens seiner Mitschüler ausgesetzt. Sie begründet dies damit, dass in den Köpfen der anderen offenbar ein bestimmtes Bild von ihm existiert bzw. sich darin festgesetzt hat („weil alle denken"), zumal die Physiognomie des Jungen auch deutlich von der der anderen abweicht. Allerdings schließt Derya an diese Schilderung nicht mitleidig an, z. B. indem sie seine marginale Position als etwas zu Schützendes oder zu Tolerierendes deutet, sondern bringt die Problematik der infrage stehenden Person und ihres Verhaltens in eine soziale Relation. Ganz offensichtlich weicht hier die Person, das Subjekt, von den sozialen Maßstäben ab und manövriert sich *selbst* in eine soziale Schieflage. Ihre Beschreibung fährt folgendermaßen fort, dass der Junge scheinbar nicht bemerkt, dass er sich durch sein Verhalten augenscheinlich selbst in diese Lage gebracht hat: Er ist ein „Idiot", einer, der sich sogar finanziell verausgabt, in anderen Worten sorglos mit materiellen Ressourcen umgeht, während er zugleich von den anderen ausgenommen wird – offenbar müssen die Mitschüler nichts für den Erhalt der Mediendateien bezahlen bzw. tun es einfach nicht, was den Jungen aus dem Beispiel umso mehr zu einem „Opfer" der Ausbeutung macht. Damit stellt Derya implizit fest, dass die Ursache für dessen Situation eigentlich bei ihm selbst zu suchen ist. Er verhält sich so, dass er gleichsam automatisch in eine missgünstige Wahrnehmung Anderer gerät, die dann auch entsprechende Folgeerscheinungen nach sich zieht. N

Nicht das Verhalten dieser Anderen ist hier für Derya das eigentliche Problem, sondern dies gleicht ihr einer eher normalen Reaktion auf die Marginalisierung des „Jungen", welcher durch seine eigene Abweichung vom Mainstream eigentlich selbst verantwortlich dafür ist, dass er in eine so desolate Lage geraten ist: Abweichendes Verhalten zeitigt demnach wie selbstverständlich negative Reaktionen seitens der personalen Umwelt. Folgt man dieser Lesart, bedeutet Deryas Gedanke reformuliert, dass sich jemand, der sich wie der von ihr geschilderte Junge verhält, eigentlich nicht wundern muss, wenn er abwertend behandelt wird. Diese Lesart steht in Kontrast zur Deutung im Fall von Timo: Während dieser vermutete, erst das „runtermachen" im Sozialgefüge innerhalb der Schule führe – als Auslöser – dazu, dass man sich den PC zum Freund mache, deutet Derya diese Problematik in genau umgekehrter Weise: Wer sich den PC zum Freund macht und damit von den normalen Verhaltensweisen der anderen abweicht läuft Gefahr, ausgegrenzt zu werden. Das individuelle Verhalten muss sich also auf seine Passung in Bezug auf das kollektiv gültige hin befragen lassen und wird daran gemessen.

Auf die Frage, welche Änderungsmöglichkeiten sie sich vorstellt, arbeitet Derya diese Orientierung weiter aus: Nicht das umgebende Sozialgefüge habe sich zu ändern, etwa indem es Toleranz dem Marginalisierten gegenüber entwickelt, sondern im Gegenteil müsse sich das Subjekt den gängigen Normalitätsvorstellungen des Sozialgefüges anpassen:

```
(194)
D: Na ja die sollten einfach, ich weiß nicht das muss von denen
alleine kommen. Die müssen sich selber sagen „okay ich habe
keine Lust den ganzen Tag da vor dem Computer zu verbringen,
sondern ich möchte eine Freundin haben oder einen Freund, oder
Kumpel". Und die müssen selber was dafür tun. Weil wenn nicht,
dann haben sie halt selber Pech gehabt. Oder die Eltern müssten
am besten mal so vorher schon so Druck machen, und sagen „geh
mal raus, und triff dich mal mit Freunden" und so.
```

Was den PC-Süchtigen nach Derya fehlt, ist eine soziale Einbindung und Strukturiertheit, die sie in die Normalität zurückholt und damit zu Gleichen unter Gleichen macht. Diese Anpassung an sozial gültige Verhaltensmaßstäbe ist für Derya der zentrale Weg, der sich von außen scheinbar nur schwierig beeinflussen lässt. Deutlich wird dies daran, wie stark sie den Impuls, das infrage stehende abweichende Verhalten zu modifizieren, ins Subjekt *hineinverlagert* – die Änderung und der dazu notwendige Antrieb müssen natürlich angelegt sein, man muss es selber *wollen*. Im Vergleich dazu stellte beispielsweise Vanessa viel mehr darauf ab, mittels von außen kommender (moralischer bzw. erzieherischer) Appelle auf das Verhalten einzuwirken. Für Derya stellt sich das Zurückkommen in sozial stabile Vergemeinschaftungsformen als „selber was dafür tun müssen" dar. Dies gleicht ihr allerdings weniger einem individuellen Projekt, das auch scheitern kann, z. B. in dem Fall, dass es vielleicht nicht gut genug ausgeführt wurde, sondern Derya *naturalisiert* diesen Anspruch ausdrücklich: Das mögliche Ausbleiben einer so erfolgten Verhaltensänderung deutet sie als „Pech"; dieses ist – ebenso wie sein Pendant *Glück* – zufallsmäßig bestimmt und ereignet sich gerade unplanbar und schicksalhaft. Gelingt die Anpassung an die soziale Normalität also nicht, ist auch dies einerseits ein Schicksal, gegen das kaum etwas unternommen werden kann. Andererseits kann die Normalität anders als auf diesem Wege gar nicht hergestellt werden.

Dadurch validiert Derya erneut ihre Orientierung am Prinzip einer Fremdregulation durch Disziplinierung, denn als Alternative zu diesem „Pech" führt sie die Eltern an, die, so ihre Idee, idealtypischerweise „Druck" ausüben sollten. Bevor also die in ihrem Beispiel geschilderte Marginalisierung überhaupt entstehen kann, sollte es im Vorfeld, das heißt *präventiv*, zu Interventionen kommen, die das Verhalten beeinflussen. Damit spricht sie sich – homolog zu Zeynep und Sunay – klar für eine Verantwortung von Eltern aus, ihrem Kind in Form von „Druck" klare Anweisungen zu setzen, um einer abweichenden Entwicklung vorzubeugen. Den entsprechenden Modus kleidet sie in eine Form klarer Direktive, die die Eltern „am besten" frühzeitig an ihr Kind aussprechen sollten. Die individuelle Entwicklung, so lässt sich schlussfolgern, wird von Derya – ähnlich zu den beiden anderen Mädchen mit türkischem Migrationshintergrund – eng an elterliche Imperative gekoppelt. Sie werden charakterisiert in Form einer stabilen Struktur, welche über das Wohl der Kinder zu sorgen bzw. zu wachen hat und der im Falle von Abweichungen auch die Verantwortung dafür attribuiert wird.

Inwiefern solche Imperative aber sehr deutlich mit dem Interesse des Kindes zu verbinden sind, zeigt sich in einer weiteren Interviewpassage, in der sich Derya, angestoßen durch den Frageimpuls zum Erfurter Amoklauf, an der Frage des Verhältnisses von Medienwirkungen sowie Eigen- und Fremdverantwortung abarbeitet:

```
(195)
D: Also ich weiß nicht. Vielleicht könnte es sein, dass irgend-
welche Menschen, die halt labil sind und sich nicht beherrschen
können, dass die wirklich denken „okay ich stecke jetzt in ei-
nem Computerspiel drin". Aber ich finde im Großen und Ganzen
kann das eigentlich jeder spielen, ohne dass er gleich so was
macht. Also ich finde das okay. Man hat ja damals auch gesagt,
er hat zuviel Marilyn Manson gehört, und darum. Und ich meine,
ja was SOLL denn das? Man kann doch nicht einen Sänger verant-
wortlich machen, weil irgendein Typ da, weiß nicht, zuwenig
Liebe bekommen hat oder so. ICH MEINE IST SO. Was kann denn ein
SÄNGER dafür, wenn irgendein so ein Typ austickt? Oder jetzt
Counter-Strike. Okay, ich finde man sollte das ab einem be-
stimmten Alter erst spielen dürfen. Zum Beispiel sage ich mal
16 oder 18. Und nicht mit 10. Weil die 10-Jährigen SIND halt
nicht so reif wie 16-Jährige. Aber, ich meine, der war ja 18
oder so war der oder? Und der kann doch selber entscheiden, und
müsste auch soviel Grips haben um zu wissen, dass das Leben e-
ben kein Computerspiel ist, sondern halt Realität.
I: Mhm. Und was meinst du jetzt, wie groß war der Anteil von
dem Computerspiel da dran? Also wie stark hat das wohl dazu
beigetragen, was meinst du?
D: Vielleicht war es ja einfach so, der hatte das schon immer
in sich, so was zu machen. Und das war dann der Auslöser viel-
leicht.
```

Einen Zusammenhang zwischen Spiel und Gewalthandlung nur eingeschränkt geltend lassend beschreibt sie die möglicherweise davon Betroffenen als schwach und mit mangelnder Selbstbeherrschung ausgestattet. Sie haben aus dem Spiel nicht wieder herausgefunden („stecken noch drin"), anders ausgedrückt: Ihr Situation ist festgefahren und aussichtslos. Hier handelt es sich aber nur um eine kleine Randgruppe, denn ansonsten bestehe keine Gefahr. Stärke und Selbstbeherrschung sind beim Gros der Nutzer natürlicherweise vorhanden und stabil ausgeprägt und es ist aufgrund dessen nicht mit nennenswerten Nachahmungseffekten zu rechnen; es *ist* die gegebene soziale Norm, dass so etwas nicht passiert. Es kann, so argumentiert Derya weiter, niemals ein Medienangebot als *solches* sein, das wirkt, sondern darüber entscheidet – erneut – die Reife des Rezipienten. Deutlich wird dies daran, wie stark sie sich darüber ärgert, dass der Erfurter Amoklauf aus ihrer Sicht in Zusammenhang mit einem Musiker bzw. seiner Band gebracht wurde.[185] Ihm bzw. seinen medialen Botschaften irgendeine Verantwortung für aggressives Verhalten zuzuschreiben, lehnt Derya scharf ab. Stattdessen betont sie ein anderes, starkes Kriterium, wo die Ursache für den Gewaltausbruch zu suchen ist: Der Attentäter hat aus ihrer Sicht unzureichend „Liebe", das heißt emotionale Zuwendung und Wärme erfahren.

Damit schließt sich der Kreis zu der bereits oben herausgearbeiteten Argumentationsfigur: ganz offensichtlich haben die Eltern versagt, und zwar indem sie in die Entwicklung des Kindes nicht genug Liebe investiert haben, für Derya der zentrale Garant dafür, dass das Aufwachsen richtig verläuft und ein Heranwachsender eben nicht „austickt". Der objektiven Wahrhaftigkeit dieses Prozesses ist sie sich, das drückt sich hier auch performativ aus, absolut sicher („IST SO"). Innerhalb des von ihr so vorgestellten Entwicklungsprozesses entsteht für sie ein rational denkender und handelnder Mensch, der „doch selber entscheiden kann", was er tut und wie er sich verhält. In Bezug auf ihre Argumentation bezüglich der Medienwirkung bedeutet dies: Verantwortlich sind nicht die Medien und ihre Angebote, sondern die sozialisatorische Struktur, innerhalb der der Rezipient aufwächst und sich entwickelt; es gilt einerseits, das heranwachsende Subjekt davor schützen, bestimmte, vor allem gewalthaltige, Medieninhalte überhaupt zu Gesicht zu bekommen (Kontrolle der Bilder bzw. Inhalte), andererseits gilt es, ihm bedingungslos mit *Liebe* zu begegnen, sodass es in einem wünschenswerten Rahmen zu einer Ausbildung konformen Verhaltens kommt.

Mit Bezug auf diese Denkfigur arbeitet sich Derya wiederum an der Frage möglicher *Grenzsetzungen* ab, das heißt sie hält am Prinzip der *Disziplinierung* fest: Dieses sollte ihres Erachtens bis zu einem gewissen Punkt des Heranwachsens praktiziert werden, dann aber darf bzw. soll es aufhören, da zu erwarten ist, dass eine disziplinierende Haltung einem Heranwachsenden gegenüber natürlicherweise obsolet geworden ist. Dies ist für sie völlig natürlich und unumstößlich: Die „10-Jährigen SIND halt nicht so reif wie 16-Jährige". Das Aufwachsen, und damit die Fähigkeit zum Umgang mit Medienangeboten, gleicht Derya somit weniger einem Prozess, sondern eher naturwüchsigen Stufen, die man auf dem Entwicklungspfad ins höhere Alter durchläuft: In bestimmten Alters-

---

[185] *Marilyn Manson* ist eine amerikanische Rock-Band, deren Frontmann Brian Hugh Warner den Namen auch als Künstlernamen trägt. Die Mischung aus in der Regel grotesker Kleidung der Bandmitglieder und ihren schockierenden Auftritten in der Öffentlichkeit führten mehrfach zu Protesten und Angriffen (vor allem vonseiten religiöser und konservativer Kreise) bis hin zu Auftrittsverboten in einigen Städten der USA. Zudem wurde die Band in der amerikanischen Presse für das Schulmassaker an der Columbine-High-School im März 1999 (mit-)verantwortlich gemacht. Wie sich später herausstellte, waren die Attentäter allerdings keine Fans von Marilyn Manson.

stufen kann man *dies*, in anderen *jenes*. Entscheidend ist, dass dieser Pfad irgendwann abgeschlossen ist und das Verhalten nach Erreichen dieses Abschluss sozial verträglich funktioniert. Das bedeutet: Ein Entwicklungsstadium aus grenzsetzender *Disziplinierung* und *Investition von Liebe* – beides notwendig im Interesse des Kindes – wird formal abgelöst durch einen Zustand der Reife, in dem das Subjekt beherrscht und verantwortlich handelt. Plausibilisert wird diese Lesart dadurch, dass Derya feststellt, dass der Attentäter von Erfurt doch „18 oder so war", dass heißt sich eigentlich in einem Lebensabschnitt befand, bei dessen Erreichen sie eine sozial funktionale Normalität und Stabilität erwartet. Er *hätte* eine mit dem biologischen Alter korrelierende Reife erreicht haben *müssen*, welche automatisch dazu befähigt, „richtig" mit den Medienangeboten umgehen und „selber entscheiden" zu können.

Deutlich wird dabei erneut, wie sie – ähnlich wie bisher – auf eher natürliche Entwicklungskategorien abstellt: Ab einer bestimmten Reife in einem bestimmten Alter ist man gleichsam logisch dazu befähigt, eben nicht „auszuticken". Das Subjekt ist für Derya demnach irgendwann („sage ich mal 16 oder 18") gewissermaßen *aussozialisiert* und besitzt so viel „Grips", „Leben" und „Computerspiel" auseinander zu halten. Gerade auch durch diese Metaphorik konturiert sich Deryas Orientierungsrahmen, versteht man „Grips" als die umgangssprachliche Wendung für eine funktionierende und gesunde Gehirnaktivität. Sie wird erreicht, indem der Heranwachsende emotionale Zuwendung erhält, die eine Garantie für eine Entwicklung zu natürlicher Reife darstellt.

Das bedeutet: Bei problematischem (Medien-)Verhalten ist eine solche Entwicklung nicht hinreichend begleitet worden, aber gerade *nicht*, indem versäumt wurde, Einblick in die inneren Vorstellungswelten des Nutzers zu nehmen (wie in der Argumentation von Melanie), ihn intentional zu erziehen und zu versuchen, eine Einsicht in das eigene Verhalten herbeizuführen, sondern indem stattdessen versäumt wurde, das Kind mit Liebe zu versorgen und seine Entwicklung – salopp gesagt – zu hegen und zu pflegen, bis es natürlicherweise reif, kräftig und erwachsen ist. Die Medien oder eine gemeinsame medienerzieherische Praxis überhaupt in Zusammenhang mit einem gewalthaltigen Ausagieren zu stellen, ist für Derya vor diesem Hintergrund ausgeschlossen. Sie stellt sich vor, der Erfurter Amokläufer sei einem gleichsam natürlichen Programm gefolgt, ähnlich einem im Subjekt schlummernden *Trieb*. Der Weg zu einem potentiellen Attentäter war auf drastische Weise biographisch vorgezeichnet und es bedurfte lediglich eines „Auslösers", bis sich der Trieb entlud. Darin dokumentiert sich ein gleichsam latentes Muster, durch den Deryas Orientierungsrahmen zusammengehalten wird: Es handelt sich um eine Vorstellung des Subjekts, welches man vor dem Hintergrund der Auffassung von Entwicklung als natürliche Anpassung an eine soziale Umwelt schützen, disziplinieren und lieben muss, kaum jedoch erziehen.

6.3 Medien wahrnehmen

Der Themenbereich Wahrnehmung fokussiert Sichtweisen und Vorstellungswelten der Jugendlichen *auf* Medien. Bereits in den Schilderungen zu den verschiedensten Interaktionsformen mit Medien lassen sich Anhaltspunkte dafür finden, *auf welche Weise* und *als was* die Jugendlichen den Computer bzw. das Internet konstruieren. Zusätzlich zu diesen in den Handlungspraxen verborgenen Modellvorstellungen habe ich die Jugendlichen während des Interviews direkt nach Wahrnehmungen und Modellierungen der Medien befragt und hierzu gebeten, mir so genau wie möglich zu beschreiben, was sie sich unter den einzelnen Medien (Computer und Internet) vorstellen, wie diese ihrer Wahrnehmung nach aufgebaut sind und wie diese funktionieren. Insofern ging es mir darum, bestimmte „Computerinterpretationsmodelle" (Möller/Sander 1988: 363) der Jugendlichen hervorzulocken. Bezüglich des Sample ließen sich, wie im Folgenden dargestellt, folgende vier Orientierungen identifizieren: Bei den Jungen aus Familien deutscher Herkunft ist als übergeordnete Rahmung eine *Rationalisierung der Technik* zu finden (6.3.1); bei ihren Altersgenossen mit türkischem Migrationshintergrund ordnet sich die Wahrnehmung im Rahmen von *Grandiosität, Souveränität und Leistungsfähigkeit* (6.3.2). Die Medienwahrnehmung der Mädchen aus deutschen Familien lässt sich fassen als *Schwierigkeit und Irrelevanz der Rationalität von Technik* (6.3.3), wohingegen sich bei den Mädchen mit türkischem Migrationshintergrund ein Rahmen von *Fremdheit und Nichtzuständigkeit* findet (6.3.4).

6.3.1 Rationalisierung der Technik

Auf die allgemeine Frage nach seiner häuslichen Computerausstattung greift Olaf auf eine technische Orientierung zurück, mit der er zugleich etwas über seine Medienwahrnehmung mitteilt: Er sieht seinen Laptop als Gerät, dass sich durch technische Spezifikationen auszeichnet und sich anhand dessen auch charakterisieren lässt:

```
(21)
O: Ach so, na ja so die technischen Daten weiß ich jetzt ehr-
lich gesagt nicht. Aber, na ja das ist ein ganz normaler halt.
Also nicht irgendwas Besonderes jetzt oder so. Kein besonderer
Schnick-Schnack jetzt.
I: Hast du oder habt ihr einen Internetanschluss zuhause?
O: Ja, haben wir. Also, meinen eigenen jetzt nicht, das ist so
ein Verteiler und da hängen mehrere Sachen dran.
I: Und was habt ihr für eine Verbindung zuhause?
O: Wir haben DSL, also eben das von der Telekom, T-Online. Das
gab's mal so als Paket, ein Router war da dabei, so, dann, na
ja dieses Modem, wo du denn die Verbindung drüber an deinen PC
herstellst.
```

Olaf verdeutlicht hier, dass technische Spezifikationen ein an und für sich konstitutiver Bestandteil sein müssen und dass der Mediennutzer über diese Dimension eigentlich auch etwas wissen kann: dass die „technischen Daten" also im Prinzip zu einer Wahrnehmung von Medien dazugehören, er jedoch nicht exakt darüber verfügt. Wichtig ist ihm die Verortung seiner technischen Ausstattung im Bereich des „Normalen" und damit Unprätentiösen und Unauffälligen, wozu er seinen Computer limitativ beschreibt („nicht irgendwas Besonderes jetzt oder so"). In dem von Olaf gebrauchten Begriff des „Schnick-Schnack" dokumentiert sich, betrachtet man dessen metaphorischen Gehalt, noch ein Mehr an Bedeutung: Schnick-Schnack steht für an sich überflüssige Merkmale aller Art und umgangssprachlich lässt sich damit ein nutzloses Beiwerk bezeichnen, das für die Funktionalität eines Objekts im Prinzip wertlos, nicht nötig bzw. unsinnig ist. Damit vermittelt Olaf „seinen Laptop" als frei von nutzlosen Ausstattungsmerkmalen, die nicht im engeren Sinne mit dessen Funktionalität in Verbindung stehen. Die in Olafs Familie vorhandene Anbindung ans Internet schildert er auf meine Nachfrage ebenfalls im Sinne eines technisch-rationalen Datums. Hierzu ist ihm die Bezeichnung der Internetverbindung präsent, wobei er offensichtlich weiß, dass „DSL" von mehreren Anbietern zur Verfügung gestellt werden kann, und seine Familie bzw. er eben eine bestimmte, anbieterabhängige Variante nutzen („eben das von der Telekom"). Olafs Wahrnehmung der technischen Infrastruktur relationiert sich damit in Bezug auf eine technische Rationalität, die als Ausdruck eines rationalisierenden Modus der Aneignung von Technik erscheint.

Dieser Modus transportiert sich auch in einer anderen Passage, in der Olaf – relativ knapp und eher nebenbei – erwähnt, dass er auch hin und wieder chattet, wozu er das Programm „ICQ" (119) benutzt:

```
(121
I: Ah ja, äh, also was heißt das?
O: ((Seufzt)) Na ja, wie soll ich das erklären, das ist halt
ein Programm, wo man sich selbst anmelden kann. Was über den
Computer halt läuft. Man kriegt da eine Nummer zugewiesen. Und
dann ist man halt online, und dann kann man mit Leuten spre-
chen, die aber das gleiche Programm haben müssen.
```

Olaf erklärt seine Chatpraxis weniger als erlebnismäßiges Szenario, in dem man beispielsweise mit Identitäten spielt oder in das man sich zum Zweck der Ablenkung oder des Amüsements hineinbegibt, sondern viel eher im Sinne eines Prozessierens technisch *richtiger* Abläufe. Wichtig sind dabei das Vorhandensein der entsprechenden Software und der entsprechend durch den Nutzer befolgten Handlungsroutinen, deren Einhaltung zur Verwendung des Chatprogramms erforderlich sind. Anstelle einer Thematisierung z. B. eines kommunikativen Dabeiseins geht es Olaf also viel stärker um Aspekte einer *technischen Funktionserklärung*: So ist das Zustandekommen der Chatpraxis abhängig von der Verfügung über eine technisch stimmige und synchrone Ausstattung der einzelnen Computerbenutzer.

Am deutlichsten zum Ausdruck kommt Olafs Orientierung an der Semantik technischer Rationalität in der Passage, die von der Modellierungsfrage eingeleitet wird:

```
(344)
I.: Also ich wüsste gar nicht was das ist. Und du solltest mir
das mal beschreiben. Einen PC. Wie würdest du das machen?
O: Oh Gott ((lacht)), das ist ja wie einem Blinden erklären wie
man aussieht. (3) Gute Frage (2) Also überhaupt keine Ahnung
was ein Computer überhaupt sein könnte? Ich denke mal ich würde
```

```
erstmal erklären was man damit, ach nee, nein. (3) ((seufzt))
Nein, das kann ich nicht.
I: Okay, oder anders gefragt. Könntest du mir erklären wie ein
Computer aufgebaut ist oder wie der funktioniert?
O: Wie der funktioniert, na ja. ((lacht)) Na ja das wüsste ich
schon, ich glaub schon, das ist ja auch gar nicht SO SCHWIERIG.
Also- (3)
I: Wenn ich dich als fragen würde, wie so ein Computer eigent-
lich aufgebaut ist und wie der funktioniert.
O: Na ja, dass der Computer also (3), also gute Frage. Ich weiß
auch nicht. Das ist schon SEHR schwierig.
```

Zunächst wird deutlich, wie sich Olaf implizit über mich lustig macht und meine Bitte in den Bereich der Naivität und darüber hinaus der Unmöglichkeit verweist: Das Wesen von Technologie ist gerade nicht oder nur äußerst schwierig zu beschreiben oder verstehbar zu machen, jedoch aber gerade nicht, weil er sich selbst dies nicht zutraut, sondern weil es, zumindest auf diese Art, schlicht *unmöglich* ist. Dies signalisiert auch die von ihm gebrauchte Analogie des „Blinden": So wie dieser keine (oder zumindest keine funktionsfähigen) Augen für die Erscheinungsweise der visuell wahrnehmbaren Welt hat, hat der Mensch keine Augen für die computerbezogene Rationalität, die im Inneren der Technologie prozessiert: Man kann sie nicht einfach unmittelbar sehen und dann beschreiben, sondern die Dinge liegen weitaus komplizierter: Eine einfach Übersetzbarkeit der einen in die andere Sphäre ist an sprachlich kategoriale Schwierigkeiten gebunden, weil sie sich fundamental voneinander unterscheiden.

Daraus ergibt sich Olafs Frage, welche Möglichkeiten übrig blieben, jemandem ohne „Ahnung" überhaupt den Computer näher zu bringen: Würde man sich dem Computer über seine Funktionen für den Nutzer nähern, also „was man damit machen kann", würde man ihm nicht gerecht, weil dies nicht (allein) dasjenige Charakteristikum ist, was sein Wesen ausmacht. Olaf verwirft diese Möglichkeit daher, bricht ab („ach nee, nein") und resümiert hoffnungslos, er könne der von mir angefragten Bitte der Modellierung nicht nachkommen.

Kurze Zeit später nimmt er den Faden wieder auf, denn offenbar ist sein Ehrgeiz geweckt, sodass er sich ein weiteres Mal an einer beschreibenden Definition des Computers versucht:

```
(357)
O: Na ja, also der Computer ist, ähnlich wie der Fernseher, ach
nee, das stimmt auch nicht so richtig, Quatsch (3) ((Seufzt))
Ich weiß es nicht genau zu sagen (4). Also jetzt fehlt mir
irgendwie die Phantasie, ich weiß auch gar nicht wie ich da an-
fangen soll (1). Mist (3)
```

Eine Analogie des Computers zu einem anderen elektronischen Gerät scheint Olaf nicht „stimmig". Dies entspricht keinem korrekten Vergleichshorizont, entlang dessen sich der Computer richtig entwerfen lässt, was Olaf auch sogleich als „Quatsch" bezeichnet. Für ein begriffliches Einfangen und eine Präzisierung der technischen Rationalität hält er einiges an Phantasie für notwendig, um eine Übersetzungsarbeit überhaupt vornehmen zu können; zudem erscheinen ihm mehrere Ansatzpunkte denkbar, die ihn in dieser Situation überfordern und er deshalb nicht weiß, womit er da „anfangen soll", da es an einfachen Erklärungskategorien mangelt. Dieses Nicht-Gelingen macht ihn zudem sichtlich ärgerlich, denn offenkundig würde er technische Zusammenhänge gerne besser erläutern können, wenn sich dies weniger komplex darstellte. Zum Ausdruck gebracht ist damit die Relevanz technischer Erklärungskategorien in Olafs Wahrnehmung, die jedoch – trotz eines Interesses bzw. ihres Vorhandenseins – nicht performativ zum Ausdruck gebracht werden kann. Das Moment der Rationalisierung zeigt sich auch bei der Modellierung des Internet:

```
(352)
O: Na ja, ich meine das Internet ist eine RIESEN-Ansammlung von
Informationen. Erstmal so, ja. Und, das Internet ist halt sor-
tiert in mehrere, also in Milliarden einzelner Teile. Also halt
in diese Seiten, wo halt über alles was drin ist. Also das
Internet ist VOLLER Informationen über ALLES MÖGLICHE. Auch
über die Sachen über die man vielleicht gar nichts wissen möch-
te, oder vielleicht auch nicht besonders angebrachte Sachen.
Aber na ja, eigentlich ist es alles nur REINE, also PURE Infor-
mation. Und dass man dort danach suchen kann, was man halt wis-
sen will, oder eben worüber man sich informieren will. Ja.
I: Mhm, und könntest du mir denn erklären, wenn ich dich fragen
würde, wie das Internet aufgebaut ist, oder wie das funktio-
niert?
O: Na ja, wie gesagt, das Internet ist aufgebaut in ganz viele
einzelne Teile. Und, ja, also wie es aufgebaut ist? Gute Frage,
na ja, also die einzelnen Teile, das sind die einzelnen Seiten.
Ja.
```

Olaf charakterisiert das Internet als eine in seinen Ausmaßen ungeheure Menge von Informationen, die in sich in kleinste Partikel aufgeteilt ist. Er stellt es sich vor wie ein monströses Informationsreservoir, welches durch eine Feinstruktur innerlich geordnet ist. Die darin enthaltenen Informationen existieren einerseits in einem großen Spektrum bzw. haben eine große Bandbreite; andererseits existieren sie für sich, und zwar unabhängig davon, ob dies mit einem etwaigen Bedürfnis der Nutzer nach Wissen oder einer Opportunität der Inhalte in irgendeinem vorgängigen Verhältnis steht. Damit entwirft Olaf das Internet in weitestem Sinne entlang einer technologisch bedingten und ermöglichten Eigengesetzlichkeit eines ungebremsten und entfesselten Informationsflusses. Zum Ausdruck kommt damit ein *Reduktionismus*, der an informationstheoretische Sichtweisen erinnert, und der in Informationen zunächst nichts weiter als wertfreie und bedeutungsungebundene Zeichen sieht. Deutlich wird dies an der Betonung der Ausdrücke „REIN" und „PUR", wobei vor allem letzteres in seiner Metaphorik die Bedeutung „von jeglichen Zusätzen befreit, ohne Aroma, ursprünglich und klar" mitführt. Im Prinzip geht es in Olafs Wahrnehmung um eine von jeglicher Zweckbestimmung entkleidete und somit nicht an sich mit Wert gebundene (digitale) Sphäre, die von moralisch-ethischen Kriterien ebenso frei ist, wie von a priori festgelegten Bedeutungen.

Ähnlich wie im Fall von Olaf lässt sich bei Timo zeigen, inwiefern sich seine Wahrnehmung an technologisch-rationalen Kriterien abarbeitet. Dies beginnt bereits am Anfang des Interviews, als Timo erklärt:

(227)
T: Ich habe leider nur 56 K Modem. Aber ich finde, eigentlich REICHT das auch AUS. Muss jetzt nicht super High Speed da haben. Um mir irgendwelche Filme oder so da down zu loaden, da kann ich auch ins Kino gehen ((lacht)).

Dass Timo eine an sich veraltete Technik besitzt bzw. nutzt, empfindet er einerseits als schade, andererseits beschränkt er dies mit dem betonten Hinweis auf dessen Genügsamkeit. Ein Hochgeschwindigkeitsanschluss ans Internet erscheint ihm überflüssig, zumal dieser lediglich dazu dient, eine Medienpraxis zu unterstützen, dessen Mehrwert Timo als subjektiv irrelevant bezeichnet.

Die sich abzeichnende Rationalisierung in Form einer limitativen Eingrenzung der Technik findet ihre Entsprechung bei der Modellierung des Computermediums:

(274)
T: Also meinst du jetzt, wie man den BEDIENT? Wie, soll ich dir jetzt sagen, wie man den hoch fährt? Wie man Programme öffnet? Und dann schnelles Schreiben macht oder-
I: Was verstehst du unter einem Computer, wenn du mir den beschreiben solltest. Was ist das eigentlich?
T: Hm, na ja (3) das ist eigentlich ein großer Taschenrechner, mit SEHR vielen Funktionen. Und, wenn man halt bestimmte Knöpfe drückt, dann RECHNET der auch eigentlich ganz normal nur. Und die Ergebnisse werden halt dann am Bildschirm ausgegeben. Also, MEHR als ein Taschenrechner ist das im Prinzip eigentlich AUCH nicht.
I: Mhm. Und, äh, ja, du hast jetzt schon gesagt so mit Hochfahren und so. Wenn du, also jetzt so die Bedienung, wenn du mir- oder könntest du mir erklären, wie so ein Computer aufgebaut ist? Oder wie der funktioniert?
T: Oh Gott ((lacht)). Äh, äh (2) ja, wie funktioniert denn das so? Na jäh- (2) // I: So ungefähr. // T: Meinst Du mit den ganzen Zahlen und so? Oh nee ((seufzt)) keine Ahnung ((lacht)), nee.
I: Na ja, aber du hast ja schon mal in einen Computer rein geguckt, ne.
T: Ja klar.
I: Also so der Aufbau von so einem Ding. Hast du den dann, (1) hast du dir den dann sozusagen nur angeguckt, oder-
T: Na ja, angeguckt ist immer schön GUT, aber wenn weiß ich nicht dann halt was nicht FUNKTIONIERT, dann ein bisschen RUMgebastelt und andersrum rein gesteckt oder so. // I: Mhm. Mhm. // T: Na ja, lässt sich jetzt schwer erklären (3).

Die Nachfrage deutet daraufhin, dass Timo bezüglich der Bitte nach einer Beschreibung vielgestaltige Zugangsweisen der Erklärung für denkbar hält. Er breitet ein Spektrum von mehreren Anknüpfungspunkten aus, von der „Bedienung", der basalen Fertigkeit des Anmachens, der Menüführung und der Textverarbeitung. Darin dokumentiert sich eine Mehrperspektivität und diese wiederum meldet dem Interviewer zurück, dass die Frage nach einer einfachen Erzählung des Computers so gar nicht erfüllbar sei, da es sich um einen komplexen Gegenstand handelt. Auf die immanente Nachfrage überlegt er entsprechend einen Moment. Seine Beschreibung beginnt mit der funktionalen

Gleichsetzung des PCs mit einem Taschenrechner mit dem Unterschied der Multifunktionalität. Die Funktionsweise schildert er sachlich-nüchtern, als Ablauf eines Eingabe-Ausgabe-Prinzips. Dabei reduziert er den PC auf seine technologische Grundoperation, das Rechnen. Darin dokumentiert sich eine Rationalisierung und Entmystifizierung der Technik, die mit einem erneuten Hinweis auf die Funktionsäquivalenz des PC mit einem Taschenrechner validiert wird.

Die Reaktion auf die Nachfrage nach genaueren Funktionsprinzipien (in Form des lachenden „Oh Gott") dokumentiert einerseits die von Timo wahrgenommene Schwierigkeit der Frage. Anderseits deutet sich darin an, dass er sich über die von mir aufgeworfene Idee der Beantwortbarkeit tendenziell amüsiert, dass es also in Prinzip nicht möglich sei, hierauf präzise zu antworten. Dennoch lässt er sich darauf ein und führt sich die Frage selbst vor Augen. Die Einschränkung, die als Ermutigung gemeint war, dass er sich also in der Antwort ruhig beschränken könne, führt Timo zu einer Gegenfrage, welche auf ein Verständnis, dass Zahlenoperationen der Funktionsweise zugrunde liegen müssen, hinweist. Diese Funktionsweise kann auch durch bloße Anschauung der PC-Architektur allein nicht hinreichend erklärt werden („angeguckt ist immer schön GUT"), wodurch Timo deutlich macht, dass Aufbau und Operationsweise zwei unterschiedliche Sphären für ihn darstellen.

Dass die Technik im Inneren zwar zentraler Bestandteil des Computermediums sein muss, die aber letztlich nicht anders als opak bleiben *kann*, zeigt eine Passage, an der Timo weiteres Interesse am PC schildert:

```
(159)
T: Also, jetzt würde mich noch interessieren, wie jetzt so ein
Rechner noch GENAUER aufgebaut ist. Wie das mit den ganzen Pro-
zessoren und so funktioniert. Also, okay, Zusammenstecken das
ist ja KEIN Problem (3), aber was das dann eigentlich so rich-
tig FUNKTIONIERT da drin, das weiß ja KEINER eigentlich rich-
tig.
```

Im Prinzip, folgt man Timo Darstellung, hat man mit der Ebene des oberflächlichen „Steckens" das tatsächliche Operationsprinzip des Computermediums noch gar nicht erreicht. Die Prozesse auf einer technologischen Ebene bleiben unsichtbar, gleichzeitig gilt Timo Interesse genau dieser Ebene.

Ein weiteres Dokument dieser Orientierung an einem rational-strukturellen Ermöglichungscharakter von Technologie bietet seine Modellierung des Internet:

```
(288)
T: Also, kurz, ich würde dir sagen, dass es aus einem militäri-
schen Projekt ist, von den Amerikanern. Ja. Und dass das
eigentlich gar nicht für die Öffentlichkeit bestimmt war da-
mals. Dass wir das aber trotzdem gekriegt haben dann. Und, dass
es halt (2) eine RIESENdatenbank ist, von Daten, die wir halt
ÜBERALL und ALLE Zeit abrufen können. Und dass, wenn halt mal
EIN Rechner mal nicht funktioniert, dann gehen wir halt an den
NÄCHSTEN ran, da haben wir dann genau dieselben Daten. Also wie
ein riesengroßer Speicher ist das eigentlich.
```

> I: Mhm. Und könntest du mir beim Internet irgendwie erklären
> oder beschreiben, wie das aufgebaut ist? Oder wie das so funk-
> tioniert?
> T: Hm (3) na ja, halt jeder Rechner hat seine eigene IP Adres-
> se. Und der loggt sich dann halt in dieses Riesennetz von ande-
> ren Usern und so ein. Und dann kann man halt auf die Daten von
> den anderen Computern zugreifen.

Dass Timo die Antwort auf meine Bitte mit „kurz" beginnt, verweist darauf, dass das Internet für ihn im Prinzip ein mehr oder weniger *logisches* Prinzip darstellt, was keiner langen Erklärung bedarf, sondern in einigen wenigen und zentralen Aspekten zusammengefasst werden kann. Er schildert darauf hin den gesellschaftlichen und ideengeschichtlichen Hintergrund und die Diffusion dieser Technologie aus einer speziellen Sphäre zu einem sozial verfügbaren Medium für alle („wir haben das gekriegt"). Er rekurriert hier auf die Geschichte des Internet, die auf das militärische ARPA-Net zurückgeht und bis in die späten 1960er Jahre zurückgeht. Implizit deutlich wird dabei, inwieweit Timo Schilderung eine Vorstellung davon erahnen lässt, inwiefern mit der Diffusion einer ehemals exklusiven Kommunikationsanwendung mit einem Innovationsschub verbunden ist und eine technische Netzwerkstruktur zu einem (sozialen) Handlungsraum geworden ist. Deutlich werden in diesem Zusammenhang erneut die Kategorien der *Handlungserweiterung* und der *Rationalisierung*, von denen auch Timo Erzählungen bezüglich seiner Mediennutzungsszenarien durchdrungen sind. Im Mittelpunkt seiner weiteren Erklärung der Technologie steht dann das Speicherprinzip, welches eine uneingeschränkte Benutzbarkeit zur Verfügung stellt. Das Abrufprinzip erklärt er durch den Aufbau von Zentrum und Peripherie, deren singuläre Dysfunktion nicht zum Ausfall des Datenspeichers führt. Die Nachfrage zum Aufbau des Internets beantwortet er mit Prinzip der Vernetzung. Sein Orientierungsrahmen verdichtet sich hier zu einem zweckrational-technischen Muster an Aufbau und Operationsweise von Technik.

Auch bei Andreas lässt sich, zunächst in Ansätzen, der Gebrauch einer technologischen Semantik erkennen, vor allem aber auch die Reduktion des Computermediums auf ein quasi handwerklich zu gebrauchendes Werkzeug:

> (19)
> A: Ja, in meinem eigenen Zimmer auch. Internetanschluss, DHL
> oder DSL, keine Ahnung. Ich kann den ganzen Monat halt über ins
> Internet.
> I: Was hast du für einen Computer? Weißt du das?
> A: Technische Daten weiß ich eigentlich NICHT wirklich. Also,
> man kann nur vernünftig eigentlich damit UMGEHEN.
> I: Mhm. Okay, also was das so ungefähr so für einer ist…
> A: Das ist eigentlich ein VERNÜNFTIGER, auf jeden Fall SCHNELL.

Indem Andreas seinem PC eine Vernünftigkeit attestiert, dokumentiert sich die Orientierung an einer technischen Rationalität, in der die Betonung vor allem etwas Richtigen und zugleich Beschränkenden herausgestellt wird. In einer anderen Passage signalisiert Andreas ein Interesse an den Prozessen im Inneren der Technologie. In seiner Art und

Weise, dies in eine Frage an mich zu kleiden, zeigt sich eine gewisse Ähnlichkeit zu Sercan (siehe unten), der ebenfalls mit mir über technische Aspekte ins Gespräch zu kommen versuchte. Anders als Sercan jedoch, dem es hauptsächlich darum ging, gleichsam kompetitiv die Ausstattung meines eigenen PCS auszuloten, steht bei Andreas technisches Detailwissen im Fokus. Ausgangspunkt ist seine Schilderung, dass seine Mutter an seinem PC einmal Daten gelöscht hatte, die er sich daraufhin bemühte wiederzubeschaffen:

(149)
A: Dann habe ich mir die ganzen Sachen WIEDER geholt, weil da hatte ich einmal Glück, weil, da hatte sie es im Papierkorb gelassen und dann konnte ich alles wieder HERSTELLEN. Mal eine Frage, im Papierkorb, da, also ist das da eigentlich IMMER noch auf dem PC? So drauf? // I: Ja. // A: Und verbraucht immer noch den Speicherplatz?
I: Ja, ich glaube schon. Man muss es halt wieder herstellen. Es sind keine Daten, die man hat, sondern man muss ja immer auf wieder herstellen drücken, dann kann man die aber wieder verwenden. Dann sind die im ursprünglichen Zustand.
A: Ich meine vom Speicherplatz, ich meine [ob die den dann verbrauchen.]
I: [Ich glaube schon.] Es muss ja eigentlich so sein. So genau kenne ich mich AUCH nicht so gut damit aus ((lacht)).

Im Prinzip arbeitet Andreas sich hier am Phänomen der Differenz von Oberflächen- und Tiefenstruktur des Computermediums ab. Über einen grafischen Darstellungsmodus vermittelt der Computer den Eindruck eines sehr realitätsnahen Prinzips des Umgangs mit Müll, dessen man sich entledigt. Werden etwa Daten gelöscht, erscheinen sie, durch das Werfen in den Papierkorb, wie entsorgt, sichtbar auch daran, dass der Papierkorb in seiner Ikonographie auf dem Bildschirm als gefüllt dargestellt wird.

Dass es Andreas bereits gelang, einmal gelöschte Daten wiederzuholen, bezeichnet er als „Glück", weil sie sich noch dort befanden, er sie also im Modus des einfachen Wiederherausholens retten konnte: Damit ist aber das technologische Prinzip nicht verstanden, um dass es ihm hier geht und das ihn interessiert, nämlich welchen Status Daten haben, wenn sie in den Papierkorb geschoben werden und wie dies mit der Operationsweise des PCs in Verbindung steht. Deshalb fragt er sich, ob gelöschte Daten den gleichen Speicherplatz im Computer beanspruchen wie zu dem Zeitpunkt, als sie noch nicht gelöscht waren. Abstrakt gesehen verbirgt sich dahinter die Frage, welches Prinzip dem phänomenologisch Wahrnehmbaren des Computers zugrunde liegt, das heißt Andreas orientiert sich hier am Zusammenspiel von „konkreten Bildern und Prozessen, der Simulation und den dahinter stehenden Abstraktionen" des Mediums (Schelhowe 2007b: 147).

Meine Reaktion, die eigentlich der Frage ausweicht und sich nur auf den Akt des Wiederherstellens von Daten bezieht, stimmt ihn daher auch nicht zufrieden, sondern er möchte den technischen Mechanismus erklärt haben, nachdem dies funktioniert. So zeigt sich Andreas Orientierung genau darin, wie er mich hier in ein *technisches (Fach-) Gespräch* verwickelt, dies vermutlich auch deshalb, weil er mir eine gewisse *Expertise* auf diesem Gebiet unterstellt, von der er hofft, profitieren zu können. Allerdings, so zeigt der Abbruch der Passage, den ich hier, Andreas ins Wort fallend, vornehme, gestehe ich ein, dass ich innerhalb dieser technischen Orientierung selber Wissens- bzw. Verständnislücken habe und keine exakte, d. h. der Rationalität des Computers angemessene entsprechende Antwort geben kann. Ein Dokument seiner Orientierung an technischen Grundoperationen kommt auch an anderer Stelle zum Ausdruck, an der Andreas diese in einen werkzeugartigen Gebrauch des Mediums transformiert, und zwar bei seiner Praxis des Bildbearbeitens:

```
(432)
A: So Bilder bearbeiten manchmal, wenn mir irgendwas an einem
Bild, so schlechte Qualität oder so, kann man das verändern
oder selber so Bilder gestalten. Manchmal zum Beispiel vom
Label Aggro-Berlin oder so, da hatte ich so Hintergrundbilder
mal gemacht.
I: Was hast du das gemacht mit den Bildern?
A: Das ist eigentlich nicht kompliziert, einfach nur diesen
Labelnamen, die Buchstaben so-, Hintergrund gelöscht, und dann
auf so ein Berliner Bild, irgendetwas Typisches, so Berliner
Mauer, nee nicht Berliner Mauer, sondern Brandenburger Tor.
Einfach rüber gezogen. Oder irgendwas so Kleinigkeiten, wenn
irgendwas so WEG ist, wenn irgendwas so ist, kann ich das
manchmal auch so wegmachen. Oder halt die Qualität ein bisschen
aufbessern.
I: Womit machst du das dann, diese Bildbearbeitung?
A: (2) Wie heißt das- Paint-Shop-Pro-9 oder 8 oder so, ach weiß
ich nicht genau.
I: Was hast du überhaupt so auf deinen Computer drauf, also,
was ist das so?
A: Diese Grundprogramme, also Word, Excel, dann habe ich Mozilla für Internet, BearShare für Musik und so, Kazaa habe ich für
Musik, dann habe ich noch Emule, das hat jetzt mein Bekannter,
der benutzt den PC ja eigentlich MIT, drauf gemacht, für Filme,
und ja dieses Paint-Shop und Brennprogramme in Übermassen, weil
die kriegt man ja auch von diesen Download-Programmen. Nero6,
habe ich von meinem Vater bekommen.
```

Das Computermedium nimmt Andreas wahr als ein Mittel zur Herstellung und Bearbeitung eigener Produkte, die mittels geeigneter Programme umfangreich und kreativ gestaltet werden können. Interessant ist darüber hinaus, inwiefern Andreas über Kenntnisse über eine gewisse Programmhierarchie bzw. -systematik verfügt, indem er zu der Nennung der Programme jeweils einen konkreten Anwendungsbereich dazu erwähnt. Im Prinzip erscheint das Medium hier rational ausgestattet mit einer softwaremäßigen Grundlage („diese Grundprogramme") und zusätzlich verfügbaren Spezialprogrammen für jeweils unterschiedliche Einsatzbereiche, die sie abdecken. Weniger um deren Leistung als solche (im Sinne z. B. einer Euphorisierung ihrer Potenziale) geht es ihm dabei eher um eine handwerklich zu nennende Perspektive, die zur Umsetzung bestimmter Aufgaben eben auf bestimmte Applikationen zurückgreift.

Diese wiederum rationale Orientierung innerhalb der Wahrnehmung des Computermediums entfaltet sich weiterhin, wo Andreas Probleme schildert, die der Computer hin und wieder bereitet. Die Orientierung an einem rationalen und eher nüchternen Artefakt erscheint dabei verdoppelt: Einerseits kann der PC in seiner Funktionsweise beeinträchtigt sein aufgrund von Zusammenhängen, die ihrerseits auf technisch verursachten Problemkonstellationen beruhen. Andererseits werden diese von Andreas gleichsam abgeklärt als handwerklich zu bewältigende Situationen beschrieben. Der Rationalität des Computers muss mit einer ebenso gearteten, nämlich rationalen, Handlungsstrategie begegnet werden:

```
(452)
A: Na ja, wenn es zu lange dauert, oder wenn wirklich so rich-
tig viele Viren kommen oder so, das ist manchmal so, dann kommt
andauernd alle fünf Sekunden ein Virusalarm, dann muss ich den
PC einmal NEU starten und so. Manchmal-, deswegen muss der
jetzt auch mal neu gemacht werden irgendwie. Wenn er irgendwie
richtig lange für Kleinigkeiten braucht oder plötzlich irgend-
wie streikt, dann. Wenn ich im Internet bin, da wollte ich ein-
mal nur Word öffnen, und da hat er gestreikt. Und Word geöff-
net, da wollte ich wieder-, da wollte ich, dass er Word
vernünftig ÖFFNET und dann bin ich wieder auf die Internetseite
und da ist er bei diesem offenen Word geblieben und hat GAR NIX
mehr gemacht. Ohne Grund oder so, da war nicht einmal ein Pro-
gramm am Laden oder so.
I: Und dann, was hast du dann gemacht?
A: Dann habe ich den Computer halt noch einmal neu gestartet.
I: Ah. Und das hat dich geärgert oder wie?
A: Und die Popups nerven AUCH manchmal, wenn der dann irgendet-
was so auf Großbild macht so, einen Film sieht, oder (2) wir
auch manchmal SIMS spielen, das ist ja auch zum Teil Vollbild
und wenn dann Popups kommen, dann macht er das alles wieder
runter, erstmal Popup schließen und so.
```

Das Computermedium ist hier ein Objekt, welches bei Problemen erst einmal gebietet, Ruhe zu bewahren, anstatt in hektischen Aktionismus zu verfallen. Der PC muss z. B. erst dann wieder neu gestartet werden, wenn wirklich gar nichts mehr geht, etwa in dem Fall, dass er durch die Ankündigung eines tatsächlichen oder eines erwarteten Befalls durch Viren beeinträchtigt ist. Das heißt, wenn sich ein technisches Problem ergibt und sich dieses als Faktum soweit in den Vordergrund schiebt, dass die vorgängige Nutzung nicht mehr ausgeführt werden kann, ist der PC eben technisch beschädigt, und muss dann „auch mal neu gemacht werden irgendwie", ähnlich einem Gegenstand, der in die Reparatur gebracht werden muss, wenn er seinen Dienst versagt.

Der sich durch diese Passage ziehende Modus gleicht einer Wahrnehmung nach dem – etwas salopp formulierten – Motto „Problem erkannt, Problem gebannt", das, so unprätentiös es hier vorgebracht wird, in gewisser Weise an den Habitus eines technischen Kundenberaters erinnert, der ein Gerät zur Wartung und Reparatur begutachtet und es dabei zunächst in Betrieb nimmt, sein Funktionieren bzw. Nicht-Funktionieren in Augenschein nimmt und bei fehlerhafter Operationsweise eine technische Veränderung vornimmt. Die sich darin ausdrückende Wahrnehmung einer technisch gegebenen Rationalität zeichnet sich im Wesentlichen dadurch aus, dass sie jegliche Form von Metaphysik vermeidet, sondern sich bei Nicht-Funktionieren auf ein mehr oder weniger besonnenes Suchen nach Gründen dafür konzentriert: In diesem Sinne schildert Andreas auch den von ihm erlebten Absturz seines Computers als ein Szenario, in dem er nur zwei verschiedene Programme öffnet, die offenbar bei gleichzeitigem Offensein nicht harmonieren; ein Wechsel dazwischen ist nicht mehr möglich, obwohl es für diesen Sachverhalt nach Andreas Wahrnehmung eigentlich *keine* (technisch bedingte!) Ursache geben sollte, denn immerhin war im Hintergrund nicht einmal „ein Programm am Laden". Anstatt sich etwa darüber aufzuregen, kommt Andreas' Reaktion dieser als technisch bedingt wahrgenommenen Problematik entgegen und nimmt den Computer einfach neu in Betrieb. Damit ist seine Orientierung der Wahrnehmung des Computers erneut bestätigt. Sie bildet sich analog zu einer leblosen, technischen Maschine, von der man auch sprichwörtlich sagen kann, dass sie eben hin und wieder „streikt", was angesichts ihrer Rationalität gar nicht weiter verwunderlich ist, sondern vielmehr konstitutiver Bestandteil davon ist, den man nüchtern hinzunehmen und zu akzeptieren hat. Diese Orientierung reproduziert Andreas auch in der Passage zur Modellierung des Computers:

```
(460)
A: Man kann damit jetzt gut so Texte bearbeiten, man findet
viele Informationen, das ist BESSER als so-, du hast sozusagen
alle Duden und so, alles Mögliche. Verschiedene Fremdsprachen
und so, kannst du alles da herausfinden, dann kannst du ihn für
alles Mögliche nutzen, man kann sich selber Programme entwi-
ckeln. Man kann sich informieren, Bestellungen machen, verkau-
fen, alles, was man möchte geht über das Internet auch.
I: Mhm, und jetzt so ein Computer, so ein PC, könntest du mir
erklären, wie der aufgebaut ist oder wie der funktioniert?
A: (2) So von der Bedienung jetzt oder- (2) Das ist nicht wirk-
lich SCHWER, einfach-, die einfachsten Programme sind meistens
auch so mit Beschreibung, Hilfe und so. Und SO schwer zu bedie-
nen ist er eigentlich nicht.
I: Und der Computer, wie der der aufgebaut ist und funktio-
niert?
A: Das WEISS ich nicht. Ich weiß auch nicht, wie viel Mega-
hertz, so Gigahertz, oder was das auch immer sind da, meiner
hat. // I: Mhm // A: Also so etwas wüsste ich nicht mal von
meinem.
```

Der Computer kennzeichnet sich nach der Eigenschaft einer multifunktionalen Maschine, die nicht etwa aufgrund ihrer Grandiosität den Nutzwert älterer oder konventioneller Medienformate ersetzt oder überflüssig macht (wie bei Sercan), sondern eher erweitert und vereinfacht. Das Computermedium erscheint im Sinne einer „Technik für jedermann", deren Benutzung „nicht WIRKLICH schwer ist", zumal der Einblick in die grundlegenden Operationsweisen in Form basaler Programmwerkzeuge gleich mit einer Art Bedienungsanleitung ausgestattet ist („sind meistens auch so mit Beschreibung"): Diese informiert über ihre Funktionsweise und kann darüber hinaus bei der Benutzung behilflich sein. Dabei steht der Nutzen der in Form des Computers gegebenen Technologie für einen breiten Anwendungskontext im Vordergrund. Deren technische Spezifikationen im Detail haben hier aber nur untergeordnete Priorität, sie sind im Prinzip *als solche* bzw. für sich alleine nicht in jedem Fall wissenswert, stattdessen kennzeichnet

Andreas sie als beinahe egal („oder was das auch immer da sind"). Das Internet wiederum ist für Andreas

```
(468)
A: ...ein Programm, mit dem man verschiedene Seiten, wie Nach-
richten und so abrufen kann, mit dem man alle Informationen
herausholen kann. Man kann damit gratis Kontakt aufnehmen und
so was, man kann halt EINKAUFEN und so.
I: Und könntest du mir denn erklären, wie das Internet aufge-
baut ist? Oder wie das funktioniert?
A: (3) Funktioniert, Bedienung vielleicht so einfach. Ist ja
nicht SCHWER, man gibt oben den Text ein, was man HABEN will
oder sucht bei Google, das ist halt nur Seite vor, Seite zu-
rück, schließen und so. Man muss sich halt selbst so gucken, wo
man hin will.
```

Nach Art einer einfachen und nüchternen Charakterisierung ist das Internet für Andreas ein Programm gleich einer brauchbaren Datenbank, welche das „Abrufen" von Informationen ermöglicht. Im Modus einer bedienungsmäßigen Beherrschung und von nahezu jeder Überhöhung entkleidet erscheint es hier – bis auf die Funktion des „gratis" Kontaktaufnehmens – beinahe so rational wie das Medium des Teletextes, das ebenfalls, obgleich in reduzierter Form, das Bedürfnis nach grundlegender Informationsbeschaffung erfüllen kann.

6.3.2 Souveränität, Grandiosität und Leistungsfähigkeit von Technik

Ähnlich den deutschen Jungen des Sample beschreiben auch Sercan, Ferhat und Yüksel Computermedien vorrangig in einem technologischen Modus, der ihre Wahrnehmung dieser Medien kennzeichnet. Dabei werden jedoch unterschiedliche Akzente gesetzt, die einen anderen Orientierungsrahmen erkennen lassen.

Die Beschreibung des Computers durch Sercan arbeitet sich von außen nach innen vor: Sie beginnt phänomenologisch und schreitet zu einer Art innerer Aufbaustruktur fort, die sich als Zusammenwirken verschiedener und ineinander verschachtelter Komponenten des Mediums darstellt, die in einem hierarchischen Zusammenhang stehen:

```
(451)
S: Also, ein Computer ist ein Gerät. Mit einem Rechner, Rechner
ist das HAUPTTEIL von einem Computer. Also, ja, Rechner, im
Rechner gibt's ein Laufwerk. Und, ein Laufwerk, ja, also das
ist jetzt alles da drinne. Da gibt's ein Laufwerk, es gibt ei-
nen Belüfter, TV-Karte, Motherboard, das Motherboard ist das
WICHTIGSTE. (2) Dann gibt's noch ein- also TV-Karte hat nicht
JEDER, also meiner hat's ja schon halt (2). Würde so be-
schreiben. Da gibt's alles Bestandteile, also alle Teil sind in
dem Rechner drinne. Und außen drum gibt's ein Gehäuse, zum
Schutz. Es gibt einen Fernseher, einen Monitor. So, ja. (3) Es
gibt einen Monitor. Wo du dann die CD in den Rechner rein
steckst, wo du das dann halt sehen kannst und so. Dann gibt's
```

eine Tastatur zum Schreiben. Und eine Maus. Also, ja, der Computer ist- also SO GUT kann ich das nicht beschreiben.

Wichtig sind Sercan dabei die Benennung von Input-Output-Mechanismen, die er als bestimmte Effekte beschreibt. Dabei sind es vor allem bestimmte technische Ausstattungsmerkmale, die er für die Charakterisierung des Computers angibt: Neben der Grundausstattung, die ein jedes Computermedium als Artefakt besitzt und die „alle da drinne" sein müssen besticht der Computer für Sercan durch solche Feature, über die eben *nicht* jeder verfügt und die das Thema der *Distinktion durch Ausstattung* aufwirft. Sercan aktualisiert hier einen Aspekt bezüglich seiner Wahrnehmung des Computers, der bereits in einer früheren Passage auftauchte, in der er schilderte, was für einen Computer er besitzt:

(28)
S: Äh, also zwei Gigahertz, ein Zwei-Gigahertz-Computer. Und eine TV-Karte, also das bedeutet dass man sich Fernsehen angucken kann. 512 (1) Arbeitsspeicher, also 80 Gigabyte-Festplatte, also so, ja. Und mein Vater hat einen eigenen Laptop.
I: *Aha, das heißt ihr habt zwei Computer [oder]*
S: [Zwei] Computer. Also, dieser Rechner da, der war schon ganz alt, so 133 Megahertz, aber mein Vater hat da so Teile gekauft, so aufgemotzt dann, den Computer.
I: *Mhm, aufgemotzt, das hat dein Vater da gemacht?*
S: Ja, der hat ALLES wieder neu gemacht. Mit unten so LICHT, so Neonlicht irgendwie, und, das sieht schon RICHTIG gut aus.

In der bewussten Betonung und dem Gebrauch technischer Fachtermini vermittelt Sercan seinen PC als hochwertig, schnell und mit leistungsstarken Komponenten ausgestattet. Computertechnik ist eine gestaltbare, die sich durch den bastelnden Umgang damit aufrüsten lässt, wodurch sie, obwohl eigentlich „schon ganz alt", wieder in neuem Glanz erstrahlen kann und sich dadurch individualisieren und personalisieren lässt[186]. Dies verdeutlicht er an der Praxis seines Vaters, der in einer Weise, die Sercan als technikkompetent schildert, den Computer „aufgemotzt" hat. An dieser Praxis des sogenannten case moddings[187] ist Sercan zwar selbst unbeteiligt bzw. hat dies nicht selber durchgeführt. Entscheidend ist vielmehr, dass, und das dokumentiert diese Passage, dies seine Wahrnehmung von Technik als leistungsstark, distinktiv und optisch exquisit prägt. Dies steht in maximalem Kontrast zu den Schilderungen der deutschen Jungen, die ihre eigene Computertechnik viel eher rationalisieren (er soll lediglich „vernünftig" sein, keinen „Schnick-Schnack" enthalten) oder sogar symbolisch beschränken („ein 56K-Modem reicht").

Bedeutsam in diesem Zusammenhang ist, wie bei Sercan Technik in ihrer Wahrneh-

---

[186] Siehe zu dieser *Gestaltungspraxis* von Technik und ihrer Inszenierung auch Hacke 2007.
[187] *Case modding* (abgeleitet aus dem englischen *case* = *Gehäuse* und *modification* = *Veränderung*) bezeichnet primär das Verändern der äußeren Erscheinungsform des Computers zur optischen Aufwertung. Dazu zählt vor allem die optische Bearbeitung der im normalen Gehäuse unsichtbaren Komponenten; andererseits kann auch die technische Modifikation von Hardware-Komponenten als Modding bezeichnet werden. Dabei handelt es sich um eine vorrangig männlich dominierte Praxis der individuellen Gestaltung des Computers, zu der im Internet vielfache kommerzielle und private Anleitungen und Austauschmöglichkeiten existieren (vgl. dazu auch Buchen/Straub 2006b: 97).

mung als etwas Leistungsfähiges auch zu einer *kompetitiven* Haltung führt: Gegen Ende des Interviews möchte er unbedingt wissen, was für einen Computer ich besitze, wobei ihn hauptsächlich dessen leistungsbezogene Ausstattungsmerkmale interessieren („und – wie viel Gigahertz?"). Neben der Orientierung am Muster der *Distinktion durch Ausstattung* charakterisiert Sercan den Computer wiederholt als Rechner, der sich infolge unterschiedlicher Komponenten als verschieden darstellen kann:

```
(457)
S: Also, ein Computer, da gibt's viele, es gibt viele (3), es
gibt VIELE ARTEN von PCs. Rechner. Normal ist ein Rechner so
klein, mal sind die so groß. Und, also es gibt jetzt so Mega-
hertz. Zurzeit ist es so in Gigahertz geworden. Umso mehr Giga-
hertz es ist, umso schneller ist der Computer. Und, dann gibt's
so eine Grafikkarte. Umso besser die Grafikkarte, sieht die
Grafik und so aus. Ich würde mal sagen „GeForce4" ist am ALLER-
besten. Es gibt VIELE Grafikkarten, ich kenne jetzt halt nur
„GeForce4", DIE ist halt cool ((lacht)), aber ich kenne auch
andere. Und, dann gibt's ein Mainboard, Motherboard. Ist das
Gleiche, glaube ich. Das ist der Hauptteil des Rechners. Ohne
das kann man GAR NICHTS machen. Eigentlich kann man überhaupt
gar nicht, wenn so- Danach hast du so ein Laufwerk, das gehört
auch zum Rechner dazu. Und, na ja.
```

Nach Sercans Erklärungstheorie existieren Computer in allen möglichen Erscheinungsformen. Entscheidend für das Funktionieren ist das Vorhandensein bestimmter Leistungsmerkmale, die in Form spezifischer innerer Strukturen gegeben sind bzw. von ihnen abhängen, wobei die technische Entwicklung fortschreitet und zu immer besseren, leistungsfähigeren Abläufen und somit insgesamt schnelleren Geräten führt. Die Form der visuellen Darstellungsmöglichkeit ist ihm dabei besonders wichtig: Sie erfordert eine leistungsstarke Grafikkarte, deren prototypischen Vertreter Sercan auch gleichzeitig benennt und sie aus einem Ensemble verfügbarer Komponenten besonders *hervorhebt*. Es geht im Weiteren um „den Hauptteil" des Rechners, der für Sercan das Herzstück darstellt, ohne den man „GAR NICHTS" machen kann: Diese Technik muss funktionsfähig sein, ansonsten ist der Nutzer machtlos und handlungsunfähig.

Deutlich wird hier, dass es weniger um das tatsächliche Zusammenwirken der einzelnen Bestandteile auf einer (technischen) Operationsebene geht, sondern um den Ermöglichungscharakter der Technik einerseits im Effekt, den die innerlich ablaufenden Prozesse auf der Oberfläche haben, und andererseits für den Technik besitzenden und benutzenden Akteur als Subjekt, der über diese leistungsstarken Aspekte dann verfügt. Dieser sich hier zeigende Topos der grandiosen Ermöglichung dokumentiert sich auch bei der Modellierung des Internet:

```
(459)
S: Internet, das ist (4), Internet, ich kann ja jetzt auch
nicht sagen „Internet ist eine Seite", nein nein. Internet ist
ein Programm, besser gesagt, wo du ALLES finden- wo du machen
kannst, wo du ALLES machen kannst. Also, wo du was drüber er-
fahren willst, du KANNST das erfahren. Du kannst ALLES runter-
laden, Filme, Musik, du kannst Spiele spielen. Ja, DAS ist es
```

also. Ich würde dann sagen, Internet gehört auch zum Computer
DAZU. Dann würde ich auch sagen Internet macht Spaß. So was.

Die Internettechnologie ist hier etwas hochkomplexes, daher nicht reduzierbar auf etwas singulär sichtbares, etwa in Form lediglich „einer Seite" – eher handelt es sich um ein Programm, das zu maximalen Handlungsoptionen befähigt, und zwar weniger zu speziellen oder ganz bestimmten (zum Beispiel „finden", was eher der gezielten Informationsrecherche entspricht), sondern darüber hinaus vielmehr der Umsetzung einer totalen Handlungs- und Erfahrungsfreiheit entspricht, sprachlich umgesetzt im mehrfachen und betonten „ALLES". Es ermöglicht die Verfügung über den maximalen und uneingeschränkten Zugriff auf Inhalte und Erlebnisse unterschiedlichster Provenienz („Filme, Musik" und „Spiele"). Es entspricht einer Art *Wunscherfüllungstechnologie* und erinnert hier an eine Programmatik des „du willst es – du kannst es". Es ist nicht überraschend, dass Sercans Orientierung Computer *ohne* Internetzugang als unbedingt zusammengehörig sieht; ein Computer ohne Internet wäre gleichsam flügellahm und um den Zugang zu einem über das unmittelbare Gerät hinausgehenden grandiosen Erfahrungs- und Erlebnisraum gleichsam beraubt.

Die Verfügung über Technologie macht es denn auch möglich, bei minimalem Aufwand große Wirkungen bzw. Effekte zu erzielen, wie in einer weiteren Passage deutlich wird:

(468)
S: Gucken wir jetzt, also ((Geräusche von Fingern auf dem Tisch)), DAS ist der Monitor, so, ne, hier ist der Arbeitsplatz, Papierkorb, und DAS ist dann das Internet. Wenn sie jetzt hier raufklicken, kommt ein großes Bild und so, und HIER oben, äh, klicken sie REIN, was für eine Seite sie haben wollen. // I: Ah ja // S: Also, dann würde ich auch nicht dazu sagen, sie müssen nicht „www" und so schreiben, ich würde sagen dann müssen sie W-W-W PUNKT, sagen wir mal, ja über WAS wollen sie was erfahren? Über die Arbeitsstelle? Ja, okay, wie heißt das? Sagen wir mal „Revier" (1). So, also klicken sie „Revier" rein, und dann Punkt de. Klicken sie rein, sehen sie, DAS ist jetzt ALLES über ihr Revier. Aber wenn sie jetzt ausländische Seiten reingehen möchten, dann müssen sie auch manchmal com, das gibt's auch, COM.
I: *Ja, mhm, und innen drin, das Internet? Also, wie ist das so aufgebaut so zu sagen, also wie funktioniert das denn mit diesen Seiten da?*
S: Das Internet, das ist eigentlich SEHR leicht damit umzugehen. Also JEDER Mensch kann das heutzutage. Und, (3) das ist eigentlich SEHR leicht. Also, nach einem Mal sehen, da KÖNNEN sie das. Einfach so, das ist wirklich sehr leicht, einfach „www Punkt, das und das Punkt de". Noch ein Vorschlag von mir, eigentlich, wenn sie ins Internet reingehen, und sie können nichts finden, gehen sie einfach www.google.de so, http://www.google.de, da gibt's auch froogle, da gibt's auch andere Seiten, Suchseiten und so, google halt, und danach steht da „Suchliste", klicken sie einfach was an, EGAL was sie machen, klicken sie „Tisch", dann auf „Bild", dann kommen ALLE Bilder von einem Tisch. Klicken sie auf „Web", auf „Seiten",

klicken sie auf „Tisch", kommen ALLE Seiten über Tisch. So alles halt, so wie der Tisch hergestellt wird und so. So was, ist eigentlich leicht. Internet ist so, gleich nach einem Mal sehen kann das JEDER. Wie gesagt, heutzutage kann das JEDER, jeder Mensch kann mit dem Internet umgehen.

Performativ begibt sich Sercan in die Situation eines Demonstrators, der mir zeigt, wie einfach und voraussetzungslos sich der technische Umgang mit dem Internet vollziehen lässt: Er imaginiert dazu einen vor uns befindlichen Computers mit Internetanschluss, mit welchem er im Folgenden eine Interaktion gleichsam aufführt. Die Interviewfrage eröffnet für ihn sozusagen eine Bühne, die er dazu nutzt, sich als Spezialisten für die Modellierung des Mediums und sein Funktionieren in Szene zu setzen.

Das Muster ist analog zur obigen Passage: eine einfache Eingabe des Nutzers ermöglicht sofortige Effekte („raufklicken, kommt großes Bild"), notwendig ist lediglich die Spezifizierung eines Wunsches, welcher in Form einer entsprechenden Anzeige sogleich erfüllt wird. Über die einzelnen Passagen der medienbezogenen Wahrnehmung hinweg lassen sich abschließend folgende Komponenten von Sercans Orientierung festhalten: Als positiver Gegenhorizont ist Technik omnipräsent, sie besteht aus Einzelbestandteilen, die zusammengenommen ihre Leistungsfähigkeit ausmachen bzw. generieren. Die Qualität dieser Einzelbestandteile ist ein Distinktionsmerkmal, das man einerseits kennen, andererseits besitzen sollte. Weiterhin eröffnet Technik dem Nutzer maximale Handlungsspielräume und -optionen. Damit ist zugleich der negative Gegenhorizont markiert, und zwar Technik, die minderwertig bzw. leistungsschwach ist. Sein Orientierungsrahmen lässt sich demnach als Aufbau/Operationsweise von Technik in Bezug zu Faszination, Leistung, Souveränität, Grandiosität verdichten.

Ein ähnliches Muster lässt bei <u>Ferhat</u> identifizieren: Dieser beeilt sich beispielsweise am Beginn des Interviews, mir mitzuteilen, dass er einen eigenen Laptop besitzt („ja KLAR"; 29) und dass dieser auch eine Internetverbindung verfügt („Ja, auch auf dem Laptop, also auch wenn ich RAUS gehe, habe ich Internet da drauf"; 31). Er kann also immer online sein und hat jederzeit grenzenlosen Zugriff, und zwar aufgrund des Verfügens über eigene, leistungsstarke Technologie.

Diese hier zunächst schwach aufscheinende Orientierung setzt sich weiter fort und steigert sich, vor allem in der Passage zur Modellierung. Den Computer als beschreibt Ferhat folgendermaßen:

```
(461)
F: dass das-, das man ihn BRAUCHT zum Beispiel, es ist viel
leichter Sachen auszuarbeiten damit, Texte. Es gibt ja Recht-
schreibprogramme da drin, die einem zeigen, wie man- ob was
FALSCH geschrieben ist. Einfacher, zum Beispiel, wenn man
Internetanschluss hat, dass man sich einfach so- dass man neue
MENSCHEN kennen lernen kann. (2) Und dass man einfach Spaß hat
dran.
```

Ferhat modelliert das Computermedium weniger in Form einer Arbeitstechnik, sondern viel eher als Nutztechnik, die den Arbeitsvollzug erleichtert und auf die man angewiesen ist, um etwas nicht „falsch" zu machen: Man „BRAUCHT" diese Technologie ganz einfach, um etwas nach außen hin Sichtbares gut zu machen und dann darüber zu verfügen. Die Art und Weise, wie er dies am Beispiel der Ausarbeitung von Texten verdeutlicht, signalisiert, dass die Leistungsfähigkeit des Computers sich weniger auf die Funktion der Korrektur als Hilfe *beim* Arbeiten bzw. währenddessen bezieht, sondern hauptsächlich als Garant dafür erscheint, dass das damit *ins Werk* gesetzte Produkt (eben der Text) phänomenologisch *ansehnlich* ist.

Darin dokumentiert sich: Die in Technik eingebaute Rationalität in Form von Unterstützern ist weniger etwas, das man bedienen oder erlernen muss, sondern was vor allem für ein Anzeigen dessen zuständig ist, dass man nach der erfolgreichen Benutzung über eine gutes *Resultat* verfügt. Das Potenzial im Inneren der Technologie erzeugt demnach sehr gute Effekte. Bezüglich des Aufbaus und Funktionsweise des Computers findet dies eine Weiterführung:

```
(465)
F: Ja, also- na ja, es gibt einfach, ohne Rechner, also ohne
Rechner funktioniert der Computer SOWIESO nicht, der Bildschirm
ist eigentlich Nebensache. Aber der gehört AUCH dazu, also das
gehört ALLES dazu. Tastatur, Maus, Rechner und Bildschirm,
meistens auch Boxen. Ja, und, aber das WICHTIGSTE Stück ist der
Rechner. Auf JEDEN Fall, weil DARAUF ist auch die Festplatte,
wo du deine Sachen speichern kannst. Dann gibt es auch noch
Grafikkarte, wenn man Spiele spielen möchte. Das ist AUCH wich-
tig. Ich spiele gute Spiele, um eine gute Grafik zu haben,
nicht dass man irgendwie solche Pixel drauf hat, so, einen
viereckigen Kopf oder so ((lacht)), sollte man schon eine gute
Grafikkarte haben, ja so was halt.
```

Den „Rechner" nimmt Ferhat gewissermaßen nach Art einer Zentraleinheit war, die ein Ensemble weiterer Geräte versorgt und am Laufen hält. Diese weiteren Geräte sind zwar ebenso wichtig bzw. machen erst die Gesamtheit des technischen Gebildes in seiner Ausstattung aus, verblassen aber angesichts der Prominenz des „Rechners". Dessen Stellung ist von herausgehobener Bedeutung, sichtbar auch an dem von Ferhat gebrauchten Ausdruck „Stück", denn dieser transportiert die Charakterisierung eines Objektes aus einer Menge mit Betonung dessen einzigartiger Qualität. Die Herausgehobenheit dieser Komponente steht für Ferhat unumstößlich fest („auf JEDEN Fall"). Dessen Funktion erscheint zunächst wiederum technologisch konnotiert, weil er ein Speicherprinzip ermöglicht.

Mit der daraufhin ins Spiel gebrachten Grafikkarte betont Ferhat ein Ausstattungsmerkmal, das sich durch Leistungsfähigkeit, Hochwertigkeit und Aktualität auszeichnen soll: Es geht ihm um das Neueste, welches sich von älteren und überholten Technik-Generationen abgrenzt, mithin um die Verfügung über eine souveräne Technologie, die wiederum gute Effekte erzeugt: Hierauf weist vor allem seine Analogie zum „viereckigen Kopf" hin, über den sich Ferhat lustig macht: Ältere, weniger leistungsstarke Technik ist nicht einmal annähernd in der Lage, etwas eigentlich rundes richtig darzustellen. Damit konturierte sich zugleich der negative Gegenhorizont in Ferhats Wahrnehmung, nämlich veraltete, schwache Technik, die es einfach nicht (mehr) bringt und an der Oberfläche nur minderwertige Ergebnisse erzielt. Als positiver Gegenhorizont steht dem entgegen, dass die im Inneren wirkende Technologie leistungs- und funktionsfähig, daher nicht schwach bzw. kümmerlich sein darf. Dies ermöglicht dem Computermedium vorrangig, Darstellungstechnik zu sein.

Das Internet wiederum ist für Ferhat ein globales Netz, das vor allem den visuellen Zugriff auf unbestimmte Inhalte („Sachen") erlaubt, wobei die thematische Auswahlmöglichkeit grenzenlos und unbeschränkt erscheint:

```
(467)
F: Internet ist ein System, oder ein Netzwerk, weltweit, wo man
sich halt also SACHEN angucken kann: Bilder, zu JEDEM Thema
gibt's das was, zu JEDEM. Also EGAL was man sucht, findet man
da. Das ist unbegrenzt, also ALLES Mögliche. Ob vom Fußball bis
zum was weiß ich was. Es gibt bestimmt eine eigene Homepage
für, äh (3) Essstäbchen oder so etwas ((lacht)), gibt's ALLES
Mögliche.
I: Und könntest du mir erklären, wie das Internet aufgebaut
ist? Wie das so funktioniert? // F: Aufgebaut (3). // I: Hast
du da eine Idee? // F: Ja. (5) Das ist halt ein Netzwerk. Ver-
binden, also jedes, mit jedem verbunden halt. // I: Mhm //
F: (3) Ja, das ist ja meistens von irgendeiner FIRMA aus, das
Internet. Von dem man Zugang hat und die haben ja so einen
Hauptanschluss wahrscheinlich. So ein richtig großes-, so eine
richtig große Maschine halt, da sind dann alle Computer, die da
angemeldet sind, dran angeschlossen. Die haben dann einen An-
schluss auch nach Hause dann.
```

Das Angebot, dass die global verbreitete Netztechnologie anbietet ist dabei so umfassend, dass der generalisierte Nutzer dort alle Möglichkeiten hat. In seiner Verfasstheit bietet das Internet Raum für Darstellungen und Angebote jedweder Couleur („was weiß ich was") und ist wie ein Schauplatz für alle möglichen und noch so ausgefallenen Inhalte; Ferhat überlegt hierzu eigens, welches absurde Beispiel ihm zur Verdeutlichung dieses Modells einfällt, was er dann in Form der Existenz einer Webseite vorträgt, die sich vermutlich ausschließlich dem Besteck asiatischer Esskultur widmet und deren Bestehen er belustigt für sehr wahrscheinlich hält. Die Technologie als solche deutet er in Form einer maximalen Verknüpfung von Anschlüssen („jedes, mit jedem verbunden halt") und weiterhin als den Zusammenhang von Knotenpunkten und daran angeschlossenen Computern, wobei er sich den Hauptanschluss als eine mächtige Maschine vorstellt („so ein richtig großes-, so eine richtig große Maschine"), die ihrerseits die weit verstreuten Abnehmer versorgt („da sind dann halt alle Computer, die da angemeldet sind, dran angeschlossen"). Insofern partizipiert der häusliche Internetnutzer für Ferhat an einer grandiosen und leistungsstarken Megamaschine, die das gesamte System versorgt und zusammenhält.

Die Wahrnehmung im Fall des dritten Jungen mit türkischem Migrationshintergrund, <u>Yüksel</u>, findet sich übergreifend in der folgenden Passage:

(359)
I: Wenn du mir mal beschreiben solltest, was ein Computer ist. Wie würdest du das machen? // Y: Also, beibringen oder nur sagen? // I: Einfach erzählen, beschreiben // Y: Also erstmal würde ich sagen Computer ist was SEHR gutes. Ein Glück gibt's also auch PCs. Ich würde auch sagen dass man sehr gute Sachen darin machen kann, wie zum Beispiel man kann was da rein speichern, man kann Spiele spielen, man kann's ins Internet gehen. Da kann man zum Beispiel, im Internet kann man ja auch alles machen. Du kannst zum Beispiel Zeitung lesen, braucht man nicht Zeitung kaufen. Ist ja auch so, also gibt's, oder (2) ich würde dir sagen gibt's auch Internet, du kannst zum Beispiel durch Internet mit der Webcam mit Mikrofon kannst du aus der Türkei, oder was weiß ich wo, oder aus USA, aus Indien, kannst du mit ihnen also chatten, reden, also braucht man nicht telefonieren. Also schon sehr geile Sachen, also sehr gute Sachen gibt's da drinne. Man hat auch sehr Spaß davon, würde ich Ihnen erzählen (2)
I: Und jetzt so das Internet? Wie würdest [du mir da]
Y: [Also ich würde] Ihnen sagen also dafür braucht man erst einen Anschluss und einen Anbieter. Und man muss erst so Modem und so kaufen, also alles so machen. Und wenn man alles HAT, dann würde ich sagen, also man muss erst die Adresse eingeben, würde ich sagen, und danach kommen auch die Sachen. Würde ich sagen, du kannst ALLES im Internet finden würde ich ihnen sagen. Ist ja auch so, gibt's ja man kann alles finden was man will. Was ich noch sagen würde- äh, wie es aufgebaut ist. (3) Ich würde auch sagen es ist sehr GUT aufgebaut. Gibt's also, gibt's sehr leichte Sachen, also wenn er sich gar nicht auskennen würde, wenn ich dir sage hier ist Internet geh rein, also du würdest das SEHR schnell kapieren. Das ist eigentlich schon sehr leicht. Man muss ja nur die Adresse eingeben und danach kommen schon die Sachen und danach steht da, wenn man eine Adresse eingibt, zum Beispiel Fußball-Adresse, wenn man zum Beispiel dann will man ja vielleicht nur wissen wie die letzte Woche gespielt haben. Dann drückt man drauf und dann kommt letzte Woche. Oder Tabelle oder, oder was vor zwei Monaten passiert ist. Oder dann drückt man dann wo anders dann drauf, also es ist immer so abgeteilt. Also es ist immer so unterschied- Würde ich Ihnen alles sagen.
I: Mhm. Du hast ja vorhin erzählt also wenn Du so mit dem PC was machst, wie meinst Du denn ist der aufgebaut, also hättest Du eine Idee?
Y: Also, äh, der braucht also bestimmte Sachen Festplatte braucht der, einen Kühler braucht der, Grafikkarte braucht der, braucht Megahertz, braucht also RAM, also MB braucht der, also braucht schon sehr viele Sachen. Ich habe ihn auch aufgemacht, ich habe meinen PC drinne gesehen, da sind sehr viele Kabel dort. Also wenn man so gucken würde, würde man sagen „ALTER - wie haben die es gemacht?" Das ist so RICHTIG kompliziert so was. Da ist auch ein Kühler der sich die ganze Zeit dreht, der alles kühlt und so. Also, also schon sehr kompliziert so was zu machen. Also ich bin auch auf den Gedanken gekommen, also, wie haben die es gemacht? Wenn man zum Beispiel was SPEICHERT, und wenn man immer so speichert speichert und man löscht auch. Wie

das von dem PC entleert wird. Also man denkt, du legst was rein, und danach löscht man das, das muss doch IMMER NOCH irgendwie drinne sein. Aber ist ja nicht mehr. Ist einfach WEG. Also das habe ich mich mal gefragt wie die auf so was gekommen sind. // I: Und was meinst du? // F: Also wenn man es löscht, also ich habe es auch meinem Freund gesagt, also „ja guck mal wie sind die auf so was gekommen?" Muss man doch sehr schlau sein um so was zu erfinden. Und da meinte er ja „also das sind ja Daten", und danach wenn man die löscht, und dann sind die einfach weg, kann man löschen. Dann sind die WEG. Also zum Beispiel, der Besitzer von Microsoft, der ist doch auch sehr reich. // I: Mhm // Y: Also wie hieß der, also wie hieß noch mal der Mann, ich wusste seinen Namen (2) // I: Bill Gates. // Y: Ja genau Bill Gates, genau und der ist auch sehr reich. // I: Ja // Y: Ja ja, also muss man ja so schlau sein. (3)

Nachdem Yüksels Nachfrage impliziert, dass er selbstverständlich über die Fähigkeit zu einer computerbezogenen Modellierung verfügt, schildert er im weiteren Verlauf der Passage Computermedien als etwas uneingeschränkt Positives, über dessen Verfügung der Mensch froh sein könne („ein Glück gibt's PCS"). Daran schließt sich eine beispielhafte Schilderung mehrerer, wiederum positiv konnotierter Handlungsoptionen an, die mittels des Artefakts realisierbar sind: Es bietet scheinbar unbegrenzte Möglichkeiten und ersetzt in seiner Operationsweise konventionelle Medien, wie beispielsweise das Printmedium Zeitung oder das Telefon. Vor allem in seinen kommunikativen Möglichkeiten liegen (technikbedingte und technikunterstützte) mächtige Potenziale der Überschreitung von Grenzen: So ist der Kontakt zu Leuten von „was weiß ich wo" möglich, worin Yüksel eine Substituierung des klassischen Telefonats anstatt dessen Erweiterung sieht. Darin dokumentiert sich seine euphorisierte Wahrnehmung der Leistungsfähigkeit von Technik („sehr geile Sachen, also sehr gute Sachen"), die das Internet als einen positiven Erlebnis- und Handlungsraum konstituiert.

Die Bedingungen, online gehen zu können, charakterisiert Yüksel zwar einerseits als technologisch voraussetzungsvoll, andererseits schätzt er diese insgesamt eher gering ein, denn sie sind im Prinzip relativ leicht herstellbar. Nach dem Einrichten der technischen Infrastruktur (Anschluss, Anbieter, Modem) erledigt sich der Rest gleichsam wie von selbst. Als Türöffner zur Welt des Internet erscheint lediglich das Eingeben einer Adresse, danach prozessiert die Internetnutzung nach Art eines „you can get what you want". Dass dies so ist, erklärt Yüksel mit der „guten" Konstruktionsweise des Internet, die es dem Nutzer so leicht wie möglich macht, sich darin zu bewegen: Vor allem findet man direkt und ohne Umwege das gewünschte Ziel, wobei der Nutzer von einem vollständigen und allzeit verfügbaren Angebot an allen erdenklichen Inhalten ausgehen darf. Das Internet erscheint darin euphorisch weniger als ein Medium des Suchens als eines des Findens, ständig und nebenbei verwendbar, vor allem auch in Situationen, in denen man als Nutzer „nur eben" mal etwas wissen möchte.

Yüksels Wahrnehmung des Computers ist von der Vorstellung der PC-Architektur geprägt, die zusammengesetzt ist aus verschiedenen Instanzen, welche zur Arbeitsweise „gebraucht" werden. Damit modelliert Yüksel den Computer in Form des Zusammenwirkens eines technologischen Bedingungsgefüges. Nach Art eines neugierigen Blicks gleichsam hinter die Kulissen („drinnen gesehen") stellt er dann dar, inwiefern sich hier eine faszinierende Sicht auf die nackte und entblößte Technik als solche eröffnet: Das Öffnen des PCs gibt ihm den Blick frei auf die komplizierte Verschaltung im Innenraum, für deren *Konstruktionsweise* er gleich mehrfach *Bewunderung* artikuliert („Alter – wie haben die es gemacht?").

Neben der Fokussierung auf die konkret sichtbare Funktionsweise dieser wundersamen Maschine und ihrer materiellen Gestalt („ein Kühler, der sich die ganze Zeit dreht") geht es ihm auch um die unsichtbar bleibenden Prozesse: Vor allem die Vorgänge des Speicherns und Löschens von Daten erscheinen ihm opak und er kann sie sich nicht erklären. Zum Ausdruck kommen darin wiederum eine *Faszination für* und eine *Bewunderung der visuell unsichtbar bleibenden Prozesse* des digitalen Mediums, an dessen Verstehen Yüksel aber weit weniger Interesse signalisiert, als an der Fähigkeit generalisierter Anderer, dieses an sich Unmögliche, Unsichtbare und Leistungsfähige gleichsam *in die Welt* gesetzt zu haben. So ist es neben der technischen Rationalität, an der sich Yüksel abarbeitet, gerade auch die Macht des Erfinders, etwas so Kompliziertes selbst herstellen zu können bzw. zu konstruieren.

Neben der Euphorisierung der *Leistungsfähigkeit von Technik* dokumentiert sich darin eine weitere wichtige Komponente von Yüksels positivem Gegenhorizont, nämlich die *Grandiosität des Verfügens* über Technik, die ihrerseits selbst grandios ist. Medientechnologie selbst erscheint hier sinnbildlich für Möglichkeiten des gesellschaftlichen Aufstiegs und des Erfolgs. In diesem Szenario erscheint ihm folgerichtig die Person des Bill Gates als eine, die es geschafft hat, durch Erfindung und Vermarktung von Technik zum Prototyp des klugen, vermögenden und erfolgreichen Mannes geworden zu sein. Im Gegensatz etwa zu Olaf, der sich darüber zu ärgern schien, warum er die Computertechnik nicht gut genug verstanden bzw. durchdrungen hat, um sie erklären und darstellen zu können, entwirft sich Yüksel als jemand, der leider nicht so schlau und erfolgreich ist, dass er eine so faszinierende und bewundernswerte Technologie einfach erfinden kann, um auf diesem Wege – genau wie die Technik als solche – Bewunderung zu ernten.

6.3.3 Schwierigkeit und Irrelevanz der Rationalität von Technik

In Kontrast zu den Jungen des Sample zeichnet sich die Wahrnehmung der Medien bei den Mädchen nicht durch technologische, also vorrangig an Aufbau und Operationsweise orientierte, Aspekte aus, sondern ist viel eher phänomenologisch geprägt.

Bezüglich der Wahrnehmung im Fall von Vanessa verdeutlicht sich zunächst eine Irrelevanz technologisch-abstrakter Strukturen und Kategorien von Computermedien: Einerseits konzediert sie die Beschäftigung mit der Computertechnik innerhalb des Schulunterrichts, („in ITG, da habe ich auch was, über das Innenleben des Computers was gelernt", 83). wobei der Lerngegenstand relativ diffus bleibt („was"); andererseits weist sie die inhaltliche Relevanz solchen Wissens für sich selbst weit von sich, worüber sie sich gleichzeitig belustigt („was ich aber wieder vergessen habe ((lacht))" 83). Vanessas eher phänomenologisch geprägte Wahrnehmungsweise kommt auch darin zum Ausdruck, in welcher Form sie ihre eigene technische Infrastruktur beschreibt.

Beispielsweise berichtet sie davon, dass sie hin und wieder mit dem Computer schreibt. Ich frage daraufhin, mit welchem Programm sie ihre Schreibpraxis gestaltet:

```
(137)
I: Wenn du sagst du schreibst, mit welchem Programm machst du
das denn?
V: ((seufzt)) (1) Oh, na ja mit Microsoft da halt (2)
I: Was hast du denn sonst so auf deinem Computer drauf, also
auf deinem eigenen?
V: (2) ((seufzt)) Oh Gott das sind so viele ((lacht)) (3) Noch
so, halt Excel und (3) oh die fallen mir alle irgendwie nicht
ein ((lacht)).
```

Die Frage nach der Spezifizierung des Schreibprogramms ruft bei ihr die Reaktion einer empfindenden Interjektion hervor, in der sich gegenüber meiner Frageintention eine distanzierende Verzögerung andeutet; kommunikativ signalisiert sie damit zunächst Ablehnung, die dann jedoch in die Nennung eines Herstellers mündet. Bereits hier ist angedeutet, wie wenig bedeutsam ihr die technisch korrekte Rationalität der Programmspezifikation ist. Meine Nachfrage nach weiterer vorhandener Software auf ihrem PC ruft ein ähnliches Muster hervor. Zunächst deuten sich sowohl eine Verzögerung als auch eine Verlegenheit an, wobei die vielen Pausen auf kognitive Suchbewegungen hindeuten, die Vanessa bemüht, um die Ausstattung ihres Computers mir gegenüber zu thematisieren. Sie benennt dann, inwiefern sie bzw. ihr Computer über eine große Anzahl von Programmen verfügt, die sie aber, mit Ausnahme des Tabellenkalkulationsprogramms Excel, nicht begrifflich spezifiziert und deren begriffliche Beschreibung sie darüber hinaus auch nicht weiter aktualisieren kann.

Ihre Reserviertheit gegenüber der technologisch kategorialen Rationalität von Computermedien dokumentiert sich schließlich auch in der Passage, wo ich sie darum bitte, mir eine Modellvorstellung dieser Medien zu entwerfen:

```
(362)
V: Oh Gott. ((lacht)) // I: Wie würdest du das machen? //
V: ((lacht)) ((seufzt)) (3) Also das ist eine KISTE ((lacht)).
Äh, da kann man (4) also es gibt auch einen BILDschirm und eine
Tastatur, und da kann man halt irgendwie mit schreiben. (2) Äh,
Musik runterladen, wenn man Internet hat. Irgendwas speichern.
Spielen (2) ((seufzt)). Ja (2) ja.
I: Könntest du mir denn erklären, wie so ein Computer aufgebaut
ist oder wie der funktioniert?
V: Nein ((lacht)) auf KEINEN Fall.
I: Na ja, weil du vorhin erzählt hast du hast mal in ITG so was
in der Richtung gehabt.
V: Ja ((lacht)), na ja (2) das ist dann aber DA rein und DA
wieder raus ((lacht)). Und von daher-
I: Also so die Funktionsweise von einem PC, könntest du mir da
irgendwas erklären?
V: ((lacht)) Nein.
I: Okay, mhm. Und noch mal zum Internet, also das gibt's ja zum
Beispiel noch gar nicht so lange. Wenn du dir vorstellst, ich
hätte davon noch nie gehört, dass es das also überhaupt gibt.
Internet. Wie würdest du mir das denn beschreiben?
```

V: (4) ((seufzt)) Also, das ist ((seufzt)) (3) Ja. Na ja da kann man (2) Sachen raus finden. Über bestimmte Themen. Man kann auch (2) auf Internetseiten gehen, wo halt was drauf steht irgendwie so was, über dieses Thema. Und man kann sich das dann ausdrucken lassen. Und man kann da chatten gehen. Und so was alles halt.
I: Mhm. Und könntest du mir erklären wie das Internet aufgebaut ist oder wie das funktioniert?
V: ((lacht)) Also DAVON habe ich erst recht keine Ahnung ((lacht)).
I: Mhm. Also es gibt ja zum Beispiel viele ältere Leute die noch nie im Internet waren, und die da auch gar keine Ahnung von haben. Wenn du so jemandem das mal erklären solltest?
V: Ich glaube da würde ich sagen, dass sie im Lexikon nachgucken sollen ((lacht)). Ja, also erklären könnte ich das nicht.

Die spontane Reaktion auf die Bitte, den Computer zu modellieren, wirft bei Vanessa, ähnlich den vorangegangenen Ausschnitten, die Reaktion eines performativen „Kopfzerbrechens" hervor („Oh Gott") und verdeutlicht, inwiefern sie mein Ansinnen als etwas scheinbar unmöglich zu Bewältigendes empfindet. Nach einer längeren Pause lässt sie sich dann aber doch darauf ein und beginnt mit einem phänomenologischen Begriffseinstieg („das ist eine Kiste"), begleitet von einer Belustigung und dem weiteren Versuch, deren Funktionsweise näher einzukreisen, was aber abbricht. Nach einer längeren Pause fährt sie mit dem visuellen Ausgabegerät fort („Bildschirm"), wobei die sprachliche Betonung verdeutlicht, inwieweit sie froh zu sein scheint, über eine konkrete bzw. bildlich-gegenständliche Modellierung zu einer flüssigeren Darstellungsweise zu kommen.

Ihre Darstellungsweise dokumentiert im Weiteren eine äußerliche, wenngleich mit einer gewissen Systematik verbundene Modellierung, denn die einzelnen Bestandteile werden von ihr in funktionaler Abhängigkeit voneinander benannt: Mit der Tastatur kann man beispielsweise „halt irgendwie schreiben", wobei wiederum gegenständlich wird, *dass* dies geschieht, nicht etwa *wie*. Ein Download etwa ist an die Verfügung über den Zugang zum Internet gebunden, weiterhin werden isolierte Funktionen wie etwa Speichern und Spielen genannt. Meine Bitte des Versuchs einer weitergehenden Erklärung und Differenzierung begegnet Vanessa deutlich ablehnend. In ihr Muster der Wahrnehmung passt dann auch stimmig, dass sie das technologisch geprägte und intendierte Angebot des schulischen ITG-Unterrichts als völlig an ihr vorbeigehend darstellt. In seiner Ausrichtung auf die Vermittlung vorrangig technologischer Zusammenhänge hat es überhaupt keine Spuren bei ihr hinterlassen („DA rein und DA wieder raus") bzw. ihr subjektives Wahrnehmungsmuster aufgrund kaum vorhandener Anschlussmöglichkeiten maximal verfehlt. Vanessas Modellierung des Internet zeigt eine ebenfalls deutliche Absehung davon, innere technische Abläufe oder Strukturen des Mediums zu charakterisieren; es ermöglicht ihrer Erklärung zufolge eine themengebundene und sachorientierte Informationsrecherche und ist insgesamt eine Art mehrfunktionales Artefakt.

Während schon die beschreibende Modellierung mit einigen Schwierigkeiten verbunden war, so ist es in Vanessas Sicht die Wahrnehmung innerer Abläufe „erst Recht". Je technisch-abstrakter es wird, so dokumentiert sich darin, desto weniger Relevanz hat dies für Vanessa und desto weniger „ahnungsvoll" nimmt sie sich wahr. Seinen Abschluss findet dies, als ich zum Schluss der Passage vorschlage, sich in eine ältere, und damit generationsmäßig Technik meist distanzierter gegenüberstehende Personengruppe, hineinzuversetzen, um dieser das Internet nahe zu bringen: Gerade weil sie Technik als etwas generell schwieriges empfindet, empfiehlt Vanessa zu dessen Verständnis die Lektüre eines Fachartikels („in einem Lexikon nachgucken"), also eines aus Sicht von Experten verfassten Einblicks zu Fragen bezüglich Aufbau und Operationsweise des Internet. Dies erscheint ihr als eine angemessene Quelle, sich eines so komplexen Artefaktes wie des Internet zu vergewissern bzw. sich darüber zu informieren. Technologie erscheint über die Passage hinweg als etwas begrifflich schwierig zu fassendes, das eigentlich nur im Rückgriff auf eine systematische Einarbeitung verstanden werden kann; dabei grenz sich Vanessa durchgehend davon ab, computerbezogene Abläufe durch Rückgriff auf eine technische Semantik zu erläutern bzw. zu benennen oder sogar selbst als jemand aufzutreten, dem es relevant erscheint, entsprechende Zusammenhänge für sich oder für andere begriflich zu machen oder zu demonstrieren.

In einer ähnlichen Weise stellt sich die Wahrnehmung von <u>Melanie</u> dar. Sie bejaht zunächst meine Frage, ob sie einen eigenen Computer besitzt; daraufhin möchte ich wissen, um was für einen es sich handelt:

```
(39)
M: Äh, keine Ahnung, so ein KLEINER, etwas älterer, aber für
mich REICHT der. Und meine Mutter hat noch einen. // I: Die hat
noch einen? // M: Ja also, einmal im Wohnzimmer steht einer,
und bei MIR im Zimmer.
```

Melanie gestaltet ihre Antwort im Rückgriff auf kategorial phänomenologische Merkmale, nämlich *Größe* und *Alter* ihres eigenen Computermediums. Im Nachsatz verdeutlich sich, inwiefern sie technische Spezifikationen als weitgehend außerhalb ihres Relevanzhorizontes liegend wahrnimmt, indem sie die Nutzbarkeit ihres so beschriebenen Computers für sich selbst als ausschlaggebend und hinreichend kennzeichnet. Wichtig erscheint hier zudem weniger, um *was* für eine Technik es sich in Melanies Umfeld überhaupt handelt, sondern wie diese sozial *verteilt* und somit zugänglich und nutzbar ist. Deutlich über der Relevanz der Funktionsweise steht in Melanies Wahrnehmung die Relevanz der gerätemäßigen, personalen und räumlichen Aufteilung.

Auch in einer anderen Passage wird deutlich, wie sich Melanie an der auf der Oberfläche von Technik abspielenden Benutzung abarbeitet und dabei Merkmale der technologischen Rationalität des Funktionierens als nicht nur weniger relevant, sondern vor allem als schwierig kennzeichnet:

```
(143)
M: Oder wenn ich halt sagen wir mal ich will beim Schreiben
eine Tabelle einfügen oder so, dann muss ich erstmal immer so
genau GUCKEN, und dann wegradieren und das ist voll schwer mit
dem Radiergummi zum Beispiel, finde ICH.
I: Ja, mhm. Das findest du schwer?
M: Ja ((lacht))
```

> I: Was machst du da? Tabelle einfügen?
> M: Ja, ich meinte jetzt zum Beispiel jetzt als wir ITG hatten, mussten wir auch manchmal so Tabellen einfügen, Zeilen, Spalten und so, und dann das immer wegzuradieren, wenn das FALSCH ist oder einfach wegzuklicken. (3) Hätten sie irgendwie EINFACHER machen können ((lacht)).
> I: Wie, die (1) Programmierer oder wie?
> M: =Ja. ((lacht)).

Geschildert wird, inwiefern ihr das Umsetzen eines technisch vorformatierten und damit vom Nutzer zu akzeptierenden Ablaufschemas Probleme bereitet, indem es zur Notwendigkeit führt, sich an die innerliche Gesetzmäßigkeit des Textverarbeitungsprogramms anzupassen: In ihrer Wahrnehmung erfordert dies eine präzise Koordination der eigenen Handhabung und des Blickes mit den Funktionserfordernissen der technischen Rationalität – genau dies empfindet sie als „voll schwer". Sie verdeutlicht dies am Beispiel des Erstellens von Tabellen: Während man mit dem Programm interagiert, kommt es beständig zu Fehlern bezüglich der Eingabe bzw. bei der Handhabung.

Das Vorkommen solcher unerwünschter Resultate, die Melanie ganz offensichtlich als selbstverständlich und grundlegend ansieht, beschäftigt sie als Nutzerin dauerhaft bzw., indem sie sich mit den dann erforderlichen Routinen immer wieder neu herumschlagen muss. Daraus erwächst der Wunsch einer erhöhten Benutzerfreundlichkeit, das heißt: Die technische bzw. programmmäßig unvermeidlich gegebene Rationalität ist ihr im Grunde zuwider. Dem gegenüber steht die Sichtweise, dass die Schwierigkeit, die Technik bereitet, im Prinzip durch einfache Abänderungen seitens der Konstrukteure bzw. Hersteller beseitigt werden könne, wobei das „sie", mit dem sie die Urheber anspricht (und die erst durch mich als „Programmierer" benannt werden) darauf hinweist, dass sie sich selber kaum über den Prozess der Konstruktion Gedanken gemacht hat.

Der von Ihr hier angesprochene Wunsch nach einer einfacheren *Usability* von Technologie reproduziert sich in einer weiteren Passage:

> (178)
> M: Also na ja ich finde SOWIESO die Logik von den Internetseiten-Machern, also das finde ich total KOMISCH. Also irgendwie, es ist doch alles voll durcheinander alles, ich weiß nicht. Also ich hätte das ganz anders gemacht, aber- // I: *Ach du hättest es anders [gemacht]* // M: [Ja, auf] jeden Fall. Ich hätte es auf jeden Fall mit nicht so vielen Farben gemacht, und das was am wichtigsten ist, das hätte ich alles in einer Farbe gemacht. Und die machen es ja total BUNT so. Manchmal muss man ja auch echt voll SUCHEN. Oder, da steht meinetwegen so „mein Haus", da steht „meine Wohnung", also TOTAL KOMISCH. Ich weiß gar nicht wie ich das erklären soll so. Weiß nicht, ich finde das irgendwie total immer durcheinander so.

Die Oberflächenstruktur des Internet nimmt Melanie als etwas wahr, das sie sehr grundsätzlich und von vorneherein betont in Frage stellt („sowieso"). Diese Grundsätzlichkeit stellt sich dadurch dar, dass es ihr nicht um eine konkrete Seite oder einen bestimmten Inhalt geht, den sie als Nutzerin rezipiert und der in seiner Nutzbarkeit problematisch oder schwierig erscheint, sondern es geht ihr um die Gesamtheit der abstrakten Systematik und der Struktur, welche sie hinter den Angeboten vermutet – eine „Logik", die sie den Internetseiten-Machern unterstellt.

Damit spricht sie zunächst die Produzenten bzw. Urheber der Online-Angebote an bzw. viel mehr deren Art und Weise, Inhalte zu präsentieren und zu verbreiten. Dass sie diese als „Macher" bezeichnet, verdeutlicht wiederum, dass sie die generalisierten Urheber von Angeboten nicht unbedingt spezifisch Rollenförmig ansieht (etwa als Firmen, Verbände oder Privatpersonen etc., die Inhalte online stellen), sondern als diffuse Menge von Akteuren, die etwas herstellen. Genau dies tun sie in einer Systematik, die Melanie nicht nur hin und wieder oder manchmal „KOMISCH" findet, sondern in einem umfassenden Sinne („total"). Betrachtet man den Begriff des „komischen" fällt auf, dass er – unabhängig von seiner alltäglichen Verwendung – in einem strengen Sinn ein Phänomen meint, das Lachen oder Heiterkeit impliziert. In Melanies Gebrauch zielt er auf das genaue Gegenteil ab und erscheint im Sinne von absurd und befremdlich. Das heißt: Die Rationalität des Resultates dessen, was „Internetseiten-Macher" tun, produziert eine Situation, in der ihr angesichts der von ihr wahrgenommenen Merkwürdigkeit quasi das Lachen im Halse stecken bleibt.

Die dargebotenen Inhalte empfindet sie in Ihrer Gesamtheit („alles") als „voll durcheinander", das heißt sie erlebt sie als strukturlosen, willkürlichen Zustand der Unordnung. Das world wide web erscheint hier als chaotische Ansammlung völlig unzusammenhängender, wahlloser Angebote, die Melanie wortwörtlich Kopfzerbrechen bereitet. In den Konjunktiv wechselnd zeigt sie daraufhin an, wie sie sich eine andere Rationalität der Technologie vorstellt bzw. wie diese von ihr selbst „gemacht" worden wäre. Hier stellt sich Melanie eine grundsätzlich andere Gestalt des Internet vor, wiederum nicht nur in einem bestimmten Bereich, sondern unter allen Umständen und ganz sicher („auf jeden Fall"): Sie wünscht sich eine von seiner Grundkonstitution her gedachte andere, fundamental verschiedene Rationalität der Präsentation von Internetangeboten als die Momentane.

Zunächst spricht sie die visuelle Struktur an, die sie bezüglich der optischen Wahrnehmung anders machen würde, und zwar mittels des Gebrauchs eines verringerten Farbspektrums. In ihrer Wahrnehmung zeichnet sich das Gesehene demnach durch eine inflationäre Colorierung aus, woran sie den Wunsch einer Vereinfachung durch Reduktion koppelt. Eine bessere Navigierung erscheint ihr auch auf dem Wege möglich, dass man wesentliche oder gleich alle Inhalte einheitlich darstellt, um sich Suchwege zu ersparen. Zusammenfassend lässt sich festhalten: Das Internet macht für Melanie in seiner Rationalität Probleme, da durch chaotische Darstellungsweisen die Wahrnehmung irritiert wird und dadurch das exakte und zielsichere Navigieren im Netz und das Finden von Inhalten darin erschwert werden.

Auf die von mir eingeleitete Passage der Modellierung reagiert Melanie mit einer bejahenden und zugleich belustigten Verzögerung, die signalisiert, dass sie sich auf mein Ansinnen im Sinne eines „Mal sehen was dabei herauskommt" durchaus einzulassen gedenkt. Sie suggeriert darin, dass dies einem „Abenteuer" gleichkommt, wenn sie eine entsprechend der Interviewfrage motivierte Bearbeitung des Themas vornehmen soll:

```
(496)
I: wenn du dir jetzt mal vorstellst, ich hätte gar keine Ahnung
von Computern.
```

M: (2) Okay [((lacht))].
I: [((lacht))] Ich wüsste gar nicht, was ein Computer eigentlich ist.
M: ((lacht))

Ihre Beschreibung folgt dann, darin sehr ähnlich zur Darstellung von Vanessa, dem Muster einer phänomenologischen Vergegenständlichung des Computers:

(501)
M: ((lacht)) Der ist VIERECKIG, da ist ein Monitor, dann gibt's da Tasten zu, eine Maus und so ein Gerät, wo man den an- und ausschalten kann. So. Ja und so denke ich mal würde ich das verstehen. So wie ein Fernseher, bloß kleiner, und das ist auch so flach. So würde ich das erklären.
I: Könntest du mir denn auch erklären, wie ein Computer aufgebaut ist, oder wie der funktioniert?
M: ((lacht)) Nein. (2) Das könnte ich nicht (2). Nein, das weiß ich ÜBERHAUPT nicht.
I: Und dann, wie ist das mit dem Internet, das gibt's ja zum Beispiel auch noch nicht so lange, also es gibt ja auch immer noch Leute, die da noch nie drin waren.
M: Ja?
I: Ja.
M: Da kenne ich niemanden ((lacht))
I: Ja, und stell dir mal vor, ich hätte noch nie davon gehört, dass es das Internet überhaupt gibt. Also ich würde das gar nicht kennen. Wie würdest du mir das denn beschreiben?
M: Da würde ich einfach sagen, du kannst in- da gibt's so eine SEITE, da kannst du dann ins INTERNET, und da kannst du dann ALLE Seiten, rauf und runter gehen, die du willst. Und dann erfährst du da immer was, so würde ich das jetzt- Und dann würde ich auch dann mit DIR dann da auf die Seite gehen, dann kannst du dann gucken. (2) ‚Ja, so würde ich das erklären'.
I: Ja. Und könntest du dann auch irgendwie beschreiben, wie das Internet aufgebaut ist? Oder wie das funktioniert?
M: ((lacht)) Nein. Davon habe ich KEINE Ahnung.
I: ((lacht)) Aber du bist ja da häufig drin und guckst dann auch nach Seiten, über Musik und so.
M: Ja, aber wie das aufgebaut ist-. (3) Hauptsache es GEHT ((lacht)).

Der Computer stellt sich für Melanie als ein Ensemble lose gekoppelter Einzelgeräte dar, das sie aufzählend und ohne erkennbaren Zusammenhang zueinander entwirft. Sie charakterisiert den PC hier als dezidiert untechnologische Ansammlung verschiedener Apparaturen einschließlich einer Stelle, an der sich das ganze in Betrieb nehmen und wieder abschalten lässt. Einer imaginierten Person, der Melanie also den Computer in generalisierter Form versuchen würde nahe zu bringen, stellte sich demnach das Bild einer zusammengestückelten Menge einzelner und isolierter Gegenstände.

Die Frage nach Aufbau und Funktionsweise wird von Melanie deutlich verneint, indem sie betont ihr Unvermögen artikuliert. Interessant ist weiterhin, wie Melanie auf meine zur Modellierung des Internet gebrauchte Behauptung reagiert, es gebe Personen ohne jegliche Erfahrungen im Umgang damit. Ihre erstaunte Rückfrage dokumentiert, dass sie dies tatsächlich nicht für möglich hält, was sie auch mit dem Verweis auf ihr bekannte Personen verstärkt („kenne ich niemanden"): Dadurch gibt sie zu erkennen, dass sie einen technisch-erklärenden Zugang für eine eher ungewöhnliche Art und Weise hält, sich dem Medium Internet zu nähern, da es ohnehin niemanden zu geben scheint, der eines solchen bedarf.

In der sich bezüglich des Computers angedeuteten Gegenständlichkeit modelliert Melanie dann auch das Internet: Der Einstieg erfolgt über eine bildliche Oberfläche („da gibt's so eine Seite"), über die man zunächst ins Internet gelangt. Diese bildet gleichsam eine Plattform, auf der man die Gesamtheit von Seiten „rauf und runter gehen" kann; hierbei bedient sich Melanie einer sprachlichen Ausdrucksform, die an das klassische und bei nahezu jeder Form der Computernutzung vorfindliche Scrolling erinnert, bei dem man innerhalb eines sichtbaren (Text-)Dokuments rauf und runter scrollt. Ihre Darstellung bleibt innerhalb dieser räumlichen Zweidimensionalität, welche andere Semantiken der Navigation, z. B. vor und zurück oder hinein und hinaus, unerwähnt lässt.

Diese Beschreibungsform hat in ihrer Modellierung gleichsam vorbereitenden Charakter, denn sie unterbricht ihre Schilderung zugunsten einer anderen Beschreibungsform: Die Schwierigkeit oder Unmöglichkeit, ein Artefakt wie das Internet begrifflich abstrakt zu vermitteln, führt sie zu der Idee des *zeigenden Präsentierens*, das Melanie bezüglich eines Internet-Novizen in Stellung bringt: Sie würde sich mit ihm zusammen auf die „Seite" begeben, damit er selbst dann „gucken" kann. Anstatt ein Bild von der Technologie zu *geben*, soll bzw. muss sich der Novize lieber selber, mit eigenen Augen, ein Bild davon *machen*. Etwaige Vorstellungen von technischen Ablaufstrukturen werden von ihr wiederum kategorisch abgelehnt („davon habe ich KEINE Ahnung"), relevant ist ihr allein das reibungslose Prozessieren der Nutzung, in der das „Reich der Technik" unsichtbar und darauf beschränkt bleibt, zu funktionieren („Hauptsache es GEHT"). Damit wird zugleich ihr positiver Gegenhorizont sichtbar: Technik sollte gut und einfach funktionieren, um damit etwas machen zu können; wichtig ist dafür die Analogie zu einem ähnlich einfachen und voraussetzungslosen ein- und auszuschaltenden elektronischen Gerät, das zudem keinerlei technische Schwierigkeiten macht: dem Fernseher. Dazu kontrastiert der entsprechende negative Gegenhorizont von Melanies Wahrnehmung, nämlich etwas technisch-kategorial explizieren zu müssen, das zudem ein benutzerunfreundliches Handling bzw. – erinnert man die Passage zuvor – eine schlechte Usability aufweist.

Ähnlich zu Vanessa und Melanie stellt sich auch die Wahrnehmung im Fall von <u>Carola</u> dar. Das Szenario des völlig Ahnungslosen, der nicht einmal im Entferntesten eine Vorstellung vom Computer hat, und dem sie eine grundlegende Modellvorstellung davon vermitteln soll, gleicht für sie zunächst einer Situation der Unmöglichkeit:

```
(211)
C: ((lacht)) Oh mein Gott ((lacht)), das wüsste ich gar nicht.
I: Hast du da irgendeine Idee?
C: (3) Also, du weißt nicht mal wie du den Computer anschal-
test?
I: Ich wüsste gar nichts.
```

> C: (3) Also, ich denke mal, ich würde erstmal erklären, wie man den Computer einschaltet, also WO und so. Wie man mit der Maus umgeht. Also, wo man dann reingehen kann, in welches Menü, also erst mal die Einzelheiten eben. Den Anfang alles erklären. Dass man also, erstmal wartet bis alles an ist, und so. Und dann eben wenn man irgendwo reingeht, wenn du irgendwo reingehen willst, zum Beispiel in den Paint, also malen willst oder so, dass ich dann eben zeige wo das geht und so. Und dass man das eben so lange macht, bis man- bis derjenige das im Kopf hat irgendwie. Bis er's raus hat.
> *I: Ja, und könntest du erklären, wie so ein Computer aufgebaut ist oder wie der funktioniert?*
> C: Ich glaube, also darin bin ich glaube ich nicht so gut. //
> *I: Mhm //* C: Ich glaube das würde ich nicht so leicht hinkriegen, mit den ganzen (2) also aus was der besteht und so.

In ihren Pausen dokumentiert sich, wie sie statt einer spontanen oder selbstverständlichen Definition einiges an Nachdenken für erforderlich hält. Ihre Modellierung des Computermediums erfolgt daraufhin in einem phänomenologisch-systematischen Modus, der an das alltägliche In-Betriebnehmen eines Computers durch einen Nutzer erinnert und das sie als Erklärungsfolie in Stellung bringt. Beginnend mit dem „Einschalten" an der korrekten Stelle, die Handhabung des Eingabegerätes und die Einführung in Menüstrukturen, einschließlich des Wartens darauf, „bis alles an ist". Dieses Muster steht für sie am „Anfang" und bildet eine Basis für die Bedingung der Möglichkeit, den Computer überhaupt benutzen zu können. Aufgeworfen ist damit eine gewisse Systematik von notwendigen Schritten und Handlungsvollzügen, die die Handhabung des Computermediums aufgrund seiner ihm eigenen Rationalität mit sich bringt.

Der Computer ist ein Artefakt, das sich bedienen lässt und bedient werden muss. Der von mir zur Einleitung der Frage gebrauchte Unwissende wird sich von ihr so vorgestellt, dass ihm ein ganz konkreter Zugang wichtig ist, und dem sie – ähnlich wie Melanie – ganz konkrete Handlungsschritte vermitteln würde. Deutlich wird dies auch daran, dass dies alles für Carola nicht unbedingt oder prinzipiell leicht oder von vorneherein klar ist, sondern durchaus eines längeren und wiederholten Tuns bedarf, bis sich für einen potentiellen User eine Vorstellung von der Nutzung und Nutzbarkeit des Computers eingestellt hat. Man macht eben etwas solange, bis man es „raus hat". Der Umgang mit der Phänomenologie des Computers stellt sich demnach für Carola keineswegs als so voraussetzungslos dar, sondern bedarf eines gewissen Sich-Einlassens darauf.

Inwiefern sich in ein solches Sich-Einlassen Probleme einschreiben, zeigt eine Passage, die ebenfalls in Carola Orientierungsmuster der Wahrnehmung von Medien passt:

> (206)
> C: Ja, zum Beispiel, wenn ich mir ganz sicher war, dass das eine Seite war die ich im Kopf habe, und dann die es gar nicht GIBT oder so, vielleicht, aber ich war mir ganz sicher. Dann rege ich mich manchmal VOLL DARÜBER auf. Und dann mache ich lieber den Computer aus.
> *I: Wie, dann machst du ihn gleich ganz aus?*
> C: Ja, manchmal rege ich mich so auf, dann mache ich den lieber aus, sonst (2) werde ich noch zu sauer oder so. Nur weil es die

Seite dann vielleicht doch nicht gab oder so, vielleicht war es auch MEINE Schuld, vielleicht weil ich mich dann geirrt habe oder so. Und dann sagen alle immer so zu mir „ja, du wirst immer viel zu schnell sauer, du rastest viel zu schnell AUS, du musst mal wieder runterkommen". Ja, ich bin immer so, wie sagt man, wenn ich manchmal etwas da nicht gleich hinkriege oder so, dann werde ich patzig immer und so. Ja, sonst habe ich eigentlich Ruhe. Sonst, wenn ich irgendwas mache.

Diese Episode verdeutlicht, wie sich Carola an der Rationalität von Medientechnik abarbeitet und dabei im Umgang mit dieser scheitert. Dabei kommt zu es zu einer intensiven Interaktion mit dem Medium, während dieser sie emotional stark involviert ist. Worüber sie sich hier im Kern ärgert, ist, dass sich eine vorgängige Vorstellung des Funktionierens der Benutzung des Mediums nicht adäquat umsetzen ließ, da sich die von ihr eigentlich „ganz sicher" gewusste Webseite nicht mehr auffinden ließ. Deutlich wird dabei, inwiefern es die Technik zu sein scheint, die etwas mit Carola macht, anstatt, zumindest in dieser Situation, sie mit ihr: Sie ist so aufgewühlt, dass Sie präventiv mit Abbruch reagiert, da sie ansonsten erwartet bzw. befürchtet, „noch zu sauer" zu werden, wobei sie nicht sicher zu sein scheint, ob sie die Schuld daran eher der Technologie oder sich selbst zuschreiben soll.

Anders als die Jungen, die eher distanzierte bis nüchterne Reaktionen schildern, die ihre Wahrnehmungen beim Umgang mit Medien begleiten und damit Beherrschung signalisieren, räumt Carola hier negative Empfindungen ein, die einen Bestandteil ihrer Involvierung mit der Technik ausmacht. Die Orientierung ihrer Wahrnehmung an der Schwierigkeit der Rationalität von Technik verdeutlicht sich auch darin, wie sie ihren Gefühlsausbruch bezüglich der gescheiterten Mediennutzung in Form einer Rückmeldung durch andere Personen weiter elaboriert („sagen immer alle zu mir"). Ebenso gibt sie zu verstehen, inwiefern sie dies häufig erlebt und insofern vor allem ihre Wahrnehmung des Computermediums als mit Schwierigkeiten verbunden sieht, denn während anderer, computerfreier Aktivitäten empfindet sie „eigentlich Ruhe".

Inwiefern zu einer solchen affektiven Involviertheit auch Momente von Sprachlosigkeit angesichts der Technologie treten verdeutlicht eine Passage, in der Carola der Internettechnologie insgesamt im Modus der Fassungslosigkeit gegenübersteht:

(222)
C: Ja ich habe mich schon IMMER, ich hab mich schon immer gefragt eigentlich, wie man in die Seiten REINkommt. Also, das irgendwie habe ich schon, also immer wenn mich jemand fragt bin ich immer sprachlos eigentlich. Ich weiß nie, wie kommt man in die Seite eigentlich rein? Oder wie ist das eigentlich mit der ganzen Technologie heutzutage? Überhaupt, über das ganze Netz und so. Ja, also das ist ja irgendwie eigentlich unfassbar, was man heute eben so schon geschaffen hat. Heutzutage eben. Also ich glaube ich könnte das gar nicht erklären, ich frage mich wie die Leute das MACHEN. Die es selbst ERFUNDEN haben, also ich frage mich wie man das erklären soll, also. // I: Würdest Du [selber denn] // C: [Also ich glaube], in dem Sinne eigentlich nicht, nein. Also weil das nicht so mein Ding ist, jetzt da mich so richtig reinzusteigern darin. Um das kennen zu ler-

nen. Mir reicht das aus, was ich mache am Computer, eigentlich schon. Ja.

Carola berichtet von einem „schon IMMER", und damit lange und anhaltenden Staunen über das operative Funktionieren der Internetnutzung als solcher. Das von ihr gebrauchte unpersönliche Pronomen macht deutlich, inwiefern sie sich nicht nur selbst anspricht, sondern das Staunen in eine generalisierte Form kleidet. In kommunikativen Situationen („wenn mich jemand fragt") ist sie nicht in der Lage, sich prinzipiell oder angemessen ausdrücken zu können, stattdessen erlebt sie sich dann als „sprachlos". Daran schließt sie zwei Fragestellungen an: Zum einen weiß sie, über eine tatsächliche handlungspraktische Benutzung des Internet hinaus, „nie" so recht, was da eigentlich wirklich, und das heißt technisch, vor sich geht. Darüberhinaus entwirft sich im Modus einer Beobachterin der modernen Medientechnologie als Ganzer, deren Genese sie vor allem in Gestalt der aktuell gegenwärtigen Form („heutzutage") für „unfassbar" hält. Sie sind nicht richtig greifbar, erscheinen eher fluide und kaum materialisierbar. Dabei geht es ihr nicht um ein einzelnes Artefakt, sondern um eine übergreifende Gesamtheit der digitalen Rationalität („Netz und so"), die „man" geschaffen hat, sodass in der Jetztzeit darüber verfügt werden kann. Angesichts derer sieht sie sich in Erklärungsnot gebracht, gerade in Bezug auf Prozesse von Herstellung und Erfindung. Anders als etwa Yüksel, der gegenüber der Konstruktion von Medientechnologie ebenfalls eine bewundernde Haltung artikuliert, geht es Carola überhaupt nicht darum, Grandiosität zu unterstellen und die damit verbundenen Merkmale als positiven Gegenhorizont zu entwerfen, sondern schlicht um die Feststellung, *dass* technische Entwicklungsprozesse stattgefunden haben bzw. weiter prozessieren, die man nicht richtig erklären kann.

Meine Nachfrage auf das Vorhandensein eines näheren Interesses an solchen Erklärungen unterbricht sie, was darauf hindeutet, dass Carola antizipiert, worauf diese abzielen sollte. Sie macht damit folgendes deutlich: Ihr Interesse richtet sich auf die pragmatische Nutzung von Medientechnologie, nicht auf den Bereich des rationalen Erklären Wollens. Eine persönliche Annäherung bzw. Beschäftigung mit der technischen Rationalität liegt außerhalb ihres subjektiven Relevanzbereiches, was sich vor allem auch im Begriff des „Reinsteigerns" transportiert, das Carola weitgehend ablehnt, um Technik mehr als nötig „kennen zu lernen". Gerade das Reinsteigern vermittelt die Bedeutung eines „tief Eindringens" und in etwas „Aufgehens", das denjenigen, der sich einer solcher Praxis verschreibt, über den Horizont alltäglicher Bedarfe und Relevanzen zu einem Experten macht.

6.3.4 Nichtzuständigkeit und Fremdheit der Technik

Neben einer übergreifenden Orientierung an phänomenologisch geprägten Sichtweisen zeigen die Mädchen mit türkischem Migrationshintergrund, anders als die drei zuvor skizzierten Fälle, eine zum Teil maximale Distanz gegenüber der Medientechnologie. So fällt beispielsweise Derya spontan und ohne zu überlegen eine Situation ein, die für sie mit „Nervereien" (264) am Computer verbunden war:

(265)
D: Oh ja, Werbung, die hatten wir früher oft mal. Aber irgendwie haben wir jetzt so ein Programm das das wegmacht, glaube ich ((lacht)). Aber diese Werbung hat mich schon genervt, und halt das, wenn ich was suche, dass andere Dinger kommen und NICHT das was ich suche. Das hat mich auch immer schon genervt. Und auch zum Beispiel das immer alles immer so langsam geht, und so kompliziert ist. // I: Inwiefern, wie meinst du das? // D: Ja, wenn man jetzt halt irgendwie was anklickt, dann kommt da manchmal was ganz ANDERES. Oder manchmal kommt dann ‚die Seite kann nicht geöffnet werden', und ich weiß gar nicht WARUM. Halt so Kleinigkeiten. Wenn es dann immer häufiger wird, dann stresst es mich langsam.

Was am Computer nervt, sind die sich in die Internetnutzung unerwünscht einschleichenden Inhalte. Deren Bewältigung mittels eines dafür eingesetzten Programms nimmt sie zwar wahr, findet dafür aber in der vorliegenden Passage kein Mittel der kommunikativen Bearbeitung. Sie ist sich nicht einmal ganz sicher, ob das Wegfallen der Werbung auf technischem Wege erfolgt ist. Wahrgenommen wird von ihr weniger der technische Prozess, auf dem die technische Schwierigkeit offenbar behoben wurde, sondern nur *dass* dies, auf heteronomem Weg „irgendwie" passiert sein muss. Weiterhin nimmt sie das Medium als ein solches wahr, das sie vor allem deshalb ärgert, weil es auf scheinbar eindeutige Eingaben nicht mit eindeutigen Reaktionen gleichsam antwortet. Ihre eigenen Handlungsvollzüge und das Resultat fallen demnach auseinander bzw. laufen nicht so synchron, wie sie dies gerne hätte. Für diesen Sachverhalt aktualisiert sie keine Möglichkeiten der Erklärung. Viel eher scheint, dass sie den Eindruck hat, das Medium verselbständige sich hin und wieder und entwickle quasi ein *Eigenleben*, vor dessen Fremdheit Derya ratlos zurückbleibt.

Die Wahrnehmung der Technologie in ihrem Status der Fremdheit wird von Derya darüber hinaus existentialisiert, indem sie die Frage der Genese von Inhalten im Netz an den Interviewer zurückgibt:

(172)
D: Ich weiß auch gar nicht, wer macht denn diese Dinger da rein?
I: *Na ja das ist unterschiedlich-* // D: Ganz normale, ganz normale Menschen, oder? // I: *Ja* // D: Ja, das wusste ich zum Beispiel jetzt nicht ((lacht)). Weil ich dachte irgendwie das IST einfach so, also IRGENDEIN Typ macht es da einfach alles rein. Aber stimmt, kann ja eigentlich nicht gehen. // I: *Naja, Internet ist ja so dass da eigentlich jeder was reinstellen kann. Also der einen Computer hat und weiß wie das geht der kann da was reinstellen, auf der ganzen Welt.* // D: Ja? Oh, das wusste ich zum Beispiel nicht. Keine Ahnung.

Derya ist fast überrascht, dass die Rezeption von Medienangeboten z. B. vor dem Hintergrund einer Angebot-Nutzungs-Struktur gesehen werden kann. Die Verfügbarkeit von Informationen wurde von ihr bislang einer diffusen männlichen Person zugeschrieben, wobei sie zu erkennen gibt, dass dies im Prinzip nicht der rechte Funktionsmechanismus sein kann. Die Möglichkeiten, content online zu stellen erscheinen als Ausdruck eigenen Nicht-Wissens, wobei die Distanz zu einer technikrationalen Sichtweise von ihr bekräftigt wird („keine Ahnung").

Die Wahrnehmung des Computermediums weniger als etwas eigenes, sondern viel eher fremdes kommt auch da zum Ausdruck, wo Derya ihre eigene Medienpraxis mit Rückgriff auf fremde Handlungen beschreibt, die sie selbst erst in die Lage versetzt haben, etwas am Computer zu machen, in diesem Fall Emailkontakte zu pflegen:

```
(275)
D: (2) Also ich habe mich gefreut als ich meine Emailadresse
bekommen habe, aber das habe ich ja nicht selber gemacht. //
I: Mhm, wer denn? // D: Der Exfreund von meiner Mutter. Weil,
der kennt sich halt sehr gut mit allen möglichen Dingen gut
aus, der ist auch Student. Und der kann voll gut mit dem Compu-
ter umgehen. Und der hat das alles für uns gemacht. Also die
Emailadresse eingerichtet, das und das eingerichtet, und darum.
```

Die positive Emotion des Verfügens über medientechnische Optionen resultiert nicht aus eigenen Handlungen, sondern aus einer Möglichkeit, die Derya durch andere bereitgestellt wurde. Ihre Wahrnehmung ist damit erneut an Fremdheit orientiert; diese ist in dieser Passage an den Exfreund ihrer Mutter gebunden, der mit seiner Expertise für die technische Infrastruktur von Derya und ihrer Mutter sorgt. Dieser erscheint hier gleichsam in doppelter Weise symbolisch *erhöht*, denn Derya attestiert ihm nicht nur Spezialkenntnisse, etwa bezüglich einer einzelnen und klar abgrenzbaren Domäne, sondern er kennt sich sehr gut „mit allen möglichen Dingen" aus; darüber hinaus nimmt sie ihn als eine Person mit höherem formalen Bildungskapital wahr („Student"). Deryas eigener Zugang zum Computermedium bzw. auch der ihrer Mutter vermittelt sich insofern *inferior*.

Ähnlich wie im Fall von Sunay (siehe unten) erscheint auch hier Technik als das *Projekt der Männer*, an dem diese die Frauen in helfender Weise einerseits partizipieren lassen, dass es andererseits *ohne* sie überhaupt nicht zu geben scheint:

```
(281)
D: Also, ich wollte ja mal eine CD brennen. Und da wusste ich
halt AUCH nicht, wie ich das hinkriege, und da habe ich halt
ihn angerufen, hat er es mir erklärt. Dann habe ich aber trotz-
dem nicht gekonnt. Und dann kam er vorbei und hat es gemacht.
Also, dann, na ja, ich habe da auch nicht wirklich richtig zu-
geguckt jetzt. Also ich war schon daneben, aber ich habe es
nicht wirklich realisiert. Also ich hab es mir jetzt nicht ge-
merkt wie man es macht. Einfach nur geguckt so.
I: Und, äh, falls das später noch mal auftritt, dass du [das
dann selber]-
D: [Ja soweit habe ich] nicht gedacht in dem Moment ((lacht)).
So ich dachte okay Hauptsache er macht das schnell, damit ich
meine CD hier brennen kann und fertig. Aber jetzt gemerkt oder
so habe ich mir das nicht, nee.
```

Derya schildert hier keinen Versuch, sich wiederholt oder in irgendeiner Form systematisch mit der Rationalität der Technik auseinanderzusetzen, sondern greift, als sie das gewünschte Produkt nicht selber herstellen kann, auf fremde Hilfe zurück. Dies ist kein singulärer Fall, sondern reiht sich offensichtlich ein in eine Kontinuität dieser Wahrnehmung („wusste ich halt AUCH nicht"). Hier dokumentiert sich, wie das Computermedium im Prinzip fundamental und von vorneherein mit Aspekten der Fremdheit und der Wahrnehmung einer eigenen *Nicht-Zuständigkeit* assoziiert ist. Die Heteronomie, mit der Derya die technische Rationalität wahrnimmt, reproduziert sich dabei selbst, in dem sie das, was in der Situation passiert, die Produktion einer gebrannten CD durch den Exfreund der Mutter, auch gar nicht „realisiert": Es ist demnach nicht ihre Wirklichkeit und wird auch nicht zur ihrer.

Die Rationalität der Technik verbleibt *außen* und gerät gar nicht in den Horizont ihrer eigenen Wahrnehmung, stattdessen steht sie sprichwörtlich gesprochen daneben bzw. die Technik neben ihr. Interessant ist hier zudem, wie Derya meine gedankenexperimentell verfasste Nachfrage unterbricht, die auf das sich zu Eigenmachen des beim Exfreund ihrer Mutter beobachteten Umgehens mit dem Computer abzielt: hier dokumentiert sich, wie ihre Orientierung bezüglich der Wahrnehmung des Mediums an Fremdheit aufrechterhalten bleibt und sich somit reproduziert: auch in Zukunft stellt sich Derya vor, auf fremde Hilfe zurückzugreifen, deshalb hatte es für sie auch keine Bedeutung, sich den (medienbezogenen) Handlungsvollzug des Erwachsenen zu „merken".

Ähnlich den anderen Mädchen signalisiert auch Derya, inwiefern sie das Computermedium vorrangig phänomenologisch deutet, wie die Passage der Modellierung zeigt:

```
(301)
D: ((Seufzt)) Oh, also ich würde so anfangen dass ein Computer
aus einem Bildschirm besteht, aus einem Monitor, und dann halt
(2) ich weiß nicht, wie nennt man das denn? Da unten halt das
Ding, wo man das anmacht. Na ja, keine Ahnung. Also ich glaube
ich würde es irgendwie malen oder so. Und, dann würde ich also
beschreiben dass man da ins Internet gehen kann, dass das In-
ternet welt- ist, ja? ((lacht)). Dass man wenn man irgendwas
sucht das da finden kann. Na ja, dass man (2) Sachen damit
schreiben kann, drucken, malen. Also so.
```

Ihr Zugang erfolgt zunächst über dasjenige Gerät, was vor allen anderen sichtbar ist. Während sie hierfür noch einen Begriff aktualisiert, gelingt ihr dies im Laufe ihrer weiteren Definition nicht mehr, weswegen sie auf eine topologische Bestimmung des Computers zurückgreift („da unten das Ding halt"). Aufgrund der von ihr selbst wahrgenommenen Schwierigkeit der kategorialen Beschreibung hält sie dann eine bildlich-zeichnerische Verdeutlichung für zielführender („würde es irgendwie malen oder so"). Im weiteren Verlauf des Interviews betont sie weiterhin, wie wenig zuständig sie sich fühlt, auf meine Bitte der Modellierung weiter einzugehen und signalisiert damit ihre dringende Bitte, sie nicht weiter mit entsprechenden Fragen zu traktieren: „Also das einzige was ich erklären könnte, wäre halt dass da ein Monitor da ist, ja, eine Maus noch. Aber sonst, wie das sonst so ist, keine Ahnung ((lacht))" (305). Als eine Art Zugeständnis lässt sie sich dann gegen Ende des Interviews doch noch darauf ein, kurz ihre Wahrnehmung des Internet zu erläutern:

(307)
D: Es ist halt eine weltweite Suchaktion irgendwie. ((lacht)) Wo man was suchen kann, wo man chatten kann, wo man halt- ja wie soll man das erklären? So halt- aber sonst? Also das einzige was ich da sagen könnte wäre dass irgendwelche Menschen da alles rein machen. Also so irgendwelche Sachen rein stellen. Dass es ein freier Zugang ist zu allen Menschen, na ja zumindest zu denen die ein Internet haben ((lacht)). Dass man alles rein machen kann was man will. Also ich habe jetzt halt auch nicht so die Fachbegriffe dafür dass ich das sagen kann ((lacht)). Na ja, das ist halt so ein Ding, da klickt man dann seine Adresse ein, dann geht man auf „Suchen", und dann kommt halt das was man sucht. // I: *Okay, mhm.* // D: Oh, hoffentlich treffe ich nie so einen Menschen der keine Ahnung davon hat, und ich muss es erklären ((lacht)).
I: ((lacht)) *Wer weiß, vielleicht triffst du mal so einen, und der fragt dich dann.*
D: ((lacht)) Ach was, doch heutzutage nicht mehr, glaube ich nicht.

Abgesehen davon, dass das Internet eine Sphäre ist, die von als fremd gekennzeichneten Personen beherrscht wird („irgendwelche Menschen") und die es in Form eines Angebotsraumes aktiv handelnd darbieten, beobachtet Derya das Vorhandensein einer Fachsprache, von dessen Existenz sie zwar weiß, über die sie selbst aber nicht verfügt. Die Technologie prozessiert demnach für Derya in einer *symbolisch fremden Ausdrucksform*, zu der sie sich in Distanz begibt. Deshalb wünscht sie sich, es würde niemals zu einer Situation kommen, in der sie selbst zu deren Aktualisierung genötigt wird. Assoziiert ist dies für sie mit dem Kontakt zu einer Person, der ihr diese symbolisch fremde Ausdrucksform (noch einmal) abverlangt. Über die Interviewsituation und die hier von mir hervorgerufene Anstrengung hinaus nimmt Derya das Internet als etwas wahr, das sich ohnehin so veralltäglicht hat, dass es keiner formalen Beschreibung mehr bedarf.

Für den Fall von Sunay ist charakteristisch, dass sie das Computermedium wie ein Gerät schildert, dass bestimmte Handlungen zwar ermöglicht, bei einem Ausfall jedoch zu einer unmittelbaren Handlungsbarriere führt, die sie als hinzunehmend erlebt und für deren Überwindung sie nicht zuständig ist. In diesem Modus beschreibt sie auch die häusliche Infrastruktur („Internet – ja HABEN wir. Aber dadurch dass der Computer jetzt abgestürzt ist, irgendwie der geht auch gar nicht mehr AN, können wir halt nicht mehr ins Internet rein gehen", 29). Es bereitet ihr Probleme, dieses Phänomen einzugrenzen („ich glaube (2) da, weiß nicht, da ist so'n Virus drin", 19), vielmehr scheint es aus ihrer Sicht so zu sein, dass bei technischen Problemen einfach auf ein neues Gerät zurückgegriffen wird („ja, meine Eltern so, da wollen wir uns jetzt einen neuen kaufen", 19).

Der Modus der Fremdheit begründet sich darüber hinaus an einer Passage, in der sie ihre eigene Haltung gegenüber Computermedien relationiert:

(242)
S: Computer ist mir da eigentlich GAR nicht so wichtig. Weil, ich finde auch das ist mehr so Jungssache.
I: Ach so. Aber du bist ja selber auch viel da dran.
S: Ja schon ((lacht)), eigentlich nicht SO halt, nur wenn mir langweilig ist. Oder zufällig gerade wenn ich mal mit meinen Freundinnen am Internetcafe durch- vorbeilaufe, dann- Aber sonst eigentlich nicht so.
I: Wie, aber was meinst du mit Jungssache?
S: Na ja, die Jungs sind halt ÖFTERS im Internet, die MACHEN da halt auch mehr drin. Und Mädchen sind meistens eigentlich ja nur, die gucken sich was an. Halt, wenn man so Fanatiker ist, so nach „Hello Kitty" oder so zum Beispiel. Dann guckt man sich da halt die ganze Zeit irgendwas an. Oder man chattet ein bisschen, und das war es dann eigentlich schon. Also, ich weiß jetzt nicht WAS die Jungs so direkt da machen, aber, ach ich weiß nicht ((lacht)). Die kennen sich ja auch besser mit dem Computer AUS finde ich.
I: Ach so, mhm. Na ja aber du kennst dich doch auch damit aus.
S: ((Lacht)) Na ja es GEHT, ich würde mich jetzt nicht als Spezialistin ausgeben ((lacht)). Und SO GUT kenne ich mich ja AUCH nicht aus. Aber, halt wenn man wirklich was weiß wie das geht, dann ist es einfach, aber ich weiß ja AUCH nicht alles. Ich weiß eigentlich nur wie man ins Internet reingeht, in einzelne Sachen so. Aber so speziell weiß ich jetzt eigentlich fast GAR NICHTS. Jetzt, wenn es jetzt um- meinetwegen um Innenausstattung oder so was geht.

Sunay begründet die subjektiv geringe Bedeutsamkeit des Computers nicht mit dem Verweis auf andere Aktivitäten, die möglicherweise einfach höhere Priorität in ihrem alltäglichen Leben haben als der Umgang mit dem Computer und dessen Relevanz daher unterhalb der anderer Handlungsdimensionen angesiedelt sind, sondern mit der *Verrückung* des Computers in eine geschlechtsspezifisch differente Sphäre und damit in einen ihr nicht zugänglichen und damit persönlich fremd bleibenden Bereich in Form eines sehr klar abgegrenzten Raumes von „Sachen". Deutlich wird dabei, inwiefern Sunay hier eine sehr grundsätzliche Haltung bzw. einen unumstößlich scheinenden Standpunkt gegenüber Medientechnologie einnimmt („ich finde auch"): Nicht einzelne Aspekte des Computermediums, sondern im Prinzip der gesamte Bereich der technischen Rationalität („das") wird von ihr als different wahrgenommen, er ist im wahrsten Sinne des Wortes nicht „ihrer", sondern einer „der anderen".

An diesem von ihr different wahrgenommenen Raum der Medientechnologie hat sie zwar selber Anteil bzw. bewegt sich darin, („ja schon"), allerdings „nicht SO", und dies signalisiert: Für Sunay existiert zwar eine Praxis mit und damit eine Wahrnehmung *von* Medientechnologien, die sie auch kennt und beobachtet, die allerdings nicht als eine fundamental *eigene* empfunden wird. Ihr Zugang entspricht nicht einem von ihr als „eigentlichen" wahrgenommenen, männlichen, Muster, sondern weicht erheblich davon ab. Diese Abweichung führt sie weiter aus, in dem sie ihre Wahrnehmung von Medien auf Phasen des Alltags reduziert, die entweder nur von gleichschwebender Emotionalität (Langeweile) gekennzeichnet sind oder die lediglich einer nicht geplanten oder antizipierten, sondern viel mehr akzidentellen Situation entsprechen, indem sie mit ihren

Freundinnen zusammen das Internetcafe nicht regelmäßig oder systematisch aufsucht, sondern im Regelfall am Wegesrand und damit sprichwörtlich „links liegen" lässt. In gewisser Weise *durchläuft* Sunay damit die Sphäre der Medientechnologie eher bzw. streift sie nur kurz, als dass sie sich wirklich *in* ihr aufhält. Deutlich werden darin eine Ablehnung und eine Fremdheit der Wahrnehmung von Medientechnologie als solcher, stattdessen ist diese vorgängig in eine soziale Handlungssituation des gemeinsamen Erlebens eingebettet.

Diese Orientierung an der Medientechnologie als einer ihr differenten Sphäre verdeutlicht sie weiterhin an zwei grundlegenden und sehr deutlich artikulierten Kategorien: Einerseits erlebt sie die Jungen als zeitlich *häufiger* mit dem Internet handelnd („sind halt ÖFTERS im Internet"), und damit vertrauter und eingeweihter, andererseits als weitaus *aktiver handelnd* („die MACHEN da halt auch mehr drin"). Dass dieser Sachverhalt für Sunay „halt" so ist – nimmt man die Doppelung dieses in der Regel umgangssprachlich bedeutungslosen Füllwortes einmal sehr ernst – führt dabei die Bedeutung von „es *ist* halt so wie es *ist*" mit sich, und das heißt: Die von Sunay empfundene Differenz deutet sie als schicksalhaftes, gleichsam natürliches und anthropologisches Datum einer geschlechtsspezifischen Wahrnehmung von Medientechnologie. Damit deutet sich deren Dualität an, die Sunays Erklärung mitführt: dem *häufigen* und *aktiven* auf der einen steht ein *seltenes* und *passives* Umgehen mit Medien auf der anderen Seite gegenüber.

Zugleich deutet sich damit eine *Inferiorisierung* des weiblichen Zuganges auf Technologie an, der sich im weiteren Verlauf der Passage bestätigt: Die Medienwahrnehmung der Mädchen, und damit Sunays eigene, ist demnach handlungsmäßig distanzierter und auf ein visuelles „Dabei sein" beschränkt („die gucken sich was an") und dieses ist eigentlich auch nur dann der Fall, wenn man dem Interesse für ein Nischenhobby nachgeht, was Sunay als „fanatisch" umschreibt. Gerade in diesem Ausdruck steckt eine aufhellende Metaphorik, denn *fanatisch* transportiert die Bedeutungen eines eifernden, mit blinder Überzeugung verfolgten, unduldsam oder rigorosem Handelns, mit der Sunay hier die Medienpraxis der Mädchen umschreibt: Ihre Wahrnehmung des Mediums ist demnach kaum die „richtige" oder ist doch zumindest von Inferiorität gekennzeichnet. Zum „gucken" hinzu gesellt sich höchstens noch ein „bisschen chatten", damit sind aber zugleich auch die Grenzen dessen bezeichnet, was im Horizont der weiblichen Medienwahrnehmung liegt.

Bedeutsam ist in diesem Kontext, dass Sunay dezidiert keinen nähren Einblick in die Medienpraxis der Jungen hat, sie weiß nicht genau „WAS die Jungs so direkt da machen", ein solcher Blick scheint ihr aber, wie die lachende Beendigung des Satzes andeutet, auch nicht wirklich offen zu stehen oder sie zu interessieren. Sunay wiederholt hier das bereits oben genannte Muster der *Naturalisierung*: Die Jungen kennen sich eben „besser mit dem Computer AUS". Etwas überspitzt formuliert lässt sich zusammenfassen: Schauen bzw. Zuschauen und sich unterhalten sind Sache der Frauen, aktives Handeln, mit Medientechnologie arbeiten und etwas darüber wissen ist die Sphäre der Männer; letztere bleibt ihr verschlossen, dafür ist sie als Mädchen nicht zuständig und bleibt gewissermaßen unbeteiligt und außen vor.

Diese Lesart bestätigt sich weiterhin, indem Sunay den Intervieweinwurf, sie selber kenne sich doch auch mit dem Computer aus, offenbar als Relativierung dieser von ihr selbst vorgenommenen Dichotomisierung auffasst und ihrerseits lachend relativiert: Ihr eigenes Wissen ist gering und sie würde sich selbst nicht als „Spezialistin" ausgeben. Diese Selbstbeschränkung steht in maximalem Kontrast etwa zur Wahrnehmung der Jungen mit türkischem Migrationshintergrund, die, anstatt sich zu beschränken, im Gegenteil nahezu unbegrenztes Handlungswissen in Bezug auf Medientechnologie artikulieren. Anders Sunay: Sie konzediert, man könne natürlich etwas über Medien wissen bzw. sich mit ihnen auskennen, und in diesem Fall ist das Handeln damit auch „einfach" – sie selbst allerdings verfügt über diesen Wissenshorizont nicht. Sie nimmt ihn limitiert wahr, nämlich reduziert auf „wie man ins Internet reingeht, in einzelne Sachen so", ein darüber hinausgehendes Spezialwissen kennzeichnet sie als so gut wie nicht vorhanden („weiß ich eigentlich fast GAR NICHTS"). Im Grunde genommen sind es dann auch nicht einzelne Aspekte technologischer Details, sondern viel eher generelle, nämlich „meinetwegen", und das heißt „was auch immer" der gesamten Sphäre einer technischen Rationalität.

Dass Sunay der Computer unwichtig ist, begründet sie etwas später erneut mit den Worten: „Weil, einen Computer benutze ich wirklich nur im Notfall. Wenn es, na ja halt was mit dem schulischen was zu tun hat. Wie ich schon vorhin meinte" (274). Das Medium ist hier etwas, dessen sie sich bedient, wenn es wirklich gar nicht mehr anders geht – ähnlich einer Arznei, auf die man mangels Alternativen zurückgreift; es erscheint als ein Artefakt für äußerste Notsituationen und wird sein Gebrauchswert weniger darin gesehen, eine Situation zu gestalten, sondern eine Situation akuten Zwanges zu lindern. Anstelle eines lebendigen Bestandteils oder einer persönlich wichtigen Ressource der eigenen Wahrnehmungs- und Handlungssphäre wird der Computer hier zu einer Option der Alternativlosigkeit.

Diese sich bislang dokumentierende Wahrnehmung von Medien als eine Sphäre des *Nicht-Zuständigen* und des *Fremden* kommt auch da zum Ausdruck, wo Sunay eine Szene beschreibt, in der sie fremdbestimmt, weil in einer schulischen (Pflicht)-Situation mit dem Computer umzugehen hatte:

```
(260)
S: Ja also ich habe mal, das war hier, also mit einem Lehrer
haben wir halt mal so, in Informatik mal ein Deckblatt halt
gestaltet. Das war eigentlich schon sehr interessant. Aber da
habe ich halt sehr lange gebraucht bis ich das wirklich hinbe-
kommen habe. Da habe ich dann auch meistens die Jungs aus mei-
ner Klasse gerufen, die haben mir dann auch weitergeholfen.
Aber sonst, so privat, habe ich eigentlich nur so mal was aus-
gedruckt wenn es um die Schule ging. Ja, sonst eigentlich
nicht.
```

Den Umgang mit dem Computer situiert sie hier in einer schulisch arrangierten und vom Lehrer gerahmten Handlungssituation, die für Sunay mit wenig Interesse verbunden zu sein schien („haben wir halt mal so"): Die Erfahrung computergestützter Gestaltungsmöglichkeiten werden hier so kontextualisiert, dass sie zunächst wenig mit eigener Neugier assoziiert sind. Sie signalisiert zwar Interesse, relativiert dies aber sogleich mit Hinweis auf ihr Empfinden, dass sie bei der Bearbeitung der Aufgabe zeitlich hinter den anderen herhinkte bzw. nicht auf eine Art und Weise computerbezogen handelte, wie dies der Situation angemessen schien. Ihr zur Gestaltung des Deckblattes gebrauchter Ausdruck des „hinbekommens" signalisiert, dass sie sich daran abarbeitete, etwas in Stand bzw. ins Werk zu setzen, was ihr jedoch – zumindest in dieser Situation – nicht „wirklich", das heißt richtig und korrekt, gelang. Die Bewältigung dieses Problems gelingt Sunay hier im Rückgriff auf heteronom geformte Handlungsoptionen: Die technische Rationalität erscheint ihr darin wiederum, analog zu oben, als Sphäre der anderen, vor allem in Form einer dauerhaften, zumindest nicht singulären Form des Angewiesenseins auf die Hilfe ihrer männlichen Mitschüler, in dem sie „meistens die Jungs ruft", die ihr computerbezogen offensichtlich etwas abnehmen und das Werk dann eben richtig machen bzw. ihr weiterhelfen. Den Computer schließlich modelliert Sunay folgendermaßen:

```
(264)
S: Na ja, also (2) ((lacht)), da gibt's einen Drucker, der ist
ungefähr so groß ((lacht)). Dann gibt's eine Fernplatte, oder
(2) nee. Ach na egal irgendwie so was, so in der Richtung heißt
die. Das ist halt das Bildschirm und so, der erscheint dann da.
Und dann gibt's halt noch den PC. Und DA sind halt alle mögli-
chen Sachen drin. Also, ich glaube (2) so Dings, oder so was.
Also wie man das ein- und ausschaltet. So, also ich kann das
eigentlich mir gar nicht richtig vorstellen. Also, meine Mutter
will das ja AUCH langsam mal lernen ((lacht)). Und ich erklär
ihr das dann halt manchmal, wie man das an- und ausschaltet.
Das ist eigentlich ganz leicht, sagt sie dann auch im Endef-
fekt.
```

Sunay fällt die falsche Benennung der Festplatte zwar offensichtlich selber auf, ihr ist das Nichtverfügen über den Fachbegriff aber unwichtig; somit spiegelt sie zurück, inwiefern sie sich selbst in fremdem Terrain wähnt, wodurch die hier entstehende kommunikative Situation derjenigen ähnelt, in der man – *unfreiwillig* in eine subjektiv *unbedeutende* Umgebung gestellt – um eine Wegbeschreibung gebeten wird, man aber selber aufgrund eigener Ortsunkenntnis nur eine grobe, nicht näher präzisierte, Richtung weisen kann. Über das In-Betrieb-Nehmen des Computers hinaus erscheint ihr die weitere technische Rationalität des Mediums vollständig opak, diese kann sie sich „gar nicht richtig vorstellen". Hier wähnt sie sich verbunden mit ihrer Mutter, der dies offenbar ebenso geht und die sich der Technik nun auch einmal „langsam" anzunähern gedenkt. Sie attestiert damit ihrer Mutter ebenso wie sich selbst das Wahrnehmungsmuster der Fremdheit und damit, zumindest bislang, eine geschlechtsbezogene Nicht-Zuständigkeit für Technik, die sie zwar für überwindbar, letztlich aber für normal hält.

Als ich Sunay bitte, sich noch ein weiteres Mal an einer Modellierung des Computers zu versuchen, steigert sich die Orientierung an der Fremdheit, indem sie das Medium in der folgenden Passage nahezu vollständig ent-technisiert:

```
(266)
S: Oh ((lacht)) Na ja, der Drucker (2) weiß nicht, wo man den
hinpackt. Das ist glaube ich freiwillig wo man den hinpackt.
Dann der Bildschirm, der steht halt meistens irgendwo dass man
das auch gut SEHEN kann. Also zum Beispiel NEBEN einem, wenn
```

das jetzt so ein Schreibtisch ist, dann packt man das halt gleich daneben, wo Platz ist. Und der PC ist dann halt unten. Irgendwo versteckt, falls- damit das nicht so schnell KAPUTT geht. Die Tastatur liegt auf dem Schriebtisch, und die Maus liegt gleich daneben, damit man gleich alles anklicken kann.

Woran sich Sunay hier abarbeitet, ist zunächst eine Topologie der einzelnen Geräte, indem sie über Lage und Anordnung der einzelnen Bestandteile spricht. Diese darf nicht zu kompliziert sein, damit man am Bildschirm alles „gut sehen" und mit der Maus gleich „alles anklicken" kann. Sie konstruiert den Computer damit im Modus einer pragmatischen Phänomenologie, die maximal von dessen technischer Rationalität abgerückt ist bzw. von dieser absieht. Wichtig ist in dieser Definition nicht mehr die Computertechnik als solche, sondern die Frage, wie sie sich in Gestalt von Apparaten in den vorfindbaren Raum einpassen lässt, der über die Einsatzfähigkeit bestimmt. Hier wird das Computermedium kaum noch als ein technisches Ensemble wahrgenommen, sondern beinahe analog zu Möbeln oder Einrichtungsgegenständen, von denen man überlegt, wie sie mit dem vorfindbaren Raum harmonieren und sich in diesen einpassen. Das Internet stellt sich für Sunay folgendermaßen dar:

(270)
S: Ja da gibt's halt mehrere Programme, dann guckst du halt erstmal wo Internet steht. Man kann ja auch lesen heutzutage [((lacht))] // I: [((lacht))] // S: Und dann guckst du, und dann machst du einen Doppelklick, und dann kommt die Seite, und ganz oben ist (2) na ja halt so dieses Dings da, und dann drückst du da auf „Enter". Und dann gibst du das halt ein was du möchtest. Zum Beispiel ((seufzt)) keine Ahnung, sagen wir mal google. Und dann klickst du halt dann wieder auf „Enter" und dann erscheint das da schon alles. Aber ansonsten so, Aufbau ((lacht))? ((seufzt)) Nee, also das weiß ich SELBER nicht. Ich hab keine Ahnung ((lacht)), also, nee.

Zunächst zeigt sich, wie sich Sunay einer Modellierung des Artefaktes beinah verweigert, denn als Nutzer könnte man doch aufgrund vorhandener Literalität eigentlich selber einen Zugang dazu finden, indem man einfach liest. Es erschließt sich weiterhin über einfache haptische Vollzüge des Klickens, Eingebens und wieder Klickens, indem sich darin durch das gleichsam mechanische Prinzip von Eingabe und Ausgabe die Phänomenologie des Mediums vermittelt. Über die Schwierigkeit hinaus, die Rationalität der Technik kommunikativ zu bearbeiten, stellt sich hier als entscheidend dar, inwiefern Sunay eine Distanz dazu aufbaut: Medientechnologie ist zwar ein Phänomen, über das zwar etwas gewusst werden kann, dies tun jedoch andere, nicht man *selbst*.

Eine Fremdheit der Technik in Form einer Heteronomie artikuliert auch <u>Zeynep</u>. Zunächst geht sie in der folgenden Passage auf die Frage ein, wie wichtig der Computer für sie ist:

(55)
Z: (2) Weiß ich nicht (2). Also, Computer ist ein TEIL von mir
geworden. Also, ohne Computer geht's auch nicht. Also mein
Vater, der hat dann halt gesehen, dass ich immer ins Internetcafe gehe und immer Geld dafür ausgebe. Und dann meinte
Vater „willst du ein Internet zu Hause haben?", und dann meinte
ich „ja, würde schon gehen", weil mein Bruder ist ja auch so
ein Chatfreak und so. Und meine Mutter geht öfters einkaufen im
Internet und erledigt ihre Aufgaben dort, von der Bank und so.
Und dann meinte mein Vater „okay, dann lasst uns ein Internet
hier reinbauen". Und dann, ja jetzt haben wir Internet zu Hause.

Zeynep empfindet Computermedien als unlösbar mit sich selbst verschmolzen und möchte auf keinen Fall (mehr) auf diese verzichten. Die Verfügung darüber verdankt sie anderen: Ihr Vater z. B. reagierte auf ihre außerfamiliäre und kostspielige Beschäftigung mit dem Internet und eröffnete ihr die Möglichkeit, dieser auch zuhause nachzugehen. Er erscheint darin als „Versorger" und „Ermöglicher", der die technikbezogenen Interessen der Familienmitglieder durch das Zur-Verfügungstellen der notwendigen technischen Infrastruktur befriedigt. Zeynep beobachtet demnach andere, wie diese technisch handeln, während sie selbst als lediglich Benutzende erscheint. Es sind vor allem die männlichen Familienmitglieder, die mit dem Computermedium umgehen, wobei Zeynep diese als hauptsächliche und eigentliche Akteure bezüglich Umgang und Wissen um den Computer entwirft:

(109)
Z: (2) Also, mein Vater der KONNTE das schon. Ich war KLEIN,
ich war auch so (2) alt wie mein kleiner Bruder, der kennt sich
AUCH richtig gut aus. Und dann, aber er kann das nicht lesen,
er weiß aber wo die Tasten und so sind. Wie er alles machen
soll. Und ich habe das auch so meinem Vater gelernt. Ich habe
gesehen, also- wie er es an- und ausschaltet, wo er immer RAUF
drückt und so. Und von ihm aus habe ich das denn halt so gelernt. (2) Also wie das da halt so funktioniert, da mit dem
Computer. Wie man Spiele auf's Computer rauf ladet. Ja, so,
mein kleiner Bruder der kennt sich besser aus.

Über Technik verfügen vor allem andere: Am Beispiel des kleinen Bruders (dieser ist, wie Zeynep an anderer Stelle im Interview erzählt, sechs Jahre alt) verdeutlicht sie dies; so klein dieser noch ist, dass er noch keine elementaren Fähigkeiten ausgebildet hat, so fähig sieht sie ihn bereits an, zumindest basal (auf einer haptischen Ebene) mit dem Computer in Interaktion zu treten. Erst dann thematisiert sie eigene (Lern-)Handlungen: Sie beobachtet den Vater bei grundlegenden computerbezogenen Tätigkeiten (das In-Betriebnehmen bzw. Ausschalten), die sie offenbar anschließend reproduziert. Bezüglich eines Vertrautmachens mit der Umgangsweise schildert sie keine weiteren eigenen oder aktiven Handlungsvorgänge. Die Beschreibung, „wie das halt so funktioniert" bleibt relativ rudimentär und folgt einer explizit nicht-technischen Ausdrucksweise. Wiederum erscheint ihr kleiner Bruder als Experte, den sie als mit weit höheren Fähigkeiten als sich selbst ausgestattet ansieht. Zeynep selbst thematisiert sich insgesamt passiv; Technik und der Umgang erscheint eher als die Welt anderer, vor allem männlicher Familienangehöriger.

Deutlich wird dies auch daran, wie sie vor allem wiederum ihren Vater als technisch aktiv Handelnden wahrnimmt und entsprechend beschreibt. Nach der Erwähnung, dass sie gerne Musik hört, die sie aus dem Internet hat, geht sie auf die Frage nach deren Erwerb ein:

```
(89)
Z: Ja, mein VATER macht das halt. Und dann, er macht das halt
mp3, weil so halt, dass wir eben voll viele Alben so in einer
CD haben. Ja, und dann laden wir es auf unseren Computer, und
dann, wer will kommt halt zu uns, und meint „ja, wir wollen
eben diese CD", und dann gibt mein Vater denen das halt.
```

Es ist das Familienoberhaupt, das, auch mithilfe des Internet, eine umfangreiche Musiksammlung angelegt hat und sie nach Bedarf und Wunsch von Interessierten verteilt und sie mit technischer Hilfe verbreitet. Ihre eigene, im Gegensatz zum Vater, fremd bleibende Haltung der Technik gegenüber dokumentiert sich auch, als ich Sie nach ihrer Modellvorstellung frage.

```
(266)
Z: (3) ((lacht)) Der beste Kumpel den man haben kann ((lacht)).
(3) Der Computer, ist was NÜTZLICHES halt. SEHR Nützliches so-
gar.
I: Mhm. Könntest du mir beschreiben, wie ein PC so aufgebaut
ist, oder wie der so funktioniert?
Z: Nee ((lacht)).
I: Und das Internet? Du bist da ja viel unterwegs, hast du eine
Idee, oder wie würdest du mir das Internet beschreiben, wie das
aufgebaut ist und wie das funktioniert?
Z: Im Internet, da kannst du alles mögliche machen, also rein-
gehen wo du halt reingehen WILLST. Das machen was dir halt Spaß
macht und so. Ja, Internet ist so was wie ein ((lacht)) Spiel-
zeug halt. (3)
I: Mhm. (2) Also man kann alles machen…
Z: Ja, worauf man Lust hat (3)
```

Die verhältnismäßige lange Pause und das Lachen deuten darauf hin, inwiefern Zeynep auf meine Bitte der Beschreibung des Computermediums zögerlich bis irritiert reagiert und die Frage bei ihr Befremden und Unsicherheit auslösen. Zur Charakterisierung des Computers greift sie dann auf einen so *nicht-technischen* Erklärungsbegriff wie nur möglich zurück („beste Kumpel"), den sie zudem abstrakt generalisiert („den man haben kann"). Darin deutet sich eine Anthropomorphisierung der Medien an, die aus der Nicht-Verfügbarkeit technischer oder formaler Kategorien resultiert und aus dem die Bezugnahme auf soziale Kategorien, kombiniert mit einem Superlativ, folgt. Dem Artefakt Computer attribuiert Zeynep zwar einen Nutzwert, was aber von ihr nicht weiter spezifiziert wird.

Die Vergleichsinstanz, die sie zur Bezeichnung des Internet wählt, folgt einem ähnlichen Muster. So charakterisiert sie es als einen Gegenstand („Spielzeug"), der sich in der Regel dadurch auszeichnet, dass er weitgehend zweckfrei benutzt wird und es allein dem Belieben des Spielers überlassen ist, als was es erscheint, wobei große Variationsbreiten diesbezüglich denkbar sind und ein Spielzeug trotz seiner invarianten Phänomenologie heute dies, morgen jenes bedeuten kann. Als positiver Gegenhorizont erscheinen hier zwei Aspekte: Zum einen, Medien zu anthropomorphisieren und sie zum anderen mit technikfernen Gegenständen in eins zu setzen; als negativer Gegenhorizont zeichnet sich ab, Medien in abstrakte Begriffe zu fassen. Die darin eingespannte Orientierung kennzeichnet sich demnach als Fremdheit der Technik.

7 Zusammenfassung und Diskussion der Ergebnisse

Die vorliegende Untersuchung verfolgte die Frage, auf welche Weise Prozesse der Medienaneignung Jugendlicher in Gestalt von Nutzung, Bewertung und Wahrnehmung neuer Medien in Verbindung mit den Merkmalen Geschlecht und familiärer Herkunft stehen, ob sich diesbezüglich bestimmte Orientierungen identifizieren und verdichten lassen und schließlich, inwiefern diese typisiert werden können. Die zentralen Ergebnisse werden – als Zusammenführung der Fallanalysen – in diesem abschließenden Kapitel in den wichtigsten Punkten zusammengefasst und diskutiert.

Orientiert an strukturanalytischen Auffassungen wurde davon ausgegangen, dass Medienaneignung als soziales Handeln zu begreifen ist. Als Vorzug dieses Ansatzes erschien es, dass Aneignungsbewegungen Jugendlicher nicht individualistisch verkürzt oder als Ergebnis intentionalen Handelns gefasst werden, sondern als kontextuell gebundene soziale Prozesse. Dies bedeutete, von impliziten Wissensbeständen auszugehen, welche die Basis alltagsbezogenen sinnhaften Handelns bilden und zu deren Erforschung rekonstruktive Methoden einzusetzen sind. Ein solcher Zugang erfolgte auch vor dem Hintergrund eines Verständnisses von Medienaneignung als eines symbolisch vermittelten Handelns: Medien selbst wie auch der Zugriff auf sie bzw. die Auseinandersetzung damit sind Resultate symbolischer vermittelter Interaktionen. Zwar finden Umgang, Bewertung und Wahrnehmung von Medien auf einer Mikroebene statt, sind aber zugleich in kollektiven, kulturellen und sozialen Bezügen verankert.

Wie aus den Fallrekonstruktionen deutlich geworden ist, lassen sich die Aneignungsstrategien der Jugendlichen nur dann verstehen, wenn sie in den Kontext von allgemeinen Lebensorientierungen und den damit in Verbindung stehenden lebensweltlichen Subjektivierungsbewegungen gestellt werden. Gemäß den methodologischen Prämissen der vorliegenden Studie (vgl. Abschnitt 5.3) ging es bei der Analyse des Interviewmaterials nicht so sehr um das *was*, sondern um das *wie* – weniger die inhaltlich-thematischen Schwerpunkte waren Fokus der Interpretation, sondern der *Modus*, der die Hervorbringung der Äußerungen als ein strukturierendes Muster formt.

Aus den Fallrekonstruktionen ging hervor, dass die Aufspaltung der mit den Interviews anvisierten Themenbereiche in die drei Dimensionen Nutzung, Bewertung und Wahrnehmung von Medien artifiziell erscheint. Dass bei der Ergebnisdarstellung trotzdem auf diese Trennung zurückgegriffen wurde, geschah deshalb, weil auf diese Weise unterschiedliche Facetten der jeweiligen Aneignungsstrategien der befragten Jugendlichen besser in den Vordergrund treten. Dennoch ist bei den Fallanalysen deutlich geworden, dass Nutzung, Bewertung und Wahrnehmung aufeinander verweisen, anders gesprochen: dass die innerhalb eines Themenbereiches jeweils rekonstruierten Orientierungsrahmen gewissermaßen horizontal in die eines anderen Themenbereiches derselben Samplegruppe übersetzbar sind. Dieser Aspekt wird in der Zusammenfassung und Diskussion berücksichtigt.

Die nachstehende Übersicht veranschaulicht die samplegruppenbezogenen rekonstruierten Orientierungen:

Geschlecht	familiärer Hintergrund	Dimensionen der Medienaneignung		
		Nutzung	Bewertung	Wahrnehmung
m	türkisch	Status, Anerkennung und Prestige	Stabilität und Stärke, soziale Vergemeinschaftung und autoritäre Begrenzung	Souveränität, Grandiosität und Leistungsfähigkeit von Technik
m	deutsch	Handlungserweiterung, Rationalisierung und Normalisierung	Selbstregulierung und Internalisierung institutionalisierter Regelstrukturen	Rationalisierung der Technik
w	türkisch	Selbstbehauptung und affirmative Einordnung	Anpassung, Disziplinierung und Schutz	Nichtzuständigkeit und Fremdheit der Technik
w	deutsch	selektiver Pragmatismus und Selbstverwirklichung	Erziehung, Perspektivenreziprozität und gemeinsame Praxis	Schwierigkeit und Irrelevanz der Rationalität von Technik

Tabelle 2: Orientierungsrahmen der Samplegruppen

Bei diesen Orientierungen handelt es sich um hoch verdichtete Kategorien, wobei angesichts des Abstraktionsgrades die Fallspezifität der einzelnen Jugendlichen in den Hintergrund tritt. Das mit den rekonstruierten Orientierungsrahmen erreichte Abstraktionsniveau erfüllt den Anspruch, erstens die Vielfalt von Erscheinungen zu bündeln und zweitens das Fallverbindende herauszustellen. Dennoch ist und bleibt jeder Fall zunächst ein Fall, der je eigene Weichenstellungen bei der Bearbeitung seiner Themen und Problemstellungen findet, wobei andererseits jedoch übergeordnete Muster sichtbar werden, die eine Typisierung rechtfertigen. Wenn auch, wie bei jeder Art dieses Ordnungsprinzips, die Gefahr der Essentialisierung droht, kommt der von mir herausgearbeiteten Typisierung der Stellenwert einer Heuristik zu, die das Ergebnis auf Basis des erhobenen Materials systematisiert – mit dem Ziel, aus der Singularität der in den Interviews zutage tretenden Erscheinungen allgemeine Merkmale herauszuarbeiten und analytisch zu abstrahieren.

Im Folgenden geht es nun darum, die jeweiligen Schwerpunkte und Charakteristika der einzelnen Subsample abschließend zu betrachten. Die rekonstruierten Orientierungen werden so zu einem Ergebnis im Sinne einer materialen Theorie in Form der Interpretation von Einzeldaten und ihrer Einordnung in eine übergeordnete Perspektive. Dies ist zugleich das Ziel qualitativer Forschung, deren Aufgabe – wie in Abschnitt 5.1 beschrieben – es letztlich ist, in einem verdichteten Text Phänomene so zu beschreiben, dass ihre „Besonderheiten (...) als Theorie kenntlich werden" (Krotz 2005: 36). Zur Illustration wird auf kurze Zitate aus dem empirischen Material (vgl. Kapitel 6) zurückgegriffen, auch auf solches, das nicht in die Feinanalyse mit eingeflossen ist, weil auch dies die Ergebnisse pointiert.

7.1 Zur Medienaneignung der Jungen mit türkischem Migrationshintergrund

Auf Grundlage der rekonstruktiven Analyse der Interviews mit den Jungen mit türkischem Migrationshintergrund habe ich ihre Mediennutzungs- und Verwendungsszenarien in einem Orientierungsrahmen gebündelt, den ich als *Status, Anerkennung und Prestige* bezeichnet habe. Übergreifend machen die Jungen unmissverständlich deutlich, inwiefern sie sich eine Position in einer computerisierten Welt erobert haben und selbstverständlich darin agieren. Sie sehen sich, mit Jessen (2010) gesprochen, als „digital residents", denen Computermedien als wichtige symbolische Ressource gilt; über diese wird verfügt und der Umgang damit ist als konstitutiver Bestandteil des Alltagslebens stabil verankert. Demgemäß sind z. B. ihre auf die digitalen Medien bezogenen biographischen Abrisse vorrangig Erfolgsgeschichten, ebenso sind Lerngeschichten und -episoden Berichte über ein erfolgreiches *Aufschließen zu anderen* bzw. *Anschließen an andere* und ein Rückblick auf eine in der Regel mühelos verlaufene Kompetenzgenese. Mehrfach wird akzentuiert, dass die Motivation, sich mit dem Computer auseinanderzusetzen, darin bestand, dass schon „alle einen hatten", wonach selber dann betont „allein gelernt" wurde, wie es funktioniert.

Wie die Jungen Lernen darstellen, gerät in die Nähe von Arenen des Wettbewerbs oder einer bestandenen Championship und die Verfügung über eine computerbezogene Handlungsfähigkeit gleicht der Erlangung einer Trophäe. Dabei kommt es zu einer Art Lage- oder Standortbestimmung der eigenen Computerpraxis innerhalb eines Sozialgefüges, das als computerversiert beschrieben wird, wobei die Jungen durchgehend eine bestimmte *Positionierung* in diesem anzeigen. Hierbei geht es um die Kennzeichnung der eigenen Person als Angehöriger bzw. Zugehöriger zu einer computertechnikaffinen Sphäre. Der negative Gegenhorizont ist durchgängig der eines Ausgeschlossen- oder Abgeschnittenseins von computervermittelten Handlungsoptionen: So machen sie etwa deutlich, einen Zustand der Exklusion souverän überwunden zu haben; dabei wird das Verfügen über Medientechnik zum Ausweis eines *Dabeiseins* oder *Dazugekommenseins* und erfolgt z. B. in Form der Inkorporierung von Umgangsfertigkeiten mit dem PC als Bewährungsprobe oder Prozess einer Statusrollenkonfiguration, wobei die Inklusion in eine mit sozial anerkanntem Computerwissen ausgestattete Sphäre dann als souverän („alles so selber dann gelernt") oder als Beleg einer generalisierten Teilhabefähigkeit erscheint („was man so braucht"). In diesem Zusammenhang betonen die Jungen das *Verfügen über Zugangsmöglichkeiten* zu umfangreichen Wissenskontingenten und materialen Ressourcen, immer mit der Möglichkeit verbunden, sich diese relativ umstandslos zunutze machen und aneignen zu können. Bestandteil dessen ist z. B. das Vorhandensein zahlreicher Kontakte zu Computerkennern und die Partizipation an deren Erfahrungen und Kompetenzen. So beschreiben sie ihre eigenen Fähigkeiten als aus der gemeinsamen Praxis mit einem Ermächtiger hervorgegangen, wobei hier ein Muster des *ermächtigt Werdens* und nun *selbst ermächtigt Seins* hervortritt. Die eigene Kompetenzgenese wird auf diesem Wege aufgewertet, z. B. indem das eigene Wissen zu einem Spezialistenwissen relationiert wird. Auch die Medienausstattung der personalen Umgebung, der Besitz und die Medienkompetenz Anderer werden ihnen immer wieder zur wichtigen Bezugsgröße und zum Vergleichsmaßstab. Übergeordnet geht es ihnen um Aspekte des erfolgreichen sich Einreihens und des sich Platzierens sowie um die Absicht, sich durchzusetzen („du musst dein Ding machen"). Das Feld der Medientechnik wird von ihnen als etwas erfahren, das symbolisch mit Wert aufgeladen ist und sich an Fragen der sozialen Geltung knüpft. Der Besitz von und die Verfügung über Medientechnik wird zu einem Phänomen, das Ansehen ermöglicht und bedingt sowie mit der Wertschätzung durch andere verwoben ist.

Dass der eigene Computerumgang als eine Art Errungenschaft gilt, die mit Fragen der sozialen Geltung verbunden ist, lässt sich auch daraus ableiten, dass die Jungen mit türkischem Migrationshintergrund zum Forscher *selbst* in eine Anerkennungsbeziehung eintreten. Sichtbar wird dies durch verschiedene Strategien der Vergewisserung beim Interviewer, vermittelt z. B. in zahlreichen Fragen an ihn wie „haben sie davon gehört?", „kennst du das?" oder „wissen Sie was das ist?" Diese dokumentieren, wie sich die Jungen implizit um eine Anschlussfähigkeit des Erzählten beim Forscher bemühen. Hierin ist die Bestrebung verborgen, dass die eigene Erfahrung und das eigene Wissen sozial resonieren und Spuren beim Forscher hinterlassen bzw. seine Aufmerksamkeit auf sich ziehen. Dem Forscher gegenüber werden Erfahrungen, Fähigkeiten und Wissensbestände in einem Modus präsentiert und demonstriert, der deren Tatsächlichkeit markieren soll, gerade *weil* den Jungen wichtig ist, in seinen Augen als kompetent und teilhabend bzw. teilhabefähig zu gelten. Der Forscher wird hier ganz offensichtlich auch als Respektsperson wahrgenommen, dem gegenüber eine eventuelle eigene Marginalität in vorauseilender Performanz scheint ausgeräumt werden zu müssen; besonders evident wird dies, wo der Erfahrungsbericht über die tatsächliche Teilhabe an einem medienbezogenen Erlebnisszenario im Idiom der Herkunftsfamilie beschwört wird.

Trotz des Verweises auf die eigene Computerexpertise und zum Teil langjährige Computererfahrung ist ihnen wichtig, dieses Kapital in Form der sozialen Geltung nicht zu eng zu führen und beispielsweise im Verdacht einer versessenen oder detailverliebten Computerpraxis zu stehen. Begründet ist dies vor allem in der bei den Jungen zu findenden *Distanzierung von der Figur des Computerfreaks*. Wie dies mit ihrer zum Teil massiv ausgeprägten Selbststilisierung als computerkönnend einhergeht, lässt sich folgendermaßen aufklären: Im normalerweise etablierten Sprachgebrauch wird mit der Bezeichnung Computerfreak auf Personen abgehoben, die als ausgewiesene Experten im Umgang mit dem Computer gelten und dessen Technik sowie dessen Anwendungen souverän beherrschen. Genau andersherum kann der Begriff aber auch eine Pathologisierung mit sich führen, und zwar im Sinne einer von der gesellschaftlich normierten und akzeptierten Handlungsweise abweichenden Medienpraxis, die als abartig und grenzwertig gilt oder auch suchtartige Züge trägt (vgl. hierzu Welling 2008: 268). Barth (1997) arbeitet heraus, wie der Computerfreak das Bild eines zwanghaften, introvertierten Computernutzers impliziert, zu dem vor allem seit den 1990er Jahren ein entsprechendes Bild vermittelt wurde: Der Freak transportiere die Vorstellung des „sozial isolierten und inkompetenten, an den Rechner (...) gefesselten jungen Mannes" (ebd.: 112); ein solcher Computernutzer verbringt „blaß, unsportlich und unattraktiv die Nächte vor dem Bildschirm in elektronischen Traumwelten, ernährt sich von Coca-Cola und Hamburgern und trifft sich allenfalls mit Gleichgesinnten, um in unverständlichem Computer-Jargon technische Details zu besprechen" (ebd.). Damit transportiert der Freak das Bild einer *körperlichen Hexis* im Sinne Bourdieus (1987)[188], die biologisch gesehen auf gesundheitliche Schwäche und/oder Krankheit abzielt und sozial gesehen auf Marginalisierung und/oder Isolation.

Festzustellen ist, dass sich die Jungen mit türkischem Migrationshintergrund auf zwei Arten von dieser Figur abgrenzen: Einerseits durch betonte Selbstbeherrschung und jederzeit stabile Selbstkontrolle in der eigenen Medienpraxis; diese gilt in ihren Augen gerade *nicht* als ausufernd, fanatisch oder suchtartig – obwohl damit mitunter kokettiert wird („bin voll der üble Zocker"). Zum anderen wird sich scharf von der mit dem Bild des Freaks verbundenen körperlichen Hexis distanziert, weil sich das Selbstbild und die Selbstpräsentation der Jungen vorrangig am *Idealbild des sportlichen, gesunden* (z. B. nicht rauchenden) *und fitten Mannes* orientieren. Sie sehen sich gerade nicht als Computernerd, als Außenseiter, der verspottet wird, weil er sich „statt auf dem Fußballfeld lieber auf dem Mauspad" auslebt (Knoke 2007: o. S.). In diesem Sinne haftet dem Ruf des Computerfreaks bei den Jungen mit türkischem Migrationshintergrund ein „Ruch des Versagertums" an (Knoke 2007: o. S.). Gerade dies ist ein Bild, dem sie unbedingt zu entkommen suchen und dem sie in der Regel die Schilderung sportlicher Aktivitäten entgegensetzen, die auf einen körperlich-selbstbewussten Habitus verweist. Sie betonen – entgegen der sozial isolierten Hinwendung zum Computer – gerade ihre *Vielzahl sozialer Kontakte* in Form umfangreichen Eingebundenseins in Sphären der Vergemeinschaftung, allen voran der Peergroup.

Diese Aspekte erklären, warum der Freak für die Jungen aus türkischen Familien grundsätzlich negativ konnotiert ist und zur Grenzziehung zu einer als völlig unattraktiv zurückgewiesenen Praxis dient. Dies liegt auch daran, dass es gerade die soziale Attraktivität ist, deren Betonung ihrem Habitus eingeschrieben ist und der eine fanatische Haltung zum Computermedium entgegensteht. Deswegen wird es auch nicht bei einer Grenzziehung zum Freak belassen, sondern gerade noch betont, es gebe andere Personen, die diesem Muster zuzuordnen seien („es gibt so einen in unserer Klasse ((lacht)), der so ist, der ist auch mit seinen Freunden immer so. Die dann immer so „boah ey, mein neuer PC, boah, richtig GEIL so, Geforce-3 Grafikkarte" und so ((lacht))". Vor dem Hintergrund dieser Differenz inszenieren sie sich selbst als computersouveräne Akteure, und zwar als solche, die trotzdem noch sozial anerkannt und körperlich-physisch stabil sind. Insofern steht die bewusste Abgrenzung auch in der Funktion einer distinktiven Selbstverortung und eines „doing masculinity" (Budde 2005), das sich ebenso in der Orientierung an Männlichkeitsattributen zeigt, wie sie in Schilderungen zur Erprobung heterosexueller Kontaktanbahnung mittels Chatkommunikation sichtbar werden. Eine intensivierte Hinwendung zum Computer, die sich in einem blindwütigen Interesse an technischem Detailwissen ausdrückte, widerspricht gerade dem Selbstbild

---

[188] Mit Hexis ist ein habituell generiertes Ordnungsschema gemeint, welches die spezifischen Formen von Körperlichkeit, also die „Art und Weise der Körperhaltung" beim Sprechen oder Bewegen anleitet und rahmt (Bourdieu 1987: 129).

des erfolgreichen Mannes. Wirksam ist hier offenbar der Konnex *Freak=unmännlich / schwach*, der einen negativen Gegenhorizont darstellt. Darüberhinaus betonen sie ihre Medienpraxis als vergemeinschaftete – auch dies widerspricht dem Attribut der sozialen Isolation außerhalb einer Gemeinschaft stehenden. Vor diesem Hintergrund gilt ihnen der Habitus des Freak ein solcher, der gerade nicht eingebunden ist eine Orientierung an sozial anerkannten Fähigkeiten und wird entsprechendes Computerwissen zu einer sozial minderwertigen Kompetenz als dem Gegenteil von Merkmalen von Stärke, Männlichkeit und Erfolg. Es geht hier um eine Souveränität, sich gerade nicht in den Tiefen von Computerdetails zu verlieren, sondern über entsprechendes Wissen selbstverständlich, aber immer noch distanziert und in Form einer Fähigkeit unter vielen zu verfügen; so kommt es etwa einerseits zu einer Inszenierung grandios anmutender Handlungsfähigkeiten und technischer Wissensbestände, andererseits wird der PC symbolisch zum „Blechhaufen" degradiert.

Während es im Zuge der übergreifenden Orientierung der Jungen mit türkischem Migrationshintergrund zur Präsentation sowohl einer sozialen Stellung als auch der Fähigkeit kommt, diese kompetent ausfüllen zu können, wird ihr *eigener Computerumgang zu einem symbolischen Kapital*, das in sozialen Zusammenhängen in Wert gesetzt werden kann. Dabei geht es ihnen um die Verfügung über ein auf die Beherrschung des Computermediums zielendes Technikwissens, das in eine Handlungsarena eingebettet ist, aus der sie durch ihre Einbindung in eine Sphäre aus gemeinsam geteilten Praxen selbst als vermögend und könnend hervorgehen. Z. B. beschreiben sie sich immer wieder als von einem *Empowerment* durch andere geprägt, wodurch sie die Computerexpertise vor allem ihrer Peergroup nicht nur wertschätzend anerkennen, sondern wiederum ihre Stellung in diesem Gefüge anzeigen. Damit einhergehend artikulieren sie sowohl umfassende Partizipationsmöglichkeiten als auch vorhandenes Sozialkapital als Möglichkeit des Kompetenztransfers. Auf diese Weise machen sie nicht nur gelungene Inklusionsbestrebungen deutlich, sondern stellen gelegentlich auch einen gewissen Vorsprung heraus, etwa indem eine Kompetenzhierarchie zwischen sich und anderen dargeboten wird. In diesem Kontext gerinnt z. B. der eigene Erfolg bei der Installation einer Software zu einem Distinktionsmerkmal von der Masse („könnte eigentlich jeder...ich hab's gemacht ohne dass ich's wusste") oder wird die häufige kostenlose Beschaffung illegalen Materials aus dem Internet zum Dokument der eigenen Überlegenheit, während ein anderer User „eine Rechnung" bekommen hat.

Angesprochen ist damit die *soziale Resonanz* von Computerwissen und Computerhandeln als eines für die Jungen mit türkischem Migrationshintergrund übergreifenden Motivs. Nicht nur attribuieren sie sich selbst eine erhöhte Akkumulation computerbezogener Medienerfahrungen, beschreiben sich etwa als „early adopter" (Schmiechen 2009), sondern binden dies immer auch in Fragen der wechselseitigen Anerkennung durch andere ein. Beispielsweise wird im Rahmen der Peergroup-Kommunikation aktiv an aktuellen Computertrends teilgenommen und zugleich eng und solidarisch an der materiellen Ausstattung der Freunde teilgehabt; Mediendateien, Spiele oder Geräte werden zu einer Symbolware, die auf einer prestigeträchtigen Bühne verbreitet und verhandelt werden. Gegenseitig behandeln sich die Jungen zum Teil wie Protagonisten einer Sphäre der Techniksouveränität und bringen dadurch eine symbolische Beziehung zum Computermedium zum Ausdruck, die mitunter stark *possessive Züge* trägt und die

Materialität technischer Ausrüstungsgegenstände in den Mittelpunkt rückt. Diese Possessivität darf allerdings nicht allein als Besitz oder Eigentum verstanden werden, sondern bezieht sich in einem weiten Sinne auf das Anzeigen von etwas Erreichtem als Resultat erfolgreicher Anstrengungen.

So zeigen sich in dieser Praxis Bezüge zu einem männlich-türkischen Freundschaftsmodell (*arkadaşlik*), das als freundschaftliche Beziehung unter Jungen Merkmale enger Gruppenkohäsion und eines nach innen gerichteten Erlebens von Stärke und Respekt beinhaltet (vgl. Atabay 2002). Etwa betonen die Jungen die engen Beziehungen in ihren vorrangig gleichgeschlechtlichen Freundeskreisen und weisen auf Aspekte von Verbundenheit, Zusammenhalt, Gleichheit und Gegenseitigkeit hin („ich frage ihn so ‚hast du neue Sachen' und dann sagt er ‚ja' und dann gibt er mir sie"). Diese Praxis von Tausch und Weitergabe ähnelt von ihrem Mechanismus her dem *Gabentausch*, den Schiffauer (1983: 114 ff.) als konstitutives Merkmal männlich-türkischer (Gruppen-)Freundschaft herausstellt (vgl. auch Kizilhan 2008): In dieser Praxis zeigt man dem anderen, was man hat und darüber, wer man – bezogen auf seine Stellung – ist. In diesem Prozess wird das Gefühl bestärkt, an Medienangeboten und -produkten partizipieren zu können, wenn nicht durch eigenes ökonomisches Kapital, dann durch die Anrufung von Sozialkapital. Bestandteil dessen ist sowohl die Einforderung von Hilfe als auch deren Weitergabe („ich kann die immer anrufen"), worin sich ein mitunter hoch ausgeprägtes Solidaritätspotenzial der Freundeskreise ausdrückt. Transfers von Medienangeboten wie neuesten Computerspielen, Musikdateien oder auch Cheats bzw. Cracks erfüllen vor diesem Hintergrund die Funktion der wechselseitigen Anerkennung und Unterstützung – indem sie ihrer „Umgebung gute Dienste" leisten (Pfluger-Schindlbeck 1989: 47) erhöht sich das Ansehen der Jungen in ihren Peergroups. In diesem Sinne entwerfen sie sich auch – im Sinne des Anzeigens einer gelungenen Außenbeziehung – als Versorger und Ermöglicher, die vermittels ihrer Medienpraxis andere, vor allem Freunde, aber auch Familienangehörige, von ihrem Können profitieren lassen; darüber wiederum reproduziert sich die Wahrnehmung, souveräner Teilhaber und selbstwirksamer Akteur zu sein, wenn es darum geht, computervermittelte Optionen zu nutzen und zu beherrschen.

In diesem Kontext zeigt sich vor allem hinsichtlich der peergroupbezogenen Medienaneignungsprozesse eine Struktur des *sozialen Schritthaltens* und der *Solidarität* gleichermaßen. Erkennen lässt sich in den diesbezüglichen Schilderungen die nach Schiffauer für türkischstämmige Jungen typische Figur von „Herausforderung und Erwiderung" (1983: 114); diese zeigt sich etwa, wenn der Freundeskreis als Motor der Kompetenzentwicklung und als Handlungsarena beschrieben wird, innerhalb der Fähigkeiten dargestellt werden und sich beweisen sollen bzw. bewiesen haben. Bezogen auf den Umgang mit Medien handelt es sich hier um dasjenige Muster, das von Straub (2006: 219) als „Wettbewerb und Solidarität" und von Schäffer (2003: 321) als „Kooperation und Konkurrenz" beschrieben wird. Die peergroup der Jungen erscheint analog zu einem *Kräftefeld*, in dem das Verfügen über computerrelevante Wissensbestände eine Fähigkeit unterstreicht, die man selbst in den Augen anderer genießt und deren Wirkung bei ihnen hervorgehoben wird. Übergreifend wird dabei sichtbar, wie sich die Jungen in Arenen des binnengeschlechtlichen Wettbewerbs bewegen, in denen sich zugleich Solidaritäts- und Distinktionsprozesse abspielen: „Aus dem Gegeneinander entsteht ein Miteinander: Der Wettbewerb ist ein Mittel der Anerkennung des Anderen und der Herstellung von Gemeinsamkeit" (Meuser 2003f: 91); auf diese Weise wird der eigene Computerumgang zu einer sozial anerkannten und mit sozialer Geltung ausgestatteten Technikexpertise („mein Freund, er hat einen PC bekommen (…) er hatte keine Ahnung, habe ICH ihm das gemacht").

Die Freunde werden zur Referenz, an Möglichkeiten zu partizipieren, der Technik überlegen zu sein, wobei hier das Motiv des Besitzes machtvoller Sozialkapitalbezüge erneut aufscheint, von deren Expertise profitiert und es den entsprechenden Protagonisten *gleichgetan* wird. So wird beispielsweise ein männlicher Klassenkamerad in seiner Funktion partnerschaftlicher Hilfe und *gleichzeitig* als imaginierter Konkurrent geschildert, dem gegenüber leitmotivisch eine *Ebenbürtigkeit* geltend gemacht wird („dann, Albert, so ein Junge aus meiner Klasse, der ist dann da reingegangen und hat den Crack runter genommen (…) Nach einem Mal sehen, habe ich das dann auch- ICH könnte es jetzt auch"). Die Figur des Verfügens über sozial anerkannte Wissenskontingente paart sich hier damit, *nicht* hinter Fähigkeiten des anderen zurückzubleiben; mit den Mitteln des Vergleichs wird Ebenbürtigkeit angezeigt, die wiederum vermittelt, gerade von *keiner (medialen) Handlungsbeschränkung betroffen* zu sein.

Nicht über den eigenen Internetanschluss zu verfügen ist z. B. im Kontext der eigenen Alltagsgestaltung zwar ein Makel, der aber durch das Anerkanntsein beim Freund überbrückt werden kann; gleichzeitig ist der Freund die Referenz, an die – gedankenexperimentell – anzuschließen sich vorgestellt wird („ich mach mir ne Flatrate, das hat auch mein Freund"). Eng damit verbunden ist die ebenfalls wiederkehrende Präsentation des Vorhandenseins von in der Regel uneingeschränkter Handlungsautonomie und Durchsetzungsfähigkeit. Sich z. B. bei Computerproblemen gerade *nicht* eingeschüchtert haben zu lassen ist dabei ein übergreifendes Topos der Jungen mit türkischem Migrationshintergrund, worin man mit Meuser (2001: 13) ein weiteres Konstruktionsprinzip von Männlichkeit sehen kann: „Durchhalten bis zum Ende dient sowohl der Selbstvergewisserung der eigenen Männlichkeit als auch der Männlichkeitsdarstellung gegenüber anderen". Der Umgang mit dem Medium wird zu einem Feld, das mit der Herausbildung bzw. Entwicklung von Unerschrockenheit, Maskulinität und einem Zugewinn an Image einhergeht.

Unterstrichen wird dies dadurch, dass damit die Herausstellung zum Teil kriegerischer Attribute verbunden ist. In diesen Kontext fällt z. B. die Ausprägung eines digitalen Spezialistenhabitus, der sich besonders in Schilderungen zum handlungspraktischen Umgang mit dem Medium niederschlägt. In einer *Kampf-Sieg-Semantik* kommt es hier zu einer Inszenierung einer wehrhaften Souveränität gegenüber mächtigen Attacken, deren Bezwingung zum Projekt der eigenen Grandiosität und als Resultat persönlicher Leistung stilisiert wird; dabei wird sich wie ein „männlicher, kämpferischer Held" im Angesicht der „Übermacht der Apparate" (Brunotte 2000: 81) verhalten und deutlich gemacht, inwiefern es sich z. B. bei der Säuberung des eigenen PCs von Viren um eine „herkulische Tat" (Sichtermann 2007: 112) handelte; auf ähnliche Weise wird sich des erfolgreichen Einbaus einer neuen Hardwarekomponente gerühmt, obgleich dies zunächst ein „Risiko" war. Aspekte wie diese verweisen darauf, dass die Jungen den Umgang mit dem Computer wie ein performatives *Mutritual* (vgl. Erdheim 1991: 86) auffassen und sie lassen sich als Macht- und Kraftinszenierungen verstehen, die symbolisch auf einem Feld von *Siegen* und *Verlieren* verortet werden können.

Gerät eine Zugehörigkeit zu prestigeträchtigen Medienhandlungsarenen in Gefahr bzw. wird bedroht, zeigt sich die andere Seite dieser Orientierung in Form von *Ohnmacht*, die als Gefühl des Nicht-Mithalten-Könnens und des Ausgeschlossenseins zutage tritt. Das Erleben von Handlungsbeschränkungen – z. B. eine aktuelle PC-Anwendung aufgrund veralteter Hardware nicht nutzen oder die Technik nicht jederzeit beherrschen zu können – hat hier beinahe die Qualität existenzieller Krisenerfahrungen. Dem Erleben, auf dem Schauplatz der Medien als einem technologischen Kräftefeld temporär auf die materielle wie symbolische Verliererseite zu geraten bzw. der Medientechnik ausgeliefert zu sein, wird mit der Aktualisierung physischer Gewalt begegnet („schlag' ich meinen PC"). Habituell befinden sich die Jungen mit türkischem Migrationshintergrund übergreifend in einem Spannungsverhältnis von Überlegenheit und Unterlegenheit, welches ihrem Medienumgang implizit zugrunde liegt.

Die habituelle Verschachtelung von medialer wie sozialer Zugehörigkeit mit den binären Schemata von Überlegenheit/Unterlegenheit und Sieg/Verlust bildet einen zentralen Hintergrund, vor dem die Jungen Fragen der Medienbewertung bearbeiten. Übereinstimmend stellen sie heraus, inwiefern eine *stabile Gruppeninklusion* einen Garant zur Prävention schädlicher Medienwirkungen abgibt. Auf dieser Folie zerstört ein etwaiges Verbot gewalthaltiger PC-Spiele Formen gruppenkohäsiver Erlebnisse („hat man ja keinen Spaß, spielt man alleine zuhause") oder wendet sich gegen eine soziale Konvention („was sollen die Jugendlichen dann spielen?"). Sie argumentieren hier auf der Folie gemeinschaftsbezogener Praxen und ihrer Struktur der Zusammengehörigkeit, innerhalb der sich Stärke und Stabilität des Subjekts ausbilden. Dass sie dies tun, muss auch in Verbindung gesehen werden mit den gemeinschaftsbezogenen Funktionen, die den Erfahrungen der Jungen zugrunde liegen, und die bei aller Unterschiedlichkeit – die Einbindung in die religiöse Praxis einer Moschee, die Mitgliedschaft in einem Counter-Strike-Clan sowie die Zugehörigkeit zu einem Computerladen – als gemeinsamen Kern haben, dass sie die eigene Stärke als relationiert zu einer Vergemeinschaftung ausweist, welche eine Innen-Außenstruktur impliziert. Dabei handelt es sich um Gruppierungen, die ihnen eine „Wir-Identität" (Atabay 2002: 18) verleihen, mithin um „kollektive Sinnstiftungsangebote, die Inklusion und Zugehörigkeit herstellen" (Ohlbrecht 2006: 247). Zuweilen tritt dies in Zusammenhang mit deutlichen Tendenzen zur Selbstethnisierung auf (vgl. Schiffauer 2002) – z. B. insofern, dass gruppenvermittelte Beständigkeit und Orientierung „Ausländern" zu und „Deutschen" aberkannt wird.

Vor dem Hintergrund einer solchen Stärke durch Aufgehobensein in der eigenen Bezugsgruppe erklären sie beispielsweise die Gefahr, computersüchtig zu werden, zu einem Phänomen der sozialkulturellen Zugehörigkeit; abweichendes Verhalten in Form übermäßigen Medienkonsums gilt ihnen als überindividualisiert bzw. außerhalb kollektiver Gruppenkonventionen stehend, entspricht z. B. nicht der Art des Umgangs, wie er unter Freunden üblich ist („ALLE gehen schwimmen"). Dabei wird, auch im Kontext eigener Vergemeinschaftungserlebnisse, von äußerst intensiven und nachhaltigen Medienwirkungen ausgegangen und diese werden an sich selbst beschrieben („dachte nur noch schießen schießen schießen"), denen gegenüber jedoch eine eigene Selbstbeherrschung betont wird. Übergreifend geht es ihrem Habitus nach darum, gegenüber

Medienangeboten „Haltung zu bewahren, Schwäche und Furcht nicht zu zeigen und insgesamt die Kontrolle nicht zu verlieren" (Schiffauer 1983: 114). So wird auch ein Verbot gewalthaltiger Medienangebote ambivalent eingeschätzt, da es doch einige gebe, die Kraft und Haltung aufbringen und infolgedessen durchaus zur deren Rezeption in der Lage seien.

In diesem Kontext stellen die Jungen z. B. ultrastarke Medien*effekte* (wie den Herzinfarkt nach Anschauen eines Horrorfilmes) und die Existenz von Medien*opfern* gegenüber (solche, die süchtig sind oder nach der Rezeption eines PC-Spiels aus dem Fenster springen). Eine kommunikativ demonstrierte lineare Wirkungshypothese der Medien wird dabei kombiniert mit der Präsentation ausgeprägter eigener Affektkontrollfähigkeiten. Insofern gehen die Jungen von einem *anfälligen Subjekt* aus, dass relativ leicht der Versuchung anheim fällt, einer medial transportierten Verlockung zu erliegen. Medienangebote wie z. B. der Ego-Shooter Counter-Strike oder auch Schockerseiten im Internet werden hier zu einem Terrain, auf das man sich begeben kann, wenn man genügend stark und gefestigt ist, diese Angebote *auszuhalten*. Auch trennen sie scharf zwischen einer *defizitären* und einer *gelungenen* Beherrschung der Medienrezeption, wobei sie sich selbst letztere attestieren und als Erklärung dafür wiederum Merkmale affektiv-physischer Kontrolle („keine kranken Hintergedanken") und sozialer Stützung („habe genügend Freunde") anführen. Im Mittelpunkt ihrer Argumentationen steht eine naturwüchsige Stärke und Gesundheit, um gegenüber einer Anfälligkeit für mediale Einflüsse und möglichen Imitationshandlungen gefeit zu sein. Diese Merkmale entwickeln sich oder haben sich zu entwickeln, z. B. indem man aus einer eigenen Erfahrung quasigeläutert hervorgeht (nach dem Ausprobieren eines Ego-Shooters ist dieser nun „nix mehr für mich").

Dass sich die Jungen selbst als stabil sehen, zeigt sich nicht zuletzt daran, dass sie dieses Muster der Stärke zugleich als Distinktionsmerkmal heranziehen („andere werden ja so"). *Dass* es zu Manipulationseffekten durch Medienkonsum oder zu abweichendem Verhalten kommen kann, ist ihnen Ausdruck sozialer Deprivation, die jedoch weniger als Auslöser, sondern vielmehr als schicksalhafte Koinzidenz gedeutet wird, von der gesellschaftliche Verlierer betroffen sind. Auf diese Weise wird die Frage nach Medienwirkungen tendenziell *naturalisiert* und *universalisiert* („kann man nichts machen") und in ein Schema von Autorität und Begrenzung eingebunden, an dem sich die Jungen orientieren: Wer aufgrund von Schwäche zu keiner folgenlosen Rezeption von Medienangeboten fähig ist, dem könne deren Nutzung entweder nur – in autoritärem Gestus – verweigert werden oder man habe die Konsequenz von Medienopfern hinzunehmen.

Bezüglich der Medienbewertung sind es folgende semantische Leitdifferenzen, die die Jungen mit türkischem Migrationshintergrund in ihren Argumenten verwenden: *Sieger versus Verlierer/Opfer, Stabilität versus Anfälligkeit, Standhalten versus Entsagen, Aushalten versus Verbieten* sowie *Beherrschung versus Unfähigkeit*. Unschwer erkennen lässt sich daran, inwieweit vor allem der häufig auftauchende Hinweis auf Opfer der Medien (die deren Wirkungen erliegen) und die Abgrenzung von ihnen, im Dienst einer distinktiven Selbstverortung steht. Bestandteil dessen ist eine wiederkehrende *Differenzkonstruktion*, sowohl auf einer individuellen Ebene (die subjektive Erhabenheit gegenüber Medieneinflüssen) als auch auf einer sozialen (die Gegenüberstellung eigener und fremder Gruppenzusammenhänge). Auch hier geht es den Jungen darum, sich auf eine Weise innerhalb einer Macht- und Kraftkonstellation auf dem Feld der Medienrezeption zu platzieren, die sie als könnend und souverän kennzeichnet. Genau deshalb sind sie übereinstimmend davon überzeugt, Medienwirkungen entweder *aushalten* zu können („bei mir ist nicht so"), eine Neigung zu übermäßiger Rezeption auf *natürliche Weise* zu regulieren („nach zwei Monaten ich hab keinen Bock mehr") oder Medienangeboten bewusst zu *entsagen* („ist nichts für mich"). Die symbolische Positionierung zu Medienangeboten erscheint auch hier wie ein Messen mit virtuellen Kraftinstanzen, gegenüber denen durch Auseinandersetzung mit ihnen *bestanden* wurde und eine Art Abhärtung erlangt wurde.

Festzuhalten ist, dass der positive Gegenentwurf zu negativen Medieneinflüssen bei den Jungen mit türkischem Migrationshintergrund gerade aus der *Kombination* von physischer Kraft/Gesundheit *und* einer durch Gemeinschaftlichkeit verbürgten Ordnung und Stärke besteht. Dies muss auch vor dem Hintergrund eines Sozialisationsmechanismus gesehen werden, der, ähnlich wie ihn Kizilhan (2006: 101) bezüglich Jugendlicher türkischer Herkunft beschreibt, an einer inneren Ordnung des Subjekts orientiert ist, welche durch dessen Formung *durch* und Anpassung *an* eine Autoritätsordnung erlangt wird und weniger durch verinnerlichte (moralische oder charakterliche) Verhaltensstandards. Vor diesem Hintergrund ist die mitunter aufzufindende Haltung der Amoral (mit der in einem Fall z. B. die Konsequenz aus der Verbreitung einer islamkritischen Medienbotschaft beschrieben wird) eine bewusste Absage an individualistisches Verhalten, welches sich einer individualistischen Freiheitsauffassung bedient und sich dabei *über* die Regulationskraft kohäsiver Kollektivstärke stellt. Wo ein ehemaliger Freund als computersüchtig beschrieben wird, erscheint dies gerade nicht stigmatisiert als charakterliche oder moralische, mithin individuelle Verwerfung, sondern als Problem der Struktur, die dessen Verhalten überhaupt konstituierte, weshalb der Freund auch nicht sozial destruktiv, sondern lediglich sozial dysfunktional handelte. Darin, dass sich rechtsradikales Gedankengut im Internet verbreitet, wird das Problem gesehen, dass dies erlaubt bzw. nicht verboten wurde – Medienangebote und der Umgang mit diesen sind so lange in Ordnung, wie beides konform zu einer äußeren Ordnungsstruktur läuft und das Ansehen anderer nicht verletzen („jemanden persönlich beleidigen").

Insgesamt folgen die Jungen hier einer Denkweise, die verschiedene Autoren (Toprak 2004, Toprak 2007, Atabay/Mühlig-Versen 2002, Atabay 2002, Schiffauer 1983, Schiffauer 1997) einer *gemeinschaftlichen Bindungskonvention*, einem *Denken in Wir-Begriffen* und einer *nach außen gerichteten antagonistischen Wehrhaftigkeit* als zentralen Faktoren in der Erziehung und Sozialisation in Familien türkischer Herkunft geschuldet sehen. Aufgrund der stärker auf kollektive Verbindlichkeiten ausgerichteten Vorstellung von Personwerdung geht es weniger darum, Heranwachsenden Einsicht zu vermitteln, sondern ihnen ein Hineinwachsen in gesellschaftliche Konventionen und den davon gesetzten Grenzen zu ermöglichen, wobei dies im Interesse des Heranwachsenden erfolgt (vgl. Kizilhan 2006: 101 ff.). Dass Grenzen überwiegend klar und unzweideutig, also tendenziell autoritär vertreten werden, ist ein Merkmal, dass die von mir befragten Jugendlichen mit türkischem Migrationshintergrund geschlechtsübergreifend verbindet. Das Besondere der Jungen scheint mir zu sein, dass bei ihnen anstelle einer inhaltlichen Auseinandersetzung mit der Genese oder der Qualität des infragestehenden Mediengeschehens viel eher die Vorstellung einer Macht der autoritären Begrenzung einer ihrerseits unbändigen Kraft personalen Artikulationsvermögens im Vordergrund steht. So befürworten sie ausdrücklich *autoritäre Grenzsetzungen des Medienkonsums* („wenn mein Vater sagt ‚mach aus', dann muss ich auch ausmachen") und werden gerade *dadurch* die Beherrschenden bzw. Starken in ihrem Tun und sehen sich *nicht* etwa als Disziplinierte. Eben dies reflektiert zugleich nochmals übergreifende Merkmale ihrer allgemeinen Orientierung an Prinzipien wie *Überlegenheit, körperlich-physischer Souveränität und Kontrolle* sowie einer *sozial kontextualisierten Entwicklung und Demonstration von Stärke und Maskulinität*. Letztlich lässt sich also auch hier das übergreifende Motiv einer anerkennungs- und wettbewerbsorientierten Selbstverortung im sozialen Raum wiederfinden.

Damit hängt zusammen, dass von den Jungen auf dem Feld der Medientechnologie Erfolge *nach außen* hin, sprich in gesellschaftlich-öffentlichen Zusammenhängen, erzielt und präsentiert werden, worin sich wirtschaftlicher Erfolg, Distinktion und Ansehen in der Sphäre öffentlicher Wahrnehmung als positive Gegenhorizonte der Jungen spiegeln.[189] Dies kann z. B. die Akkumulation von ökonomischem Kapital mittels Handel sein (z. B. durch einen äußerst geschäftstüchtigen Online-Handel oder die Veräußerung von Computerkomponenten), ebenso aber auch die Überlegenheit der eigenen Praxis angesichts struktureller Machtkonstellationen und öffentlicher Institutionen: Man hatte den PC-Laden zur Reparatur des Rechners eigentlich nicht nötig; über die Anforderungen der Schule wird sich erhoben, indem man sich Material online besorgt. Auf der anderen Seite wird der Involvierung in Institutionen der gesellschaftlich-öffentlichen Sphäre ein impliziter Statusgewinn abgewonnen: Die langjährige Beschäftigung mit dem PC begann bereits sehr früh („bei MIR schon in der Grundschule") und die eigene Medienexpertise ist fundiert durch die Teilnahme an formalen Computerbildungsangeboten („bin ich früher immer so zum Kurs gegangen"), wobei der Modus der Schilderungen anzeigt, inwiefern die Teilnahme an schulischen bzw. sonstigen formal-institutionellen Formen der Computerbildung als ein *vorzeigbares Kapital* präsentiert wird. Erkennen lässt sich hier übergreifend eine Art Zweiseitigkeit in der Wahrnehmung öffentlicher Institutionen: Sie sind Dokument der eigenen Erfolgsgeschichte und fungieren wie ein (Bildungs-)Patent, zum anderen wird sich über sie erhoben und Überlegenheit demonstriert, um die souveräne Positionierung im sozialen Raum anzuzeigen.

Die Inszenierung eines könnenden und auf Ansehen bedachten Zugriffs auf das Computermedium hat neben der sozialen Referenz der eigenen Expertise, die auf Status und Distinktion abzielt, eine weitere Facette, die die Symbolik der *Kraft* und der *Potenz* fokussiert. In diesem Zusammenhang ist der in einem Interview genannten Figur des

---

[189] Dass dies zentrale, wenn auch sicher keine verallgemeinerungsfähigen, Merkmale der Orientierung türkischstämmiger Männer sind, zeigt ein Blick auf die Studie von Nohl et al. (2006) zu Existenzgründungen. In der narrativen Konstruktion des im Rahmen dieser Untersuchung zu Wort kommenden türkischstämmigen Mannes treten diese Aspekte deutlich hervor; zu den Motiven der Gründung eines Ladengeschäftes etwa führt er aus, es habe bereits „Hunderte Imbissstuben" gegeben, die aber allesamt nicht fachgemäß arbeiteten; „Tausende" machten die Arbeit, jedoch „nicht richtig" – „Wir", fährt er fort, „haben nachgedacht". Inwiefern die eigene Tätigkeit mit öffentlichem Ansehen verbindet, dokumentiert sich dort, wo er berichtet, die „Medien haben sich sehr gut für uns interessiert. Das war ja auch gut so". Auch darüber hinaus betont er seinen Erfolg („wir sind eh besser als unser Businessplan") und akzentuiert die Leistung seiner Existenzgründung als Resultat persönlicher Leistung („wir haben nicht gedacht dass wir so schnell sind").

Hackers, der als „früherer Freund" bezeichnet wird, zu eigen, dass sie einen mächtigen Gewährsmann im Ringen um „Anerkennung und Respekt von anderen" versinnbildlicht (Gröndahl 2000: 16); eine äquivalente Symbolik lässt sich der in einem anderen Fall rezipierten Martial-Arts-Ikone Jackie Chan zuweisen. Beiden Figurationen ist gemeinsam, dass sie *Chiffren physischer Geltung* sind, die vermittels einer „Aura der Unbesiegbarkeit" (Buchen/Straub 2006b: 98) das Übersteigen der Alltagsexistenz in die Sphäre heldenhaften Triumphes idealisieren. Bei aller Unterschiedlichkeit verbindet sie die ihnen eingeschriebene Symbolik von Autorität und Achtung, die auf Ausnahmefähigkeiten basieren, welche wiederum – innerhalb von Machtkonstellationen – das Erringen einer überlegenen Position ermöglicht. Exemplarisch dokumentieren sich darin die positiven Horizonte der Jungen nach einem Abgrenzen von der „Ohnmacht einer bloß statistischen Existenz" (Brunotte 2000: 83). Inwiefern dabei der Aspekt der physischen Durchsetzungskraft mit einer Attraktivität der dazugehörigen physisch-materialen Objekte in eins fallen, wird in der Rekonstruktion deutlich, wo sich die Medienwahrnehmung der Jungen mit türkischem Migrationshintergrund vorrangig an Merkmalen wie *Grandiosität und Souveränität* orientierte; darin wiederum ist eine Verbindung mit Möglichkeiten der In-Wert-Setzung des Selbst auf einer sozialen Bühne verborgen, bei der Computertechnik ein geeignetes Vehikel abgibt. Hierbei spielt für die Jungen die *Leistungsfähigkeit der Technologie* eine entscheidende Rolle. Zeigen ließ sich für die Dimension der Medienwahrnehmung, dass sich die Jungen vor allem an solchen Merkmalen abarbeiten, die mit Möglichkeiten von Schnelligkeit, Aufwertung und Geltung in Verbindung stehen. Die Medientechnik konstituiert dabei einen Raum grandiosen Erlebens („kannst du ALLES machen").

Dieser Aspekt zeigt Ähnlichkeiten zum Moment der *Valorisierung*, die auch auf anderen Technikfeldern zu beobachten ist. Für das Feld der Automobilästhetik und -symbolik arbeitet Poschardt (2002) heraus, inwiefern mit der Hinwendung zu einem leistungsstarken Artefakt (bei Poschardt der Sportwagen) neben einer kulturellen Valorisierung vor allem eine des besitzenden Subjekts in Verbindung steht. Kulturtheoretisch drückt sich darin eine Orientierung an einem Ermächtigtsein, einer Grenzüberwindung – dem sprichwörtlichen Bewegen auf der Überholspur – aus. Aufgehoben ist darin ebenso das Anzeigen eines klaren Standpunktes in der Souveränitätsverteilung zwischen Mensch und Technik. Nicht ohne Zufall scheint zu sein, dass die Jungen mit türkischem Migrationshintergrund Computertechnik mit Automobilen in Verbindung bringen; etwa beschreiben sie Computertechnologie als in solche eingebaut, z. B. der Limousine des eigenen Vaters, über die dieser verfügt oder wähnen die zukünftige Möglichkeit, aus dem eigenen Wagen online gehen zu können, als Emblem der technischen Evolution.

Diese Synthese wird verständlich, wenn man sie als innerhalb eines Kontinuums liegend begreift, in dem Technologie als etwas Grandioses gilt, das die Behauptung im sozialen Raum unterstreicht. Für die Jungen mit türkischem Migrationshintergrund verbindet sich damit ein Anschließen an Aspekte technischer Leistungsfähigkeit, die eng mit dem eigenen Selbstverhältnis verknüpft ist. Vor allem die von ihnen beschriebene (selbst durchgeführte oder beobachtete) Praxis des Aufwertens von Computertechnik bildet hier die Schnittmenge und das semantisches Verbindungsglied von Computertechnik und Automobil. Dem Tuning eines Wagens in der Funktion einer Metamorphose von etwas Einfachem bzw. Standardisiertem in etwas Höherwertiges und Exklusives

– etwas, das auch in einem Computerspiel erlebt werden kann – entspricht das „Aufmotzen" des Computers in Form des Einbaus leistungsstärkerer Komponenten. Überhaupt gilt den türkischen Jungen eine technische Ausstattung, die minderwertig und überholt ist und die sie explizit als solche beschreiben, als durchgängiges Manko nicht nur der eigenen, sondern darüber hinaus einer generellen Medienverwendung („man sollte schon eine GUTE Grafikkarte haben"), wohinein sich wieder Aspekte der eigenen Distinktion durch Ausstattung mischen („TV-Karte hat halt nicht jeder") und darin verdeutlichen, inwiefern es den Jungen darum geht, sich durch Markierung einer Differenz zu exponieren („Internetcaferechner sind doch BILLIG").

Dabei wird grundlegend auf die Leistungsfähigkeit von Technik abgestellt, etwa indem die Wertigkeit von Antriebsbestandteilen in den Vordergrund gestellt wird (schnelle Prozessoren und Grafikkarten oder die Power des „Rechners" als Herzstück). Das symbolische Leitmotiv, um das es dabei geht, ist das *Muskelhafte der Technik*, das sich unterhalb von Verkleidung und Oberfläche abspielt. Auch hier wird die Parallele von Computertechnik und Sportwagen sinnfällig: „Der Motor ist beides: Potenz und Potential. Er bietet sich (...) als Herausforderung dar, die eigenen Allmachtsphantasien auszuleben oder zumindest als Verheißung, es zu können, wenn man wollte" (Poschardt 2002: 20). Die Verwandtschaft dieser Technikinterpretation mit den Praxen der Jungen mit türkischem Migrationshintergrund scheint mir darin zu liegen, dass die Potenzialität des Habens *und* der Fähigkeit des Verwandeln Könnens alter Computer in etwas Höheres – die mitunter mit der Selbststilisierung als ausgewiesene Hardwareprofis einhergeht – am Bestreben einer erfolgreichen Selbstpositionierung im sozialen Raum mitwirkt.

Den Computer „aufgemotzt" zu haben transportiert dabei ein Phantasma von Dynamik und Kraft, das sich durch den technischen Apparat realisiert. Es ist Bestandteil der Emanzipation von Langsamkeit und Schwäche als negativem Gegenhorizont des Habitus; wie der Fahrer eines Sportwagens scheinen die Jungen – im Sinne einer Ko-Materialisierung von Körper und technisiertem Artefakt (Winker 2005) – am Ende „selbst getunt" (Poschardt 2002: 149). Das Computermedium als Tuningmaschine wahrzunehmen wird nicht zuletzt auch dort deutlich, wo dieses unmittelbar an der Transformation des Körperselbst in eine erwachsene, männliche Physiognomie mitwirkt – nach dem Scannen eines eigenen Bildes macht man sich mittels Fotomontage „älter, wie ich so AUSSEHEN will". Überdies zeigt sich hier, wie die Grenze zwischen Subjekt (Akteur) und Objekt (Technik) tendenziell verschwimmt – an beiden wird auf ihre „relative Plastizität und Formbarkeit" hingewirkt und beides wird „zum bevorzugten Objekt der Veränderung" (Keupp 2002: 12).

Dass sich auch *Eingriffe in die Materialität der Technik* als *Akte der Statuskonfiguration* auffassen lassen, wird virulent, weil das Computermedium dabei als personalisiertes Symbol des eigenen Erfolges und als materialisierte Potenz zu einem aus dem Mittelmaß hochgezüchteten Wertobjekt wird, das zum Teil mit der Selbstwahrnehmung eines kommerziell erfolgreichen Akteurs einhergeht, welcher mit dem Umschlag von Hardwarekomponenten „ganz schön Gewinn" macht. Neben einer eigenen leistungsfähigen Performance, die den Computer von nüchterner Materie euphorisch in ein Objekt der Begierde verwandelt, ist das eigene Können des Eingriffs selbst als Entäußerung von Souveränität und technischer Beherrschung – und damit als Demonstration des Nicht-Unterlegenseins – zu verstehen („so mein Belüfter, und der war zu schwach.

Dann habe ich einen neuen gekauft. Habe ich den dann rangemacht. Jetzt stürzt der NICHT mehr so oft ab"). Dass das Ergebnis – ein veränderter und/oder leistungsstärkerer PC – Resultat eigener Handarbeit ist, hebt dessen „skulpturalen Gestus" hervor und „identifiziert das Besondere seiner Art als quasi Individualität, von welcher sich (…) der Besitzer oder Bewunderer solcher Objekte wiederum einen Abglanz verspricht" (Poschardt 2002: 13). Insoweit haben die Jungen nicht nur material etwas modifiziert, sondern aus dem Ergebnis spricht förmlich die eigene Selbstwirksamkeit und technische Kompetenz. Dass diese Praxis in einem Fall gegenüber dem Interviewer performativ in Szene gesetzt wird („sie geben mir sagen wir mal IRGENDEIN Teil, ich würde es einbauen können") unterstreicht dabei noch einmal den Aspekt der Anerkennungsthematik: Das ostentative Angebot, es jetzt gleich und hier tun zu können transportiert in Form der Profilierung ein Demonstrieren einer Statusrollenkonfiguration in der Interviewsituation. Das Verfügen über bzw. das offene Zur-Schau-Stellen von Technikwissen und das Vermögen zu dessen handlungspraktischer Anwendung erscheinen äquivalent zu einer Art *Kraftprobe*, bezüglich der die Jungen ihr selbstverständliches Mithalten präsentieren. Auch hier zeigt sich die bereits erwähnte Struktur von Herausforderung und Erwiderung: Die Aktualisierung technischer Souveränität herausgefordert sehend wird angeboten, die sich selbst zugeschriebene Rolle des Technikkompetenten vorzuführen, ähnlich einem „impliziten Versprechen, prinzipiell den praktischen Beweis für behauptete Fähigkeiten (…) antreten zu können" (Pfadenhauer 1999: 276).

Ebenso ließ sich zeigen, wie auf die Anfrage nach der *realen* Aktualisierbarkeit computerbezogener Kenntnisse mit einer Kompetenzinszenierung reagiert wird, da von der Interviewfrage eine Entwertung auszugehen schien, die so nicht stehen gelassen werden sollte; insofern ist diese Reaktion eine performative Wendung, mit der eine vermeintlich starke Position signalisiert und die Rolle eines Könnenden rhetorisch markiert und zurückerobert werden soll.[190] Dieses *performative Weglenken von der eigenen Statusunsicherheit* wird auch da deutlich, wo eine generalisierte Medienpraxis (zu Chatten) als erstrebenswerte Bühne geschildert wird, von der man allerdings ausgeschlossen ist (weil keine eigene Emailadresse besessen wird): Ein vermeintliches Abgeschnittensein wird rhetorisch so bearbeitet, dass durch die Vorgabe eines Nicht-Wollens („ich will gar keine Dings [Freundin aus dem Chat]") Stärke wiedergewonnen wird. Sichtbar wird hier eine Verschränkung von „Allmachtsfiktion und Begrenzungserfahrungen" (King 2002) als eines – fallspezifisch unterschiedlich ausgeprägten – Bestandteils des Habitus der Jungen.

Die Kompetenzdarstellungen der Jungen mit türkischem Migrationshintergrund dürfen deshalb meines Erachtens nicht als das gedeutet werden, als was sie vordergründig erscheinen, nämlich als prahlerisches Imponiergehabe; der praktische Sinn dieser Pose liegt vielmehr darin, dass sie das Bestreben einer Selbstpositionierung transportiert, die mit dem *Bedürfnis nach Anerkennung* einhergeht. Vermittelt wird darin, dass man in der Sphäre digitalen Spezialistenwissens längst angekommen ist und sich entsprechender Optionen souverän zu bedienen weiß bzw. danach trachtet. Dies manifestiert sich – neben dem Rückgriff auf Kompetenzinszenierungen – auch in der Vorzeigbarkeit ob-

---

[190] Nach Pfadenhauer (1999: 276) ist eine Kompetenzdarstellung „dann besonders notwendig, wenn (prinzipiell) Zweifel an der Handlungsfähigkeit des Darstellers existieren bzw. existieren können".

jektiver Produkte und der Demonstration ihres Besitzes. In diesem Zusammenhang fällt auf, dass im Kreise der Jungen mit türkischem Migrationshintergrund als einziger Samplegruppe eine kompetitive Haltung auch gegenüber dem Interviewer auffindbar ist. Das Interview wird zur sozialen Arena eines *performatorischen Beweisens des eigenen Könnens bzw. Erreichthabens und des Vergleichens* („und – wie viel Gigahertz hat IHR PC?"). Hier spielt möglicherweise das Geschlecht des Forschers eine nicht unerhebliche Rolle: Vor dem Hintergrund der für die Jungen mit türkischem Migrationshintergrund zentralen Verschachtelung von Männlichkeit und Technikexpertise wird gerade die Konstellation männlicher Forscher und dessen Frage nach medienbezogenen Aktivitäten zu einer Arena, in der sich exponiert wird, um zu demonstrieren, inwieweit der männlichen Rolle bereits entsprochen wird bzw. eine souveräne Ausübung dieser Rolle angestrebt wird. Im Sinne der von mir herausgearbeiteten Anerkennungsorientierung der Jungen erscheint ihr Habitus der Beherrschung und Kompetition hier als ein Dokument, die *Beziehung zwischen Männern* symbolisch auszudrücken (vgl. Meuser 2001: 14). Der bei den Jungen wirksame Konnex von Körper/Technik/Leistung erfährt hier eine Ausrichtung, entlang der die Jungen Geschlechtszugehörigkeit demonstrieren (vgl. auch Straub 2006: 220).

Besitz und Beherrschung markieren darüber hinaus weitere Facetten der Orientierung der Jungen mit türkischem Migrationshintergrund, entlang der sie auch Fragen der eigenen Zukunft bearbeiten; hier gilt ihnen wirtschaftliche Prosperität, das Erringen einer statushohen gesellschaftlichen Position und der Anschluss an die soziale Gewinnerseite als positiver Gegenhorizont. Das Computermedium und entsprechende Wissensbestände und Fähigkeiten erscheinen sinnbildlich für eine *Aufstiegsmobilität*, die sie etwa an anderen Personen, vorrangig Vertretern der eigenen Herkunftsfamilie, beobachten. Auch hier geht es um einen Aspekt der vertikal ausgerichteten Statustransformation des Selbst und kann das Verfügen über Medienkenntnisse den eigenen zukünftigen Erfolg unterstreichen, begleiten oder erst ermöglichen.

Die zukünftige Sinnhaftigkeit einer Medienpraxis wird in Verbindung gebracht mit Möglichkeiten, Entrepreneur zu sein („mache ich meinen Computerladen auf") oder zumindest mit nach außen hin wirksamen Attributen, die Erfolg und Ansehen in der Wahrnehmung anderer sichern. Ob es die „Anschaffung" einer eigenen Webseite zum Zweck digitalen Selbstmarketings ist oder der Plan, sich Wissen über die Konstruktion von Computerspielen anzueignen – im Vordergrund steht hier eine „Sehnsucht, gesehen zu werden" (Hafeneger 2004: 9) in Form des *Resultats*, das der Zugriff auf Medientechnologien für die erfolgsbetonte Subjektkonstitution im sozialen Raum hat. Gemeinsam ist den Jungen eine hierarchisch-vertikale Ambition (im Betrieb des Vaters „einsteigen", später „berühmt" werden) – Selbstentwürfe von Jungen mit türkischem Migrationshintergrund, wie sie auch von anderen Autoren in Form von „Aufstiegshoffnungen" (Butterwegge 2010) und dem „Entwurf der Selbständigkeit" (Nohl 2001) beobachtet werden. Hier repliziert die vorliegende Studie Ergebnisse, wie sie bereits 1991 von Heßler herausgestellt werden, wonach Erfolg und geglückter Aufstieg zentrale Merkmale in Zukunftsambitionen von Jungen türkischer Herkunft sind (vgl. ebd.: 112 f.). In Erweiterung dieser Befunde kann die vorliegende Untersuchung zeigen, welche Rolle dabei den neuen Medien zukommt.

So zeigt sich, inwieweit im Prozess der Medienaneignung die Wahrnehmung der Medien als etwas Leistungsfähiges und Grandioses unmittelbar an der Orientierung an einer prestigeträchtigen sozialen Stellung mitwirkt. Der eigene Subjektentwurf lässt sich mit und durch Medien eindrucksvoll in Szene setzen und das mit Medien ins Werk gesetzte Produkt trägt zur phänomenologisch sichtbaren Subjektkonstitution bei, indem es die Präsenz der eigenen Person und die Wahrnehmung des eigenen Standortes ermöglicht. Die Medientechnik *muss* daher leistungsstark sein, denn nur auf diese Weise bietet sie mächtige Potenziale des Dabeiseins und des Überschreitens von Grenzen. Es ist die Konstruktionsweise der Technologie, die vor allem deshalb fasziniert und interessiert („Alter, wie haben die das gemacht?"), weil sie sich mit Fragen der sozialen In-Wert-Setzung verbindet, die auf dem Wege des Gebrauchs und der Verfügung möglich erscheinen.

Die Grandiosität der Technik synthetisiert sich dabei mit der Grandiosität des Verfügens über Technik, da beides sinnbildlich für Chancen zu gesellschaftlichem Aufstieg steht – sodass die Technik den Jungen auch immer wieder als voraussetzungslos und einfach nutzbar erscheint („Internet ist doch leichte Sache"). Die Medienwahrnehmung der Jungen mit türkischem Migrationshintergrund ist vor diesem Hintergrund uneingeschränkt positiv bis enthusiastisch und sie deuten „Technik als Motor des Fortschritts" (Rammert 2000: 48), gerade *weil* sie mit einer *symbolischen Selbsttransformation* amalgamiert ist. Implizit machen sie deutlich, mit dem Zugriff auf Computertechnik an etwas real sehr *Wertvollem* teilzuhaben („schon eine SEHR gute Erfindung") bzw. an etwas *Mächtigem* zu partizipieren („richtig große Maschine halt"). Technologie ist für sie nicht nur omnipräsent, sondern selbst das Projekt einer umfassenden Valorisierung der Lebenswelt, an die sie anzuschließen trachten. Am sichtbarsten wird dies im Hinweis auf die Person des Bill Gates, welcher zu einer vermittels seiner Erfindung und Vermarktung von Technik prototypischen Ikone des Erfolgs stilisiert wird. Bezogen auf die Modellierung der digitalen Medien geht es hier um deren Ermöglichungscharakter einerseits bezüglich des Effekts, den die innerlich ablaufenden Prozesse (das bereits erwähnte Muskelhafte) auf der Oberfläche haben, andererseits für den Technik besitzenden und benutzenden Akteur als Subjekt, der über diese leistungsfähigen Symbolwerte dann verfügt; er wird – spiegelbildlich zur Medientechnik – selbst zu einem leistungs- und durchsetzungsstarken Akteur, um auf diese Weise im „Kampf um Anerkennung" (Honneth 1992), dem Ringen um die Besetzung einer mit Sozialprestige ausgestatteten Position, bestehen zu können.

7.2 Zur Medienaneignung der Mädchen mit türkischem Migrationshintergrund

Wie die Interviewanalysen gezeigt haben, ist der Habitus der Mädchen mit türkischem Migrationshintergrund – im Vergleich zu den anderen Samplegruppen meiner Untersuchung – immer wieder von *auffälligen Widersprüchlichkeiten und Brüchen* gekennzeichnet. Bevor die zentralen Ergebnisse dargestellt werden, soll zu diesem Phänomen eine Vorüberlegung angestellt werden: Wie in Kapitel 5 unter Punkt 4.3 beschrieben, lag das zentrale Analyseziel in der Identifikation von (negativen wie positiven) Gegenhorizonten, um auf diese Weise Eckpunkte auszumachen, die den jeweiligen Orientierungsrahmen der Fälle konstituieren. Bei der Rekonstruktion der Darstellungen der Mädchen zeigte sich, dass diese Gegenhorizonte mitunter unklar und/oder vermischt schienen – bezüglich der Interpretation ist dabei zu berücksichtigen, dass der Forscher zur Gruppe der Mädchen mit türkischem Migrationshintergrund die größte Fremdheitsrelation aufweist (durch Differenz bezüglich Geschlecht *und* Familienhintergrund).[191] Die bisweilen unklar erscheinende Zuordnung der Horizonte möchte ich an einem Beispiel aus Abschnitt 5.1.4 verdeutlichen, dabei handelt es sich um die Cousin-Episode: Hier lag es zunächst nahe, als positiven Gegenhorizont eine Emanzipation von Abhängigkeit und eine temporäre Überlegenheit innerhalb eines familiären Macht- bzw. Rollenschemas auszumachen. Als negativer Horizont drückt sich eine implizite Widerständigkeit aus, ein gewissermaßen Sich-nicht-alles-gefallen-Lassen. Die entsprechende Orientierungsfigur hätte folgerichtig als Selbstbehauptung (hier: angesichts eines Kontrolliert-Werdens) gefasst werden können. Bei genauer sequentieller Analyse der Passage ließ sich aber ebenso erkennen, wie es dem Mädchen – als positivem Horizont – um die Akzentuierung der Bedeutsamkeit ihres Cousins bzw. das Herausstellen seines Erfolges ging; ebenso impliziert ihre Schilderung das Ausbrechen aus einer familiären Dominanzstruktur als negativen Horizont. Die aus dieser Lesart resultierende Orientierung wäre dann als Einordnung in familiäre Ordnungsvorstellungen zu bezeichnen gewesen. Beide Varianten dürfen aus meiner Sicht interpretative Berechtigung beanspruchen, sodass die reflektierende Interpretation auch beide versuchen musste zu berücksichtigen.

Exemplarisch zeigt sich darin ein Phänomen, das bei den Mädchen mit türkischem Migrationshintergrund fallübergreifend zutage tritt und das als *Vermischung bzw. Verdoppelung der Rahmenkonstituenten auf eine Oszillationsbewegung* hinweist, die ihrem Habitus eingeschrieben ist. Dass genau dies eine zentrale Besonderheit ihrer Orientierung ausmacht, zeigt sich dann in den zahlreichen und musterhaft wiederkehrenden Dichotomien von einerseits/andersseits bzw. sowohl/als auch. Wie sich die Oszillationsbewegung zwischen Polen der Selbstbehauptung der Mädchen auf der einen und ihrer Einordnung auf der anderen Seite variiert, zeigen die Fallanalysen: Als grundlegender Modus der Schilderungen der Mädchen erscheint hier eine *Wechselseitigkeit der Präsentation von etwas Heteronomen mit anschließender Akzentuierung von etwas Eigenem*.

Wie die Fallrekonstruktionen der Mädchen mit türkischem Migrationshintergrund zeigen, bilden diese eine Handlungsstruktur aus, die sich grundlegend durch das Muster einer Selbstbestimmung in Relation zu Fremdbestimmung auszeichnet. Den übergreifenden Orientierungsrahmen bezüglich ihrer Mediennutzung habe ich deshalb mit *Selbstbehauptung und affirmative Einordnung* bezeichnet.[192] Bezüglich ihrer Mediennutzung ließ sich rekonstruieren, wie die Darstellungen der Mädchen vor dem Hinter-

---

[191] Bezieht man sich auf ethnopsychoanalytische Überlegungen (vgl. Devereux 1998; Erdheim 1989), erschwert diese Fremdheitsrelation, zu den in ihrem Erfahrungsraum eingelagerten Orientierungen im Sinne Mannheims vorzudringen (vgl. hierzu Abschnitt 6.3).

[192] Das von mir gewählte Adjektiv *affirmativ* bezeichnet, um dies deutlich zu sagen, nicht etwa Akte *bewusster* Bejahung oder Zustimmung, sondern umschreibt das Muster der Schilderungen der Mädchen, welches einerseits ein Handeln transportiert, das Selbstbewusstsein, Selbstbestimmung und Aktivität vermittelt, das sich andererseits aber immer wieder als Unterwerfung unter die ihr Handeln konstituierenden Rahmenbedingungen interpretieren ließ, die auf diesem Wege implizit bestätigt und akzeptiert werden.

grund einer *starken Prägung durch äußere Rahmenbedingungen* erfolgen. Das Computermedium erscheint immer wieder nach Art einer Umwelt- bzw. Strukturbedingung, unter die sich gefügt und an die sich angepasst wird, die zugleich aber auch zielgerichtet genutzt und sich zu eigen gemacht wird. Sichtbar wird dies zunächst in den Beschreibungen der Mädchen zur Wahrnehmung ihrer Medienumgebungen. Zum Ausdruck kommt darin ein eigenes Handeln, das seine Situierung in umgrenzt-vorstrukturierten Handlungsräumen mit sich führt: Eine Bezugnahme auf *Rahmenbedingungen des Handelns* („also wir hatten mal einen [Internetanschluss; S. H.] der war glaube ich vom Haus. Von Gewobag, das war so eine Aktion da konnten wir alle vom Haus umsonst ins Internet gehen für 20 Euro im Monat") und ein *direktes und zielsicheres Handeln* („und jetzt haben wir ganz normal einen, da müssen wir immer so anklicken. Zum Beispiel sage ich jetzt mal Express oder City oder so was. Das klicke ich an") wird hier so miteinander verbunden, dass eine eigene Positionierung angesichts vorarrangierter (medialtechnischer) Handlungsbedingungen zum Vorschein tritt. Darin wird deutlich, wie übersubjektive, exteriore Strukturen, die als fraglos und quasi-objektive Gegebenheiten erlebt werden – z. B. der Medienanschluss als etwas durch eine Wohnungsbaugesellschaft Bereitgestelltes – und ein sich Einfügen *in* diese Gegebenheiten in Wechselwirkung stehen und eine Habitusformation in Form von unbeteiligter Hinnahme *und* aktiver Teilhabe dokumentieren.

Weiterhin wurde deutlich, wie ein sich Zueigenmachen des Mediums von den Mädchen mit türkischem Migrationshintergrund häufig in Relation gebracht wird zu einer augenscheinlichen *Differenzvorstellung*: So zeigt sich etwa bezüglich ihrer Medienbiographie, dass sie anderen, vor allem ihren männlichen Familienangehörigen, ein meist weit *höheres Aktivitätsniveau* zuweisen als sich selbst. Im Zuge dessen wird alteritäre Technikkompetenz in zum Teil hochachtungsvoller Weise geschildert – in Form einer Bewunderung von und einer Ergebenheit gegenüber der Medienversiertheit anderer erscheint etwa ein Bekannter als jemand, der „ALLES" eingerichtet und es „selbst hergestellt hat" oder ein zehn Jahre jüngerer Bruder als jemand, der „das besser kann". Was hier zum Ausdruck kommt, lässt sich als *Dualismus einer geschlechtsbezogenen Handlungsfähigkeit* bezeichnen, welcher einher geht mit der Tendenz zu einer Selbst-Inferiorisierung.

Es zeichnet sich eine Sphärentrennung in Bezug auf das Erleben von Kompetenzen ab; man positioniert sich selbstbewusst als Nutzerin, für das Hineinholen der Medientechnik in die eigene Lebenswelt bzw. deren Ins-Werk-Setzen sind andere zuständig. In Anlehnung an Janshen (1990) *hat* die Technik in den Augen der Mädchen ein Geschlecht: So wird z. B. berichtet, sich das Computermedium im Prinzip locker angeeignet zu haben („ganz leicht") und sich zugleich sowohl in einem Wissens- und Kompetenzschema als auch -gefälle lokalisiert oder eine maximale Abhängigkeit vom Funktionieren der Technik geschildert. Diese Dichotomie lässt ein implizites *Differenzmodell* erkennen, das von einer naturwüchsigen Andersartigkeit der Geschlechter ausgeht; qua Stereotyp wird Jungen dabei Computerinteresse und Computerkompetenz zugeschrieben (vgl. Tigges 2008: 64).

Bislang genannte Aspekte kommen insbesondere bei der *Medienwahrnehmung* zum Tragen. Die Mädchen stellen eine zum Teil deutliche *Fremdheit* gegenüber dem Gegenstand dar, wenn beispielsweise ihre Handlung *mit* diesem und ihr Bild *über* diesen bzw. ihre Bezeichnung dessen in einem erheblichen Maße auseinander fallen. Obwohl das Medium etwa sehr wohl zur ernsthaften Informationsbeschaffung oder der eigenen Zukunftsplanung genutzt wird („Berufenet"), wird es ausschließlich als „Spielzeug" klassifiziert. Im Zuge einer mit faktischem Ernst betriebenen Handlung auf der einen und einer unter völliger Absehung von Ernst dargestellten Modellierung auf der anderen Seite vermittelt sich eine *kategoriale Nicht-Zuständigkeit* sowie auch ein tendenzielle *Inferiorisierung* der eigenen Rolle. Auch wo von jeglicher Bezugnahme auf die Dimension des Technischen abgesehen wird und der Computer als „bester Kumpel" bezeichnet wird, findet eine Totalanthropomorphisierung statt – eine Gleichsetzung von etwas Technischem mit etwas maximal Nicht-Technischem transportiert eine deutliche Fremdheit.

Aber nicht nur bezüglich ihrer Definitionen, sondern auch hinsichtlich ihres Wissen und ihres eigenen Umgangs verorten sich die Mädchen anhand von Fremdheit und Nicht-Zuständigkeit. So artikuliert sich eine maximale Differenz zur Medientechnologie z. B. in der betonten Selbstzuschreibung von *Nicht-Wissen in Bezug auf technische Strukturen* („speziell weiß ich eigentlich GAR nichts") und *Funktionen* (der Vorgang des CD-Brennens wird „gar nicht wirklich so realisiert") oder von *Handlungsunfähigkeit bei Nicht-Funktionieren der Technik* (bei einem Ausfall des Computers kann man „GAR nichts mehr machen"). Insbesondere die Möglichkeit einer eigenen Zuständigkeit für die Materialität der Technik und deren Funktionalität wird mitunter massiv abgewehrt („ich schraub ja keinen Computer auseinander"). Bezogen auf das Gesamtsample der Untersuchung zeigt sich, dass die Mädchen mit türkischem Migrationshintergrund diejenige Gruppe darstellen, die sich durch eine deutliche Betonung von Nicht-Wissen auszeichnet. Sie dokumentieren darin wiederholt, inwiefern sie die Medientechnik als heteronom klassifizieren.

Diese eigene Differenzsetzung bzw. Distanzierung zum Medium muss vor allem in Verbindung gesehen werden mit dem bereits genannten *geschlechtsbezogenen Differenzmodell*, von dem die Mädchen durchgängig ausgehen. Ihre Medienwahrnehmung ist in diesem Zusammenhang vom Konnex Technik=Männlichkeit durchwirkt; dabei nehmen sie die Zuordnung von Technikexpertise und Medienkompetenz zum männlichen Geschlecht als stabil und eindeutig wahr und verbinden dies mit eindeutigen Ausprägungsvorstellungen genereller Handlungsfähigkeit und Beherrschung. Spiegelbildlich dazu entspricht ihr Absprechen von eigener Zuständigkeit und Expertise der Performanz der eigenen weiblichen Geschlechtsrolle und ihrer Eindeutigkeit. Diese Eindeutigkeit kulminiert in der Aussage eines Mädchens, Computer seien „mehr so Jungssache", welche in ihrer Eindeutigkeit einer „biologistisch-deterministische[n] Beschreibung der Verschiedenheit von Frauen und Männern" (Rendtorff 2006: 126) entspricht.

Diese geschlechterbezogene Dichotomisierung bezieht sich zudem auf eine Geschmacksdifferenz: Männlichen Personen wird das Interesse an Technik und Arbeit zugeschrieben, man selbst „guckt so" im Internet oder geht dort eher einem Interesse an Lebensmitteln oder Modeartikeln nach. Hier zeigt sich, wie die Mädchen davon geleitet sind, solche „in der prinzipiell dualistischen Form der Geschlechterstereotype verankerten Qualitäten, Distanzen und Dominanzverhältnisse anzuzeigen, die sich mit unterschiedlichen ‚Inhalten' füllen können" (Knapp 1993: 31). Weibliche und männliche Medienverwendung erscheinen so auch hinsichtlich ihrer Referenzen zweigeteilt. Vor diesem Hintergrund kann der praktische Sinn des Orientierungsrahmens der Fremdheit/Nichtzuständigkeit einschließlich der Distanz zu Medientechnologie, die ihm eingeschrieben ist, darin gesehen werden, dass er

- aus der Einordnung in eine Machtkonstellation resultiert,
- eine Verbindung von Technik und Männlichkeit transportiert,
- einem rollenförmigen Ordnungsschema bezüglich Zuständigkeit/Berechtigung folgt,
- ein binäres Schema von beherrschend/versorgend und ausführend/empfangend beinhaltet sowie eine
- Sphärentrennung (Mann=Arbeit/Frau=Spiel bzw. Unernst) vermittelt.

Folgt man den Darstellungen der Mädchen mit türkischem Migrationshintergrund, ist ihrer Medienaneignung also von Beginn an die Orientierung an einer tiefgreifenden Geschlechterdifferenz eingeschrieben; selbige ist verbunden mit einer vor allem *familienbezogenen Macht- und Autoritätsstruktur*, welche wiederum mit geschlechterdifferenten Wissens-, Kompetenz- und Zuständigkeitsvorstellungen verknüpft ist. Vor diesem Hintergrund zeigt sich, dass bei ihnen dasjenige Phänomen besonders hervortritt, das Tigges einer historisch gewachsenen geschlechtsspezifischen Teilung geschuldet bezeichnet: Während die Mädchen anderen „die Rolle der Entwickelnden, Technikbeherrschenden und -instandhaltenden" zusprechen, weisen sie sich selber eher als „Bedienerinnen der Maschinen, (...) Konsumentinnen oder Anwenderinnen" aus (Tigges 2008: 25; vgl. auch Bimlinger/Wächter 2000: 15). Während die Mädchen von klar verteilten Verantwortlichkeiten für das Zustandekommen und die Materialität der Technik ausgehen, schildern sie ihr eigenes Handeln als ein solches, das sich entlang heteronomer, schwerpunktmäßig familienhierarchisch konnotierter, Zuständigkeiten entwickelt. Sie selbst knüpfen dabei in der Regel an Vorerfahrungen anderer an, wobei beides – deren Zuständigkeit und deren Erfahrung – als zentrale Bedingungsfaktoren der Entwicklung ihrer eigenen Medienpraxis erscheint. So wie nach ihren Schilderungen ein Umgang mit den Computermedien anderen „besser" gelingt und diese z. B. weit „früher" damit zu tun hatten, erscheint ihre eigene Zugangsweise an das Medium wie ein quasi-naturwüchsiges *Hineinwachsen in eine Medienpraxis als soziale Konvention*, die von vermeintlich klar verteilten Wissens-, Kompetenz- und Rollenverteilungen geprägt ist. Dies betrifft auch die Frage der Initiierung eigener (Medien-)Handlungen, bezüglich der sich die Mädchen in der Regel als *Reagierende* entwerfen. Dementsprechend schildern sie es als abhängig von Rahmenbedingungen, ob und wann es zu einer Mediennutzung kommt und entsprechend hat diese zum Teil nur kurzfristigen oder episodalen Charakter.

Wo die Mädchen ihre Medienbiographie im Modus der Befolgung heteronomer Impulse schildern, aus denen sich im Nachgang etwas Eigenes entwickelt, erscheint auch die Entstehung ihrer eigenen Computerinteressen in Form eines Befolgens von mitunter kommandoartig anmutenden Aufforderungen; ob sich dabei dem Appell von Freunden angeschlossen wird („die haben halt gesagt ,ja komm mal mit'") oder sich als Anhängsel des älteren Bruders beschrieben wird („sollte ich mit ihm mitgehen") – verbindend ist, dass die Genese des Handlungsentwurfes als heteronom und im Zuge dessen die eigene Praxis als beinah linear emergierend beschrieben wird; man lernt „automatisch Leute kennen" oder entdeckt etwas bereits Bestehendes für sich selbst („das ist was für mich"). In Entsprechung zu dem herausgearbeiteten Hineinwachsen in vorgeprägte Handlungsstrukturen zeichnet sich hier ab, wie die Mädchen ihre Selbsttätigkeit immer wieder entlang präfigurierter Entscheidungen und Pläne präsentieren.

Sichtbar wird dabei ein Aktiv-Sein *mit* den Medien, dass sich zugleich relativ eng an Rahmenbedingungen und Vorgaben orientiert, anders ausgedrückt: Eine Subjektivierung in Relation zu externen Erwartungen und Ansprüchen, ohne sich jedoch in fügsamem Gehorsam zu erschöpfen. Auch ansonsten implizieren die Darstellungen, wie die Mädchen ihre Medienbiographie als Akte des *quasi-naturwüchsigen Hineinwachsens* in einen aufgrund von Vorentscheidungen und Zuständigkeiten festgelegten Handlungsrahmen erleben, in den sich eingeordnet wird, wobei ihnen dies als normal erscheint und mit einem eigenen Fähigkeitserleben ausgestattet wird. Das dabei zu beobachtende Phänomen ist, dass die Praxen der Mädchen mitunter weniger den Anschein eines selbstinitiierten Medienhandelns haben, sondern eher den einer Ausführung von Direktiven, die in ein augenscheinliches Erleben von Selbsthandlungsfähigkeit transformiert werden.

Besonders in demjenigen Modus, in dem die Aneignung des Computermediums in Familienzusammenhängen dargestellt wird, geben die Mädchen Einblicke, wie computerbezogene Wissensbestände innerfamilial (weiter-)vermittelt werden, und zwar gewissermaßen als *sequentielles Durchreichen von einer über- zu einer untergeordneten Ebene*. Hierbei wird sich selbst z. B. am Ende eines Prozesses lokalisiert, in welchem zuerst die Eltern, dann andere männliche Familienangehörige (z. B. Brüder) als Computerhandelnde und -zuständige erscheinen. Exemplarisch zeigt sich daran, wie die habituelle Orientierung der Mädchen auf *familienhierarchische Verteilungskonventionen* rekurriert. Berichtet wird z. B., an einer umfangreichen Medienausstattung teilzuhaben, wobei sofort deren Installation durch das Familienoberhaupt und *sein* souveränes Walten darüber angeschlossen wird. Die Medien haben hier den Anschein von Optionen, an denen einerseits partizipiert wird obwohl man selbst nicht dafür zuständig ist; sie sind Potenziale, über deren Gestaltung selbst scheinbar nicht oder nur wenig mitentschieden wird, an denen aber dennoch Anteil genommen wird.

Als Ausdruck eines solchen Handelns innerhalb von Rahmenbedingungen erscheinen vor allem die älteren, männlichen Familienangehörigen als Versorger, Ermöglicher und Erfahrene, von deren medienbezogener Expertise profitiert und an deren Kenntnissen partizipiert wird. In diesem Kontext bekommt die Medientechnik in der Orientierung der Mädchen den Stellenwert eines Projekts der Männer (z. B. der Väter, Brüder oder von Verwandten) und wird zu einem Phänomen, das es ohne diese scheinbar überhaupt nicht geben würde – mithin zu einem „Produkt männlicher Kultur" (Degele 2002: 97). *Wie* die Mädchen ihre Hinwendung zu den Medien darstellen und *womit* sie sich beschäftigen zeigt insofern gewisse Tendenzen in Richtung einer Verhaltensweise von „Frauen als technisch handelnde oder Technik nutzende Personen, die in männlich konnotierten (...) Lebenswelten agieren und sich dort behaupten" (Degele 2002: 98). Gleichzeitig sehen sich die Mädchen, vor allem infolge der *Adaption familienkapitalbezogener Wissensbestände*, als Ausgewiesene; z. B. erscheint die eigene Medienkompetenz als Verinnerlichung direkter Vorgaben (z. B. solcher des Onkels, „dass da kein Virus reinkommt") und das Befolgen dieser Vorgaben als eigene Handlungswirksamkeit. Übergreifend zeigt der Habitus der Mädchen immer wieder eine Artikulation von

Instruktionen und Unterstützungsleistungen als kausale Einflussfaktoren ihres eigenen (medienbezogenen) Wissens und Handelns, was aber zugleich von der Betonung ihrer eigenen Befähigung begleitet wird.

Dennoch entwerfen sich die Mädchen als selbstbewusste und moderne Nutzerinnen der neuen Medien, die sich ihrer im Modus von *Selbstverständlichkeit* und *Unbeschwertheit* bedienen („ist eigentlich ganz leicht"). Ihre Schilderungen transportieren einen mitunter äußerst strategischen und zielgerichteten Nutzungshabitus; in diesem präsentieren sie sich z. B. selbstbewusst in ihren Lernwegen („ausprobiert, wo man klicken muss und was sich dann öffnet"), machen eine emotionale Intuition bei der Umgangsweise geltend („wenn man ein Gefühl dafür hat") oder artikulieren hohe Aktivität und ein hohes Involvement bezüglich medialer Optionen („ich lieb das auch"). Dabei schildern sie, wie es ihnen scheinbar mühelos gelingt, sich spielerisch und zielsicher Zugriff auf symbolische Angebote zu verschaffen und mittels Medien dem eigenen Geschmack nachzugehen. Übergreifend positionieren sie sich als nah am Zeitgeist, aufgeschlossen und selbstbestimmt – das Computermedium bekommt in ihren Darstellungen abwechselnd den Charakter eines *Navigationsgerätes* („kommt der Stadtplan, weißt du genau wo du hinkommst"), eines *Trendvermittlers* („ja, H&M und das alles") oder eines *Szeneseismographen* („gucken wo Partys laufen"). Insofern orientieren sich die Mädchen mit türkischem Migrationshintergrund an Nutzungsszenarien, die ihnen schnelle und aktuelle Orientierung bzw. Information, die Teilhabe an neuesten Geschehnissen sowie die Ausbildung einer selbstbestimmten Stil- und Identitätsorientierung ermöglichen. Dabei äußert sich ein mitunter ausgeprägtes Marken- und Modebewusstsein, bezüglich dessen sie mediale Angebote aktiv nutzen. Habituell kommen dabei Möglichkeiten eines selbstbewussten Zugriffs auf Angebote von Popkultur und Lifestyle zum Ausdruck.

Dieses den Mädchen übergreifend zueigne Geltend-Machen selbstbewusster Handlungsaktivität wird besonders da deutlich, wo sich z. B. in einem Fall abwechselnd die Selbstbeschreibung als „Internetfreak", „Kauffreak" oder „Chatfreak" gegeben wird – hier dokumentiert sich die Selbstwahrnehmung einer hoch-aktiven, wenn nicht tendenziell entgrenzten, jedenfalls intensiv in das Mediengeschehen involvierten Nutzerin. Eine spezifische Form der Mediennutzung zum Zweck eigener Ungebundenheit zeigt sich weiterhin z. B. da, wo medienbezogene Teilhabe- und Rezeptionsmöglichkeiten wie Musik und Filme begehrt werden und Möglichkeiten des Online-Handels als „praktisch" bezeichnet werden, um sich mit Produkten auszustatten („ist schon gut"). Die positiven Möglichkeiten eines Online-Einkaufes werden deutlich gesehen („dann ist man ja nicht abhängig von der Mutter. Weil dann muss man nicht dauernd sagen ‚ja Mama, mach doch mal bitte'"). Schilderungen wie diese transportieren mitunter Aspekte, die ihr Streben nach Unabhängigkeit implizieren und ihren Habitus mit Selbstbewusstsein ausstatten.

Jedoch weisen sie zugleich auf die Verankerung ihrer Praxis in Abhängigkeitsstrukturen hin. Der vermeintlich selbstbestimmte Zugriff auf eine mediale Option wird als Aktivität anderer beschrieben („meine Mutter macht das, ich komme damit nicht so gut klar") und eine eigene Nicht-Zuständigkeit erklärt („ich weiß nicht wie man das macht mit dem Versteigern und dem ganzen Kram") oder die Beschaffung von begehrten Mediendateien wird durch fehlende technikbezogene Fähigkeiten für unmöglich erklärt.

Damit wird eine unsichtbare Grenze aufrechterhalten, diese Medienhandlung selbst mittels der Aneignung entsprechenden Wissens und damit als aktive Teilhabe zu enaktieren („jetzt so, dass ich das unbedingt wissen möchte ist das jetzt auch nicht"). Das Verfolgen von Möglichkeiten eigener Unabhängigkeit wird hier in vermeintlich unantastbaren Grenzen gesehen und belassen, die durch die eigenen Fähigkeiten definiert werden. Insofern bleibt die Mediennutzung in diesem Beispiel unterhalb von selbst wahrgenommenen Möglichkeiten selbstbestimmter Verwendungsweisen und wird eine Erweiterung des eigenen medienbezogenen Handlungsspielraumes unter Verweis auf das eigene Desinteresse abgewehrt.

Deutlich wird daran, inwiefern es dem Habitus der Mädchen entspricht, an etwas teilzuhaben bzw. teilhaben zu *wollen*, für das andere zuständig und verantwortlich sind – sie orientieren sich an einer Partizipation an medienbezogenen Optionen, denen gegenüber gleichzeitig ein Erleben von Heteronomie vorherrscht. Eine Aufgeschlossenheit für mediale Möglichkeiten zeichnet sich ab, die gleichzeitig innerhalb von Rahmenbedingungen verbleibt, die durch andere gesteckt sind. Wo z. B. die Selbstbeschreibung als „Internetfreak" auftaucht, wird in weiteren Passagen desselben Falles deutlich, inwieweit die eigene Nutzung von recht umfangreichen Reglementierungen betroffen ist, sowohl hinsichtlich der Zugangsmöglichkeiten *zu* als auch der zeitlichen Nutzungsdauer *der* Medien. Die eigene Mediennutzung wird geschildert als massiv abhängig *von* und eingebunden *in* Rahmenbedingungen, für welche selbst keine Zuständigkeit besteht, ohne dass dies als restriktiv, sondern normal erscheint: Das eigene Handeln wird als unter Einfluss stehend bzw. einer exterioren Entscheidungsmacht ausgesetzt beschrieben, sich aber gleichzeitig als *souverän* erfahren. Habituell geltend gemacht wird dabei ein Selbstbewusstsein, dass seine *Kontextualisierung in eine Macht- und Abhängigkeitsstruktur* mit sich führt.

Weiterhin zeigt der Blick auf die Performanz konkreter Nutzungsszenarien, dass sich die Mädchen selbst auf vorgefertigte bzw. präkonfigurierte Handlungsräume beziehen. Ihren Bestrebungen nach (medienbezogener) Handlungsautonomie steht auf diese Weise das Einfügen in tradierte und feststehende Ordnungsmuster gegenüber. Eine schnelle und aktuelle Orientierung erfolgt beispielsweise allein angesichts solcher Nutzungsbedingungen, die niedrigschwellig, gut strukturiert und übersichtlich sind. Der eigene Handlungsspielraum erscheint begrenzt, innerhalb dessen ist ein Zugriff auf Medien und ihre Angebote aber strategisch („da versteh ich was, da ist nicht alles so kompliziert geschrieben"). Der einerseits hochgradig selbstbestimmt erscheinenden Nutzung der Mädchen steht somit andererseits eine Eingrenzung auf spezifische Angebote und eine tendenzielle Abwehr einer in die Breite gehenden Nutzung und eine Verwendung jenseits vorformatierter Angebote gegenüber.

Hier findet eine Realisierung von Teilhabe- und Entwicklungschancen statt, die zugleich in einem klar umgrenzten bzw. begrenzten Rahmen verbleibt; das eigene Handeln ist zielorientiert und zugleich punktuell. Auf diese Weise positionieren sich die Mädchen Akteure, deren Praxis einerseits passiv-reaktiv erscheint, zumindest als von Handlungen und Impulsen anderer sowie prädeterminierten Angeboten weithin geprägt ist, die andererseits aber auch wieder von Merkmalen habituell selbstbestimmter Herangehensweisen an das Medium durchzogen ist. Einem Up-to-date-Sein mithilfe der

Medien und der Wahrnehmung entsprechender Möglichkeiten steht die Rückbindung an pränormierte Ordnungskriterien gegenüber bzw. wird *zu* diesen vermittelt.

In diesem Kontext stellen die Mädchen wiederkehrend ein Erleben dar, das sich als eine *Synthese aus Eigenmächtigkeit und faktischer Ungleichheit* verstehen lässt. Das Verbindende ist dabei, mit Erfahrungen von Kontrolle und Disziplinierung konfrontiert zu sein: Beispiele dafür sind Interventionen von Eltern in die eigene Medienpraxis mit zum Teil massiv anmutenden, fast übergriffigen Einblicken und dem Verfolgen des gesamten kommunikativen Austauschgeschehens beim Chatten, das Reinreden von Eltern während einer gemeinsamen Medienrezeption, die Besetzung des Computermediums durch das Familienoberhaupt oder die Überlassung des PCs dem nach hause kommenden Bruder („dann sagt er ‚ich will jetzt' und ich sage dann ‚okay'"). Angesichts solcher stabilen Macht- und Rollenverteilungen sowie Verteilungsordnungen und Vormachtstellungen versuchen die Mädchen, eine Handlungskompetenz geltend zu machen, die sich komplementär zu bestimmten Rollenzuweisungen und Rechten verhält. Einem Aufoktroyierten wird dabei Selbstbestimmung entgegengesetzt, welche aber zugleich eine Asymmetrie in Dominanzverhältnissen reproduziert. Beispiele dafür lassen sich dort finden, wo rhetorisch die Überhand gewonnen oder gesucht wird, wo praktisch Begrenzung herrscht; der häusliche Computer gehört dem Bruder – „aber ich sage immer MEINER dazu"; performativ wird sich in einer starken Position gewähnt und sich zugleich real in ein Ordnungsschema positioniert. Der Tatsache, dass der Vater den Medienumgang kontrolliert („der guckt immer"), muss sich unterworfen werden, gleichzeitig wird sich darüber amüsiert („voll lustig"). Dem Vater wird das stillschweigende Recht eingeräumt, die Medienumgebung nach seinem Gusto zu besetzen, wogegen sich mittels Pädagogisierung – erfolglos – aufgelehnt wird. Implizit wird die eigene Autonomie angestrebt, das Gesamtsetting jedoch als unabänderlich konkludiert.

Insgesamt findet hier ein Sich-Arrangieren mit einem aus dem Erleben von Ungleichheit resultierenden Diszipliniert-Werden statt. Transportiert wird dabei die widersprüchliche Einheit von „gewollter Autonomie und vollzogener Anpassung" (Gruschka 2005): Ein eigener Handlungsentwurf besteht und real wird doch einer vermeintlichen Bevormundung gefolgt wird bzw. muss gefolgt werden. In diesem Sinne verbleibt z. B. die Auswahl nach eigenem Geschmack medial und fügt sich faktisch der Handlung des Familienoberhauptes, ohne dies als Bevormundung, sondern als gegebene Ordnung zu thematisieren. Auch hier tritt das Muster zutage, einerseits *selbständig* zu sein („dann gucke ich mir immer halt Klamotten an. Auch so, von Adidas zum Beispiel") und andererseits ein *Geprägt-Werden* (bzw. sich Prägen-Lassen-Müssen) zu transportieren („meine Schuhe sind vom Internet, also mein VATER, der hat uns Puma-Schuhe gekauft, die waren halt im gleichen Preis, 110 Euro, aber, na ja, die sind dann irgendwann gekommen"). Hier wird deutlich, inwiefern Handlungsmöglichkeiten mit stabilen Rahmenbedingungen und festen Bezugsgrößen verkoppelt sind. Ein Ausdruck dessen ist die Teilhabe und ein Wissen bezüglich medienvermittelter Partizipations- und Handlungsmöglichkeiten, denen gegenüber zugleich ein Erleben von Heteronomie besteht.

Trotz dieser Erfahrung des Handelns innerhalb von Reglementierungen wird der Habitus einer *Unterstützerin* eingenommen, die sich kümmert und die zugleich im Schatten des Ranghöheren verbleibt. In einer „Helferorientierung" (Tigges 2008: 66) wird sich den Grenzen setzenden männlichen Familienangehörigen gegenüber in eine verständnisvolle und respektvoll anmutende Position begeben. Es zeigt sich, dass es augenscheinlich von den Mädchen als *normal* empfunden wird, „in einer Verpflichtungsgefüge zugunsten der Familie eingebunden" zu werden (Boos-Nünning/Karakasoglu 2005: 127). Ausdruck dessen ist es etwa, funktionalisiert zu werden bzw. sich funktionalisieren zu lassen (wo sich z. B. in der Rolle einer Familiensekretärin beschrieben wird) und dies offenbar nicht als negativ zu empfinden, sondern als Ausdruck natürlicher bzw. normaler Familienriten (vgl. dazu auch Kizilhan 2008). Vor diesem Hintergrund ist auch nicht abschließend zu sagen, dass die Reglementierung der Medienpraxis oder die Vormachtstellung anderer allein als Geringschätzung bzw. Grenzverletzung erlebt werden, sondern viel eher als *Normalität* familienhierarchischer Beziehungsmuster.

In diesem Punkt zeigt sich eine Parallele meiner Ergebnisse zur Studie von Boos-Nünning/Karakasoglu (2005), die auf Grundlage ihrer Untersuchung zur Bedeutung der Familie in der Erziehung von Mädchen mit Migrationshintergrund keine Ansatzpunkte dafür sehen, „dass die Familienstruktur von den Mädchen und jungen Frauen als autoritär (oder als streng) wahrgenommen wird und dass das Verhältnis zwischen den Generationen gestört ist" (ebd.: 146, vgl. auch Herwartz-Emden 2000). Das Muster der Einordnung in Begrenzungen einhergehend mit unterschiedlichen Zuständigkeiten, Rechten und Entscheidungsbereichen scheint eine primordiale Ordnung zu sein, an der sich die Mädchen orientieren. Das Vorhandensein patriarchalischer Dominanz und Autorität wird in dieser Ordnung augenscheinlich *nicht* allein als Störung wahrgenommen. In diesem Sinne zeigt der Habitus der Mädchen die Figur von *Opposition und Identifikation* (Schiffauer 2002: 28). Ihr Handeln vermittelt sich als eigenaktiv und selbstbestimmt, trotzdem es tief geprägt ist von Macht- und Rollendynamiken; es ist selbstbewusst und akzeptiert zugleich eine Verneigung vor der Macht der Männer. Dabei handelt es sich um ein weiteres Dokument dafür, wie der Habitus der Mädchen impliziert, sich selbstbestimmt zu positionieren und im gleichen Atemzug die Akzeptanz und Übernahme formativ-heteronomer Kategorien ihrer Subjektivierung zu transportieren.

Dies spiegelt sich z. B. da, wo im Modus aktiven Erlebens die Nutzung von Email geschildert wird, die zum einen durch sehr spezifische Impulse angeregt und zum anderen auf ein ganz spezielles Handlungsfeld abzielt; beobachten lässt sich hier eine Medienpraxis, die sowohl *partizipativ* und *grenzüberschreitend* (etwa wenn mit Verwandten in der Türkei Emails geschrieben werden) als auch eingeschränkt ist, weil *allein* in ein *engmaschiges Netz aus Beziehungen des unmittelbaren Familienkreises* eingespannt (indem der Zugriff auf kommunikative Möglichkeiten *ausschließlich* bezüglich familieninterner Austauschprozesse erfolgt). Selbiges gilt für das Beispiel, wo begeistert berichtet wird, sich über türkische Musik im Internet zu informieren, weil dies – und zwar *nur* dies – der Referenzrahmen der Familie ist („deutsche Musik hören WIR nicht").

Exemplarisch lässt sich damit zeigen, wie die Hinwendung zu einem Medienangebot nicht allein in eine Richtung interpretierbar ist: Erfolgt sie aufgrund eines eigenen Bedürfnisses oder ist sie Ausdruck einer Anpassung? Kommt hier ein inhaltlich subjektives Interesse zum Vorschein oder handelt es sich um das Befolgen einer familienkollektiven Handlungs- bzw. Geschmacksnorm? Obgleich beides der Fall zu sein scheint, lässt sich mit Verweis auf Schiffauer (2002) davon sprechen, dass den Medienhandlungen der Mädchen mit türkischem Migrationshintergrund Merkmale einer „sekundären Identifikation" (ebd.: 21) zu eigen sind; zumindest lassen die Fallanalysen den Schluss zu, dass sich ihre Medienpraxis zum Teil weniger „aufgrund eines primären Bedürfnisses" vollzieht, sondern eher als prozessuale Reaktion „auf eine Anpassungszumutung" (Schiffauer 2002: 21) – ohne, dass die Mädchen jedoch in ihren Aneignungsbewegungen als passiv bezeichnet werden dürfen.

Aspekte einer möglicherweise sekundären Identifikation bezüglich der Medien finden sich dort wieder, wo die Mädchen bezüglich ihrer Medienverwendung eine *hohe Bereitschaft* darstellen, die Medien für *Lern- und Bildungszwecke* einzusetzen. Sie stellen hier eine Medienpraxis dar, die zum Teil von hohem Intensitätspotenzial und hoher Lernmotivation geprägt ist und die zugleich auf stabile Rahmenbedingungen als Voraussetzung für die Initiierung und Entwicklung von Lernprozessen abstellt. Etwa zeigt ihre Bereitschaft einer Mediennutzung für die Schule, inwieweit diese stark motiviert durch konkrete Aufgabenstellungen, abhängig von Vorgaben und angewiesen auf Unterstützungsleistungen ist. An den entsprechenden Passagen lässt sich beobachten, wie die Mädchen sich als mitunter äußerst lernwillig und bildungsbereit positionieren und dabei ihre Lernwilligkeit und Bildungsbereitschaft zugleich in einem pränormierten Handlungsrahmen verorten. Auch darin kommt eine Art strategische Teilhabefähigkeit zum Ausdruck, die sich relativ eng an Vorgaben orientiert und sich selbst auf klar strukturierte Kontexte beschränkt. Wo sie selbstbewusst davon berichten, das Computermedium für Lernzwecke zu nutzen oder nutzen zu wollen, implizieren die Mädchen nicht nur immer wieder auch die Erfüllung fremdgesetzter Erwartungen, sondern drücken darüber hinaus ihre zum Teil *fundamentale Abhängigkeit von familiärem Bildungskapital* und eine *Bindung* an dieses aus; bezüglich dessen scheint es ihnen normal zu sein, dass dies sowohl Bedingung als auch Ressource ihres eigenen Handelns ist; so korrespondiert beispielsweise einer ehrgeizigen und zielorientierten Nutzung der Medien die eigene Begrenzung hinsichtlich eines computerbezogenen Funktionswissens und steht die aktive Nutzung des Mediums in enger Relation zur Medienkompetenz und der technischen Expertise des Bruders, an der partizipiert wird. Wo etwa dargestellt wird, wie der Computer aktiv für schulische Zwecke benutzt wird („„für BO [Berufsorientierung; S. H.] brauchen wir das") und das dafür eingesetzte Medienformat im Plural erscheint („„wir haben ja Encarta"), deutet sich an, dass der Medienzugriff weniger als ein eigener, sondern eher als ein (familiengebundenes) Kollektivhandeln empfunden wird. Hierbei reproduziert sich, etwas mit den Medien zu *wollen* und zugleich auf *äußere Faktoren* zu verweisen, die in *Form von Triebkräften der eigenen Handlungen* und als deren *Ermöglicher* hervortreten. Hierzu gehört z. B. das Vorhandensein und Funktionieren einer intakten computertechnischen Infrastruktur oder eindeutiger Zielvorgaben – Aspekte, die die Mädchen ihren Schilderungen zufolge jenseits ihres Zuständigkeitsbereiches oder ihrer Handlungsmacht erleben; sind solche Rahmenbedingungen gegeben, erscheint die Medienhandlung dagegen „ganz leicht".

Über die Mediennutzung hinaus lässt sich beobachten, wie ihre Schilderungen eine Ablösung und ein Autonomiebestreben *und* ein Gebundensein an – vor allem familienkollektive – Ordnungs- und Wertvorstellungen dokumentieren. Z. B. wird das eigene Handlungsziel als ehrgeizig und zielgerichtet beschrieben (eine Karriere als „Sängerin"), gleichzeitig wird die familale Verwurzelung dieses Handlungsziel betont (Musikalität als „Gabe" des „Vaters") und somit die Bedingung des eigenen Handelns bzw. dessen funktionale Abhängigkeit respektvoll hervorgehoben.

Solche relativ klaren Lern- und Bildungsaspirationen, die sich in Komplementarität zu übergeordneten Einflüssen und Prägefaktoren des eigenen Handelns befinden, zeigen sich besonders dort, wo die Mädchen (medienbezogene) Zukunftsvorstellungen entfalten. Hier geht es ihnen um das Ausloten aktiver Teilhabemöglichkeiten, die zugleich in einem umgrenzten Rahmen situiert sind und sie orientieren sich dabei an einer Erweiterung ihres *Handlungsspielraumes im Sinne einer Verhaltensanforderung*, die einerseits als *bindend* erlebt und die andererseits *bejaht* wird. Die Vorstellung selbsttätiger Nutzungsszenarien und eines eigenen Aktiv-Seins wird dabei in Verbindung damit gebracht, inwiefern die Verwendung von Medien mit „Erwartungen und Rollenzuschreibungen in der Erwachsenenwelt" korrespondiert (Atabay 2002: 17). Rekonstruieren ließ sich, wie auch die Zukunftsentwürfe der Mädchen sich als Variation eines Changierens zwischen der Suche nach einer eigenen Entwicklungsperspektive und der Erfüllung von Vorgaben und Aufgaben verstehen lassen.

Wie die Fallanalysen zeigten, argumentieren die Mädchen bezüglich des Mehrwertes computerbezogenen Wissens und Handelns nicht nur zukunftsgewandt und vor dem Hintergrund zum Teil sehr klarer Vorstellungen bezüglich ihrer weiteren Lebensgestaltung, sondern bringen dies immer auch in Zusammenhang mit dem Vollzug bestimmter Rollenszenarien (etwa als Schülerin, als Praktikantin oder als zukünftige Verwaltungsfachangestellte). Die Zuweisung einer Funktion des Computermediums im späteren Leben erscheint so wie eine selbstbewusst gewählte Anbahnung einer Lern- und Entwicklungsbewegung, die sich zugleich als Anpassung an eine Verhaltenserwartung lesen lässt (Besuch eines PC-Kurses; Tippen Lernen als berufsbezogene Vorabqualifikation); als Emanzipation und als Vorstellung einer modernen, computerisierten Form gesellschaftlicher Teilhabe, welche ebenso Aspekte von Erfüllungsbereitschaft bzw. von Strukturfunktionalität impliziert („online Zahlen, so Miete"); als selbständiges Eigeninteresse an Lernmöglichkeiten, die zugleich eine Konformität bezüglich rollenförmiger Erfordernisse beinhaltet („wenn man in Mathe speziell was nicht weiß"). Bei aller Unterschiedlichkeit ist den Vorstellungen der Mädchen gemeinsam, dass sie auf eine selbstbewusste *Entwicklung von Fähigkeiten* abzielen, welche zugleich deren *In-Anspruchnahme durch Fremderwartungen* mit sich führen. Sie orientieren sich an Kompetenzen, die gleichzeitig nach programmmäßig vorgegebenen Schritten sowie der Befolgung von Vorgaben antizipiert werden. Sie zeigen eigenaktives (Lern-)Interesse, das sich gleichzeitig in vorstrukturierte (Lern-)Kontexte einfügt und positionieren sich als aktiv aufsuchend, gleichzeitig als dienstbar. Aktualisiert wird dabei eine bereits medienbiographisch vorfindbare Figur, nach welcher die Mädchen ihr Handeln tendenziell danach modellieren, was andere wollen und dieses Wollen als im eigenen Sinne rechtfertigen – z. B. wird die Antizipation einer späteren eigenaktiven Gestaltung mit der Computertechnologie an die vorherige Präsentation durch andere angelehnt und korrespondiert das eigene Lerninteresse („würde ich auch gerne wissen") exakt dem, was aus heteronomen Anforderungen und Impulsen resultiert („werden die mir erklären. Das ist auch GUT").

Auch daran lässt sich die starke Betonung von Rahmenbedingungen des Handelns als Konstituenten ihrer Subjektivierung wiederfinden. Anders gesprochen fragen die Mädchen mit türkischem Migrationshintergrund nicht so sehr danach, *ob* sich zukünftiges Computerhandeln subjektiv lohnt; ihr Topos ist weniger eine vermeintlich freiheitliche Inanspruchnahme medienbezogener Optionen, vielmehr spricht aus ihren Darstellungen die Überlegung, ob eigenes Medienhandeln mit Impulsen, instruktionalen Vermittlungsleistungen und Bedarfen abgestimmt ist. Insofern zeigen die Fallanalysen, dass die Mädchen türkischer Herkunft eine „leistungsbereite Sachorientierung" haben und tendenziell „leistungs- und aufstiegsorientiert", so wie dies bereits Schründer-Lenzen (1995: 239) feststellt (vgl. auch Strotmann 2006: 271); auch Boos-Nünning/Karakosuglu (2005) beobachten die Aufwärtsmobilität junger Frauen mit Migrationshintergrund – wobei Ergebnisse wie diese auf Grundlage meiner Fallanalysen dadurch zu ergänzen sind, dass dabei immer auch eine Reproduktion von Fremdgesetzlichkeit, eine Anpassung an Erfordernisse und eine (Selbst-)Funktionalisierung mitschwingt.

Betrachtet man den handlungspraktischen Umgang mit dem Computermedium, schildern die Mädchen zuweilen das Auftreten von nicht oder kaum verstehbaren Problemen. Ihre Darstellung impliziert hierbei, dass Technik als Datum stabil und vermeintlich unantastbar gesehen wird und dass das Computermedium als feststehender Handlungsrahmen erfahren wird, der scheinbar ohnehin unabänderlich ist. Computerschwierigkeiten werden tendenziell verobjektiviert bzw. existentialisiert und erscheinen als fundamentaler Problemzusammenhang; sie bestehen unabhängig von der Option eigener Zugänge und erscheinen als kaum lösbar, da sich selbst nicht oder nur wenig dafür zuständig erlebt wird. Dennoch beschreiben sich die Mädchen als aktiv und kompetent. Denn zugleich wird beim Umgang mit Schwierigkeiten immer auch ein Sich-Durchsetzen sichtbar, wenn es z. B. gelingt, ein Foto im Internet zu platzieren oder einen unvorhergesehenen Computerabsturz bewältigen, wenn sich mit dem Computer arrangiert wird, indem diesem z. B. Irrationalität attestiert wird („manchmal spinnt der halt") oder ein vermeintliches Nicht-Weiter-Kommen im Modus der Überlegenheit beschrieben und sich dadurch behauptet wird („dann hab ich kein' Bock mehr").

Beobachten lässt sich dabei, wie die Mädchen mit dem Medium interagieren, ohne zu resignieren und sich dennoch in einer vermeintlichen Handlungsbegrenzung lokalisieren. Dabei stellen sie sich selbst einerseits als *bedingt* kompetent dar, was die eigenhändige Lösung von PC-Problemen angeht und gleichzeitig als *Expertinnen für den zielsicheren Zugriff auf externe Hilfe* (vor allem bei Verwandten oder Bekannten) – wobei gerade dieser Zugriff auf externe Hilfe wiederum eine habituelle Zweiseitigkeit dokumentiert, und zwar begrenzt bzw. abhängig und durchsetzungsstark in einem zu sein. Diese *habituelle Zweiseitigkeit von Begrenzung und Aktivität* wird dort besonders deutlich, wo die Schilderungen eine Abhängigkeit von computerbezogenen Rahmenbedingungen transportieren, die bis zum völligen Ausbleiben einer Medienhandlung führen. Die Beschränkung bei einem Nicht-Funktionieren wird selbstbewusst überbückt – selbst wenn der Computer „kaputt" ist, ist die Erfüllung schulisch geforderter Aufgaben möglich, die PC-Nutzung für die Schule sei ja ohnehin „freiwillig". Angesichts einer eigenen Unzulänglichkeit, den Computer als Schreibmaschine zu nutzen wird sich trotzdem aktiv positioniert und schreibt man „halt lieber selber [mit der Hand]", was dann auch „besser finde ich" ist. Den Umgang mit dem Nicht-Funktionieren des Mediums, der auf die herausgearbeitete Fremdheitsrelation diesem gegenüber verweist, erleben die Mädchen nicht als Kompetenzdefizit, sondern als ein normales Erfordernis, sich damit zu arrangieren („dann warte ich eben"). Stattdessen *oszillieren* die Mädchen – zwischen aktiven und selbstsicheren Strategien der Problemlösung („habe ich schnell gerufen") und einer traditionalistisch anmutenden Affirmation einer „binären Logik der (hierarchischen) Geschlechterordnung im Bereich Computertechnik" (Buchen/Straub 2006b: 97), welche ein duales geschlechtsrollenförmiges Wissens- und Kompetenzschema und die bereits angesprochene Sphärentrennung aktualisiert (man selber war angesichts des Geschehens am Bildschirm „in Panik" und wurde durch den Bruder „beruhigt"); zwischen dem Erleben eigener Unzulänglichkeit („konnte ich nicht") und einem aktivem Delegieren der Problemlösung („sage ich meiner Mutter Bescheid"); zwischen der Selbstzuschreibung von Defiziten und Strategien von selbstbewusster Abwendung und „Coolness" (Poschardt 2000), die eine eigene Autonomie-in-der-Begrenzung geltend macht („kein Bock mehr").

Über alle diese Beispiele hinweg lässt sich das übergeordnete Muster eines Verbleiben diesseits einer erlebten Handlungsbegrenzung und des Handelns in Relation zu heteronomen Einflussfaktoren (wieder-)finden. Die Mädchen vermitteln, inwiefern ein medienbezogener Handlungsentwurf einerseits von Restriktionen betroffen ist und diese Betroffenheit so transformiert wird, dass daraus Stärke resultiert und sie transportieren implizit Unzulänglichkeit, die aber in Kompetenz umgedeutet wird.

Auch bezüglich der medialen Nutzungsform des Chattens lässt sich eine Praxis innerhalb präkonfigurierter Handlungsbedingungen und ein Aktiv-Sein in Grenzen beobachten. Chatten ist zunächst einmal eine Medienverwendung, die bei den Mädchen mit türkischem Migrationshintergrund fallübergreifend hohe Attraktivität genießt und zum Teil als exzessiv betrieben beschrieben wird („wenn ich chatte, dann mindestens drei Stunden"). Zu beobachten ist dabei, wie mediale Kommunikation wie ein Identifikationsangebot wahrgenommen wird und als eine Art eigene mediale Sphäre genutzt wird, um sich zu unterhalten, Erfahrungen zu teilen und Erlebnisse auszutauschen. Ein besonderer Stellenwert scheint darin zu liegen, dass ihre Chatpraxen den Mädchen *Probehandlungen* gestatten, die deshalb besondere Bedeutung für sie haben, „weil sie Erfahrungen ermöglichen, die sonst so nicht zu gewinnen sind" (Krotz 2007: 165) – dies gilt vor allem bezüglich Möglichkeiten einer heterosexuellen Kontaktanbahnung. Befreit von realweltlichen Konventionen werden hier Optionen des vortastenden Kennenlernens, des selber Kontrollieren Könnens des Kommunikationsgeschehens und des Genusses von Nähe zum anderen Geschlecht geschildert.

Hier zeigen sich Parallelen zu Befunden von Schäffer (2003), nach denen das Computerhandeln von Jugendlichen dazu genutzt werden kann, „Nähe-Distanz-Relationen zu kontrollieren" (ebd.: 155). Während Schäffer dies allgemein bei Jugendlichen herausarbeitet, geben meine Fallanalysen Hinweise darauf, dass dieser Option für Mädchen mit türkischem Migrationshintergrund eine besondere Bedeutung zukommt, weil sie dies als eine Arena wahrnehmen können, welche als befreiend angesichts der faktischen Bedingungen ihrer Geschlechtsrolle erlebt werden kann. Zeigen ließ sich in diesem Kontext, wie sich z. B. selbst als Jungenschwarm präsentiert wird und intensiv von den Möglichkeiten Gebrauch gemacht wird, sich mit Vertretern des anderen Geschlechts beschäftigen zu können: Im Chat hat man „manche" Bekanntschaften zu „Jungs", während einen sonst „eigentlich fast niemand" kennt, weil man „auch nicht so oft draußen" ist. Angezeigt wird hier, wie medial eine weibliche Rolle eingenommen werden kann, während real „der Kontakt beider Geschlechter auf das Nötigste minimiert wird" (Kizilhan 2008: 4). Insgesamt lässt sich sagen, dass den Medien für die Mädchen mit türkischem Migrationshintergrund vor allem im Bereich kommunikativer Nutzungsszenarien der Stellenwert einer *symbolischen Auseinandersetzung mit der eigenen Geschlechtsrolle* zukommt – zu chatten hat dabei den Charakter der Konstruktion einer weiblichen (Medien-)Sphäre bzw. eines eigenen Erfahrungsraumes, in welchen man sich vor allem „zusammen" oder „nur mit Freundinnen" begibt und innerhalb dessen mediale Angebote spielerisch und lustbetont verwendet und ausprobiert werden.

Während in den Darstellungen zu dieser gemeinschaftlichen Praxis unter gleichaltrigen Mädchen erneut ein selbstbestimmter Nutzungshabitus zum Ausdruck kommt, zeigten die Fallanalysen, wie der Praxis der Mädchen auch hier eine stillschweigende Hinnahme differenter Machtverteilungen eingeschrieben ist. Wie auch ihre übrige Mediennutzung ist diese Form der Verwendung grundlegend abhängig von ihren Zugangsmöglichkeiten: So berichten sie hier, wie sie sich an ein bestimmtes Verhaltensschema zu halten haben und in Grenzen agieren, die durch andere gesetzt sind – mithin in einem Modus, der ihr Handeln zu exterioren Faktoren relationiert. So ließen sich etwa zum Teil massive Einschränkungen nachzeichnen, im Zuge derer die Mädchen die selbstbestimmten Möglichkeiten, die den kommunikativen Zwecken des Internets innewohnen, zu Erfahrungen vermitteln, die ihre Unterwerfung unter familiale Beeinflussungen des eigenen Handelns und einen tendenziellen Zwang zur Konformität implizieren. Dies reicht von der Kontrolle durch männliche Verwandte bis hin zum Gefühl einer Fremdbestimmung durch männliche Besucher des Internetcafes reichen – wobei letzteres den heimischen Internetanschluss zum Symbol persönlicher Freiheit werden lässt.

Während sie der äußeren Seite dieser Medienpraxis sowohl eine passive als auch aktive Seite geben – trotz Barrieren gelingt der Zugang zum Chat – gilt dies auch für die innere Seite, also die Dimension persönlichen Erlebens: Hinsichtlich dieser verorten sich die Mädchen habituell so, dass dabei einerseits das bereits beschrieben experimentelle Probehandeln in der medienbedingten Distanz zutage tritt und sich z. B. über ein vermeintliches Dominanzgebaren vonseiten der Jungen erhoben wird („lasse ich mir nicht gefallen"), sich dabei andererseits auch wieder innerhalb einer stabil und eindeutigen Geschlechtermatrix positioniert wird. Zum Vorschein kommt dabei eine Selbstverortung innerhalb des Geschlechterverhältnisses, die sich einerseits emanzipativ und überlegen, zuweilen auch abschätzig, spielerisch und amüsiert darstellt („,'guck mal Mama, der ist voll so und so'"), andererseits aber auch konform und reproduktiv darstellt. Die Geschlechterbegegnung mittels Chat zu initiieren, mitzugestalten und dabei souverän zu sein („joa, der ist was für mich") vermischt sich etwa mit einer gleichzeitigen Affirmation einer männlichen Dominanzstellung, die den männlichen Chatpartner zum aktiven Part erklärt. Implizit kommt dabei zum Ausdruck, wie die Mädchen in der virtuellen Begegnung einerseits selbstbewusst agieren und sich über männliches Verhalten *erheben*, diesem andererseits aber auch wieder *Respekt* zollen; bezüglich eines vermeintlich geschlechtsstereotypen Angriffes auf die eigene Integrität („Anmache") wird erklärt, diesen souverän abzublocken („wer seid IHR denn"), gleichzeitig wird, in Form des Begehrens eines typisch männlichen Verhaltensmusters *selbst* an einer rollenförmigen Geschlechterstereotypie festgehalten – man selbst möchte umworben werden.

Realweltlich findet diese Wechselseitigkeit eines Opponierens *gegen die Geschlechterstereotypie* und eines *selbst geschlechtsstereotyp bleibenden Verhaltens* eine Fortsetzung insofern, dass zwar ein Aufbegehren stattfindet, dieses jedoch in erheblich geringerem Umfang als im kommunikativen Feld des Chats, wo ein spielerischer Umgang mit der eigenen Identität in einem besonderen Maße möglich ist. Hier implizieren die Darstellungen der Mädchen, wie sie habituell von vermeintlich ehernen „Macht- und Hegemoniekonstellationen" (Krotz 2007: 165) geprägt sind, welche z. B. darin zum Ausdruck kommen, sich *selbst* – realweltlich – gerade ein rollenkonformes Verhalten zu attestieren.

Diese Ausrichtung an einem rollenkonformen Verhalten wird vor allem im Kontext von Episoden und Gedankenexperimenten zu möglichen Treffen mit Chatpartnern sichtbar, wenn die mediale Option in eine realweltliche – eine tatsächliche Verabredung – transformiert wird und sich von anderen (Freundinnen) eher distanziert, sich performativ über sie erhoben oder ihnen gegenüber der Vorwurf erhoben wird, sie verhielten sich verwerflich. Zwar wird mitunter selbst in Erwägung gezogen, sich zu verabreden (und einmal sogar praktiziert), dies andererseits bei anderen abgewertet und implizit mit normativen Verhaltensvorstellungen und einer rigide anmutenden Sexualmoral in Verbindung gebracht. Mit Schiffauer (1983) lässt sich hier beobachten, wie andere Mädchen, die die Grenze zwischen medialer Freiheit und realweltlicher Enthaltsamkeit *nicht* wahren, von den Interviewpartnerinnen nach einem Gegensatz klassifiziert werden, und zwar dem „zwischen der Frau, die durch Ordnung gebunden ist und sie bewahrt, und der anderen die tendenziell die Ordnung zerstört" (ebd.: 128).

Gerade *indem* die Mädchen mit türkischem Migrationshintergrund den Chat als wichtiges medienbezogenes Handlungsfeld erleben, aktualisieren sie dabei den Gegensatz zwischen einem aktiv-spielerischen Ausprobieren und ihrem Gebundensein *an* eine Ordnung. Auf diese Weise wird in den Schilderungen der Mädchen eigenes Verhalten mit einer anderen weiblichen Person konfrontiert, die sich auf eine Verabredung einlässt und diese wird zu einer, „die ihren Trieben nachgibt" (Schiffauer 1983: 126), mithin zu einem „Straßenmädchen" (ebd.), das „nur darauf aus ist, Männerbekanntschaften zu schließen" (ebd.: 129). Wo die Mädchen die Freizügigkeit ihrer Freundinnen erleben, wird ihnen diese „starke weibliche Sexualität" (Kizilhan 2008: 4) zu einem Ausscheren aus einer Norm, die offensichtlich von ihnen in Form einer Rollenerwartung als bindend erlebt wird; gegen dieses Ausscheren wird sich performativ gestellt und werden die Handlungen anderer als ungebührlich angeprangert. Hier reproduziert sich der negative Horizont eines überindividualisierten Handelns.

Auch darüber hinaus zieht sich durch die Darstellungen der Mädchen, inwiefern die Anpassung an eine Erwartung, nicht gegen bestimmte Rollenvorstellungen zu verstoßen, so habitualisiert wird, dass daraus eine gewisse *Rigidität* untereinander resultiert; neben der tendenziellen Entsolidarisierung von Freundinnen, die mittels Medien ein freizügiges Verhalten an den Tag legen, äußerte sich dies vor allem in der Bezugnahme auf ein *Gebot der Gruppenkonformität*. Ein Erleben, selber diszipliniert zu sein, transformiert sich offensichtlich in eine gruppeninterne Abgrenzung von Verhaltensweisen, die einer Befolgung rollenkonformer Kollektiv-Erwartungen nicht entsprechen: Der Freundin, die im Beisein der anderen „länger" am PC ist, wird kurzerhand der Strom abgeschaltet; ein Mitschüler, der aufgrund seiner Medienpraxis in die Isolierung geraten ist und sich über den Tausch von Medienangeboten zu artikulieren versucht, ist ein „Idiot". Exemplarisch kommt es hier seitens der Mädchen zur Einforderung oder Bejahung eines Verhaltensmusters, von welchem der Respekt von Grenzen erwartet wird, die aus der Unterordnung unter Verpflichtungen erwachsen. Auch hier lässt sich erkennen, wie die Mädchen von einer Autonomiegeltung geleitet sind, die sich komplementär zur Einordnung in einen pränormierten Rahmen befindet; sie orientieren sich dabei an einer Vorstellung von Subjektivierung, die sich nach äußeren Vorgaben richtet, ohne dass dies wie Akte der Unterwerfung erscheint, sondern als – mehr oder weniger stillschweigende – Akzeptanz einer Ordnungsvorstellung, die primordial ist.

Die Medienpraxis des Chattens kann vor diesem Hintergrund als Resultat des im eigenen Handlungsspielraumes Beschränkt-Seins bzw. Beschränkt-Werdens verstanden werden, das seine grundlegende Verbundenheit mit rollenförmigen Handlungs- und Ordnungskriterien weiterführt und dadurch besonders sichtbar macht. Die Mediennutzung der Mädchen lässt sich hier als ein Versuch verstehen, „sich selbst und die eigenen Interessen zu verteidigen" sowie eine „Verbindung von Weiblichkeit und Selbstbewusstsein" (Fritzsche 2003: 245) herzustellen, die sich wiederum komplementär zur Akzeptanz einer übergeordneten Ordnungsvorstellung verhält und den Rahmenbedingungen der eigenen Aktivität eine situative Macht *über* diese Aktivität zuspricht – ohne jedoch davor zu kapitulieren: Den Mädchen gelingt hier, sich *medial* zu behaupten, wo *real* andere das Sagen haben.

Die die gesamte Mediennutzung durchziehende widersprüchliche Einheit einer vermeintlichen Autonomie und dem Vollzug einer Anpassung lässt sich in der Dimension der Medienbewertung wiederfinden. Zudem reproduzieren sich hier die herausgestellten Merkmale der Realisierung eigener Teilhabe- und Entwicklungsmöglichkeiten in einem klar umgrenzten Rahmen sowie ein Autonomiebestreben bei gleichzeitig starker Prägekraft des Sozialgefüges über die Genese und die Ausprägung eigener Handlungsentwürfe. Innerhalb des für die Dimension der Medienbewertung herausgearbeiteten Orientierungsrahmens, den ich *Anpassung, Disziplinierung und Schutz* bezeichnet habe, zeigt sich zunächst, dass die Mädchen zum Teil im Modus einer ausgeprägten *Medienskepsis* argumentieren, die stellenweise mit großer Emphase vorgetragen wird. Es geht ihnen dabei um die Charakterisierung von Medien als Instanzen der *Gefahr* oder der *Irritation* des Subjekts. Dass z. B. Informationen jeglicher Art online frei verfügbar sind, wird zu einem Phänomen, das „Menschen missbrauchen". Übergeordnet haben Medien dabei das Potenzial, erheblichen Schaden anzurichten und erscheinen wie *objektive Kräfte*, denen das Subjekt scheinbar wehrlos ausgeliefert ist – Menschen, vor allem Heranwachsende, können in den Augen der Mädchen durch das Anschauen gewalthaltiger Darstellungen nachhaltig gestört oder ihr Weltbild sogar tendenziell zerstört werden. Dieser Schaden, von dem die Mädchen ausgehen, entsteht ihnen vor dem Hintergrund einer Vorstellung eines *naturwüchsigen Pfades der Entwicklung*, von der ihre Schilderungen durchdrungen sind. Die in den Interviews auffindbare Emphase dokumentiert dabei ihre stellenweise hochgradig ausgeprägte Sensibilität für die nachhaltige Störbarkeit von Entwicklung, die sich mit einer wie schon bisher bei ihnen herausgearbeiteten impliziten *Anpassungsbereitschaft an Umwelt- und Strukturbedingungen* verknüpft.

Medien erscheinen darin als Störquellen bzw. Irritationspotenziale bezüglich des Entwicklungspfades zu einem reifen, erwachsenen Ich, welches sich seinerseits durch die *Übernahme von Verpflichtungen* und die *Unterordnung unter exteriore Zwänge* auszeichnet: Jemand, der z. B. lange online ist, verletze die natürlich Autorität seiner Eltern oder belaste diese (sie „müssen das ja bezahlen"); gleichzeitig sind Eltern diejenigen, die über das infrage stehende Verhalten wachen sollten. Abweichendes Medienverhalten – wie übermäßiger Medienkonsum – wird hier zu einem Phänomen, das durch eine fehlgeschlagene Einordnung in ein Muster aus *Respekt vor Autorität* und dem *Hineinwachsen in soziale Konventionen* resultiert. Spiegelbildlich vermittelt sich dabei das Wechselspiel von Mediennutzung und Rollenkonformität, das dem Habitus der Mädchen mit türkischem Migrationshintergrund inhärent ist. In diesem Kontext ist z. B. ein familienbezogener Protektionismus ein probates Mittel gegen Mediensucht, das die Mädchen gedanklich durchspielen oder als selbst erlebt schildern.

Dieser Protektionismus wird dabei als eine *Disziplinierung des Selbst zu dessen eigenem Schutz* beschrieben. In diesem Sinne plädieren die Mädchen für frühzeitige und grenzsetzende Interventionen, damit es gar nicht erst zu einem Abweichen von einem Entwicklungspfad kommen kann, welcher in Relation zu einer Übernahme sozialer Verpflichtungen gedacht ist („man sollte schon Grenzen haben"). Die dabei sichtbar werdenden und z. T. brüsken Verhaltensänderungen der Mädchen reflektieren Ergebnisse von Toprak (2004: 13), der das Mittel harscher verbaler Zurechtweisungen von Mädchen in türkischen Familien herausstellt. Während eine gezielte Intervention in Form der Beleidigung sich zwar nur in einem Fall zeigte[193], ist den Mädchen gemeinsam, dass sie sich auf ein Rollenverständnis hin beziehen, das sie als bindend thematisieren. Fallübergreifend werden ihnen dabei vor allem Eltern zu einer Strukturbedingung, welche für das Wohl von Kindern entscheidend ist und der bei abweichendem Verhalten die Verantwortung dafür attribuiert wird.

Die den Argumentationen der Mädchen zugrunde liegende subjektive Entwicklungstheorie entspricht einer auch von Kizilhan (2006) bezüglich des Sozialisationsprozesses von Heranwachsenden aus Familien türkischer Herkunft herausgearbeiteten Analogie zum *natürlichen Entwicklungsmodell einer Pflanze*: Das Subjekt, dessen Entwicklung nach einer Art innerem Bauplan abläuft, kann durch mediale Einflüsse gewissermaßen fehlgeleitet oder behindert werden und wird deshalb in seinem Verhalten als *strukturell zu regulierend bzw. reguliert* gesehen. Ganz in diesem Sinne deuten die Mädchen Medien dann als *Offerten eines vom Weg Abkommens* und als *Gefahrenquellen bei der Ausprägung von Weltsichten*, wenn die Umweltbedingungen inadäquat sind. Die Entwicklungsanalogie der Pflanze zeigt sich hier so, dass das Subjekt – hier: in seinem Medienhandeln – geschützt werden muss bzw. sich heteronomen Entwicklungsimpulsen anzupassen hat, *weil* es einer quasi-natürlichen und ungefilterten Formung durch Angebote seiner (Medien-) Umwelt unterliegt. Im Zweifelsfall sollte das Mediengeschehen deshalb auch beidseitig – auf Nutzer- wie auch auf Anbieterseite – scharf reglementiert werden. Sichtbar werden dabei Prinzipien der Regulation von Verhalten, welches durch Anpassung an einen natürlich gegeben Entwicklungsverlauf bestimmt wird und ein quasi-naturalistisches Menschenbild impliziert (vgl. hierzu Treml 2000: 169).

---

[193] Zu beachten ist hier, wie auch Toprak (2004: 111 f.) herausstellt, dass es – wie auch in deutschen Familien – einen Zusammenhang von Bildungsniveau der Eltern und ihren Disziplinierungsmaßnahmen gibt; der Erziehungsstil der türkischen Eltern ist wiederum auch in Zusammenhang damit zu sehen, wie lange diese bereits in Deutschland leben (vgl. Kizilhan 2006).

In diesem Kontext geht es den Mädchen einerseits um eine Fremdregulation der Quelle von Mediendarstellungen oder eine Disziplinierung von Bildern, andererseits um einen bewahrpädagogisch-advokatorisch anmutenden Rezipientenschutz. Gerade weil in den Augen der Mädchen eine eher direkte und ungefilterte Aufnahme von Informationen stattfindet, sollten zweifelhafte Medienangebote solchen Nutzern vorenthalten werden, die unreif sind, vor allem solchen, die gewissermaßen noch nicht aussozialisiert sind und von denen z. B. angenommen wird, sie neigten zur Imitation („so Zehnjährige"). Dabei ist es weniger die eigene Stärke oder Gefestigtheit, von der die Mädchen als entscheidendem Faktor ausgehen, sondern eher eine Fähigkeit, mit Medienangeboten umzugehen, die durch Diszipliniert- und Kontrolliertwerden bis zu einem bestimmten Alter erreicht wird. Ab diesem („sag' ich mal 16 oder 18") ist ein Mediennutzer natürlicherweise in der Lage, mit Medienangeboten (auch brutalen) umzugehen. Auch hier zeigt sich ein tendenziell mechanistisches Menschenbild, in dem sich das Erreichen einer Altersstufe als Garant vorgestellt wird, Medienangebote gefahr- und wirkungslos aushalten zu können und sich eine strukturelle Kontrolle der Medienumwelt gewünscht wird, z. B. in Form einer positiven Nutzerselektion („nur bestimmte Leute").

Die Rezeption zweifelhafter Mediendarstellungen (vor allem gewaltverherrlichender) hat den Mädchen zufolge weniger inhaltlich-qualitative Wirkungen auf die Einstellung oder die Gedankenwelt der Nutzer, weil sie sich an Prinzipien von Naturwüchsigkeit und Nichtfilterung orientieren. In diesem Kontext geht es ihnen hinsichtlich negativer Wirkungen auch um Konsequenzen auf einer *biologisch-körperlichen Ebene* (nach dem Ansehen einer Mordszene kann man „nicht schlafen") oder Folgen in Form einer *Irritation von Lernfähigkeit* – ein ungehemmter Medienzugang ist für kleine Kinder „ganz schlimm", weil diese „sowas so schnell aufnehmen", schließlich seien sie noch „in der Lernphase". Während das Subjekt durch seine Hinwendung zu Medien von seinem Entwicklungspfad abdriften kann, ist dies – und das ist das Entscheidende dieser Orientierung – *nicht* dessen Schuld, mithin auch kein Fehlverhalten, sondern einerseits *schicksalhaft*, andererseits ein *Strukturproblem*.

Der Aspekt des Schicksals vermittelt sich da, wo z. B. ein Amoklauf aus einem natürlichen Trieb heraus gedeutet wird („der hatte das schon immer in sich") und die Rezeption eines Ego-Shooters durch den Täter als Triebentladung bezeichnet wird („Auslöser"). Eine eigene, ehemals exzessive, Mediennutzung wird als automatisches Abgleiten mit desolaten Folgen beschrieben („konnte mich gar nicht mehr konzentrieren") und ein vermeintlich autoritär anmutendes Zurechtweisen durch ein ranghöheres Familienmitglied („angebrüllt") nimmt die Gestalt einer Rettungsmaßnahme an („bin ich das dann losgeworden"). Während letzteres ein Beispiel dafür ist, wie auf spezifische Ehrvorstellungen rekurriert wird – hier zeigte sich die Regulation des geschilderten Medienverhaltens als Zusammenspiel einer Erfüllung des Anspruches älterer Familienmitglieder auf Achtung (saygi) und der verantwortlichen Haltung selbiger gegenüber der Jüngeren (sevgi) – ist den Mädchen mit türkischem Migrationshintergrund gemeinsam, dass sie sich übergreifend an einem Zusammenspiel von *naturwüchsiger Entwicklung* und einer *Anpassungsleistung gegenüber Fremdeinflüssen* orientieren. Die vorgestellte wie erlebte Erziehungspraxis, die in den Darstellungen der Mädchen sichtbar wird, unterscheidet sich dabei deutlich von einer „Fremdförderung zur Selbstwerdung" im Sinne Iliens (2005) – sie lässt sich eher beschreiben als *Fremderwartung zur Erfül-*

lung bzw. Anerkennung kollektiver Normen, Sicherstellung der Übernahme von Verpflichtungen und *Rahmung eines schützenswerten Hineinwachsens in einen Zustand der Reife.* Indem Entwicklung in der Orientierung der Mädchen in Relation zu natürlichen Entwicklungskategorien verläuft, befürworten sie eindeutige richtungsweisende Impulse, die dem infragestehenden (Medien-)Verhalten den Weg weisen oder es korrigieren. Dabei verbinden sie in den von ihnen entworfenen Interventionsstrategien autoritäre („Druck machen") mit emotionalen Aspekten („Liebe"). Dies wirft noch einmal ein besonderes Licht darauf, warum die – selbst erlebten oder vorgestellten – Reglementierungen ihrer eigenen Medienpraxis kaum als streng empfunden werden, sondern als *natürlicher* und *gerechtfertigter* Ausdruck machtförmiger Prägekräfte bzw. Umweltbedingungen des eigenen Handelns. Es kommt zur Bejahung von Prinzipien der Formung und Begrenzung des subjektiven Handlungsspielraumes, die aus der Einordnung in einen feststehenden und unantastbaren, weil natürlich gedachten, Entwicklungsraum resultiert und dabei Beschränkungen bzw. Anpassungsleistungen augenscheinlich nicht als restriktiv, sondern als primordial deutet. Die Orientierung der Mädchen impliziert hier, dass sie die Entwicklung und das Erleben von Kompetenz und Selbstwirksamkeit in Relation zur Einfügung in eine Machtstruktur erleben.

In diesem Zusammen zeigt sich in den Interviews immer wieder, dass bezüglich eines eigenen Kompetenz- und Souveränitätserleben, das die Schilderungen der Mädchen transportieren, vor allem die gleichgeschlechtlichen Freundinnen eine zentrale Rolle spielen. Die Mädchen beschreiben in deren Beisein Momente von Wertschätzung und Anerkennung ihrer Fähigkeiten und verbinden dies zugleich mit dem Schema der Sphärentrennung: im Umfeld der Peergroup kann sich als „Internetfreak" erlebt werden und wird eine Rolle eingenommen und ausgeführt, die andere „voll cool" finden, dennoch wird man zuhause in seinen medialen Möglichkeiten begrenzt; im engen Umkreis der Freundinnen wird ein „Talent" zur Geltung gebracht und bestaunt – und quasi Karriere im abgeschirmten Raum gemacht – während der Vater nicht einmal Ahnung von dessen Existenz hat. Erst in einem geschützten Rahmen abseits der Männerwelt erfahren sie eine hohe Selbstwirksamkeit. Bei aller Varianz kommt hier zudem zum Ausdruck, inwieweit die Mädchen von einer Differenz bezüglich der sozialen In-Wert-Setzung von Fähigkeiten geprägt zu sein scheinen. Während eigene Fähigkeiten familiär unentdeckt bleiben, wird ein Bruder mit väterlicher und öffentlicher Aufmerksamkeit ausgestattet beschrieben. Da die Mädchen mit türkischem Migrationshintergrund vorrangig innerhalb eines kleinen privaten Rahmens Anerkennung finden, die Jungen aber sichtbar und auf gesellschaftliche Anerkennung ausgerichtet sind, reproduziert sich hier die herausgearbeitete Sphärentrennung im Bereich der Geltung und Reichweite von Subjektentwürfen und deren Realisierung.

Neben diesem wiederkehrenden Bezug auf eine eigene Sphäre kann als Figur der Bearbeitung und Auseinandersetzung mit erlebten Machtstrukturen immer wieder beobachtet werden, wie die Mädchen sich einer Coolness und eines Selbstbewusstseins bedienen und dabei ihr Ich trotz der herausgearbeiteten Handlungsbeschränkungen hervorheben. Eine maximale Selbstbehauptung wird etwa dort deutlich, wo die Abhängigkeit vom Funktionieren des Computers in eine eigene Vorlieben umgedeutet wird („schreibe sowieso lieber mit der Hand"); wo mit einiger Chuzpe erklärt wird, man habe den ITG-Unterricht nicht nur nicht nötig, sondern ihn auch überwiegend geschwänzt („war nicht so oft da ((lacht))") oder wo einem computerbezogenen Nicht-Verstehen mit der Haltung der Arroganz begegnet wird. Während die Mädchen sich in ihrer Selbstdarstellung zuweilen kämpferisch geben, nehmen sie gleichzeitig stillschweigend eine eigene Unterlegenheit hin. Beispielsweise wird berichtet, sich stolz in eine geschlechtsbezogene Auseinandersetzung zu begeben („kriegst du gleich eine von mir reingecatcht") und im nächsten Moment über die respektvolle Fügung unter die nonverbale Botschaft eines männlichen Jugendlichen informiert.

Dabei reicht Coolness als aktive Strategie des Umgangs mit der Beschränkung des eigenen Handlungsspielraumes auf subtile Weise bis in Modi der Körperformung (z. B. durch betont modische Kleidung oder Make-up) und -gestik hinein. Durch einen äußeren Ausdruck femininer Ästhetik und die die angestrebte Konstitution von Handlungsautonomie wird sich so exponiert, dass die eigene Souveränität so zutage tritt, dass sie wiederum eine Asymmetrie reproduziert. Wo faktisch Ungleichheit herrscht, wird Autonomie geltend gemacht und dabei wird sich genau derjenigen Mechanismen bedient, die eine Einordnung in ein Abhängigkeits- und Machtverhältnis hervortreten lassen. Auf diese Weise ist dem Habitus der Mädchen zu eigen, selber Stärke zu zeigen und sich zugleich an einer Bindung an Rollenerwartungen zu orientieren.

So kommt die vorliegende Studie zu einem weitaus weniger eindeutigen Ergebnis als die Untersuchung von Reinders/Emmerich (2009), welche auf Basis einer standardisierten Umfrage junge Türkinnen hauptsächlich als selbstbewusst und nach Autonomie suchend charakterisiert: Gezeichnet wird darin das Bild einer jungen, selbstbewussten Generation mit klaren Vorstellungen über ihre Lebens- und Zukunftsgestaltung und einem ausgeprägten Streben nach Unabhängigkeit. Vor dem Hintergrund meiner Fallanalysen zeichnen sich Orientierungsmerkmale ab, die es plausibel machen, die Mädchen mit türkischem Migrationshintergrund in ihrem übergreifenden Habitus als oszillierend zu beschreiben: Ihrem Geltend Machen selbstbewusster Handlungsautonomie steht deren Komplementarität zu einem übergeordneten Handlungsrahmen und ein Gebundensein an als feststehend erfahrene Ordnungsstrukturen gegenüber. Dabei lassen sich abschließend folgende Oszillationsmuster benennen, die eine Einheit-im-Gegensatz bilden:

- Emanzipation *und* tiefe Verbundenheit mit Herkunftsfamilie
- Aufmüpfigkeit bzw. Coolness *und* Konservatismus
- Selbstbestimmung *und* (Rollen-)Konformität
- Betonung geschlechtsbezogener Autonomie *und* Affirmation von Geschlechterstereotypen
- Ehrgeizige Entwürfe eigener Subjektivierung *und* Reproduktion externer Erwartungen
- Ausagieren von Selbstbewusstsein *und* Erfüllung von Anforderungen
- Autonomie *und* Reproduktion von Fremdgesetzlichkeit
- Aufbegehren gegen Bevormundung *und* duldsame Hinnahme heteronomer Beeinflussung
- Performanz der eigenen Überlegenheit *und* eine Tendenz zur Unterwerfung

Die Partizipation an und die Mitgestaltung der Medienkultur, die die Mädchen mit türkischem Migrationshintergrund vermitteln, sind Prozesse ihrer Subjektkonstitution, die nur dann zu verstehen sind, wenn ihre gleichzeitige Bindung an eine Dominanz fremdgesetzter Impulse mitgedacht wird.
 So erfolgt die Subjektivierung der Mädchen vor dem Hintergrund von Handlungsentwürfen, die immer vonseiten der Übernahme von Anforderungserwartungen prozessieren, ohne diese jedoch einfach nur zu reproduzieren. Auf diese Weise impliziert der Habitus der Mädchen eine selbstbestimmte Positionierung und transportiert zugleich die Akzeptanz und die Übernahme formativ-heteronomer Kategorien ihrer Subjektivierung.

7.3 Zur Medienaneignung der Jungen aus deutschen Familien

Zur übergreifenden Charakterisierung der Mediennutzung der deutschen Jungen habe ich diese mit den Begriffen *Handlungserweiterung, Rationalisierung* und *Normalisierung* bezeichnet. Diese grundlegenden Merkmale bilden den Rahmen, innerhalb dessen sie ihre Medienbeschäftigung schwerpunktmäßig als eine *selbstgesteuerte Tätigkeit* beschreiben; das Computermedium erscheint dabei als ein Artefakt, das sich vorrangig selbständig erschlossen wird, wobei die Jungen z. B. an eine Weitergabe-, Vererbungs- oder Kaufpraxis ihres Umfeldes anschließen und sich entsprechende Umgangsfertigkeiten sukzessive aneignen. Aus ihren Berichten geht hervor, dass sie dies als eine grundlegende und selbstverständliche intergenerationelle Computermedienpraxis erleben, in welcher Geräte etwa über verwandtschaftliche oder Bekanntenbeziehungen zur Verfügung gestellt werden und in welcher in den anfänglichen Umgang damit eingeführt wird. In diesem Zuge sehen sich die Jungen in einem mehr oder weniger spiralförmigen Prozess der Entwicklung und Stabilisierung handlungspraktischer Medienumgangsfertigkeiten.
 Die Hinwendung zum Computermedium hat dabei den Charakter eines normalen Phänomens, das sich aus der technischen (Weiter-)Entwicklung ihrer Lebenswelt ergab – insofern positionieren sich die Jungen als Teilhaber einer prozesshaften Ausbreitung von Computermedien. Es geht ihnen darum, an Computermedien als eines Möglichkeitshorizontes zu partizipieren, der ihnen nicht weiter fraglich erscheint, sondern als *fundamentales Datum gegenwärtigen Lebens* gesehen wird. Deutlich wird dabei, wie ihre Medienhandlungen von einer Prozesshaftigkeit der gerätemäßigen Verwendungsreichweite und ihres Kontextes geprägt sind; beim ersten Computer war „kein Internet" dabei, spielte man am Anfang „nur so Spiele". Insofern lässt sich hier von einem transformativen Geschehen der zwanglosen Aneignung des Computermediums in Gestalt des Aufbaus eigener Handlungskapazitäten sprechen – man beschäftigt sich mit dem Computer, bis man „immer mehr und mehr so kann". Zum Ausdruck kommt dabei, wie sich gleichzeitig ein Artefakt von anfangs begrenzter Funktionalität schrittweise in ein *Universalmedium* verwandelt, das „einfach so" zu einem festen Bestandteil des alltäglichen Lebens wird.
 Zu beobachten ist dabei eine Medienpraxis, die sich aus der Prägung infolge anfänglicher Impulse löst, sich verselbständigt und zur einer formalen Abgrenzung von diesen führt – aus Eltern als Ermöglichern, die einem den PC „geschenkt" haben und als an-

fängliche Begleiter der Medienaneignung in Erscheinung treten, werden Personen, die man irgendwann nicht mehr fragen kann (weil sie „keine Ahnung davon" haben). Hier findet offensichtlich eine Formalisierung sozialer Beziehungen statt, die den eigenen Vorsprung auf computertechnischem Gebiet herausstellt. Diese Formalisierung geht einher mit der Rationalisierung der Beziehung zu anderen, wodurch sich zunehmend von diesen emanzipiert wird und eine selbst erlangte Handlungserweiterung qua technikbezogenem Wissen bezüglich des Mediums als Differenz geltend gemacht wird.

Dieses Geschehen scheint den Jungen insgesamt eher unspektakulär und ohne Besonderung zu sein, steht aber immer in Verbindung mit einer gewissen Aufgeschlossenheit gegenüber interaktiven und instrumentell-handlungspraktischen Verwendungsmöglichkeiten der digitalen Medien. Übergreifendes Merkmal ist hier die *Adaption von Möglichkeiten* einer als technisch empfundenen Entwicklung, verbunden mit der Wahrnehmung von Chancen für die *Erweiterung des eigenen Handlungsspielraumes*. Dabei werden beständig verschiedene Formen des eigeninitiativen Ausprobierens von Funktionen und Optionen geschildert, wobei sich auch informeller Wissens- und Lernressourcen bedient wird – dies kann ein computeraffiner Nachbar oder Freund ebenso sein wie der selektive Zugriff auf Computerlektüre, die z. B. zur Aneignung von Informationen über ein Betriebssystem oder zum Kennenlernen erster Schritte einer Programmiersprache herangezogen wird. Der Lernhabitus, der dabei zutage tritt, zeigt übergreifend, wie sich Medienwissen in einem Modus von Kontinuität und Eigenaktivität angeeignet wird.

Mit dieser *Funktionalisierung des Technischen* für eigene Zwecke geht einher, dass sie einer spielbezogenen Medienverwendung mit tendenzieller Geringschätzung begegnen oder Spielen eher als selektiv oder sporadisch beschreiben. Mit dem Computer zu spielen wird bezüglich seines Mehrwertes ironisiert („durchgespielt und dann… toll"), als eintönige Praxis anderen medialen Gebrauchsformen gegenübergestellt („Internet ist doch viel spannender") oder vom Computer an rein spielebezogene technische Medien wie die Spielkonsole ausgelagert. Darüberhinaus wird Spielen als sachlich-bewusste Hinwendung zum Computermedium im Ensemble anderer Nutzungsformen („halt so zwischendurch") mit dem Hinweis der Limitation und der Ausgewogenheit dieser Praxis dargestellt; selbst die Durchführung einer LAN-Party im Freundeskreis bekommt dabei den Charakter einer nüchtern organisierten Abwechslung und erscheint als ein Vergnügen in Form eines institutionalisierten Prinzips mit einem gewissen Grad der Formalisierung, das „vielleicht einmal in zwei Monaten" stattfindet und dann einige Zeit wieder ruht. Sichtbar wird hier eine Wahrnehmung von Spielen, die mit Krotz (2007) Ähnlichkeiten zu einem *Erwachsenenhabitus* aufweist; für Erwachsene, so Krotz (ebd.: 166), sei Spielen „ein Modus des Aussteigens aus dem Alltag, ein Vergnügen, eine beschränkte Form der regelgeleiteten Kommunikation", die „im Allgemeinen keine weiteren grundlegenden Folgen hat". Damit kommen in der Darstellung der Beschränktheit von Spiel Aspekte des Regelgeleiteten der generellen Mediennutzung zum Ausdruck, die einen konstitutiven Bestandteil der übergreifenden Orientierung der Jungen ausmachen. Vor diesem Hintergrund ist ihnen Spielen eine Form des Computergebrauchs, die sich habituell erstens kaum von anderen Nutzungsformen unterscheidet und dieser zweitens eine rationale Funktion zuweist, die einer technisch-sachlichen Hinwendung zum Computer geschuldet ist. Sinngemäß machen die Jungen deutlich, dass man natürlich mit dem Computermedium spielen kann, dass dies jedoch bei weitem nicht alles ist.

Das Computermedium selbst wird den Jungen immer wieder zu einem *rationalen Interaktionspartner*. Sie sehen darin einen vom Grundsatz her logischen Zusammenhang von Systemkomponenten bzw. von Hardware und Software und modellieren das Computermedium z. B. als eine das eigene Handeln unterstützende Ressource im Sinne von Applikationen, auf die, je nach Anwendungsbedarf und -kontext, zurückgegriffen werden kann. Ist beispielsweise die Funktionsfähigkeit des PCs eingeschränkt, wird dies als durch eine technische Problemkonstellation verursacht beschrieben. Entsprechend muss der Rationalität des Computers mit einer ebenso rationalen Handlungsstrategie begegnet werden. Hier geht es dann im Sinne einer handwerklich zu bewältigenden Situation um die Entscheidung, mit welchen Applikationen sich welche Arten der Problembewältigung durchführen lassen. Entsprechend haben die episodischen Schilderungen zu Problemsituationen am Computer den Charakter sachlichen Informierens über methodische Zugriffsformen („muss man überlegen, ob man löschen oder desinfizieren will"). Das Medienhandeln erscheint hier als ein Prozedere mit mechanischem Zuschnitt bzw. wird als eine Aneinanderreihung des Ausführens von Schritten zu einem operativen Prozess. Der sich darin dokumentierende Medienaneignungshabitus rückt damit von seiner Grundausrichtung her in die Nähe *zweckrationalen Handelns*, welches nach Habermas (1973) ein Handeln meint, das durch technische Regeln geleitet wird, das auf das Erreichen von Zielen mittels einer Alternativen- und Mittelabschätzung konzentriert ist und dessen Erfolg am Einwirken auf die Realität bewertet wird.

Dieser Präferenz des Zweckrationalen entspricht, dass Formen computergestützten kommunikativen Handelns in der Medienpraxis der Jungen tendenziell in den Hintergrund rücken; so haben die meisten Arten von computervermittelter Kommunikation (Chatten, Email) eine eher untergeordnete Relevanz, insbesondere wird anonymen Kommunikationsformen skeptisch begegnet und werden diese z. B. als kindisch verspottet. Wo kommunikative Nutzungsmöglichkeiten überhaupt angesprochen werden, erscheinen diese in Form technischer Verfahrensregeln – bei der Verwendung eines Instant-Messaging Programms ist entscheidend, dass die Nutzer „das gleiche Programm haben müssen" – oder zum Zweck des Austausches über Computerfakten („wenn Chat, dann redet man über Computer"). Online-Kommunikation wird hier zu einer technisch geformten Verständigung über Technisches; eine andere Variante ist die strategische Nutzung z. B. von Emails, wo sich diese als notwendig erweisen, um Transaktionen abzuwickeln oder um im Sinne institutionalisierter Verkehrsformen zu kommunizieren. Es zeigt sich, dass kommunikative Möglichkeiten insgesamt eher im Sinne einer technischen *Funktion zur Vereinfachung sozialer Beziehungen* erlebt werden („irgendwelche Bilder schicken") und darin vorrangig als *zweckrationale Handlungserweiterung* analoger Medien.

In diesem Kontext erscheint die Medienpraxis der Jungen an einem technisch-strukturellen Handlungszusammenhang ausgerichtet, der in Verbindung mit einem instrumentellen Handlungskalkül steht. Das eigene Medienarrangement wird mitunter selbst gewählt und verändert – Anwendungen werden gewechselt, auf im Web verfügbare Inhalte wird zugegriffen und „Aktualisierungen" werden vorgenommen – und dadurch die Verwendung der Medien individuell zu gestalten und zu steuern versucht.

In diesem Zusammenhang kommt es auch zu einer *Modifikation der Medientechnologie*, ihrer Architektonik wie ihrer Oberfläche, was die Funktion einer technisch induzierten *Erweiterung* und *Optimierung* des eigenen Medienmenüs und darüber des eigenen Handlungsspielraumes erfüllt.

Hieran zeigen sich Parallelen zu dem auch von anderen Autoren herausgearbeiteten Phänomens eines „von vielen Jungen gelebten technikinduzierten Selbstkonzepts" (Welling: 2008: 275; vgl. auch Schelhowe 2007a). Meine Unersuchung knüpft daran an und zeigt, wie darin sowohl der Rückgriff auf medientechnische Optionen wie auch ein entsprechender personaler Habitus eingehen: Der von den Jungen geschilderte Handlungsmodus entspricht dem eines reparaturhaft-handwerklichen Eingriffs nach Maßgabe zweckmäßiger Gebrauchssituationen – so etwa hat die neue Festplatte mehr Speicherkapazität als die alte, verhindert ein neuer Browser das Aufspringen von Popupseiten oder muss der PC nach einem Virenfall möglicherweise demnächst restauriert werden. Zum Teil wird den Medien dabei eine individuelle Note gegeben, etwa wenn mit „Style-XP" die Desktop-Oberfläche eines Betriebssystems geändert wird – dies geschieht aber nicht im Sinne einer symbolischen Aufwertung, sondern – als Dokument eines funktional orientierten Kalküls – im Sinne der Installation einer benutzerfreundlicheren Usability.

Der Verwendung der Computermedien als rationale Interaktionspartner und einem entsprechenden Handlungskalkül korrespondiert eine fallübergreifende *habituelle Nähe zur Computerlogik*. So greifen die Jungen z. B. zur Charakterisierung ihrer Medienumgebung vorrangig auf technische Funktionserklärungen zurück; technische Artefakte und Vorgänge sind ihnen ein Datum, das sich technisch spezifizieren und beschreiben lässt, auch wenn dies nicht immer aktualisierbar ist. Generell ist dabei der Rückgriff auf computertechnische Fachtermini zwar grundlegender Bestandteil ihrer Orientierung der Medienwahrnehmung, dennoch zeigt sich, dass die Jungen in diesem Bereich weniger mit der Symbolik des Spezialistentums jonglieren und sich nicht vorrangig als Spezialisten profilieren, sondern das Ganze normalisieren bzw. versachlichen: Etwa wird zugegeben, die „Dinger, die sich immer mit einwählen" nicht exakt benennen zu können („ist ja auch egal") oder man weiß die Details seines Computers „ehrlich gesagt nicht"; Aspekte wie diese deuten darauf hin, dass ein Auskennen im Bereich technischer Details zwar angestrebt wird und diesbezügliche Wissenslücken implizit als Gegenentwurf gelten, dies aber abgewehrt wird, indem technisches Detailwissen als tendenziell unwichtig erklärt wird – zur Praxis des Umgangs mit den Medien kann man darauf verzichten. Hinzu kommt, dass eigene Handlungsmöglichkeiten mitunter in Grenzen gesetzt werden („richtig große Sachen jetzt kann ich eigentlich nicht"), was eine eher nüchterne Selbsteinschätzung der Reichweite eigenen Wissens und eigener Fähigkeiten transportiert.

Zuweilen findet ein ironischer Umgang mit eigenen Wissenslücken statt, wenn beispielsweise ausgedrückt wird, die Tiefenstruktur des Technischen sei realistischerweise nicht erklärbar und müsse deshalb opak bleiben. Grenzen des eigenen Computerwissens werden insgesamt als wenig schwerwiegend empfunden, und zwar offensichtlich deshalb, weil die Jungen von einer Auslagerung ihres Wissenserwerbs in den Bereich des technisch Möglichen und Machbaren ausgehen. Hier zeigen sich Parallelen zur Beobachtung männlicher Jugendlicher von Schäffer, der ebenfalls feststellt, wie sich Jungen an einer „starken Verbundenheit mit der Technologie" (ebd.: 148) abarbeiten und den Computer als ein „Universalmedium" (ebd.: 138) habitualisieren. An dieser Parallele ist interessant, dass es sich bei Schäffers Analyse um eine Gruppe jugendlicher Gymnasiasten handelt. Dass sich eine gewisse Ähnlichkeit der drei von mir befragten Realschüler zu diesen zeigt, könnte als Hinweis darauf gesehen werden, dass die Trennlinie zwischen diesen Bildungsmilieus möglicherweise nur schwach ausgeprägt ist. Unterstützt wird dies dadurch, dass Schüler im Hauptschulmilieu nach Ergebnissen von Schorb (2008) und Iske et al. (2004) den Computer in der Regel zweckfrei und zum Zeitvertreib nutzen – worin ein Unterschied zu den von mir befragten Jungen liegt, welche gemeinsam haben, den Computer als schulbezogenes Handwerkszeug einschätzen.

Der Blick auf das Computermedium ist dabei vorrangig ein rationalistischer und der Umgang damit von seiner Intention her ein *techno-pragmatischer*, welcher auf eine *tatsächliche Funktionalität* zielt – der eigene Computer zeichnet sich dadurch aus, dass er keinen „Schnick Schnack" enthält, ein (von seiner Leistung der Datenübertragung her eigentlich veraltetes) Modem reicht zum Surfen aus und von vorrangiger Relevanz ist es, dass der Browser „schnell" läuft. Fast bemüht scheinen die Jungen darum zu sein, ihre Computerausstattung nicht zu hypostasieren, sondern im Sinne einer als normal wahrgenommenen Verfügbarkeit vorhandener Angeboten darzustellen, die vor allem effiziente Funktionalität ermöglichen. Der leitmotivisch wiederkehrende Aspekt der *Verfügbarkeit* technischer Optionen ist dabei mit einer wahrgenommenen *Disponibilität* in Form vielfältiger Zugriffsmöglichkeiten auf digitale Angebote verknüpft; etwa wird deutlich gemacht, dass Brennprogramme, sollte man eines benötigen, im Internet „in Übermassen" vorhanden seien.

Zu erkennen ist hieran, inwiefern die Jungen ihre Medienpraxis innerhalb eines Medienmenüs situieren, das sie sich individuell zusammenstückeln und sich in diesem Zusammenhang technischer Optionen bedienen, denen sich tendenziell nach Belieben zugewandt wird. Ein Merkmal davon ist, dass sich die Jungen nicht primär an einer symbolisch-possessiven Beziehung zum Computermedium orientieren, sondern an einem Technikverhältnis, dass vorrangig sach- und nutzwertbezogen geformt ist. Obgleich berichtet wird, über eine zum Teil umfangreiche Medienausstattung zu verfügen, werden die einzelnen Komponenten habituell nicht als besonders hoch stehend oder wertvoll dargestellt, sondern so, dass sie in Dienst genommen werden können und bei Nichtfunktionieren ausgetauscht bzw. gewechselt werden. Vor diesem Hintergrund lässt sich konstatieren, dass die Jungen die Medien vor allem nach den Regeln einer „technischen Vernunft" (Spur 2006) wahrnehmen und nutzen, welche in sich „die Idee einer Einheit von Rationalität und Nützlichkeit" vereinigt (Spur 2006: 152). Explizit kommt dies zum Vorschein, wo dem eigenen PC attestiert wird, dieser sei „eigentlich ein Vernünftiger".

Dem Erleben des Computermediums als eines rationalen Interaktionspartners bzw. -gegenstandes korrespondiert dabei, dass dieser nach Art eines *maschinenhaft prozessierenden Artefaktes* beschrieben wird. Die Medien erscheinen dadurch als eine *kontrollierte* und nach technischen und universellen Regeln zu *kontrollierende* Apparatur. Eine mitunter aufzufindende Anthropomorphisierung der Medien erscheint vor diesem Hintergrund als nur vordergründig irrational, vielmehr lässt sie sich als Ausdruck eines rationalen Kalküls interpretieren, etwa wenn mit dem PC wie mit einem menschenähnlichen Substitut interagiert wird („ich sag ihm") und das Gerät die Rolle eines subjektgleichen Interaktionspartners übernimmt (vgl. dazu auch Schäffer 2003: 139). Diese Sachlichkeit führt dazu, dass performative Darstellungen in einer irrationalen (z. B. Kampf-Sieg-)Metaphorik in diesem Zusammenhang zugunsten einer formal-rationalen Semantik selber bemerkt und korrigiert werden. Die Zuschreibung von Irrationalität an das Mediengeschehen ist ein durchgängig negativer Horizont der Jungen; temporäre Abstecher in entsprechende Figuren erscheinen daher als eine bewusste Form der scherzhaft-ironischen Bearbeitung von Rationalität („das geht schon, wenn man ihn nicht mit zuviel Mist vollkloppt"). Übergreifendes Merkmal ist dabei, in der Technologie ein Phänomen zu sehen, das nach formalen Funktionsgesetzlichkeiten prozessiert, auch wenn die Technik mitunter als widerspenstig erlebt wird („manchmal will es halt nicht so wie man will").

Bezogen auf die Medienwahrnehmung zeigt sich daher auch, inwiefern sich die Jungen an einer *Oberflächen- und Tiefenstruktur der Medientechnik* abarbeiten und darin – neben dem bereits herausgearbeiteten Rückgriff auf technische Funktionserklärungen – ein Interesse für den technischen Funktionszusammenhang verdeutlichen. So ist ihren Definitionen und Beschreibungen übergreifend die Orientierung am Zusammenspiel von konkret wahrnehmbaren Prozessen und den dahinter stehenden Abstraktionen des technischen Mediums eingeschrieben (vgl. Schelhowe 2007b: 147). *Was* das sinnlich Wahrnehmbare der Medien und ihrer Nutzung *ist*, ist den Jungen zufolge das Resultat einer dahinter stehenden bzw. darunter liegenden Grundoperation.

Diese Differenz äußert sich nicht zuletzt in einem metaphysische Kategorien vermeidenden Modus, in welchem Medien modelliert werden; als Bestandteile dieses Modus treten wiederum *entmystifizierende* (wenn z. B. die Äquivalenz der Grundoperation des Computers zu der eines Taschenrechners herausgestellt wird) und *reduktionistische* Sichtweisen auf die digitalen Medien zutage. Das Erleben, dass der PC z. B. hin und wieder „streikt", wird mit physikalisch-technischen Grundlagen der Datenverarbeitung in Verbindung gebracht; auch ansonsten sind Computerprobleme ein Phänomen, das zwar hin und wieder „nervt", das aber letztlich als technischen Konstruktion des Mediums geschuldet wahrgenommen wird. Auch daran zeigt sich das oben angesprochene zweckrationale Moment in der Orientierung der Jungen, denen die Medien ein Phänomen sind, das aus technisch geformten Strukturen besteht und mit dem deshalb auch in Form technisch geformter Handlungsregeln interagiert wird.

Insgesamt stellen die Jungen diejenige Samplegruppe dar, welche habituell am deutlichsten herausstellt, inwiefern ein nüchtern-sachliches Maschinendenken mit einem nüchternen Handlungskalkül verknüpft ist. Der Hintergrund dieser Orientierung liegt offensichtlich darin, dass unter der Oberfläche bzw. im Hintergrund der Medien eine Techno-Logik vermutet wird, die deshalb nur im Rückgriff auf ein „Technicon" (Häußling 1998), das heißt rational-methodisch, erschlossen werden kann. Dabei geht es darum, etwas aus dem Bereich des Technischen, das zum Teil als opak erlebt wird, in den Bereich des Rationalen zu überführen und auf diese Weise Aufbau und Operationsweise der Computermedien in eigenes technisches Wissen und ein entsprechendes Handlungsrepertoire zu überführen („wie das mit den ganzen Prozessoren und so funktioniert"). Das technische Interesse, das dieser Orientierung eingeschrieben ist, artikuliert sich in diesem Zusammenhang in dem Wunsch, dass ein als universell erkanntes Funktionsprinzip auch universell nutzbar wird.

Im Kontext des bei den Jungen aus deutschen Familien fallübergreifend aufzufindenden rationalen Technikzugriffes fällt auf, dass sie – wenn auch unterschiedlich stark akzentuiert – von einer *Verwobenheit ihrer Computermedienpraxis mit der schulischen Computerbildung* ausgehen. So wird das eigene Computerhandeln bzw. die eigene Computerhandlungsfähigkeit zum Teil in Komplementarität zur Rationalität eines von ihnen erlebten schulischen Computerunterrichts gebracht. Diesem gegenüber wird nicht nur eine positive Grundhaltung ausgedrückt, sondern es kommt auch zu einer Wechselwirkung der eigenen Mediennutzung mit der schulischen Computerbildung – so wird etwa deren Mehrwert zum Vollzug eigener instrumenteller Handlungspraxen hervorgehoben oder der Computerunterricht zum Anschub einer freizeitlich weiterverfolgten Beschäftigung mit den Medien; ebenso wird ihm ein vorbereitender Charakter attestiert und er wird dadurch zu einem Angebot, das mit der Antizipation späterer Kenntnisse und Anwendungsmöglichkeiten assoziiert wird. Während das PC-Wissen – sowohl von seiner Genese als auch von seiner Struktur her – in Verbindung mit dem Schulunterricht gebracht wird, zeigt sich auch, dass die Jungen im Einsatz des Computermediums für schulische Zwecke nichts Besonderes sehen; sie beschreiben diesen als ein Handwerkszeug, das unspektakulär ist und eher nebenbei erfolgt, etwa die Rezeption einer Internet-Enzyklopädie oder der Zugriff auf Standardanwendungen zur Gestaltung des Stundenplans.

Diese Verwobenheit des in den Interviews rekonstruierten rationalen Technikzugriffes der deutschen Jungen mit ihrer habituellen Nähe zur schulischen Computerbildung überrascht nicht, wenn man mit Flitner (1998) bedenkt, dass Schule die gesellschaftliche zentrale Organisation von Formen rationaler Bildung ist. Insofern haben wir es in dieser Samplegruppe mit einer Dialektik der eigenen Medienpraxis als rechnergestützter Interaktionsform und der Rationalität rechnerbezogener Wissensbestände zu tun, wie sie der Einführung in entsprechende handlungspraktische Umgangsformen einer informatischen Bildung entspricht. Gerade *weil* die Jungen das Medium als eine technische Handlungsressource begreifen, zu deren Nutzung technische Wissensbestände hilfreich *und* erforderlich sind, kommt es zu einer Wechselbeziehung zwischen ihrer eigenen Medienverwendung und dem Computerunterricht, eben weil dieser ihrem Habitus korrespondiert, der auf formale und technikbezogene Handlungsformationen mit dem Computer verweist. Entscheidend daran ist, dass die Teilnahme am schulisch-institutionellen Lernangebot in eine wahrgenommene Anreicherung der eigenen Handlungsbefähigung transformiert wird.

Wirft man einen Blick auf den Rahmenlehrplan für die Informationstechnische Grundbildung (ITG) und das Wahlpflichtfaches Informatik (vgl. SenBWF 2006) wird deutlich, dass die informatische Bildung selbst als Programmatik zu einer formal-technischen Rationalisierung der Nutzung von Computermedien verstanden werden kann. In diesem Sinne bejahen die Jungen formales Medienwissen, weil ihr PC-Umgang selbst in einem eher technikbezogenen Modus erfolgt und z. B. rechnergestützte Konstruktionsprozesse impliziert. Damit kommt die vorliegende Studie zu einem gegenteiligen Befund wie die Untersuchung von Straub (2006), der aus der Analyse von Gruppendiskussionen mit männlichen Jugendlichen das Fazit zieht, „dass die Schule – zumindest in der Wahrnehmung der Jungen – in Bezug auf jugendliches Medienhandeln offenbar nur eine untergeordnete bis gar keine Rolle spielt" (Straub 2006: 198). Auch das Ergebnis von Strotmann (2006: 272), dass deutsche Jugendliche „die Schule nicht als relevanten Ort der PC- und Internetaneignung sehen" findet keine Bestätigung.

Auf der Basis meiner Interviewauswertung lässt sich die Schlussfolgerung ziehen, dass die schulische Computermedienbildung augenscheinlich einen bestimmten Typus von Medienorientierung sowohl *anspricht* als auch *voraussetzt*, der sich habituell durch ein technisches Interesse und eine Affinität für formal-operative Handlungsformen auszeichnet. Dies trifft in der vorliegenden Untersuchung vor allem auf die deutschen Jungen des Sample zu. Anders formuliert geht es den Jungen darum, sich von formal-institutionalisierten Angeboten ansprechen zu lassen, die auf eine rationale und sachgerechte Mediennutzung abzielen. Nicht ohne Grund scheint daher zu sein, dass bezogen auf das Gesamtsample allein sie die Interviewsituation mitunter als Chance begreifen, sich *technische Wissensbestände anzueignen* und dem Interviewer – diesen offensichtlich im Besitz formalen Computerwissens wähnend – z. B. die Frage stellen, ob gelöschte Daten Speicherplatz verbrauchen oder ihn um Erklärungen zum technischen Strukturzusammenhang bzw. dessen rationalem Kalkül bitten (etwa, was es einer Person „bringt", wenn sich andere User vireninfizierte Dateien von ihnen herunterladen). Auch hierin validiert sich die Orientierung an einem Mediengeschehen als eines nach technisch geformten Regeln geformten Funktionszusammenhanges.

Zeigen ließ sich weiterhin, dass sie das Computermedium immer wieder als Vehikel sehen, mittels dessen sich alltagsbezogene Vorhaben technisieren lassen und welches auf diese Weise zu einem Hilfsmittel zum Aufbau neuer Handlungsoptionen wird; hier geht es ihnen um *Möglichkeiten der selektiven Vereinfachung durch Computerisierung* – dies schlägt sich in der Nutzung des Internet zum „Gitarrelernen", weil man „kein Buch hatte" ebenso nieder wie im Zugriff auf Möglichkeiten des Online-Handels zur Veräußerung ausgemusterter Gegenstände. Insgesamt haben die Medien hier technisch-funktionalen Charakter und mit ihnen wird in einem zweckrational-utilitaristischen Modus umgegangen.

Damit einhergehend wird auch auf Möglichkeiten rechnergestützter digitaler Veränderungsprozesse Bezug genommen, ist das Computermedium den Jungen ein Instrument, mit dem Inhalte auf technischem Weg bearbeitbar und verfügbar gemacht werden können; ob es sich dabei um die Erstellung eines kleinen Programms mit „Turbo Pascal" zur Erledigung mathematischer Rechnungen oder die Antizipation der Nutzung einer Internetseite zur Distribution von Fotos handelt, immer geht es um die Bedeutung des Mediums als einer effizienten Maschine zur Reduktion, Verarbeitung und Vereinfachung von Abläufen. Das Medium erscheint hier als Instrument zur Informationsverarbeitung und wird den Jungen im Modus des formalen Operierens als Prozess des Handelns nach computerbedingten Regeln zugänglich. Rationalisierung bedeutet hier auch Vereinfachung der Verfahren und Verbesserung der Methoden (Bilder verschicken, Webseite statt Emailanhang nutzen).

In diesem Zusammenhang steht auch die bereits erwähnte Orientierung an *rechnergestützten Konstruktionsprozessen*, bezüglich der sich z. B. in einem spielerischen Modus an der Transformation von Inhalten in ein mediales Format unter Zuhilfenahme von gegebenen technischen Möglichkeiten versucht wird – mit dem Resultat einer eigenen „Internetseite". Dabei kann gerade dieser Aspekt als Beispiel dafür gelten, wie es offensichtlich gelingt, narzisstische Energie in eine „kulturelle Realität" (Erdheim 1991: 87) in Form technikbezogener Handlungsformen umzusetzen; der Umgang mit dem Computermedium – als Arbeit *an etwas* – erscheint als *Transformator* dieser Energie, sichtbar z. B. im Bericht über ein augenscheinlich affektives *Begehren* einer weiblichen Ikone des Pop, welches mit der rechnergestützten Zusammenstellung von digitalem Video- und Audiomaterial über diese bearbeitet wird.

Die Auseinandersetzung mit medienvermittelten Symbolfiguren erfolgt hier im Rückgriff auf Computertechnologie, die dazu genutzt wird, sich mit der Überführung von Angeboten mit hohem Identifikationspotential in ein technisches Format zu beschäftigen, wobei sich ein bastlerischer Computerumgang andeutet, der hin und wieder „zum Verzweifeln ist". Was sich darin andeutet, ist die Verwobenheit einer Selbstrationalisierung mit einem rationalistischen Technikumgang und einem entsprechenden handlungspraktischen Sich-Einlassen auf die formale Seite der Computerlogik und ihrer Interaktionserfordernisse. Analog zur Schilderung, der PC nehme einem das „Ausrechnen" ab, ist das Computermedium eine adäquate Ressource, content jeglicher Art zu bearbeiten. Das Medium und seine Verwendung erscheinen hier eingebettet in einen Habitus zur effizienten methodischen Operationalisierung – anders gesprochen machen die Jungen deutlich, wie es Computertechnologie ihnen ermöglicht, auf Daten zuzugreifen, sie zu präparieren und diese zu Parametern der Dynamik von Vorgängen einzusetzen. Damit zielen sie ab auf eine rechnerintegrierte Verarbeitung und nutzen das Computermedium als eine Art virtuelles Planungswerkzeug für technisches Handeln, was mitunter auch mit der Selbstpräsentation als Tüftler und Bastler einhergeht; ganz in diesem Sinne wird das Interesse an einem Online-Computerspiel z. B. damit begründet, „dass man da ganze Gebäude bauen kann".

Ein zusammen mit dieser Verwendung von Computermedien in Gestalt des technischen Zugriffs auf Inhalte jedweder Couleur beobachtbares Phänomen ist die *Rationalisierung der eigenen Subversivität*. Dass ein Zugriff auf Daten und Angebote mit den neuen Medien möglich ist, wird dabei jedoch nicht idealisiert, sondern als Prozess einer umgreifenden Digitalisierung gesehen, welche einen solchen Zugriff – als ubiquitäres Phänomen – im Prinzip allen ermöglicht; etwa ist die Verwendung möglicherweise urheberrechtlich geschützten Materials etwas, das „jeder macht" oder der Download von MP3s wird als „allgemein bekannt" etikettiert. Zu beobachten ist dabei, dass die eigene Handlung kaum als kriminell wahrgenommen wird, sondern als eine normale Begleiterscheinung des Prozesses der Computerisierung. Übergreifend steht daher auch nicht im Mittelpunkt, dies besonders häufig zu tun oder sich dessen zu rühmen, sondern dargestellt wird dies als eine Praxis, die dann betrieben wird, wenn sie sich wiederum aus einem technischen Kalkül heraus lohnt. So wird etwa erklärt, illegale Videofilme im Netz seien von minderer Qualität, weil mit einer „Videokamera" aufgenommen, daher würden sich „richtig große" Filme lieber in der Videothek besorgt. Anstelle einer Glorifizierung des Subversiven geht es hier augenscheinlich alleine um eine technische Handlungs- und Verwertungslogik.

Auch sonst wird sich in den Interviews zum Teil sehr auffällig an *Insignien des Subversiven* abgearbeitet, die zugleich implizit versachlicht werden: Eine der eigenen Wahrnehmung nach verbotene Darstellung eines Bekleidungsgegenstandes im Netz interessiert unter der Perspektive sachlicher Informationen zu dessen Gebrauch; ein Wahrzeichen für Hochprozentiges („Bacardifahne") wird formal zu einem online erworbenen Sachgegenstand; schließlich wird ein latent militanter Nickname für die Emailkommunikation zwar besessen, aber gerade nicht zum Kontakt mit der Polizei zwecks Anfrage nach einem Praktikumsplatz verwendet.

Hier zeigt sich, wie der Zugriff auf digitale Medien offensichtlich mit dem Gefühl einer *effizienten Funktionalität* verquickt zu sein scheint und versucht wird, die eigene Subjektivität auf technischem Weg sinngemäß zu *ver-regeln*. Eben dies steht wiederum im Zusammenhang damit, dass die Jungen ihre eigene Praxis versachlichen, dabei nüchtern die Umsetzung rechnergestützte Handlungsvollzüge fokussieren und sich auf diese Weise an einer „gerätetechnischen Realisierung" (Heintz 1998: 160) eines formalen Zugriffs auf die Welt orientieren, die eine Erweiterung des eigenen Handlungsspielraumes aufgrund der Rationalität von Medientechnologie beinhaltet. Deutlich wird dabei, wie es ihnen auf diesem Wege gelingt, sich ein Stück weit selbst zu rationalisieren. Im übergreifend positiven Horizont der Jungen steht gerade eine Orientierung am Sachlichen, Methodischen, Kalkülhaften, dem die technisch orientierte Hinwendung zum Computermedium offenkundig zu harmonieren scheint.

Die Präferenz formaler Umgangsweisen mit den Medien kommt insbesondere in der Dimension der *Medienbewertung* zum Tragen, indem sich die bislang herausgearbeitete Orientierung an methodischen Zugriffsformen in einer Tendenz zur *Verhaltensrationalisierung* reproduziert. Hier ließ sich rekonstruieren, wie die Jungen fallübergreifend vor dem Hintergrund einer *Affektdämpfung durch Formalisierung und Institutionalisierung* bzw. *institutionalisierte Regelstrukturen* argumentieren. Wie die Fallanalysen zeigten, stellen sie beispielsweise diejenige Samplegruppe dar, die die diesbezüglichen Themen mit der mit Abstand größten *Emotionslosigkeit* bearbeiteten. Indem sie vorrangig das Geregelte und Strukturierte menschlichen Denkens und Handelns in den Vordergrund rücken, ist auch Blick auf Medien hinsichtlich einer bewertenden Positionierung *zu* diesen einer der regelhaften Steuerung und/oder Kontrolle. Innerhalb dieser Orientierung ist beispielsweise die Einhaltung institutionalisierter Verkehrsformen ein Regulativ der Mediennutzung; abweichendes Verhalten wird in diesem Zusammenhang mit dem Nicht-Vorhandensein oder der Missachtung formaler Strukturbedingungen des Handelns in Verbindung gebracht, erscheinen etwa computerbezogene Sucht oder Isolation als Folge der Desintegration des Subjekts aus institutionalisierten Kommunikations- und Umgangsformen.

Nach Schilderung der Jungen sind es immer bestimmte *Strukturmechanismen* und deren Prägekräfte für das Subjekt, die mit der Regulation des Umgangs mit Medien und ihrer Wirkungen in Wechselbeziehung stehen; so sind z. B. von der Gefahr, am Computer zu vereinsamen oder sich in der Beschäftigung damit zu verlieren, solche Nutzer betroffen, die gesellschaftlich-organisational (in der Schule) isoliert sind bzw. dort von Missachtungserfahrungen betroffen sind oder solche, die nicht (mehr) darin eingebunden sind; geregelt wird der Medienkonsum dadurch, dass man selbst infolge institutionell bedingter Abläufe („in den Ferien") aufgrund eines dann stattfindenden Ortswechsels gar keinen Zugang zum Computer hat. Was darin zum Ausdruck kommt, ist eine angenommene Bewusstheit für ein – eigenes wie gedankenexperimentell vorgestelltes – Medienverhalten, die sich komplementär zu einer (medienbezogenen) Verhaltensregulierung verhält, welche formal-struktureller Natur ist. So wird die Hinwendung zum Computer in Form einer fast stoisch anmutenden Wirksamkeit eines formal-institutionenbezogenen Schemas der Verhaltensregulierung geschildert – der PC als „Lieblingsbeschäftigung" wird erst angemacht, wenn „Hausaufgaben" erledigt sind. Sichtbar wird hier, wie das Subjekt bzw. seine Hinwendung zum Medium als gezügelt bzw. rhythmisiert durch sein regelgeleitetes Bewusstsein vorgestellt wird – langes Sitzen am PC ist z. B. dann keine Sucht, wenn es sich dabei um Arbeit, das heißt um zweckgebundenes institutionalisiertes Tun, handelt. Anders formuliert schützt gerade eine institutionalisierte Rationalität das Subjekt davor, quasi aus der Rolle zu fallen.

In Form einer Komplementarität zu institutionalisierten Strukturen erscheint auch, wenn illegales Downloaden in Zusammenhang mit strukturellen Folgewirkungen (einem Schaden für die „Wirtschaft") gebracht wird, gleichwohl dies mitunter selbst praktiziert wird. Erkennen lässt sich hier wieder die Rationalisierung der eigenen Subversivität; selbige äußert sich schließlich auch darin, dass etwas eigentlich Verbotenes wie die Rezeption von in der Altersfreigabe beschränkter Medienangebote als ohne Besonderungscharakter erscheint, indem sie eben nur „manchmal" gemacht wird und indem z. B. die Wirkung eines Ego-Shooters der Bewusstheit der Nutzer überantwortet wird („wie man es auffasst").

In diesem Zusammenhang äußern sich die Jungen insgesamt optimistisch, was die *Selbstregulierungskraft des Subjekts qua internalisierter Regeln* anbelangt. Als normal gilt etwa, dass sich nach unbestimmter Zeit selbst ein Gefühl für die Beendigung der Medienrezeption einstellt („oh, aufhören, es reicht") oder dass eine Selbstkontrolle vermittels einer Bewusstheit für die eigene affektive Verfasstheit erfolgt („man soll so ein Spiel nicht aus Wut spielen"). Positiver Gegenhorizont ist dabei ein sich weitgehend *selbstregulierender Nutzer*, dessen Medienverwendung selbstreferentiell ist und der selbstreflexiv zur Prävention von problematischem Medienverhalten in der Lage ist, weil er über interiorisierte Mechanismen verfügt, die der Formung durch eine strukturierte Rationalität geschuldet sind.

Wie aus ihren Argumentationen hervorgeht, ist die Frage nach Medienwirkungen daran gebunden, dass bestimmte Regeln des Umgangs eingehalten werden, die ihn zugleich ordnen und kontrollieren. Abgestellt wird dabei etwa auf ein Bewusstsein für *ergonomische Parameter* („wenn man zu nah davor sitzt") oder die Einhaltung einer *Zeitstruktur*; hält man sich z. B. an eine selbst auferlegte Abstinenz im Anschluss an eine LAN-Party, dann „kann man auch schon mal" an einer solchen teilnehmen. Der Umgang mit Medienangeboten wird hier dem Nutzer überantwortet, seinem Bewusstsein, seinem Wissen bzw. seiner Vernunft – und dieser wird auch in der Lage gesehen, mit Medienangeboten selbstverantwortlich umzugehen. Dabei argumentieren die Jungen entlang der Vorstellung einer Art informationellen Selbstbestimmung. Der Modus der instrumentellen Nüchternheit, der ihre Schilderungen formt, lässt dabei eine „technische Praxis als ein disziplinierendes und steuerndes Selbstverhältnis" (Langemeyer 2002: 368) sichtbar werden.

Die innere Ordnung des Subjekts entsteht dabei durch die formale Regelung der eigenen Person und des formalen Umgangs miteinander und wird ein Gleichgewicht durch das Befolgen von Regeln erreicht bzw. soll dies tun. Dieser Formalisierung, die dabei immer wieder sichtbar wird, korrespondiert, dass der Topos der *Selbstreferenzia-*

lität ein wiederkehrendes Thema ist. Etwa wird darauf insistiert, dass sich das Mediengeschehen völlig verselbstständigt habe und dass die Frage nach Angebot und Wirkung der Medien keine moralische sein könne.

Selbstreferenzialität als Leitvorstellung führte etwa zu der Vorstellung, Medienanbieter und -nutzer täten ohnehin, was sie wollten – so verkauften Videotheken indizierte Spiele „unter dem Ladentisch" und fänden User immer irgendeinen Weg, sich Zugang zu verbotenen Angeboten zu verschaffen. Zwar könne man Barrieren institutionalisieren, diese brächten aber im Prinzip wenig. Anbieter- und Nutzerseite prozessieren hier nach ihrer eigenen Logik und beide Instanzen interagieren so miteinander, dass das daraus entstehende Mediengeschehen nur nach Maßgabe von Steuerung und Kontrolle bewertet werden kann. Es ist damit kein inhaltliches oder ethisches Problem, sondern eines der kontrollierten Organisation und es wird dies auch deshalb zu einem solchen, weil z. B. der Datenfluss im Internet innerhalb dieser Orientierung maschinenmäßig funktioniert und zu diesem Funktionieren von individuellen Orientierungen abgesehen werden muss. Dabei wird mitunter ein *ingenieurales Steuerungsdenken* sichtbar, in das auch die eigene Person mit einbezogen wird; diesbezüglich gleicht die Überlegung, dass z. B. die eigene Download-Praxis – gedankenexperimentell – durch Barrieren behindert würde, einer Entscheidung „ohne Ansehen der Person" (Heintz 1993: 159).

Vom Ansehen der Person abzusehen bedeutet indes auch eine Tendenz zur Entpersonalisierung sozialer Beziehungen und somit eine *Entemotionalisierung*. Die Möglichkeit, dass z. B. kleine Kinder im Internet auf die Abbildung zerstückelter Menschen stoßen könnten „stört" vor diesem Hintergrund nicht. Auch darin tritt das bereits genannte steuerungsmäßig-technische Kalkül wieder auf; in diesem, so scheint es, wird das zur Darstellung Gebrachte und Rezipierte bzw. Rezipierbare weniger als ein reales, humanes oder soziales, sondern als ein technisch-abstraktes Datum gedeutet. Überspitzt formuliert: Man hat es bei einer vermeintlich brutalen Darstellung gar nicht mit einem Menschen, sondern mit einem Datenphänomen zu tun, anders gesprochen: mit einem visuellen *content*, auf den entweder zugegriffen wird oder nicht und der vorrangig unter Perspektive wahrgenommen, ob und wie er sich steuern lässt.

In dieser *Techno-Logik* wird das Mediengeschehen daher übergreifend als eine selbstregulative Angelegenheit des autonomen Mediennutzers gedeutet, der das Medium und seine Angebote gewissermaßen *vernünftig* oder eben *unvernünftig* nutzt. Ganz in diesem Sinne wird beispielsweise die Existenz zahlloser gewaltverherrlichender oder menschenverachtender Medienangebote performativ mit dem Hinweis entdramatisiert, man sei Derartigem trotz mehrjähriger Internetpraxis noch nie begegnet; in der entsprechenden Begründung – man „suche" eben gar nicht danach – wird wiederum evident, inwiefern es Mechanismen rationaler Verhaltensregulation sind, an denen sich die Jungen übergreifend orientieren. Deshalb wird auch z. B. die Frage nach problematischen Webinhalten vorrangig danach bemessen, ob und inwiefern man diese mit technischen Applikationen steuern kann oder erscheint als Problem, das sich durch bewusstes bzw. rationales Verhalten der Nutzer von selbst erledigt. Die Bewertung von Medien entlang Aspekten formaler und strukturierter bzw. zu strukturierender Kategorien zeigt sich folgerichtig auch darin, dass die Interventionen, die die Jungen vorschlagen, vorrangig nicht-kommunikativer bzw. äußerlich-formaler Natur – einem Süchtigen müsse der PC „weggenommen" werden, zur „Aufklärung" über Netzpropaganda bedürfe es der Installation von Regeln institutionalisierter Kommunikation und zur Verhinderung von Spam gezielter Maßnahmen der Errichtung von Barrieren.

In diesen Aspekten klingt an, dass das Mediengeschehen von den Jungen als ein Feld wahrgenommen wird, das einerseits nach eigenen Regeln funktioniert; zugleich machen sie andererseits deutlich, inwiefern ihnen die Bewertung von Medien selbst eine Frage formaler Regelungen ist, an denen sie sich orientieren. Die semantischen Leitdifferenzen, die dabei zum Tragen kommen, lassen sich als *Struktur versus Strukturlosigkeit, Steuerung versus Nicht-Steuerung, Regelung versus Regellosigkeit* und *(Selbst-)Kontrolle versus (Selbst-)Kontrollverlust* beschreiben. Übergreifend wird damit wieder deutlich, inwiefern die Jungen auf ein insgesamt rationales Verhalten angesichts rational zu kalkulierender Medien abstellen.

Erkennen lässt sich darin der Wunsch oder zumindest der Glaube nach einer gewissen *Berechenbarkeit* und einer *Kontrolle* des Umgangs mit Medien sowie der Medien selbst, welche auf dem Wege kalkulierten Denkens und Handelns entstehen.

In diesen Aspekten ist wiederum das übergreifende Merkmal der Orientierung der Jungen an rationalen Prinzipien verborgen; das Thema des Umgangs mit Medien wird ihnen zu einem Problem der Ausrichtung des Handelns „an allgemeinen Verfahrensregeln" (Heintz 1993: 162). Entdecken lässt sich darin einer Form der Verhaltensregulierung, die sich mit Max Weber als „rationale Disziplin" bezeichnen lässt. Für Weber hatte Rationalismus erstens den „generell eingelebte[n] Glauben" des Subjekts bedeutet, dass „die Bedingungen seines Alltagslebens (...) prinzipiell rationalen Wesens, d. h. der rationalen Kenntnis, Schaffung und Kontrolle zugängliche menschliche Artefakte seien" sowie zweitens „die Zuversicht darauf", dass diese Bedingungen rational, das heißt nach bekannten Regeln funktionieren, „daß man, im Prinzip wenigstens, mit ihnen ‚rechnen', ihr Verhalten kalkulieren, sein Handeln an eindeutigen, durch sie geschaffenen Erwartungen orientieren könne" (Weber 1968: 473). Vor diesem Hintergrund lässt sich der Habitus der Jungen dahingehend verdichten, dass sie die neuen Technologien, gerade *weil* sie deren Aneignung als ein nach Regeln prozessierendes Geschehen auffassen, auch davon ausgehen, dass man sich ihrer bewusst ist und sein eigenes Verhalten so darauf einstellt, dass sowohl die Medien selbst als auch der Umgang damit rational kalkulierte oder kalkulierbare Phänomene sind.

Mit solchen – wiederum mit universellen und technikorientierten Prinzipien in Verbindung stehenden – Aspekten verknüpft sich eine Zukunftsvorstellung, welcher Computertechnologie als offenes Projekt gilt, das, weil von einer vorhergehenden Bestimmung oder festgelegten Bedeutung weitgehend unabhängig, sich zunutze gemacht werden kann. Die Medien werden zu Vehikeln, die offensichtlich genau diesen Prozess unterstützen, worin eine Parallele aufscheint zu demjenigen Phänomen, welches Weber als Resultat einer zunehmenden Intellektualisierung und Rationalisierung beschreibt, und zwar die verfahrensmäßige Zugänglichkeit von Lebensbedingungen:

> „Das Wissen davon oder den Glauben daran: daß man, wenn man nur wollte, es jederzeit erfahren könnte, daß es also prinzipiell keine geheimnisvollen und unberechenbaren Mächte gebe, die da hineinspielen, daß man vielmehr alle Dinge – im Prinzip – durch Berechnung beherrschen könne. Das aber bedeutet: die Entzauberung der Welt" (Weber 1995: 19).

In der Orientierung der Jungen ist weder die Welt noch der Computer geheimnisvoll, beides vielmehr berechenbar; ausgehend von den oben herausgearbeiteten Aspekten der

Vermeidung von Metaphysik und der Entmystifizierung von Technologie wird ihnen die biographische Relevanz des Computermediums zu einer grundlegenden, funktionalen und tendenziell unspektakulären Tatsache – aufs Ganze gesehen ist es „schon gut, wenn man halt Computer hat". Sichtbar wird, wie Technologie den Jungen als das rationale Projekt einer technikgestützten Zugehensweise auf die Welt erscheint und das Computermedium als deren Manifestation. Medien sind den Jungen *selbst* das Projekt gesellschaftlicher Rationalisierung – das Internet etwa hat seine Wurzeln im „amerikanischen Militär" – und legen formale Handlungs- und Denkformen nahe bzw. ermöglichen diese auch – hat man einen PC, kann sich später damit „neues Wissen aneignen". Anders formuliert: Durch die Existenz von Medientechnologie und einer entsprechenden Herangehensweise an sie entsteht ein Möglichkeitshorizont, jedoch nicht unbedingt einer der grandiosen Möglichkeiten, sondern einer der technisch-logisch-formalen Handlungsregeln.

Übergeordnet kontextualisieren die Jungen ihr eigenes Leben innerhalb von Rahmenbedingungen, die von Computertechnik geprägt und durchdrungen sind, welche ihrerseits – als Bedingungen – Optionen implizieren, die ihnen sinnvoll und nötig gleichermaßen erscheinen. Ein Beispiel dafür ist ihre Deutung der Computerisierung der Berufswelt, in ihnen die Rationalisierung von Arbeit durch Computertechnik weder Segen *noch* Fluch zu sein scheint, sondern stattdessen ein nüchternes gegenwartsbedingtes Datum, das einfach so *ist*. An dieses Datum wiederum *muss* sich angepasst werden und innerhalb dessen *kann* sich bewegt werden, sodass daraus Freiheitsräume erwachsen, die einer Erweiterung des eigenen Handlungsspielraumes entsprechen. Die umfassende Computerisierung ist in diesem Kontext eine *Ermöglichung, Verpflichtung* und *Chance*, bringt Verbindlichkeiten *und* Vorteile mit sich. Auch wenn eher noch unklar ist, wie die eigene (biographische) Zukunftsgestaltung beschaffen sein wird, das Computermedium ist Teil dessen, kann optional eingesetzt werden und sich unter Rückgriff auf entsprechende Kenntnisse im Sinne einer kontextübergreifenden Ressource der eigenen Lebensgestaltung als hilfreich und nützlich erweisen. Erkennen lässt sich hier, wie von einer *Flexibilität* von Lebensentwürfen ausgegangen wird, die mit der Wahrnehmung einer flexiblen Kontextualisierung von Computerwissen korrespondiert.

Der Besitz solchen Wissens erscheint den Jungen folgerichtig weder als Qualifikation noch als Erfordernis allein, sondern eher im Sinne einer *basalen und flexiblen Schlüsselfähigkeit*, die wiederum auf die Rationalisierung des Mediums hin zu einem Universalmedium verweist. Die Formulierung, dass wir eben „nicht mehr im Mittelalter leben" versinnbildlicht diesen Gedanken besonders eindrucksvoll: Man kann – gegenwartsbedingt – ziemlich viel aus sich *und* im Rückgriff auf computergestützte Handlungsmöglichkeiten machen. Dabei werden diese Handlungsmöglichkeiten nüchternrationalistisch gedeutet und erscheint der Computer als ein Medium der Effizienz und der Handlungserweiterung. Computerwissen und -fähigkeiten werden zu einer *universellen Kulturtechnik im Modus der gesellschaftlichen Integration*, was als Sachverhalt sowohl internalisiert erscheint als auch generalisiert wird. Wo darauf dezidiert hingewiesen wird („schon sehr wichtig in der heutigen Zeit"), erinnert dies vom Modus her an die Verinnerlichung einer generalisierten Kompetenzzumutung und transportiert eine Orientierung, die von einer Dialektik von Technik und Arbeit als einem Steigerungsverhältnis geprägt ist. Die Tatsache, dass Berufstätige beispielsweise „zukünftig nicht mehr um den Erwerb von Computerkenntnissen herum [kommen]" (Degele 2002: 87) und es in steigendem Maße auf selbständige Planung, Durchführung und Kontrolle ankommt, scheint den Jungen fraglos verinnerlicht zu sein.

Dass das Computermedium private, lebensweltliche Strukturen („läuft so nebenbei") ebenso wie berufliche Kontexte durchdrungen hat („wird eh schon alles mit PC gemacht") scheint den Jungen so selbstverständlich zu sein, dass sie mitunter auch von der Annahme geleitet sind, selbsterworbene Computerkenntnisse in Arbeitskontexte zu transferieren. Insofern tritt hier eine ausgeprägte Nahbeziehung der Jungen zum Computermedium und seiner Handlungsrationalität in Erscheinung.

Nicht zuletzt zeigt sich dies auch darin, dass sie die mit der Verfügbarkeit durch Computertechnik in Zusammenhang stehende Veränderung der Lebensbedingungen tendenziell fortschrittsoptimistisch deuten, nicht aber etwa euphorisch. Vielmehr sehen sie die Option, ein computerbezogenes formales Handlungsrepertoire kontextübergreifend einzusetzen. Die gesamtbiographische Relevanz der Computermedien erscheint bei den Jungen vor diesem Hintergrund insgesamt relativ hoch, was einmal mehr unterstreicht, wie eng bei ihnen Fragen der eigenen Subjektivierung mit der technischen Entwicklung verknüpft sind und Medien als eine Option und ein Potenzial begriffen werden, auf das einfach zugegriffen wird. Computerunterstützte Handlungen werden zum Normalfall des Handelns und sind weder besonders spektakulär noch wird sich affektiv besonders stark darin involviert.

7.4 Zur Medienaneignung der Mädchen aus deutschen Familien

Die Darstellungen der Mädchen ohne Migrationshintergrund zu ihren Mediennutzungs- und Verwendungsszenarien habe ich unter den gemeinsamen Bezugspunkten *selektiver Pragmatismus und Selbstverwirklichung* zusammengefasst. Ausdruck findet dies zunächst darin, dass die Mädchen eigene biographische Aspekte ihrer Medienaneignung als Prozess beschreiben, der sich eher ereignet, als dass er aktiv verfolgt würde. Sich dem Computermedium zugewandt zu haben ist ein zufälliges bzw. nicht-intendiertes Ergebnis eines unspezifischen und ungerichteten Interesses; etwa wurde der Umgang „halt irgendwie" ausprobiert oder dieser reiht sich wie von selbst in den Verlauf des altersmäßigen Entwicklungsprozesses ein.

Dabei werden verschiedene Lernarenen und -situationen beispielsweise additiv aneinandergereiht und in einem Modus dargestellt, der die Herangehensweise an das Computermedium als das Erreichen einer Normalbefähigung oder pragmatischen Generalkompetenz anzeigt, welche z. B. als „Klarkommen" beschrieben wird. Übergreifend wird hier eine Veralltäglichung medienbezogenen Handelns sichtbar, die zwischen sporadischer Hinwendung und unspezifischen Situationen, aber auch unbeschwerter Neugier situiert ist. Zum Ausdruck kommt dabei immer wieder, inwiefern sich die Mädchen an einer gemeinschaftlichen Form der Beschäftigung – vor allem mit ihren Eltern – anstelle einer isolierten, zielgerichteten oder strategischen Auseinandersetzung mit dem Medium orientieren und hierbei soziale Beziehungsdynamiken in den Vordergrund stellen, innerhalb der die für ihre Nutzung relevanten Computerwissensbestände emergieren.

Die von den Mädchen geschilderten Lerngelegenheiten erscheinen dabei als ein patchworkartiges Arrangement, das im persönlichen Erleben den Charakter des pragmatischen Zugriffs auf das Computermedium als etwas Bereitgestelltes, Angebotenes oder Vorgefundenes hat. Dabei dominiert eine auf den Moment bezogene lernende Hinwendung und der Aufbau von Handlungsfähigkeit steht im Einklang mit einer spezifischen Situation bzw. ist vor allem an einem Resultat orientiert, das sich *aus* dieser Situation ergibt. Neben dieser erheblichen Bedeutung eines realen Handlungsbezuges erscheint ihnen die sofortige Verfügbarkeit eines Medienangebotes zur Verwirklichung eines situativen Bedürfnisses als maßgeblich.

Insgesamt dokumentieren die Beschreibungen der Mädchen, wie sie sich – jenseits eines technischen Beherrschungskalküls – als handlungsfähig Gewordene und Trägerinnen eines situativ befriedigenden Medienanwendungswissens positionieren; übergreifend machen sie deutlich, dass das sich Zueigenmachen der Medien hauptsächlich im Rahmen sozialer Beziehungspflege und in Gestalt ko-konstruktiver Prozesse als sozial aufeinander abgestimmte Handlungsvollzüge prozessiert, wobei immer wieder auch Aspekte einer grundlegenden Medienerziehung durch ihre Eltern kenntlich werden, welche zwischen direkter Heranführung und situativ orientierten, gemeinsamen Kennenlernpraxen changiert.

Einen durchgängig negativen Horizont der Mädchen bildet nicht nur eine primär technikbezogene oder -zentrierte Auseinandersetzung mit dem Computermedium, sondern allgemein dessen Verwendung, die auf ein erhöhtes Beschäftigungsvolumen oder die Kommunikation darüber hindeutet; so amüsieren sie sich etwa über die Frage, ob Computerthemen relevante Gesprächsanlässe in Peergroupzusammenhängen darstellen und exkludieren computertechnikbezogene Kommunikationen auch darüber hinaus zum Teil massiv aus ihrem Relevanzbereich („kommt selten vor ((lacht))"). Über dieses gemeinhin bekannte Faktum der eher geringen thematischen Relevanz des Computers bei weiblichen Jugendlichen (vgl. MPFS 2008) – das wenige „Sprechen über den Computer" (Tigges 2008: 64) – zeigt sich, dass die Mädchen habituell Nutzungsszenarien darstellen, die subjektiv relevante Anlässe thematisieren, denen eine Kontextualisierung innerhalb des Erlebens von Beziehungsqualitäten zu eigen ist.

In diesem Zusammenhang stellt eine außerhalb eines sozial geprägten Erlebniszusammenhanges stehende Hinwendung zu Medien einen weiteren negativen Horizont der Mädchen dar. Mit der Exkommunikation des Technischen aus Gesprächen korrespondiert die vorrangige symbolische Besetzung des Computermediums als eines *sozialen Gegenstandes* auf einer unmittelbaren, realen Erfahrungs- und Handlungsebene. Z. B. zeigte sich in den Interviews, wie empfundene Sympathie und Antipathie bezüglich computerbezogener Aneignungspartner wichtige Bedingungsfaktoren der Nutzung sind; ein kreativer Gebrauchswert des Computermediums kann in dem Moment zum Erliegen kommen, in dem eine signifikante Beziehung getrübt ist (man sich „viel mit der Mutter streitet"). Die erhebliche Bedeutung solcher Beziehungsaspekte zeigt sich auch in zum Teil ausführlichen Schilderungen über Länge und Qualität der jeweiligen interpersonalen Verhältnisse im Kontext von Medienhandlungen sowie in Beschreibungen von Beziehungsqualitäten, deren situatives Empfinden als außerordentlich wichtige Rahmenbedingungen erscheinen, damit es *überhaupt* zu einem Sich Einlassen auf den Computer kommt. Insgesamt knüpfen diese Ergebnisse an Befunde von Schäffer an (2003: 152), der bezüglich der Medienpraxis von Mädchen ebenso feststellt, dass diese wenig „Interesse an dem Computer als technisches Artefakt an sich haben" (ebd.: 152) und dass die Mediennutzung der Mädchen die Gestalt einer „selektiven Einbindung in die medientechnische Zeugumwelt" hat (ebd.: 321). Mit Blick auf die hier durchgeführten Fallanalysen lässt sich dies dahingehend erweitern, dass in Zusammenhang damit die Mediennutzung der Mädchen in gewisser Weise sprunghaft erfolgt, weil die Aktualisierbarkeit entscheidender sozialer, emotionaler und personaler Bedingungsfaktoren nicht immer, d. h. ebenfalls nur selektiv gegeben ist.

In den Kontext dieser vorrangig an Merkmalen von Sozialität ausgerichteten selektiven Zugangsweise zum Computermedium lässt sich eine zum Teil ausgeprägte habituelle Verzichtshaltung diesem gegenüber identifizieren, wobei der Topos der *Verzichtbarkeit* leitmotivisch variiert wird. Etwa wird die Beschäftigung mit dem Computer zum Substitut für sonstige Handlungsalternativen bzw. zur letzten Wahl innerhalb eines Spektrums an nichtmedialen Handlungs- und Erlebnisräumen, die der Mediennutzung deutlich vorgeordnet sind. Das Medium selbst erscheint darin wie eine Ressource des Augenblicks mit lediglich situativem Gebrauchswert oder als eine Heuristik, der sich einerseits von alternativlos („wenn ich nix zu tun habe") bis spontan hingegeben und die andererseits eingereiht wird in eine Kette nichtmedialer Beschäftigungsformen des Alltags. Etwa wird erklärt, eine Beschäftigung mit dem Computer sei das genaue Gegenteil von Freizeit; ebenso wird immer wieder ein Großteil des zur Verfügung stehenden Zeitbudgets als *computerabstinent* geschildert und wird das Medium gegenüber anderen Handlungsoptionen als untergeordnet bezeichnet. Erkennbar wird daran, wie die Mädchen auf die Medien im Modus einer vermeintlichen Beliebigkeit zugreifen und die Nutzung in der Regel wenig an Verbindlichkeiten geknüpft sehen. Insgesamt dokumentiert sich dabei ihre Präferenz, etwas in einer computerfreien Sphäre zu tun zu haben, die Realisierung von Handlungsentwürfen also generell nicht zu stark an mediale Optionen zu knüpfen.

Auf der anderen Seite wird sichtbar, wie Medien dennoch Gelegenheiten zur Beschäftigung darstellen und Handlungsanlässe bieten, in deren Kontext die Mädchen sich dem Computermedium über längere Zeit – sogar bis hin zur Selbstvergessenheit – widmen; solche Situationen werden als Aktivitäten beschrieben, die mit hoher affektiver Involviertheit und einer subjektiven Zielsetzung in Verbindung stehen; insofern bleibt die Mediennutzung der Mädchen fast vollständig „an die Rezeptionssituation gebunden und findet darin ihren Sinn" (Luca 2001: 346). Zum Tragen kommen hier die bereits erwähnte *sofortige Verfügbarkeit* und der *situative Verwirklichungscharakter* als positive Horizonte der Mädchen, im Rahmen derer sie mitunter unmittelbar und energisch handeln. Dies kann sich auf ein Computerspiel („das fand ich SOFORT ganz toll. Und dann habe ich meine Mutter überredet, dass ich das auch kriege ((lacht))") ebenso beziehen wie auf das Lösen von PC-Problemen; hier schildern sie sich etwa als zunächst auf sich zurückgeworfen, ebenso aber auch als hartnäckig und standfest („lasse mich nicht wegdrängen") – bis hin zum Rückgriff auf quasi-systematische Strategien der Problemlösung („Hilfemenü"). Angesichts technischer Schwierigkeiten wird dabei Detailwissen sichtbar, vor allem dann, wenn die Medienhandlung unterbrochen wird und dies – weil es der Moment erfordert – Energie freisetzt und Entschlossenheit erfordert. Sichtbar wird daran, wie die Mädchen ihre habituelle Einlassung auf das Medium davon abhängig machen, *dass* sie etwas wollen und dass sie dies *wirklich* wollen. Dabei wird ihre Bereitschaft, z. B. Computerschwierigkeiten zu beheben, zu einem situativen Interesse relationiert, infolgedessen Ausdauer und Beharrlichkeit emergieren. Immer wieder scheint in ihren Medienhandlungen ein den Moment zelebrierendes Erleben auf, das mit Begeisterung und einem affektiv-sinnlichen Erfasstsein in Verbindung steht.

Auch darüber hinaus schwanken die Mädchen in ihrer Medienpraxis zwischen Ablehnung und einem Nicht-Loslassen-Wollen, wenn Eigeninteresse im Spiel ist. So korrespondiert der situativen Attraktivität einer Medienhandlung z. B., dass die Schilderungen der Mädchen bisweilen ein *Handeln wider besseren Wissens* andeuten: Viel zu Lesen *wäre* vernünftig (und verbessere die Rechtschreibung) – aber die Lesepraxis enaktiert sich allein entlang momentaner Neigungen; der Kauf eines neuen Eingabegerätes *wäre* sinnvoll, aber das alte „geht" noch. Habituell wird hier deutlich, zwar um eine nachhaltige Vernünftigkeit bezüglich der eigenen Medienpraxis zu wissen, diese aber bewusst im Hinblick auf ein aktuelles subjektives Interesse hinten anzustellen. Übergreifend kommt dabei zum Ausdruck, wie sehr die Mädchen davon geleitet sind, ihre Energie in persönlich Bedeutsames zu investieren und dabei Aspekte rationaler Logik – mehr oder weniger – *bewusst* zu suspendieren. Etwa wird erklärt, sich derzeit „keine Mühe" für die Schule zu geben, obwohl dies „nicht so gut" sei. Deutlich wird hier ein Bestreben, sich jenseits eines Vernunftkalküls selbst zu verwirklichen und sich von bestehenden Verpflichtungen abzugrenzen.

Das darin verborgene Motiv des *Unterwegs-Seins in eigener Sache* führt dazu, gegenüber Umweltansprüchen das Eigene stark zu machen und subjektive Suchbewegungen der eigenen (Medien-)Handlung zu akzentuieren. Sichtbar wird dies z. B. dort, wo sich beim Zueigenmachen einer Neuanschaffung entlang einer intergenerationellen Differenz aktiv positioniert und durchgesetzt wird („meine Eltern sagen ‚lies das mal' [die Gebrauchsanweisung], ich wollte es aber SELBST machen"), wobei es hier darum geht, sich vor allem dann *nicht* belehren lassen zu wollen, wenn der entsprechende Gegenstand mit höchster intrinsischer Motivation verbunden ist. Vor allem in dieser Abgrenzung findet sich ein Bestreben, „jenseits der gesellschaftlichen Vorgaben einen eigenen Charakter, Geschmack und Stil zu entwickeln" (Fritzsche 2003: 245). Das dabei bezüglich des Mediums im Vordergrund stehende situativ befriedigende Anwendungswissen ist ein „selbstbezügliches Wissen" (Ziehe 1996: 924); die diesbezüglich geschilderte Lernbewegung folgt einem pragmatischen und subjektiven Selbstbezug, da die eigenlogische Verwendungsweise der Medientechnik und die Umsetzung eines Handlungsentwurfes der Realisierung eigener Wünsche und Bedürfnisse dient. Beobachten lässt sich, wie es dabei anstelle eines computertechnikbezogenen Detailwissens um ein „ästhetisches Berührtwerden ohne Versuche der Einordnung" und um eine „gefühlvolle Hingabe" an das Mediengeschehen (Wittpoth 1999: 214) zu gehen scheint, dass also ein erlebnisbezogenes Tun Vorrang vor einem rationalen Durchdringen der Medien und des Umgangs mit diesen hat.

Diesbezüglich deutet sich stellenweise immer wieder an, inwieweit der Habitus der Mädchen implizit von einer gewissen *Trotzigkeit* geprägt zu sein scheint, welche darauf insistiert, momentan vor allem eigenen Sinnentwürfen zu folgen und sich *deshalb* von Erwartungshaltungen bewusst abzugrenzen. Subtile Beispiele für dieses Bestreben nach dem Hervortreten des Eigensinns finden sich darüber hinaus in kleinen Szenen, in denen die Mädchen ihr eigenes Verhalten als von den Eltern missbilligt beschreiben; geschildert wird z. B. die eigene Angewohnheit, Geräte eingeschaltet zu lassen, auch wenn man sich gar nicht im Zimmer aufhält; der Reaktion der Mutter auf diese Situation („fragt sie mich, warum eigentlich alles AN ist, wenn ich da gar nicht DRIN bin") wird ironisch entgegnet, dies habe schon seine Richtigkeit („ja weil ich da gleich wieder REIN gehe ((lacht))"). Den eigenen Willen zu akzentuieren, auch *wenn* dies auf negative Resonanz stößt, wird schließlich da deutlich, wo sich einem vermeintlich richtigen Umgang mit Medien absichtlich widersetzt wird („manchmal liegen Kabel so, weil es meine ist, werfe ich die manchmal so einfach in die Ecke denn so. Und dann meckert manchmal mein Vater ((lacht))"). Auch hier lässt sich erkennen, wie die Medienpraxis der Mädchen von Merkmalen gekennzeichnet ist, die vorrangig eigene Ausdrucksmöglichkeiten betonen.

Bei aller Unterschiedlichkeit illustrieren diese Aspekte eine habituelle Medienhandlungspraxis, die das *entgegen* einem wahrgenommenen Fremdsinn betonte *Aufgehen* in *eigenverwirklichenden* Situationen betont. In diesem Kontext erscheint ihr Medienhandeln daher bisweilen als Ausdruck eines Abgrenzungs- und Stimmungsmanagements, in welchem das Computermedium zum temporären „Mister feel good" (Fritz/Fehr 1997) wird, welcher dichte und intensive Erlebnismöglichkeiten bereithält. Transportiert wird darin ein mitunter von extremen Schwankungen geprägtes Medien- bzw. Technikverhältnis: Einerseits finden sich Hinwendungsmodi zum Computermedium, die den Charakter von *Lückenfüllern* oder *Notlösungen* haben (weil sich eher „draußen" beschäftigt wird), andererseits werden Formen sichtbar, die wie eine *Totalimmersion* anmuten („schreibe ich und schreibe ich und schreibe ich"); Der Schilderung von *Freude* und *Vergnügen*, z. B. bei der Praxis des gemeinsamen Bildbearbeitens mit einer Freundin („voll witzig") stehen *Frust* und *Enttäuschung* gegenüber, wenn der PC Probleme macht und z. B. eine ersehnte Internetseite nicht gefunden wird („kotzt mich voll an") oder ein begehrtes Medienprodukt nicht mehr aufzutreiben ist („finde ich irgendwie nicht mehr ((seufzt))"). D

Diese Aspekte zeigen, dass die Medienpraxis in ein äußerst breites Spektrum an Gefühlslagen eingebettet ist, welches ihm eine spezifische Erlebnisqualität verleiht. Vor diesem Hintergrund stellt sich den Mädchen die Enaktierung einer Medienpraxis als eine Option dar, die dann als subjektiv sinnvoll empfunden wird, wenn sie sich entlang eines situativen Bedürfnisses und einer unmittelbaren Gratifikation entfalten lässt und lohnt – und auf die im Zweifelsfall verzichtet wird bzw. werden kann.

Im Zusammenhang mit dieser Verzichtshaltung steht die in den Interviews wiederkehrend aufzufindende *Entsagung eigener, unmittelbarer Ansprüchlichkeiten* bezüglich der Medien und eine weitgehende *Absage an eigenes Expertenwissen*. Als verzichtbar erscheint in dieser Orientierung etwa die Entwicklung und Konsolidierung einer durchgängigen, auf Nachhaltigkeit ausgerichteten, Computerhandlungskompetenz; z. B. wird erklärt, es sei zwar möglicherweise von Wert, sich bei PC-Schwierigkeiten in der Zukunft selbst helfen zu können und sich im Zweifelsfall nicht von technischen Problemen überwältigen zu lassen („wissen wie das geht"), andererseits wird die eigene Handlungsautonomie tendenziell für unwichtig erklärt („wenn nicht, ist das nicht so schlimm"). Zum Ausdruck kommt hier, dass es viel eher um den Status quo der eigenen Medienpraxis geht und weniger um die Beanspruchung einer technikbezogenen Problemlösekompetenz. Vermengt ist dies mit einer Orientierung an sozialen Mechanismen von Hilfe und Unterstützung bzw. der Erfahrung, in der realen Situation tatsächlich auf solche Ressourcen zurückgreifen zu können und auch zu wollen.

Die Reserviertheit der Mädchen gegenüber computerbezogenem Spezialistenwissen und einer entsprechenden Eigenexpertise bedeutet vor diesem Hintergrund auch, dass in der Vorstellung, von einer etwaigen Handlungsbeschränkung betroffen zu sein, gerade *kein* relevantes oder gar existenzielles Problem gesehen wird. Ein Beispiel dafür ist, wo etwa das Nicht-Setzen von Bookmarks als Situation beschrieben wird, aus der eine Handlungsbeschränkung entsteht („fällt mir manchmal nicht mehr ein, wie die Internetadresse war"), die aber unter Zuhilfenahme eines sozial kontextualisierten Printmediums zu beheben versucht wird („mein Vater hat so ein ganz dickes Buch").

Interessant ist, dass zur Beschreibung der tendenziellen Indifferenz gegenüber der Medientechnologie und der Nichtbeanspruchung von Eigenexpertise die Phrase „nicht so schlimm" fallübergreifend verwendet wird – metaphorisch lässt sich darin die Entdramatisierung der Relevanz von Computerwissen entdecken, wodurch dieses erneut als verzichtbar gekennzeichnet wird, *weil* das Medium als ein sozial konfiguriertes Phänomen gedeutet wird und der Umgang damit pragmatisch erfolgt.

Dass die Mädchen übereinstimmend erklären, eine erhöhte Computerexpertise nicht unbedingt haben zu *wollen* bzw. zu *müssen*, erscheint auf diese Weise auch nicht als Desinteresse, sondern als eine bewusste Absage an Medienumgangsformen, die nicht an ein subjektives Interesse geknüpft sind. Darin kommt wiederum zum Ausdruck, dass es ihrem Habitus entspricht, Medienwissen in sozial-interaktiven Zusammenhängen zu kontextualisieren und den Wert von Wissensbeständen, allen voran technikbezogener, in Bezug auf reale Handlungsbezüge hin zu bemessen, die mit direktem Erleben assoziiert sind, wozu auch gehört, sich Hilfe anderer zu bedienen und annehmen zu können.

Dies spiegelt sich in der geringen Relevanz des lebensweltlichen Vorhandenseins technischer Geräte und Apparaturen; man braucht einen eigenen PC oder Internetzugang nicht unbedingt selbst, könne man doch auch „in ein Internetcafe" oder „halt in die Bibliothek" gehen. Wichtig ist den Mädchen, dass Medien verfügbar sind; in ihrem Besitz wird kein Selbstzweck gesehen („ich habe keins, ist ja auch egal, weil meine Schwester und meine Eltern haben ja") und auch nicht unbedingt angestrebt (etwa, wenn man an den Computer „eigentlich halt nur" beim „Vater" geht, welcher von der Familie getrennt lebt). In dieser – mehr oder weniger ausgeprägten – Gleichgültigkeit gegenüber der Materialität technischer Ausrüstungsgegenstände zeigt sich erneut, inwiefern Medien wiederum pragmatisch und als eine sozial verfügbare, verteilte und teilbare Ressource aufgefasst werden.

Bestandteil dessen ist z. B. eine gewisse *Genügsamkeit*, die mit der Mediennutzung als einer an Situationsadäquanz orientierten Praxis einhergeht; man partizipiert an der Ausstattung anderer, wobei es völlig angemessen erscheint, wenn sich die eigene Mediennutzung in Maßen bewegt und mitunter auf Weniges beschränkt bleibt – man „könnte" sich selbst zwar neue Lieder vom PC auf den MP3-Player spielen, aber bis jetzt „reicht" es einfach, dass sich auf diesem nur ein Dutzend Songs befindet. Eine selektive und mitunter explizite Nicht-Teilnahme an technischen Optionen erscheint auch hier *nicht* als Handlungsbeschränkung, sondern als Ausdruck eines Habitus, jenseits der Inszenierung technischer Beherrschung für den Moment handlungsfähig zu sein oder sein zu wollen. Teilweise wird Potenzialen eines eigenen Computerbesitzes sogar bewusst entsagt und werden Möglichkeiten der Gestaltung einer eigenen technischen Infrastruktur als unbedeutend charakterisiert („Hauptsache es geht"). Damit wird deutlich, wie die Mediennutzung der Mädchen sich vorrangig jenseits eines instrumentell-strategischen oder expertenhaften Handlungskalküls bewegt.

Die habituelle Beziehung, die sie zu den Medien eingehen, lässt sich vor diesem Hintergrund als eigen-willig bzw. selbst-verwirklichend bezeichnen. Bezüglich der Computermedien als Artefakte geht es dabei immer um einen Selbstbezug, von denen die Darstellungen der Mädchen durchwirkt sind. In den Kontext erlebbarer Selbstbezüglichkeit werden daher auch die Artefakte selbst gestellt und z. B. auch die Investition von ökonomischem Kapital davon abhängig gemacht, inwiefern dies mit einer affektiv aufgeladenen Zielsetzung in Verbindung steht. Ob in einem Fall das gesamte „Weihnachts-" und „Geburtstagsgeld" zur Anschaffung einer Digitalkamera verwendet oder aber eine Geldausgabe bewußt zurückgehalten wird, weil ein Gerät gerade noch so funktioniert, wenn man es mit „Liebe" behandelt – in beidem geht es um das Kenntlichmachen einer Beziehung zu einem Objekt, an dem, etwas salopp gesprochen, das *eigene Herz* hängt. Mit Blick darauf lässt sich z. B. der statistische Befund, nach dem weibliche Jugendliche weniger Geld für Elektronik ausgeben als Jungen (vgl. Süss 2004: 185) differenzieren; mit Blick auf die Fallanalysen kann nachvollzogen werden, inwiefern der Einsatz von ökonomischem Kapital *in* die Handlungspraxis der Mädchen eingelagert ist und welchen tatsächlichen Vorstellungen er folgt.

Dabei vermitteln die Mädchen – bezogen auf die Materialität der Technik – nicht das Bestreben, über etwas Brandaktuelles oder faktisch Hochwertiges zu verfügen, sondern ihr Zugang zum Medium folgt symbolisch eher dem Muster des *Zugriffs auf eine sozialemotionale Materie*. Am sichtbarsten wird dies dort, wo an einer von ihrer Beschreibung her museal anmutenden und halb kaputten Medienumgebung in quasi-nostalgischer Weise festgehalten wird; auch diese funktioniert, bei schonendem Umgang damit, immer noch – wobei die Pflege eines Artefakts hier von der symbolischen Pflege einer Beziehung her gedacht wird (der PC stammt noch „von Opa"). Während in Aspekten wie diesem die bereits angesprochene eigenbetonte Medienbeziehung verborgen ist, die vorrangig auf reale Handlungsbezüge abstellt, finden sich in den Schilderungen der Mädchen auch kaum Berichte darüber, dass die Medientechnik von ihnen – auf technischer Ebene – besonders stark personalisiert würde, indem z. B. Ausstattungsmerkmale oder Feature modifiziert würden. Statt eines technisch-rationalistisch gefärbten Habitus der Beherrschung reproduziert sich auch darin ihre Orientierung an einer situativen Nutzung und einem selektiven Rückgriff auf technische Handlungsformen.

In diesem Zusammenhang zeigt sich auch, dass die Handlungsentwürfe der Mädchen *nicht vorrangig vom Computermedium her* gedacht werden und sie z. B. darstellen, sich vorrangig anderer – nicht-digitaler bzw. konventioneller und menschlicher – Mittler zu bedienen; wo geschildert wird, man „würde" für eine schulbezogene Recherche ins Internet gehen, „wenn das keiner wüsste aus unserer Familie", geht es z. B. darum, Realkontakten implizit den Vorzug gegenüber rechnergestützten Handlungs- und Vermittlungsformen zu geben, ein Phänomen, das sich auch dort ausdrückt, wo in Bezug auf einen späteren Medienanwendungskontext erklärt wird, Computer seien zwar wichtig, doch brauche man dort hauptsächlich „Kenntnisse über die Menschen" – Wissen gilt auch hier zwar als mittels Medientechnologie aneigenbar, insgesamt erscheint aber das kognitive Verfügen über Wissen („wenn man das weiß") oder der Zugriff auf konventionelle Formen der Wissensspeicherung vorteilhafter („in so Büchern stehen hat"). Anders formuliert handelt es sich dabei um eine Form der Weltaneignung, die das eigene Handeln in tendenzielle Abstinenz zu Medientechnologie bringt, *weil* sie mit der Vorstellung gekoppelt ist, dass sich Technologie gewissermaßen zwischen Subjekte drängt und einen sozialen Gesamtzusammenhang nicht unbedingt oder automatisch effektiviert.

Überdies erscheint darin das oben bereits erwähnte Topos der *Verzichtbarkeit* in einer neuen Gestalt, etwa wenn die Wertigkeit konventioneller Informationsquellen („Bücherei") gegenüber digitalen Recherchemöglichkeiten akzentuiert und die *reale Gemeinschaft* und das *unmittelbare Gespräch* betont werden. Dass die Handlungsentwürfe der Mädchen nicht von der gerätetechnischen Seite des Mediums her prozessieren, erklärt auf diese Weise, warum ihr Rückgriff auf Technologie sich als tendenziell zweitrangig darstellt, weil dieser aus ihrer Sicht immer wieder hinter Möglichkeiten zurückbleibt, die in einem sozial-kommunikativen Austauschgeschehen aufgehoben sind.

Das Pragmatische ihres Mediennutzungshabitus, der immer wieder von einer Genügsamkeit hinsichtlich Besitz und Aktualität bzw. Aktualisierbarkeit medientechnischen Wissens und dessen Anwendung gezeichnet ist und bezüglich des Handlungsentwurfs stark die Subjektseite betont, gerät in diesem Zusammenhang streckenweise ins Fahrwasser einer *anti-modern anmutenden Haltung*. Vor diesem Hintergrund wohnt ihren Schilderungen mitunter fast ein Hauch von Romantik inne, welcher den Weltzugang über Einfühlungsvermögen und reale Identifikation bzw. subjektive Verständigung akzentuiert.

Implizit lässt sich bisweilen eine *Rückbesinnung auf eine medientechnikfreie Welt* als positiver Horizont erkennen; trotzdem sich dieser nur vage andeutet wird doch grundlegend sichtbar, wie die Mädchen ganz offensichtlich neuen Technologien gegenüber Tradiertem nicht den Vorzug geben, nur weil diese verfügbar sind. Obgleich sich *nicht* sagen lässt, dass sich die Mädchen in Opposition gegen eine medientechnikfixierte oder rechnergestützte Weltzuwendung begeben, ist ihrer Orientierung doch ein Bestreben nach leiblich-sinnlichen bzw. sinnlich-symbolischen Interaktionsformen als „leibhaftigen Szenen" (Becker 2001: 113) eingeschrieben. Ein Beleg dafür lässt sich beispielsweise da finden, wo sich hinsichtlich der weiteren biographischen Relevanz des Computermediums eine eher pragmatische Nutzung im Rahmen anfallender Aufgaben vorgestellt wird, der Technologie in ihrer Gesamtheit aber lediglich unmittelbarer Nutzwertcharakter zugesprochen und sie ansonsten für entbehrlich erklärt wird („früher haben die auch alles selber geschrieben").

Eine andere Variante dieser Subjektbetonung liegt darin, die Relevanz zukünftigen Computerwissens und -handelns eng an Fragen subjektorientierter Gestaltungsoptionen zu knüpfen („kommt drauf an was ich aus mir machen möchte"), wobei der individuellen Selbstverwirklichung Vorrang vor funktionalen oder Statuserwägungen eingeräumt wird und sich der persönliche Sinnentwurf vor strukturelle Erfordernisse schiebt. Einig sind sich die Mädchen jedenfalls darin, dass späteres Computerwissen und -handeln kein Selbstzweck ist, sondern seinen Sinn dann hat, wenn man dies wirklich *braucht*. Die Frage, *ob* und *wie* sich eine spätere Verwendung der Computertechnologie einstellt und wie diese beschaffen ist, muss im Hinblick auf die Stimmigkeit mit dem zu erfüllenden Handlungsziel beantwortet werden. Hier zeigt sich fallübergreifend eine *gelassene Haltung* gegenüber Anforderungen, die die Mädchen in Bezug auf das Computermedium auf sich zukommen sehen („das lernt man"). Die Technologie erscheint ihnen einerseits für berufliche Kontexte von Bedeutung, hier vor allem in ihrer Funktion eines pragmatischen Mehrwertes („nehmen einem schon Arbeit ab"), andererseits wird deren Relevanz wiederum in Relation zu tatsächlichen Situationen und ohne Anspruch auf Eigenexpertise imaginiert. Was sich daran zeigt, ist, dass es den Mädchen nicht so sehr darum geht, auf dem Feld der Medientechnologie als Unternehmer in eigener Sache aufzutreten (man will statt dessen „so einen Job machen") und vorrangig Handlungsentwürfen zu folgen, die schwerpunktmäßig von einem *biographischen Eigensinn* sowie einer *subjektiv ersehnten Erlebnisverwirklichung* geprägt sind.

Dass rechnergestützte Handlungsformen im Horizont der Mädchen zwar relevant, aber wiederum selektiv verankert sind, spiegelt sich nicht zuletzt in ihren Darstellungen eines eher sporadischen Zugriffs auf kommunikative Nutzungsszenarien (Chat, Email). So reihen sie etwa digitale Optionen der Kontaktpflege in ein Ensemble aller möglichen Formate der Beziehungspflege ein. Technisch induzierte Formen der Kommunikation haben deshalb keinen erhöhten Stellenwert, sondern wichtig ist den Mädchen übergreifend die *Qualität* der tatsächlich erlebten bzw. erlebbaren sozialen Beziehung zum jeweiligen Kontaktpartner. Auch hier wird von ihnen der Handlungsentwurf nicht von der Seite der Technologie her gedacht, sondern von der Möglichkeit her, sich subjektiv mitzuteilen und sich auszutauschen; so wird z. B. nicht-digitalen Formen der Beziehungspflege explizit der Vorzug gegeben (Briefe sind „VIEL wichtiger" als Email, weil man darin etwas über sich „erzählen" kann) oder aber digitale und analoge Optionen wie Schreiben und Telefonieren erscheinen vollkommen gleichrangig („eigentlich so alles, was es gibt. Hauptsache man bleibt in Kontakt").

Solche Bestrebungen nach der Umsetzung eines sozial-kommunikativen Handlungsentwurfes zeigt sich besonders da, wo kommunikative Nutzungsmöglichkeiten wie z. B. Chatten in Relation zu übergeordneten Möglichkeiten des *In-Beziehung-Tretens zu anderen Personen* gesetzt werden, verbunden mit der Intention, sich mit diesen gedanklich zu vernetzen. Wo Chatten thematisiert wird, dann im Modus einer Horizonterweiterung in eigener Sache und entlang des Wunsches nach einem authentischen In-Kontakt-Sein mit einem personalen Gegenüber. Dass kommunikative Nutzungsformen wiederum nur selektiven Mehrwert haben, liegt wiederum daran, dass sie, wo sie überhaupt enaktiert werden, für die Mädchen mit einer unmittelbaren Gratifikation des Erlebens verbunden sein müssen.

Im Zuge ihrer Distanz gegenüber einem technisch-rationalistisch gefärbten Habitus der Beherrschung und der Orientierung an Nutzungsmodi mit situativem Erlebnischarakter zeigte sich weiterhin, dass die Mädchen bezüglich ihrer Aneignungsweise des Computermediums dem ITG-Unterricht zwar einen gewissen Mehrwert attestieren, die Anwendung der dort verhandelten Inhalte aber in der Regel im Rahmen schulischer Verwendungskontexte belassen. Von einer Auswirkung der schulischen Computerbildung auf die eigene Medienalltagspraxis wird sich entweder tendenziell distanziert oder es wird sehr konkret auf einen situativ-pragmatischen Nutzwert von im Rahmen des Unterrichtes erworbenen Kenntnissen verwiesen; ausdrücklich wird etwa Nützliches von Unnützem selegiert, z. B. der Mehrwert einer Beschäftigung mit Textverarbeitung oder Editierungs- und Layoutfunktionen bejaht und der „Rest" als nicht hilfreich betont. Fallübergreifend wird deutlich, wie die schulische Medienbildung weniger nachhaltig als Erweiterung von technikbezogenen Handlungsspielräumen, sondern – wenn überhaupt – hinsichtlich seines real-praktischen Handlungsbezugs erlebt wird. Beobachten lässt sich dabei, wie es zu einer habituellen *Trennung* zwischen einer schulisch technikbezogenen Hinwendung zum PC und der eigenen Medien- und Technikverwendung kommt.

Im Prinzip transportieren die Schilderungen der Mädchen, dass sie dem Computerunterricht weder besonders ablehnend noch besonders positiv gegenüberstehen, sondern viel eher pragmatisch bis indifferent. Generell lassen die Fallanalysen den Schluss zu, dass sich die Mädchen nicht in Opposition gegen Schule (oder den dortigen Computerunterricht) befinden, sondern allgemein einem Habitus folgen, innerhalb dessen sämtliche Umweltanforderungen daraufhin befragt werden, was sie einen eigentlich angehen und mit einem selbst zu tun haben. In diesem Sinne erscheinen die Mädchen z. B. gegenüber einer Medienverwendung für die Schule auch nicht abgeneigt, im Gegenteil; wo diese thematisiert wird, wird auch dort erkennbar, wie eine schulbezogene Computernutzung beinahe ein Nebenprodukt eines situativen Sich-Einlassens auf das Medium ist – weil Schreiben ohnehin mit Spaß verbunden ist, kann man auch gleich die Englisch-Hausaufgaben mit dem Computer erledigen.

Auch die Computer*technik* ist nicht per se uninteressant, wird jedoch zugunsten aktueller Nutzungshorizonte abgewehrt; so wird z. B. gegenüber einer im Rahmen der Schule kennen gelernten rechnergestützten Konstruktionsmöglichkeit Interesse signalisiert, außerhalb der Schule jedoch kein subjektiver Mehrwert gesehen („im Moment nicht"). Die Teilnahme am Unterricht erscheint weniger mit einem Transfergeschehen in die eigene Medienpraxis verbunden, sondern hinterlässt computerbezogene Wissensbestände, die zwar einen Möglichkeitshorizont bilden, denen jedoch für die eigene Praxis im Hier und Jetzt kaum Nutzen attestiert wird – dies gilt in besonderem Maße für spezifische auf die technische Konstruktionsweise der Medien bezogene Fragen.

Diese eher gleichgültige Haltung gegenüber der schulischen Computerbildung muss auch in Zusammenhang gesehen werden mit weiteren Orientierungsfacetten der Mädchen, die z. B. darauf verweisen, dass in der Schule, zumindest gegenwärtig, kein besonders relevanter Ort der eigenen Identitätsbildung gesehen wird. Der Schulunterricht wird als nachrangig beschrieben, weil sich der subjektive Selbstbezug (vor allem die freizeitliche Selbstverwirklichung im Rahmen der Peergroup-Geselligkeit) als Primärgröße des Alltagslebens in den Vordergrund stellt und sich diesem alles andere unterordnet („kümmer' mich mehr um meine Freizeit"). Desweiteren wird – bezüglich der Medien – davon ausgegangen, dass man sich subjektiv relevante Kenntnisse der Computernutzung bereits vorher bzw. nebenher angeeignet hat („konnte ich schon ein bisschen"), der Unterricht der eigenen Praxis also nichts Relevantes neues hinzufügt, sondern als vorwiegend schulische Veranstaltung wahrgenommen wird (man hatte ihn „halt in der Achten").

Ein weiterer Grund für die tendenzielle Abwehr gegenüber dem Computerunterricht liegt in der Erfahrung, dass dieser als ein soziales Handlungsgeschehen mit destruktiven Zügen erlebt wird, in dem die Mitschüler mittels Medientechnik frauenverachtende und brüskierende Handlungen an den Tag legen. Bei aller Unterschiedlichkeit weisen Aspekte wie diese darauf hin, dass es vorrangig informelle, soziale und kommunikative Dynamiken sind, die den Medienumgang der Mädchen prägen und weniger institutionell-formale Angebote einer primär technikorientierten Medienaneignung. Maximal evident wird dies dort, wo die Teilnahme am Unterricht als lediglich physische Anwesenheit ohne jedwede subjektive Relevanz beschrieben wird („da rein, da wieder raus").

Dieser Aspekt führt zurück zum bereits genannten Aspekt, nach dem es den Mädchen weniger um Strategien und Potenziale rationalen Erklärens und Verstehens der Medien, sondern um pragmatische Nutzungsszenarien geht. Kaum von Interesse ist für sie daher, was über den Horizont alltäglicher eigener Bedarfe und Relevanzen hinausgeht und den Nimbus des Expertenhaften bzw. Expertokratischen hat. Diese Merkmale spiegeln sich sämtlich in der Medienwahrnehmung der Mädchen, deren diesbezüglichen Orientierungsrahmen ich als Irrelevanz und Schwierigkeit der Rationalität von Technik bezeichnet habe. Hier ließ sich zeigen, wie eine Beschäftigung mit technikbezogenen Detailfragen mitunter explizit abgelehnt wird („nicht so mein Ding") und auch ansonsten die Aktualisierbarkeit einer technikbezogenen Semantik, z. B. zu computerbezogenen Programmspezifikationen, von untergeordneter Bedeutung sind.

Hinsichtlich ihrer Modellierung bedienen sich die Mädchen eines in der Regel vergegenständlichenden Modus, schildern das Computermedium etwa als ein Ensemble lose gekoppelter Einzelkomponenten bzw. -gerätschaften. Dabei wird vorrangig auf phänomenologische Aspekte wie Größe und Alter der Medien zurückgegriffen und anstelle ihrer Funktionsweise eher auf eine personale oder sozialräumliche Referenz von Technik Bezug genommen („einmal im Wohnzimmer und bei mir"). Erkennbar wird darüber hinaus eine wiederkehrende Reserviertheit gegenüber der technisch-kategorialen Rationalität des Mediums („weiß ich überhaupt nicht"), die sich etwa in einem performatorischen Kopfzerbrechen („((seufz)) Oh Gott") und einer zum Teil ablehnenden Haltung gegenüber Erklärungen artikuliert („auf KEINEN Fall"). Weiterhin wird Technologie in ihrer phänomenalen Gesamtheit als mirakulös geschildert („eigentlich unfassbar, was man heute eben so geschaffen hat") und sich selber in Erklärungsnot bezüglich ihrer Herstellung bzw. Konstruktionsweise gesehen. Interessant ist daran, dass einerseits ein Staunen und ein Interesse transportiert und gleichzeitig eine subjektiv weitgehende Irrelevanz bekundet wird, z. B. durch die Erklärung, sich da nicht „so reinsteigern" zu wollen. Insofern zeigt sich hier, wie das Feld der Medientechnologie zwar als prinzipiell spannend empfunden und sich an diesbezügliche Möglichkeiten offensichtlich auch Neugier koppelt, dies aber wiederum vorrangig in Relation zu situationsspezifischen Nutzungsszenarien mit moment- bzw. erlebnisbezogenem Charakter („mir reicht das was im Moment mache").

Auf der anderen Seite transportieren die Darstellungen, inwiefern die Rationalität der Computertechnik nicht nur als etwas Schwieriges, sondern auch in Form von etwas wahrgenommen wird, das einer praktisch übenden Einarbeitung und eines realen Tuns bedarf, was auch dem Forscher angesichts seiner Frage nach einer Erklärung der Funktionsweise des Mediums vorgeschlagen wird („würde ich mit DIR dann auf die Seite gehen"). Die Mädchen grenzen sich vor allem davon ab, performativ selbst als Könner oder Spezialist zu erscheinen; etwa delegieren sie die Frage nach technischen Details in eine Sphäre systematisierten Wissens oder weisen z. B. von sich selbst als Wissensquelle *weg* („dass sie im Lexikon nachgucken sollen"). Über alle diese Aspekte hinweg reproduziert sich, wie die Enaktierung computerbezogenen Detail- oder Technikwissens wenig Relevanz für die Mädchen hat, sondern dass ihnen der tatsächliche medienbezogene Handlungsvollzug wichtig ist.

In diesen Kontext fallen wiederkehrende Forderungen nach einfacherer Benutzerfreundlichkeit der Medien; mitunter lassen die Mädchen erkennen, wie ihnen die technikseitige Rationalität der Computermedien sowohl zum Ärgernis als auch zur Hürde bei deren Nutzung wird und sie räumen negative Empfindungen ein, die ihnen bei der Involvierung in die Technik entstehen; etwa wünschen sie sich eine praktischere technische Zugänglichkeit zu Inhalten, arbeiten sich an einer Vereinfachung durch Reduktion ab (zur visuellen Vereinheitlichung von Darstellungen) oder imaginieren die Konstruktion von exakteren Eingabemöglichkeiten. Darüber hinaus wird von ihnen z. B. ein Mediengeschehen konstatiert, angesichts dessen sich gefragt wird, warum dieses nicht besser mit der Nutzerseite abgestimmt ist, sichtbar z. B. dort, wo die fehlende Aktualität einer Internetseite bemängelt wird („da steht gar nix"). Anders formuliert wird sich hier an einer Schwierigkeit der Rationalität der Technik orientiert, entlang der die Mädchen weniger von der formal-technischen, sondern von der *personalen* bzw. Nutzerseite her argumentieren.

Die in den Interviews wiederholt zu findende Enttäuschung bzw. Frustration bezüglich der Medientechnik scheint demgemäß aus einem Primat der Unmittelbarkeit zu resultieren, das seinerseits mit der Orientierung an einem direkten Erleben in Verbindung steht. Deshalb wird von den Mädchen mitunter auch an die Hersteller-/Anbieterseite appelliert, Medienangebote besser mit der Praxis der Benutzer zu *perspektivieren*. Darin lässt sich überdies die in den Habitus der Mädchen eingelassene Selbstverwirklichung entdecken: Wo z. B. erklärt wird, man fände die Arbeit mit Tabellen „schwer" und dies mit „das hätten die irgendwie einfacher machen können" kommentiert wird, drückt sich eine Beinahe-Beschwerde aus, die transportiert, dass die Medientechnik vor allem so sein solle, wie man sie *selbst* gerne hätte.

Vor diesem Hintergrund zeigen die Darstellungen der Mädchen bisweilen hohe Erwartungen an den situativen Verwirklichungscharakter einer (Medien-)Handlung, der die Realisierung des eigenen Handlungsentwurfes betont, der stark die Subjektseite markiert und die Objektivität technikseitiger Anforderungen mitunter ganz ausblendet. Letztlich geht es auch hier um die Schwierigkeit der Rationalität der Technik, die zu einer Wahrnehmung gerinnt, *dass* die Rationalität der Technologie die Verknüpfung zu einem realen Handlungsbezug vermissen lässt. Wo sich über ein vermeintliches Eigenleben der Medien gewundert oder geärgert wird, wird daraus nicht die Konsequenz technischer Funktionserklärungen gezogen, sondern es wird dabei belassen und sich tendenziell abgewandt („mach' ich lieber aus").

Dass die Wahrnehmung der Medien im Orientierungsrahmen der Schwierigkeit/Irrelevanz bearbeitet wird, impliziert wiederum den selektiven Pragmatismus der Mädchen, dem ein Praxisbezug eingeschrieben ist, welcher mit dem Primat direkter Erlebnis- bzw. Erlebensfähigkeit auf einer personalen Ebene in Verbindung steht. Inwiefern dabei ein affektives Moment eine Rolle spielt, zeigt sich da, wo von einem Gefühlsausbruch angesichts eines Computerproblems berichtet wird („rege ich mich voll darüber auf") und zugleich die Grundüberzeugung geschildert wird, auch zukünftig an dieser Gefühlsorientierung festzuhalten, wenn die Technik Schwierigkeiten macht („ja ich bin immer so... dann werde ich patzig"). Erkennen lässt sich daran ein sozialemotionales Mitteilungs- bzw. Selbstverwirklichungsbedürfnis, von dem der Medienumgang habituell durchdrungen ist. Das Erleben einer (technikinduzierten) Handlungsbeschränkung wird hier offensichtlich nicht unbedingt als Problem erfahren, sondern im Gegenteil wird *kein* Problem darin gesehen, das Erleben dieser Handlungsbeschränkung zuzugeben und sozial sichtbar zu machen bzw. mitzuteilen. Es geht dabei gerade *nicht* darum, nüchtern-distanziert oder sachlich zu reagieren, sondern Einblicke in die eigene Gefühlswelt für andere zu geben und sich zu öffnen, *weil* sich über diese Ebene mitgeteilt bzw. auf dieser entäußert wird.

Dieser Zugriff auf Medien, dem die Prominenz praktischer, emotionaler und subjektbezogener Aspekte inhärent ist, führt die Mädchen bezüglich der Bitte, das Computermedium zu modellieren, demgemäß immer wieder zur Idee eines *zeigenden Präsentierens*, das mitunter fast fürsorgliche Züge trägt. Anstelle einer Modellierung der Medien in einem technisch-abstrakten Modus geht es dabei wieder um eine sozial-kommunikative Herangehensweise an das Artefakt und die Vorstellung, sich in einer gemeinsamen Handlung ein Bild davon zu machen bzw. sich dieses – in einem erzieherischen Modus – zu erschließen („kannst du gucken"). Insofern kann dieser Aspekt wiederum als Beleg für die Aneignung des Mediums im Modus des Sozial-Kommunikativen gelten, innerhalb dessen Medienwissen als ein Resultat von interaktiven und direkt aufeinander bezogenen Handlungsvollzügen emergiert. Darin spiegeln sich erneut die Vorrangigkeit des sinnlich-konkreten Zugangs und die Vermittlungsleistung entlang sozialer Aspekte – sichtbar nicht zuletzt dort, wo die Mädchen die Perspektive des Interviewers einnehmen und implizit an dessen Bedürfnissen anschließen. Hier zeigt sich, wie ihre Medienwahrnehmung in direkter Verbindung zu einer Hinwendung zu Medien steht, die sich in sozialer Praxis vollzieht, innerhalb der sich das Medium so erschlossen wird, dass daran ein subjektiv bedeutsamer Handlungsentwurf angeschlossen werden kann. Besonders pointiert wird dies, wo auf die Bitte, einem völlig Ahnungslosen das Computermedium näher zu bringen, geantwortet wird: „Dass man das eben so lange macht, bis man- bis derjenige das im Kopf hat irgendwie. Bis er's raus hat".

Vor diesem Hintergrund lässt sich schlussfolgern, dass die Irrelevanz technischer Details und die Schwierigkeit der Rationalität der Technik nicht *vordergründig als Unwissenheit oder Unzulänglichkeit gedeutet werden darf*. Nicht angemessen erscheint meines Erachtens auch, von einem defizitorientierten Selbstkonzept der Mädchen in Bezug auf Technik zu sprechen (vgl. Rendtorff 2006; Welling 2008). Vielmehr zeigen die Ergebnisse der vorliegenden Untersuchung eine Nähe zu der vonseiten techniksoziologischer Autoren vertretenen Differenzthese, nach der von einem generellen „Nicht-Verhältnis der Frauen zu Technologie" (Cockburn 1988: 168) überhaupt keine Rede sein kann bzw. es „völlig verfehlt" wäre, von einer „geschlechtsspezifischen Technikfeindlichkeit der Frauen zu sprechen" (Rammert et al. 1991: 178). Auf der Basis meiner Fallanalysen lässt sich die Aussage treffen, dass die Orientierung der Irrelevanz/ Schwierigkeit ihren praktischen Sinn darin hat, dass sie

- in der Vorrangigkeit sozialer Beziehungsdynamiken verortet ist,
- den Selbstverwirklichungscharakter des Handlungsentwurfs als eines subjektiv-personalen Handlungsentwurfs betont,
- ein kommunikativ-erlebnisbezogenes anstelle eines technisch-rationalistischen Kalküls enthält,
- ein verständigungsorientiertes statt ein profilierungsorientiertes Selbstbild impliziert und
- eine an Merkmalen von Anwendungs- und Situationsbezogenheit anstelle von Besitz bzw. Beherrschung geprägte Handlungslogik aufweist.

Eine Skepsis gegenüber einer intensivierten Involvierung in technische Fragen bedeutet daher auch nicht *Desinteresse* an Technologie, sondern lediglich Desinteresse an abstrakt-rationalistischen Technikdetails, die unabhängig von direkter Anwendungs- und affektiver Erlebnisfähigkeit sind: Z. B. kann sich explizit vorgestellt werden, den eigenen medienbezogenen Handlungsspielraum zu erweitern und einmal etwas mit dem Computer zu „programmieren", da man vermutlich hinterher „stolz auf sich sein" könne. Auch darin lässt sich erkennen, wie vom Erleben eines lustbetonten Eigensinns der eigenen Handlungsfähigkeit ausgegangen wird und der Bezug zur eigenen Person und zu Möglichkeiten selbstbezogener Ausdrucksgestaltung gesucht wird.

Wo sich in den Interviews mit den Mädchen eine Technikaffinität andeutet, zeigt sich, dass sich selbige an ein real erfahrbares und selbstbezügliches Genuss- und Erlebnispotential knüpft; z. B. wird lieber am PC „getippt" als mit der Hand geschrieben und eine Faszination für den momenthaft spürbaren Akt des Ausprobierens geschildert; dabei kommt auch eine phänomenologisch-haptische Computerbeziehung zum Ausdruck, innerhalb der vor allem die Verwendung des Computers als *Schreibmedium* ein fallübergreifendes Phänomen darstellt. Gegenüber graphomotorischer Aktivitäten wird Computerschreiben nicht nur als lustbetonter dargestellt, sondern auch als ein zweckfreies Sich-Einlassen auf das Computermedium; hierbei kommt es zu mitunter kreativen Produktionsprozessen mit zum Teil umfangreichen materiellen Ergebnissen.

Beschrieben wird dies wie das Geraten in einen Sog, angesichts dessen das Medienhandeln wie ein selbstläuferischer Automatismus erscheint („wenn ich angefangen habe, kommt immer mehr"), welcher die Mädchen zum Teil längere Zeit an das Medium bindet. Vermittelt wird dadurch, inwiefern das Computermedium der Intention des sich Ausdrückens entgegenkommt; dabei ersetzt es nicht unbedingt die Handarbeit bzw. ist die Auslagerung von Schreibtätigkeiten an den Computer nicht der alleinige Mehrwert gegenüber konventionellem Schreiben, sondern das Medium *selbst* wirkt an der Veräußerung einer eigenen Gedankenwelt mit (vgl. Krämer 1998); begleitet wird dies von der positiven Emotion, z. B. eine geschriebene Geschichte „fertig" gemacht zu haben oder Texte für sich privat archiviert zu haben bzw. archivieren zu können.

Das in diesem Kontext zutage tretende Sich-Einlassen auf das Computermedium kann zu Beginn ganz unspezifisch sein und wird dann – im Prozess – immer konkreter; etwa bestand zunächst gar nicht die Absicht zu schreiben, sondern als ausschlaggebend für die Nutzung des Computers erweist sich die ungerichtete Faszination für die „Tasten". Erkennbar wird hier, wie sich die Mädchen mitunter vom Computermedium gewissermaßen verleiten und anregen lassen und sich in diesem Zuge auf dessen Möglichkeiten einlassen und Optionen entdecken: Ihre Berichte erinnern dabei an die Perspektive einer „Eigensinnigkeit der Medien" (Peters 2005: 329), die in der Orientierung der Medien stärker verankert ist als die des Instruments. Im Habitus der Mädchen sind Medien demnach nicht unbedingt „Werkzeuge, die benutzt werden, sondern Prozesse, die in der Nutzung erst entwickelt werden" (Schelhowe 2007a: 72). In diesem Kontext wird den Mädchen der Computer zum Medium und Speicher von zu verobjektivierenden Fantasien, die ihren Niederschlag in „Gedichten" und „Geschichten" finden und der Schreibprozess erscheint unabhängig von einer eindeutigen Funktionszuweisung.

Das Moment der Selbstverwirklichung bedeutet dabei eine aus dem subjektiven Erleben heraus motivierte Vergegenständlichung des Eigensinns mittels Medium, was bisweilen schwärmerische Züge trägt und über die bloße Materialität des Gegenstandes das Persönliche oder Authentische sucht („es sind ja nicht nur Texte, sondern auch Biographien"). Das Computermedium ist hier das Vehikel einer selbstbezüglichen Auseinandersetzung mit medialen Optionen, z. B. symbolischem Material zur Verwirklichung einer interaktiven Star-Fan-Beziehung. Beobachten lassen sich hier Zugriffe auf Medieninhalte, die an Prozesse mimetischen Sich-Angleichens erinnern (etwa das Ausdrucken von Musiktexten), wobei auch hier die Selektivität der Medienpraxis in Form eines stark fokussierten oder Inselinteresses zutage tritt (z. B. wenn ausnahmslos alle Alben einer Künstlerin besessen werden). Bei der medialen Suche nach entsprechendem Material wird daher zum Teil nicht nur sehr pragmatisch, sondern auch energisch vorgegangen; dabei wird eine Entschlossenheit signalisiert, ans Ziel zu kommen, bis der Handlungsentwurf in die Tat umgesetzt wurde.

Im Zuge der Orientierung an eigenen Produkten innerhalb ihrer Medienpraxis geht es den Mädchen darum auch vorrangig um Gestaltobjekte, die die eigene Autorenschaft lustvoll dokumentieren und den persönlichen Blick wirkungsvoll verkörpern. Hier erfolgt etwa ein Zugriff auf medientechnische Herstellungs- und Reproduktionsmöglichkeiten, welcher bisweilen von hohem Engagement und Geradlinigkeit gekennzeichnet ist; Digitalphotos von der Reise einer Mädchengruppe werden „natürlich" in Farbe erstellt und bezüglich der Qualitätskriterien werden Ansprüche erhoben („sonst bringt's ja nichts"). Erkennen lässt sich dabei, wie die Mädchen an symbolischen Repräsentationen der eigenen Medienpraxis orientiert sind, die z. B. sozial bedeutsame Anlässe thematisieren (Bilder, „wo man zusammensitzt") oder subjektive private Fantasien zum Gegenstand haben, um die dann auch eine Grenze gezogen wird („erzähl' ich nicht"). Die Hinwendung zu Computermedien hat hier den Charakter einer Beschäftigung mit der eigenen *Innenwelt* bzw. einer *Innerlichkeit*, die mitunter auch als *nicht* thematisierungsfähig („kann man nicht erklären") oder – gegenüber dem Forscher – als bewußt geheim zu halten und daher zu bewahren dargestellt werden („sind nur für mich").

Die bislang herausgearbeiteten Aspekte von Subjekt- bzw. Selbstbezüglichkeit, Erfahrbarkeit und unmittelbarer Interaktion sind zentrale Elemente auch in der *Bewertung von Medien* durch die Mädchen, deren diesbezüglicher Orientierungsrahmen durch die Bestandteile *Erziehung, Perspektivenreziprozität und soziale Praxis* markiert wird. Hier ließ sich hier zeigen, wie sich die Mädchen an Fragen der Beeinflussung des Mediengeschehens und der Wirkung von Medien – wie auch bei den bereits genannten Unterthemen – auf einer sozial-kommunikativen Ebene abarbeiten. Dabei aktualisieren sie hinsichtlich der Bewertung immer auch biographische Aspekte ihrer Mediennutzung, denen erzieherische oder zumindest erzieherisch begleitende Akte eingeschrieben sind. Sie kennzeichnen sich dabei selbst als (Medien-)Erzogene und stellen Handlungen dar, die mit der erzieherischen Absicht ihrer Eltern perspektivisch verschränkt sind. Deutlich wird daran, wie sie ihre Medienpraxen in personal-reziproke Bezugnahmen einbetten und die Hinwendung zu Medien als das generelle Resultat von sozial aufeinander abgestimmter Interaktionen und einer Erziehungspraxis schildern.

In diesem Kontext deuten sie intensiven Medienkonsum als das wechselseitige Resultat aus Aktivität des Nutzers *und* einer erfolgreichen bzw. erfolglosen erzieherisch konnotierten Formung von dessen Verhalten auf der Ebene des Sozialen. Diese Ebene des Mediengeschehens ist den Mädchen dabei von zentraler Bedeutung; so gilt etwa übermäßiges Medienverhalten als Egozentrik, infolge der ein soziales Miteinander vernachlässigt wird. Die Bewertung intensiven Medienkonsums gerät hier in die Nähe einer Beschreibung dessen, was von Hurrelmann (2002) als „Egotaktik" bezeichnet wird; wo ein so empfundenes (Medien-)Verhalten imaginiert wird, wird dies moralisch-appellativ angeprangert, weil es das Gebot des Sich-Umeinander-Kümmerns als eine gemeinsam geltend gedeutete Maxime verletzt. Genau andersherum, aber dennoch im selben Orientierungsrahmen, erscheint in einem Fall die eigene Medienpraxis als bewusste Abgrenzung *gegen* erzieherische Maßnahmen der Eltern, sodass hier von einer *Selbstverwirklichung qua Absage an die eigene Erziehung* gesprochen werden kann. Gemeinsam ist den Mädchen indes, dass sie ein vermeintlich als richtiges wie auch ein vermeintlich als abweichend empfundenes (Medien-)Verhalten in Relation zu reziprok vermittelten Interaktionen und als das Resultat einer gemeinsamen Praxis von Eltern und Kindern bewerten.

Inwieweit sich die Wirkung von Medien für die Mädchen auf einer sozial-interaktiven Beziehungsebene niederschlägt, zeigt sich immer wieder an ihren Überlegungen, wie sich infolge der Rezeption von Medien die Perspektive Anderer gegenüber Anderen modifiziert und welche Effekte dieser Prozess hat. Dabei geht es ihnen darum, dass Medienangebote so aufgefasst und genutzt werden, sodass realen Akteuren dadurch Nachteile erwachsen – dass sich also Wahrnehmung und Einstellung Anderer verändern (z. B. durch kritiklose Übernahme des Rezipierten) und dass sich daran vermittels eines handelnden Zugriffs auf Medien sozial destruktive Folgeerscheinungen koppeln. Vor allem, dass auf dem Feld der Medien bewusst und in böser Absicht Handlungen enaktiert werden, um andere gezielt zu schädigen, gilt hier als verwerflich; die Schilderung eines Erlebnisses, in der andere in einer gemeinsam geteilten Handlungssituation ein entsprechendes Verhalten ausprägen, ist dementsprechend von tiefer Scham gekennzeichnet. Eine real erlittene Brüskierung auf dem Feld der Medientechnologie wird hier zum unmittelbaren Erleben des Handelns anderer als eines solchen, das sich „bis zu einem Egoismus in der Durchsetzung eigener Interessen im sozialen Umfeld" steigert (Hurrelmann 2002: 33).

Vor diesem Hintergrund werden den Mädchen negative Wirkungen der Medien übergreifend zu demjenigen Phänomen, das diese auf einer *sozialen Ebene der Erfahrbarkeit* hinterlassen. Entscheidend ist dabei z. B. eine veränderte wechselseitige Wahrnehmung infolge der Medienrezeption; nimmt jemand z. B. davon Kenntnis, dass einem selbst versehentlich pornographische Internetseiten auf den Bildschirm geraten, könnte dies zur Unterstellung einer Absicht, d. h. zu einer Schieflage der Perspektiven, führen.

An dem Topos, *welche Gedankenwelten* sich möglicherweise im Kopf eines Mediennutzers infolge des Rezeptionsgeschehens ausprägen, wird sich auch ansonsten abgearbeitet; befürchtet wird etwa, benachteiligende und/oder herabwürdigende Medieninhalte könnten zur unreflektierten Perspektivenübernahme und zur Emergenz fragwürdiger Kognitionen führen, wobei beides wiederum hinsichtlich eines sozialen Effekte als bedeutsam gesehen wird. Darüber hinaus wird als negativ gesehen, wenn sich Emotionen an die Medienrezeption – z. B. das Spielen eines „Ballerspiels" – koppeln („lustig finden, wenn jemand erschossen wird"), welche sozial als inakzeptabel empfunden werden, wobei in diesem Fall – der Verknüpfung von Emotion und Kognition – auch eine entsprechende Imitation für denkbar gehalten wird.

Während sie im Zuge ihres Orientierungsrahmens Medien entlang der Frage bewerten, was das medial Transportierte bzw. Dargestellte gewissermaßen mit anderen *macht*, welche Effekte es auf ihre Sichtweise hat und inwiefern dies zu einer Missachtung der Handlungssphäre anderer führen kann, werden den Mädchen auch beide Instanzen – Medienanbieter wie -nutzer – zu *Adressaten erzieherischer Intentionen*. Performativ wird sich dazu z. B. selbst in die Lage einer *Mutter und Erziehungsberechtigten* versetzt und eigene Erziehungsanstrengungen werden durchgespielt, wobei sich bei den entsprechenden Gedankenexperimenten an einer praktizierten Mischung aus Erlaubnis, Zugeständnis, Begleitung, Kontrolle und Fürsorge abgearbeitet wird, die dem imaginierten Kind zuteil würde. Anders gesprochen geht es ihnen darum, durch erzieherische Behandlung gewissermaßen auf eine *soziale Qualität der Praxis* hinzuwirken, bezüglich der die Mädchen Folgewirkungen durch Medien und ihre Angebote vermuten.

Implizit erinnern ihre Argumente bisweilen an einen sozialwissenschaftlichen Diskurs, in welchem sich z. B. Heitmeyer (2002: o. S.) folgendermaßen zur Wirkung von Medien auf das Handeln Heranwachsender äußert: „Wenn Menschen nicht genügend Anerkennung finden und sich sehr ungerecht behandelt fühlen, dann kann das extreme Folgen haben: Sie erkennen auch die soziale Norm der Unverletzlichkeit von anderen nicht mehr an". Neben einer erzieherischen Begleitung der Mediennutzung gilt den Mädchen dabei *auch* eine gemeinsame Praxis von Edukator und Edukandus als Garant gegen schädliche Wirkungen bzw. als wichtig zur Ausprägung eines gewissermaßen guten Medienverhaltens. Das Soziale bzw. Gemeinsame erhält hier besonderes Gewicht: Zusätzlich zur Kontrolle und Begleitung ihres Sohnes hätten sich z. B. die Eltern des Erfurter Amokläufers darum kümmern sollen, dass dieser „nicht immer alleine ist". Erkennbar ist hier, wie die Mädchen, zumindest vom Ansatz her, auf der Folie von Erziehung als „Fremdförderung zur Selbstwerdung" (Ilien 2005: 44) argumentieren; erneut machen sie damit deutlich, dass sie etwaige Wirkungen der Medien – homolog zu deren Nutzung – nicht als rein individuelles, sondern viel eher als ein sozial verbzw. geteiltes Phänomen sehen.

So wie den Mädchen Medien bisweilen als *Gefährder bzw. als Gegenteil von Sozialität* erscheinen, sehen sie im Gegenzug *geteilte und gelebte Sozialität* als Garant gegen Medieneinflüsse bzw. ist Sozialität das vorrangige Feld, auf dem über Fragen der Medienbewertung entschieden wird. Dass die Mädchen sich auf dem Feld des Sozialen immer wieder an Merkmalen des Sich-Hineinversetzens in andere orientieren, sollte jedoch nicht einseitig als „Empathie" (Dorsch 2004) gedeutet werden, zeigt sich doch auch, dass von Ihnen die Perspektive anderer mitunter nur *eingeschränkt* vollzogen wird; wo etwa gesagt wird „ICH würde es NICHT schön finden, wenn meine Freundin jetzt nur am Computer hängt" drückt sich ebenso aus, wie das infragestehende Mediengeschehen vorrangig danach gedeutet wird, inwieweit von einer Beeinträchtigung des *eigenen* Erlebens ausgegangen wird. Auch die erzieherischen Gedankenexperimente der Mädchen lassen sich als Erziehung vor allem nach *eigenen Maßstäben* lesen – gewissermaßen als Formung nach eigenem Bilde. Insofern wohnt den erzieherischen Impetus der Mädchen auch das Moment der *Selbstverwirklichung* inne.

Wo sich bei den Mädchen performative Akte der Perspektivenübernahme und eine erzieherische Haltung auch gegenüber Medienangeboten und Medienanbietern finden, geht es ihnen um die Frage, *ob* und *wie* die Seite des Subjekts mit dem Rezipierten in eine stimmige Passung gebracht werden kann; etwa wird der Vorwurf erhoben, Medienanbieter brächten etwas zur Darstellung, ohne die Reaktion der Zuschauer antizipieren zu können – so ist das Zeigen von Brutalität im Internet „krass", da „die" nicht wissen könnten, „wie die Leute darauf reagieren". Deutlich wird hier, wie in der Orientierung der Mädchen versucht wird, die Perspektive der Produzenten- mit der der Rezipientenseite zu verschachteln. Erhofft wird sich in diesem Kontext z. B., es möge auf dem Feld der Medienrezeption zu Akten reziproker Verständigung und Anregung kommen, dass z. B. ein Medienangebot den Nutzer „lockt" und dieser darin Orientierung *für sich selbst* findet. Erkennen lässt sich hier wiederkehrend das Muster einer Suche nach Möglichkeiten sozial abgestimmter reziproker Anstrengungen. Dem entspricht, dass die Schilderungen der Mädchen immer wieder die Bestrebung nach der Einsicht der (möglichen) Urheber von Medienbotschaften in deren Tun implizieren, *weil* diese als Instanzen aufgefasst werden, die über Willen und Charakter verfügen und über Akte der Verständigung als erreichbar gedacht werden.

Den Interventionsideen der Mädchen ist in diesem Kontext wiederum das Moment der direkten Erfahrbarkeit als positiver Horizont zu eigen; eine Sanktion gegen Produzenten gewaltverherrlichender Medienbotschaften wird etwa als real spürbare Intervention in deren privatem Nahraum vorgestellt (eine Verfolgung „bis nach hause"), d. h. als ein personales Geschehen, dass einen realen Akteur versucht haftbar zu machen und in Verantwortung zu nehmen. In dieser Orientierung wird auch verblieben, wo die Begrenztheit einer solchen Strategie gesehen und z. B. die Ursache für mediale Gewalt resignativ gerade *nicht* als auf direktem Wege behebbar gedeutet wird („man kann nicht hinfliegen und sagen ‚hört auf damit'"). In allen diesen Aspekten kommt zum Tragen, wie sich die Mädchen an einer personenbezogenen Perspektivenreziprozität und einer Unmittelbarkeit orientieren sowie von der Seite der Praxis her argumentierten, von welcher ihrer Orientierung nach einerseits bestimmte Effekte auf das Mediengeschehen ausgehen und andererseits dort ihren Wirkungskreis entfalten.

Nicht zuletzt muss dies auch in Verbindung gesehen werden mit der sozialen Einbindung und des Engagements in sozialen Zusammenhängen, die bei den Mädchen mehr oder weniger stark ausgeprägt ist. Fallübergreifend ließen sich hier Aktivitäten ausmachen, die bei aller Unterschiedlichkeit den Charakter *gemeinsamen Umsorgens* haben. Am stärksten ausgeprägt zeigt sich dies in dem Fall des Mädchens, das sich in der christlichen Jugendarbeit engagiert und erzieherische und perspektivisch reziproke Argumente am vehementesten vorträgt.[194]

Zugleich reproduzieren sich in Fragen der Medienbewertung zentrale Facetten des Habitus der Mädchen aus deutschen Familien der sich durch ihre gesamte Medienaneignungslogik hindurch zieht, welche durch zwischenmenschliche Nähe, die symbolische Besetzung des Computermediums als sozial-emotionale Materie, die Einbettung dessen Nutzung in fragile Beziehungsdynamiken sowie die Akzentuierung direkter Erlebnisfähigkeit haben. Insofern ist dem Habitus der Mädchen eine „hohe soziale Empfindsamkeit (...) in ihrer unmittelbaren Lebenswelt" (Keupp 2000: 70) eingeschrieben und es scheint für sie „ein Rollenbild von Bedeutung zu sein, welches durch Emotionalität und Beziehungspflege gekennzeichnet ist" (Ohlbrecht 2006: 243). Im Zuge dessen entwickeln sie bezüglich ihrer Mediennutzung, -wahrnehmung und -bewertung ein – mehr oder weniger ausgeprägtes – Verständnis für die Perspektive Anderer (und ist ihr Medienhandeln selbst davon geprägt) und bringen Medien immer wieder mit Aspekten eines situativen Spürens gelebter Beziehungserfahrungen in Verbindung.

Als übergreifendes Fazit lässt sich festhalten, dass den Mädchen von Bedeutung ist, inwiefern sie ihr *Selbst* im Medium verwirklicht sehen, sich damit ausdrücken und veräußern können und das Medium mit dem subjektiven Verfolgen eines Handlungsziels synthetisieren können. Das Computermedium ist ihnen selektive Ressource, auf die habituell zum Teil völlig unterschiedlich Bezug genommen wird, der kein Selbstzweck gegeben wird und die sich vor allem in Wechselwirkung mit sozialen Bezugnahmen als überhaupt existent und handlungsrelevant erweist. Vor diesem Hintergrund wird den Mädchen das Feld des Medialen zu einem Raum für die Inszenierung ersehnter Erlebnisqualität, in dem die Medientechnologie die Rolle selektiver, sozial-emotionaler und den subjektiven Eigensinn betonender Objektivationen zukommt und in dem schwerpunktmäßig Beziehungsqualitäten, ein authentisches Erleben und ein Selbstbezug sowie die Möglichkeit zu einem Ich-Erleben als Anlass und als Referenzpunkt der Medienaneignung hervortreten.

7.5 Übergreifende Betrachtung der Merkmale Geschlecht und familiäre Herkunft sowie abschließende Überlegungen

Nach Zusammenfassung der Rekonstruktion der die einzelnen Samplegruppen charakterisierenden Orientierungen geht es abschließend darum, die Ergebnisse vor dem Hintergrund der in meiner Arbeit verwendeten Merkmale Geschlecht und familiäre Herkunft

---

[194] Evident wird hier eine Parallele zu den christlichen Jugendlichen aus der Studie von Straub (2006), denen eine skeptisch-distanzierte bis ablehnende Haltung gegenüber bestimmten Formen computervermittelter Kommunikation zu eigen; sie haben die Tendenz, „sich insgesamt von zu intensivem Medienhandeln fernzuhalten" oder auch „mit größtem Nachdruck die Unmittelbarkeit des Face-to-Face-Gesprächs" betonen und sogar „selbstbeschränkende Neigungen angesichts neuer Medien" äußern (Straub 2006: 203). Im Fall von Vanessa, die sich in der „Konfirmandenarbeit" engagiert, läuft der Habitus parallel: Ihr gilt der Computer als tote Materie („materiell"), sie zieht den Brief der Email vor und assoziiert mit der intensiven Beschäftigung mit dem PC physische Beschwerden („Kopfschmerzen") und antisoziales Verhalten, das gegen den aus ihrer Sicht zentralen Wert der Perspektivenrezipprozität verstößt.

in den Blick zu nehmen und diese auf Basis der Fallanalysen bezüglich Unterschieden und Gemeinsamkeiten zu verdichten.[195]

Zur Systematisierung der Beschreibung von Gemeinsamkeiten und Unterschieden greife ich zurück auf die von Marotzki (1990) etablierte Unterscheidung von Selbst- und Weltverhältnissen. Versteht man Weltverhältnisse als Äquivalent zur sozialwissenschaftlichen Verhältnisbestimmung von Sozial- und Sachdimension – und bestimmt diese Sachdimension im Kontext der Medienaneignung als Technikverhältnis – so ergibt sich eine dreigeteilte Blickrichtung. Diese Perspektive nimmt keine neue Kategorisierung der Ergebnisse vor, vielmehr sprechen die drei Verhältnisse Aspekte an, die in alle drei thematischen Bereichen der Nutzung, Bewertung und Wahrnehmung von Medien eingelagert sind und darin angesprochen werden. Im Folgenden betrachte ich erstens den Aspekt der *Materialität der Medientechnik* (Sachdimension/Technikverhältnis), zweitens *soziale Beziehungen* sowie *Genderkonstruktionen* (Sozialdimension/ Weltverhältnis) und drittens *Selbstentwürfe/Subjektkonstitutionen* (Selbstverhältnis). Die Fälle lassen sich dabei innerhalb von Kontinua verorten, die sich zwischen zwei Polen aufspannen, wodurch es möglich ist, jeweils Tendenzen innerhalb dieser Verhältnisse auszumachen, nicht jedoch feststehende Subsumtionen.

7.5.1 Technikverhältnisse als Beziehungen zur Materialität der Medientechnik

In der Sachdimension zeigt sich, wie sich die Jugendlichen im Zuge ihrer Aneignungsprozesse grundlegend mit der Materialität der Medientechnik auseinandersetzen. Hierzu ist auf Basis meiner Interviewanalysen zu beobachten, dass die Jungen herkunftsübergreifend in ihren Berichten eine Nähe zu dieser Materialität ausprägen, sichtbar in demjenigen Modus, in dem sie wiederkehrend auf Gestalt, Aufbau und Veränderungsmöglichkeiten sowie Anspruchlichkeiten, Zuständigkeiten und Eingriffsoptionen bezüglich medientechnischer Apparaturen Bezug nehmen. In den Orientierungen der weiblichen Jugendlichen wiederum ist dieser Bereich von in der Regel geringerer Relevanz, und zwar ebenfalls bei den Mädchen aus deutschen wie aus türkischen Familien, welche sich – als Gemeinsamkeit – von einer intensiven Beziehung zum Computer eher abgrenzen und gebrauchswertorientierte Zugänge verdeutlichen. Insofern lässt sich hinsichtlich der Materialität der Medientechnik von einer *Nähe-Distanz-Relation* sprechen, bezüglich der sich eine Geschlechtstypik als hoch relevant erweist.

Dieses Resultat mag auf Ebene des common sense nicht überraschend sein, betrachtet man entsprechende Ergebnisse aus dem Bereich einschlägiger Untersuchungen, die den Befund der vorliegenden Studie untermauern (vgl. Picot/Willert 2003). Insgesamt bestätigt die Untersuchung die Ergebnisse anderer Autoren (vgl. z. B. Buchen/Straub 2006a, Buchen/Straub 2006b, Welling 2008), wonach es eine zentrale Gemeinsamkeit

---

[195] Infolge des methodologischen Vorgehens der vorliegenden Arbeit können keine isolierten Merkmale und/oder ihre Wirkung betrachten werden. Nach Auffassung rekonstruktiver Sozialforschung sind die Befragten auch nicht zu begreifen als Träger von Merkmalen, in die sie aufzuspalten wären, sondern als Subjekte. Insofern entspräche die Frage nach isolierten Wirkungen oder die Suche nach Merkmalseffekten eher einer quantitativ-standardisierten Forschungslogik, innerhalb der mit statistischen Verfahren Einflussgrößen bestimmt werden (siehe hierzu ausführlicher Kapitel 5).

von Jungen zu sein scheint, sich als technisch affin wahrzunehmen und zu inszenieren. Indem dies relativ weniger für die Mädchen zutrifft, repliziert die Arbeit zugleich die Annahme, dass Medienhandeln – vor allem in Bezug auf seine materiale bzw. artefaktseitige Dimension – als ein nach wie vor hoch vergeschlechtlichtes Feld anzusehen ist.

Das in den Interviewanalysen herausgearbeitete in die Handlungspraxis eingelassene Wissen verweist auf die Eingebundenheit in die Praxis der Jugendlichen, wie es sich in Beschreibungen und Erzählungen von dieser Praxis zeigt (vgl. auch Schäffer 2003: 262). Dies ist von entscheidender Bedeutung insofern, als dass dadurch ein Einblick gewonnen werden kann in Bedeutungszuschreibungen und Beziehungsformationen, die damit einhergehen. Hierzu sei noch einmal daran erinnert, dass alle befragten Jugendlichen (als gemeinsames formales Kriterium) über einen eigenen Computerzugang verfügten, sich jedoch erst in Form einer Beschreibung dieser Medienumgebungen Orientierungen finden lassen, aus denen heraus Technikverhältnisse abgeleitet werden können: Erst aus der subjektiven Konstruktion der Materialität lässt sich schlussfolgern, *wie* sich Materialitätsbezüge konkret darstellen. Hier zeigen die rekonstruierten Orientierungsrahmen, inwiefern diese Konstruktionen in hochgradig unterschiedlicher Weise ausfallen.

So zeigt sich, dass innerhalb einer Gemeinsamkeit der Nähe als einer männlichen Typik deutliche Unterschiede existieren, die herkunftsbezogen variieren; die gemeinsame Nähe zur Materialität findet also bei den Jungen herkunftsbedingt eine jeweils andere Bearbeitung. In Bezug auf materiale Modifikationsmöglichkeiten wird dies besonderes entlang der Differenz von „aufmotzen" bzw. „aufrüsten" und „bisschen stecken" evident. Hierbei steht einer Statusaufwertung von medientechnischem Artefakt und Subjekt seitens der Jungen mit türkischem Migrationshintergrund eine eher rationale Modifikation im Modus funktionalistischen Zweckhandelns seitens der Jungen aus deutschen Familien gegenüber. Im Zusammenhang mit einer divergierenden Körperwirkungs- und Objektwahrnehmung geht es dabei um Fragen der realweltlichen Präsenz: Wo es bei den Jungen mit türkischem Migrationshintergrund zu einer Orientierung an physischer Geltung kommt, wird ihnen das medientechnische Artefakt zum Unterstützer und Vehikel der sozialen Raumbehauptung. Das Erringen und Behalten der Oberhand über dieses Objekt gerinnt zu einem Beherrschungshabitus, *weil* die Raumbehauptung erst über die Objektbeherrschung vollständig werden kann.

Im Unterschied dazu prägt sich eine Nähe zur Materialität der Jungen aus deutschen Familien habituell über methodisch konnotierte Verwendungsszenarien oder unter dem Gesichtspunkt von Effizienz aus; hier wird das Artefakt eher zum Probeobjekt des Einsatzes medientechnikbezogenen Wissens. Während sich technisches Wissen bei den Jungen türkischer Herkunft eher in Form von Herrschaftswissen transportiert, nimmt es bei den Jungen ohne Migrationshintergrund eher die Form von Steuerungs- oder Regelwissen an.[196] Dieser Divergenz korrespondiert ein habituell unterschiedlicher Modus der Präsentation dieses Wissens, der bei den Jungen mit türkischem Migrationshintergrund zu Kompetenz- und Machtinszenierungen, bei den Jungen deutscher Herkunft zu rationalistisch-operativen Schilderungen gerinnt.

---

[196] Die Frage, über welches *tatsächliche* computertechnikbezogene Wissen die Jungen verfügen, lässt sich anhand der Interviews nicht beantworten; aus rekonstruktionslogischer Sicht ist vielmehr relevant, *wie* die Verfügung über Wissen habituell vermittelt wird.

Darüber hinaus ist innerhalb der Gemeinsamkeit der Nähe zur Materialität der Medientechnik als männlicher Typik eine weitere Gemeinsamkeit eingelagert, dergestalt, dass den Aneignungsbewegungen der Jungen ein „Überlegenheitsimperativ" (Buschmann 1994; vgl. auch Wiesner 2002: 296) eingeschrieben zu sein scheint – sichtbar an der herkunftsübergreifend auffindbaren Markierung der Genese und der Wirksamkeit eigener Handlungsbefähigung in Bezug auf die Materialität als eigenmächtig. Herkunftsunabhängig akzentuieren die Jungen als gemeinsam, Medientechnik nicht nur zu haben, sondern damit auch umzugehen bzw. umgehen zu können und Gestalter der eigenen Technikumgebung zu sein. Allerdings wird auch dieser Imperativ herkunftsbedingt unterschiedlich bearbeitet, z. B. dort, wo es um die Problemwahrnehmung bezüglich medientechnischer Funktionen und den Umgang damit geht: Hier stehen sich die z. T. hypertrophen Inszenierungspraxen der Jungen mit türkischem Migrationshintergrund den mitunter ironisierenden und intellektualisierend anmutenden Berichten der Jungen deutscher Herkunft gegenüber (den PC nicht erklären zu können, wird zu einer Unmöglichkeit, dies *überhaupt* tun zu können). Ebenso zeigt sich im Problemlösehabitus seitens der Jungen mit türkischem Migrationshintergrund die Tendenz zur Performanz fiktionaler Allmachtfantasien, während bei den Jungen aus deutschen Familien ein wiederum rationalistisch-mechanisches Ausführungsprozedere im Sinne einer operativen Mechanik zutage tritt.

In Bezug auf die in Kapitel 3 dargestellten Überlegungen bezüglich der sich an Medientechnik knüpfenden Potenziale hinsichtlich der Beherrschung und Bemächtigung (vgl. Ropohl 1999) sowie der Adaption und Domestizierung zeigt sich also, dass die Jungen herkunftsbedingt unterschiedlich an diese Projektionsflächen anschließen. Dem zentralen Element der Jungen aus türkischen Familien, ihre Nähe zur Technik habituell übersteigert herauszustellen, korrespondiert ihr negativer Gegenhorizont, von Grenzsetzungen oder der Exklusion aus der Welt der Medientechnik betroffen zu sein. Bestandteil dessen ist z. B. die Selbstzuschreibung eines eigenen und/oder gruppenbezogen wirksamen Spezialisten- bzw. Expertentums. Demgegenüber wird ein Hineinwachsen in die Welt der Technik bei den Jungen aus deutschen Familien normalisiert. Machen die Jungen aus türkischen Familien geltend, gerade nicht von der Technik domestiziert zu sein bzw. sich domestizieren zu lassen, vermitteln die ihre Altersgenossen ohne Migrationshintergrund, Rationalitätsansprüche der Technik zu erfüllen oder erfüllen zu können und statt technikbezogener Grandiosität eher auf technikbezogene Regelgeleitetheit abzustellen. Dem Habitus der Jungen aus deutschen Familien, eher nüchtern z. B. Mängel in der Hard- und Software wahrzunehmen, Programme jenseits der Benutzeroberfläche zu verändern oder sich mit Betriebssystemen oder Programmiersprachen auseinandersetzen – ein Ergebnis, das auch Schäffer (2003) bei männlichen Heranwachsenden berichtet – steht derjenige der Jungen mit türkischem Migrationshintergrund gegenüber, denen z. B. ein Basteln am PC oder ein Umgang mit technischen Komponenten zum symbolischen Kapital der In-Wert-Setzung technikbezogener Souveränität wird. Aus techniktheoretischer Sicht ist dabei interessant, wie unterschiedlich das Potenzial von Medien *als* Technik habitualisiert wird (vgl. 3.2.); diesbezüglich könnte man hier den Gegensatz von einer Wirksamkeit in Form der Vereinfachung menschlichen Handelns („ausrechnen") versus einer Wirksamkeit in Form der Ermöglichung gelungener Weltbemächtigung erkennen („kannst du alles mit machen").

Indem die Mädchen herkunftsübergreifend ihr Medienhandeln als Praxen darstellen, die sich wenig auf die technisch-materiale und kategoriale Seite der Medien beziehen, markieren sie eine *Distanz* zur Materialität der Medientechnik. Diese übergreifende Gemeinsamkeit zeigt, unterschiedlich ausgeprägt, Technikverhältnisse an, in welchen ein know that bezüglich der Medien als hinreichend kennzeichnet wird und die von der Selektivität der Nutzung über die Verzichtbarkeit bis hin zur Materialismuskritik reichen. Hier knüpft die vorliegende Untersuchung an Ergebnisse an, wie sie ähnlich auch von Hoffmann/Münch (2003: 48) herausgestellt werden, nach denen Mädchen mitunter explizit behaupten, nicht wissen zu wollen, wie Computer funktionieren und technikbezogene Themen tendenziell als unwichtig erachten (vgl. auch Schelhowe 2007a). Ebenso zeigen sich Parallelen zu Schäffer (2003), der feststellt, dass weibliche Jugendliche im Kontrast zu männlichen „am Handeln mit dem Computer sui generis nicht sonderlich interessiert" sind (ebd.: 158).

Ergebnisse wie diese können durch die vorliegende Untersuchung dahingehend angereichert werden, indem aufgezeigt wurde, inwiefern die habituelle Beziehung zur Materialität der Medientechnik bei den Mädchen eher die Form flüchtiger oder sozial geformter Relationen hat und wie sich dies angesichts des Migrationshintergrundes unterschiedlich ausprägen kann: Denn in der Gemeinsamkeit der der Distanz als einer weiblichen Typik finden sich auch Unterschiede; während die Mädchen aus deutschen Familien die Materialität der Medientechnik in Form einer eher situativen Selbstbezüglichkeit bearbeiten (z. B. in der Enaktierung technischen Wissens, wenn es sich subjektiv lohnt), tritt bei den Mädchen mit türkischem Migrationshintergrund ein Technikverhältnis zutage, das viel stärker von einer Grenzziehung und Heteronomisierung gekennzeichnet ist.

Herkunftsunabhängig ist den Mädchen zwar gemein, dass sie die Funktionalität bzw. tatsächliche Nutzbarkeit der Materialität in den Vordergrund stellen, als herkunftsspezifisch erweist sich jedoch eine unterschiedliche Einbettung dieser Akzentuierung von Funktionalität. Während etwa die Mädchen aus türkischen Familien Distanz als Ausdruck einer Verteilungsnormalität vermitteln, überwiegt bei den Mädchen aus deutschen Familien eine habituelle Indifferenz („nie gefragt", wie z. B. die Familie zum PC gekommen ist). Indes spielt die Materialität auch bei allen Mädchen eine Rolle und wird etwa der Besitz von Artefakten zum positiven Horizont, allerdings im Sinne von erstrebten Objekthandlungen und weit weniger im Sinne von Objektüberlegenheit (wie bei den Jungen). Der Rückgriff auf Materialität erscheint hier im Sinne einer physischen Raum*nutzung*, weniger einer physischen Raum*behauptung*. Differenziert wird dies herkunftsbedingt, indem die Mädchen aus deutschen Familien Objekten die Gestalt einer sozial-emotionalen Materie geben, bezüglich der eine Art pragmatische Generalkompetenz geltend gemacht wird, während das Technikverhältnis bei den Mädchen aus türkischen Familien viel eher von einer hierarchisch konnotierten Fremdheit bzw. einer Befähigung in der Begrenzung gekennzeichnet ist. Infolgedessen findet sich seitens der Mädchen mit türkischem Migrationshintergrund – anders als unter ihren Altersgenossinnen ohne Migrationshintergrund – auch keine Beschwerde über eine als schlecht empfundene Usability des Computermediums; dies steht im Kontext ihrer Wahrnehmung der Medientechnik als tendenziell feststehende Rahmenbedingung des Handelns als eines quasi-objektiven Datums, innerhalb dessen sich bewegt wird.

Während die Mädchen aus deutschen Familien eigenmotivierte, selbstbezügliche Materialitätsbeziehungen ausformen und pflegen, führt der Weg zur Materialität der Medientechnik und die Teilhabe daran bei den Mädchen mit türkischem Migrationshintergrund eher über heteronome Impulse und Zuständigkeiten (Besitz und Können anderer). Dabei kann gerade diese Art der Distanz, die zu einer habituellen Nicht-Zuständigkeit und Nicht-Beherrschung führt („speziell weiß ich jetzt GAR nix") als Bestandteil einer Markierung ihrer weiblichen Identität gesehen werden. Die Konstitution von Distanz zwischen sich und der Materialität der Technik zeigt sich in einer zum Teil maximalen Selbstkontrastierung zu dieser, worin sich nicht zuletzt eine stärker als bei den deutschen Jugendlichen ausgeprägte Eindeutigkeit in Genderkonstruktionen manifestiert (siehe unten). Viel stärker noch als der Habitus Mädchen deutscher Herkunft transportiert derjenige der Mädchen mit türkischem Migrationshintergrund die Nichtausprägung von Merkmalen wie Kontrolle, Überlegenheit oder Beherrschung in Bezug auf die Materialität der Medientechnik. Zu tun hat auch diese offenbar mit Fragen der physischen Raumbehauptung: Die Nähe der Jungen aus türkischen Familien scheint hier die spiegelbildliche Distanz der Mädchen aus türkischen Familien zu sein: Das Äquivalent zum „Aufmotzen-Können" ersterer ist im wahrsten Sinne des Wortes ein „die Finger-davon-Lassen" letzterer (den PC gerade *nicht* „aufzuschrauben" zu wollen). Grundlegend dokumentiert diese Distanz ihre tendenzielle Nicht-Verfügung über die physisch-materialen Rahmenbedingungen ihres Handelns.

Zusammenfassend lässt sich festhalten, dass sich bei den Jungen eine habituelle Nähe zur Materialität der Medientechnik (z. B. als vor allem technikbezogenes Computertechnikwissens) in Form des Vorhandenseins von Selbsttätigkeits- und Eingriffsmöglichkeiten in die materiale Umwelt als Dokument von Handlungsfähigkeit ausprägt. Dagegen erscheint die habituelle Distanz seitens der Mädchen (z. B. in Form einer geringeren Relevanz eines solchen technikbezogenen Computerwissens) als ein Dokument dafür, dass sie medienbezogene Handlungsfähigkeit eher unabhängig von der Performanz von Selbsttätigkeits- und Eingriffsmöglichkeiten in die materiale Umwelt sehen. In Erinnerung an die techniktheoretische Perspektive Latours (1998, vgl. dazu Kap. 3) bedeutet dies, dass in der Dimension des Reversiblen Blackboxens eine Gemeinsamkeit der Jungen darin liegt, dass sie die in der Materialität der Technik aufgeschachtelten und wirksamen Handlungsprogramme eher nutzen (und sich z. B. die Differenz zwischen Oberflächen- und Tiefenstruktur eher aneignen) als die Mädchen, denen eine vorrangig phänomenologische Sichtweise auf die Medientechnik gemeinsam ist, sodass sie den in die Materialität eingebauten Handlungsprogrammen eher folgen, als diese selbst zu modifizieren oder in Details verstehen zu wollen.

Bezüglich der Konstruktions- und Vermittlungsleistung, wie sie der Medientechnik inhärent ist (vgl. 3.4), zeigen sich hieran durchaus divergente Erlebensweisen hinsichtlich der Operationsweise technisch geprägter Handlungszusammenhänge. Dass von keiner Technik-Ignoranz der weiblichen Jugendlichen die Rede sein kann, wurde jeweils fallbezogen deutlich; die Mädchen aktualisieren eher technisch situatives Anwendungswissen und knüpfen ihre Auseinandersetzung mit der Medientechnik an eine emotionale Besetzung – wobei auch hier eine Divergenz bei den Mädchen aus deutschen Familien und den Mädchen mit türkischem Migrationshintergrund in Form von subjektiver Gratifikation versus Sphärentrennung von Handlungskompetenz bzw. habituelle

Normalisierung von Inanspruchnahme instruktionaler Unterstützung zu beobachten ist. Ersichtlich wird dadurch, wie deutlich die Struktur der Distanz als Gemeinsamkeit herkunftsspezifisch voneinander abweicht: Wo bei den Mädchen aus deutschen Familien eine zum Teil bewusste und angestrebte Distanz sichtbar wird, die sich bis zur Genügsamkeit hin steigert, vermittelt sich bei den Mädchen aus türkischen Familien eine z. T. rollen- und machtförmig erzwungene Distanz. Interessant ist dabei, wie sich selbige – scheinbar paradox – in einer selbst zugeschriebenen Maximal-Nähe äußert („Computer ist Teil von mir"), die jedoch, das zeigen die Beschreibungen, von einer tatsächlichen Nicht-Verfügung über die Materialität begleitet ist. Ebenfalls ließ sich zeigen, wie die Mädchen mitunter bestrebt sind, rhetorisch Besitzverhältnisse – und damit Nähe – geltend zu machen, wo faktisch Ungleichheit herrscht.

7.5.2 Weltverhältnisse als soziale Beziehungsgestaltungen und Genderkonstruktionen

Die Beeinflussung der Medienaneignung durch soziale Beziehungen war zum einen eine wichtige theoretische Grundannahme der vorliegenden Studie und ist zum anderen eines ihrer zentralen Ergebnisse. Eingebettet in ein soziales Beziehungserleben und -handeln sind in die Orientierungen der Jugendlichen bei Nutzung, Wahrnehmung und Bewertung von Medien vielfältige und unterschiedliche Beziehungserfahrungen und Beziehungsgestaltungen eingelagert. Bezüglich dieser Einlagerung ist eine Schwerpunktsetzung der Jugendlichen beobachtbar, die eine Ausdifferenzierung entlang ihres familiären Hintergrundes erkennbar werden lässt. Zeigen sich in den Schilderungen der Jugendlichen mit türkischem Migrationshintergrund immer wieder – bei aller fallspezifischen Variabilität – Merkmale von hierarchischen und Statusbeziehungen, die von Respekt, Autorität, aber auch Kontrolle und Kohäsion durchdrungen sind, implizieren die Darstellungen der Jugendlichen deutscher Herkunft eher egalitäre, individualisierende, auf Aushandlungsprozesse verweisende soziale Beziehungen. Hinsichtlich einer grundlegenden Ausrichtung der die Medienaneignung begleitenden und formenden Beziehungskonfigurationen erweist sich eine herkunftsspezifische Akzentuierung als relevant.

Zunächst ist den Jungen mit türkischem Migrationshintergrund gemeinsam, dass sie innerhalb der für sie relevanten Beziehungsformationen auf Souveränität, Ebenbürtigkeit und Durchsetzungsvermögen abstellen. Etwa erfolgt ihre Beziehungsgestaltung häufig entlang von sichtbar bzw. objektiv wahrnehmbarem symbolischem Kapital, wofür ihr performatives Schritthalten und Schritthalten-Können-Wollen grundlegender Beleg ist. Damit erfolgt ein Beweis eigener Handlungsbefähigung, welche wiederum in Kontexten sozialer Zugehörigkeit mit einer wechselseitigen Steigerung verbunden ist. Hierein fällt z. B. die Kennzeichnung medienbezogener Lern- und Aneignungsbewegungen in Form von Statustransformationen, etwa in Form der Annäherung an andere Personen, die in hierarchisch höherer Position geschildert werden.

Dem Wissens- und Kompetenztransfer ist dabei ein Mechanismus von Selbst- *und* Fremdermächtigung eingeschrieben, zielt vor allem die nach außen gerichtete Darstellungs- und Wirkweisen eigener Fähigkeiten auf eine soziale Resonanz und gerinnt zu einer Haltung von Kompetition und Konkurrenz. Eine Konstruktion des Anderen erfolgt vorrangig im Modus von Gleichheit/Ungleichheit bzw. Über-/Unterlegenheit, jedoch nicht aufgrund intentionaler Zuschreibungsmechanismen, sondern eher infolge sozialer Beziehungsgestaltungen, die hierarchische Aspekte implizieren. Der damit verbundenen hohen Bedeutsamkeit einer sozialen In-Wert-Setzung von symbolischem Kapital entspricht der generalisierte Andere unter der Perspektive, „was der so drauf hat".

Dass die sozialen Beziehungen, die die Jungen eingehen, immer wieder von physischer Geltung und Präsenz Anderer geprägt sind, erklärt ihre Relevanz, auch die eigene Befähigung komparativ zu vermitteln, gerade weil der Modus der Komparation zentrales Mittel der für sie relevanten Beziehungsgestaltungen ist. Das Äquivalent zur Komparation bilden unterschiedliche Prinzipien von Solidarität, wozu etwa, neben der Beziehungsgestaltung im Modus von Zugehörigkeit, eine in der Regel respektvolle Thematisierung sowohl von Freunden als auch von Eltern – ihrer Leistungen genauso wie ihrer Bedürftigkeit – gehören (z. B. in Form des dem Vater Helfens, der „nicht so gut mit Maus umgehen kann"). Dazu gehört ebenso die Akzentuierung eigener Leistungen in innerfamiliären Zusammenhängen als eines Statusgefüges.

Die entsprechende Praxis von Anbieten und Helfen wiederum verknüpft sich mit einem Zugewinn an eigener Souveränität bzw. wird an die eigene Person zurückgebunden. Sichtbar wird eine Versorgungshaltung – vor allem in familiären und Peergroupzusammenhängen – mit solidarisch kohäsiven *und* statusbezogenen Funktionen. Insofern wird von den Jungen immer wieder ein Respekt gegenüber anderen bezeugt (Familien und Peers) – z. B. in der Schilderung von „Cousins" als technikbesitzend und -anbietend – gleichzeitig bilden diese die Referenz des Bestrebens zur Einnahme einer Rolle, welche die Anschlussfähigkeit zu diesen impliziert. Vor allem im Aspekt der Anschlussfähigkeit kann eine Besonderheit der Migrationslagerung erkannt werden, indem sich die Jungen in ihrem Bestreben ähneln, sich an sozialer Inklusion und Aufstiegschancen zu orientieren, die sie selber an Vertretern ihrer Herkunftsfamilie beobachten. Insbesondere in zwei Fällen wurde sehr deutlich, wie die Jungen ein Erleben davon transportieren, wie sich ihre Eltern eine anerkannte Position in der Ankunftsgesellschaft erarbeitet haben, sei es durch wirtschaftlichen Erfolg oder den Erwerb von (medienbezogenem) Bildungskapital.

Auch die Mädchen mit türkischem Migrationshintergrund verdeutlichen, als Parallele zur Ausformung sozialer Beziehungen zu den Jungen, hierarchische und Statusaspekte. Innerhalb dieser Gemeinsamkeit mit den Jungen beziehen sie sich aber stärker auf solche Merkmale, die anstelle von Souveränität, Ebenbürtigkeit und Durchsetzung eher in einem Spannungsfeld von Fügung und Auflehnung, Emanzipation und Konformität verortet werden können. Neben Beziehungsmustern, die die Akzeptanz von Vorgaben der Gestaltung medienbezogener Handlungsmuster verdeutlichen, sind auch sie an einer meist respektvollen Thematisierung der Kompetenz oder Stellung anderer, vor allem ranghöherer Familienmitglieder orientiert. Daneben lässt sich in Peergroupzusammenhängen eine implizite Stratifizierung von Sozialbeziehungen beobachten, etwa wenn es zur Bejahung solcher Verhaltensmuster kommt, die mit der Beachtung von Grenzen in Verbindung stehen, oder aber zur Abgrenzung von solchen, die dies nicht tun.

Die wiederkehrende Kennzeichnung der Genese des eigenen Handlungsentwurfes als heteronom, die enge Anlehnung der eigenen Verhaltensregulierung an externe Impulse oder die Einbettung des eigenen Handelns in Ordnungsmuster lässt ebenso eine Ausformung funktionaler oder Statusbeziehungen vorrangig im Modus von Anpassung erkennen (innerhalb der es dann, das zeigte sich immer wieder, zum Geltend-Machen eigener Handlungsautonomie kommt). Wo sich z. B. medienbezogenes Lernen bzw. Weiterlernen an instruktionalen Unterstützungsleistungen orientiert, ist die Lokalisierung des eigenen medienbezogenen Handlungsspielraumes entlang geschlechtsrollenförmiger Verpflichtungen zu beobachten – eine Erweiterung des eigenen Handlungsspielraumes erfolgt etwa in Anbindung an rollenförmig legitimierte oder instruierende Kontexte und wird eine Beschäftigung mit Medien jenseits dessen eher abgewehrt („einfach so? Ich weiß nicht").

Auch wo die Herangehensweise an die Medien nach Vorgaben erfolgt, die zumeist von männlichen Personen ausgehen, zeigt sich, wie die Mädchen sich in mitunter funktionalen Abhängigkeit präsentieren oder die Formung ihres eigenen Handlungsspielraumes selbst grundlegend in den Kontext von Abhängigkeiten bis hin zu Kontrollen stellen. Insofern knüpfen meine Ergebnisse an Befunde von Güngör (2010) an, welche ebenfalls berichtet, wie in türkischen Familien die Definition und der Umgang mit Wissen mitunter familiär vorstrukturiert und geformt werden (vgl. dazu auch Toprak 2004; Atabay 2002). Bezüglich dieser Vorstrukturierung von Wissen und Wissenserwerb ist auf der Basis meiner Interviewanalysen zu beobachten, dass die Mädchen so damit umgehen, dass eine vergleichsweise zielstrebige Art sichtbar wird, sich in medienbezogenen Arenen zu bewegen. Meine Untersuchung repliziert damit zugleich Ergebnisse von Rosen/Stüwe (1985), nach dem Mädchen mit türkischem Migrationshintergrund im Vergleich zu ihren Altersgenossinnen aus deutschen Familien eher elterlicher und familiärer Kontrolle unterworfen sind und an häuslichen Pflichten beteiligt werden. Als Erweiterung dieser Ergebnisse zeigt die vorliegende Untersuchung, wie auf diesem Weg der Medienalltag der Mädchen geformt und beeinflusst werden kann – z. B. im Vorhandensein von Barrieren zu den Medien sowohl innerfamiliär wie auch in der Öffentlichkeit oder in die Einordnung medialer Geschmacks- und Nutzungsinteressen in die Wahrnehmung einer rollenspezifisch divergenten In-Wert-Setzung von Handlungsentwürfen.

Als zentrales Merkmal der sozialen Beziehungsgestaltung müssen auch unterschiedliche *Genderkonstruktionen* betrachtet werden, bezüglich der eine Ausdifferenzierung der Orientierungen der Jugendlichen wiederum vor allem herkunftsbedingt beobachtet werden kann. Als Gemeinsamkeit der Jugendlichen mit türkischem Migrationshintergrund lassen sich geschlechtsbezogene Praxen finden, deren Verbindung in ihrer stärker traditionalistisch-schematischen und bipolaren Eindeutigkeit gesehen werden kann. Im Gegensatz dazu zeigen die Berichte der Jugendlichen aus deutschen Familien eine eher situativ-offene Geschlechterkonstruktion, welche (siehe unten) geschlechtsspezifisch variiert. Eine geschlechtsspezifische Ausdifferenzierung bezüglich ihrer Genderkonstruktion findet ebenso bei den Jugendlichen mit Migrationshintergrund statt: Die Ausprägung der Jungen, das deutete sich bereits in ihren Technikverhältnissen an, lässt sich dahingehend verdichten, dass sich in ihren Praxen Parallelen zu einer Genderkonstruktion auffinden lassen, die mit Connell (1999) als „hegemoniale Männlichkeit" bezeichnet werden kann. Connell zufolge ist dies jene Form von Männlichkeit, „die in einer gegebenen Struktur des Geschlechterverhältnisses die bestimmende Position einnimmt, eine Position allerdings, die jederzeit in Frage gestellt werden kann (…)" (ebd.

(97); insofern definiert sich hegemoniale Männlichkeit „als jene Konfiguration geschlechtsbezogener Praxis (...), welche die momentan akzeptierte Antwort auf das Legitimitätsproblem des Patriarchats verkörpert und die Dominanz der Männer sowie die Unterordnung der Frauen gewährleistet (oder gewährleisten soll)" (ebd.).

Während die Orientierungen der Jungen mit türkischem Migrationshintergrund an einer Dominanz in sozialen Beziehungsgestaltungen bereits oben herausgearbeitet wurde, lässt sich ein implizites Hegemonialstreben vor allem in kommunikativen Szenarien der Mediennutzung herausstellen; neben der Beherrschung über Technik machen die Jungen deutlich, inwiefern sie der *aktive Part* sind bzw. sein wollen, wenn es etwa um heterosexuelle Kontaktanbahnung mittels Medien geht, wobei sich in die Beherrschung über die Technik eine Verfügung über das weibliche Geschlecht mischt. Die Medientechnik gerinnt dabei zu einer Art „Männlichkeitsmaschine" (Hollstein 1999: 68 ff.), mittels der sich „eine Freundin" besorgt wird. Selbst wo dies nicht geschieht, ist das Moment der Verfügung leitmotivisch implizit und wird eine potenzielle Freundin aus dem Chat als „Dings" abqualifiziert.

Auch über kommunikative Nutzungsszenarien hinaus lassen sich in den Orientierungen der Jungen Bezüge zu hegemonialer Männlichkeit erkennen; diese zeigt sich in der Selbstzuschreibung medienbezogener Affektkontrollmöglichkeiten, die vorrangig der eigenen Stabilität attribuiert werden, in der Stigmatisierung von Schwäche wie in der subtilen Zurückweisung von Homosexualität (nicht mit „Jungs" chatten);[197] ebenso aber auch in einer wiederkehrenden Bezugnahme auf kompetitives zur Geltung Bringen eigenen Könnens innerhalb der eigenen Genusgruppe als zentralem Referenzrahmen der Medienaneignung und eine entsprechende Bewährung darin („am Anfang haben die gesagt ,ist schwer'"); eine eindeutige Markierung von Männlichkeit erfolgt auch da, wo z. B. das „Anschaffen" einer eigenen Internetseite zum Zweck des Zurschaustellens von Kampfsportaktivitäten („Berliner Meister") gewähnt wird, worin sich die „sportliche Leistungsfähigkeit des Körpers" als „ein zentraler Bezugspunkt einer Selbstdarstellung als ,richtiger Junge'" spiegelt (Fritzsche 2003: 264, vgl. dazu auch Jösting 2005). Schließlich kann eine Orientierung an eindeutiger Männlichkeit auch dort gesehen werden, wo sich der (berufs-)biographisch positive Horizont der Jungen auf solche Positionen bezieht, die mit ökonomischem Erfolg und einem angesehenen Lebensstil verknüpft sind und hohe Gestaltungs- und Geltungsoptionen implizieren (vgl. dazu auch Tertilt 1996; Weber 2009).

Übergreifend transportiert ihr Habitus die aktive Besetzung von Handlungsspielräumen, wie sie dem Ideal einer hegemonialen Männlichkeit entsprechen und von dieser auch eingefordert wird. Münden kann dies, wie sich in einem Fall zeigte, sogar im positiven Entwurf einer (berufs-) biographisch in die Zukunft gerichteten Vorstellung eines Verzichts an medientechnischer Handlungskompetenz – nach Einnahme einer erfolgreichen Rolle brauche man den Computer und den Umgang damit selbst vermutlich kaum noch, schließlich sei man „Chef" und könne deshalb Arbeit abdelegieren. Insofern verhält sich die Ausprägung von hierarchischen und Statusbeziehungen mit der Akzentuierung auf das Moment der Souveränität (siehe oben) komplementär zur Konstruktion von

---

[197] Straub (2006: 43) macht unter Verweis auf Connell darauf aufmerksam, dass neben „dem Dominanzaspekt (...) die Heterosexualität als wichtiges Kennzeichen hegemonialer Männlichkeit gilt".

Geschlecht bzw. wird dadurch bedingt und ermöglicht. Damit ist, im Anschluss an Bilden (1998: 293) gesagt, dass es sich bei der Ausrichtung der Jungen mit türkischem Migrationshintergrund nicht um eine statische Gegebenheit handelt, sondern dass Hegemonialität als ein Ausdruck des Zusammenspiels von Beherrschungsansprüchen und Machtverteilungen innerhalb von Alltagspraktiken verstanden werden muss.

Auch innerhalb der von den Mädchen mit türkischem Migrationshintergrund als relevant geschilderten Beziehungsformationen kommt es zu Genderkonstruktionen, die, als Gemeinsamkeit mit den Jungen aus türkischen Familien, von traditionalistisch-schematischer bzw. bipolarer Eindeutigkeit gekennzeichnet sind. Eine Ausprägung erfährt dies dort, wo sich die Mädchen in ihren Handlungsspielräumen durch männlich hegemoniale Vormachtstellungen eingeschränkt sehen – z. B. in Form der Zugangsbarriere zu Medien („immer so Machos" im Internetcafe). Auch darüber hinaus findet eine Aneignung von sozialen Räumen und Entwicklungschancen immer wieder in Relation zur Beeinflussung durch männlich konnotierte Verhaltensschemata statt. Hierzu gehört die Einpassung in weibliche Rollenmuster, eine (Selbst-)Funktionalisierung entlang klassischer weiblicher Handlungsformationen (z. B. Familiensekretärin sein) ebenso wie die Orientierung an dualistischen Geschmacks-, Zuständigkeits- und Kompetenzsphären. Entgegen einer aktiv-dominanten Ausprägung einer schematisch-bipolaren Genderkonstruktion seitens der Jungen sind also seitens der Mädchen mit türkischem Migrationshintergrund eher passiv-reaktive Ausformungen zu beobachten. Insgesamt zeigen die Orientierungen der Mädchen, wie sie sich selbst mitunter in Strukturen hegemonialer Männlichkeit befinden bzw. begeben müssen (z. B. berufsvorbereitendes Tippen-Lernen im Geschäft des Onkels).

Vor diesem Hintergrund kann ihr Habitus, etwa in Problemzusammenhängen mit der Medientechnik vergleichsweise niedrigschwellig auf fremde, in der Regel männliche Hilfe zurückzugreifen, als Ausdruck des Handlungsschemas einer zuständigkeitsbezogenen und rollenkonformen Beziehungsgestaltung *und* der Bearbeitung einer schematisch-bipolaren Genderkonstruktion als passiv-reaktiv bezeichnet werden. Dabei wird eine mitunter aufzufindende Selbstinferiorisierung oder das sich Beugen impliziter Vormachtstellungen männlicher Familienangehöriger weniger als Akt der Bevormundung, sondern als primordiale Ordnung thematisiert. Zwar zeigen die Mädchen immer wieder, wie sie sich gegen dominante Männlichkeit erheben und z. B. aus medialer Distanz mit Dominanzverteilungen spielen, zugleich aber an Rollendominanz festhalten. Erkennen lässt sich fortwährend, wie es zu deutlichen Dominanz-Unterordnungsverhältnissen kommt, insofern man bei den Mädchen mit türkischem Migrationshintergrund in Anlehnung an Connell Anzeichen einer emphasized feminity (Connell 1987: 183) entdecken kann, welche eine Ausprägung von Weiblichkeit meint, die sich eher in die Unterordnung fügt und sich an den Interessen und Wünschen der Männer orientiert bzw. orientieren muss.

Zusammenfassend lässt sich sagen, dass die Ausgestaltung der Beziehungen zwischen den Geschlechtern bei den Jugendlichen mit türkischem Migrationshintergrund – sowohl bei Mädchen als bei Jungen – vergleichsweise hierarchischer ausfällt, als dies bei den Jugendlichen aus deutschen Familien der Fall ist. Dies ist in Verbindung zu sehen mit einer wechselseitigen Geschlechterperformanz als Ausdruck, Resultat und Bedingung von hierarchischen bzw. statuskonnotierten Beziehungsformationen. Anders als z. B. Popp (1994), die eine tendenzielle Ablehnung traditioneller Geschlechtsrollenverteilungen bei türkischen Mädchen herausstellt, weisen die Ergebnisse meiner Fallanalysen eher daraufhin, wie stabil die Befragten sich z. T. selbst in solchen Geschlechtsrollenverteilungen positionieren und in ihrer eigenen Praxis erleben. So lassen ihre Schilderungen immer wieder ein Erleben erkennen, wie sich – als ein Kennzeichen männlicher Herrschaft im Sinne Boudieus (2005) – der „Handlungsspielraum des Mannes (...) jenseits des privaten Bereiches im öffentlichen Leben fortsetzt" (Künzel 2005: 121), während sich selbst in einer davon abgegrenzten Sphäre verortet wird.

Die Falldarstellungen der Jugendlichen deutscher Herkunft zeigen an, dass sie Sozialbeziehungen eher als egalitär und/oder individualisierend bzw. individualistisch konnotierte erleben. Darin eingelagert sind – parallel zu denen ihrer Altersgenossen mit türkischem Migrationshintergrund – ebenfalls Genderkonstruktionen zu beobachten, anders als bei diesen jedoch weniger eindeutig. Indem es bei den Jungen aus deutschen Familien zu einer Relationierung des eigenen Medienhandelns zu gesellschaftlichen Normalitätserwartungen, zur Deutung der Bereitstellung medialer Infrastrukturen durch gesellschaftliche Institutionen oder zur Anbindung der eigenen Medienkompetenzgenese und deren Weiterentwicklung an Institutionen der gesellschaftlich-öffentlichen Sphäre kommt, lässt sich feststellen, dass die Ausformung von Beziehungserfahrungen bei den von mir befragten Jungen aus deutschen Familien einem Modus folgt, der als formalistisch-strukturalisierend bezeichnet werden kann.

Dass sich selbst und anderen vorrangig zweckrationale Motive zugeschrieben werden, die eigene Person und die anderer als etwas regelhaft zu Steuerndes modelliert wird und dabei auf Selbstverantwortlichkeit oder Selbstverantwortungsfähigkeit abgestellt wird, lässt sich grundlegend als eine Anbahnung von sozialer Erfahrung im Modus des rational choice interpretieren. Auch die Konstruktion des Anderen erfolgt vorrangig in diesem Modus und artikuliert sich z. B. in Form von Distanz oder Indifferenz, etwa da, wo Mediennutzer als nicht-kommunikative oder selbstreferentielle Systeme gedeutet werden. Stellenweise erscheint das Subjekt in ihren Schilderungen im Modus des Verfahrensmäßigen, also tendenziell unpersönlich bzw. unemphatisch, werden z. B. Heranwachsende mit problematischem Medienverhalten zu einer „Sorte von Leuten" oder Subjekte zu „Personen". Auch wo Erziehung als Sozialtechnologie ironisiert wird, zeigt sich ein Steuerungskalkül, das als Ausdruck eines formalisierend-partikularen Beziehungserlebens interpretiert werden kann. Wo ein Freund bezüglich des Computermediums gefragt wird, ob „er das erklären kann", wird dieser als Träger eines *formalen Wissens* adressiert und mit ihm eine Sachbeziehung eingegangen. Schließlich führt die Prominenz einer instrumentellen Vernunft, die die Jungen immer wieder vermitteln, dazu, dass Fragen einer gemeinsamen (Medien-)Praxis in Form einer Ausblendung zwischenmenschlicher Beziehungserfahrungen erscheinen oder es zu ihrer Verlagerung in den Bereich technisch-methodischer Handlungsformen kommt. Die Beziehungsgestaltung ist dabei vorrangig formal, etwa wird sich entlang eines formalen Computerwissens von anderen abgegrenzt – statt z. B. Schwestern zu helfen, wird ihnen entgegnet, sie sollten doch die PC-Bedienungsanleitung „mal lesen".

Auf Seiten der Jungen deutscher Herkunft zeigt sich dabei besonders deutlich, wie ein formal-rationales Medienhandeln mit einer formal-rationalen Beziehungsgestaltung einhergeht bzw. beides einander bedingt. Nicht nur sehen sie das Computermedium vorrangig auf dessen methodische Verwendung hin angelegt, sondern auch sich selbst. Auf diese Weise demonstrieren die Jungen soziales Handeln mitunter auch als technikhaft gedachtes Prozessieren eines abstrakten Handlungsprogramms. Mit Häußling lässt sich hier die Verknüpfung von Computertechnologie und formalem Handeln beobachten: So entwirft der Computer, folgt man den Jungen,

„eine Welt der Information, wo alles mit jedem verrechnet werden kann, wo alles seinen funktionalen Wert hat und alles auf methodische Verwendung angelegt ist. Die Computertechnologie legt dem Menschen schließlich den Schluß nahe, unter allen Kommunikationsformen der nackten Information den größten Bedeutungsgehalt zukommen zu lassen, ist sie doch am effizientesten und kann sie auch beliebig gebraucht werden" (Häußling 1998: 96).

In ihrer tendenziell formalistisch-strukturalisierenden Beziehungsgestaltung unterscheiden sich die Jungen von den Mädchen, bei denen das Beziehungserleben eher als sozialpartnerschaftlich bezeichnet werden kann. Wo etwa ihre Altersgenossinnen aus türkischen Familien vermitteln, inwiefern mit der Habitualisierung der Erfüllung exteriorer Ansprüche eigene Handlungsstärke einhergeht und die Aneignung von Wissen z. B. innerfamilial in eine tendenzielle Kontrollbeziehung eingebettet ist, transportieren die Mädchen aus deutschen Familien, inwiefern sie eher von Mitbestimmungs- und Mitgestaltungsfähigkeit sozialer Beziehungen geprägt sind. Ein Dokument dafür liegt z. B. da vor, wo die eigene Medienbiographie als Angebot seitens des Vaters erinnert wird, an die sich ein selbstbezügliches bzw. freiheitliches Tun koppelt („und ich so ‚ja, kann ich ja mal machen'"). Insgesamt werden in den Aneignungsbewegungen der Mädchen vor allem Freundinnen oder Familienangehörige zu temporären Partnern und subjektiv bedeutsamen Menschen, mit denen es sowohl zu einem sich Treiben lassen als auch zu einer Form der wechselseitigen Sorge kommt.

Auch der Habitus, sich persönlich von Medienangeboten infolge sozialer Beziehungserfahrungen in der inneren Gefühlslage ansprechen zu lassen, das Subjekt tendenziell als Ganzes zu adressieren oder personale Nähe in den Vordergrund zu rücken, folgt diesem Muster. Entlang eines subjektiven Aufgehobenseins in der eigenen (Medien-) Praxis erfolgt z. B. ein direktes In-Kontakt-Treten zu anderen, das von der sozialpartnerschaftlichen Ko-Konstruktion des Mediums und seiner Funktionen ebenso gezeichnet ist wie von der Erwartung und Umsetzung eigener Bedürfnisse. Dabei werden nicht nur Formen der Bereitschaft zu einem sich Einlassen auf den Anderen, sondern auch hohe Ansprüche an seine soziale Empfindsamkeit bzw. seine soziale Verantwortlichkeit deutlich. Insofern wird seitens der Mädchen eine Konstruktion des Anderen wie von sich selbst im Modus reziproker Erziehungsfähigkeit und -bedürftigkeit sichtbar. Sozialität wird dabei innerfamiliär wie in Peergroupzusammenhängen vehement eingefordert oder sie wird infrage gestellt und es wird sich ihr entzogen.

Eingelagert in die Gestaltung und das Erleben sozialer Beziehungserfahrungen, wie sie bei den Jugendlichen deutscher Herkunft zu beobachten sind, vermitteln sich die innerhalb ihrer Medienaneignung sichtbaren Genderkonstruktionen vergleichsweise subtiler als bei ihren Altersgenossen aus türkischen Familien. So wird zwar seitens der Mädchen aus deutschen, ähnlich ihren Geschlechtsgenossinnen aus türkischen Familien, eine mitunter funktionale Abhängigkeit von männlicher Technikexpertise sichtbar, jedoch weniger statisch. Auch ansonsten finden sich in den Schilderungen der Mädchen weit weniger eindeutige Genderattributionen. Zwar lassen sich auch Anzeichen dafür finden, die ein Leiden unter einem männlichem Gehabe transportieren, thematisiert wird dies aber übergreifend weniger als gegebene Ordnung der Geschlechter, sondern als soziale Verantwortungslosigkeit. Selbst wo die Aneignung der Medientechnik und der Zugriff darauf im Zusammenhang mit männlichen Verwandten und Bekannten erfolgt, transportiert sich dies nicht im Sinne einer Verteilungsordnung, die aus einer geschlechtsbezogenen Sphärentrennung resultiert, sondern eher als Prozess des Aushandelns.

Auch bei den Jungen deutscher Herkunft ist zu beobachten, dass sie – als Gemeinsamkeit mit den Mädchen gleicher Herkunft – eher subtile als eindeutig schematische Genderkonstruktionen ausprägen. Trotzdem mitunter die Akzentuierung eigener Technikexpertise gegenüber weiblichen Anderen zutage tritt, vermittelt sich dies ironisch-gebrochen. Entgegen einer Orientierung an Hegemonie lässt sich ebenfalls zeigen, inwiefern, anders als bei den Jungen türkischer Herkunft, der Konnex von Männlichkeit und Technikexpertise weit schwächer ausgeprägt erscheint. Zwar emergiert auch im Kreise der Jungen aus deutschen Familien Technikwissen, über das man „sich selbst vor anderen" auszeichnet (Straub 2006: 220), doch ist dessen distinktive Funktion weniger ausgeprägt. Dies wiederum ist in Zusammenhang damit zu sehen, darauf wurde bereits oben hingewiesen, dass die Jungen ihre habituelle Nähe zur Materialität der Medientechnik eher entlang von Merkmalen wie Steuerung und Operativität ausbilden, anstatt, wie die türkischen Jungen, solcher von Macht- und Beherrschungsansprüchen.

Zwar ist auch den Jungen aus deutschen Familien die vermeintlich männlich konnotierte selbständige Erschließung medientechnischer Handlungsräume zu eigen, sie verbinden dies habituell jedoch mit einer Performanz, zu der es etwa gehört, dass sie Wissenslücken tendenziell eingestehen oder im Modus von Ironie bearbeiten. Dazu gehört ebenso, dass es bei ihnen, anstelle von personaler oder physischer Geltung, zur Delegation von Zuständigkeiten an übergeordnete Instanzen bezüglich Fragen der sozialen Auseinandersetzung kommt – statt selbst „Virenkämpfer" zu sein oder sich als solcher zu stilisieren, wird sich etwa gefragt, warum nicht „die Polizei" diejenigen User verfolgt, die vireninfizierte Daten ins Netz stellen. Zum Vorschein kommt dabei anstelle einer Demonstration von ungehemmter Kraft und Überlegenheit als Element des männlichen Strukturprinzips (vgl. Böhnisch 2003) eher der Versuch einer reflexiven Formalisierung von Überlegenheitsansprüchen. Entgegen eines bestimmten „Gestus der Härte oder Abhärtung" als Indikator männlicher Dominanz (Helfferich 1994: 58) geht es den Jungen, anders als ihren Altersgenossen mit türkischem Migrationshintergrund, eher darum, Aspekte von Beherrschung und Stärke als zentrale Merkmale von Männlichkeit verfahrensmäßig zu operationalisieren; z. B. wird sich als Gestalter oder Konstrukteur eines eigenen Medienproduktes gewähnt (eine eigene Homepage ist „schon was Besonderes"), dabei aber Dominanz und Präsenz – im Sinne von Männlichkeit – nicht offen zur Schau gestellt, sondern Weiblichkeit gerade mit einbezogen und werden als mögliche Inhalte einer eigenen Homepage z. B. explizit „Rezepte von Mutti" genannt.

Insgesamt ist zu beobachten, wie es innerhalb der Orientierung an technischer Kompetenz, die die Jungen herkunftsübergreifend verbindet, auch zu Divergenzen zwischen Männern bzw. Männlichkeit kommen kann – damit zeigt sich, dass ein Können im Bereich der Medientechnik „als ein Kernelement der Männlichkeit (…) nicht implizieren [darf; S. H.], dass es nur *eine* Männlichkeit oder *eine* Technik gibt. Es gibt verschiedenartige kulturelle Ausdrucksformen der Männlichkeit, wie es auch verschiedene Arten von Technik gibt" (Wajcman 1994: 173, Herv. i. Orig.). Im Zuge unterschiedlicher Wahrnehmungs- und Nutzungsweisen der Medientechnik seitens der Jungen (PC als Medium der *Handlungserweiterung* versus PC als *Statusmedium*) emergieren unterschiedliche Genderkonstruktionen und machen deutlich, wie beide Aspekte ineinander verschachtelt sind.

Festzuhalten ist, dass medienbezogene Genderkonstruktionen der Jugendlichen aus deutschen Familien in Relation zu ihren Altersgenossen mit türkischem Migrationshintergrund weniger eindeutig-bipolar und eher situativ-offen erfolgen. Sie erscheinen nicht zuletzt deshalb als weniger statisch, weil die sozialen Beziehungsgestaltungen eher im Modus offener, individualisierender Situationsaushandlung erfolgen und die Jugendlichen sich weniger am Eingehen hierarchischer oder statusbezogener, sondern tendenziell egalitärer Sozialbeziehungen orientieren. Damit hängt zusammen, dass in den Praxen der Jugendlichen mit türkischem Migrationshintergrund die Medien viel eher in Form sexuierter (Hirschauer 2001) bzw. vergeschlechtlichter (Winker 1999) Objekte erscheinen. Es zeigt sich, dass, weil sie sich vergleichsweise stabiler in Rollenschemata einfinden, eben diese Stabilität daran mitwirkt, sich einander komplementär auf dem Feld der Medientechnik und in sozialen Interaktionen „ihre unterschiedliche Geschlechtlichkeit vorzuexerzieren" (Tigges 2008: 39). Vor diesem Hintergrund ist die „Vergeschlechtlichung der Technik" (ebd.) auf Seiten der Jugendlichen aus türkischen Familien dahingehend zu beobachten, dass sie nicht nur Geschlechterstereotype reproduziert, sondern viel grundlegender auch auf Geschlechterstereotypen aufsattelt. Eine „Reproduktion der Geschlechterhierarchie" (Wächter 2003) und eine Technikhierarchie sind hier einander komplementär.

Entscheidend ist, dass soziale Beziehungsgestaltung und Genderkonstruktion unabhängig von der familiären Herkunft unmittelbar aufeinander verweisen und es insofern nicht das Geschlecht als solches ist, das bei den Jugendlichen unterschiedliche Strategien der Medienaneignung formt, sondern dies innerhalb von Prozessen der Medienaneignung im Sinne eines doing gender erst hergestellt wird. Entscheidend ist dabei das „mehr oder weniger rigide Eingebundensein in geschlechtstypische Lebenszusammenhänge und die subjektive Akzeptanz bzw. Distanz gegenüber den kulturell gestützten Männer- und Frauenbildern (...) als Teil geschlechtsspezifischer Alltagskultur" (Cornelißen 1998: 130). In dem Maß, wie soziale Beziehungsgestaltungen variieren, variiert auch das doing gender. Insofern findet sich auch die von Straub (2006: 29) herausgearbeitete „Inszenierungspraxis, situativ und kontextbezogen einen technischen Geschlechterbias zu etablieren und die binäre Logik der (hierarchischen) Geschlechterordnung aufrechtzuerhalten" bei den von mir befragten Jugendlichen mit türkischem Migrationshintergrund in relativ stärkeren Maße als bei ihren Altersgenossen deutscher Herkunft, indem es sowohl zu einer komplementären Wahrnehmung der Medientechnikzuständigkeit kommt, als auch generell eine „Kultur der Zweigeschlechtlichkeit" (Helfferich 1994: 58) mit eindeutigen Dichotomisierungen und damit „Machtverhältnisse zwischen Geschlechtern" (Degele 2002: 96) ausgeprägter sind (vgl. dazu auch Weber 2009: 156). Vor diesem Hintergrund lässt sich anhand der vorliegenden Arbeit aufzeigen, dass die Trias eines doing technology, eines doing power und eines doing gender bei den Jugendlichen mit türkischem Migrationshintergrund in einem größeren Ausmaß zum Tragen kommt, als dies bei ihren Altersgenossen aus deutschen Familien der Fall ist.

7.5.3 Selbstverhältnisse als Subjektkonstitutionen

Nach der Betrachtung von Nähe-Distanz-Relationen zur Medientechnik sowie der sozialen Beziehungsgestaltungen und Genderkonstruktionen soll der Blick auf den Bereich von Selbstentwürfen und entsprechend damit einhergehender Merkmale der Subjektkonstitution der Jugendlichen gerichtet werden. Die Falldarstellungen zeigen, inwiefern die Praxen der Jugendlichen von unterschiedlichen Sozialisations- und Erziehungsprinzipien geprägt sind und sie diese Prinzipien selbst performativ vertreten. Neben der Konstruktion von sich selbst wie auch von anderen wird dies besonders an der Art und der Weise deutlich, wie sie Handeln und Verhalten sowie Handlungs- und Verhaltensprobleme wahrnehmen und deuten.

Bezüglich der darin sichtbar werdenden Mechanismen lassen sich zwei Modi verdichten und unterscheiden, welche Prozesse der Subjektivierung der Jugendlichen rahmen und die themenübergreifend eine herkunftsbedingte Unterschiedlichkeit zu tage treten lassen. Die Gemeinsamkeit der Jugendlichen mit türkischem Migrationshintergrund liegt darin, dass sie sich an Mechanismen der *Externalisierung* orientieren, während die Jugendlichen aus deutschen Familien eine *Internalisierung* verdeutlichen. Während erstere die Ausprägung von Verhalten immer wieder in Gestalt einer Formung durch und Abstimmung mit äußeren Vorgaben thematisieren, lässt sich in den Schilderungen letzterer die Ausbildung innerer Dispositionen nachzeichnen.

So finden sich in der Rekonstruktion der Interviews mit den Jugendlichen aus deutschen Familien immer wieder Selbstentwürfe, in denen deutlich wird, dass sie sich statt an vorgegebenen Verlaufsmustern oder traditionellen Rollenerwartungen eher an Lebensstilelementen orientieren, die – mehr oder weniger – nach eigenen Präferenzen gewählt werden. Ihre Medienaneignung ist damit gekennzeichnet durch das Suchen und Ausfüllen subjektiver Spielräume und zeigt die Disposition zur Subjektkonstitution „als ein internalisiertes Handlungs- und Planungspotenzial des modernen Individuums" (Ohlbrecht 2006: 236). Dabei spielt die Orientierung an eigenen Bedürfnissen, Vorstellungen und Zielen eine wichtige Rolle.

Die Aneignungsbewegungen der Jugendlichen türkischer Herkunft lassen sich zwar ebenso als Ausformung subjektiver Spielräume bezeichnen, allerdings wird bei ihnen, im Unterschied zu ihren Altersgenossen deutscher Herkunft, immer wieder sichtbar, dass sie deutlicher an einer Ausformung von Rollenschemata, einer Befolgung kollektiver Normen sowie der Achtung von Gruppenzusammenhängen orientiert sind. Diese stärkere Außenorientierung als Kennzeichen von Externalisierung wird vor allem dort virulent, wo ihre Schilderungen erkennen lassen, dass sie weniger einer inneren Disposition bezüglich ihrer Medienpraxis folgen, sondern dieser eine starke Umweltprägung geben. Versteht man unter Subjektivierung den Prozess der „Herstellung einer Passung zwischen dem subjektiven ‚Innen' und dem gesellschaftlichen ‚Außen' als soziale Verortung des Individuums" (Hafeneger 2004: 9) oder die Balancierung von „Innenwelt" und „Außenwelt" (Alheit 1997), deutet sich an, dass bei den türkischen Jugendlichen das ‚Außen' vergleichsweise stärker gewichtet ist.

Bei den Jugendlichen deutscher Herkunft ist neben der herkunftsbezogenen gemeinsamen Ausrichtung an der Internalisierung eine geschlechtsspezifische Ausformung zu beobachten: So ließ sich für die Jungen rekonstruieren, wie sie sich z. B. an Regeln und institutionalisierten Mechanismen orientieren und die Bewertung zum Umgang mit Medienangeboten entlang einer technisch-instrumentellen Vernunft vornehmen; dabei wird das Subjekt in seiner Selbststeuerungsfähigkeit adressiert, sodass z. B. der Umgang mit Medienbotschaften und ihrer Wirkung inneren Dispositionen obliegt. Internalisierung wird hier also im Modus der Selbstrationalisierung ausgeformt. Handlungsinterventionen erscheinen darin wenig emphatisch oder emotional, sind jedoch von ihrem Grundmuster her auf die Bewusstheit oder Einsicht in die Folgen von Handlungen und auf die Internalisierung von Handlungsprämissen gerichtet.

Dies zieht sich auch durch Reglementierungen der eigenen Praxis durch Eltern, die, wo sie thematisiert werden, die Form appellativer Versuche der Subjektformung annehmen, welche eine innere Einsichtsfähigkeit ansprechen als auch voraussetzen (so wird z. B. die Mutter von einem Jungen in ihrem Versuch, die zeitliche Länge seines Medienkonsums zu beschränken, mit den Worten zitiert „'wir können das auch ganz anders machen'", woraus eine Interaktionserfahrung versuchter Internalisierung spricht).

Ingesamt verdeutlichen die Handlungsentwürfe der Jungen, wie sie von der Verinnerlichung und Generalisierung von Handlungsprämissen geprägt sind – der Ausbreitung problematischer Medienangebote etwa könne entgegengewirkt werden, indem man auf diese „hinweist". Dabei sehen sie sich selbst und andere in der Lage, die Gestaltung des Mediengeschehens nach individuell rationalistischen Dispositionen zu durchschauen und verdeutlichen eine Internalisierung von Kompetenzzumutungen und die Antizipation von deren Erfüllbarkeit. In diesem Habitus wird subjektive Selbstverantwortung mitunter verabsolutiert, dass sie ingenieural wird und dabei moralische oder ethische Aspekte ausblendet. Selbstverantwortlichkeit qua Regelbewusstsein wird zum alleinigen Maßstab erklärt und in diesem Sinne z. B. angenommen, bereits Sechsjährige könnten „schon Counter-Strike" spielen, wenn sie es richtig „auffassen".

Auch den Mädchen deutscher Herkunft geht es um die Verinnerlichung von Handlungsmaßstäben, was sich mit einer stellenweise eindringlichen Orientierung an der Erreichbarkeit des Anderen als positivem Horizont verbindet. Zu diesem gehört ein sich mitunter appellativ äußerndes Einfordern von Sozialität, infolgedessen z. B. Medienangebote hinsichtlich ihrer sozialen Folgen bewertet werden. Wie sich daran abgearbeitet wird, zeigt eine stellenweise Empörung über die innere Motivkonstellation von anderen Akteuren und transportiert sich so, dass Sozialität gewahrt, erwirkt oder eben auch verletzt werden kann. Zum Ausdruck kommt dabei eine habituell subtil-anspruchliche und präventive Verfügung über das Verhalten anderer, das daraufhin befragt wird, inwiefern es das eigene Erleben beeinträchtigt.

Übergreifend dokumentieren die Schilderungen der Mädchen, wie sie sich daran orientieren, etwas zu *wollen*, das andere *wollen sollen* – nicht in Ordnung ist deshalb z. B., dass im Medienkontext „jemand einfach so was schreibt, was er WILL" oder Enttäuschung wird darüber geäußert, dass die Handlung eines anderen aufgrund geographischer Distanz kommunikativ nicht erreicht werden kann. Übergreifend ist darin die Annahme der perspektivisch reziproken Erreichbarkeit des Anderen qua Internalisierung wirksam. Entgegen der eher rationalen Ausformung der Internalisierung bei den Jungen scheinen bei den Mädchen immer wieder Merkmale auf, die eine Ausdifferenzierung entlang von Selbstbezüglichkeit und Sozialität verdeutlichen. Dies reflektiert ihre vergleichsweise hohe Orientierung an personaler Nähe, welche Merkmale davon trägt, die

Subjektivität des Anderen „wirklich und allumfassend zu formen" und auf diese Weise sein „Denken und seinen Willen" zu erreichen (Gebauer/Wulf 1998: 296) oder sich zu entziehen.

Gemeinsamer Bezugspunkt der Jungen und Mädchen aus deutschen Familien ist allgemein eine Verhaltensausprägung und damit eine Subjektkonstitution entlang eher selbstmotivierend konnotierter Interaktionen, was sich z. B. in perspektivisch geformten Erziehungserfahrungen niederschlägt, denen sich fallspezifisch unterschiedlich sowohl gefügt als auch entzogen wird. Dabei zeigt sich, inwieweit sich an den Modus der Internalisierung auch das Potenzial des Scheiterns knüpft; obwohl man selbst genau weiß, dass z. B. die Mutter will, dass man „Hausaufgaben macht" und entsprechend Einsicht darin erwartet und fordert, wird lieber zum Vater gefahren, um dort im Internet zu surfen – exemplarisch wird sich hier „freundlich-distanzierend" einer Pädagogisierung durch Eltern entzogen (Hafeneger 2004: 62).

Bei den Jugendlichen mit türkischem Migrationshintergrund hingegen lässt sich nachzeichnen, dass bei ihnen eine übergreifende Ausrichtung des Handelns nach Mechanismen, welche die soziale Einbindung der Entwicklung von Autonomie voranstellen, überwiegt. Dies ist in unmittelbarem Zusammenhang zu sehen mit dem übergreifenden Modus ihrer Subjektivierung, welcher auf externalisierende Erziehungs- und Sozialisationsmechanismen hinweist. Zeigen ließ sich, wie sie z. B. das Subjekt tendenziell als schwach und/oder anfällig konstruieren, was mitunter Anzeichen einer negativen Anthropologie transportiert und Medien z. T. als verführerische Triebkräfte deutet. Vor allem die Medienbewertung zeigt, wie Subjektivierungsvorgänge auf die Struktur der Externalisierung hin bezogen sind: Problematisches Medienverhalten ist weniger ein Problem der innerlichen (charakterlichen oder moralischen) Haltung, sondern Ausdruck fehlgeschlagener Strukturierung durch äußere Faktoren, woraus überhaupt erst Orientierungslosigkeit und/oder Schwäche resultieren. Dass es bei medialen Handlungsentwürfen und ihrer Regulierung weniger um innere Dispositionen und ihre Qualität geht, zeigt sich auch darin, dass Abweichungen von der Normalität, so wie sie die Jugendlichen thematisieren, als tendenziell schicksalhaft gedeutet werden. Potenzielle Medienwirkungen sind daher weniger vom Subjekt selbst verschuldet, sondern das Problem fehlender äußerer Struktur, die, hätte sie gegriffen, eine Abweichung verunmöglicht hätte oder aber verunmöglichen soll.

Selbst wo es, seitens der Mädchen mit türkischem Migrationshintergrund, zur einer Unterwerfung unter strukturelle Gewalt kommt, wird dies keinesfalls automatisch als Strenge oder Bevormundung empfunden, sondern auch als ein Stück Normalität, gerade *weil* ihre Erfahrungsmuster der Externalisierung eine Beeinflussung und Formung von Verhalten nach äußeren Kriterien als grundlegend mit sich führen. In diesem Kontext verorten sie sich in einem Erfahrungskontinuum äußerer, quasi „objektiver" Interessen, insofern sie Eltern als „Interessenvertreter" (Treml 2000: 171) erleben oder einfordern, die gerade deshalb berechtigt sind, sich „im Interesse des Kindes gegen den Willen des Kindes durchzusetzen" (Treml 2000: 171). Im Vergleich dazu sind die Orientierungen der Jugendlichen deutscher Herkunft immer von subjektiv zu nennenden Vertretungsansprüchen gekennzeichnet, was wiederum unterschiedliche Formen annimmt. Dass es etwa im Fall eines Mädchens mit türkischem Migrationshintergrund zur brüsk anmutenden Intervention in die eigene Medienpraxis seitens älterer Familienangehöriger kommt und dies als Befreiung thematisiert wird, bedeutet vor diesem Hintergrund, dass eine Subjektivierung in Form der Handlungskontrolle durch Außenbedingungen nicht allein negativ oder als patriarchalische Unterdrückung gedeutet werden darf, weil sie *auch* das Bereitstellen intergenerationeller Schutzräume beinhaltet. Im maximalen Kontrast dazu steht, wo es bei einem Mädchen ohne Migrationshintergrund zu einem vermeintlich entgrenzten Ausagieren von Bedürfnissen kommt und auch kommen kann und sich das Mädchen als „süchtig" bezeichnet, gerade weil es sich Erwartungen entziehen kann und viel weniger intergenerationelle Stützung erfährt. Was sich darin zeigt, ist, dass Autonomie und Anpassungsbewegungen und damit Subjektivierungsvorgänge bei den Jugendlichen herkunftsbedingt z. T. fundamental anders justiert werden.

Diese Differenz wird virulent, wo etwa im Kreise der Mädchen deutscher Herkunft ein Anspruch an die Verinnerlichung von Handlungsmaßstäben, vor allem bei einem Verstoß dagegen, zum Anlass normativer und moralischer Bewertungsmuster wird; so kommt es etwa bei einem wahrgenommenen Nicht-Wollen des Gegenübers zur Androhung von Exklusion („mit dir woll'n wir nix mehr zu tun haben"). Dieser Mechanismus lässt erkennen, wie eine „bürgerliche Kälte" (Gruschka 2000) zum Kontrast des Ideals einer ansonsten sozial-partnerschaftlichen Beziehungsgestaltung wird, in welcher z. B. eine hohe Gemeinwohlbildung in Form sozialen Engagements erfolgt (die Mitgestaltung von Konfirmandenunterricht). Ein Kontrast dazu findet sich im Kreise der Jugendlichen mit türkischem Migrationshintergrund – in dem Fall, wo ein Freund aus der sozialen Norm fällt, erfolgt die Aufrechterhaltung von Sozialität in Form eines Beziehungsangebotes („komm lass' mal schwimmen geh'n"). Exemplarisch zeigt sich hieran, wie Alteritätskonstruktionen entlang der Differenz von Internalisierung und Externalisierung unterschiedlich ausfallen – während bei erster das Subjekt selbst verantwortlich gemacht wird und sich selbst in die Verantwortung gestellt sieht, kommt bei letzter vorrangig objektives Verhalten in den Blick oder wird versucht zu korrigieren. Statt moralisierend-appellativ oder pädagogisierend wird sich dem Anderen zugewandt, *ohne* ihn „im Sinne einer Reziprozität der Perspektiven verstehen zu wollen" (Nohl 2001: 178), sondern ihn bei der Restitution einer gelingenden Außenbeziehung zu unterstützen.

Gerade indem sich reziprokes Verständigungsstreben auf Seiten der Jugendlichen deutscher Herkunft zeigt (ob rational voraussetzend oder sozial einfordernd) und sie an einer Wechselseitigkeit innerer Motivkonstellationen orientiert sind, verdeutlichen sich vergleichsweise hohe Autonomievorstellungen, damit einhergehend, sich selbst Freiheiten zuzugestehen und auch zu nehmen. Wo sich z. B. gegenüber eines späteren Computerlernens gelassen geäußert wird („ach das lernt man"), artikuliert sich eine Erwartung, dass es tatsächlich zu einem Einlassen seitens der Umwelt unter Berücksichtigung der eigenen Subjektivität kommt, während, als maximaler Kontrast, bei den türkischen Mädchen eher ein Instruiert werden Wollen antizipiert wird – und dabei das eigene Bedürfnis weit schwächer artikuliert wird. Insgesamt ist bei den Jugendlichen deutscher Herkunft – geschlechtsübergreifend – zu beobachten, dass sie sich sowohl beim Entwurf als auch der Gestaltung von Lern- und Handlungssituationen eher als mitbestimmungsfähig erfahren, während bei den Jugendlichen mit türkischem Migrationshintergrund immer auch eine Anpassungsfähigkeit und Erfüllungsbereitschaft mitschwingt. Dass dies neben den Mädchen auch die Jungen betrifft, zeigt sich darin, dass sich diese fortwährend an der In-Wert-Setzung von Fähigkeiten in Form einer Suche nach sozialer Außenwirkung abarbeiten.

In der Möglichkeit, das eigene Selbst in den Modus von Optionen der Ausformung von Handlungsspielräumen zu stellen, lassen sich Anzeichen eines „Anspruchsindividualismus" (Gensicke 1998: 28) entdecken. Dieser ist unter anderem vom Erleben einer z. T. hochgradig ausgeprägten Freiheitlichkeit gekennzeichnet, wozu auch gehört, sich etwa bewusst gegen Erwartungen zu stellen und die Wahrnehmung subjektiver Gratifikationen gegenüber externalen Ansprüchen hoch zu veranschlagen. Ausprägungen dieser Art findet sich im Kreise der türkischen Jugendlichen weit weniger, vielmehr steht (über-)individualisiertes Verhalten eher in ihrem negativen Gegenhorizont. Der den Jugendlichen aus deutschen Familien zu eigene Anspruchsindividualismus meint indes nicht allein Bedürfnisorientierung, sondern bedeutet auch, selber über die Gestaltung biographischer Räume mit zu entscheiden oder mitentscheiden zu wollen. Abstrahiert gesprochen geht es dabei darum, dass ein inneres Planungs- und Handlungspotenzial bei der Ausfüllung von Handlungsräumen grundlegend mit beteiligt ist.

In Relation zu den Jugendlichen aus deutschen Familien, die davon ausgehen, die Rahmenbedingungen des Handelns mitzugestalten und diese Rahmenbedingungen implizit in Wechselwirkung zu inneren Handlungsdispositionen zu bringen, lassen sich bei den Jugendlichen aus türkischen Familien immer wieder nach außen gerichtete Handlungskonfigurationen nachzeichnen. Dabei handelt es sich um eine in Relation zu ihren Altersgenossen deutscher Herkunft vergleichsweise stabile Einfindung in Rollenschemata, die sie – wiederum geschlechtsspezifisch – unterschiedlich ausfüllen. Diese Einfindung ist wiederum nur in Verbindung mit unterschiedlichen Erziehungserfahrungen der Jugendlichen zu sehen.

Wenn sich auch aus den Interviews keine direkten Aussagen über die Erziehungsstile ihrer Eltern ableiten lassen, treffen die Jugendlichen doch immer wieder selbst Aussagen, die auf erzieherische Interaktionserfahrungen zurückführbar sind, sodass sich – mit aller Vorsicht – die Jugendlichen aus deutschen Familien in einem Erfahrungskontinuum von Permissivität und Nachsichtigkeit und die Jugendlichen aus türkischen Familien in einem Spannungsfeld von Rigidität, Autorität und Zusammengehörigkeit verorten lassen (vgl. Alamdar-Niemann 1992; Toprak 2004; Merkens 1997).[198] Während die Berichte der Jugendlichen aus deutschen Familien eher ein „Aushandeln" (Liegle 1998) erkennbar werden lassen und ein „gentle agreement" (Linssen et al. 2002) vermitteln, sind die Schilderungen der Jugendlichen aus türkischen Familien eher von einer Unbedingtheit gekennzeichnet, die zum Teil den Einfluss traditioneller Erziehungs- und Geschlechterkonzepte erkennbar werden lassen. Diese Unbedingtheit führt dazu, dass, vor allem bei den Mädchen aus türkischen Familien, Begrenzungen des eigenen Handlungsrahmens sichtbar werden, gegenüber denen aber erklärt wird, daran festzuhalten. Hier zeigt sich, ähnlich wie Popp (1994: 206 ff.) feststellt, dass Erwartungen seitens der Herkunftsfamilie eine „hohe subjektive Verbindlichkeit" haben, an denen festgehalten wird,

---

[198] Bereits in Abschnitt 7.2 wurde darauf hingewiesen, dass die Erziehungspraxis der Eltern der Jugendlichen mit türkischem Migrationshintergrund in Verbindung gesehen werden muss mit deren Aufenthaltslänge in Deutschland. Dass im Fall des türkischen Mädchens, bei dem die erzieherische Erziehungspraxis am rigidesten anmutet, das Familienoberhaupt erst verhältnismäßig kurz in Deutschland lebt, könnte ein Hinweis auf den Zusammenhang zwischen traditionalistischer Erziehung und heimatkultureller Verwurzelung sein.

auch wenn es dadurch zu Reglementierungen kommt. Solche Verbindlichkeiten lassen sich zwar auch bei den Jugendlichen aus deutschen Familien finden (z. B. Chatverbot durch Eltern), diese werden aber als Gemeinsamkeit einer Praxis gekennzeichnet (Eltern chatten selber auch nicht). Bei den Jugendlichen mit türkischem Migrationshintergrund, vor allem den Mädchen, scheint dagegen eine quasi unsichtbare Grenzziehung habitualisiert zu sein, wodurch Grenzen wahrgenommen und erkannt, nicht aber als verhandlungsfähig angesehen werden. Beispiele dafür sind die wiederauffindbaren Auflehnungen der Mädchen – z. B. explizit auch gegen Eltern – die aber zugleich ein Arrangement mit sich führen.

Im Zusammenhang mit solchen Arrangements ist zu betrachten, dass die Berichte der Jugendlichen aus türkischen Familien vermitteln, inwiefern in ihre Orientierungen – anders als bei ihren Altersgenossen deutscher Herkunft – mehr oder weniger spezifische Ehrvorstellungen eingelassen sind, indem es exemplarisch, seitens der Jungen, zur Akzentuierung von Leistungen männlicher Familienangehöriger oder ihrer Bildungserfolge kommt, ihnen Achtung bezeugt wird und sie selber auf Achtung bedacht sind oder es, seitens der Mädchen, zum Erfahren und Vertreten klarer Grenzen kommt. Während darin die bereits oben herausgearbeiteten Merkmale von Beziehungsgestaltungen im Modus von Hierarchie zum Tragen kommen, ist hier entscheidend, dass sich daran Prozesse der Subjektivierung knüpfen, nach denen, wie Özkara (1988) es formuliert, weniger die „innere Einstellung" Bedeutung hat, sondern das „von außen, das heißt von der sozialen Umwelt wahrgenommene Erscheinungsbild. Konsequenz dieser Priorität ist, daß nicht der Grad der Verinnerlichung gesellschaftlicher Normen, die persönliche Einstellung, zählt, sondern allein die Handlung" (Özkara 1988: 29 f.; vgl. auch Kizilhan 2006; Kizilhan 2008). Hierbei handelt es sich um eine zentrale Facette der Externalisierung, wie sie auch in den Orientierungen der Jugendlichen aus türkischen Familien wieder zu finden ist.

Besonders bei den Mädchen mit türkischem Migrationshintergrund gerinnt das Computermedium zu einer potenziellen Störquelle bei der funktionalen Anpassung an exteriore Erfordernisse und wird das eigene Verhalten als angepasst beschrieben (z. B. „kein Computer" oder „früh schlafen", wenn „Schule" ist), was sich in dieser Form bei keinem der Jugendlichen deutscher Herkunft findet, wo sich eher an der Verinnerlichung institutionalisierter Regeln als Prävention von Medienkonsum oder sozial wechselseitiger Interaktionen abgearbeitet wird. Indem die Ausformung der Externalisierung bei den Mädchen mit türkischem Migrationshintergrund so erfolgt, dass dabei ein Selbstbewusstsein in der Begrenzung zu tage tritt, stellen sich gerade externale Faktoren immer wieder als positiver Horizont ihrer Medienaneignung heraus. Hierzu gehört das Bejahen und Einfordern familiärer Ordnungsstrukturen, die das Medienverhalten beschränken oder beschränken sollen, und dem sich die Mädchen, anders als ihre Altersgenossen deutscher Herkunft, tendenziell viel weniger entziehen bzw. entziehen können. Dies reicht bis hin zum realen Erleben von struktureller Gewalt durch ein intergenerationelles Gefüge und dessen Deutung als positive Beeinflussung der eigenen Subjektivität.

Diese Subjektivierung in der Einschränkung führt mit sich, dass Eingrenzung auch explizit anderen empfohlen wird (z. B. „im Haushalt mithelfen" als Prävention übermäßigen Medienkonsums) oder sich an Selektionsmechanismen abgearbeitet wird, die zu einer Stabilität in der Kontrolle von Handlungen – weniger zu einer Verinnerlichung von Handlungsmaßstäben – führen, z. B. in Form struktureller Regulierungen problematischer Mediendarstellungen. Dies entspricht genau dem Mechanismus, den auch Kizilhan (2008: 4) als Externalisierung bezeichnet und der darauf bedacht ist, „durch strenge Kontrolle der situativen Faktoren dafür [zu sorgen; S. H.], dass gegen (…) Verhaltensnormen nur unter größten Schwierigkeiten verstoßen werden kann." Bei den Mädchen wird dabei, vor allem im Vergleich zu den Jungen deutscher Herkunft, ein z. T. ausgeprägtes Sorgepotenzial gegenüber Anderen deutlich, was sich seinerseits nicht an einer inneren Vorstellungswelt abarbeitet, sondern ganz auf strukturelle Regulation setzt.

Anstelle von Selbstdisziplin durch Selbstkontrolle oder einer wechselseitigen Perspektivität kommt es hier zu einer Orientierung an der Verhaltensregulierung in der Form der Kontrolle durch Umweltbedingungen. Einer starken Selbstverantwortung im Medienkontext, wie sie etwa die Jungen aus deutschen Familien zeigen, stehen die Mädchen mit türkischem Migrationshintergrund übergreifend eher skeptisch gegenüber – was wiederum damit in Verbindung steht, dass sie generell eher von Medien als Umweltfaktoren ausgehen und tendenziell vorarrangierte Handlungsimpulse befolgen. Dieses Phänomen lässt sich bis hin zu ihrer eigenen Haltung gegenüber Medienangeboten zeigen, welcher – in extremer Form – z. B. im Vorwurf kulminiert, Medien verfremdeten die Realität oder trügen zur Zerstörung von Entwicklung bei (vgl. hierzu Abschnitt 6.2.4). Dieser darin implizit sichtbar werdenden Vorstellung, man solle nur eine vermeintlich *echte* Realität sehen, korrespondiert die dahinter wirksame Entwicklungs- und Sozialisationserfahrung von Aufwachsen, so wie es einem vermeintlich natürlichen – und das bedeutet: *einzig* möglichen – Hineinwachsen in soziale Konventionen entspricht.

Gerade entlang des herausgearbeiteten Phänomens also, dass die Mädchen mit türkischem Migrationshintergrund davon ausgehen, dass die als natürlich angenommene Entwicklung durch Medien gestört werden kann, zeigt sich eine besondere Perspektivierung des Verhältnisses von Darstellung und Wirklichkeit. Diese lässt sich dahingehend abstrahieren, dass die Mädchen aus türkischen Familien sich an einer impliziten Vorstellung orientieren, nach der es einen nur schwach ausgeprägten Zusammenhang zwischen medialer Darstellung und innerer Disposition gibt – sodass sich die Modellierung von Rezeption weniger an einer gedanklichen Konstruktion orientiert, sondern als Rezeption nach äußeren, das heißt nach gewissermaßen *objektiven* bzw. *werksseitigen* Kriterien. Genau hier liegt eine Homologie zu ihrer übergreifenden Orientierung, nach der sie sich als Subjekte einen medienbezogenen Horizont zwar selbstbewusst erschließen und innerhalb dessen agieren, dabei aber immer auch ein sich Einfinden in vorarrangierte Handlungsräume verdeutlichen – und diese auch vergleichsweise wenig hinterfragen.

Insofern lässt sich sehr subtil das Zutagetreten zweier extrem kontrastierender Formen von Rezeptionsästhetik beobachten, das hier allerdings nur kurz angedeutet werden kann: Während nach Berichten etwa der Jungen aus deutschen Familien die Medienrealität fast ganz im Kopf des Nutzers entsteht, durch Regeln und Bewusstsein geformt und als steuerbar gedacht wird, orientieren sich die Mädchen mit türkischem Migrationshintergrund vorrangig an der äußeren Seite des Angebotes und binden dies in ein Kontinuum von Norm und Abweichung ein. Dabei wird dem Rezipienten eine von ihm selbst gestaltete Lesart oder Interpretation weniger zugestanden, was als eine Analogie dazu zu sehen ist, dass dem Subjekt generell die Gestaltung von Handlungsräumen oder die Mitgestaltung von Bedingungen des Handelns vergleichsweise wenig selbst überlassen bleibt.

Wieder bezogen auf die gesamte Medienaneignung bedeutet dies, dass es weniger darum geht, eigenen Sinn zu konstruieren, sondern die Beschäftigung damit in den Dienst einer *Sache* zu stellen. Damit ist nicht Funktionalität gemeint, wie es z. B. ein funktionales Lesen meint, das auf Effizient gerichtet ist um etwa Zeit zu sparen, sondern eine generelle Medienaneignung, in der das Subjekt in seiner Gesamtheit als ein solches erscheint, das vorrangig daran gemessen wird, ob es in seiner Praxis Ansprüchen gerecht wird oder nicht. Zeigen ließ sich, dass die Selbstentwürfe der Mädchen immer wieder davon gezeichnet sind (z. B. sich nicht beim Einkaufen herumtreiben oder „ohne Tüten dann nach hause zu kommen").

Vor diesem Hintergrund bilden die Mädchen mit türkischem Migrationshintergrund im Vergleich zu den anderen Jugendlichen des Sample diejenige Gruppe, die die eigene Subjektivität am schnellsten bzw. deutlichsten mit einer Funktionalität relationiert, welche in Abhängigkeit zu einer Verpflichtung gedacht wird. Ein Ausdruck dessen ist z. B. auch, dass ihre (medienbezogenen) Bildungsaspirationen vergleichsweise hoch sind und zugleich eigentümlich *selbstlos* bleiben oder doch zumindest eine eigene Beteiligung erst als Reaktion auf oder in Relation zu externen Impulsen der eigenen Subjektivität vermitteln. Hier deutet sich an, dass ein Selbstbewusstsein der Mädchen sich weniger im Sinne von Selbstverwirklichung und Eigeninteresse konfiguriert, sondern sich Selbstsinn und Fremdsinn scheinbar synthetisieren (vgl. auch Boos-Nünning/ Karakasoglu 2005: 106).[199] In jedem Fall wird sich im Sinne einer „Innenwelt" weniger exponiert, als dies bei den Jugendlichen deutscher Herkunft zu beobachten ist. Sichtbar werden hier sehr unterschiedliche kommunikative Stile der Jugendlichen, wobei vor allem bei den Mädchen deutscher Herkunft immer wieder auffällt, wie vergleichsweise stark sie bestrebt sind, einer „Innenwelt" gegenüber der „Außenwelt" besonderes Gewicht zu verleihen. Wie die Fallanalysen zeigen, wohnt ihren Orientierungen ein mitunter ausgeprägtes „Entelechiepotenzial" (Schäffer 2003: 320) inne, wobei sich ein Versinken in die Alltagspraxis und ein ebensolches Versinken in die Medienbeschäftigung ineinander verschachteln. In Relation dazu ist die Medienpraxis der Mädchen mit türkischem Migrationshintergrund viel stärker von funktionalen Aspekten durchsetzt bzw. sind Selbstbezüglichkeit und Außen- bzw. Normorientierung weit enger miteinander verwoben.

Indem auch die Jungen mit türkischem Migrationshintergrund Medienangebote immer wieder in ein Kontinuum von Norm und Abweichung bringen, z. B. indem sie zwischen defizitärer und gelungener Medienrezeption unterscheiden, lässt sich als Gemeinsamkeit festhalten, dass bei den Jugendlichen aus türkischen Familien personale Integrität nach innen viel stärker in Relation zu einer Anpassung an eine äußere Struktur erfolgt, während bei den Jugendlichen aus türkischen Familien eine personale Integrität

---

[199] Diese Interpretation wird durch Erkenntnisse zu Interaktionsformen in türkischen Familien gestützt. So zitiert etwa Toprak (2004: 86) eine türkische Mutter: „Wenn ich sage, meine Tochter soll selbstbewusst sein, dann wird sie vor erwachsenen Menschen höflich sein und nicht viel reden". Auch hier geht es darum, dass Selbstbewusstsein und Normorientierung eins sind.

in Form der Internalisierung strukturbedingter Handlungsrichtlinien zutage tritt. Wiederum übersetzt auf das Feld der Medienpraxis deutet sich hier an, dass einer medienbezogenen Wahrnehmung der Mitgestaltung des Angebotes durch innere Konstituenten (Einbezug von Bedürfnissen, Phantasien) eine medienbezogene Wahrnehmung in Form der Anpassung an das Medienangebot unter Berücksichtigung externaler Ansprüche/Erwartungen (Abweichung/Erfüllung von Erfordernissen, Einhaltung von oder Widerspruch zu Verhaltensansprüchen und -normen) gegenübersteht.

Während sich die türkischen Jungen dabei wiederum als gefestigt und stabil positionieren (Medienhandeln, das z. B. der Gruppenzugehörigkeit gemäß *ist* und gemäß zu sein *hat*), erscheinen die türkischen Mädchen hier kategorisch-resolut und verdeutlichen damit Prinzipien subjektiver Fremdregulierung: Wo sich z. B. explizit gegen ironische Darstellungen geäußert, über „Quatsch" beschwert wird, mit dem man das Internet als überfrachtet sieht oder Medienangebote präferiert werden, bei denen eine Eins-zu-eins-Relation von Angebot und Wirklichkeit antizipiert wird, begegnen und verschachteln sich zwei Phänomene, und zwar zum einen Rigidität und Pflichtbewusstsein, sich konform zu verhalten und zum anderen eine subtil ausgeprägte Einschränkung der Mediennutzungssubjektivität auf *einen* Bezugspunkt hin.

Vor diesem Hintergrund lässt sich davon sprechen, dass die Mädchen mit türkischem Migrationshintergrund – dies zeigt sich bis in ihre Zukunftsentwürfe – eher davon geleitet sind, dem Eigenen vergleichsweise weniger Gewicht beizumessen; einer eigenen Subjektivierung wird dabei weniger zugestanden und sie wird vorrangig in ein Kontinuum von Norm und Abweichung gestellt. Seinen Niederschlag findet dies da, wo ein eigenes Medieninteresse selbst abgewertet wird, die eigene Chat-Praxis als minderwertige bezeichnet wird („voll bescheuert") oder der eigene PC-Umgang in seiner Abgrenzung gegenüber richtigen Formen wahrgenommen wird (andere, vor allem Jungen, machen am Computer ja „viel mehr"). Hier deutet sich ein Selbstverhältnis an, das die eigene Subjektivität vergleichsweise schnell in einen Zusammenhang von Norm und Abweichung bringt und sich im Sinne einer mitunter aufzufindenden Tendenz zur Verfremdung von einem Eigenwert ausprägt, damit einhergehend, das eigene Selbst nicht zu stark zu begehren und sich nicht zu stark zu exponieren.[200] Im Kontrast dazu erscheint das Potenzial, subjektiven Eigenwert als Richtschnur des Handelns geltend zu machen, bei ihren Altersgenossinnen deutscher Herkunft vergleichsweise hoch oder wird sogar als maximal erklärt, indem sich z. B. eine Medienrealität gewünscht wird, wie sie ganz nach eigenen Vorstellungen gestaltet sein soll. Interessant ist in diesem Zusammenhang, wie deutlich die Mädchen mit türkischem Migrationshintergrund ihre eigenen Geschmacks- und Nutzungsinteressen als mitunter klar überformt durch vor allem familiäre Beziehungsmuster thematisieren, *ohne* dass dies als ein nach innen gerichteter Subjektivitäts*verlust* erscheint.

---

[200] Vor allem dort, wo Fragen der Sexualmoral angesprochen werden, wird dies besonders deutlich: Wo Freundinnen stark freizügiges Verhalten vorgeworfen wird, erscheinen diese gewissermaßen als eingebildet bzw. haben sich einer zu ausgeprägten „Einbildungskraft" (Gebauer/Wulf 1998: 297) *in* das eigene Begehren bedient und sich deshalb von Chatpartnern zu einem realweltlichen Treffen verleiten lassen. Nach Gebauer/Wulf (1998: 297) liegt darin eine ideengeschichtlich begründung, sich selbst zu disziplinieren: Nur weil eine „Verführte sich selbst begehrt, lässt sie sich verführen."

Diese Tendenz, sich nach außen hin selbst zu vermessen und zu verorten, ist wiederum eine Gemeinsamkeit, die die Mädchen mit den Jungen mit türkischem Migrationshintergrund teilen. Auch diese vermitteln sich gebunden an eine äußere Ordnung, an denen ihr Verhalten ausgerichtet ist. Anstelle der Einordnung in Vorarrangements oder der Autonomie in der Begrenzung sind sie viel eher bestrebt sind, Externalisierung im Sinne von Ansehen und Stabilität auszuformen. Auch bei ihnen kommt es zur Bejahung von Eingrenzungen subjektiver Handlungsspielräume, die, wie von den Mädchen, im Interesse des Subjekts gedeutet werden; auch von ihnen wird Autorität bejaht, erlebt und eingefordert, womit eigene wie auch fremde Anpassungsbereitschaft adressiert wird. Sichtbar werden z. B. Eingriffe in die eigene Medienpraxis, die Züge von Gehorsam annehmen (man bekommt etwa gesagt „ausmachen!"), was in seiner Unmittelbarkeit wiederum Externalisierung vermittelt – anders als etwa im Kreise der Jungen ohne Migrationshintergrund (hier gibt es zur Intervention in die eigene Praxis „einen bösen Blick" seitens der Mutter).

Vor allem in familiären Kontexten findet sich immer wieder ein Erleben und eine Akzeptanz externaler Prägekräfte („mein Vater lässt mich spät nicht mehr raus"), die sowohl als positiver Ausdruck intergenerationeller Bindung erlebt werden als auch mit der Präsentation eigener Stärke in Verbindung steht – Autorität wird sich einerseits gefügt, in dieser Fügung aber bereits Überwindung signalisiert. Dass Autorität gefolgt wird, wird dabei offensichtlich zum Horizont *eigenen Ansehens* und wird eine Autoritätsbindung insofern, ähnlich wie bei den Mädchen, allerdings mit einem selbstmächtigenden Akzent, in eigene Selbsthandlungsfähigkeit transformiert („ich kann zuhause alles machen, solange es meinen Vater nicht stört"). Hier artikuliert sich Selbstbewusstsein, aber – und darin liegt wiederum die Gemeinsamkeit zu den Mädchen – weniger im Sinne einer Emergenz von Eigeninteresse oder Eigensinn, sondern als Achtung von Ansehen.

Zudem wird ein externalisierendes Moment am sichtbarsten dort, wo die Jungen die Medienrezeption z. B. gewalthaltiger Inhalte in Relation zu faktisch wahrnehmbaren Folgewirkungen bringen. Danach kann und darf z. B. mediale Gewalt rezipiert werden, solange sich dies nicht offen sichtbar und sozial dysfunktional äußert und soll man Jugendliche deshalb auch gewähren lassen. Eingriffe scheinen ihnen sinnvoll, wenn es nach außen hin zu problematischem oder Fehlverhalten kommt, welches wiederum daraufhin befragt wird, ob es sozial verträglich bzw. konform ist oder nicht – weniger jedoch in Bezug auf innerlich-dispositionale Kriterien. Auch die z. T. vorgefundene Amoral findet hier einen praktischen Sinn, denn sie kann als ein Absehen von inneren Dispositionen als Genese von Handlungen interpretiert werden.[201]

Dieser nach außen gerichteten Orientierung an externen Faktoren korrespondiert – wiederum als geschlechtsübergreifende Gemeinsamkeit der Jugendlichen aus türkischen Familien – eine nach innen gerichtete quasi-naturwüchsige Entwicklungsvorstellung, sichtbar in der Beschreibung von Medieneffekten als tendenziell entwicklungsschädigend und der Präsentation objektiver Faktoren als Gegenentwurf. Alle diese Aspekte

---

[201] Auch Nohl (2001) findet bei Jugendlichen aus türkischen Einwandererfamilien zum Teil amoralische Haltungen vor, indem diese Gründe für das Verhalten anderer „nicht in deren persönlicher Biographie oder Intentionen" suchen, sondern „in den gesellschaftlichen Umständen, ihrer Sozialisation und den in ihr gründenden Einstellungen" (ebd.: 165).

bieten eine Erklärung für das in den Interviews auffindbare Phänomen an, dass bei einigen Jugendlichen mit türkischem Migrationshintergrund vergleichsweise offen mit der Rezeption gewalthaltiger Medienangebote umgegangen wird; gegenüber dem Forscher werden entsprechende Erfahrungen z. T. unverhohlen angesprochen und eine Art „Lust am Schock" (Vogelgesang 2002: 179) geäußert – dies hängt, als Vermutung, möglicherweise damit zusammen, dass darin keine moralisch-charakterliche Verwerfung gesehen wird, sondern eine Praxis, die mit nach außen hin gerichteter Konformität einhergeht und für deren Verschweigen es deshalb offensichtlich keinen Grund gibt.

Bei den Jugendlichen deutscher Herkunft scheint demgegenüber ein Wissen internalisiert, dass Gewalt gegen eine öffentlich geteilte, von ihnen verinnerlichte und generalisierte Handlungsnorm verstößt, sodass mediale Gewalt z. B. als so gut wie unbekannt gekennzeichnet („noch nie gesehen") oder rationalisiert wird (eine Ego-Shooter-Party „nur alle paar Monate"). Zu vermuten ist hier, dass sich an die Rezeption von Gewalt gewissermaßen ein schlechtes Gewissen knüpft, während dies bei den türkischen Jugendlichen offenbar weniger der Fall ist – weil es sich weniger um eine Gewissensfrage handelt, sondern um eine der Reife. Interessant ist hier, dass sich im gleichen Zuge auch scharf gegen (mediale) Gewalt geäußert wird, und zwar wiederum in Form externaler Faktoren und/oder Interventionen. Hier deutet sich an, dass Gewalt bzw. das, was als Gewalt gilt, in den Orientierungen der Jugendlichen mit türkischem Migrationshintergrund vergleichsweise weniger „von der subjektiven Wahrnehmung abhängt" (Lamnek 1997: 232) oder von einer solchen geformt wird, sondern eher zu äußerer Ordnung „jenseits einer persönlichen Erfahrungswelt" (Nohl 2001: 164) hin relationiert wird.

Dass sich vor allem die Jungen mit türkischem Migrationshintergrund – als Ausdruck von Externalisierung – mit computerbezogenen Wissensbeständen und Handlungskompetenzen brüsten, kann vor diesem Hintergrund als Anzeigen einer gelungenen Außenbeziehung gedeutet werden. Sie hat die Funktion, eine Erwartungserfüllung zu präsentieren, Handlungsräume aktiv auszugestalten, wozu auch die Demonstration von Virilität und Willenskraft gehört und kann verstanden werden als Versuch, eine Rolle zu einzunehmen, deren Attribute einer eindeutigen Rollenzuschreibung als männlich dominant entsprechen, mit der sie konfrontiert sind. Der in den Orientierungen der Jungen zum Teil auffindbare digitale Spezialistenhabitus ist deshalb anders gelagert als derjenige, den z. B. Straub (2006) bei männlichen Hauptschülern identifiziert – ein Habitus, der verständlich wird als Reaktion auf eine drohende Marginalisierung ihres Bildungsmilieus (vgl. hierzu auch 3.2). Der Horizont der von mir befragten Jungen mit türkischem Migrationshintergrund lässt sich dagegen fassen als aktiver Versuch, Rollenkompetenz zu inszenieren und geltend zu machen.

Inwiefern sich ein Misserfolg bei der Installation einer Außenbeziehung gestaltet, lässt sich dort nachvollziehen, wo das Erleben einer Reglementierung der eigenen Medienpraxis (wie ein polizeilich verhängtes Spielverbot von Ego-Shootern im Internetcafe) als Beschädigung der eigenen Subjektivierung erfahren wird. Hier wird eine Kränkung sichtbar, weil sie erstens als Schwächung der Teilhabe an einem Gruppenzusammenhang erlebt wird, welcher überhaupt erst vor negativen Medienwirkungen schützt, weil sie zweitens als Unterstellung der Unreife erfahren wird und weil drittens in ein zentrales Feld der eigenen Subjektkonstitution eingegriffen wird und damit das Ansehen brüchig wird, Teilhaber einer computeraffinen Sphäre zu sein. Eine real erlebte oder imaginierte Einschränkung der Medienpraxis, wie sie sich – neben Eingriffen – auch durch Exklusion von digitalen Optionen aufgrund fehlenden ökonomischen Kapitals darstellen kann, wirkt hier wie die Erfahrung einer Desintegration.

Indes zeigt sich, wie die Unterscheidung von Internalisierung und Externalisierung samt der damit verbundenen Divergenz in Alteritätskonstruktionen in fundamentale Lern-, Entwicklungs- und Aneignungsbewegungen hineinreicht: Während bei einem der Jungen deutscher Herkunft, wie oben dargestellt, eine Lernbeziehung die Form eines dialogisch konnotierten Wissensaufbaus im Sinne einer informationellen Verschränkung annimmt („ob er das erklären kann") erscheint der gleiche Akt bei einem seiner Altersgenossen aus türkischen Familien im Sinne eines auf externale Relationierung von Handlungsfähigkeit gerichteten Geschehens („wie bist du so gut geworden?"). Ein Selbsterkennen verläuft hier ganz offensichtlich über ein Erkennen des Anderen im Medium seiner Positionalität. Wo die habituelle Übereinstimmung der Jungen an der Possessivität bezüglich der Medientechnik zum Ausdruck kommt, spiegeln und steigern sie sich gegenseitig im Medium des Verfügens – ähnlich einem Aktionismus des „Battle" (vgl. Nohl 2001: 201 ff.). Ebenso kann der wiederkehrende Topos des „Respekts" als Achtung der Außenseite verstanden werden. Indem es den Jungen einerseits darum geht, die „Integrität des anderen zu respektieren", ist ihnen im Gegenzug daran gelegen, dem anderen „keinen Zweifel an der eigenen Integrität zu geben" (Schiffauer 1987: 55). Vor diesem Hintergrund ist die mitunter aufzufindende Stigmatisierung von Schwäche auch keine reine Degradierung, sondern eine Selbstvergewisserung der eigenen Positionalität.

Von hierher plausibilisiert sich auch, dass die Jungen mit türkischem Migrationshintergrund computerbezogenes Wissen und Handeln im Kontrast zu ihren Altersgenossen deutscher Herkunft, die dies als Option zu universeller und kontextübergreifender Integration habitualisieren, eher als sozial wirksame *Rekognition* entfalten. Statt universaler rechnergestützter Konstruktionsprozesse geht es dabei eher um die Verfügung über medientechnikbezogenes Kapital, das orientiert ist an Geltung, die man selbst in den Augen Anderer genießt oder anstrebt und auf deren Wahrung man bedacht ist. Dabei werden, das ließ sich besonders in einem Fall zeigen, computerbezogene Aspirationen sichtbar, die, indem sie vorrangig auf gelungene Außenwirkung abzielen, zum Teil so *hoch* veranschlagt werden, dass sie zugleich als Scheitern erfahren werden.

Der positive Horizont, erfolgreich sein zu müssen, gerade *weil* der eigene Subjektentwurf in der Gesellschaft hauptsächlich als „durch Erfolge und die materielle Lage definiert und gewürdigt" erfahren wird (Toprak 2004: 131), ist dabei so stark ausgeprägt, dass Handlungsziele, die sich nicht mit Respekt und Anerkennung synthetisieren, marginal werden. An die nach außen hin gerichtete Präsentation von Subjektivität und die Fähigkeitserwartung zur Übernahme einer Rolle als eines Gestalters gelungener Außenbeziehungen knüpfen sich hier mögliche „Rückkoppelungsschleifen des Scheiterns" (Breyvogel 2010: 28). Das Computermedium und seine Funktionen werden dabei kaum mehr als Option wahrgenommen, damit selbstbezüglich etwas zu tun oder tun zu können, sondern die Medientechnik im Ganzen in den Horizont eines Wahrgenommen werden Wollens eingespannt. Ein maximaler Kontrast dazu findet sich im Kreise der Mädchen aus deutschen Familien, wo sich z. B. der subjektive Selbstbezug soweit steigert, dass eine medienbezogene Bildungsaspiration von jeglichen funktionalen oder Statuserwägungen entkleidet ist.

Vor diesem Hintergrund lässt sich festhalten, dass den Aneignungsbewegungen der Jungen mit türkischem Migrationshintergrund, ähnlich wie denen der Mädchen, eine gewisse Selbst*losigkeit* anhaftet, weil auch ihnen das Moment impliziter Übernahmeverpflichtungen innewohnt – stärker jedoch noch als bei den Mädchen in Form von nach außen hin wirksamen Leistungskriterien. Im Vergleich dazu erscheinen die Ambitionen der Jugendlichen deutscher Herkunft vergleichsweise selbstbestimmter, zugleich aber auch egozentrischer, weil sie weniger von äußeren Zwängen der Handlungsausprägung gekennzeichnet sind und die Rahmenbedingungen des Handelns von ihnen eher mitgestaltet werden können (unabhängig davon, ob und wie stark sich dies *real* ausprägt) als dass sich an sie angepasst werden muss.

Indem die Jungen mit türkischem Migrationshintergrund, ähnlich wie die Mädchen, von einer Entwicklung als Hineinwachsen in eine Konvention der Übernahme von Rollenschemata hin zu einem reifen, erwachsenen Selbst geprägt sind, sehen ihre Orientierungen weitgehend von Verhaltensregulierungen qua Internalisierung ab; gemeinsam ist ihnen ebenso, dass Interventionen und Regularien im Prozess der Subjektkonstitution von ihnen insgesamt direkter erfahren und vertreten werden, weil sie weniger den Weg über die Ausprägung von Dispositionen gehen, sondern an der Einpassung in bzw. Anpassung an Erwartungen und Ansprüchen orientiert sind. Insofern erfolgt der Prozess der Subjektivierung hier tendenziell über die Orientierung an einer Art Strukturfunktionalität als Referenzrahmen eigenen und generalisierten Handelns. Indem die Jungen, anders als die Mädchen, in diesem Prozess Momente von Ansehen und Einfluss habitualisieren, kommt es zur Ausbildung eines Handlungsschemas, das als *Imperativ der Stärke* bezeichnet werden kann. Infolge dessen verbindet sich die Ausprägung einer eigenen Perspektive z. T. auch mit einer Suspendierung der Artikulation des eigenen Standortes in Anbetracht der Existenz ranghöherer oder gruppenmäßig gewichtigerer Weltsichten.

Das bedeutet, dass das für die Jungen mit türkischem Migrationshintergrund herausgearbeitete z. T. übersteigerte Herausstellen von Überlegenheit auch als ein Kämpfen-*Müssen* verstanden werden muss, insofern z. B. ihrer Praxis des arkadaşlik (vgl. hierzu Abschnitt 7.1) auch ein Zwang zur Externalisierung von Subjektivität in den Kategorien von Macht und Herrschaft eingeschrieben ist. Die Teilhabe an einer mit medien- und technikbezogenem Herrschaftswissen ausgestatteten Sphäre impliziert also immer auch Konformitätsdruck bzw. sozialen Anspruch, diesem zu entsprechen und entsprechen zu müssen. Ebenso wie dies auch andere Autoren beobachten (Atabay/Mühlig-Versen/ Toprak 2002, Toprak 2004, Toprak 2008) zeigt sich, dass, so wie sich die Mädchen in ihren Handlungsspielräumen begrenzt sehen und begrenzt werden, die Jungen damit konfrontiert sind, Handlungsspielräume auszufüllen und sich im Sinne einer gelungenen Außenbeziehung als zentralem Merkmal ihrer Subjektivierung zu positionieren. Dabei geht es sowohl bei den Mädchen als auch bei den Jungen im Modus der Externalisierung darum, durch eigene Fähigkeiten Handlungsautonomie zu präsentieren und sich dabei andererseits an Erwartungshaltungen zu orientieren, die an sozialer *Außenwahrnehmung* orientiert sind. Dabei ist die Bereitschaft zur Akzeptanz von Autorität keine unreflektierte Autoritätsbindung, sondern wird als ein normales Mittel aufgefasst, sozial dysfunktionale Handlungsmuster zu regulieren. Dies wird zudem mit emotionaler Zuwendung verbunden und führt zur Wahrnehmung von Stabilität, Sicherheit und Normalität bezüglich der Subjektivierung, während die Jugendlichen ohne Migrationshintergrund sich eher in Mechanismen von Aushandlung, wechselseitiger Anspruchlichkeit, gleichzeitig aber auch Indifferenz bewegen. Als Beleg dafür kann gelten, dass – und dies hängt wiederum mit den bereits herausgearbeiteten sozialen Beziehungsgestaltungen zusammen – in der inter- wie intragenerationellen Bindung der Jugendlichen mit türkischem Migrationshintergrund Merkmale von Respekt und Zusammenhalt eher anzutreffen sind, als bei den Jugendlichen deutscher Herkunft. Aspekte wie etwa ein ironisches Zurückspiegeln von Insuffizienz (Mutter als „Abstürzius") und ein sich Entziehen, aber auch Ignoranz oder „bürgerliche Kälte" im Sinne Gruschkas (siehe oben) finden sich in den Berichten der Jugendlichen mit türkischem Migrationshintergrund nicht.

Zusammengefasst ist festzuhalten, dass die Jugendlichen mit türkischem Migrationshintergrund im Prozess ihrer Subjektivierung geschlechtsübergreifend relativen Besonderheiten unterliegen, die aus bestimmten Rollenerwartungen und Übernahmeverpflichtungen resultieren. Dazu gehört bei den Jungen das aktive Ausfüllen und Ausfüllen müssen von Handlungsspielräumen ebenso wie die Präsentation der Übernahmefähigkeit der männlichen Rolle. Das zum Teil ostentative Unter-Beweis-Stellen von (medienbezogener) Teilhabefähigkeit ist dabei einem Erwartungsdruck äquivalent, sowohl einem Imperativ der Stärke gerecht zu werden, als auch, Subjektivität entlang gelungener Außenbeziehungen auszuformen. Bestandteil dessen ist eine Selbstzuschreibung von Erwartungserfüllungen und ein Nicht-Zulassen-Können von Statusinkongruenz. Die Besonderheit der Mädchen hingegen kann darin gesehen werden, dass sie an einer vorrangigen Einordnung in vorarrangierte Handlungsräume orientiert sind, damit einhergehend, dass auch sie an bestimmte Rollenzuweisungen gebunden sind und dabei strukturell bedingte Voraussetzungen von Handlungsoptionen vergleichsweise stabil habitualisieren.

Der entscheidende Unterschied zu den Jugendlichen deutscher Herkunft liegt darin, dass diese relativ weniger mit äußeren Faktoren und Zwängen der Handlungsausprägung konfrontiert sind und sich insofern vergleichsweise weniger an Subjektivierungsvorgaben ausrichten. Dabei lassen sich auf Basis der vorliegenden Untersuchung unterschiedliche geschlechtsbezogene Ausformungen nachzeichnen, die sich seitens der Jungen als deutliche Tendenz zur Rationalisierung und seitens der Mädchen als Tendenz zu Selbstbezüglichkeit bezeichnen lassen. Anstelle der Installation gelungener Außenbeziehungen steht es in ihrem Horizont, verinnerlichte Handlungspotenziale auszuformen.

Bezieht man dies auf übergeordnete Überlegungen zur Subjektivierung (vgl. Kap. 2) deutet sich an, wie subtil in den Orientierungen der Jugendlichen mit türkischem Migrationhintergrund mitunter eine Individualisierung in frage gestellt wird, wenn man darunter die Selbstregulierung und Selbstregulierungsfähigkeit qua Internalisierung und die Eigengestaltung biographisch-alltäglicher Handlungsentwürfe versteht (vgl. dazu 2.3). Wo nach Vorstellung einschlägiger Modernisierung- und Individualisierungstheorien das Individuum Zentrum sozialer Welterfahrung ist und, nicht nur im Medienkontext, zunehmend Aspekte von Selbstgestaltung oder Selbsterfindung in den Blick kommen und Forderungen an das Subjekt, auf sich alleine gestellt zu sein, erhoben werden, zeigen sich auf der Grundlage der vorliegenden Studie deutliche Unterschiede – vor allem entlang des Merkmals des familiären Hintergrundes – zwischen Jugendlichen. Diese Unterschiede sollten meines Erachtens aber nicht vorschnell im Sinne von Vor- oder Nachteilen gedeutet werden – sie können dies auch nicht, zumal erstens ein Indikatorensystem zur Feststellung von Individualisierung als übergreifendes tertium comparationis nicht existiert (und auch nicht existieren kann) und dies zweitens einer objektivistischen Kategorisierung des Sozialen entspräche.

Dass etwa die Mädchen mit türkischem Migrationshintergrund in Relation zu den anderen Jugendlichen diejenige Gruppe darstellen, deren Aneignungsbewegungen (z. B. bei der Umsetzung eigener Geschmacks- und Nutzungsinteressen) als am deutlichsten durch familiäre Bedingungen überformt scheinen, sollte aus meiner Sicht nicht, wie bei Treibel (2006: 229), als „resignativ ausgeprägter Pragmatismus" bezeichnet werden: Übersehen wird damit, das zeigen zumindest meine Fallanalysen immer wieder, dass eine Konnotation der Überformung allein als negativ nicht ihrer Sicht entspricht. Die befragten Jugendlichen mit türkischem Migrationshintergrund als individualisierungsrückständig zu bezeichnen, wie dies mitunter im öffentlichen wie auch im wissenschaftlichen Diskurs geschieht, wäre aus meiner Sicht völlig verfehlt.[202]

Welche „Schemata der Welterschließung" (May 2004) sich als Kernelement von Aneignungsprozessen ausbilden, ist eingelassen in die sinnhafte Alltagspraxis der handelnden Jugendlichen als Akteure. In Bezug auf ihre Medienaneignung sind hierzu spezifische Orientierungsrahmen zu betrachten, wie sie in der vorliegenden Arbeit rekonstruiert wurden. In diesem Abschnitt sollte herausgearbeitet werden, dass sich bei der Nutzung, Wahrnehmung und Bewertung von Medien um eine komplexe Wechselwirkung von Technik-, Welt- und Selbstverhältnissen als eines ineinander verschachtelten Bedingungsgefüges handelt. Dabei konnten bezüglich des Geschlechts und des Migrationshintergrundes Gemeinsamkeiten und Unterschiede gezeigt werden, die sich auf die Beziehung zur Materialität der Medientechnik, auf die soziale Beziehungsgestaltung einschließlich Genderkonstruktionen sowie Erziehungs- und Sozialisationsmechanismen und die damit verbundene Subjektkonstitution beziehen.

7.6 Ein kurzes Fazit

Es war das übergreifende Ziel der vorliegenden Arbeit, Erkenntnisse zu einem besseren Verständnis von Prozessen der Medienaneignung Jugendlicher zu generieren. In diesem Sinne ist die Arbeit derart zu verstehen, dass sie einen Beitrag leistet hinsichtlich der Frage, *wie* Jugendliche die sie umgebenden Medien- und Technikumgebungen deuten und diese *in* ihren und *durch* ihre Handlungen (mit-) gestalten.

---

[202] Indem eine Rekonstruktion von Orientierungen Aufschluss gibt über sinnhafte Konstruktionen als lebensweltliche Kompetenzen liegt darin aus meiner Sicht gerade *nicht*, wie Treibel (2006: 230) schreibt, ein „'Trick', über eine Erweiterung des Bildungs- bzw. Kompetenzbegriffs (...) Migrantenjugendlichen Kompetenzen zuzuschreiben oder zuschreiben zu können", verbunden mit einer „Gefahr der Beschönigung" (ebd.).

Zum einen konnte dabei gezeigt werden, inwieweit sich Orientierungen männlicher und weiblicher Jugendliche aus deutschen und türkischen Familien bei ihrer Nutzung, Wahrnehmung und Bewertung von Medien identifizieren lassen und zum zweiten, inwiefern sich diese beschreiben lassen und einer fallübergreifenden Typisierung unterzogen werden können.

In Auseinandersetzung mit dem empirischen Material ist deutlich geworden, dass ein Einblick in jugendliche Medienpraxen erfordert, diese in ihrer Alltagswelt zu rekonstruieren. Mit einer solchen Perspektive verbindet sich die Sichtweise, dass Rekonstruktion – als eine Vorgehensweise – bedeutet, Jugendlichen *selbst* Anerkennung zuteil werden zu lassen. Eine so verstandene und forschungspraktisch umgesetzte Anerkennung jugendlicher Subjekte, welche sich an Rekonstruktion knüpft, ist dabei keine emphatische Programmatik allein, sondern sollte vor allem verstanden werden als der Sache selbst adäquat: Zusätzlich zu einer fallübergreifenden Typisierung, wie sie in der vorliegenden Arbeit vorgestellt wurde, bleibt die Erkenntnis bestehen, dass – zumal in einer hochgradig diversifizierten und sich weiter diversifizierenden Medien- und Alltagswelt – pauschale Kategorisierungen immer weniger angemessen sind.

Mit der Rekonstruktion von Orientierungsrahmen der Medienaneignung sind nicht zuletzt für medienpädagogische Zusammenhänge Herausforderungen verbunden: Sie bestehen darin, empirische Resultate wie die vorliegenden in Bereiche der Medienbildung zu überführen. Dabei können die Befunde dieser Arbeit ein Beitrag sein, weitergehende Überlegungen zu ermöglichen, die an lebensweltlich geronnene Deutungs- und Handlungsmustern Jugendlicher ansetzen und diese in ihrer Besonderheit ernst nehmen. Hier ergibt sich ein breites Feld für eine medienpädagogische Praxisforschung, die z. B. gezielt solche Prozesse untersucht, die sich aus der Interaktion verschiedener jugendlicher Medienorientierungen und pädagogisch intendierter (Medien-)Arbeit ergeben. Aufbauend auf den in dieser Arbeit vorgestellten Ergebnissen wäre zu überlegen, wie Jugendliche, in schulischen wie außerschulischen Zusammenhängen, darin unterstützt werden können, sowohl die Anforderungen, die sich aus weitreichenden gesellschaftlichen Veränderungen ergeben, zu bewältigen, als auch die Medien so in ihren Alltag zu integrieren, dass dies dazu beiträgt, persönlich bzw. subjektiv sinnhafte und sozial akzeptable und soziale Teilhabe ermöglichende Lebensentwürfe zu entwickeln.

Unter Berücksichtigung der empirisch generierten Ergebnisse stellt sich die Frage, welche Chancen, aber auch Grenzen sich ergeben, wenn man die konkrete und höchst unterschiedliche Medienpraxis der Jungen und Mädchen mit und ohne Migrationshintergrund als Ausgangslage weiterer Bildungsprozesse zugrunde legt. Davon ausgehend, dass dafür gelingende Passungsverhältnisse von Adressaten und Zielwerten hergestellt werden müssen, können die in der vorliegenden Arbeit herausgearbeiteten Orientierungsrahmen eine wertvolle Ressource sein. Sie geben Hinweise auf unterschiedliche Lernausgangslagen Jugendlicher, indem sie einen übergeordneten Einblick in alltagsbezogene Medienaneignungsprozesse ermöglichen. Solche in diese Richtung entsprechend auszugestaltenden Überlegungen bilden jedoch nicht mehr den Gegenstand dieser Arbeit. Es ist Aufgabe weiterer – sozialwissenschaftlicher wie medienpädagogischer – Arbeiten, an den rekonstruktiv gewonnenen Ergebnissen der vorliegenden Untersuchung anzusetzen, darauf aufzubauen und sie weiterzuentwickeln.

Abschließen möchte ich mit dem Hinweis darauf, dass eine wie in der vorliegenden Arbeit eingenommene Sichtweise auf die Genese und die Struktur von Orientierungen bedeutet, den Akteur darin zu sehen, wer er *ist* und was er *kann*. Aus bildungstheoretischer Sicht liegen hierin notwendige Bedingungen zu einer „Möglichkeit der Mitwirkung der Zu-Erziehenden an der pädagogischen Interaktion" (Benner 2001: 79). Für die praktische Arbeit mit Jugendlichen bestünde eine m. E. nicht zu unterschätzende Schwierigkeit darin, den Blick von der Genese und der Struktur von Orientierungen *weg* und stärker auf normative Zielstellungen *hin* zu lenken, in anderen Worten eine rekonstruktive Sichtweise in eine praktisch pädagogische zu transformieren – hier ginge es dann um nichts Weniger, als den jugendlichen Akteur als jemanden zu sehen, der er, in Worten Benners (ebd.: 83), noch „gar nicht ist" und ihn zu etwas aufzufordern, was er noch „gar nicht kann".

Literatur

Abel, Jürgen / Möller, Renate / Treumann, Klaus-Peter (1998): Einführung in die empirische Pädagogik. Stuttgart: Kohlhammer

Abels, Heinz (2001): Interaktion, Identität, Präsentation. Kleine Einführung in interpretative Theorien der Soziologie. 2., überarb. Aufl., Opladen: Westdeutscher Verlag

Alamdar-Niemann, Monika (1992): Türkische Jugendliche im Eingliederungsprozeß. Hamburg: Verlag Dr. Kovač

Alheit, Peter (1997): „Individuelle Modernisierung" – zur Logik biografischer Konstruktion in modernisierten Gesellschaften. In: Hradil, Stefan (Hrsg.): Differenz und Integration. Die Zukunft moderner Gesellschaften. Frankfurt/M.: Campus, S. 941-951

Altmeyer, Martin (2002): Im Spiegel des Anderen. Warum der Narzissmus von Jugendlichen ein Beziehungsangebot ist. In: Deutsche Jugend, 50. Jg. 2002, S. 162-169

Anthony, E. James (1975): The reactions of adults to adolescents and their behavior. In: Esman, A. H. (Hrsg.): The Psychology of adolescence. Essential readings. New York: International Universities Press, S. 467-494

Atabay, Ilhami (2002: Familienstruktur und Jungenarbeit. In: LH München, Sozialreferat (Hrsg.): „Türkische" Jungen. Namus ve arkadaslik. München: Stadtjugendamt, S. 17-20

Atabay, Ilhami / Mühlig-Versen, Sema (2002): Familienstrukturen und Erziehungsvorstellungen. In: LH München, Sozialreferat (Hrsg.): „Türkische" Jungen. Namus ve arkadaslik. München: Stadtjugendamt, S. 10-12

Attewell, Paul / Winston, Hella (2003): Children of the Digital Divide. In: Attewell, Paul / Seel, Norbert M. (Hrsg.): Disadvantaged Teens and Computer Technologies. Münster: Waxmann, S. 117-135

Aufenanger, Stefan (1994): Strukturanalytische Rezeptionsforschung. In: Hiegemann, Susanne / Swoboda, Wolfgang H. (Hrsg.): Handbuch der Medienpädagogik. Theorieansätze, Traditionen, Praxisfelder, Forschungsperspektiven. Opladen, Leske + Budrich, S. 403 -412

Aufenanger, Stefan (1995): Qualitative Forschung in der Medienpädagogik. In: König, Eckard / Zedler, Peter (Hrsg.): Bilanz qualitativer Forschung, Bd.1: Grundlagen qualitativer Forschung. Weinheim: Deutscher Studien Verlag, S. 221-239

Aufenanger, Stefan (2001): Invasion aus unserer Mitte. Perspektiven einer Medienanthropologie. In: medien praktisch 04/01, S. 8-10

Aufenanger, Stefan (2005): Stichwort Computer. In: Hüther, Jürgen / Schorb, Bernd (Hrsg.): Grundbegriffe Medienpädagogik. 4. Aufl., München: Kopaed, S. 55-61

Aufenanger, Stefan (2006): Interview. In: Ayaß, Ruth / Bergmann, Jörg (Hrsg.): Qualitative Methoden der Medienforschung. Reinbek bei Hamburg: Rowohlt, S. 97-114

Aufenanger, Stefan (2008): Mediensozialisation. In: Sander, Uwe / von Gross, Friederike / Hugger, Kai-Uwe (Hrsg.): Handbuch Medienpädagogik. Wiesbaden: VS-Verlag, S. 142-14887-92

Autorengruppe Bildungsberichterstattung (2008): Bildung in Deutschland 2008. Ein indikatorengestützter Bericht mit einer Analyse zu Übergängen im Anschluss an den Sekundarbereich I. Bielefeld: Bertelsmann. Internet: http://www.bildungsbericht.de/daten2008/bb_2008.pdf [Zugriff: 03/09]

Ayaß, Ruth (2005a): Transkription. In: Mikos, Lothar / Wegener, Claudia (Hrsg.): Qualitative Medienforschung. Ein Handbuch. Konstanz: UVK, S. 377-386

Ayaß, Ruth (2006): Gender Studies. In: Dies. / Bergmann, Jörg (Hrsg.): Qualitative Methoden der Medienforschung. Reinbek bei Hamburg: Rowohlt, S. 406-422

Ayaß, Ruth / Bergmann, Jörg (Hrsg.) (2006): Qualitative Methoden der Medienforschung. Reinbek bei Hamburg: Rowohlt

Ba, Harouna / Tally, Bill / Tsikalas, Kallen (2002): Investigating Children's Emerging Digital Literacies. In: The Journal of Technology, Learning, and Assessment (JTLA) 1 (2002) 4, S. 1-49

Baacke, Dieter (1973): Kommunikation und Kompetenz. Grundlegung einer Didaktik der Kommunikation und ihrer Medien. Weinheim und München: Juventa

Baacke, Dieter (1987): Jugend und Jugendkulturen. Darstellung und Deutung. Weinheim und Basel: Beltz

Baacke, Dieter (1996a). Medienkompetenz – Begrifflichkeit und sozialer Wandel. In: Rein, Antje von (Hrsg.): Medienkompetenz als Schlüsselbegriff. Bad Heilbrunn: Verlag Julius Klinkhardt, S. 112-124

Baacke, Dieter (1996b): Medienkompetenz als Netzwerk. Reichweite und Fokussierung eines Begriffes, der Konjunktur hat. In: medien praktisch 02/96, S. 4-10

Baacke, Dieter (1999a): „Medienkompetenz": Theoretisch erschließend und praktisch folgenreich. In: medien + erziehung 43 (1999) 1, S. 7-12

Baacke, Dieter (1999b): Im Datennetz. Medienkompetenz (nicht nur) für Kinder und Jugendliche als pädagogische Herausforderung. In: GMK (Hrsg.): Ins Netz gegangen. Internet und Multimedia in der außerschulischen Pädagogik. Bielefeld: GMK, S. 14-28

Baacke, Dieter (2000): Die 13-18Jährigen. Einführung in die Probleme des Jugendalters. Unveränd. Nachdr. d. 7. Aufl. (1994), Weinheim und Basel: Beltz

Baacke, Dieter (2001): Die Familie im Informationszeitalter – Medienkompetenz als Herausforderung. In: Aufenanger, Stefan / Schulz-Zander, Renate / Spanhel, Dieter (Hrsg.): Jahrbuch Medienpädagogik 1. Opladen: Leske + Budrich, S. 123-134

Baacke, Dieter (2004): Medienkompetenz als zentrales Operationsfeld von Projekten. In: Bergman, Susanne et al. (Hrsg.): Medienkompetenz. Modelle und Projekte. Bonn: Bundeszentrale für politische Bildung, S. 21-25

Baacke, Dieter / Sander, Uwe / Vollbrecht, Ralf (1990): Lebenswelten sind Medienwelten. (Medienwelten Jugendlicher, Band 1). Opladen: Leske + Budrich

Baacke, Dieter/Kübler, Hans-Dieter (1989): Qualitative Medienforschung. Konzepte und Erprobungen. Tübingen: Niemeyer

Bachmair, Ben (2001): Auf der Suche nach einem Bewertungsrahmen für die Medienentwicklung. Skizzen zu einer Hermeneutik der Beziehung von Menschen und Medien. In: MedienImpulse 12/01, S. 33-41

Bachmair, Ben (2005): Mediensozialisation im Alltag. In: Mikos, Lothar / Wegener, Claudia (Hrsg.): Qualitative Medienforschung. Ein Handbuch. Konstanz: UVK, S. 95-114

Baecker, Dirk (2003): Organisation und Management. Frankfurt/M.: Suhrkamp

Bammé, Arno (1997): Subjektivität in der Technologischen Zivilisation. Voraussetzungen und Formen politischer Einflussnahme. In: Schachtner, Christina (Hrsg.): Technik und Subjektivität. Das Wechselverhältnis zwischen Mensch und Computer aus interdisziplinärer Sicht. Frankfurt/M.: Suhrkamp, S. 7-25

Barsch, Achim (2006): Mediendidaktik Deutsch. Paderborn: Schöningh

Barth, Thomas (1997): Soziale Kontrolle in der Informationsgesellschaft. Systemtheorie, Foucault und die Computerfreaks als Gegenmacht zum Panoptismus der Computer- und Multimedia-Kultur. Pfaffenweiler: Centaurus-Verlagsgesellschaft

Barthelmes, Jürgen / Sander, Ekkehard (1990): Familie und Medien. Forschungsergebnisse und kommentierte Auswahlbiographie. München: DJI Verlag

Barthelmes, Jürgen / Sander, Ekkehard (1997): Medien in Familie und Peergroup. Vom Nutzen der Medien für 13- und 14jährige. Medienerfahrungen von Jugendlichen, Band 1. München: DJI Verlag

Barthelmes, Jürgen / Sander, Ekkehard (2001). Erst die Freunde, dann die Medien. Medien als Begleiter in Pubertät und Adoleszenz. München: DJI-Verlag

Barthelmes, Jürgen / Sander, Ekkehard (2002): Geborgenheit im Alltag – Geborgenheit in den Medien: Die Suche der Jugendlichen nach Themen. In: Deutsches Jugendinstitut (Hrsg.): Das Forschungsjahr 2001. München: Deutsches Jugendinstitut, S. 58-74

Bateson, Gregory (1999): Ökologie des Geistes. Anthropologische, psychologische und epistemische Perspektiven. 7. Aufl., Frankfurt/M.: Suhrkamp

Bauer Media KG (1998): BRAVO Faktor Jugend 1: Kaufeinfluss bei hochwertigen Konsumgütern. Internet: http://www.bauermedia.de/uploads/media/jugend1.pdf [Zugriff: 09/2003]

Bauer, Karl-Oswald (1988): Plädoyer für eine ‚kategorienfreie' und ‚subjektive' Unterrichtsbeobachtung. Exemplarisch im Fach Informatik auf der Sekundarstufe I. In: Deutsches Jugendinstitut (Hrsg.): Medien im Alltag von Kindern und Jugendlichen. Methoden, Konzepte, Projekte. München: DJI Verlag, S. 73-92

Baumert, Jürgen (2002): Deutschland im internationalen Bildungsvergleich. In: Killius, Nelson et al. (Hrsg.): Die Zukunft der Bildung. Frankfurt/M.: Suhrkamp, S. 100-150

Baur, Jürgen / Burrmann, Ulrike / Maaz, Kai (2003): Sozial integrierte Sportler – sozial isolierte Cyber-Junkies? In: Sportunterricht, Heft 7, 52. Jg., 2003, S. 208-211

Beck, Stefan (2000): Umgang mit Technik: kulturelle Praxen und kulturwissenschaftliche Forschungskonzepte. Berlin: Akademie Verlag

Beck, Ulrich (1986): Risikogesellschaft. Auf dem Weg in eine andere Moderne. Frankfurt/M: Suhrkamp

Beck, Ulrich (2005): Die Gesellschaft des Weniger. Arbeitslosigkeit, Hartz IV: Ein Land steigt ab. In: Süddeutsche Zeitung, Nr. 27/2005, S. 15

Beck, Ulrich (2008): Ungleichheit ohne Grenzen. Wer absteigt und wer aufsteigt im Zeitalter von Globalisierung und Klimawandel. In: DIE ZEIT Nr. 42, 09.10.2008

Beck, Ulrich / Beck-Gernsheim, Elisabeth (1994): Individualisierung in modernen Gesellschaften – Perspektiven und Kontroversen einer subjektorientierten Soziologie. In: Dies. (Hrsg.): Riskante Freiheiten. Individualisierung in modernen Gesellschaften. Frankfurt/M.: Suhrkamp, S. 10-39

Beck, Ulrich / Bonß, Wolfgang (2001): Die Modernisierung der Moderne. Frankfurt/M.: Suhrkamp

Beck, Ulrich / Giddens, Anthony / Lash, Scott (1996): Reflexive Modernisierung – Eine Kontroverse, Frankfurt/M.: Suhrkamp

Becker, Jörg (2001): Neue Medien und Internet. Herausforderungen an die Pädagogik. In: Aus Politik und Zeitgeschichte, Nr. 50/2001, S. 23-30

Becker, Jörg (2003): Zwischen Abgrenzung und Integration. Anmerkungen zur Ethnisierung der türkischen Medienkultur. In: Ders./Behnisch, Reinhard (Hrsg.): Zwischen Abgrenzung und Integration. Türkische Medienkultur in Deutschland. 2. Aufl., Loccum: Evangelische Akademie, S. 9-24

Becker, Peter (2001): Treue zum niemals (Mehr-)Werdenden. Das Abenteuer als Wiedergewinnung leiblich-sinnlichen Vermögens. In: Ders. / Schirp, Jochem (Hrsg.): Jugendhilfe und Schule. Zwei Handlungsrationalitäten auf dem Weg zu einer? Münster: Votum, S. 109-121

Becker, Ruth / Kortendiek, Beate (Hrsg.): Handbuch Frauen- und Geschlechterforschung. Theorie, Methoden, Empirie (= Geschlecht & Gesellschaft, Bd. 35), Wiesbaden: VS-Verlag

Bell, Daniel (1985): Die nachindustrielle Gesellschaft. Frankfurt/M.: Campus

Benner, Dietrich (2001): Allgemein Pädagogik. Eine systematisch-probemgeschichtliche Einführung in die Grundstruktur pädagogischen Denkens und Handelns. Weinheim und München: Juventa

Berger, Peter L. (1984): Einladung zur Soziologie. München: DTV

Berger, Peter L. / Luckmann, Thomas (2003): Die gesellschaftliche Konstruktion von Wirklichkeit. Eine Theorie der Wissenssoziologie (Erstausgabe 1969). 19. Aufl., Frankfurt/M.: Fischer

Bergmann, Jörg R. (1985): Flüchtigkeit und methodische Fixierung sozialer Wirklichkeit. Aufzeichnungen als Daten der interpretativen Soziologie. In: Bonß, Wolfgang / Hartmann, Heinz (Hrsg.): Entzauberte Wissenschaft – Zur Realität und Geltung soziologischer Forschung. Göttingen: Schwartz, S. 299-320

Bergmann, Jörg R. (2003): Ethnomethodologie. In: Flick, Uwe / von Kardorff, Ernst / Steinke, Ines (Hrsg.) (2003): Qualitative Forschung: Ein Handbuch. 2. Aufl., Reinbek bei Hamburg: Rowohlt, S. 118-135

Bergmann, Jörg R. (2006): Qualitative Methoden der Medienforschung – Einleitung und Rahmung. In: Ayaß, Ruth / Bergmann, Jörg (Hrsg.): Qualitative Methoden der Medienforschung. Reinbek bei Hamburg: Rowohlt, S. 13-41

Berr, Marie-Anne (1994): Anthropologie der medialen Technologie. In: Wulf, Christoph (Hrsg.): Einführung in die pädagogische Anthropologie. Weinheim und Basel, S. 70-97

Berry, John W. (1997): Immigration, acculturation and adaptation. In: Applied psychology: An international Review, 40, S. 5-68

Bertelsmann Stiftung/Landesinstitut für Schule NRW (2002): Portfolio Medienkompetenz. Internet: www.portfolio-medien.de [Zugriff: 08/08]

Bertram, Hans (1987): Technik und sozialer Wandel. In: Lutz, Burkhart (Hrsg.): Technik und sozialer Wandel. Verhandlungen des 23. Deutschen Soziologentages in Hamburg 1986. Frankfurt/M.: Campus, S. 233-236

Bertschi-Kaufmann, Andrea / Härvelid, Frederic (2007): Lesen im Wandel – Lesetradition und die Veränderungen in neuen Medienumgebungen. In: Bertschi-Kaufmann, Andrea (Hrsg.): Lesekompetenz, Leseleistung, Leseförderung. Grundlagen, Modelle und Materialien. Seelze: Kallmeyer, S. 29-49

Biermann, Ralf / Kommer, Sven (2005): Medien in den Biografien von Kindern und Jugendlichen. In: merz - Zeitschrift für Medienpädagogik 01/2005, S. 53-59

Bilden, Helga (1998): Geschlechtsspezifische Sozialisation. In: Hurrelmann, Klaus / Ulrich, Dieter (Hrsg.): Handbuch der Sozialisationsforschung. Studienausgabe. 5., neu ausgest. Aufl., Weinheim und Basel: Beltz, S. 279-302

Bimlinger, Eva / Wächter, Christine (2000): Frauen in der Technologischen Zivilisation. München: Profil

Bimschas, Bärbel / Schröder, Achim (2003): Beziehungen in der Jugendarbeit. Opladen: Leske + Budrich

Bittlingmayer, Uwe H. (2001): „Spätkapitalismus" oder „Wissensgesellschaft"? In: Aus Politik und Zeitgeschichte. Beilage zur Wochenzeitung „das Parlament", 08/2001, Bd. 36, S. 15-23

Blumer, Herbert (1973): Der methodologische Standpunkt des symbolischen Interaktionismus. In: Arbeitsgruppe Bielefelder Soziologen (Hrsg.): Alltagswissen, Interaktion und gesellschaftliche Wirklichkeit. Band 1: Symbolischer Interaktionismus und Ethnomethodologie. Reinbek bei Hamburg: Rowohlt, S. 54-80

Boehnke, Klaus (2000): Neue Medien im Alltag: Begriffsbestimmungen eines interdisziplinären Forschungsfeldes. In: Voß, Günter G. / Holly, Werner / Boehnke, Klaus (Hrsg.): Neue Medien im Alltag: Begriffsbestimmungen eines interdisziplinären Forschungsfeldes, S. 7-12

Bogner, Alexander/Menz, Wolfgang (2005): Das theoriegenerierende Experteninterview. Erkenntnisinteresse, Wissensformen, Interaktion. In: Bogner, Alexander / Littig, Beate / Menz, Wolfgang (Hrsg.): Das Experteninterview. Theorie, Methode, Anwendung. 2. Aufl., Wiesbaden: VS-Verlag, S. 33-71

Böhler, Dietrich (1985): Rekonstruktive Pragmatik. Von der Bewusstseinsphilosophie zur Kommunikationsreflexion: Neubegründung der praktischen Wissenschaften und Philosophie. Frankfurt/M.: Suhrkamp

Böhm, Andreas (2003): Theoretisches Codieren. Textanalyse in der Grounded Theory. In: Flick, Uwe / von Kardorff, Ernst / Steinke, Ines (Hrsg.) (2003): Qualitative Forschung: Ein Handbuch. 2. Aufl., Reinbek bei Hamburg: Rowohlt, S. 475-484

Böhme, Hartmut / Matussek, Peter / Müller, Lothar (2000): Orientierung Kulturwissenschaft. Was sie kann, was sie will. Reinbek bei Hamburg: Rowohlt

Böhnisch, Lothar (1998): Das Generationenproblem im Lichte der Biographisierung und der Relativierung der Lebensalter. In: Ecarius, Jutta (Hrsg.): Was will die jüngere von der älteren Generation? Opladen: Leske + Budrich, S. 67-79

Böhnisch, Lothar (2002): Räume, Zeiten, Beziehungen und der Ort der Jugendarbeit. In: Deutsche Jugend. Zeitschrift für Jugendfragen und Jugendarbeit 50, Heft 2. S. 70-77

Böhnisch, Lothar (2003): Die Entgrenzung der Männlichkeit. Verstörungen und Formierungen des Mannseins im gesellschaftlichen Übergang. Opladen: Leske + Budrich

Böhnke, Andreas (2008): Mythos Soft Skills. Welche es gibt. Was sie bedeuten. Wie man sie trainieren kann. In: Campus Anzeiger 25, 02/2008, S. 34-35

Bohnsack, Ralf (1989): Generation, Milieu und Geschlecht. Ergebnisse aus Gruppendiskussionen mit Jugendlichen. Opladen: Leske + Budrich

Bohnsack, Ralf (1992): Dokumentarische Interpretation von Orientierungsmustern. Verstehen – Interpretieren – Typenbildung in wissenssoziologischer Analyse. In: Meuser, Michael / Sachmann, Reinhold (Hrsg.): Analyse sozialer Deutungsmuster, Beiträge zur empirischen Wissenssoziologie. Pfaffenweiler: Centaurus-Verlagsgesellschaft, S. 139-160

Bohnsack, Ralf (1997): Orientierungsmuster. In: Ein Grundbegriff qualitativer Sozialforschung. In: Schmidt, Folker (Hrsg.): Methodische Probleme der empirischen Erziehungswissenschaft. Baltmannsweiler: Schneider-Verlag Hohengehren, S. 49-61

Bohnsack, Ralf (2001): Typenbildung, Generalisierung und komparative Analyse: Grundprinzipien der dokumentarischen Methode. In: Bohnsack, Ralf / Nentwig-Gesemann, Iris / Nohl, Arnd-Michael (Hrsg.): Die dokumentarische Methode und ihre Forschungspraxis. Grundlagen qualitativer Sozialforschung. Opladen: Leske + Budrich, 225-252

Bohnsack, Ralf (2003a): Rekonstruktive Sozialforschung. Einführung in qualitative Methoden. Opladen: Leske + Budrich

Bohnsack, Ralf (2003b): Praxeologische Wissenssoziologie. In: Ders. / Marotzki, Winfried / Meuser, Michael (Hrsg.): Hauptbegriffe qualitativer Sozialforschung. Ein Wörterbuch. Opladen: Leske + Budrich, S. 137-138

Bohnsack, Ralf (2003c): Dokumentarische Methode. In: Ders. / Marotzki, Winfried / Meuser, Michael (Hrsg.): Hauptbegriffe qualitativer Sozialforschung. Ein Wörterbuch. Opladen: Leske + Budrich, S. 40-44

Bohnsack, Ralf (2003d): Gruppendiskussion. In: Flick, Uwe / von Kardorff, Ernst / Steinke, Ines (Hrsg.) (2003): Qualitative Forschung: Ein Handbuch. 2. Aufl., Reinbek bei Hamburg: Rowohlt, S. 369-384

Bohnsack, Ralf (2003e): Fokussierungsmetapher. In: Ders. / Marotzki, Winfried / Meuser, Michael (Hrsg.): Hauptbegriffe qualitativer Sozialforschung. Ein Wörterbuch. Opladen: Leske + Budrich, S. 67

Bohnsack, Ralf / Nentwig-Gesemann, Iris / Nohl, Arnd-Michael (2001): Einleitung: Die dokumentarische Methode und ihre Forschungspraxis. In: Dies. (Hrsg.): Die dokumentarische Methode und ihre Forschungspraxis. Grundlagen qualitativer Sozialforschung. Opladen: Leske + Budrich, S. 9-26

Bolz, Norbert (1990): Abschied von der Gutenberg-Galaxis. Medienästhetik nach Nietzsche, Benjamin und McLuhan. In: Hörisch, Jochen / Wetzel, Michael (Hrsg.): Armaturen der Sinne. München: Wilhelm Fink Verlag, S. 139-156

Bolz, Norbert (1996): Wirklichkeit ohne Gewähr. In: Helmes, Günter / Köster, Werner (Hrsg.): Texte zur Medientheorie. Stuttgart: In Reclam, S. 326-332

Bonfadelli, Heinz (1994): Die Wissenskluft-Perspektive. Massenmedien und gesellschaftliche Information. Konstanz: UVK-Ölschläger

Bonfadelli, Heinz (1994): Standardisierte Jugend-Media-Forschung. Medienzuwendung als soziales Handeln – Möglichkeiten und Grenzen quantifizierender Rezipientenforschung. In: Handbuch der Medienpädagogik. Theorieansätze, Traditionen, Praxisfelder, Forschungsperspektiven. Opladen, Leske + Budrich, S. 341-359

Bonfadelli, Heinz (2002): The Internet and Knowledge Gaps. A Theoretical and Empirical Investigation. In: European Journal of Communication 17 (2002) 1, S. 65-85

Bonfadelli, Heinz (2004): Medienwirkungsforschung I. 3. Aufl., Konstanz: UVK

Boos-Nünning, Ursula / Karakasoglu, Yasemin (2005): Familialismus und Individualismus. Zur Bedeutung der Familie in der Erziehung von Mädchen mit Migrationshintergrund. In: Fuhrer, Urs / Uslucan, Haci-Halil (Hrsg.): Familie, Akkulturation und Erziehung. Migration zwischen Eigen- und Fremdkultur. Stuttgart: Kohlhammer, S. 126-149

Boos-Nünning, Ursula / Karakaşoğlu-Aydin, Yasemin (2005): Viele Welten leben. Zur Lebenssituation von Mädchen und jungen Frauen mit Migrationshintergrund. Münster: Waxmann

Bourdieu, Pierre (1970): Zur Soziologie der symbolischen Formen. Frankfurt/M.: Suhrkamp

Bourdieu, Pierre (1982): Die feinen Unterschiede. Kritik der gesellschaftlichen Urteilskraft. Frankfurt/M.: Suhrkamp

Bourdieu, Pierre (1987): Sozialer Sinn. Frankfurt/M.: Suhrkamp

Bourdieu, Pierre (1992): Rede und Antwort. Frankfurt/M.: Suhrkamp

Bourdieu, Pierre (1997): Das Elend der Welt. Zeugnisse und Diagnosen alltäglichen Leidens an der Gesellschaft. Konstanz: UVK

Bourdieu, Pierre (1997): Die männliche Herrschaft. In: Dölling, Irene / Krais, Beate (Hrsg.): Ein alltägliches Spiel. Geschlechterkonstruktion in der sozialen Praxis. Frankfurt/M.: Suhrkamp, S. 153-217

Bourdieu, Pierre (1998): Praktische Vernunft. Zur Theorie des Handelns. Frankfurt/M.: Suhrkamp

Bourdieu, Pierre (2005): Die männliche Herrschaft. Frankfurt/M.: Suhrkamp

Braun, Hans-Joachim (2005): Die 101 wichtigsten Erfindungen der Weltgeschichte. München: C. H. Beck

Braun, Karl-Heinz (2004): Raumaneignung als Aneignungsprozess. In: Deinet, Ulrich / Reutlinger, Christian (Hrsg.): „Aneignung" als Bildungskonzept der Sozialpädagogik. Beiträge zur Pädagogik des Kindes- und Jugendalters in Zeiten entgrenzter Lernzonen. Wiesbaden: VS-Verlag, S. 19-48

Brehm-Klotz, Christiane (1997): Computer. In Hüther, Jürgen, Schorb, Bernd/Brehm-Klotz, Christiane (Hrsg.), Grundbegriffe Medienpädagogik. 3. Aufl., München: Kopaed, S. 62-68

Breidenstein, Georg (1997): Verliebtheit und Paarbildung unter Schulkindern. In: Hirschauer, Stefan / Amann, Klaus (Hrsg.): Die Befremdung der eigenen Kultur. Zur ethnographischen Herausforderung soziologischer Empirie. Frankfurt/M.: Suhrkamp, S. 53-83

Breitenbach, Eva (2000): Mädchenfreundschaften in der Adoleszenz. Eine fallrekonstruktive Untersuchung von Gleichaltrigengruppen. Opladen: Leske + Budrich

Breuer, Franz (2003). Subjekthaftigkeit der sozial-/wissenschaftlichen Erkenntnistätigkeit und ihre Reflexion: Epistemologische Fenster, methodische Umsetzungen [44 Absätze]. Forum Qualitative Sozialforschung / Forum: Qualitative Social Research [Online Journal], 4(2), Art. 25. Internet: http://www.qualitative-research.net/fqs-texte/2-03/2-03intro-3-d.htm [Zugriff: 08/07]

Breyvogel, Wilfried (1989): Pädagogische Jugendforschung. Einleitende Bemerkungen zur Vermittlung von Gesellschafts- und Subjekttheorie. In: Ders. (Hrsg.): Pädagogische Jugendforschung. Erkenntnisse und Perspektiven. Opladen: Leske + Budrich, S. 11-29

Breyvogel, Wilfried (2010): Zur Entstehung von Bildungsarmut. In: Ders. (Hrsg.): Wie aus Kindern Risikoschüler werden: Fallstudien zu den Ursachen von Bildungsarmut. Frankfurt/M.: Brandes & Apsel, S. 15-31

Bröckling, Ulrich (2002): Jeder könnte, aber nicht alle können. Konturen des unternehmerischen Selbst, in: Mittelweg 36, 11. Jg. (2002), H. 4, Aug./Sep., S. 6-26

Brose, Hans-Georg / Hildenbrand, Bruno (1988): Biographisierung von Erleben und Handeln. In: Dies. (Hrsg.): Vom Ende des Individuums zur Individualität ohne Ende. Biographie und Gesellschaft. Opladen: Leske + Budrich

Bruder, Klaus-Jürgen (1990): Männliche Sozialisation und ihre Folgen für die Einstellung zur Technik. In: Schorb, Bernd (Hrsg.): Basic für Eva? Opladen: Leske + Budrich, S. 41-58

Bruner, Jerome S. (1998): Vergangenheit und Gegenwart als narrative Konstruktionen. In: Straub, Jürgen (Hrsg.): Erzählung, Identität und historisches Bewusstsein. Die psychologische Konstruktion von Zeit und Geschichte. Frankfurt/M.: Suhrkamp, S. 46-80

Brunotte, Ulrike (2000): Helden des Tötens. Rituale der Männlichkeit im Actionfilm. In: Der Gleichstellungsbeauftragte der Universität Leipzig (Hrsg.): Frauenforscherinnen stellen sich vor. Leipziger Studien zur Frauen- und Geschlechterforschung, Reihe A, Band 6. Leipzig: Universitätsverlag, S. 75-96

Buchen, Sylvia / Philipper, Ingeborg (2003): Biographie, Generation, Gender im Hinblick auf die Nutzung neuer Medien. Was bewirken veränderte Lernarrangements in der Schule? In: Bachmair, Ben / Diepold, Peter / de Witt, Claudia (Hrsg.): Jahrbuch Medienpädagogik 3. Opladen: Leske + Budrich, S. 123-137

Buchen, Sylvia / Philipper, Ingeborg (2002): Die Bedeutung neuer Medien im Leben männlicher und weiblicher Jugendlicher unterschiedlicher Schulformen: Wie können biografische und generationsspezifische Bildungspotentiale durch veränderte Lernarrangements in der Schule genutzt werden? Internet: http://www.medienpae.com/02-1/buchen_phillipper1.pdf [Zugriff: 04/03]

Buchen, Sylvia / Straub, Ingo (2006a): Die Rekonstruktion der digitalen Handlungspraxis Jugendlicher als Theoriegrundlage für eine geschlechterreflexive schulische Medienbildung. In Medienpädagogik. Online-Zeitschrift für Theorie und Praxis der Medienpädagogik. Internet: http://www.medienpaed.com/05-2/buchen_straub05-2.pdf [Zugriff: 02/08]

Buchen, Sylvia / Straub, Ingo (2006b): Die Bedeutung des Hacker-Topos für Hauptschüler in der Adoleszenz. In: Treibel, Annette et al. (Hrsg.): Gender medienkompetent. Medienbildung in einer heterogenen Gesellschaft. Wiesbaden: VS-Verlag, S. 93-110

Bucher, Priska / Bonfadelli, Heinz (2007): Jugendliche mit und ohne Migrationshintergrund. Gemeinsamkeiten und Unterschiede im Umgang mit Medien. In: Mikos, Lothar / Hoffmann, Dagmar / Winter, Rainer (Hrsg.): Mediennutzung, Identität und Identifikationen. Die Sozialisationsrelevanz der Medien im Selbstfindungsprozess von Jugendlichen. Weinheim und München: Juventa, S. 223-246

Budde, Jürgen (2005): Doing gender – doing masculinity. Männlichkeiten in schulischen Interaktionen. In: Zeitschrift für Frauenforschung & Geschlechterstudien, 23 (2005) 4, S. 68-77

Bude, Heinz (2003): Fallrekonstruktion. In: Bohnsack, Ralf / Marotzki, Winfried / Meuser, Michael (Hrsg.): Hauptbegriffe qualitativer Sozialforschung. Ein Wörterbuch. Opladen: Leske + Budrich, S. 60-61

Bug, Judith / Karmasin, Matthias (2003) (Hrsg.): Telekommunikation und Jugendkultur. Opladen: Westdeutscher Verlag

Bundesministerium für Wirtschaft und Arbeit und Bundesministerium für Bildung und Forschung (Hrsg.) (2003): Informationsgesellschaft Deutschland 2006. Aktionsprogramm der Bundesregierung. Berlin

Bund-Länder-Kommission für Bildungsplanung und Forschungsförderung (Hrsg.) (1987): Gesamtkonzept für die informationstechnische Bildung (Materialien zur Bildungsplanung, Heft 16). Bonn

Bunz, Ulla (2003, accepted for publication). The computer-email-web (CEW) fluency scale – Development and validation. International Journal of Human-Computer Interaction. Internet: http://www.psych.uni-goettingen.de/congress/gor-2001/contrib/bunz-ulla-oral/bunz-ulla-oral [Zugriff: 01/07]

Bürdek, Bernhard E. (2001): Der digitale Wahn. In: Ders. (Hrsg.): Der digitale Wahn. Frankfurt/M.: Suhrkamp, S. 178-214

Buschmann, Matthias (1994): Jungen und Koedukation. Zur Polarisierung der Geschlechterrollen. In: Die deutsche Schule, 86. Jg. 11.2, S. 192-213.

Butler, Judith (1991): Das Unbehagen der Geschlechter. Frankfurt/M.: Suhrkamp

Butterwegge, Christoph (2010): Globalisierung, Migration und Integration. In: Breyvogel, Wilfried (Hrsg.): Wie aus Kindern Risikoschüler werden: Fallstudien zu den Ursachen von Bildungsarmut. Frankfurt/M.: Brandes & Apsel, S. 235-252

Caglar, Ayse (2002): Die Verwicklungen des Medienkonsums deutscher Türken. In: Becker, Jörg / Behnisch, Reinhard (Hrsg.): Zwischen Autonomie und Gängelung. Türkische Medienkultur in Deutschland II. Rehburg-Loccum: Evangelische Akademie, S. 151-159

Cassirer, Ernst (1930): Form und Technik. In: Ders.: Symbol, Technik, Sprache. Aufsätze aus den Jahren 1927-1933. Hrsg. von Ernst Wolfgang Orth und John Michael Krois (1995). Hamburg: Meiner, S. 39-92

Cassirer, Ernst (1944): Versuch über den Menschen. Einführung in die Philosophie der Kultur. Aus dem Engl. übers. Von Reinhard Kaiser (1996). Hamburg: Meiner

Castells, Manuel (2001): Das Informationszeitalter. Wirtschaft – Gesellschaft – Kultur. Teil1: Der Aufstieg der Netzwerkgesellschaft. Opladen: Leske + Budrich

Castoriadis, Cornelius (1981): Durchs Labyrinth: Seele, Vernunft, Gesellschaft. Frankfurt/M.: Europäische Verlagsanstalt

Charlton, Michael (1993): Methoden der Erforschung von Medienaneignungsprozessen. In: Holly, Werner / Püschel, Ulrich (Hrsg.): Medienrezeption als Aneignung. Methoden und Perspektiven qualitativer Medienforschung. Opladen: Westdeutscher Verlag, S. 11-26

Charlton, Michael (1997): Medienrezeption und Lebensbewältigung. In: Der Deutschunterricht, 49. Jg. (1997), Heft 3, S. 10-17

Charlton, Michael / Neumann, Klaus (1986): Medienkonsum und Lebensbewältigung in der Familie. Methode und Ergebnisse der strukturanalytischen Rezeptionsforschung. Weinheim und Basel: Beltz PVU

Charlton, Michael / Neumann-Braun, Klaus (1992): Medienkindheit – Medienjugend. Eine Einführung in die aktuelle kommunikationswissenschaftliche Forschung. München: Quintessenz

Cockburn, Cynthia / Ormrod, Susan (1997): Wie Geschlecht und Technologie in der sozialen Praxis „gemacht" werden. In: Dölling, Irene / Krais, Beate (Hrsg.): Ein alltägliches Spiel. Geschlechterkonstruktion in der sozialen Praxis. Frankfurt/M.: Suhrkamp, S. 17-47

Combe, Arno/Helsper, Werner (1991): Hermeneutische Ansätze in der Jugendforschung: Überlegungen zum fallrekonstruktiven Modell erfahrungswissenschaftlichen Handelns. In: Dies. (Hrsg.): Hermeneutische Jugendforschung. Theoretische Konzepte und methodologische Ansätze. Opladen: Westdeutscher Verlag, S. 231-258

Committee on Information Technology Literacy (1999): Being Fluent with Information Technology. National Research Council Report. Washington: National Academy Press

Connell, Robert W. (1987): Gender and Power. Society, the Person and Sexual Politics. Stanford: Stanford University Press

Connell, Robert W. (1999): Der gemachte Mann. Konstruktion und Krise von Männlichkeiten. Opladen: Leske + Budrich

Corbin, Juliet (2003): Grounded Theory. In: Bohnsack, Ralf / Marotzki, Winfried / Meuser, Michael (Hrsg.): Hauptbegriffe qualitativer Sozialforschung. Ein Wörterbuch. Opladen: Leske + Budrich, S. 70 75

Cornelißen, Waltraut (1998): Fernsehgebrauch und Geschlecht. Zur Rolle des Fernsehens im Alltag von Frauen und Männern. Wiesbaden: Westdeutscher Verlag

Cottmann, Kathrin (1998): Wie verstehen Kinder Computer? Eine empirische Studie mit Konsequenzen für Pädagogik und Softwareentwicklung. München: Kopaed

de Haan, Gerhard / Poltermann, Andreas (2002): Funktion und Aufgaben von Bildung und Erziehung in der Wissensgesellschaft. (Forschungsgruppe Umweltbildung, Papers 02-167). Berlin: Verein zur Förderung der Ökologie im Bildungsbereich e.V.

Deege, Michael (1996): Die Technikphilosophie Arnold Gehlens. Hamburg: Verlag Dr. Kovač

Degele, Nina (2002): Einführung in die Techniksoziologie. München: Wilhelm Fink Verlag

Deinet, Ulrich / Reutlinger, Christian (Hrsg.): „Aneignung" als Bildungskonzept der Sozialpädagogik. Beiträge zur Pädagogik des Kindes- und Jugendalters in Zeiten entgrenzter Lernzonen. Wiesbaden: VS-Verlag

Denzin, Norman K. / Lincoln, Yvonna S (1994): Introduction: Entering the Field of Qualitative Research. In: Dies. (Hrsg.): Handbook of Qualitative Research. Thousand Oaks: Sage Publications, S. 1-17

Deutscher Bundestag (Hrsg.): (2002): Schlussbericht der Enquete-Kommission „Globalisierung" der Weltwirtschaft. Opladen

Devereux, Georges (1998): Angst und Methode in den Verhaltenswissenschaften. 4. Aufl., Frankfurt/M.: Suhrkamp

Dickhäuser, Oliver (2001): Computernutzung und Geschlecht. Münster: Waxmann

Diekmann, Andreas (2001): Empirische Sozialforschung. Grundlagen, Methoden, Anwendungen. Reinbek bei Hamburg: Rowohlt

Dilthey, Wilhelm (1971): Schriften zur Pädagogik. Besorgt von Hans-Hermann Groothoff und Ulrich Herrmann. Paderborn: Schöningh

Doelker, Christian (2005): Medien als Umwelt. Environmental turn der Medienpädagogik. In: Kleber, Hubert (Hrsg.): Perspektiven der Medienpädagogik in Wissenschaft und Bildungspraxis. München: Kopaed, S. 15-22

Döring, Nicola (2003). Sozialpsychologie des Internet. Göttingen: Hogrefe

Dörpinghaus, Andreas / Poenitsch, Andreas / Wigger, Lothar (2008): Einführung in die Theorie der Bildung. 2., durchges. Aufl., Darmstadt: Wissenschaftliche Buchgesellschaft

Dorsch, Friedrich / Häcker, Hartmut / Stapf, Kurt-Hermann (2004): Dorsch Psychologisches Wörterbuch. Bern: Huber

Dresbach, Bernhard (2002): Mediennutzung und Integration der türkischen Bevölkerung in Deutschland. In: Becker, Jörg / Behnisch, Reinhard (Hrsg.): Zwischen Autonomie und Gängelung. Türkische Medienkultur in Deutschland II. Rehburg-Loccum: Evangelische Akademie, S. 161-172

Eberwein, Hans (2003): Es ist normal, verschieden zu sein. In: Behinderung & Menschenrecht, Nr. 23, Mai/Juni 2003: Internet: http://www.netzwerk-artikel-3.de/netzinfo02-03/032.php [Zugriff: 07/09]

Echtermayer, Katrin / Lauber, Achim (2002): „Die Türken sind halt mehr so die Macho-Männer". In: Medien und Erziehung 46 (2002) 5, S. 301-303

Eckert, Roland et al. (1991): Auf digitalen Pfaden. Opladen: Westdeutscher Verlag

Eggert, Susanne (2006): Von „mail.ru" bis „ProSieben" – Zur Medienaneignung Heranwachsender aus der ehemaligen Sowjetunion. In: Treibel, Annette et al. (Hrsg.): Gender medienkompetent. Medienbildung in einer heterogenen Gesellschaft. Wiesbaden: VS-Verlag, S. 235-256

Eggert, Susanne / Theunert, Helga (2002): Medien im Alltag von Heranwachsenden mit Migrationshintergrund – Vorwiegend offene Fragen. In: Medien und Erziehung 46 (2002) 5, S. 289-300

Ehlers, Swantje (2002): Lesesozialisation zugewanderter Sprachminderheiten. In: Hug, Michael / Richter, Sigrun (Hrsg.): Ergebnisse soziologischer und psychologischer Forschung. Impulse für en Deutschunterricht. Baltmannsweiler: Schneider-Verlag Hohengehren, S. 44-61

Ehrenberg, Alain (2004): Das erschöpfte Selbst. Depression und Gesellschaft in der Gegenwart. Original „La Fatigue d'être soi" (1998), Frankfurt/New York: Campus

Elias, Norbert (1987): Die Gesellschaft der Individuen. Frankfurt/M.: Suhrkamp

Elias, Norbert (1997): Über den Prozeß der Zivilisation. 2 Bände. Frankfurt/M.: Suhrkamp

Engell, Lorenz / Vogl, Joseph (2004): Vorwort. In: Pias, Claus et al. (Hrsg.) : Kursbuch Medienkultur. Die maßgeblichen Theorien von Brecht bis Baudrillard. 5. Aufl., Stuttgart: Deutsche Verlags-Anstalt, S. 8-13

Erdheim, Mario (1989): Subjektivität als Erkenntnismedium und ihre Krise im Forschungsprozeß. In: Breyvogel, Wilfried (Hrsg.): Pädagogische Jugendforschung. Erkenntnisse und Perspektiven. Opladen: Leske + Budrich, S. 81-93

Erdheim, Mario (1991): Zur Entritualisierung der Adoleszenz bei beschleunigtem Kulturwandel. In: Klosinski, Gunther (Hrsg.): Pubertätsriten. Äquivalente und Defizite in unserer Gesellschaft. Stuttgart; Toronto: Huber, S. 79

Erikson, Erik H. (1973): Identität und Lebenszyklus. Frankfurt/M.: Suhrkamp

Eßbach, Wolfgang (1994): Der Mittelpunkt außerhalb. Helmuth Plessners philosophische Anthropologie. In: Dux, Günther / Wenzel, Ulrich (Hrsg.): Der Prozeß der Geistesgeschichte. Studien zur ontogenetischen und historischen Entwicklung des Geistes, Frankfurt/M.: Suhrkamp, S. 15-44

Esser, Hartmut (2001): Integration und das Problem der „multikulturellen Gesellschaft". In: Mehrländer, Ursula / Schultze, Günther (Hrsg.): Einwanderungsland Deutschland. Neue Wege nachhaltiger Integration. Bonn: Dietz, S. 64-91

Farin, Klaus (2001): generation-kick.de. Jugendsubkulturen heute. München: Verlag C. H. Beck

Faulstich, Peter (1999): Weiterbildung und Technik. In: Tippelt, Rudolf (Hrsg.): Handbuch Erwachsenenbildung/Weiterbildung. 2. Aufl., Opladen: Leske + Budrich, S. 257-277

Faulstich, Peter (2005): Lernen Erwachsener in kritisch-pragmatischer Perspektive. In: Zeitschrift für Pädagogik, 51. Jg. 2005, Heft 4, S. 528-542

Faulstich, Werner (1991): Medientheorien. Einführung und Überblick. Göttingen: Vandenhoeck & Ruprecht

Faulstich, Werner (1998): Medienkultur: Vom Begriff zur Geschichte. Werte- und Funktionenwandel am Beispiel der Menschmedien. In: Saxer, Uli (Hrsg.): Medienkulturkommunikation, Sonderheft 2/1998 der Zeitschrift Publizistik. Vierteljahreshefte für Kommunikationsforschung, S. 44-54

Fauser, Peter (2004): Lernen und Verstehen. Thesen zum pädagogischen Kerngeschäft. Vortrag bei der Tagung „Lernen und Verstehen" des Thüringer Kultusministeriums in Verbindung mit dem ThiLLM und dem Lehrstuhl für Schulpädagogik und Schulentwicklung der FSU am 4. und 5. Mai 2004 in Jena. Internet: http://www.imaginata.de/uni/vortrag.pdf [Zugriff: 03/09]

Fend, Helmut (1995): Jugend – Risikoentwicklungen und pädagogische Handlungsmöglichkeiten. Universität Zürich: Fachbereich Pädagogische Psychologie I Pädagogisches Institut. Internet: http://www.paed.uzh.ch/pp1/forschung/downloads/juteil1.pdf /
http://www.paed.uzh.ch/pp1/forschung/downloads/juteil2.pdf [Zugriff 07/08]

Ferchhoff, Wilfried (2002a): Was Jugendliche bewegt. Selbstinszenierung und Engagement in der Mediengesellschaft. Teil 1. In: deutsche jugend 50. Jg. 2002, Heft 4, S. 155-162

Ferchhoff, Wilfried (2002b): Was Jugendliche bewegt. Selbstinszenierung und Engagement in der Mediengesellschaft. Teil 2. In: deutsche jugend 50. Jg. 2002, Heft 5, S. 223-230

Fischer, Peter (1996): Technikphilosophie. Stuttgart. Reclam

Fischer, Peter (2004): Philosophie der Technik. München: Wilhelm Fink Verlag

Flammer, August (1991): Entwicklungsaufgaben als Rituale? Entwicklungsaufgaben anstelle von Ritualen? In: Klosinski, Gunther (Hrsg.) (1991): Pubertätsriten. Äquivalente und Defizite in unserer Gesellschaft. Bern: Huber, S. 89-101

Flick, Uwe (1992): Entzauberung der Intuition. Triangulation von Methoden und Datenquellen als Strategie der Geltungsbegründung und Absicherung von Interpretationen. In: Hoffmeyer-Zlotnik, Jürgen (Hrsg.): Analyse qualitativer Daten. Opladen: Westdeutscher Verlag, S. 11-55

Flick, Uwe (1995a): Alltagswissen in der Sozialpsychologie. In: Ders. (Hrsg.): Psychologie des Sozialen. Repräsentationen in Wissen und Sprache. Reinbek bei Hamburg: Rowohlt, S. 54-78

Flick, Uwe (1995b): Soziale Repräsentationen in Wissen und Sprache als Zugänge zur Psychologie des Sozialen. In: Ders. (Hrsg.): Psychologie des Sozialen. Reinbek bei Hamburg: Rowohlt, S. 7-21

Flick, Uwe (1996): Psychologie des technisierten Alltags. Soziale Konstruktion und Repräsentation technischen Wandels. Opladen: Westdeutscher Verlag

Flick, Uwe (2002): Qualitative Sozialforschung. Eine Einführung. Vollst. überarb. und erw. Neuausgabe (6. Auflage), Reinbek bei Hamburg: Rowohlt

Flick, Uwe (2004): Zur Qualität qualitativer Forschung – Diskurse und Ansätze. In: Kuckartz, Udo / Grunenberg, Heiko / Lauterbach, Andreas (Hrsg.): Qualitative Datenanalyse: computergestützt. Wiesbaden: VS-Verlag, S. 43-64

Flick, Uwe (2005a): Wissenschaftstheorie und das Verhältnis von qualitativer und quantitativer Forschung. In: Mikos, Lothar / Wegener, Claudia (Hrsg.): Qualitative Medienforschung. Ein Handbuch. Konstanz: UVK, S. 20-28

Flick, Uwe. (2005b). Konsistenz und Validität In: Mikos, Lothar / Wegener, Claudia (Hrsg.) Handbuch Qualitative Medienforschung. Konstanz: UTB, S. 580-589

Flitner, Andreas (1998): Schule. In: Krüger, Heinz-Hermann / Helsper, Werner (Hrsg.): Einführung in Grundbegriffe und Grundfragen der Erziehungswissenschaft. 3. Aufl., Opladen: Leske + Budrich, S. 167-176

Flusser, Villem (2000): Kommunikologie. Frankfurt/M.: Fischer

Fornefeld, Barbara (1998): Das schwerstbehinderte Kind und seine Erziehung. Beiträge zu einer Theorie der Erziehung. 3. Aufl., Heidelberg: Universitätsverlag C. Winter

Frank, Manfred (1991): Selbstbewusstsein und Selbsterkenntnis. Essays zur analytischen Philosophie der Subjektivität. Stuttgart: Reclam

Friebertshäuser, Barbara (1997a): Feldforschung und teilnehmende Beobachtung. In: Dies. / Prengel, Annedore (Hrsg.): Handbuch qualitative Forschungsmethoden in der Erziehungswissenschaft. Weinheim und München: Juventa, S. 459-467

Friebertshäuser, Barbara (1997b): Interviewtechniken – ein Überblick. In: Friebertshäuser, Barbara / Annedore Prengel (Hrsg.): Handbuch Qualitative Forschungsmethoden in der Erziehungswissenschaft. Weinheim und München: Juventa, S. 371-395

Fried, Johannes (2002): Erfahrung, Wissen und Gesellschaft – Erfahrungen in der Wissensgesellschaft. In: Kilius, Nelson / Kluge, Jürgen / Reisch, Linda (Hrsg.): Die Zukunft der Bildung. Frankfurt/M.: Suhrkamp, S. 14-44

Fritzsche, Bettina (2003): Pop-Fans. Studie einer Mädchenkultur. Opladen: Leske + Budrich

Fritzsche, Bettina / Nohl, Arnd-Michael / Schondelmayer, Anne-Christin (2006): Biographische Chancen im Entrepreneurship. Duisburg: WiKu

Fromme, Johannes / Vollmer, Nikolaus (1999): Mediensozialisation oder Kinderkultur? Lernprozesse im Umgang mit interaktiven Medien. In: Fromme, Johannes et al. (Hrsg.): Selbstsozialisation, Kinderkultur und Mediennutzung. Opladen: Leske + Budrich, S. 200-224

Froschauer, Ulrike / Lueger, Manfred (2003): Das qualitative Interview. Wien: Facultas Verlags- und Buchhandel

Fuhrer, Urs / Uslucan, Haci-Halil (2005a): Vorwort. In: Dies. (Hrsg.): Familie, Akkulturation und Erziehung. Migration zwischen Eigen- und Fremdkultur. Stuttgart: Kohlhammer, S. 7-8

Fuhrer, Urs / Uslucan, Haci-Halil (2005b): Immigration und Akkulturation als ein intergenerationales Familienprojekt: Eine Einleitung. In: Dies. (Hrsg.): Familie, Akkulturation und Erziehung. Migration zwischen Eigen- und Fremdkultur. Stuttgart: Kohlhammer, S. 9-17

Fuhs, Burkhard (2007): Qualitative Methoden in der Erziehungswissenschaft. Darmstadt: Wissenschaftliche Buchgesellschaft

Funiok, Rüdiger (1993): Didaktische Leitideen zur Computerbildung. Zielsetzungen und Kriterien einer allgemeinen Computernutzungs-Kompetenz als Anregungen für Medienpädagogik, technische Allgemeinbildung und informationstechnische Grundbildung. München; Wien: Profil

Fürstenau, Sara (2007): Bildungsstandards im Kontext ethnischer Heterogenität. Erfahrungen aus England und Perspektiven in Deutschland. In: Zeitschrift für Pädagogik, 53. Jg., Heft 1 Januar/Februar 2007, S. 16-33

Gaffer, Yvonne / Liell, Christoph (2001): Handlungstheoretische und methodologische Aspekte der dokumentarischen Interpretation jugendkultureller Praxen. In: Bohnsack, Ralf / Nentwig-Gesemann, Iris / Nohl, Arnd-Michael (Hrsg.): Die dokumentarische Methode und ihre Forschungspraxis. Grundlagen qualitativer Sozialforschung. Opladen: Leske + Budrich, 179-206

Gebauer, Gunter / Wulf, Christoph (1998): Mimesis. Kultur – Kunst – Gesellschaft. Reinbek bei Hamburg: Rowohlt

Geertz, Clifford (1991): Dichte Beschreibung. Frankfurt/M.: Suhrkamp

Gehlen, Arnold (1969): Die Seele im technischen Zeitalter. Sozialpsychologische Probleme in der industriellen Gesellschaft. 10. Aufl., Reinbek bei Hamburg: Rowohlt

Gehlen, Arnold (1986): Der Mensch. Seine Natur und seine Stellung in der Welt. 13. Aufl., Wiesbaden: Aula

Gensicke, Dietmar (1998): Individualität und Bildungsprozesse. Zum Konzept pädagogischer Professionalität aus der Perspektive universitärer Lehre. Internet: http://deposit.ddb.de/cgi-bin/dokserv?idn=954431421&dok_var=d1&dok_ext=pdf&filename=954431421.pdf [Zugriff: 02/10]

Gensicke, Dietmar (2006): Irritation pädagogischer Professionalität. Vermittlungshandeln im Erziehungssystem in Zeiten individualistischer Habitusformen. Heidelberg: Carl Auer

Gergen, Kenneth J. (1998): Erzählung, moralische Identität und historisches Bewußtsein. Eine sozialkonstruktivistische Darstellung. In: Straub, Jürgen (Hrsg.): Erzählung, Identität und historisches Bewusstsein. Die psychologische Konstruktion von zeit und Geschichte. Frankfurt/M.: Suhrkamp, S. 170- 202

Gesellschaft für Informatik e.V. (2000): Empfehlungen für ein Gesamtkonzept zur informatischen Bildung an allgemein bildenden Schulen. Erarbeitet vom Fachausschuss 7.3 „Informatische Bildung in Schulen". Internet: http://home.t-online.de/home/groehner/gifa/empfehlungen/gesamtkonzept.pdf [Zugriff: 06/07]

Geulen, Dieter (1998): Die historische Entwicklung sozialisationstheoretischer Ansätze. In: Hurrelmann, Klaus / Ulich, Dieter (Hrsg.): Handbuch der Sozialisationsforschung. 5. Aufl., Weinheim und Basel: Beltz: S. 21-56

Giddens, Anthony (1984): Interpretative Soziologie. Eine kritische Einführung. Frankfurt, New York: Campus

Giddens, Anthony (1991): Modernity and Self-Identity – self and society in the late modern age. Oxford: Blackwell Publishing

Glaser, Barney M. / Strauss, Anselm L. (1998): Grounded Theory. Strategien qualitativer Forschung. Bern u. a.: Verlag Hans Huber

Gläser, Jochen / Laudel, Grit (2004): Experteninterviews und qualitative Inhaltsanalyse als Instrumente rekonstruierender Untersuchungen. Wiesbaden: VS-Verlag

Glaser, Peter (2005): Die üblichen Verdächtigen. In: die datenschleuder. das wissenschaftliche fachblatt für datenreisende, Nr. 86/2005, Hamburg: CCC, S. 2-9

Glogauer, Werner (1996): Auswirkungen von Gewalt, sexuellen Darstellungen und Pornographie in den Medien auf Kinder und Jugendliche. In: Bundesministerium des Inneren (Hrsg.): Medien und Gewalt. Bonn, S. 151-175

Glogauer, Werner (1998): Die neuen Medien verändern die Kindheit. Nutzung und Auswirkungen des Fernsehens, der Videofilme, Computer- und Videospiele, der Werbung und Musikvideoclips. 4. aktual. und erw. Aufl., Weinheim: Deutscher Studienverlag

Glotz, Peter (1998): Bildungsziele für die Informationsgesellschaft. Beitrag zur Virtuellen Konferenz: „Lernen und Bildung in der Wissensgesellschaft", 11/1998. Internet: http://wissensgesellschaft.org/themen/bildung/bildungsziele.pdf [Zugriff: 02/08]

Glotz, Peter (2004): Rückblick auf das 21. Jahrhundert. Entwurf für ein Schweizer Geschichtsbuch Auflage 2080. In: Maresch, Rudolf / Rötzer, Florian (Hrsg.): Renaissance der Utopie. Zukunftsfiguren des 21. Jahrhundert. Frankfurt/M.: Suhrkamp, S. 21-33

Gnahs, Dieter (2007). Kompetenzen – Erwerb, Erfassung, Instrumente. Studientexte für die Erwachsenenbildung. Bielefeld: Bertelsmann.

Goldschmidt, Dietrich / Schöfthaler, Traugott (1984): Bildung als gleichzeitige Entwicklung von Vernunft und kultureller Identität. In: Dies. (Hrsg.): Soziale Struktur und Vernunft. Jean Piagets Modell entwickelten Denkens in der Diskussion kulturvergleichender Forschung. Frankfurt/M.: Suhrkamp, S. 461-472

Graf, Werner (2004): Der Sinn des Lesens. Modi der literarischen Lesekompetenz. Münster: Lit Verlag

Grimm, Jürgen (1999): Der Robbespierre-Affekt. Nicht-initiative Wege filmischer Aggressionsvermittlung. In: tv diskurs. 2. Jg., Heft 5, S. 18–29

Groeben, Norbert (2002a): Anforderungen an die theoretische Konzeptualisierung von Medienkompetenz. In: Ders. / Hurrelmann, Bettina (Hrsg.): Medienkompetenz. Voraussetzungen, Dimensionen, Funktionen. Weinheim und München: Juventa, S. 11-22

Groeben, Norbert (2002b): Dimensionen der Medienkompetenz: Deskriptive und normative Aspekte. In: Ders. / Hurrelmann, Bettina (Hrsg.): Medienkompetenz. Voraussetzungen, Dimensionen, Funktionen. Weinheim und München: Juventa, S. 160-197

Gross, Peter (1994): Die Multioptionsgesellschaft. Frankfurt/M.: Suhrkamp

Groß, Steffen W. (2005): Kultur, Markt und Freiheit. Eine problemorientierte Heranführung an die Philosophie der Kultur. Würzburg: Königshausen & Neumann

Grundmann, Matthias (2006): Sozialisation. Skizze einer allgemeinen Theorie. Konstanz: UVK

Grundmann, Matthias / Groh-Samberg, Olaf / Bittlingmayer, Uwe H. / Bauer, Ullrich (2003): Milieuspezifische Bildungsstrategien in Familie und Gleichaltrigengruppe. In: Zeitschrift für Erziehungswissenschaft, 6. Jg., H. 1/2003, S. 25-45

Gruschka, Andreas (2000): Was wäre, wenn es nach mir ginge? Moralische Urteile von Kindern im Augenblick ihrer Konfrontation mit bürgerlicher Kälte. In: Pädagogische Korrespondenz. Zeitschrift für kritische Zeitdiagnostik in Pädagogik und Gesellschaft. Heft 25/2000, Wetzlar: Büchse der Pandora, S. 29-43

Gruschka, Andreas (2007): Bildungsstandards oder das Versprechen, Bildungstheorie in empirischer Bildungsforschung aufzulösen. In: Pongratz, Ludwig A. / Reichenbach, Roland / Wimmer, Michael (Hrsg.): Bildung – Wissen – Kompetenz. Bielefeld: Janus, S. 9-29

Güngör, Dilek (2006): Die Computer-Familie. In: Berliner Zeitung, 12.08.2006

Güngör, Hatice (2010): Ein Regelfall des Scheiterns an der deutschen Sprache. Der türkische Schüler Bekir. In: Breyvogel, Wilfried (Hrsg.): Wie aus Kindern Risikoschüler werden: Fallstudien zu den Ursachen von Bildungsarmut. Frankfurt/M.: Brandes & Apsel, S. 182-198

Habermas, Jürgen (1973): Technik und Wissenschaft als Ideologie: Frankfurt/M.: Suhrkamp

Habermas, Jürgen (1981): Theorie des kommunikativen Handelns. 2 Bände. Frankfurt/M.: Suhrkamp

Habermas, Jürgen / Luhmann, Niklas (1971): Theorie der Gesellschaft oder Sozialtechnologie – was leistet die Systemforschung? Frankfurt/M.: Suhrkamp

Hacke, Sebastian (2007): Autos, Individualität und Männlichkeit. In: merz – Zeitschrift für Medienpädagogik 02/2007, S. 30-36

Hackl, Bernd (2000): Systemisch denken – pädagogisch handeln? Reichweite Paradoxien und Selbstmissverständnisse eines populären Idioms. Wien: Studienverlag

Haefner, Klaus (1982): Die neue Bildungskrise. Herausforderung der Informationstechnik an Bildung und Ausbildung. Basel u. a.: Birkhäuser

Haefner, Klaus (2002): Multimedia im 21. Jahrhundert – Konsequenzen für das Bildungswesen. In: Issing, Ludwig J. / Klimsa, Paul (Hrsg.): Information und Lernen mit Multimedia und Internet. Lehrbuch für Studium und Praxis. 3., vollst. überarb. Aufl., Weinheim und Basel: Beltz, S. 481-492

Hafeneger, Benno (1995): Jugendbilder. Zwischen Hoffnung, Kontrolle, Erziehung und Dialog. Opladen: Leske + Budrich

Hafeneger, Bruno (2004): Jugendkulturelle Modernisierung. Subjektbezug in Lernen und Bildung. 2. Aufl., Schwalbach/Ts.: Wochenschau Verlag

Hafez, Kai (2000): Zwischen Parallelgesellschaft, strategischer Ethnisierung und Transkultur. Die türkische Medienkultur in Deutschland. In: Blätter für deutsche und internationale Politik 25 (2000) 6, S. 728-736

Hagemann-White, Carol (1997) Adoleszenz und Identitätszwang in der weiblichen und männlichen Sozialisation. In: Krebs, Heinz / Eggert Schmid-Noerr, Annelinde (1997): Lebensphase Adoleszenz – Junge Frauen und Männer verstehen. Mainz: Matthias-Grünewald-Verlag, S. 67-79

Hahn, Kornelia (1995): Soziale Kontrolle und Individualisierung. Zur Theorie moderner Ordnungsbildung. Opladen: Leske + Budrich

Halfmann, Jost (2001): Technikgesellschaft. In: Kneer, Georg / Nassehi, Armin / Schroer, Markus (Hrsg.): Klassische Gesellschaftsbegriffe der Soziologie. München: Wilhelm Fink Verlag, S. 333-354

Hall, Stuart (1999): Kulturelle Identität und Globalisierung. In: Hörning, Karl H. / Winter, Rainer (Hrsg.): Widerspenstige Kulturen. Cultural Studies als Herausforderung. Frankfurt/M.: Suhrkamp, S. 393-441

Hansen, Leo et al. (2001): Einleitung. In: Die Ausländerbeauftragte der Freien und Hansestadt Hamburg/Hamburgische Anstalt für neue Medien (HAM) (Hrsg.): Medien – Migration – Integration. Elektronische Massenmedien und die Grenzen kultureller Identität (Schriftenreihe der Hamburgischen Anstalt für Neue Medien; 19). Berlin: Vistas, S. 9-14

Harnitz, Matthias (2002): Musikalische Identität Jugendlicher und Konflikte im Musikunterricht. Eine empirische Studie in der Sekundarstufe I. In: Müller, Renate et al. (Hrsg.): Wozu Jugendliche Musik und Medien gebrauchen. Jugendliche Identität und musikalische und mediale Geschmacksbildung. Weinheim und München: Juventa, S. 181-194

Hartung, Martin (2005): Datenaufbereitung, Transkription, Präsentation. In: Ayaß, Ruth / Bergmann, Jörg (Hrsg.): Qualitative Methoden der Medienforschung. Reinbek bei Hamburg: Rowohlt, S. 475-488

Hasebrink, Uwe (1999): Was beobachtbares Nutzungsverhalten mit Medienkompetenz zu tun hat. In: Schell, Fred / Stolzenburg, Elke / Theunert, Helga (Hrsg.): Medienkompetenz. Grundlagen und pädagogisches Handeln. München: Kopaed, S. 148-158

Hasebrink, Uwe (2004): Konvergenz aus der Nutzungsperspektive: Das Konzept der Kommunikationsmodi. In: Ders. / Mikos, Lothar / Prommer, Elizabeth (Hrsg.): Mediennutzung in konvergierenden Medienumgebungen, Bd. 1. München: Reinhard Fischer Verlag, S. 67-85

Haußer, Karl (1995): Identitätspsychologie. Berlin: Springer

Häußling, Roger (1998): Die Technologisierung der Gesellschaft: eine sozialtheoretische Studie zum Paradigmenwechsel von Technik und Lebenswirklichkeit. Würzburg: Königshausen und Neumann

Hebermann, Marc (2004): Aktuelle EDV-Kenntnisse: Daten beherrschen und verwalten. In: Wissenschaftsladen Bonn (Hrsg.): Arbeitsmarkt – Bildung, Kultur, Soziales. Bonn: Wissenschaftsladen, S. IV-VII

Hedrich, Andreas / Voß-Fertmann, Thomas (1999): Medienkompetenz im Jugendalter: Gesellschaftliche Rahmenbedingungen, Stellenwert der Medien und medienpädagogische Handlungsfelder. In: Schell, Fred / Stolzenburg, Elke / Theunert, Helga (Hrsg.): Medienkompetenz. Grundlagen und pädagogisches Handeln. München: Kopaed, S. 188-200

Heidegger, Martin (1991): Die Technik und die Kehre. Pfullingen: Neske

Heinrich, Martin (2001): Alle, Alles, Allseitig. Studien über die Desensibilisierung gegenüber dem Widerspruch zwischen Sein und Sollen der Allgemeinbildung. Wetzlar: Büchse der Pandora

Heintz, Bettina (1993): Die Herrschaft der Regel. Zur Grundlagengeschichte des Computers. Frankfurt; New York: Campus

Heitmeyer, Wilhelm (2002): „Er wollte endlich mal stark sein". Interview mit Jochen Leffers in: Spiegel-Online vom 30.04.2002. Internet: http://www.spiegel.de/panorama/ 0,1518, 194209,00.html [Zugriff: 07/09]

Heitmeyer, Wilhelm / Hurrelmann, Klaus (1993): Sozialisations- und handlungstheoretische Ansätze in der Jugendforschung. In: Krüger, Heinz-Herrmann (Hrsg.): Handbuch der Jugendforschung. 2. Aufl., Opladen: Leske + Budrich, S. 109-134

Heitmeyer, Wilhelm / Müller, Joachim / Schröder Helmut (1997): Verlockender Fundamentalismus. Frankfurt/M.: Suhrkamp

Helfferich, Cornelia (1994): Jugend, Körper und Geschlecht. Die Suche nach sexueller Identität. Opladen: Leske + Budrich

Helfferich, Cornelia (2004): Die Qualität qualitativer Daten. Manual für die Durchführung qualitativer Interviews. Wiesbaden: VS-Verlag

Helmes, Günter / Köster, Werner (2002) (Hrsg.): Einleitung. In: Dies. (Hrsg.): Texte zur Medientheorie. Stuttgart: Reclam, S. 15-21

Helsper, Werner (1983): Identität in der Nicht-Identität. In: Breyvogel, Wilfried (Hrsg.): Autonomie und Widerstand. Essen: Rigodon, S. 118-129

Helsper, Werner (1991): Das imaginäre Selbst der Adoleszenz: Der Jugendliche zwischen Subjektentfaltung und dem Ende des Selbst. In: Ders. (Hrsg.): Jugend zwischen Moderne und Postmoderne. Opladen: Leske + Budrich, S.73-94

Helsper, Werner (1998a): Pädagogisches Handeln in den Antinomien der Moderne. In: Krüger, Heinz-Hermann / Helsper, Werner (Hrsg.): Einführung in Grundbegriffe und Grundfragen der Erziehungswissenschaft. 3., durchges. Aufl., Opladen: Leske + Budrich, S. 15-34

Helsper, Werner (1998b): Sozialisation. In: Krüger, H.-H./Helsper, W. (Hrsg.): Einführung in Grundbegriffe und Grundfragen der Erziehungswissenschaft. Opladen: Leske + Budrich, S. 71-79

Hepp, Andreas (2004): Cultural Studies und Medienanalyse. Eine Einführung. 2. Aufl., Wiesbaden: VS-Verlag

Hepp, Andreas (2005): Kommunikative Aneignung. In: Mikos, Lothar / Wegener, Claudia (Hrsg.): Qualitative Medienforschung. Ein Handbuch. Konstanz: UVK, S. 67-80

Hepp, Andreas (2008): Cultural Studies. In: Sander, Uwe / von Gross, Friederike / Hugger, Kai-Uwe (Hrsg.): Handbuch Medienpädagogik. Wiesbaden: VS-Verlag, S. 142-148

Hermanns, Harry (2003): Interviewen als Tätigkeit. In: Flick, Uwe, von Kardorff, Ernst / Steinke, Ines (Hrsg.:) Qualitative Forschung. Ein Handbuch. Reinbek bei Hamburg: Rowohlt, S. 360-368

Herwartz-Emden, Leonie (Hrsg.) (2000): Einwandererfamilien: Geschlechterverhältnisse, Erziehung und Akkulturation. Osnabrück: Rasch

Herwartz-Emden, Leonie (Hrsg.) (2000): Einwandererfamilien: Geschlechterverhältnisse, Erziehung und Akkulturation. Osnabrück: Rasch

Heßler, Manfred (1991): Zukunfts- und Rollenvorstellungen von deutschen und ausländischen Mädchen und Jungen. In: Bott, Peter / Merkens, Hans / Schmidt, Folker (Hrsg.): Türkische Jugendliche und Aussiedlerkinder in Familie und Schule. Baltmannsweiler: Schneider Verlag Hohengehren

Hildenbrand, Bruno (2003): Anselm Strauss. In: Flick, Uwe / von Kardorff, Ernst / Steinke, Ines (Hrsg.) (2003): Qualitative Forschung: Ein Handbuch. 2. Aufl., Reinbek bei Hamburg: Rowohlt, S. 32-41

Hirschauer, Stefan (2001): Das Vergessen des Geschlechts. Zur Praxeologie einer Kategorie sozialer Ordnung. In: Heintz, Bettina (Hrsg.): Geschlechtersoziologie. Sonderheft 41/2001 der Kölner Zeitschrift für Soziologie und Sozialpsychologie, S. 208-235

Hirschauer, Stefan / Amann, Klaus (1997): Die Befremdung der eigenen Kultur. Ein Programm. In: Dies. (Hrsg.): Die Befremdung der eigenen Kultur. Zur ethnographischen Herausforderung soziologischer Empirie. Frankfurt/M.: Suhrkamp, S. 7-52

Hitzler, Ronald (1995): Verstehen. Alltagspraxis und wissenschaftliches Programm. In: Jung, Thomas / Müller-Dohm, Stefan (Hrsg.): „Wirklichkeit" im Deutungsprozeß. Verstehen und Methoden in den Kultur- und Sozialwissenschaften. 2. Aufl., Frankfurt/M.: Suhrkamp, S. 223-240

Hitzler, Ronald (1999): Konsequenzen der Situationsdefinition. Auf dem Weg zu einer selbstreflexiven Wissenssoziologie. In: Ders. / Reichertz, Jo / Schröer, Norbert (Hrsg.): Hermeneutische Wissenssoziologie. Standpunkte zur Theorie der Interpretation. Konstanz: UVK, S. 289-308

Hitzler, Ronald (2002). Sinnrekonstruktion. Zum Stand der Diskussion (in) der deutschsprachigen interpretativen Soziologie [35 Absätze]. In: Forum Qualitative Sozialforschung / Forum: Qualitative Social Research, 2002 3(2), Internet: http://www.qualitative-research.net/index.php/fqs/article/view/867/1885 [Zugriff: 01/07]

Hitzler, Ronald (2003): Phänomenologie. In: Bohnsack, Ralf / Marotzki, Winfried / Meuser, Michael (Hrsg.): Hauptbegriffe qualitativer Sozialforschung. Ein Handbuch. Opladen: Leske + Budrich, S. 133-135

Hitzler, Ronald / Bucher, Thomas / Niederbacher, Arne (2005): Leben in Szenen. 2. Aufl., Wiesbaden: VS-Verlag

Hitzler, Ronald / Reichertz, Jo / Schröer, Norbert (1999): Das Arbeitsfeld einer hermeneutischen Wissenssoziologie. In: Dies. (Hrsg.): Hermeneutische Wissenssoziologie. Standpunkt zur Theorie der Interpretation. Konstanz: UVK, S. 9-16

Hitzler, Ronald, Honer, Anne (1994): Bastelexistenz. Über subjektive Konsequenzen der Individualisierung. In: Beck, Ulrich/Beck-Gernsheim, Elisabeth (Hrsg.): Riskante Freiheiten. Frankfurt/M. Suhrkamp, S. 307-315

Hoffmann, Dagmar / Münch, Thomas (2003): Mediale Aneignungsprozesse im Netz. Zum Gebrauch des Internet für jugendliche Intensivnutzer. In: merz, Zeitschrift für Medienpädagogik 5, S. 39-51

Hoffmann-Riem, Christa (1980): Die Sozialforschung einer interpretativen Soziologie. Der Datengewinn. In: Kölner Zeitschrift für Soziologie und Sozialpsychologie 32. Jg. (1980), S. 339-372

Hofstede, Geert (1993): Interkulturelle Zusammenarbeit. Kulturen, Organisation, Management. Wiesbaden: Gabler

Höhne, Thomas (2003): Pädagogik der Wissensgesellschaft. Bielefeld: transcript

Höhne, Thomas (2007): Der Leitbegriff ‚Kompetenz' als Mantra neoliberaler Bildungsreformer. Zur Kritik seiner semantischen Weitläufigkeit und inhaltlichen Kurzatmigkeit. In: Pongratz, Ludwig A. / Reichenbach, Roland / Wimmer, Michael (Hrsg.): Bildung – Wissen – Kompetenz. Bielefeld: Janus, S. 9-29

Holländer, Hans (1994): Faszination, Angst, Utopien. Zum Bild der Technik im 20 Jahrhundert. In: Kerner, Max (Hrsg.): Technik und Angst. Zur Zukunft der industriellen Zivilisation. Aachen: Verlag der Augustinus Buchhandlung, S. 19-26

Hollstein, Walter (1999): Männerdämmerung. Von Tätern, Opfern, Schurken und Helden. Göttingen: Vandenhoeck & Ruprecht

Holly, Werner (2000): Was ‚Neue Medien'? – was sollen ‚Neue Medien' sein? In: Voß, Günter G. / Holly, Werner / Boehnke, Klaus (Hrsg.): Neue Medien im Alltag. Begriffsbestimmungen eines interdisziplinären Forschungsfeldes. Opladen: Leske + Budrich, S. 79-106

Holly, Werner / Püschel, Ulrich (Hrsg.) (1993): Medienrezeption als Aneignung. Methoden und Perspektiven qualitativer Medienforschung. Opladen: Westdeutscher Verlag

Höltschl, Rainer / Boehler, Fritz (2001): Ich bin mein eigener Computer. Sprache, Schrift und Computer bei McLuhan. In: Baltes, Martin / Boehler, Fritz / Höltschl, Rainer / Reuß, Jürgen (Hrsg.): Marshall McLuhan. Das Medium ist die Botschaft – the Medium is the Message. Dresden: Verlag der Kunst, S. 245-291

Holzer, Horst (1994): Medienkommunikation. Eine Einführung in handlungs- und gesellschaftstheoretische Konzeptionen. Opladen: Westdeutscher Verlag

Honer, Anne (1999): Bausteine zu einer lebensweltorientierten Wissenssoziologie. In: Hitzler, Ronald / Reichertz, Jo / Schröer, Norbert (Hrsg.): Hermeneutische Wissenssoziologie. Standpunkte zur Theorie der Interpretation. Konstanz: UVK, S. 51-70

Honer, Anne (2003a): Interview. In: Bohnsack, Ralf / Marotzki, Winfried / Meuser, Michael (Hrsg.): Hauptbegriffe qualitativer Sozialforschung. Ein Wörterbuch. Opladen: Leske + Budrich, S. 94-98

Honer, Anne (2003b): Lebenswelt. In: Bohnsack, Ralf / Marotzki, Winfried / Meuser, Michael (Hrsg.): Hauptbegriffe qualitativer Sozialforschung. Ein Wörterbuch. Opladen: Leske + Budrich, S. 110-112

Honer, Anne (2003c): Lebensweltanalyse in der Ethnographie. In: Flick, Uwe / von Kardorff, Ernst / Steinke, Ines (Hrsg.) (2003): Qualitative Forschung: Ein Handbuch. 2. Aufl., Reinbek bei Hamburg: Rowohlt, S. 194-203

Honig, Michael-Sebastian (1999): Entwurf einer Theorie der Kindheit. Frankfurt/M.: Suhrkamp

Honneth, Axel (1992): Kampf um Anerkennung. Frankfurt/M.: Suhrkamp

Honneth, Axel (2004): Vorwort zu Alain Ehrenberg: Das erschöpfte Selbst. Depression und Gesellschaft in der Gegenwart. Frankfurt/M., New York: Campus, S. vii-ix

Hopf, Christel (1978). Die Pseudo-Exploration. Überlegungen zur Technik qualitativer Interviews in der Sozialforschung. In: Zeitschrift für Soziologie, 7(2), 97-115.

Hopf, Christel (2003): Qualitative Interviews – ein Überblick. In: Flick, Uwe et al. (Hrsg.): Qualitative Forschung. Ein Handbuch. 2. Aufl., Reinbek bei Hamburg: Rowohlt, S. 349-360

Hörning, Karl (2001): Experten des Alltags. Die Wiederentdeckung des praktischen Wissens. Weilerswist: Velbrück Wissenschaft

Hörning, Karl H. (1994): Entlastung und Verunsicherung durch Alltagstechnik. In: Kerner, Max (Hrsg.): Technik und Angst. Zur Zukunft der industriellen Zivilisation. Aachen: Verlag der Augustinus Buchhandlung, S. 147-154

Hörning, Karl H. (2005): Lob der Praxis. Praktisches Wissens im Spannungsfeld technischer und sozialer Uneindeutigkeiten. In: Gamm, Gerhard / Hetzel, Andreas (Hrsg.): Unbestimmtheitssignaturen der Technik. Eine neue Deutung der technisierten Welt. Bielefeld: transcript, S. 297-310

Hornstein, Walter (1990): Aufwachsen mit Widersprüchen – Jugendsituation und Schule heute. Stuttgart: Klett

Hornstein, Walter (2002): Jugendforschung und Jugendpolitik. Weinheim und München: Juventa

Hradil, Stefan (2001): Soziale Ungleichheit in Deutschland. 8. Aufl., Stuttgart: UTB

Hubig, Christoph (Hrsg.) (2001): Unterwegs zur Wissensgesellschaft. Grundlagen – Trends – Probleme. Berlin: Sigma

Hugger, Kai-Uwe (2001): Medienpädagogik als Profession. Perspektiven für ein neues Selbstverständnis. München: Kopaed

Hugger, Kai-Uwe (2008): Medienkompetenz. In: Sander, Uwe / von Gross, Friederike / Hugger, Kai-Uwe (Hrsg.): Handbuch Medienpädagogik. Wiesbaden: VS-Verlag, S. 93-99

Hugger, Kai-Uwe (2006): Migrantenportale im Internet, oder: Wie hybride Identitäten ein Zuhause finden können. In: Ders./Hoffmann, Dagmar (Hrsg.): Medienbildung in der Migrationsgesellschaft. Beiträge zur medienpädagogischen Theorie und Praxis. Schriften zur Medienpädagogik 39. Bielefeld: GMK. S. 37-47

Hugger, Kai-Uwe/Hoffmann, Dagmar (2006): Migration und Medien. Einblicke in, Theorie, Forschung und Praxis. In: Dies. (Hrsg.): Medienbildung in der Migrationsgesellschaft. Beiträge zur medienpädagogischen Theorie und Praxis. Schriften zur Medienpädagogik 39. Bielefeld: GMK, S. 7-15

Hummrich, Merle et al. (2006). Individuation in pädagogischen Generationenbeziehungen. Passungsverhältnisse zwischen naturwüchsiger Eltern-Kind-Beziehung und pädagogischem Arbeitsbündnis. In: Zeitschrift für qualitative Bildungs-, Beratungs- und Sozialforschung. 7. Jg., Heft 1/2006. S. 25-46

Hunner-Krisel, Christine /Schäfer, Arne / Witte, Matthias D. (Hrsg.) (2008): Jugend, Bildung und Globalisierung: Sozialwissenschaftliche Reflexionen in internationaler Perspektive. Weinheim und München: Juventa

Hurrelmann, Bettina (1999): Medien – Generation – Familie. In: Gogolin, Ingrid / Lenzen, Dieter (Hrsg.): Medien-Generation. Beiträge zum 16. Kongreß der Deutschen Gesellschaft für Erziehungswissenschaften. Opladen, Leske + Budrich, S. 99-124

Hurrelmann, Bettina (2002): Medienkompetenz: Geschichtliche Entwicklung, dimensionale Struktur, gesellschaftliche Einbettung. In: Groeben, Norbert / Hurrelmann, Bettina (Hrsg.): Medienkompetenz. Voraussetzungen, Dimensionen, Funktionen. Weinheim und München: Juventa, S. 301-314

Hurrelmann, Bettina / Hammer, Michael / Nieß, Ferdinand (1995): Leseklima in der Familie. Bd. 1, Gütersloh: Verlag Bertelsmann Stiftung

Hurrelmann, Bettina / Hammer, Michael / Nieß, Ferdinand (1995): Leseklima in der Familie. Bd. 2, Gütersloh: Verlag Bertelsmann Stiftung

Hurrelmann, Klaus (1983): Das Modell des produktiv realitätsverarbeitenden Subjekts in der Sozialisationsforschung. In: Zeitschrift für Sozialisationsforschung und Erziehungssoziologie, 3 (1), S. 91-104

Hurrelmann, Klaus (1995): Einführung in die Sozialisationstheorie. Über den Zusammenhang von Sozialstruktur und Persönlichkeit. Weinheim und München: Juventa

Hurrelmann, Klaus (1999): Lebensphase Jugend. Eine Einführung in die sozialwissenschaftliche Jugendforschung. Weinheim und München: Juventa

Hurrelmann, Klaus / Ulich, Dieter (1998): Gegenstands- und Methodenfragen der Sozialisationsforschung. In: Dies. (Hrsg.): Handbuch der Sozialisationsforschung. 5. Aufl., Weinheim und Basel: Beltz, S. 3-20

Hurrelmann, Klaus et al. (2002): Jugend 2002. 14. Shell Jugendstudie. Frankfurt/M.: Fischer

Husserl, Edmund (1976): Die Krisis der europäischen Wissenschaften und die transzendentale Phänomenologie. Eine Einleitung in die phänomenologische Philosophie. Hrsg. von Walter Biemel. Den Haag: Martinus Nijhoff

Ilien, Albert (2005): Lehrerprofession. Grundprobleme pädagogischen Handelns. Wiesbaden: VS-Verlag

Immerfall, Stefan (1998): Gesellschaftsmodelle und Gesellschaftsanalyse. In: Schäfers, Bernhard / Zapf, Wolfgang (Hrsg.): Handwörterbuch zur Gesellschaft Deutschlands. 2. Aufl., Opladen: Leske + Budrich, S. 253-63

Iske, Stefan / Klein, Alex / Kutscher, Nadia (2004): Nutzungsdifferenzen als Indikator für soziale Ungleichheit im Internet. kommunikation@gesellschaft, Jg. 5, Beitrag 3, 2004. Internet: http://www.soz.uni-frankfurt.de/K.G/B3_2004_Iske_Klein_Kutscher.pdf [Zugriff 03/09]

Issing, Ludwig J. / Orthmann, Claudia (2001): Kinder, Jugendliche und Internetkompetenz. In: Groner, Rudolf / Dubi, Miriam (Hg.): Das Internet und die Schule. Bisherige Erfahrungen und Perspektiven für die Zukunft. Bern: Hans Huber, S. 47-60

Jäckel, Michael (1996): Was machen die Menschen mit den Medien? Zum Zusammenhang von Sozialstruktur und Mediennutzung. In: Ders./ Winterhoff-Spurk, Peter (Hrsg.): Mediale Klassengesellschaft? Politische und soziale Folgen der Medienentwicklung. München: Verlag Reinhard Fischer, S. 149-176

Jäckel, Michael (2002): Kindheit, Jugend und die Bedeutung der Medien. In: Karmasin, Matthias (Hrsg.): Medien und Ethik. Stuttgart: Reclam, S. 99-131

Jaeggi, Eva / Faas, Angelika / Mruck, Katja (1998): Denkverbote gibt es nicht! Vorschlag zur interpretativen Auswertung kommunikativ gewonnener Daten. Veröffentlichungsreihe der Technischen Universität Berlin: Forschungsbericht aus der Abteilung Psychologie im Institut für Sozialwissenschaften Nr. 2-98. Internet: http://www.gp.tu-berlin.de/psy7/pub/reports.htm [Zugriff: 01/08]

Janshen, Doris (Hrsg.) (1990): Hat die Technik ein Geschlecht? Berlin: Orlanda

Jensen, Olaf / Welzer, Harald (2003). Ein Wort gibt das andere, oder: Selbstreflexivität als Methode [58 Absätze]. Forum Qualitative Sozialforschung / Forum: Qualitative Social Research [Online Journal], 4(2). Internet: http://www.qualitative-research.net/fqs-texte/2-03/2-03jensenwelzer-d.htm [Zugriff: 08/07]

Jessen, Jens (2010): Das Netz gehört uns. In: DIE ZEIT Nr. 17, 22.04.2010

Joerges, Bernward (1996): Technik. Körper der Gesellschaft. Arbeiten zur Techniksoziologie. Frankfurt/M.: Suhrkamp

Josczok, Detlef (2001): Bildung – kein Megathema. Ein Zwischenruf. In: Aus Politik und Zeitgeschichte. Beilage zur Wochenzeitung „das Parlament", 08/2001, Bd. 36, S. 33-38

Jösting, Sabine (2005): Jungenfreundschaften. Zur Konstruktion von Männlichkeit in der Adoleszenz. Wiesbaden: VS-Verlag

Kaase, Max (1999): Deutschland als Informations- und Wissensgesellschaft. Konzepte, Probleme, Perspektiven. In: Ders. / Schmidt, Günther (Hrsg.): Eine lernende Demokratie. 50 Jahre Bundesrepublik. WZB-Jahrbuch. Berlin: Edition Sigma, S. 529-559

Kade, Jochen (1993): Aneignungsverhältnisse diesseits und jenseits der Erwachsenenbildung. In: Zeitschrift für Pädagogik 39 (1993) 3, S. 392-408

Kalisch, Volker (2003): Plug in an play. Zur Ambiguität medial bedingter Freiheiten: In: Neumann-Braun, Klaus / Schmidt, Axel / Mai, Manfred (Hrsg.): Popvisionen. Links in die Zukunft. Frankfurt/M.: Suhrkamp, S. 38-57

Karakaşoğlu-Aydin, Yasemin (2001): Kinder aus Zuwandererfamilien im Bildungssystem. In: Böttcher, Wolfgang/Klemm, Klaus/ Rauschenbach, Thomas (Hrsg.): Bildung und Soziales in Zahlen. Statistisches Handbuch zu Daten und Trends im Bildungsbereich. Weinheim und München, S. 273-302

Katz, Elihu / Blumer, Jay / Gurevitch, Michael (1974). Utilisation of mass communication by the individual. In J. Blumer & E. Katz (Hrsg.), The use of Mass Communication: Current Perspectives in Gratifications Research. Beverly Hill, London: Sage Public, S. 19-32

Kelek, Necla (2006): Die fremde Braut: Ein Bericht aus dem Inneren des türkischen Lebens in Deutschland. München: Goldmann

Kelle, Helga / Breidenstein, Georg (1996): Kinder als Akteure. Ethnographische Ansätze in der Kindheitsforschung. In: Zeitschrift für Sozialisationsforschung und Erziehungssoziologie 16, S. 47-67

Kelle, Udo (1994): Empirisch begründete Theoriebildung. Zur Logik und Methodologie interpretativer Sozialforschung. Weinheim: Deutscher Studienverlag

Kelle, Udo / Kluge, Susann (1999): Vom Einzelfall zum Typus. Fallvergleich und Fallkontrastierung in der qualitativen Sozialforschung. Opladen: Leske + Budrich

Keller, Heidi (2004): Die Rolle familiärer Beziehungsmuster für die Integration von Zuwanderern. In: Bade, Klaus J. / Bommes, Michael (Hrsg.): Migration – Integration – Bildung. Grundfragen und Problembereiche. Osnabrück: Institut für Migrationsforschung und Interkulturelle Studien (IMIS), S. 105-123

Keuneke, Susanne (2005): Qualitatives Interview. In: Mikos, Lothar / Wegener, Claudia (Hrsg.): Qualitative Medienforschung. Ein Handbuch. Konstanz: UVK, S. 254-267

Keupp, Heiner (1988): Auf dem Weg zur Patchwork-Identität. In: Verhaltenstherapie und psychosoziale Praxis, 4/88, S. 425-438

Keupp, Heiner (2000): Eine Gesellschaft der Ichlinge? Zum bürgerschaftlichen Engagement von Heranwachsenden. München: Sozialpädagogisches Institut im SOS-Kinderdorf

Keupp, Heiner (2001): Identität und Kohärenz: Ein vergeblicher Anspruch in der modernen Gesellschaft? In: Schmitz, Bettina / Prechtl, Peter (Hrsg.): Pluralität und Konsensfähigkeit. Würzburg: Königshausen & Neumann, S. 25-58

Keupp, Heiner (2002): Identitäten in Bewegung – und die illusionäre Hoffnung auf den Körper. Internet: http://www.ipp-muenchen.de/texte/identitaeten_in_bewegung.pdf [Zugriff: 06/06]

Keupp, Heiner (2005): Wie heute Identität geschaffen wird. In: Hafeneger, Benno (Hrsg.): Subjektdiagnosen. Subjekt. Modernisierung und Bildung. Schwalbach/Ts.: Wochenschau Verlag, S. 60-94

Kiessling, Matthias (2008): Jugend 2.0? Der Einfluss der Bildung auf die Nutzung des Internets. In: merz – Zeitschrift für Medienpädagogik, 2/2008, S. 21–22

King, Vera (2002): Die Entstehung des Neuen in der Adoleszenz. Individuation, Generativität und Geschlecht in modernisierten Gesellschaften. Opladen: Leske + Budrich

Kirchhöfer, Dieter (2000): Alltagsbegriffe und Alltagstheorien im Wissenschaftsdiskurs. In: Voß, Günter G. / Holly, Werner / Boehnke, Klaus (Hrsg.): Neue Medien im Alltag. Begriffsbestimmungen eines interdisziplinären Forschungsfeldes. Opladen: Leske + Budrich, S. 13-30

Kirk, Jerome / Miller, Marc L. (1986): Reliability and validity in qualitative research. Thousand Oaks: Sage Publication

Kittler, Friedrich (1986): Grammophon, Film, Typewriter. Berlin: Brinkmann & Bose

Kizilhan, Ilhan (2006): Jugendliche Migranten und der patriarchalische Ehrenkodex. In: Unsere Jugend 3/2006, S. 98-109

Kizilhan, Ilhan (2008): Islam, Migration und Integration: Konflikte jugendlicher Migranten mit islamischem Hintergrund. In: conflict & communication online, Vol. 7, No. 1, 2008. Internet: http://www.cco.regener-online.de/2008_1/abstr_dt/kizilhan_abstr_dt.htm [Zugriff: 04/10]

Kleining, Gerhard (1995): Lehrbuch Entdeckende Sozialforschung. Weinheim und Basel: Beltz

Kloock, Daniela / Spahr, Angela (1997): Medientheorien zu Einführung. Konstanz: UVK

Kluge, Jürgen (2003): Schluss mit der Bildungsmisere. Ein Sanierungskonzept. Frankfurt/M./New York: Campus

Knapp, Gudrun-Axeli (1993): Segregation in Bewegung: Einige Überlegungen zum „Gendering" von Arbeit und Arbeitsvermögen. In: Hausen, Karin / Krell, Gertraude (Hrsg.): Frauenerwerbsarbeit. Forschungen zu Geschichte und Gegenwart. München: Hampp, S. 25-46

Kneer, Georg / Nassehi, Armin / Schroer, Markus (Hrsg.) (2001): Klassische Gesellschaftsbegriffe der Soziologie. München: Wilhelm Fink Verlag

Knoblauch, Herbert (2004): Transkription. In: Bohnsack, Ralf et al. (Hrsg.): Hauptbegriffe qualitativer Sozialforschung. Opladen: Leske + Budrich, S. 159-160

Knoblauch, Hubert (2003): Transkription. In: Bohnsack, Ralf / Marotzki, Winfried / Meuser, Michael (Hrsg.): Hauptbegriffe qualitativer Sozialforschung. Ein Wörterbuch. Opladen: Leske + Budrich, S. 159-160

Knoke, Felix (2007): Coole Computerfreaks. Die Rache der Nerds. Spiegel Online Kultur. Internet: http://www.spiegel.de/kultur/gesellschaft/0,1518,489975,00.html [Zugriff: 02/10]

Kohli, Martin (1978): „Offenes" und „geschlossenes Interview". Neue Argumente zu einer alten Kontroverse. In: Soziale Welt 29 (1978) 1, S. 1-25

Koller, Hans-Christoph (2008): Grundbegriffe, Theorien und Methoden der Erziehungswissenschaft. Eine Einführung. 3. Aufl., Stuttgart: Kohlhammer

Kommer, Sven (2000): Medienkompetenz. In: LOG IN 20 (2000) 5, S. 13-15

Kommer, Sven (2006): Zum medialen Habitus von Lehramtsstudierenden. Oder: Warum der Medieneinsatz in der Schule eine so ‚schwere Geburt" ist. In: Treibel, Annette et al. (Hrsg.): Gender medienkompetent. Medienbildung in einer heterogenen Gesellschaft. Wiesbaden: VS-Verlag, S. 165-179

Kornmann, Reimer / Burgard, Peter / Eichling, Hans-Martin (1999): Zur Überrepräsentation von ausländischen Kindern und Jugendlichen in Schulen für Lernbehinderte. Revision älterer und Mitteilung neuer Ergebnisse. In: Zeitschrift für Heilpädagogik 50 (1999) 3, S. 106-109

Kornwachs, Klaus (1994): Steuerung und Wachstum. Ein systemtheoretischer Blick auf große technische Systeme. In: Braun, Ingo / Joerges, Bernward (Hrsg.): Technik ohne Grenzen. Frankfurt/M: Suhrkamp, S. 410-445

Korte, Helmut (2001): Einführung in die Systematische Filmanalyse. 2. Aufl., Berlin: Erich Schmidt Verlag

Kowal, Sabine / O'Connell, Daniel (2003): Zur Transkription von Gesprächen. In: Flick, Uwe / von Kardorff, Ernst / Steinke, Ines (Hrsg.): Qualitative Forschung. Ein Handbuch. Reinbek bei Hamburg: Rowohlt, S. 427-446

Krämer, Sybille (1998): Das Medium als Spur und als Apparat. In: Dies. (Hrsg.): Medien, Computer, Realität. Wirklichkeitsvorstellungen und neue Medien. Frankfurt/M.: Suhrkamp, S. 73-94

Krappmann, Lothar (1998): Die Identitätsproblematik nach Erikson aus einer interaktionistischen Sicht. In: Keupp, Heiner / Höfer, Renate (Hrsg.): Identitätsarbeit heute. Klassische und aktuelle Perspektiven der Identitätsforschung. 2. Aufl., Frankfurt/M.: Suhrkamp, S. 66-90

Krebs, Heinz / Eggert Schmid-Noerr, Annelinde (1997): Einleitung: Lebensphase Adoleszenz – Junge Frauen und Männer verstehen. In: Dies. (Hrsg.): Lebensphase Adoleszenz. Junge Frauen und Männer verstehen. Mainz: Matthias-Grünewald-Verlag, S. 7-12

Krewer, Bernd / Eckensberger, Lutz H. (1998): Selbstentwicklung und kulturelle Identität. In: Hurrelmann, Klaus / Ulich, Dieter (Hrsg.): Handbuch der Sozialisationsforschung. 5., neu ausgest. Ausg., Weinheim und Basel: Beltz, S. 573-594

Krotz, Friedrich (1998): Computervermittelte Kommunikation im Medienalltag von Kindern und Jugendlichen in Europa. Vorläufige Ergebnisse einer empirischen Forschungsprojektes in zehn europäischen Ländern und Israel. In: Rössler, Patrick (Hrsg.): Online-Kommunikation. Beiträge zu Nutzung und Wirkung. Wiesbaden: Westdeutscher Verlag, S. 85-102

Krotz, Friedrich (1999): Thesen zur Kompetenz Jugendlicher im Umgang mit (neuen) Medien. In: Schell, Fred / Stolzenburg, Elke / Theunert, Helga (Hrsg.): Medienkompetenz. Grundlagen und pädagogisches Handeln. München: Kopaed, S. 244-247

Krotz, Friedrich (2000): Cultural Studies – Radio, Kultur und Gesellschaft. In: Neumann-Braun, Klaus / Müller-Dohm, Stefan (Hrsg.): Medien- und Kommunikationssoziologie. Eine Einführung in zentrale Begriffe und Theorien. Weinheim und München: Juventa, S. 159-181

Krotz, Friedrich (2005a): Handlungstheorien. In: Mikos, Lothar / Wegener, Claudia (Hrsg.): Qualitative Medienforschung. Ein Handbuch. Konstanz: UVK, S. 40-49

Krotz, Friedrich (2005b): Neue Theorien entwickeln. Eine Einführung in die Grounded Theory, die Heuristische Sozialforschung und die Ethnographie anhand von Beispielen aus der Kommunikationsforschung. Köln: von Halem

Krotz, Friedrich (2007): Mediatisierung. Fallstudien zum Wandel von Kommunikation. Wiesbaden: VS-Verlag

Krotz, Friedrich (2008): Marshall McLuhan. In: Sander, Uwe / von Gross, Friederike / Hugger, Kai-Uwe (Hrsg.): Handbuch Medienpädagogik. Wiesbaden: VS-Verlag, S. 257-262

Kübler, Hans-Dieter (1988): Neue Informations- und Kommunikationstechniken und Schule. Ein Problemaufriß. In: Armbruster, Brigitte /Kübler, Hans-Dieter (Hrsg.): Computer und Lernen. Medienpädagogische Konzeptionen. Opladen: Leske + Budrich, S. 56-80

Kübler, Hans-Dieter (1999a). Wie zerklüftet ist Wissen? Aporien und Desiderate der Wissens(kluft)-debatte. Medien praktisch 23 (1999) 3, S. 10-17

Kübler, Hans-Dieter (1999b): Medienkompetenz – Dimensionen eines Schlagwortes. In: Schell, Fred / Stolzenburg, Elke / Theunert, Helga (Hrsg.): Medienkompetenz. Grundlagen und pädagogisches Handeln. München: Kopaed, S. 25-47

Kübler, Hans-Dieter (2000a): Mediale Kommunikation. Tübingen: Niemeyer

Kübler, Hans-Dieter (2000b): Über die kulturelle Aufwertung der Medien. In: Merz 6/2000, S. 396

Kübler, Hans-Dieter (2003): PISA auch für die Medienpädagogik? Warum empirische Studien zur Medienkompetenz Not tun. In: Bachmair, Ben et al. (Hrsg.): Jahrbuch Medienpädagogik 3. Opladen: Leske + Budrich, S. 27-49

Kübler, Hans-Dieter (2005): Mythos Wissensgesellschaft. Gesellschaftlicher Wandel zwischen Information, Medien und Wissen. Eine Einführung. Wiesbaden: VS-Verlag

Kuckartz, Udo (1999): Computergestützte Analyse qualitativer Daten. Eine Einführung in Methoden und Arbeitstechniken. Opladen: Westdeutscher Verlag

Kunczik, Michael / Zipfel, Astrid (2004): Medien und Gewalt. Befunde der Forschung seit 1998. Projektbericht für das Bundesministerium für Familie, Senioren, Frauen und Jugend. Mainz 2004. Internet: http://www.bmfsfj.de/RedaktionBMFSFJ/Abteilung5/Pdf-Anlagen/medien-und-gewaltlang,property=pdf,bereich=,rwb=true.pdf [Zugriff: 01/09]

Künzel, Christine (2005): Gewalt/Macht. In: Von Braun, Christina / Stephan, Inge (Hrsg.): Gender@Wissen. Ein Handbuch der Gender-Theorien. Köln: Böhlau, S. 117-139

Kunzmann, Peter / Burkard, Franz-Peter / Wiedmann, Franz (Hrsg.) (2003): DTV-Atlas Philosophie. München: DTV

Kurt, Ronald (2002): Menschenbild und Methode der Sozialphänomenologie. Konstanz: UVK

Kurt, Ronald (2004): Hermeneutik. Eine sozialwissenschaftliche Einführung. Konstanz: UVK

Kutscher, Nadia (2007): Vorwort zu: Zwiefka, Natalie: Digitale Bildungskluft. Informelle Bildung und soziale Ungleichheit im Internet. München: Verlag Reinhard Fischer

Kutscher, Nadia (2009): Ungleiche Teilhabe – Überlegungen zur Normativität des Medienkompetenzbegriffs. In: Medienpädagogik. Zeitschrift für Theorie und Praxis der Medienbildung. Themenheft Nr. 17: Medien und soziokulturelle Unterschiede. Internet: www.medienpaed.com/17/kutscher0904.pdf [Zugriff: 05/09]

Lacan, Jacques (1996): Die vier Grundbegriffe der Psychoanalyse. Das Seminar, Buch 11. Berlin: Quadriga

Lamnek, Siegfried (1995): Qualitative Sozialforschung. 2 Bände. 3., korr. Aufl., Weinheim und Basel: Beltz PVU

Lamnek, Siegfried (1997): Gewalt. In: Reinhold, Gerd / Lamnek, Siegfried / Recker, Helga (Hrsg.): Soziologie-Lexikon. München: Oldenbourg

Landesinstitut für Schule und Medien (LISUM) (Hrsg.) (2004): Orientierungsrahmen Medienerziehung. 2. Aufl., Berlin

Landesinstitut für Schule und Weiterbildung (Hrsg.) (1998): Kompetent für/durch Medien. Impulse für die Weiterbildung. Soest

Langemeyer, Ines (2002): Subjektivierung als Schauplatz neoliberaler Macht. In: Zeitschrift für Politische Psychologie Heft 3/4 (2002), S. 361-375

Langeveld, Martinus J. (1987): Grundsätzliches – bezogen auf Piagets Kinderpsychologie. In: Lippitz, Wilfried / Meyer-Drawe, Käthe (Hrsg.): Kind und Welt. Phänomenologische Studien zur Pädagogik. Frankfurt/M.: Athenäum, S. 78-83

Latour, Bruno (1998): Über technische Vermittlung. Philosophie, Soziologie, Genealogie. In: Rammert, Werner (Hrsg.): Technik und Sozialtheorie. Frankfurt/M./New York: Campus Verlag, S. 29-81

Legewie, Heiner (1987): Interpretation und Validierung biographischer Interviews. In: Jüttemann, Gerd / Thomae, Hans (Hrsg.): Biographie und Psychologie. Berlin: Springer, S. 138-151

Leithäuser, Thomas (1997): Ordnendes Denken. Vom medialen Gebrauch des Personalcomputers. In: Schachtner, Christina (Hrsg.): Technik und Subjektivität. Das Wechselverhältnis zwischen Mensch und Computer aus interdisziplinärer Sicht. Frankfurt/M.: Suhrkamp, S. 69-87

Leithäuser, Thomas / Löchel, Elfriede / Scherer, Brigitte / Tietel, Erhard (1995): Evokation – Un-Sachliches, das zur ‚Sache' gehört. In: Dies.: Der alltägliche Zauber einer digitalen Technik. Wirklichkeitserfahrung im Umgang mit dem Computer. Berlin: edition sigma, S. 5-14

Lemke, Thomas (2001): Max Weber, Norbert Elias und Michel Foucault über Macht und Subjektivierung. In: Berliner Journal für Soziologie 11, S. 77-95

Lenz, Karl (1991): Kulturformen von Jugendlichen. Von der Sub- und Jugendkultur zu Formen der Jugendbiographie. In: Aus Politik und Zeitgeschichte 1991, Nr. 27, S. 11-19

Lenzen, Dieter (1991): Moderne Jugendforschung und postmoderne Jugend. Was leistet noch das Identitätskonzept? In: Helsper, Werner (Hrsg.): Jugend zwischen Moderne und Postmoderne. Opladen: Leske + Budrich, S. 41-56

Lenzen, Dieter (1997): Das Kind. In: Ders.: Erziehungswissenschaft. Ein Grundkurs. Reinbek bei Hamburg: Rowohlt, S. 341-361

Leontjew, Alexej Nikolajew (1977): Probleme der Entwicklung des Psychischen. Frankfurt/M.: Athenäum Fischer Taschenbuch Verlag

Leu, Hans-Rudolf (1993): Wie Kinder mit Computern umgehen. Studie zur Entzauberung einer neuen Technologie in der Familie. Weinheim und München: Juventa

Liegle, Ludwig (1998): Kulturvergleichende Ansätze in der Sozialisationsforschung. In: Hurrelmann, Klaus / Ulrich, Dieter (Hrsg.): Handbuch der Sozialisationsforschung. Studienausgabe. 5., neu ausgest. Aufl., Weinheim und Basel: Beltz, S. 215-230

Liegle, Ludwig (2002): Bildungsprozesse in der frühen Kindheit: Der Vorrang von Selbstbildung. In: Münchmeier, Richard / Otto, Hans- Uwe / Rabe-Kleberg, Ursula (Hrsg.): Bildung und Lebenskompetenz. Kinder- und Jugendhilfe vor neuen Aufgaben. Opladen: Leske + Budrich, S. 49-56

Lindner, Werner (2004): Jugendlich in der Stadt. Pädagogische Jugendforschung im Horizont von Subjektivität, Adoleszenz und Urbanität. In: Helsper, Werner / Kamp, Martin / Stelmaszyk, Bernhard (Hrsg.): Schule und Jugendforschung im 20. Jahrhundert. Wiesbaden: VS-Verlag, 24-39

Linssen, Ruth et al. (2002): Wachsende Ungleichheit der Zukunftschancen? Familie, Schule und Freizeit als jugendliche Lebenswelten. In: Hurrelmann, Klaus et al. (Hrsg.): Jugend 2002. 14. Shell Jugendstudie. Frankfurt/M.: Fischer, S. 91-99

Löffelholz, Martin / Altmeppen, Klaus-Dieter (1994): Kommunikation in der Informationsgesellschaft. In: Klaus Merten/Siegfried J. Schmidt/ Siegfried Weischenberg (Hrsg.): Die Wirklichkeit der Medien. Eine Einführung in die Kommunikationswissenschaft, Opladen: Westdeutscher Verlag, S. 570-591

Loos, Peter / Schäffer, Burkhard (2001): Das Gruppendiskussionsverfahren. Theoretische Grundlagen und empirische Anwendungen. Opladen: Leske + Budrich

Lotter, Wolf (2007): Die Gestörten. Deutschland begibt sich auf die Suche nach der Creative Economy, dem Schlüssel zur Wissensgesellschaft. Und stößt dabei auf eine Klasse, die irgendwie nicht ins Konzept passt. In: brandeins 05/07, S. 52-62

Luca, Renate (2001): Medien und Emotionen. Eine vernachlässigte Dimension in der Medienpädagogik. In: Aufenanger, Stefan / Schulz-Zander, Renate / Spanhel, Dieter (Hrsg.): Jahrbuch Medienpädagogik I. Opladen: Leske + Budrich, S. 337-349

Luckmann, Thomas (1980): Lebenswelt und Gesellschaft. Paderborn: Schöningh

Luckmann, Thomas (1999): Wirklichkeiten: individuelle Konstitution und gesellschaftliche Konstruktion. In: Hitzler, Ronald / Reichertz, Jo / Schröer, Norbert (Hrsg.): Hermeneutische Wissenssoziologie. Standpunkte zur Theorie der Interpretation. Konstanz: UVK, S. 17-28

Lüders, Christian (1995): Von der teilnehmenden Beobachtung zur ethnographischen Beschreibung. In: König, Eckard / Zedler, Peter (Hrsg.): Bilanz qualitativer Forschung. Band 2: Methoden. Weinheim: Deutscher Studien Verlag

Lüders, Manfred (2003): Gütekriterien. In: Bohnsack, Ralf / Marotzki, Winfried / Meuser, Michael (Hrsg.): Hauptbegriffe qualitativer Sozialforschung. Ein Wörterbuch. Opladen: Leske + Budrich, S. 80-82

Ludwig, Joachim (2005): Modelle subjektorientierter Didaktik. Postprints der Universität Potsdam. Humanwissenschaftliche Reihe; 5

Luhmann, Niklas (1996): Die Realität der Massenmedien. 2., erw. Aufl., Opladen: Westdeutscher Verlag

Luhmann, Niklas (2002): Das Erziehungssystem der Gesellschaft. Frankfurt/M.: Suhrkamp

Luhmann, Niklas (2006): Das Kind als Medium der Erziehung. Frankfurt/M.: Suhrkamp

Lyotard, Jean Francois (1986): Das postmoderne Wissen. Wien: Passagen

Maasen, Sabine (1999): Wissenssoziologie. Bielefeld: transcript

MacDonald, Kevin (1999): Struggles for Subjectivity. Identity, Action and Youth Experience. Cambridge: CUP

Mannheim, Karl (1964): Beiträge zur Theorie der Weltanschauungsinterpretation. In.: Ders.: Wissenssoziologie. Neuwied : Luchterhand, S. 91-154

Mannheim, Karl (1980): Strukturen des Denkens. Frankfurt/M.: Suhrkamp

Mansel, Jürgen / Griese, Hartmut / Scherr, Albert (Hrsg.) (2003): Theoriedefizite in der Jugendforschung. Weinheim und München: Juventa

Mansel, Jürgen et al. (1999): Selbstsozialisation, Kinderkultur und Mediennutzung. In: Fromme, Johannes et al. (Hrsg.): Selbstsozialisation, Kinderkultur und Mediennutzung. Opladen: Leske + Budrich, S. 9-22

Marotzki, Winfried (1990). Entwurf einer strukturalen Bildungstheorie: Biographietheoretische Auslegung von Bildungsprozessen in hochkomplexen Gesellschaften. Weinheim: Deutscher Studien-Verlag

Marotzki, Winfried (2003a): Leitfadeninterview. In: Bohnsack, Ralf / Marotzki, Winfried / Meuser, Michael (Hrsg.): Hauptbegriffe qualitativer Sozialforschung. Ein Wörterbuch. Opladen: Leske + Budrich, S. 114

Marotzki, Winfried (2003b): Medienbildung und digitale Kultur. In: Magdeburger Wissenschaftsjournal 8 (2003) 1-2, S. 3-8

Marotzki, Winfried (2003c): Thematisches Interview. In: Bohnsack, Ralf / Marotzki, Winfried / Meuser, Michael (Hrsg.): Hauptbegriffe qualitativer Sozialforschung. Ein Wörterbuch. Opladen: Leske + Budrich, S. 153/154

Marotzki, Winfried / Nohl, Arnd-Michael / Ortlepp, Wolfgang (2005): Einführung in die Erziehungswissenschaft. Wiesbaden: VS-Verlag

Matt, Edward (2003): Darstellung qualitativer Forschung. In: Flick, Uwe / Kardorff, Ernst von / Steinke, Ines (Hrsg.): Qualitative Forschung. Ein Handbuch. Reinbek bei Hamburg: Rowohlt, 578-587

Matthiesen, Ulf (1994): Standbein-Spielbein. Deutungsmusteranalysen im Spannungsfeld von objektiver Hermeneutik und Sozialphänomenologie. In: Garz, Detlef / Kraimer, Klaus (Hrsg.): Die Welt als Text. Theorie, Kritik und Praxis der objektiven Hermeneutik. Suhrkamp, Frankfurt/M.: Suhrkamp, S. 73-114

May, Michael (2004): Aneignung und menschliche Verwirklichung. In: Deinet, Ulrich / Reutlinger, Christian (Hrsg.): „Aneignung" als Bildungskonzept der Sozialpädagogik. Beiträge zur Pädagogik des Kindes- und Jugendalters in Zeiten entgrenzter Lernzonen. Wiesbaden: VS-Verlag, S. 49-70

Mayring, Phillip (2002): Einführung in die qualitative Sozialforschung. Weinheim und Basel: Beltz

Mayring, Phillip (2003): Qualitative Inhaltsanalyse. Grundlagen und Techniken. 8. Aufl., Weinheim: Deutscher Studien Verlag

McLuhan, Marshall (1968): Die magischen Kanäle. Düsseldorf, Wien: Econ (Original 1964 „Understanding Media")

McLuhan, Marshall (1978): Wohin steuert die Welt? Massenmedien und Gesellschaftsstruktur. Wien, München, Zürich: Europa-Verlag

Medienpädagogischer Forschungsverbund Südwest (Hrsg.) (2008): JIM 2008. Jugend, Information, (Multi-)Media. Basisstudie zum Medienumgang 12-19-Jähriger in Deutschland. Stuttgart: mpfs

Meinberg, Eckhard (1988): Das Menschenbild der modernen Erziehungswissenschaft. Darmstadt: Wissenschaftliche Buchgesellschaft

Meister, Dorothee et al. (2008): Mediale Gewalt: Ihre Rezeption, Wahrnehmung und Bewertung durch Jugendliche. Wiesbaden: VS-Verlag

Merkens, Hans (1997a): Stichproben bei qualitativen Studien. In: Friebertshäuser, Barbara / Prengel, Annedore (Hrsg.): Handbuch Qualitative Forschungsmethoden in der Erziehungswissenschaft. Weinheim und München: Juventa, S. 97-106

Merkens, Hans (1997b): Familiale Erziehung und Sozialisation türkischer Kinder in Deutschland. In: Ders. / Schmidt, Folker (Hrsg.): Sozialisation und Erziehung in ausländischen Familien in Deutschland. Baltmannsweiler: Schneider Verlag Hohengehren, S. 9-100

Merkens, Hans (2003): Auswahlverfahren, Sampling, Fallkonstruktion. In: Flick, Uwe / von Kardorff, Ernst / Steinke, Ines (Hrsg.): Qualitative Forschung. Ein Handbuch. Reinbek bei Hamburg: Rowohlt, S. 286-298

Merkens, Hans (2008): Jugendforschung. Auf der Suche nach dem Gegenstand? In: Ittel, Angela / Stecher, Ludwig / Merkens, Hans / Zinnecker, Jürgen (Hrsg.): Jahrbuch Jugendforschung. 7. Ausg. Wiesbaden: VS-Verlag, S. 349-382

Merkert, Rainald (1992): Medien und Erziehung. Einführung in pädagogische Fragen des Medienzeitalters. Darmstadt: Wissenschaftliche Buchgesellschaft

Mersch, Dieter (2006): Medientheorien zur Einführung. Hamburg: Junius

Merten, Klaus (1994): Wirkungen von Kommunikation. In: Ders. et al. (Hrsg.): Die Wirklichkeit der Medien. Eine Einführung in die Kommunikationswissenschaft. Opladen: Westdeutscher Verlag, S. 291-328

Messner, Rudolf (2003): PISA und Allgemeinbildung. In: Zeitschrift für Pädagogik. Heft 3/2003, S. 400-412

Metz, Karl H. (2006). Ursprünge der Zukunft. Die Geschichte der Technik in der westlichen Zivilisation. Paderborn: Schöningh

Metz-Göckel, Sigrid et al. (1991): Mädchen, Jungen und Computer. Geschlechtsspezifisches Sozial- und Lernverhalten beim Umgang mit Computer. Opladen: Westdeutscher Verlag

Meuser, Michael (2001): Männerwelten. Zur kollektiven Konstruktion hegemonialer Männlichkeit. Vortrag auf der 1. Tagung AIM Gender, Stuttgart 2001; Internet: http://www.ruendal.de/aim/pdfs/Meuser.pdf [Zugriff: 05/09]

Meuser, Michael (2001): Repräsentation sozialer Strukturen im Wissen. Dokumentarische Methode und Habitusrekonstruktion. In: Bohnsack, Ralf et al. (Hrsg.): Die dokumentarische Methode und ihre Forschungspraxis. Grundlagen qualitativer Sozialforschung. Opladen: Leske + Budrich, S. 207-224

Meuser, Michael (2003a): Deutungsmusteranalyse. In: Bohnsack, Ralf / Marotzki, Winfried / Meuser, Michael (Hrsg.): Hauptbegriffe qualitativer Sozialforschung. Ein Wörterbuch. Opladen: Leske + Budrich, S. 31-33

Meuser, Michael (2003b): Inhaltsanalyse. In: Bohnsack, Ralf / Marotzki, Winfried / Meuser, Michael (Hrsg.): Hauptbegriffe qualitativer Sozialforschung. Ein Wörterbuch. Opladen: Leske + Budrich, S. 89-91

Meuser, Michael (2003c): Interpretatives Paradigma. In: Bohnsack, Ralf / Marotzki, Winfried / Meuser, Michael (Hrsg.): Hauptbegriffe qualitativer Sozialforschung. Ein Wörterbuch. Opladen: Leske + Budrich, S. 92-94

Meuser, Michael (2003d): Rekonstruktive Sozialforschung. In: Bohnsack, Ralf / Marotzki, Winfried / Meuser, Michael (Hrsg.): Hauptbegriffe qualitativer Sozialforschung. Ein Wörterbuch. Opladen: Leske + Budrich, S. 140-142

Meuser, Michael (2003e): Ethnomethodologie. In: Bohnsack, Ralf / Marotzki, Winfried / Meuser, Michael (Hrsg.): Hauptbegriffe qualitativer Sozialforschung. Ein Wörterbuch. Opladen: Leske + Budrich, S. 53-55

Meuser, Michael (2003f): Wettbewerb und Solidarität. Zur Konstruktion von Männlichkeit in Männergemeinschaften. In: Arx, Sylvia von / Güsin, Sabine / Grosz-Ganzoni, Ita et al. (Hrsg.): Koordination der Männlichkeit. Orientierungsversuche. Tübingen: edition diskord, S. 83-98

Meuser, Michael / Nagel, Ulrike (2005): ExpertInneninterviews – vielfach erprobt, wenig bedacht. Ein Beitrag zur qualitativen Methodendiskussion. In: Bogner, Alexander / Littig, Beate/Menz, Wolfgang (Hrsg.): Das Experteninterview. Theorie, Methode, Anwendung. 2. Aufl., Wiesbaden: VS-Verlag, S. 71-93

Meyer-Drawe, Käthe (1996): Menschen im Spiegel ihrer Maschinen. München: Wilhelm Fink Verlag

Mickisch, Heinz (2007): Basiswissen Antike. Ein Lexikon. Stuttgart: Reclam

Mikos, Lothar (1998): Wie das Leben wirklich ist. Perspektiven qualitativer Medien- und Kommunikationsforschung. In: medien praktisch 22 (1998) 87, S. 4-7

Mikos, Lothar (2001). Cultural Studies, Medienanalyse und Rezeptionsästhetik. In: Göttlich, Udo / Mikos, Lothar / Winter, Rainer (Hrsg.): Die Werkzeugkiste der Cultural Studies. Perspektiven, Anschlüsse und Interventionen. Bielefeld: transcript, S. 323-342

Mikos, Lothar (2005): Alltag und Mediatisierung. In: Ders. / Wegener, Claudia (Hrsg.): Qualitative Medienforschung. Ein Handbuch. Konstanz: UVK, S. 80-94

Mikos, Lothar / Hoffmann, Dagmar / Winter, Rainer: Einleitung.: Medien – Identität – Identifikationen. In: Dies. (Hrsg.) (2007): Mediennutzung, Identität und Identifikationen. Die Sozialisationsrelevanz der Medien im Selbstfindungsprozess von Jugendlichen. Weinheim und München: Juventa, S. 7-20

Mikos, Lothar / Wegener, Claudia (2005): Einleitung. In: Dies. (Hrsg.): Qualitative Medienforschung. Ein Handbuch. Konstanz: UVK, S. 10-18

Mikos, Lothar / Wegener, Claudia (Hrsg.) (2005): Qualitative Medienforschung. Ein Handbuch. Konstanz: UVK

Mollenhauer, Klaus (1983): Vergessene Zusammenhänge. Über Kultur und Erziehung. Weinheim und München: Juventa

Mollenhauer, Klaus (1996): Erziehung und Emanzipation. Polemische Skizzen. In: Beutler, Kurt / Horster, Detlef (Hrsg.): Pädagogik und Ethik. Stuttgart: Reclam, S. 135-152

Möller, Renate (1990): Handlungsproblem Computer. Vom Anfänger zum „User". Opladen: Leske + Budrich

Möller, Renate (2008): Quantitative Medienforschung. In: Sander, Uwe / von Gross, Friederike / Hugger, Kai-Uwe (Hrsg.): Handbuch Medienpädagogik. Wiesbaden: VS-Verlag, S. 307-131

Moorstedt, Michael (2010): Generation Definition. Nie hatte die Jugend mehr Namen als heute. In: fluter.de. Magazin der Bundeszentrale für politische Bildung. Internet: http://www.fluter.de/de/86/thema/8268/?tpl=162 [Zugriff: 01/10]

Moser, Heinz (2001): Medienpädagogische Forschung – Das Beispiel der Teletubbies. In: Medien-Pädagogik 5.3.2001. Internet: www.medienpaed.com/01-1/moser4.pdf [Zugriff 01/2008]

Mruck, Katja (2000): Qualitative Sozialforschung in Deutschland. Unter Mitarbeit von Günter Mey. In: Forum Qualitative Sozialforschung. Internet: http://qualitative-research.net/fqs [Zugriff: 08/04]

Müller, Burkhard (1997): Der sozialpädagogische Blick auf Adoleszenz. In: Krebs, Heinz / Eggert Schmid-Noerr, Annelinde (Hrsg.): Lebensphase Adoleszenz. Junge Frauen und Männer verstehen. Mainz: Matthias-Grünewald-Verlag

Müller, Renate et al. (2002): Zum sozialen Gebrauch von Musik und Medien durch Jugendliche. Überlegungen im Lichte kultursoziologischer Theorien. In: Dies. et al. (Hrsg.): Wozu Jugendliche Musik und Medien gebrauchen. Jugendliche Identität und musikalische und mediale Geschmacksbildung. Weinheim und München: Juventa, S. 9-26

Mumford, Lewis (1934): Technics and civilization. New York: Harcourt, Brace and Co.

Mumford, Lewis (1977): Mythos der Maschine. Kultur, Technik und Macht. Frankfurt/M.: Fischer

Münchmeier, Richard (2001): Strukturwandel der Jugendphase. In: Füllbier, Paul / Münchmeier, Richard (Hrsg.): Handbuch Jugendsozialarbeit. Geschichte, Grundlagen, Konzepte, Handlungsfelder, Organisation. Band 1. Münster: Votum, S. 101-113

Nagenborg, Michael (2006): Hacker – Der Computer als Werkzeug und Symbol der Macht. In: Treibel, Annette / Maier, Maja S. / Kommer, Sven / Welzel, Manuela (Hrsg.): Gender medienkompetent. Medienbildung in einer heterogenen Gesellschaft. Wiesbaden: VS-Verlag, S. 111-123

Nauck, Bernhard (2004): Familienbeziehungen und Sozialintegration von Migranten. In: Bade, Klaus J. / Bommes, Michael (Hrsg.): Migration – Integration – Bildung. Grundfragen und Problembereiche. Osnabrück: Institut für Migrationsforschung und Interkulturelle Studien (IMIS), S. 83-104

Nauck, Bernhard / Diefenbach, Heike / Petri, Kornelia (1998): Intergenerationelle Transmission von kulturellem Kapital unter Migrationsbedingungen. Zum Bildungserfolg von Kindern und Jugendlichen aus Migrantenfamilien in Deutschland. In: Zeitschrift für Pädagogik, 44 (1998) 5, S. 701-722

Nentwig-Gesemann, Iris (2001): Die Typenbildung der dokumentarischen Methode. In: Bohnsack, Ralf / Nentwig-Gesemann, Iris / Nohl, Arnd-Michael (Hrsg.): Die dokumentarische Methode und ihre Forschungspraxis. Grundlagen qualitativer Sozialforschung. Opladen: Leske + Budrich, 275-302

Neumann, Ursula (2002): Die Darstellung von Migrantinnen und Migranten und ihren Themen in den audiovisuellen Medien. In: Medien und Erziehung 46 (2002) 5, S. 282-285

Neumann-Braun, Klaus (2005): Strukturanalytische Rezeptionsforschung. In: Mikos, Lothar / Wegener, Claudia (Hrsg.): Qualitative Medienforschung. Ein Handbuch. Konstanz: UVK, S. 58-66

Neumann-Braun, Klaus / Richard, Birgit (2005). Wir sind anders als wir. In: Dies. (Hrsg.): Coolhunters. Jugendkulturen zwischen Medien und Markt. Frankfurt/M.: Suhrkamp, S. 9-20

Nevison, John M. (1976): Computing in the Liberal Arts College, Science, Oct. 22, pp. 396-402

Niedermair, Klaus: Ist Medienkompetenz die Meta-Kompetenz in einer individualisierten und globalisierten Lebenswelt? In: SPIEL, 19 (2000), 2, S. 175-189

Niesyto, Horst (2004): Medienpädagogik und soziokulturelle Unterschiede. Langfassung einer Studie auf der Basis von Experteninterviews in Baden-Württemberg und Rheinland-Pfalz. Ludwigsburg: Verlag Pädagogische Hochschule Ludwigsburg

Nohl, Arnd-Michael (2001a): Komparative Analyse: Forschungspraxis und Methodologie dokumentarischer Interpretation. In: Bohnsack, Ralf / Nentwig-Gesemann, Iris / Nohl, Arnd-Michael (Hrsg.): Die dokumentarische Methode und ihre Forschungspraxis. Grundlagen qualitativer Sozialforschung. Opladen: Leske + Budrich, 253-274

Nohl, Arnd-Michael (2001b): Migration und Differenzerfahrung. Junge Einheimische und Migranten im rekonstruktiven Milieuvergleich. Opladen: Leske + Budrich

Nohl, Arnd-Michael (2003): Komparative Analyse. In: Bohnsack, Ralf / Marotzki, Winfried / Meuser, Michael (Hrsg.): Hauptbegriffe qualitativer Sozialforschung. Ein Wörterbuch. Opladen: Leske + Budrich, S. 100-102

Nohl, Arnd-Michael (2006a): Interview und Dokumentarische Methode. Anleitungen für die Forschungspraxis. Wiesbaden: VS-Verlag

Nohl, Arnd-Michael (2006b): Bildung und Spontaneität. Phasen biographischer Wandlungsprozesse in drei Lebensaltern – Empirische Rekonstruktionen und pragmatistische Reflexionen. Opladen: Verlag Barbara Budrich

Nohl, Arnd-Michael (2006c): Qualitative Bildungsforschung als theoretisches und empirisches Projekt. In: Pongratz, Ludwig / Wimmer, Michael / Nieke, Wolfgang (Hrsg.) (2006): Bildungsphilosophie und Bildungsforschung. Bielefeld: Janus, S. 156-179

Nolte, Paul (2004): Generation Reform. Jenseits der blockierten Republik. München: Beck

Oberndörfer, Dieter (2001): Dialog der Kulturen oder Parallelgesellschaft – Funktionen und Wirkungen fremdsprachlicher Medienangebote. In: Die Ausländerbeauftragte der Freien und Hansestadt Hamburg/Hamburgische Anstalt für neue Medien (HAM) (Hrsg.): Medien – Migration – Integration. Elektronische Massenmedien und die Grenzen kultureller Identität (Schriftenreihe der Hamburgischen Anstalt für Neue Medien; 19). Berlin: Vistas, S. 15-26

OECD (2005): Bildung auf einen Blick. OECD-Indikatoren 2005. Heidelberg: Spektrum Akademischer Verlag

Oelkers, Jürgen (1991): Subjektivität und Kultur: Ein pädagogisches Missverhältnis? In: Ders.: Erziehung als Paradoxie der Moderne. Aufsätze zur Kulturpädagogik. Weinheim: Deutscher Studien Verlag, S. 11-25

Oerter, Rolf / Dreher, Eva (1995): Jugendalter. In: Oerter, Rolf / Montada, Leo (Hrsg.): Entwicklungspsychologie. Ein Lehrbuch. 3., vollst. überarb. u. erw. Aufl., Weinheim: PVU, S. 310-395

Oevermann, Ulrich (1983): Hermeneutische Sinnrekonstruktion. In: Garz, Detlef / Kraimer, Klaus (Hrsg.): Brauchen wir andere Forschungsmethoden? Beiträge zur Diskussion interpretativer Verfahren. Frankfurt/M.: Cornelsen Scriptor, S. 113-155

Oevermann, Ulrich (1986): Kontroversen um sinnverstehende Soziologie. Einige wiederkehrende Probleme und Missverständnisse in der Rezeption der „objektiven Hermeneutik". In: Aufenanger, Stefan / Lenssen, Margit (Hrsg.): Handlung und Sinnstruktur. Bedeutung und Anwendung der objektiven Hermeneutik. München: Kindt-Verlag, S. 19-83

Oevermann, Ulrich (1991): Genetischer Strukturalismus und das sozialwissenschaftliche Problem der Erklärung der Entstehung des Neuen. In: Müller-Dohm, Stefan (Hrsg.): Jenseits der Utopie. Theoriekritik der Gegenwart. Frankfurt/M.: Suhrkamp, S. 267-338

Oevermann, Ulrich (2004): Die elementare Problematik der Datenlage in der quantifizierenden Bildungs- und Sozialforschung. In: Sozialer Sinn, Heft 3, 2004, S. 413-476

Oevermann, Ulrich et al. (1976): Beobachtungen zur Struktur der sozialhistorischen Interaktion. Theoretische und methodologische Fragen der Sozialisationsforschung. In: Auwärter, Manfred / Kirsch, Edit / Schröter, Klaus (Hrsg.): Seminar: Kommunikation, Interaktion, Identität. Frankfurt/M.: Suhrkamp, S. 371-403

Ohlbrecht, Heike (2006): Jugend, Identität und chronische Krankheit. Soziologische Fallrekonstruktionen. Opladen: Verlag Barbara Budrich

Olk, Thomas (1989): Jugend an den Grenzen der Moderne. Ein gescheitertes Projekt? In: Breyvogel, Wilfried (Hrsg.): Pädagogische Jugendforschung. Erkenntnisse und Perspektiven. Opladen: Leske + Budrich, S. 31-48

Opaschowski, H.-W. (1999a): User & Loser. Die gespaltene Informationsgesellschaft. Medien praktisch 23 (1999) 3, S. 8-9

Opaschowski, Horst W. (1999b): Generation @ – Die Medienrevolution entlässt ihre Kinder: Leben im Informationszeitalter. Hamburg: German Press

Oswald, Hans (1997): Der Jugendliche. In: Lenzen, Dieter (Hrsg.): Erziehungswissenschaft. Ein Grundkurs. Reinbek bei Hamburg: Rowohlt, S. 383-405

Otto, Hans-Uwe/ Kutscher, Nadia / Klein, Alexandra / Iske, Stefan (2004): Soziale Ungleichheit im virtuellen Raum: Wie nutzen Jugendliche das Internet? http://www.bmfsfj.de/Redaktion BMFSFJ/Abteilung5/Pdf-Anlagen/jugend-internet-langfassung,property=pdf.pdf [Zugriff: 11/04]

Otto, Peter / Sonntag, Phillip (1985): Wege in die Informationsgesellschaft. Steuerungsprobleme in Wirtschaft und Politik. München: DTV

Özkara, Sami (1988): Zwischen Lernen und Anständigkeit. Erziehungs- und Bildungsvorstellungen türkischer Eltern. Frankfurt/M.: Dagyeli

Paus-Haase, Ingrid (2000): Medienrezeptionsforschung mit Kindern – Prämissen und Vorgehensweisen. Das Modell der Triangulation. In: Dies. / Schorb, Bernd (Hrsg.): Qualitative Kinder- und Jugend-Medienforschung. Theorie und Methoden. Ein Arbeitsbuch. München: Kopaed, S. 15-32

Paus-Haase, Ingrid / Schorb, Bernd (Hrsg.) (2000): Qualitative Kinder- und Jugend-Medienforschung. Theorie und Methoden. Ein Arbeitsbuch. München: Kopaed

Paus-Hasebrink, Ingrid (2005): Grundsätzliche Überlegungen zu „neuen Denkwerkzeugen" in der Jugend(medien)forschung. In: Kleber, Hubert (Hrsg.): Perspektiven der Medienpädagogik in Wissenschaft und Bildungspraxis. München: Kopaed, S. 74-85

Peters, Kathrin (2005): Media Studies. In: Von Braun, Christina / Stephan, Inge (Hrsg.): Gender@Wissen. Ein Handbuch der Gender-Theorien. Köln: Böhlau, S. 325-344

Petzold, Matthias (2000): Die Multimedia-Familie. Mediennutzung, Computerspiele, Telearbeit, Persönlichkeitsprobleme und Kindermitwirkung in Medien. Opladen: Leske + Budrich

Pfadenhauer, Michaela (1999): Rollenkompetenz. In: Hitzler, Ronald / Reichertz, Jo / Schröer, Norbert (Hrsg.): Hermeneutische Wissenssoziologie. Standpunkte zur Theorie der Interpretation. Konstanz: UVK, S.267-288

Pfeiffer, Christian (2003): Medienverwahrlosung als Ursache von Schulversagen und Jugenddelinquenz?. In: Kerner, H.-J.; Marks, E. (Hrsg.): Internetdokumentation Deutscher Präventionstag. Hannover. Internet: http://www.praeventionstag.de/html/GetDokumentation.cms?XID=44 [Zugriff 02/08]

Pfeiffer, Christian (2006): „Die Jugendarbeit hat sich nicht bewährt". Interview mit Gesa Schölgens. In: Die Tageszeitung Nr. 7876 vom 20.1.2006, Seite 2

Pfluger-Schindlbeck, Ingrid (1989): „Achte die Älteren, liebe die Jüngeren". Sozialisation türkischer Kinder. Frankfurt/M.: Athenäum

Pias, Claus et al. (2004) (Hrsg.): Kursbuch Medienkultur. Die maßgeblichen Theorien von Brecht bis Baudrillard. 5. Aufl., Stuttgart: Deutsche Verlags-Anstalt

Picot, Sybille / Willert, Michaela (2003): Politik per Klick. Internet und Engagement Jugendlicher – 20 Portraits. In: Deutsche Schell (Hrsg.): Jugend 2002. Zwischen pragmatischem Idealismus und robustem Materialismus. Frankfurt/M.: Fischer, S. 221-414

Pietraß, Manuela (2002): Medienbildung. In: Tippelt, Rudolf (Hrsg.): Handbuch Bildungsforschung. Opladen, Leske + Budrich. S. 393-408

Pinch, Trevor J. / Bijker, Wiebe E. (1987): The social construction of Facts and Artifacts. In: Bijker, Trevor / Hughes, Thomas R. / Pinch, Trevor J. (Hrsg,): The Social Construction of Technological Systems. Cambridge: MIT Press, S. 17-50

Plessner, Helmuth (1975): Die Stufen des Organischen und der Mensch. Einleitung in die philosophische Anthropologie (1928), Berlin, New York: de Gruyter

Plessner, Helmuth (1985): Gesammelte Schriften X. Schriften zur Soziologie und Sozialphilosophie. Frankfurt/M.: Suhrkamp

Polanyi, Michael (1985): Implizites Wissen. Frankfurt/M.: Suhrkamp

Pongratz, Hans J. (2000): Arbeitskraftunternehmer als neuer Leittypus? In: DIE Zeitschrift für Erwachsenenbildung 1/2001, S. 24-30. Internet: http://www.diezeitschrift.de/12001/positionen3.htm [Zugriff: 02/08]

Pongs, Armin (1999, 2000): In welcher Gesellschaft leben wir eigentlich? Gesellschaftskonzepte im Vergleich. 2 Bände. München: Dilemma

Popp, Ulrike (1994): Geteilte Zukunft. Lebensentwürfe von deutschen und türkischen SchülerInnen und Schülern. Opladen: Leske + Budrich

Popper, Karl (1971): Logik der Forschung. Tübingen: Mohr Siebeck

Portmann, Adolf (1998): Der Mensch – ein Mängelwesen? In: Keupp, Heiner (Hrsg.): Der Mensch als soziale Wesen. Sozialpsychologisches Denken im 20. Jahrhundert. Ein Lesebuch. München: Piper, S. 92-100

Poschardt, Ulf (2000): Cool. Reinbek bei Hamburg: Rowohlt

Poschardt, Ulf (2002): Über Sportwagen. Berlin: Merve

Postman, Neil (1983): Das Verschwinden der Kindheit. Frankfurt/M.: Fischer

Przyborski, Aglaja (2004): Gesprächanalyse und dokumentarische Methode. Qualitative Auswertung von Gesprächen, Gruppendiskussionen und anderen Diskursen. Wiesbaden: VS-Verlag

Radtke, Frank-Olaf (2006): Erziehung, Markt und Gerechtigkeit. In: Zeitschrift für Pädagogik 52. Jg., Heft 1, Januar/Februar 2006, S. 52-59

Rammert, Werner (1988): Technisierung im Alltag. Theoriestücke für eine spezielle soziologische Perspektive. In: Joerges, Bernward (Hrsg.) (1988): Technik im Alltag. Frankfurt/M.: Suhrkamp, S. 165-197

Rammert, Werner (1998): Technikvergessenheit der Soziologie? In: Ders. (Hrsg.): Technik und Sozialtheorie. Frankfurt/M./New York: Campus Verlag, S. 9-28

Rammert, Werner (2000): Technik aus soziologischer Perspektive. Bd. 2: Kultur – Innovation – Virtualität. Opladen: Westdeutscher Verlag

Rammert, Werner (2007): Technik – Handeln –Wissen. Zu einer pragmatistischen Technik- und Sozialtheorie. Wiesbaden: VS-Verlag

Rammert, Werner et al. (1991): Vom Umgang mit Computern im Alltag. Fallstudien und Kultivierung einer neuen Technik. Opladen: Westdeutscher Verlag

Rath, Matthias / Marci-Boehncke (2004): „Geblickt?" MedienBildung als Coping-Strategie. In: Schavan, Annette (Hrsg.): Bildung und Erziehung. Perspektiven auf die Lebenswelt von Kindern und Jugendlichen. Frankfurt/M.: Suhrkamp, S. 200-229

Reckwitz, Andreas (2003): Grundelemente einer Theorie sozialer Praktiken: Eine sozialtheoretische Perspektive. In: Zeitschrift für Soziologie, Jg. 32, H. 4, 2003, S. 282- 301

Reckwitz, Andreas (2004): Die Entwicklung des Vokabulars der Handlungstheorien: Von den zweck- und normorientierten Modellen zu den Kultur- und Praxistheorien. In: Gabriel, Manfred (Hrsg.): Paradigmen der akteurszentrierten Soziologie. 1. Aufl., Wiesbaden: VS-Verlag, S. 303-328

Reckwitz, Andreas (2006): Die Transformation der Kulturtheorien. Zur Entwicklung eines Theorieprogramms. Nachdruck der Erstausgabe 2000 mit einem Nachwort zur Studienausgabe 2006. Weilerswist: Velbrück Wissenschaft

Reckwitz, Andreas (2008): Subjekt. Bielefeld: transcript

Reichenbach, Roland (2007): Soft Skills. Destruktive Potentiale des Kompetenzdenkens. In: Pongratz, Ludwig A. / Reichenbach, Roland / Wimmer, Michael (Hrsg.): Bildung – Wissen – Kompetenz. Bielefeld: Janus, S. 64-81

Reichertz, Jo (1999): Über das Problem der Gültigkeit von Qualitativer Sozialforschung. In: Hitzler, Ronald / Reichertz, Jo / Schröer, Norbert (Hrsg.): Hermeneutische Wissenssoziologie. Standpunkte zur Theorie der Interpretation. Konstanz: UVK, S. 319-346

Reichertz, Jo (2003): Objektive Hermeneutik und hermeneutische Wissenssoziologie. In: Flick, Uwe, von Kardorff, Ernst / Steinke, Ines (Hrsg.): Qualitative Forschung. Ein Handbuch. Reinbek bei Hamburg: Rowohlt, S. 514- 523

Reichertz, Jo (2005): Gütekriterien qualitativer Forschung. In: Mikos, Lothar / Wegener, Claudia (Hrsg.): Qualitative Medienforschung. Ein Handbuch. Konstanz: UVK, S. 571-579

Reimer, Myriam (2008): Eskapismus-Konzept. In: Sander, Uwe / von Gross, Friederike / Hugger, Kai-Uwe (Hrsg.): Handbuch Medienpädagogik. Wiesbaden: VS-Verlag, S. 297-300

Reinders, Heinz / Emmerich, Robert (2010): Junge Türkinnen: Selbstbewusst und gut integriert. Mitteilungen der Universität Würzburg. Internet: http://www.uni-wuerzburg.de/sonstiges/meldungen/single/artikel/ junge-tuerk-1/ [Zugriff: 06/10]

Renckstorf, Karsten (1989): Mediennutzung als soziales Handeln. Zur Entwicklung einer handlungstheoretischen Perspektive der empirischen (Massen-)Kommunikationsforschung. In: Kaase, Max / Schulz, Winfried (Hrsg.): Massenkommunikation. Theorien, Methoden, Befunde. Kölner Zeitschrift für Soziologie und Sozialpsychologie. Sonderheft 30. Opladen: Westdeutscher Verlag, S. 314-336

Rendtorff, Barbara (2006): Erziehung und Geschlecht. Eine Einführung. Stuttgart: Kohlhammer

Riemann, Gerhard (2003): Narratives Interview. In: Bohnsack, Ralf / Marotzki, Winfried / Meuser, Michael (Hrsg.): Hauptbegriffe qualitativer Sozialforschung. Ein Wörterbuch. Opladen: Leske + Budrich, S. 120-122

Rifkin, Jeremy (2000): Access. Das Verschwinden des Eigentums. Frankfurt/M.: Fischer

Rittelmeyer, Christian / Parmentier, Michael (2001): Einführung in die pädagogische Hermeneutik. Darmstadt: Wissenschaftliche Buchgesellschaft

Roebers, Claudia M. / Mecheril, Anita / Schneider, Wolfgang (1998): Migrantenkinder in deutschen Schulen. Eine Studie zur Persönlichkeitsentwicklung. In: Zeitschrift für Pädagogik, 44 (1998) 5, S. 723-736

Rohbeck, Johannes (2000): Technik – Kultur – Geschichte. Eine Rehabilitierung der Geschichtsphilosophie. Frankfurt/M.: Suhrkamp

Ropohl, Günther (1999): Technologische Aufklärung. Beiträge zur Technikphilosophie. 2. Aufl., Frankfurt/M.: Suhrkamp

Rosen, Rita / Stüwe, Gerd (1985): Ausländische Mädchen in der Bundesrepublik. Opladen: Leske + Budrich

Rosenthal, Gabriele (2005): Interpretative Sozialforschung. Eine Einführung. Weinheim und München: Juventa

Roth, Lutz (1983): Die Erfindung des Jugendlichen. Weinheim und München: Juventa

Rudolph, Hedwig (1997): Just in time – Zur Thematisierung der Frauenfrage an der TU Berlin. In: Hartmann, Corinna / Sanner, Ute (Hrsg.): Ingenieurinnen: Ein unverzichtbares Potential für die Gesellschaft. Kirchlinteln

Ruhloff, Jörg (2006): Die Universität ist kein Wirtschaftsbetrieb. In: Frost, Ursula (Hrsg.): Unternehmen Bildung. Die Frankfurter Einsprüche und kontroverse Positionen zur aktuellen Bildungsreform. Sonderheft zur Vierteljahresschrift für wissenschaftliche Pädagogik. Paderborn: Ferdinand Schöningh, S. 25-30

Rupp, Gerhard (1999): Medienkompetenz, Lesekompetenz. In: Groeben, Norbert (Hrsg.): Lesesozialisation in der Mediengesellschaft. Zentrale Begriffsexplikationen. Köln: Kölner Psychologische Studien. Beiträge zur natur-, kultur- und sozialwissenschaftlichen Psychologie, Jahrgang IV, 1999, Heft 1, S. 27-44

Rustemeyer, Ruth (1992): Praktisch-methodische Schritte der Inhaltsanalyse. Eine Einführung am Beispiel der Analyse von Interviewtechniken. Münster: Aschendorff

Sandbothe, Mike (1997): Interaktivität – Hypertextualität – Transversalität. Eine medienphilosophische Analyse des Internet. In: Münker, Stefan / Roesler, Alexander (Hrsg.): Mythos Internet. Frankfurt/M.: Suhrkamp, S. 56-82

Sandbothe, Mike (2001): Pragmatische Medienphilosophie. Grundlegung einer neuen Disziplin im Zeitalter des Internet. Weilerswist: Velbrück Wissenschaft

Sander, Ekkehard (2002): Das neue Generationenverhältnis. Wie Medienkompetenz in der Familie entsteht. In: medien praktisch 01/02, S. 33-37

Sanders, Olaf (2002): Listen! Hip Hop in der Schule. In: Pädagogik (54. Jg.) 5/02, S. 32-35

Schachtner, Christina (1997): Die Technik und das Soziale. Begründung einer subjektivitätsorientierten Technikforschung. In: Dies. (Hrsg.): Technik und Subjektivität. Das Wechselverhältnis zwischen Mensch und Computer aus interdisziplinärer Sicht. Frankfurt/M.: Suhrkamp, S. 7-25

Schachtner, Christina (2003): Mediale Konstruktionen – Lernmedium Computer. In: Bachmair, Ben et al. (Hrsg.): Jahrbuch Medienpädagogik 3. Opladen: Leske + Budrich, S. 51-82

Schäfer, Karl-Herrmann (2001): Medienpädagogik als Teildisziplin der Allgemeinen Erziehungswissenschaft. In: Aufenanger, Stefan / Schulz-Zander / Spanhel, Dieter (Hrsg.): Handbuch Medienpädagogik I. Opladen: Leske + Budrich, S. 17-46

Schäfers, Bernhard (2001): Jugendsoziologie. Einführung in Grundlagen und Theorien. 7. aktual. und überarb. Aufl., Opladen: Leske + Budrich

Schäfers, Bernhard / Scherr, Albert (2005): Jugendsoziologie. Einführung in Grundlagen und Theorien. 8., umf. akt. u. überarb. Aufl., Wiesbaden: VS-Verlag

Schäffer, Burkhard (2000): Das Internet: Ein Medium kultureller Legitimität in Bildungskontexten? In: Marotzki, Winfried (Hrsg.): Zum Bildungswert des Internet. Opladen: Leske + Budrich, S. 259-285

Schäffer, Burkhard (2001): „Kontagion" mit dem Technischen. Zur generationsspezifischen Einbindung in die Welt medientechnischer Dinge. In: Bohnsack, Ralf et al. (Hrsg.): Die Dokumentarische Methode und ihre Forschungspraxis. Grundlagen qualitativer Sozialforschung. Opladen: Leske + Budrich, S. 43-66

Schäffer, Burkhard (2003): Generationen – Medien – Bildung. Medienpraxiskulturen im Generationenvergleich. Opladen: Leske + Budrich

Schäffer, Burkhard (2004): Doing Generation. Zur Interdependenz von Milieu, Geschlecht und Generation bei der empirischen Analyse generationsspezifischen Handelns mit Neuen Medien. In: Buchen, Sylvia / Helfferich, Cornelia / Maier, Maja S. (Hrsg.): Gender methodologisch. Empirische Forschung in der Informationsgesellschaft vor neuen Herausforderungen. Wiesbaden: VS-Verlag, S. 47-65

Schelhowe, Heidi (1997): Auf dem Weg zu einer Theorie der Interaktion? In: LOG IN 17 (1997) 5, S. 27-33

Schelhowe, Heidi (2007a): Das Digitale Medium als Bildungsaufgabe Überlegungen zur Macht der konkreten Bilder und zum Zugang zu den abstrakten Modellen. In: Fromme, Johannes / Schäffer, Burkhard (Hrsg.): Medien – Macht – Gesellschaft. Wiesbaden: VS-Verlag, S. 137-153

Schelhowe, Heidi (2007b): Technologie, Imagination und Lernen. Grundlagen für Bildungsprozesse mit digitalen Medien. Münster: Waxmann

Schell, Fred (2008): Aktive Medienarbeit im Zeitalter des Web 2.0. In: merz – Zeitschrift für Medienpädagogik 2/2008, S. 9-12

Schelsky, Helmut (1957): Die skeptische Generation. Düsseldorf: Diederichs

Schenk, Michael (1994): Kommunikationstheorien. In: Noelle-Neumann, Elisabeth / Schulz, Winfried / Wilke, Jürgen (Hrsg.): Fischer Lexikon Publizistik, Massenkommunikation. Aktual., vollst. überarb. Neuausgabe. Frankfurt/M.: Fischer, S. 171-186

Scherr, Albert (2002a): Der Bildungsauftrag der Jugendarbeit: Aufgaben und Selbstverständnis im Spannungsfeld von sozialpolitischer Indienstnahme und aktueller Bildungsdebatte. In: Münchmeier, Richard / Otto, Hans- Uwe / Rabe-Kleberg, Ursula (Hrsg.): Bildung und Lebenskompetenz. Kinder- und Jugendhilfe vor neuen Aufgaben. Opladen: Leske + Budrich, S. 93-106

Scherr, Albert (2002b): Jugendarbeit in der Wissensgesellschaft. In: deutsche Jugend, 50. Jg., Heft 7/8, S. 313-318

Scherr, Albert (2004): Körperlichkeit, Gewalt und soziale Ausgrenzung in der ‚postindustriellen Wissensgesellschaft'. In: Heitmeyer, Wilhelm / Soeffner, Hans-Georg (Hrsg.): Gewalt. Entwicklungen, Strukturen, Analyseprobleme. Frankfurt/M.: Suhrkamp, S. 202-226

Schicha, Christian (2008): Kritische Medientheorie. In: Sander, Uwe / von Gross, Friederike / Hugger, Kai-Uwe (Hrsg.): Handbuch Medienpädagogik. Wiesbaden: VS-Verlag, S. 185-191

Schiersmann, Christiane / Busse, Johannes / Krause, Detlev (2002): Medienkompetenz – Kompetenz für neue Medien (Materialien des Forum Bildung 12). Bonn: Forum Bildung

Schiffauer, Werner (1983): Die Gewalt der Ehre. Frankfurt/M.: Suhrkamp

Schiffauer, Werner (1987): Die Bauern von Subay. Das Leben in einem türkischen Dorf. Stuttgart: Klett-Cotta

Schiffauer, Werner (1997): Fremde in der Stadt. Frankfurt/M.: Suhrkamp

Schiffauer, Werner (2002): Migration und kulturelle Differenz. Berlin: Die Ausländerbeauftragten des Senats

Schimank, Uwe / Volkmann, Ute (2007): Soziologische Gegenwartsdiagnosen – Zur Einführung. In: Dies.: (Hrsg.): Soziologische Gegenwartsdiagnosen I. Eine Bestandsaufnahme. Opladen: VS-Verlag

Schindler, Friedemann (1999): Computerspiele und Internet – Wie sie genutzt werden und welche Rolle sie bei der Förderung von Medienkompetenz spielen. In: Schell, Fred / Stolzenburg, Elke / Theunert, Helga (Hrsg.): Medienkompetenz. Grundlagen und pädagogisches Handeln. München: Kopaed, S. 180-187

Schmidt, Christiane (1997): „Am Material": Auswertungstechniken für Leitfadeninterviews. In: Friebertshäuser, Barbara / Prengel, Annedore (Hrsg.): Handbuch Qualitative Forschungsmethoden in der Erziehungswissenschaft. Weinheim und München: Juventa, S. 544-568

Schmiechen, Frank (2009): Wenn die Jagd nach Neuem zum Lebensgefühl wird. In: Welt-Online, 25.05.2009. Internet: http://www.welt.de/wirtschaft/webwelt/article3798003/Wenn-die-Jagd-nach-Neuem-zum-Lebensgefuehl-wird.html [Zugriff: 03/10]

Schneider, Norbert (1998): Erkenntnistheorie im 20. Jahrhundert. Stuttgart: Reclam

Schneider, Wolfgang Ludwig (2002): Grundlagen der soziologischen Theorie. Band 2: Garfinkel – RC – Habermas – Luhmann. Opladen: Westdeutscher Verlag

Schneider, Wolfgang Ludwig (2008): Grundlagen der soziologischen Theorie. Band 1: Weber – Parsons – Mead – Schütz. Wiesbaden: VS-Verlag

Schneider, Wolfgang-Ludwig (2004): Grundlagen der soziologischen Theorie, Bd. 3. Sinnverstehen und Intersubjektivität – Hermeneutik, funktionale Analyse, Konversationsanalyse und Systemtheorie. Wiesbaden: VS-Verlag

Schöfthaler, Traugott (1984): Wissen oder Weisheit. Die kulturelle Relativierung von Piagets Modell formaler Denkoperationen als Problem der Bildungsforschung. In: Schöfthaler, Traugott / Goldschmidt, Dietrich (Hrsg.): Soziale Struktur und Vernunft. Frankfurt/M.: Suhrkamp, S. 15-46

Scholl, Armin (2003): Die Befragung. Sozialwissenschaftliche Methode und kommunikationswissenschaftliche Anwendung. Konstanz: UVK

Schorb, Bernd (1995): Medienalltag und Handeln. Medienpädagogik in Geschichte, Forschung und Praxis. Opladen: Leske + Budrich

Schorb, Bernd (1999): Die Lernorte und die erwerbbaren Fähigkeiten, mit Medien kompetent umzugehen. In: Schell, Fred / Stolzenburg, Elke / Theunert, Helga (Hrsg.): Medienkompetenz. Grundlagen und pädagogisches Handeln. München: Kopaed, S. 390-413

Schorb, Bernd (2005): Medienpädagogik und Sozialisation. In: Kleber, Hubert (Hrsg.): Perspektiven der Medienpädagogik in Wissenschaft und Bildungspraxis. München: Kopaed, S. 64-74

Schorb, Bernd / Theunert, Helga (2000): Kontextuelles Verstehen in der Medienaneignung. In: Paus-Haase, Ingrid / Schorb, Bernd (Hrsg.): Qualitative Kinder- und Jugend-Medienforschung. Theorie und Methoden. Ein Arbeitsbuch. München: Kopaed, S. 33-57

Schorb, Bernd et al. (2008) Medienkonvergenz Monitoring Report 2008. Jugendliche in konvergierenden Medienwelten. Internet: http://www.uni-leipzig.de/~umfmed/Medienkonvergenz_ Monitoring_ Report08.pdf [Zugriff: 02/09]

Schröder, Achim (2002): Konflikt und Adoleszenz – über die heutigen Umgangsweisen mit Jugend. In: Gefährdete Jugendliche. Jugend, Kriminalität und der Ruf nach Strafe. Opladen: Leske + Budrich, S. 31-46

Schründer-Lenzen, Agi (1995): Weibliches Selbstkonzept und Computerkultur. Weinheim: Deutscher Studienverlag

Schuegraf, Martina (2008): Medienkonvergenz und Subjektbildung. Mediale Interaktionen am Beispiel von Musikfernsehen und Internet. Opladen: VS-Verlag

Schulte, Joachim (2002): Reichweitenerhebungen für türkische Fernsehsender in Deutschland. In: Becker, Jörg / Behnisch, Reinhard (Hrsg.): Zwischen Autonomie und Gängelung. Türkische Medienkultur in Deutschland II. Rehburg-Loccum: Evangelische Akademie, S. 173-198

Schulte, Joachim (2003): Die Internet-Nutzung von Deutsch-Türken. In: Becker, Jörg / Behnisch, Reinhard (Hrsg.): Zwischen kultureller Zersplitterung und virtueller Identität. Türkische Medienkultur in Deutschland III. Rehburg-Loccum: Evangelische Akademie, S. 115-124

Schütz, Alfred (1971): Gesammelte Aufsätze. Band l. Den Haag: Martinus Nijhoff

Schütz, Alfred (1974): Der sinnhafte Aufbau der sozialen Welt. Eine Einleitung in die verstehende Soziologie. Frankfurt/M.: Suhrkamp

Schütz, Alfred (1982): Das Problem der Relevanz. Frankfurt/M.: Suhrkamp

Schütz, Alfred / Luckmann, Thomas (2003): Strukturen der Lebenswelt. Konstanz: UVK

Schütze, Fritz / Meinefeld, Werner / Springer, Werner / Weymann, Ansgar (1973): Grundlagentheoretische Voraussetzungen methodisch kontrollierten Fremdverstehens. In: Arbeitsgruppe Bielefelder Soziologen (Hrsg.): Alltagswissen, Interaktion und gesellschaftliche Wirklichkeit. Band 2: Ethnotheorie und Ethnographie des Sprechens. Reinbek bei Hamburg: Rowohlt, S. 433-495

Schwab, Frank (2001): Unterhaltungsrezeption als Gegenstand medienpsychologischer Emotionsforschung. In: Zeitschrift für Medienpsychologie 13 (2), S. 62-72

Schwab, Jürgen / Stegmann, Michael (2000): Geschlecht und soziale Schicht als Faktoren der Computeraneignung. In: Deutsche Jugend 48 (2000) 2, S. 75-82

Schwab, Jürgen/Stegmann, Michael (1999): Die Windows-Generation. Profile, Chancen und Grenzen jugendlicher Computeraneignung. München: Kopaed

Seel, Norbert M. / Casey, Nancy C. (2003): Changing Conecptions of Technological Literacy. In: Attewell, Paul / Seel, Norbert M. (Hrsg.): Disadvantaged Teens and Computer Technologies. Münster: Waxmann, S. 15-34

Senatsverwaltung für Bildung, Jugend und Sport Berlin (2006) (Hrsg.): Rahmenlehrplan für die Sekundarstufe I; ITG/Informatik. Berlin

Senatsverwaltung für Bildung, Wissenschaft und Forschung Berlin (2004): Schulgesetz für das Land Berlin (SchulG) Internet: http://www.berlin.de/imperia/md/content/sen-bildung/rechtsvorschriften/schulgesetz.pdf [Zugriff: 02/08]

Senghaas, Dieter (2006): Interkulturelle Dialoge. Plädoyer für eine Reorientierung. In: Dabag, Mihran / Platt, Kristin (Hrsg.): Die Machbarkeit der Welt. Wie der Mensch sich als Subjekt der Geschichte entdeckt. München: Wilhelm Fink Verlag, S. 216-227

Sennett, Richard (2000): Der flexible Mensch. Die Kultur des neuen Kapitalismus. München: btb Verlag

Sesink, Werner / Kerres, Michael / Moser, Heinz (Hrsg.) (2007): Jahrbuch Medienpädagogik 6. Medienpädagogik – Standortbestimmung einer erziehungswissenschaftlichen Disziplin. Wiesbaden: VS-Verlag

Sichtermann, Barbara (2007): Pubertät. Der schwierige Übergang. Augsburg: Weltbild

Soeffner, Hans-Georg (2003): Sozialwissenschaftliche Hermeneutik. In: Flick, Uwe / Kardorff, Ernst von / Steinke, Ines (Hrsg.): Qualitative Forschung. Ein Handbuch. Reinbek bei Hamburg: Rowohlt, S. 164-174

Soeffner, Hans-Georg (2004a): Auslegung des Alltags – Der Alltag der Auslegung. Zur wissenssoziologischen Konzeption einer sozialwissenschaftlichen Hermeneutik. Konstanz: UVK

Soeffner, Hans-Georg (2004b): Gewalt als Faszinosum. In: Heitmeyer, Wilhelm / Soeffner, Hans-Georg (Hrsg.): Gewalt. Entwicklungen, Strukturen, Analyseprobleme. Frankfurt/M.: Suhrkamp, S. 62-85

Spangenberg, Peter (2002): Medienerfahrungen – Medienbegriffe – Medienwirklichkeiten. In: Rusch, Gebhard (Hrsg.): Einführung in die Medienwissenschaft. Konzeptionen, Theorien, Methoden, Anwendungen. Opladen: Westdeutscher Verlag, S. 84-101

Spanhel, Dieter (1999): Der Aufbau grundlegender Medienkompetenz im frühen Kindesalter. In: Gogolin, Ingrid / Lenzen, Dieter (Hrsg.): Medien-Generation. Beiträge zum 16. Kongreß der Deutschen Gesellschaft für Erziehungswissenschaften. Opladen, Leske + Budrich, S. 225-244

Spanhel, Dieter (2000): Menschenbilder und Medienpädagogik. Wohin steuert die Theorie der Medienpädagogik? In: .nexum 2/2000, S. 4

Spitzer, Manfred (2006): Vorsicht Bildschirm! Elektronische Medien, Gehirnentwicklung, Gesundheit und Gesellschaft. München: Deutscher Taschenbuch Verlag

Stanat, Petra (2003): Schulleistungen von Jugendlichen mit Migrationshintergrund: Differenzierungen deskriptiver Befunde aus PISA und PISA-E. In: Deutsches PISA-Konsortium (Hrsg.): PISA 2000 – Ein differenzierter Blick auf die Länder der Bundesrepublik Deutschland. Opladen: Leske + Budrich, S. 243-260

Ständige Konferenz der Kultusminister der Länder in der Bundesrepublik Deutschland (1995): Medienpädagogik in der Schule (Erklärung der Kultusministerkonferenz vom 12.05.1995) Internet: http://www.kmk.org/doc/publ/medpaed.pdf [Zugriff: 04/09]

Stehr, Nico (1994): Arbeit, Eigentum und Wissen. Zur Theorie von Wissensgesellschaften. Frankfurt/M.: Suhrkamp

Stehr, Nico (2001): Moderne Wissensgesellschaften. In: Aus Politik und Zeitgeschichte. Beilage zur Wochenzeitung „das Parlament", 08/2001, Bd. 36, S. 7-14

Steinbicker, Jochen (2001): Zur Theorie der Informationsgesellschaft. Opladen: Leske + Budrich

Steinkamp, Günther (1998): Sozialstruktur und Sozialisation. In: Hurrelmann, Klaus / Ulrich, Dieter (Hrsg.): Handbuch der Sozialisationsforschung. Studienausgabe. 5., neu ausgest. Aufl., Weinheim und Basel: Beltz, S. 251-278

Steinke, Ines (2003): Gütekriterien qualitativer Forschung. In: Flick, Uwe / Kardorff, Ernst von / Steinke, Ines (Hrsg.): Qualitative Forschung. Ein Handbuch. Reinbek bei Hamburg: Rowohlt, S. 319-332

Sting, Stefan (1998): Die Schriftlichkeit der Bildung. Medienimplikationen im Bildungsdenken von Herbart und Schleiermacher. In: ZfE, Zeitschrift für Erziehungswissenschaft, 1. Vierteljahr 1998, Jg. 1, S. 45-60

Sting, Stefan (2004): Aneignungsprozesse im Kontext von Peergroup-Geselligkeit. In: Deinet, Ulrich / Reutlinger, Christian (Hrsg.): „Aneignung" als Bildungskonzept der Sozialpädagogik. Beiträge zur Pädagogik des Kindes- und Jugendalters in Zeiten entgrenzter Lernzonen. Wiesbaden: VS-Verlag, S. 139-148

Stolzenburg, Elke / Bahl, Anke (1999): Medienkompetenz bei 11- bis 15jährigen Mädchen und Jungen: Grundlagen und Voraussetzungen für die weitere Ausformung. In: Schell, Fred; Stolzenburg / Elke / Theunert, Helga (Hrsg.): Medienkompetenz. Grundlagen und pädagogisches Handeln. München: Kopaed, S. 128-136

Straub, Ingo (2006): Medienpraxiskulturen männlicher Jugendlicher. Medienhandeln und Männlichkeitskonstruktionen in jugendkulturellen Szenen. Wiesbaden: DUV

Straub, Jürgen (1990): Interpretative Forschung und komparative Analyse: Theoretische und methodologische Aspekte psychologischer Erkenntnisbildung. In: Jüttemann, Gerd (Hrsg.): Komparative Kasuistik. Heidelberg: Roland Asanger Verlag, S. 168-183

Straub, Jürgen (1999): Verstehen, Kritik, Anerkennung. Das Eigene und das Fremde in der Erkenntnisbildung interpretativer Wissenschaften. Göttingen: Wallstein

Straus, Florian / Höfer, Renate (1998): Entwicklungslinien alltäglicher Identitätsarbeit. In: Keupp, Heiner / Höfer, Renate (Hrsg.): Identitätsarbeit heute. Klassische und aktuelle Perspektiven der Identitätsforschung. 2. Aufl., Frankfurt/M.: Suhrkamp, S. 270-307

Strauss, Anselm / Corbin, Juliet (1996): Grounded Theory: Grundlagen Qualitativer Sozialforschung. Weinheim und Basel: Beltz

Strauss, Anselm L. (1998): Grundlagen qualitativer Sozialforschung. 2. Aufl., München: Wilhelm Fink Verlag

Strauss, Botho (1993): Anschwellender Bocksgesang. In: Der Spiegel 06/1993, S. 202-207

Stroß, Annette M. (2001): „Wissensgesellschaft" und Reformpädagogik im aktuellen bildungspolitischen Diskurs oder: Über notwendige Synthetisierungsleistungen der Erziehungswissenschaft. In: Der pädagogische Blick. Zeitschrift für Wissenschaft und Praxis in pädagogischen Berufen 9, 2001, Heft 4, S. 207-216

Strotmann, Mareike (2006). „Die wollen, dass ich mich mit Computer beschäftige" – Der Aufforderungs- und Unterstützungscharakter von Familie, Schule und außerschulischer Einrichtung bei der Aneignung der Neuen Medien durch Jugendliche mit türkischem Migrationshintergrund. In: Treibel, Annette et al. (Hrsg.): Gender medienkompetent. Medienbildung in einer heterogenen Gesellschaft. Wiesbaden: VS-Verlag, S. 257-27

Strotmann, Mareike / Wegener, Claudia (2005): Datenbeschreibung. In: Mikos, Lothar / Wegener, Claudia (Hrsg.): Qualitative Medienforschung. Ein Handbuch. Konstanz: UVK, S. 395-405

Sturzenhecker, Benedikt (2003): Zum Bildungsanspruch von Jugendarbeit. In: Mitteilungen des Landesjugendamtes Westfalen-Lippe, Nr. 153, März 2003, S. 47- 61

Süss, Daniel (2004): Mediensozialisation von Heranwachsenden: Dimensionen – Konstanten – Wandel. Wiesbaden: VS-Verlag

Sutter, Tilmann (1994): Entwicklung durch Handeln in Sinnstrukturen. Die sozial-kognitive Entwicklung aus der Perspektive eines interaktionistischen Konstruktivismus. In: Ders. / Charlton, Michael (Hrsg.): Soziale Kognition und Sinnstruktur. Oldenburg: Bibliotheks- und Informationssystem der Universität Oldenburg (bis), S. 23-112

Sutter, Tilmann (2002): Anschlusskommunikation und die kommunikative Verarbeitung von Medienangeboten: Ein Aufriss im Rahmen einer konstruktivistischen Theorie der Mediensozialisation. In: Groeben, Norbert / Hurrelmann, Bettina (Hrsg.): Lesekompetenz – Bedingungen, Dimensionen, Funktionen. Weinheim und München: Juventa, S. 80-105

Swertz, Christian (2008): Bildungstechnologische Medienpädagogik. In: Sander, Uwe / von Gross, Friederike / Hugger, Kai-Uwe (Hrsg.): Handbuch Medienpädagogik. Wiesbaden: VS-Verlag, S. 66-74

Switalla, Bernd (2008): Ernst Cassirer. In: Sander, Uwe / von Gross, Friederike / Hugger, Kai-Uwe (Hrsg.): Handbuch Medienpädagogik. Wiesbaden: VS-Verlag, S. 224-232

Swoboda, Wolfgang, H. (1994): Konkurrierende Paradigmen in der pädagogisch orientierten Freizeit-, Spiel- und Medienforschung – Das Beispiel: Bildschirmspiele und Jugendarbeit. In: Hiegemann, Susanne / Swoboda, Wolfgang H. (Hrsg.): Handbuch der Medienpädagogik. Theorieansätze, Traditionen, Praxisfelder, Forschungsperspektiven. Opladen, Leske + Budrich, S. 413-436

Tapscott, Don (1998): Net Kids. Die digitale Generation erobert Wirtschaft und Gesellschaft. Wiesbaden: Gabler

Tenorth, Heinz-Elmar (1997): „Bildung" – Thematisierungsformen und Bedeutung in der Erziehungswissenschaft. In: In: Zeitschrift für Pädagogik, 43. Jg. 1997, Nr. 6, S. 969-984

Tertilt, Hermann (1996): Turkish Powerboys. Ethnographie einer Jugendbande. Frankfurt/M.: Suhrkamp

Theunert, Helga (1994): Quantitative versus qualitative Medien- und Kommunikationsforschung? Über Grundsätze, Gegensätze und Notwendigkeiten der Ergänzung heutiger methodologischer Paradigmen. In: Hiegemann, Susanne / Swoboda, Wolfgang H. (Hrsg.): Handbuch der Medienpädagogik. Theorieansätze, Traditionen, Praxisfelder, Forschungsperspektiven. Opladen, Leske + Budrich, S. 387-402

Theunert, Helga (1999): Medienkompetenz: Eine pädagogische und altersspezifisch zu fassende Handlungsdimension. In: Schell, Fred / Stolzenburg, Elke / Theunert, Helga (Hrsg.): Medienkompetenz. Grundlagen und pädagogisches Handeln. München: Kopaed, S. 50-59

Theunert, Helga (2005): Geschlecht und Medien. In: Anfang, Günther (Hrsg.): Von Jungen, Mädchen und Medien. München, S. 11-22

Theunert, Helga (2008): Qualitative Medienforschung. In: Sander, Uwe / von Gross, Friederike / Hugger, Kai-Uwe (Hrsg.): Handbuch Medienpädagogik. Wiesbaden: VS-Verlag, S. 301-307

Thole, Werner (2003): Reflexivität und Eigensinn in einem diffusen Feld. Bildung nach PISA und die Kinder- und Jugendarbeit – vorsichtige Hinweise auf verhüllte oder vergessene Zusammenhänge. In: Lindner, Werner / Thole, Werner / Weber, Jochen (Hrsg.): Kinder- und Jugendarbeit als Bildungsprojekt. Opladen: Leske + Budrich, S. 247-262.

Thole, Werner (2004): Kinder- und Jugendarbeit beobachten. Ein sozialpädagogisches Handlungsfeld im Visier der Forschung. In: Helsper, Werner / Kamp, Martin / Stelmaszyk, Bernhard (Hrsg.): Schule und Jugendforschung im 20. Jahrhundert. Wiesbaden: VS-Verlag, 262-281

Thomas, Isaac (1965): Person und Sozialverhalten. Hrsg. Von Edmund Volkert. Neuwied: Luchterhand

Tigges, Anja (2008): Geschlecht und digitale Medien. Entwicklung und Nutzung digitaler Medien im hochschulischen Lehr-/Lernkontext. Wiesbaden: VS-Verlag

Tillmann, Klaus-Jürgen (1993): Sozialisationstheorien. Eine Einführung in den Zusammenhang von Gesellschaft, Institution und Subjektwerdung. Reinbek bei Hamburg: Rowohlt

Titzmann, Peter F. / Schmitt-Rodermund, Eva / Silbereisen, Rainer K. (2005): Zwischen den Kulturen: Zur Akkulturation jugendlicher Immigranten. In: Fuhrer, Urs / Uslucan, Haci-Halil (Hrsg.): Familie, Akkulturation und Erziehung. Migration zwischen Eigen- und Fremdkultur. Stuttgart: Kohlhammer, S. 86-111

Toprak, Ahmet (2004): „Wer sein Kind nicht schlägt, hat später das Nachsehen". Elterliche Gewaltanwendung in türkischen Migrantenfamilien und Konsequenzen für die Elternarbeit. Herbolzheim: Centaurus Verlag

Toprak, Ahmet (2008): Das schwache Geschlecht – die türkischen Männer. Freiburg im Breisgau: Lambertus

Treibel, Annette (2006): Medienkompetenz an der Hauptschule. Zur Relevanz von Migration, Gender und Individualisierung bei russlanddeutschen und türkischstämmigen Jugendlichen. In: Dies. et al. (Hrsg.): Gender medienkompetent. Medienbildung in einer heterogenen Gesellschaft. Wiesbaden: VS-Verlag, S. 209-234

Treml, Alfred K. (2000): Allgemeine Pädagogik. Grundlagen, Handlungsfelder und Perspektiven der Erziehung. Stuttgart: Kohlhammer

Treml, Alfred K. (2005): Pädagogische Ideengeschichte. Ein Überblick. Stuttgart: Kohlhammer

Treumann, Klaus-Peter et al. (2002): Medienkompetenz im digitalen Zeitalter. Wie die neuen Medien das Leben und Lernen Erwachsener verändern. Opladen: Leske + Budrich

Treumann, Klaus-Peter et al. (2007): Medienhandeln Jugendlicher: Mediennutzung und Medienkompetenz. Bielefelder Medienkompetenzmodell. Wiesbaden: VS-Verlag

Tully, Claus J. (1994): Lernen in der Informationsgesellschaft. Informelle Bildung durch Computer und Medien. Opladen: Westdeutscher Verlag

Tully, Claus J. (2003): Mensch – Maschine – Megabyte. Technik in der Alltagskultur – eine sozialwissenschaftliche Hinführung. Opladen: Leske + Budrich

Tully, Claus J. (2004): Verändertes Lernen in modernen technisierten Welten. Organisierter und informeller Kompetenzerwerb Jugendlicher. Wiesbaden: VS-Verlag

Tulodziecki, Gerhard (1997): Medien in Erziehung und Bildung. Grundlagen und Beispiel einer handlungs- und entwicklungsorientierten Medienpädagogik. 3., überarb. und erw. Aufl., Bad Heilbrunn: Klinkhardt

Turkle, Sherry (1986): Die Wunschmaschine. Der Computer als zweites Ich. Reinbek bei Hamburg: Rowohlt

Turkle, Sherry (1999): Leben im Netz. Identität in Zeiten des Internets. Reinbek bei Hamburg: Rowohlt

Uslucan, Haci-Halil (2005): Chancen von Migration und Akkulturation. In: Fuhrer, Urs / Uslucan, Haci-Halil (Hrsg.): Familie, Akkulturation und Erziehung. Migration zwischen Eigen- und Fremdkultur. Stuttgart: Kohlhammer, S. 226-239

van der Loo, Hans / van Reijen, Willem (1992): Modernisierung. Projekt und Paradox. München: DTV

van Eimeren, Birgit / Frees, Beate (2005): Nach dem Boo: Größter Zuwachs in internetfernen Gruppen. In Media Perspektiven 2005, Heft 8, S. 362-379

van Eimeren, Birgit / Gerhard, Heinz / Frees, Beate (2002): Entwicklung der Onlinenutzung in Deutschland: Mehr Routine, weniger Entdeckerfreude. In: Media-Perspektiven 8/2002, S. 346-362

Viehoff, Reinhold (2002): Von der Literaturwissenschaft zur Medienwissenschaft. Oder: vom Text über das Literatursystem zum Mediensystem. In: Rusch, Gebhard (Hrsg.): Einführung in die Medienwissenschaft. Konzeptionen, Theorien, Methoden, Anwendungen. Opladen: Westdeutscher Verlag, S. 10-35

Vogelgesang, Waldemar (1997): Jugendliche Medienfreaks. Distinktion durch Kompetenz und Darstellung. In: Deutsche Jugend, 45 Jg., Heft 10, S. 438-446

Vogelgesang, Waldemar (2002): Publikumskulturen. Medienkompetenz von unten. In: Hausmanninger, Thomas / Bohrmann, Thomas (Hrsg.): Mediale Gewalt. Interdisziplinäre und ethische Perspektiven. München: Wilhelm Fink Verlag, S. 177-191

Vogelgesang, Waldemar (2004): Jugendliche und Medien: (k)ein Spannungsverhältnis? In: Otto, Hans-Uwe / Kutscher, Nadia (Hrsg.): informelle Bildung online. Perspektiven für Bildung, Jugendarbeit und Medienpädagogik. Weinheim und München: Juventa, S. 137-155

Vollbrecht, Ralf (2001): Einführung in die Medienpädagogik. Weinheim und Basel: Beltz

Vollbrecht, Ralf (2002): Jugendmedien (Grundlagen der Medienkommunikation, Bd. 12). Tübingen: Niemeyer

Vollbrecht, Ralf (2005): Stichwort: Medien. In: Mikos, Lothar / Wegener, Claudia (Hrsg.): Qualitative Medienforschung. Ein Handbuch. Konstanz: UVK, S. 29-39

Vollbrecht, Ralf (2006): Mediensozialisation von Kindern und Jugendlichen. In: Dittler, Ullrich / Hoyer, Michael (Hrsg.): Machen Computer Kinder dumm? Wirkung interaktiver, digitaler Medien auf Kinder und Jugendliche aus medienpsychologischer und mediendidaktischer Sicht. München: Kopaed, S. 33-44

Vollbrecht, Ralf / Mägdfrau, Jutta (1998): Medienkompetenz als Bildungsaufgabe. Über den Umgang mit neuen Herausforderungen der Schule. In: Die Deutsche Schule, 90. Jg., Heft 3, S. 266-278 von Glasersfeld, Ernst (1997): Konstruktion der Wirklichkeit und des Begriffs der Objektivität. In: Gumin, Heinz / Meier, Heinrich (Hrsg.): Einführung in den Konstruktivismus. 3. Aufl., München: Piper, S. 9-40

von Hentig, Hartmut (1998): Jugend im Medienzeitalter. Zeitschrift für Erziehungswissenschaft 1 (1), S. 23-43

Voß, Günter / Pongratz, Hans. J. (1998): Der Arbeitskraftunternehmer. Eine neue Grundform der Ware Arbeitskraft? In: Kölner Zeitschrift für Soziologie und Sozialpsychologie, H. 1, S. 131-158

Voß, Günter G. (2000): Alltag: Annäherung an eine diffuse Kategorie. In: Ders. /Holly, Werner / Boehnke, Klaus (Hrsg.): Neue Medien im Alltag. Begriffsbestimmungen eines interdisziplinären Forschungsfeldes. Opladen: Leske + Budrich, S. 31-77

Wagner, Hans (2006): Beobachtung, Interpretation, Theorie. In: Ayaß, Ruth / Bergmann, Jörg (Hrsg.): Qualitative Methoden der Medienforschung. Reinbek bei Hamburg: Rowohlt, S. 72-96

Wagner, Ulrike (2008): Neue Wege durch die konvergente Medienwelt. Wie Heranwachsende sich mediale Räume aneignen. In: AJS-Informationen 1/08, Stuttgart, S. 14-20

Wagner, Wolf-Rüdiger (1996): Ein umfassendes Medienverständnis. Voraussetzungen für die Integration von Medienerziehung und informationstechnische Bildung. In: LOG IN (1996), Heft 3, S. 10-14

Wagner, Wolf-Rüdiger (2004): Medienkompetenz revisited. Medien als Werkzeuge der Weltaneignung: Ein pädagogisches Programm. München: Kopaed

Wajcman, Judy (1994): Technik und Geschlecht: Die feministische Technikdebatte. Frankfurt/M.: Campus

Waldenfels, Bernhard (1988): Umdenken der Technik. In: Zimmerli, Walther Ch. (Hrsg.): Technologisches Zeitalter oder Postmoderne. München: Wilhelm Fink Verlag, S. 199-211

Watt, D. H. (1980). Computer literacy: what should schools be doing about this? Classroom Computer News, 1 (2), 1-26.

Weber, Martina (2009): Delinquenz von Jungen mit Migrationshintergrund: Inszenierungen von Überlegenheit unter Bedingungen sozialer Randständigkeit. In: Berliner Forum Gewaltprävention Nr. 36, S. 148-157

Weber, Max (1968): Gesammelte Aufsätze zur Wissenschaftslehre. Hrsg. von Johannes Winckelmann. Tübingen: Mohr

Weber, Max (1978): Soziologische Grundbegriffe. Tübingen: Mohr

Weber, Max (1991): Die protestantische Ethik. Eine Aufsatzsammlung. 8., durchges. Aufl., hrsg. von Johannes Winckelmann. Gütersloh: Siebenstern

Weber, Max (1995): Wissenschaft als Beruf. Stuttgart: Reclam

Webster, Frank (1995): Theories of Information Society, London: Routledge

Wehner, Josef / Rammert, Werner (1990): Zum Stand der Dinge: Die Computerwelt und ihre wissenschaftliche Beobachtung. In: Rammert, Werner (Hrsg.): Computerwelten – Alltagswelten. Wie verändert der Computer die soziale Wirklichkeit? Opladen: Westdeutscher Verlag, S. 225-238

Weiß, Hans-Jürgen/ Trebbe, Joachim (2001): Mediennutzung und Integration der türkischen Bevölkerung in Deutschland. Ergebnisse einer Umfrage des Presse- und Informationsamtes der Bundesregierung. Potsdam

Weizenbaum, Joseph (1972): Albtraum Computer. In: Die Zeit, Januar 1972

Welling, Stefan (2008): Computerpraxis Jugendlicher und medienpädagogisches Handeln. München: Kopaed

Welsch, Wolfgang (1993): Unsere postmoderne Moderne. Berlin: Akademie

Welt, Jochen (2001): Von der gesellschaftlichen Selbsttäuschung zum Zuwanderungs- und Integrationskonzept. In: Mehrländer, Ursula / Schultze, Günther (Hrsg.): Einwanderungsland Deutschland. Neue Wege nachhaltiger Integration. Bonn: Dietz, S. 23-40

Wernet, Andreas (2000): Einführung in die Interpretationstechnik der Objektiven Hermeneutik. Opladen: Leske + Budrich

Wernet, Andreas (2006): Hermeneutik, Kasuistik, Fallverstehen. Stuttgart: Kohlhammer

Wiedemann, Peter-Michael (1989): Deutungsmusteranalyse. In: Jüttemann, Gerd (Hrsg.): Qualitative Forschung in der Psychologie. Heidelberg: Asanger, S. 212-226

Wiegerling, Klaus (1998): Medienethik. Stuttgart: Metzler

Wiesner, Heike (2002): Die Inszenierung der Geschlechter in den Naturwissenschaften. Frankfurt/M., New York: Campus

Willke, Helmut (2001a): Atopia. Studien zur atopischen Gesellschaft. Frankfurt/M.: Suhrkamp

Willke, Helmut (2001b): Wissensgesellschaft. In: Kneer, Georg / Nassehi, Armin / Schroer, Markus (Hrsg.): Klassische Gesellschaftsbegriffe der Soziologie. München: Wilhelm Fink Verlag, S.379-398

Willke, Helmut(2002): Dystopia. Studien zur Krisis des Wissens in der modernen Gesellschaft. Frankfurt/M.: Suhrkamp

Wilson, Thomas P. (1973): Theorien der Interaktion und Modelle soziologischer Erklärung. In: Arbeitsgruppe Bielefelder Soziologen (Hrsg.): Band 1: Symbolischer Interaktionismus und Ethnomethodologie. Reinbek bei Hamburg: Rowohlt, S. 54-79

Wimmer, Michael (1996): Zerfall des Allgemeinen – Wiederkehr des Singulären. Pädagogische Professionalität und der Wert des Wissens. In: Helsper, Werner / Combe, Arno (Hrsg.): Pädagogische Professionalität. Untersuchungen zum Typus pädagogischen Handelns. Frankfurt /M.: Suhrkamp, S. 404-447

Winker, Gabriele (2005): Ko-Materialisierung von vergeschlechtlichten Körpern und technisierten Artefakten. Der Fall Internet. In: Funder, Maria / Dörhofer, Steffen / Rauch, Christian (Hrsg.): Jenseits der Geschlechterdifferenz? Geschlechterverhältnisse in der Informations- und Wissensgesellschaft. München: Hampp

Winkler, Michael (2004): Aneignung und Sozialpädagogik – einige grundlagentheoretische Überlegungen. In: Deinet, Ulrich / Reutlinger, Christian (Hrsg.): „Aneignung" als Bildungskonzept der Sozialpädagogik. Beiträge zur Pädagogik des Kindes- und Jugendalters in Zeiten entgrenzter Lernzonen. Wiesbaden: VS-Verlag, S. 71-90

Winter, Rainer (1995): Der produktive Zuschauer. Köln: Herbert von Halem

Winter, Rainer (2005): Cultural Studies. In: Mikos, Lothar / Wegener, Claudia (Hrsg.): Qualitative Medienforschung. Ein Handbuch. Konstanz: UVK, S. 50-57

Winter, Rainer (2006): Cultural Studies. In: Ayaß, Ruth / Bergmann, Jörg (Hrsg.): Qualitative Methoden der Medienforschung. Reinbek bei Hamburg: Rowohlt, S. 423-434

Wirth, Joachim/Klieme, Joachim (2003): Computernutzung. In: Deutsches PISA-Konsortium (Hrsg.): PISA 2000 – Ein differenzierender Blick auf die Länder der Bundesrepublik Deutschland. Opladen: Leske + Budrich, S. 195-206

Wissinger, Jochen (1991): Der Jugendliche – ein „produktiver Realitätsverarbeiter"? In: Helsper, Werner (Hrsg.): Jugend zwischen Moderne und Postmoderne. Opladen: Leske + Budrich, S. 95-112

Witt, Harald (2001): Forschungsstrategien bei quantitativer und qualitativer Sozialforschung [36 Absätze]. In: Forum Qualitative Sozialforschung (Online-Journal), 2 (1). Internet: http://www.qualitative-research.net/fqs/fqs.htm [Zugriff: 05/08]

Wittpoth, Jürgen (1999): Gute Medien – schlechte Medien? Ästhetische Einstellungen, Milieu und Generation. In: Gogolin, Ingrid / Lenzen, Dieter (Hrsg.): Medien-Generation. Beiträge zum 16. Kongreß der Deutschen Gesellschaft für Erziehungswissenschaften. Opladen: Leske + Budrich, S. 209-222

Witzel, Andreas (1982): Verfahren der qualitativen Sozialforschung. Frankfurt/M.: Campus

Witzel, Andreas (1989): Das problemzentrierte Interview. In: Jüttemann, Gerd (Hrsg.): Qualitative Forschung in der Psychologie. Heidelberg: Asanger, S.227-256

Witzel, Andreas (1996): Auswertung problemzentrierter Interviews: Grundlagen und Erfahrungen. In: Strobl, Rainer / Böttger, Andreas (Hrsg.): Wahre Geschichten? Zu Theorie und Praxis qualitativer Interviews. Baden-Baden: Nomos, S. 49-76

Witzel, Andreas (2000): Das problemzentrierte Interview [26 Absätze]. Forum Qualitative Sozialforschung / Forum Qualitative Social Research [Online Journal], 1 (1). Internet: http://www.qualitative-research.net/fqs/fqs.htm [Zugriff: 04/05]

Wulf, Christoph (1994): Zur Einleitung: Grundzüge einer historisch-pädagogischen Anthropologie. In: Ders. (Hrsg.): Einführung in die pädagogische Anthropologie. Weinheim und Basel: Beltz

Young, Jeffrey R. (2001). «Does 'Digital Divide' Rhetoric Do More Harm Than Good?» The Chronicle of Higher Education 48, A51-A52 (09. Nov. 2001). Internet: http://chronicle.com/free/v48/i11/11a05101.htm [Zugriff: 06/08]

Zacharias, Wolfgang (2001): Der Mensch im Mittelpunkt – auch der Medien? Plädoyer für eine kulturell akzentuierte und anthropologisch begründete Medienbildung. In: GMK-Rundbrief 44: Mensch und Medien. Pädagogische Konzepte für eine humane Mediengesellschaft. Bielefeld: GMK, S. 64-81

Ziegler, Marc (2005): Technik und Phantasma. Das Begehren des Mediums. In: Gamm, Gerhard / Hetzel, Andreas (Hrsg.): Unbestimmtheitssignaturen der Technik. Eine neue Deutung der technisierten Welt. Bielefeld: transcript, S. 63-80

Ziehe, Thomas (1991): Vom vorläufigen Ende der Erregung. Die Normalität kultureller Modernisierungen hat die Jugend-Subkulturen entmächtigt. In: Helsper, Werner (Hrsg.): Jugend zwischen Moderne und Postmoderne. Opladen: Leske + Budrich, S. 57-72

Ziehe, Thomas (1996): Vom Preis der Selbstbezüglichkeit, in: Combe, Arno / Helsper, Werner (Hrsg.): Pädagogische Professionalität. Untersuchungen zum Typus pädagogischen Handelns, Frankfurt/M.: Suhrkamp, S. 924-942

Ziehe, Thomas (2002): Öffnung der Eigenwelten – Bildungsangebote und veränderte Jugendmentalitäten. In: kursiv, Heft 1/2002, S. 12-17

Ziehe, Thomas / Stubenrauch, Herbert (1982): Plädoyer für ungewöhnliches Lernen. Ideen zur Jugendsituation. Reinbek bei Hamburg: Rowohlt

Zima, Peter V. (2007): Theorie des Subjekts: Subjektivität und Identität zwischen Modern und Postmoderne. Stuttgart: UTB

Zimmerli, Walther Ch. (2000): Vom Unterschied, der einen Unterschied macht – Information, Netzwerkdenken und Mensch-Maschine-Interaktion. Hubig, Christoph (Hrsg.): Unterwegs zur Wissensgesellschaft. Grundlagen – Trends – Probleme. Berlin: Sigma, S. 83-100

Zinnecker, Jürgen (1979): Straßensozialisation. In: Zeitschrift für Pädagogik, 25 (1979), S. 727-746

Zinnecker, Jürgen (1987): Jugendkultur 1940-1985. Opladen: Leske + Budrich

Zons, Raimar (2006): Die Machbarkeit des Menschen. In: Dabag, Mihran / Platt, Kristin (Hrsg.): Die Machbarkeit der Welt. Wie der Mensch sich als Subjekt der Geschichte entdeckt. München: Wilhelm Fink Verlag, S. 13-28

Zwick, Michael M./Renn, Ortwin (2000): Die Attraktivität von technischen und ingenieurwissenschaftlichen Fächern bei der Studien- und Berufswahl junger Frauen und Männer. Stuttgart: Akademie für Technikfolgenabschätzung in Baden-Württemberg

Zwiefka, Natalie (2007): Digitale Bildungskluft. Informelle Bildung und soziale Ungleichheit im Internet. München: Verlag Reinhard Fischer

Transkriptionsregeln

Die Transkription der Interviews erfolgte nach Regeln, die sich bei der Datenanalyse im Rahmen der rekonstruktiven Sozialforschung etabliert haben (vgl. Bohnsack/Nentwig-Gesemann/Nohl 2001: 363f.); für die vorliegende Studie wurden diese leicht abgewandelt.

Text	Interviewpartner
Text	Interviewer
[ ]	Überlappung von Gesprochenem
( )	Äußerung ist unverständlich
((seufzt))	Kommentar bzw. Anmerkung zu parasprachlichen und nicht-verbalen Ereignissen
(Worte)	unsichere Transkription (einschl. begründete Vermutungen mit ??)
abgebr-	abgebrochene Worte oder Laute
,	kurzes Absetzen
=	schneller Anschluss
LAUT	laut und/oder betont gesprochen
‚leise'	leise gesprochen
(2)	Pause (in Sekunden)

Centaurus Buchtipp

Sayime Erben

Gewalt und Ehre

Ehrbezogene Gewalt aus Täterperspektive

Reihe Sozialwissenschaften, Bd. 39, 2012, 116 S., br.
ISBN 978-3-86226-146-8, € 18,80

In den zahlreichen Berichten und wissenschaftlichen Arbeiten über ehrbezogene Gewalt wird meist die Opferperspektive eingenommen. Ohne Frage ist dies nützlich und notwendig, doch gehört zur ehrbezogenen Gewalt auch die andere Seite. Die Seite derjenigen, die im Namen der Ehre Gewalt ausgeübt haben. Mittels qualitativer Interviews wird in diesem Buch das Ziel verfolgt, konservative Vorstellungen türkischer Männer über die Rollenteilung zwischen Mann und Frau, über innerfamiliäre Gewaltpraxis und Geschlechterehre zu rekonstruieren. Es wird herausgearbeitet, was Männer, die im Namen der Ehre Gewalt ausüben, unter Ehre verstehen. Welche Verhaltensweisen werden von ihnen als Ehrverletzung gedeutet und wie wäre eine Ehrverletzung nach deren Meinung zu bestrafen? Aus den Gesprächen mit den Männern läßt sich schließen, was ihr Leben prägt und wo präventiver Handlungsbedarf besteht.

www.centaurus-verlag.de

Centaurus Buchtipps

Ilhami Atabay
Zwischen Islamismus und Patchwork
Identitätsentwicklung bei türkeistämmigen Kindern und Jugendlichen dritter und vierter Generation
Münchner Studien zur Kultur- und Sozialpsychologie, Bd. 21, 2. stark überarbeite und ergänzte Auflage von „Ist dies mein Land?" 2012, ca. 250 S.,
ISBN 978-3-86226-017-1, € **19,80**

Verena Jacob
Die Bedeutung des Islam für Jugendliche aus der Türkei in Deutschland
Empfehlung für die Soziale Arbeit in der Jugendberufshilfe
Migration & Lebenswelten, Bd. 4, 2011, 168 S.,
ISBN 978-3-86226-096-6, € **19,80**

Viviane Nabi Acho
Elternarbeit mit Migrantenfamilien
Wege zur Förderung der nachhaltigen und aktiven Beteiligung von Migranteneltern an Elternabenden und im Elternbeirat
Migration & Lebenswelten, Bd. 2, 2011, 138 S.,
ISBN 978-3-86226-039-3, € **17,80**

Saskia Hofmann
Yes she can!
Konfrontative Pädagogik in der Mädchenarbeit
Gender & Diversity, Bd. 2, 2011, 135 S.,
ISBN 978-3-86226-050-8, € **18,80**

Tina Görner
Was für ein Theater!
Methodische Ansätze in der Arbeit mit gewaltbereiten Jugendlichen
Reihe Pädagogik, Bd. 40, 2011, 110 S.,
ISBN 978-3-86226-117-8, € **18,80**

Dinah Kohan
Migration und Behinderung. Eine doppelte Belastung?
Eine empirische Studie zu jüdischen Kontingentflüchtlingen mit einem geistig behinderten Familienmitglied
Beiträge zur gesellschaftswissenschaftlichen Forschung, Bd. 25, 2012, 366 S.,
ISBN 978-3-86226-044-7, € **25,80**

Ilhami Atabay
Die Kinder der Gastarbeiter
Familienstrukturen türkeistämmiger MigrantInnen zweiter Generation
Münchner Studien zur Kultur- und Sozialpsychologie, Bd. 20, 2. üb. u. erg. Auflage 2011, 224 S.,
ISBN 978-3-86226-016-4, € **19,90**

Informationen und weitere Titel unter www.centaurus-verlag.de

MIX
Papier aus verantwortungsvollen Quellen
Paper from responsible sources
FSC® C105338

If you have any concerns about our products,
you can contact us on
ProductSafety@springernature.com

In case Publisher is established outside the EU,
the EU authorized representative is:
Springer Nature Customer Service Center GmbH
Europaplatz 3, 69115 Heidelberg, Germany

Printed by Libri Plureos GmbH
in Hamburg, Germany